第**13**章 イギリスの優位と欧米国民国家の〔形成〕

- 180 ウィーン体制とヨーロッパの政治・社会の変動①
- 182 ウィーン体制とヨーロッパの政治・社会の変動②
- 183 社会主義思想の成立
- 184 列強体制の動揺とロシアの大改革
- 186 パクス＝ブリタニカ期のイギリス
- 188 特集 一体化する世界 情報と交通
- 190 フランス第二帝政と第三共和政
- 192 イタリアの統一とドイツの統一 新国民国家の形成
- 194 ドイツ帝国の成立とオーストリア＝ハンガリー帝国の動向
- 196 アメリカ合衆国の領土拡大
- 198 南北戦争
- 200 アメリカ合衆国の大国化
- 202 19世紀欧米文化の展開① 文学・音楽・彫刻・絵画
- 204 19世紀欧米文化の展開② 哲学・自然科学・社会科学

第**14**章 アジア諸地域の動揺

- 206 西アジア地域の変容
- 208 南アジアの植民地化
- 210 東南アジアの植民地化
- 212 東アジアの激動① 中国の開港と欧米諸国との条約
- 214 東アジアの激動② 清の内乱と秩序の再編
- 216 東アジアの激動③ 明治維新と東アジア国際秩序の変容
- 218 東アジアの激動④ 日清戦争

第**15**章 帝国主義とアジアの民族運動

- 220 第2次産業革命と帝国主義① 欧米列強と帝国主義
- 222 第2次産業革命と帝国主義② 帝国主義時代の欧米列強の政治と社会
- 224 列強の世界分割と列強体制の二分化
- 226 アジア諸国の変革と民族運動① 東アジア
- 228 アジア諸国の変革と民族運動② 南・東南・西アジア

第**16**章 第一次世界大戦と世界の変容

- 230 第一次世界大戦
- 232 総力戦
- 233 日本と第一次世界大戦
- 234 ロシア革命
- 236 ヴェルサイユ体制下のヨーロッパ
- 238 第一次大戦後の東欧と女性の社会進出
- 239 戦間期のソ連
- 240 1920年代のアメリカ合衆国
- 242 東アジアの民族運動
- 244 戦間期の日本
- 246 インド・東南アジア・西アジアの民族運動
- 248 特集 パレスチナ問題

第**17**章 〔第二次〕世界大戦と〔国〕際秩序の形成

- 250 世界恐慌
- 251 日本の中国侵攻
- 252 ファシズム諸国の侵略
- 254 第二次世界大戦①
- 256 第二次世界大戦②
- 258 第二次世界大戦③ 戦時下の日本
- 260 戦後世界秩序の形成
- 262 アジア諸地域の独立
- 264 朝鮮戦争

第**Ⅳ**部 地球世界の課題

第**18**章 冷戦と第三世界の台頭

- 265 米ソ冷戦の激化
- 266 西欧の経済復興
- 267 「雪どけ」
- 268 第三世界の台頭と米・ソの歩み寄り
- 270 ベトナム戦争とインドシナ情勢
- 272 米ソの動揺とヨーロッパの変化
- 274 中国の動揺と、アメリカ・日本との接近
- 275 アジア諸地域の経済発展と民主化①
- 276 アジア諸地域の経済発展と民主化②
- 277 ラテンアメリカの民主化

第**19**章 冷戦の終結と今日の世界

- 278 石油危機と世界経済の再編①
- 280 石油危機と世界経済の再編②
- 281 特集 戦後の独立から1980年代までの日本
- 282 社会主義世界の変容
- 284 アジア社会主義国家の変容
- 286 地域紛争の激化と貧困問題
- 288 グローバリゼーションの進展
- 290 現代文明の諸相① 科学技術、思想・文学、芸術
- 292 現代文明の諸相② 大衆文化、ジェンダー
- 294 特集 資料を活用して探究する地球世界の課題

［巻末付録］

- 296 年表
- 350 系図
- 358 読み解き図版解説・地球世界の課題解答例
- 364 索引

【凡例】

＊ 全体の構成は世界史探究教科書『詳説世界史』(山川出版社)に準拠しています。
＊ 各テーマのタイトルの脇には『詳説世界史』の教科書頁を示しました。
＊ 年代は西暦を主としました。日本暦と西暦は明治5年までは1カ月前後の違いがありますが、日本に関する月日は日本暦をもとにしています。

? 各テーマの注目点や全体を深める問い。解答例・解説は弊社ホームページに掲載しています。

読み解き 図版を歴史的視点で読みとくための設問。解説は巻末にあります。

Q 写真・グラフ・史料などを読み解くための設問。解答例・解説は弊社ホームページに掲載しています。

▭ そのテーマの重要項目や時代背景などを図解したり、比較できるようまとめたりしています。

史料 基本的に史料は原文を生かしましたが、旧字を新字に変更したり、文章を一部改変したものもあります。史料の中の略記号は、引用文の記載通りの場合は「……」、略した場合は「…」で示しています。

同時代の世界 同世紀の世界を一目瞭然に把握できる頁です。図版・資料・年表をみながら各地域を比較し、関連を考えることができます。

特集 世界の宗教や感染症など時代を通観するテーマや、銀や文化など章をまとめた内容を扱っています。

地域の視点 教科書では離ればなれで出てくる各地域の歴史を通してみる頁です。

🏛 ユネスコの世界文化遺産にマークをつけました。

国名略号 米＝アメリカ(亜米利加) 英＝イギリス(英吉利) 伊＝イタリア(伊太利亜) 印＝インド(印度) 豪＝オーストラリア(濠太剌利) 墺＝オーストリア(墺太利) 蘭＝オランダ(和蘭、阿蘭陀、和蘭陀) 西＝スペイン(西班牙) 独＝ドイツ(独逸) 土＝トルコ(土耳古) 仏＝フランス(仏蘭西) 普＝プロイセン(普魯西) 葡＝ポルトガル(葡萄牙) 墨＝メキシコ(墨西哥) 露＝ロシア(露西亜) 欧＝ヨーロッパ(欧羅巴)

▲**アレシアの包囲陣** カエサルはガリアの重要都市アレシアを包囲するため、二重の包囲陣（壕・土塁・見張り台などが復元されている）によって攻撃を加えて陥落させた。

▶**ウェルキンゲトリクスのコイン** ウェルキンゲトリクスは**ガリア人**の英雄でカエサルに徹底抗戦したが、前52年**アレシア攻防戦**で敗れて投降し、のちに処刑された。

ルテティア（現パリ）
ゲルマニア
メディオラヌム（ミラノ）
マッシリア（現マルセイユ）
カルタゴ＝ノヴァ
ローマ
ビザンティウム
ドン川
ザマ
ペルガモン
黒海
カスピ海
ウラル山脈
ヴォルガ川
［カルタゴ］
前146滅亡
カルタゴ
アテネ
エフェソス
アンティオキア
カルラエ
パルミラ
エクバタナ
ヘカトンピュロス
キレネ
スサ
パルティア王国
アレクサンドリア
イェルサレム
クテシフォン
ペルシア湾
ニジェール川
［プトレマイオス朝］
エジプト
前30滅亡
［セレウコス朝シリア］
前63滅亡
クシュ王国
大西洋
北海
地中海
紅海
アラ

■ ポエニ戦争までのローマ領（前264年）
■ ポエニ戦争終結時までの獲得（前146年）
□ 第1回三頭政治までの獲得（前60年）
□ 第2回三頭政治までの獲得（前43年）
← 張騫の経路
← カエサルの経路
⟵ オクタウィアヌスの経路

同盟市（イタリア）戦争と全イタリアの自由人へのローマ市民権付与

　ルキウス・カエサルとプブリウス・ルティリウスがコンスルのとき〔前九一年〕に、全イタリアがローマに対して武器を取った。その〔ローマとの戦争という〕災いは　アスクルム人[1]たちによって始まった。…次いで〔その災いは〕マルシー人[2]たちに受け入れられて〔イタリアの〕全ての地域にひろまったのである。彼らの運命は、彼らの主張が正当であったのと同じ程度に、過酷なものだった。と言うのは、彼らがその支配権を守っていたところの〔ローマの〕市民権を要求していたのだ。毎年、全ての戦争において、彼らは、〔ローマの〕2倍の人数の歩兵と騎兵を供出していたが、その〔ローマの〕市民権を認められていなかった。彼らによって、〔ローマは〕その〔勢力の〕絶頂に到達し、そこから同じ種族、同じ血統の者たち〔イタリア人〕を外国人、異邦人として見下すことができたのである。…ローマ市民たちの軍隊が多くの場所で敗北して、〔ローマ市民たちは〕戦衣を身に付けてその服装のままで過ごした。〔イタリア人たちは〕コルフィニウム[3]を首都に選び、イタリカと呼んだ。次いで、武器を取らなった者たち、あるいは早めに武器を置いた者たちを市民団に受け入れることによって、少しずつ〔ローマの〕勢力は回復した。……継続しているノラ[4]での戦争を除き、イタリア戦争の大半が終わった。ローマ人たちは、自分たちが無傷のまま〔イタリア人〕全体に市民権を与えることよりも、自分たちの軍事力が消耗しても、打ち破り征服した上で〔イタリア人に〕市民権を与えることを選んだ。

*1　イタリア半島中北部の都市の住民。
*2　イタリア半島中部の山岳部の住民。
*3　イタリア半島中部山岳地の都市。
*4　イタリア半島南部の都市。
（歴史学研究会編『世界史史料1』岩波書店より）

▲**パルティアの銀貨** 前2世紀の**ミトラダテス1世**のドラクマ銀貨。パルティアは2世紀にローマと一進一退の攻防を繰り返した。

▲**メナンドロス1世**（前155〜前130頃）**のコイン** 前2世紀後半のバクトリア王で、インド西北部を支配し、**ヘレニズム文化**をもたらした。

[解説] 前2世紀後半にはローマは地中海世界の支配者となったものの、その支配の中心であるイタリアの住民のうち、3分の2はローマ市民権を与えられず、ローマと個別に条約を結ぶ同盟市の住民とされていた。同盟市戦争の結果、イタリアのほぼすべての自由人がローマ市民となった。

	地中海			西アジア	
				前192	●アナトリア、ローマ支配下へ
			セレウコス朝（前312〜前63）**／パルティア**（前248頃〜後224）	前171	●ミトラダテス1世即位 ●パルティア全盛期
共和政ローマ（前509〜前27）	前146	●カルタゴ、ローマに滅ぼされる			
	前133	●グラックス兄弟の改革（〜前121）			
	前91	●同盟市戦争（〜前88）	内乱の1世紀		
前2世紀	前90	●全イタリアにローマ市民権が認められる			
	前60	●第1回三頭政治		前63	●セレウコス朝、滅亡→ローマの属州となる
	前58	●カエサル、ガリア遠征			
	前43	●第2回三頭政治			
前1世紀	前31	●アクティウムの海戦		前30	●プトレマイオス朝、滅亡→ローマの属州となる

解説 弥生時代における農耕社会の発展は、身分・階級を生じさせ、各地に小国を成立させた。こうした状況が中国の史書に記されており、『漢書』の記事が最初とされる。これによって紀元前1世紀頃の日本には多くの小国が分立しており、それらが楽浪郡を通じて中国王朝と交渉をもっていたことがわかる。

『漢書』地理誌

夫れ楽浪*1海中に倭人*2有り。分れて百余国と為る。歳時を以て来り[定期的にやってきて]献見すと云ふ。

*1 紀元前一〇八年に前漢の武帝が朝鮮においた四郡(楽浪・真番・玄菟・臨屯)の一つ。現在の平壌を中心とし、三一三年高句麗に併存。

*2 日本人のこと。

(五味文彦ほか著『詳説日本史史料集』山川出版社より)

◀**秦・漢の青銅貨幣** 秦の**半両銭**(左)と漢の**武帝**の時代に発行された**五銖銭**(右)。円形・方孔の銅銭は、**始皇帝**の征服活動によって東方に広まり、漢に受け継がれて東アジアの貨幣の基本形となった。

張騫

▲**張騫**(?〜前114) 対**匈奴**同盟のため、**大月氏**に派遣された張騫は、出発直後匈奴にとらえられ、抑留される。抑留中に妻をもったが使命を忘れず11年後脱走し、大月氏に至る。同盟は失敗し帰路も匈奴にとらえられるが、再び脱走。出発から13年後帰朝した。使命は果たせなかったものの、彼がもたらした西域の情報は前漢の西域進出に大いに貢献した。(張騫出発図、敦煌莫高窟の壁画)

漢代の歴史家、司馬遷の描いた匈奴の姿

彼らは牧草をさがし求めて畜類を牧するために転移する。その家畜で多いものは馬・牛・羊であり、…水と草とを求めて転々と移動し、城郭や常住地、耕田の作業はない。しかしやはりおのおの分地*1を有している。…士はみな力強く弓を引くことができ、すべて甲冑をつけた騎士となる。その風俗は、平和の時は家畜に従って移動し、鳥や獣を射猟して生業とするので、いったん急変あるときは、人々は攻戦になれており、侵掠攻伐をする。これが天性である。遠くに達する兵器には弓矢があり、接戦用の兵器としては刀鋋*2がある。勝つとみれば進み、不利とみれば退き、遁走を恥としない。利益ありと知れば、礼儀をもかえりみぬ。

*1 氏族等の分有地。　*2 矛に似た鉄柄の武器。

(『史記』匈奴列伝、内村吟風・田村実造ほか訳注『騎馬民族史I　正史北狄伝』より)

◀**汗血馬** 漢の武帝は匈奴の騎馬軍団に対抗するために中央アジアの**大宛**に遠征軍を送り、そこに産する高速強健の大型馬「汗血馬」を獲得した。この金メッキをほどこした青銅製の馬(高さ62cm、長さ76cm)は、汗血馬を模したものとされる。漢代の作品。

中央アジア・インド		東アジア		日本
バクトリア(前55頃〜前45頃)／**大月氏**(前40頃〜後1世紀) 前180頃 ●マウリヤ朝、滅亡 前145頃 ●バクトリア、滅亡 ← ●サータヴァーハナ朝、成立		**前漢**(前202〜後8) 前202 ●漢(前漢)、統一 前141 ●武帝即位 前139 ●張騫、大月氏へ 前129 ●漢、匈奴を攻撃 前111 ●漢、南越国を滅ぼして南海9郡設置 前108 ●漢、衛氏朝鮮を滅ぼして朝鮮4郡設置 前60頃 ●匈奴、東西に分裂 前59頃 ●漢、西域に都護府をおく 前2 ●漢に仏教伝来		**弥生時代** ●小国の分立が『漢書』地理誌に記される

▲ハドリアヌスの城壁として知られるイギリス北部の長城遺跡 🏛 ハドリアヌス帝は、北方からケルト人が侵入するのを防ぐため、118kmにおよぶ長城の築造を命じた。約10年かけてつくられた高さ4～5mの土塁で、のちに石で補強され、ローマ兵が配置されていたらしい。イングランドとスコットランドの事実上の国境となっていた。

◀トラヤヌス記念柱のレリーフ ローマ帝国の最大領土を実現したトラヤヌス帝が、ダキア遠征に勝利したことを記念して建てられた記念柱に彫られたもの。ローマ軍がダキアに向けイタリア半島南端のブルンディシウムを出発している場面。

エリュトゥラー海案内記

（インド西南部）マラバール地方は胡椒と肉桂を産するので大型の船が来航する。ここに主として輸入されるものは、多量の金貨、トパーズ、花模様の布、珊瑚、ガラス、銅、錫、鉛…などである。…また、ここには品質のよい真珠、象牙、絹織物、香油、セイロンのサファイヤ、マレーの亀などが運ばれる。…舵手のヒッパロスが、大海横断の航海を発見し、（ユリオスの月＝7月頃に）吹く季節風である南西風は…発見した人にちなみ「ヒッパロス」と呼ばれ…

（村川堅太郎訳『西洋史料集成』平凡社より）

テオティワカン
テノチティトラン
マヤ
アステカ王国
マチュ＝ピチュ クスコ
太平洋
インカ帝国

解説 **エリュトゥラー海**とは紅海のことをいうが、古代では広くアラビア海からインド洋を指していた。この史料は1世紀頃の記述とされ、胡椒や宝石などはローマ側が珍重したことがわかる。また、インドだけでなくアフリカ東岸やマレー半島など、各地の特産品が紹介され、1～2世紀の世界を知る貴重な史料である。

▶**シリアに残るローマの道路** ローマの拡大にとって道路や水道橋、公共施設の建設は重要であった。左はシリア北部のアレッポからアンティオキア間のローマの道路で、直線的で、敷石（またはコンクリート）舗装による特徴がうかがえる。

▶**クシャーナ朝の金貨 カニシカ金貨（銅貨）** 表面には**カニシカ王**を像とギリシア文字で表し、裏面にはブッダやヒンドゥー神、ローマの神などが刻印された。貨幣としての重量基準はローマにならったとされる。

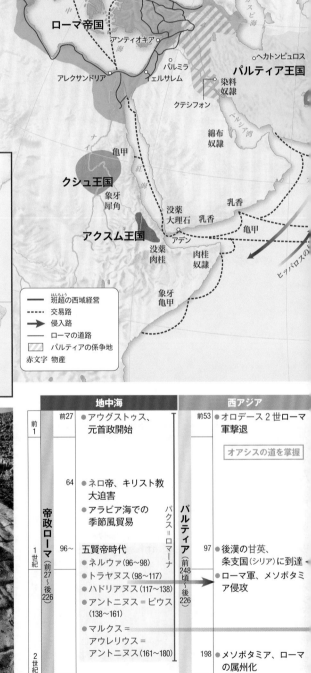

ロンディニウム
コロニア＝アグリッピナ（ケルン）
メディオラヌム（ミラノ）
ウィンドボナ
ローマ
ビザンティウム
カルタゴ
ローマ帝国
アンティオキア
ヘカトンピュロス
パルティア王国
パルミラ
アレクサンドリア
イェルサレム
染料
奴隷
クテシフォン
綿布
奴隷
亀甲
クシュ王国
象牙
犀角
没薬
大理石
乳香
乳香
アクスム王国
アデン
亀甲
没薬
肉桂
肉桂
奴隷
象牙
亀甲

凡例
━━ 班超の西域経営
---- 交易路
→ 侵入路
━ ローマの道路
▨ パルティアの係争地
赤文字 物産

		地中海		西アジア	
前1	前27	●アウグストゥス、元首政開始		前53 オロデース2世ローマ軍撃退	
				オアシスの道を掌握	
帝政ローマ（前27～後226）	64	●ネロ帝、キリスト教大迫害 ●アラビア海での季節風貿易	パクス＝ロマーナ / パルティア（前248頃～後226）		
1世紀	96～	●五賢帝時代 ネルウァ（96～98） トラヤヌス（98～117） ハドリアヌス（117～138） アントニヌス＝ピウス（138～161）		97 後漢の甘英、条支国（シリア）に到達 ●ローマ軍、メソポタミア侵攻	
2世紀		マルクス＝アウレリウス＝アントニヌス（161～180）		198 ●メソポタミア、ローマの属州化	
3世紀	212	●アントニヌス勅令（ローマ市民権帝国全土に拡大）		224 ●ササン朝ペルシア成立	

『後漢書』東夷伝

建武中元二年＊1、倭の奴国、貢を奉じて朝賀す。使人自ら大夫と称す。倭国の極南界なり。光武、賜ふに印綬＊2を以てす。安帝の永初元年＊3、倭の国王帥（師）升等、生口＊4百六十人を献じ、請見を願ふ。＊5桓霊の間、倭国大いに乱れ、更相攻伐して歴年主なし。

＊1 五七年。
＊2 印には「漢委奴国王」の金印（下）といわれている。綬は印に通し身につけるためのくみひもで、印の材質と綬の色によって格式を表した。
＊3 一〇七年。
＊4 生きている人、奴隷であろうといわれる。
＊5 後漢の桓帝・霊帝の頃、すなわち一四七～一八九年の間。　（原漢文）

▲**金印**　1784（天明4）年、福岡県志賀島で一農民が偶然に掘り出したもの。印には「漢委奴国王」とあり、「漢の委の奴の国王」と読まれている。「奴」は博多付近の小国であった。こうした印は、文章の秘密を守るための封印に用いられるもの。（一辺2.3cm、重さ109g、福岡市博物館蔵）

『後漢書』からみた西方との交流

❶【班超、甘英を大秦国に派遣】
和帝の永元九（九七）年、西域都護の班超が甘英を大秦国に派遣した。条支まで来たときに安息国の船乗りが、順風で三月、逆風なら二年以上かかり、長い間陸地をみないために死ぬ者もいる、と話すのを聞いた。甘英はあきらめてひき返した。
（『後漢書』西域伝安息の項より）

❷【日南郡に大秦王の使者が来航】
桓帝の延熹九（一六六）年、大秦王安敦の使者が日南（前漢以来の郡で、現フエ付近）に到着し、象牙・犀角・玳瑁を献上した。はじめての交流である。
（『後漢書』西域伝大秦の項より）

解説 ❶では班超の部下である甘英が条支まで来たとなっているが、条支はシリアだろうとされている。❷では大秦王安敦の使者とあるが、ローマ皇帝マルクス＝アウレリウス＝アントニヌス（またはアントニヌス＝ピウス）に比定されている。ローマ側の記録にはなく、ローマ皇帝の名を借りた者が来航したと考えられる。

地図の地名： オホーツク海／バイカル湖／ノイン＝ウラ／鮮卑／高句麗／倭／楽浪／匈奴／アルタイ山脈／バルハシ湖／亀茲（クチャ）／焉耆／楼蘭／敦煌／酒泉／疏勒（シュグル）／莎車（ヤルカンド）／且末（チャルチャン）／鄯善（ミーラン）／于闐（ホータン）／クシャーナ朝／プルシャプラ／チベット高原／ヒマラヤ山脈／パータリプトラ／サータヴァーハナ朝／プラティシュターナ／亀甲・象牙・胡椒・宝石／胡椒・象牙・メノウ・綿布／象牙・綿布／真珠・綿布／チョーラ／パーンディヤ／真珠／洛陽／後漢／長江／南海／エーヤワディー川（イラワディ）／ベンガル湾／扶南／メコン川／チャンパー（林邑）／日南／オケオ／南シナ海／太平洋／丁字／インド洋

中部インド・西北インド		東アジア		日本
サータヴァーハナ朝（前1世紀～後3世紀）／クシャーナ朝（1世紀～3世紀）	**新**			**弥生時代**
●菩薩信仰広まる →大乗と自称	25	●光武帝、後漢建国		
40 ●ベトナム北部、徴（チュン）姉妹の乱		●後漢が徴姉妹の乱を制圧	57	●倭の奴国王、後漢に遣使貢献　光武帝、「金印」を授与
●クシャーナ朝成立	**後漢（25～220）**	●東匈奴、南北に分裂		
●メコン下流域に扶南成立		●班超、クシャーナ朝勢力を西域から撃退		
●クシャーナ朝、西域に進出	97	●班超、甘英を大秦国（ローマ帝国）に派遣		
130頃 ●クシャーナ朝、カニシカ王即位			107	●倭国王帥升、後漢に朝貢
［ガンダーラ美術］	166	●大秦王安敦の使者（自称）、日南郡（ベトナム中部）を訪問	2世紀中頃	●「倭国大乱（内乱?）」（中国の史書に記載）
2世紀末 ●ベトナム中部チャンパー（林邑）成立	184	●黄巾の乱	2世紀末	●卑弥呼、倭の女王に即位
前2世紀～後2世紀 ［マヌ法典成立］	220	●後漢滅亡		

▲**後漢時代の銅鏡**　扶南は『後漢書』に記されているように中国とも交流していたことが、出土した銅鏡の文様などから推定されている。オケオ出土。

▼**ローマの金貨**　オケオは扶南の外港としてローマとの交易が推定されており、**アントニヌス＝ピウス**帝時代の金貨が2枚出土した。

▲**ガンダーラ仏**　ヘレニズム文化の影響を受け、大乗仏教における菩薩信仰を背景に仏像がつくられた。ガンダーラ仏はギリシア的な風貌で知られている。（東京国立博物館蔵）

5世紀の世界

▶**アッティラ**(位433～453)　**フン人**の王で、パンノニアに拠点をおき西ローマに侵入したが、451年、**カタラウヌムの戦い**で敗退、翌年にイタリアに侵入したものの教皇レオ1世の説得で撤退、帰路急死した。

▲**エフェソス公会議**(431年)　コンスタンティノープル総大主教ネストリウスが聖母マリアを「神の母」と呼ぶことに反対して異端とされた公会議で、**ネストリウス派**はササン朝を経由して東方に伝播(でんぱ)した。写真はこの公会議がおこなわれたとされる聖マリア教会の跡。

アングロ＝サクソン七王国
449～829
451
カタラウヌムの戦い
アングル人
ローマ領
フランク王国
ブルグンド王国
443～534
ケルン
サクソン人
パリ
アッティラの居城
スラヴ諸族
フン人の移動ルート
西ゴート王国
418～711
ランゴバルド
パンノニア平原
ラヴェンナ
東ゴート王国
大西洋
コルドバ
カディス
ローマ
フン
ドニエプル川
ヴォルガ川
ドン川
カルタゴ
テッサロニキ
コンスタンティノープル
黒海
ニケーア
ヴァンダル王国
429～534
エフェソス
カスピ海
アルメニア
ビザンツ帝国
(東ローマ帝国)
395～1453
エデッサ
パルティア
オドアケルの王国
476～493
アンティオキア
カルラエ
エクバタナ
ニーシャープール
ダマスクス
セレウキア
クテシフォン
アレクサンドリア
イェルサレム
サハラ砂漠
ササン朝
224～651
ナイル川
ペルセポリス
(イスタクル)
ホルムズ
メッカ
紅海
アラビア半島
アクスム王国
アラビア海
エチオピア高原
ヴィクトリア湖

▲**クローヴィスの洗礼**　全**フランク**の統一を達成したクローヴィス王(位481～511)は、ローマ教会との提携を深めようと、495年、ランスの教会において家臣団とともに**アタナシウス派**信仰に改宗した。これによりガリアのローマ系住民との関係が好転し、フランク王国の発展につながった。

▲**ユスティニアヌス大帝**(位527～565)地中海帝国復活をめざし、ヴァンダル・東ゴートを征服、西ゴートからイベリアの一部を奪い、**ビザンツ帝国**最盛期をもたらした。また、ローマ帝国の遺産として「法」を重視し、法学者トリボニアヌスに命じて『**ローマ法大全**』の編纂(へんさん)をおこなわせた。右はそのなかの挿絵の1つで、中央に皇帝、左側に法学者、右側に軍人を配した構図になっており、平時には法、戦時には軍隊の力で統治するという支配の理念を示している。

◀**戦闘を見守るホスロー1世**(位531～579)　ビザンツ皇帝**ユスティニアヌス大帝**と532年に平和条約を結び、東方・南方へ領土を拡張して**ササン朝**最盛期をもたらした。キリスト教徒を保護してギリシア語文献などを翻訳させ、文化の継承にも貢献した。

	地中海・ヨーロッパ			西アジア	
3世紀	東・西ローマ帝国／ゲルマン諸国家	293	●ディオクレティアヌス帝、四帝分治制開始	ササン朝ペルシア(224～651)	241頃 ●シャープール1世即位 ●シリアに侵入、ローマに勝利
		313	●コンスタンティヌス帝、ミラノ勅令(キリスト教公認)		
		325	●ニケーア公会議(アリウス派追放、ゲルマン布教)		
		330	●コンスタンティノープルに遷都		363 ●シャープール2世、ローマに勝利 ローマ皇帝ユリアヌス敗死
4世紀		395	●ローマ帝国、東西に分裂		
		431	●エフェソス公会議	→	●ネストリウス派の流入
		476	●西ローマ帝国滅亡		
		481	●フランク王国成立(メロヴィング朝)		5世紀半ば ●エフタル、グプタ朝とササン朝に侵攻
5世紀		496	●クローヴィス王、カトリックに改宗		
6世紀		527	●ユスティニアヌス帝即位(地中海再統一へ)		531 ●ホスロー1世即位

各地にゲルマン国家成立(395～476)

工芸品・楽器等が東西交易を通じて各地に伝播(241頃～5世紀)

『宋書』倭国伝

興死して弟武立つ。…順帝の昇明二年、使を遣して上表をして曰く、「…東は毛人[1]を征すること五十五国、西は衆夷[2]を服すること六十六国、渡りて海北を平ぐること九十五国、…」と。詔して武を使持節都督[3]倭・新羅・……任那・加羅・秦韓・慕韓[4]六国諸軍事安東大将軍倭王に除す。

*1 毛人　蝦夷か。
*2 衆夷　九州南部の人々か。
*3 「使持節」「都督」は、支配を委ねられた地域の最上級軍政官を意味する。
*4 秦韓とは辰韓、慕韓とは馬韓のこと。両地域からは四世紀中期に新羅・百済が成立している。現実には存在しない国名を並べて威厳をもたせようとしているという考え方と、当時まだ新羅・百済の支配領域に含まれていなかった韓の諸地域を指すという考え方がある。
*5 八代皇帝（在位四七七～四七九）

（五味文彦ほか著『詳説日本史史料集』山川出版社より）

▶**ヤマト政権　倭の五王の鉄剣と裏面の銘**　埼玉県の稲荷山古墳から出土した鉄剣の裏側に「ワカタケル」という銘があり、倭の五王の1人雄略天皇と考えられている。『宋書』倭国伝において中国皇帝から冊封されている武が、ワカタケルであると考えられている。（所有：文化庁、写真提供：埼玉県立さきたま史跡の博物館）

▲**高句麗の狩猟図**　舞踊塚・薬水里古墳などに残る高句麗時代の壁画には狩猟の絵が多数残っている。振り向きざまに騎射する武人が描かれており、騎馬遊牧文化の影響がみられるなど、高句麗文化の北方的要素を示している。

▲**雲崗石窟**　北魏時代に仏教が復興されると、僧曇曜の開いた5つの石窟をはじめ、5世紀を通じて平城（現・大同）の西に約40窟が造営された。写真は第20窟の釈迦牟尼坐像（露天大仏）で、ガンダーラ＝グプタ様式の影響がみられる。

▲**キジル千仏洞**　オアシス都市国家として発展した亀茲（クチャ）の支配した地に3～8世紀にかけて造営された石窟で、大小236窟からなる。壁画の多くはインド・イラン系で、西域仏教の特色となっている。

南・東南アジア	東アジア	日本
	291　●西晋、八王の乱→混乱　●五胡の侵入	266　●倭の女王壱与、西晋に朝貢
320頃　●グプタ朝成立	313　●高句麗、楽浪郡を滅ぼす	●中国の史書に記載がなく、「空白の4世紀」とされる
	317　●東晋成立	
376頃　●チャンドラグプタ2世即位→グプタ朝最盛期　●サンスクリット語公用語化	4世紀半ば　●朝鮮半島、三国時代へ	4世紀後半　●百済と結び新羅と交戦
	391　●高句麗、広開土王即位	404　●高句麗と交戦し敗北
●ヒンドゥー教定着　●ナーランダー僧院創建　［グプタ美術隆盛］	439　●北魏、華北を統一	421　●倭国王讃、南朝の宋に朝貢
	5世紀後半　●北魏孝文帝、漢化政策実施・均田制施行	「倭の五王」（讃・珍・済・興・武）中国の南朝に朝貢　倭国王、安東将軍等の称号を授与された
5世紀後半～　●中央アジアからエフタル侵入→グプタ朝衰退		
6世紀　●バクティ信仰盛ん→仏教・ジャイナ教攻撃される	589　●隋の文帝（楊堅）、中国を統一	502　●倭国王武、南朝梁から称号（征東将軍）を授かる

グプタ朝　320頃～550頃　／　東南アジア各地にインド文化を受容
五胡十六国時代　304～439　／　魏晋南北朝時代（5世紀後半～589）
古墳時代　／　古墳が全国に広がり、前方後円墳は巨大化の傾向

8世紀の世界

▶**カール大帝**（位768〜814）　アーヘン大聖堂に残るカール大帝の像には、帝冠にも衣服にも宝石がはめこまれている。

▼**イコン破壊派の行為と擁護派の勝利**　イコン破壊運動を描いた図は少ない。これは『フルードフ詩篇』と呼ばれるギリシア語写本で、左の、イコンを石灰で消している破壊派のおこないは十字架上のキリストを槍で刺すに等しい冒瀆の行為であるとしている。右は、イコン破壊派を踏みつける擁護派の総主教（下）。それが魔術師シモンを踏みつける使徒ペテロ（上）の姿と重ねて描かれている。（モスクワ歴史博物館蔵）

トゥール・ポワティエ間の戦い（732）

青色文字　10節度使
辺境防備のためにおかれた軍団の司令官
—— おもな海上ルート
・・・・ おもな陸上ルート
▨ カール大帝の征服地

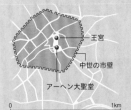

◀**アーヘン 1**　カール大帝が晩年を過ごした地だが、王国の首都として機能していない。カールは移動して生活し、各地に王宮所在地があった。

▶**コンスタンティノープル 2**　ゲルマン人やイスラーム勢力の侵攻に耐え、難攻不落の都として8世紀には商工業の中心として発展した。

▼**バグダード 3**　ササン朝時代の運河などを利用し、円城計画都市として8世紀後半に造営され、4つの門は世界へと通じた。

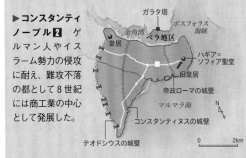

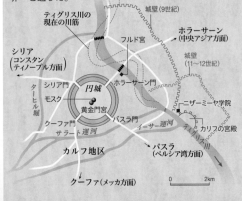

▲**ハールーン＝アッラシード**（『千夜一夜物語』挿し絵）　アッバース朝5代カリフ（位786〜809）で、ビザンツ帝国と何度も交戦し、フランク王国のカール大帝には使節を送ったとされる。

		地中海・ヨーロッパ		西アジア	
ビザンツ帝国 395〜1453	7世紀前半	●ビザンツ皇帝ヘラクレイオス1世、ササン朝と激戦	7世紀前半		
			622	●ムハンマドのヒジュラ	
		●ビザンツ帝国、軍管区制実施・ギリシア語の公用語化	642	●ニハーヴァンドの戦い	
			651	●ササン朝ペルシア滅亡	ウマイヤ朝 661〜750
	7世紀	**セビリヤのイシドールス** セビリヤ大司教として西ゴートのカトリック化に貢献	661	●ムアーウィヤ、カリフ就任 →ウマイヤ朝成立	
	8世紀前半	●ビザンツ皇帝レオン3世、ウマイヤ軍を撃退・聖像禁止令実施		●ウマイヤ朝軍、ビザンツ・イベリア半島に侵入	
フランク王国 481〜843 など	711	●西ゴート王国滅亡	750	●アッバース朝成立	アッバース朝 750〜1258
	732	●トゥール・ポワティエ間の戦い（フランク軍がウマイヤ軍を撃退）	751	●タラス河畔の戦い	
	751	●カロリング朝開始	756	●イベリア半島に後ウマイヤ朝成立	
8世紀	800	●カール大帝、ローマ帝戴冠	786	●アッバース朝、ハールーン＝アッラシード即位	
9世紀	843	●ヴェルダン条約 フランクの分裂開始	830頃	●バグダードに知恵の館（バイト＝アルヒクマ）設立	

▶**海獣葡萄鏡** 海獣葡萄鏡は唐代に多くつくられ、背面の中心近くに天馬や竜などを、外縁に鳥や昆虫などを配し、全体の葡萄唐草紋が特徴で、西方との交流をうかがわせる。(左:高松塚古墳出土、飛鳥資料館蔵、右:九州国立博物館蔵)

◀**鑑真和上**(688〜763) 日本渡航は暴風雨や政治的理由で10年挫折を繰り返し、65歳で6度目に薩摩に漂着、翌年平城京に到着した。東大寺で多くの僧に授戒し、のちに唐招提寺を創建した。

▲**ポロの図**(唐、章懐太子墓壁画) ポロはイラン起源の騎乗球技で、左手で手綱を操り、右手で柄の長い槌をもって木製の玉を打った。競技者は黒いブーツをはき、馬は尻尾を束ねられている。章懐太子は**則天武后**の次男。

▶**平城京４** 唐の長安城と異なり各区画に城壁は築かれなかった。710年の遷都時には大極殿とその周辺だけだったとされる。

卍仏教寺院
✕祆教(ゾロアスター教)寺院
✝景教(キリスト教ネストリウス派)寺院
△道教寺院

▶**長安５** 東市・西市には多くの外国人が居住し、唐の最盛期には人口100万人をこえる巨大な国際都市に発展した。

南・東南アジア		東アジア			日本	
6世紀	●ドヴァーラヴァティー成立→上座部仏教を受容	隋	612	●煬帝、高句麗遠征失敗(〜14)	604	●聖徳太子、十七条憲法制定
			618	●唐成立	607	●遣隋使(小野妹子)を派遣
629	●中国僧玄奘の渡印(〜45)		626	●唐太宗即位、貞観の治 東西の突厥、唐に服属	7世紀半ば	●大化改新
7世紀	●シュリーヴィジャヤ成立→大乗仏教を受容		676	●新羅、朝鮮半島統一	663	●白村江の戦い(唐・新羅連合に敗北)
671	●中国僧義浄の渡印(〜95)		672		672	●壬申の乱(天武天皇即位)
			698	●渤海成立		
7〜8世紀	●タミル系のチャールキヤ系とパッラヴァ朝の抗争続く	唐 618〜907	712	●唐玄宗即位、開元の治	701	●大宝律令制定
			722	●募兵制実施	710	●平城京に遷都
		8世紀前半		●ウイグル、突厥にかわりモンゴル高原を支配	727〜	●渤海使節来日(計35回)
8世紀	●ジャワにシャイレンドラ朝成立		751	●タラス河畔の戦い	753	●唐から鑑真来日
			755	●安史の乱(〜63)		
			780	●両税法実施	794	●平安京に遷都
					797	●坂上田村麻呂、蝦夷征討
8〜9世紀	●ジャワにボロブドゥール建立		8〜9世紀	●節度使の自立化進む	9世紀初め	●最澄・空海、唐から帰国

(地図中の地名)
レナ川 エニセイ川 オホーツク海 キルギス ウイグル(回紇) 西突厥 カラバルガスン キタイ(契丹) 渤海 上京竜泉府 東京竜泉府 佐渡 金沢 敦賀 日本 アルタイ山脈 北庭 朔方 東突厥 范陽 平盧 長岡京 平城京 河東 営州 幽州 新羅 金城(慶州) 福岡 砕葉城(スイアーブ) 庭州 伊州(ハミ) 高昌 河西 太原 黄河 20° カンド シュガル ニヤ 且末 瓜州 沙州(敦煌) 涼州(武威) 霊州 汴州 揚州 東シナ海 太平洋 亀茲(クチャ) 焉耆 甘州 鄯州 蘭州 杭州 パミール パミール高原 ホータン 吐谷渾 隴右 ⑤洛陽 金陵 明州 プルシャプラ チベット高原 ラサ 吐蕃 長安(西安) 唐 剣南 成都 江陵 福州 ザ レターン ヒマラヤ山脈 会川府 泉州 広州 プラティハーラ朝 マトゥラー ナーランダー 大和城 雷州 嶺南五府経略 交州(ハノイ) カナウジ ブッダガヤ パータリプトラ パーラ朝 南詔 驩州 インドラプラ ウッジャイニー ヴァラビー アジャンター エローラ タームラリプティ ピュー シュリークシェトラ 南シナ海 チャンパー ラーシュトラクータ朝 東チャールキヤ朝 ドヴァーラヴァティー王国 タトン パンドランガ ヴァータービ カンボジア アンコール・ワット バナジ パッラヴァ朝 タンジョール カーンチープラム オケオ ブルネイ クイロン パーンディヤ朝 ボロンナルワ ナガラ(リゴール) マドゥライ シンハラ シュリーヴィジャヤ マラッカ海峡 羅越国 タンジュンプラ マラユ バレンバン シャイレンドラ朝 ボロブドゥール インド洋 ベンガル湾

(平城京図)大内裏 大極殿 西大寺 東大寺 興福寺 唐招提寺 薬師寺 右京 左京 朱雀大路 西市 東市 羅城門 0 2km

(長安図)玄武門 大明宮 宮城(太極宮) 皇城 承天門 朱雀門 大秦寺 西市 東市 小雁塔 大慈恩寺 大雁塔 明徳門 街 街 左 右

▶**ノルマンの征服**1066年、**ノルマンディー公ウィリアム**はアングロ＝サクソン人の王ハロルドを倒してイングランドを征服し、ノルマン朝を開いた。図はウィリアムが従者と食事している場面。（フランス、バイユーの刺繍画）

▲**レコンキスタの英雄**　カスティリャの貴族**エル＝シッド**は**ムラービト朝**からバレンシア地方を奪還した戦いで英雄視され、彼の武勲を称える叙事詩も作成されていたが、実際にはイスラーム教徒と親交もあり、ムラービト朝のアラゴン攻撃に参加したことがある。（スペイン、レオンの聖イシドロ教会所蔵の写本より）

［地図中の地名・注記］

ノルマンの征服（1066）／イングランド王国／スコットランド王国／ノルマンディー／フランス王国／リューベック／ハンブルク／ポーランド王国／アラゴン王国／ナバラ王国／レオン・カスティリャ連合王国／ロンドン／ブリュージュ／ノヴゴロド／神聖ローマ帝国／ウラディミル／モスクワ／パリ／トゥールーズ／キエフ公国／グラニー／ジェノヴァ／ヴェネツィア／キエフ／トレド／ハザール＝ハン国／セビリャ／コルドバ／グラナダ／ハンガリー王国／ローマ／ヴァルガ川／フェス／ドン川／マラケシュ／チュニス／ビザンツ帝国（東ローマ帝国）／ウルゲン／ムラービト朝／クレルモン宗教会議（1095）／コンスタンティノープル／セルジューク朝／カフカス山脈／教皇領／ティフリス（トビリシ）／ノルマン公領／マラズギルトの戦い（マンジケルト）1071／クレタ島／タブリーズ／レイ／ニーシャ／メル／カノッサの屈辱（1077）／ダマスクス／アッコン／バグダード／イスファハーン／フスタート（カイロ）／イェルサレム／バスラ／シーラーズ／セルジューク朝バグダード入城（1055）／ガーナ王国／サハラ砂漠／ニジェール川／ファーティマ朝／メディナ／メッカ／アラビア海／エチオピア高原／コンゴ川／ヴィクトリア湖／紅海

［凡例］
∴ 遺跡
→ セルジューク朝の侵攻
→ ガズナ朝のインド侵入
→ チョーラ朝の東南アジア侵攻

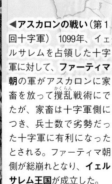

◀**アスカロンの戦い**（第1回十字軍）　1099年、イェルサレムを占領した十字軍に対して、**ファーティマ朝**の軍がアスカロンに家畜を放って撹乱戦術にでたが、家畜は十字軍側につき、兵士数で劣勢だった十字軍に有利になったとされる。ファーティマ朝側が総崩れとなり、**イェルサレム王国**が成立した。

▲**ニザーム＝アルムルク**（1018〜92）　**セルジューク朝**の大宰相としてマリク＝シャー（中央）に謁見している場面（左側の人物とされる）。**ニザーミーヤ学院**創設などスンナ派学問の興隆につとめた。（イギリス、エディンバラ大学蔵『集史』挿絵より）

解説　『ルバイヤート』はセルジューク朝期の**ウマル＝ハイヤーム**による四行詩集で、飲酒を賛美する表現も多い。19世紀イギリスの詩人フィッツジェラルドが英訳して世界的に知られるようになった。

		地中海・ヨーロッパ		西アジア・アフリカ
		911 ●ノルマンディー公国成立		909 ●ファーティマ朝成立
10世紀	神聖ローマ帝国 962〜1806	962 ●神聖ローマ帝国成立（オットー1世戴冠）	ファーティマ朝 909〜1171 / ブワイフ朝 932〜1062 / セルジューク朝	946 ●ブワイフ朝、バグダードに入城
		976 ●ビザンツ皇帝バシレイオス2世即位、勢力拡大へ		
		987 ●カペー朝成立		10世紀末 ●ガズナ朝、イランに侵入
		989 ●キエフ大公ウラディミル1世、正教に改宗		
	カペー朝 987〜1328 など	1035 ●アラゴン王国とカスティリャ王国成立	ブワイフ朝 1038〜1194 / ムラービト朝 1056〜1147	1031 ●後ウマイヤ朝滅亡
		1054 ●東西教会分裂		1038 ●セルジューク朝成立
		1066 ●イングランドにノルマン朝成立		1056 ●ムラービト朝成立→サハラ以南のイスラーム化
		1075 ●叙任権闘争（〜1122）		1067 ●バグダードにニザーミーヤ学院設立
11世紀		1077 ●カノッサの屈辱		1071 ●マラズギルトの戦い→トルコ人、アナトリア進出
		1095 ●クレルモン宗教会議		
		1099 ●十字軍、イェルサレム占領		

カラハン朝
アルタイ山脈
イェニセイ川
レナ川
オホーツク海
アムール川（黒竜江）
バイカル湖
モンゴル
タタール
生女真
熟女真
高麗の千里長城
日本（平安時代）
日本海
遼（キタイ・契丹）
燕雲十六州
カラホト（黒水城）
西夏
ビシュバリク
ベラサグン
クチャ
沙州（敦煌）
甘州
興慶府
西京
京都（平安京）
高麗
開京（開城）
大宰府
澶州（澶淵）
開封（汴京）
淮河
東シナ海
黄河
揚州
明州（寧波）
ホータン
カシュガル
タリム盆地
パミール高原
ブルハンプール山脈
ムルターン
西京（洛陽）
岷州
河州
西涼
揚子江
杭州
景徳鎮
温州
福州
泉州
チベット高原（吐蕃）
ラサ
成都府
重慶
北宋
大理
桂州
広州
雷州
太平洋
澶淵の盟（1004）
西夏文字による貨幣
朝
プラティハーラ朝
デリー
ガンジス川
ヒマラヤ山脈
パーラ朝
チャールキヤ朝
デカン高原
カリヤーニ
チョーラ朝
ガンガイコンダチョーラプラム
タンジャブール
クイロン
セイロン島
インド洋
パガン朝
バガン
ペグー
昇竜（ハノイ）
大越（李朝）
チャンパー（占城）
ヴィジャヤ
メコン川
アンコール＝ワット
カンボジア（アンコール朝）
マレー半島
カリマンタン（ボルネオ）島
マラッカ
シュリーヴィジャヤ
スマトラ島
パレンバン
クディリ朝
ボロブドゥール
ベンガル湾
南シナ海

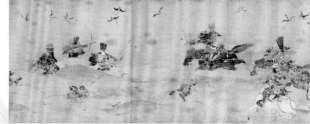

▲「後三年合戦絵巻」 東北地方を舞台に、源 義家が出羽の豪族に勝利した戦い（1083〜87）で源氏の東国支配の基盤ができ、奥州藤原氏の勢力が形成された。整然と飛ぶ雁の列が乱れていたことから、義家軍が敵の伏兵を察知して勝利したことを伝えている。（東京国立博物館蔵）

▶ 西夏文字による貨幣 東西交通路をおさえて11世紀に建国された西夏で独特の文字がつくられ、貨幣に刻印されたもの。上から時計まわりで大・安・宝・銭となる。

◀ 大越（李朝）の自立 中国から自立したベトナムは、11世紀に李朝が成立、11世紀後半までに宋の侵攻を排除して独立を確立した。中国文化の影響下にあり、科挙を実施した。写真は文廟（孔子廟）。

▲ ガズナ朝によるインドのイスラーム化 マフムード（位997〜1030）は北方のカラハン朝と和睦し、西北インドに侵攻、ヒンドゥー寺院を略奪・破壊しこの侵攻によってインドのイスラーム化が始まった。中央はアッバース朝カリフからの賜衣を着たマフムード。（イギリス、エディンバラ大学蔵『集史』挿絵より）

◀ チョーラ朝の強大化 南インドのタミル系チョーラ朝は11世紀になると強大化し、ラージェンドラ1世のときに東南アジアに侵攻した。なかでもシュリーヴィジャヤ侵略は激しく、パレンバンは略奪を受けて衰亡化した。ラージェンドラはガンガイコンダチョーラプラム（ガンジスを支配したチョーラの都）を建設、ヒンドゥー教文化を保護して最盛期をもたらした。写真は都のヒンドゥー寺院の門の衛兵の像。

南・東南アジア		東アジア		日本	
928	●東ジャワにクディリ朝成立	五代十国 907〜979	907 ●唐滅亡、五代十国時代 918 ●朝鮮半島に高麗成立 926 ●キタイ（契丹）、渤海を滅ぼす 947 ●キタイ、国号を遼に制定 960 ●宋成立（太祖趙匡胤）	939 ●平将門の乱（〜40） 939 ●藤原純友の乱（〜41） 967 ●『延喜式』試行	平氏・源氏が鎮圧に貢献、武士勢力成長
10世紀末	●ガズナ朝、西北インドに侵入	宋（北宋、960〜1127）	979 ●宋、中国統一を達成	988 ●「尾張国郡司百姓等解文」で国司解任を要求	平安時代
1009	●ベトナム、大越（李朝）成立		1004 ●宋と遼、澶淵の盟	1019 ●刀伊の来襲（九州各地に被害）	
11世紀前半	●南インドのチョーラ朝、シュリーヴィジャヤに侵攻		1044 ●宋と西夏、慶暦の和約	1051 ●前九年合戦（〜62）→源氏が東国に進出	
1044	●ミャンマーにパガン朝成立		1069 ●王安石の新法始まる	1069 ●延久の荘園整理令	
	●東南アジア諸地域に、上座部仏教・ヒンドゥー教の浸透進む		●新法党と旧法党の抗争	1083 ●後三年合戦（〜87）→源義家の勢力拡大 1086 ●白河上皇、院政開始	
		11世紀	●二期作・二毛作の発達、占城稲の普及、生産力向上	11世紀末 ●興福寺・延暦寺の僧兵、神木・神輿を利用して強訴	

▶**インノケンティウス3世と聖フランチェスコ** 托鉢と民衆説教をおこなう「小さき兄弟団」を率いてフランチェスコはローマへ行き、1210年、教皇インノケンティウス3世に謁見した。聖堂を肩で支えている修道士がフランチェスコで、崩壊しそうな教会を支える彼の夢をみた教皇は、彼らの会則を認可した。(14世紀初、ジョット画、アッシジ、聖フランチェスコ大聖堂蔵)

インノケンティウス3世
聖フランチェスコ

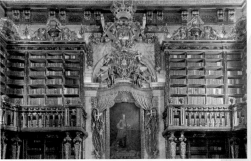

▲**コインブラ大学** **カスティリャ**から自立した**ポルトガル**は、12〜13世紀に**レコンキスタ**を進め、1255年にリスボンに遷都するまで、中部のコインブラが首都であった。13世紀末に創立されたコインブラ大学は、ヨーロッパでも有数の古い伝統をもつ大学である。写真は旧図書館内部の蔵書の一部。火災予防のため自然採光だけで閲覧している。

▲**メヴレヴィー教団** アナトリアの**コンヤ**を首都に成立した**ルーム=セルジューク朝**のスルタン、カイクバード1世の保護を受けたルーミーに心酔した人々によって、**神秘主義教団**が成立した。ルーミーの詩と両手を広げて旋回することを特色にしている。政教分離のため、今日宗教活動としては禁じられ、ルーミーの命日に観光客相手に披露される。

▶**チンギス=カンのホラズム攻撃** 1221年、ホラズム王子ジャラール=アッディーンは、チンギス=カンの追撃を振り切ってインダス川を渡った。その後イランに潜入してホラズムの再興をはかったが、1231年、オゴデイが派遣した遠征軍の追討を受け、ティグリス川上流の地で殺害され、激しい抵抗に幕を閉じた。(16世紀の細密画)

◀**特異な皇帝フリードリヒ2世**(位1215〜50) アラビア語を話せた皇帝(左から2人目)は、1229年、**アイユーブ朝**君主アル=カーミル(中央)と会談し、**イェルサレム返還**を期限付きで実現した。フリードリヒ2世はパレルモの宮廷で、多くのアラブ人官僚に囲まれて育ち、入浴も毎日おこなったという。(14世紀の絵画、ヴァチカン古文書館蔵)

モンゴル帝国の最大領域
赤文字 物産
-------- おもな商業ルート
―― ルブルックの行路(1253〜55)
―― マルコ=ポーロの行路(1271〜95)
[国名] 13世紀の間に滅んだ国家

		ヨーロッパ		西アジア・アフリカ	
				モロッコ・イベリアを支配	
カペー朝／プランタジネット朝	12世紀	1122	●ヴォルムス協約		
		1130	●両シチリア王国成立	1130	●ムワッヒド朝成立 ●セルジューク朝分裂
		1154	●英、プランタジネット朝成立	1169	●アイユーブ朝成立
		1189	●第3回十字軍	1187	●アイユーブ朝
			皇帝 フリードリヒ1世／仏王 フィリップ2世／英王 リチャード1世		サラーフ=アッディーン、十字軍を撃退
プランタジネット朝 1154〜1399		1202	●第4回十字軍、ビザンツを攻撃 ●ハンザの都市同盟化進む	アイユーブ朝 1169〜1250	
	13世紀	1241	●ワールシュタットの戦い(リーグニッツの戦い)	1243	●キプチャク=ハン国成立
神聖ローマ帝国		1256	●神聖ローマ帝国、大空位時代開始	1250	●マムルーク朝成立
		1270	●第7回十字軍失敗、ルイ9世死去	1258	●アッバース朝滅亡
					●イル=ハン国成立
		1291	●アッコン陥落、十字軍終了	マムルーク朝 1250〜1517	1291 ●マムルーク朝、アッコン占領
					1295 ●イル=ハン国、イスラーム化

マルコ＝ポーロと『世界の記述（東方見聞録）』

…ジパング〔日本国〕は東方の島で、大洋の中にある。大陸から1500マイル離れた大きな島で、住民は肌の色が白く礼儀正しい。また、偶像崇拝者である。島では金が見つかるので、彼らは限りなく金を所有している。しかし大陸からあまりに離れているので、この島に向かう商人はほとんどおらず、そのため法外な量の金で溢れている。

…私たちキリスト教国の教会が鉛で屋根を葺くように、屋根がすべて純金で覆われているので、その価値はほとんど計り知れないほどである。床も二ドワの厚みのある金の板が敷きつめられ、窓もまた同様であるから、宮殿全体では、誰も想像することができないほどの並外れた富となる。

（月村辰雄・久保田勝一訳『マルコ・ポーロ　東方見聞録』岩波書店より）

解説 ヴェネツィア出身のマルコ＝ポーロは1271年に出発し、クビライに重用された。マルコは多言語に通じ、中国南部・東部、東南アジア方面を巡って情報を収集した。

①クビライの日本あての詔書（1266年11月）

日本は…開国以来時に中国と通じていた。朕の代になってからは特使による和好を通じていない。……願わくは今後、好を結んで互いに親睦しようではないか。……兵力をもちいるような事態を誰が好むと思うか、王はよくよく考えよ。

（『大蒙古国皇帝奉書』〈日本側呼称：蒙古国牒状〉より）

②クビライの使者の日本観
（1272年に来日、翌年に報告）

臣（趙良弼）、日本に滞在して１年余、民は野蛮で殺戮を好み、上下の礼節を知らないし、土地は山がちで耕作に適さない（日本を征服しても何ら利益にならない）。海は荒れ、危険をおかしてまで遠征すると損害は測り知れない。臣は遠征をとりやめた方がよいと考えます。　（『元史』巻159　趙良弼伝より）

③第２次日本遠征（弘安の役）をめぐる命令と諫言

クビライ「日本に遠征するにあたり、揚州・湖南・贛州・泉州四省に命じて、戦闘用の船600艘を建造させた。」

蒲寿庚　「命令を受けて海船200艘をつくろうとしましたが、現在50艘できましたが、民は困窮を極めております。」

再度命令が出てこの建造計画は中止された。

（『元史』巻10、11　世祖本紀7、8より）

解説 ①はクビライが日本に服属を勧告したものではないとされる。また、クビライは高麗を通じて何度も日本に使節を派遣した。②はその報告で、日本遠征をやめた方がよいと諫言している。クビライはこの意見を聞かずに1274年、81年と２度遠征軍を送ったが失敗した。③は泉州市舶使の蒲寿庚が、無理な日本遠征のための海船建造が民衆の生活を圧迫しているとして、クビライに計画の中止を願い出たことを伝えている。

13世紀にユーラシアを旅した人々

人名	交流の内容
プラノ＝カルピニ （1182頃〜1252）	フランチェスコ会修道士。ローマ教皇による派遣でグユクのもとを訪れる
ルブルック （1220頃〜93頃）	フランチェスコ会修道士。フランス王ルイ９世による派遣でカラコルムでモンケに面会
サウマ （？〜1294）	大都のネストリウス派司祭。イル＝ハン国からローマ教皇のもとを訪れる
モンテ＝コルヴィノ （1247〜1328）	フランチェスコ会修道士。大都でカトリック布教

南・東南アジア	東・北アジア		日本	
1113 ●アンコール朝、スールヤヴァルマン２世即位 ●アンコール＝ワット建造		1125 ●金、遼を滅ぼす 1126 ●靖康の変（〜27、北宋滅亡）→南宋成立 1132 ●カラキタイ（西遼）成立 1142 ●紹興の和議（南宋、金に臣下の礼）	平安時代	12世紀前半 ●平忠盛・清盛親子、勢力拡大 1156 ●保元の乱 1159 ●平治の乱、平清盛の権力確立 1185 ●源頼朝、平氏を滅ぼす守護・地頭を全国に設置
1175 ●ゴール朝、インド侵入 1187 ●ゴール朝、ガズナ朝を破り北西インドを支配	金 1115〜1234			
1206 ●奴隷王朝成立デリー＝スルタン朝開始 1222 ●ジャワにシンガサリ朝成立 1225 ●ベトナム、陳朝成立	南宋 1127〜1276 モンゴル（元）1271〜1368	1206 ●チンギス＝カン、モンゴル統一 1227 ●西夏滅亡 1234 ●金滅亡 1258 ●高麗、モンゴルに服属 1271 ●元朝（大元）成立（クビライ） 1276 ●元、南宋を滅ぼし中国を統一	鎌倉時代	1203 ●北条時政、執権就任 1219 ●源実朝殺害（源氏嫡流断絶） 1221 ●承久の乱　後鳥羽上皇、隠岐配流 1232 ●御成敗式目制定（武家法体系化） 1274 ●元軍襲来（文永の役） 1275 ●北条時宗、元使を鎌倉で斬首
1293 ●ジャワにマジャパヒト王国成立		元、日本・東南アジア遠征展開		1281 ●元軍再襲来（弘安の役）

▶百年戦争とジャンヌ＝ダルク　ジャンヌは1431年、ルーアンで火刑となった。分裂していたフランスは、諸勢力の結束により、百年戦争に勝利した。(パリ、パンテオン蔵)

▼ブルゴーニュ公の金羊毛騎士団　フランス東部からフランドルを支配したフィリップ善良公は、聖アンデレを守護聖人とした金羊毛のネックレスで知られる騎士団を創設した。その名はギリシア神話に登場する秘宝とされた金色の羊毛をとりにいく英雄の冒険伝説に由来し、**十字軍**を意識していた。フランス王家に対抗するブルゴーニュ公国の全盛期をもたらした。(ベルギー王立図書館蔵)

15世紀半ばの奴隷貿易

　明くる日、…航海者たちは舟艇の準備をととのえ、捕虜たちを船から引出してこれに乗せ、…かれらを運び始めた。…かれらの中であるものは色がかなり白くて美しく、…またあるものは肌がそれほど白くはなく、むしろ黒白混血人に似ていた。さらにまたあるものはエチオピア人のように黒い色をしており、…さながら地底の世界(地獄)の化物をみているごとく思われたのである。…

　殿下〔エンリケ航海王子〕は逞しい馬にうちまたがって、家中の者たちを従え、恩賞を分かち与えておられた。…御自身のためにはごく僅かの分け前しか得ようとはなさらず、…殿下の五分の一の割当分にあたる四六人をもさっさと分配してしまわれたのである。…

(ゴメス＝エアネス＝デ＝アズララ『ギネー発見征服誌』、歴史学研究会編『世界史史料5』岩波書店より)

▶レコンキスタの達成　1492年グラナダが陥落し、レコンキスタが完了した。レリーフには、ムスリムの女性たちがキリスト教に改宗される様子が描かれている。

ポーランド王国
神聖ローマ帝国
962〜1806
スコットランド王国
イングランド王国
ロンドン
フランス王国
パリ
リューベック
ハンブルク
ノヴゴロド
カルマル同盟
モスクワ大公国の自立(1480)
ドイツ騎士団領
モスクワ大公国

百年戦争終結(1453)

スペイン王国成立(1479)

カスティリャ王国
アラゴン王国
ポルトガル王国
レオン
サラゴサ
トレド
ジェノヴァ
ナスル朝
1232〜1492
セウタ　グラナダ

グラナダ陥落(1492)

マリーン朝
1196〜1485
ヴェネツィア共和国
教皇領
ミラノ
ウィーン
プラハ
ブダ(ブダペスト)
ハンガリー
ローマ王国
ナポリ王国
ナポリ

ハフス朝
1228〜1574

クラクフ
キエフ
リトアニア大公国
モスクワ
リャザン公国
カザン
カザン＝ハ
1445〜1552
クリミア＝ハン国
1243〜1502
キプチャク＝ハ
(ジョチ＝ウルス)
1243〜1502
カッファ
タナ
サライ
アストラハン
ウルゲンチ

オスマン帝国
1299〜1922
イスタンブル(コンスタンティノープル)
ティフリス(トビリシ)
タブリーズ
レイ
ニーシャープ
ヘラ
ティムー
1370〜1507

コンスタンティノープル陥落(1453)

アンティオキア
ダマスクス
イェルサレム
ハマダーン
バグダード
イスファハーン
シーラーズ
ホルムズ

クレタ島
キプロス王国

マムルーク朝
1250〜1517
カイロ
メディナ
メッカ
ジッダ
サヌア
ザファール
マスカット
アラビア半島
ラスール朝
1229〜1454
アデン

ソンガイ王国
トンブクトゥ
ガオ

アンカラの戦い(1402)

マリ王国
1240〜1473

ベニン王国

ボルヌ王国

チャド湖
サハラ砂漠
ナイル川
紅海

エチオピア帝国
エチオピア高原

大西洋

コンゴ川
ヴィクトリア湖

モガディシュ
ブラワ
ジュンバ
マリンディ
モンバサ
ザンジバル

アラビア海

凡例：
→ ティムールの遠征
→ 鄭和の艦隊の航海路
□ リトアニア＝ポーランド王国(ヤゲウォ朝)

解説　『ギネー発見征服誌』は**エンリケ航海王子**の業績を讃えるために描かれた年代記。ポルトガルは西アフリカのブランコ岬にまで到達し、1441から沿岸の住民を捕獲して本国に連れて帰るようになった。ここでは、ポルトガル南部でおこなわれていた奴隷売買の様子が記されている。その後、ポルトガルは奴隷貿易をギニア沿岸交易に発展させ、ヨーロッパ・アメリカ大陸に大量の奴隷を輸出し始めた。

▲「第3のローマ」としてのモスクワ　モスクワ大公**イヴァン3世**は1473年ビザンツ帝国最後の皇帝の姪ソフィアと結婚、東方キリスト教世界の保護者としての帝位と「双頭の鷲」の紋章を継承した。

			ヨーロッパ		西アジア・中央アジア・バルカン	
13世紀初	英・プランタジネット朝	仏・カペー朝	1295	●エドワード1世の模範議会	1300頃	●オスマン朝成立
			1302	●フィリップ4世、三部会招集	14世紀前半	●イブン＝バットゥータ、諸地域を旅行　『三大周遊記』(通称)
			1309	●「教皇のバビロン捕囚」(〜77)		
			1339	●英仏百年戦争(〜1453)	1360頃	●ムラト1世、イェニチェリ創設
			1356	●黒死病(ペスト)流行		
				●金印勅書発布	1370	●ティムール朝成立
		ヴァロワ朝 1328〜1589	1380頃	●ウィクリフ、教会を批判	1389	●コソヴォの戦い
14世紀			1386	●ヤゲウォ朝(ポーランド・リトアニア同君連合)	1396	●ニコポリスの戦い
	ランカスター朝 1399〜1461		1397	●北欧3国、カルマル同盟結成	1402	●アンカラの戦い(オスマン、ティムールに敗北)
			1414	●コンスタンツ公会議→フス処刑	1429	●サマルカンドに天文台設置
			1453	●百年戦争終結 ビザンツ帝国滅亡		
			1455	●バラ戦争(〜85)	1453	●メフメト2世、コンスタンティノープル占領
	テューダー朝 1485〜1603		1492	●ナスル朝滅亡 レコンキスタ達成		
15世紀			1494	●仏王シャルル8世、イタリア侵攻(イタリア戦争、〜1559)		
				●トルデシリャス条約		

(table右側の縦書き: マムルーク朝／オスマン帝国 1300頃〜1922／ティムール朝 1370〜1507、オスマン軍、バルカン諸国を撃破)

◀**永楽通宝** 滋賀県近江八幡市安土町のマンホール（右）の蓋には**織田信長**が、当時の通貨である永楽通宝を刀の鍔に刻印した「負けずの鍔」がデザインされている。

▲**申叔舟『海東諸国記』** 申叔舟は国王世宗に重用され、中国語や日本語の才能があったことから日本への通信使にも抜擢された。また、言語能力を評価されて世宗の**訓民正音**（ハングル）創製にもかかわったとされる。晩年、室町時代の日本訪問の経験をもとに『海東諸国記』を著し、1471年に刊行した。巻頭には日本の全図、九州・壱岐・対馬・琉球の地図などを掲載し、日本と琉球国の歴史・地理・政治・言語などを詳細に記し、日朝間の相互交流を記載したものとなっている。日本や琉球の歴史を外国人の視点から記述した、同時代の貴重な史料である。

▲**鄭和**（1371～1434頃）の大航海　1405年、ムスリムだった鄭和は**永楽帝**の命により第1次航海に出発、120mをこえる巨艦を中心に62隻、総勢2万7800名あまりの大船団だった。圧巻は第4・5次航海で、アラビア海に進出、第5次航海の別働隊はアフリカ東海岸**マリンディ**に到達し、珍獣をもち帰った。最後の第7次航海から帰国後、1434年頃、鄭和は死去したが、まさに「**大航海時代**」の幕あけであった。上の図は17世紀の『武備志』の一部。（東京、〈公財〉東洋文庫蔵）

◀**琉球王国の「万国津梁の鐘」**　15世紀に統一された琉球王国は、東アジアだけでなく東南アジアの海域世界にも交易のために進出し、**マラッカ**でも「レケオ人」の名で知られた。1458年に鋳造された鐘は首里城の正殿にあったもので、銘文に、交易立国としての気概が記されている。（沖縄県立博物館蔵）

南・東南アジア		東アジア		日本	
14世紀	●北インド、デリー＝スルタン朝興亡	1294	●クビライ死去	鎌倉時代	1297 ●永仁の徳政令（御家人の没落）
					1331 ●元弘の変 →後醍醐天皇、隠岐配流
1336	●南インド、ヴィジャヤナガル王国成立	1346	●イブン＝バットゥータ、大都来訪		1333 ●新田義貞、鎌倉を攻略
1351	●タイ、アユタヤ朝成立	1351	●紅巾の乱（～66）		1338 ●足利尊氏、征夷大将軍就任
11～15世紀	東南アジアの変動【旧勢力】モン・クメール・チャム人等、後退【新勢力】ミャンマー・タイ・ベトナム人人等、台頭	1368	●明朝成立（朱元璋〈洪武帝〉）	南北朝時代	1342 ●幕府公認の天竜寺船、元に派遣 前期倭寇活性化
		1392	●朝鮮王国成立（李成桂）		1378 ●足利義満、室町に幕府を移転
		1399	●靖難の役（～1402）		1392 ●南北朝統一
		1402	●明、永楽帝即位		1404 ●勘合貿易（日明貿易）始まる
1428	●ベトナム、明排除→大越（黎朝）成立		対外遠征 モンゴルに親征／陳朝大越を一時併合／鄭和の南海遠征	室町時代	1419 ●応永の外寇（倭寇対策で朝鮮軍が対馬来襲）
	●マラッカ王国、イスラーム化	1446	●朝鮮国王世宗、訓民正音を公布		1428 ●正長の徳政一揆
	東南アジア各地 イスラーム系港市国家形成	1449	●土木の変（エセン＝ハン侵入）		1429 ●琉球王国成立（中山王、琉球統一）
1498	●ヴァスコ＝ダ＝ガマ、カリカットに到達	15世紀末	●明、万里の長城を強化 ●ダヤン＝ハン、モンゴル再興	戦国時代	1467 ●応仁の乱（～77） 1483 ●足利義政、東山山荘（のちの慈照寺）に転居 1485 ●山城の国一揆（～93）

▼**無敵艦隊（アルマダ）の敗北（エリザベス女王の凱旋）**　1588年5〜9月、スペインの無敵艦隊を迎撃したイングランド軍（王室海軍と私掠船団の混成）が激戦を繰り返し、8月、**エリザベス1世**はテムズ河口のティルベリーにおもむいて兵士を鼓舞する名演説をおこなった。無敵艦隊は痛手をうけて帰還したが、絵が示しているほどの惨敗（図中央上の炎上している船団）ではなく、まもなくスペインは艦隊を再建した。

◀**16世紀のメヒコ**（スペイン語、英語ではメキシコシティ）　1521年、**コルテス**軍は図のような湖上都市**テノチティトラン**を攻略、**アステカ王国**側も激しく抵抗したが天然痘が流行しはじめたこともあり、王国はコルテス軍に滅ぼされた。

▼**第1次ウィーン包囲戦**　1526年、オスマン軍は**モハーチの戦い**に勝利してハンガリー王を敗死させ、空位となった王位をめぐって神聖ローマ帝国と対立し、1529年には首都ウィーンを2カ月にわたって包囲した。神聖ローマ皇帝**カール5世**はルター派諸侯やフランス王との対立を凍結して**スレイマン1世**の侵攻に頑強に抵抗した。オスマン軍も長期遠征で疲弊し、ウィーンから撤退したので、カール5世はルター派への弾圧を再強化した。（『ヒュネル＝ナーメ』より）

地図ラベル

北アメリカ
ロッキー山脈
アパラチア山脈
大西洋
太平洋
アステカ王国
テノチティトラン（メキシコシティ）
アカプルコ
メリダ
ベラクルス
メキシコ湾
フロリダ半島
ハバナ
サンサルバドル島
西インド諸島
キューバ
グアテマラ
カリブ海
カルタヘナ
カラカス
パナマ
ボゴタ
キト
リマ
クスコ
ラパス
ポトシ銀山（1545発見）
インカ帝国
南アメリカ
アンデス山脈
アスンシオン
サンティアゴ
ブエノスアイレス
マゼラン海峡
サンルイ
ベルナンブーゴ
バイーア（サルヴァドール）

1521 アステカ滅亡
1533 インカ滅亡

スウェーデン王国
ノルウェー王国
ポーランド王国
デンマーク王国
神聖ローマ帝国
アムステルダム
アントウェルペン
イングランド王国
ロンドン
パリ
ヴェネツィア
ジェノヴァ
フランス王国
スペイン王国
マドリード
ポルトガル王国
リスボン
セビリャ
セウタ
アルジェ
チュニス
トリポ
ローマ教皇領
サハラ砂漠
ソンガイ王国
トンブクトゥ　ガオ
カシュウ
サンジョルジェ
ベニン

年表

時期	アメリカ		時期	ヨーロッパ	時期	西アジア
15世紀	1492 ●コロンブス、サンサルバドル島到達	英：テューダー朝／仏：ヴァロワ朝／神聖ローマ帝国	1494 ●イタリア戦争（〜1559）	オスマン帝国／サファヴィー朝	1501 ●サファヴィー朝成立
	1513 ●バルボア、太平洋発見		1517 ●ルター、「九十五カ条の論題」発表		1517 ●セリム1世、マムルーク朝を滅ぼす
	1521 ●アステカ王国滅亡		1519 ●マゼラン艦隊、世界周航（〜22）		1526 ●スレイマン1世、モハーチの戦いでハンガリーに勝利
	1533 ●インカ帝国滅亡		1534 ●英ヘンリ8世、首長法		1529 ●第1次ウィーン包囲戦
	スペイン エンコミエンダ制による植民地経営を展開		1538 ●プレヴェザの海戦		1534 ●スレイマン1世、バグダード占領
			1541 ●カルヴァン、ジュネーヴで改革	1501／1736	1538 ●プレヴェザの海戦（オスマン海軍の勝利）
	1545 ●ポトシ銀山の採掘開始		1555 ●アウクスブルクの和議（皇帝カール5世と仏王）	／ブハラ＝ハン国	1569 ●オスマン、フランスにカピチュレーションを授与
	1552 ●ラス＝カサス、エンコミエンダ制を批判する書を刊行（『インディアスの破壊についての簡潔な報告』）		1562 ●仏、ユグノー戦争（〜98）		1571 ●レパントの海戦（オスマン海軍の敗北）
			1571 ●レパントの海戦（オスマン軍を破る）		
			1581 ●オランダ独立宣言		
			1588 ●アルマダ海戦（英エリザベス1世、スペインに勝利）	1500〜1920 など	1598 ●サファヴィー朝アッバース1世、イスファハーンに遷都
16世紀			1598 ●仏ブルボン朝アンリ4世、ナントの王令		●オスマン帝国から領土奪還
17世紀			1602 ●オランダ東インド会社設立		

◀豊臣秀吉　1582年の本能寺の変から10年ほどで政敵を倒し、地方を平定した秀吉は、92年から朝鮮に出兵、97年から二度目の侵攻をおこなったが、翌年死去した。（狩野光信画、京都、高台寺蔵）

▼ザビエルの日本布教　1549年、鹿児島に上陸、平戸・山口・京都・大分などで活動し、さらに中国布教をめざしながら1552年、マカオ西南方の上川島で死去した。（パリ、ギメ美術館蔵の南蛮屏風、部分）

▶マラッカの城塞跡
1511年、ポルトガルが占領して築いたサンチャゴ砦。ザビエルもマラッカから日本布教に向かった。

▲ラプラプ像　マゼランは世界周航の途中でセブ島・マクタン島でのトラブルから戦闘となり戦死した。彼らを撃退したラプラプは英雄視され、セブ＝マクタン＝シュラインとして記念されている。

ラプラプを称える碑文

Here, on 27 April 1521, Lapulapu and his men repulsed the Spanish invaders, killing their leader, Ferdinand Magellan. Thus Lapulapu became the first Filipino to have repelled European aggression.

▲ガンジス川を渡るアクバル帝（位1556〜1605）　アクバル帝時代に書かれた年代記『アクバル＝ナーマ』にある挿絵で、同時代の史料としての価値も高い。アクバルが戦象隊を率いてガンジス川を渡っている場面。（ロンドン、ヴィクトリア＆アルバート美術館蔵）

	南・東南アジア		東アジア		日本	
ロディー朝 1451〜1526	1498	●ガマ、カリカット到達				一向一揆が激化
	1510	●ポルトガル、ゴア占領				
	1511	●ポルトガル、マラッカ占領	明 北虜南倭に苦慮	室町時代／戦国時代		
	1526	●バーブル、デリー占領→ムガル帝国成立			1523	●寧波の乱（遣明使の大内氏・細川氏、寧波で抗争）
ムガル帝国 1526〜1858			明／李朝朝鮮王朝 1392〜1910		1543	●種子島に鉄砲伝来
					1549	●ザビエル、キリスト教を布教
	1550	●モンゴルのアルタン＝ハーン、北京を包囲			1569	●ルイス＝フロイス、織田信長に謁見
	1556	●ムガル帝国、アクバル帝即位	1557	●ポルトガルにマカオ居住を許可		
			1567	●明、海禁策を緩和	1573	●織田信長、将軍足利義昭を京都から追放（室町幕府、事実上滅亡）
	1564	●アクバル、ジズヤ廃止	1572	●明、万暦帝即位		
	1571	●スペイン、フィリピンにマニラ建設		●張居正の改革（〜82）	安土桃山時代	
		●ミャンマーのタウングー朝、タイのアユタヤ朝に侵攻		●一条鞭法、全国に普及	1582	●天正遣欧使節派遣
			1582	●マテオ＝リッチ、マカオに来航	1590	●豊臣秀吉、全国を統一
	17世紀初め	●オランダ、ジャワに進出	1592	●壬辰・丁酉倭乱（〜98）（明、朝鮮に援軍）	1592	●文禄・慶長の役（〜98）（秀吉の朝鮮出兵）
			1616	●ヌルハチ、後金を建国	1603	●徳川家康、江戸幕府を開く（江戸）

イギリスとフランスの植民地戦争

1763年のパリ条約
イギリス・フランス・スペインが結んだ植民地戦争の講和

- イギリス：ミシシッピ以東、カナダを獲得（←仏）
  フロリダを獲得（←スペイン）
- フランス：北米・インドから撤退
- スペイン：ミシシッピ以西のルイジアナを獲得（←仏）
- カリブ海域・西アフリカの島々の領有権を調整

ルイジアナの領有関係
1763年以前：フランス領
1763年：パリ条約
（ミシシッピ川以東 仏→英
ミシシッピ川以西 仏→西）

イギリスからアメリカへ割譲された領域（1783）

建国当時のアメリカ合衆国の領域

凡例：
- □ 清の領土
- 清の直轄領
- 清の藩部
- 国名 清への朝貢国
- ▨ ポルトガルの植民地
- ▨ スペインの植民地
- ▨ フランスの植民地
- ▨ イギリスの植民地
- ▨ オランダの植民地
- 文字 イギリス東インド会社本拠地
- 文字 フランス東インド会社本拠地
- □ 神聖ローマ帝国

▼ヨーロッパの磁器　中国磁器への憧れを背景に、ザクセンで開発されたのが**マイセン焼**。ロココ風のデザインになっている。

▲砂糖生産と奴隷労働　西インド諸島では17〜18世紀にアフリカからの黒人奴隷による砂糖生産がおこなわれた。**サトウキビ**をしぼり（正面）、液状にし（手前）、さらに煮たてている（手前左右）。図は17世紀、オランダ領の島での作業風景を伝えたもの。

バッハの「コーヒー＝カンタータ」
第4曲のアリアより

ああ、コーヒーの味の何と甘いこと
千のキスよりもっと甘い、マスカットワインよりやわらかい
コーヒー、コーヒー
コーヒーなしではやってられない
私を何とかしようと思うなら
コーヒーをくれるだけでいいのよ

解説　18世紀になるとヨーロッパ各地でコーヒーが普及した。愛飲家であったバッハは「おしゃべりはやめて、お静かに」というカンタータを1732〜34年に作曲し、ライプツィヒで発表した。これが通称「コーヒー＝カンタータ」と呼ばれる。コーヒーの大流行と輸入増によって貨幣が流出し、国内の財政と産業に悪影響があるとして、プロイセン王**フリードリヒ2世**は1777年にコーヒー禁止令を出したほどであった。

▲トルコのコーヒー売り
コーヒー豆と砂糖を等量煮たてて飲む。コーヒーは17世紀後半にオスマン帝国からヨーロッパに伝わり、18世紀に流行した。（ロンドン大学蔵）

		アメリカ			ヨーロッパ		西アジア・アフリカ	
17世紀	1607	●英、ヴァージニア植民地建設	英・ステュアート朝 1603〜49	1603	●英、ステュアート朝成立、ジェームズ1世即位	サファヴィー朝		
	1608	●仏、ケベック植民地建設		1618	●三十年戦争（〜48）		1622	●サファヴィー朝アッバース1世、ホルムズからポルトガル勢力を追放
	1620	●ピルグリム＝ファーザーズ移民						
	1626	●蘭、ニューアムステルダム建設		1640	●英、ピューリタン革命（〜60）			
			共和政1649〜60	1648	●ウェストファリア条約			
	1664	●ニューアムステルダム、英領ニューヨークに改称		1652	●イギリス＝オランダ戦争（〜74）		1683	●オスマン、第2次ウィーン包囲失敗
	1682	●仏、ルイジアナ領有	ステュアート朝 1660〜1714	1688	●ファルツ戦争（〜97）		1699	●カルロヴィッツ条約（オスマン、ハンガリーを失う）
	1689	●ウィリアム王戦争（〜97）		1688	●英、名誉革命（〜89）			
	1702	●アン女王戦争（〜13）		1701	●スペイン継承戦争（〜14）		1718	●パッサロヴィッツ条約（オスマン、対墺講和）
18世紀	1713			1713	●ユトレヒト条約			
	1744	●ジョージ王戦争（〜48）	ハノーヴァー朝 1714〜1901	1721	●英、ウォルポール責任内閣成立		1736	●サファヴィー朝滅亡
	1754	●フレンチ＝インディアン戦争（〜63）		1740	●オーストリア継承戦争（〜48）		1744頃	●ワッハーブ王国成立
	1763	●パリ条約、英仏植民地抗争終結		1756	●七年戦争（〜63）→パリ条約		1774	●キュチュク＝カイナルジャ条約（露、黒海北岸獲得）
	1765	●英、印紙法制定		1769	●ワット、蒸気機関を改良	ガージャール朝 1796〜1925	1796	●イラン、ガージャール朝成立
	1773	アメリカ独立革命（〜89）ボストン茶会事件→独立宣言→合衆国憲法制定→ワシントン大統領		1789	フランス革命（〜93）バスティーユ襲撃→人権宣言→革命戦争→共和政成立		1798	●ナポレオン、エジプト遠征

▲長崎出島（でじま） 日本では鎖国体制ができあがり、1641年、オランダ商館を扇形の出島に移転し、貿易の窓口とした。2階にはくつろぐオランダ商人がみえ、下の通路ではバドミントンらしきゲームに興じている少年もみえる。

▼乾隆帝（けんりゅうてい）（位1735〜95） 清朝の最大領土を実現しただけでなく、多くの文化事業を推進し、みずから教養人として君臨した。図はイタリア人宣教師カスティリオーネが描いた儀礼用甲冑を身につけた乾隆帝。（北京、故宮博物院蔵）

イギリス東インド会社による中国茶の輸入量の変遷

輸入量の年平均額（単位：万銀両）

（年）	輸入量	0　100　200　300　400　500
1765〜69	1,179,854 [73.7%]	
1770〜74	963,287 [68.1%]	
1775〜79	666,039 [55.1%]	
1780〜84	1,130,059 [69.2%]	
1785〜89	3,659,266 [82.5%]	
1790〜94	3,575,409 [88.8%]	
1795〜99	3,868,126 [90.4%]	
1817〜19	4,464,500 [86.9%]	
1820〜24	5,704,908 [89.6%]	
1825〜29	5,940,541 [94.1%]	
1830〜33	5,617,127 [93.9%]	

※[　]内は、総輸入価額を100%とした場合に中国茶輸入が占める割合

（『岩波講座　世界歴史21』より作成）

▲中国茶の製造 中国茶は明代以降製法が一変し、茶葉を乾燥させ、揉み、炒って乾燥させて発酵を待つというように、今日の紅茶の製法が徐々にできあがっていった。図は18世紀末頃の中国茶の製造工場を描いたもので、多人数の作業員が足で茶葉を揉んでいる工程を示したもの。

南・東南アジア		東アジア		日本	
	日本人 朱印船で東南アジア各地に進出→日本人街建設	**明**		1607	●日朝国交回復、「回答兼刷環使」（4度目から朝鮮通信使の呼称）
1619	●蘭、バタヴィアを建設	1619	●後金ヌルハチ、明を破る		
1623	●アンボイナ事件	1636	●後金、国号を清とする	1613	●慶長遣欧使節派遣
		1636	●朝鮮、清に服属	1635	●日本人の海外渡航・帰国禁止
1653	●タージ＝マハル完成	1644	●李自成の乱（明滅亡）→清、北京に入城、遷都	1637	●島原の乱（〜38）
1674	●マラーター王国成立			1641	●オランダ商館員、出島に限定
1679	●ムガル帝国アウラングゼーブ帝、人頭税復活	1681	●康熙帝、三藩の乱平定		
		1683	●鄭氏台湾を平定、占領	1669	●シャクシャインの戦い
	英・仏 インドでの通商拠点建設進む	1689	●露・清、ネルチンスク条約	**江戸時代**	
		1704	●イエズス会の典礼問題	1715	●海舶互市新例（金銀の海外流出防止のため貿易枠と輸出品を限定）
1744	●カーナティック戦争（〜61(63))	1727	●露・清、キャフタ条約		
	清 1616(36)〜1912	1732	●雍正帝、軍機処設置	1716	●享保の改革（〜45）
1757	●プラッシーの戦い（英インドでの戦い）				
1767	●マイソール戦争（〜99）	1759	●乾隆帝、東トルキスタン平定、「新疆」と名づける	1774	●前野良沢・杉田玄白ら『解体新書』
1775	●マラーター戦争（〜1818）			1782	●天明の飢饉（〜87）
		1793	●英使マカートニー、乾隆帝と会見	1787	●寛政の改革（〜93）
1782	●タイ、ラタナコーシン朝成立	1796	●白蓮教徒の乱（〜1804）	1792	●露ラクスマン、根室に来航

1 文字の系統

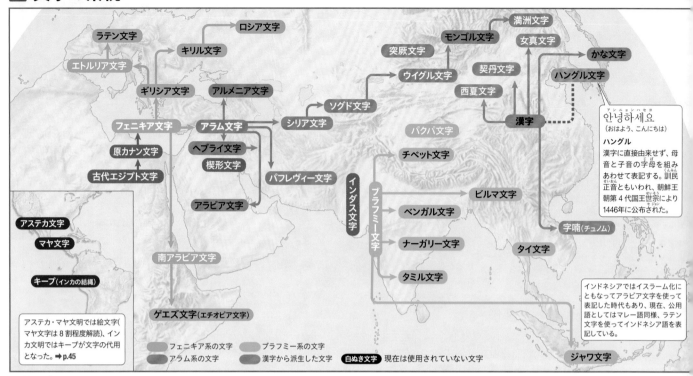

アステカ・マヤ文明では絵文字(マヤ文字は8割程度解読)、インカ文明ではキープが文字の代用となった。➡p.45

凡例:
- フェニキア系の文字
- アラム系の文字
- ブラフミー系の文字
- 漢字から派生した文字
- 〔白ぬき文字〕 現在は使用されていない文字

ハングル
안녕하세요 (おはよう、こんにちは)

漢字に直接由来せず、母音と子音の字母を組みあわせて表記する。訓民正音ともいわれ、朝鮮王朝第4代国王世宗により1446年に公布された。

インドネシアではイスラーム化にともなってアラビア文字を使って表記した時代もあり、現在、公用語としてはマレー語同様、ラテン文字を使ってインドネシア語を表記している。

2 古代文字の解読

2·1 解読の歴史

文字・手がかり	解読者	解読年
神聖文字(ヒエログリフ) ● ロゼッタ=ストーン	シャンポリオン(仏)	1822
楔形文字 ● ペルセポリス碑文	グローテフェント(独)	1802
● ベヒストゥーン碑文	ローリンソン(英)	1847
● ニネヴェのアッシリア文書	ヒンクス(アイルランド)	1857
ヒッタイト楔形文字 ● ボアズキョイのヒッタイト文書	フロズニー(チェコ)	1916
インダス文字	未解読	
甲骨文字	羅振玉・王国維(中)	1903
エーゲ文明の文字 **線文字A**	未解読	
エーゲ文明の文字 **線文字B**	ヴェントリス(英)	1953
● クノッソス、ピュロスの文書	チャドウィック(英)	

2·2 ロゼッタ=ストーンによる古代エジプト文字の解読

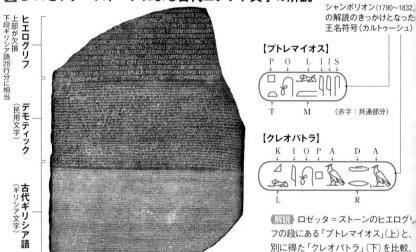

ヒエログリフ（上部が欠損 下段ギリシア語28行分に相当）

デモティック（民用文字）

古代ギリシア語（ギリシア文字）

(ロンドン、大英博物館蔵)

シャンポリオン(1790~1832)の解読のきっかけとなった王名符号(カルトゥーシュ)

【プトレマイオス】
P O L I S
T   M   (赤字:共通部分)

【クレオパトラ】
K I O P A D A
L   R

〔解説〕ロゼッタ=ストーンのヒエログリフの段にある「プトレマイオス」(上)と、別に得た「クレオパトラ」(下)を比較し、ギリシア語から共通する音価(音声)として確認したことから解読が進められた

3 文字の継承

● フェニキア文字は22の子音字からなり、ギリシア文字やアルファベットのもとになった。

フェニキア文字 ✕ ⴹ 𐤋 △ ⴺ

ギリシア文字 Α Β Γ Δ Ε

● フェニキア文字はギリシア文字を経てラテン文字に継承され、広く西ヨーロッパ世界の文字のもとになり、東ヨーロッパ世界のスラヴ社会で使われるキリル文字のもとにもなった。

ラテン文字 A B C D E

キリル文字 А Б В Г Д Е

● アラム文字はヘブライ文字やアラビア文字など西アジアの文字のもとになったほか、ソグド文字を経てウイグル文字やモンゴル文字などのもとにもなった。

アラム文字 ✕ ⴺ ⴺ ⴹ ⴳ

ウイグル文字とアラビア文字

◀11世紀のトルコ文学『クタドグ=ビリク』
ウイグル文字で書かれ4行目にアラビア文字(右から左へ書く)が挿入されている。

4 記録媒体の変遷

4·1 紙の出現以前

▲**木簡** 竹簡・木簡は中国古代の書写材料で、文字を記した短冊状の竹（木）を写真のように紐で編んだ。「編集」という言葉はこれに由来する。また、これを束ねたものを「冊」、巻いたものを「巻」といった。

◀**パピルス** おもにナイル川流域にはえるパピルス草の茎をスライスして縦横におき、プレスし乾燥させてつくった。写真はパピルスに記された前12世紀のエジプトの王墓設計図。

4·3 印刷技術の登場

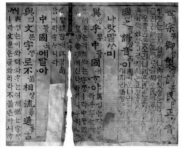

▲**グーテンベルクの活版印刷** ドイツの金属活字工だったグーテンベルク➡p.139は、15世紀半ばに活版印刷術を開発し、これによって書物の大量生産が可能になり、技術は世界中に広まった。

▶**ルターの聖書** ルター➡p.140の福音主義は、個人が聖書によって救済されるとしたため、ドイツ語の聖書が不可欠であった。当時普及しつつあった印刷術は聖書の大量生産を可能にしたので、**宗教改革**を支えたといえよう。

▲**もう1つの「活字」** 金属活字は高麗時代に作成されたが、文字数の多い漢字の印刷には不向きで、15世紀に**朝鮮王朝の世宗**➡p.119が**訓民正音**（ハングル）を創製して普及していった。

4·2 製紙法の伝播

[解説] 後漢の**蔡倫**が確立したとされる紙の製法➡p.51は中央アジア・北アフリカを経て12世紀にはイベリア半島に伝わり、15世紀には印刷技術の確立したヨーロッパ各地に広がっていった。

◀**製紙技術の開発** 木や布をどろどろにとかし、これを薄く漉いて紙を大量生産する技が2世紀には中国で確立し、15世紀にはヨーロッパに広まった。左の絵は1568年の木版画で、その技法は蔡倫の開発した方法と類似しており、製紙法の伝播を示している。

4·4 映像・音声の記録

▶**19世紀初期のカメラ** フランスのニエプスは1820年代に風景（被写体として不動である必要があった）を画像として長く定着させることに成功した。

◀**最初のフォノグラフ**（蓄音機） フォノグラフを発明したエジソンは1877年、みずから「メリーさんの羊」を歌って記録し、それを再生することに成功した。

4·5 情報のデジタル化

▶**コンピュータの誕生** ENIACは初期のコンピュータとして有名なもので、1940年代にアメリカのペンシルヴェニア大学で開発された。約18000本もの真空管を使用し、長さ45mで大きな部屋を占有したが、1秒で約5000回の足し算が実行できた。

▼**デジタル情報の保存** 1文字に2バイト使うとすると、1GBのUSBメモリには文庫本（約10万文字）がおよそ5000冊保存できる。

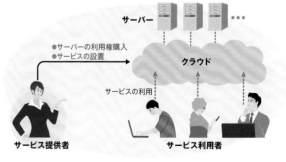

▼**クラウドサービスの活用** 今日、サービスの提供者は、サーバーを動かしている企業から利用権を買って、そこにサービスを設置している。利用者はインターネット経由で、このサーバーに情報を保存しているが、利用者だけでなくサービスの提供者ですら、どこに何台のサーバーが存在しているのかわかっていない。このように、どこか「雲の上」にあるような状況を、クラウドと呼んでいる。クラウドサービスは、サーバーが土地代や電気代が安い地方に設置されることなどにより、低コストが実現されているが、保存した情報の所在や管理体制が利用者からはわからないという不安がある。また、データが破損するなどの事故が生じた場合、どこの国の法律によって対応するのかなど、国際的な課題も残っている。

❶ 古代の地図と世界観 地図表現の始まりと世界観の限界

▲**ヘカタイオスの世界図**（前5世紀） 大海（オケアノス）に囲まれた世界観にもとづき、世界は3つの大陸からなる。**A**：地中海、**B**：紅海は比較的正確だが、**C**のカスピ海が大海の一部となっている。アジア大陸に関する認識は皆無に近かった。ヘカタイオス（前550頃～前475）は**ベルシア戦争➡p.67**初期にミレトスを代表して交渉にあたり、世界を概観し神話を体系化した。

▼**プトレマイオスの世界図**（2世紀） プトレマイオスの世界図は現存する原図はなく、後世の複製である。プトレマイオスは2世紀に**アレクサンドリア**で活躍し、『アルマゲスト』で**天動説**をとなえ、『ゲオグラフィア』で地理学を確立した。彼の世界図でははじめて経緯線が表され、8000地点を座標的に明らかにしたので、**大航海時代**にも影響を与えた。この世界図ではインド洋が内海となり、巨大なセイロン島が描かれ、マレー半島から東南アジアまでを視野に入れているので、**パクス＝ロマーナ**におけるアジアとの交易による知識が表現されている。15世紀に多くの複製図が製作されたもののうち、本図はモデナのエステンセ図書館所蔵のもの。

❷ 中世の地図と世界観

▲**ポルトラーノ図**（カタルーニャ世界図、部分、14世紀） 「ポルトラーノ」とは港の本という意味で、港から港へのナビゲーション機能をもった。図はアラゴン王ペドロ3世がフランス王に献上したもの。（パリ国立図書館蔵）

Q この地図をみて、どのような特色があるか考えてみよう。

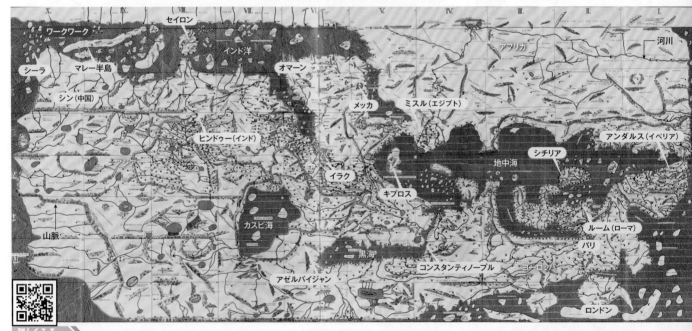

▲**イドリーシーの世界図**（12世紀） モロッコ生まれのアラブ人イドリーシー（1100～65/66）は、シチリアのノルマン王**ルッジェーロ2世**につかえ、プトレマイオスの世界図をもとに、イスラーム圏で得られた新たな知識を加えて正確な地図を作成して献上した。全70枚の地図をまとめたもので、南方が上になっている。アラビア語で描かれた地名などをラテン語表記したもので、本図は後世の写本。（フランス国立図書館蔵）

解説 イドリーシーの世界図の見方 インド洋は内海ではなくなったが、その形状やカスピ海なども不正確で、アフリカの東側がアジアに接近しているなど、プトレマイオスの地図の影響が強い。地中海周辺の地名は豊富で、中央アジアやイランからの交易路に沿った地名も多いのは、イドリーシーの情報源が**ムスリム商人**だったことと関係が深い。一方、インド・東南アジア・東アジアなど、東方にいくほど情報量が少なかったからか、地形も不正確である。同様にアフリカ内陸部も記載事項はまばらで、イドリーシーの世界認識の限界を示している。中国南東の延長にある「シーラ」は新羅とする説が強く、アフリカの東岸の果てに「ワークワーク」とあるのは「日本（倭国）」と解釈する説もある。

3 16〜18世紀の世界図 大航海時代からの世界観の充実

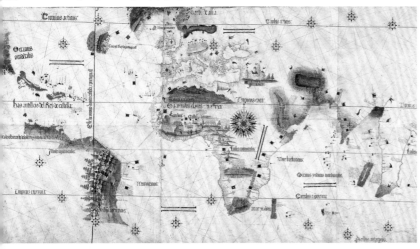

◀**カンティーノの世界図**（15〜16世紀）　インド航路はポルトガルの国家機密とされたが、筆写されて流失したとされる。アフリカ西海岸は探検の成果で精緻である。一方、インドとその周辺については形状を含めまだ不正確であり、インドシナ半島はプトレマイオスの世界図の域を出ていない。また、ブラジル沿岸部は知られていて、**トルデシリャス条約➡p.120**の分界線（1494年）も描かれている。18世紀半ばのリスボン地震で原図は失われたので、貴重な盗用地図となった。

▼**マテオ＝リッチの「坤輿万国全図」**（1602年）　マテオ＝リッチ➡p.116が16世紀までの知識をもとに作成、明朝の高官李之藻の協力で完成した1602年の世界図を「坤輿万国全図」（下図）といい、複数の写本が存在し、日本にも版本がもたらされた。原図は単色だが写本化される際に着色されたり、一部地名がかな書きされたりしており、地名の考証から17世紀後半以降の写本とされている。（宮城、東北大学附属図書館蔵）

Q 世界図としてどのあたりが不正確な描写になっているだろうか。

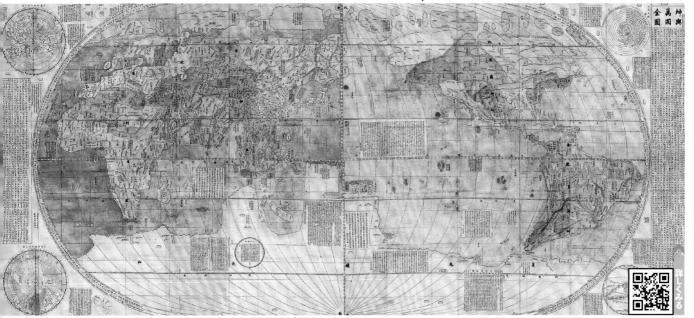

▲**ブラウの世界地図**（1664年）　オランダのヨアン＝ブラウ（1599頃〜1673）は、17世紀オランダの世界進出を背景にした地図をつくった。アフリカとアメリカは地名がびっしりと書き込まれ、日本やオーストラリアも西半分についてはっきり描かれている。未知の場所については想像で描くことをせず、不明としている。

▼**高橋景保の「新訂万国全図」**（1810年）　江戸幕府天文方の高橋景保（1785〜1829）が18世紀末の地図をもとにつくったもので、すでにクックの太平洋航海によるオセアニアの地理知識が反映されている。また、日本の北方についても間宮林蔵の探検が反映されており、極地を除いて世界地図はできあがったといえる。幕府の地理知識がかなり高度であったことがわかる。（千葉、国立歴史民俗博物館蔵）

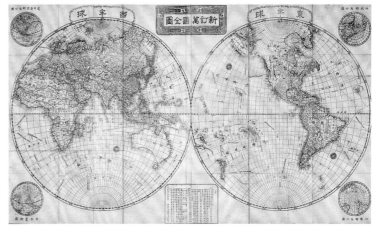

1 世界の宗教分布

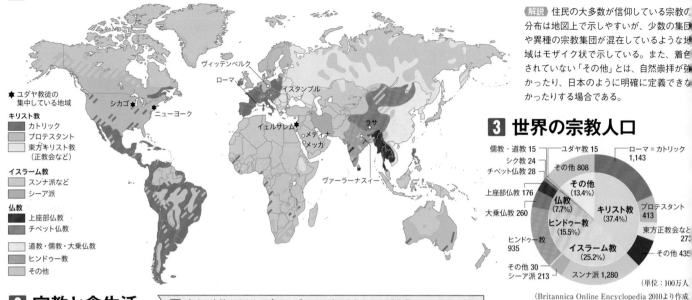

凡例

★ ユダヤ教徒の集中している地域

キリスト教
- カトリック
- プロテスタント
- 東方キリスト教（正教会など）

イスラーム教
- スンナ派など
- シーア派

仏教
- 上座部仏教
- チベット仏教

- 道教・儒教・大乗仏教
- ヒンドゥー教
- その他

地図上の地名：ヴィッテンベルク、ローマ、イスタンブル、シカゴ、ニューヨーク、イェルサレム、メディナ、メッカ、ラサ、ヴァーラーナスィー

解説 住民の大多数が信仰している宗教の分布は地図上で示しやすいが、少数の集団や異種の宗教集団が混在しているような地域はモザイク状で示している。また、着色されていない「その他」とは、自然崇拝が強かったり、日本のように明確に定義できなかったりする場合である。

3 世界の宗教人口

円グラフ：
- キリスト教（37.4%）
  - ローマ＝カトリック 1,143
  - プロテスタント 413
  - 東方正教会など 27?
  - その他 43?
- イスラーム教（25.2%）
  - スンナ派 1,280
  - シーア派 213
  - その他 30
- ヒンドゥー教（15.5%）935
- 仏教（7.7%）
  - 大乗仏教 260
  - 上座部仏教 176
  - チベット仏教 28
- その他（13.4%）808
  - シク教 24
  - 儒教・道教 15
  - ユダヤ教 15

（単位：100万人）
（Britannica Online Encyclopedia 2010より作成）

2 宗教と食生活

Q 多くの宗教でみられる食のタブーではどのようなことが共通しているだろうか。

2・1 食事に関するタブーや留意事項

宗教	内容
キリスト教	●金曜日に肉を食べない（一部東方教会） ●ユダヤ教の食のタブーを緩和 ●パン・ワインを「聖体」「聖餐」とする（パンはイースト不使用のもの）
ユダヤ教	●馬肉・豚肉・ラクダ肉を食べない（不浄視） ●定められた方法で一瞬に畜殺したものを食べる ●鱗とひれのない魚介類を食べない ●イカ・タコ・ウナギ・貝類は禁止
イスラーム教	●豚肉を食べない（不浄視） ●畜殺方法はユダヤ教に類似 ●血液（凝固状、液状）を摂取しない ●酒類は禁止
ヒンドゥー教	●牛肉を食べない（神聖視） ●基本的に肉食を嫌う ●乳製品は摂取可能だが、肉類と同時に食べない
仏教	●菜食主義を推奨している ●タマネギ・ネギ・ニンニクなどは不可 ●肉・魚を食べることもできる

2・2 機内食にみる宗教上の配慮

区分	内容
ヒンドゥーミール	牛肉を口にしないヒンドゥー教徒の食事。食材には牛肉のほか、豚肉もさけるが、茹でた魚・鶏肉・羊肉・魚介類・米・フルーツなどを使用する。調理の際にアルコールは使用しない。
イスラームミール	豚肉を口にしないイスラーム教徒の食事。地域的にはインドネシア・マレーシア・中近東を中心に広範囲にわたる食事。イスラーム教徒は4本足の獣類・貝・イカ・タコなどを嫌うため、かわりに鶏肉や米・野菜・魚を使用する。調理の際にアルコールは使用しない。
ユダヤ教カシェル（食の禁忌）ミール	ユダヤの掟によって調理され、祈りを捧げられたユダヤ正教信者の食事。1度他人のふれたものは、たとえ洗浄したものでもタブーとされているため、機内では必ずシールを切らずに提供される。

（特別機内食の内容。航空会社によって一部異なる。ニッスイのWEBサイトより）

5 ユダヤ教

◀**過ぎ越しの祭り** 「出エジプト」➡p.36の故事と奴隷身分からの解放を祝うユダヤ教の行事で、毎年春におこなわれる。期間中にはイースト・酵母を食することが禁止されており、それらの食材を事前に燃やし、酵母を入れないパンを食べる習慣がある。晩餐はハガダーと呼ばれる式次第に従って進められる。

6 キリスト教（ローマ＝カトリック）

▶**ブルガリア正教のリラの修道院** 10世紀に創建されたブルガリア正教の修道院の回廊部分。14～15世紀にはオスマン帝国の征服により破壊されたが、その後再建され、中心となる聖堂には19世紀中頃にフレスコ画装飾が鮮やかにほどこされた。1983年には世界文化遺産に登録された。

◀**ローマ教皇の選出とその祝福** 前教皇の生前退位によって2013年3月、アルゼンチン出身の教皇フランシスコが選出された。世界史上はじめてとなるアメリカ大陸からの教皇で、ヨーロッパ以外からの教皇としても1272年ぶりとなった。サン＝ピエトロ広場での祝福場面で、アルゼンチン国旗がみえる。

7 キリスト教（東方正教会）

4 世界史における宗教

Q 世界の宗教の多くはどのような経過をたどってきたと考えられるだろうか。

4·1 おもな宗教の流れ図

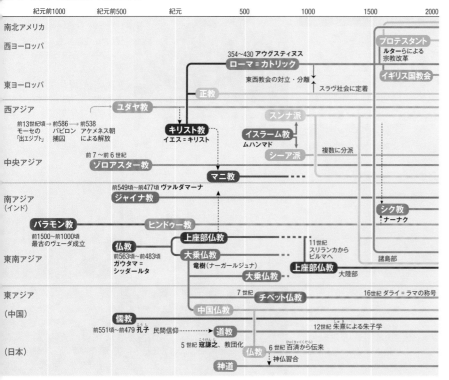

解説 世界史におけるおもな宗教の成立、分裂、他宗教との関連を示している。表中にある人名は開祖あるいは関係が深い人物である。地域的な広がりも示しているが、一部（アフリカ）省略した。成立期については学説によって異なる場合があり、ローマ＝カトリックとギリシア正教を11世紀中頃に成立したとすることもあるが、ここでは「正教」を初期の教会を継承したものとして扱ったので成立期が早くなっている。また、中国仏教は「大乗仏教」という名称でも差しつかえない。

4·2 マニ教の伝播

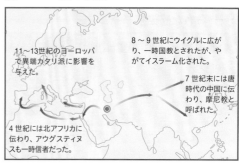

解説 マニ（216頃〜276頃）はゾロアスター教をもとにキリスト教・ギリシア哲学・仏教などの影響を受け、極端な善悪二元論や終末観を説き、禁欲的な生活を主張したが、サ サン朝から異端とされ刑死した。

4·3 ネストリウス派の伝播

解説 ネストリウス（381頃〜451）はコンスタンティノープル主教で、キリストの神性と人性を明確に区別することを主張し、マリアを「神の母」（テオトコス）と呼ぶことに反対した。当時の教会間の政治的抗争が背景になって異端とされたが、シリアでネストリウス派教会がつくられ熱心に布教活動をおこなった。

8 仏教

▲**上座部仏教の僧侶** 上座部仏教はスリランカからインドシナ半島に伝えられた。ブッダにならい出家して修行することで解脱＝悟りの境地に至るとされた。写真はスリランカの修行僧。

▶**ヒンドゥー教寺院** ヒンドゥー教は多神教であり、多くの神々が礼拝の対象になる。写真はシンガポールのスリ＝マリアマン寺院の正面入口のゴプラム（塔）で、ドラヴィダ様式。軍神ムルガンやインド神話のクリシュナなどが、石膏細工で装飾されている。

9 ヒンドゥー教

10 イスラーム教

▲**モスクで『コーラン』を読む姿** イスラーム教の礼拝施設であるモスクは、偶像や肖像画などはおかれておらず、簡素なつくりになっている。信仰告白・礼拝・喜捨・断食・巡礼が五行➡p.80とされ、イスラーム教徒の守るべき信仰行為となっている。

11 儒教

▶**足利学校の孔子像** 孔子の教えは、12世紀に朱子学に変容しながら東アジアに定着していった。朝鮮半島では李朝（朝鮮王朝）で教学化され、日本でも武家政権の体制イデオロギーとなった。日本でも孔子廟は各地にあるが、写真は栃木県足利市の足利学校にある孔子像。

1 世界史に影響を与えた感染症

1・1 おもな感染症

病名	おもな感染経路・媒介体	著名な被感染者・犠牲者
天然痘	空気感染	ペリクレス* スターリン
マラリア	ハマダラ蚊	ツタンカーメン* アレクサンドロス* ダンテ チェーザレ＝ボルジア クロムウェル 平清盛
ペスト	ノミ・ネズミ	ユスティニアヌス大帝 14世紀、ヨーロッパで黒死病（ペスト）の大流行
発疹チフス	シラミ	ナポレオンのロシア遠征で犠牲者多数
赤痢・腸チフス	経口感染	ルイ9世 ヘンリ5世 1792年のヴァルミーの戦いでフランスに敗れたプロイセン軍は 赤痢の流行に悩まされた
ハンセン病	経気道・接触など（弱い感染力）	ボードゥアン4世（イェルサレム王） 世祖（朝鮮王）
梅毒	接触感染	ヘンリ8世 モーツァルト* シューベルト アル＝カポネ
コレラ	経口感染	ヘーゲル
結核	空気感染	曹操 ショパン 正岡子規
インフルエンザ	空気感染	マックス＝ヴェーバー 1918〜19年に世界的に流行した「スペイン風邪」

*異説あり

1・2 マラリアの犠牲者

解説 マラリアは蚊が媒介するので、高温で湿気のあるところに発生した。古くから知られアレクサンドロスも犠牲となった（西ナイル熱説もあり）。ローマでも古くから流行を繰り返し、ゲルマン人たちが長く定着できなかった原因の1つとされる。大航海時代を経て南米原産のキナの樹皮から特効薬キニーネがつくられるまで猛威をふるった。

▲ 平清盛 平清盛（1118〜81）は1181年3月に熱病で没したが、中国大陸からもたらされたマラリアに罹患したことが病状の記録から推定されている。日宋貿易の影響であろう。（東京、宮内庁三の丸尚蔵館蔵）

▶ ダンテ ダンテは1321年『神曲』を完成させた直後に、ヴェネツィアに向かう途中でマラリアに罹患して死去し、ラヴェンナにほうむられた。（フィレンツェ、ウフィツィ美術館蔵）➡ p.135

1・3 ペストの猛威

◀ユスティニアヌス大帝 542〜543年、エジプトから東地中海沿岸一帯に広がりビザンツ帝国の人口が半減したといわれる。帝国は機能不全状態となり、ユスティニアヌス大帝の地中海再征服を挫折させた。大帝自身も感染したが軽度ですみ、治癒した。交易路によって西方より東方へ感染が広がっていった。➡ p.83

▶14世紀の黒死病（ペスト） ヨーロッパ各地で猛威をふるった黒死病は人口を激減させ、封建社会の変動に多大な影響を与えた。図はベルギーのトゥールネ市民が、死亡した人々の棺をかかえ埋葬の順番を待つ様子。（ブリュッセル、国立アルベール1世図書館蔵）

1・4 梅毒の伝播（大航海時代と「コロンブス交換」）

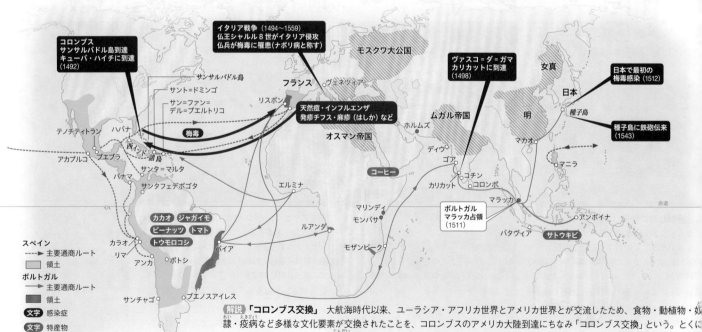

コロンブス
サンサルバドル島到達
キューバ・ハイチに到達
（1492）

イタリア戦争（1494〜1559）
仏王シャルル8世がイタリア侵攻
仏兵が梅毒に罹患（ナポリ病と称す）

モスクワ大公国

ヴァスコ＝ダ＝ガマ
カリカットに到達
（1498）

女真

日本で最初の
梅毒感染（1512）

サンサルバドル島

フランス ヴェネツィア

サント＝ドミンゴ

リスボン

日本

サン＝ファン＝
デル＝プエルトリコ

天然痘・インフルエンザ
発疹チフス・麻疹（はしか）など

明

種子島

種子島に鉄砲伝来
（1543）

テノチティトラン ハバナ
西インド諸島

梅毒

ムガル帝国

ホルムズ

マカオ

プエブラ

アカプルコ パナマ

サンタ＝マルタ

サンタフェデボゴタ

エルミナ

オスマン帝国

コーヒー

ディウ

ゴア コチン

コロンボ

マニラ

カリカット

マラッカ

マリンディ

ポルトガル
マラッカ占領
（1511）

アンボイナ

スペイン
カカオ ジャガイモ
ピーナッツ トマト
トウモロコシ

カラオ

リマ

アンカ

ポトシ

バイア

ルアンダ

モンバサ

モザンビーク

バタヴィア

サトウキビ

赤道

サンチャゴ プエノスアイレス

スペイン
----▶ 主要通商ルート
▢ 領土
ポルトガル
━▶ 主要通商ルート
■ 領土
文字 感染症
文字 特産物

解説 「コロンブス交換」 大航海時代以来、ユーラシア・アフリカ世界とアメリカ世界とが交流したため、食物・動植物・奴隷・疫病など多様な文化要素が交換されたことを、コロンブスのアメリカ大陸到達にちなみ「コロンブス交換」という。とくに感染症は相互に免疫がなく、甚大な被害をもたらした。梅毒は「コロンブス交換」によるとされる説が最有力だが、異論がないわけではない。ただ、スペイン人によってヨーロッパにもち込まれて以来、15世紀末からヨーロッパの宮廷に浸透し、交易路にのって急速にアジアにも広がり、鉄砲伝来より早く1512年に日本でも感染者が出たとされるのは驚くべき伝染の速さである。

② 医学の発達と疫病の克服

②·1 医学の継承

Ｑ この絵のなかの**ⒶⒷⒸ**の人物はどのような意図で描かれているのだろうか。

▲**モンペリエ大学での医学の授業** ヨーロッパ中世の医学教育を代表する、フランスのモンペリエ大学における授業風景を描いたもの（15世紀の写本）。中央の右側にたっている３人の人物は、学ぶべき対象を擬人化して描いたものである。ヒッポクラテスⒶとガレノスⒷ、うしろが**イブン＝シーナー**Ⓒ（ヨーロッパではアヴィケンナと呼ばれた）。イブン＝シーナーが11世紀に完成した『医学典範』は理論的・臨床的医学の百科全書で、その後ラテン語に翻訳されて長く使用された。

②·2 医学の歩み

名前	生没年	出身地	おもな業績	業績の歴史的意義
ヒッポクラテス	前460頃〜前370頃	ギリシア	西洋医学の祖、医師職業の確立	四体液のバランスと自然治癒
ガレノス	130頃〜200頃	ギリシア・ローマ	古代医学の集大成	臨床と解剖、「生気」の提唱
イブン＝シーナー	980〜1037	イラン	『医学典範』（1020年）	理論的・臨床的医学の百科全書
ヴェサリウス	1514〜64	ネーデルラント	『ファブリカ（人体の構造）』（1543年）	パドヴァ大学での解剖
ハーヴェー	1578〜1657	イングランド	血液循環説（1628年）	古典的医学の打破
レーウェンフック	1632〜1723	オランダ	微生物の発見（1674年）	顕微鏡を用いた微生物学
ブールハーフェ	1668〜1738	オランダ	『医学指針』（1708年）	総合的・万能の医学者
ジェンナー	1749〜1823	イングランド	種痘法（1796年）	天然痘ワクチンの開発
ウィルヒョウ	1821〜1902	ドイツ	細胞病理学（1855年）	病理学と公衆衛生の提唱
パストゥール	1822〜95	フランス	発酵・細菌・免疫	パスチャライズ、ワクチン
コッホ	1843〜1910	ドイツ	結核菌・コレラ菌など多数発見	感染症研究の原則確立
北里柴三郎	1852〜1931	日本	破傷風菌純粋培養・ペスト菌の発見	伝染病研究所創設
志賀潔	1870〜1957	日本	赤痢菌の発見	最初の化学療法剤開発

②·3 近代免疫学・細菌学の確立

▶**ルイ＝パストゥール** パストゥールは発酵のメカニズムを解明し、微生物の殺菌法を確立した。ワインの風味をそこなわずにおこなう低温殺菌法は、彼の名にちなんで「パスチャライズ」と呼ばれる。その研究は多方面にわたり、微生物学や感染症医学における諸概念を提起したほか、致死率の高かった狂犬病の研究を通じて免疫学の確立に貢献し、弱毒化した微生物の接種によって免疫が得られることを発見し、ワクチン製造の道を開いた。1887年パリに設立されたパストゥール研究所は免疫学の殿堂として多くの研究者を輩出した。彼は医学の発達に貢献しただけでなく、公衆衛生が予防医学に貢献すると考えていた。

▶**ロベルト＝コッホ** コッホは炭疽菌の発見をはじめ、結核菌・コレラ菌を発見した。また細菌学の確立のために細菌の純粋培養、染色などを開発し、彼が研究に利用したシャーレ（ペトリ皿）は今も使われる用具である。細菌と感染症の科学的関係を確立し、感染症研究の祖として医学の発達に貢献した。1891年、ベルリンに設立されたコッホ研究所には世界中から研究者が集まり、コッホの指導を受けた。弟子にはガフキー（腸チフス菌）、ベーリング（血清療法）、エールリヒ（化学療法、特効薬概念）、北里柴三郎（破傷風菌純粋培養、ペスト菌）などがいる。

③ 人類が直面する感染症とのたたかい

③·1 現代のウイルス感染症（インフルエンザと「コロナ」）

世界の犠牲者数は概数

アジア＝インフルエンザ A型：H2N2 200万人
高病原性鳥インフルエンザ A型：H5N1 2021年までに460人
新型インフルエンザ A型：H1N1pdm09 20000人
中東呼吸器症候群 MARS-CoV 2019年までに850人

1918 1957 1968 1997 2002 2009 2012 2019

スペイン＝インフルエンザ A型：H1N1 4000万人
香港＝インフルエンザ A型：H3N2 100万人
重症急性呼吸器症候群 SARS-CoV 2003年までに770人
新型コロナウイルス感染症 SARS-CoV-2（COVID-19） 2023年1月時点で670万人

インフルエンザ ／ コロナウイルス

（国立感染症研究所HP、厚生労働省HPなどから作成）

③·2 感染症対策と自由の保障

▲**ロックダウンに反対する人々のデモ**（イギリス、2020年９月） 新型コロナウイルス対策として、各国政府がロックダウンを含む行動制限を発表すると、各地でデモが発生した。自由を求める人々に加え、政府への不満やマス＝メディアへの不信感を示す人々が参加するなど、混乱を極めた。

解説 新型コロナウイルス感染症に対し、マスク着用義務・都市封鎖（ロックダウン）・夜間外出禁止・ワクチン接種義務など、世界各地で様々な対策がとられた。しかしこれらの政策に対し、自由や権利の保障を求める人々のデモ活動も活発になっている。

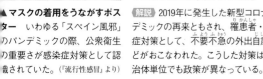

▲**マスクの着用をうながすポスター** いわゆる「スペイン風邪」のパンデミックの際、公衆衛生の重要さが感染症対策として認識されていた。（『流行性感冒』より）

▲**大学の食堂の様子**（京都、2021年４月） 新型コロナウイルス感染症の拡大を受け、飲食店などでは、食事中の会話をひかえる黙食の要請や、座席をついたてで区切るなどの対策がとられた。

間隔をあけてお並びください
SOCIAL DISTANCE

▼**公共の場で人を誘導する床用のシール** 新型コロナウイルス感染の予防として、ソーシャルディスタンスという語で"密"を避けることがうながされた。

解説 2019年に発生した新型コロナウイルスの感染症は、約100年前の激しいパンデミックの再来ともされ、罹患者・死者の被害が甚大になっている。日本でも感染症対策として、不要不急の外出自粛要請や、飲食店に対する営業時間短縮要請などがおこなわれた。こうした対策は感染者数などの状況に応じて絶えず変化し、自治体単位でも政策が異なっている。

1 地球環境の変遷

1·1 氷河期と後氷期

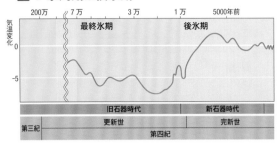

解説 約7〜1万年前までを**最終氷期**と呼び、2万1000年前頃には海水面が現在より120m低下していたと考えられている。陸続きとなった地域も多く、現生人類は広域にわたって分布を拡散させ、**ネアンデルタール人➡p.30**は絶滅していった。1万年前頃から地球は急速に温暖化し（原因については太陽活動の活発化などがあげられる）、7000〜5000年前頃には夏の気温がかなり上昇した。こうした時期を**後氷期**と呼び、人類が農耕・牧畜を開始して、文明を形成する背景となった。

1·2 14世紀と17世紀における地球環境の変化

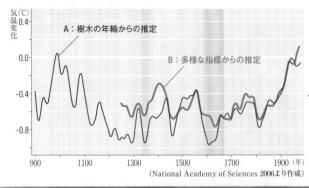

解説 このグラフは900〜1900年頃までの約1000年間の気温の変化をA・Bのように推定したものである

Q グラフの水色と薄紫色の部分に着目すると、どのようなことが読み取れるだろうか。

A：樹木の年輪からの推定
B：多様な指標からの推定

(National Academy of Sciences 2006より作成)

◀**黒死病の流行** この絵は「聖職者に祝福された黒死病犠牲者」と題され、14世紀後半にロンドンで描かれたものである。ユーラシアを西進した**黒死病（ペスト）**が商業ネットワークに乗ってヨーロッパ各地に被害をもたらし、人口が激減して封建社会が大きくゆらいだ。寒冷化や生産力の低下と感染症の流行に一定の関連があると指摘されている。

▲**凍てつくアムステルダム港** 14世紀以降何度かあった小氷期のなかでも、16世紀末頃から70年ほどはとくに寒冷だったことが知られている。イギリスではテムズ川が氷結し、スイスでも拡大した氷河に村落が飲み込まれたという。この絵は1663年のアムステルダム港を描いたもので、埠頭に係留された貨物船が氷に閉じ込められている。空もどんよりして寒々とした光景だが、氷上ではスケートを楽しむカップル、そりに乗った人々、子どもや犬がはしゃぐ様子、"Kolf"（ゴルフの原型とされる）を楽しむ男性などが描かれ、民衆なりに寒い冬を受け入れている。17世紀はヨーロッパ社会全般が危機的状況におかれ、諸国間での国際競争や戦乱が続いた。➡p.148（アムステルダム歴史博物館蔵）

2 自然災害と人々の生活

2·1 クレタ地震

クレタ地震による津波（アンミヌアス＝マルケッリヌス『歴史』）

黎明の少しのち、つねにも増して激しく打ち震える稲妻の頻発を先がけとして、不動の重い大地全体がゆさぶられて振動し、海は追い散らされて波を逆向きに転ばしつつ退いたのである。そのため、深みにある淵が剥き出しとなって、泳ぐ生き物の姿形様々な種類が泥のなかにとらえられているのがみられた。…数多くの船があたかも陸地に乗るように座礁し、水のわずかに残ったところを大勢の人が思うがまま歩きまわって、魚やこれに類するものを手で拾い集めていたが、うなりをあげる海が、あたかも押し戻されたことをいかるかのように打ってかわって高まり、泡立つ浅瀬を通って島々や大陸の長くのびる浜に激しく打ちつけ、町々の数えきれないほどの建物を手当たりしだいに薙ぎ倒した。…大量の海の水が、まったく予想だにしていなかったときに戻ってきて、何千人もの人々を溺れ死なせた…

（山沢孝至「紀元365年7月21日、東地中海の大津波——文献史料を中心に」『地域創造学研究』より）

解説 365年7月に地中海のクレタ島付近で発生した地震は、大規模な津波を引きおこした。史料は、地震から約25年後にローマの歴史家アンミヌアス＝マルケッリヌス（330頃〜395頃）が記したもので、地震直前の稲妻や津波の際の引き波の様子などが描かれている。

2·2 安政の大地震

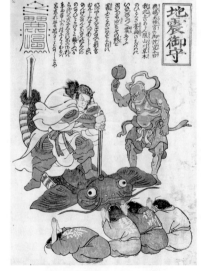

◀**鯰絵** 安政2（1855）年マグニチュード6.9とされる直下型の大地震が江戸の町を襲い、数千人以上の死者が出たとされる。この大地震ののち、鯰を描きこんだユーモアあふれる錦絵（鯰絵）が大量に売り出された。資料には、鹿島明神が地震鯰をこらしめており、これまで各地で地震をおこしてきた鯰たちが命乞いをしている様子が描かれている。

③ 地球環境への負荷 ③·1 地球環境問題とその影響

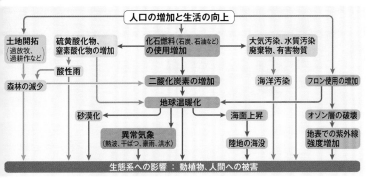

```
          人口の増加と生活の向上
    ┌─────┬──────┬──────┬──────┐
  土地開拓  硫黄酸化物、  化石燃料(石炭、石油など)  大気汚染、水質汚染
 (過放牧、  窒素酸化物   の使用増加        廃棄物、有害物質
  過耕作など) の増加
    │      │
   森林の減少  酸性雨
           ↓
         二酸化炭素の増加    海洋汚染   フロン使用の増加
           ↓
         地球温暖化
    ┌──────┼──────┐
  砂漠化        海面上昇    オゾン層の破壊
    │
  異常気象       陸地の海没   地表での紫外線
 (熱波、干ばつ、豪雨、洪水)          強度増加
    │
  生態系への影響：動植物、人間への被害
```

(宮崎勇・田谷禎三『世界経済図説 第四版』より作成)

解説 18世紀後半からの工業化は地球環境に負荷を蓄積させた。また、先進国だけでなく近年経済成長の著しい国々による環境への負荷が増大している。地球の土壌、海洋、大気圏などすべての環境が悪化している現状を危機的にとらえ、国際協力が求められている。

▶**テムズ川の水質汚濁** 19世紀中頃、テムズ川は汚水で水質が悪化し、電磁気学で知られるファラデー（図右側の紳士）➡p.204は環境悪化を批判した。 (1855年7月『パンチ』より)

🔍 **Q** 川のなかにテムズ川の主が描かれているが、この風刺画からどのようなことが読み取れるだろうか。

▶**温暖化により減少する北極海の氷** 温室効果ガスが温暖化の90％以上の原因とされ、写真のように北極海の氷が融解したり、大陸氷河が減少している。海面上昇だけでなく、温度上昇による気候変動や生態系への悪影響も深刻で、「カーボンニュートラル（脱炭素社会）」の実現を各国が表明するようになった。

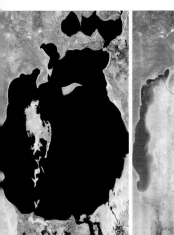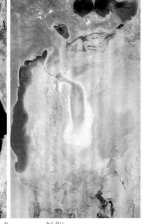

▲**乾燥化で消えるアラル海** 綿花栽培用の灌漑とダム建設によって中央アジアのアム川（南）・シル川（北）の流量が激減、1960年代から縮小が始まり、1989年に小アラル海（北）と大アラル海（南）にわかれた（写真左）。さらに大アラル海も急速に縮小し、2008年には東側からの消失が深刻となった（写真右）。周辺の樹木・果樹林も失われ、塩分濃度の上昇によって水産資源も壊滅的となった。人間の経済活動が自然を略奪した例である。

◀**酸性雨の被害** 窒素酸化物や硫黄酸化物などの影響から樹木や生態系だけでなく、建造物の被害も報告されている。火山活動も原因の1つとされるが、工業化（化石燃料の消費）によるところが大きい。写真はドイツ西南のシュヴァルツヴァルトの森が被害にあい、樹木が立ち枯れた様子。

④ 地球環境問題への取り組み

④·1 世界平均気温の変化

```
(℃)
1.5
     ── 観測値
     ── 人為・自然起源両方の要因
        を考慮した推定値
     ── 自然起源の要因(太陽および火
        山活動)を考慮した推定値
1.0

0.5

0.0

-0.5
  1850  1900   1950   2000 2020
                            (年)
```

（「IPCC第6次評価報告書」、「IPCC1.5℃特別報告書」ほかより作成）

解説 このグラフは、1850〜1900年を基準として、現在までの気温上昇の様子を表している。2015年採択の**パリ協定**では、長期目標として世界の平均気温上昇を産業革命前に比べて2℃より十分低く保ち、1.5℃に抑える努力をすることが合意された。

④·2 海洋プラスチックの削減

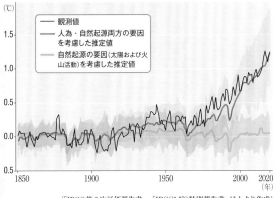

エコバッグを持って街に出よう。

🛍 レジ袋削減にご協力ください

レジ袋有料化 2020年7月1日スタート

▲**マイバッグ持参を呼びかけるポスター**（経済産業省） 世界の海には年間800万トンものプラスチックごみが流入しており、2016年のダボス会議では、2050年には海洋プラスチックごみの量が海にいる魚を上まわるという予測を発表した。世界各国でプラスチックごみへの対策が検討されており、プラスチックの生産・使用を削減する動きが加速している。

④·3 フードロスの削減

▼**「てまえどり」を呼びかけるポップ** FAO（国連食糧農業機関）の報告書によると、世界では毎年13億トンの食料が廃棄されており、これは世界の食料生産量の3分の1に当たる。また、食料廃棄の際の温室効果ガスの発生や、食料生産時の水や資源の無駄なども問題視されている。

すぐに食べるなら、手前からとってね！

1 地球カレンダー

| 1月1日 | 2月11日 | 11月16日 | 12月15〜25日 | 12月31日 10:40 | 12月31日 23:38 | 0:00 |

地球誕生　約46億年前

生命の誕生　約40億年前

カンブリア爆発　約5億数千万年前

恐竜の時代　約2億数千万年前

人類の出現　約700万年前

農耕・牧畜の始まり　約1万年前

現在

2 人類の進化

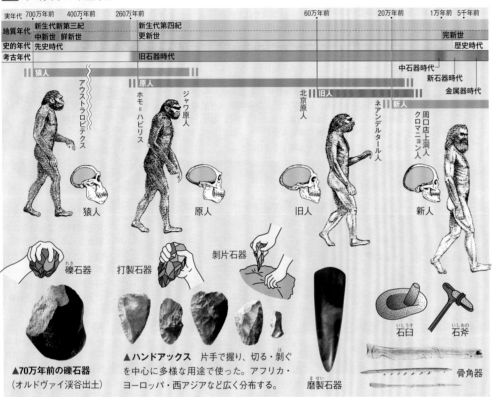

実年代	700万年前	400万年前	260万年前		60万年前	20万年前	1万年前	5千年前
地質年代	新生代新第三紀 中新世　鮮新世		新生代第四紀 更新世					完新世
史的年代	先史時代							歴史時代
考古年代			旧石器時代				中石器時代 新石器時代 金属器時代	

猿人　アウストラロピテクス

原人　ホモ＝ハビリス　ジャワ原人

旧人　北京原人　ネアンデルタール人

新人　周口店上洞人　クロマニョン人

猿人　原人　旧人　新人

礫石器　打製石器　剝片石器　石臼　石斧

▲70万年前の礫石器
（オルドヴァイ渓谷出土）

▲ハンドアックス　片手で握り、切る・剝ぐを中心に多様な用途で使った。アフリカ・ヨーロッパ・西アジアなど広く分布する。

磨製石器

骨角器

◀トゥーマイ猿人　サヘラントロプス＝チャデンシスと呼ばれチャドで発見された最古の人類で、約700万年前のものとされる。

▶アウストラロピテクス　約400万年前に出現した猿人で直立二足歩行した。南・東アフリカ各地で化石が発見され、多様なタイプがある。

◀ネアンデルタール人　1856年にドイツのネアンデルタール渓谷で発見され、その後ヨーロッパ・西アジア・北アフリカなど各地で発見された。毛皮を着用し、剝片石器を使用していた。2万数千年前に絶滅した。（東京大学総合研究博物館蔵）

▶クロマニョン人　現生人類は約20万年前にアフリカで出現したとされ、代表的なクロマニョン人は約4〜3万年前に登場し、弓矢を使用し、洞穴壁画を残した。

3 先史時代の遺跡

Q 最も古いタイプの化石人類はどこで発見されているか。

デュッセルドルフ　スウォンズコーム　ラスコー　クロマニョン人　アルタミラ　ショーヴェ　グリマルディ人　トゥーマイ猿人

ネアンデルタール人　デニソワ人　ヴィレンドルフ　ハイデルベルク人　ホモ＝ハビリス

三ヶ日人　北京原人　周口店上洞人　藍田原人　元謀人

オルドヴァイ　バラントロプス＝ボイセイ（ジンジャントロプス）　タウングス　アウストラロピテクス

ジャワ島ガンドン　ソロ人　ジャワ原人　ジャワ島トリニール

太平洋　大西洋　インド洋

| 2万年前の氷河 |
| 1万年前の氷河 |
| 猿人　旧人 |
| 原人　新人 |
| ● 化石人類の出土地 |
| ● 旧石器時代の遺跡 |
| ▲ 旧石器時代のヴィーナス像出土地 |
| ▲ 壁画所在地 |

▲周口店　北京原人の化石は北京市西南の竜骨山にある石灰岩洞穴で、上洞人（現生人類）の化石は山頂近くの洞穴で発見された。

▲オルドヴァイ渓谷　タンザニア北部の渓谷で、バラントロプス＝ボイセイの化石と原始的な石器、続いてホモ＝ハビリスの化石が発見されるなど、南アフリカの洞穴群とならぶ人類史研究の宝庫。

4 先史時代の文化

▶ **ショーヴェ洞穴壁画**　フランス南東のショーヴェ洞穴の壁画。約3万年前には線画・線刻画・彩色画などの芸術が誕生したとされる。

◀ **ヴィレンドルフのヴィーナス**　多産と豊穣を象徴し、2万7000年前頃に人々の呪術的な祈りをこめてつくられたとされる。石灰岩製、高さ11cm。(ウィーン自然史博物館蔵)

▼ **サハラのロックアート**(タッシリ＝ナジェールの岩壁画)

> ❓ アルジェリア南部のタッシリ＝ナジェールは、「水多き地」という意味だが、描かれた人物や動物からどのような生活ぶりがうかがえるだろうか。

5 農耕・牧畜の開始

5・1 農耕文化の起源と伝播

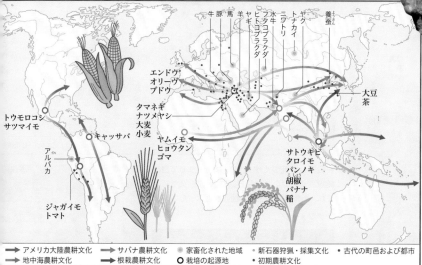

牛 豚 馬 羊 ヤギ フタコブラクダ ヒトコブラクダ 水牛 ニワトリ ヤク トナカイ ウマ 養蚕

トウモロコシ サツマイモ
キャッサバ
アルパカ
ジャガイモ トマト
エンドウ オリーヴ ブドウ
タマネギ ナツメヤシ 大麦 小麦
ヤムイモ ヒョウタン ゴマ
サトウキビ タロイモ パンノキ 胡椒 バナナ 稲
大豆 茶

→ アメリカ大陸農耕文化　→ サバナ農耕文化　● 家畜化された地域　● 新石器狩猟・採集文化　● 古代の町邑および都市
→ 地中海農耕文化　→ 根栽農耕文化　○ 栽培の起源地　● 初期農耕文化

5・2 農耕文化の形成

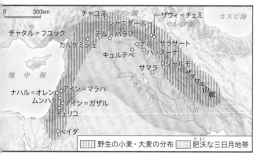

0　300km

チャユヌ
ザヴィ＝チェミ
シャニダール
テル＝ハラフ
カルケミシュ
テル＝サラサート
ハッスーナ
キュルテペ
サマラ
ジャルモ
ザグロス山脈
ナハル＝オレン
アイン＝マラハ
ムンハタ
アイン＝ガザル
イェリコ
ベイダ
チャタル＝フユック
地中海
カスピ海
ウルミヤ湖
ユーフラテス川
ティグリス川

▨ 野生の小麦・大麦の分布　□ 肥沃な三日月地帯

水鳥
犬
ヤギの角
ヤギ

28.5cm

▶ **ドナウの魚神の彫刻**　ドナウ河岸の集落跡で発見され、魚が自然のめぐみと考えられたらしい。前6000年頃。(ベオグラード国立博物館蔵)

◀ **彩文土器**　素焼き地に顔料で動物や幾何学文などを描いたものが多く、この土器の表面には雄ヤギや犬が文様化されている。前4000年頃、イラン出土。(パリ、ルーヴル美術館蔵)

ストーンヘンジ

前2000年頃に建造された環状の列石。直径100mの円形に4〜5mのメンヒル(立石)が30個配置され、奥のヒールストーン、中央の祭壇石、環の開口部を直線で結ぶと夏至の日の出における太陽の位置になる。天文学にもとづいた地域の祭祀場として機能していたと考えられている。似たような巨石遺跡はイギリスやフランスなど西ヨーロッパ一帯にみられる。

▲ **ストーンヘンジ**　イギリス南部ソールズベリ北西13kmにある環状列石で、前2千年紀初め頃のもの。

⊙ オークニー
クラヴァ
ニューグレインジ
エーヴベリー
ストーンヘンジ

▨ 巨石遺跡が多く分布している地域
0　200km

6 言語の分化

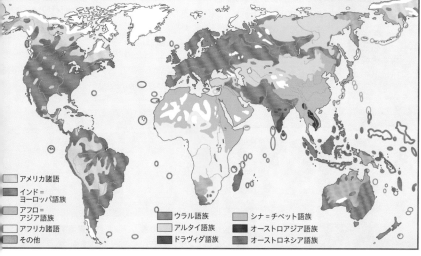

□ アメリカ諸語
■ インド＝ヨーロッパ語族
■ アフロ＝アジア語族
■ アフリカ諸語
■ その他
■ ウラル語族
■ アルタイ語族
■ ドラヴィダ語族
■ シナ＝チベット語族
■ オーストロアジア語族
■ オーストロネシア語族

西アジア

■1 オリエントの風土と人々

■1·1 オリエントの動向

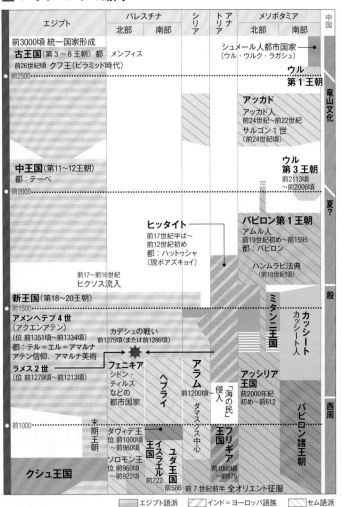

	エジプト	パレスチナ 北部	パレスチナ 南部	シリア	アナトリア	メソポタミア 北部	メソポタミア 南部	中国
前3000頃	統一国家形成					シュメール人都市国家 (ウル・ウルク・ラガシュ)		
	古王国(第3〜6王朝) 都:メンフィス 前26世紀頃 クフ王(ピラミッド時代)						ウル 第1王朝	竜山文化
前2500						アッカド アッカド人 前24世紀頃〜前22世紀 サルゴン1世(前24世紀頃)		
	中王国(第11〜12王朝) 都:テーベ						ウル 第3王朝 前2113頃〜前2006頃	夏?
前2000					ヒッタイト 前17世紀半ば〜前12世紀初め 都:ハットゥシャ(現ボアズキョイ)	バビロン第1王朝 アムル人 前19世紀初め〜前1595 都:バビロン ハンムラビ法典(前18世紀頃)		
	前17〜前16世紀 ヒクソス流入					ミタンニ王国 カッシート カッシート人		殷
前1500	新王国(第18〜20王朝) アメンヘテプ4世(アクエンアテン) (位 前1351頃〜前1334頃) 都:テル=エル=アマルナ アテン信仰、アマルナ美術 ラメス2世(位 前1279頃〜前1213頃)	カデシュの戦い 前1275頃(または前1286頃) フェニキア シドン・ティルスなどの都市国家	ヘブライ	アラム 前1200頃〜 ダマスクス中心	「海の民」侵入	アッシリア王国 前2000年紀初め〜前612		
前1000	末期王国 クシュ王国	ダヴィデ王 位 前1000頃〜前960頃 ソロモン王 位 前960頃〜前922頃	イスラエル王国 前722	ユダ王国 前586	フリギア王国 前1000頃〜前675 前7世紀前半 全オリエント征服	バビロン諸王朝		西周

凡例：□ エジプト語派　▨ インド=ヨーロッパ語族　▧ セム語派

■2 シュメール人の都市国家と生活

▲**ウルのジッグラト**　ジッグラト(聖塔)とは神が降臨する人工の山で、最上部に神殿があり、メソポタミア各地の都市に建造された。ウルのジッグラトは前2100年頃、ウル第3王朝期にたてられ、3層構造で最上部に月の神の神殿をかまえている。正面の階段はまっすぐに最上部まで達している。「バベルの塔」はバビロンにあったジッグラトが伝説化されたものであろう。

▶**神殿のレリーフ**　前2500年頃のものとされ、シュメール人の生活を知る手がかりとなっている。(バグダード、イラク博物館蔵)

■1·2 オリエントの風土

凡例：■ 肥沃な三日月地帯

▶**日干し煉瓦づくり**　土に藁などをまぜて自然乾燥させてつくる。地震には弱いが耐久性にすぐれ、乾燥地域の主要な建築材となった。

▼**ナツメヤシ**

『ギルガメシュ叙事詩』

ウルクの長老たちよ、わたしに聞け。
わたしはわが友エンキドゥのために泣く。
泣き女のように、いたく泣き叫ぶ。
わが傍らの斧、わが脇の援け、
わが帯の大太刀、顔前の盾、わがよき支え、
わが祭服、わが充溢の腰帯、
悪しき霊が立ち上がり、これをわたしから取り去ってしまった。

(月本昭男訳『ギルガメシュ叙事詩』岩波書店より)

解説 『ギルガメシュ叙事詩』は人類最古の文学作品といわれ、主人公ギルガメシュは都市国家ウルクに実在した王と考えられている。物語の主題のひとつに「友情」があり、引用部分は神に殺されたエンキドゥの死をギルガメシュが嘆いている場面である。アッシリア➡p.37のニネヴェ図書館で発見された粘土板テキストをもとに、19世紀後半に研究が進んだ。

Q 右側の2人は何をつくっているのだろうか。当時の生活を想像しながら考えてみよう。

▲レバノン杉の森の番人フンババを退治するギルガメシュ(左)とエンキドゥ(右)(ベルリン中東博物館蔵)

3 メソポタミア文明

ハンムラビ法典

契約	7条	もし市民が、銀、金、奴隷、女奴隷、牛、羊、ろば、その他何であれ、他の市民またはその奴隷から、証人を立てることなく、契約書も作成することなく買ったり、保管したりするならば、この市民は盗人であり、殺されなければならない。
婚姻	160条	もし市民が、義父の家に結納を持参し、さらに花嫁料を払った後で、その娘の父が結婚を断ったならば、義父は自分のところにもたらされたものを2倍にして返さなければならない。
同害復讐	196条	もし市民が、他の市民の目をつぶすならば、彼の目をつぶさなければならない。
	198条	もし市民が、ムシュケーヌム（市民と奴隷の中間的階層）の目をつぶすならば、彼は1マナ（約500g）の銀を支払わなければならない。
	200条	もし市民が、対等の市民の歯を打ち折るならば、彼の歯を打ち折らなければならない。
	201条	もし市民が、ムシュケーヌムの歯を打ち折るならば、3分の1マナの銀を支払わなければならない。

（渡辺和子訳「ハンムラビ法典条文」、『週刊朝日百科世界の歴史3』朝日新聞社より）

Q ハンムラビ法典の記述からは、当時の社会のどのような様子がわかるだろうか。

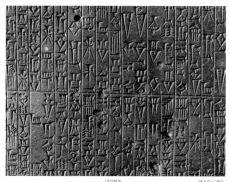

▶▲**ハンムラビ法典碑と楔形文字** 高さ2.25mの閃緑岩に刻印された。粘土板に専用のペン（先のとがった葦の茎で作製）で彫ったり押しつけたりして刻印したものが、メソポタミアで3000年にわたって使用された楔形文字である。保存する場合には粘土板を焼き、しない場合には表面を平らにして何度も使用した。シュメール人が開発したとされるが、しだいにアッカド語・バビロニア語・エラム語・ヒッタイト語・アッシリア語・古代ペルシア語などオリエント各地の言語の表記に借用されていった。

（パリ、ルーヴル美術館蔵）

◀**バビロニアの地図** 円形の海🅐の内側が世界全体で、外側は想像上の世界。🅑はバビロン、縦長の線刻が両河（またはユーフラテス川）を表す。下方はペルシア湾、小さな円は周辺都市を示す。（ロンドン、大英博物館蔵）

▲**円筒印章** 円筒の表面に図や文が刻まれている。前2千年紀後半に栄えたミタンニ王国の円筒印章は精緻なことで知られる。（山梨、平山郁夫シルクロード美術館蔵）

Q 円筒印章はどのように使うものだろうか。また、どのような場面で使われたと考えられるだろうか。

4 ヒッタイトの拡大

4·1 前2千年期前半のオリエント

黒海
カスピ海
ボアズキョイ（ハットゥシャ）
カルケミシュ
ヒッタイト
ミタンニ
アッシリア
ニネヴェ
アッシュール
カデシュの戦い（前1286頃）
フェニキア
シドン
ティルス
シリア
ダマスクス
カッシート
ヘブライ
ロゼッタ
イェルサレム
パレスチナ
バビロン
ウルク
ウル
スサ
メンフィス
テル=エル=アマルナ
テーベ
エジプト（新王国）
出エジプト（前1250頃）
バビロン第1王朝
ペルシア湾
現在の海岸線
エジプト（中王国）
紅海

前2千年紀初めの諸国	
	エジプト中王国
	バビロン第1王朝
前1500年頃の諸国	
	ヒッタイト
	ミタンニ
	カッシート
	エジプト新王国

0   500km

▲**カルケミシュ出土のレリーフ**

Q この資料は何を描いているものだろうか。

▼**ヒッタイトのハットゥシャ遺跡** トルコのアンカラの東、アナトリア中部の標高1000mほどの高原の都で、神殿・街路・獅子門などが発見された。

▶**ヒッタイトの鉄剣** 古くは隕鉄を用い、さらに鉄鉱石を製錬して鉄器を製造した。（アンカラ、アナトリア文明博物館蔵）

1 ナイル川とエジプト文明

1・1 エジプト王国とナイル川

凡例：
- 農耕地
- ▲ ピラミッド
- ― 急端（滝）

0　300km

地中海／サイス／ガザ／シナイ半島／メンフィス／ヘラクレオポリス／リビア砂漠／テル＝エル＝アマルナ／アビュドス／王家の谷／テーベ（ルクソール）／第1急端／シエネ（アスワン）／古王国の南限／第2急端／中王国の南限／アブ＝シンベル／ヌビア砂漠／第3急端／第4急端／第5急端／ナパタ／新王国の南限／紅海／アトバラ川

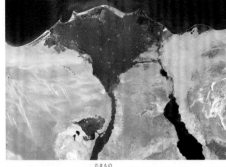

▲**「エジプトはナイルの賜物」** ヘロドトスの言葉として知られているが、もとは同じギリシア人のヘカタイオス➡p.22が広大なナイルデルタを表現したものらしい。

▲**ナイロメーター** ナイルの増水は農耕だけでなく税徴収に関わる政治的意味もあり、古代エジプトでは神官が水位をはかって増減水を発表していた。

渇水時の水面／増水時の水面／氾濫原／堤防／ナイル川／ベイスン

▲**ナイルの増水** 毎年6～10月が増水期で、堤防の下部に穴を掘って氾濫原に水を満たした。減水期になると窪地（ベイスン）が耕作地となり、小麦などを栽培した。

▼**スフィンクス** 西方（冥界）の入口の守護者とされ、石灰岩の丘を掘ってつくったものであるが、今日、砂による埋没、破損など崩壊の危機にある。

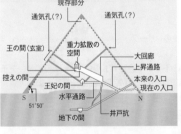

現存部分／通気孔（?）／通気孔（?）／王の間（玄室）／重力拡散の空間／大回廊／控えの間／上昇通路／本来の入口／王妃の間／現在の入口／水平通路／井戸坑／地下の間／S 51°50′／N

▲◀**ピラミッド** 最大の**クフ王のピラミッド**は高さ137m、230万個の石を組み上げてある。右の大回廊は中心部にあり、部屋の天井が崩れないように力学的な工夫がされている。

2 エジプトの死生観

◀**副葬品を運ぶ船** 古代エジプト人は、生前から葬儀や供養の準備をおこなった。死者の国は太陽が沈む方角である西にあるとされ、ピラミッドの多くはナイル川の西岸につくられた。遺体を運ぶ葬列は、生前に準備された多くの副葬品とともにナイル川を渡り、墓地へと向かった。（テーベ、メンナの墓の壁画）

▶**死者の裁判**（「死者の書」の挿絵） 死者は、山犬の頭をもつ墓地の守護神アヌビスに連れられ、冥界の王**オシリス**の前に進み出て🄐、「生前、正義（マアトにはずれた悪いおこないをしたことはない」という「否定告白」をしなければならなかった。告白が終わると、死者の言葉に偽りがないか調べるため、死者の心臓をマアトの天秤の皿🄑に乗せ、もう片方の皿には重さのほとんどない羽毛のようなマアトの重り🄒がおかれた。天秤のそばには書記トト神🄓がおり、結果を記録してオシリスに報告した。オシリスが死者の告白は正しいという判決を下す🄔ことで、死者は来世への鍵を手にすることができた。**「死者の書」**には多様なテキストがあるが、いずれも死後の再生を願った内容である。（ロンドン、大英博物館蔵）

3 新王国時代

▲**アマルナ文書**　計382点にのぼり、ほとんどがミタンニなどからエジプト王に宛てた外交文書。第18王朝当時におけるオリエントの外交の共通言語**アッカド語**が用いられた。

◀**アマルナ美術**　第18王朝の**アメンヘテプ4世**が宗教改革のため、アマルナに遷都。美術の様式も一変して写実的になった。左は王妃ネフェルティティの像。（統一ベルリン美術館蔵）

エジプト文明とメソポタミア文明の比較

	エジプト文明	メソポタミア文明
地形の特徴	ナイル川の流域で、砂漠と海に囲まれている	ティグリス川・ユーフラテス川の流域で、外部を遮るものが少ない
民族の変遷	異民族の侵入は少なく、エジプト語系の人々が長期にわたって安定した文明を営んだ	豊かな土地を求めて、様々な民族が進出し、興亡を繰り返した
文字	エジプト文字 **神聖文字（ヒエログリフ）**① **民用文字（デモティック）**②	**楔形文字**③
宗教	多神教 アメンヘテプ4世の時期のみアテン神を信仰する一神教	多神教 民族が交替するごとに、信仰される最高神がかわる多神教
暦	**太陽暦** のちのローマでカエサル➡p.71が採用し、ユリウス暦となる	**太陰暦** のちに閏月を設けた太陰太陽暦を採用
学問など	測量術、天文学	六十進法、占星術

①**神聖文字（ヒエログリフ）**
神殿・墓・公式碑文などに使用された象形文字

②**民用文字（デモティック）**
簡略化された文字で、パピルスに記された

③**楔形文字**
シュメール人が創始した文字で、その後の様々な民族に引き継がれていく

▲**アブ゠シンベル神殿**　砂岩の崖に彫られた4体の巨像は第19王朝の**ラメス（ラメセス）2世**（位前1279頃〜前1213頃）。**アスワン゠ハイダム**による水没を避け、ユネスコが大規模な移築をおこなって保存した。

Q 「死者の書」やミイラの様子からは、古代エジプト人のどのような死生観がわかるだろうか。

◀**ミイラ**　霊魂の不滅・復活を信じて肉体を保存するため、内臓を摘出し、防腐処理、乾燥、香油などを塗り、亜麻布でまいて柩に安置した。左は第19王朝ラメス（ラメセス）2世のもの。（カイロ、エジプト考古学博物館蔵）

▼**アテン神信仰**　第18王朝のアメンヘテプ4世は、アメン神信仰を否定することで、テーベの神官団の弱体化をねらった。

Q 「死者の書」に登場する神々と比べると、アテン神にはどのような特徴があるといえるだろうか。

西アジア

西アジア
地中海

1 東地中海の諸民族

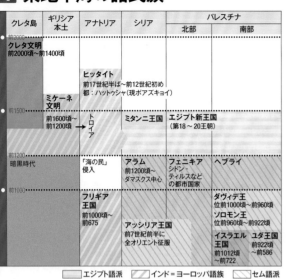

	クレタ島	ギリシア本土	アナトリア	シリア	パレスチナ	
					北部	南部
前2000	クレタ文明 前2000頃～前1400頃					
前1500		ミケーネ文明 前1600頃～前1200頃	ヒッタイト 前17世紀半ば～前12世紀初め 都：ハットゥシャ（現ボアズキョイ）			
			トロイア	ミタンニ王国	エジプト新王国 （第18～20王朝）	
前1200	暗黒時代	「海の民」侵入	アラム 前1200頃～ダマスクス中心	フェニキア シドン・ティルスなどの都市国家	ヘブライ	
前1000		フリギア王国 前1000頃～前675		ダヴィデ王 位前1000頃～前960頃		
			アッシリア王国 前7世紀前半に全オリエント征服	ソロモン王 位前960頃～前922頃		
				イスラエル王国 前1012頃～前722	ユダ王国 前922頃～前586	

■ エジプト語派 ／ インド゠ヨーロッパ語派 ＼ セム語派

1·1 前1200年頃の地中海

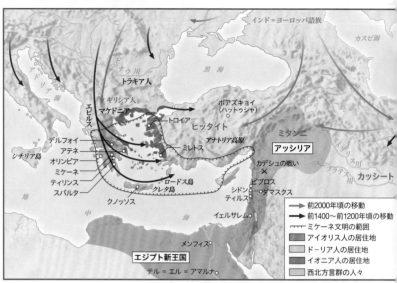

→ 前2000年頃の移動
→ 前1400～前1200年頃の移動
～ ミケーネ文明の範囲
アイオリス人の居住地
ドーリア人の居住地
イオニア人の居住地
西北方言群の人々

インド゠ヨーロッパ語族

1·2 フェニキア文字とアラム文字 →p.20

▲フェニキア文字

▲アラム文字

◀フェニキア人の商船

Q フェニキア人は船で何を運んでいるのだろうか。

1·3 「出エジプト」とモーセの十戒

十戒

前　文　わたしはお前の神ヤハウェ、お前をエジプトの地、奴隷の家から導き出した者である。

第一戒　お前はわたしに対して他の神々をもってはならない。

第二戒　お前はお前自身のために像を造ってはならない。

第三戒　お前はお前の神ヤハウェの名をみだりに唱えてはならない。

第四戒　安息日を聖日として記憶せよ。

第五戒　お前の父とお前の母を敬え。

第六戒　お前は殺してはならない。

第七戒　お前は姦淫してはならない。

第八戒　お前は盗んではならない。

第九戒　お前はお前の友人に対して偽証を立ててはならない。

第十戒　お前はお前の友人の家を欲しがってはならない。

（石田友雄『ユダヤ教史』山川出版社より）

1·4 ヘブライ王国の歴史

前2千年紀前半	ヘブライ人の移住→パレスチナ・エジプト
前13世紀	モーセの「出エジプト」（エジプトからの脱出）
前10世紀初め	ダヴィデ王、イスラエル王国を統一
前10世紀前半	ソロモン王の治世→王国の繁栄、第1神殿建造
前10世紀後半	王国の南北分裂
前722	北：イスラエル王国滅亡←アッシリア
前586	南：ユダ王国滅亡←新バビロニア
	バビロン捕囚（強制移住、前586～前538）
前538	アケメネス朝のキュロス2世による解放
	ユダヤ教の成立　┌律法主義 │選民思想 └メシア信仰
前515	イェルサレムに神殿再興（第2神殿）
前200	セレウコス朝による支配→ハスモン朝の独立（前140）
前64	ローマのポンペイウスによる征服→ローマの属州化
前37	ヘロデ朝成立→ローマの直轄支配（前4）
後30頃	イエスの刑死
66～70	第1次ユダヤ戦争→第2神殿崩壊
132～135	第2次ユダヤ戦争（バル゠コクバの反乱）→ハドリアヌス帝のユダヤ文化根絶政策

1·5 ヘブライ人の移住

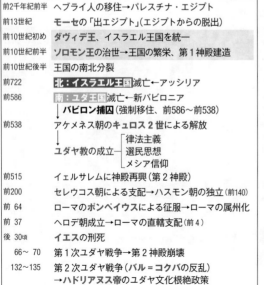

ヘブライ王国の首都
ヘブライ人の「出エジプト」
モーセの「十戒」の伝承
紅海横断の伝説の背景と推定される場所

ダヴィデ・ソロモン時代の領域（前1000頃～前922頃）
ダヴィデに従属した地域
イスラエル王国（前922頃～前722）
ユダ王国（前922頃～前586）

▲レバノン国旗にある杉　1943年に制定された国旗には、『旧約聖書』にも建材や舟の帆柱として登場するレバノン杉が図案化された。

▲出エジプト（映画「十戒」1956年より）「出エジプト」は、エジプトで隷属状態となった60万人のヘブライ人たちをモーセが率いて脱走させたという、『旧約聖書』中のエピソードである。エジプト側に記録がないことから、少数者による脱出だったのではないかとする学説もある。前13世紀後半に「約束の地」（カナーン）に向かった彼らの前に海、後方からはラメス（ラメセス）2世の軍がせまったとき、モーセが杖で海を開いてヘブライ人たちを対岸へ渡らせた。その後、シナイ山にのぼったモーセは、神から「十戒」を授かった。

2 エーゲ文明

◀ペロポネソス半島の景観　ペロポネソス半島南部に広がる平原地域で、古代スパルタの本拠地となった。中心をエウロタス川が流れ、オレンジやオリーヴの栽培が盛んにおこなわれた。

▼ミケーネ城塞の獅子門

▲オリーヴの収穫　乾燥に強い常緑高木で、地中海一帯で広く栽培されている。果実はピクルスやオイルとして利用する。葉はノアの洪水伝説から、鳩とならぶ平和の象徴とされる。

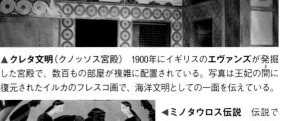

▲クレタ文明（クノッソス宮殿）　1900年にイギリスのエヴァンズが発掘した宮殿で、数百もの部屋が複雑に配置されている。写真は王妃の間に復元されたイルカのフレスコ画で、海洋文明としての一面を伝えている。

◀ミノタウロス伝説　伝説ではクノッソスの住人で牛頭人身の怪物ミノタウロス（中央右）を、アテネの英雄テセウス（中央左）が退治してアテネの危機を救ったとされる。紀元前6世紀頃のアンフォラの壺絵。（パリ、ルーヴル美術館蔵）

▶復元された木馬　トロイアの王子パリスに奪われたヘレネを奪還するために、ミケーネのアガメムノン王を総大将にギリシア軍が10年にわたりトロイアを攻め、智謀者オデュッセウスの計略で巨大な木馬を残し、撤退したとみせかけた。トロイア側が平和の到来を喜び酒浸りになった頃合いをみて、木馬内の伏兵と反転したギリシア兵によってトロイアは陥落した。

Q ミケーネ城塞や黄金のマスクからは、ミケーネ文明のどのような特徴を考えることができるだろうか。

▶ミケーネ出土黄金マスク（アテネ国立考古学博物館蔵）

西アジア　地中海

3 古代オリエントの統一

3・1 オリエントの統一と分裂

アッシリア時代	前722 **サルゴン2世**、イスラエル王国を滅ぼす　エジプトを支配→オリエントを一時統一 前668 **アッシュルバニパル王** 前612 都**ニネヴェ**陥落→帝国崩壊
4王国分立時代	┌ エジプト │ リディア　都：**サルデス** │ 　世界最古の金属貨幣使用 │ メディア　都：**エクバタナ** └ 新バビロニア（カルデア） 前604 **ネブカドネザル2世**〈新バビロニア〉 前586 ネブカドネザル2世、 　ユダ王国を滅ぼす→ユダヤ人の**バビロン捕囚**

▼リディアの金属貨幣　世界最古の金属貨幣とされ、金銀合金に刻印して製造したもの。

3・2 アッシリアと4王国の領域

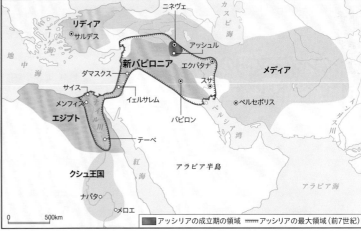

ニネヴェ　カスピ海　リディア　サルデス　アッシュル　新バビロニア　エクバタナ　ダマスクス　スサ　メディア　サイス　イェルサレム　ペルセポリス　メンフィス　バビロン　エジプト　テーベ　ペルシア湾　クシュ王国　紅海　アラビア半島　アラビア海　ナパタ　メロエ

0　500km

■アッシリアの成立期の領域　〓〓〓アッシリアの最大領域（前7世紀）

Q 下の資料からは、アッシリアの兵士が、どのように戦っている様子がわかるだろうか。また、これらの兵士はどのような人々だと推測できるだろうか。

◀アッシリアの戦争　アッシリアでは戦車、騎兵隊の弓を主力にしたが、歩兵も戦争に参加した。（ロンドン、大英博物館蔵）

Q クシュ王国はエジプト文明からのような影響を受けているだろうか。

▶クシュ王国のメロエ遺跡　クシュ王国は前10世紀にナイル川上流に成立した最古の黒人王国で、新王国の滅亡後、エジプトにも進出した。アッシリアの侵攻を受けて南方へ退き、メロエを都として栄えた。➡p.90

1 南アジアの風土と人々

1·1 古代文明の成立

前2600頃～	**インダス文明** 都市遺跡：モエンジョ＝ダーロ、ハラッパー インダス文字（未解読）使用
前1500頃	アーリヤ人、パンジャーブ地方進入
前1200頃	『リグ＝ヴェーダ』成立
前1000頃	**アーリヤ人、ガンジス流域に進入** ヴァルナ制の形成 ヴェーダ文献の成立 バラモン教の成立

1·3 南アジアのモンスーン

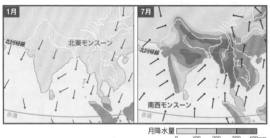

月降水量 0 100 200 300 400mm

解説 冬は北東風。夏に吹く南西風は大量の雨をもたらす。

1·2 南アジアの風土

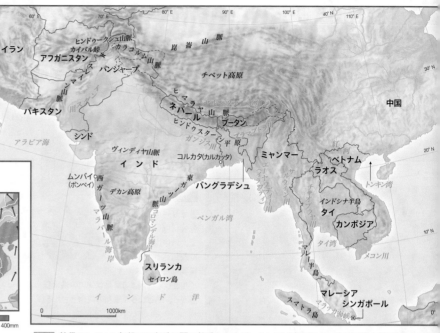

解説 熱帯モンスーン気候では冬季に弱い乾季となるが、ムンバイ（旧ボンベイ）では降水量が極端に少なく、気候区分ではサバナ気候となる。夏季に南西の風、冬季に北東の風が吹き、古くから海上交易で栄えた

▶**綿花の収穫**（デカン高原）と**稲作**（カルナータカ州） インドの綿花栽培はデカン地方と西北部地方が主力である。稲作は耕作、種籾の散播、除草、脱穀など多様な場面で牛に依存する伝統農法が残っている。

2 インダス文明の形成

2·1 インダス文明とアーリヤ人の進入

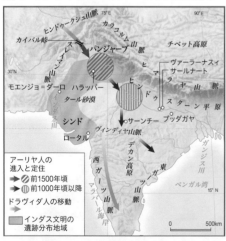

アーリヤ人の進入と定住
➡ 前1500年頃
➡ 前1000年頃以降
ドラヴィダ人の移動
インダス文明の遺跡分布地域

▶**カイバル峠** 中央アジアと南アジアを結ぶ標高1000mほどの峠で、手前がパキスタン側、奥がアフガニスタン方面。前4世紀後半の**アレクサンドロス大王**、後10世紀後半のガズナ朝の**マフムード**、16世紀前半の**バーブル**などは、ここを通ってインドに入った。また5世紀初めの**法顕**、7世紀前半の**玄奘**もここを通っている。

◀**モエンジョ＝ダーロ** 「死者の丘」という意味の名称で呼ばれるが、本来の都市名はインダス文字が未解読で不明である。上下水道や沐浴場、道路など整然と計画されている。地下水位の上昇にともなう塩害にさらされている。

▼**インダス文字と踊り子** 押印用の印章には聖獣や神像がデザインされている。文字は未解読。モエンジョ＝ダーロ出土の青銅製「踊り子」像は、先住民の容貌とされる。（デリー国立博物館蔵）

Q 同類の印章がメソポタミアでも多く発見されているが、このことは何を示しているのだろうか。

南アジア・東南アジア

3 アーリヤ人の進入と社会制度

3·1 ヴェーダの成立

ヴェーダ	本集	リグ=ヴェーダ（神々の賛歌・最古の歌集）
		サーマ=ヴェーダ（古典音楽の基本・詠歌集）
		ヤジュル=ヴェーダ（祭式で唱えられる詞・散文）
		アタルヴァ=ヴェーダ（儀式での呪術・最古の医学書）
		ブラーフマナ（祭式の手順など）、ウパニシャッド（奥義）など
	副本	アーユル=ヴェーダ（医学・生命）
		ガンダルヴァ=ヴェーダ（音楽・音階）など

解説 **ヴェーダ**とは知識の意味で、前1000～前500年頃に編纂された**バラモン教**の聖典。中心となっているのは「サンヒター」（本集）の4つで、狭義にはこれらをヴェーダというが、祭官や学派によって分類化され、現存する文献だけで膨大な量になる。なかでも『**リグ=ヴェーダ**』にはイラン・インド共通の古い神話が収録されており、言語的にもゾロアスター教の「アヴェスター語」と共通するところが多い。

3·2 カースト制度

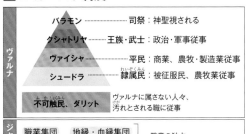

ヴァルナ	バラモン ── 司祭：神聖視される
	クシャトリヤ ── 王族・武士：政治・軍事従事
	ヴァイシャ ── 平民：商業、農牧・製造業従事
	シュードラ ── 隷属民：被征服民、農牧業従事
	不可触民、ダリット ── ヴァルナに属さない人々、汚れとされる職に従事
ジャーティ	職業集団　地縁・血縁集団　┐職業の独占・ 不可触民（ダリット）の職業集団　┘内婚制・共食

解説 **ヴァルナ**（「色」を意味する）は『リグ=ヴェーダ』に由来し、アーリヤ人が先住民を差別化したことをもとにする。ドラヴィダ人で従属した人々をシュードラに位置づけたが、のちにヴァイシャとともに大衆化され、逆に不可触民（自称ダリット）への差別が強化された。**ジャーティ**（出自、帰属集団）は職業と結びつき、ヴァルナ制とともに複雑で多様な社会制度を構成してきた。→p.61

▲**インドラ**　白い巨象に乗り天空を往来して雷を操る神。（西インド、バージャー石窟）

南アジア・東南アジア

世界の古代文明

		エーゲ海	オリエント	南アジア	中国	中南米
文明発祥のおおよその時期		前2000年頃～ クレタ文明 前16世紀～ ミケーネ文明	前3000年頃～ シュメール人の都市国家 前2700年頃～ エジプト古王国 前2000年紀～ アッシリア王国 前1894年頃～ バビロン第1王朝	前2600年頃～ インダス文明	前5000年頃～ 仰韶文化（黄河） 前3300年頃～ 良渚文化（長江） 前2500年頃～ 竜山文化（黄河） 前2000年頃～ 三星堆文化（長江）	前1200年頃～ オルメカ文明（メキシコ） 前1000年頃～ チャビン文化（アンデス） 前10世紀頃～ マヤ文化（ユカタン半島） 後14世紀頃～ アステカ文明（メキシコ） 後15世紀頃～ インカ帝国（アンデス）

各地域の風土と農業

エーゲ海	オリエント	南アジア	中国	中南米
アテネの気温と降水量	バグダードの気温と降水量	ムンバイの気温と降水量	北京の気温と降水量	クスコの気温と降水量
●夏乾燥・冬少雨 ●土壌はやせた石灰岩質で、山がちなため大平野にめぐまれず、果樹栽培や牧畜が営まれる	●乾燥・高温 ●砂漠や草原が多く、羊やラクダの遊牧生活に加え、大河の流域で定期的な増水を利用して、灌漑農業が営まれる	●季節風の影響により雨季と乾季が明確 ●雨を利用した稲、乾季には麦が栽培され、馬や羊の飼育もともにおこなわれる	●黄河流域は比較的降水量が少なく畑作が中心となる ●長江流域は季節風の影響により湿潤で、稲作がおこなわれる	●雨水を利用して丘陵・山岳に都市が築かれ、トウモロコシやジャガイモが主食として生産される ●馬などの大型家畜が存在しない
▲ギリシアのオリーヴ畑	▲灌漑を利用したティグリス川流域の農業地帯	▲インド西岸（ゴア）の稲作地帯	▲黄河下流域（河南省）の小麦畑	▲ペルーのトウモロコシ畑

| 鉄器の使用 | ミケーネ文明崩壊（前1200年頃）後の暗黒時代に鉄器の使用が始まる | インド=ヨーロッパ語族のヒッタイト（前17世紀半ば頃～）により、鉄器の使用が始まる | アーリヤ人がガンジス川流域へ移動し（前1000年頃）鉄器の使用が始まる | 春秋時代（前770年～）に鉄器の使用が始まる | 鉄器は使用されなかった |

1 東アジアの風土と人々

1·1 中華文明の成立

- **前6000頃** **黄河流域の文明**
  前6000年頃までに粟など**雑穀中**心の農耕始まる
  仰韶文化［前5000頃〜前3000頃］
  　彩陶を使用
  竜山文化［前2500頃〜前2000頃］
  　灰陶・黒陶を使用

  長江流域の文明
  稲の農耕始まる
  河姆渡文化［前5000〜前3300］
  良渚文化［前3300〜前2200］
  三星堆遺跡［前2000頃］

- **前2000年頃** **青銅器**の使用始まり、初期王朝出現
  （『史記』などで述べられている、禹から始まる夏王朝の可能性）
  二里頭遺跡［前2000頃〜前1500頃］

- **前1600年頃** 殷（商）王朝成立（都の遺跡：**殷墟**）
  甲骨文字・青銅器を使用
  祭政一致の神権政治

- **前11世紀頃** 周の武王、牧野の戦いで殷を滅ぼす
  周王朝成立（西周、都：**鎬京**）
  易姓革命
  周の「**封建**」：一族、功臣を**諸侯**として封じる
  宗法に基づく礼政一致の制度

- **前770頃** 周、異民族犬戎に攻められ鎬京陥落
  洛邑へ遷都（東周）

夏？／殷／西周

▶**草原（ステップ）地帯** 寒冷で乾燥しており、農業に適さない。人々はおもに遊牧で生活している。写真はモンゴル高原。

> **Q** 東アジアや隣接地域の自然環境・生業の多様性は、各地に誕生した文化圏やそこに生きる人々のあいだにどのような影響を与えたのだろうか。

1·2 東アジアの風土

年間降雨量1000mmの境界線

▲**長江流域** 温暖で降雨が多く、稲作が発達して穀倉地帯となっている。流れがおだやかな河川や湖沼が多いため、水運も活発である。

◀**黄河流域** 降雨が少ないが肥沃な黄土地帯で乾地農法に適し、畑作が発達した。下流は洪水が多く、治水が重要な政治課題であった。

麻 高粱 粟 稲 黍 大麦 小麦

▲**主要作物** 黍や粟などの雑穀は粉にして蒸すか、煮て食べた。粒の大きな麦類は西方から伝わった。麻ははじめ食用に栽培され、のちに繊維としても利用された。

2 中華文明の発生

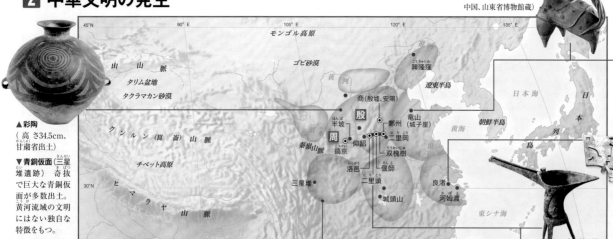

▲**彩陶**（高さ34.5cm、甘粛省出土）

▼**青銅仮面（三星堆遺跡）** 奇抜で巨大な青銅仮面が多数出土。黄河流域の文明にはない独自な特徴をもつ。

▶**黒陶**（口径5.9cm、足径5.2cm、高さ10.5cm、中国、山東省博物館蔵）

▶**灰陶**（高さ29.2cm、中国、山東省博物館蔵）

▼**玉器（良渚遺跡）** 良渚文化は黒陶と精巧で多様な玉器が特徴。中華文明は多元的であった。

◀**平底銅爵（二里頭遺跡）** 爵とは儀式用の酒器のこと。二里頭遺跡は伝説上の夏の都と推定されている。

▶**動物紋飾板（二里頭遺跡）** 動物の姿を真上からみたデザインを、青銅の板にトルコ石で象嵌している。身分の高い人が身につけた装身具と考えられている。（前17〜前16世紀、長辺16.5cm、中国、洛陽博物館蔵）

新石器時代のおもな文化圏
● 新石器文化・殷文化のおもな遺跡
◎ 殷・周時代の国都

3 殷

3·1 殷(商)時代(前16世紀頃～前11世紀頃)

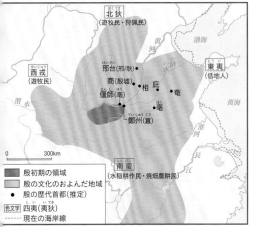

地図凡例：
- 殷初期の領域
- 殷の文化のおよんだ地域
- ● 殷の歴代首都(推定)
- 色文字 四夷(夷狄)
- ----- 現在の海岸線

北狄(遊牧民・狩猟民)
西戎(遊牧民)
東夷(低地人)
南蛮(水稲耕作民・焼畑農耕民)

解説 華夷の別 古来中国人は自己の文化を理想とし、周辺諸民族を夷狄として蔑視していた。

▲**殷王の墓(復元図)** 殷墟では王墓が13基発掘されている。とくに王妃婦好(右)の墓は盗掘されておらず、貴重である。王墓には殉死した従者や衛士、多数の人身御供になった人々、牛・鹿・豚などが殉葬されていた。また青銅製の生活用品・装飾品・武器などの副葬品も出土した。

▶殷墟婦好墓

▲**殷墟遺跡** 河南省北部、安陽市小屯村を中心とした殷墟遺跡は、洹河の南北27㎢の広大な範囲に広がる。写真は復元された祭祀跡。

3·2 殷代の青銅器

◀**双羊尊** 尊とは、酒をそなえる盛酒器のことであり、神前にそなえる器として用いられた。殷では青銅器がきわめて高度に発達し、複雑で込み入った文様の祭器が多くつくられた。(東京、根津美術館蔵)

▶**饕餮文銅尊** 殷代と西周中期まで盛んに用いられた文様を、後代の文献にみる怪獣「饕餮」からこう呼ぶ。饕餮は、一般には魔物を祓う怪獣とされている。
(奈良、天理大学附属天理参考館蔵)

3·3 甲骨文字

木 車 馬 幸 人
皿 衆 鳥 友 見

▶**甲骨文字** 1899年竜骨(漢方薬)の表面に刻まれた文字が発見されて以来、約半数が解読されている。漢字の原型である。殷においては、亀甲や牛の肩胛骨を火であぶり、できた亀裂で神意を読み取る占い(卜占)によってあらゆる国事を決定した。文字はその結果を刻したものである。

4 周

4·1 西周時代(前11世紀末～前771年)

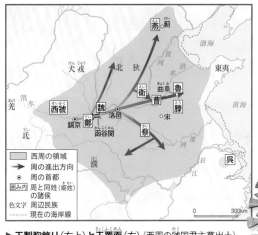

地図凡例：
- 西周の領域
- → 周の進出方向
- ◎ 周の首都
- 囲み内 周と同姓(姫姓)の諸侯
- 色文字 周辺民族
- ----- 現在の海岸線

犬戎 北狄 東夷 燕 薊 魯 曲阜 滕 曹 衛 宋 魏 洛邑 鄭 函谷関 蔡 呉 西虢 鎬京 羌 氐

▶**玉製胸飾り**(右上)**と玉覆面**(右)(西周の虢国君主墓出土) 中国では古代から玉が珍重された。遺体の腐敗を防ぎ、死者を再生させると信じられていたため、貴人をほうむるときは玉を身につけさせた。

殷と周の国家構造

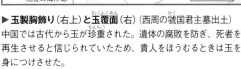

殷	周
大邑商	周王室
邑 邑 邑	諸侯 諸侯
邑 邑 邑	卿・大夫・士 卿・大夫・士 卿・大夫・士
邑 邑 邑 邑 邑	小邑 小邑 社
	数十人程度の農村共同体

→ 分邑 ⟶ 貢納・軍役

解説 殷も周も邑(城郭都市)のゆるやかな連合体である。殷は直接統治する領域は限られていたが、宗教的な権威によって他の邑を支配した(神権政治)。一方、周は一族・功臣・地域の首長を序列化し、封土を与えて諸侯とし、貢納と軍役を義務づけ(封建制)、父系の親族集団(宗族)のまとまりが重んじられた。また、宗族の秩序と祭祀を定めた宗法がつくられた。

東アジア

東アジア

1 春秋・戦国時代

前770頃 周、洛邑へ遷都(周の東遷)→東周(~前256)

春秋時代(前770~前403)

東周の支配力衰えるが、権威は存続

諸侯は**尊王攘夷**を名目に**会盟**

(その盟主が**覇者**)

「春秋の五覇」

斉の桓公……宰相 管仲

晋の文公……放浪後即位

楚の荘王……「鼎の軽重を問う」

越の勾践……「会稽の恥」

呉の夫差……「臥薪嘗胆」

(このほかに秦の穆公や宋の
襄公などを入れる説あり)

▲東周の戈　両刃のある身の部分に直角に長い柄をつけ、敵をひっかける武器。

551頃 **孔子**、生まれる(~前479)

諸子百家の出現

この頃、**鉄製農具**の使用、牛耕農法(牛犂耕)始まる

→農業生産力向上

453 晋の分裂

→韓・魏・趙3氏が分立し、三晋と称する

403 韓・魏・趙、諸侯として認められる

戦国時代(前403~前221)

東周の権威喪失。実力本位の時代へ

諸侯は各自「**王**」と称し、「**富国強兵**」にはげむ

→青銅貨幣の流通

「戦国の七雄」

秦・斉・燕・楚・韓・魏・趙

359 商鞅、**秦**の政治改革断行(**商鞅の変法**)

→ 秦の強国化

333 蘇秦、秦に対して六国同盟(**合従策**)

328 張儀、秦との同盟で合従策破る(**連衡策**)

256 秦、東周を滅ぼす

247 秦王政(のちの**始皇帝**)、即位(~前210)

前221 秦の中国統一

1・1 春秋時代(前8世紀~前5世紀)

1・2 戦国時代(前5世紀~前3世紀)

1・3 春秋・戦国時代の戦争

▲**歩兵戦闘図**　前6世紀末頃、農民が武器を持って歩兵として戦争に参加するようになった。これにより戦争に参加する兵士の数も増加した。(北京,故宮博物院蔵)

◀**春秋時代の戦車**(複製)　春秋時代は青銅器で武装し、戦車に乗った貴族戦士が主力だった。

1・4 戦国の七雄

秦	西方の牧畜地域をおさえる
斉	黄河下流域を領有。塩業で栄えた
燕	東北地方南部を領有。銅・銀などの鉱物資源にめぐまれ、採集を生業とする
楚	長江中流域を中心に、中国南部の広大な領土を領有。稲作を基盤に、青銅・鉄の製造や漆器・絹などの産業も発達
韓	山西省南部から河南省中部を領有
魏	山西省南部から河南省北部を領有
趙	遊牧民族の戦術を取り込む

◀**商鞅**　商鞅の変法を推進して秦を強国化したが、厳格な法の執行で恨みをかい、自身の定めた法によって処刑された。

2 春秋・戦国時代の社会

2・1 生産力の拡大

▼**鉄製農具**　中国の製鉄は青銅器鋳造の伝統を受け継ぐ鋳鉄法から始まった。これはたたいてかたい鉄にきたえる鍛鉄法に比較して脆いため武器に適さず、おもに農具に使われた。鉄製農具は急速に普及し、生産力が増大した。

▲**牛をかたどった青銅器**(春秋時代)　牛に鉄製の犂を引かせる牛耕によって、黄河大平原などの開拓が広範囲に進められるようになったが、それには国家権力による大規模な治水や灌漑が必要だった。鄭国渠などの灌漑用水路の事業に成功した秦は、経済的に力をたくわえた。

2・2 青銅の貨幣

▶**刀銭**(斉・燕・趙)

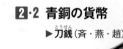

▲**半両銭**

▶**布銭**(韓・魏・趙)

▲**蟻鼻銭**(楚)

▲**円銭**(周・秦・趙・魏)

解説　戦国時代には刀(刀の形)・布(農具の形)・銭(円形で中央に孔)などが用いられた。その後、秦の始皇帝は円形方孔の**半両銭**に統一し、その形はその後の貨幣の基本形となった。

3 諸子百家と春秋・戦国時代の文化

3·1 諸子百家

学派	主要人物(生没年)	主張	著作等
儒家	孔子 (前551頃〜前479)	古代の聖人を理想とし、身近な家族道徳(孝・悌)を社会秩序の基本におき、家族内のけじめ(礼)と愛情(仁)を天下におよぼしていけば、理想的な社会が実現すると説いた。	『論語』 『春秋』
	孟子 (前372頃〜前289頃)	「仁」を重視して性善説を説き、人民を尊ぶ王道政治の立場から、暴君にかわって天命を受けた有徳者が天子となる易姓革命を是認した。	『孟子』
	荀子 (前298頃〜前235頃)	性悪説を主張して「礼」による規律維持を強調。礼の制定者である王者を尊重した。また血縁より個人の能力を重視。法家に影響を与えた。	『荀子』
道家	老子(生没年不詳)	儒家を批判。道に従い、人為的なことをはかろうとしない自然な姿(「無為自然」)を理想とした。	『道徳経』 (『老子』)
	荘子 (前4世紀頃)	絶対的自由平等を至高とし、悠遠の世界に逍遥する境地に達した真人を理想として人生の目的とした。「胡蝶の夢」の説話も有名。	『荘子』
墨家	墨子 (前480頃〜前390頃)	無差別・平等の人間愛(兼愛)と相互扶助(交利)を主張し、侵略戦争の排除(非攻)を論じた。	『墨子』
法家	商鞅(?〜前338)	秦で集権政策を実施。什伍の制による連座制の強化、郡県制、軍功爵、度量衡の統一などの変法を推進し、秦の強国化のもとをつくった。	『商君書』
	韓非(?〜前233)	荀子に学ぶ。法家思想を大成。法や刑罰の強制によって社会秩序を維持する法治主義の必要を説いた。のちに李斯に謀られて自殺。	『韓非子』
	李斯 (?〜前208)	秦の始皇帝に仕え、法家思想にもとづき諸政策を立案して中国統一に貢献。焚書・坑儒を建議した。のちに権力争いに敗れて処刑された。	
兵家	孫子(孫武) (生没年不詳)	用兵、戦略の道を講じ、国家運営の見地から戦争を論じた。内政を重視し、兵は凶器とみなして、兵法はそれを避ける方法と考え、戦争を簡単におこすことや長期戦による国力消耗をいましめている。日本でも有名な「風林火山」は『孫子』の1節からとったもの。	『孫子』
	呉子 (前440頃〜前381頃)		『呉子』
縦横家	蘇秦(?〜前317) 張儀(?〜前310)	各国を遊説して弁舌をたよりに外交政策を説いた。蘇秦の「合従策」と張儀の「連衡策」が代表的で「合従連衡」の故事となった。『戦国策』はその策謀を国別に記録したものである。	『戦国策』
陰陽家	鄒衍 (前305〜前240)	天体の運行によっておこる現象と人間生活との関係を論じ、陰陽説と五行説を集大成した。	

楚辞

屈原曰く、新に沐する者は必ず冠を弾き、新に浴する者は必ず衣を振ふ、と。安んぞ身の察察を以て、物の汶汶たる者を受けんや。寧ろ湘流に赴きて、江魚の腹中に葬らるるとも、安くんぞ能く皓皓の白を以てして、世俗の塵埃を蒙らんや、と。

訳 屈原はいう、「私はこういうことを聞いている。髪を洗いたての者は、必ず冠の塵をはたき、湯浴みしたばかりの者は、必ず衣の塵を振りおとすものであると。どうして潔白な身を汚すまいと思う人情である。これは清潔な者は一層身を汚すまいと思う人情である。どうして真白い我が身をして、世俗の塵埃を蒙ることができようか」と。(星川清孝著、新釈漢文大系34『楚辞』明治書院より)

解説 『楚辞』におさめられた屈原の「漁父」のなかの1節。楚の王族である屈原は政治家として活躍したが、秦による圧迫が激しくなるなか、讒言にあって流され、祖国滅亡前に憂国慨世の詩を残して入水自殺した。

▲ 編鐘 古代中国の打楽器。1つの鐘で2音出せる。宮廷音楽に使用され、青銅を多量に使用することから権力の象徴でもあった。古代中国ではすでに高度な音楽理論が完成していた。

陰陽五行説

中国古来の宇宙生成論。自然と社会の現象を陰陽二元の相反と応合によって説いたのが陰陽説。一方、万物の変化を木・火・土・金・水の5要素の相生または相剋によって説くのが五行説である。両説は鄒衍によって融合され、天地万物の生成のみならず、歴史や社会の推移を説明する原理や兵法・暦・医術・哲学など科学の基礎理論となった。また様々な予言(讖緯)を生み出した。

春秋・戦国時代の変化

●春秋時代

『春秋左伝』 皆な王室を奨け、相害うこと無かれ。此の盟を渝うる有れば、明神之を殛し、其の師を隊とし、克く国に祚する無く、…(佐藤信弥『中国古代史研究の最前線』星海社より)

●戦国時代:実力本位の時代

(東方六国)

解説 強国化した秦に対するため、燕につかえていた蘇秦は6カ国が連合して対抗する合従策を説いた。しかし、秦の宰相張儀の連衡策(秦が6カ国それぞれと単独で同盟する)によって破れてしまう。諸国は生き残りをかけ、武力だけでなく外交手腕も駆使された時代であった。

●社会の変化

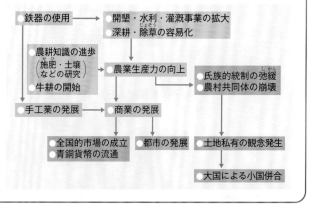

南北アメリカ文明

1 南北アメリカの風土

1・1 南北アメリカの地勢と北アメリカの文化領域

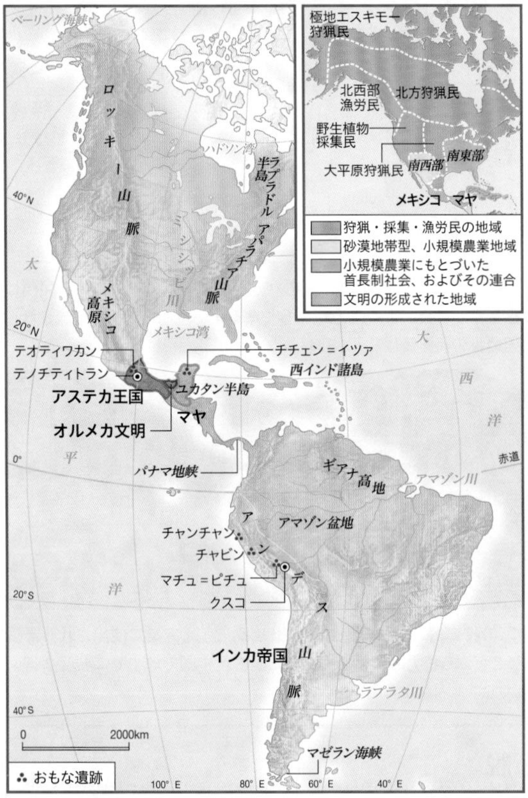

ベーリング海峡
ロッキー山脈
ハドソン湾
ラブラドル半島
ミシシッピ川
アパラチア山脈
メキシコ高原
メキシコ湾
太平洋
大西洋
40°N
20°N
0°
20°S
40°S
赤道
極地エスキモー狩猟民
北西部漁労民
北方狩猟民
野生植物採集民
大平原狩猟民
南西部
南東部
メキシコ
マヤ
狩猟・採集・漁労民の地域
砂漠地帯型、小規模農業地域
小規模農業にもとづいた首長制社会、およびその連合
文明の形成された地域
テオティワカン
テノチティトラン
アステカ王国
オルメカ文明
チチェン＝イツァ
西インド諸島
ユカタン半島
マヤ
パナマ地峡
ギアナ高地
アマゾン川
アマゾン盆地
チャンチャン
チャビン
マチュ＝ピチュ
クスコ
アンデス山脈
インカ帝国
ラプラタ川
マゼラン海峡
0
2000km
おもな遺跡
100°E
80°E
60°E
40°E

解説 前３万年頃（最終氷期）に人類は**ベーリング海峡**を通り、ユーラシア大陸からアラスカへ渡ってきた。前5000年頃には、アメリカ大陸でトウモロコシ・ジャガイモ・カボチャなどの農耕が開始された。

▼**アンデスの高原**（左）**とアマゾン川流域のジャングル**（右） 北米や南米のジャングルが、ヨーロッパ人が到来して「文明化」したというのは偏見であり、それぞれアメリカ先住民の狩猟・採集を中心とする独自の文化圏が広がっていた。

1・2 アンデスにおける高度差利用による栽培植物の変化

解説 南米大陸では標高により栽培する農作物をわけ、多様な農作物を栽培して標高の高い地域に高度な文明を育んだ。

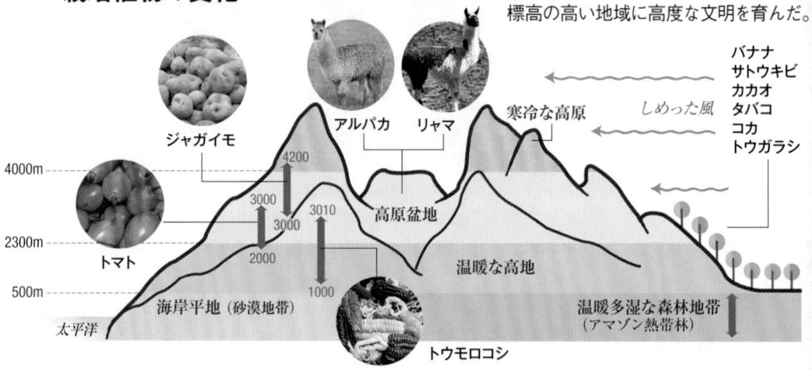

ジャガイモ
アルパカ
リャマ
寒冷な高原
しめった風
バナナ
サトウキビ
カカオ
タバコ
コカ
トウガラシ
4000m
2300m
500m
4200
3000
3000
3010
2000
1000
トマト
高原盆地
温暖な高地
海岸平地（砂漠地帯）
温暖多湿な森林地帯（アマゾン熱帯林）
太平洋
トウモロコシ

2 古代アメリカ文明の流れ

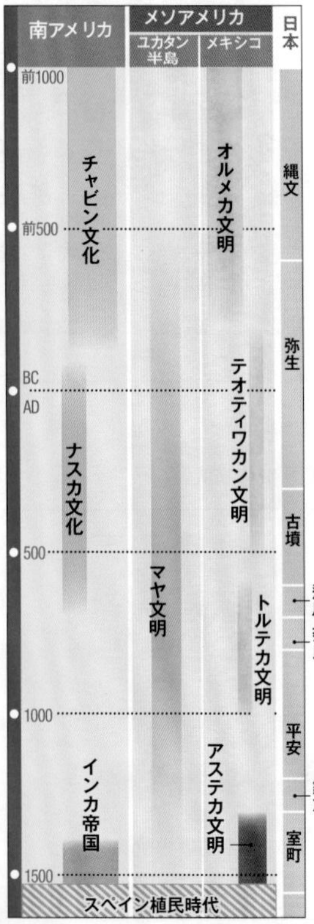

南アメリカ
メソアメリカ
ユカタン半島
メキシコ
日本
前1000
前500
BC
AD
500
1000
1500
チャビン文化
ナスカ文化
インカ帝国
マヤ文明
オルメカ文明
テオティワカン文明
トルテカ文明
アステカ文明
縄文
弥生
古墳
飛鳥
奈良
平安
鎌倉
室町
スペイン植民時代

3 古代メソアメリカ文明

3・1 オルメカ文明

▲**巨石人頭像** 前1200～前400年にメキシコ湾岸に栄えた**オルメカ文明**の宗教遺跡で、これまでに17個発見されている。高さは２～３m。この文明はジャガー・ヘビ・鳥によって象徴される宗教を信仰しており、金属器をもたない段階で暦の体系化、文字・数字の発明などが達成された。

3・2 テオティワカン文明

▶**マヤの天文台**（チチェン＝イツァ） 別名エルカラコ（カタツムリの意味）。マヤ人は数世紀にわたって肉眼で天体観測をおこない、正確な暦を制作した。ドーム内には縦長の窓が３カ所あけられており、観測時の照準線として機能していた。

◀**太陽のピラミッドと死者の大通り**（テオティワカン） テオティワカン文明（前２～後６世紀）の中心地。巨大なピラミッドや大通り、神殿群が計画的に配置・建設された、規模としては当時のアメリカ大陸最大の神殿都市で、下水路まで完備されていた。発掘の結果、多数の生け贄を捧げる風習が存在したことが明らかになった。

3・3 マヤ文明

◀**マヤ文明のピラミッド状建築物と柱** 🏛 **チチェン＝イツァ遺跡**の「戦士の神殿前の角柱」とカスティーヨと呼ばれるククルカン神（羽毛のある蛇神）を祀るピラミッド。春分と秋分の日没に階段の側面に日光の影がジグザグ模様に浮かびあがり、最下段にある蛇神頭部の彫刻と合体する。正確な天文学の知識と測量技術の賜物である。

▲**コヨーテの戦士**（左）**と翡翠の仮面**（パレンケ＝パカル王、右） **マヤ文明**では貝殻・珊瑚、トルコ石や翡翠などの宝石で仮面をつくる伝統があり、死者に被せたり祭で使われた。

3·4 アステカ文明

▶メキシコ国旗　中央の国章はウィツィロポチトリ神の神託を表している。

◀テノチティトランの繁栄(想像図)　アステカ王国の都。ヘビをくわえた鷲がサボテンにとまっている地に都をたてよ、という神託に従い、湖上の島に建設されたという。多くの橋と水路がめぐらされた石造りの壮麗な都市で、最盛期には人口は約30万にのぼったと伝えられる。

▶生け贄の図　アステカの人々は、太陽の力が弱まると世界が終わるという一種の終末思想をもっていた。太陽に活力をつけるために、人の血と心臓が必要と考え、神殿で日常的に多くの生け贄を捧げた。

4 アンデス高原の文明

4·1 チャビン文化

▲チャビン＝デ＝ワンタル遺跡　灌漑農業、リャマの飼育、神権政治、金細工や精巧な土器の製作など、のちのアンデス文明の基盤がここで形づくられた。

4·2 ナスカ文化

◀ナスカの地上絵(ハチドリ)　このほかにも蜘蛛やクジラの絵などがあり、全貌を把握するには地上からでは不可能である。描かれた目的も天体観測や呪術にかかわるものなど諸説あるが、いまだ解明されていない。

▶インカの王道　広大な帝国を統治するために総延長約1万kmの道路網が整備された。

4·3 インカ文明

▲クスコの町並み　インカの石造建築技術の発達はめざましく、一分の隙間もない切石積みは隙間にナイフの刃もはいらず、地震にも強い。現在も美しい石壁が、あちらこちらに残っている。

◀インカの太陽の祭り　皇帝は太陽の子と考えられ、冬至の日に太陽の力を回復させるために祭儀がおこなわれた。征服により途絶えていたが、今日、収穫を感謝し、豊作を願う祭りとして復活した。

南北アメリカ文明の特色

	マヤ文明	アステカ文明	インカ文明
地域	ユカタン半島・グアテマラ	メキシコ高原 (メキシコ～パナマ)	アンデス高原 (コロンビア～チリ)
時期	前10世紀頃～後16世紀	14世紀～1521年	1201～1533年
特徴	●マヤ文字　●精密な暦法 ●ピラミッド状の建築物 ●二十進法による数の表記法	●アステカ文字 ●太陽暦	●文字なし(キープが伝達手段) ●宿駅や飛脚制度・道路網が発達
	▲マヤ文字(トロ＝コルテシアヌスの絵文書)　象形文字で、現在その一部は解読されている。図は、イチジク科の樹皮でつくった一種の紙にかたい筆記用具により、神々の儀式や暦について記したもので、鮮やかな彩色がほどこされている。	▲アステカの暦(太陽の石)　天体観測によって20日を1カ月と定め、18カ月に暗闇の5日間を加えて、1年を365日とする太陽暦を用いた。	▲インカのキープ(結縄)　紐の結び目の位置や数・色によって、数量や事件などを記録する一種の文字。人口や穀物、貴金属の生産量、軍隊の数など、あらゆるものを記録していた。使用できたのは「キープ＝カマヨ」と呼ばれる訓練された一部の階層だけであった。
共通点	●トウモロコシ・ジャガイモを主食とする農耕文化 ●アルパカ・リャマなど小型家畜を飼育。牛・馬・ラクダなどの大型家畜はいない ●太陽信仰を中心とする神権政治　●高度な石造技術　●鉄器・車輪は用いられない		

北アメリカ　南アメリカ

中央ユーラシア 草原とオアシスの世界

1 中央ユーラシアの風土

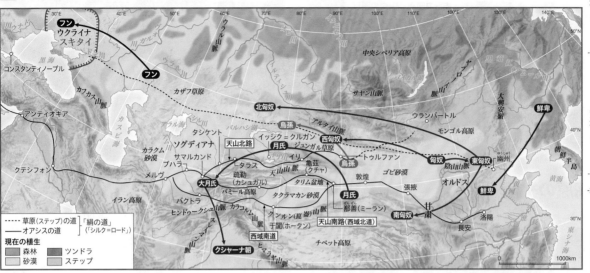

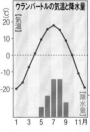

カシュガルの気温と降水量

ウランバートルの気温と降水量

凡例:
- ---- 草原(ステップ)の道 「絹の道」
- —— オアシスの道 「シルク=ロード」

現在の植生:
- 森林
- 砂漠
- ツンドラ
- ステップ

解説 中央ユーラシアは年較差・日較差が大きく、乾燥しており農耕が難しく、生活環境はきびしい。

2 中央ユーラシア世界の歩み（前9〜後5世紀）

草原の道（キルギス・モンゴル高原）	オアシスの道（東西トルキスタン）	中国
前9〜前8世紀 騎馬遊牧民、登場		西周
前7世紀頃 **スキタイ**、黒海北岸の草原地帯支配 金属器文化、騎馬文化の発達	前6〜前4世紀 アケメネス朝進出、パミール以西を支配	春秋戦国
前3世紀 騎馬遊牧民の活動活発化 後半 匈奴…陰山山脈にて 烏孫…天山山脈にて 月氏…甘粛・タリム盆地東部にて サルマタイ…カスピ海北部にて それぞれ勃興	前334〜前324 アレクサンドロス大王、東方遠征 前312 セレウコス朝シリア、支配開始 前255頃 バクトリア、独立 前3世紀末 月氏西進し、大月氏となる	
前215 秦の始皇帝、蒙恬を匈奴征討に派遣		秦
前209 **匈奴の冒頓単于** 即位（〜前174） 東胡を滅ぼし、月氏を西方に追う		
前200 白登山（現・大同）の戦い 匈奴の冒頓単于、前漢の劉邦に大勝 →前漢、和親策に転換	前139頃 前漢の武帝、**張騫**を大月氏に派遣（〜前126）	
前129 **前漢の武帝、匈奴攻撃**（〜前119） 衛青と霍去病による勝利	前121 武帝、**敦煌郡**をおく 前104 李広利の**大宛（フェルガナ）**遠征	前漢
前99 前漢の李陵、匈奴に敗北、捕虜となる	後73 後漢の**班超**、タリム盆地を平定（〜90）	
前60頃 匈奴の東西分裂	91 亀茲（クチャ）に西域都護をおき、班超が任につく	
前36 西匈奴滅亡		
前33 漢の王昭君、東匈奴の単于に嫁ぐ	97 **班超**、**甘英**をローマ帝国（大秦）に派遣	
後48頃 東匈奴、南北に分裂 北匈奴 西遷	1世紀頃 クシャーナ朝、領土拡大 ガンダーラ美術、隆盛	後漢
1世紀末 **鮮卑**、モンゴル高原に覇権確立		
4世紀初頭 **五胡**（匈奴・鮮卑・羯・氐・羌）、華北侵入		
375 西進してきた**フン人**により、西ゴート人が移動開始（**ゲルマン民族の大移動始まる**）		
439 鮮卑系の**北魏**が華北統一		魏晋南北朝
5世紀 **柔然**、モンゴル高原を支配 北魏と対立、可汗の称号使用	5世紀半ば エフタル、勢力拡大	
555 **突厥**、柔然を滅ぼす		

3 遊牧民の社会と国家

▲▶遊牧民の世界　すぐれた騎馬技術をもち、移動式住居（ゲル）に住み、羊・ヤギ・馬・牛・ラクダなどをつれ、水や牧草を求めて季節によって移動する。衣食住は家畜に依存する傾向が強く、家畜の数は富の基準である。右は絵画「モンゴルの馬乳酒祭」（シャラブ画）より。

◀ゲル（移動式住居）　季節的移動を繰り返す遊牧民の組立て解体移動式の天幕住居。屋根・外壁は羊毛で作ったフェルトに覆われ、天井部を開いて採光や換気をおこなうこともできる。南東に戸口がつくられ、中に入ると奥が神聖な空間となっている。

▲モンゴル民族の祭典ナーダムの競馬　乗馬は遊牧生活には必須であり、歴史的にこの伝統が強力な騎馬軍団形成に結びついた。

▶遊牧民と乳製品　「赤（肉）と白（乳製品）で生きている」といわれるほど、乳製品は重要な食料である。写真は乳茶をつくる女性。茶でビタミン不足をおぎなっている。

4 スキタイと匈奴

◀**スキタイの櫛飾り**　前4世紀前半、ウクライナで出土した黄金製の櫛。(サンクト＝ペテルブルク、エルミタージュ美術館蔵)

▶**「黄金人間」**　前4〜前3世紀の貴人のものと思われる、古墳から出土した葬衣である。筒袖の丈の短い上着を身にまとい、ズボンをはくのは騎射に適しており、これは騎馬遊牧民族の特徴の一つ。この服装はのちに、趙の武霊王によって胡服騎射として取り入れられた。(カザフスタン、イッシク＝クルガン出土)

▲**胡人の像**　戦国時代の銀製の像で、高さ約9cm。筒袖の上衣に細いズボンという、乗馬に適した服装をしている。

▲**トルコ共和国の切手に描かれた冒頓単于**(位前209〜前174)

◀**馬踏匈奴**　霍去病の墓の前に建つ、匈奴を踏みつける漢の軍馬の石像。高さ168cm、匈奴に対する勝利を表している。(中国、咸陽、茂陵博物館蔵)

5 オアシス民の社会と経済

5-1 カナート(カレーズ)の構造図

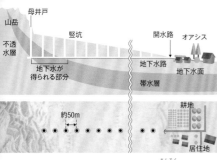

山岳　母井戸　不透水層　竪坑　開水路　オアシス　地下水が得られる部分　地下水路　地下水面　帯水層　約50m　耕地　居住地

◀▼**トゥルファンの市内を流れるカナート**
オアシスでは灌漑農業がおこなわれ、集落の規模は供給される水量で決まった。手工業や交易の拠点として**バザール**(市)が開かれ、富が集中し、人々が交流した。

解説 高温・乾燥のきびしいところでは、山麓の地下水、氷河や万年雪の融水の蒸発を防ぐため、図のような人工の**地下水路**(**カナート**)を利用した。竪坑を延々と掘り抜いてつなぎ、長さが数十キロにおよぶ例もみられる。上は断面図、下は平面図。アラビア語ではカナート、ペルシア語ではカレーズ。

▶**ラクダ**　背中のコブにためている脂肪は、エサが少ない時のたくわえであるほか、日射による体温の上昇を防ぐ役割を果たしている。鼻穴を自由に開閉することや、長いまつ毛によって、砂塵を防ぐことができたり、水を一度に50リットル以上蓄えられたりと、乾燥に強い生理機能を備えている。

▶**隊商宿**(キャラヴァンサライ)
中央アジア・西アジアの街道や都市の内部に建てられた宿泊・商業施設。街道沿いのほぼ1日行程の間隔で建設された。ラクダを率いて砂漠を往来する隊商の拠点となり、オアシスを支配する国家の領域を超えて商業をおこなった。かなりのリスクをともなったが、絹の道(シルクロード)の交易では、奴隷や家畜、高級絹織物や絹糸、毛皮、金・銀などの貴金属、麝香などの香料が取引された。

▲**カシュガルのバザール**　オアシスには人やものが集まり、交易のための市が開かれた。日用品から奢侈品まで、様々な品物が取引されている。

▶ 遊牧民とオアシス民の共生

遊牧民

遊牧生活(牧草を求め定期的に移動)
└→ 羊・ヤギ・馬・牛・ラクダ などを飼育
　　└→ 衣食住の多くを家畜に依存

穀物や手工業製品は**オアシス民**から入手

乗馬技術の発達による騎馬隊
└→ 強力な軍事組織
　　└→ **遊牧国家**を形成

乳製品・肉・毛皮
隊商の警備
↕ **交易** 穀物　手工業製品(織物など)　通行税

オアシス民

定住農耕
(湧き水や**カナート**を利用した灌漑農業)
└→ 小麦・瓜・葡萄・ザクロ
　　ナツメヤシ・豆 など

手工業や商業にも従事
└→ バザール(市場)、隊商宿をもつ
　　└→ 交易の拠点

小規模な都市国家が主

1 秦

前221 **始皇帝**(位前221～前210)、
中国を統一　都：咸陽(現・西安近郊)
皇帝の称号を創始
郡県制を全国に施行
貨幣(半両銭)・**度量衡**・**文字**(篆書)の統一
阿房宮造営

220 天下巡幸開始(～前210までに計5回)
車軌などの道路交通網整備の推進

215 蒙恬の匈奴遠征(～前214 オルドスを制圧)

214 **長城**の修築開始

214 華南を征服 →**南海郡・桂林郡・象郡**の3郡を置く

213～
212 **焚書・坑儒**(李斯の建議)
→言論・思想の統制

210 胡亥即位(2世皇帝、位前210～前207)

209 **陳勝・呉広の乱**(～前208):中国初の農民反乱
項羽・劉邦挙兵

206 秦、項羽によって滅亡

1・1 秦代の中国

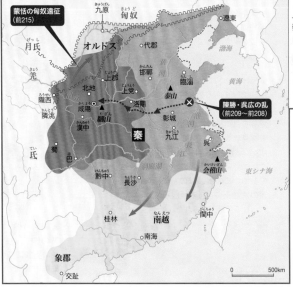

▲**始皇帝**　13歳で即位し、わずか26年間で自国以外の戦国七雄すべてを滅ぼして天下を統一した。初めて「皇帝」号を使用し、中央集権をおし進めるために官僚制を整備して積極的に外征をおこなうなど、彼の政策はのちの中華帝国の模範となった。一方で強圧的な政治をおこない、『史記』では「恩愛の情に欠け、虎狼のように残忍な心の持ち主」であったと記している。

1・2 皇帝の誕生とその権力

「皇帝」号の使用

今、陛下、義兵を興して残賊を誅し、天下を平定し、海内を郡県とし、法令を一途に出るようにさせた。上古より以来、未だ嘗て有らず。五帝も及ばざる所なり。臣等謹んで博士と相談し、「いにしえ、天皇有り、地皇有り、泰皇有り。泰皇最も貴し。臣等味死して、尊號を上つり、王を泰皇と爲し、命を制と爲し、令を詔と爲し、天子自ら朕と称して朕と曰はん」と。王曰く、泰を去り皇を著け、上古の帝位の號を采り、號して皇帝と曰はん。*

口語訳　今、陛下は義兵を興して残賊を誅し、天下を平定して海内を郡県とし、法令を一統に由る。上古より以来、このようなことはいまだかつてないことで、五帝も及ばないところです。私らは謹んで博士と相談し、「いにしえ、天皇があり地皇があり、泰皇があって、泰皇が最もたっとうとかった。それで私らはあえて尊号をたてまつり、王を泰皇とし、その命を制、令を詔、天子の自称を朕としたい」と申し合わせた次第です。王が言うよう「泰皇の泰を去り、上古の帝位の号を採って皇帝と号し、その他は議のとおりにしよう」と言った。

*　皇帝とは古代の聖王「三皇五帝」からとった称号であるということ。

(『史記』秦始皇本紀 第六、『世界史資料 上』東京法令出版より)

▼**弓兵俑**

▶**始皇帝の兵馬俑**　皇帝の兵隊と軍馬を陶器で再現した兵馬俑は、帝陵を守るように東方に向かって進撃する姿で約1万体規模でうめられていた。個々が等身大で容貌もすべて異なっており、彩色されている。当時の姿を鮮やかに伝えるとともに、始皇帝の権力の大きさを偲ばせる。

Q 秦では、なぜ王の称号をやめて、皇帝と名乗ったのだろうか。

1・3 秦の統一政策

Q これらの統一政策は、中国文化圏にどのような影響を与えただろうか。考えてみよう。

▲**焚書・坑儒**　皇帝への権力集中を徹底するために、農・医・卜以外の書を焼かせ(焚書)、儒者を生き埋めにした(坑儒)とされる思想弾圧。この事件は後世、儒家が秦の言論統制策を非難するために誇張したともいわれている。

▼**秦代の長城**　北方遊牧民の侵入を防ぐために戦国時代の長城をつなぎ、粘土質の土を固めて築かれた。騎馬が乗り越えられない程度の高さで、後世のものより北方にあった。

◀**半両銭**　▲**陶量**(ます)　▶**銅権**(分銅)

解説　度量衡の統一　度(長さ)・量(容積)・衡(重さ)の統一のため、鉄・石・銅などでつくられた標準器を各地に配って基準とした。写真は分配された重さの標準器(分銅)と陶製のます。表面には権量銘と呼ばれる、国定であることを示す証明文が小篆(漢字の書体名)で刻印されている。そのほか統一貨幣である半両銭の鋳造や車軌(車軸の長さ)の同一化をはかった。

1・4 秦末の反乱

▲**陳勝・呉広の乱**　中国史上最初の農民反乱。辺境守備に徴用された貧農の陳勝は期日にまにあわず死刑が確実になると、「**王侯将相いずくんぞ種あらんや**(家柄などあるものか)」と宣言して反乱をおこした。

東アジア

2 前漢

中国国内	周辺地域と前漢の対外政策
前206 秦滅亡	前209 匈奴の冒頓単于
206 漢(劉邦)・楚(項羽)の争い (～202)	即位(～前174) 東胡を滅ぼし、月氏を西方に追う
202 垓下の戦い→劉邦、項羽を破る	
劉邦(高祖 位前202～前195)	200 白登山(現・大同)の戦い 劉邦、匈奴に大敗 →前漢、匈奴と和親策とる
202 前漢建国 都：長安	
196 郡国制を実施(封建制と郡県制の併用)	
195 呂太后、実権握る	176 月氏、匈奴にさらに追われ西遷 →**大月氏**
154 呉楚七国の乱鎮圧 →中央集権体制へ移行	
武帝(位前141～前87) ●中央集権体制確立	139 張騫を大月氏に派遣(～前126) →西域の情報入手
136 董仲舒の献策で五経博士を設置 →儒学の官学化	129 匈奴遠征(～前119) 衛青と霍去病の活躍 →敦煌など河西4郡設置
134 郷挙里選の実施	
119 塩・鉄の専売制	111 南越を滅ぼす →南海郡など9郡設置
119 五銖銭の鋳造	
115 均輸法実施	108 衛氏朝鮮滅ぼす →楽浪郡など4郡設置
110 平準法実施	
	104 李広利、大宛(フェルガナ)遠征 →汗血馬、獲得
97頃 司馬遷、『史記』(紀伝体)完成	99 李陵、匈奴に敗れて投降
7 限田策を発布 →大土地所有者の反対で実施されず	60 匈奴の東西分裂 →東匈奴は前漢に服属、西匈奴は西方に移動
	59 西域都護府を設置
2 仏教の伝来(一説に後67) ●外戚・宦官の抗争 →衰退	前1世紀頃 高句麗、建国
	前33 王昭君、東匈奴の呼韓邪単于に嫁ぐ
後8 前漢 滅亡 →外戚の王莽、帝位を簒奪し、新建国	

項羽と劉邦

▲項羽(前232～前202)　▲劉邦(前247～前195)

司馬遷は『史記』で彼らの性格を対照的に描いている。項羽は楚の武将一族出身。天下無双であり、自信家で喜怒哀楽が激しく、他者に対してきびしかった。始皇帝の行列をみて、「とってかわってやろう」とさけんだという。一方、劉邦は沛の農民の出。若い頃は侠客であったが、人望があり、人を動かすのがうまかった。同じく行列をみて、「男子たる者、ああなりたいものだ」と呟いたとか。両雄の争いは「鴻門の会」「背水の陣」、垓下の戦いの「四面楚歌」などの名場面を経てのち、項羽が自殺、劉邦が中国を統一して決着した。

2·1 前漢時代(前2世紀後半)の中国と周辺地域

▶馬踏飛燕(飛燕をしのぐ馬)(甘粛省博物館蔵)

秦・漢の統治体制

◆ 秦・漢の官制

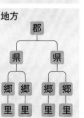

◆ 封建制・郡県制・郡国制の比較

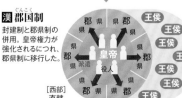

2·2 前漢の対外政策

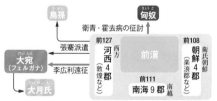

▼匈奴へむかう王昭君　王昭君は前漢の宮女であったが、和親のため選ばれて匈奴の単于(王)に嫁いだ。異国に嫁ぐ悲しみに琵琶をかき鳴らすと、その悲しい調べに空飛ぶ雁が次々と落ちてきたという。後世、唐詩や元曲(「漢宮秋」)の題材となった。(仇英「明妃出塞」、台北故宮博物院蔵)

王昭君

▲張騫(？～前114)　対匈奴同盟のため、大月氏に派遣された張騫は、出発直後匈奴に捕らえられ、抑留される。抑留中に妻子をもったが使命を忘れず11年後脱走し、大月氏に至る。同盟は失敗し帰路も匈奴に捕らえられるが、再び脱走。出発から13年後帰朝した。使命は果たせなかったものの、彼がもたらした西域の情報は前漢の西域進出に大いに貢献した。(張騫出発図、敦煌莫高窟の壁画)

▼駝鈕銅印 「漢匈奴悪適尸逐王」

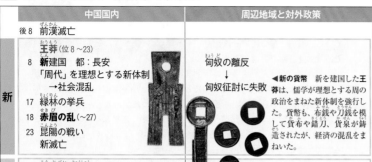

東アジア

1 新の興亡、後漢の興亡

	中国国内	周辺地域と対外政策
	後8 前漢滅亡	
新	**王莽**(位8〜23) 8 **新建国** 都:長安 「周代」を理想とする新体制 →社会混乱 17 緑林の挙兵 18 **赤眉の乱**(〜27) 23 昆陽の戦い 新滅亡	匈奴の離反 ↓ 匈奴征討に失敗 ◀**新の貨幣** 新を建国した王莽は、儒学が理想とする周の政治をまねた新体制を強行した。貨幣も、布銭や刀銭を模して貨布や錯刀、貨泉が鋳造されたが、経済の混乱をまねいた。
後漢	**光武帝(劉秀)**(位25〜57) 25 **後漢建国(漢の再興)** 都:**洛陽** 豪族連合政権 27 赤眉の乱鎮圧 36 全国を平定 ▼赤眉の乱 	32 **高句麗**が朝貢 40 交趾(ベトナム)でチュン(徴)姉妹の反乱 (〜43) 48 東匈奴、南北に分裂 南匈奴、後漢に服属→長城以南に居住 北匈奴、西進 57 倭の奴国の王、後漢に朝貢 **「漢委奴国王」**の金印を拝受→p.5
後漢	82頃 班固『漢書』成立(班固の死後、妹の班昭が完成させる) ●宦官・外戚の専横始まる 105 蔡倫、「蔡侯紙」を和帝に献上 166 **党錮の禁**、宦官による儒学派官僚に 169 対する弾圧 184 **黄巾の乱**、太平道の張角が指導 192 曹操、挙兵 群雄割拠→帝権衰退 208 **赤壁の戦い**→天下三分(魏・呉・蜀) 220 後漢滅亡→曹丕、魏建国	**後漢の西域進出** 73 班超、西域を平定(〜90) 91 班超、西域都護となる →西域50余国が服属 97 班超、部下の甘英を大秦国(ローマ帝国)に派遣 107 倭国王帥升、後漢に朝貢→生口(奴隷)を献上 156 鮮卑、モンゴル高原を統一 166 **大秦王安敦**(ローマ皇帝マルクス=アウレリウス=アントニヌス)の使者、日南郡(現・ベトナム中部)に来朝→p.5 204頃 朝鮮に帯方郡設置

▲**班超**(32〜102)『漢書』を著した班固の弟で、後漢の武将。西域経営に活躍した。

▶**宦官** 後宮で働く去勢された宮廷役人のこと。家庭教師から雑用係まで皇帝一家の家政全般に従事していた。写真は清末の下級宦官。

Q 宦官や外戚は、漢の政治にどのような影響を与えただろうか。

1·1 後漢と周辺地域

後漢の最大領域

丁零　扶余　高句麗　北匈奴　鮮卑　五原　濊貊　楽浪　馬韓　弁韓　辰韓　烏孫　朔方　南匈奴　劉　邯鄲　大宛(フェルガナ)　脈山　天山　玉門関　亀茲(クチャ)　酒泉　張掖　武威　洛陽　長安　昆陽　会稽山　大月氏　疏勒(カシュガル)　陽関　敦煌　羌　莎車(ヤルカンド)　崑崙(クンルン)山脈　氐　巴　蜀　于闐(ホータン)　益州　長沙　南海　日南

▲**蛇鈕金印** 「滇王之印」　▲**亀鈕金印** 「廣陵王璽」　▲**蛇鈕金印** 「漢委奴国王」(福岡県志賀島出土)→p.5

解説 **後漢の対外政策** 当初外征には積極的ではなかったが、北方では南匈奴と結んで北匈奴を討って西進し、西域に**班超**を派遣した。周辺地域との交流も盛んにおこない、直接支配のおよばない地域の首長には、官職と印綬を与え**冊封体制**に組み込んだ。なお、印は身分や地位によって材質やつまみ(鈕)の形を変えた。北方諸民族の侯王にはラクダや羊、漢の中原地帯の皇太子や高官には亀などの鈕などが下賜された。

▶**光武帝(劉秀)** 漢室の一族出身。豪族を率いて新を滅ぼし、群雄を破り漢を再興した。「柔よく剛を制す」「隴を得て蜀を望む(欲望の際限なさのたとえ)」などの名言も多い。

2 漢代の社会と文化

▶漢代の社会変化

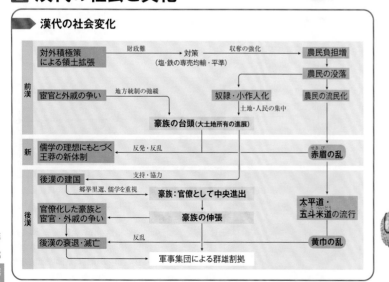

前漢	対外積極策による領土拡張 →(財政難) 対策 →(収奪の強化) → 農民負担増 (塩・鉄の専売均輸・平準) 宦官と外戚の争い →(地方統制の弛緩) → 農民の没落 → 奴隷・小作人化 → 農民の流民化 土地・人民の集中 **豪族の台頭(大土地所有の進展)**		
新	儒学の理想にもとづく王莽の新体制 →(反発・反乱)→ **赤眉の乱**		
後漢	後漢の建国 →(支持・協力) (郷挙里選、儒学を重視) → **豪族:官僚として中央進出** 官僚化した豪族と宦官・外戚の争い → **豪族の伸張** → 太平道・五斗米道の流行 後漢の衰退・滅亡 ←(反乱) **黄巾の乱** → 軍事集団による群雄割拠		

2·1 豪族の生活

▶**豪族の邸宅をかたどった陶器俑** 豪族は大土地所有者として富をたくわえた。住居には楼閣や城門があり、豪奢な生活をおくった。(湖北省、雲夢県博物館蔵)

Q 豪族の邸宅の楼閣や城門は何を目的につくられたのだろうか。

▼**金縷玉衣** 前漢の中山王劉勝の墓から出土した、玉の板数千枚を金の糸でとじあわせてつくった葬服。玉は不吉をさけ邪気を除くと信じられていた。(中国、徐州博物館蔵)

2·2 漢代の文化

儒学	前漢 董仲舒の建言による儒学の官学化。五経博士の設置。五経とは、『易経』『書経』『詩経』『礼記』『春秋』をいう。後漢 訓詁学（経典や字句の注釈）の発達。馬融・鄭玄が大成。
歴史書	『史記』 司馬遷（前漢）。紀伝体（王・皇帝の事績「本紀」と、個人の伝記「列伝」を中心とした歴史記述の方法）。伝説の黄帝から武帝まで。その後の中国正史形式の模範となる。『漢書』 班固（後漢）。紀伝体による前漢の正史。妹の班昭が完成。
宗教	仏教 前漢末（紀元前後）、西域より伝来。一般には普及せず。太平道 後漢末、張角が指導。呪術による病気治療。河北・山東・河南で数十万の信徒を得、黄巾の乱の主力となった。五斗米道 後漢末、四川で張陵が指導。祈禱の謝礼に米5斗払う。●太平道と五斗米道は道教の源流の1つとなった。
学問	『塩鉄論』 桓寛（前漢）。塩鉄専売制に関する儒者・官僚の討論集。『説文解字』 許慎（後漢）。中国最古の字書。9353字の漢字を解説。
技術	製紙法 蔡倫（後漢の宦官）が従来の製紙技術を改良。木簡や竹簡にかわり普及し、文化の発展に大きく貢献した。751年のタラス河畔の戦い➡p.58で西伝したといわれる。候風地動儀 張衡（後漢）。最古の地震計を発明。
美術工芸	絹織物・漆器・銅鏡 周辺諸国に伝播。

2·4 歴史書

◀司馬遷（前145頃〜前86頃）

解説 父の遺志を継いで史官となり修史事業の完成をめざしたが、匈奴に投降した李陵を弁護したため武帝の怒りにふれ、宮刑[1]を宣告された。死によって父の遺命にそむくことを恐れ、あえて自害には走らず刑を受けた。右の小説には、彼のこのときの心情が端的に描かれている。司馬遷が完成させた『史記』はその客観性、すぐれた史観、名文が高く評価され、彼は「中国の歴史の父」と呼ばれた。
[1] 死刑に次ぐ重刑。男子は去勢される。

2·5 漢代の技術

▲製紙法の改良 繊維をくだいて漉く技術は以前よりあったが、後漢の宦官・蔡倫はさらに改良して樹皮・麻くず・ボロきれ・魚網などを材料に、より筆記に適した紙（蔡侯紙）をつくり出したといわれる。実用性が高く、安価で柔軟性があり軽いことから、それまでの絹や竹簡・羊皮などの情報媒体にかわり、飛躍的に普及した。図は、紙の製造過程を描いた中国の切手。

▶候風地動儀 世界最古の地震計。直径23cm。地震がおこると球が落ち、震源の方向を知らせる。

▶長信宮灯 金銅製の灯籠。光の明るさや方向が調整でき、ろうそくの煙や煤は体内にたまるようにつくられている。中山王劉勝墓の副葬品。

2·3 儒学の官学化

▶▼孔子廟大成殿 漢以降、儒学は中国歴代王朝の政治理念となり、各地に孔子廟がつくられた。写真は曲阜（現・山東省）の孔子の生家跡につくられた中国最大の孔子廟（左）と孔子像（下）。

◀孔子廟の蟠龍柱 柱に皇帝のシンボルである龍が意匠されている。

▼董仲舒（前176頃〜前104頃） 儒学による思想統一と官学化を武帝に建言した。

許されて自宅に帰り、そこで謹慎するようになってから、はじめて、彼は、自分がこの一月狂乱にとり紛れて已が畢生の事業たる修史のことを忘れ果てていたこと、しかし、表面は忘れていたにもかかわらず、その仕事への無意識の関心が彼を自殺から阻む役目を隠々のうちにつとめていたことに気がついた。
（中島敦『李陵』小山書店より）

司馬遷像

2·6 漢代の人々

▶男性俑（左）と女性俑（右） 男性俑は男性官吏の陶俑である。頭上に小さな冠を載せ、顎紐で固定している。靴はつま先が反りあがる形である。女性は、女性侍者の陶俑である。両者の服装は、多少の違いはあるものの、男女同装といえる。（陝西省、漢景帝陽陵博物院）

▼漢代の軺車 官僚は軺車に乗り、印綬を身につけ、馬車や騎馬を従えて人々に望見させた。（漢代車馬出行図）

東アジア

1 魏晋南北朝時代の変遷

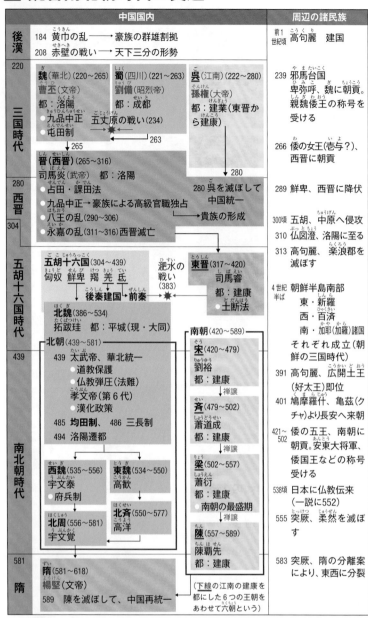

		中国国内			周辺の諸民族
後漢		184 黄巾の乱 ──→ 豪族の群雄割拠 208 赤壁の戦い ──→ 天下三分の形勢			前1世紀頃 高句麗 建国
三国時代	220	魏(華北)(220〜265) 曹丕(文帝) 都：洛陽 ○九品中正 ○屯田制	蜀(四川)(221〜263) 劉備(昭烈帝) 都：成都 五丈原の戦い(234)	呉(江南)(222〜280) 孫権(大帝) 都：建業(東晋から建康)	239 邪馬台国 卑弥呼、魏に朝貢。 親魏倭王の称号を 受ける
	265	├─263 └─280			266 倭の女王(壱与?)、 西晋に朝貢
西晋	280	晋(西晋)(265〜316) 司馬炎(武帝) 都：洛陽 ○占田・課田法 ○九品中正→豪族による高級官職独占 ○八王の乱(290〜306) └→貴族の形成			280 呉を滅ぼして 中国統一 289 鮮卑、西晋に降伏
	304	永嘉の乱(311〜316)西晋滅亡			300頃 五胡、中原へ侵攻 310 仏図澄、洛陽に至る
五胡十六国時代		五胡十六国(304〜439) 匈奴 鮮卑 羯 羌 氐 └→後秦建国─前秦	淝水の戦い(383)	東晋(317〜420) 司馬睿 都：建康 ○土断法	313 高句麗、楽浪郡を 滅ぼす 4世紀半 朝鮮半島南部 東・新羅 西・百済 南・加耶(加羅)諸国 それぞれ成立(朝鮮の三国時代)
		北魏(386〜534) 拓跋珪 都：平城(現・大同)			
	439	北朝(439〜581) 439 太武帝、華北統一 ○道教保護 ○仏教弾圧(法難) 孝文帝(第6代) ○漢化政策 485 均田制、486 三長制 494 洛陽遷都	南朝(420〜589) 宋(420〜479) 劉裕 都：建康 ↓禅譲		391 高句麗、広開土王 (好太王)即位 401 鳩摩羅什、亀茲(クチャ)より長安へ来朝
南北朝時代		西魏(535〜556) 宇文泰 ○府兵制	東魏(534〜550) 高歓	斉(479〜502) 蕭道成 都：建康 ↓禅譲 梁(502〜557) 蕭衍 都：建康 ○南朝の最盛期 ↓禅譲	421〜502 倭の五王、南朝に 朝貢。安東大将軍、 倭国王などの称号 受ける 538頃 日本に仏教伝来 (一説に552)
		北周(556〜581) 宇文覚	北斉(550〜577) 高洋	陳(557〜589) 陳覇先 都：建康	555 突厥、柔然を滅ぼす 583 突厥、隋の分離案 により、東西に分裂
隋	581	隋(581〜618) 楊堅(文帝) 589 陳を滅ぼして、中国再統一			(下線の江南の建康を 都にした6つの王朝を あわせて六朝という)

赤壁の戦い

『三国志演義』には様々な名場面がある。特に「乱世の奸雄」曹操が江南制圧をめざし孫権・劉備連合軍と激突した赤壁の戦いは、そのクライマックスであり、後世の絵画や映画、文芸作品に大きな影響を与えた。孫権・劉備連合軍は、南下する曹操の大軍を赤壁で迎え討ち、疫病に悩まされていた曹操軍の船団に火を放ち、大敗させた。この結果、孫権の江南支配が確定し、劉備も荊州をえて、天下三分の形勢が定まった。

▲赤壁の戦い(映画「レッドクリフ part II」より)

▶関羽(?〜219) 劉備に仕えた関羽は特に人気が高く、軍神・財神として各地に関帝廟が建てられ、現在でも信仰されている。

1·1 三国時代(3世紀)

解説 後漢末、豪族の曹操が華北を統一したが、赤壁の戦いで孫権と劉備の連合軍に敗れ天下統一に失敗した。曹操の子曹丕が、後漢の皇帝からの禅譲を受けて魏を建国した。これに対抗して、劉備は蜀を、孫権は呉を建国した。

1·2 五胡十六国時代(4世紀)

解説 侵入した五胡は各地で建国し、興亡を繰り返した。そのため華北は荒廃し生産力は低下した。彼らは中国文化の受容に努め、徐々に独自性を失ったが、北朝を経てのちの隋・唐につながった。

1·3 南北朝時代(5世紀)

解説 4世紀末、鮮卑の拓跋氏がたてた北魏が華北を統一した。北魏は六鎮の乱で東魏・西魏に分裂し、のちに東魏が北斉、西魏が北周に取ってかわられたが、突厥と結んだ北周が再び華北を統一した。江南に逃れた東晋では、長く続く軍事的緊張から軍人がつぎつぎ政権を奪って皇帝の座につき、宋・斉・梁・鎮と短命な王朝が続いた。

1·4 江南の開発

▼江南の風景 この時代、江南では開発が進み温暖で水田耕作が普及して中国の穀倉地帯へと発展した。

▲農耕図(部分) 甘粛省嘉峪関魏晋墓の壁画。農民が2頭の牛に犂を引かせて耕作する姿を線描着色している。豪族は戦乱によって発生した流民を使って土地を開墾し、広大な荘園を経営した。

Q この時代、なぜ江南の開発が進んだのだろうか。

1·5 服装の漢化

▶北魏の騎馬戦士陶俑　遊牧民である**鮮卑**は、本来乗馬に適した朝服を着用していた。

Ⓠ 馬上の人物が履いている胡服はどのようなものだろうか。

▶北魏の漢化政策と中国人が胡人から取り入れた生活様式
北魏は漢化政策で漢人の服装などを積極的に取り入れた。一方で漢人も胡人の胡座や椅子を使用するようになった。文化の交流は一方通行ではない。（「韓熙載夜宴図」より）

2 魏晋南北朝時代の文化

2·1 南北朝文化の特色

		南朝(江南)　都・建康	北朝(華北)　都・平城→洛陽
特色		漢民族固有の貴族文化＝六朝文化 ●文芸中心、自然主義的	異民族的な要素を加えた、豪快で実用的な文化
文学	散文	昭明太子(梁)『文選』 ●四六駢儷体の流行	顔之推(北斉)『顔氏家訓』 ・子孫に対する訓戒の書
	詩	陶潜(陶淵明)(東晋)「桃花源記」「帰去来辞」 謝霊運(宋)「山居賦」	
	歴史	陳寿(西晋)『三国志』 范曄(宋)『後漢書』	
芸術	絵画	顧愷之(東晋)「女史箴図」	
	書道	王羲之(東晋)「蘭亭序」 王献之(東晋)「中秋帖」	
実学		王叔和(西晋)、後漢の張仲景『傷寒論』(中国最古の医学書)を整理 宗懍(梁)『荊楚歳時記』(荊楚地方の風俗習慣を記した中国最古の年中行事記)	酈道元(北魏)『水経注』(地理書) 賈思勰(北魏)『斉民要術』(現存する最古の農業専門書)
宗教	仏教	特色 貴族仏教 慧遠(東晋)、白蓮社を結成(浄土宗の起源) ●渡印僧 法顕(東晋)『仏国記』 　陸路でインドに入り、海路で帰国	特色 国家仏教 ●石窟寺院　敦煌・雲崗・竜門 道安、仏図澄に師事。経文の注釈 ●渡来僧 仏図澄(亀茲出身)仏教布教 鳩摩羅什(亀茲出身)仏典漢訳 達磨(インド出身、北魏)禅宗の祖
	道教他	●清談「竹林の七賢」 阮籍・嵆康・山濤・劉伶・阮咸・向秀・王戎 ●神仙術　葛洪(東晋)『抱朴子』	寇謙之(北魏)道教教団「新天師道」を設立 →太武帝(北魏)が保護 ・仏教を弾圧(「三武一宗の廃仏」の最初)

◀顧愷之「女史箴図」
西晋の張華が書いた宮女の心得に挿絵をつけたもの。貴族文化の雰囲気を伝えている。

2·2 仏教の隆盛

▲敦煌・莫高窟🏛　五胡十六国から元の時代にかけて掘られた石窟は600をこえる。壁画・塑像など初期のものに対して、隋唐時代以降のものは中国風になっている。1900年敦煌文書が発見されてから注目を集めた。

▶鳩摩羅什(クマーラジーヴァ)　西域のオアシス国家亀茲(クチャ)出身で、401年に長安へまねかれ、サンスクリット語の仏典を漢訳した。

◀竜門石窟🏛　5世紀末に北魏の都が洛陽に移り、その南方に石窟ができたが、北魏時代のものはわずかで、唐の則天武后の頃に完成期を迎えた。写真は竜門石窟最大の盧舎那仏(右)と脇侍で、7世紀後半に完成した。

2·3 道教の成立

▲竹林の七賢　混乱の時代、儒教道徳に反発し、老荘思想や仏教の影響を受け、政争をさけて酒・芸術・議論を楽しみ、自由奔放な生き方を求めた7人の清談家。

▶寇謙之(363～448)が長く修行した崇山(河南省)にある中岳廟　寇謙之はここで20余年間修行して道教を体系化した。のちに教団組織も確立した。

2·4 漢詩と書

Ⓠ 「今は是にして昨は非なる」とあるが、陶潜が「是」とするのは、どのような暮らしだろうか。

帰去来兮
田園将に蕪れなんとす　胡ぞ帰らざる
既に自ら心を以て形の役と爲す
奚ぞ惆悵として独り悲しむや
已往の諫むまじきを悟り
来者の追ふ可きを知る
実に途に迷ふこと未だ遠からず
今の是にして昨の非なるを覚りぬ
舟は遙遙として以て軽く颺り
風は飄飄として衣を吹く
征夫に問ふに前路を以てし
晨光の熹微なるを恨む
（松枝茂夫・和田武司訳注『陶淵明全集　下』岩波文庫より）

陶潜「帰去来辞」

▲「蘭亭序」　東晋の「書聖」**王羲之**(307頃～365頃)は行書や草書を得意とし、後世の書道界に多大な影響を残した。あるとき、会稽の蘭亭に当代の名士を集め詩宴を催した。その時つくられた詩集に酔ったまま序文を書いたが、醒めてみるとこれ以上のものは書けなかったという。

解説 **陶潜**(陶淵明、365頃～427)は東晋の田園詩人。官職を退いて隠遁し、詩作をしながら酒を友とする悠悠自適の生活をおくった。

東アジア

1 隋

	文帝（楊堅）（位581～604）
581	北周の外戚 楊堅、隋を建国 都：大興城（長安）
584	運河（広通渠）の建設
589	南朝の陳を滅ぼし、中国再統一 均田制、租調庸制、府兵制の実施
598	科挙制の実施→ 皇帝権の強化をはかる
	煬帝（位604～618）
	運河の建設 通済渠（黄河～淮河） 永済渠（黄河～涿郡） 江南河（長江～杭州）｝政治の中心華北と経済の中心江南を一体化 高句麗遠征（612、613、614の3回）失敗
613	隋末の反乱始まる
618	煬帝、殺害され、隋滅亡

1・2 隋唐帝室の系譜

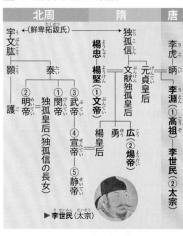

▶李世民（太宗）

1・1 隋と周辺諸国

隋の領域
- 581年（建国時）
- 589年（中国統一）
- 610年（煬帝の征服地）
- 運河
- 分裂前の突厥の勢力範囲
- 遣隋使の行路
- 現在の海岸線

高句麗遠征失敗（612～614）

隋代の運河

隋の分裂策により分裂

東突厥｜臣従｜高句麗
西突厥｜公主（皇帝の娘）の降嫁｜征服 吐谷渾｜出兵 林邑｜日本 遣隋使の派遣

3回にわたる遠征失敗

→ 友好・臣従関係　→ 敵対関係

▲**隋の煬帝** 隋を2代で滅ぼした暴君といわれているが、大運河の完成はその後の中国の発展に大きく貢献した。反乱にあい、臣下に殺された。（ボストン美術館蔵）

解説 隋の対外関係 外征で領土を広げたが、3度の高句麗遠征は失敗した。これを機に各地で反乱がおこり、滅亡につながった。

◀▶**大運河** 現在でも南北をつなぐ安価な交通輸送の手段として利用されている。左の絵は竜の舳先をした船で巡幸する煬帝。船は庶民が引いている。華やかな巡幸に対し、工事に100万の男女が動員されたといわれ、人心は離反した。

1・3 均田制と税制の比較

時代・国 （給田年齢）	露田 （口分田）	麻田 （畝）	桑田 （永業田）	備考	農民の負担
北魏 （15～69）	男 40畝 倍田40畝 女 20畝 倍田20畝	10 5	20畝 —	奴婢は良民と同等支給 耕牛1頭につき30畝（4頭を限度）	1夫婦につき 租……粟（もみごめ）2石 調……帛（きぬ）1匹 （庸……不明）
隋 （18～59）	男 80畝 女 40畝※1	— —	20畝 —	奴婢・耕牛に土地支給なし 別に身分・官職により永業田・職分田あり	丁男1人につき 租……粟3石 調……絹2丈、綿3両 歳役……年20日
	※1 煬帝のときに中止				
唐 （18～59）	男 80畝 （4.4ha） 老男 40畝 寡婦 30畝	—	20畝	官人は永業田あり。寡婦以外の女性は給田対象より除外	丁男1人につき 租……粟2石（120ℓ） 調……綾・絹2丈（6m） 　　　綿3両（110g） 庸……年20日（中央）※2 雑徭……年40日（地方）
日本 （6～終身）	男 2段 （0.23ha） 女 1段120歩 （男の3分の2）	—	—	家人・奴婢は良民の3分の1 身分・官職による位田・職分田あり	1反につき 租……稲2束2把 　　　（収穫の約3％） 丁男1人につき 調……地方の特産物 庸……年10日

※2 1日につき絹・絁3尺または布3尺7才5分の代納でも可。

解説 中国では日本の約16倍もの耕地を支給している。人口・農地が多かったことはもちろんだが、当時陸田中心の中国は水田中心の日本より単位面積あたりの収穫量が少なく、労働力もさほど必要としなかったためである。なお、1段の田で、人が1年間に食べる米（約1石：365日×3合/1日）が生産できる。

科挙の仕組み

礼部による資格試験
- 暗記能力
- 文章能力
- 時事能力

吏部による官吏登用試験
- 貴族としてふさわしい風貌
- 流暢な話し方
- 理路整然とした判断力と文章力など

地方から選ばれてくる受験生

首都長安の官僚の子弟が学ぶ各地の学校から選ばれた受験生

官吏候補者

難関突破

官吏

ペルシアから入った粉食

粉食とは、穀物を粉に挽き食べる文化のこと。中華料理では餃子の皮や饅頭、麺食などが相当する。もとはペルシアから入った麦文化で胡食と呼ばれた。唐代には様々な国際的文化が流入して、中国文化の原型が形づくられていった。

▲トゥルファン近郊アスターナ古墳出土、小麦粉でつくられた点心

東アジア

② 唐

618	**高祖（李淵）**（位618～626） 李淵、唐を建国　都：長安	唐（初唐）
626	**太宗（李世民）**（位626～649） 玄武門の変：兄と弟を殺害して即位 　国力が充実 　三省・六部、律令制などの整備	
629	**玄奘**、インドへ出発（～645）	
630	東突厥を制圧	
645	高句麗遠征（～648）	
657	**高宗**（位649～683） 西突厥を制圧	
660	**新羅**と結び、百済を制圧	
663	**白村江の戦い**で日本軍を破る	
668	新羅と結び、高句麗を征服	
670頃	⇒唐の版図最大、都護府設置（**羈縻政策**）	
671	**義浄**、海路でインドへ出発（～695）	
	武韋の禍（690～710）	
690	**則天武后**（位690～705） 則天武后（高宗の后）即位 国号を周（武周）と称す（～705）	周
710	韋后、中宗を毒殺。政権樹立をはかる	
712	**玄宗**（位712～756） 玄宗、韋后勢力を追放して即位 　国力充実、国内の平和回復 　唐文化の最盛期（李白・杜甫など）	盛唐
722	募兵制、実施	
745	楊玉環を貴妃とする（楊貴妃）	
751	**タラス河畔の戦い**でアッバース朝に大敗 →西域より後退→製紙法西伝	
755	**安史の乱**（755～763）　**安禄山・史思明**	中唐
756	安禄山、皇帝と称し、国号を大燕とし、長安を陥れる	
763	ウイグルの援助で、安史の乱を鎮圧	
780	**両税法**施行（宰相楊炎の建議） 藩鎮の自立化、宦官の専横	
845	**会昌の廃仏**（三武一宗の廃仏の１つ）	
875	**黄巣の乱**（875～884） 塩の密売商人、王仙芝・黄巣が指導 藩鎮や突厥系沙陀の援助で鎮圧 荘園の荒廃→貴族の没落	晩唐
907	朱全忠、唐を滅ぼして即位（後梁の太祖）	

②·1 唐勢力の拡大

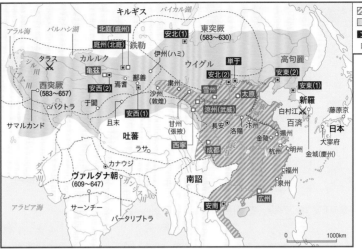

凡例：唐の中国統一（618年）／唐の最大領域（670年頃）／**文字** 都護府　**文字** 節度使／国名 ７世紀初めの諸国

②·2 唐の繁栄

唐の官僚　　異民族の使節

韋荘「長安の春」

長安二月
香塵多く、
六街の車馬
声轔轔。
家々楼上
花の如き人、
千枝万枝
紅艶新たなり。
訳
長安は２月、花の香りが移った塵が多くて都の大通りには、人馬が音を立てて行きかう。どの楼舎でも、花のように美しい妓女たちがおり、木々の枝にほころんだ蕾のように艶めかしい。
（長安の華やかさと、春の日の気怠さを歌っている。）
（「長安旅遊」学研より）

〔解説〕盛唐時代（８世紀初頭）の繁栄は、「長安の春」と呼ばれた。人口は100万人をこえ、外国人の店や酒楼が軒を連ね、外交使節が往来する世界最大の国際文化都市であった。

▼章懐太子墓壁画「礼賓図」
唐の官僚３人（左）が３人の異民族の使節（右から靺鞨、新羅、ビザンツ帝国と推定される）を連れ、唐の皇帝のもとへ朝貢する途中の風景。唐の官僚たちの衣服・風貌には大帝国の力強さが表れ、その会話を気にしている使節たちの眼差しには、唐王朝に対する憧憬と不安が示されている。（中国、西安市、陝西歴史博物館蔵）

▶広州の清真寺　ムスリム商人は海路来航して貿易に従事した。唐末には広州・揚州・泉州などに居住し、モスクも建てられた。

▼大秦景教流行中国碑
大秦とは**ローマ帝国**、景教とは**ネストリウス派キリスト教**のこと。781年に長安の大秦寺内に建立され、漢字とシリア文字で来歴が記してある。このほかに祆教（ゾロアスター教）、摩尼教（マニ教）の寺院やイスラーム教のモスク（清真寺）も建てられた。

▶ 唐代の官制

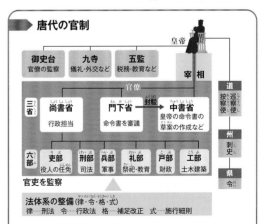

	皇帝		
御史台 官僚の監察	**九寺** 儀礼・外交など	**五監** 税務・教育など	**宰相**

官僚

| 三省 | **尚書省**
行政担当 | **門下省**
命令書を審議 | 封駁 | **中書省**
皇帝の命令書の
草案の作成など |

| 六部 | **吏部**
役人の任免 | **刑部**
司法 | **兵部**
軍事 | **礼部**
祭祀・教育 | **戸部**
財政 | **工部**
土木建築 |

道　按察使・巡察使
州　刺史
県　令

官吏を監察

法体系の整備（律・令・格・式）
律…刑法　令…行政法　格…補足改正　式…施行細則

〔解説〕律・令・格・式からなる**律令制**を基盤として整備された。**三省・六部**が政治の中枢機関。科挙はおこなわれていたが、蔭位の制で官僚となった貴族が勅書を審議し、拒否権（封駁）をもつ門下省を中心に政治の実権を握り、皇帝に対して一定の勢力をもっていた。のちの王朝や周辺諸国の国家制度に影響をおよぼした。

壁画の中の女官たち

　３つの壁画にはともに当時の女官の風俗が描かれており、奥行を示す人物の配置、構図や色彩、ふくよかな面立ち（当時の美人の条件）、持ち物（団扇・如意）、スカートなど類似性が多く見出せる。唐では西域の文化が流入し、開放的で胸元が開いたおおらかな服装が流行したが、その影響が高句麗や日本の女官像からも読み取れ、東アジアに伝播した文化の流れを実感することができる。

▶高句麗古墳群の壁画（朝鮮）

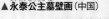

▲永泰公主墓壁画（中国）

▶高松塚古墳壁画（日本）

1 隋唐の隣接諸地域の動向

？ 唐と近隣諸国は、相互にどのような影響を与えただろうか。

チベット・雲南・東南アジア	中央ユーラシア	中国	中国東北部・朝鮮	日本
4世紀 **吐谷渾**が青海・四川に建国	555 **突厥**、柔然を滅ぼす	南北朝	562 新羅、**加耶（加羅）**滅ぼす	593 厩戸王（聖徳太子）、摂政となる（～621）
6世紀半ば メコン川中流に**カンボジア**建国	583 突厥、隋の分離策で東西に分裂	581 隋 618	612 隋の煬帝、高句麗遠征（～614）	607 **遣隋使**（小野妹子）派遣
				608 隋の裴世清、来日
629 **ソンツェン＝ガンポ**、**吐蕃**統一 チベット文字作成	630 東突厥、唐に制圧される	618	624 唐が高句麗・新羅・百済を冊封	630 **遣唐使**、始まる
641 唐の文成公主、吐蕃に嫁ぐ			645 唐の**太宗**、**高句麗遠征**	645 **大化改新**
7世紀 後半 スマトラ島に**シュリーヴィジャヤ**成立	657 西突厥、唐に服属	唐	660 唐、新羅と結び百済を滅ぼす	663 白村江の戦いで、唐・新羅連合軍に敗退
663 吐蕃、吐谷渾を滅ぼす			668 唐、新羅と結び高句麗を滅ぼす	
679 唐、ベトナムに安南都護府を設置	682 東突厥、唐より再独立		676 **新羅、朝鮮半島を統一** 都：金城（慶州）、仏国寺建立	672 壬申の乱
8世紀 半ば **南詔**、雲南に建国	744 **ウイグル** 建国		698 靺鞨人**大祚栄**（高句麗遺民?）、**渤海**建国	701 大宝律令制定
738 南詔、唐より雲南国王に冊封	745 ウイグル、東突厥を滅ぼす		713 唐が渤海を冊封	710 **平城京**に遷都
763 吐蕃、安史の乱で混乱している唐に侵攻し、長安を一時占領	751 **アッバース朝、タラス河畔の戦い**で唐軍を撃破	755 ～ 763 安史の乱	727 渤海の武芸王、日本へ遣使	聖武天皇（位724～749）
	ウイグル、安史の乱で唐に援軍おくる			753 唐から鑑真来日
770年代 吐蕃、仏教を導入。仏典のチベット語訳を進める				794 **平安京**に遷都
821 吐蕃、唐と会盟	840 ウイグル、キルギスの侵入で滅亡			804 **最澄・空海**の入唐
823 唐蕃会盟碑建立				838 最後の遣唐使派遣
843 吐蕃、分裂し、衰退				894 遣唐使を停止
9世紀後半 以降 伝統宗教ボン教の影響を受けながら、独自のチベット仏教形成				
902 南詔、滅亡		907		
937 **大理**、雲南に建国		五代十国	916 耶律阿保機、**キタイ（遼）**を建国	935 承平・天慶の乱（～941）
939 ベトナム、中国支配より独立（呉朝）			926 遼、渤海を滅ぼす	

▲渤海の首都・上京竜泉府遺跡

1・1 8世紀後半のアジア

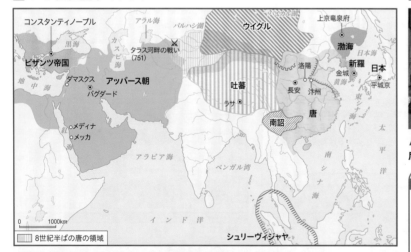

▢8世紀半ばの唐の領域

◀**職貢図** 閻立本画。職貢図とは、中国皇帝に朝貢する周辺諸国の使者の様子を描いた絵図のこと。使者を中心に貢ぎものと思われる珊瑚、香木、孔雀の羽、象牙を持参した従者がしたがっている。

Q これらの貢ぎ物はどこの地域のものだろうか。

1・2 隋と日本

『隋書』倭国伝

大業三年[*1]、其の王多利思比孤[*2]、使[*3]を遣して朝貢す。使者曰く、「聞くならく、海西の菩薩天子[*4]、重ねて仏法を興すと。故に、遣して朝拝せしめ、兼ねて沙門[*5]、数十人、来りて仏法を学ぶ」と。其の国書に曰く、「日出づる処の天子、書を日没する処の天子に致す。恙無きや、云々」と。帝、之を覧て悦ばず、鴻臚卿[*6]に謂ひて曰く、「蛮夷の書、無礼なる有らば、復た以て聞する勿れ」と。

*1 隋の煬帝の年号、六〇七年。
*2 其の王は倭の国王で、「たらしひこ（足彦）」と。
*3 遣隋使小野妹子を指す。
*4 煬帝
*5 僧侶。
*6 外国に関する事務、朝貢のことなどを取りあつかう官。

解説 遣隋使の派遣がこれまでの卑弥呼や倭の五王の時代の外交と異なるのは、このときの倭国の大王が、中国の皇帝から冊封を受けなかったということであった。倭国の大王は、中国の皇帝から自立した君主であることを隋から認定されることによって、中国皇帝から冊封を受けている朝鮮諸国に対する優位性を示そうとしたのである。

1・3 唐と周辺諸国

▲吐蕃（チベット）のソンツェン＝ガンポと后の像

▲雲南の三塔寺（大理）

➡ 唐と周辺諸国家との関係

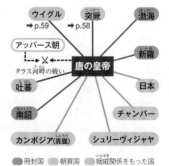

ウイグル ➡p.59
突厥 ➡p.58
アッバース朝 － ✕ →タラス河畔の戦い
渤海
新羅
日本
吐蕃
チャンバー
南詔
シュリーヴィジャヤ
カンボジア（真臘）
唐の皇帝
● 冊封国 ● 朝貢国 ● 姻戚関係をもった国

解説 朝貢国には貢ぎ物を上まわる品物が下賜され（回賜）、内政・外交への干渉はおこなわれないのが原則だった。爵位・官職を与えられ君臣関係を結ぶ冊封国、朝貢だけで冊封を受けない朝貢国（蕃客）、公主の降嫁した国など結び付き方は多様であった。

2 唐の衰退と滅亡

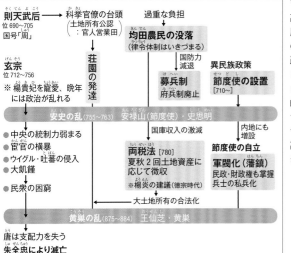

則天武后 → 科挙官僚の台頭（土地所有公認：官人営業田）
位690～705
国号「周」

過重な負担
↓
均田農民の没落（律令体制はいきづまる）
↓
国防力減退
↓
募兵制
府兵制廃止

異民族政策
節度使の設置[710～]

玄宗
位712～756
※楊貴妃を寵愛、晩年には政治が乱れる

荘園の発達

安史の乱(755～763) 安禄山(節度使)・史思明

● 中央の統制力弱まる
● 宦官の横暴
● ウイグル・吐蕃の侵入
● 大飢饉
● 民衆の困窮

国庫収入の激減
内地にも増設

両税法[780]
夏秋2回土地資産に応じて徴収
※楊炎の建議(徳宗時代)

節度使の自立
軍閥化(藩鎮)
民政・財政権も掌握
兵士の私兵化

→ 大土地所有の合法化 ←

黄巣の乱(875～884) 王仙芝・黄巣

唐は支配力を失う
↓
朱全忠により滅亡

▼則天武后（武則天） 高宗の皇后。高宗の死後に権力を握り、国号を周と称して即位し、中国史上唯一の女性皇帝(位690～705)となった。政権を奪った権力欲の強い女性として、伝統的観点から悪評を受けてきたが、科挙官僚を積極的に登用し文芸保護につとめるなどの点について、現在では高い評価がなされている。

2·1 租調庸制から両税法へ

	課税対象	課税基準・内容	国家財政のあり方
租調庸制 （北魏・）隋から盛唐まで	丁男 （個人） 本籍地で課す	一率定額 租(穀物) 調(布) 庸(労役：布の代納可) 雑徭(地方官庁への労役)	量入制出：歳入にあわせて歳出を決定
両税法 楊炎が実施。780年(中唐)から明中期(16世紀後半)まで	戸別 現住地で課す	等級(土地、資産の多寡に応じて区別) 戸税(銭納が原則) 地税(穀物、夏・秋2回に分納) 商人(商税：30～10分の1)	量出制入：歳出を割り出して、税額を決定

3 唐代の文化

特色	貴族的文化 国際的文化→東アジア文化圏を形成
儒学	**訓詁学**：経書の字句解釈が主 孔穎達『五経正義』……経書の解釈が統一され、科挙の規範となる →学問的進展はなし 韓愈………儒学の復興唱える
文芸	**唐詩** ●科挙で詩が重視され、盛んになる 〈盛唐〉王維(自然詩人)、李白(詩仙)、杜甫(詩聖) 〈中唐〉白居易(白楽天、「長恨歌」)など **散文** 韓愈・柳宗元……四六駢儷体の流行を批判。古文復興を主張。
絵画	〈初唐〉閻立本『歴代帝王図巻』 〈盛唐〉呉道玄(画聖) 山水画→李思訓(北宗画の祖)、王維(南宗画の祖)
書道	〈初唐〉初唐の三大家 虞世南・欧陽詢・褚遂良(楷書にひいでる) 〈盛唐〉顔真卿……力強い書風。安史の乱で活躍
歴史	劉知幾『史通』……中国初の体系的歴史理論書 杜佑『通典』………中国初の制度史
暦	一行『大衍暦』
工芸	**唐三彩** 白・緑・褐の3色を基調とした陶器
宗教	**仏教** ●宮廷、貴族の保護で隆盛。国家鎮護仏教の完成。 宗派の確立…天台宗(智顗)、禅宗(慧能)、律宗(道宣) 浄土宗(善導)、三論宗(吉蔵)など 渡印僧………玄奘『大唐西域記』、義浄『南海寄帰内法伝』 渡日僧………鑑真(唐招提寺) **道教** 唐の帝室の保護で隆盛。しかし教理の研究は停滞 道教擁護の立場から、武宗による会昌の廃仏(845)おこなわれる **三夷教** 祆教……ゾロアスター教。各地に祆祠が建てられ、胡人が信仰 摩尼教…マニ教。武后の時代に伝来。おもにウイグル人が信仰 景教……ネストリウス派キリスト教。阿羅本が布教。寺院(教会)の一般名称は大秦寺 **回教** イスラーム教。清真教ともいう。海路でムスリム商人により広州・泉州など海港都市の商人に広まる

（漢詩）

訳 車がゴロゴロと音を鳴り響かせ、馬がヒヒーンといななく。出征兵士らは弓を腰に行進するが、見送る父母や妻が追いすがり、舞い上がる埃で咸陽橋が見えないほど。その泣き声は大空を突き破るほど響きわたる。
（『漢詩を読む 杜甫一〇〇選』日本放送出版協会より）

車轔轔 馬蕭蕭
行人弓箭各在腰
耶娘妻子走相送
塵埃不見咸陽橋
牽衣頓足攔道哭
哭聲直上干雲霄

車轔轔 馬蕭蕭
行人の弓箭 各おのの腰に在り
耶孃妻子 走りて相送る
塵埃にて見えず 咸陽橋
衣を牽き足を頓して道を攔りて哭す
哭声 直上して 雲霄を干す

杜甫「兵車行(へいしゃこう)」

Q この漢詩は、どのような場面と心情をうたったものか、当時の情勢をふまえて考えてみよう。

4 五代十国

◀朱全忠(852～912)
最初黄巣の乱に参加したが、唐に帰順して功をたて「全忠」の名をたまわった。しかしのちに唐を滅ぼして後梁をたてた。

4·1 五代十国(10世紀後半)

燕雲十六州 キタイ(遼)
北漢 太原 開封 黄海
吐蕃(チベット) 洛陽 陽州
前蜀 後蜀 荊南 淮 呉
成都 江陵 長江 江寧 杭州 呉越
大理 潭州 南唐 福
楚 閩
広州 南漢 東シナ海

□ 五代十国の範囲
□ 950年以前に滅びた国
0 — 500km

4·2 五代十国の興亡

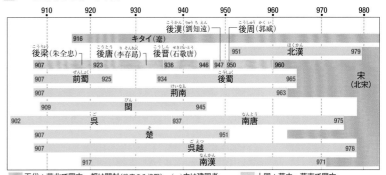

	910	920	930	940	950	960	970	980
				後漢(劉知遠)	後周(郭威)			
		916 キタイ(遼)						
後梁(朱全忠)		後唐(李存勗)	後晋(石敬瑭)		951 北漢 979			
	907	923	936 946 947 950	960				
前蜀	907	925	934 後蜀		965	宋(北宋)		
荊南	907				963			
閩	909			945				
呉	902	937	南唐			975		
楚	907		951					
呉越	907					978		
南漢	917					971		

■ 五代：華北で興亡、都は開封(後唐のみ洛陽)、( )内は建国者　　□ 十国：華中・華南で興亡

突厥とウイグル、ソグド人

1 中央ユーラシア世界の歩み（6～9世紀）

草原の道（キルギス・モンゴル高原）	オアシスの道（東西トルキスタン）	魏晋南北朝 / 隋 / 唐
6世紀半ば **突厥**、遊牧地帯からオアシス地帯までを支配下におく		魏晋南北朝
	ソグド人、サマルカンド中心に活躍 **ソグド文字**使用	
563 突厥、ササン朝と結んで、エフタルを挟撃		
583 突厥、隋の分離案で、東西に分裂（西突厥・東突厥の成立）		隋
630 東突厥、唐に制圧される	657 西突厥、唐に服属	
639 西突厥、分裂	740年代 ウマイヤ朝、進出	
682 東突厥、唐より再独立	751 アッバース朝、タラス河畔の戦いで唐軍を撃破→製紙法西伝	
744 ウイグル　建国。東突厥を滅ぼす(745) ウイグルでマニ教広まる **ウイグル文字**の作成		唐
763 ウイグル、安史の乱で唐に援軍をおくる		
840 ウイグル、キルギスの侵入で分裂、ウイグル人西遷 ウイグル、タリム盆地へ移住 （トルキスタン〈トルコ人の土地〉の成立） ウイグル商人の活躍		

▲タラス川の風景

1・1 6世紀後半の中央ユーラシア

1・2 8世紀後半の中央ユーラシア

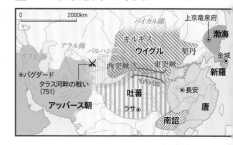

2 突厥

2・1 遊牧民による歴史資料

◀**トニュクク碑文**　モンゴルの首都ウランバートルの東南約60kmにあるバイン＝ツォクトに建つ碑文。トニュククは、東突厥の重臣である。

突厥の碑文

　突厥は人口が少なくて、中国のそれの百分の一にもおよびません。それなのに、いつでも、突厥が中国によく抵抗できるのは、ほかでもなく、われわれ遊牧民族が、水草のあるところにしたがって移動生活し、定着住居に住まず、狩猟を日常の生業とし、人びとがみな武芸を習い、強力なときには軍隊を進めて略奪するし、弱体な際には山や林のなかへ隠れひそみ、唐の軍隊がどれほど多くても、手の施しようがないからであります。いまもし、われわれが、城壁都市を築いてそこに居住し、遊牧民族に固有の、古くからの習俗を変えたりしてみて御覧なさい。ひとたび戦って敗れれば、突厥はかならずや、唐のために併合されてしまうでありましょう。

（ビルゲ可汗〈位716～734〉の重臣トニュククの碑文、護雅夫「トニュククの戒め」『朝日百科　世界の歴史24』より）

Q この碑文から読み取れる、遊牧民の強みとは何だろうか。

▶**突厥文字**（ビルゲ＝可汗碑文）
突厥文字は中央ユーラシアの騎馬遊牧民が生み出した最初の文字であり、突厥文字で書かれた碑文は遊牧民自身による貴重な史料である。ビルゲ＝可汗は東突厥の君主である。

2・2 突厥の武人

▲**突厥の石人**　起源については諸説あるが、死者の肖像と推定されている。それぞれ容貌が異なる。

◀**キョルテギン像の頭部**　キョルテギンは、ビルゲ＝可汗の弟である。死後に、彼の功績をたたえたキョルテギン碑文が建てられた。そこには唐の玄宗が贈った漢文が記されている。（モンゴル科学アカデミー収集品）

2・3 ソグド系突厥人安禄山

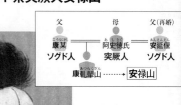

父	母	父（再婚）
康某 ソグド人	阿史徳氏 突厥人	安延偃 ソグド人

康軋犖山 ……… →**安禄山**

◀**安禄山**（705～757）　ソグド人の父と、突厥人の母から生まれ、6種類の言語を使えたともいわれる。突厥から唐に亡命し、頭角をあらわした。のちに、安史の乱をおこすが、彼の軍団にはソグド系の軍人のほか、契丹系、モンゴル系、突厥系の遊牧民など様々な遊牧民がいた。

中央アジア

第1部 第2章

3 ウイグル

3・1 ウイグルの変遷

```
            モンゴル高原
      744〜840
      東ウイグル帝国
      (トルコ系騎馬遊牧民)
天山山脈        河西回廊
  ↓タリム盆地
866           890年代
西ウイグル     甘州ウイグル
王国           王国
「ウイグルの
 定着化」
              11世紀
13世紀         西夏に吸収
チンギス=カン
に服属
```

▶ウイグル王族の供養人像
キルギスに国を滅ぼされたウイグルの人々は四散する。彼らが建国したのが西ウイグル王国、甘州ウイグル王国であり、図はその時代のウイグル王族の姿を伝えている。

Q ウイグル王族の服装から、遊牧民であったウイグル人がどのように変化したかを読み取ろう。

3・2 ウイグルとマニ教の国教化

マニ教寺院経営令規文書

ウッチ＝オルドゥにある土地〔複数形〕を３人の人に与えよ。〔その土地を与えられた者は〕１日に20個ずつのメロンをマニ寺に持参すべし。30個のメロンを大マニ寺に与えよ。30個のメロンを小マニ寺に与えよ。このメロンをイグミシュが集めて持参せよ。……すればイグミシュは刑に処すべし。　（マニ教寺院経営令規文書、森安孝夫『シルクロード世界史』講談社より）

▲マニ教寺院経営令規文書
（北京、中国国家博物館蔵）

解説 この史料は、ウイグルで国教とされたマニ教の寺院がどのように優遇され、どのように経営されていたかと伝える史料である。マニ教徒にとってメロンは特別な食べ物であった。

3・3 仏教の広まり

▲漢人僧侶（左）とトカラ人僧侶（右）
10世紀以降徐々に進んだウイグルの仏教信仰を示すウイグル風仏教壁画の一部である。彼らの仏教が、上座部仏教の一派であるトカラ人の仏教と、漢人の大乗仏教の影響を受けたものであることを示している。（ベゼクリク壁画）

◀マニ教の宇宙図 日本に残されているマニ教の絵画の一つ。宋元代に江南で描かれ日本に流入した仏教絵画と考えられていたが、マニ教教義の中核をなす天地創造神話と宇宙観が描かれていることから、マニ教絵画だと考えられるようになった。（個人蔵）

中央アジア

4 ソグド人

4・1 ソグドネットワーク

・ソグド人集落のあった都市
（森部豊『安禄山』山川出版社より作成）

▶ソグド人の俑 中国の史書によれば、ソグド人は康国（サマルカンド）をはじめとしたソグディアナの国々出身で、深目・高鼻・多鬚という外見をもっていた。

女奴隷売買契約文書

かくして高昌の市場で、人々の面前で、チャン姓のオタの息子である沙門ヤンシャンが、サマルカンド出身のトゥザックの息子であるワクシュヴィルトから、チュヤック姓の女でトルキスタン生まれのオパチという名の女奴隷を、とても純度の高い（ササン朝）ペルシア製の120〔枚の〕ドラクマ〔銀貨〕で買った。
（森安孝夫『シルクロードと唐帝国』講談社より）

▶ソグド文女奴隷売買契約文書

解説 この史料は、トルコ人地域（おそらく天山北路の草原地帯）で生まれた女奴隷を、ソグド人商人が高昌在住の漢人僧に売った際の契約文書である。この地域では、文字と紙の広まりを背景に、文書による売買契約がおこなわれていた。史料にある、ササン朝の銀貨もこの地域や敦煌を含む河西回廊などに広まっていた。

ソグド人の習慣

「康国〔サマルカンド〕では、子どもが生まれると、口の中に石蜜（砂糖）を入れ、手のひらに膠を置く。それは、その子が成長した時、口はつねに甘言をあやつるように、また銭を持てば、膠がねばりつくようにと、願ってのことである。」
（『唐会要』より）

解説 タリム盆地から出土したソグド人の手紙からは、国際的に活躍した様子がうかがい知ることができる。また、中国各地に集落をつくって定住していたことも知られている。

絹馬貿易

```
中国 ←馬・原産品→ 遊牧国家
     ←絹・文房具・穀物→
        ソグド人が
        活躍
```

◀盗賊に襲われる商人 ソグド商人が、盗賊に絹の反物のようなものを差し出している。（敦煌莫高窟壁画）

▶日本に伝わるソグド人と考えられる仮面（正倉院宝物）

▶ササン銀貨

南アジア・東南アジア

1 前5〜後7世紀のインド

● 前500	前500年頃　ヴァルダマーナ：ジャイナ教 ┐
	ガウタマ＝シッダールタ(釈迦)：仏教 ┘ 新宗教の成立
● 前400	前4世紀半ば　ナンダ朝(マガダ国)おこる
	前327頃　アレクサンドロス、インダス川流域に侵入
	マウリヤ朝(前4〜前2世紀頃)　都：パータリプトラ
	チャンドラグプタ王(位317頃〜前296頃)
	ナンダ朝倒す／インダス川流域のギリシア勢力一掃
	西南インドとデカン地方征服
● 前300	**アショーカ王**(位前268頃〜前232頃)：最盛期
	カリンガ征服
	ダルマ(法)による統治→石柱碑・磨崖碑の建立
	第3回仏典結集
● 前200	
● 前100	
● 1	**クシャーナ朝**(1〜3世紀)
	都：プルシャプラ
● 100	**カニシカ王**(位130頃〜170頃)➡p.4
	第4回仏典結集、ローマとの交易
● 200	大乗仏教の確立、ガンダーラ美術
● 300	**グプタ朝**(320頃〜550頃)　都：パータリプトラ
	チャンドラグプタ2世(超日王)(位376頃〜414頃)：最盛期
	分権的統治体制、サンスクリット語の公用語化
	文学：カーリダーサ『シャクンタラー』
● 400	2大叙事詩『マハーバーラタ』『ラーマーヤナ』完成
	数学：ゼロの概念
	美術：グプタ美術(純インド的特色)アジャンター石窟
	ヒンドゥー教の定着、『マヌ法典』完成
	中国僧：法顕『仏国記』
	5世紀後半〜　エフタルの侵入、地方勢力の台頭で衰退
● 500	6世紀〜　バクティ信仰盛ん、仏教・ジャイナ教を攻撃
● 600	**ヴァルダナ朝**(606〜647)　都：カナウジ
	ハルシャ王(戒日王)(位606〜647)
	中国僧：玄奘、ナーランダー僧院訪問『大唐西域記』
● 700	7世紀後半　中国僧：義浄『南海寄帰内法伝』
	8世紀〜　ヒンドゥー教系地方王朝が興亡

南インド
パーンディヤ朝
チャールキヤ朝
パッラヴァ朝

サータヴァーハナ朝(前1〜後3世紀)
都：プラティシュターナ
仏教・ジャイナ教盛ん
ローマとの交易

2 都市国家の成長と新宗教の展開

◀**祇園精舎跡**　コーサラ国の首都シュラーヴァスティで、富豪のスダッタが釈迦に帰依し、ジェータ太子の所有地を買い取って寄進しようとしたところ、太子が土地をゆずって寺院建立を援助した。Jeta(祇陀)のvana(園林)にできた僧院(精舎)という意味。

▲**ジャイナ教**　厳格な苦行を実践し、極限的には断食を最良とする。

3 統一国家の成立
3・1 マウリヤ朝時代のインド(前3世紀)

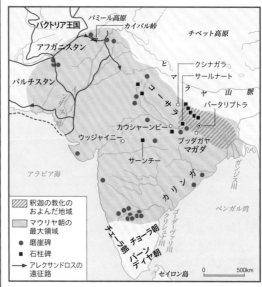

地図中の地名：バクトリア王国、パミール高原、カイバル峠、チベット高原、アフガニスタン、バルチスタン、ヒマラヤ山脈、クシナガラ、サールナート、コーサラ、パータリプトラ、カウシャーンビー、ウッジャイニー、ブッダガヤ、マガダ、サーンチー、カリンガ、アラビア海、ガンジス川、ベンガル湾、ゴーダーヴァリ川、クリシュナ川、チェーラ朝、チョーラ朝、パーンディヤ朝、セイロン島

凡例：
▨ 釈迦の教化のおよんだ地域
▢ マウリヤ朝の最大領域
● 磨崖碑
■ 石柱碑
→ アレクサンドロスの遠征路

0　　500km

▲**アショーカ王石柱頭部のライオン**(インド、サールナート博物館蔵)

Q ガンダーラ仏の顔立ちや服装には、どのような特徴があるだろうか。

▶**ガンダーラ仏**　大乗仏教が成立すると、如来や菩薩を具現化した像がつくられるようになった。クシャーナ朝の本拠地ガンダーラ地方では、2〜3世紀になると仏像が多数つくられた。(東京国立博物館蔵)

◀**マトゥラー仏**　マトゥラーは**カニシカ王**の時代に副都となり、**ガンダーラ**とならんで仏像が多くつくられた。頭上の巻貝形の肉髻に特色があり、ガンダーラ仏と異なりひげがないのもインド的である。左右に脇侍として菩薩を配し、上方には飛天と菩提樹の枝がみえる。(インド、マトゥラー博物館蔵)

4 クシャーナ朝と大乗仏教
4・1 クシャーナ朝(2世紀中頃)

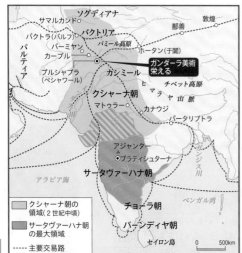

地図中の地名：ソグディアナ、サマルカンド、バクトリア、敦煌、鄯善、バクトラ(バルフ)、パミール高原、ホータン(于闐)、パルティア、バーミヤン、カーブル、プルシャプラ(ペシャワール)、カシミール、チベット高原、ガンダーラ美術栄える、クシャーナ朝、マトゥラー、ヒマラヤ山脈、カナウジ、パータリプトラ、アジャンター、プラティシュターナ、サータヴァーハナ朝、アラビア海、ガンジス川、ベンガル湾、チョーラ朝、パーンディヤ朝、セイロン島

凡例：
▢ クシャーナ朝の領域(2世紀中頃)
▨ サータヴァーハナ朝の最大領域
---- 主要交易路
0　　500km

解説 中央アジア出身のクシャーナ朝　中央アジアの**大月氏**の配下にあったイラン系クシャーン人が1世紀半ばに自立して王国を形成、やがて中央アジアから西北インドにかけて支配した。1世紀末には西域地方に進出したが、**後漢の班超**に撃退され、以後後漢に貢納したと『後漢書』西域伝にある。

◀**サータヴァーハナ朝のコイン**　サータヴァーハナ朝は1〜2世紀、ローマ帝国で需要のあった香辛料・宝石などの交易で栄え、貨幣経済が発達していた。図に2世紀頃の銀貨。(ロンドン、大英博物館蔵)

5 インド古典文化の黄金期

5·1 グプタ朝とヴァルダナ朝の領域

グプタ朝の領域（5世紀）
ヴァルダナ朝の領域（7世紀前半）
往路 玄奘の経路
復路 （629〜645）

0　500km

5·2 グプタ美術

Q グプタ美術には、ガンダーラ美術と比べて、どのような特徴があるだろうか。

◀▲ **グプタ美術**　右は**アジャンター第1窟**の壁画で、ジャータカ（釈迦本生譚）として出家前の物語を示す。同じ第1窟の蓮華手観音菩薩像（左）は奈良・法隆寺金堂壁画の菩薩像（1949年焼損）と類似するところが多い。

5·3 仏教の繁栄

▲**ナーランダー僧院跡**　5世紀の創建とされる寺院・僧坊・図書館からなる研究・修行施設で大学に相当する。最盛期で1万人の僧、1500人の教員、500万冊の蔵書があったという。

▶**玄奘のインド訪問**　629年、国禁をおかして出国し、西域・中央アジアを経てインド入りし、各地を踏破して645年、657部の仏典をたずさえ帰国、翻訳事業に取り組んだ。「経」「律」「論」に精通し三蔵と尊称される。

5·4 仏教の伝播

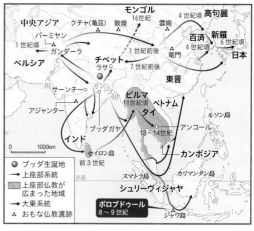

● ブッダ生誕地
→ 上座部系統
　上座部仏教が広まった地域
→ 大乗系統
⚐ おもな仏教遺跡

ボロブドゥール
8〜9世紀

5·5 ヒンドゥー教の浸透

（『データブック　オブ・ザ・ワールド 2023年版』二宮書店より作成）

インドの宗教別人口 2011年（数字：%）

ヒンドゥー教徒 79.8
その他 0.9
ジャイナ教徒 0.4
仏教徒 0.7
シク教徒 1.7
キリスト教徒 2.3
イスラーム教徒 14.2

▼『**ラーマーヤナ**』『**マハーバーラタ**』とならぶサンスクリット叙事詩の代表作。ヴィシュヌの化身ラーマ王子（中央）は崇拝の対象として、インドだけではなく東南アジアにも浸透している。神通力をもつ猿ハヌマーン（左）は、『**西遊記**』に登場する孫悟空のモデルになったといわれる。（19世紀の挿絵より）

◀**ヴァーラーナスィーでの沐浴場面**　ワーラーナシーとも表記され、**ガンジス川**のほとりの聖地で、死者はガンジス川にひたされ、ここで荼毘に付されて遺灰は流される。これにより、輪廻の苦から解脱できると信じられている。

▲**シヴァ神崇拝**　再生をつかさどることからリンガ（男根）として表現されるが、両眼の間の第3の目、頭部の三日月はシヴァ神のシンボルである。（南インド、トラヴァンコール王国の宮殿壁画）

『マヌ法典』に示された沐浴のすすめ

・手足は水によって清められる。心は真実によって清められる。人間の本体は学問と苦行によって、判断力は知識によって清められる。
・不浄なものを見た時は、常に、水をすすった後、注意深く、最善を尽くして太陽に関する聖句、および清めの聖句を低唱すべし。

（渡瀬信之訳『マヌ法典』東洋文庫より）

解説 『マヌ法典』は、前2〜後2世紀に成立したとされ、**バラモン教・ヒンドゥー教**の教義のもとになった。世界観や人生上の通過儀礼、ヴァルナ別➡p.39の行動規範や生業にいたるまで具体的に示されるが、内面的な教訓に富んでいる。

東南アジア・南アジア

東南アジア世界の形成と展開

1 東南アジアの風土と人々　1·1 東南アジア諸地域の変遷

ビルマ	タイ	カンボジア	ベトナム南部		ベトナム北部
				前4世紀	**ドンソン文化**の形成（～前1世紀）
				前3世紀	秦・前漢による郡設置（～前1世紀）
		1世紀末 **扶南**成立（～7世紀）海上交易で繁栄→オケオ遺跡 **インド・中国文化の**影響	2世紀末 **チャンパー（林邑）**成立（～17世紀）チャム人 **インド文化を**受容	後40	ハイ＝バ＝チュン（徴姉妹）の乱←後漢による鎮圧
7世紀 **ドヴァーラヴァティー王国**成立 モン人 **上座部仏教**を受容		6世紀 **カンボジア（真臘）**おこる クメール人 **ヒンドゥー教**を受容		679	唐、安南都護府設置
9世紀 ピュー（驃）人の国滅亡		9世紀 **アンコール朝**成立 **アンコール＝ワット**建造 **アンコール＝トム**造営	9世紀～ チャンパー（占城）	10世紀後半	**丁朝、前黎朝**自立
1044 **パガン朝**成立（～1299）ビルマ人 **上座部仏教**以外を排除 **ビルマ文字**			←抗争→	1009	**大越（李朝）**成立（～1225）
	13世紀半ば **スコータイ朝**成立（～15世紀）タイ人 **上座部仏教、タイ文字**		→抗争←	1225	**大越（陳朝）**成立（～1400）**チュノム（字喃）**を制定
				11世紀	南インドの**チョーラ朝**の侵攻により衰退
元朝の侵攻				元朝（モンゴル）の侵攻	
1287 元に服属		1283 元軍を撃退	1288 元軍を撃退		

	スマトラ島	ジャワ島
7世紀半ば	**シュリーヴィジャヤ**成立（～14世紀）港市国家連合→交易を掌握 **大乗仏教**を受容 唐の義浄が来訪	8世紀 **シャイレンドラ朝**成立（～9世紀頃）**ボロブドゥール**建造 **大乗仏教**を受容
10世紀後半		**マタラム朝**成立（1222）**ヒンドゥー教**を受容
	929	**クディリ朝**成立（東ジャワ）
	1222	**シンガサリ朝**成立 **ヒンドゥー教**を受容
11世紀		
1292	元軍を撃退（～93）	

◀**ドンソン文化**　ベトナム北部の紅河流域に前4～後1世紀頃に中国の影響をうけて成立した文化。左の青銅製の片面の鼓は祭祀用とされ、中国雲南で成立し、ベトナム北部を中心に東南アジア各地で出土した。（高さ78cm、フランス、ギメ美術館蔵）

1·2 東南アジアの風土

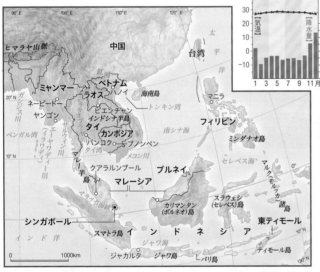

シンガポールの気温と降水量

【解説】ほぼ赤道直下にあり気候区分では熱帯雨林気候で、1年を通じて高温多湿で乾季と雨季の区別ははっきりしないが、夏季には南西モンスーンの影響を強く受ける。

◀**胡椒（左）と天然ゴム（右）**　胡椒は接ぎ木で栽培し、収穫や乾燥の方法で種類がわかる。近代以前に東南アジアに富をもたらした。ゴムの木の樹液を凝固させた天然ゴムは、19世紀末以降自動車のタイヤ素材として不可欠となった。

▶**タイの水田地帯**　チャオプラヤ川中下流のタイ中央平原部と北東部は稲作生産（長粒種のインディカ米）が盛んで、豊かな水と高温を利用してアユタヤ朝時代にはすでに余剰米を輸出し、タイの重要な産業となっていた。

1·3 港市国家の形成

【解説】河川の河口付近に成立し、物流の中心となった**港市**は**海上交易**によって繁栄した。強力な港市の首長が複数の港市を統率し、王国を形成することもあった。

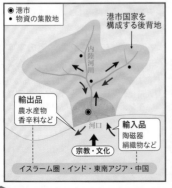

○港市
●物資の集散地

港市国家を構成する後背地

内陸河川

河川

輸出品 農水産物 香辛料など

河口

輸入品 陶磁器 絹織物など

宗教・文化

イスラーム圏・インド・東南アジア・中国

▼**ニャチャン**　チャンパーの重要な港市として交易を支えたニャチャンは、ベトナム南部のリゾート地として知られるが、赤と青に塗られた漁船がならび、現在も重要な港として地域経済を支えている。

▲**チャンパー遺跡**　ベトナム中部のミーソン聖域には、ヒンドゥー教の塔やシヴァ神の象徴としてのリンガ（右手前）が残っている。

南アジア・東南アジア

第Ⅰ部 第3章

❷ 南アジア・中国文明の受容と東南アジアの国家形成

2·1　7〜9世紀の東南アジア

◀**アンコール＝ワット**🏛 12世紀に**スールヤヴァルマン2世**によってヒンドゥー寺院として建てられ、16世紀に仏教寺院にかえられた。西側（写真左上）が正面で540mの参道があり、周壁と三重の回廊に囲まれて中央に5つの祠堂がそびえる。回廊は多くの精緻なレリーフがほどこされている。**カンボジア**内戦期に多くの仏像が破壊されたが、1992年世界文化遺産に登録、93年には国旗のデザインとなった。

▲**バイヨン寺院のレリーフ** 12世紀後半**ジャヤヴァルマン7世**が造営した**アンコール＝トム**の中心にバイヨン寺院があり、回廊にはチャンパーとの水軍戦のレリーフがある。

▶**シュエダゴン＝パゴダ** 6世紀にさかのぼるともされるが、ヤンゴンに現存する仏塔の原型は15世紀頃に成立した。高さ約100mの黄金のストゥーパを中心に60以上の仏塔や寺院が林立する荘厳な空間を形成している。ミャンマーでは寺院の境内は裸足で入るものとされている。

2·2　11世紀頃の東南アジア

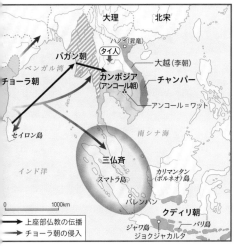

▶**ボロブドゥール**🏛 8〜9世紀、**シャイレンドラ朝**時代に建造され、全9層からなる。下層の回廊には2700面近くのレリーフが彫られ、くぼみには仏像が安置される。上層部に円形に配置された構造物などから、全体として仏塔または須弥山を模したものとされる。

ボロブドゥール
詳しくみる▶

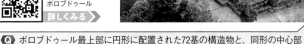

Q ボロブドゥール最上部に円形に配置された72基の構造物と、同形の中心部の構造物はどのような性格のものだろうか。

▲**パレンバン** **シュリーヴィジャヤ**の中心として栄えた港市。また、中国僧**義浄**が来訪したときには大乗仏教が栄え、1万人以上の仏僧がいたといわれる。

▲**ジャワのワヤン＝クリ** ワヤンとは影、クリとは牛皮革で、白い幕に投影して『**マハーバーラタ**』『**ラーマーヤナ**』などを演じる。人形の操り師のほかにガムラン音楽の演奏者がいる。人形には精緻な装飾・彩色がほどこされているが、観覧者の側は白黒の影しかみえない。10世紀にはジャワ語に翻案されて演じられていたとされる。

▼**ハノイの文廟門** 「文廟」とは孔子廟のことで**李朝**時代に創建された（国子監＝律令制における国立大学）。**孔子**を祀る大聖殿・堂・庭園などからなり、写真は入口としての門。

▲**科挙の合格者を記した石碑**
李朝は中国から自立したが、儒教や仏教など中国文化の影響下にあり、科挙を実施して官僚制度を整えようとした。首都昇竜（現ハノイ）にある科挙合格者の石碑。

東南アジア・南アジア

1 イラン諸国家の興亡

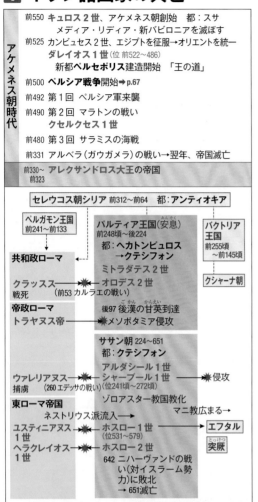

ア	前550 **キュロス2世**、アケメネス朝創始　都：スサ
ケ	メディア・リディア・新バビロニアを滅ぼす
メ	前525 カンビュセス2世、エジプトを征服→オリエントを統一
ネ	**ダレイオス1世**(位 前522〜486)
ス	新都**ペルセポリス**建造開始　「王の道」
朝	前500 **ペルシア戦争**開始→p.67
時	前492 第1回　ペルシア軍来襲
代	前490 第2回　マラトンの戦い
	クセルクセス1世
	前480 第3回　サラミスの海戦
	前331 アルベラ(ガウガメラ)の戦い→翌年、帝国滅亡

前330〜
前323　**アレクサンドロス大王の帝国**

セレウコス朝シリア 前312〜前64　都：アンティオキア

ペルガモン王国
前241〜前133

パルティア王国(安息)
前248頃〜後224
都：ヘカトンピュロス
→クテシフォン
ミトラダテス2世

バクトリア王国
前255頃
〜前145頃

クシャーナ朝

共和政ローマ

クラッスス——オロデス2世
戦死　　(前53 カルラエの戦い)

帝政ローマ
トラヤヌス帝——
※メソポタミア侵攻
後97 後漢の甘英到達

ササン朝 224〜651
都：クテシフォン
アルダシール1世
ウァレリアヌス——シャープール1世——※侵攻
捕虜(位241頃〜272頃)　　(260 エデッサの戦い)
ゾロアスター教国教化
マニ教広まる→

東ローマ帝国
ネストリウス派流入→
ユスティニアヌス——ホスロー1世——→**エフタル**
1世　　(位531〜579)
ヘラクレイオス——ホスロー2世——→**突厥**(とっけつ)
1世
642 ニハーヴァンドの戦い(対イスラーム勢力)に敗北→651滅亡

▼**ゾロアスター教**　善悪二元論からなり、善神**アフラ=マズダ**の象徴である光(聖なる火)を礼拝する。寺院では火を絶やさない。

2 アケメネス朝による統一

2・1 アケメネス朝の領域

ペルシアの国道(「王の道」)　アケメネス朝の成立期の領域　アケメネス朝の最大領域

▼**ペルセポリス**　ダレイオス1世が造営し、行政というより、おもに儀式用の都として機能した。「謁見の間」の石柱は12本残存している。手前の階段には多くのレリーフが残る。「百柱の間」は**クセルクセス1世**時代に完成された。

ダレイオス1世の宮殿

謁見の間

百柱の間

▼**ペルセポリス「貢納のレリーフ」**　アケメネス朝のペルセポリスには、各地域から貢納のための使節が送られてきた。ペルセポリスのレリーフでは、様々な衣服の貢納使節団の様子をみることができ、アケメネス朝が多くの民族を従えていたことがうかがえる。

▲**ダレイオス1世像**　ペルセポリスの宮殿、謁見の間にあるダレイオス1世のレリーフ。

3 パルティアとササン朝

3·1 パルティアの領域

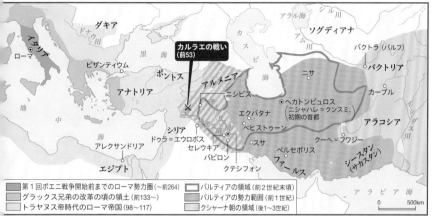

第1回ポエニ戦争開始前までのローマ勢力圏(〜前264)
グラックス兄弟の改革の頃の領土(前133〜)
トラヤヌス帝時代のローマ帝国(98〜117)
パルティアの領域(前2世紀末頃)
パルティアの勢力範囲(前1世紀)
クシャーナ朝の領域(後1〜3世紀)

0　500km

3·2 ササン朝の領域

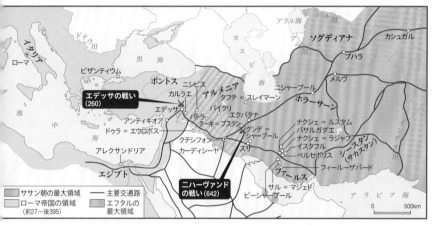

ササン朝の最大領域
ローマ帝国の領域(前27〜後395)
エフタルの最大領域
主要交通路

0　500km

3·3 ササン朝文化の伝播

読み解き 文化の伝播の様子がうかがえるものとして、ほかにどのようなものがあげられるだろうか。

Q 拡大されている人物は、どのような姿勢で弓を射ているだろうか。

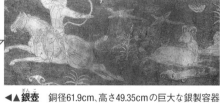

◀▲**銀壺** 銅径61.9cm、高さ49.35cmの巨大な銀製容器。仏前に飯食を供えるための仏具であり、この大きさから、大仏の前に供えることを意図してつくられたものと考えられている。拡大部分(上)の人物が狩ろうとしているのは巻角の山羊で、当時の日本には生息していなかった動物。中央アジア中心に生息する羊の原種に似ており、唐➡p.57時代の染織品や金銀器にはよくみられる図柄である。(奈良、正倉院宝物)

Q 銀壺に描かれている図柄や、白瑠璃碗の形状・デザインから、これらはどのような影響を受けていると考えられるだろうか。

▲**白瑠璃碗**
(奈良、正倉院宝物)

▲**ササン朝のカットグラス**
(山梨、平山郁夫シルクロード美術館蔵)

▲**パルティアン=ショット** 弓騎兵を主力とし接近戦をさけ、退却しながら振り向きざまに弓を射る遊牧民特有の戦法を、ローマ人が名づけた。

▶**ミトラダテス2世**(位前123〜前87)「諸王の王、偉大なアルサケス、…ギリシア愛好者」と称し、勢力拡大につとめ、部下はローマの将軍スラと会談した。右はミトラダテス2世銀貨。

▲**クテシフォン** パルティア・ササン朝時代の首都、ティグリス川東岸にあり東西交易の中継地として栄えたが、イスラーム時代には廃墟となった。写真は**ホスロー1世**➡p.6の宮殿の一部。

▲**エデッサの戦い** ササン朝の**シャープール1世**はローマ帝国に対して攻勢に転じ、これに反撃したローマ皇帝**ウァレリアヌス**を破って面前でひざまずかせ、捕らえて連行した。

西アジア

1 ポリスの歴史

前2000頃	**クレタ文明**始まる
	北方からギリシア人南下
16世紀頃	**ミケーネ文明**始まる
15世紀	ミケーネ勢力、クレタに侵入・支配
1200頃	ミケーネ文明滅亡
8世紀	**ポリス**の形成始まる
	ギリシア人、植民活動を展開
621頃	**ドラコン**の成文法制定
594	**ソロンの改革**
	○債務の帳消し
	○富裕層の平民の政治参加（財産政治）
6世紀半ば	**ペイシストラトス**の僭主政治
508	**クレイステネスの改革**
	○デーモスによる10部族制
	○**陶片追放**（オストラキスモス）
500	イオニア植民市の反乱
	ペルシア戦争（〜449）
490	マラトンの戦い
480	テルモピレーの戦い
480	サラミスの海戦
479	プラタイアの戦い
478	**デロス同盟**成立
450頃	ペルシアとの和平成立
443	**ペリクレス時代**（〜429）
431	ペロポネソス同盟軍、コリントス集結
	ペロポネソス戦争（〜404）
	○アテネ、スパルタに敗北
429	**ペリクレス**没
421	ニキアスの和約
413	アテネのシチリア遠征軍惨敗
412	アテネ側の同盟ポリスの離反続く
	スパルタ、ペルシアと同盟
410	アルキビアデスのアテネ軍、スパルタを破る
406	スパルタ和平提案、実現せず
405	スパルタ軍、アテネを包囲
404	**アテネ降伏**
395	アテネ・テーベなど連合してスパルタと抗争
	（コリントス戦争）
386	スパルタ、ペルシアと和約（コリントス戦争終結）
371	**レウクトラの戦い**
	●**テーベ、スパルタを破って覇権を握る**
352	デモステネスの反フィリッポス演説
338	**カイロネイアの戦い**
	●**マケドニア、アテネ・テーベ連合軍を破る**
337	●**コリントス（ヘラス）同盟**成立

2 地中海と周辺

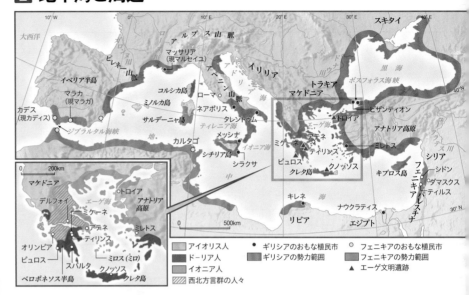

アイオリス人　ドーリア人　イオニア人　西北方言群の人々
・ギリシアのおもな植民市　○フェニキアのおもな植民市　ギリシアの勢力範囲　フェニキアの勢力範囲　▲エーゲ文明遺跡

3 ポリスの生活

◀**デルフォイの遺跡**　左上の柱が6本みえる場所がアポロン神殿の中心的遺構で、ここでの巫女による託宣は神意としてポリスの政策決定に影響を与えた。手前中央の施設は劇場の跡。

▲**アゴラとアクロポリス**　アテネの中心としてにぎわったアゴラは、パルテノンの建つアクロポリスの北西に位置し、広場・市場として市民交流の場となった。初期の民会もここで開かれた。

3・1 アテネの人口構成

奴隷 約30%
約20〜30万人（前5〜4世紀）
在留外国人 約10%
市民 50〜60%

3・2 スパルタの社会構成

スパルティアタイ（完全市民）　約19%
ペリオイコイ（周辺の民）　約19%
ヘイロータイ（奴隷身分の農民）　約62%
支配

（**3**・1、2はHansen, M.H. & T.H. Nielsen eds *An inventory of archaic and classical poleis: an investigation conducted by The Copenhagen Polis Centre for the Danish National Research Foundation*およびPowell, A. ed. *A companion to Sparta, 2 vols.* より作成）

Q このグラフ・図から、当時のアテネとスパルタの社会のどのような様子が想像されるだろうか。

4 アテネの民主政

テミストクレス
ネオクレスの子

◀**陶片追放**　陶器の破片に名前を書いて投票し、全投票数が6000以上となった場合、最多得票者が10年間アテネから追放された。

Q テミストクレスはサラミスの海戦の作戦指導者で、ペルシアに勝利した。なぜ彼の名前が刻まれることになったのだろうか。考えてみよう。

◀**重装歩兵と密集戦法**　市民が自費で武具を調達し、ポリス防衛の主力となった。盾で半身を防御し、長い槍をかまえ、**密集隊形**（ファランクス）となって前進する戦法は貴族的な騎兵戦術よりすぐれ、このことが平民の政治参加という地位向上の背景になった。（ギリシア、デルフォイ考古博物館蔵のレリーフ）

4・1 アテネの直接民主政

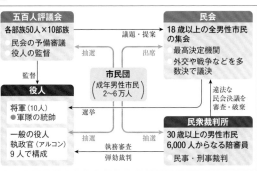

```
┌──────────────┐              ┌──────────────┐
│  五百人評議会  │              │     民会      │
│ 各部族50人×10部族│  議題・提案  │ 18歳以上の全男性市民│
│ 民会の予備審議 │ ──────→    │   の集合     │
│ 役人の監督    │              │ 最高決定機関   │
└──────────────┘  抽選  出席  │ 外交や戦争などを多│
      ↑監督                    │ 数決で議決     │
┌──────────────┐              └──────────────┘
│    役人      │  市民団        違法な
│              │ (成年男性市民)  民会決議を
│ 将軍(10人)   │  2～6万人     審査・破棄
│ ●軍隊の統帥   │  選挙        ┌──────────────┐
│              │              │  民衆裁判所    │
│ 一般の役人    │  抽選  抽選  │ 30歳以上の男性市民│
│ 執政官(アルコン)│            │ 6,000人からなる陪審員│
│ 9人で構成     │  執務審査    │ 民事・刑事裁判   │
└──────────────┘  弾劾裁判    └──────────────┘
```

解説 クレイステネスの改革による10部族が政治の基盤となった。執政官や陪審員は希望者から籤で選ばれたが、将軍は選挙で選ばれ、任期もなく再任も可能で、執政官にかわる最重要職だった。

◀**プニュクスの丘** アゴラを北東にみおろし、東にアクロポリスをのぞむ丘で**民会**が開かれた。

Q 写真中央下の平らな岩は、何に使用されたのだろうか。考えてみよう。

5 ペルシア戦争とアテネ民主政の発展

5・1 ペルシア戦争（前500～前449）の推移

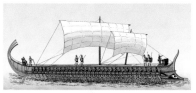

◀▲**三段櫂船** 船の両側に漕ぎ手を配置し、長いオールを3段にして速力を出した。船首には青銅製の衝角をつけ、敵船に体当たりして沈没させるか、歩兵が敵船に移って直接戦うかした。

第1回 前492 ペルシア軍 ギリシア北部を服従させる	**第2回** 前490 ギリシア軍 マラトンの戦いで勝利	**第3回** 前480 ペルシア軍 テルモピレーの戦いで勝利 ギリシア軍 サラミスの海戦で勝利(前480) プラタイアの戦いで勝利(前479)

ペルシア軍進路 -→ 第1回(前492年) ──→ 第2回(前490年) → 第3回(前480年)
ギリシアの対ペルシア連合／ギリシアの中立地域／ペルシア領および勢力圏

ペリクレスの演説

われらが従う政体は、他国の制度に追随するものではなく、他人をまねるよりむしろわれら自身が人の模範なのである。それは、少数者ではなく多数者の利益のために統治するがゆえに、民主政治という名で呼びならわされている。法律の面においては、私的な利害が対立する場合、だれでも平等の権利にあずかる。だが人の評価ということになると、各人が何かにすぐれているとみなされれば、みんなと平等の扱いではなく、国事のためどれだけ貢献できるかによって尊重される。さらにまた、たとえ貧しくとも、国家のために何かよい働きができるなら、無名だからといって高い地位への道をさまたげられることはないのだ。（橋場弦訳）

▲**ペリクレス**（前495頃～前429）（ヴァチカン美術館蔵）

Q ペリクレスは、民主政をどのようなものだと考えているだろうか。

6 ポリスの変容

6・1 ペロポネソス戦争（前431～前404）

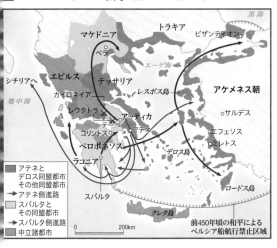

アテネとデロス同盟都市／その他同盟都市／アテネ側進路／スパルタとその同盟都市／スパルタ側進路／中立諸都市
前450年頃の和平によるペルシア船航行禁止区域

◀**ソクラテス**（前469頃～前399）アテネの哲学者。重装歩兵として戦争に3度参加するなど、アテネ市民の義務を忠実に果たす愛国者であった。（ロンドン、大英博物館蔵）

◀**デモステネス**（前384～前322）民主政を擁護し、反マケドニアを唱えた雄弁家。亡命と反乱を繰り返したが、前322年服毒自殺した。（ローマ、カピトリーノ美術館蔵）

▶**フィリッポス2世**（位前359～前336）テーベの人質時代を経て、マケドニア王としてスパルタを除く全ギリシアを支配下においた。右眼は戦争で失明した。（ギリシア、テッサロニキ考古学美術館蔵）

▶**アリストテレス**（前384～前322）マケドニア生まれでアテネのアカデメイアに学んだ。フィリッポス2世のまねきによりアテネからマケドニアへ移った。（ローマ国立博物館アルテンプス宮蔵）

地中海

1 ヘレニズム時代

◀**イッソスの戦い** 前333年、アレクサンドロスはアナトリアでペルシア軍を敗走させ、前330年、**アケメネス朝**を滅ぼした。(ポンペイ出土床モザイク)

❶アレクサンドロスが愛馬ブケファラスに乗って、ペルシア軍を追撃している。
❷アレクサンドロスに長槍で突かれたペルシア兵はのけぞっている。
❸ペルシアの**ダレイオス3世**は妻や娘を同行させてきたが、戦況不利とみるやすべてを放置して逃げ出した。
❹戦車を引く馬を駆る御者は必死でムチをふるい、全速力で逃げようとしている。
❺馬の表情や動作から、ペルシア軍の混乱ぶりがうかがえる。

> **Q** なぜ、プルタルコス➡p.74はアレクサンドロスの遠征をこのように表現したのだろうか。当時のローマ➡p.70の状況を背景として考えてみよう。

1·1 アレクサンドロスの遠征と諸国の分化

	□ アレクサンドロス大王の帝国	• 大王のたてたおもな	▨ アンティゴノス朝マケドニアの領域	▨ カルタゴの勢力範囲
	→ アレクサンドロス大王の進路 数字は大王の通過年	アレクサンドリア市 ▨ セレウコス朝シリアの領域	▨ ローマの勢力範囲	
	--→ 武将ネアルコスの航路	▨ プトレマイオス朝エジプトの領域		

	アケメネス朝	•前300	•前200	•前100
中央アジア			バクトリア	大月氏
イラン			パルティア	
エジプト	ア	プトレマイオス朝		
シリア	レクサンドロスの帝国	セレウコス朝		
アナトリア			ペルガモン(アッタロス朝)	
マケドニア		アンティゴノス朝		
ギリシア		ギリシア(都市同盟)		
ローマ				
中国	戦国時代	秦	前漢	

前301 イプソスの戦い(ディアドコイ戦争)後 分裂が確定
カッサンドロス朝
リュシマコス朝

▶**ギムナシオンの校長** アフガニスタンで出土したギムナシオン(学校)の校長とされる像。(アイ=ハヌム遺跡出土)

> **Q** アフガニスタンで、この像が出土したことは、どんなことを示すのだろうか。

▼**ペルガモンのゼウス大祭壇** コの字型の祭壇の壁の彫像はヘレニズム美術の傑作。第二次世界大戦末、ソ連がもち去ったが返還された。(ベルリン、ペルガモン博物館蔵)

英雄視されるアレクサンドロス
(プルタルコス『アレクサンドロスの運または徳について』)

アレクサンドロスのおかげでバクトリアとコーカサスはギリシア人の神々を敬うようになった。…アレクサンドロスは異民族の地に70以上の都市を建設し、アジア全土にギリシア的な国制を植えつけ、未開かつ野蛮な暮らしぶりを克服した。

(澤田典子「「英雄」アレクサンドロス」、小池登ほか編『『英雄伝』の挑戦』京都大学学術出版会より)

▲**イスラームの哲人王として描かれたアレクサンドロス** イスラーム文明圏では9世紀にアリストテレス哲学が流入するとともに、その教えを受けたアレクサンドロスは哲人王のイメージとして定着し、イスラーム教の布教者・擁護者としても仕立て上げられていった。近年では、このようなアレクサンドロスの過度な英雄視は批判的に検証されている。(16世紀のイスラームの写本挿絵より、アメリカ、ウォルターズ美術館蔵)

2 ギリシア・ヘレニズムの生活と文化

2・1 ギリシアの文化一覧

特色	ポリス市民による人間中心の文化（理性の重視、完成された美の追求など）	

文学	叙事詩	ホメロス 前8世紀	『イリアス』『オデュッセイア』（トロイア戦争を題材）
		ヘシオドス 前700頃	『神統記』（神々の系譜）、『労働と日々』（市民への教訓）
	叙情詩	サッフォー 前612頃～?	女性詩人、レスボス島での情熱的な恋愛詩
		アナクレオン 前570頃～前475頃	酒と愛を賛美した詩
		ピンダロス 前518～前438	オリンピア競技の優勝者への賛歌
	悲劇	アイスキュロス 前525～前456	『アガメムノン』（雄大で格調高い作品）、ペルシア戦争参加
		ソフォクレス 前496頃～前406	『オイディプス王』（高貴な人間像をうたった作品）
		エウリピデス 前485頃～前406頃	『メデイア』『アルケスティス』（人間の心理を深く描写）
	喜劇	アリストファネス 前450頃～前385頃	『女の平和』『女の議会』『雲』（社会世相やソフィストを風刺）
哲学	自然哲学	タレス 前624頃～前546頃	万物の根源：水、三角形の相似からピラミッドを計測
		ピタゴラス 前6世紀	万物の根源：数、三平方の定理、1：√2の調和を理想化
		ヘラクレイトス 前544頃～?	万物の根源：火、自然界はつねに変化する（万物は流転する）
		デモクリトス 前460頃～前370頃	万物の根源：原子（アトム）、唯物論の祖
		ヒッポクラテス 前460頃～前375頃	医学の父、臨床を重視、「人生は短く、学芸の道は長し」
	ソフィスト	プロタゴラス 前480頃～前410頃	万物の尺度は人間（真理の主観性を主張）、弁論術の発達に影響
	アテネ	ソクラテス→p.67 前469頃～前399	「汝自身を知れ」、青少年と問答、真理の客観性を主張
		プラトン 前429頃～前347	『ソクラテスの弁明』『饗宴』『国家』、イデア論、哲人による理想政治を説く、アカデメイア開設
		アリストテレス →p.67 前384～前322	『形而上学』『政治学』（認識・存在論、国制のあり方）など諸学問を体系化、アレクサンドロスの師
歴史	歴史学	ヘロドトス 前484頃～前425頃	『歴史』（ペルシア戦争、周辺地域などを物語的に記述）
		トゥキディデス 前460頃～前400頃	『歴史（戦史）』（ペロポネソス戦争期を客観的に記述）
		クセノフォン 前435頃～前354頃	ソクラテスの弟子、『アナバシス』（ペルシアでの傭兵体験記）
美術	彫刻	フェイディアス 前5世紀	「アテナ女神像」、パルテノン神殿彫刻を監督
		プラクシテレス 前4世紀	「ディオニソスを抱くヘルメス像」（若い神を好んで彫像化）
		ミュロン 前5世紀	「円盤投げ」「ミノタウロス」（躍動の瞬間をたくみに表現）
	建築		垂直な柱、水平の梁で構成された石造神殿、ドーリア式（初期）、イオニア式（中期）、コリント式（後期）に分類

2・2 神々の系譜とオリンポス12神

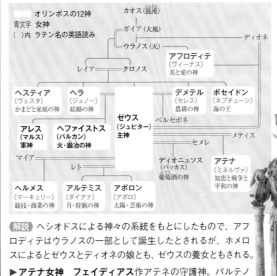

（青文字 女神
（　）内 ラテン名の英語読み）

オリンポスの12神

カオス（混沌）
ガイア（大地）
ウラノス（天）　ディオネ
レイア　クロノス　アフロディテ（ヴィーナス）美と愛の神
ヘスティア（ヴェスタ）かまどと家庭の神
ヘラ（ジュノー）結婚の神
ゼウス（ジュピター）主神
デメテル（セレス）農耕の神
ポセイドン（ネプチューン）海の王
ペルセポネ
アレス（マルス）軍神
ヘファイストス（バルカン）火・鍛冶の神
メティス
ディオニュソス（バッカス）葡萄酒の神
アテナ（ミネルヴァ）知恵と戦争と平和の神
セメレ
マイア
レト
ヘルメス（マーキュリー）競技・商業の神
アルテミス（ダイアナ）月・狩猟の神
アポロン（アポロ）太陽・芸術の神

▲ ラオコーン　トロイアの神官ラオコーンが、ギリシア軍の木馬 →p.37 の計略を暴露しようとして、アテナ神が派遣した大蛇によって2人の息子とともに絞殺される場面。ロードス島で制作され、16世紀初めにネロの宮殿跡から出土したとされる。ヘレニズム時代を代表する大理石像。（ヴァチカン美術館蔵）

解説 ヘシオドスによる神々の系統をもとにしたもので、アフロディテはウラノスの一部として誕生したとされるが、ホメロスによるとゼウスとディオネの娘とも、ゼウスの養女ともされる。

▶ アテナ女神　フェイディアス作アテネの守護神。パルテノンにおいてあったがオリジナルは失われた。これはローマ時代に複製された大理石像。（高さ105cm、アテネ、国立考古学博物館蔵）

2・3 ヘレニズム時代の思想

ゼノン キプロス島出身	エピクロス サモス島出身
禁欲主義（ストア派）	快楽主義
アパティア（禁欲による理性的境地）	アタラクシア（心の平安・精神的快楽が人生の目的）
世界市民主義に発展 ポリス的価値観をこえ、普遍的人間性を追求する態度	世間から離れ、心の平静を追求する隠遁的傾向
宇宙は2つの原理からなる →アリストテレスの影響	宇宙は原理からなる →デモクリトスの影響

2・5 ヘレニズム都市アレクサンドリア

地中海
ファロス大灯台
アレクサンドロス大王の城壁（推定）
ポセイドン神殿
イシス神殿　大港
王室専用港
ファロス島
税関
王宮
プタスタディオン堤防
ユダヤ人街
ヘプタスタディオン堤防
エウノストス港
劇場
ネアポリス
図書館
キボトス港（戦艦専用港）
ムセイオン
ラコティス（ヘレニズム学芸の中心）
セラピス神殿
カタコンベ
ネクロポリス
競技場
マレオティス湖
運河

解説 プトレマイオス朝の都として、地中海交易と文化の中心でもあった。20世紀末に海中でも遺跡の存在が確認され話題となった。ファロス大灯台は下部の石組みを利用してカイト＝ベイ要塞になっている。

▶ アルキメデス　ヘレニズム時代を代表する科学者アルキメデス（左）は、前212年、シラクサ市を攻撃したローマ兵によって殺害された。製図用の器材を略奪されようとして抵抗したとも、図面を描いて思索中だったともいわれる。のちに雄弁家のキケロ→p.74 が墓を発見した。18世紀のモザイク画。（フランクフルト、リービーク美術館蔵）

2・4 ヘレニズムの文化一覧

特色	●ギリシア文化・オリエント文化の融合 ●世界市民主義、個人主義 ●文化の中心…アレクサンドリア・アテネ・ペルガモンなど ●自然科学に多くの業績	

自然科学	エウクレイデス 前300頃	『幾何学原理』（平面幾何学を大成）
	アルキメデス 前287頃～前212	浮力・てこの原理、πや球体積の計算
	アリスタルコス 前310頃～前230頃	地球の自転と公転を説く
	エラトステネス 前275頃～前194頃	子午線（地球の周囲）を測定（約4万5000km）
	ヘロフィロス 前335頃～前280頃	解剖学による医学の祖
		●ムセイオン（アレクサンドリアの研究所）と付属図書館での研究に成果
美術		●自由な作風、人間の性格描写や感情表現など技巧にすぐれる
		「ミロのヴィーナス」（ミロス島）、「ラオコーン」（ローマ）、「瀕死のガリア人」（ペルガモン）、「サモトラケのニケ」（サモトラケ島）

地中海

1 ローマ共和政の発展と地中海征服

1·1 ローマの拡大と国内情勢

前753頃 **ローマ建国（伝説）**

▲**ロムルスとレムス** 伝説では双子の兄弟が狼に育てられ、成長してローマをたてたとされる。

▲**エトルリアの戦士** コリント式兜を被った青銅製戦士像（フィレンツェ考古学博物館蔵）

▼**投票する市民** 民会での法案採決の光景を刻んだ貨幣。U（V）の記号がみられるが、賛成（ウティロガース）の略記号である。共和政末期の民会の様子がうかがえる。

509	エトルリア人の王を追放 共和政開始
494	聖山事件、護民官設置 平民会設置
450頃	十二表法（法の成文化）
445	カヌレイウス法 （貴族と平民の通婚認可）
367	リキニウス・セクスティウス法 コンスル1名を平民から選出 公有地占有を500ユゲラ（約310 エーカー、1.25km²）に制限
287	ホルテンシウス法 平民会の議決をそのまま国法化

支配領域の拡大

前396	ウェイイ占領（北方進出が可能）
343	アペニン山脈に居住するサムニウム人とサムニウム戦争（〜290）
340	ラテン人都市同盟を破る（〜338）
312	**アッピア街道**着工
272	タレントゥム占領（ギリシア人との戦いでイタリア半島統一）

◆**ローマ社会の変化**

有力者による公有地占有増大 → ラティフンディア拡大（大土地経営） → 閥族派・平民派の形成と抗争

征服戦争 → 属州の拡大
・奴隷の流入
・騎士（エクイテス）の成長
・安価な穀物の流入

従軍による農地荒廃 → 自作農民の没落 → 無産市民層を有力者が吸収

重装歩兵市民軍解体 → 傭兵制の実施（前107）

▲**ローマの重装歩兵**
（パリ、ルーヴル美術館蔵）

264	**第1回ポエニ戦争**（〜241） シチリア島を属州化
218	**第2回ポエニ戦争**（〜201） （カルタゴのハンニバル活躍） **カンネーの戦い**（216） 北アフリカでザマの戦い（202） ローマの**大スキピオ**の反撃
149	**第3回ポエニ戦争**（〜146） カルタゴ滅亡、マケドニア・ギリシアを属州化

内乱の1世紀

133	**グラックス兄弟の改革**（〜121） 大土地所有の制限 無産市民への土地分配
107	**マリウス**（平民派）の軍制改革 （傭兵制の実施）
91	同盟市戦争（〜88）
82	スラ（閥族派）の独裁（〜79）
73	スパルタクスの反乱（〜71）
60	**第1回三頭政治**（60〜53） **カエサル**（前100〜前44） **ポンペイウス**（前106〜前48） **クラッスス**（前115〜前53）
46	カエサルの独裁（〜44）
43	**第2回三頭政治**（43） **オクタウィアヌス**（前63〜後14） **アントニウス**（前83〜前30） **レピドゥス**（前90頃〜前13頃）
31	アクティウムの海戦

88	ミトラダテス戦争（〜63） ポンペイウス、シリア・ユダヤを平定
58	カエサル、ガリア遠征（〜51）
53	クラッスス戦死（カルラエの戦い）
52	アレシアの戦い ガリアはローマの属州に
30	プトレマイオス朝エジプト滅亡 地中海沿岸一帯統一を実現

1·2 共和政の確立

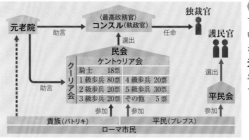

解説 ローマの**民会**の中心をなすケントゥリア会は、財産の多い市民団に多くの票数が与えられた。民会や**コンスル**に対する**元老院**の助言も強制的で、前287年の**ホルテンシウス法**の制定までは貴族に有利であった。

1·3 イタリア半島の統一

ローマの統一
- ■ 共和政成立時のローマ（前500年頃）
- ▨ 前298年頃のローマ
- □ 前264年の第1回ポエニ戦争開始時のローマ
- ━ アッピア街道

- □ イタリア人
- □ エトルリア人
- □ カルタゴ人
- □ ギリシア人

▲**アッピア街道** ローマからブルンディシウムまで半島を縦貫した軍道で、深堀りして石をうめ、さらに路面に石をしいて舗装し、1マイル（約1.6km）ごとにマイルストーンをおいた。

▶ ローマによる支配体制

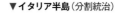

▼**イタリア半島**（分割統治）

ローマ
- ローマが都市ごとに条約を結んで差別化
- 各都市間で条約を結ぶことは禁止

植民市	自治市	同盟市
ローマと同等な市民権あり ローマ人の入植	市民権・自治権あり 国政投票権なし 租税・兵役の義務あり	市民権なし 兵役の義務あり

▼**イタリア半島以外**（属州）

ローマ

属州	直轄地
総督（プロコンスル） 徴税請負人（騎士が多い）	代官

重税による収奪 → 被征服民

1·4 ポエニ戦争

▶**大スキピオ**（前235頃〜前183） ローマの将軍、カルタゴ軍を追撃、ハンニバルを破った。しかし、のちに大カトーから訴追され、失意のうちに死去した。孫の小スキピオはカルタゴを滅ぼした。（ナポリ国立考古学博物館蔵）

◀**ハンニバル**（前247〜前183）**カルタゴ**の名将、アルプスをこえてイタリアに攻めこみ、ローマ軍を粉砕した。

◀**ハンニバルのアルプス越え** ヒスパニアのカルタゴ＝ノウァを拠点に軍団を増強したカルタゴのハンニバルは、ピレネー山脈・ローヌ川をこえイタリアにせまった。迎え討つローマ軍を避け、軍団は北方に移動してローマ軍の追尾をかわした。カルタゴ軍は歩兵3万8000、騎兵8000、戦象37頭（ヘレニズム時代によく用いられた）でアルプスに向かった。風雪・悪路・山岳民の襲撃など困難な山越えとなり、トリノに着いたときには歩兵2万騎兵6000、戦象20頭になっていた。ハンニバル軍は半島を縦断、前216年、**カンネーの戦い**でローマ軍は惨敗し、一時は再起不能と悲観された。

地中海

② 内乱の1世紀

②・1 ローマの領土拡大

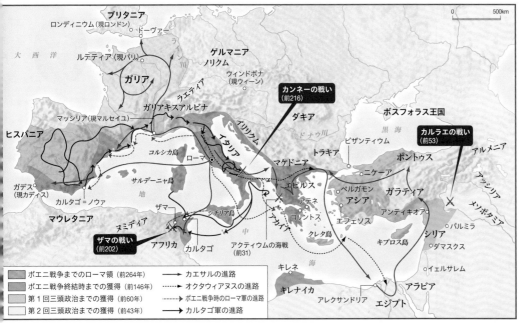

カンネーの戦い（前216）
カルラエの戦い（前53）
ザマの戦い（前202）
アクティウムの海戦（前31）

凡例：
- ■ ポエニ戦争までのローマ領（前264年）
- ■ ポエニ戦争終結時までの獲得（前146年）
- □ 第1回三頭政治までの獲得（前60年）
- □ 第2回三頭政治までの獲得（前43年）
- → カエサルの進路
- ----→ オクタウィアヌスの進路
- ----→ ポエニ戦争時のローマ軍の進路
- → カルタゴ軍の進路

②・2 ローマ支配地の拡大過程

前753年（建国期）

前272年（イタリア半島統一まで）

前133年

前44年

▲穀物の配給　左下に9枚のチケットをもつ者、右側に配給を受けている者を示すモザイク画。（ローマ、オスティア＝アンティカ出土のレプリカ）

グラックス兄弟の改革

護民官ティベリウス（兄）の演説

イタリアのために闘いかつ死ぬものは正に空気と光以外のなにも享受できず、家も憩いの場所もなく彼らは妻子を引き連れて彷徨している。

…これらの人たちが世界の覇者といわれるとしても、彼らは自分自身のものである一塊の土だに所有していないのである。

ガイウス（弟）の憤慨

諸君たちの見ている前でこれらの連中が一緒になってティベリウスを棒でなぐり殺し、ティベリス河に投込むために、死体がカピトルの丘から市のど真中を曳きずり運ばれたのだ。

（プルタルコスが『英雄伝』で伝えるローマの危機、『西洋史料集成』平凡社より）

SEX HAGIHI

Q 「これらの人たちが世界の覇者」といわれているのはなぜだろうか。

②・3 ローマのガリア征服

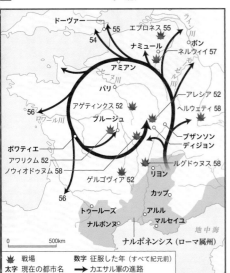

ドーヴァー 55　エブロネス 55　54　ナミュール　ネルウィイ 57　アミアン　パリ　セーヌ　アレシア 52　ヘルウェティ 58　56　アゲティンクス 52　ブールジュ　ブザンソン　ディジョン　ポワティエ　アワリクム 52　リヨン　ルグドゥヌス 58　ノウィオドゥヌム 58　ゲルゴヴィア 52　56　トゥールーズ　カップ　アルル　ナルボヌ　マルセイユ　地中海　ナルボネンシス（ローマ属州）

凡例：
- ★ 戦場
- 数字 征服した年（すべて紀元前）
- 太字 現在の都市名
- → カエサル軍の進路

0　500km

②・4 三頭政治

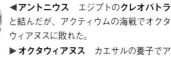

◀**アントニウス**　エジプトの**クレオパトラ**と結んだが、アクティウムの海戦でオクタウィアヌスに敗れた。

▶**オクタウィアヌス**　カエサルの養子でアントニウスに勝利し、前30年、**プトレマイオス朝**を滅ぼして地中海世界を統一した。

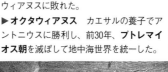

▲**カエサル**　平民派の巨頭でガリアを平定し、**ポンペイウス**を倒して権力を集中させようとしたが暗殺された。（ヴァチカン美術館蔵）

▶**アクティウムの海戦**　前31年アクティウムの海戦でプトレマイオス朝にオクタウィアヌスが勝利し、翌年地中海世界を統一した。

地中海

1 ローマ帝国の歴史

前31	アクティウムの海戦	中国
前30	プトレマイオス朝エジプト滅亡	前漢
	アウグストゥス（位前27〜後14）	
前27	オクタウィアヌス、アウグストゥスの称号を授与される。**元首政**開始	
後9	トイトブルク森の戦いで敗戦	新
	ネロ（位54〜68）	
64	キリスト教徒への大迫害	
79	ヴェスヴィオ火山大噴火 ポンペイ埋没、大プリニウス犠牲となる	
80	コロッセウム完成	後漢
	五賢帝時代	
	ネルウァ（位96〜98）	
	トラヤヌス（位98〜117）	
	○帝国の領域最大	
	○この頃、季節風を利用したインドとの交易盛んになる	
	ハドリアヌス（位117〜138）	
	○ブリタニア北部に長城造営	
	アントニヌス＝ピウス（位138〜161）	
	マルクス＝アウレリウス＝アントニヌス（位161〜180）〈ストア派の哲人皇帝〉	
	○北方のゲルマン人の侵入を防衛	
	カラカラ（位198〜217）	
212	アントニヌス勅令 帝国内全自由民にローマ市民権を付与	
216	カラカラ浴場 ▶4・2	
	軍人皇帝時代（235〜284）	三国時代
	○この間26名の軍人皇帝が廃立される	
260	エデッサの戦いで皇帝拉致される➡p.65	
	ディオクレティアヌス（位284〜305）	晋（西晋）
293	四帝分治制（テトラルキア）開始 **専制君主政**（ドミナトゥス）開始	
303	キリスト教徒への大迫害	
	コンスタンティヌス（位306〜337）	
313	**ミラノ勅令**（キリスト教を公認）	
325	ニケーア公会議 アタナシウス派を正統教義と認定	
330	**コンスタンティノープル**に遷都	
332	コロヌスへの土地緊縛法	東晋・五胡十六国
375頃〜	ゲルマン人の大移動開始	
	テオドシウス（位379〜395）	
381	キリスト教アタナシウス派を再認定	
392	他宗教の禁止→キリスト教アタナシウス派を国教化	
395	ローマ帝国の東西分裂	
476	西ローマ帝国滅亡	南北朝

▶**コンスタンティヌス** フォロ＝ロマーノに設置された、もとは高さ12mあった巨大な座像の頭部。

2 ローマ帝国の領域

◀**ハドリアヌス**　ブリタニアに遠征して長城を構築した。

▼**マルクス＝アウレリウス＝アントニヌス**　五賢帝最後の皇帝で、北方防衛のためにウィーンの軍営に滞在した。

▼**トラヤヌス**　ダキアを征服、一時メソポタミアも支配して最大領土を実現した。

凡例：
― ローマ帝国最大領土（トラヤヌス帝）
■ 四帝分治の首都
--- ディオクレティアヌス帝の四帝分治境界線
—・— テオドシウス帝死後の東西分割線（395年）

◀**ディオクレティアヌスの四帝分治制**　半世紀にわたる軍人皇帝時代を終わらせたディオクレティアヌス帝は、帝国を4分してそれぞれ正副2名の皇帝をおき、**専制君主政**を始めた。

▼**コンスタンティヌスの凱旋門**　コンスタンティヌス帝はライバルを打倒して帝国を再統一、**コンスタンティノープル**に遷都し、ローマ帝国の重心を東方においた。

◀**オクタウィアヌス**　前30年エジプトを征服して地中海を平定し、前27年、**アウグストゥス帝**となった。

3 西ローマ帝国の滅亡

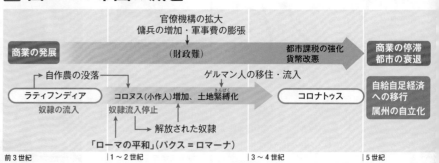

商業の発展 → 官僚機構の拡大 傭兵の増加・軍事費の膨張（財政難） → 都市課税の強化 貨幣改悪 → 商業の停滞 都市の衰退

自作農の没落 → ゲルマン人の移住・流入 → 自給自足経済への移行 属州の自立化

ラティフンディア → コロヌス（小作人）増加、土地緊縛化 → コロナトゥス

奴隷の流入 ／ 奴隷流入停止 → 解放された奴隷

「ローマの平和」（パクス＝ロマーナ）

前3世紀　｜1〜2世紀　｜3〜4世紀　｜5世紀

4 ローマ人の生活

元老院

◀フォロ＝ロマーノ（フォルム＝ロマーヌム）🏛 ローマ1000年の歴史のなかで、市民の社交場・市場・集会などあらゆる公共の場面で、政治・経済・文化の中心となった。中央列柱の背後に元老院の建物がみえる。

4·1 ローマ人の水利用

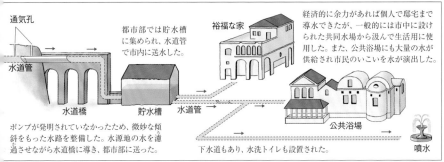
通気孔
水道管
水道橋　　貯水槽　　水道管
ポンプが発明されていなかったため、微妙な傾斜をもった水路を整備した。水源地の水を濾過させながら水道橋に導き、都市部に送った。

都市部では貯水槽に集められ、水道管で市内に送水した。

裕福な家

経済的に余力があれば個人で邸宅まで導水できたが、一般的には市中に設けられた共同水場から汲んで生活用に使用した。また、公共浴場にも大量の水が供給され市民のいこいを水が演出した。

公共浴場
下水道もあり、水洗トイレも設置された。
噴水

▶ローマ都市の建設 🏛 ローマ人は属州を拡大させるとともに各地に都市を建設し、道路や水道、公共施設などのインフラを整備した。写真はチュニジアに残るドゥッガのローマ遺跡。

◀セゴビア（スペイン）の水道橋 🏛 都市住民に水を供給するための石づくりの水路。石組みアーチの技法はエトルリア人から受け継いだとされるが、ローマ人は洗練された土木建築技術を発達させた。左の写真は2層式の水道橋で最上部が水を通す水路になっている。ローマ時代の都市生活における給水量は、1日あたりローマ市で100万m³、現フランスのリヨンで7万5000m³だったとされ、いかにローマが巨大な都市であったかがわかる。また、ローマ人は水源地から都市部への水供給に水道橋を建造したが、都市内部では地下水路を整備し、随所に貯水池や公共水場を設置したり、公共浴場に利用したりした。

▶トレビの泉 ローマの名所になっているこの泉は、18世紀に再建されたものだが、ローマ時代の地下水路が水を供給している。

4·2 カラカラ浴場

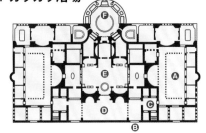

解説 図書館の付属施設として、社交とリラクゼーションを目的にした浴場があり、さらにジム🅐も付帯した総合施設として造営されたのがカラカラ浴場である。入口🅑を入ると更衣室🅒とプール🅓があり、社交場としてのホールやラウンジ🅔を抜けると、高温浴室🅕に至り、周辺に微温浴室・冷温浴室・サウナ室などが配置されている。温水や熱は地下で石炭を燃やして供給するシステムだった。

4·3 ローマ人の食生活

スエトニウス『ローマ皇帝伝』が伝える宴会

クラウディウスは、豪奢な饗宴を、のべつまくなしに催した。それもたいていは600人が一時に横臥できるほど広々とした会場で行った。……彼は満腹し、酩酊しない限り、なかなか食堂から退出しなかった。この後すぐに仰向けになり、口をあけ喉の奥に羽毛をつっこみ、（嘔吐して）胃の負担を軽くしてもらっていた。

（国原吉之助訳『ローマ皇帝伝（下）』岩波文庫より）

❓ ローマ人のどのような食生活がわかるだろうか。

▶ダイニングルーム（トリクリニウム）ローマ人は長椅子を3つ「コ」の字型にならべ、その上に寝そべって食事した。長椅子は中央のテーブルに向かって10度ほど傾いている。（ポンペイ）

コース料理の例	
[コース1] 前菜	ワインの蜜割 卵、オリーヴの実、ソーセージなど
[コース2] 魚・肉の主饌	鯔、スカルス（珍魚）の腸、鮃、蝶鮫、牡蠣、ウニ、クジャク、鶏、イノシシ、兎、豚、豚の乳房など
[コース3] デザート	リンゴ・ザクロなどの果実類、蜜をかけた焼き菓子

地中海

地中海

1 ローマ文化

今日に生きるラテン語		
ET CETERA	エト＝ケテラ	→ その他　etc.
FACSIMILE	ファクシミレ（類似物をつくる）	→ ファクシミリ
MISSILE	ミッシレ（投げる武器）	→ ミサイル
VERSUS	ウェルスス	→ 対決、対戦　vs.
VIRUS	ウィルス（毒）	→ ウィルス

▶**演説するキケロ**　共和政末期に活躍したキケロの演説・文章は、しばしばラテン語の見本となった。図はカティリナ（右端）を弾劾（だんがい）するキケロ（左手前）を描いたもの。キケロは**カエサル**に反対し、**アントニウス**に敵対して殺害された。
(1889年、マッカリ画、ローマ、マダーマ宮蔵)

▲**コロッセウム** 圓　コロッセウムは約5万人収容可能な競技場で、日よけ用のテントを張れたのでドームともなった。フィールド部分の床（木製）がなくなり地下施設が露出している。ここに剣闘士の控室や猛獣（もうじゅう）の檻（おり）などが設置された。

パンと見世物

〔トラヤヌス帝という〕元首は、確かに舞台、円形競走場、闘技場の役者やほかの演技者たちをなおざりにすることはなかった。というのは、彼は以下のようなことを熟知するところの人であった──ローマの民衆はとりわけ2つの事、つまり穀物と見世物（みせもの）で掌握（しょうあく）されること。統治とは生真面目な事と同様に娯楽によって是認（ぜにん）されること。…見世物に比べれば食糧贈与はそれほど熱心に求められるわけではないこと。そして、食糧贈与によってはただ穀物配給に与（あず）かる民衆が各々個々別々に満たされるにすぎないが、見世物では民衆が一団となって懐柔されることである。
(古山正人ほか編訳『西洋古代史料集』東京大学出版会より)

Q トラヤヌス帝が見世物を重視しているのはなぜだろうか。

◀**ポンペイ** 圓 **と大プリニウス**　大プリニウスは海軍提督として属州各地をめぐり、多くの見聞データを『博物誌』として著した。しかし、79年8月末の**ヴェスヴィオ火山**の大噴火（南側にあったポンペイ市は数mの火山灰で埋没）をみて、救難に行き火山性有毒ガスのために帰らぬ人となった。甥（おい）の**小プリニウス**が友人**タキトゥス**に宛てた書簡で克明に描いている。火山の噴火の形状で、「プリニー式」という名称を残している。

1・1 ローマ文化史上の人物

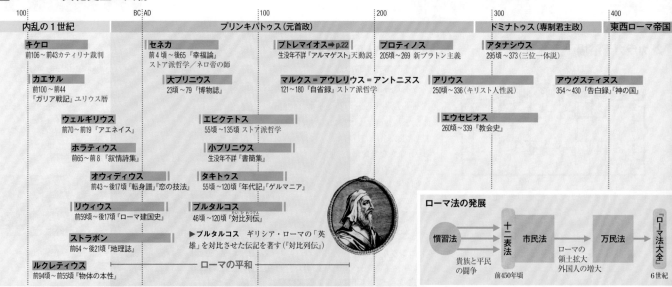

	100	BC AD	100	200	300	400
	内乱の1世紀	プリンキパトゥス（元首政）			ドミナトゥス（専制君主政）	東西ローマ帝国

キケロ 前106～前43 カティリナ裁判

セネカ 前4頃～後65『幸福論』 ストア派哲学／ネロ帝の師

プトレマイオス ➡p.22 生没年不詳『アルマゲスト』天動説

プロティノス 205頃～269 新プラトン主義

アタナシウス 295頃～373（三位一体説）

カエサル 前100～前44『ガリア戦記』ユリウス暦

大プリニウス 23頃～79『博物誌』

マルクス＝アウレリウス＝アントニヌス 121～180『自省録』ストア派哲学

アリウス 250頃～336（キリスト人性説）

アウグスティヌス 354～430『告白録』『神の国』

ウェルギリウス 前70～前19『アエネイス』

エピクテトス 55頃～135頃 ストア派哲学

エウセビオス 260頃～339『教会史』

ホラティウス 前65～前8『叙情詩集』

小プリニウス 生没年不詳『書簡集』

オウィディウス 前43～後17頃『転身譜』『恋の技法』

タキトゥス 55頃～120頃『年代記』『ゲルマニア』

リウィウス 前59頃～後17頃『ローマ建国史』

プルタルコス 46頃～120頃『対比列伝』

▶**プルタルコス**　ギリシア・ローマの「英雄」を対比させた伝記を著す（『対比列伝』）

ストラボン 前64～後21頃『地理誌』

ルクレティウス 前94頃～前55頃『物体の本性』

ローマの平和

ローマ法の発展

慣習法 → 十二表法（前450年頃）→ 市民法 → 万民法 → 『ローマ法大全』（6世紀）

貴族と平民の闘争

ローマの領土拡大 外国人の増大

2 キリスト教の成立

2·1 キリスト教の成立とローマ帝国

前3世紀	プトレマイオス朝の支配	中国
前200	セレウコス朝によるパレスチナ支配(～前63)	前漢
前168	マカベア戦争(～前141)	
前140	ユダヤ人のハスモン朝成立(～前37)	
前64	ポンペイウス、シリア征服	
前37	ヘロデ、ユダヤ王に即位(～前4)	
前30	プトレマイオス朝滅亡	
前4頃	イエス誕生	
後6	ユダヤ、ローマ帝国の支配下に入る	新
30頃	イエス処刑	後漢
64	ネロ帝による 迫害 (2·3 地図の①)	三国時代
66	第1次ユダヤ戦争(～70)	
132	第2次ユダヤ戦争(～135) ユダヤ人の離散始まる	晋（西晋）
250	デキウス帝による 迫害	
303	ディオクレティアヌス帝による 迫害	
313	**コンスタンティヌス帝**による 公認 ミラノ勅令でキリスト教を公認し、帝国統一に利用しようとする	
325	ニケーア公会議 ●**アタナシウス派** 正統 神・キリストを同質とする 聖霊を加えて三位一体説完成 ●**アリウス派**(2·3 地図の②) 異端 キリストの人性を強調 追放→ゲルマン社会への布教へ	東晋·五胡十六国
361	ユリアヌス帝による異教信仰復活	
380	テオドシウス帝によるアタナシウス派再認定	
392	他宗教の禁止→アタナシウス派を 国教化	
426	アウグスティヌス『神の国』(2·3 地図の③)	
431	エフェソス公会議 ●**ネストリウス派**を異端→東方布教へ	南北朝
451	カルケドン公会議 ●単性論を異端→コプト教会など	

2·2 イエスの時代の　　パレスチナ・シリア

□ ヘロデ王没年(前4年)のユダヤ王国
▨ イエス時代のローマの属国
▨ イエス時代のローマの属州

▶ 聖墳墓教会 (イェルサレム)

▲ ピエタ (クリヴェリ画、ミラノ、ブレラ美術館蔵)

解説 ローマによる支配が始まり、**イエス**は「神の国」の到来を説き、ローマに対する反逆者として処刑された。イエス刑死の詳しい場所は定かでないが、十字架からおろされ（ピエタといい、絵画や彫刻の題材となった）埋葬された。ローマ帝国末期に十字架、茨の冠などが発見されたという説をもとに、**コンスタンティヌス帝**が聖墳墓教会（聖墳墓記念聖堂）をイェルサレムの地に建てたとされている。

2·3 キリスト教の伝播

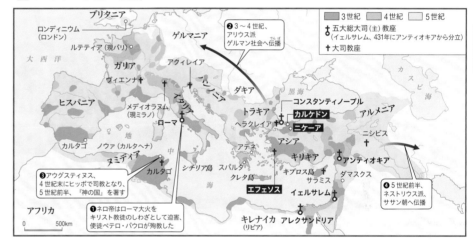

■ 3世紀　■ 4世紀　□ 5世紀
✝ 五大総大司(主)教座
（イェルサレム、431年にアンティオキアから分立）
✝ 大司教座

❷ 3～4世紀、アリウス派ゲルマン社会へ伝播

③アウグスティヌス、4世紀末にヒッポで司教となり、5世紀前半、『神の国』を著す

①ネロ帝はローマ大火をキリスト教徒のしわざとして迫害、使徒ペテロ・パウロが殉教した

④ 5世紀前半、ネストリウス派、ササン朝へ伝播

地中海

3 ローマ帝国での迫害と公認

3·1 迫害

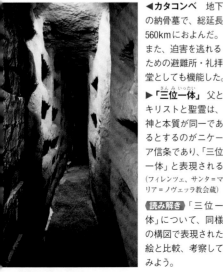

◀**カタコンベ** 地下の納骨墓で、総延長560kmにおよんだ。また、迫害を逃れるための避難所・礼拝堂としても機能した。

▶**「三位一体」** 父とキリストと聖霊は、神と本質が同一であるとするのがニケーア信条であり、「三位一体」と表現される。
（フィレンツェ、サンタ＝マリア＝ノヴェッラ教会蔵）

読み解き 「三位一体」について、同様の図の構図で表現された絵と比較、考察してみよう。

3·2 公認と国教化

▲**教父アウグスティヌス** ローマ社会の混乱期に教会の権威を確立したアウグスティヌスが、子どもに洗礼をほどこしている場面（右）と、異教徒と論争している場面（左）。（パヴィア、サン＝ピエトロ＝イン＝チェルドーロ教会蔵）

Q 聖霊はどのような姿で表現されているのだろうか。

イスラーム政権の成立

1 イスラーム政権の成立まで

時代	年	事項	中国
	570頃	**ムハンマド**、**メッカ**で生まれる	隋
	610頃	ムハンマド、神の啓示を受ける	
	622	ムハンマドと信者、**メディナ**に移住(**ヒジュラ**)	唐
	630	ムハンマド、メッカに無血入城	
正統カリフ時代	632	ムハンマド没、 **アブー＝バクル**、初代カリフに選ばれる(位～634)	
	634	**ウマル**、第2代カリフに選ばれる(位～644)	
	636	ヤルムークの戦いでビザンツ軍を破る	
	642	**ニハーヴァンドの戦い**でササン朝を破る。アラブ軍、エジプト征服完了	
	644	**ウスマーン**、第3代カリフとなる(位～656)	
	651頃	『コーラン』が書物にまとめられる	
	656	**アリー**、第4代カリフとなる(位～661)	
ウマイヤ朝	661	アリー、暗殺される **ムアーウィヤ**、カリフとなる(位～680)(**ウマイヤ朝成立**～750)	
	680	アリーの子フサイン、カルバラーで敗死	
	705	アラブ軍、中央アジア征服開始	
	711	アラブ軍、イベリア半島征服開始	
	717	アラブ軍、コンスタンティノープル攻撃(718敗退)	
	732	**トゥール・ポワティエ間の戦い**	

▲アブー＝バクル

2 イスラーム政権の誕生

2・1 イスラーム以前の西アジア

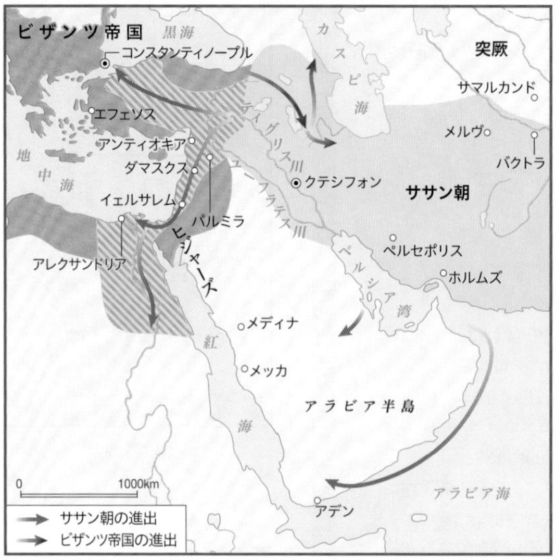

ビザンツ帝国
黒海
コンスタンティノープル
カスピ海
突厥
サマルカンド
エフェソス
アンティオキア
ダマスクス
ティグリス川
メルヴ
バクトラ
地中海
クテシフォン
ササン朝
イェルサレム
ユーフラテス川
パルミラ
ヒジャーズ
ペルセポリス
アレクサンドリア
ホルムズ
ペルシア湾
メディナ
紅海
メッカ
アラビア半島
アデン
アラビア海
0 1000km
ササン朝の進出
ビザンツ帝国の進出

解説 イスラーム教の成立直前のアラビア半島ではシリアとの隊商路が確立し、点在するオアシスを中心に遊牧や農業、隊商交易に従事していたアラブ諸部族が半島外に急速に拡大していた。イスラーム教は、そうした地域経済の活性化にともなって貧富の格差が生じているなかで成立した。

▲**アラブの商人** アラブ人は食物と水の欠乏によくたえるラクダを「神の贈り物」とみなし、陸路による交易にはラクダを利用した。ラクダは一度に約200kgの荷物を運ぶことができた。

▲**ムハンマドのメディナ移住** ムハンマドとその信者はメッカの大商人の迫害を逃れて622年にメディナに移住し、そこにムスリムの共同体(ウンマ)をつくった。この移住のことを**ヒジュラ**という。

▲**戦うムハンマド** **メディナ**に支配権を確立したムハンマドは、イスラーム教の重要な聖地と位置づけた**メッカ**の攻略をめざした。図は、メッカを包囲攻略するムハンマド(右端)。ムハンマドの顔は崇拝の対象にならないよう白布でおおわれ描かれていない。

2・2 ウンマ(共同体)の成立

Q イスラーム教徒とユダヤ教徒の関係について、史料からどのようなことが読み取れるだろうか。

メディナ憲章(ムハンマドとメディナ住民との契約)

神の使徒〔ムハンマド〕は、ムハージルーン＊1とアンサール＊2のために書を作成した。そのなかでユダヤ教徒と取り決めを結び、契約を交わした。…

慈悲ふかく慈愛あまねき神の名において。

[1] これは、預言者ムハンマドによる書である。すなわちクライシュ族とヤスリブ〔メディナ〕の信者(ムーミン)と信徒(ムスリム)と、彼らに従い、行動を共にし、〔神の道に〕戦う者たちのための〔書である〕。

[2] これらの人々は、他の人々とは異なる、ひとつの集団(ウンマ)をなす。

[16] 神の安全保障はひとつである。どんなに〔身分が〕低い信者が〔信者にせよ、不信仰者にせよ、誰かに〕与えた保護も、全信者の義務となる。

[18] ユダヤ教徒のなかでわれわれに従う者は、援助が与えられ、同等に扱われる。不当に扱われることも、彼らの敵に援助が与えられることもない。

＊1 ムハンマドとともにメッカからメディナに移住した人々。
＊2 移住者を受け入れたメディナの人々。

(歴史学研究会編『世界史史料2』岩波書店より)

▲**預言者のモスク** ヒジュラでメディナに移住したムハンマドが建てて住んだモスクである。ムハンマドの死後、彼はここに埋葬されたために、メディナはメッカにつぐ重要な巡礼地となった。現在のモスクは1483年に再建され、さらに改修を重ねている。

西アジア

❸ イスラーム政権の成立

❸・1 聖戦（ジハード）の開始

アラブの戦利品の分配

この年〔ヒジュラ暦15年、西暦636/7年〕、ウマル[*1]はイスラームの信徒に俸給を払うことにし、仔細を台帳（ディーワーン）に登録した。入信時期の早い者ほど、高額の俸給を受け取れるようにした。サフワーン＝ブン＝ウマイヤ、ハーリス＝ブン＝ヒシャーム、スハイル＝ブン＝アムル[*2]など、メッカ征服以後に入信した者たちへの配当は、初期の入信者よりも少なかったので、彼らは受け取りを拒否して口々に言った。「われらより高貴な血筋の者がいるとは思えん」。ウマルが「イスラームへの入信時期に応じて与えるのであり、家系は関係ない」と答えると、彼らは了承し、俸給（アター）を受け取った。

*1 第2代カリフ。彼の時代にイスラームの版図はペルシア、シリア、エジプトへと広がり膨大な戦利品が流入した。
*2 3人ともメッカのクライシュ族出身であり、ムハンマドによるメッカ征服までムスリム軍と敵対した。

（タバリー『預言者たちと諸王の歴史』〈10世紀初め〉、歴史学研究会編『世界史史料2』岩波書店より）

Q イスラーム政権初期の俸給制度はどのようなものだったのだろうか。

▲**アラブの軍隊**　初期のアラブ軍は馬やラクダに乗った遊牧民の集まりで、訓練や組織化もされていなかったが、やがて国家から俸給を受ける正規軍が形成されていった。本図はカリフの親衛隊の様子を描いたもの。

❸・2 ウマイヤ朝の成立

◀**ウマイヤ＝モスク**🏛
8世紀初めにウマイヤ朝カリフのワリード1世（位705〜715）によってダマスクスに建造された現存する最古のモスク。キリスト教会の一部を転用し、モスクの外壁などには華麗なモザイク画が描かれている。

ウマイヤ＝モスクのモザイク画
→ 詳しくみる

▶**ディーナール金貨**　ウマイヤ朝は、ビザンツ帝国がおこなっていた金貨の発行を継承し、アラビア文字を刻んだディーナール金貨を作製した。

❸・3 クライシュ族[*1]の系図

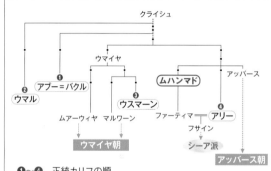

①〜④　正統カリフの順

*1　クライシュ族とはメッカに住んでいたアラブの部族で、ムハンマドの11代前の祖先を共通の祖先とした人々。

❸・4 アラブの大規模な征服活動とウマイヤ朝

ボワティエ、トゥール、フランク王国、教皇領、コルドバ、グラナダ、ローマ、カイラワーン、コンスタンティノープル、アラル海、カスピ海、黒海、唐、バグダード、ニハーヴァンド、イェルサレム、ダマスクス、アレクサンドリア、ヤルムーク、カルバラー、クーファ、バスラ、フスタート、ペルシア湾、インダス川、メディナ、メッカ、ナイル川、紅海、アラビア海、大西洋、地中海

0　1000km

- ムハンマド時代の領域
- 正統カリフ時代に加えられた領域
- ウマイヤ朝の領域
- ビザンツ帝国の領域

スンナ派とシーア派

	スンナ派	シーア派
名前の由来	「ムハンマドの言行に従う者」の意味	アリーを支持する「分派」の意味
認めるカリフ	ウマイヤ朝以降のカリフも正統と認める	アリーとその子孫のみを正統と認める
支持者の分布	シーア派が分布している地域以外（多数派、約90%）	現在のイランとアフガニスタン・イラクの一部（少数派、約10%）

ムアーウィヤのウマイヤ朝創始に不満を抱いた人々は、アリーに始まる子孫たちがイマーム（宗教指導者）となってイスラームを指導していくことが妥当であると主張してウマイヤ朝に抵抗し、**シーア派**を成立させた。一方、ウマイヤ朝カリフの正統性を認める人々は、しだいに**スンナ派**と呼ばれるようになった。

シーア派 10%
スンナ派 90%

西アジア

1 アッバース朝の分裂まで

		中国
750	**アッバース朝成立**	
751	タラス河畔の戦いで唐軍を破る	唐
756	**後ウマイヤ朝成立**(～1031)	
766	バグダードの円城完成	
786	**ハールーン=アッラシード、**カリフとなる(位～809)	
830頃	バグダードに知恵の館完成	
868	エジプトに**トゥールーン朝**成立(～905)	
869	南イラクでザンジの乱勃発	五代十国
875	中央アジアに**サーマーン朝**成立(～999)	
909	北アフリカに**ファーティマ朝**成立(～1171)	
932	イランに**ブワイフ朝**成立(～1062)	
936	アッバース朝で大アミール(軍司令官のなかの第一人者)職創設	
946	ブワイフ朝、バグダードに入城	
969	ファーティマ朝、エジプトを征服してカイロを建設	宋
970	カイロにアズハル=モスク建設	

▲ハールーン=アッラシード➡p.8

2 アッバース朝時代

2・1 イスラーム政権の拡大

凡例:
- □ アッバース朝の領域
- □ 後ウマイヤ朝の領域
- ■ ビザンツ帝国の領域

0　1000km

▶ ウマイヤ朝とアッバース朝の統治体制

	ウマイヤ朝(661～750)〔アラブ帝国〕		**アッバース朝**(750～1258)〔イスラーム帝国〕	
税の体系	アラブ人	喜捨	アラブ人	ハラージュ
	マワーリー(非アラブのムスリム)	ジズヤ(人頭税)ハラージュ(地租)	マワーリー(非アラブのムスリム)	ハラージュ
	ズィンミー(非ムスリム)	ジズヤハラージュ	ズィンミー(非ムスリム)	ジズヤハラージュ
中央集権化	●カリフの世襲化●アラビア語の公用語化●アラブ貨幣に統一		●カリフの神格化●イスラーム法(シャリーア)による統治●官僚制の整備 カリフ→宰相(ワズィール)→官僚・軍人、改宗したイラン人を登用	

2・2 バグダードの円城

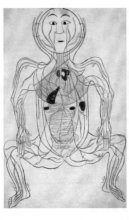

解説 アッバース朝のマンスール(位754～775)が建設した円形都市。城壁に囲まれ、中心には黄金門宮とモスクが存在した。キャラバンルートと河川ルートの交差点に位置していたため繁栄し、最盛時には人口が100万を超えたとされている。

▶「ペンの人」(左)と「剣の人」(右) イスラームの政権においては、「ペンの人」と呼ばれる官人階級と「剣の人」と呼ばれる軍人階級の人々が存在した。彼らは父祖から子孫にそれぞれの技術を伝えながら、各政権を支える人材として活躍した。

2・3 バグダードの社会構造

	カリフ				
	庶民	知識人	官人	軍人	奴隷
農民	大商人	ウラマー(法学者)	宰相	将軍	家内
	中小商人	裁判官・市場監察官	官僚	高級軍人	農業
市場		寄託財産管理人	書記	親衛隊	軍事
遊牧民		文人・教師		一般兵士	宦官
	職人	物語師・神秘家		警察	

3 イスラーム文化の成立

3・1 医学

▶人体解剖図
イスラーム圏の自然科学は、諸先進文明の影響を受けながら独自の発展をとげた。医学も理論と臨床にすぐれ、図のようなかなり正確な人体解剖図が描かれた。とくにイブン=シーナーの『医学典範』は高い権威をもっていた。

▲帝王切開の様子　イスラーム圏では、古代ギリシア・ローマと古代インドの医学に学んで医学の理論と技術を一層発展させた。

▶アラベスク　イスラーム教では人物や鳥獣を装飾のモチーフにすることを禁じたため、幾何学的な文様や蔓草文を主とした精緻な装飾文様が発展した。こうした文様をアラベスクと呼ぶ。

3・2 美術

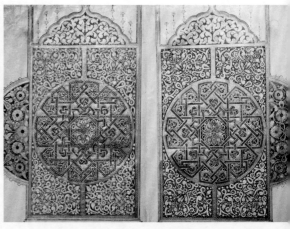

③・3 イスラームの学問系統と学者

			800	900	1000	1100	1200	1300	1400
先進文明の遺産	サンスクリット語→ 中世ペルシア語→ シリア語→ ギリシア語→	→ 化学・物理学・その他				**イブン=アルハイサム** 965頃～1039			
		→ 天文学・音楽				**ビールーニー** 973～1050頃『星学入門』			
		→ 地理学・博物学			**イブン=ファドラーン** 956頃～1039頃『ヴォルガ=ブルガール紀行』			**イブン=バットゥータ** 1304～1368　1369あるいは1377 『大旅行記』（『三大陸周遊記』）	
		→ 数学	**フワーリズミー** 780頃～850頃『代数学』						
		→ 医学			**イブン=シーナー** 980～1037『医学典範』				
		→ 哲学・論理学				**イブン=ルシュド** 1126～1198『宗教諸学の再生』			
アラブ人固有の学問		→ 歴史学		**タバリー** 839～923『預言者たちと諸王の歴史』				**イブン=ハルドゥーン** 1332～1406『世界史序説』	
								ラシード=アッディーン 1247頃～1318『集史』	
	『コーラン』 伝承 詩	→ 詩・韻律学				**サーディー** 1213頃～1292『薔薇園』			
					ウマル=ハイヤーム 1048～1131『ルバイヤート』				
				フィルドゥシー 940頃～1025『シャー=ナーメ』					
		→ 文法・書記学							
		→ 神学・法学		**ガザーリー** 1058～1111					

(左欄：イスラーム教／アラビア語)

③・4 「知恵の館」などでの翻訳活動

翻訳論

　詩の優れた特質は、アラブ人およびアラビア語を話す人々によってのみ共有されている。詩は翻訳が不可能で、他言語への移し替えは許されない。それが翻訳されるや、糸に並んだ真珠玉[*1]は分断され、韻律は狂い、美は消え失せ、驚嘆すべき節々が脱落してしまう。だが、散文は違っている。散文の散文訳は、韻律に則った詩の散文訳に比べ、美しさや効果の点でずっと優る。……

　インドの書物はアラビア語に移され、ギリシア人の格言やペルシア人の礼儀作法もまた翻訳された。その結果、いっそう美しさを増した場合もあれば、途中で何一つ喪失しなかった場合もある。だが、アラブの叡智が翻訳されると、韻律という奇蹟は失われる。しかも、たとえ翻訳されたところで、その内容には、かつてアラブ以外の人々が、その生活や知性や叡智に関する書物のなかで言及しなかった事柄など何一つ存在しないのである。

*1　詩はアラビア語で「ナズム」すなわち糸に通して頸飾り状にした真珠玉と呼ばれた。これに対し、散文つまり「ナスル」とは、糸が切れてばらばらに散乱した真珠玉を意味する。
（ジャーヒズ『動物誌』〈9世紀〉、歴史学研究会編『世界史史料2』岩波書店より）

Q 当時の人々は、アラビア語から別の言語に翻訳することをどのように考えていたのだろうか。

▶ **アリストテレス**（右）　シリアやエジプトを制したアラブ人はギリシア・ローマの学術研究を継承した。とくに**バグダード**ではギリシア哲学書の翻訳が活発となり、アリストテレスは「第1の師」と呼ばれて尊敬され、多大な影響を与えた。

◀ **「知恵の館」**（バイト=アルヒクマ）　バグダードに建設された知恵の館を中心に、イスラーム圏ではギリシア語文献などが翻訳された。図はバグダードの北東にあるフルワーンの図書館の様子。写本が平積みにされている。

④ アッバース朝の分裂

④・1 10世紀後半の西アジア・北アフリカ

（地図中の地名）
大西洋　パリ　神聖ローマ帝国　キエフ公国　バルハシ湖
フランス王国　ヴェネツィア　マジャール　ドナウ川　アラル海　シル川　ベラサグン
後ウマイヤ朝　コルシカ島　ジェノヴァ　ローマ　コンスタンティノープル　黒海　カスピ海　ホラズム　カラハン朝　ウイグル
コルドバ　サルデーニャ島　教皇領　ビザンツ帝国　アルメニア　ブハラ
グラナダ　チュニス　シチリア島　サーマッラー　タバリスタン　サーマーン朝
カイラワーン　クレタ島　ダマスクス　ハムダーン朝　コム
フェス　キプロス島　イェルサレム　バグダード　ブワイフ朝　ヤズド　ガズナ
アレクサンドリア　カイロ　イスファハーン　アッバース朝
ファーティマ朝　メディナ　ナイル川　ティグリス川　ユーフラテス川　ガンジス川　ベンガル湾
メッカ　紅海　ヒンドゥー系諸王朝
アラビア海
→ ファーティマ朝の進出方向
→ ブワイフ朝の進出方向
0　1000km

▲ **アズハル=モスク**　10世紀後半、ファーティマ朝の時代にカイロに建造されたモスク。その直後に付属してつくられたマドラサ（イスラームの高等教育機関）が、イスラームの最高学府とされているアズハル大学である。

◀ **コルドバのメスキータ**　コルドバは後ウマイヤ朝時代に政治・文化・産業の中心地として発展した。その中心に位置するのがメスキータ（大モスク）と王宮である。メスキータはキリスト教の教会をモスクに改造し、しだいに拡張され、写真にみるような列柱が850本におよぶ大モスクとなった。南北180m、東西130m。

◀ **カイラワーンのモスク**　カイラワーンは7世紀のアラブの軍営都市（ミスル）を起源とするチュニジアの都市。このモスクは西方イスラーム最古のモスクで、9世紀前半には現在の規模・形状となった。3層の角柱の形をしているのはミナレット。

◀ **タバリスタンの銀皿**　イラン北部のタバリスタンには、イスラーム時代に入ってもササン朝時代の文化が生き残り、独特の文化を形成した。

西アジア

1 現代のムスリムの分布

人口に占める
ムスリムの割合
- ■ 80%以上
- ■ 60〜80%
- ■ 40〜60%
- ■ 20〜40%
- □ 10〜20%
- □ 10%未満
- □ 資料なし

(Pew Research Center, 2011より作成)

2·2 『コーラン』の体裁

『コーラン』第1章「開扉—メッカ啓示、全7節—」

慈悲ふかく慈愛あまねきアッラーの御名において
……

一 讃えあれ、アッラー、万世の主、
二 慈悲ふかく慈愛あまねき御神、
三 審きの日〔最後の審判の日〕の主宰者。
四 汝をこそ我らはあがめまつる、汝にこそ救いを
　求めまつる。
五 願わくば我らを導いて正しき道を辿らしめ給え、
六 汝の御怒りを蒙る人々や、踏みまよう人々の道
　ではなく、
七 汝の嘉し給う人々の道を歩ましめ給え。

(井筒俊彦訳『コーラン(上)』岩波文庫より)

▲『コーラン』 ムハンマドがアッラーから授けられた啓示の記録で、第3代カリフのウスマーンの時に集録された。「信徒が読誦すべきもの」の意味をもつ。本図は14世紀のトルコのもので装飾化が進んでいる。

2·3 ムハンマドの昇天

▲ムハンマドの夜の旅 伝承では、ムハンマドは天馬に乗ってメッカからイェルサレムまで夜の旅をし、光のはしごを登って昇天したといわれる。図は天使ガブリエルに導かれて夜の旅に出るムハンマド。

2·4 アラブの認識した人類の系統

アダム
- ノア
  - ブルガール族
  - ロシア族
  - サカーリバ(スラヴ)族
- セム
- ハム
  - エジプト人・ベルベル人
- ヤペテ
  - トルコ人・ヨーロッパ人

アラビア先住民など
南アラブ族
ハガル —— アブラハム —— サラ

イシュマエル
イサク
ヤコブ
イスラエル12部族
モーセ
ダヴィデ
イエス

アラブ諸部族

ムハンマド

◀イェルサレムの岩のドーム ムハンマドが昇天したとされる巨岩をおおって、ウマイヤ朝第5代カリフのアブド=アルマリクの命で建立された。この巨岩は天国に近いと信じられ、イェルサレムはメッカ・メディナにつぐ聖地とされた。

2 ムハンマドと『コーラン』

2·1 啓示を受けるムハンマド

預言者ムハンマドの最初の啓示(610年頃)

とうとう、神が恩寵により使徒を召命し、人類に慈悲をかけた夜になった。神の命をたずさえ〔大天使〕ガブリエルが使徒を訪れた。…
彼は言った。「誦め、"創造主であるお前の主の名において。主は、凝血から人間を創造した"。誦め、"お前の主は寛大このうえなく、ペンで教えた。人間に未知なることを教えた"」。
私はそれを誦んだ。…啓示は心に書きこまれたかのようだった。
…私は家族のもとへ向かい、ハディージャ〔ムハンマドの妻〕のところに帰った。…私が見たことを話すと、彼女は言った。
「従兄弟よ、喜びなさい。しっかりなさい。ハディージャの魂がその手にある御方〔神〕にかけて、きっと、あなたはこの民の預言者よ」。

(イブン=イスハーク『預言者の伝記』〈8世紀中頃〉、歴史学研究会編『世界史史料2』岩波書店より)

▲ムハンマド(左)と天使ガブリエル(右) ムハンマドは40歳の時、メッカの北東郊外にあるヒラー山で瞑想中に大天使ガブリエルによってアッラーの啓示を受けたとされる。

Q ムハンマドと神の関係はどのようなものであったのだろうか。

3 イスラームの信仰

3·1 六信五行

六信五行とは、ムスリムの信仰と行為の内容を簡潔にまとめたもの。

六信	五行	五行以外のおもな規範
❶神 ❷天使 ❸各種の啓典 ❹預言者たち ❺来世 ❻神の予定(天命)	❶信仰告白(アッラーのほかに神はなく、ムハンマドは神の預言者) ❷礼拝 ❸喜捨(ザカート) ❹断食 ❺メッカ巡礼の実践	・賭けごとをしない ・酒を飲まない ・豚肉を食べない ・利子をとらない ・殺人をしない ・秤をごまかさない ・汚れから身を浄める ・女性は夫以外の男性に顔や肌をみせないよう、チャドルで隠す ・結婚は商取引と同様に契約を結ぶ。平等に扱うことができるのなら、4人まで妻をもつことができる

▲六信五行を図案化した文字 船体の文字は「我は信ず」、船尾は「神を」、オールは「そして」、こぎ手は右から「天使」「各種の啓典」「預言者」「来世」「天命」(以上六信)「善悪」「復活」を示す。帆は五行の信仰告白の言葉である。こうした図案化された文字が、アラベスクの原型となっている。

▶金曜日の集団礼拝 ムスリムはカーバ聖殿に向かって礼拝をすべきとされる。金曜日の正午は、モスクで集団礼拝をおこなう。写真はカイロのアズハル=モスク。

3·2 カーバ聖殿と大巡礼

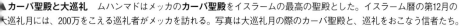

◀**カーバ聖殿の黒石** カーバ聖殿の黒石は、天から来た石（隕石）としてアブラハムが大天使ガブリエルから授かったものとされ、神と人間の原初の契約を象徴している。

▼**偶像を破壊するムハンマド** イスラーム以前のメッカは隊商交易の盛んな都市で、約360体の偶像を祀るカーバ神殿があった。ムハンマドはメッカを征服すると、カーバ神殿の偶像を1つ1つ杖で倒したとされる。ムハンマドの命令で、偶像は粉々にくだかれるか焼かれた。

◀**カーバ聖殿と大巡礼** ムハンマドはメッカの**カーバ聖殿**をイスラームの最高の聖殿とした。イスラーム暦の第12の大巡礼月には、200万をこえる巡礼者がメッカを訪れる。写真は大巡礼月の際のカーバ聖殿と、巡礼をおこなう信者たち。

西アジア

4 イスラームのモスク

4·1 モスクの基本的な構造

◀**ミフラーブ**（左）と**ミンバル**（右） ミフラーブは、イスラームのモスクの内部で聖地メッカの方向に面する側の内壁に設けられるアーチ形の窪み。ミンバルは主要モスクのミフラーブの右側に設置される説教壇で、イマームの説教や『コーラン』の読誦の際に使用される。

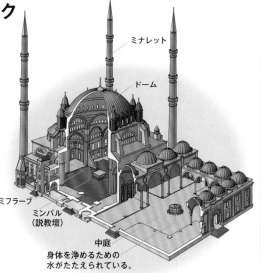

ミナレット

ドーム

ミフラーブ

ミンバル（説教壇）

中庭

身体を浄めるための水がたたえられている。

4·2 イスラーム暦（ヒジュラ暦）

月名		日数
第1月	ムハッラム	30
第2月	サファル	29
第3月	ラビー＝アルアッワル	30
第4月	ラビー＝アッサーニー	29
第5月	ジュマーダー＝アルウーラー	30
第6月	ジュマーダー＝アルアーヒラ	29
第7月	ラジャブ	30
第8月	シャーバーン	29
第9月	ラマダーン	30
第10月	シャッワール	29
第11月	ズール＝カーダ	30
第12月	ズール＝ヒッジャ	29

◀**イスラーム暦** ムハンマドのメッカからメディナへの**ヒジュラ**（聖遷）があった年を紀元元年とする暦。西暦の622年7月16日が、イスラーム暦の紀元元年1月1日に当たる。完全な太陰暦で1年は354日となり、現行の太陽暦の365.2425日よりおよそ11日短い。1日は日没に始まり日没に終わる。

4·3 モスクの様々なミナレット

◀**ムタワッキル＝モスクのミナレット**（イラク、サーマッラー）⬚ モスクはアッバース朝第10代カリフ、ムタワッキルによって9世紀半ばに建造された。ミナレットはらせん型で高さ約53m。

◀**金曜モスクのミナレット**（イラン、ヤズド）⬚ 12世紀以降に流行した2基1対円筒型ミナレット。彩釉タイルで装飾されている。

▶**スルタン＝アフメト＝モスクのミナレット**（トルコ、イスタンブル）⬚ アフメト1世により建造された。1616年完成。6本の尖塔型ミナレットをもつ。

ヨーロッパ世界の形成 ゲルマン人の移動、ビザンツ帝国の成立

1 西ヨーロッパ世界・東ヨーロッパ世界の形成まで

中国		西ヨーロッパ	ビザンツ帝国		イスラーム政権
五胡十六国時代	ゲルマン人の移動	374 フン人、ゴート人にせまる 375 西ゴート人、南下開始 376 西ゴート人、ドナウ渡河・ローマ領内に侵入		ローマ文化の継承 テオドシウス朝	
		395 ローマ帝国、東西に分裂			
		410 西ゴート人、ローマ市を略奪　▶アッティラ 418 西ゴート人、ガリア西南部に建国　➡p.6 429 ヴァンダル人、北アフリカに建国 443 ブルグンド人、ガリア東南部に建国 449 アングロ＝サクソン人、大ブリテン島に渡る 451 カタラウヌムの戦い 452 教皇レオ1世、フン人の王アッティラ（位433～453）を説得➡p.94 **476 西ローマ帝国滅亡** 481 **クローヴィス、フランク王**に即位（メロヴィング朝開始）→ 　その後、全フランクを統一 493 **テオドリック大王**率いる東ゴート人、オドアケルの王国を倒す 　東ゴート人、イタリア半島に建国 496頃 クローヴィス、アタナシウス派に改宗 529 ●ベネディクトゥス、モンテ＝カシノに修道院創設	431 ●エフェソス公会議➡p.6 　（ネストリウス派を異端とする） 451 ●カルケドン公会議 527 **ユスティニアヌス大帝**即位（～565）	ユスティニアヌス朝	
南北朝時代	フランク王国の形成	**534** ヴァンダル王国、ビザンツにより滅ぼされる フランク王国、ブルグンド王国を併合	・**ローマ法大全** ・ハギア＝ソフィア聖堂		
		555 東ゴート王国、ビザンツにより滅ぼされる			570頃 **ムハンマド**、メッカで生まれる
隋		568 北イタリアにランゴバルド王国建国 590 ●教皇に**グレゴリウス1世**就任（～604）	610 **ヘラクレイオス1世**即位（～641） ・**テマ（軍管区）**制 ・屯田兵制 ・ギリシア語を公用語化	ヘラクレイオス朝 帝国のギリシア化	622 ムハンマドと信者、メディナに移住 　（ヒジュラ） 632 **アブー＝バクル**、初代カリフに選ばれる（位～634） 636 ヤルムークの戦いでビザンツ軍を破る 656 アリー、第4代カリフとなる（位～661） 661 ムアーウィヤ、カリフとなる（位～680） 　（**ウマイヤ朝**成立～750）
唐		711 西ゴート王国、ウマイヤ朝により滅ぼされる	717 **レオン3世**即位（～741） ・ウマイヤ朝のコンスタンティノープル侵入撃退（718） ・**聖像禁止令**（726）➡p.94	イサウリア朝	
		732 フランク王国、**トゥール・ポワティエ間の戦い**でウマイヤ朝を撃退 751 **ピピン**、フランク王に即位（～768、カロリング朝開始）		マケドニア朝	750 **アッバース朝**成立 751 タラス河畔の戦いで唐軍を破る
			867 **バシレイオス1世**即位（～886） ・ビザンツ文化最盛➡p.97		

◀ケルト人聖人のレリーフ　前6世紀頃からヨーロッパにはケルト人が住み着いていた。ケルト人は森を信仰の対象としており、その霊力にすがって病を治すため小さな全身像をつくった。十字架の基部にあることからの像は、その面影を残す。

2 ヨーロッパの風土と人々

2·1 ヨーロッパ世界

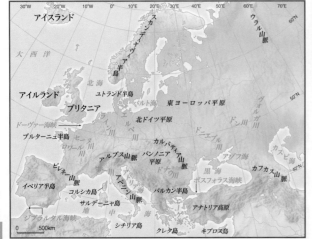

▲ドイツの大森林　西欧中世の荘園は森林が切り拓かれて、耕地が形成された。南ドイツのローテンブルクのタウバー谷の鬱蒼とした森に囲まれた館と耕地は、中世荘園の面影を今に伝えている。

▶ポーランドの農業　東欧は大陸性気候の地域が多く牧畜を主とする草原地帯が広がっているが、比較的温暖で降雨のある地域では農業が盛んで、写真のようにポーランドの東部では麦作がおこなわれている。

3 ゲルマン人の移動

3·1 ゲルマン人とスラヴ人の移動

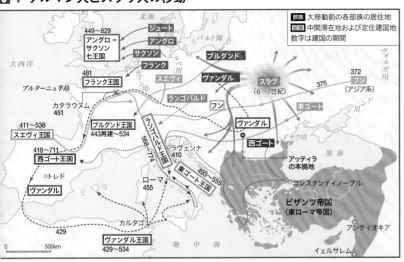

部族 大移動前の各部族の居住地
国盤 中間滞在地および定住建国地
数字は建国の期間

- ジュート
- アングロ＝サクソン七王国 449〜829
- アングロ
- サクソン
- フランク
- フランク王国 481
- ブルグンド
- スエヴィ
- ヴァンダル
- ランゴバルド
- フン
- スラヴ（6〜7世紀）
- フン（アジア系） 372
- 375
- 東ゴート
- フランク王国 481
- カタラウヌム 451
- ブルゴーニュ半島
- スエヴィ王国 411〜538
- ブルグンド王国 443再建〜534
- ランゴバルド王国 568〜774
- ヴァンダル
- 西ゴート王国 418〜711
- ラヴェンナ 410
- 西ゴート
- アッティラの本拠地
- トレド
- ローマ 455
- 東ゴート王国 493〜555
- コンスタンティノープル
- ヴァンダル
- 429
- ビザンツ帝国（東ローマ帝国）
- カルタゴ
- ヴァンダル王国 429〜534
- アンティオキア
- イェルサレム
- 0　500km

◀テオドリック大王（位473頃〜526）の霊廟🏛 テオドリック大王はイタリア半島に移り、オドアケルの王国を倒して東ゴート王国をたてた。写真はラヴェンナに残る廟。

▼エグバート　ヘプターキー（七王国）の1つウェセックス王となったエグバート（位802〜839）は、アングロ＝サクソン諸部族を征服し、829年、イングランドを統一した。

3·2 ゲルマン人の社会

タキトゥス『ゲルマニア』

　小事は首長たちが協議し、大事は全体の者が協議する。…偶然また不意のことが突然おこらない限り、彼らは一定の日々、すなわち新月または満月の頃に集会する。…彼ら〔集会者〕は、もしその意見が気に入らぬ時はざわめきを以て拒絶する。もし気に入れればフラメア〔一種の投槍〕を打ち合わせる。武器によって賞讃することは、最も名誉ある賛成の仕方である。（第11章）

（江上波夫監修『新訳世界史史料・名言集』山川出版社より）

Q 彼らの政治体制にはどのような特徴がみられるだろうか。

◀ゲルマン人の移動　ゲルマン人は、傭兵・コロヌスなどの形でローマ帝国に移住していたが、4世紀のゲルマン人の移動は家族ぐるみの移動であった。このレリーフでは、牛車の向こう側に武器を肩に立てた父親らしき男と、車の上に乗る家族がみえる。

Ethelberd.

4 ビザンツ帝国の成立

4·1 6世紀半ばのビザンツ帝国

▶ユスティニアヌス大帝　大帝は地中海帝国の復興をめざしてヴァンダル王国や東ゴート王国を滅ぼした。

▼サン＝ヴィターレ聖堂🏛　6世紀前半にイタリアのラヴェンナに建立されたビザンツ様式の教会。内部装飾に「ユスティニアヌス大帝とその従者」のモザイク画があることで有名。

- フランク王国
- 東ゴート王国（555）
- ブルガール人
- ミラノ
- ラヴェンナ
- アヴァール人
- 西ゴート王国
- コルドバ
- トレド
- ローマ
- テッサロニケ
- コンスタンティノープル
- カルケドン
- ニケーア
- エフェソス
- サンサン朝
- クテシフォン
- ヴァンダル王国（534）
- カルタゴ
- アンティオキア
- ダマスクス
- イェルサレム
- アレクサンドリア
- 0　500km

- ■ ユスティニアヌス大帝即位時（527）の領土
- 国名 征服されたゲルマン人の国
- ■ ユスティニアヌス大帝の征服地
- • 総主教座

サン＝ヴィターレ聖堂のモザイク画
詳しくみる▶

▶ソリドゥス金貨　ビザンツ帝国では古代以来の貨幣経済が機能し、コンスタンティヌス帝の時代に製造されはじめたソリドゥス金貨は、ビザンツ帝国時代に通用し続けた。

中世の西ヨーロッパ世界・東ヨーロッパ世界の特徴

	西ヨーロッパ世界	東ヨーロッパ世界
おもな民族	ゲルマン系	スラヴ系
おもな宗派	ローマ＝カトリック教会	ギリシア正教会
教皇と皇帝の地位	教皇権が皇帝権から独立、やがて上回る	皇帝は神の代理人

ヨーロッパ

1 西ヨーロッパ世界の成立

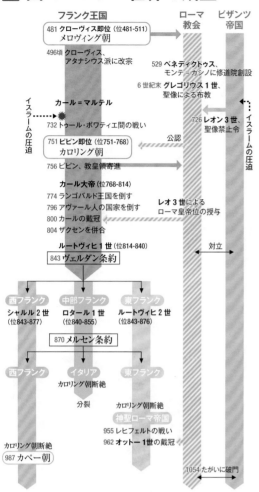

フランク王国
- 481 **クローヴィス即位**（位481-511）**メロヴィング朝**
- 496頃 クローヴィス、アタナシウス派に改宗
- **カール＝マルテル**
- 732 トゥール・ポワティエ間の戦い
- 751 **ピピン即位**（位751-768）**カロリング朝**
- 756 ピピン、教皇領寄進
- **カール大帝**768-814
  - 774 ランゴバルド王国を倒す
  - 796 アヴァール人の国家を倒す
  - 800 カールの戴冠
  - 804 ザクセンを併合
- **ルートヴィヒ1世**（位814-840）
- 843 **ヴェルダン条約**

ローマ教会
- 529 ベネディクトゥス、モンテ＝カシノに修道院創設
- 6世紀末 **グレゴリウス1世**、聖像による布教
- 公認
- **レオ3世**によるローマ皇帝位の授与

ビザンツ帝国
- 726 レオン3世、聖像禁止令
- イスラームの圧迫
- 対立

イスラームの圧迫

- 西フランク **シャルル2世**（位843-877）
- 中部フランク **ロタール1世**（位840-855）
- 東フランク **ルートヴィヒ2世**（位843-876）
- 870 **メルセン条約**

- 西フランク
- イタリア（カロリング朝断絶／分裂）
- 東フランク（カロリング朝断絶／**神聖ローマ帝国**／955 レヒフェルトの戦い／962 **オットー1世**の戴冠）

- カロリング朝断絶
- 987 **カペー朝**

1054 たがいに破門

ヨーロッパ

2 フランク王国の発展

2·1 イスラーム勢力の侵入

▲**クローヴィス**（位481〜511）**の洗礼** 全フランク人を統一しメロヴィング朝を開いたクローヴィスは、カトリック信者であった妻との約束により、496年頃に家臣と集団改宗した。

西ゴート王国の滅亡（711年）

…そこで〔ウマイヤ朝のイフリーキーヤ総督〕ムーサは、〔ベルベル人の庇護民の〕ターリク、…伯〔フリアン〕に大軍を委ねた…。彼らがスペインに上陸すると、略奪を行い災危を引き起こし始めた…。他方〔最後の西ゴート〕王ロドリーゴは…すべての〔西〕ゴート人を招集して、アラブ人を迎え撃つべく出陣した…。現在ヘレスと呼ばれるアジドーナ近郊で、グアダレーテ川に到達すると、対岸にはアフリカ軍が野営していた。…八日間、間断なく戦闘が繰り返され、約1万6千人のターリク軍を壊滅寸前にまで追い込んだ。だが伯フリアンや彼と結んだ〔西〕ゴート人の執拗な攻撃を前にして、キリスト教徒〔軍〕の戦線が突破され…、711年に国王ロドリーゴとキリスト教徒軍は敗れ、絶望的な敗走の中で命を落とした。

（ヒメーネス＝デ＝ラーダ『スペイン事績史』〈13世紀前半〉、歴史学研究会編『世界史史料5』岩波書店より）

Q 史料の西ヨーロッパ勢力とイスラーム勢力の衝突は、どのようなものだったのだろうか。

◀**トゥール・ポワティエ間の戦い** 732年ピレネー山脈をこえて侵入したイスラームのウマイヤ軍を、メロヴィング朝の宮宰カール＝マルテルが率いるフランク軍が破った。この結果、ウマイヤ朝はピレネー山脈以南に撤退した。一方、フランク王国ではカロリング家の勢威がより高まった。図は14世紀に描かれたもの。

3 ローマ＝カトリック教会の成長

▲**モンテ＝カシノの修道院** 529年、ベネディクトゥスがイタリア半島中部に創立した修道院。カトリック伝道の中心として発展した。ランゴバルド・ムスリム・ノルマン人によって破壊されたがそのつど再建され、第二次世界大戦でも損傷したが、修復された。

▼**グレゴリウス1世** ジョットがアッシジのサン＝フランチェスコ大聖堂に描いた。中世ローマ教会の開始者とされた堂々たる姿である。

4 カール大帝

4·1 カール大帝時代のヨーロッパ

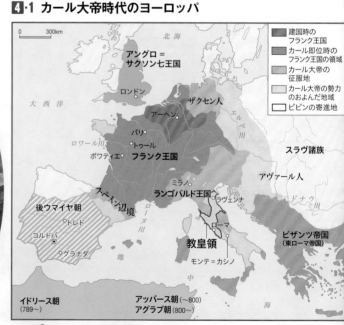

凡例：
- 建国時のフランク王国
- カール即位時のフランク王国の領域
- カールの征服地
- カール大帝の勢力のおよんだ地域
- ピピンの寄進地

アングロ＝サクソン七王国、ロンドン、アーヘン、パリ、トゥール、ポワティエ、フランク王国、ザクセン人、ミラノ、ランゴバルド王国、ラヴェンナ、ローマ、教皇領、モンテ＝カシノ、スペイン辺境、後ウマイヤ朝、トレド、コルドバ、グラナダ、スラヴ諸族、アヴァール人、ビザンツ帝国（東ローマ帝国）、北海、大西洋、地中海、エルベ川、ドナウ川、ロワール川、ライン川

イドリース朝（789〜）、アッバース朝（〜800）、アグラブ朝（800〜）

0 300km

▲**カールの戴冠**　教皇レオ3世が800年のクリスマスのミサのおりに、ローマのサン=ピエトロ大聖堂でローマ皇帝の帝冠を授けた光景を表す。教皇に皇帝がひざまずく図像は14～15世紀のものに多く、教皇への服従を強調している。

◀**カールの玉座**　カール大帝の玉座はアーヘンの大聖堂にあり、ミサのときには皇帝が着座した。カールが宮殿教会としてつくらせたアーヘンの大聖堂では、10～16世紀の30人の皇帝の戴冠式がとりおこなわれた。

▼**カロリング朝の写本文化**　カール大帝は文芸を保護したため、カロリング=ルネサンスと呼ばれる古典文化の復興運動が興り、このような古典の写本製作が盛んにおこなわれた。

アンリ=ピレンヌ[*1] 『マホメットとシャルルマーニュ』[*2]

　カール大帝の帝国は、イスラムによってヨーロッパの均衡が崩壊したことの総決算だったのである。この帝国が実現できた理由は、一方では、東方世界と西方世界の分離が教皇の権威を西ヨーロッパに限定してしまったことであり、他方では、イスラムによるイスパニアとアフリカの征服がフランク王をキリスト教的西方世界の支配者たらしめたことである。

　それ故、**マホメットなくしてはカール大帝の出現は考えられない**、と言って全く正しいのである。

　古代のローマ帝国は7世紀には実質上すでに東方世界の帝国となっており、カールの帝国が、西方世界の帝国になった。

[*1] ベルギーの歴史家(1862～1935)。ヨーロッパ中世社会の成立をイスラームの進出によるとする「ピレンヌ=テーゼ」を提唱した。
[*2] マホメットはムハンマドのこと。シャルルマーニュはカール大帝のこと。(増田四郎監修『ヨーロッパ世界の誕生』講談社学術文庫より)

Q ピレンヌは、イスラームと西ヨーロッパの関係をどのようにとらえているのだろうか。

5 分裂するフランク王国

5・1 ヴェルダン条約(左)とメルセン条約(右)

◀**マジャール人の戦い**　マジャール人と、ザクセン人やチューリンゲン人との戦いの光景。マジャール人はアジア系の遊牧民出身で、9世紀末パンノニア(現ハンガリー西部)に定住し、ハンガリー王国を築いた。『ハンガリー年代記』(15世紀)の写本の飾り絵。

▼**オットー1世夫妻像**　オットー1世はドイツ国王として王権の確立に力を尽くすとともに、北イタリアに支配を広げ、962年教皇ヨハネス12世よりローマ皇帝の帝冠を受けた。

▶**ユーグ=カペー**(左から2人目)　カロリング家最後の西フランク王の死とともに、ユーグ=カペーは聖俗諸侯に選挙されてフランス王位につき、**カペー朝**を創始した。彼は選挙王制の原則があったフランスにおいて、事実上、男系長子相続制への道を開いた。

▲**神聖ローマ皇帝の帝冠**　オットー1世のためにつくられたとされる帝冠。金・銀・宝石がちりばめられている。なお、歴史的に「神聖ローマ帝国」の名称が使われるようになるのは13世紀以降のことである。(ウィーン、ホーフブルク王宮宝物館蔵)

ヨーロッパ

■1 9～12世紀のヨーロッパ世界

		中国
843	ヴェルダン条約	
862頃	**ノヴゴロド国**成立	▶リューリク (?～879)
870	メルセン条約	唐
875	イタリアのカロリング朝断絶	
878	イングランドの**アルフレッド大王** (位871～899)、ノルマン人を破る	
882	**キエフ公国**成立	
910頃	クリュニー修道院創建	五代十国
911	東フランクのカロリング朝断絶	
911	北フランスに**ノルマンディー公国**成立	
955	レヒフェルトの戦い	
962	**オットー1世の戴冠**(教皇ヨハネス12世による)	
987	西フランクのカロリング朝断絶 (ユーグ=カペー即位、～996)	
1000	ハンガリー王国成立	
1016	デーン人の王クヌート(位1016～35)、イングランドを征服	宋(北宋)
1031	後ウマイヤ朝滅亡	
1035	アラゴン王国成立 カスティリャ王国成立	
1054	東西教会、完全に分離	
1066	ヘースティングズの戦い、イングランドに**ノルマン朝**成立	
1077	カノッサの屈辱	
1095	クレルモン宗教会議	
1096	第1回十字軍(～99)	
1098	シトー修道会成立	
1122	ヴォルムス協約	
1130	**両シチリア王国**(ノルマン=シチリア王国)成立	
1143	ポルトガル王国成立	
1147	第2回十字軍(～49)	金
1154	イングランドにプランタジネット朝成立	
1189	第3回十字軍(～92)	南宋

■ ノルマン人の国

▲クヌート

▲ルッジェーロ2世 (位1130～54)

■2 外部勢力の侵入とヨーロッパ世界

2·1 ノルマン人・マジャール人・イスラームの侵入

凡例：
■ ノルマン人の原住地
■ ノルマン人の占領地
■ イスラーム勢力圏
→ ノルマン人の進路
⇒ イスラーム勢力の侵入
⇒ マジャール人の侵入
数字は建国年

▲アルフレッド大王 アルフレッドが即位した頃、イングランドの東半分のほとんどは**デーン人**の支配下にあったが、大王はデーン人を撃退し、軍事・政治上の手腕をふるった。

▼ロロ(860頃～933) 10世紀初め、ロロを首長としたノルマン人たちが北フランスにはいり、西フランク王と主従関係を結んでその地ノルマンディーを支配した。写真はルーアンの大聖堂にあるロロの墓。

◀ノルマン人の活動 11世紀につくられたバイユーのタピスリー(刺繍画)の「運河をいくノルマン軍の船隊」。修道院や領主の館をおそって恐れられた。

2·2 11世紀末のヨーロッパ

◀ヘースティングズの戦い クヌートの死後、イングランドではアングロ=サクソンの王統が復活したが、ハロルドの王位継承に反対して**ノルマンディー公ウィリアム**がイングランドへ攻め込み勝利をおさめた。

▼ルッジェーロ2世戴冠式のマント ノルマンディー公国からわかれた一派のルッジェーロ2世は、シチリアと南イタリアに勢力を広げ**両シチリア王国**を建てた。写真はシチリア王戴冠式で着用したマント。

✝ おもな修道院所在地
● おもな司教座所在地

3 封建社会の成立

▶ 封建社会の構造

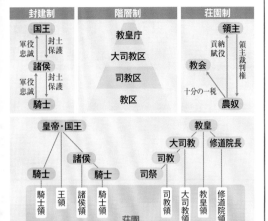

民族大移動後の長い混乱期に、西ヨーロッパの商業と都市は衰え、社会は農業と土地に大きく頼るようになった。また、たびかさなる外部勢力の侵入から生命・財産を守るため、弱者は身近な強者に保護を求めた。ここから封建的主従関係と荘園制の仕組みが誕生し、封建社会が成立した。

農奴の諸義務

　農奴の諸義務は多様である。…ある所領では、彼は1年間を通じて毎週彼に求められる仕事を2日、週労働としてなさなければならない。その上に収穫時および聖燭節から復活祭までの期間には、それぞれ3日を週労働にあてなければならない。…彼はミカエル祭の日に10ペンスの地代を、マルティヌス祭の日には23セスタ[*1]の大麦と2羽の雌鶏を、復活祭の日には一匹の仔羊または2ペンスを納めなければならない。…また最初に犂入れが行われる時からマルティヌス祭の日まで、彼は毎週1エーカーを耕し、主人の納屋に彼自身で種を用意しなくてはならない。

*1　1セスタ＝1馬の荷物。
（『レクティトゥーディネス』〈11世紀前半〉、江上波夫監修『新訳世界史史料・名言集』山川出版社より）

Q 農奴が負わされていた負担はどのようなものがあったのだろうか。

▶ **中世ヨーロッパの農業の様子**　図は『ベリー公のいとも豪華な時禱書』の一部である。この資料をみると、中世の西ヨーロッパ世界において、各季節でどのような農業をおこなっていたか、どのような農具を使用していたかをうかがい知ることができる。

3·1 荘園の構造と三圃制

▶ **荘園の概念図**　中世の荘園は領主の館と教会を中心とし、耕地は**秋耕地・春耕地・休耕地**にわけられていた。各耕地は畜力を利用した重い犂で耕したため、細長い地条にわけられ、農民は散在する地条を保有していた。このため、共同農作業が実用的であった。

	1年目	2年目	3年目
耕地A	秋耕地	春耕地	休耕地
耕地B	春耕地	休耕地	秋耕地
耕地C	休耕地	秋耕地	春耕地

ベリー公のいとも豪華な時禱書（Ⓐ～Ⓓの解説と6月・9月・10月）

Ⓐ

Ⓑ

Ⓒ

Ⓓ

3·2 封建的主従関係

◀ **臣従礼**　騎士が主君と主従関係を結ぶにあたっておこなわれる叙任の儀式のこと。栄誉ある騎士の象徴として国王（主君）から剣が授けられ、騎士は忠誠を誓っている光景が描かれている（14世紀の写本より）。騎士は主君に対して軍事的奉仕をおこなう「戦う人」であった。

双務的契約関係

　それゆえ臣下がその知行に値するものたろうとし、彼が誓った誠実に関して完全であろうとするなら、彼は上記の6つの事柄[*1]を身に体しつつ、なお勧告と援助を果さねばなりません。主君もまたその臣下に対し、これらすべての点で対応するよう振舞わねばなりません。主君にしてもしこれをおこなわぬときには、彼は当然非誠実と判ぜられること、臣下がその行為ないしは同意における義務違反に問われて、不信かつ背信とせらるるごとくでありましょう。もし私が他のさまざまの要件に手が塞がれているのでなければ、このことについてもっと詳しく申上げたことでしょう。しかし、なかんずく最近のおそるべき火災により焼落ちた私共の市と教会の修復にかかり切っておりますので、これまでに。

*1　主君に対して不障害であること、主君の安全、公正、有益、容易、可能を損なってはならないこと。
（司教フルベールからアキテーヌ侯ギヨーム宛て書簡〈1020年〉、『西洋史料集成』平凡社より）

Q 中世西ヨーロッパにおける封建的主従関係の特徴は、どのようなものであったのだろうか。

ヨーロッパ

1 中央アジアのトルコ化とイスラーム化

1・1 6世紀半ば～12世紀初めの中央アジア

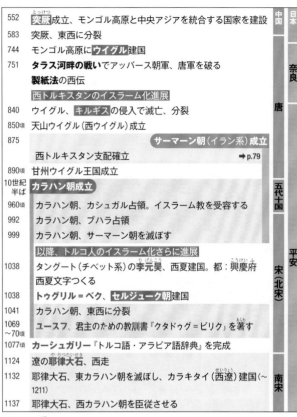

年	できごと	中国	日本
552	突厥成立、モンゴル高原と中央アジアを統合する国家を建設	中国	
583	突厥、東西に分裂		
744	モンゴル高原に ウイグル 建国		奈良
751	**タラス河畔の戦い**でアッバース朝軍、唐軍を破る	唐	
	製紙法の西伝		
	西トルキスタンのイスラーム化進展		
840	ウイグル、キルギス の侵入で滅亡、分裂		
850頃	天山ウイグル(西ウイグル)成立		
875	**サーマーン朝(イラン系)成立**		
	西トルキスタン支配確立 ➡ p.79		
890頃	甘州ウイグル王国成立		五代十国
10世紀半ば	カラハン朝成立		
960頃	カラハン朝、カシュガル占領。イスラーム教を受容する		
992	カラハン朝、ブハラ占領		
999	カラハン朝、サーマーン朝を滅ぼす		平安
	以降、トルコ人のイスラーム化さらに進展		
1038	タングート(チベット系)の李元昊、西夏建国。都:興慶府 西夏文字つくる	宋(北宋)	
1038	**トゥグリル＝ベク**、セルジューク朝 建国		
1041	カラハン朝、東西に分裂		
1069～70頃	ユースフ、君主のための教訓書『クタドゥグ＝ビリク』を著す		
1077頃	**カーシュガリー**『トルコ語・アラビア語辞典』を完成		
1124	遼の耶律大石、西走		
1132	耶律大石、東カラハン朝を滅ぼし、カラキタイ(西遼)建国(～1211)	南宋	
1137	耶律大石、西カラハン朝を臣従させる		

■ トルコ系

1・2 10世紀前半の中央アジア

1・3 11世紀後半の中央アジア

■ セルジューク朝の領域

1・4 トルコ系民族の移動と王朝

10世紀

13世紀

11世紀

16世紀

12世紀

▶**カラハン朝時代のブラナの塔**(ミナレット) カラハン朝は中央アジアでイスラーム化を促進した。当時の都ベラサグン西方に残るブラナの塔は11世紀に建てられ、その後地震で傾き上部が崩れたが、現在は修復されている(現キルギス)。

▲◀『**クタドゥグ＝ビリク(幸福を与える知恵)**』(上)とその著者ユースフ＝ハーッス＝ハージブ(左) イスラーム教徒となったトルコ人がアラビア文字を用いてトルコ語で著した最初期の文学作品。「正法」「幸福」「知性」「終末」を象徴する4人の人物の問答形式で物語が進行し、君主がわきまえるべき統治の心得を説く。中には「この幸を信じるな、できる限り善をおこなえ。今日ここに幸があっても、明日にはよそにあると知れ」などの言葉が並ぶ。著者はベラサグン出身のユースフで、この作品をカラハン朝君主に献呈して大侍従の位を与えられた。左は現在のキルギスの紙幣に描かれた著者像

2 イスラーム勢力の進出とインド

2·1 インドのイスラーム化

711	**ウマイヤ朝軍**、インダス川下流域に侵攻
750	**アッバース朝**、インダス川下流域の支配を引き継ぐ
9C後半	アッバース朝支配の終焉、地方政権の分立
1000	**ガズナ朝**マフムード➡p.11、インド遠征開始
1018	ガズナ朝のマフムード、カナウジを占拠
1175	**ゴール朝**のムハンマド、インド征服開始
1187	ゴール朝がガズナ朝を破り、パンジャーブ地方を支配下におさめる
1192	ゴール朝のムハンマド軍、ラージプート連合軍を破る
1193	マムルークの**アイバク**が率いるゴール遠征軍、デリーを占拠
	デリー南方で、クトゥブ＝モスク建築開始
1206	ゴール朝のアイバク、奴隷王朝を開始(〜90)
1215	**ホラズム＝シャー朝**がゴール朝を滅ぼし、アフガニスタンを併合
1229	奴隷王朝のスルタン、アッバース朝カリフから認証される
1290	**ハルジー朝**成立(〜1320)
1320	**トゥグルク朝**成立(〜1414)
1334	**イブン＝バットゥータ**、デリーに到着(〜42滞在)
1347	デカン地方に最初のイスラーム王国の**バフマニー朝**成立(〜1527)
1398	**ティムール**、デリーを略奪
1414	北インドに**サイイド朝**成立(〜51)
1451	アフガン系の**ロディー朝**成立(〜1526)
1498	**ヴァスコ＝ダ＝ガマ**、カリカットに来航
1519	**バーブル**、インダス川をこえ北インドに進出
1526	パーニーパットの戦いで、バーブルがロディー朝を破り、**ムガル朝**成立

■ デリー＝スルタン朝

2·2 イスラーム勢力のインド進出

凡例：
□ ガズナ朝
○ ゴール朝の進出
■ 奴隷王朝の最大領域

2·3 デリー＝スルタン朝

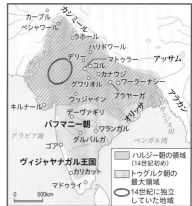

凡例：
▨ ハルジー朝の領域(14世紀初め)
□ トゥグルク朝の最大領域
○ 14世紀に独立していた地域

中央アジア　南南アジア・東南アジア

▲**アイバク(位1206〜10)が建てたモスク**　北西インドの現ラジャスタン州アジメールにあるモスクの遺跡。デリーに奴隷王朝を開いたアイバクが、わずか2日半で建てたとされている。

▲**デリーの門**　アイバクが建てたクトゥブ＝ミナールに南側から入る門。奴隷王朝を倒したハルジー朝の第2代スルタンのアラーウッディーン＝ハルジーが、クトゥブ＝ミナールの境内を拡張すると同時に建造した門である。

3 東南アジアの交易とイスラーム化

3·1 12世紀以降の東南アジア

	スマトラ・マレー	ジャワ	タイ	ビルマ	カンボジア	ベトナム南部	ベトナム北部	中国
1100	シュリーヴィジャヤ	クディリ朝		パガン朝	アンコール朝	チャンパー(占城)	李朝	金
1200	シンガサリ朝		スコータイ朝	ペグー朝		陳朝	陳朝	南宋
1300	マジャパヒト王国	マジャパヒト王国	アユタヤ朝					元
1400	マラッカ王国			明	カンボジア		黎朝(前)	明
1500	アチェ王国			タウングー朝			黎朝(後)	明
1600		マタラム王国						清

▨ イスラーム国家

3·2 東南アジアのイスラーム化と14世紀の諸国

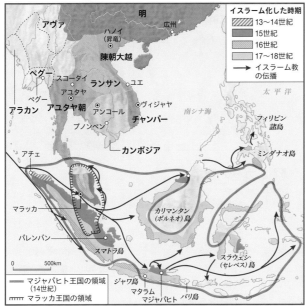

イスラーム化した時期：
▨ 13〜14世紀
■ 15世紀
▨ 16世紀
▨ 17〜18世紀
→ イスラーム教の伝播

─ マジャパヒト王国の領域(14世紀)
▧ マラッカ王国の領域

▶**明に冊封されたマラッカの印**　明の永楽帝の命により鄭和がマラッカを訪れ東南アジア各地をめぐると、マラッカは補給基地の役割を担って国際貿易港として栄え、明に朝貢して冊封された。(マラッカ、鄭和博物館蔵)

3·3 マラッカ王国

▲**マラッカ王宮**　14世紀末マラッカ王国が成立した後、15世紀初めの第2代国王がイスラーム教に改宗した。15世紀半ばにアユタヤ朝が侵攻してくると、その後の王がイスラーム教を利用してこれを撃退し独立を守った。建物は近年の復元。

▲**マラッカのモスク**　15世紀にアユタヤ朝を撃退すると、イスラーム教はマラッカに定着しはじめた。中継貿易で栄えたマラッカからはイスラーム教が東南アジアの各地に伝えられていった。

1 アフリカの諸王国

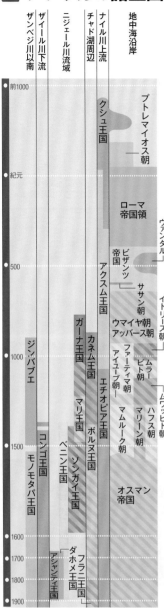

年表（上から下へ、地域別）

	ザンベジ川以南	ザイール川下流	ニジェール川流域	チャド湖周辺	ナイル川上流	地中海沿岸
前1000						プトレマイオス朝
					クシュ王国	
紀元						ローマ帝国領
500					アクスム王国	ヴァンダル／ビザンツ帝国
				カネム王国		ササン朝／ウマイヤ朝／アッバース朝／イドリース朝
1000	ジンバブエ		ガーナ王国		エチオピア王国	ファーティマ朝／アイユーブ朝／ムラービト朝／ムワッヒド朝
1500	モノモタパ王国	コンゴ王国	マリ王国／ソンガイ王国／ベニン王国	ボルヌ王国	マムルーク朝	ハフス朝／マリーン朝／オスマン帝国
1600						
1700			ダホメ王国／フラニ王国			
1800			アシャンティ王国			
1900						

▨ イスラーム系諸国

2 イスラーム化以前のアフリカ

◀**タッシリ＝ナジェールの岩絵** 📖 アルジェリア南東部のこの地域では、古くは象・キリンなどの狩猟と牛・羊などの飼育がおこなわれていた。写真は牛の飼育を描いた新石器時代の岩絵。

▼**クシュ王国のメロエ遺跡** 📖 クシュ人の築いた独自のピラミッド。クシュ王国はメロエを中心に栄えた最古の黒人王国として知られ、一時エジプトにも進出し、鉄器文明も有した。

2・1 アフリカの植生分布

凡例：
- 砂漠・乾燥ステップ地帯
- サバンナ地帯
- 高地草原地帯
- 乾燥疎林地帯
- 地中海性森林地帯
- 熱帯・亜熱帯雨林地帯

◀▼**メロエ文字** 砂岩製の石版に、クシュ王国で用いられたメロエ語で書かれたテキスト。前1世紀にメロエに侵攻してきたローマと抗争したときの女王と王子の名前が刻まれている。下は略体文字。（写真左／ロンドン、大英博物館蔵）

2・2 ガーナ王国

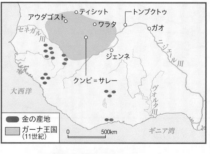

凡例：
- 金の産地
- ガーナ王国（11世紀）

▼**クンビ＝サレー** 西アフリカのサハラ南縁に栄えた**ガーナ王国**の都と推定される都市遺跡。現モーリタニア南東部の半砂漠性の地方にある。都市遺跡は、石の円柱のある墳墓、モスク、家などの建造物を含み、街路のあとも見出される。

◀**アクスム王国の石柱** 📖 現在のエチオピアには、紀元前の時期からアラビア半島南西部に住む人々が移り住んでいた。その中心地がアクスム。4世紀のエザナ王は**クシュ王国**を滅ぼした。写真は高さ24mの花崗岩製のステッセと呼ばれる石柱で、王の権力を示す。

アフリカ

3 アフリカのイスラーム化

3·1 1100年頃のアフリカ

ビザンツ帝国
セルジューク朝
ムラービト朝
マラケシュ
ファーティマ朝
マリ王国
チャド湖

□ イスラームの勢力範囲　■ キリスト教国家　----- 王朝の領域

3·2 1300年頃のアフリカ

イル＝ハン国
マリーン朝　ハフス朝
ザイヤーン朝　マムルーク朝
マリ王国
トンブクトゥ
チャド湖

□ イスラームの勢力範囲　■ キリスト教国家　----- 王朝の領域

3·3 スワヒリ文化とインド洋交易

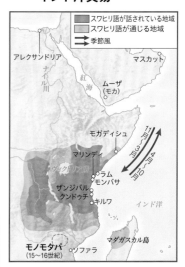

■ スワヒリ語が話されている地域
■ スワヒリ語が通じる地域
⇒ 季節風

アレクサンドリア　マスカット
ムーザ（モカ）
モガディシュ
マリンディ
ラム
ザンジバル　モンバサ
クンドゥチ
キルワ
インド洋
モノモタパ（15〜16世紀）
マダガスカル島
ソファラ

◀**トンブクトゥのモスク** 🏛　トンブクトゥはマリ王国の重要都市として栄え、ムスリム商人の居留も多く、モスクも建設された。マリ王国は**マンサ＝ムーサ王**（位1312〜37）の時代が最盛期であった。

3·4 諸王国の繁栄

マリ王マンサ＝ムーサのメッカ巡礼（1324年）

　私がはじめてエジプトに来て逗留していた頃、このスルタン・ムーサが巡礼にやって来た話を聞かされたものだが、カイロの住民たちは彼らの見たこの人々の豪勢な金遣いの話でもちきりだった。私はミフマンダールを務めるアミール、アブー＝アルアッバース＝アフマド＝イブン＝アルハーキーに話を聞いた。…「この人はカイロで贈り物をばらまいた。宮廷のアミールや王室の役職者で、彼からなにがしかの黄金をもらわなかった者は一人もいない。カイロの住民は彼とその供回りの者たちから、買ったり売ったり、もらったり取ったりして存分に儲けた。彼らはエジプトの金の価値を低めるほど金を交換し、金の価格を下落させた」。

（ウマリー『諸王都の国土における洞察の小道』（14世紀）、歴史学研究会編『世界史史料2』岩波書店より）

▶**大ジンバブエの遺跡** 🏛　東アフリカでモノモタパ王国を建てたバントゥー語系のショナ族とロズウィ族が11〜18世紀に築いた。3つの部分により構成され、写真は壮大な外壁と内壁、円錐塔からなる「神殿」の内側。

4 奴隷貿易

Q マリ王国の豊かさの源はどのようなものだったのだろうか。

4·1 大西洋三角貿易

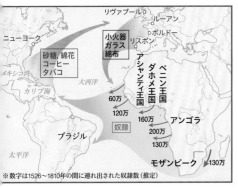

ニューヨーク　リヴァプール　ルーアン　ボルドー
リスボン
砂糖、綿花コーヒータバコ
小火器ガラス綿布
メキシコ湾　カリブ海
ベニン王国　ダホメ王国　アシャンティ王国
60万
120万
奴隷　160万　アンゴラ
200万
ブラジル　130万
太平洋　大西洋　モザンビーク　130万

※数字は1526〜1810年の間に連れ出された奴隷数（推定）

4·2 ヨーロッパ各国の奴隷売買の拠点

仏　セネガル川
ガンビア川
英　仏
蘭　蘭　ホ　英　テ　英　テ
仏　蘭　英　仏　テ　テ
英　仏　蘭　英　蘭　英
英　ホ　蘭　英　蘭　英　蘭　英
仏　蘭　英
蘭　ホ　仏　英

仏 フランス　西 スペイン　テ ブランデンブルク
英 イギリス　ホ ポルトガル　○ 各国の本拠地の城砦
蘭 オランダ　テ デンマーク

大西洋
0　500km
胡椒海岸　象牙海岸　黄金海岸　奴隷海岸　ギニア湾

▲**ベニン王国の王**　13世紀頃に原型ができたベニン王国は、15世紀頃にはニジェール川の西方のデルタ地帯を支配した。ポルトガルとの交易で大量の銅を輸入し、独特の青銅文化を生んだ。写真は中央にベニンの王を刻んだ青銅製の飾り板。

◀**奴隷狩り**　17〜18世紀の西アフリカのアシャンティやベニンなどの王国は自国の軍隊で捕虜獲得のための戦争をおこなうとともに、内陸の首長らを屈服させ捕虜の貢納を割り当てて、アメリカ大陸や西インド諸島に奴隷の供給をはかった。

◀**アシャンティ王国の黄金の椅子**　17世紀後半、現ガーナの内陸部に、首長連合の形態のアシャンティ王国が形成された。写真は周辺の小国家を支配するアシャンティの王権の象徴とされた黄金の床几（黄金の装飾をほどこした木製の椅子）を肩に担う部族の民。

アフリカ

1 イスラーム王朝の変遷

867	イランに**サッファール朝**成立
868	エジプトに**トゥールーン朝**成立
869	イラクで**ザンジュの乱**（～883）
875	中央アジアに**サーマーン朝**成立
909	北アフリカで**ファーティマ朝**成立
932	イランに**ブワイフ朝**成立
10C半ば	中央アジアに**カラハン朝**成立
946	ブワイフ朝がバグダードを占領し、イラクで**イクター制**を施行
977	アフガニスタンに**ガズナ朝**成立
969	ファーティマ朝、エジプトを征服
1000	ガズナ朝の**マフムード**、インド遠征開始
1038	中央アジアに**セルジューク朝**成立
1041	カラハン朝、東西に分裂
1055	セルジューク朝の**トゥグリル＝ベク**、バグダード入城
1056	マグリブに**ムラービト朝**成立
1067	バグダードに**ニザーミーヤ学院**創設
1071	**マラズギルト**（マンジケルト）の戦い（セルジューク朝、ビザンツ帝国に勝利）
1077	中央アジアに**ホラズム＝シャー朝**成立 ムラービト朝、ガーナ王国を倒す
1086	ムラービト朝、イベリア半島への進出開始
1099	**第1回十字軍、イェルサレム王国樹立**
1130	マグリブに**ムワッヒド朝**成立
1169	エジプトに**アイユーブ朝**成立
1175	**ゴール朝**のムハンマド、インド進出開始
1187	**サラーフ＝アッディーン**、イェルサレムを奪回
1206	北インドに**奴隷王朝**成立
1219	**チンギス＝カン**、ホラズムに遠征
1232	イベリア半島に**ナスル朝**成立
1250	エジプトに**マムルーク朝**成立
1258	**フレグ**のモンゴル軍、バグダードを攻略
1260	**アイン＝ジャールートの戦い**（マムルーク朝、モンゴル軍に勝利）
1291	マムルーク朝、十字軍の拠点アッコンを攻略
1295	イル＝ハン国の**ガザン＝ハン**、イスラームに改宗
1300頃	アナトリア西北部に**オスマン朝**成立
1325	**イブン＝バットゥータ**、大旅行を開始
1370	中央アジアに**ティムール朝**成立
1402	**アンカラの戦い**（ティムール軍、オスマン軍に勝利）
1453	オスマン帝国、コンスタンティノープルを占領
1469	ティムール朝、分裂
1492	グラナダが陥落し、ナスル朝滅亡

■ アラブ系　■ トルコ系　■ イラン・アフガン系
■ ベルベル系　■ その他

▶**マムルーク**　マムルークはトルコ人・スラヴ人・クルド人など、アフリカ系ではない奴隷兵のこと。中央アジアにアラブ軍が進出すると、トルコ人がマムルークとして導入された。

2 11世紀～12世紀におけるイスラーム王朝の変遷

2·1 11世紀後半の西アジア・北アフリカ

◀**マリク＝シャー**（位1072～92）

→ セルジューク朝の進出方向

第1回十字軍（1099）
イェルサレム王国成立

2·2 12世紀末の西アジア・北アフリカ

第4回十字軍（1204）
コンスタンティノープル占領
ラテン帝国成立

第3回十字軍（1192）
サラディンと講和

◀**サラーフ＝アッディーン**
（サラディン）（位1169～93）

▶**ガズナ朝のマスウード3世の塔**
ガズナ朝の首都ガズナ（現アフガニスタン）の郊外にあり、一般に「勝利の塔」と呼ばれる。高さ約20mだが、かつては3倍近い高さがあったという。マスウード3世は、ガズナ朝第15代スルタン。

▲**アレッポの楽園のマドラサ**（1223年創建）🏛　アイユーブ朝時代のアレッポは経済的に大いに繁栄した。マドラサはウラマーを育成する高等教育施設。外観や中庭にはほとんど装飾がないが、石造技術は見事である。

2·3 イクター制

▶ **アター制からイクター制へ**

ウマイヤ朝やアッバース朝時代には、官僚や軍人には現金で俸給（**アター**）が支払われていたが、9世紀半ばからカリフ権力が衰えて国庫収入が減少すると、現金での俸給の支払いは難しくなった。ブワイフ朝は、アターにかえて**イクター**（徴税権）を授与し国家体制を整えることにした。イクター制は、セルジューク朝で広くおこなわれ、西アジアの諸政権に継承された。

イクター制

　この年〔ヒジュラ暦334年、西暦946年〕、…ムイッズ＝アッダウラは、約束の期間内に彼らの俸給を支払うことを約束したが、民衆を圧迫して不正規の税を徴収せざるをえなかった。そこでムイッズ＝アッダウラは、彼の軍司令官、側近、トルコ軍人に対して、スルタンの私領地、潜伏した者の私領地、イブン＝シールザードの私領地、および民間の私有地における政府の取り分をイクターとして授与した。その結果、サワード〔中・南部イラク〕の大半は閉ざされ、徴税官の手を離れることになった。
（ミスカワイフ『諸民族の経験』〈10世紀末～11世紀初め〉、歴史学研究会編『世界史史料2』岩波書店より）

Q イクター制は、どのような背景のもとで成立したのだろうか。

3 13世紀におけるイスラーム王朝の変遷

3·1 13世紀末の西アジア・北アフリカ

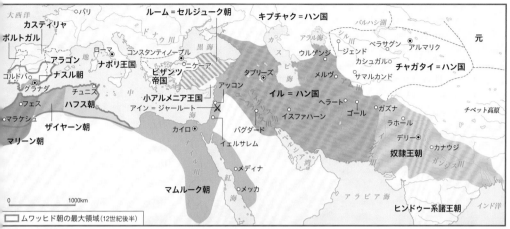

ムワッヒド朝の最大領域（12世紀後半）

▼**ガザン＝ハン**（位1295〜1304）　イル＝ハン国の英君。イスラームに改宗し、国政の改革をおこなった。図はイラン女性に略奪を働いた武将の処刑を命じている光景。

西アジア

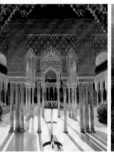

◀**アルハンブラ宮殿** 🏛
アルハンブラ宮殿はナスル朝が都グラナダに残した宮殿である。写真左は「獅子の中庭」で、幾何学模様が特徴的なアラベスクで装飾されている。

アルハンブラ宮殿の装飾　詳しくみる

◀**カイロにあるマムルーク朝のモスク** 🏛
マムルーク朝時代のカイロは、インド洋・地中海貿易の中継点として大いに繁栄した。14世紀前半までの間、カイロはモスクや公共施設などの建設ブームにわいた。

3·2 ムスリム商人の交易

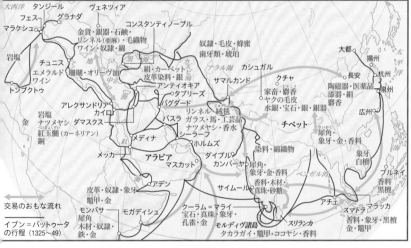

交易のおもな流れ
イブン＝バットゥータの行程（1325〜49）

▶**ムスリム商船**　ムスリム商人は図のようなダウ船でインド洋などを航行して商品取引をおこない、イスラーム教の伝播にも貢献した。

◀**イブン＝ハルドゥーン**　イブン＝ハルドゥーン➡p.79は『世界史序説』を著し、遊牧民と都市民の関係性からみた場合の、普遍的な歴史の流れを明らかにした。

◀**キャラヴァンサライ** 🏛
中東にみられる隊商宿のこと。商人・巡礼者・旅人を宿泊させることが基本的な機能であり、13世紀以降に盛んに建設された。形状は中央に中庭を配置した方形であることが多く、政府・王侯貴族・商人のワクフとして建てられている場合もあった。

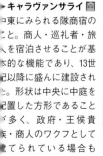

▲**神秘主義**（スーフィズム）　12世紀頃から、聖者とされたスーフィーなどを中心に教団がつくられた。写真は現在のトルコで流行したメヴレヴィー教団。

1 5～11世紀の中世カトリック教会の動き

中国

452	**レオ1世**（位440～461）、フン人の王アッティラを撤退させる
496	フランク王クローヴィスの改宗
529	**ベネディクトゥス、モンテ＝カシノに修道院を開く**
590	教皇**グレゴリウス1世**（位590～604）、大陸伝道開始
596	教皇グレゴリウス1世、イングランド伝道開始
726	ビザンツ皇帝レオン3世、聖像禁止令発布
756	フランク王ピピンの寄進
800	教皇**レオ3世**（位795～816）、フランク王カールに戴冠
910	**クリュニー修道院建立**
962	教皇**ヨハネス12世**（位955～963）、オットー1世に戴冠
966	ポーランド王、カトリックに改宗
973	カトリック教会、ハンガリー伝道に成功
1054	東西両教会、相互に破門
	●教皇**グレゴリウス7世**（位1073～85）、**教会改革を開始**
1076	叙任権闘争開始
1077	**カノッサの屈辱**

▲ベネディクトゥス（480頃～547頃）

隋

唐

五代

宋（北宋）

▲グレゴリウス7世

▶階層制組織

```
公会議 ─┐
        ├─ 教皇 ── 教皇庁
宗教(教会)─┘
会議
      大司教  大修道院長
      司教    修道院長
      司祭    修道長
      助祭    修道士
```

カトリック教会の聖職者は、ローマ教皇を頂点とするピラミッド型の支配構造のもとにおかれていた。この構造は階層的で堅固なものであった。

2 ローマ＝カトリック教会の発展

2・1 ローマ＝カトリック教会の伸長

▶**改築前のサン＝ピエトロ大聖堂** 326年に**コンスタンティヌス帝**が時のローマ司教の要請に応じて、ローマにある使徒ペテロの墓の上に起工し、349年に完成した。前庭をもつ五廊の**バシリカ式聖堂**である。バシリカとは古代ギリシア・ローマ時代に由来する建築様式で、中央の身廊と左右の側廊で構成されている。

▼**レオ1世とアッティラ　カタラウヌムの戦い**で西ローマ帝国とゲルマンの連合軍に敗れたアッティラ軍は、452年北イタリアに攻め入りローマに迫ったが、教皇レオ1世が説得するとイタリアから撤退した。

▶**レオン3世**（位717～741）　ビザンツ皇帝レオン3世は726年に聖像禁止令を発布した。その結果、東西教会の分裂をまねくことになった。

▶**俗人叙任を描いたブロンズ浮彫り**　皇帝オットー2世（位967～983）による司教叙任。「教会を受けよ」という言葉とともに、牧者のしるしとなる杖を手渡している。

2・2 教会の権威

グレゴリウス7世の改革

第4条　もしだれかある司教が、聖職禄、主席助祭職、主席司祭職または他の教会上の職務を売ったり、あるいは聖なる教父の法規が命ずるのとは異なる方法で授けるのであれば、その者は職務を停止される。なぜなら、当然のこととして、自らが司教職を無償で受けたように、その司教職の手足となる職務を無償で分け与えなければならない。

第12条　もしだれか ある司教が、自らの教区で、司祭、助祭、副助祭の淫行を、または淫乱の罪を、懇願や金銭を受けて認めたり、あるいは自ら確認した罪をその職務上の権威で罰しないのであれば、その者は職務を停止される。

（ローマ教会会議決議〈1078年11月19日〉、歴史学研究会編『世界史史料5』岩波書店より）

Q ローマ＝カトリック教会内ではどのような問題が生じていたのだろうか。

◀**カノッサの屈辱**（1077年）　ドイツ国王（のち神聖ローマ皇帝）ハインリヒ4世（中央）がクリュニー修道院長（左）とトスカナ女伯（右）の前でひざまずいている場面。叙任権闘争での教皇側の優位を示す。

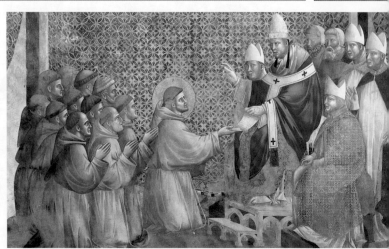

▶**インノケンティウス3世**（位1198～1216）　インノケンティウス3世は「教皇は太陽、皇帝は月」と豪語した。図はアッシジのフランチェスコに説教活動の認可を与える様子。

3 十字軍の歴史

年	できごと	教皇	中国	日本
1095	ビザンツ皇帝援助要請 クレルモン宗教会議	ウルバヌス2世 教皇権の伸張	北宋	
1096	**第1回十字軍**（～99） ・イェルサレム王国建国（99～1291） この頃、宗教騎士団の成立			
1147	**第2回十字軍**（～49）			85 平氏滅亡
1187	アイユーブ朝、イェルサレム占領	教皇権絶頂 インノケンティウス3世	金	
1189	**第3回十字軍**（～92） ・仏王フィリップ2世 ・英王リチャード1世 ・神聖ローマ皇帝フリードリヒ1世 ・リチャード1世、サラディンと和す			92 源頼朝、征夷大将軍となる
1190	ドイツ騎士団成立			
1202	**第4回十字軍**（～04） ・コンスタンティノープル占領 ・ラテン帝国成立		南宋	
1212	少年十字軍			
1228	**第5回十字軍**（～29）＊ ・神聖ローマ皇帝フリードリヒ2世 →一時イェルサレム回復			蒙古襲来（文永の役）74
1244	アイユーブ朝、イェルサレム占領		モンゴル	
1248	**第6回十字軍**（～54） ・仏王ルイ9世、エジプト攻撃			81 蒙古襲来（弘安の役）
1261	ラテン帝国滅亡	教皇権の衰退		
1270	**第7回十字軍** ・仏王ルイ9世、チュニジア攻撃 →ルイ9世陣没し、失敗		元	

＊第5回十字軍については諸説ある

4·1 聖地への巡礼路

サンチャゴ＝デ＝コンポステラへの主要巡礼路　白線は現在の国境線
— スペイン国内　— フランス国内（4本）

▼テンプル騎士団　12世紀初頭、聖地巡礼者の保護を目的にイェルサレムのソロモン神殿跡を本拠として創設された。図はイェルサレムに入ろうとする騎士団の騎士たち。城壁にはムスリムの戦士がみえる。

▲巡礼の流行　中世の中期に入ると、民衆のあいだでは巡礼が流行した。スペインのサンチャゴ＝デ＝コンポステラへの巡礼道は、象徴であるホタテ貝の浮き彫りで飾られた。

4 十字軍とその影響

▶クレルモン宗教会議　1095年11月、教皇**ウルバヌス2世**が招集。各地から大司教・修道院長・司祭などが参集した。中央の壇上で演説・説教するのが教皇で、東方の豊かさまで強調して遠征を説いた。

◀十字軍の兵士　武装した兵士が、紋章のついた旗や楯をもって乗船し、聖地に向かって航海する光景。

4·2 第1回～第3回十字軍

十字軍の遠征
→ 第1回（1096～99）
→ 第2回（1147～49）
┈▶ 第3回（1189～92）
■ イスラーム勢力の地域
■ ローマ＝カトリックの領域
□ ギリシア正教の領域
▶ ドイツ人の東方植民
➡ レコンキスタ

ムラービト朝（1056～1147）
ムワッヒド朝（1130～1269）
ファーティマ朝（909～1171）
アイユーブ朝（1169～1250）

4·3 第4回～第7回十字軍

十字軍の遠征
→ 第4回（1202～04）
→ 第5回（1228～29）
→ 第6回（1248～54）
┈▶ 第7回（1270）
■ イスラーム勢力の地域
■ ローマ＝カトリックの領域
□ ギリシア正教の領域

ムワッヒド朝（1130～1269）
アイユーブ朝（1169～1250）
マムルーク朝（1250～1517）

4·4 聖地の十字軍国家

ビザンツ帝国　ルーム＝セルジューク朝
小アルメニア
エデッサ伯領（1098～1144年）
アンティオキア公国（1098～1268年）
アレッポ　エデッサ
1119年
キプロス王国（1192～1489年）
ザンギー朝
トリポリ伯領（1109～1289年）
シリア
ダマスクス
アレクサンドリア　アッコン　1187年
ダミエッタ　1191年
イェルサレム
1250年　イェルサレム王国（1099～1291年）
ファーティマ朝（アイユーブ朝）
カイロ
シナイ半島
エジプト

■ 十字軍の城
✕ ムスリムの勝利
✕ キリスト教徒の勝利
■ 十字軍国家　■ ムスリムの領土
■ ビザンツ帝国　▨ 1190年までにサラディンが支配下においた地域

イェルサレムを征服した十字軍

サラセン人＊1のうち何人かは、頭をきりおとされたが、そんなものは、かれらのうちでは、もっとも幸運なものであった。矢で射ぬかれたものは、塔の高所から、はねとばされるようなさまにいたった。…

ソロモンの神殿や廻廊には、兵士たちが膝まで血塗られ、手綱までも血にそめて、騎乗していた、とでもいえば十分であろう。神の審判の正義にして、讃嘆すべきことよ。神はのぞみたもうたのだ。神への冒瀆で、かくも長いあいだ怪我した者どもの血が、この場にながれんことをば。市内も、このように、屍でみち、血であふれていた。いく人かのサラセン人は…、レイモン伯＊2に、…身の安全を保証することをもとめたのち、城を伯にひきわたした。

＊1 ヨーロッパでのムスリムの呼称。　＊2 第1回十字軍の指導者。
（江上波夫監修『新訳世界史史料・名言集』山川出版社より）

Q 十字軍の行動はどのようなものであっただろうか。

（ヨーロッパ）

1 商業の発展

1·1 中世の商業圏

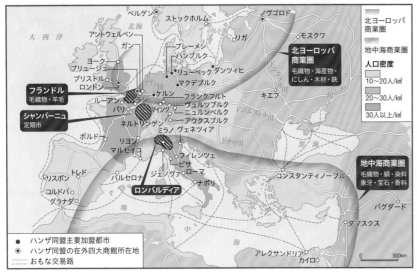

北ヨーロッパ商業圏
毛織物・海産物・にしん・木材・鉄

北ヨーロッパ商業圏
地中海商業圏

人口密度
10～20人/km²
20～30人/km²
30人以上/km²

フランドル 毛織物・羊毛
シャンパーニュ 定期市
ロンバルディア

地中海商業圏
毛織物・絹・染料・象牙・宝石・香料

● ハンザ同盟主要加盟都市
◎ ハンザ同盟の在外四大商館所在地
--- おもな交易路

? 12世紀以降の商業の発展はどのようなものだったのだろうか。

2 中世都市の成立

2·1 中世都市の構造

市庁舎
教会堂（聖ゲオルク教会）
病院
捨て子養育院
養老院
粉ひき場
穀物市場
木材市場
ブドウ酒市場

▼▶**ネルトリンゲン** 中世の面影を残す南ドイツの都市。城壁で囲まれ、いくつかの城門を使って城外と行き来した。城壁内の市民の家屋は木造で、多くは2～6階におよんでいた。

2·2 都市の発達

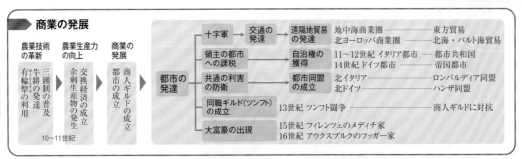

商業の発展

農業技術の革新	農業生産力の向上	商業の発展						
三圃制の普及 有輪犂の利用 牛耕の発達	交換経済の成立 余剰生産物の発生	都市の成立 商人ギルドの成立	都市の発達	十字軍	交通の発達	遠隔地貿易の発達	地中海商業圏………東方貿易 北ヨーロッパ商業圏………北海・バルト海貿易	
				領主の都市への課税		自治権の獲得	11～12世紀 イタリア都市……都市共和国 14世紀 ドイツ都市………帝国都市	
				共通の利害の防衛		都市同盟の成立	北イタリア………ロンバルディア同盟 北ドイツ………ハンザ同盟	
				同職ギルド（ツンフト）の成立			13世紀 ツンフト闘争………商人ギルドに対抗	
				大富豪の出現			15世紀 フィレンツェのメディチ家 16世紀 アウクスブルクのフッガー家	

10～11世紀

▶**定期市のにぎわい** 東方貿易で栄えた北イタリア諸都市と、フランドルや北ドイツなどの経済の中心地とのあいだに、陸路による取引の流れが成立した。その結果、**シャンパーニュ地方**などに定期市が開催されるに至った。図はパリ近郊サン＝ドニの大市で、パリ司教が市の開催に際して祝福を与えている光景である。

▲**特許状 フィリップ2世**が1189年ランの町に与えた特許状。多くは羊皮紙に手書きされ、封印（図下部のもの）された。特許状の内容は商業行為にかかわるものが中心だが、最終的には市民の自治・自由を保障した慣習法文書であった。

◀**ヴェネツィアの繁栄** 東地中海に乗り出したヴェネツィアは、10世紀後半からイスラーム諸国との取引を盛んにおこなって巨大な利益を獲得し、繁栄を謳歌した。図に**マルコ＝ポーロ**の一行が1270年末にヴェネツィアを出航する様子を描いている。

3 都市の自治と市民たち

◀**ギルドの看板** 11世紀から13世紀まで、西欧の都市は商業の飛躍的発展と手工業の活発化で繁栄した。商人は商人**ギルド**、手工業者は同職ギルド（**ツンフト**）を組織し、自分たちの利益を守ろうとした。それを象徴するのが、今も残る図のような一種の看板である。先端に六芒星（ダヴィデの星）があるところから、ユダヤ系商人のものとわかる。

◀**中世の職人** 売る人（商人）とともに都市住民の中核をなしたのがつくる人（職人）であった。図は鍛冶屋の光景。ギルドを構成するのは親方で、そのもとに職人・徒弟がいた。職人は年季奉公の後、各地を遍歴した。

▶**フッガー家** 南ドイツの**アウクスブルク**の豪商。15～16世紀に領主への貸付けや鉱山業によって大富豪となった。1519年の皇帝選挙ではカール5世のために選挙資金を調達した。右がヤコブ＝フッガー。

1 ビザンツ帝国→p.82と東欧世界

❓ ギリシア正教世界はどのように形成されたのだろうか。

ビザンツ帝国		東欧 西部 東部 南部	西欧	西アジア
	マケドニア朝	ベーメン（西スラヴ＝チェック人） ノヴゴロド国 ポーランド王国（西スラヴ） キエフ公国（東スラヴ） ビザンツの支配 第1次ブルガリア帝国（ブルガール人・アジア系）	封建社会	アッバース朝 セルジューク朝

- 1000
- 1018 ブルガリア併合
- 1054 東西教会、完全分裂
- 1071 マラズギルト（マンジケルト）の戦い（アナトリアの一部を失う）
- 1081 アレクシオス1世即位（～1118）
  - ・プロノイア制導入
  - ・セルジューク朝の圧迫
  - ・西欧への援助要請（95）
- 1100
- 1200
- 1204 第4回十字軍、コンスタンティノープルを占領（ラテン帝国）
- 1261 ニケーア帝国、ラテン帝国を滅ぼす
- 1300
- 1396 ニコポリスの戦い
- 1400
- 1453 ビザンツ帝国滅亡

（縦列ラベル）帝国のギリシア化／コムネノス朝／ニケーア帝国／衰退／パレオロゴス朝／11C～神聖ローマ帝国に編入／セルビア王国／第2次ブルガリア帝国（南スラヴ）／キプチャク＝ハン国／リトアニア（バルト語系）／ベーメン王国／リトアニア＝ポーランド王国（ヤゲウォ朝）／モスクワ大公国／オスマン帝国の支配／第1回十字軍（1096）／封建社会／封建社会の崩壊／セルジューク朝／オスマン帝国

2 ビザンツ帝国の統治とその衰退

2·1 11世紀のビザンツ帝国

2·2 13世紀のビザンツ帝国

▶ テマ制とプロノイア制

	テマ（軍管区）制（7世紀～11世紀）	プロノイア制（11世紀以降）
内容	任期のある地方駐屯軍団の長が地方の行政と司法も掌握。軍団の兵士は屯田制によって、平時は農業、戦時は戦闘に参加。	ビザンツ皇帝が、任期のない有力者に土地か徴税権を与え、代わりに軍事奉仕をおこなわせる。有力者が土地の農民を管理。
結果	しばらくの間、ビザンツ帝国の地方防衛力が維持され、敵対勢力（イスラームなど）の侵入を防ぐ。	地方における皇帝権がしだいに弱体化し、地方分権化。

3 スラヴ人と周辺諸民族の自立

3·1 スラヴ人の移動と東欧地域の宗教

赤文字 スラヴ系　←スラヴ人の移住　黒文字 アジア系　カトリック　緑文字 ラテン系　ギリシア正教

3·2 10～11世紀の東欧

茶文字 ギリシア正教　青文字 カトリック

3·3 14～15世紀の東欧

㎜㎜㎜ カルマル同盟（1397年成立）　ヴェネツィア共和国
─── リトアニア＝ポーランド王国　ビザンツ帝国

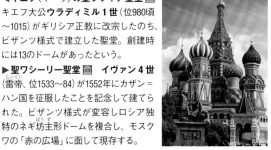

◀キエフ（キーウ）の聖ソフィア聖堂 🖼
キエフ大公ウラディミル1世（位980頃～1015）がギリシア正教に改宗したのち、ビザンツ様式で建立した聖堂。創建時には13のドームがあったという。

▶聖ワシーリー聖堂 🖼　イヴァン4世（雷帝、位1533～84）が1552年にカザン＝ハン国を征服したことを記念して建てられた。ビザンツ様式が変容しロシア独特のネギ坊主形ドームを複合し、モスクワの「赤の広場」に面して現存する。

▶双頭の鷲　ビザンツ帝国はローマ帝国から鷲の紋章を引き継ぎ、14世紀に東方領と西方領の象徴として双頭化された。これがロシアやオーストリアに継承された。左がビザンツ帝国、右がロマノフ王朝のもの。

1 封建社会の衰退

封建社会の衰退と中央集権国家の成立

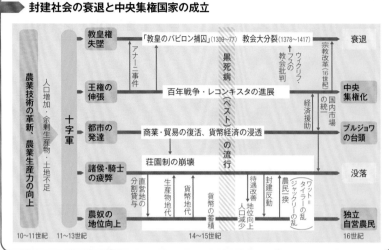

| 10〜11世紀 | 11〜13世紀 | 14〜15世紀 | 16世紀 |

農業技術の革新、農業生産力の向上

人口増加・余剰生産物・土地不足

十字軍

- 教皇権失墜 ── 「教皇のバビロン捕囚」(1309〜77) 教会大分裂(1378〜1417) → 衰退
- 王権の伸張 ── 百年戦争・レコンキスタの進展 → 中央集権化
- 都市の発達 ── 商業・貿易の復活、貨幣経済の浸透 → ブルジョワの台頭
- 諸侯・騎士の疲弊 ── 荘園制の崩壊 → 没落
- 農奴の地位向上 → 独立自営農民

アナーニ事件

黒死病(ペスト)の流行

ウィクリフ・フスの教会批判 / 宗教改革(16世紀)

国内市場の統一 / 経済援助

直営地の分割貸与 / 生産物地代 / 貨幣地代 / 貨幣の蓄積 / 待遇改善・地位向上 / 人口減少 / 封建反動 / 農民一揆 ジャックリーの乱 ワット＝タイラーの乱

◀中世フィレンツェの金貨 東方貿易と北イタリア諸都市の発達は、13世紀半ば以降、金貨鋳造の再開をうながした。とくに1252年にフィレンツェで製造されたフロリン金貨は品質がよく、各国の通貨の基準とされた。表面には聖ヨハネの立像(左)と、フィレンツェの紋章であるユリの花(右)が刻まれている。

1・1 黒死病(ペスト)の広がり

黒死病(ペスト)の被害がほとんどない地域

北海 / 大西洋 / 地中海 / ロンドン / ケルン / パリ / ミラノ / ローマ / ワルシャワ / クラクフ / プラハ / キエフ / コンスタンティノープル

1353年頃 / 1351年 / 1350年 / 1349年中期 / 1349年末期 / 1348年末期 / 1348年中期 / 1346年 / 1347年

0 500km

黒死病(ペスト)の流行(1348年)

この時期に、腫れ物あるいは疫病とも言われる病気に始まる大量死が世界中において同じようにかつ広範囲に広がった。この病気はある者の左腕に、また他の者の鼠径部に発病し、三日間のうちに死に至らしめた。しかも、この病気が通りや家を襲うと、ある者から他の者へと伝染した。わずかな者たちが勇敢にも病人を援助したり、見舞ったりしたからである。

(『ジャン・ル・ベル年代記』〈15世紀前半〉、歴史学研究会編『世界史史料5』岩波書店より)

Q 黒死病は、どのような形で伝染していったのだろうか。

▶**ユダヤ人の迫害** 黒死病が流行して社会不安が増大するなかでユダヤ人差別が横行し、多くのユダヤ人が迫害を受けた。

◀**死の舞踏** 貴賤に関係なく死をもたらす黒死病(ペスト)の流行は、人々の死生観に影響を及ぼした。その結果、骸骨の行列が踊りながら墓場まで導かれる風景が多く描かれた。

▶**死の勝利** 英仏百年戦争の初期に東方からイタリアに上陸した黒死病は、またたくまに西欧に流行した。右の図は猛威をふるった黒死病の流行を描いた14世紀のミニアチュール(細密画)で、英・仏では人口の3割が死亡したという。

1・2 農民一揆

▲**ジャックリーの乱**(1358年) 百年戦争による農地の荒廃、軍役奉仕の過重や重税などに反発してフランスの農民がおこした反乱。15世紀の写本の挿絵である。➡p.100

▲**ワット＝タイラーの乱**(1381年) ジャックリーとほぼ同時期に発生したイギリスの農民反乱。タイラー(煉瓦工)のワットの名を冠したように、ロンドン市民の一部も合流し、同市を制圧したが、結局は鎮圧された。➡p.100

ワット＝タイラーの乱

彼〔ジョン＝ボール〕は云う、「アダムが耕しイヴが紡いだ時、ジェントルマンはいただろうか、すべての人間は生来、平等である。農奴制は神の意志に反し、邪悪な人々の不正な圧政により導入されたものだ、……民衆は王国の大貴族、法律家、裁判官達を殺し、将来の共和制に有害なこれらの人々を根絶すべきだ」……彼は7月15日、セント＝オールバンズにおいて国王の前で殺された。(ウオルシンガム『イギリス史』〈1381年〉、歴史学研究会編『世界史史料5』岩波書店より)

Q 民衆はどのような考えにもとづいて反乱をおこしたのだろうか。

2 14〜15世紀の中世カトリック世界の動き

1303	**ボニファティウス8世**(位1294〜1303)フランス国王フィリップ4世に捕らえられる(アナーニ事件)
1309	「**教皇のバビロン捕囚**」(〜77)
1345	ウィクリフ、オクスフォード大学教授となる
1378	**教会大分裂(大シスマ)**(〜1417)
1397	フス、プラハ大学で教鞭をとる
1414	コンスタンツ公会議(〜18)、教会大分裂の終結
1415	フス、処刑される

3 教皇権の衰退
3·1 教皇と国王の対立

▶**アナーニ事件**　フランス国王**フィリップ4世**(位1285〜1314)が国内の聖職者に課税しようとしたのに対し、教皇**ボニファティウス8世**(位1294〜1303)が反対したため、フィリップ4世は1303年ローマ市東郊で教皇をとらえた。

▶**アヴィニョンの教皇庁**🏛　フィリップ4世は、教皇庁をアヴィニョンに移し、教皇を支配下においた。これを「教皇のバビロン捕囚」という。

◀**ローマに帰還する教皇**(ヴァザーリ画)　図は、フランス国王による「教皇のバビロン捕囚」でアヴィニョンに移されていた教皇が、1377年にローマに帰還する様子を描いている。その後アヴィニョンにも別の教皇が立ち、教会大分裂(大シスマ)がおこった。

3·2 教会批判と弾圧

▶**ウィクリフ**(1320頃〜84)　オクスフォード大学教授で神学者であったウィクリフは、ローマ教皇の権威とローマ教会の正統教義を否定し、聖書を唯一の権威として重視した。

ウィクリフ『世俗君主の鑑(かがみ)』
(14世紀後半)

　一般信徒は神の法を知る必要はなく、聖職者や説教師たちが生の声で述べた知識だけで彼らには十分だと、嘘く異端者[*1]に耳を傾けるべきではない。なぜなら、聖書が教会の信じるところであり、正しい信仰の意味でそれがはっきりと知られれば知られるほど、良いことだからである。それゆえ、一般信徒が信仰を知らねばならないのだから、もっともよく知られた言語で教えられねばならない。

*1　ウィクリフが対峙する当時の正統派を指す。
(歴史学研究会編『世界史史料5』岩波書店より)

❓ ウィクリフは、一般信徒が大切にすべきはどのような書物だと述べているだろうか。

▲**コンスタンツ公会議**(1414〜18年)　教会大分裂を収拾するために開かれた公会議で、所期の目的は達成。カトリック教会を批判した**フス**(1370頃〜1415)を異端とした。

▶**フス戦争**(1419〜36年)　神聖ローマ皇帝ジギスムントが主宰したコンスタンツ公会議でフスが処刑された。ベーメンのフス派は強く反発し、ジギスムントがベーメン王に即位するのを認めなかったため戦争となった。

▼**異端審問**　12世紀以降、**カタリ派**などの異端がカトリック教会を動揺させた。14世紀に至るまで、異端に対抗するため、教皇の権限のもとで異端に対する審問が盛んにおこなわれた。図はスペインの裁判所で火刑をおこなおうとしている場面。

ヨーロッパ

1 中世後半の西ヨーロッパ世界

1·1 13世紀のヨーロッパ

凡例：
- イングランド王領（1154）
- イングランド王領（13世紀半ば）
- フランス王領（1154）
- フランス王領（13世紀半ば）

0 250km

□ 神聖ローマ帝国境界　□ フランス王国の領域

1·2 14世紀後半のヨーロッパ

凡例：
- ジェノヴァ共和国
- ヴェネツィア共和国
- ハプスブルク家領
- 七選帝侯

0 250km

▨ ワット＝タイラーの乱の範囲　⊥⊥⊥⊥ カルマル同盟（1397年成立）
□ ジャックリーの乱の範囲　── 神聖ローマ帝国境界

3 イギリスとフランス

> **Q** 大憲章では、国王権にどのような制限がかけられたのだろうか。

大憲章（マグナ＝カルタ）

12. いかなる軍役免除金*1 また御用金*2 も、王国の全体の協議によるのでなければ、朕の王国において課せられるべきでない。ただし、朕の身体をうけ戻し*3、朕の長子を騎士に叙し*4、朕の長女を一度結婚せしめる場合は除かれる。そしてこれらについても正当な御用金のみが課せられるべきである。またこのことはロンドン市からの御用金についても当てはまるべきである。

*1 王に従って戦いにおもむくかわりに出す金。　*2 王に対する臨時の献金。
*3 王が捕虜になった際、身代金を払うため金が必要な場合を指す。
*4 王の長子が騎士叙任の式をあげるのに資金が必要な場合を指す。

（江上波夫監修『新訳世界史史料・名言集』より）

2 12世紀後半から16世紀初めの西ヨーロッパ

	イギリス（イングランド）	フランス	ドイツ（神聖ローマ帝国）・ポーランド・ハンガリー・北欧
ノルマン朝	1154 ヘンリ2世即位（～89） 1189 リチャード1世即位（～99）	1180 フィリップ2世即位（～1223）	1152 ドイツ、皇帝フリートリヒ1世即位（～90）
	1189 第3回十字軍（～92）		
	1199 ジョン王即位（～1216）★←英国王ジョン王と争い、領土回復 仏国王フィリップ2世と争い、フランスの領土を失う		1190 ドイツ騎士団創設頃
プランタジネット朝	1209 ジョン王、教皇より破門される 1215 **大憲章（マグナ＝カルタ）** 1216 ヘンリ3世即位（～72）	1209 アルビジョワ十字軍（～29） 1223 ルイ8世即位（～26） 1226 ルイ9世即位（～70）	1220 ドイツ、皇帝フリートリヒ2世即位（～50） 1226 フリードリヒ2世とイタリア諸都市の抗争激化 1228 第5回十字軍（～29） 1241 ドイツ・ポーランド連合軍、ワールシュタットの戦いでモンゴル軍に敗れる 1256 ドイツで大空位時代が始まる（～73） 1259 ハンザ同盟の端緒となる都市会議開催 1291 スイスの3州が盟約を結ぶ
	1265 **シモン＝ド＝モンフォールの議会** 1272 エドワード1世即位（～1307） 1295 **模範議会**	1248 第6回十字軍（～54） 1253 モンゴルにルブルック派遣 1270 第7回十字軍 1285 フィリップ4世即位（～1314）	
	1307 エドワード2世即位（～27） 1327 エドワード3世即位（～77）	1302 **全国三部会招集** 1303 **アナーニ事件** 1309 教皇をアヴィニョンに捕囚 1328 フィリップ6世即位（～50）	1347 ドイツ、皇帝カール4世即位（～78） 1348 黒死病（ペスト）流行 1356 ドイツ、「金印勅書」発布 1386 ポーランドにヤゲウォ朝成立 1397 北欧3国、カルマル同盟を結ぶ
	1339 英仏百年戦争（～1453）		
	1346 クレシーの戦い		
	1356 ポワティエの戦い 1377 リチャード2世即位（～99） 1380 ウィクリフの教会批判 1381 **ワット＝タイラーの乱** 1399 ヘンリ4世即位（～1413）	1358 **ジャックリーの乱**	
ランカスター朝	1413 ヘンリ5世即位（～22） 1415 ヘンリ5世、フランス上陸 1422 ウィクリフ破門 1429 ジャンヌ＝ダルク、オルレアンの包囲を破る 1453 カレーを除く仏領から英を駆逐 百年戦争終結	1422 シャルル7世即位（～61） 1431 ジャンヌ処刑 ▶ジャンヌ＝ダルク（1412～31）	1415 ドイツ、フスが処刑される 1419 **フス戦争**（～36） 1438 ハプスブルク家が神聖ローマ皇帝位につく（以後、世襲）
	1455 **バラ戦争**（～85）		
ヨーク朝	1461 エドワード4世即位（～70、71～83） 1485 ヘンリ7世即位（～1509） 1487 星室評議会	1461 ルイ11世即位（～83） 1483 シャルル8世即位（～98） 1494 **イタリア戦争**（～1559） 1498 ルイ12世即位（～1515）	1499 スイス、神聖ローマ帝国から事実上の独立を達成
テューダー朝	1509 ヘンリ8世即位（～47）		

第Ⅱ部 第7章 ヨーロッパ

イベリア半島・イタリア・ローマ教会

中国	金
	南宋

157 ムワッヒド朝、イベリア半島南部を支配

167 (伊) ロンバルディア同盟成立

198 (教) 教皇インノケンティウス3世即位 (～1216)

202 (伊) 第4回十字軍 (～04)

230 カスティリャ王国とレオン王国が合併

232 ナスル朝成立 (～1492)

236 イスラーム勢力、コルドバを失う

245 (教) 教皇、プラノ＝カルピニをモンゴルに派遣

248 イスラーム勢力、セビリャを失う

268 (伊) アンジュー家、シチリア王位につく

282 (伊) アラゴン王、シチリア王位を得る

294 (教) ボニファティウス8世即位 (～1303)

303 (教) アナーニ事件

309 (教) 教皇のバビロン捕囚 (～77)

378 (教) 教会大分裂 (～1417)

1414 (教) コンスタンツ公会議 (～18)

1434 (伊) フィレンツェでメディチ家の支配が始まる

1469 カスティリャ王女イサベルとアラゴン王子フェルナンド結婚

1479 スペイン王国成立

1488 バルトロメウ＝ディアス、喜望峰に到達

1492 スペイン、グラナダを占領

1492 コロンブス、サンサルバドル島に到達

1498 ヴァスコ＝ダ＝ガマ、インドのカリカットに到達

(伊) イタリア　(教) ローマ教会

中国：モンゴル／元／明　ヨーロッパ

▶**アルビジョワ派の追放**　アルビジョワ派とは、中世ヨーロッパで有力だったキリスト教異端の**カタリ派**の南フランスでの呼び名。アルビジョワ派を南フランスの領主が支持したため、王の中央集権化の過程でアルビジョワ十字軍によってアルビジョワ派も平定された。図はカルカッソンヌからアルビジョワ派が追放される様子。

▲**全国三部会**　1302年フランス王**フィリップ4世**は教皇との対立の際、国民の支持を得て政治的かけひきを有利に展開するために聖職者・貴族・第三身分の代表を招集した。図は1561年にオルレアンで開かれた全国三部会。

4 百年戦争とバラ戦争

4・1 百年戦争

凡例	
イギリス王領	
〜〜〜 以西1154年	**フランドル伯領**
▨ 1328年	── 神聖ローマ帝国・フランスの国境 (百年戦争初期)
▦ 1360年	➡ エドワード3世の進路
▨ 1420～29年	┅➤ エドワード黒太子の進路
	➡ ジャンヌ＝ダルクの進路

▼**クレシーの戦い**　図のクレシーの戦い (1346年) ではイギリスの長弓兵 (右) が活躍し、フランス軍の騎兵を打ち破った。イギリスの旗印は「イングランドとフランスの王」を表す三頭のライオンと百合の紋章。

英仏王家の系図

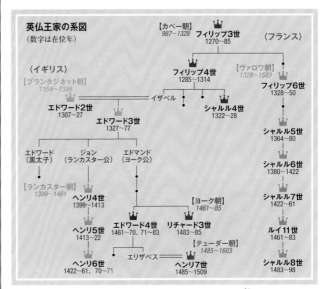

イギリスとフランスの王家は血縁が近く、フィリップ4世の甥であるフィリップ6世がヴァロワ朝を開くと、孫であるエドワード3世が王位継承権を主張して百年戦争が勃発した。

▶**バラ戦争** (1455～85年)　バラ戦争ではイギリス王位継承の正当性をめぐって**ランカスター家**と**ヨーク家**が争い、諸侯・騎士も両派にわかれて戦った。図はバラ戦争の歴史書の表紙。ランカスター家とヨーク家の争いであることが記してある。

▶ 詳しくみる

? 西欧各国の中央集権化はどのような状況だったのだろうか。

1 スペイン

1・1 レコンキスタの進展
→p.154

12世紀後半
ナバラ王国／カスティリャ王国／ポルトガル王国／アラゴン王国／サラゴサ／マドリード／バルセロナ／リスボン／トレド／バレンシア／バロス／コルドバ／セビリャ／グラナダ
0 200km ■イスラーム勢力

15世紀末
ナバラ王国／カスティリャ王国／ポルトガル王国／アラゴン王国／サラゴサ／マドリード／バルセロナ／リスボン／トレド／バレンシア／セビリャ／コルドバ／バロス／ナスル朝（1492滅亡）／グラナダ
0 200km ■イスラーム勢力

◀グラナダの旧市街アルバイシン ▣ ムスリムが統治していた時代の建築様式を残す一角。この市街はアルハンブラ宮殿の西側に位置しており、白壁の家と石畳で構成され、アラブ式の浴場などが残っている。

スペインのユダヤ教徒追放（1492年）

神の恩寵によりてカスティーリャ、レオン、アラゴン…の王・女王たるドン＝フェルナンドとドニャ＝イサベルは、…挨拶と恵みを送る。

…ユダヤ教徒は絶えずあらゆる手段と方法でキリスト教信者を惑乱させ、われらの聖なるカトリック信仰から引き離し、堕落させ、彼らの邪悪なる信仰と考えに引き入れようと努めていることが判明した。…

それゆえ、…すべてのユダヤ教徒男女にわれらの諸王国から退去し、二度と帰還してはならないと命じることに同意する。

（歴史学研究会編『世界史史料5』岩波書店より）

Q スペインでユダヤ教徒が追放されたのはどのような理由だろうか。

▲イサベルとフェルナンド 1469年、カスティリャ王女イサベルと、アラゴン王子フェルナンドが結婚、その後両王国が合邦して**スペイン王国**が成立、その力でイスラーム教徒の最後の拠点グラナダを陥落させた。

2 15世紀後半のヨーロッパ

カルマル同盟（1397年成立）／リトアニア＝ポーランド王国／神聖ローマ帝国境界

ノルウェー王国／スウェーデン王国／カルマル／デンマーク王国／ドイツ騎士団領／コペンハーゲン／モスクワ／マルボルク／ダンツィヒ／ミンスク／モスクワ大公国／神聖ローマ帝国／ブランデンブルク／ワルシャワ／リトアニア大公国／ケルン／ザクセン／ポーランド王国／キエフ／キプチャク＝ハン国／トリーア／マインツ／ベーメン王国／クラクフ／カレー／アミアン／プラハ／ランス／パリ／ファルツ／ウィーン／アゾフ／フランス王国／アウクスブルク／ブダ・ペスト／モルダヴィア／スイス連邦／コンスタンツ／ヴェネツィア／ハンガリー王国／クリュニー／ミラノ／ベオグラード／ワラキア公国／アヴィニョン／ボローニャ／フィレンツェ／ボスニア／黒海／ジェノヴァ／ピサ／ローマ／アルバニア／エディルネ（アドリアノープル）／教皇領／ソフィア／コンスタンティノープル（イスタンブル）／サレルノ／ナポリ王国／アンカラ（アンゴラ）／バレルモ／オスマン帝国／シチリア王国／アテネ／エフェソス／ティムール朝／ビザンツ帝国／マムルーク朝

⚓大司教座／七選帝侯／▥ジェノヴァ共和国／■ヴェネツィア共和国／■ハプスブルク家領／■アラゴン連合王国

3 ドイツ・スイス・北欧

▲ドイツ東方植民 12世紀以降、ドイツ騎士団はエルベ川以東のスラヴ人居住地に軍事力を用いて移住し開拓を進めた。写真は13世紀に**ドイツ騎士団**が建設したマルボルクの城塞 ▣。プロイセン王国の基礎となった。

◀金印勅書の印章 神聖ローマ皇帝**カール4世**が1356年に神聖ローマ皇帝の選挙の仕組みを定め、皇帝選出権を七選帝侯に認めた金印勅書を発した。写真はこの勅書に使用された印章。

▼七選帝侯 金印勅書によって定められた七選帝侯は、マインツ・ケルン・トリーアの3大司教とライン宮中伯（ファルツ選帝侯）に、ザクセン大公・ブランデンブルク辺境伯・ベーメン王であった。

▲カルマル城 すでに同君連合をなしていたデンマークとノルウェーの摂政**マルグレーテ**がスウェーデンの実権を握り、1397年、スウェーデンのデンマーク国境に近いカルマル城でマルグレーテの姉の孫が3国共通の君主となることが認められた。

◀ヴィルヘルム＝テル スイスの伝説的人物。狩りの名手で、ハプスブルク家の代官から子どもの頭にのせたリンゴを弓で射ることを命じられる。この難題を果たしたテルはこの代官を殺すが、これが契機となってスイスは独立に成功したとされる。図は1914～80年に発行された5スイスフラン紙幣に描かれた彼の肖像（左端）。

1 西ヨーロッパの中世文化

1·1 中世西ヨーロッパの宗教・文化

宗教	文化	ローマ教会	美術建築	中国
400 431 エフェソス公会議 496 クローヴィスの改宗 **500** 529 ベネディクトゥス、モンテ＝カシノに修道院創建 **600** **グレゴリウス1世** ・教皇権の確立 ・ゲルマンへの布教	**教父哲学** ・アウグスティヌス（354〜430） 『神の国』	ローマ教会の基礎確立	バシリカ様式 ビザンツ様式	五胡十六国 南北朝 隋
700 726 聖像禁止令 756 ピピンの教皇領寄進	『ベーオウルフ』 **カロリング＝ルネサンス** ・アルクイン（735〜804） ・学制改革（聖堂・修道院付属学校）	俗権との提携		唐
800 800 カールの戴冠 **900** 910 クリュニー修道院創建 962 オットー1世の戴冠 **1000** 1054 **東西教会分裂**				
グレゴリウス7世 **叙任権闘争** 1077 カノッサの屈辱 1095 クレルモン宗教会議 1096 第1回十字軍（〜99） 1098 **シトー修道会創立**	**スコラ学** ・アンセルムス（1033〜1109）〈実在論〉 **サレルノ大学** **ボローニャ大学**	俗権との対立	ロマネスク様式	五代十国
1100 1122 ヴォルムス協約	『ローランの歌』 ・アベラール（1079〜1142）〈唯名論〉 『ニーベルンゲンの歌』 **パリ大学** **オクスフォード大学**			宋
1200 **インノケンティウス3世** 1209 ジョン王破門 ・アルビジョワ十字軍 1215 **ドミニコ修道会創立** 1223 **フランチェスコ修道会、 教皇の認可を得る**	**ケンブリッジ大学** ロジャー＝ベーコン（1214頃〜94） トマス＝アクィナス（1225頃〜74） 『神学大全』 ウィリアム＝オブ＝オッカム （1290頃〜1349頃）〈唯名論〉 ダンテ（1265〜1321）『神曲』	絶頂期	ゴシック様式	元
1300 **ボニファティウス8世** 1303 アナーニ事件 1309 教皇のバビロン捕囚（〜77） 1378 教会大分裂 （大シスマ〜1417）	**プラハ大学** **ウィーン大学** ペトラルカ（1304〜74）『叙情詩集』 ボッカチオ（1313〜75）『デカメロン』 チョーサー（1340頃〜1400）『カンタベリ物語』	衰退期		明

赤太文字：学問　**緑太文字**：文学　**黒太文字**：大学

? 中世文化はどのような場所で発生したのだろうか。

2 おもな大学・教会の所在地

2·1 中世ヨーロッパの文化関係地図

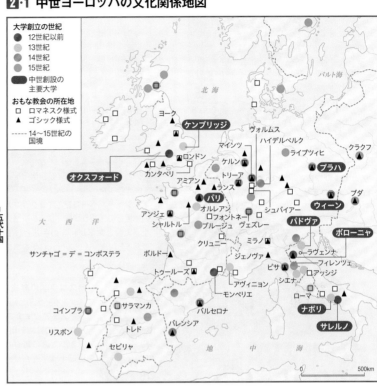

大学創立の世紀
- ● 12世紀以前
- ● 13世紀
- ● 14世紀
- ● 15世紀
- ● 中世創設の主要大学

おもな教会の所在地
- □ ロマネスク様式
- ▲ ゴシック様式
- ---- 14〜15世紀の国境

ヨーク　ケンブリッジ　ヴォルムス　マインツ　ハイデルベルク　クラクフ　ロンドン　ケルン　ライプツィヒ　プラハ　オクスフォード　カンタベリ　アミアン　トリーア　ブダ　パリ　ランス　ウィーン　アンジェ　オルレアン　シュパイアー　パドヴァ　シャルトル　フォントネー　ブルージュ　ヴェズレー　ボローニャ　クリュニー　ミラノ　ラヴェンナ　ジェノヴァ　フィレンツェ　サンチャゴ＝デ＝コンポステラ　ボルドー　ピサ　アッシジ　トゥールーズ　アヴィニョン　シエナ　モンペリエ　ローマ　コインブラ　サラマンカ　バルセロナ　ナポリ　リスボン　トレド　バレンシア　サレルノ　セビリャ

北海　バルト海　大西洋　地中海

0　500km

---

3 教会と修道院

3·1 聖ベネディクト修道院の日課

秋の11月1日の例	夏の6月20日の例	
夜課のため起床 2:00	1:00 起床	0 1
	1:00〜2:00 夜課	2
夜課 2:10〜3:30	2:15〜3:00 讃課	3
読書 3:30〜5:00	3:00〜4:30 読書	4
讃課 5:00〜5:45		5
読書 5:45〜8:15	一時課、労働 4:30〜9:15	6 7 8 9
	9:30〜11:30 読書	10 11
労働 8:15〜14:30	11:45〜12:30 昼食	12
	12:30〜14:00 午睡	13 14
昼食 14:30〜15:15	14:00〜18:30 労働	15
読書 15:15〜16:15 ─16:15〜16:45		16 17
晩課、軽い夕食	18:30〜19:00 晩課 19:00〜19:30 夕食 19:30〜20:00 終課	18 19 20
就寝 17:15	20:00 就寝	21 22 23

◀ **ワイン造り**　修道士は自給自足の生活を原則とし、様々な生活技術を開発して蓄えていった。ワイン造りもその1つで、地下の保管庫で盗み飲みする修道士もいた。

▶ **写本造り**　修道士は祈り、耕すほかに読書することもその生活の重要な要素であった。その結果、修道士たちは聖書や古典などを羊皮紙に筆写し、修道院はしだいに図書館の様相を呈するに至った。写本造りにはげむ修道士のおかげで、古典が今日に伝わった。

▲ **修道士たちの労働**　ベネディクト修道会は修道士に清貧・純潔・服従の戒律を課し、「祈り、働け」をモットーとした。図はベネディクトゥス（右奥髭の人物）が邪魔をする悪魔の力を削ぎ、修道士たちが修道院建設のため石を動かしている様子。

ヨーロッパ

第II部
第7章

1 学問と大学

▲アルクイン（右） アルクインはイングランドの修道士で、カール大帝にまねかれてその宮廷にはいり、学校を創設して自由七科を教育の基礎におき、**カロリング＝ルネサンス**への道を開いた。

erat regnu eius. Et abstulit filiam suam et dedit eam de mario. et abalienauit et abalexandro. et manifeste facte sunt inimicitiae eius,

◀**カロリング小文字** カロリング＝ルネサンスの時期に古典の写本製作がおこなわれ、8世紀後半にカロリング小文字が生み出された。この字体はそれ以前に比べ、分かち書きの工夫など、読みやすさに特徴がある。

▲ロジャー＝ベーコン イングランド出身の13世紀のスコラ学者・フランチェスコ会士。実験と数学が科学の手法として重要であると説き、後世の近代科学を準備した。

普遍論争―実在論と唯名論―

3世紀のギリシアの哲学者ポルフュリオスが著した『アリストテレス範疇論入門』の中で問題として提起されていた「普遍」の概念を巡って展開された西欧中世哲学最大の論争。普遍（種と類）は実体として存在するか、あるいは思考の中にのみ存在するにすぎないか、という問題で、11世紀後半になってから、ポルフュリオスが論じたのが「もの」であるか「音声」であるかの問題に関連してこの論争がおこり、実在論（実念論）と唯名論（名目論）との対立をみるに至った。**実在論**は、普遍は精神の中に存在するのと同じ仕方で、精神の外にある対象の中に実在すると主張した。一方**唯名論**は、普遍は「名称」にすぎず、実在するのは個物だけであるとした。アンセルムスは前者、アベラールは後者の立場に立つ。14世紀にも普遍論争がおこったが、13世紀のトマス＝アクィナスは前者、ウィリアム＝オブ＝オッカムは後者を代表する。

◀**スコラ学の形成**（トマス＝アクィナスと弟子） **トマス＝アクィナス**は南イタリアの貴族の出身で、ドミニコ派に属した。13世紀半ばすぎパリ・ローマ・ナポリなどの大学で教授をつとめた。『哲学大全』や『神学大全』を著し、スコラ学の集大成者と評されるに至った。

1・1 アラビア語からラテン語に訳された古典

著者	著作	時代	場所
ヒッポクラテス	『箴言』その他	12世紀後半	トレド
アリストテレス	『天体論』	12世紀	トレド
〃	『分析論後書』	1159年	トレド
エウクレイデス	『原論』	12世紀前半	スペイン
アルキメデス	『円の測定』	12世紀前半	トレド
プトレマイオス	『アルマゲスト』	1175年	トレド
〃	『光学』	1150年	シチリア
アル＝フワーリズミー	『代数学』	1145年	セゴビア
イブン＝シーナー	『医学典範』	12世紀後半	トレド

（伊東俊太郎『十二世紀ルネサンス』講談社学術文庫より）

1・2 中世創設の主要大学

大学	中心学部	起源	在籍した人物
ボローニャ大学	法学中心	11世紀、ローマ法・教会法の法学校から発展	ダンテ、ペトラルカ
パリ大学	神学中心	12世紀、パリの司教座付属学校の教師・学生の自治団体から発展	トマス＝アクィナス
サレルノ大学	医学中心	古くから存在していた医学校から発展	（イスラーム医学を導入）
オクスフォード大学	神学中心	12世紀、パリ大学からの学生により形成、発展	ロジャー＝ベーコン、ウィリアム＝オブ＝オッカム、ウィクリフ
ケンブリッジ大学	17世紀～自然科学研究の中心	13世紀、オクスフォード大学より分離	ニュートン、ダーウィン
パドヴァ大学	医学中心	1222年、ボローニャ大学からの学生・教師の集団移住により設立	コペルニクス、ガリレオ＝ガリレイ
ナポリ大学		1224年、神聖ローマ皇帝フリードリヒ2世が設立	ボッカチオ、トマス＝アクィナス
カレル大学（通称プラハ大学）		1348年、神聖ローマ皇帝カール4世（カレル1世）が設立	フス

1・3 自由七科と専門学部

一般教育 人文学部（6年間）

三学：文法学・修辞学・論理学
四科：算術・幾何学・音楽・天文学

➡ **専門教育（6年間）**
- 神学部
- 法学部
- 医学部

▶**パドヴァ大学の紋章**（右）**と授業風景**（右下） ボローニャ大学の学生・教師が集団移住したことに始まるパドヴァ大学では、**イブン＝ルシュド**の医学と結合した医学が発達し、近代医学に貢献した。図は解剖学の講義の風景。

◀▲**ボローニャ大学の紋章**（左）**と授業風景**（上） 法学校の学生が自治団体としての学生組合を形成したことに始まるボローニャ大学は、法学研究を中心とし**ローマ法学**の復興に貢献した。図は法学の講義の風景。

第Ⅱ部 第7章

ヨーロッパ

2 美術と文学

2·1 教会建築

西ヨーロッパのキリスト教会建築の特徴

	バシリカ様式	ビザンツ様式	ロマネスク様式	ゴシック様式
時期	4世紀～	6世紀～（東欧中心）	11世紀～（南欧中心）	12世紀～（西・北欧中心）
特徴	長方形の身廊と側廊、列柱	モザイクと大ドーム	厚い壁と列柱、小さい窓	尖塔アーチとステンドグラス
代表例	聖マリア＝マジョーレ聖堂(伊)	ハギア＝ソフィア聖堂(トルコ)、聖マルコ大聖堂(伊)	クリュニー修道院(仏)、ピサ大聖堂(伊)、シュパイアー大聖堂(独)	ランス大聖堂(仏)、シャルトル大聖堂(仏)、ケルン大聖堂(独)

▲**バシリカ様式**　4世紀以降の身廊と側廊からなる平面図をもつ教会堂様式をいう。写真は6世紀半ばラヴェンナに建立された聖アポリナーレ＝イン＝クラッセ聖堂▣で、古代ローマ時代のアーチ式石積みの面影を残す。

▲**ビザンツ様式**　ビザンツ帝国で発達した教会堂様式。バシリカ様式に東方の集中円堂を融合させたもの。円屋根と壁面を飾る**モザイク**を特色とし、写真のヴェネツィアの聖マルコ大聖堂▣はその特色をよく表す。

▲**ロマネスク様式**　11～12世紀にフランスやドイツなどで発達した教会堂様式。写真はイタリアのピサ大聖堂▣で、11～12世紀に建てられた。ピサ式ロマネスクといわれるアーケードと列柱による外観が特徴。

◀**ゴシック様式**　12世紀に北フランスでおこった教会堂様式で、とがったアーチと穹窿天井とが特色をなす。写真はシャルトル大聖堂▣の西正面。高窓の3層構成は大規模な教会堂の建立を可能とし、各地に普及した。

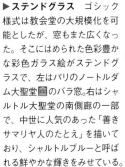

▶**ステンドグラス**　ゴシック様式は教会堂の大規模化を可能としたが、窓もまた広くなった。そこにはめられた色彩豊かな彩色ガラス絵がステンドグラスで、左はパリのノートルダム大聖堂▣のバラ窓。右はシャルトル大聖堂の南側廊の一部で、中世に人気のあった「善きサマリヤ人のたとえ」を描いており、シャルトルブルーと呼ばれる鮮やかな輝きをみせている。

▶**教会建築の方法**　大聖堂の建設を可能にしたのはゴシック様式であった。この様式では石工と大工の協力による穹窿工事に特色がある。建設中の穹窿には大工がつくったせり枠がしつらえられ、石工がつくった要石がアーチの頂点に上から正確にはめこまれて、せり石がたがいに組み合された。モルタルが固まると、支えの木枠がはずれて穹窿が姿を現した。

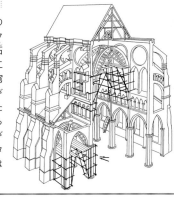

ヨーロッパ

2·2 文学

▲**騎士道物語**　中世における騎士の活躍を背景として誕生したのが騎士道物語である。図は『アーサー王物語』で活躍するランスロットの物語の挿絵である。

▼**吟遊詩人**　主として宮廷で、騎士たちの恋愛を主題とした詩を楽器の伴奏にあわせて吟じた。フランスでトゥルバドゥール、ドイツでミンネジンガーと呼ばれた。

『ニーベルンゲンの歌』

　ヒルデブラント[1]は、怒りたってクリムヒルト[2]にむけておそいかかり、剣をもってこの王妃をはげしく打った。王妃は、ヒルデブラントにおそれ、おののき、すさまじい悲鳴をはりあげた。しかし、それは無益のわざだった。

　かくして、死すべきものすべてが倒れたのである。高貴な王妃は、二つに切りさかれた。…王者たちの宴は、こうして悲惨の幕をとじたのである。というのも、いずれの世においてであれ、喜びは悲しみにいたって、終りをつげるものなのである。これにつづく事の次第は、汝らに告げるすべもない。ただ、騎士や高位の臣下たちが、この愛する一族の滅亡を悲しんでいるさまだけがみられた。物語はこれにて終る。これがニーベルンゲンの災禍であった。

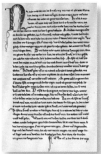

＊1　東ゴートの将軍　＊2　物語の主人公
（江上波夫監修『新訳世界史史料・名言集』山川出版社より）

▶**『ニーベルンゲンの歌』写本**　『ニーベルンゲンの歌』は中世ドイツの英雄叙事詩で13世紀初めに成立した。図は13世紀中頃に制作された写本。

1 東アジアの勢力交替

中国	北方民族	朝鮮、東南アジア大陸部
907 唐滅亡 **五代十国**(907〜960) **武断政治** **五代**／後梁(907〜923)／後唐(923〜936)／後晋(936〜946)／後漢(947〜950)／後周(951〜960) **十国** 南漢 楚 閩 呉 南唐 呉越 荊南 前蜀 後蜀 北漢	916 **キタイ(契丹)**の耶律阿保機が建国 920頃 契丹文字制定 926 キタイ、渤海を滅ぼす 936 キタイ、後晋の建国の援助の見返りに**燕雲十六州**獲得 947 キタイ、国号を**遼**とする ◀契丹人の像 中国の遼寧省にある遼の3代皇帝陵・慶陵の壁画にみえる契丹人。(京都大学総合博物館蔵)	892頃 新羅、分裂 918 王建、**高麗**建国(〜1392)都：開城 937 雲南に**大理**建国(〜1254)
960 趙匡胤、宋(北宋)建国 都：開封 **文治主義** 979 太宗(趙匡義)、北漢を滅ぼし、中国再統一 1004 **澶淵の盟** 1023 官営の交子、発行される ▶宋銭 1044 **慶暦の和約** 1067 神宗即位(位1067〜85) 1069 **王安石の新法**始まる(〜76) 1086 旧法党の司馬光、宰相となる →新法党と旧法党の対立 1100 徽宗即位(位〜25) 1120 方臘の乱 1126〜27 **靖康の変** 金、徽宗・欽宗らを皇族を連行→北宋滅ぼす	979 遼、宋の侵入撃退 986 遼、宋に侵入 1028 タングートの李元昊、甘州ウイグル王国を滅ぼす 1036 西夏文字 制定 1038 李元昊、**西夏**建国 都：興慶(現銀川) ▶女真人像 1115 女真のワンヤンアグダ完顔阿骨打、**金**建国 1125 金、遼を滅ぼす	963 高麗、宋に服属 994 高麗、遼に服属 1009 ベトナム、李氏により**大越国**建国(〜1225) 1044 ビルマに**パガン朝**建国(〜1299)
1127 高宗(欽宗の弟)、江南に南宋建国 都：臨安(現杭州)和平派(秦檜)と主戦派(岳飛)の対立 1142 **紹興の和議** 1160 会子の発行開始 1276 元軍、臨安を陥落、南宋降伏 1279 崖山の戦い→南宋の残存勢力壊滅	1132 遼の皇族耶律大石西走し、**西遼(カラキタイ)**建国 1167 金で王重陽、全真教始める 1206 テムジン、**チンギス=カン**と称しモンゴル高原統一 1227 モンゴル、西夏を滅ぼす 1234 モンゴル、金を滅ぼす 1271 クビライ、国号を元とする	

▲パガン朝の過去仏立像
過去仏とは、釈迦仏までにあらわれた7人の仏陀のこと。ミャンマーのパガン遺跡群のなかで最大の寺院アーナンダ寺院に安置されている。

1·1 燕雲十六州

1·2 11世紀後半のアジア

1·3 12世紀のアジア

東アジアの様々な文字

10世紀になると唐の衰退により、中国を中心に形成されていた東アジア文化圏の統合がゆるみ、それぞれの地域で独自の特色ある文化が形成された。そのような状況下でアラム系のソグド文字や漢字を元にして様々な民族文字が創造された。

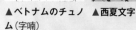
▲ベトナムのチュノム(字喃)

▲西夏文字

▲契丹文字

▲女真文字

東アジア

2 キタイ（契丹）・西夏・金

2・1 二重統治体制

キタイ（遼）の二重統治

皇帝	南枢密院	南面官	州県制 農耕民（漢人・渤海人）
	北枢密院	北面官	部族制 遊牧民（契丹人他）

金の二重統治

皇帝	枢密院		州県制 農耕民（漢人他）
	都統司 軍師司		部族制 非農耕民（女真人・契丹人他）
		女真人	●行政 300戸→1謀克 10謀克→1猛安 ●軍事 100人→1謀克軍 10謀克軍→1猛安軍

解説 二重統治 遊牧民に対しては固有の**部族**制で、農耕民に対しては中国的な**州県制**でそれぞれ統治したが、遊牧民の漢化を防ぐことはできなかった。

◀**西夏の遺跡** 西夏の都だった興慶府付近の遺跡で、歴代の王の陵墓の一部である。磚造で瑠璃瓦が張ってあり、美しさを誇ったであろう。

▼**「女真猟騎図巻」** 遼をたてた契丹が遊牧民であるのに対し、金をたてた女真は半猟半農民であった。図は女真が騎馬によって狩りをしている光景で、馬上から巧みに弓矢を射る技術は軍事力強化にもつながった。（ストックホルム、東洋博物館蔵）

▲**遼の仏教遺跡** 遼では帝室をはじめ崇仏熱が高く、盛んに仏寺や仏像がつくられた。写真は錦州郊外義県の嘉福寺塔の遺跡。

3 宋と北方民族

3・1 宋と北方民族との講和

	1004 澶淵の盟	1044 慶暦の和約	1142 紹興の和議
関係	擬制親族関係。初代が宋が兄。キタイ（遼）が弟。可変的	宋を君、西夏を臣とする	金を君、南宋を臣とする[*1]
内容	宋はキタイに毎年（歳幣）銀10万両、絹20万匹を贈る。お互い国境を侵さない。対等な皇帝（1042年に銀10万両、絹10万匹追加）	宋は西夏に毎年（歳賜）銀7万2千両、絹15万3千匹、茶3万斤を贈る	淮河を境界とする。南宋は金に毎年（歳貢のちに歳幣）銀25万両、絹25万匹を贈る
解説	この盟約の結果、使節が定期的に往来し、平和が保たれた。また、他の王朝間でも盟約が結ばれた	西夏は、契丹とも盟約を結んだ。西夏と北宋の関係は不安定で、軍事衝突と和議が繰り返され、和議は6回におよんだ	靖康の変で北宋が滅び、宋は南方に逃れて、華北を占領した金とのあいだで争いが続いた。この和議で南宋は金に対し、臣下の礼をとることになったが、両国の関係は一応安定した

*1 1161年に叔父・甥の関係に変更

澶淵の盟（1004年）

大宋皇帝、謹んで誓書を大契丹皇帝に送り届ける。ともに取り決められた親書に違い、謹んで和睦して盟約を結ぶことをうけたまわる。上産の物品と軍事に備える費用として、毎年絹20万匹と銀10万両を、外交使臣を遣わして北朝に往かせるまでもなく、ただ三司〔財務機関〕に命じて人員を派遣して搬送させ、雄州で受け渡すことにする。（歴史学研究会編『世界史史料4』岩波書店より）

Q 宋と契丹の君主の称号は何と記されているだろうか。そこから両者のどのような関係がわかるだろうか。

岳飛と秦檜

兀朮〔金の太祖完顔阿骨打の第四子〕が秦檜に送った文書の中に「そなたは朝から晩まで和議を請うているが、岳飛は河北の奪回を企てようとしている。必ず岳飛を殺戮せよ。そうしたら和議を結んでもよい」とあった。秦檜もやはり、岳飛が死なないと、和議への道は閉ざされ、自分に必ず禍が及ぶことになるので、つとめて岳飛を殺害しようとした。…岳飛は罪に問われて2カ月にわたり獄につながれたが、罪状を立証できなかった。

（『宋史』〈岳飛伝〉〈1345年〉、歴史学研究会編『世界史史料4』岩波書店より）

解説 南宋と金との講和をめぐって主戦派の岳飛と和平派の秦檜が対立し、岳飛は獄死させられた。1142年、南宋は金に臣下の礼をとる紹興の和議を結んだ。岳飛は後世、民族的英雄とされたが、現在の中国では評価を見直す動きもある。

Q 漢字をもとにつくられた文字を選ぼう。

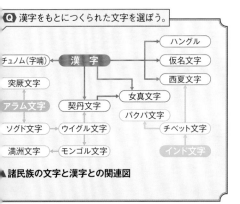

▲諸民族の文字と漢字との関連図

▶**契丹使朝聘図** 北宋と契丹（キタイ）両国の平和と友好を祝って作成されたもので、契丹の使節団が北宋の都開封の宮廷を訪れた場面である。この絵には、貢物を取り囲む北宋の臣僚（手前）と、片隅に立つ契丹の国使（左）が描かれている。契丹の皇帝が自ら侵攻してきた際、宰相寇準は戦うことも、逃げることもせず、契丹に使者を送って1004年に澶淵の盟を結んだ。その結果歳幣を払うことになったが、兵士を失わずに領土を守り、さらには、約120年もの間、両国の平和を維持することに成功した。（台北故宮博物院蔵）

東アジア

4 宋の統治

▲趙匡胤（位960〜976）
後周の有力な武将だったが、部下に擁立されて即位。節度使の力を削ぎ、官僚を重用して**文治主義**をおし進めた。

▼殿試 趙匡胤は、皇帝みずからが試験官をおこなう、最終試験である殿試を始めた。これにより皇帝独裁を強めた。

◀科挙 宋代には3段階の試験が整備され、合格者には高級官僚への道が開かれ、一族には種々の特権が与えられた。受験には古典の暗記が必要で、なんとしても難関を突破しようとして下着に「四書」などを細字で書きつけ（写真）、カンニングを試みる者も出現した。

4・1 王安石の新法

富国策	均輸法	各地の特産物を輸送させ、不足地で売却し、政府の利益をあげようとするもので、政策のねらいは漢の武帝の均輸法と同じである。物価の安定と商品の流通に役立ったが、大商人は利益を得られず、これに激しく抵抗した。
	青苗法	植え付け時に貧農に2割以下の低利で穀物や資金を貸し付け、収穫時に返済させる法。地主・商人が営む高利貸に苦しむ農民への、低利融資による救済策。
	農田水利法	水路・河川の改修や新しい土地の造成をすると同時に、漕運の便をはかった。
	募役法	負担の大きい税糧の運送や地方官庁での宴会・接待業務などを、農民の当番制でおこなう従来の方式（差役法）を廃し、かわりに農民から免役銭を、官戸・寺観から助役銭をそれぞれ徴収し、希望者を募って対価を支払い、業務にあたらせた。
	市易法	都市の中小商人の商品の買い上げと低利融資。物価調節と中小商人の保護を目的とし、豪商を抑制するもの。
	方田均税法	全国の耕地を再測量し、各戸が所有する耕地面積とその肥瘠を調査して、耕地の生産力により5等に分け、地税の公平化をはかった。
強兵策	保甲法	農民を農閑期に訓練し、戦時に備えるとともに、平時には治安維持に用い、補助戦力として活用するもの。農民を10戸で保、50戸で大保、500戸で都保に組織した。傭兵制にかわる兵農一致の強兵策。
	保馬法	軍馬の不足を解消するために農民に官馬を飼育させ、平時は農耕用に使用を許し、戦時には徴発する軍馬飼育奨励策。

▲王安石（1021〜86）

解説 財政難や軍事的緊張に対応するために、商業・流通等を国家の統制下に置き財政基盤を強化し、富国強兵を実現する目的でおこなわれた。

5 宋代の社会と経済

▲張択端『清明上河図』 春分から15日目が清明節で、きびしかった冬が過ぎ、春の1日を人々は祖先の墓参などで郊外にくりだして過ごした。図は**開封**の当時の賑いを描写したといわれる一場面で、城内の商店街は買物客や行楽客であふれている。（呉子玉模本）
読み解き なぜ宋代に商業活動が活発化し都市が繁栄したか、理由について考えてみよう。また、街の様子や、どのような人々や動物がいるのか、みてみよう。

詳しくみる

▶**交子** 世界最初の紙幣。宋の経済発展にともない、銅銭の供給が需要に追いつかなくなったことがその背景にある。のち乱発により経済混乱の原因となった。

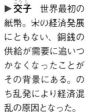

▲宋銭

◀**囲田** 長江下流では、低湿地の周囲に堤を築いて囲み、干拓して新田を開発する囲田が盛んにおこなわれた。開発の担い手はおもに官戸や寺院であった。宋代には稲と麦の2毛作や畑作の2年3毛作などの農業技術の進歩と品種の改良が進み、それは華北の粟や麦を栽培する畑作地帯より、江南の米作地帯で著しかった。江南の米穀の生産力の上昇は、南宋に入ると「**蘇湖熟すれば天下足る**」といわれるまでになった。こうした農民の多くは、**佃戸**と呼ばれる小作人であった。
（王禎『農書』の挿図）

5・1 宋代の商工業と交通

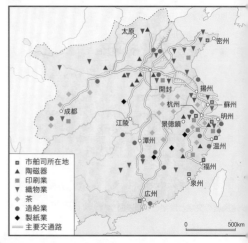

■	市舶司所在地
▲	陶磁器
■	印刷業
▼	織物業
◆	茶
●	造船業
◆	製紙業
━	主要交通路

6 宋代の文化

特色	①装飾的なはなやかさから、理知的な精神性の重視へ ②知識の蓄積から哲学・道徳の重視へ。復古主義。 ③士大夫（知識層）中心の文化
儒学	宋学（朱子学）　禅宗の影響を受け、宇宙の原理、万物の根源、人間の本質を究明。「四書」を重視 〈北宋〉周敦頤　『太極図説』。宋学の祖 　　　　程顥・程頤（二程）「理気二元論」 　　　　（兄弟） 〈南宋〉朱熹　　『四書集注』→宋学を大成 　　　　大義名分論、華夷の別強調 　　　　→官学化。朝鮮・日本に伝播 　　　　陸九淵（象山）「心即理」の唯心論→陽明学へ影響 ▲朱熹（1130〜1200）
歴史学	司馬光　『資治通鑑』。編年体による通史。儒教的大義名分・正統論で記述 欧陽脩　『新唐書』『新五代史』撰 朱熹　　『資治通鑑綱目』。
文芸	唐宋八大家　唐……韓愈・柳宗元 　　　　　　　宋……欧陽脩・蘇洵・蘇軾・蘇轍・曾鞏・王安石 　　　　→四六駢儷体を排し、古文（漢文）復興 宋詞……韻文の歌唱文学 雑劇……口語・俗語を使用。→元曲へ
宗教	仏教……帝室の保護 　●禅宗（士大夫層）と浄土宗（庶民層）が流行 　●趙匡胤、『大蔵経』を成都で木版印刷 道教……帝室の保護 　●全真教（開祖：王重陽）……金で成立。儒教・仏教・道教の融合
絵画	院体画（北宋画）……宮廷画院が中心。色彩・写実的 　　　　　徽宗・夏珪・馬遠・梁楷 文人画（南宗画）……士大夫層中心。水墨・主観的 　　　　　李公麟・米芾・牧谿
工芸	宋磁……青磁・白磁・天目 　●喫茶の普及
科学	三大発明……黒色火薬、羅針盤の実用化 　　　　木版印刷術の普及→活字印刷の発明（畢昇）

6·1 文化の担い手——士大夫

▲**士大夫の理想像**　士大夫は「琴棋書画」（琴・囲碁・書道・絵画）を身につけるべきであるといわれていた。このように彼らは官僚という側面と、風流な知識人としての側面をもっていた。（台北故宮博物院蔵）

6·2 儒学

▼『**太極図説**』　宋学の祖とされる周敦頤の著書。図を用いて、万物生成の理を説明したもの。のちに朱熹によってくわしい解説がなされ、**朱子学**の基本的概念となった。

6·3 工芸

◀**白磁雲龍文盤**（定窯、北宋）　中国では**白磁・青磁**といった高温で焼いた単色の陶磁器が多く生産された。特に**景徳鎮**は分業も導入されて窯業の一大中心地となり、世界各地に輸出された。（上海博物館蔵）

6·4 絵画

▲**馬遠「山径春行図」**　馬遠は南宋の院体山水画の代表の１人。筆法は力強く、構図は開放的かつ緊密。輪郭線を強調している。**院体画**は北宋末より詩的情緒を重んじる新しい様式を生んだ。（台北故宮博物院蔵）

▶**牧谿「観音猿鶴図」**　**文人画**は教養ある士大夫が発展させた画風である。形式にとらわれることなく黒一色で内面性や精神性を表現しようとした。牧谿は宋末元初の禅僧。日本の室町期の水墨画に影響を与えた。（京都、大徳寺蔵）

6·5 文芸

蘇軾「赤壁賦」

壬戌の秋　七月既望、蘇子客と舟を泛べて、赤壁の下に遊ぶ。清風徐に来って、水波興らず。酒を挙げて客に属め、明月の詩を誦し、窈窕の章を歌う。少焉にして、月東山の上に出でて、斗牛の間に徘徊す。白露江に横わり、水光天に接す。一葦の如く所を縦にして、萬頃の茫然たるを凌ぐ。浩浩乎として虚に馮り風に御して、其の止まる所を知らざるが如く、飄飄乎として世を遺れて独り立ち、羽化して登仙するが如し。

*1（元豊五年（一〇八二）の秋七月十六日（陰暦）　*2射手座（い）と牽牛星（ひ）　*3ともに『詩経』内の詩歌。

（小川環樹・山本和義選訳『蘇東坡詩選』岩波文庫より）

〔解説〕明月の晩に客人と長江に船を浮かべた蘇軾が、赤壁の戦いをしのびつつ、大自然の前における人間のはかなさをうたったもの。欧陽脩門下で、宋詞を代表する蘇軾の詩には風格がある。

▶**蘇軾**（1036〜1101）

6·6 科学

> **Q** 活版印刷が、木版印刷ほど広まらなかった理由は何だろうか。

▶**火薬**　宋代に、爆弾や、弾丸を飛ばす兵器など、火薬を用いる技術が発達した。金を経て、モンゴルに受け継がれた。

◀**羅針盤**　磁針の指極性はすでに戦国時代から知られていたが、宋代に実用化され、航海具として使用された。ムスリム商人によってヨーロッパに伝わった。写真はスプーン状のものが方位を示す。

▲**活版印刷**　木版印刷は、唐代に発明され、宋代に普及した。また宋代に、粘土を用いた活版印刷術も発明されたが、木版印刷の方が広く用いられていた。

東アジア
中央アジア

1 モンゴル大帝国の時代

1206	**チンギス=カン**、モンゴル高原統一 クリルタイで即位(〜27) →**大モンゴル国成立**(都:カラコルム)	チンギス=カン(位1206〜27)	
1211	ナイマン、西遼を滅ぼす		
1218	モンゴル軍、ナイマンを征服		
1220	チンギス=カン、ホラズム=シャー朝を征服 (ホラズム、再興するも1231年滅亡)		
1227	チンギス=カン、西夏を征服		
1234	**金滅亡** 淮河以北を征服→南宋と対立	オゴデイ(位1229〜41)	グユク(位1246〜48)
1235	都:カラコルム(和林)建設		
1241	**ワールシュタットの戦い**で独・ポーランド連合軍を破る		
1243	**キプチャク=ハン国(ジョチ=ウルス)成立**		
1246	プラノ=カルピニ➡p.13、カラコルムに到着		
1253	**フレグの西征**(〜58)	モンケ(位1251〜59)	
1254	ルブルック➡p.13、カラコルムに到着 **クビライ**、大理を滅ぼしチベットを服属		
1257	ベトナム遠征→失敗		
1258	フレグ、アッバース朝を滅ぼす →**イル=ハン国(フレグ=ウルス)成立**		
1259	高麗、モンゴルに服属		
1264	大都(現・北京)に遷都	クビライ(世祖 位1260〜94)	
1266	カイドゥの乱おこる(〜1301)		
1269	**パクパ文字**公布		
1271	国号を元に改称		
1274	日本、蒙古襲来(文永の役)		
1275	マルコ=ポーロ➡p.13、大都に到着		
1276	南宋の臨安占領、**南宋降伏**		
1279	崖山の戦い→南宋の残存勢力制圧		
1280	郭守敬、授時暦制定		
1281	日本、蒙古襲来(弘安の役)		
1287	ビルマのパガン朝に侵攻、滅ぼす		
1292	ジャワ遠征→失敗		
1294	クビライ死去→政治混乱		
1294	モンテ=コルヴィノ➡p.13、大都でカトリック布教		
1306	**チャガタイ=ハン国(チャガタイ=ウルス)成立**		
1313	元、初めて科挙を実施		
1346	イブン=バットゥータ、大都に到着		
1351	**紅巾の乱**おこる(〜66)		
1368	朱元璋、明軍、大都を占領、明を建国		
1368	北元成立(〜88)、都:カラコルム		

2 モンゴル帝国の拡大

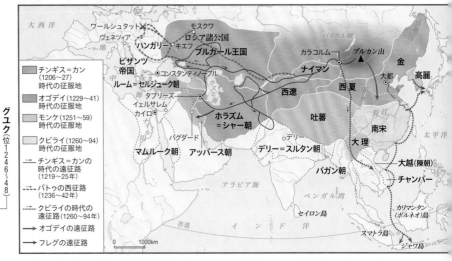

凡例:
- チンギス=カン(1206〜27)時代の征服地
- オゴデイ(1229〜41)時代の征服地
- モンケ(1251〜59)時代の征服地
- クビライ(1260〜94)時代の征服地
- → チンギス=カンの時代の遠征路(1219〜25年)
- --→ バトゥの西征路(1236〜42年)
- --→ クビライの時代の遠征路(1260〜94年)
- → オゴデイの遠征路
- → フレグの遠征路

2·1 モンゴル帝室の系図

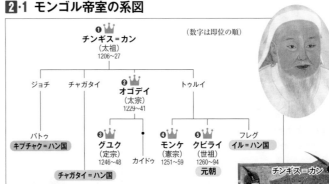

(数字は即位の順)

❶チンギス=カン(太祖)1206〜27
├ジョチ
│ └バトゥ → キプチャク=ハン国
├チャガタイ → チャガタイ=ハン国
├❷オゴデイ(太宗)1229〜41
│ ├❸グユク(定宗)1246〜48
│ └カイドゥ
└トゥルイ
　├❹モンケ(憲宗)1251〜59
　├❺クビライ(世祖)1260〜94 → 元朝
　└フレグ → イル=ハン国

◀**チンギス=カン** 幼名はテムジン(鉄木真)。幼い頃父を殺され、艱難辛苦のすえモンゴル高原を統一して巨大な世界帝国を築き上げた。少年時代には「目に火あり、面に光りある子」(『元朝秘史』)といわれていたという。

◀**クビライ**(位1260〜94) チンギス=カンの孫で、1271年に国号を**元**と称し、76年南宋を滅ぼし中国全土を支配する征服王朝を樹立した。**大都**(現・北京)に遷都して中国的官制を採用する一方、カアンとしての権威も保持した。

▶**チンギス=カンとその子どもたち** 4人の息子たちは大西征に参加し、その子孫はそれぞれキプチャク=ハン国、イル=ハン国、チャガタイ=ハン国などの地方政権を建国した。

Q モンゴル軍は、左右どちらの軍だろうか。

◀**ワールシュタットの戦い** バトゥ率いるモンゴル軍が、1241年、ワールシュタット東南でポーランド・ドイツ連合軍を破った。戦場は「死体の地」(ワールシュタット)といわれ、ヨーロッパ中が震撼した。

▶**バグダードの陥落** 1258年、フレグ率いるモンゴル軍がバグダードを占領し、**アッバース朝**最後のカリフを殺害した。バグダードの陥落によりイスラーム世界の東半分を支配下に入れ、東西交易はさらに活発化した。(『集史』にある見開きの挿絵、パリ国立文書館蔵)

3 モンゴル帝国の最大領域

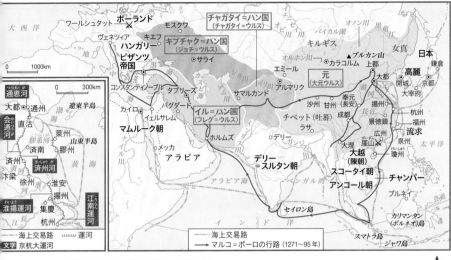

▲**モンゴルの宮廷** 玉座のカンを囲む女官と貴族の外に、商人たちの姿がみえる。モンゴルの政権にとって商人の協力は不可欠であった。

元の支配構造

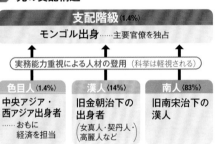

支配階級（1.4%）
モンゴル出身……主要官僚を独占

実務能力重視による人材の登用（科挙は軽視される）

色目人（1.4%）	漢人（14%）	南人（83%）
中央アジア・西アジア出身者……おもに経済を担当	旧金朝治下の出身者 女真人・契丹人・高麗人など	旧南宋治下の漢人

◀**交鈔** クビライが唯一の通貨とした紙幣。多額の取引や輸送に便利であった。のち乱発され、経済を混乱させた。本図は混乱を収拾するために発行された新紙幣の1つ。

Q 交鈔とともに、元で使われた貨幣は何だろうか。

4 元の東アジア支配

▲**チベット仏教の寺院** クビライがパクパ（1235/39〜80）を国師としチベット仏教を保護したので、元朝のもとで各地に寺院や仏塔が建設された。図は北京の白塔寺。チベット仏教保護も財政悪化の一因とされる。

▶**「蒙古襲来絵巻」** 図は、「蒙古襲来絵巻」のもっとも有名な場面。破裂する「てつはう」が投げられ、馬を射られた竹崎季長の命も危ない状況が描かれている。（宮内庁蔵）

▼**モンゴル軍による「てつはう」**（長崎、鷹島海底遺跡出土）

5 モンゴル時代の東西交流
→p.112 元代の文化

▲**クビライに謁見するマルコ＝ポーロ**→p.13 1271年、マルコは叔父と父とモンゴルにむかい、クビライに面会した。3世紀写本の挿絵。ヨーロッパで描かれたので、元の宮廷は西洋風である。

Q 史料から読み取れる、駅伝制による通信文書の伝達の速さの秘訣は何だろうか。

駅伝制

…各駅伝間の3マイルごとに40戸ばかりの集落があって、そこにカーンあての通信文書を伝達知する飛脚人が住んでいる…。飛脚人は幅広の帯を締め、帯の周りに多数の鈴を垂らしている。従ってこれら飛脚人が公道をやってくれば、遠方からでもその鈴の音が耳に入る。彼らは終始全速力で疾走するのだが、要するに3マイルだけ駆ければよい。3マイルの先には次の飛脚人が支度万端を整えてはるか彼方から鈴を鳴らしつつ駆け来たる同役を待ち受けており、その到着とともに所持の書状を受け取り、あわせて書記官から伝票をもらい受けるや一目散に駆け出す。彼もまた3マイル走り続けると、前の駅で行われたと同じような受け渡しがなされる。これら飛脚人によるかかる方法で、10日行程を隔たる諸地方からの報告でも、カーンのもとへは一昼夜で届けられるのである。（マルコポーロ著、愛宕松男訳『東方見聞録』平凡社より）

解説 ユーラシアに広大な領土をもつ帝国を維持するには迅速な情報の伝達が必要であった。そのために**駅伝制**（ジャムチ）が整備され、主要交易路には10里ごとに站（駅）がおかれ、牌子をもった公用の使者には馬と宿舎が提供された。

Q この牌子には、左にペルシア文字、右側にはウイグル文字で字が書かれている。真ん中の文字は、クビライの命令でつくられた文字である。何という文字だろうか。

▲**牌子** 駅伝制を利用するときの証明書。数種類あり、旅行者や目的で使いわけた。

▶**牌子（裏）に書かれた文字**

東アジア 中央アジア

東アジア
中央アジア
西アジア

6 元代の文化

言語	モンゴル語が公用語。パクパ文字を作成したが、のちにすたれてウイグル文字を使用
宗教	チベット仏教 クビライの時代から保護。影響力をもつ→元末の財政難の一因。その他、イスラーム教・キリスト教（ネストリウス派・カトリック）・道教（全真教・正一教）が共存
文学	**元曲** 雑劇の脚本。曲（歌）、白（台詞）、科（仕草）で演じられる歌劇 『**西廂記**』（王実甫）：遊学の書生と、宰相の遺児の美しい恋愛物語 『**漢宮秋**』（馬致遠）：漢の元帝と王昭君の悲恋物語 『**琵琶記**』（高則誠）：貞節な妻と出世欲にとりつかれた背徳の夫との物語 口語体小説 『**水滸伝**』『**西遊記**』『**三国志演義**』の原型が成立 歴史 『**元朝秘史**』（作者不明）：チンギス＝カンを中心にその祖先からの伝説・史実を記述
書画	**趙孟頫**（趙子昂） 宋の皇族出身。書は王羲之の正統派の第一人者。画は文人画を復興 **元末四大画家** 黄公望・倪瓚・呉鎮・王蒙（南宗画の大成者） **細密画**（ミニアチュール） 中国画の影響がイスラーム圏に伝わり発展
科学工芸	天文学・数学の分野でイスラーム文化の影響 **郭守敬** 授時暦作成（1年＝365.2425日）→貞享暦（日本）に影響 **回回砲** 投石機。クビライに仕えたペルシア人が作成 イスラーム世界から顔料コバルトがもたらされる→**染付（青花）**完成

? 14世紀のユーラシア大陸はどのような状態にあっただろうか。

◀▲観星台 郭守敬によって建てられた天文観測施設。彼はイスラーム天文学を取り入れて**授時暦**を作成したが、その際この施設の観測記録が活用された。

Q ⑤の部分は何のためのものだろう。

▼元の染付 青花とも呼ばれ、コバルトを顔料に使用して焼かれた。アジアはもちろん、西は東アフリカに至る世界各地に輸出された。（イスタンブル、トプカプ博物館蔵）

観星台の仕組み

夏至 / 冬至

太陽の影の長さで暦がわかる

7 モンゴル帝国の解体

紅巾の乱（1351〜66）

韓林児…の祖先は、白蓮会を代々組織し焼香して仏を拝み衆を惑わしたので、永年〔現在の河北省邯鄲市〕に謫徙〔罪により遠方に遷されること〕させられた。元末に、林児の父山童は「天下が大乱するにあたり、弥勒仏が下生する」という妖言で鼓舞した。河南や長江と淮水のあいだの愚民が多くこれを信じた。…「山童は宋徽宗の八世孫、当に中国に主たるべし」と…挙兵を誇り、紅巾をもって号とした。…

当時、太祖〔明の太祖、朱元璋〕は孤軍で一城を保持していた。…林児の没後、翌年〔1367年〕…大将軍を遣わして中原を平定した。

（『明史』「韓林児伝」〈1739年〉、歴史学研究会編『世界史史料4』岩波書店より）

解説 紅巾の乱は、元末に白蓮教など民間の宗教結社がおこした農民反乱。紅巾の乱をきっかけに群雄が蜂起し、元は1368年、明軍に大都を奪われモンゴル高原に退いた。

Q この史料において、紅巾の乱はどのように評価されているだろうか。

7·1 モンゴル諸政権の分裂・衰退

13世紀：モンゴル帝国のもとでヒト・モノの移動の活発化
14世紀：疫病の流行・気候変動による天災

キプチャク＝ハン国	**イル＝ハン国**	**チャガタイ＝ハン国**	**元**
	14世紀 内紛で分裂	14世紀 東西に分裂	交鈔の濫発 専売の強化
		併合 モンゴル諸勢力から中央アジアにティムール台頭	紅巾の乱など反乱
攻撃		**1370 ティムール朝**	1368 モンゴル高原へ退く
15世紀 クリミア＝ハン国・カザン＝ハン国などが分立			モンゴル

左半分はまっすぐ正面が見え、右半分は反射鏡により角度を変えてみられる。

8 ティムール朝

1370	**ティムール朝**成立 都：サマルカンド
	ティムール （位1370〜1405）
1381	ティムール、アフガニスタン・イラン遠征
1398	ティムール、北インド侵入、デリー占領
1402	**アンカラの戦い**でオスマン軍を撃破
1405	**ティムール**没
1409	シャー＝ルフ即位（位1409〜47）、ヘラートに遷都
1429	**ウルグ＝ベク**（位1447〜49）、サマルカンドに天文台を建設
1507	ティムール朝滅亡

▲ティムール像（復元）中央アジアから西アジア・インドにおよぶ広大な領域を征服し、大帝国内における経済的・文化的発展の礎を築いた。

8·1 ティムールの遠征とティムール朝の勢力範囲

エディルネ（アドリアノープル）/ カザン / サライ 1395 / **キプチャク＝ハン国（ジョチ＝ウルス）** / 1391 / コンスタンティノープル / **クリミア** / アストラハン / オトラル / （バルハシ湖） / アンカラ ×1402 / **オスマン帝国** / アラル海 / タシケント / カシュガル / ウルゲンチ 1388 / ブハラ / サマルカンド / タブリーズ / ニーシャープール / カーブル / イェルサレム / ヘラート1381 / **マムルーク朝** / ダマスクス 1401 / バグダード 1393 / イスファハーン 1388 / **ティムール朝** / シーラーズ / デリー 1398 / **デリー＝スルタン朝** / カイロ / メディナ / メッカ / アラビア半島 / アラビア海 / 500km / ←ティムールの遠征

▶▲ウルグ＝ベクの天文台 1429年、ウルグ＝ベクによって、**サマルカンド**に建設された六分儀の一部。図のような半径40m、円弧63mの巨大な六分儀を使った天文台により正確な天体観測がなされた。

第Ⅱ部 第8章

東アジア

? 朝鮮半島の国家と中国王朝の関係はどのような変遷をたどっているのだろうか。

1 13世紀までの朝鮮史

	中国
前2333 檀君による建国（建国神話）	
1000頃 青銅器文化の展開	
400頃 鉄器文化の普及	
195頃 衛満、古朝鮮の王となる（衛氏朝鮮）	漢
108 前漢が衛氏朝鮮を滅ぼし、楽浪郡など4郡を設置	
後 150頃 馬韓・弁韓・辰韓の勢力が大きくなる	
313 **高句麗**、楽浪郡を滅ぼす	三国時代
314 高句麗、帯方郡を滅ぼす	
384 **百済**に仏教伝来	
414 広開土王碑建立	隋・唐
660 **新羅**、唐と結んで百済を滅ぼす	
663 新羅・唐軍、日本軍を白村江で撃破	
668 新羅、唐と結んで高句麗を滅ぼす	
676 新羅と唐の争いが終わり、新羅が統一を達成	新羅
698 大祚栄、**渤海**を建国	
918 王建、**高麗**を建国	
926 キタイ、渤海を滅ぼす	
935 新羅滅亡	
936 高麗が統一を達成	高麗
1231 モンゴル軍、高麗侵略を開始	
1258 高麗、モンゴル軍に降伏	元
1274 モンゴル軍、高麗を基地として日本を侵略（文永の役）	

▶**渤海国興隆寺石灯籠** 渤海国は都を**上京竜泉府**に定めた（現・中国黒竜江省寧安県）。ここには興隆寺が建立された。写真の石灯籠は創建当時の面影を残しており、仏教の隆盛を伝えている。

2 三国時代・新羅（しらぎ）

2·1 三国時代の朝鮮

凡例：
── 5世紀末の領域
── 6世紀末の領域
▨ 6世紀末の新羅領

▼**慶州近郊の古墳群** 三国時代の朝鮮半島と日本の文化は類似点も多く、写真のような古墳が**慶州**近郊に残っている。

▶**高句麗広開土王碑** 高句麗第19代の広開土王（位391〜412）の事績を編年的に刻んだ石碑で、現在の中国吉林省集安県にある。碑文には64城1400村を獲得したとある。倭などとの戦況も記しているが、読み方には諸説がある。

2·2 8世紀の東アジアと日唐交通路

凡例：
══ 日本からの遣唐使などの航路

▶**仏国寺釈迦塔** 新羅では仏教文化が栄えた。写真は首都金城（慶州）に8世紀に建立された仏国寺の釈迦塔。大雄殿の前に多宝塔とならんで建つ。

◀**新羅の瞻星台** 慶州市内に残る石造の円筒型建造物。新羅時代の7世紀半ばに建造された。高さ9mほどで、天文観測に用いられたとみられるが、詳細は不明。

2·3 新羅の骨品制

（聖骨）
↓
真骨
↓
六頭品
↓
五頭品
↓
四頭品
↓
平民

解説 新羅でおこなわれた氏族的身分制。骨品の各階層は同族集団で構成され、生まれによって属する階層が決まった。

3 高麗（こうらい）

3·1 高麗の海外貿易

▲**高麗青磁** 高麗の磁器は、新羅と渤海の技術を基礎とし宋の磁器技術を取り入れて、11世紀に独自の境地に達した。高麗磁器のなかでも最も有名なのが、翡翠色になる高麗青磁である。

3·2 モンゴル軍の侵攻（1254〜59年）

凡例：
→ 第1波
→ 第2波
→ 第3波
→ 第4波

▲**海印寺に残る高麗版大蔵経** 高麗では仏教が隆盛した。その結果、木版で高麗版大蔵経が作製され、現在でもその版木が保存されている。

1 明朝の統治

1·1 明の動向

			ヨーロッパ 朝鮮 日本
元	1351	紅巾の乱	室町時代 [元]
	1368	明建国（首都・南京）	
14世紀		**洪武帝（朱元璋）**（位1368〜98）	前期倭寇
		中書省廃止、六部の皇帝直属	高麗
		魚鱗図冊・賦役黄冊	
		里甲制	英仏百年戦争
		六諭	
		衛所制	足利義満
		一世一元の制	
	1399	靖難の役（〜1402）	
		勘合貿易（1404〜1547）	
15世紀	1402	**永楽帝**（位1402〜24）	
		鄭和の南海遠征	
		陳朝大越国（ベトナム）併合	バラ戦争
		5回におよぶモンゴル遠征	
		北京遷都（1421）	
		内閣大学士設置	
	1435	正統帝（位1435〜49、57〜64）	
	1448	鄧茂七の乱	
	1449	土木の変（エセン、正統帝捕らえる）	
16世紀	1501	ダヤン－ハーン、オルドス侵入	後期倭寇
	1517	ポルトガル人、広州付近に来航	朝鮮王朝
	1550	アルタン＝ハーン、北京包囲	ルター95カ条
	1557	ポルトガル人のマカオ居住を許す	
	1572	**万暦帝**（位1572〜1620）	安土・桃山時代
		●張居正の改革（1573〜82）	ユグノー戦争
		●一条鞭法が広まる	豊臣秀吉
		●マテオ＝リッチ、マカオに来航（1582）	
		●朝鮮に援軍派遣	
		●東林派・非東林派の党争	
17世紀	1616	ヌルハチ、**金（後金）**建国	
	1619	サルフの戦い（後金、明を破る）	三十年戦争
	1627	崇禎帝（位1627〜44）	江戸時代
	1631	**李自成の乱**	
	1636	後金、清と改称	
	1644	李自成、北京を攻略、明滅亡	
清			

◀洪武帝 貧しい農民から一代で皇帝となり、建国の功労者を謀反の罪で粛清し独裁体制をつくった。端整な肖像画も伝わっているが、冷酷さのうかがえるこの肖像が実相に近いといわれる。

◀永楽帝 明の第3代皇帝。洪武帝の第4子で燕王として北平（北京）で防備にあたっていたが、甥の建文帝が諸王抑圧策をとったのに対抗して挙兵し（**靖難の役**）、帝位を奪い即位した。

14世紀の東アジア

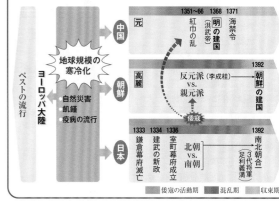

■ 倭寇の活動期	■ 混乱期	■ 収束期

1·2 明の政治の仕組み

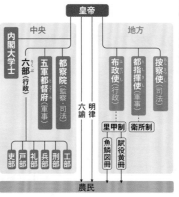

▲魚鱗図冊 明代に整備された土地台帳。図は、後代に魚鱗図冊風に書かれた地籍図。

解説 「**六諭**」は民衆教化のため、1397年に**洪武帝**が公布した教訓。里老人と呼ばれる村の有徳者が、月に6度木鐸を叩きながらこれを唱えて里甲をまわった。

Q 明初の統治の特徴は何だろうか。

六諭（りくゆ）

1 父母に孝順なれ
2 目上を尊敬せよ
3 郷里に和睦せよ
4 子孫を教訓せよ
5 おのおのの生理（生業）に安んじ
6 非為をなすことなかれ

明の制度

洪武14(1381)年、天下に詔を下して、賦役黄冊を作成させた。110戸をもって1里とし、丁糧の多い者10戸を選んで長とし、残りの100戸を10甲に編成した。…毎年、里長1人、甲首1人を役にあたらせ、1里・1甲内のことをつかさどらせ…10年で1巡するようにした。…里ごとに冊（帳簿・台帳）を編集し…10年ごとに有司（役人）は、その冊を改定し、丁糧の増減によって、戸の上下関係を改めた。…戸部におくる冊は、黄色の表紙をつけたので、これを黄冊といった。…ここにおいて、魚鱗図は、縦糸として、土田に関する訴訟の解決に役立ち、黄冊は、横糸として、賦役の法を確立した。

（江上波夫監修『新訳世界史史料・名言集』山川出版社より）

解説 賦役黄冊とは戸籍・租税台帳で、洪武帝が里甲制の施行とあわせて作成させた。史料からは里甲制・賦役黄冊・魚鱗図冊は相互に密接に関連していることがうかがえる。

▼万里の長城 外敵の侵入にそなえて中国北方に築かれた城壁。すでに戦国時代から列国によって築かれ、秦の始皇帝時代、漢代にさらに延長された。現存する万里の長城は明代に修築されたもので、西の嘉峪関から東の山海関に至り、秦漢時代より南に位置している。

▲アルタン＝ハーン（1507頃〜82） 16世紀半ば、モンゴル勢力を統率したアルタンは明と対立するようになり、一時北京を包囲した。また、チベット仏教の教主に「**ダライ＝ラマ**」の称号をおくって関係を強化した。

Q モンゴルの諸集団が長城をこえて侵入してくる目的は何だろうか。

2 明朝の朝貢世界

2・1 明の対外政策

凡例:
- 明の最大領域（15世紀初めの永楽帝時代）
- 16世紀半ばの明の領域
- 16世紀半ばのおもな衛所
- 永楽帝のモンゴル遠征路
- 鄭和の艦隊の航海路（航路全体はp.14-15の「15世紀の世界」の地図を参照）
- オイラトの最大領域（1454年）
- オイラトの圧力
- 女真の圧力
- モンゴルの領域
- モンゴルの圧力
- 倭寇の侵略地

2・2 鄭和の遠征

Q このような大艦隊を率いた遠征の目的は何だったのだろうか。

▲コロンブスの旗艦帆船サンタ＝マリア号（右）と鄭和の旗艦宝船（左）の大きさ比較

（単位：m）10　0

▶明に献上されたキリン
鄭和の艦隊が向かったアフリカ東海岸のマリンディの使節は、ソマリ語で「ギリン」という動物を貢物として献上した。聖世に現れるとされた麒麟と発音が似ているため、永楽帝は大変喜んだという。

Q 永楽帝が「キリン」の献上を喜んだ背景を、即位の経緯から推測してみよう。

2・3 明初の朝貢世界

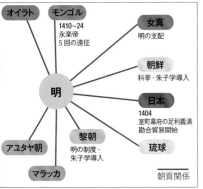

- オイラト
- モンゴル 1410〜24 永楽帝5回の遠征
- 女真 明の支配
- 朝鮮 科挙・朱子学導入
- 日本 1404 室町幕府の足利義満 勘合貿易開始
- 琉球
- 黎朝 明の制度・朱子学導入
- アユタヤ朝
- マラッカ

朝貢関係

北虜南倭

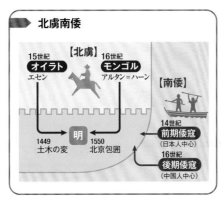

【北虜】
15世紀 オイラト エセン ／ 16世紀 モンゴル アルタン＝ハーン

【南倭】
14世紀 前期倭寇（日本人中心）
16世紀 後期倭寇（中国人中心）

1449 土木の変 ／ 1550 北京包囲

解説 明は洪武帝以後、漢民族による中華帝国の再編をめざして海禁政策をとり、冊封・朝貢体制をしいた。永楽帝は鄭和など宦官を各地に派遣し、各国と朝貢関係を結んだが、永楽帝の死後、オイラトやモンゴルが長城をこえてしばしば侵入（北虜）、沿岸地域では密貿易が増加し後期倭寇（南倭）に発展した。

◀張居正（1525〜82）万暦帝のもと、行財政改革を断行し財政赤字を解消、徴税の簡素化である一条鞭法を定着させた。また外政ではモンゴルのアルタン＝ハーンと和議を結び、北辺の脅威を除いた。

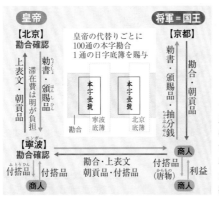

皇帝
【北京】勘合確認
勅書・領賜品・朝貢品
上表文・朝貢品
滞在費は明が負担

本字壹號　本字壹號
寧波底簿　北京底簿
勘合　　　日字底簿

皇帝の代替りごとに100通の本字勘合1通の日字底簿を賜与

将軍＝国王
【京都】
勅書・領賜品・抽分銭
勘合・朝貢品

【寧波】勘合確認
付搭品　勘合・上表文・朝貢品・付搭品
商人　付搭品
商人　利益　付搭品（唐物）
商人

2・4 アジア海域で活躍した琉球王国

- 琉球王国への交易ルート
- 明への朝貢

▼皮弁冠 中国皇帝から冊封下の琉球に授与された冠。

東南アジア諸国の朝貢

◀足利義満と勘合貿易　明朝は1371年に南朝の懐良親王を「日本国王」として冊封しており、足利義満が1380年「日本国征夷将軍源義満」の名で交渉するも天皇の家臣とは交渉しないとして入貢を拒んだ。1394年義満は太政大臣を辞して出家し、天皇の臣下をはなれて1401年に明に使節を送り「日本国王」に冊封された。返礼の使者を送った時には建文帝に代わって永楽帝が皇帝となっていたが、1404年、勘合貿易が始まり、義満は明の要請により倭寇を鎮圧した。

日本

東アジア

1 銀の流れと世界経済

1・1 16〜18世紀の銀の流れ

解説 16世紀、アメリカ大陸の銀が大量に流入したことは、ヨーロッパのみならず世界全体に大きな影響を与えた。ヨーロッパ人の対外進出にともなって、ペルーやメキシコおよび日本の銀は世界を結びつけ、これ以降しだいに世界の一体化が進行していくこととなる。

Q 銀の流入にともなって、16世紀のヨーロッパでは激しい物価騰貴がおこったのに対して、中国では1620年まで米価がほとんど上昇していないのはなぜだろうか。

中国の米価とイギリスの小麦価格

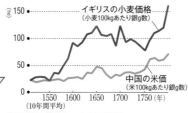

- イギリスの小麦価格（小麦100kgあたり銀g数）
- 中国の米価（米100kgあたり銀g数）

（10年間平均）

（彭信威『中国貨幣史』上海人民出版社およびW・アーベル、寺尾誠訳『農業恐慌と景気循環』未来社より作成）

1600年前後の世界の銀の流通と東アジア

いささか唐突な想像ではあるが、もし銀というものが夜も輝く性質をもっていたとしたら、1600年前後のこの時期、夜の東アジアを撮影する衛星写真には、銀の集積した地域をかたどって、中国の東の周縁にそって弧を描くくっきりとした光の帯が描きだされたであろう。税として徴収された銀が大量に投下される北方の軍事地帯と、新大陸や日本の銀が集まり中国へと流れ込んでゆく東シナ海周辺地域と―中国の東半分を取り囲むこの地帯では、集積された銀を基盤に巨利を生む国際交易のマーケットが形成された。

（岸本美緒『東アジアの「近世」』山川出版社より）

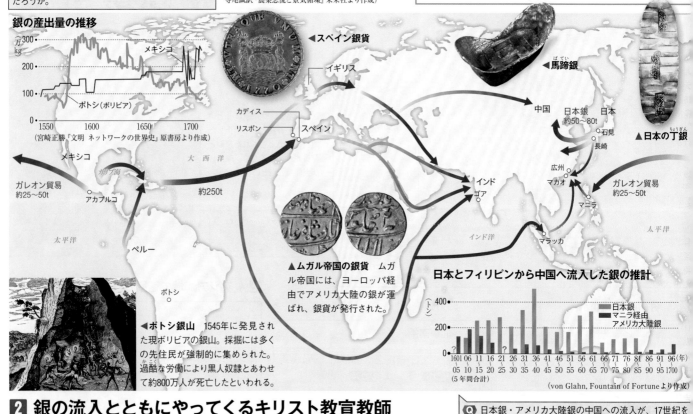

銀の産出量の推移

- メキシコ
- ポトシ（ボリビア）

（宮崎正勝『文明 ネットワークの世界史』原書房より作成）

スペイン銀貨

イギリス

馬蹄銀（ばてい）

中国　日本銀　日本
約50〜80t

石見

長崎

▲日本の丁銀（ちょうぎん）

メキシコ

カディス

リスボン　スペイン

大西洋

カリブ海

ガレオン貿易
約25〜50t

アカプルコ

太平洋

ペルー

ポトシ

約250t

インド
ゴア

広州

マカオ

マニラ

ガレオン貿易
約25〜50t

マラッカ

インド洋

太平洋

▲ムガル帝国の銀貨　ムガル帝国には、ヨーロッパ経由でアメリカ大陸の銀が運ばれ、銀貨が発行された。

◀ポトシ銀山　1545年に発見された現ボリビアの銀山。採掘には多くの先住民が強制的に集められた。過酷な労働（かこく）により黒人奴隷とあわせて約800万人が死亡したといわれる。

日本とフィリピンから中国へ流入した銀の推計

（トン）

- 日本銀
- マニラ経由アメリカ大陸銀

（5年間合計）

（von Glahn, Fountain of Fortune より作成）

2 銀の流入とともにやってくるキリスト教宣教師

Q 日本銀・アメリカ大陸銀の中国への流入が、17世紀を通じて減少しているのはどのような理由からだろうか。

2・1 明清代の外国人宣教師（せんきょうし）

	人名（中国名）	来朝年〜死亡年・国籍	活動
明	マテオ＝リッチ（利瑪竇）	1582〜1610　イタリア	「幾何原本」「坤輿万国全図」
	アダム＝シャール（湯若望）	1622〜66　ドイツ	暦法・大砲鋳造『時憲暦』
清	フェルビースト（南懐仁）	1659〜88　ベルギー	暦法・大砲鋳造
	ブーヴェ（白進）	1687〜1730　フランス	「皇輿全覧図」
	カスティリオーネ（郎世寧）	1715〜66　イタリア	西洋画法、円明園の設計

2・2 明末のキリスト教徒数

年代	教徒数	年代	教徒数
1584	3	1605	1,000
1585	19	1606	2,000
1586	40	1610	2,500
1589	80	1615	5,000
1596	100	1617	13,000
1600	400	1636	38,200
1603	500	1650	150,000

解説 長くきびしい旅を経て中国にたどり着いた宣教師たちであったが、初期の布教活動は決して順調とはいえなかった。マテオ＝リッチも、10年間に200人あまりの信者しか得られなかったという。しかし彼らの地道な努力が後年、布教の飛躍的発展をもたらした。

▲紅夷砲（こういほう）　写真は山海関の長城上に残る明末の紅夷砲。紅夷とはポルトガル人などと区別して、オランダ人・イギリス人を指す呼称である。この巨大な紅夷砲は明末に購入され、北方戦線や北京の防備に用いられ、城の攻防に威力を発揮した。その後、徐光啓らクリスチャンの学者官僚はカトリック宣教師の協力を得て紅夷砲の制作に乗り出し、明の滅亡までに数百門の紅夷砲が中国で制作された。

▲マテオ＝リッチ（1552〜1610）

▲アダム＝シャール（1591〜1666）

▲フェルビースト（1623〜88）

3 東アジアの銀交易

3・1 石見銀山

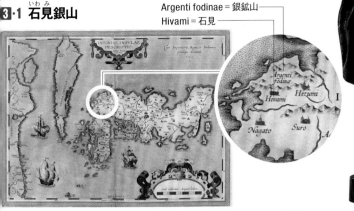

Argenti fodinae ＝ 銀鉱山
Hivami ＝ 石見

▲**オルテリウス／ティセラ「日本図」** 1592年にポルトガルのイエズス会宣教師ティセラが作成。95年にアントウェルペンで印刷された。縦35.5cm　横48.5cm。16世紀、世界の銀流通量の3分の1を占めた日本の銀の主要鉱山が石見銀山（△島根県大田市）である。海禁政策により正式には貿易がなされない日明の間を、「ソーマ銀」（銀山のある佐摩村にちなむ）と生糸が倭寇（武装密貿易業者）を介して行き交っていた。南蛮貿易の隆盛も、この銀あってこそであった。

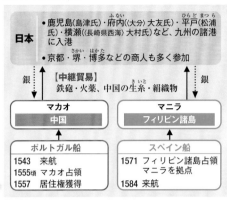

3・2 南蛮貿易

日本	・鹿児島(島津氏)・府内(大分(大友氏)・平戸(松浦氏)・横瀬((長崎県西海)大村氏)など、九州の諸港に入港 ・京都・堺・博多などの商人も多く参加

銀 ↑　【中継貿易】　↑ 銀
鉄砲・火薬、中国の生糸・絹織物
銀 ↓　　　　　　　　　↓ 銀

マカオ	マニラ
中国	フィリピン諸島

↑ | ↑

ポルトガル船	スペイン船
1543　来航	1571　フィリピン諸島占領 　　　　マニラを拠点
1555頃　マカオ占領	
1557　居住権獲得	1584　来航

▲**王直(？〜1559)** 石見銀山が発見されて以降、銀不足に悩む中国と生糸・陶磁器など中国商品の需要が高い日本とを結ぶ密貿易が盛んになった。16世紀半ば、この密貿易いわゆる後期倭寇の主導権を握った徽州商人の1人が王直である。王直は日本やタイなどを相手にした密貿易で巨額の富を築いた。1553年に日本の五島列島と平戸に根拠地を移し、西日本の諸大名と結びついた。1543年に彼のジャンク船がポルトガル人と鉄砲を乗せて種子島に漂着したが、ポルトガル人の日本来航も中国商人の密貿易網を利用したものだった。

4 東アジアの新興勢力

4・1 鉄砲の伝来と日本の統一

解説 日本では南蛮貿易による財力と火器の活用により、2人の武将が統一事業を進めた。織田信長が鉄砲隊の活躍で武田の騎馬軍を破った長篠の戦い(1575)は、戦国時代の戦法を騎馬中心の個人戦から足軽の鉄砲隊を中心とする集団戦法へと移行させた。豊臣秀吉は、本能寺の変で信長が敗死すると政敵を倒して地方を平定、1590年全国を統一した。

▲**伝八板金兵衛作の国産1号とされる火縄銃**

▲**ポルトガル人が伝えたとする火縄銃**

▲**織田信長**(1534〜82)

▲**豊臣秀吉**(1537〜98)

4・3 女真族の統一

▲**ヌルハチの即位** 推戴されて即位した太祖。ヌルハチは武将であると同時に商業資本家でもあった。女真人・漢人・モンゴル人・朝鮮人が混在する遼東地方で、薬用の人参やクロテンの毛皮の交易の利権争いで優位にたち、1616年に建国して国号を金(後金)とした。ヌルハチは、女真諸部族の統一を進めて交易を独占していった。

▲**人参**(『本草綱目』)

▼**クロテン**

5 ヨーロッパへの影響

啓蒙思想家	儒学(朱子学)の論理による社会秩序観が影響 ●ライプニッツ(独)…革命是認説・哲人政治 ●ヴォルテール(仏)…神話のない理性的文化
官僚制	科挙制がイギリスの文官試験制のもととなる
重農主義者	中国の農本思想が影響 ●ケネー(仏)…『経済表』 　　(易の八卦思想にヒントを得る)
美術	バロック・ロココ美術に影響 ●シノワズリ(中国趣味) 　→チャイナ(陶磁器)の流行 　…ルイ14世、「陶器のトリアノン」を建設 ●ジャパン(日本の漆器)の流行 ●ワトー・ブーシェらの中国趣味の室内装飾画
茶の流行	17世紀初めに伝来

▶**ブルー＝オニオンの意匠** ドイツのマイセン社などの製品として人気のあるブルー＝オニオンの図柄は、中国磁器の影響のもとに成立したことはよく知られる。

Q ブルー＝オニオンは、何の形が様式化したものだろうか。

▶**中国趣味の流行** 17世紀後半から1世紀間、ヨーロッパでは中国趣味(シノワズリ)が流行した。中国産の磁器が珍重され、中国式の庭園がつくられた。写真は、サンスーシ宮殿内の中国風茶館(ドイツ、ポツダム)。

日本

東南アジア・東南アジア

1 日本の南蛮文化

1·1 南蛮文化一覧表

出版	キリシタン版（活字印刷）『平家物語』『伊曽保物語』『日葡辞書』
学問	天文学・地理学・医学・航海術
絵画	油絵・銅版画
キリスト教	南蛮寺（教会堂）・セミナリオ・コレジオの建設
生活文化	地球儀・時計・メガネ・ガラスなど

1·2「南蛮屏風」

Q どのような経緯で、黒人の従者がともなわれているのだろうか。

▲トラを運ぶ黒人の従者

◀**カピタン**（船長）
太もものふくらんだズボンのことをカルサン（軽衫）といい、これも南蛮人の服装の特徴である。

▶黒の長衣とマント、茶色の長衣と長い腰紐は、それぞれイエズス会士とフランシスコ会士とみられる。

南蛮寺

▲**「南蛮屏風」** 16世紀後半から17世紀初めにかけて、多くのポルトガル・スペインの船が商人・宣教師などを乗せて日本に入港した。両国人を日本では南蛮人と呼び、日本で制作された「南蛮屏風」にその風俗が描かれている。図右上の南蛮寺とは当時のキリスト教教会である。

2 東南アジア交易の発展

2·1 16～17世紀の東南アジア

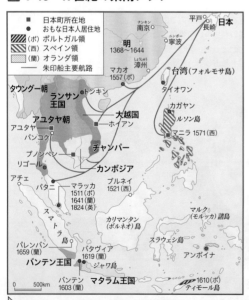

凡例：
- ■ 日本町所在地
- ● おもな日本人居住地
- ▨ （ポ）ポルトガル領
- ▧ （西）スペイン領
- ▥ （蘭）オランダ領
- — 朱印船主要航路

タウングー朝
ランサン王国
アユタヤ朝
アユタヤ
バンコク
リゴール
アチェ
パタニ
マラッカ 1511（ポ）1641（蘭）1824（英）
スマトラ島
パレンバン 1659（蘭）
バタヴィア 1619（蘭）
バンテン王国
バンテン 1603（蘭）
マタラム王国
トンキン
大越国
ホイアン
チャンパー
カンボジア
プノンペン
ブルネイ 1521（西）
カリマンタン（ボルネオ）島
スラウェシ島
アンボイナ
マルク（モルッカ）諸島
1610（蘭）ティモール島
ジャワ島
明 1368～1644
ナンキン 南京
ニンポー 寧波
漳州
マカオ 1557（ポ）
台湾（フォルモサ島）
タイオワン
カガヤン
ルソン島
マニラ 1571（西）
平戸
長崎
日本
0 500km

Q この時代、日本人は東南アジアでどのような活動をしていたのだろうか。

▲1596年当時の国際港湾都市バンテン（ジャワ島、現在のジャカルタ北西）の市場 小屋では香辛料の販売をしている。右側は、胡椒買入れ取引中のポルトガル人商人。

◀**ヨーロッパと東南アジアの接触** 1512年、モルッカ諸島の**アンボイナ島**にはポルトガル人が到達したが、1605年にオランダが要塞を独占した。この17世紀の版画には島の近くを航行する**オランダ東インド会社**の帆船が描かれている。

ティモール島と白檀

白檀は英語でサンダルウッドという香木で、ティモール島の特産物であった。白檀の需要はインドに多く、ヒンドゥー教徒のインド人は死ぬときは白檀の棺桶で焼かれることを望み、白檀をすり合わせて顔に塗ったりするという。中国でも白檀の扇子、白檀の香が用いられ、インドに劣らず需要があった。東南アジアではインドの綿製品と中国の陶磁器の需要は強く、インドと中国をつなぐ貿易品として白檀は欠くことのできないものだった。結局オランダとポルトガルがこのティモール島を争って、島を二分することになった。オランダ領の西ティモールではイスラーム化が進み、ポルトガル領の東ティモールはキリスト教化が進んだ。1949年インドネシアがオランダから独立し、さらに1975年東ティモールもインドネシアに吸収されると、キリスト教徒は反発し、2002年東ティモールは独立した。この島で白檀がとれなかったら、島を二分する現在の国境線はなかったかもしれない。

▶白檀

? 朝鮮と日本の関係はどのようなものだったのだろうか。

1 14世紀以降の朝鮮史

年	できごと	中国
1392	**李成桂**、朝鮮王朝建国（高麗滅亡）	明
1446	**世宗**、訓民正音（ハングル）を制定	
1592	**壬辰倭乱**（豊臣秀吉による文禄の役）	
1597	**丁酉倭乱**（豊臣秀吉による慶長の役）	
1636	丙子胡乱（清軍の侵入を受け、清に朝貢する）	
1653	時憲暦を施行	朝鮮王朝
1786	洋学を禁止	
1811	洪景来の乱（～12）	
1860	崔済愚、東学を創始	清
1863	**高宗**が即位し、**大院君政権**が誕生	
1873	大院君政権が倒れ、**閔氏政権**が誕生	
1875	江華島事件	
1876	**日朝修好条規**（江華条約）調印	
1882	**壬午軍乱**	
1884	**甲申政変**	
1894	**甲午農民戦争**がおこり、**日清戦争**が始まる	
1895	日清、下関条約調印。乙未事変（閔妃殺害事件）	
1896	高宗が露館播遷。独立協会結成	
1897	国号を**大韓帝国**に改め、皇帝の称号を用いる	
1904	**日露戦争**勃発。**第1次日韓協約**調印	大韓帝国
1905	日露、ポーツマス条約調印。**第2次日韓協約**調印	
1905	日本、韓国統監府を設置	
1907	ハーグ密使事件。高宗が退位	
1909	**安重根**、ハルビンで伊藤博文を射殺	
1910	**韓国併合**に関する条約調印。日本、朝鮮総督府を設置	

▶**測雨器** 測雨器は世宗の治世に降雨量を測定するためにつくられ、18世紀にはいると宮殿や全国の郡県にも設置された。金属製の円筒形の部分が測雨器。

2 朝鮮王朝

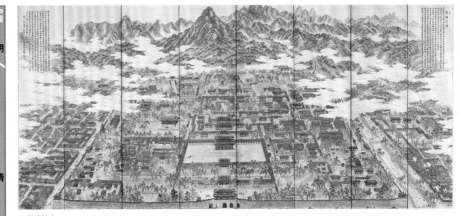

▲**景福宮全図**　李成桂は漢城（現在のソウル）に遷都すると1394年から景福宮を建造しはじめた。壬辰倭乱などで焼失し、現在の建物は19世紀後半に再建されたものである。（韓国国立中央博物館蔵）

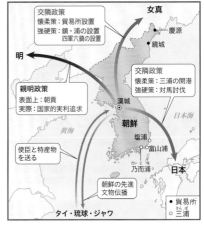

▲**世宗**（位1418～50）　朝鮮王朝第4代の国王で、王朝の基盤を固めた。**訓民正音**（ハングル）を定め、『高麗史』などの編纂事業と並行して銅活字を鋳造させた。また高麗時代に勢力をもった仏教を統制して儒学を振興した。

2·1 朝鮮王朝初期の対外関係

女真
交隣政策
懐柔策：貿易所設置
強硬策：鎮・浦の設置 四軍六鎮の設置
慶源
鏡城

明
親明政策
表面上：朝貢
実際：国家的実利追求

交隣政策
懐柔策：三浦の開港
強硬策：対馬討伐

漢城
朝鮮
黄海
日本海
塩浦
富山浦
乃而浦

使臣と特産物を送る

朝鮮の先進文物伝播

タイ・琉球・ジャワ

● 貿易所
○ 三浦

2·2 壬辰・丁酉倭乱

日本軍の進路
―― 壬辰倭乱（文禄の役）
―― 丁酉倭乱（慶長の役）

0　100km

会寧
三水
義州
咸興
平壌
開城
漢城（ソウル）
竹山
水原
清州
慶州
蔚山
全州
南原
晋州
泗川
固城
大浦
南海
釜山
李舜臣（朝鮮水軍）
対馬
巨済島
壱岐
熊本
勝本
名護屋
済州島
日本海
黄海

◀**亀甲船**　16世紀末に朝鮮水軍の李舜臣が改良、豊臣秀吉が派遣した日本水軍に大打撃を与えた。亀のような外形をもち、木造だが表面を固いふた板でおおい、左右両舷やへさきに砲口、船首に煙幕の吹出し口をそなえていた。

▼**壬辰倭乱図**　1592年日本の豊臣秀吉が派遣した約16万人の軍勢が、釜山から北上して首都を占領しさらに平壌方面にまで進出した。朝鮮側は山に城郭を築いて戦い、水軍と義兵に加え明の援軍を得た結果、ようやく勝利した。朝鮮では文禄の役のことを壬辰倭乱と呼ぶ。（ソウル、陸軍士官学校博物館蔵）

2·3 16世紀以降の社会

▲**朝鮮通信使**　朝鮮通信使一行が描かれた絵巻。通信使は国書と贈りものをたずさえ釜山と江戸の間を往復した。国書は輿（左端）に乗せられていた。その送迎や接待は豪奢をきわめたため、両国ともに財政的な負担は大きかった。（東京都江戸東京博物館蔵）

◀**両班**　両班とは、高麗や朝鮮王朝において官僚を出すことができた最上級身分の支配階級のこと。官僚制が成立した高麗の初期からみられるが、朝鮮王朝初期には血縁的身分として固定化された。図の上方で寝そべっている人物が両班。（韓国国立中央博物館蔵）

▶**草梁倭館**　倭館とは、日本からの使客接待のために朝鮮に設けられた建物のことで、ここで交易もおこなわれた。江戸時代には富山浦（現・釜山）のみにおかれ、1678年に富山浦の豆毛浦から草梁に移された。（韓国国立中央博物館蔵）

日本

東アジア

1 大航海時代

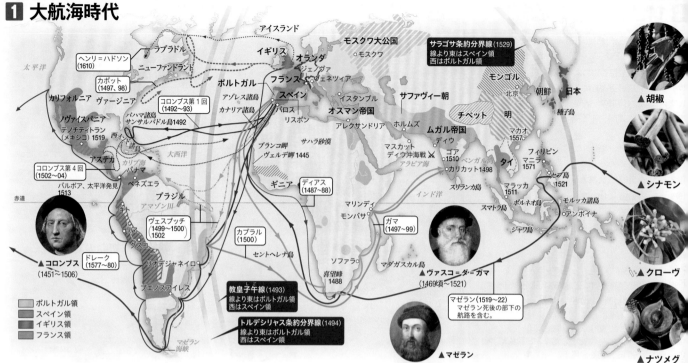

サラゴサ条約分界線(1529)
線より東はスペイン領
西はポルトガル領

▲胡椒
▲シナモン
▲クローヴ
▲ナツメグ

ヘンリ=ハドソン(1610)
カボット(1497、98)
コロンブス第1回(1492~93)
コロンブス第4回(1502~04)
バルボア、太平洋発見 1513
ドレーク(1577~80)
ヴェスプッチ(1499~1500、1502)
カブラル(1500)
ディアス(1487~88)
ガマ(1497~99)
マゼラン(1519~22) マゼラン死後の部下の航路を含む。

▲コロンブス(1451~1506)
▲ヴァスコ=ダ=ガマ(1469頃~1521)
▲マゼラン

教皇子午線(1493)
線より東はポルトガル領
西はスペイン領

トルデシリャス条約分界線(1494)
線より東はポルトガル領
西はスペイン領

□ ポルトガル領
■ スペイン領
■ イギリス領
■ フランス領

2 ポルトガルとスペイン

ヨーロッパ

背景	
東方への関心：マルコ=ポーロ『世界の記述』(『東方見聞録』)	
宗教的情熱：レコンキスタ、プレスター=ジョンの伝説	
レヴァント貿易(東方貿易)の障害：オスマン帝国の介入	
知識・技術の進歩：地理的知識の普及、航海術・造船技術の発達	

	ポルトガル		スペイン
	航海王子エンリケ		
1415	北アフリカのセウタ攻略		
1431	アゾレス諸島発見	1474	イサベル即位(位1474~1504)
1434	ボハドル岬到着	1479	スペイン王国成立
1445	ヴェルデ岬発見	1492	グラナダ陥落→国土回復運動完了
1460	エンリケの死	1492	**コロンブス**第1回航海、
1481	ジョアン2世即位(位1481~95)		サンサルバドル島到着
1488	**バルトロメウ=ディアス**、喜望峰到達	1493	コロンブス第2回航海
1493	教皇アレクサンデル6世、教皇子午線設定		
1494	トルデシリャス条約(教皇子午線の修正)		
1498	**ヴァスコ=ダ=ガマ**、カリカット到達	1498	コロンブス第3回航海
1500	**カブラル**、ブラジルに漂着	1499	**アメリゴ=ヴェスプッチ**、ベネズエラ沿岸探検
1502	ヴァスコ=ダ=ガマ第2回航海	1502	コロンブス第4回航海
1505	セイロン島を占領	1503	アメリゴ=ヴェスプッチ、『新世界』刊行
1509	ディウ沖の海戦でマムルーク朝軍を破る	1513	**バルボア**、パナマ地峡探検(太平洋発見)
1510	インドのゴアを占領	1516	カルロス1世即位(位1516~56)
1511	マレー半島のマラッカ占領	1519	**マゼラン**、世界周航出発(~22)
1512	モルッカ諸島到着	1521	マゼラン、フィリピンで殺される
1517	中国の広州で通商		**コルテス**、アステカ王国を滅ぼす
1529	サラゴサ条約		
1543	ポルトガル人、種子島に漂着	1533	**ピサロ**、インカ帝国を滅ぼす
1549	**ザビエル**、鹿児島に到着	1545	ポトシ銀山の採掘開始
1557	中国のマカオに居住権	1556	フェリペ2世即位(位1556~98)
		1571	レパントの海戦、フィリピンにマニラ建設
ポルトガルの海外活動の特徴		**スペインの海外活動の特徴**	
おもにアジアに進出し、中継貿易により貿易利潤を追求		おもにアメリカ大陸に進出し、土地・財宝を奪い、植民活動を展開	

3 商業革命と価格革命

商業革命	商業の中心地が、地中海経由の東方貿易から大西洋貿易に転換 ⇨北イタリア諸都市の衰退が徐々に進み、中心都市はリスボン(ポルトガル) ⇨セビリャ(西)⇨アントウェルペン(ネーデルラント)と変遷
価格革命	大量の銀がヨーロッパに流入して物価騰貴＝貨幣価値の下落 ⇨南ドイツのフッガー家(アウクスブルク)の衰退 定額地代によにる封建領主の没落、農民の地位上昇 商工業の活性化、国王への中央集権進展
西欧主導の世界商業圏形成	世界の一体化が始まり、「近代世界システム」(資本主義の世界的な分業システム)が成立 →p.167 ⇨西欧‥‥‥‥中心 東欧‥‥‥‥穀物・木材を供給 南北アメリカ‥‥金・銀・砂糖・タバコ・コーヒー・毛皮を供給 アフリカ‥‥‥‥奴隷を供給

3·1 価格革命

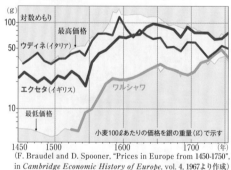

(g) 対数めもり
100 最高価格
ウディネ(イタリア)
50
エクセタ(イギリス)
ワルシャワ
10
最低価格
小麦100ℓあたりの価格を銀の重量(g)で示す
1450 1500 1600 1700 (年)
(F. Braudel and D. Spooner, "Prices in Europe from 1450-1750", in *Cambridge Economic History of Europe*, vol. 4, 1967より作成)

解説 16世紀にはアメリカ大陸からスペイン人が多量にもたらした金・銀の流入も要因の一つとなってヨーロッパに「価格革命」と呼ばれる急激な価格上昇がおこった。16世紀、ヨーロッパの小麦価格は全体に3~4倍に高騰した。

Q1 インフレーションがおこり好況期であった16世紀に続く17世紀には、どのような変化が読み取れるだろうか。

Q2 ウディネ(イタリア)とエクセタ(イギリス)の小麦価格の変動から、どんなことが読み取れるだろうか。

Q3 小麦の最高価格と最低価格の差の変化から、どのようなことが読み取れるだろうか。

4 アメリカ大陸の征服

▲**コロンブスのサンサルバドル島上陸** コロンブスは死ぬまでインドに到達したと信じていたため、先住民をインディオ（インディアン）と呼ぶようになった。

ジャック＝カルティエの『探検航海記』(1534年)

この月の第24日〔1534年7月24日金曜日〕、われわれは入江の入り口にある岬〔ガスペ岬〕の上で、数人の原住民を前にして、高さ30フィート※1の十字架を造らせた。木が十字に交わるところの下に、白ユリの花三輪を浮き彫りにした紋章※2を付け、上には本文書体※3で大きく「フランス国王万歳」と刻み込んだ木製の板を打ち付けた。それからわれわれは原住民の見ている前で、岬にこの十字架をしっかりと打ち込んだ。彼らは十字架が造られ、打ち込まれるのをじっと見守っていた。…首領はわれわれに十字架を指差し、2本の指で十字架の形をつくって、大演説を始めた。次に彼は大地を指し、われわれの周りの全てを指し示しながら、全大地は彼のものであり、件の十字架を彼の同意なく立ててはならないと伝えようとしているようであった。

※1 当時のフランスの1フィートは約0.325メートル。
※2 フランス王室の紋章。カナダ・ケベック州の州旗にも描かれている。
※3 本文書体(letter de forme)は角張った書体で、主に教会で使われる聖書などに用いられる。
（歴史学研究会編『世界史史料7』岩波書店より）

▲**ジャック＝カルティエ** フランスの探検家。カナダを合計3回（1534年、1535～36年、1541年）探検航海した。

Q コロンブスとカルティエ、2人の探検家の行動に共通していることは何だろうか。

4·1 コルテスとピサロの進路

- → コルテスの進入路
- → ピサロの進入路
- ○ スペイン征服以前の都市
- ……… 現在の国境
- 国名 現在の国名

◀**コルテス**(1485〜1547) スペイン貴族出身のコンキスタドール（「征服者」）。1521年、アステカ王国を征服し、広大な土地を手に入れた。

▶**ピサロ**(1470頃〜1541) バルボアのパナマ遠征に同行後、スペイン国王の勅許を得て1533年、インカ帝国征服に成功した。

Q フランスの人文主義者モンテーニュの語り口からは、何を読み取ることができるだろうか。

アタワルパの処刑

この新世界でもっとも強力で、おそらく、われわれの大陸でも王の中の王ともいうべき2人の王が、スペイン人に国を追われる最後の王となったが、その1人であるペルー王は、戦争で捕虜となって、信じられないほどの法外な身代金を要求されたが、それを忠実に支払った上に、その交渉においても、率直で鷹揚で誠実な心と、明晰ですぐれた判断力の証拠を示した。ところが、勝利者のほうは、132万5500オンスの黄金と、それに劣らぬ額の銀その他の物をふんだくって、…王がこの地方をそそのかして自由を回復しようと企てたという偽の罪状と証拠をでっち上げた上で、この裏切りを仕組んだ張本人どもの結構な裁判によって、王を公衆の面前で絞首刑に処した。…王は顔色も言葉も乱さずに、真に王者らしい堂々たる態度でそれに耐えた。

（モンテーニュ著、原二郎訳『エセー(5)』岩波文庫より）

◀**アタワルパの処刑** インカ帝国の王アタワルパは1532年11月、キリスト教改宗を拒否したとして、ピサロ率いる200人足らずのスペイン軍に攻撃され捕らえられ、処刑された。絵はインディオの記録者ワマン＝ポマ＝デ＝アヤラの『新しい記録と良き政治』の挿絵であるが、実際には絞首刑であった。

4·2 インディオの人口減少

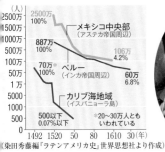

- メキシコ中央部（アステカ帝国周辺）2500万 100% → 106万 4.2%
- ペルー（インカ帝国周辺）887万 100% → 70万 100% → 60万 6.8%
- カリブ海地域（イスパニョーラ島）500以下 0.07%以下 ※20〜30万人ともいわれている

1492 1520 50 80 1610 30(年)
（染田秀藤編『ラテンアメリカ史』世界思想社より作成）

◀**ラス＝カサス**(1474/84〜1566) ドミニコ会修道士。アメリカ大陸でのスペイン人の残虐行為を訴え、また、『インディアスについての簡潔な報告』を著した。

▼**ポトシ銀山** 鉱山に送られたインディオが何カ月も生き延びることはめったになかったという。

■ スペインの先住民支配

16世紀〜 エンコミエンダ制（コンキスタドレスの土地経営）	17世紀〜 アシエンダ制（大農園）
統治委任 ← スペイン コンキスタドレス ↓賦役 先住民	流入 ← スペイン 統治 代官 経営 地主 黒人奴隷 ↓経営 先住民 ←輸入

5 アメリカ大陸とヨーロッパの交流

Q 「コロンブス交換」→p.26といわれる交流で、両大陸のその後の生活はどのように変化しただろうか。

▲ペルー原産のジャガイモ

アメリカ大陸 → ヨーロッパ大陸
トウモロコシ・タバコ・トウガラシ・サツマイモ・ジャガイモ・落花生・カカオ・トマト・カボチャ・ピーマン・インゲンマメ・七面鳥・伝染病（梅毒）

ヨーロッパ大陸 → アメリカ大陸
馬・牛・羊・小麦・サトウキビ・車輪・鉄器・伝染病（天然痘・ペスト・インフルエンザ）・キリスト教

ヨーロッパ

1 オスマン帝国とサファヴィー朝

オスマン帝国 (1300頃～1922)	北アフリカ	エジプト	シリア	アナトリア イラク	イラン
1300頃 **オスマン帝国** アナトリアに成立、オスマン (?～1324?)					
1326 ブルサを都とする					
ムラト1世 (位1360頃～1389)					
1360 **イェニチェリ**を創設					
1366 アドリアノープルに遷都 (エディルネ)					
1389 コソヴォの戦いで、セルビアなどバルカン諸国連合軍を破る。					
1396 **バヤジット1世** (位1389～1402)					
ニコポリスの戦い (オスマン対ヨーロッパ諸国) でオスマン軍勝利					
1402 アンカラの戦いでティムールに敗れる					
1413 メフメト1世、オスマン帝国再統一					
メフメト2世 (位1444～46、51～81)					
1453 ビザンツ帝国を滅ぼす (イスタンブルに遷都)					
1475 クリミア＝ハン国を保護国化					

▲山を登るオスマン艦隊　ビザンツ帝国の領土がコンスタンティノープル (のちのイスタンブル) を残すだけという状態になると、オスマン帝国のメフメト2世は奇抜な作戦を用いた。一夜で艦隊を山越えさせたのである。ついに1453年5月29日、コンスタンティノープルは陥落し、**ビザンツ帝国は滅亡**した。

		サファヴィー朝	オスマン帝国	サファヴィー朝 (1501～1736)	中央アジア
セリム1世 (位1512～20)				1501 **サファヴィー朝**成立 都：タブリーズ	00 ブハラ＝ハン国 (シャイバーン朝)
1514 チャルディラーンの戦いでサファヴィー朝を破る				**イスマーイール1世** (位1501～24)	
1517 マムルーク朝を滅ぼす				1514 チャルディラーンの戦いでオスマン帝国に敗れる	12 ヒヴァ＝ハン国
スレイマン1世 (位1520～66)				1515 ポルトガル、ホルムズ島占拠	
1526 モハーチの戦い (オスマン対ハンガリー) でオスマン軍勝利					
1529 第1次ウィーン包囲 ➡p.16					
1538 **プレヴェザの海戦**、地中海の制海権を確立					
セリム2世 (位1566～74)				**アッバース1世** (位1587～1629)	
1569 フランスにカピチュレーションをあたえる				1598 イスファハーンに遷都	99 ジャーン朝 (アストラハン朝)
1571 レパントの海戦でオスマン海軍敗北				1622 イギリスと結び、ポルトガルをホルムズ島から追放	
1683 第2次ウィーン包囲失敗					
1699 カルロヴィッツ条約 ➡p.206					
アフメト3世 (位1703～30)				1722 アフガン族、イスファハーン攻略	
1718 パッサロヴィッツ条約 チューリップ時代				1736 サファヴィー朝滅亡	47

コンスタンティノープルの陥落

　金角湾側の城壁の上にいた監視兵の1人が、突然、胸許をつかまれた時のような叫び声をあげた。…その男は…ただ手で前方を指してわめくだけだ。兵たちがその方に目をやった…赤地に白の半月の旗をかかげた船が、次次とすべりこんできたのである。まるで、滑り台をおりてくる玩具の船のようだった。…すべての船が進水を終るまでに要した時間は、ほんのわずかであったように思われた。少なくとも、ただ啞然として眺めていた人々には、一瞬の出来事としか思えなかった。しかし、白昼夢を見る想いであった人々の眼の前で金角湾を一団となって奥に向かうトルコ艦隊は、まぎれもない現実だったのである。　(塩野七生『コンスタンティノープルの陥落』新潮社より)

Q なぜメフメト2世は艦隊を山に登らせる作戦を用いたのだろうか。

Q1 オスマン帝国の首都となったイスタンブル (旧コンスタンティノープル) には、帝国のどのような性格が表れているだろうか。
Q2 イスタンブルが16世紀前半には世界最大のユダヤ人居住都市となったのは、どのような背景からだろうか。

1·1 オスマン帝国とサファヴィー朝の最大領域

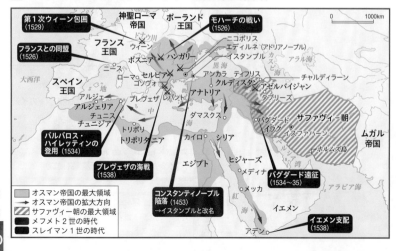

	オスマン帝国の最大領域
⟶	オスマン帝国の拡大方向
▨	サファヴィー朝の最大領域
■	メフメト2世の時代
■	スレイマン1世の時代

第1次ウィーン包囲 (1529)
フランスとの同盟 (1526)
モハーチの戦い (1526)
バルバロス・ハイレッティンの登用 (1534)
プレヴェザの海戦 (1538)
コンスタンティノープル陥落 (1453) →イスタンブルと改名
バグダード遠征 (1534～35)
イエメン支配 (1538)

神聖ローマ帝国　ポーランド王国　フランス王国　スペイン王国　アルジェ　アルジェリア　チュニス　チュニジア　トリポリ　トリポリタニア　ウィーン　ドナウ川　ボスニア　ハンガリー　ローマ　セルビア　コソヴォ　ニコポリス　エディルネ (アドリアノープル)　イスタンブル　黒海　アンカラ　ティフリス　アゼルバイジャン　チャルディラーン　クルディスタン　タブリーズ　アナトリア　レパント　プレヴェザ　地中海　アラル海　ダマスクス　カイロ　シリア　エジプト　ヒジャーズ　メディナ　メッカ　イエメン　アデン　紅海　アラビア海　ペルシア湾　ホルムズ島　バグダード　イラク　サファヴィー朝　イスファハーン　ムガル帝国　大西洋

1000km

1·2 17世紀のイスタンブル

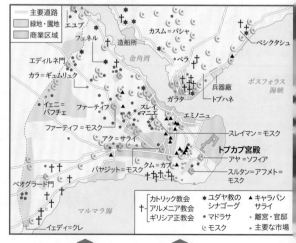

	主要道路		緑地・園地		商業区域

✝	カトリック教会	✡	ユダヤ教のシナゴーグ	▲	キャラバンサライ
✝	アルメニア教会		マドラサ		離宮・官邸
✝	ギリシア正教会		モスク	●	主要な市場

エユプ　カスム＝パシャ　ベシクタシュ　フェネル　造船所　ペラ　金角湾　ボスフォラス海峡　エディルネ門　カラ＝ギュムリュク　兵器廠　トプハネ　ガラタ　イエニ＝バフチェ　ファーティフ　スレイマニエ　アク＝サライ　スレイマン＝モスク　ファーティフ＝モスク　クム＝カプ　アヤ＝ソフィア　スルタン＝アフメト＝モスク　バヤジット＝モスク　トプカプ宮殿　エミニュ　ベオグラード門　イェディ＝クレ　マルマラ海

2 オスマン帝国

2・1 帝国の統治機構

```
                    スルタン
        ┌──────────┴──────────┐
【イェニチェリ】            御前会議
スルタン直属軍        大宰相　書記官僚
デヴシルメ(強制徴用)         カーディーの長
    ┌──────────┐      ┌──────────┐
   在郷騎士団          司法・行政
州 ─ ベイレルベイ      カーディー法廷の訴
                    訟は、御前会議に
県 ─ サンジャクベイ    あげることも可能
郡 ─ スバシュ         カーディー
                    (ウラマー出身の裁判官)
町・村【シパーヒー】    ムスリム　ミッレト
   ●ティマール制       (各宗教共同体)
   (俸給分の徴税権)
```

▶**デヴシルメの様子**　オスマン帝国はバルカン半島を征服後、デヴシルメによってキリスト教徒の少年を「スルタンの奴隷」として軍団兵士や官僚に強制的に徴用した。改宗後、軍事訓練をほどこされた常備歩兵軍団が**イェニチェリ**で、スルタンの親衛隊として活躍した。また、宮廷要員とされた者は宮廷での教育を受けてスルタンの小姓として仕え側近の役割をもつようになり、スレイマン大帝以後は小姓あがりの大宰相が生まれるようになった。

◀**バルバロス＝ハイレッティン＝パシャ**　オスマン海軍提督兼アルジェリア総督。バルバロスは「赤ひげ」の意。1538年、**プレヴェザの海戦**を指揮してスペイン・ヴェネツィアなどの大連合艦隊に勝利した。地中海地方では、現在でも「バルバロスがくるよ」といって子どもを叱るという。

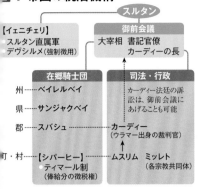

スレイマン 1 世の四重冠

スレイマン 1 世はみずからをカエサル(皇帝)と呼び、ローマ皇帝を自認していた。この四重冠はローマ教皇の三重冠と、その教皇によっておこなわれたカール 5 世への皇帝加冠(1530年)とを意識してヴェネツィアの金細工師につくらせたものである。またこの四重冠には、「アレクサンドロスの戦勝記念」の意味も与えられていたという。

▶スレイマン 1 世の四重冠

◀**第 1 次ウィーン包囲**
1526年モハーチの戦いでハンガリーを破ったスレイマン 1 世は、1529年ウィーンに大軍を送って包囲、攻撃した。しかし、悪天候と環城を楯とする頑強な抵抗に攻略は失敗した。オスマン軍のテント群や騎兵・イェニチェリなどの動きが克明に描写されている。

西アジア

3 サファヴィー朝

▲**アッバース 1 世**　サファヴィー朝の「中興の祖」と呼ばれる第 5 代の王(シャー)。イスファハーンに遷都し、王朝の最盛期を築いた。

『アッバース大帝年代記』(1628/ 9 年)

　部族の不幸なものたちが、混乱と不和の日々にたいへん反抗的になり、聖なるサファヴィー朝王家に対する彼らの忠誠に混乱が生じたため、世界を飾る〔シャーの〕ご意向で…これらの者たちのほかに、別の集団を軍人の列に加える。このため、グルジア人やチェルケス人ほかの大量のグラーム〔小姓〕たちを軍人の列に加え、この王朝では元来慣行になかったクルラル・アーガーシー〔グラーム長官〕をご任命になった。また、ホラーサーンやアゼルバイジャンやタバレスターンのチャガタイの諸部族、アラブの諸部族、アジャム〔非アラブ〕の諸部族から数千人の射撃に優れた銃兵を最も高貴なる鎧〔王を示す〕の従者とした。　(歴史学研究会編『世界史史料 2』岩波書店より)

▶**ワインを飲む若者**　17世紀イランの絹織物をいろどる優雅なデザインは、官能的な雰囲気をただよわせた。この図柄は、イラン独特のものである。

Q アッバース 1 世の改革業績とは、どのようなものであったろうか。

チャルディラーンの戦いと長篠合戦

鉄砲隊を導入した織田信長軍が、武田の騎馬軍団を破った長篠合戦(1575年)のイスラーム版ともいえるのが、1514年のチャルディラーンの戦いである。オスマン軍のイェニチェリ歩兵軍団がサファヴィー朝の騎馬軍団に勝利し、騎兵の時代から歩兵の時代がやってきたことを告げる出来事であった。図は右がオスマン軍で、右下の銃をかついだ兵がイェニチェリ、左がサファヴィー朝の遊牧民兵である。サファヴィー朝の遊牧民兵は赤く長い突起を芯にしたターバン姿を特徴とする。

▶チャルディラーンの戦い

▲**イマームのモスク**　サファヴィー朝の新しい都イスファハーンにアッバース 1 世によって造営された。青を基調とする極彩色のタイルでおおわれた美しいモスクで、王の広場が隣接している。

中央アジア

南アジア・東南アジア

西アジア

イスタンブル

▶**イスタンブルの街**⬛ ボスフォラス海峡にのぞんで、海側からトプカプ宮殿、ハギア＝ソフィア聖堂、ブルー＝モスクと重層的な歴史遺物が並ぶ。（イスタンブル歴史地域として世界遺産）

▲**ハギア＝ソフィア聖堂**⬛ ユスティニアヌス大帝が再建したビザンツ時代のかつてのキリスト教の大聖堂は、のちにミナレットを建設しモスクに転用された。

▲**ハギア＝ソフィア聖堂のモザイク**⬛ オスマン支配下で漆喰(しっくい)に塗り固められていたモザイクは、トルコ共和国時代に入ってから大修復された。

▲**トルコの軍楽隊** 軍楽はイェニチェリ軍団で発達した。オスマン軍は士気を高めるため軍楽隊をともなって戦地におもむいた。写真はトプカプ宮殿での軍楽隊。

◀**メドゥーサ** ギリシア神話の怪物メドゥーサの頭部が、ビザンツ時代の地下貯水池の石柱として横たわっている。この地は古代ギリシアのポリスであった。

サマルカンド

▶**レギスタン広場**⬛ レギスタンとは「砂地」の意味。広場を囲む３つのマドラサ（神学校）は、左からウルグ＝ベク＝マドラサ、ティッラコリ＝マドラサ、シェルドル＝マドラサ。

▲**スザニ** スザニはウズベキスタンの伝統的な壁掛け。この装飾的な刺繍(ししゅう)をほどこした布は、母が娘のために手作りする嫁入り道具でもある。

▼**ウルグ＝ベク＝マドラサ** ティムール朝第４代君主ウルグ＝ベクが建てたマドラサ。天文学者でもあったウルグ＝ベクがみずから教壇に立ったという。青い星をモチーフにしたタイルが美しい。

◀**サマルカンドの市場** シルク＝ロードのオアシス都市の市場には、ブドウ・リンゴ・イチジク・スイカなど様々な果実が並んでいる。左の写真はザクロを売っている。右はサマルカンドの名物「ナン」を売る。サマルカンドのナンは円形で分厚いのが特徴。

▶デリー城の貴賓接見室 シャー＝ジャハーンが造営したデリー城は、赤い城（ラール＝キラー）とも呼ばれる。床にあるのは花文様の大きな水盤で、水を張って涼をとった。

デリー

▲ヤムナー川からみるタージ＝マハル廟 シャー＝ジャハーンがヤムナー川の対岸に愛妃の墓と対でつくるはずだった自身の墓、「黒いタージ」は幻となった。

◀ファテプル＝シークリーにあるディーワーネ＝ハースの玉座 アクバル帝が築いた新都城の内謁殿の中央柱。赤砂岩造りながら木造建築のような印象。この上にアクバル帝の玉座がある。

▶チャンドニー＝チョウク ムガル帝国時代につくられた古くからの商店街。大通りの正面にみえるのがデリー城。

イスファハーン

▶王の広場 サファヴィー朝のアッバース1世が街の象徴として造営したこの広場は、のちにヨーロッパ人をして「イスファハーンは世界の半分」といわしめた。

▲イマーム＝モスクの正面入り口 イワーンの天井部分は鍾乳石状の装飾でおおわれている。内部のアラベスク文様にはペルシアン＝ブルーがたくみに配されている。

◀金曜モスクの北西イワーン 美しいタイル装飾が施され、幾何学文様のようにみえるアラビア文字のクーフィー体で、側面にシーア派の信仰告白、大アーチ上にはコーランが引用されている。

◀イスファハーンのバザール チャドル姿の女性が行き交うバザールの風景。イランでは曲面天井のかかった道路の両側に店舗がならぶものが一般的。中央、天井にかかる写真はイラン革命の指導者であったホメイニ。

▶絨毯を織る女性 イランは現在でも手織り絨毯の最大生産国・輸出国である。

南アジア・東南アジア

1 ムガル帝国

1498	ヴァスコ＝ダ＝ガマ、カリカットに到着（インド航路開拓）
1510	ポルトガル、**ゴア**を占領
1526	バーブル、**パーニーパットの戦い**でロディー朝を破る **ムガル帝国**成立、**バーブル**即位（位1526～30）
1530頃	ナーナク、**シク教**を創始
1556	**アクバル**（第3代、位1556～1605）➡p.16 都：アグラ
1564	アクバル、人頭税（ジズヤ）を廃止
1628	**シャー＝ジャハーン**（第5代、位1628～58）デリーに遷都
1653	この頃、**タージ＝マハル廟**完成
1658	**アウラングゼーブ**（第6代、位1658～1707）
1661	イギリス、ボンベイ獲得
1673	フランス、シャンデルナゴル獲得
1674	**マラーター王国**成立
1679	アウラングゼーブ、人頭税（ジズヤ）復活、ラージプート族の反乱
1691	ムガル帝国の版図、最大となる
1692	デカン高原でマラーター勢力再興

1・2 アクバル時代（16世紀末）の ムガル帝国

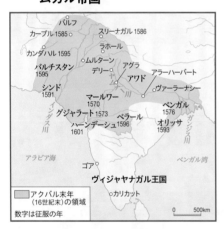

1・3 アウラングゼーブ時代 （17世紀末）のムガル帝国

第II部 第10章

1・1 16世紀前半のインド

▶**南インドのヴィジャヤナガル王国** 1498年に、ポルトガルのヴァスコ＝ダ＝ガマが到達したインド西岸のカリカットは、インド洋交易で繁栄した南インドのヒンドゥー教国、ヴィジャヤナガル王国の外港であった。王国は北部のイスラーム勢力に対抗する必要から、ペルシア・アラビア産の馬を大量に購入したという。

Q この彫刻の馬商人は、どこの国の商人だろうか。

2 ムガル帝国の統治と社会

2・1 アクバル帝とアウラングゼーブ帝

アクバル帝（位1556～1605）

▲**アクバル** ムガル帝国の実質的建国者。

領土拡大	ヒンドゥー教徒のラージプート族と和解 →北インド統一
遷都	デリーからアグラへ
統治	●全国を州に分割し官吏を派遣、土地を測量し税制を確立 ●官位に応じて騎兵・騎馬・給与を与えるマンサブダール制
宗教政策	ヒンドゥー教徒とイスラーム教徒の融和をはかる →人頭税（ジズヤ）を廃止

アウラングゼーブ帝（位1658～1707）

▲**アウラングゼーブ** 帝国の最大版図を実現した。

領域	デカン高原南端を除くインド亜大陸全土を支配
統治	ジャーギールダール制
宗教政策	●**厳格なスンナ派イスラーム教**にもとづく政治を実施 →人頭税（ジズヤ）を復活 ●ラージプート族の離反や、ヒンドゥー勢力の反発をまねく

バーブルとムガル帝国

ティムールの5代目直系子孫にあたるバーブルは、故郷の中央アジアを支配することはできなかったが、1526年、インドにムガル帝国を創始した。ムガルとはモンゴルを意味しており、母方がチンギス＝カンの末裔であると自称していたバーブルが、ティムールの遺志を継いで「モンゴル帝国」をインドで復活させたともいえる。ティムール朝もムガル帝国も学問・文学・芸術を好む君主が多く、バーブルも詩文をよくし、自伝『バーブル＝ナーマ』はトルコ語系のチャガタイ語の散文学の傑作といわれる。

▶庭園で読書するバーブル

ムガル帝国誌（1659～69インド滞在）

…この国土の上には、大ムガル〔ムガル皇帝〕の支配力が十分に及ばない民族が少なからず居て、大抵は今でも独自の首長、君主を戴いており、この君主たちは、強制されてしぶしぶ大ムガルに従い、貢ぎ物を納めているのですが…王国全土に散在する百人以上の有力なラージャー[1]、つまり異教徒の君主が…もしも力を合わせれば、わずか3人でも大ムガルにとってひどく厄介な問題になるでしょう。…したがって大ムガルは、敵国の真っただ中に居るようなもので、…その結果彼は、…常に大軍を維持していなければなりません。…それによって、大ムガルが莫大な出費を強いられている事情がお分かりになれば、この人物が所有する富の実質をよりよく判断していただけると存じます。

*1　ヒンドゥーの君主のこと。
（ベルニエ著、関美奈子訳『ムガル帝国誌I』岩波文庫より）

Q フランス人旅行家ベルニエが語るムガル帝国の国情をふまえて、アクバル帝の時代とアウラングゼーブ帝の時代の宗教政策を比較してみよう。

▲**アグラ城のモーティー＝マスジド** 赤砂岩の外壁に囲まれた白大理石の礼拝堂で、「真珠のモスク」という意味。**アウラングゼーブ帝**によって建てられた個人用のモスク。帝は朝5時に起床して、モスクで朝の祈りをおこない、『コーラン』を読んだという

◀**シク教の黄金寺院**（アムリットサール）　第4代のグル（師）がシク教の本山として建立した。黄金寺院の俗称は、1802年に銅葺きの屋根板を教典の章句が刻まれた金箔でおおったことに由来する。

▼**シク教徒**　ターバンとひげがトレードマーク。

▶ 反ムガル勢力

マラーター王国
● デカン高原西部のヒンドゥー教徒が、シヴァージーの指導で建国
● のちに**マラーター同盟**として、反ムガル連合となる

◀**シヴァージー**
（位1674〜80）
マラーター王国の建設者。

シク教

イスラーム教	ヒンドゥー教
偶像崇拝否定	バクティ信仰カースト体制

↓

カビール（1440〜1518頃）
みずから「アッラーとラーマの子」と称し両宗教の融合を説く

↓

ナーナク（1469〜1538）
ヒンドゥー教とイスラーム教を差別せず「真理」という唯一神を最高神として崇拝。シクとは「信徒」の意味。カースト制度反対をとなえ、パンジャーブ地方に広がる

③ インド＝イスラーム文化

特色	イスラーム文化（イラン）がインドに影響	
言語	ペルシア語	公用語
	ヒンディー語	デリー周辺の民衆が使用していた言語で、現インドの公用語
	ウルドゥー語	ヒンディー語にペルシア語の語彙を取り入れた言語。現パキスタンの公用語
建築	タージ＝マハル	
	アグラ城のモーティー＝マスジド	
	シャー＝ジャハーナーバード	
美術	ムガル絵画（宮廷）	
	ラージプート絵画（ヒンドゥー諸侯）	

▶**ブランコに乗る女性**　ムガル絵画は宮廷画としてペルシア風の模写から発展し、独特のムガル様式を確立した。歴史書の挿絵とは別にあらゆる題材を取り上げた。図は1740年頃の後期ムガル絵画。

Q ムガル絵画とラージプート絵画を比較してみよう。

▲**シャー＝ジャハーン**
▶**ムムターズ＝マハル**

▲**アクバル帝の前で踊る少女たち**
（『アクバル＝ナーマ』に描かれた細密画）　アクバルは100人以上のペルシア系画家を宮殿に招請した。16世紀末頃からムガル帝国の歴史にまつわる歴史書（『ティムール＝ナーマ』『バーブル＝ナーマ』など）の挿絵が盛んに描かれたのは、アクバルが文字を読めず、歴史書の挿絵を好んだためといわれる。

▲▶**タージ＝マハル廟**　ムガル帝国第5代皇帝シャー＝ジャハーンが愛妃ムムターズ＝マハルのためにたてた墓廟。白大理石造り、56m四方の基壇の四隅にミナレットをもつ。インド＝イスラーム建築の傑作。右写真は廟内のムムターズ＝マハルの棺（模棺）。となりにシャー＝ジャハーンの棺がおかれた。

▲**ゴーヴァルダン山を支えているクリシュナ**　ラージプート絵画は西北インドでムガル絵画の影響を受けて発達した細密画。題材はヒンドゥー教の神話が多く、この絵はヴィシュヌ神の化身クリシュナが、山を持ち上げて傘のようにして、雷神インドラが降らせる大雨から村人や牛たちを守っている様子を描いている。

日本

東アジア

1 清朝の統治

1・1 清の動向

中国	日本
1583 ヌルハチ、挙兵	
99 満洲文字制定	
	江戸時代（〜1867） 03
1615 八旗（満洲）の編制	
16 ヌルハチ（太祖、位1616〜26）	
（後金建国） 都：瀋陽	
19 サルフの戦い、明軍を破る	
26 ホンタイジ（太宗、位1626〜43）	
35 チャハルを平定	
36 国号を清と改称	
36 朝鮮を服属させる	
八旗蒙古・八旗漢軍の編制	
行政機関の整備	
（理藩院設置）	
	鎖国 39
43 順治帝（世祖、位1643〜61）	
44 明の滅亡	
清、李自成を破る、北京入城	
辮髪令	
61 鄭成功、台湾占拠	
61 康熙帝（聖祖、位1661〜1722）	
73 三藩の乱（〜81）	
83 台湾を平定	
	元禄時代（〜1704） 88
89 ネルチンスク条約（ロシア）	
92 イエズス会士の伝道許可	
（典礼問題）	
1704 イエズス会、異端とされる	
06 イエズス会以外の宣教師追放	
13 盛世滋生人丁を施行	
16 『康熙字典』	
	享保の改革（〜45） 16
17 地丁銀制の実施開始	
20 広州に行商設立	
22 雍正帝（世宗、位1722〜35）	
24 キリスト教禁止、宮廷に仕える以外の宣教師を追放	
25 『古今図書集成』	
27 キャフタ条約（ロシア）	
32 軍機処設置	
35 乾隆帝（高宗、位1735〜95）	
40 『大清一統志』	
47 キリスト教布教厳禁	
57 ヨーロッパ船来航を広州のみに限る	
57 ジュンガルを平定	
59 回部を平定	
82 『四庫全書』	
	寛政の改革（〜93） 87
ロシアのラクスマン来航	92
93 英使節マカートニー来朝	
96 白蓮教徒の乱（〜1804）	

明 / 後金 / 清

▲**紫禁城** 明清時代の**北京**の宮城。**永楽帝**が遷都に際して1420年に造営し、明末の李自成の乱でほぼ全焼したが、清代に再建。中国天文学で北極星周辺の紫微垣が天子の居所とされることが名の由来。天安門側からの全景。

▲清の**宝璽**（皇帝専用の印章）の1つ 印文の左側には満洲文で「han i boobai（ハンの宝）」、右側には漢文で「皇帝の宝」とある。

Q 満洲文と漢文で書かれたこの印章は、何を意味しているのだろうか。

◀**太子密建と手文庫** 手文庫の中に、後継者の名前をしたためた文書を納め、城内の乾清宮に掲げられた扁額の裏におくという清朝の後継者指名の方法。「正大光明」の書は順治帝によって書かれた。

Q なぜ、このような後継者指名がなされたのだろうか。

正大光明

◀**康熙帝伝** 康熙帝は満洲族伝統の武術にすぐれていただけでなく、学問にも造詣が深かった。その範囲は中国伝統の儒学のほか、天文学・数学・解剖学などヨーロッパの科学にまでおよんでいる。『康熙帝伝』を著した**ブーヴェ**も1687年に中国に着き、翌年帝に拝謁。その後は側近として信任を受け、ユークリッド幾何学などを進講、「**皇輿全覧図**」の作成などにも参画し、1730年に没するまで北京に滞在した。（東洋文庫蔵）

1・2 清の政治の仕組み

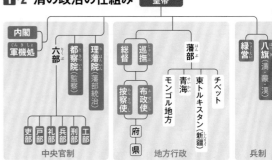

```
                        皇帝
   ┌──────────┬──────────────────┬──────┐
  内閣                                    緑営
  軍機処                                  八旗（満・蒙・漢）
   │
  六部   都察院  理藩院        総督  巡撫   藩部
        （監察）（藩部統治）              モンゴル地方
                              按察使 布政使  青海
  吏 戸 礼 兵 刑 工                      東トルキスタン（新疆）
  部 部 部 部 部 部              府        チベット
                               県
  中央官制              地方行政        兵制
```

解説 明の君主独裁体制を継承し、さらに宦官24衛の廃止（宦官の弊害除去）、**軍機処**の設置（内閣の事務処理機関化）、地方における**督・撫制**の確立により親政体制を完成させた。また、**満漢併用制**により漢人の懐柔と監視をおこない、**理藩院**により周辺民族を間接統治した。

Q 軍機処とはどのような働きをしただろうか。また、それは清朝のどのような性格を表しているのだろうか。

清の漢族統治政策

```
        清王朝（満洲人）
    ┌───────┴───────┐
  懐柔策            威圧策
 ●満漢併用制        ●八旗による軍制
 （官吏に満洲人      ●辮髪の強制
  と漢民族を同       ●文字の獄
  数採用）          ●禁書
 ●科挙の実施        ●満漢通婚の禁
 ●中国学問の奨励
 （大編纂事業）
    └───────┬───────┘
        中国人（漢民族）
```

清は威圧策と懐柔策をたくみに併用して統治した。

正黄旗　鑲黄旗
正白旗　鑲白旗
正紅旗　鑲紅旗
正藍旗　鑲藍旗

▲**八旗** 八旗はヌルハチが編制した軍事制度。黄・白・紅・藍の4旗と、それぞれの旗に縁どり（鑲）をつけた4旗の計8旗からなり、1旗は7500名の兵士で構成された。

鄭成功

鄭成功（1624〜62）は清に抵抗した貿易商にして海賊。父は鄭芝竜、母は平戸（長崎県）の田川氏の娘。父が清にくだっても明の唐王に仕えたため、明の朱姓をたまわり国姓爺と呼ばれた。父の帰順後もオランダ東インド会社支配の台湾を攻めて拠点としたが翌年急死。民族的英雄として、中国・台湾で現在もしたわれている。

▲人形浄瑠璃文楽の「国性爺合戦」

日本

東アジア

2 清朝支配の拡大

2・1 清の領域

- 清の直轄領
- 清の藩部
- 清への朝貢国
- 数字 清への服属年
- 呉三桂の領地
- 尚可喜の領地
- 耿継茂の領地

2・3 南洋華僑（17〜18世紀の東南アジア）

○ おもな華僑居住地
- スペイン領
- ポルトガル領
- オランダ領

2・2 清の対外政策

新疆
| ジュンガル部（イリ地方）1758 | ハルハ部（外モンゴル）1697 | 黒竜江以北 1689 |
| 回部（東トルキスタン）1759 | チャハル部（内モンゴル）1635 | 東北 |

ワラ部（青海）1724 → 清 滋陽→北京 ← 朝鮮（李朝）1637

チベット 1720 → 清 → 琉球

清 滋陽→北京 → ビルマ 1769 / タイ 1787 / ベトナム 1789 / 台湾 1683

- 直轄領
- 藩部
- 朝貢国

解説 清は広大な版図を誇り、**直轄領・藩部・属国**とにわけて統治した。藩部は要地に将軍を駐屯させるほかは自治に任せ間接統治をおこない、その事務処理のために理藩院を中央に設置した。各首長には爵位が与えられ、定期的な朝貢が義務づけられた。属国は、清を宗主国と仰いで朝賀した。

▼琉球に派遣された清朝の冊封使 新しい国王を任命する使節「冊封使」の行列は600mにもおよんだという。図は1756年に尚穆の即位を認める使節。

剣　経典

▲曼荼羅に文殊菩薩として描かれた乾隆帝 雍正帝の第4子。康熙・雍正に続き、全盛期を築き君臨した。**四庫全書**➡p.131の編纂など学術を奨励する一方、禁書など厳しい思想統制もおこなった。ジュンガル・回部を征服し**新疆**と命名して藩部に加え、最大版図を実現した。

Q この曼荼羅には、清朝の皇帝のどのような性格が表れているだろうか。

3 清朝と東アジア

3・1 江戸時代の対外交易4ルート

オランダ貿易
- ●輸入品（生糸・絹織物・綿織物・毛織物・薬品・砂糖など）
- ●日本の支払い（金・銀・銅）

— 貿易関係
→ 使節の派遣

Q 江戸時代の日本は、どのようなルートで中国の産物を手に入れたのだろうか。

1 明清の社会・経済

農業・手工業

- 米の主産地が長江中流域域の湖広に移動
  「湖広熟すれば天下足る」
- 茶・綿花・桑などの商品作物
- 明末からトウモロコシ、サツマイモが導入され
  人口増大
- 綿織物業……16世紀頃より上海付近に発達。明
  末・清代には長江下・中流域、華
  北の農村にも普及
- 製糸・絹織物業……江南の農村家内工業
- 陶磁器……景徳鎮で生産拡大
- 漆器業・染色業

商業

- 政府と結びついた**特権商人**の全国的な活動
  →**徽州（新安）商人**（安徽省出身、塩の販売）
  →**山西商人**（山西省出身、金融業）
  ⇩
  会館・公所を各地に建設
  （同業者や同郷者の相互扶助施設）
- 貿易……16世紀以降、貿易の世界的な活発化
  明：洪武帝以後、民間の海上貿易を禁止（海
  禁）し、朝貢貿易（日本との勘合貿易など）
  に限定
  →日本銀・メキシコ銀の流入、密貿易の増大
  にともない、海禁を緩和
  清：初期を除き、民間の海上貿易を許可
  →乾隆帝、ヨーロッパ船の来航を広州一港に
  限定。**行商**が管理
- 華僑の出現

社会構造

- **地主佃戸制**
  →地主：科挙官僚を輩出し、**郷紳**として地方
  名望家となる
  →佃戸：人口激増による土地不足⇨抗租運動

2 産業と商業の発達

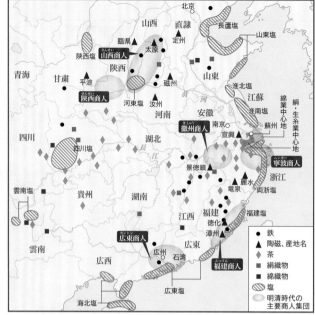

◀**会館** 商人の同郷・同業組合の中心
機関として発達した建物で、館内には守
護神をまつり、宿泊や各種行事がおこな
われた。写真は江蘇塩城の塩商会館。

Q 穀倉地帯であった長江下流域で
このように織物業が発展したことで、
穀物の供給はどこの地域が担うこと
になったのだろうか。

徐光啓『農政全書』

かつての宋の紹興年間〔1131〜
1162年〕のことを考えてみるに、
松江地方*から納める税糧は18万
石だけであったが、現在では納米
額が97万石であり、これに付加税
や諸種の徭役の費用などを加えて
考えてみると、宋代の10倍にもな
る。松江の境域は100里程度の広
さであり、農田から得られる収入は、
他郡邑と較べて多くはない。この
地が100万の賦税を納め、300年間
も安定した生活ができたのは、全
く農村の機械工業のおかげである。

このような事情は決して松江だ
けではなく、蘇州・杭州・常州・
鎮江および嘉興・湖州の絹織物・
麻織物などについても同様であり、
これらの地方では、上は国家の賦
税を支え、下は生活費の補助とし
ている。もしこれらすべてを農田
からの収入のみでまかなおうとし
ても、それはとてもできないこと
である。

*1 長江下流域の地域名。明代における
中国第一の綿業地帯。
（木村尚三郎監修『世界史資料 上』東京
法令出版より）

3 社会の変化

3・1 銀の流入と税制の変化

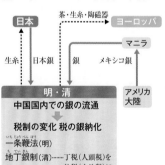

Q このような18世紀の中国の人口増加
にはどのような要因があったのだろうか。

3・2 一条鞭法と地丁銀制

一条鞭法（1581〜）
田賦（土地税）と様々な徭役を一括して
銀納化し、土地と人丁にわりあてた。

地丁銀制（康熙末〜乾隆年間）
人頭税＝丁銀を、土地税＝地銀に組み
込み一本化。税制から人頭税が消滅した。

3・3 中国の推定人口の推移

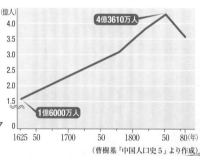

（曹樹基『中国人口史 5』より作成）

◀**煙店の看板** 福建の蒲
城県は有名な煙草の産地。

▼**蘇州のにぎわい** 長江
の下流に位置して運河が
集まる蘇州は、物流の中
心となり発達し、絹織物
や米の集散地として栄え
た。（『盛世滋生図』）

4 明清の文化

東アジア

明	清
大編纂事業 ●永楽帝の命による 『永楽大典』……古今の書物を集めて内容を分類整理した、一種の百科辞典 『四書大全』 『五経大全』……儒学の経典の注釈書で科挙を整備 『性理大全』	『康熙字典』………康熙帝の命による漢字字典 『古今図書集成』…康熙帝の命により、雍正帝時代に完成した百科事典 『四庫全書』………乾隆帝の命で、思想統制のため古今の書物をすべて調査し、整理・編纂した
儒学 **陽明学**　王守仁（王陽明）が陸九淵説を発展させ、知識重視の朱子学を批判 ➡誰もが心のなかに正しい道徳をもつとする心即理を説き、実践を重視（「知行合一」） 李贄（李卓吾） ➡陽明学左派で男女平等を唱え、礼教を批判 **考証学**　明末清初に始まり、古典の考証による実証的研究	●考証学は実証重視の学問として出発するが、思想統制のなかで訓詁学化 **考証学**……顧炎武（考証学の祖） 　　　　　黄宗羲（考証学の祖） 　　　　　銭大昕（史学研究） **公羊学**……孔子を改革者と解釈して体制改革を要求、清末に流行➡魏源・康有為ら
実学 ●実用的な学問として科学技術書を作成 『本草綱目』（李時珍著）……漢方薬を集大成 『天工開物』（宋応星著）……絵入りの産業技術書 『農政全書』（徐光啓編）……農学書を集大成 『崇禎暦書』（徐光啓ら編）……アダム=シャールの協力で翻訳した暦法書	▲顧炎武（1613～82）　明末清初の学者。明滅亡後、清朝には仕えず、学問がはたすべき政治的・社会的責任を考えあらたな方法論を模索し、古典研究をもとにした文献実証の学問をとなえた。主著『日知録』は様々なテーマで精密な考証と鋭い批評が展開され、経世実用の考証学の気風を開いた書とされる。
文学 ●木版印刷による書物の普及、庶民文学や戯曲の発展 ➡四大奇書の完成…… 『三国志演義』（三国時代の抗争物語）、『西遊記』（玄奘のインド旅行がモデル）、『水滸伝』（北宋末の義賊の物語）、『金瓶梅』（悪徳豪商の性と欲を描く）	『紅楼夢』（曹雪芹）……没落する貴族の家庭を描く 『儒林外史』（呉敬梓）……科挙と官吏の腐敗を風刺 『聊斎志異』（蒲松齢）……短編怪異小説集 『長生殿伝奇』（洪昇）……玄宗と楊貴妃の悲恋を描く戯曲
美術 **絵画**　南宗画（文人画）⇒董其昌が大成 　　　　北宗画（院体画）⇒仇英 **染付・赤絵**……江西省の景徳鎮で陶磁器製作	八大山人・石濤が南宗画の形式主義を批判して、新しい境地を開く カスティリオーネが西洋絵画の技法を伝え、宮廷で活躍

▲**北宗画**（仇英「桃李園図」）院体画系で、南宗画に対するもの。特別な様式はないが宮廷様式の濃厚な着色がめだつ。明代には仇英が名高い。

▲**『四庫全書』**　乾隆帝の命で古今の書籍を集め、経（儒教経典）・史・子（思想）・集（文学）の四部とし、約400名の学者と約4000名の筆写員を動員して完成。

▲**南宗画**（董其昌「青弁山図」）文人画系で細いやわらかい描線を重ねて用いる様式で、山水の描写に適する。明代に全盛期を迎え、董其昌に代表される。

◀**万暦赤絵皿**　赤絵は明代に最も盛んとなった。白磁に赤・緑・黄・黒・青、さらには金などの釉で文様を描き、万暦年間のものは官能的で濃艶である。（大阪市立東洋陶磁美術館蔵）

▶**染付**　白磁に西方から輸入したコバルト顔料（回青）で文様を描いて焼いた。元代に景徳鎮でつくられ、明でいっそう盛んになった。

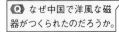
Q なぜ中国で洋風な磁器がつくられたのだろうか。

▲**清代の洋風の連瓶**

◀**『紅楼夢』の舞台となった曹氏の屋敷**（『紅楼夢』の挿画）
『紅楼夢』は曹雪芹の自叙伝的恋愛長編小説。清朝には織造と呼ばれる官職があり、宮中向けの織布製造を一手に管轄し巨万の富を得ていた。江寧の曹寅もその1人であり、この孫が曹雪芹であった。彼がかつての栄華を思い出しながら著したのが『紅楼夢』であり、作品には没落する貴族の家庭が詳細に描かれている。

▶**京劇「西遊記」**　呉承恩が唐代の玄奘の渡印を題材につくった長編小説。とくに孫悟空が大活躍する物語は清代に京劇として演じられ人気を博した。京劇は歌劇形式で、歌が中心要素だが立回りも見せ場である。

南アジア・東南アジア

■1 東南アジアの自然

■1・1 東南アジアの地勢

凡例：
- 山脈　・火山
- 新期造山帯
- 古期造山帯
- 安定陸塊
- デルタ
- → 北東モンスーン
- → 南西モンスーン

▲諸島部の鬱蒼とした森　熱帯雨林帯の東南アジアでは鬱蒼とした森林帯が形成された。農業には向かないことが多く、森の産物、香辛料の採集が早くからおこなわれた。写真はボルネオ島北東部の森林。

▲大陸部の大河と平原
東南アジアにはエーヤワディー川・チャオプラヤ川・メコン川などの大河があり、そのデルタ地帯の土壌は肥沃で、近代以降集約的な水田耕作がおこなわれている。写真はエーヤワディー川の氾濫原。

■1・2 17世紀頃の東南アジア

凡例：
- ● ポルトガル人根拠地
- ● スペイン人根拠地
- ▲ オランダ人根拠地
- ▲ イギリス人根拠地
- ■ 日本人活動地
- □ 華僑主要活動地

▲ラタナコーシン朝
写真は、ラタナコーシン朝のもとで制作された、ワット＝ポーの横臥釈尊像（頭部）。全体は高さ12m、長さ46mの巨像で、アユタヤ様式を継承している。

■2 大陸部西部

■2・1 ビルマ・タイの王朝変遷

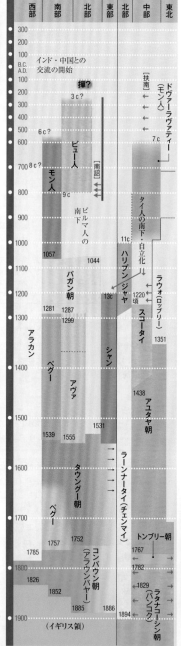

	ビルマ				タイ		
	西部	南部	北部	東部	北部	中部	東北

（年表。B.C.300〜A.D.1900、主な事項）

インド・中国との交流の開始

主な年代：1044、1057、1281、1287、1299、1351、1438、1531、1539、1555、1757、1752、1767、1782、1785、1826、1829、1852、1885、1886、1894

ビルマ：モン人、ピュー、南詔、パガン朝、アラカン、ペグー、アヴァ、タウングー朝、コンバウン朝（アラウンパヤー）、（イギリス領）

タイ：ドヴァーラヴァティー（モン人）、［扶南］、ハリプンジャヤ、ラヴォ（ロッブリー）、スコータイ、シャン、アユタヤ朝、ラーンナータイ（チェンマイ）、トンブリー朝、ラタナコーシン朝（バンコク）

▲ビュー人のパゴタ　写真は、ビュー人による5〜7世紀のパゴタ（仏塔）で高さ約46m。ビュー人はエーヤワディー川中流域に都市を築いた。のちのパガン朝のパゴダとは異なり、このパゴダは中程から下端までほぼ同じ胴径である。（写真／小学館）

▲ブッダ坐像　パガン朝の歴代の王らは競って造寺造仏をおこなった。写真は、パガン朝初期の彫刻で、中央にブッダの坐像がみえる。（写真／小学館、撮影／S&T PHOTO）

◀王宮の守護寺院　写真は15世紀後半のアユタヤ朝の王宮建設時に建立された王宮の守護寺院図。釣鐘型の仏塔が3基ならんだ構成で、代々の王らの遺骨が納められた。

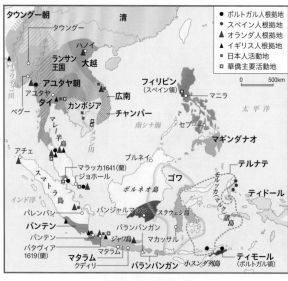

▲ブッダの初説法　チャオプラヤ下流域に7世紀に成立したモン人のドヴァーラヴァティー王国では、上座部系の仏教が盛んであった。写真は、グプタ様式の影響を受けた7〜8世紀の浮彫り。ブッダ初説法の様子である。（写真／小学館、撮影／S&T PHOTO）

3 大陸部東部
3・1 ラオス・カンボジア・ベトナムの王朝変遷

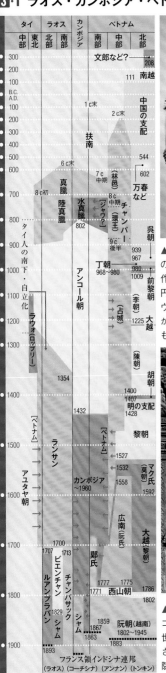

	タイ	ラオス	カンボジア	ベトナム		
	中部	東北	北部 南部	南部	中部	北部
300						文郎など？ 208
200						111 南越
100 B.C. A.D.						
100						1c末 中国の支配
200						2c末
300			扶南			
400						
500					544	
600			6c末		602 （林邑）	
700			真臘 7c中期	万春など		
800		8c初 陸真臘 水真臘	8c初 8c中期 チャンパー（環王）			
900			802 「ジャワ」	呉朝		
1000	タイ人の南下・自立化		802 9c後半 丁朝 968〜980	939 967 980 前黎朝 1009		
1100		ラウォ（ロッブリー）	アンコール朝	（李朝）		
1200				（占城） 1225 大越		
1300			1354	（陳朝）		
1400	［ベトナム］		1432	1400 胡朝 1407 1428 明の支配		
1500	ランサン		［ベトナム］ 黎朝			
	アユタヤ朝		カンボジア〜1960	1527 莫氏 1532	1558	1592
1600				広南（阮氏）	大越（黎朝）	
1700		ビエンチャン ルアンパバン 1707 1713	鄭氏			
1771 1777 1775	シャンパサック		西山朝	1786		1802
1800	シャム	1829		阮朝（越南） 1802〜1945		
		1859 1867 1863				1883
1900		1893	フランス領インドシナ連邦 （ラオス）（コーチシナ）（アンナン）（トンキン）			

▲ヴィシュヌ神像　6〜7世紀の真臘（しんろう）（カンボジア）において制作された、高さ約290cmの石像。円筒形の冠（かんむり）をいただくことからヴィシュヌ神だとわかる。欠損があるが、八臂像（はっぴぞう）で火焔（かえん）などをもっている。

▲女神デーヴァター像　アンコール朝のジャヤヴァルマン5世（10世紀後半）の治世に建立されたバンテアイ＝スレイの寺院 図 の壁面に彫られた。

4 諸島部
4・1 諸島部の王朝変遷

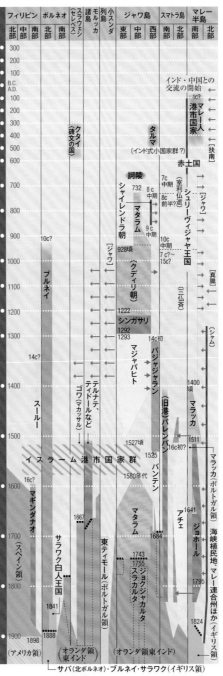

	フィリピン	ボルネオ	スラウェシ（セレベス）	諸島	モルッカ	小スンダ列島	ジャワ島		スマトラ島	マレー半島	
	北部 中部 南部	北部 南部					東部 中部 西部		南部 北部	南部 北部	
300											
200											
100 B.C. A.D.									インド・中国との交流の開始		
100								1c?	マレー人港市国家		
200											
300									扶南		
400			クタイ（碑文の国）				タルマ（インド式小国家群？）				
500									赤土国		
600											
700							訶陵 732 シャイレンドラ朝	7c 8c中期 8c前半？ （室利仏逝）	シュリーヴィジャヤ王国		
800							マタラム		「ジャワ」		
900	10c?						928頃	9c中期 10c中期 7c？〜15c？	真臘		
1000							（クディリ朝）	（三仏斉）			
1100	ブルネイ										
1200							1222 シンガサリ 1292 1293				
1300	14c?				テルナテ・ティドールなど		マジャパヒト	14c初 パジャジャラン	（シャム）		
1400	スールー							1400頃 マラッカ			
1500							（旧港）パレンバン	1511 16c初？	マラッカ（ポルトガル領）		
	マギンダナオ		ゴワ（マカッサル）				1525 1527頃 バンテン 1580年代				
1600	16c?		イスラーム港市国家群					1641 アチェ	海峡植民地、マレー連合州ほか（イギリス領）		
1700	（スペイン領）	サラワク白人王国	1667	東ティモール（ポルトガル領）			マタラム 1684 ジョホール				
							1743 ジョグジャカルタ スラカルタ	1795			
1800	1841							1824			
1900	1898 （アメリカ領）	1888 （オランダ領東インド）		（オランダ領東インド）							
	└ サバ（北ボルネオ）・ブルネイ・サラワク（イギリス領）										

▶ブッダ立像　シュリーヴィジャヤ王国は、7〜8世紀にマラッカ海峡の海上貿易を支配下におさめて繁栄を謳歌した。義浄（ぎじょう）は仏教が盛んだったと記した。写真は仏教が盛行していたことをうかがわせるパレンバン出土のブッダ立像。

▲ガルダ（神鳥）に乗るヴィシュヌ神像　東部ジャワを拠点としたクディリ朝の時代には仏教とヒンドゥー教が共存し、ジャワ独自の表現の傾向が強まった。写真は沐浴場の囲壁を飾る、ヴィシュヌ神像（11世紀）。高さ190cm。（写真／小学館、撮影／S＆T PHOTO）

シュリーヴィジャヤ王国と仏教

シュリーヴィジャヤの都では僧侶が千人以上もいて学問にいそしみ、みな托鉢（たくはつ）を行っている。彼らが極めようとする書物はすべてインドのものと異ならないし、出家者の儀式のやり方もまたすべてインドと同じである。唐の僧侶で西方へ行って学問しようとする者がいれば、そこに一、二年滞在して、その仏法の方式を学んだ後にはじめてインドに進むのもよいことである。

（義浄訳『根本説一切有部百一羯磨』巻五割注〈7世紀末〉、歴史学研究会編『世界史史料3』岩波書店より）

Q 東南アジアにおける仏教の流行は、どのようなものだったのだろうか。

◀シヴァ神の祠堂（しどう）　チャンパーは3世紀末にはインド文化を取り入れた社会を形成していた。写真は、10世紀後半のシヴァ像を主神とする祠堂。

▶普明寺（ふみょうじ）の舎利塔（しゃりとう）　ベトナム陳朝の仁宗（じんそう）没後、子の英宗（えいそう）が1305年に舎利塔として建立した。高さ約17m。この塔がある普明寺において、13世紀末に竹林禅宗（ちくりんぜんしゅう）が開かれた。のちに竹林派はベトナム仏教の主流となった。（写真／小学館、撮影／S＆T PHOTO）

▲『ラーマーヤナ』の浮彫り　マジャパヒト王国はジャワのヒンドゥー諸王朝のなかで最大勢力となった。写真は、東部ジャワのヒンドゥー寺院の基壇を飾る『ラーマーヤナ』の物語を描いた浮彫り。

1 ルネサンスの本質

▲古代ローマの三美神

▼中世の三美神
（14世紀）

2 ルネサンス関連年表

		1300		1400		1500		1600
日本		鎌倉時代		室町時代		安土・桃山時代 → ●		江戸時代
イタリア		フィレンツェの繁栄	メディチ家(コジモ、ロレンツォ)の支配		イタリア戦争	ローマ・ヴェネツィアのルネサンス		
		ダンテ 1265~1321『神曲』		マキァヴェリ 1469~1527『君主論』		ジョルダーノ=ブルーノ 1548~1600 地動説・汎神論		
		ペトラルカ 1304~74『叙情詩集』	ドナテルロ 1386頃~1466「聖ジョルジオ像」			ガリレイ 1564~1642 望遠鏡の改良		
		ボッカチオ 1313~75『デカメロン』		ボッティチェリ 1444頃~1510「ヴィーナスの誕生」「春」				
		ジョット 1267頃~1337 「聖フランチェスコの生涯」	ギベルティ 1378~1455「天国の門」	ラファエロ 1483~1520「聖母子像」				
			ブルネレスキ 1377~1446 サンタ=マリア大聖堂ドーム	ミケランジェロ 1475~1564「ダヴィデ像」「最後の審判」				
				レオナルド=ダ=ヴィンチ 1452~1519「最後の晩餐」「モナ=リザ」				
			マザッチオ 1401~28「聖三位一体」	ブラマンテ 1444~1514 サン=ピエトロ大聖堂				
					ティツィアーノ 1488/90~1576「ウルビーノのヴィーナス」			
イギリス			百年戦争	バラ戦争【テューダー朝】ヘンリ8世 エリザベス1世 【ステュアート朝】				
			チョーサー 1340頃~1400『カンタベリ物語』	トマス=モア 1478~1535『ユートピア』	シェークスピア 1564~1616 「ハムレット」「ヴェニスの商人」			
				フランシス=ベーコン 1561~1626『新オルガヌム』				
				エドマンド=スペンサー 1552頃~99『妖精の女王』				
オランダ・ネーデルランド			ハプスブルク家領		独立戦争			
			ファン=アイク(兄) 1366頃~1426	エラスムス 1469頃~1536『愚神礼賛』				
			ファン=アイク(弟) 1380頃~1441「ガン(ヘント)の祭壇画」	ブリューゲル 1528~69「子どもの遊び」「農民の踊り」				
ドイツ・東欧				マクシミリアン1世 カール5世 マクシミリアン2世				
				ロイヒリン 1435~1522 古典研究				
				メランヒトン 1497~1560 神学				
				デューラー 1471~1528 自画像「四人の使徒」				
			グーテンベルク 1400頃~68 活版印刷術を改良	ホルバイン 1497~1543「エラスムスの肖像」				
				コペルニクス 1473~1543 地動説				
フランス			【ヴァロワ朝】フランソワ1世	ユグノー戦争	【ブルボン朝】アンリ4世			
				モンテーニュ 1533~92『エセー(随想録)』				
				ラブレー 1494頃~1553『ガルガンチュアとパンタグリュエルの物語』				
スペイン				フェリペ2世				
				セルバンテス 1547~1616『ドン=キホーテ』				
				エル=グレコ 1541頃~1614「オルガス伯の埋葬」				

█ 文学・思想・宗教　　█ 美術・建築　　█ 科学・技術

解説　ボッティチェリ「春」にみるルネサンスの本質　ギリシア・ローマ神話の神々が、中世のキリスト教化された身をやつした姿ではなく、古代における勇姿さながらに堂々と復活するにはルネサンスを待たねばならなかった。彼らを蘇らせたのがボッティチェリであった。「春」は、主人公のヴィーナスにまつわる神々を一堂に会させた神話画である。神々の生き生きとした表情、エロティックな肉体、三美神の思い思いのヘアスタイル。この作品はまさに人間らしさを追求した「ルネサンスの春」の象徴である。

キューピッド

メルクリウス
ヴィーナスの侍女、
(左から愛・貞節・美の三美神)
ヴィーナス
花の女神(フローラ)と
西風の神ゼフュロス
プリマヴェーラ(春)

3 動きと調和

3・1 レオナルド=ダ=ヴィンチ「最後の晩餐」にみる遠近法とバランス

イエスを中心に分けられた4つのグループ

バルトロマイ 小ヤコブ　ヨハネ　トマス　タダイ
ペテロ　　　　　ピリポ
アンデレ　　ユダ　イエス　大ヤコブ　マタイ　シモン
グループ1　グループ2　グループ3　グループ4

解説　「最後の晩餐」はミラノの聖マリア=デッレ=グラツィエ聖堂の食堂にレオナルド=ダ=ヴィンチが描いた壁画である。この題材は多くの画家が取りあげたが、ダ=ヴィンチのものは中央のイエスの奥にすべての線が集中するという遠近法を用いている。窓からは田園風景が遠望されるものとなっている。イエスが裏切り者の存在を告げた瞬間の弟子たちの心理状態が、多彩な表情や動きで表現されている。イエスを中心に両脇のグループ、その外側のグループと広がるように構成され、動きに満ちた人物たちがリズムと調和を生み出している。

3・2 素描にみる人物描写

◀**顔つきと視線が暗示する、裏切り者の位相**　驚きのあまりのけぞり、キリストに視線を向けるユダ。後ろ向きの顔を下のほうから描くのは、非常に難しい習作の筋肉などに高度な技量がうかがえる。

◀**激しい表情と身ぶりで、驚きをあらわす大ヤコブ**　驚きと怒りで口を開き、険しい表情で一点をみすえる大ヤコブ。壁画では両手を大きく広げ、12人のなかでも最も激しい感情をあらわにしている。

4　イタリア＝ルネサンス

▲**フィレンツェ**📖　アルノ川のほとりに広がる赤茶色の屋根が美しい街並み。フィレンツェとは「花の都」の意。

4·1　ルネサンス期のイタリア

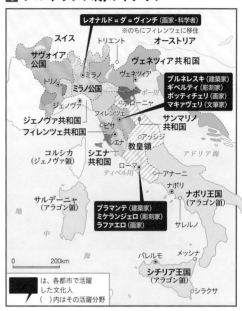

は、各都市で活躍した文化人
（　）内はその活躍分野

4·2　建築・彫刻・絵画

◀**サンタ＝マリア大聖堂のドーム**　ブルネレスキの設計。古代ローマ建築を取り入れたルネサンス様式。

▶**ドナテロ「ダヴィデ像」**　古代以後初の2本足で立つ独立像といわれ、聖書の英雄の裸体表現に挑んだ。

◀**ジョット「小鳥への説教」**　ジョットの「聖フランチェスコの生涯」の一場面で、アッシジ出身の修道士フランチェスコの徳は小鳥にも通じた、という伝説を画題としている。ルネサンス様式の祖とされる。

ヨーロッパ

4·3　文学

▲**天国へ導かれるダンテ**　ダンテ自身がローマの詩人ウェルギリウスの案内で地獄・煉獄へ、恋人ベアトリーチェに導かれて天国へと至る一大叙事詩。（『神曲』天国篇、第28歌、ボッティチェリの挿絵素描）

Q　ダンテの『神曲』はなぜルネサンスの先駆的作品と評価されているのだろうか。

ペトラルカの手紙

　親愛なるキケロよ、フランチェスコが挨拶を送ります。久しく求めつづけてきたあなたの書簡集を思いがけないところで発見して、私はむさぼるように読みました。そして、あなたがおおいに語り、おおいに嘆き、しかも考えをくるくる変えるのを、じかに聞くことができました。
（近藤恒一編訳『ペトラルカ　ルネサンス書簡集』岩波書店より）

▶**ペトラルカ**　イタリア＝ルネサンスの詩人・人文主義者。

Q　ペトラルカ（フランチェスコ）の手紙の相手キケロとは、どのような人物だろうか。

メディチ家

　メディチ家は最初は薬種商を営み、15世紀にはフィレンツェで押しも押されもせぬ銀行家となり、コジモからロレンツォの時代にかけてフィレンツェ共和国の政治実権を握った。**コジモ**は市政を掌握し、同家の支店はヨーロッパに16を数えた。彼の納税額はフィレンツェ歳入の65％に達し、フィレンツェをルネサンスの中心とし、祖国の父とたたえられた。その孫**ロレンツォ**は詩才に富み、文芸や美術を愛護した。子のジョヴァンニは贖宥状を乱売した教皇レオ10世である。

◀**メディチ家の紋章**　紋章にある丸い球は、薬屋の丸薬を示しているといわれる。
※メディチMediciは英語のmedicine（薬）

▲**コジモ＝デ＝メディチ**（左）と**ロレンツォ＝デ＝メディチ**（右）

1 ミケランジェロとローマ

▶ヴァチカンの衛兵

サン＝ピエトロ大聖堂

システィナ礼拝堂

ヴァチカン宮殿

サン＝ピエトロ広場

▼▶コンクラーベ　ラテン語で「鍵のかかった」の意で、新ローマ教皇の選出会議をいう。枢機卿らが教皇選出までシスティナ礼拝堂に閉じ込もって投票をおこなう。煙突から出る白い煙は新教皇の決定、黒い煙は未決を外部に知らせている。下の写真は投票前のサン＝ピエトロ大聖堂の様子。

▲サン＝ピエトロ大聖堂 🏛　ヴァチカン市国にあるカトリック教会の総本山。4世紀に聖ペテロの墓所にコンスタンティヌス帝がつくらせたと伝えられ、ルネサンス盛期からバロック期に新築された。ユリウス2世、レオ10世の命により初代主任建築士の**ブラマンテ**や**ラファエロ**、晩年の**ミケランジェロ**らが聖堂の設計に参加した。バロック式の広場は**ベルニーニ**の作。ヴァチカンの衛兵がまとう赤・青・黄の色鮮やかな衣装のデザインは、ミケランジェロによるともいわれる。

▲天井画「アダムの創造」（天地創造の一部）　主題は『旧約聖書』の「創世記」の一場面。天地創造の6日目、創造主の神（右）が自分に似せて土からつくった最初の人アダム（左）に生命を吹き込んでいる場面。最も有名なこの場面は天井画のほぼ中央、頭上21mにある。

「天地創造」

「最後の審判」

▲ヴァチカン宮殿システィナ礼拝堂と「**最後の審判**」　ミケランジェロは天井画の完成から約20年後、礼拝堂正面の祭壇画に着手した。彼の描く筋肉隆々のイエス＝キリストが世界の終末に再臨し、凄まじい怒りのエネルギーで善人を甦らせ昇天させ、悪人を地獄に追い落としている。総勢391人ともいわれる大群像劇。

ミケランジェロ

ルネサンス盛期に活躍したイタリアの芸術家ミケランジェロ（1475～1564）は彫刻家を自認していたが、画家・建築家・詩人でもあり、レオナルド＝ダ＝ヴィンチと同じくルネサンス的「万能人」の典型であった。メディチ家、フィレンツェ共和国政府、ローマ教皇をパトロンとし、「神のごとき人」と尊敬された。彫刻を重視し、自分の仕事は石に閉じ込められた神の意思を解放することだと考えた。

▲ミケランジェロの自画像
▶システィナ礼拝堂の祭壇画「最後の審判」（部分）

自身を模している→

▼「**ピエタ**」　ミケランジェロ作。十字架の刑ののちマリアにいだかれ絶命したイエスを彫った「ピエタ」はミケランジェロのものとして3点知られている。そのうちサン＝ピエトロ大聖堂のものは、「ミケランジェロが想像しえた最も美しい女性と最も端正な男性とを彫刻した」と評され、至高の宗教性を表現している。この聖母が30歳をすぎた息子を抱く母としては若すぎるという批判もあるが、そうした現実性を超越した作品といえよう。

ヨーロッパ

2 ラファエロとその作品

▶ラファエロ自画像

ピタゴラス（数学・哲学）
ソクラテス（哲学）
プラトン（哲学）　アリストテレス（哲学）
ラファエロ
アルキメデス（数学）
ヘラクレイトス（哲学）
エウクレイデス（数学）
プトレマイオス（天文学）

◀◀「アテネの学堂」　ラファエロ画。「署名の間」には新プラトン主義の思想にもとづいて、真・善・美を表す壁画が構想され、「アテネの学堂」は真、つまり哲学的な真理を表している。**キリスト教の宗教観とギリシア精神**を統合する試みであり、古典古代の復活を証明する絵画である。古代ギリシアの学者たちのモデルはルネサンスの芸術家たち。プラトンはレオナルド＝ダ＝ヴィンチ、ヘラクレイトスはミケランジェロ、アルキメデスはブラマンテがモデルとされ、右端にラファエロ自身も登場している。（ヴァチカン宮殿「署名の間」の壁画）

聖母像の変遷

ジョットの師であったチマブーエの聖母はリアルさより荘厳さを重視したビザンツ風の平面的な表現であるのに対し、ジョットの聖母はリアルさも奥行き感も格段に増し、ビザンツのイコンとは違う生身の肉体性が感じられる。そしてこの2作に比べてラファエロの聖母は素朴で親しみやすく、人間的でやさしい。「小椅子の聖母」は聖母の画家と呼ばれたラファエロの描いた50点もの聖母子像のなかでも人気が高く、ルネサンス期に流行したトンドと呼ばれる円形絵画である。聖母の体をひねらせ円に収めた巧みな構図と「スフマート（ぼかし技法）」による柔和な表情に、ルネサンスの集大成ともいえる技術の高さがうかがえる。

▲チマブーエ「荘厳の聖母（マエスタ）」（1280〜90年頃、フィレンツェ、ウフィツィ美術館蔵）

▲ジョット「荘厳の聖母（オニサンティの聖母）」（1310年頃、フィレンツェ、ウフィツィ美術館蔵）

▲ラファエロ「小椅子の聖母」（1514年、フィレンツェ、ピッティ宮殿美術館蔵）

3 「万能人」レオナルド＝ダ＝ヴィンチ

▶ダ＝ヴィンチ自画像

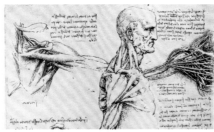

▲「解剖手稿」　ダ＝ヴィンチは絵を正確に描くには人体の知識が必要と考え、解剖学に取り組んだ。（イギリス、ウィンザー城王室図書館蔵）

◀ヘリコプターの模型　デッサンの復元模型。彼は鳥の飛翔を観察し、飛行に熱中していた。

▼装甲車の素描　全方向に火器を装備しているが、推進力は人力。破壊的な兵器の考案には、ダ＝ヴィンチの軍事技師としての活動をうかがわせる。（1487年頃、ロンドン、大英博物館蔵）

ミラノ公への手紙

(1) 小生、きわめて軽く、頑丈で、携帯容易な橋梁の計画をもっています。それによって敵を追撃することもできれば、時には退却することもできます。…

(7) 同じく、堅牢で攻撃不可能な覆蓋戦車を制作いたしましょう。それは砲兵をのせて敵軍の間に突入しますが、いかなる大軍といえどもこれに出会って壊滅せざるはありません。

(10) 平和な時代には、建築、公私大建築物の構築、…大理石、青銅およびテラコッタの彫刻をいたします。絵も同様、ほかの何びととでも御比較あれ、いかなることでもいたします。

（杉浦明平訳『レオナルド＝ダ＝ヴィンチの手記　下』岩波書店より）

Q この手紙から、レオナルドの活動にはどのような特徴がみられるだろうか。

▲「モナ＝リザ」　ダ＝ヴィンチの描いた女性像の最高傑作といわれる。（パリ、ルーヴル美術館蔵）

ヨーロッパ

1 ルネサンスの広がり

1·1 ヨーロッパ各地に広がるルネサンス

チョーサー(文) トマス=モア(文) エドマンド= スペンサー(文) シェークスピア(文)	エラスムス(文) ファン=アイク兄弟(美) ブリューゲル(美)

イングランド

デューラー(美)
ホルバイン(美)
ロイヒリン(文)
グーテンベルク(科)

北方ルネサンス
の中心地

神聖ローマ帝国

ダンツィヒ

大西洋

ロンドン

アントウェルペン　フランクフルト
ブリュージュ　ライプツィヒ
ケルン

ポーランド

ブレスラウ

ネーデルラント
パリ

マインツ　ニュルンベルク
アウクスブルク

コペルニクス(科)

ラブレー(文)
モンテーニュ(文)

フランス

リヨン

スイス

インスブルク

ブダ

ハンガリー

ポルトガル王国

アヴィニョン

ミラノ　ヴェネツィア

メディチ銀行
● 所在地
━ 交通路

フィレンツェ

ローマ

フッガー銀行
● 所在地
━ 交通路

リスボン　マドリード　バルセロナ

スペイン

セルバンテス(文)

セビリャ

0　　500km

イタリア=ルネサンス
の中心地

(文) 文筆家
(美) 美術家
(科) 科学・技術者

1·2 文芸・思想

騎士

医学博士

賄い人

修道士

オクスフォードの神学生

▲『カンタベリ物語』　29人の巡礼者たちが、チョーサー自身と宿屋の主人も加わってロンドンから聖地カンタベリへの旅の道すがら物語合戦を始めるのである。チョーサーは14世紀イングランドのほぼすべての階層を代表する人々を、その典型としてリアルに、皮肉をきかせて描き出した。

Q この作品に影響を与えたボッカチオの『デカメロン』とはどのような物語だろうか。

◀チョーサー(1340頃～
1400)「英詩の父」と冠せられるチョーサーだが、14世紀の宮廷の能吏でもあった。(ロンドン、ナショナル=ポートレート=ギャラリー蔵)

▶エラスムス

▼『愚神礼賛』の挿絵　挿絵は女性をくどくストア哲学者(左)と女性をだいて悦にいる修道士(右)。エラスムスは教会と聖職者を鋭く批判した。

エラスムス『愚神礼賛』

　現在では、法王のお役目中一番骨の折れる部分は、お閑暇な聖ペテロや聖パウロに、大体任せきりにしてありまして、法王様の方では、豪華なお儀式やお楽しみの方を受け持っておられます。…奇蹟などをおこなうことは、もはや時代遅れの、すたれた古い慣習なのです。民衆を教化することなどは、疲れますね。聖書を説明することなんか、学校でやることです。祈禱することなんか、むだな話です。　　　(渡邊一夫訳『痴愚神礼讃』岩波書店より)

Q 「法王のお役目」とは何を指しているのだろうか。

▼シェークスピア　エリザベス1世時代最大の詩人・劇作家で、とくに『ハムレット』(下)は主人公の悲劇的性格を描写し、代表作とされる。

▲『ガルガンチュアとパンタグリュエルの物語』の挿絵　医師でもあった人文主義者ラブレーによる巨人の父子をめぐる荒唐無稽な長編小説。糞尿譚や古典の知識がちりばめられ、教会や既成の権威を風刺したため禁書になった。ユートピア的に描かれた小説中の僧院の規律は「汝の欲するところをおこなえ」であった。

1·3 美術

◀ヤン=ファン=アイク「アルノルフィニ夫妻の肖像」(1434年)

読み解き　この絵の中に描かれている、宗教的な意味を読み解いてみよう。

油絵具

ファン=アイク兄弟は独特の乾性油と樹脂を使い、透明感のある細密描写を確立した。この油絵具によってものの質感が写実的に表現され、奥行きのある空間表現が可能となった。それ以前のヨーロッパでは壁画はフレスコ画で、漆喰が生乾きの間に顔料で描くのでやり直しができなかった。板絵はテンペラ画で、顔料を卵に油をまぜた乳化物で練るのでかわきがはやく、重ね塗りもできた。それに比べて油絵は、乾きが遅い分、顔料を薄くのばしたり、画面上で色をまぜたり拭きとったりできる。「モナ=リザ」の微笑をうんだ、境目のないグラデーションをつくる「スフマート(ぼかし技法)」は油絵でしかできない。西洋絵画が深くやわらかな陰影による立体的な表現を獲得したのは、油絵(油彩画)の功績である。また絵具をこってり厚塗りできる特徴も、近代以後、画家の内面を筆触であらわすゴッホ→p.203のような表現を生み出すのである。

◀デューラーの自画像(1500年)　真正面を向いた威厳のある姿勢から、キリストになぞらえたともいわれる。デューラーは西洋画史上初めての単独自画像を描いたともいわれ、画面からは強い自意識が感じられる。

2 科学と技術

▶**コペルニクス**(1473〜1543)　ポーランドの聖職者。プトレマイオスの天動説が中世の宇宙観を支配していたが、1530年、『天球回転論』で**地動説**を理論的に裏づけた。しかし、教会の弾圧を恐れ、公表は1543年、死の数日前だった。

◀ガリレイの『**二大世界体系対話**』(『天文対話』)の扉絵(1632年)　1632年の刊行時にただちに禁書となり、翌年33年に有罪判決を受け地動説を放棄させられた。扉絵の3人のうち一番右がコペルニクス、中央がプトレマイオス、左がアリストテレスである。対話は天動説と比較しながら、地動説の可能性、蓋然性、立証へと進む。(フィレンツェ、国立中央図書館蔵)

▶**ガリレイ**

Q ガリレイの『二大世界体系対話』が禁書となった背景は、どのようなものだったのだろうか。

▲**プトレマイオスの天球図　天動説**を説明する図で、宇宙の中心に地球があり、それを囲む形で天界が月・水星・太陽、…恒星と続く。それぞれの天体ごとにみえない天球があり、その天球をそれぞれの神々がまわしていると考えられた。この説は、当時のカトリック教会公認の世界観であった。

▲**コペルニクスの天球図**　コペルニクスは、天体観測にもとづいて宇宙の中心は地球ではなく太陽であることを主張した。その考えにもとづく天体は、太陽を中心に水星・金星・地球・火星・木星・土星の順に円軌道を描いている。実際には各惑星は楕円軌道を運行している。

◀**羅針盤**　イスラーム世界ではアストロラーベが多用されたが、厳密には磁針であった。この磁針を1支点で回転可能とし、方位カードと組み合わせて羅針盤に改良したのは14世紀のイタリア人フラヴィオ＝ジョーヤである。図は17世紀にマカリウスが考案した天体観測用の円周儀で、遠洋航海を前進させた。

2·1 ルネサンスの「三大発明」

火薬	中国宋代に発明⇨イスラーム経由で西欧へ	⇨14世紀のドイツで火砲が発明され、戦術の変化により騎士階級の没落促進(軍事革命)
羅針盤	中国宋代に発明⇨イスラーム経由で西欧へ	⇨14世紀のイタリアで磁針から羅針盤へ改良⇨遠洋航海が可能に
活版印刷術	15世紀半ばドイツのグーテンベルクが改良	イスラーム経由で中国から伝わった製紙法の普及と結びつき、新思想や聖書の普及に貢献⇨宗教改革に影響

▶**ハプスブルク家の兵器廠**　1507年頃のもので、ずらりと大砲がならんでいる。ヨーロッパでは、大砲は14世紀から使用されていたが、歩兵の小銃が普及するのは16世紀になってからである。(ウィーン、オーストリア国立図書館蔵)

▲**初期の印刷所**　右側が、加圧式印刷機。印刷本は、手写本の約10分の1の価格になった。

Q 活版印刷術の改良は、宗教改革にどのような影響をもたらしたのだろうか。

ヨーロッパ

◀**ブリューゲル「子どもの遊び」**

▼**西洋風船**　この風船は豚の膀胱。豚は貴重な食材で、血も含めて丸ごと利用されたが、膀胱は食べられないため、こうして子どもの玩具になった。気密性が高く空気を逃さないので、どんどん膨らむ丈夫な風船である。

▲**竹馬**　こんな高い竹馬で歩き回るのはそうとうバランス感覚が必要であろう。しかも現代とは逆で、持ち手は手前ではなく後ろ。下で女の子が驚いている。近代以前は怪我による男児の死亡率は高かった。擦りむいただけでも、ばい菌が侵入すればすぐ敗血症になった。

1 宗教改革とカトリック改革の流れ

	カトリック（イタリア）	ルター派（ドイツ）	カルヴァン派（スイス・フランス）	イギリス国教会（イギリス）
教義	・聖書と伝承を重視 ・**教皇至上主義** ・教皇無謬説 ・善行による救済	・聖書主義と信仰義認説に立つ ・その主張は内面的世界に限定され、秩序の破壊を否定したため、諸侯の支持を得た ・北ドイツ・北欧に広がる	・聖書主義と**予定説**が特徴 ・禁欲と勤勉の結果としての蓄財を肯定したので、新興市民層の支持をえる ・全西欧に広がり、資本主義社会への基盤をつくった	・イギリス国王を頂点とする国家教会主義 ・教義はプロテスタント的だが、儀式はカトリック的 ・貴族・富裕なジェントリ層が支持 ・国王の離婚問題に端を発した、政治的宗教改革
背景	1414 コンスタンツ公会議（～18） 　（教会再統一、フス火刑） 1494 サヴォナローラの改革 　→1498 火刑	1403 **フス**の教会批判 1419 フス戦争（～36）		1378 **ウィクリフ**の教会批判 1381 ワット＝タイラーの乱
経過	1513 **贖宥状販売**（レオ10世） ◀レオ10世（位1513～21）メディチ家出身のローマ教皇。ユリウス2世の後をついでサン＝ピエトロ大聖堂の新築をめざした。しかし、資金調達を目的に贖宥状の発売を許可し、ルターの批判をまねいた。 1521 レオ10世、ルターを破門し威嚇 1534 **イグナティウス＝ロヨラ、イエズス会**創設（パリ） 1540 イエズス会、ローマ教皇による承認 1545 **トリエント公会議** カトリック改革始まる（～63）（皇帝カール5世の要請に従い、教皇パウルス3世が招集）	◀マルティン＝ルター（1483～1546）ザクセンの鉱夫の子として生まれ、のちヴィッテンベルク大学神学教授となる。なお、左の肖像画は、ルターの友人でもあったルーカス＝クラナハによる。ルターはエラスムスやメランヒトンらと友人関係にあったが、のちにエラスムスとは対立した。 1517 **ルター、「九十五カ条の論題」発表** 1519 ライプチヒ公開討論 1520 ルター『キリスト者の自由』 1521 ヴォルムス帝国議会 1522 騎士戦争（～23） 1524 **ドイツ農民戦争**（～25）（ミュンツァーの指導） 1526 第1回シュパイアー帝国議会（皇帝、ルター派布教容認） 1529 第2回シュパイアー帝国議会（皇帝、ルター派再禁止） オスマン軍、ウィーン包囲 1530 シュマルカルデン同盟成立	◀カルヴァン（1509～64）フランスに生まれ、パリ大学に学ぶ。バーゼルで『キリスト教綱要』を著す。ジュネーヴにまねかれ、神権政治をおこなった。 1523 **ツヴィングリの改革**（チューリヒ） 1536 **カルヴァン**『キリスト教綱要』 1541 カルヴァンの改革（ジュネーヴ）	1521 **ヘンリ8世**、ルター批判 1527 **ヘンリ8世**、王妃キャサリンとの離婚問題から教皇と対立 1534 **首長法**（国王至上法）発布 **イギリス国教会**成立
	1546 シュマルカルデン戦争（～47） 1555 **アウクスブルクの和議**（諸侯・都市に信仰選択の自由、ルター派のみ承認） 1618 三十年戦争（～48）	1562 **ユグノー戦争**（～98） 1572 サンバルテルミの虐殺 1598 **ナントの王令**（勅令）	1549 エドワード6世、国教会をプロテスタント化 1555 メアリ1世、カトリック復活 1559 **エリザベス1世、統一法**制定発布、国教会確立	

2 ドイツの宗教改革

Q この時、ルターの批判はどのような点にあるのだろうか。

「九十五カ条の論題」（1517年）

第一　われわれの主にして師たるイエス＝キリストが、「なんじら悔いあらためよ」というとき、信徒の全生活が、改悛であらんことをのぞんでいるのである。

第六　教皇は、神によって赦宥がなされていることを宣し、かつ確認するばあい、あるいは、たしかに、じぶんに権限があたえられている事柄について赦宥をおこなっているばあいをのぞいて、いかなる罪をもゆるすことはできず、それらのことが無視されるならば、さらに罪はつづくであろう。

第二十七　かれらは人に説教して、金銭が箱になげいれられて、音がするならば、霊魂は〔煉獄から〕とびにげる、

といっている。

第二十八　箱のなかで金銭が音をたてるとき、財貨と貪欲とがいやますことは、確かではあれ、教会の〔赦宥の〕援けは、ただ神の意思のうちにのみよっている。

第八十二　もし、教皇が教会をたてるというような瑣末な理由で、いともけがらわしい金銭をあつめるため、無数の霊魂をすくうのならば、なぜ、あらゆることのうち、もっとも正しい目的である、いとも聖なる慈愛と霊魂の大なる必要のために、煉獄から〔霊魂を〕すくいださないのであろうか。

（江上波夫監修『新訳世界史史料・名言集』山川出版社より）

3 スイスの宗教改革

カルヴァン『キリスト教綱要』

どんなに汚いまたいやしい仕事であっても、（そこであなたが召命に服しているならば）神の前では輝かしくもっとも貴いものとされるという類なき慰めである。

（渡辺信夫訳、新教出版社より）

マックス＝ヴェーバー『プロテスタンティズムの倫理と資本主義の精神』

プロテスタンティズムの世俗内的禁欲は、所有物の無頓着な享楽に全力をあげて反対し、消費を、とりわけ奢侈的な消費を圧殺した。その反面、この禁欲は心理的効果として財の獲得を**伝統主義的倫理**の障害からときはなった。利潤の**追求を合法化**したばかりでなく、それをまさしく神の意思にそうものと考えて、そうした伝統主義の桎梏を破砕してしまったのだ。

（大塚久雄訳、岩波文庫より）

◀マックス＝ヴェーバー（1864～1920）

Q ここでいう「伝統主義的倫理」とは、どのようなものだろうか。

▼1521年木版画による「神の水車小屋」。宗教改革は「エラスムスが卵を産み、ルターが孵した」と表現された。

読み解き パンに見立てられている書物は何だろうか。

4 イギリスの宗教改革

▲ヘンリ8世の一家　ヘンリ8世（中央）の離婚問題に端を発したイギリス宗教改革では、彼が1534年に**首長法**を発布し、**イギリス国教会**を設立した。エドワード6世（ヘンリの右脇）が一般祈禱書を制定して教義がプロテスタント化された。のちにフェリペ2世となる皇太子と結婚した**メアリ1世**（ヘンリの左脇）がカトリックの復活をはかったが、**エリザベス1世**（ヘンリの右から2人目）が1559年に**統一法**を公布してイギリス国教会を確立した。

▼ホルバイン「**大使たち**」　ヘンリ8世に宮廷画家として仕えたホルバインが、1533年頃描いたもの。この騎士と僧侶という2人のフランス大使たちは、フランソワ1世の命により、ヘンリ8世のカトリック圏離脱を阻止するためにイギリスにやってきた。

読み解き　この絵は、1533年のヨーロッパのどんな状況を暗示しているのだろうか。

5 カトリック改革

▲**イグナティウス＝ロヨラ**　スペイン貴族にして軍人。1534年、ロヨラを中心とするパリ大学の学生7人（ザビエルもその1人）が「イエズス会」を結成した。

Q イエズス会とはどのような組織だったのだろうか。

魔女狩り

　1600年を中心の一世紀間はまさしく「魔女旋風」の期間であった。…

　この迷信と残虐の魔女旋風が、中世前期の暗黒時代においてではなく、合理主義とヒューマニズムの旗色あざやかなルネサンスの最盛期において吹きまくったということ、しかもこの旋風の目の中に立ってこれを煽りたてた人たちが、無知蒙昧な町民百姓ではなく、歴代の法皇、国王、貴族、当代一流の大学者、裁判官、文化人であったということ、そしていまひとつ、魔女は久遠の昔から、どこの世界にもいたにもかかわらず、このように教会や国家その他の公的権威と権力とが全国的に網の目を張りめぐらしたこの上なく組織的な魔女裁判によって魔女狩りがおこなわれたのはキリスト教国以外にはなく、かつ、この時期〔1600年をピークとする前後3、4世紀間〕に限られていたということ、──これはきわめて特徴的な事実ではあるまいか。
（森島恒雄『魔女狩り』岩波書店より）

6 宗教改革後のヨーロッパ

6・1 16世紀前半の国際関係

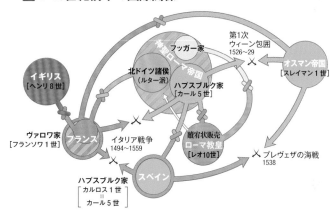

第1次ウィーン包囲 1526～29
オスマン帝国 [スレイマン1世]
フッガー家
神聖ローマ帝国
北ドイツ諸侯（ルター派）
ハプスブルク家 [カール5世]
イギリス [ヘンリ8世]
ヴァロワ家 [フランソワ1世]
フランス
イタリア戦争 1494～1559
贖宥状販売
ローマ教皇 [レオ10世]
プレヴェザの海戦 1538
ハプスブルク家 [カルロス1世＝カール5世]
スペイン

▼**カール5世**　カールの生涯は外征の連続、戦いの日々であった。また、独立し分散する支配領域の臣民たちから忠誠を獲得するため、その広大な支配領域を東奔西走した。1556年の退位までの約40年間、彼はまさに「世界中でもっとも流浪する皇帝」であった。

解説　16世紀前半の宗教改革は国際関係のなかで展開される。1519年に神聖ローマ皇帝となった**カール5世**（スペイン王カルロス1世）は、イタリア戦争を通じて隣国フランスの**フランソワ1世**と戦い、東方からは**スレイマン1世**率いるオスマン帝国の進攻に対峙、膝元のドイツではルター派諸侯と戦った。さらにフランスはオスマン帝国と同盟を結ぶなど、反ハプスブルクの諸勢力とともにハプスブルク家に対抗した。

6・2 宗教戦争

デ デンマーク　ス スウェーデン

宗教戦争	原因・概要	プロテスタント	カトリック	結果（影響）
1562～98年 ユグノー戦争	フランスのユグノー貴族とカトリック貴族の対立からおこった宗教戦争	ユグノー ＝ 英 蘭 vs	カトリック教徒 ＝ スペイン	1598年 **ナントの王令** →ユグノーの信教の自由を容認（ただし、フランスはカトリック教国としてとどまる）
1568～1609年 オランダ独立戦争	スペインによるネーデルラントへの重税・カトリック化政策への反発からおこった独立戦争	ゴイセン ＝ 英 vs	スペイン	1581年 **オランダ独立宣言**（北部7州）1609年 休戦条約 →事実上の独立（ネーデルラント連邦共和国）
1618～48年 三十年戦争（ドイツ）	ベーメンのプロテスタント貴族が、カトリックの君主の弾圧に対しておこした反乱が、ヨーロッパの国際戦争に発展	プロテスタント教徒 ＝ デ ス 仏 vs	神聖ローマ皇帝 ＝ スペイン	1648年 **ウェストファリア条約** →カルヴァン派の公認 →主権国家体制の成立

ヨーロッパ

1 主権国家体制（16～17世紀）

イギリス（テューダー朝）	スペイン・神聖ローマ（ハプスブルク朝）		フランス（ヴァロワ朝）
1485 **ヘンリ7世**（～1509）	1492 グラナダ陥落（ナスル朝滅亡）		1494 仏王シャルル8世、イタリア遠征（イタリア戦争）
1509 **ヘンリ8世**（～47）	1516 **カルロス1世**（～56）		1515 **フランソワ1世**（～47）
	1519 **カール5世**（カルロス1世と同一人物、～56）		
	1529 **オスマン軍、第1次ウィーン包囲**		
1534 首長法発布（英国教会成立）	1521 **イタリア戦争**（イタリア支配をめぐる独・仏間の戦い）		
	1524 **ドイツ農民戦争**（～25）		
	1538 **プレヴェザの海戦**		1547 **アンリ2世**（～59）
1547 **エドワード6世**（～53）	1555 **アウクスブルクの和議**		
1553 **メアリ1世**（～58）	1556 **フェリペ2世**（～98）		
1558 **エリザベス1世**（～1603）	1559 **カトー＝カンブレジ条約**（イタリア戦争終結）		
	1568 オランダ独立戦争（～1609）		1562 ユグノー戦争（～98）
	1571 レパントの海戦（スペイン・ヴェネツィア・ローマ教皇軍がオスマン帝国軍を破る）		
	1579 ネーデルラント北部7州、ユトレヒト同盟		1572 サンバルテルミの虐殺
	1580 スペイン、ポルトガルを併合（同君連合、～1640）		
		オランダ	ブルボン朝
1588 アルマダの海戦（スペイン無敵艦隊、英艦隊に敗北）		1581 オランダが独立宣言（～1795）	1589 **アンリ4世**（～1610）
			1598 ナントの王令（勅令）
1600 東インド会社設立		1602 東インド会社設立	
ステュアート朝			
1603 **ジェームズ1世**（～25）		1609 スペインと休戦	1610 **ルイ13世**（～43）
1618	三十年戦争（～48）		
	1621 西インド会社設立		
1625 **チャールズ1世**（～49）	1623 アンボイナ事件（イギリス追放）		
1628 権利の請願	1626 ニューネーデルラント植民地建設（中心：ニューアムステルダム）		1643 **ルイ14世**（～1715）
1640 イギリス革命（～60）			
1648	ウェストファリア条約（三十年戦争終結、オランダ独立公認）		
共和政（1649～60）		1652 ケープ植民地建設	1648 フロンドの乱（～53）
1652 第1次イギリス＝オランダ戦争（～54）			
ステュアート朝（王政復古）		1664 ニューアムステルダム、英領となる（ニューヨークと改称）	1664 東インド会社再興
1660 **チャールズ2世**（～85）			
		1667 南ネーデルラント継承戦争（～68）	
		1668 アーヘンの和約	
1685 **ジェームズ2世**（～88）	1683 **オスマン軍、第2次ウィーン包囲**		1672 ルイ14世によるオランダ（侵略）戦争（～78）
1688 名誉革命（～89）	1688 ファルツ戦争（～97）		1685 ナントの王令廃止
1689 英・仏間の植民地戦争（～1815）			1688 ファルツ戦争（～97）
1689 権利の章典　イギリス＝オランダ同君連合（～1702）			
「**メアリ2世**（～94） **ウィリアム3世**（～1702）」		1697 ライスワイクの和約	

緑文字：神聖ローマでの出来事

封建制から主権国家へ

中世 封建制→権力分散

近世 主権国家→権力の集中

絶対王政の仕組み

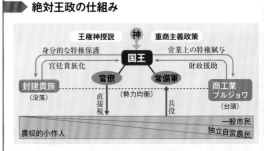

絶対王政とは　国内的にも対外的にも国家を代表する最高権力を**主権**という。絶対王政は**君主**に権力が集中していった16～17世紀の西ヨーロッパに出現し、のち市民革命によって君主から議会（国民）に主権が移っていくことで倒される。

2 イタリア戦争

マキァヴェリ『君主論』（1532年刊）

　君主にとって、信義を守り、術策によらず、公明正大に生きていくことが、いかに称賛に値するかは、だれでも知っている。しかし、現代の経験によれば、信義を顧慮せず、術策によって人々の頭を混乱させることのできた君主が、むしろ大事業をなしとげている。しかも、結局、彼らのほうが信義に立脚している君主たちをしのいでいるということがわかる。
　…こうして、君主は野獣の性質を使うことを知らねばならないが、その場合、野獣のなかでも狐とライオンの性質をとらねばならない。ライオンは罠から身を守ることができず、狐は狼から身を守ることができない。

（江上波夫監修『新訳世界史史料・名言集』山川出版社より）

▲マキァヴェリ　フィレンツェの外交官。著書『君主論』で、イタリア統一のためには、策謀と力をもった君主が必要であることを説いた。

カール5世とフランソワ1世

　カール5世とフランソワ1世はおたがいに、生涯を通じての最大の敵（ライバル）であった。16世紀の前半、複雑に推移するこの時代の国際関係は、カール対フランソワの、ハプスブルク家対フランス・ヴァロワ家の対立関係を基軸に展開する。神聖ローマ帝国の新皇帝の選挙で、ハプスブルク家のスペイン王カルロスに対し、いち早く集権化を進めるフランスの国王フランソワ1世が猛然と選挙戦を挑んだ。結果カルロスが勝利し、1519年、皇帝カール5世が誕生した。その後の両者の敵対関係は「決闘」が取りざたされるほどであった。しかし個人的感情のみならず、フランスはハプスブルク勢力に周囲を包囲されたことになり、その脅威がイタリア戦争の原因となった。2人の死闘がヨーロッパ世界を引きずりまわしたのである。

▲カール5世

▲フランソワ1世

Q マキァヴェリが生きた時代のイタリアは、どのような状況だっただろうか。また、マキァヴェリが近代政治学の祖とされているのは、どのような理由からだろうか。

1 16世紀半ばのヨーロッパ

? スペインから独立したオランダは、17世紀にどのように繁栄したのだろうか。

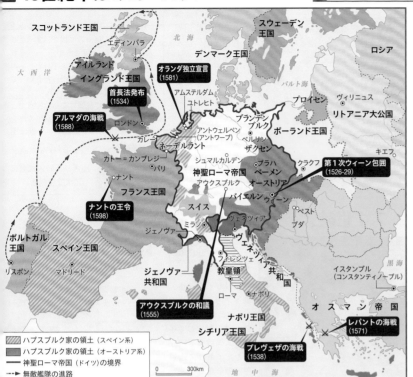

凡例:
- ハプスブルク家の領土（スペイン系）
- ハプスブルク家の領土（オーストリア系）
- 神聖ローマ帝国（ドイツ）の境界
- 無敵艦隊の進路

0　300km

2 「太陽の沈まぬ国」スペイン

▶フェリペ2世　熱心なカトリック教徒で、父カール5世からスペイン・ナポリ王国・ミラノ公領・ネーデルラント・アメリカ大陸を含む広大な領土を継承し、1580年にポルトガルも併合した。1571年にレパントの海戦でオスマン帝国を破ったが、積極的な外征は財政負担も深刻化させた。

Q スペイン衰退の原因は、どんなところにあったのだろうか。

3 オランダの独立と繁栄

▲17世紀のアムステルダム　オランダ商人はジャワ島のバタヴィア（現ジャカルタ）を拠点にアジアとの貿易を独占。他方、北米にも進出した。この結果アムステルダムは、リスボンにかわる世界金融の中心として繁栄した。図はイギリス＝オランダ戦争期のアムステルダム港の光景。

3·1 オランダの独立

凡例:
- 1579年ユトレヒト同盟の参加地域
- 文字 ユトレヒト同盟に参加した北部7州
- 1648年ウェストファリア条約で独立を承認されたオランダの境界
- スペイン領ネーデルラント
- ネーデルラントにおける毛織物工業地帯

0　100km

Q 17世紀において、アムステルダムはなぜ金融の中心になり得たのだろうか。

グロティウス『海洋自由論』(1614年)

第1章　われわれの目的は、オランダ人すなわちネーデルランデン連邦の臣民が、自由に、今までどおり東インドへと航行し、その地の住民と交易をおこなうことができるということを、簡潔明瞭に論証することである。〔その際〕われわれは、万民法という確実かつ明白で不変の規則（これは第一の最も特別な規則と呼ばれる）を論拠とするであろう。すなわち、すべての民族は、他の民族のもとを訪れ、彼らと取引し、商売をすることが許されるということである。

(歴史学研究会編『世界史史料5』岩波書店店より)

解説　オランダ人によるポルトガル商船拿捕を正当化するために書かれたものである。彼の主張は自然法に依拠するもので、海洋は空気と同じく捕らえがたいもののため誰の所有物でもない、それが自然の命令なのだから、東インドへの航行・交易についてもオランダ人は、スペインと同君連合を結んでいたポルトガル人と同等の権利をもっているとした。

3·2 南・北ネーデルラントの比較

	言語	宗教	産業
北部7州 → 独立 （オランダ）	ドイツ語系	おもにカルヴァン派（ゴイセン）	海運・商業
南部10州 → スペイン領にとどまる （ベルギー・ルクセンブルク）	フランス語系	おもにカトリック	農牧業・毛織物工業

▶ニューアムステルダムの開拓　オランダ人はアメリカ先住民と25ドルに相当する物品とマンハッタン島を交換し、ニューアムステルダムを拓いた。

オランダの発展

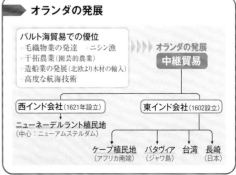

バルト海貿易での優位
- 毛織物業の発達　ニシン漁
- 干拓農業（園芸的農業）
- 造船業の発展（北欧より木材の輸入）
- 高度な航海技術

オランダの発展
中継貿易

西インド会社（1621年設立）
→ ニューネーデルラント植民地
（中心：ニューアムステルダム）

東インド会社（1602設立）
→ ケープ植民地（アフリカ南端）・バタヴィア（ジャワ島）・台湾・長崎（日本）

1 イギリスの絶対王政

王朝		
ヨーク朝	1485	ボズワースの戦いで敗れ、リチャード3世没（バラ戦争終結）
テューダー朝	1485	**ヘンリ7世**（位1485〜1509）
	1487	星室評議会設置
		囲い込みが始まる
	1498	イタリア人カボット、イギリス王の援助で北アメリカに到着
	1509	**ヘンリ8世**（位1509〜47）
	1515	囲い込み制限令
	1516	モア『ユートピア』
	1533	王妃離婚問題でローマ教皇クレメンス7世と対立
	1533	キャサリンと離婚し、アン＝ブーリンと結婚
	1534	首長法発布（**イギリス国教会**成立）
	1540頃	星室庁裁判所整備
	1536	修道院解散
	1547	**エドワード6世**（位1547〜53）
		一般祈禱書公布（国教会の礼拝儀式と教義を規定）
	1553	**メアリ1世**（位1553〜58）
	1554	スペイン王子フェリペ2世と結婚
	1555	旧教復活、新教徒迫害
	1558	**エリザベス1世**（位1558〜1603）
	1559	統一法発布（イギリス国教会の確立）
	1560	幣制改革（グレシャムが「悪貨は良貨を駆逐する」と進言）
	1563	徒弟法制定
	1566	ロンドン株取引所設置
	1577	ネーデルラントと同盟を結ぶ
	1577	ドレークが世界一周（〜80）
	1584	ウォーター＝ローリのヴァージニア植民
	1587	メアリ＝ステュアート処刑
	1588	アルマダの海戦でスペイン無敵艦隊（アルマダ）を破る
	1598	救貧法制定
	1600	東インド会社設立

▶**エリザベスとドレーク** この頃イギリスには、国家より許可を得て、敵国の船を襲撃・略奪・拿捕する海賊行為をおこなう民間の武装船（私拿捕船）が存在し、ホーキンズやドレークは、その代表的な人物だった。

2 囲い込み（エンクロージャー）

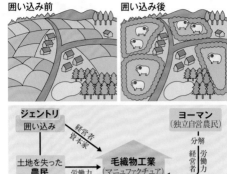
囲い込み前　　囲い込み後

ジェントリ
囲い込み
経営者・資本家
土地を失った農民 ─労働力→ 毛織物工業（マニュファクチュア）
ヨーマン（独立自営農民）
分解／経営者・労働力

解説 開放耕地制のもと混在耕地や共有地を囲い込んで羊毛の生産をあげようとした運動で、農民は土地を追われ、マニュファクチュアの労働者や浮浪者となった。モアはこれを『**ユートピア**』のなかで「羊が人間を食い殺す」と批判した。

『ユートピア』

「しかし、これだけが人々に盗みをはたらかせる唯一の原因ではありません。…」「それは何ですか。」…「それはあなたの国の羊です。羊はとてもおとなしく、とても小食だったということですが、この頃では〔聞くところによると〕大食で乱暴になったそうで、人間さえも食い殺し、畑や家屋や町を荒廃させて…」（平井正穂訳、岩波文庫より）

◀**モア**（1478〜1535）
イギリスの大法官にして人文主義者。

3 エリザベス1世時代

◀エリザベス1世の詳しくみる

◀**エリザベス1世**
姉メアリ1世のカトリック政策を廃棄し、**統一法**を制定して**イギリス国教会**を確立した。イギリス絶対王政の全盛期を築き、国内の安定、繁栄につとめたことから「良き女王ベス」、生涯独身であったことから「処女王」と呼ばれた。女王は地球儀の北米大陸をおさえ、植民地建設への意欲を表している。➡p.16

3·1 エリザベス1世の外交政策

スコットランド
前女王メアリ＝ステュアートの処刑

アメリカ大陸
●ドレークの世界周航
●北アメリカ植民地化

スペイン領ネーデルラント
オランダ（北部7州）の独立を支援

アジア
東インド会社の設立（1600）

フランス
ユグノー戦争（1562〜98）でプロテスタントを支援

スペイン
アルマダの海戦でスペイン無敵艦隊を撃破（1588）

2人のメアリ

エリザベス1世の生涯には2人のメアリが関わっていた。1人は異母姉の**メアリ1世**である。メアリは母キャサリンがエリザベスの母アン＝ブーリンのために宮廷から追われたと考えてエリザベスに敵愾心をいだいていた。メアリ1世として即位後まもなく、反乱に荷担した疑いで2カ月ほどエリザベスをロンドン塔に幽閉した。スペイン皇太子のフェリペと結婚したメアリは夫とともにカトリックを復活させ国教徒を弾圧し、「ブラッディー＝メアリ」（血まみれのメアリ）と呼ばれた。もう1人はスコットランド女王メアリ＝ステュアートである。彼女は失政のため王位を追われイングランドに亡命してきたものの、エリザベスによって幽閉された。メアリはカトリック信者でありイングランドの王位継承権をもっていたため、エリザベスにとって脅威となった。1587年、メアリはエリザベス暗殺計画への関与により処刑されたが、生涯独身であったエリザベスの死後、メアリの息子がイングランド王（ジェームズ1世）として即位するとは歴史の皮肉である。

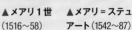

▲**メアリ1世**（1516〜58）　　▲**メアリ＝ステュアート**（1542〜87）

東インド会社設立の請願

航海業者の名において女王陛下の枢密院諸卿に対し以下の請願をおこなうことを決議する。何人もの商人が、オランダのおこなった航海の成功を知り、…オランダ商人がその国の富に利益をもたらしたことに劣らず祖国の交易を促進しようとする思いにかられ、その思いのもとに東インドへの航海をおこなうことを決議した。女王陛下が、この企てをよりよく成就するための顧慮をなさるよう、以下の請願をおこなうものである。

インドは当地からきわめて遠隔の地であり、資本を統一・統合せずには交易が不可能であるため、インドとの交易のために、航海事業に永続的特権を付与し、航海事業を1つの会社にまとめること。…

初めの6回の航海で運ばれる商品に対する関税を免除すること。なぜならば、わが国が彼の地で販売できる商品を備えるまでには多くの試行をなさねばならず、またオランダ商人は長年にわたり輸出入を問わぬ関税免除によって奨励されているからである。（歴史学研究会編『世界史史料5』岩波書店より）

Q イギリス商人たちは、オランダ商人に対抗するため何を求めているだろうか。

4 17～18世紀のイギリス

1603	**ステュアート朝**（～49、1660～1714）	
	ジェームズ1世（位1603～25）	
	スコットランド王ジェームズ6世、イギリス王ジェームズ1世として即位→同君連合形成 王権神授説を強調	
1606	ロンドン・プリマス両会社に北米特許可	
1618	三十年戦争（～48）	
1621	議会の大抗議	
1625	**チャールズ1世**（位1625～49）	
	王権神授説を唱え、専制政治→議会と対立	
1628	**権利の請願**	
1629	国王議会解散、無議会政治（～40）	
1639	国教強制に対するスコットランドの反乱	
1640	短期議会（4月13日～5月5日） 長期議会（11月～1653）	
1640	**イギリス（ピューリタン）革命**（～60）	
1642	王党派、ノッティンガムで挙兵→内乱始まる	
1644	マーストンムーアの戦い	
1645	ネーズビーの戦い	
1648	独立派、長老派を追放	
1649	王処刑、共和国宣言	
1651	**航海法**→p.156史料	
1652	第1次イギリス＝オランダ戦争（～54）	
1653	クロムウェル、護国卿	
	クロムウェル独裁（～58）	
1660	**王政復古**	
	チャールズ2世（位1660～85）	
1665	第2次イギリス＝オランダ戦争（～67）	
1666	ロンドン大火	
1667	南ネーデルラント継承戦争（～68）	
1668	アーヘンの和約	
1670	フランスとドーヴァーの密約	
1672	第3次イギリス＝オランダ戦争（～74）	
1673	**審査法**（公職は国教徒に限る） この頃トーリ・ホイッグの二大政党おこる	
1675	グリニッジ天文台設立	
1679	**人身保護法**	
1685	**ジェームズ2世**（位1685～88）	
1688	**名誉革命**（～89） 議会がオランダ総督ウィレム夫妻を招請 →ジェームズ2世、フランスに亡命	
1689	**権利の章典**	
1689	イギリス＝オランダ同君連合（～1702）	
	メアリ2世（位1689～94） **ウィリアム3世**（位1689～1702） ┐共同統治	
1694	イングランド銀行設立	
1701	王位相続令	
1701	スペイン継承戦争（～13）	
1702	**アン女王**（位1702～14）	
1704	ジブラルタル占領	
1707	スコットランド合同、グレートブリテン王国成立	
1714	**ハノーヴァー朝**（～1901）	
	ジョージ1世（位1714～27）	
1721	**ウォルポール**内閣（～42）議院内閣制の形成	

（左側縦書き）王朝／王権と議会の対立／内乱／共和政／王政復古／議会主権の確立／ステュアート朝／ハノーヴァー朝

5 イギリス革命

▶**チャールズ1世の処刑** 1648年末、独立派が**長老派**を議会から追放、1649年1月、議会は臨時法廷を設け、王を裁判にかけた。その結果、暴君・反逆者などの名のもとにチャールズ1世は公衆の面前で処刑され、イングランドは一度きりの「国王なき時代」共和政期に突入した。

> **Q** 共和政期の政策は、その後のイギリスにどのような影響を与えただろうか。また、なぜ約10年で王政復古に至ったのだろうか。

◀**クロムウェル**（1599～1658）　郷紳出身。独立派で活躍し、護国卿となった。

5・1 イギリス革命期の王党派と議会派

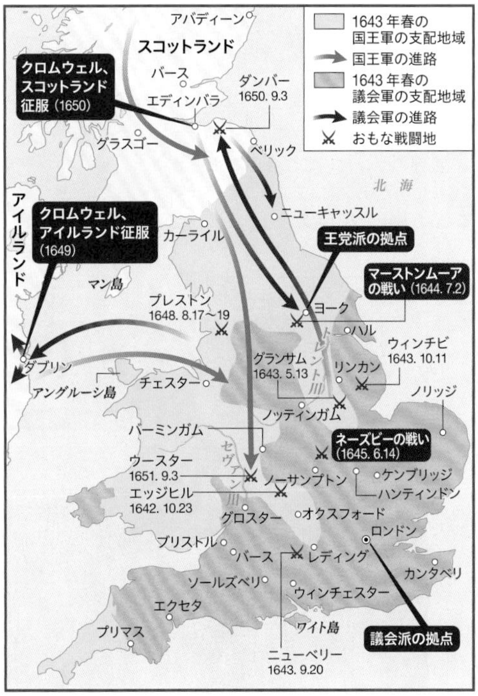

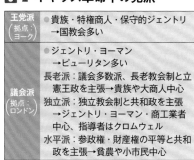

（地図内凡例）
- □ 1643年春の国王軍の支配地域
- → 国王軍の進路
- □ 1643年春の議会軍の支配地域
- → 議会軍の進路
- ✕ おもな戦闘地

（地図内地名）アバディーン／スコットランド／バース／ダンバー 1650.9.3／エディンバラ／グラスゴー／ベリック／北海／ニューカッスル／カーライル／マン島／プレストン 1648.8.17～19／ヨーク／ハル／グランサム 1643.5.13／ウィンチビ 1643.10.11／リンカン／ノリッジ／バーミンガム／ウースター 1651.9.3／エッジヒル 1642.10.23／ノーサンプトン／ケンブリッジ／ハンティンドン／グロスター／オクスフォード／ロンドン／ブリストル／バース／レディング／ソールズベリ／ウィンチェスター／カンタベリ／エクセタ／プリマス／ワイト島／ニューベリー 1643.9.20／ダブリン／アングルシー島／チェスター／セヴァン川

クロムウェル、スコットランド征服（1650）
クロムウェル、アイルランド征服（1649）
アイルランド
王党派の拠点
マーストンムーアの戦い（1644.7.2）
ネーズビーの戦い（1645.6.14）
議会派の拠点

5・2 イギリス革命中の党派

王党派（拠点：ヨーク）	●貴族・特権商人・保守的ジェントリ →国教会多い
議会派（拠点：ロンドン）	●ジェントリ・ヨーマン →ピューリタン多い 長老派：議会多数派、長老教会制と立憲王政を主張→貴族や大商人中心 独立派：独立教会制と共和政を主張 →ジェントリ・ヨーマン・商工業者中心、指導者はクロムウェル 水平派：参政権・財産権の平等と共和政を主張→貧農や小市民中心

（右側縦書き）ヨーロッパ

権利の章典

1. 王の権限によって、議会の同意なく、法を停止できると主張する権力は、違法である。
4. 国王大権[*1]と称して、議会の承認なく、王の使用のために税金を課すことは、違法である。
6. 議会の同意なく、平時に国内で常備軍を徴募し維持することは、法に反する。

*1 君主がもつとされた特別の権限。（『詳説世界史』より）

> **Q** 名誉革命によって、議会はどのような権力を得たといえるだろうか。

イギリス国旗の変遷

1603年にエリザベス1世が死去すると、スコットランド国王ジェームズ6世がイングランド国王ジェームズ1世として即位した（ステュアート朝の成立）。この結果、スコットランドとイングランドの同君連合が生まれた。1707年にスコットランドとイングランドは合同してグレートブリテンという1つの王国になり、さらに1801年、グレートブリテン＝アイルランド連合王国が成立した。

イングランド ＋ スコットランド
1707年 グレートブリテン王国
アイルランド
1801年 グレートブリテン＝アイルランド連合王国
1922年 グレートブリテン＝北アイルランド連合王国

（地図）大西洋／スコットランド／北アイルランド／エディンバラ／北海／アイルランド島／マン島／ダブリン／大ブリテン島／イングランド／アイルランド（エール）／ウェールズ／ロンドン／0 200km

▲**共同即位したウィリアム3世とメアリ2世**　名誉革命では、イングランド議会に招聘されたジェームズ2世の長女メアリと夫のオランダ総督ウィレムが1689年、「権利の宣言」を受け入れ即位した。メアリが単独での即位を拒否したため実現したという。

1 15～17世紀のフランス

年	事項	王朝
1422	**シャルル7世**（位1422～61）	王朝
1453	百年戦争終結　カレーを除くフランス領からイギリスを駆逐	
1461	**ルイ11世**（位1461～83）	
1483	**シャルル8世**（位1483～98）	
1494	**イタリア戦争**（～1559）	
1498	**ルイ12世**（位1498～1515）	
1515	**フランソワ1世**（位1515～47）	ヴァロワ朝
1535	オスマン帝国と同盟を結ぶ	
1547	**アンリ2世**（位1547～59）	
1559	**カトー＝カンブレジ条約**　イタリア戦争終結	
1559	**フランソワ2世**（位1559～60）	
1560	**シャルル9世**（位1560～74、母カトリーヌ＝ド＝メディシスが摂政）	
1562	**ユグノー戦争おこる**（～98）	
1572	パリでサンバルテルミの虐殺	
1574	**アンリ3世**（位1574～89）この頃、ボーダン『国家論』	
1589	**アンリ4世**（位1589～1610）	
1598	ユグノー戦争終わる　**ナントの王令**（勅令）発布	
1604	東インド会社設立（まもなく不振）　カナダ植民の開始	ブルボン朝
1610	**ルイ13世**（位1610～43）全国三部会開催	
1618	三十年戦争（～48）	
1624	**リシュリュー**宰相に（～42）	
1635	アカデミー＝フランセーズ創立	
1643	**ルイ14世**（位1643～1715）、**マザラン**、宰相に（～61）	
1648	**ウェストファリア条約**　フロンドの乱（～53）	
1659	ピレネー条約（フランス、スペインを破る）	
1661	ルイ14世親政開始（～1715）	
1664	東インド会社再興　この頃、**コルベール**の重商主義政策　この頃ヴェルサイユ宮殿建造	
1667	南ネーデルラント継承戦争（～68）❶	
1670	英とドーヴァーの密約	
1672	オランダ戦争（～78）❷	
1685	ナントの王令廃止	
1688	ファルツ戦争（アウクスブルク同盟戦争、～97）❸	
1689	ウィリアム王戦争（～97、英仏植民地戦争開始）	
1701	スペイン継承戦争（～13）❹	

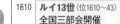
▲ボーダン（1530～96）　政治思想家。主著『国家論』において主権論を展開した。

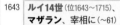
▲リシュリュー（1585～1642）　ルイ13世の宰相。大貴族・ユグノー勢力と対決し、フランス王権の強化につとめた。

▲マザラン（1602～61）　リシュリューのあとをついだ宰相。幼いルイ14世に仕え、中央集権化を進めた。

2 ユグノー戦争

▶**アンリ4世の改宗**　アンリ4世は1593年7月、パリ近郊のサン＝ドニ教会のミサにあたり、プロテスタント・カトリック両派の注目のなか、カトリックに改宗した。

Ｑ　フランス国王に即位したアンリ4世が、カトリックに改宗した目的は何だったのだろうか。

◀**サンバルテルミの虐殺**
1572年8月24日、サンバルテルミの祝日にユグノーの首領ナヴァル公アンリ（のちの**アンリ4世**）と国王の妹マルグリットの結婚を祝ってパリに集まったユグノーを、カトリックが皆殺しにしようとした。この事件で内乱は泥沼化した

▲カトリーヌ＝ド＝メディシス（1519～89）　アンリ2世の妃。幼くして即位した息子シャルル9世の摂政となり、サンバルテルミの虐殺を画策したとされる。

▲**パリ入城**　1593年、カトリックに改宗した**アンリ4世**とその一行は、翌年の1594年3月22日、長年攻めあぐんできたパリへ無血入城を果たした。戦乱に疲れた市民の歓呼を受けての入城であった。図は、パリ市長より市門の鍵を受けとっている光景。

ナントの王令

6. 余は、改革派信徒が、余の服する王国のすべての都市において、なんら審問・誅求・迫害されることなく、生活し居住することを認める。彼らは、その信仰に反する行為を強いられることなく、また本勅令の規定に従う限り、彼らの住もうと欲する住居の居住地内において、その信仰ゆえに追求されることもない。

13. 本勅令によって裁下・承認せられたる場所におけるほかは、……いかなる改革派宗教の礼拝も、これをおこなうことを絶対に禁止する。

21. 改革派宗教に関する書籍は、その公の礼拝の許されている都市における以外は、公に、印刷・販売されてはならない。

（二宮宏之訳『西洋史料集成』平凡社より）

Ｑ　ユグノー戦争を終結させたこの王令で、ユグノーが認められたのはどのようなことだったのだろうか。

Ｑ　フランスのルイ14世と常に敵対している国家はどこだろうか。

〈ルイ14世の侵略戦争〉

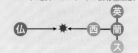
❶南ネーデルラント継承戦争（1667～68）
スペイン領ネーデルラントの領有権主張

❷オランダ戦争（1672～78）
南ネーデルラント継承戦争の復讐戦

❸ファルツ（継承）戦争（1688～97）
ドイツのファルツ選帝侯領の継承主張
アウクスブルク同盟

❹スペイン継承戦争（1701～14）
スペイン王位の継承権主張

蘭 オランダ
西 スペイン
墺 オーストリア
ス スウェーデン
普 プロイセン
英 イギリス

15 ……… 18 世紀

3 ルイ14世の時代

▲科学アカデミーの創立式を訪れたルイ14世（中央）　1666年、科学技術の振興と国家の威光を高めるために、ルイ14世に仕える財務総監**コルベール**（ルイ14世の左）によって、王立科学アカデミーが設立された。コルベールは中心となる科学者をヨーロッパ中から集めた。

「太陽王」ルイ14世

ルイ14世は精力的に自身を神格化した。左の肖像は「朕は国家なり」と公言したとされるルイ14世の尊大さを伝えている。マントには青ビロード地にフランス王家の紋章である百合の花を金糸で刺繍してある。そして、**ヴェルサイユ宮殿**は太陽王支配の集大成であり、また舞台であった。ルイは宮殿での日常生活のすべてを儀式化し、毎日それを正確におこなって周囲にみせつけた。大勢に囲まれた起床の儀から就寝まで、王の1日にはほとんどプライバシーはなかった。右の肖像は「太陽王」のあだ名のもとになったアポロンに扮して宮廷の舞台で踊った若い頃のものである。

▲ルイ14世　　　　　▲アポロンに扮するルイ14世

▲アポロンの泉

▶**リシュリュー（右）とアカデミー＝フランセーズの会員たち**　アカデミー＝フランセーズは1635年に宰相**リシュリュー**により、フランス語の統一と純化を目的として設立された。1672年にルイ14世が庇護者となって以来、国家元首の管轄下におかれ、現在もなお運営されている。

ボシュエ[*1]「聖書の言葉による政治論」(1709年)

　神はその使者として国王をこの世に設け給い、国王を通じて民草を統治し給う。──すべての権力は神に由来する。聖パウロは次のように述べている。"長たる者は汝を善に導かんがため神が定められた神の僕である。しかれども、汝もし悪をなすことあれば、ひたすら懼れよ。彼は徒らに剣を帯びているのではない。彼は神の僕であり、悪しきおこないをなす者は怒りをもって罰するからである"と〔ロマ書13の4〕。このように君主は、神の使者、この世における神の代理者として行動する。

　国王の人格は神聖なり。──国王の人格は神聖であり、国王を抗することは神を潰す行為である。…

　君主の欲する如くに国家に仕えよ。──君主のうちにこそ国家を導く理性は存するのであるから。

*1　ルイ14世に仕えた神学者。　　　　（江上波夫監修『新訳世界史史料・名言集』山川出版社より）

Q ルイ14世は、なぜ国王の権威を上げる必要があったのだろうか。

▼**ヴェルサイユ宮殿**　パリから約20km離れたヴェルサイユ宮殿は、ルイ14世が50年の歳月をかけて建造したバロック建築である。幾何学的な美しさをもつフランス式庭園は、18世紀以降のヨーロッパ宮殿の手本とされた。ルイ15世、16世も改築し、ナポレオン1世も絵画・調度品の収集をおこなった。

4 重商主義政策

国内	王立マニュファクチュアの設立
対外	❶保護関税政策 　関税を課して輸入を抑制し、毛織物やゴブラン織を保護 ❷排他主義 　植民地貿易から外国人排除 ❸東インド会社などの特権的貿易会社を再建・育成

◀重商主義政策は重金主義、さらに貿易差額主義・産業保護主義などの形で展開されるが、コルベールのおこなったこれらの典型的な重商主義政策は**コルベール主義**といわれる。

ヨーロッパ

1 「17世紀の危機」

解説 17世紀のヨーロッパは戦争や内乱など様々な困難におそわれた。アメリカ大陸からの銀の流入の減少や気温の低下（小氷期）などによる経済活動の停滞、疫病の流行、凶作・飢饉、魔女狩りなどの社会不安、さらに三十年戦争に始まる戦乱によって、ヨーロッパの人口は減少・停滞した。

年表
- 1600
- オランダ独立戦争（1568～1609）
  - ☐国際戦争
  - ☒内乱
- 1625
- 三十年戦争（1618～48）
- 1650
- イギリス革命（1640～60）
- フロンドの乱[仏]（1648～53）
- 第1次イギリス＝オランダ戦争（1652～54）
- 第2次イギリス＝オランダ戦争（1665～67）
- 南ネーデルラント継承戦争（1667～68）
- 1675
- 第3次イギリス＝オランダ戦争（1672～74）
- オランダ戦争（1672～78）
- 名誉革命[英]（1688～89）
- ファルツ戦争（1688～97）
- 1700

イングランド

イギリス革命 1640～60年
名誉革命 1688～89年
- 国王と議会の対立

▶**ネーズビーの戦い** 1645年6月、クロムウェルの鉄騎隊にならって編制された議会派の新型軍が王党派軍を撃破、イギリス革命の戦局を決定した。

凡例：
- 🖐🖐 内戦や広域にわたる動乱
- 🖐 地域的な反乱や不穏状態
- ✕ 三十年戦争のおもな戦場

地図内地名：スコットランド、アイルランド、イングランド王国、ロンドン、スペイン領ネーデルラント、デンマーク＝ノルウェー連合王国、アムステルダム、ユトレヒト同盟諸国、ブランデンブルク、ブラウンシュバイク、ザクセン、ライプツィヒ、スウェーデン王国、ポーランド王国、ロシア帝国、ネーズビー、パリ、フランス王国、神聖ローマ帝国、ベーメン、ウィーン、ハンガリー王国、オーストリア、1620年白山の戦い（プラハ近郊）、スイス、サヴォイア公国、ヴェネツィア共和国、教皇領、ポルトガル王国、リスボン、マドリード、スペイン王国、セビリャ、カタルーニャ、ローマ、ナポリ、ナポリ王国、シチリア、サルデーニャ、オスマン帝国

フランス

フロンドの乱 1648～53年
- 国王と貴族の対立

▶**フロンドの乱** フロンドとは石投げ器の意味。高等法院を中心とした貴族による王権への最後の反乱。この後、絶対王政が確立した。

▲幼いルイ14世と母アンヌ＝ドートリッシュ

ドイツ（神聖ローマ帝国）

三十年戦争 1618～48年
- 皇帝と諸侯の対立

▶**三十年戦争（白山の戦い）** 17世紀になると、歩兵の装備に槍に加えて小銃が登場する。1620年11月8日、ベーメン貴族・傭兵軍はプラハ郊外白山における戦いで、神聖ローマ皇帝軍に大敗した。

2 三十年戦争

2・1 三十年戦争の経過

▲フェルディナント2世（神聖ローマ帝国皇帝、位1619～37）

- カトリック連盟 1609年成立
- ハプスブルク家（カトリック）
- プロテスタント同盟 1608年成立
- 対立
- フェルディナント2世
- スペイン→
- 将軍（ヴァレンシュタイン）
- フェルディナント3世

❶ベーメン・ファルツ戦争（ドイツの内乱）1618～23
→ベーメン（ボヘミア）反乱
- イギリス（イギリス国教会）ジェームズ1世 チャールズ1世
- オランダ（カルヴァン派プロテスタント）

❷デンマーク戦争（国際戦争化）1625～29
→ドイツ新教徒
- デンマーク（ルター派プロテスタント）クリスチャン4世

❸スウェーデン戦争 1630～35
→ドイツ新教徒
- スウェーデン（ルター派新教）グスタフ＝アドルフ

❹フランス＝スウェーデン戦争（政治戦争化）1635～48
→ドイツ新教徒
- フランス（カトリック）ルイ13世（リシュリュー）ルイ14世（マザラン）

1648 **ウェストファリア条約**

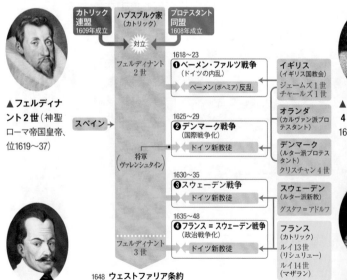

▲**ヴァレンシュタイン**（1583～1634） ベーメン出身の傭兵隊長。皇帝軍の総司令官となり、おもにデンマーク戦争で活躍するが、カトリック諸侯らにうとまれ罷免される。スウェーデン戦争でグスタフ＝アドルフに対抗するため再び登用されるが**リュッツェンの戦い**で敗北、その後皇帝の刺客によって暗殺された。

▲**クリスチャン4世**（位1588～1648）

▲**プラハ窓外投擲事件** プロテスタント教徒を迫害するハプスブルク家の大公（のちの皇帝フェルディナント2世）を王にいただくことを拒否したベーメン貴族が、王の使者を窓から投げ落とした事件。プラハの反乱と報じられ、三十年戦争の発端となった。（ヴェンツェル＝フォン＝ブロジック画、1889年）

◀**グスタフ＝アドルフ**（1594～1632） 「北方の獅子」と呼ばれたスウェーデン王。バルト海に進出し、三十年戦争ではプロテスタント教徒保護を名目に1630年にドイツに上陸し、連戦連勝を続けた。1632年11月、スウェーデン軍はリュッツェンの戦いでヴァレンシュタイン率いる皇帝軍に勝利するが、グスタフ自身は戦死した。

◀**リシュリュー** ルイ13世の宰相として、ハプスブルク家の勢力をくじき、フランスの国際的地位を保全するために力を注いだ。三十年戦争ではスウェーデンの戦費援助から、ついにプロテスタント側に参戦するに至った。

2·2 三十年戦争の終結

▲**ウェストファリア条約の調印** ウェストファリアの都市ミュンスターとオスナブリュックの2カ所に分かれての和平交渉は、各国の利害が衝突し、合意に4年近くかかった。講和条約が成立したのは1648年10月。絵はミュンスター会議の様子。

Q ウェストファリア条約の調印に至る講和会議は、どのような点で近代国際会議のはじまりと評価されているのだろうか。

▲**戦争終結を知らせる郵便配達人** ウェストファリア条約が結ばれ、ついに三十年戦争が終結した。この喜ばしき知らせをもたらす郵便配達人が騎馬する馬は、無数の武器の上を疾走している。

▶**マスケット銃** 火縄銃の銃身を短くして容易に携帯できるマスケット（歩兵銃）が改良され、戦力の主役は槍と火器で武装した歩兵となった。

2·3 ドイツの荒廃

▶**傭兵の処刑** 三十年戦争の主役、傭兵隊の経費は戦場となった地方の住民から強制的に略奪し、まかなわれた。兵士の略奪や暴行が横行し、ドイツの荒廃ぶりはすさまじく人口が4分の1になったといわれる。絵は、フランスの画家カローによる傭兵が処刑される場面。

> **ウェストファリア条約**（1648年）
> ①フランスはアルザス地方・メッツ・トゥール・ヴェルダン諸市を獲得
> ②スウェーデンは西ポンメルン・ブレーメン司教領などを獲得
> ③ブランデンブルクは東ポンメルン・マクデブルク司教領などを獲得
> ④スイス・オランダの独立を正式に承認
> ⑤領邦君主は外交主権を含むほとんど完全な独立主権を獲得
> ⑥ドイツのカトリック・プロテスタント両教徒（カルヴァン派を含む）の同一権利承認

解説 三十年戦争終結の講和条約。これによってヨーロッパの**主権国家体制**が確立した。また、ブルボン家のハプスブルク家に対する優位が確定した。

Q ⑤が意味するところは何だろうか。

2·4 17世紀半ばのヨーロッパ

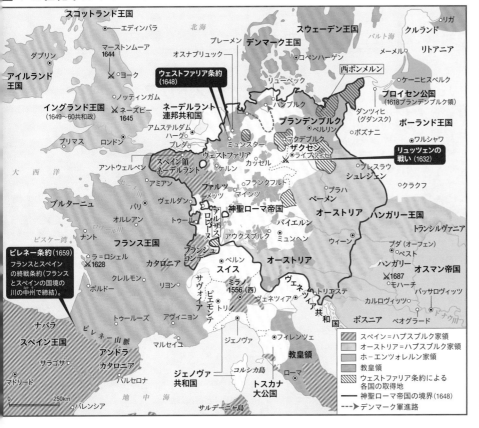

スコットランド王国
エディンバラ
北海
スウェーデン王国
リガ
クルランド
リトアニア
ダブリン
マーストンムーア 1644
ブレーメン
デンマーク王国
オスナブリュック
コペンハーゲン
メーメル
ケーニヒスベルク
アイルランド王国
イングランド王国（1649〜60共和政）
ヨーク
ノッティンガム
ウェストファリア条約（1648）
リューベック
ハンブルク
西ポンメルン
バルト海
プロイセン公国（1618ブランデンブルク領）
ダンツィヒ（グダンスク）
ネーズビー 1645
ネーデルラント連邦共和国
アムステルダム
ハーグ
ブレダ
ミュンスター
ベルリン
ブランデンブルク
ポズナニ
ポーランド王国
ワルシャワ
プリマス
ロンドン
アントウェルペン
スペイン領ネーデルラント
ウェストファリア
ケルン
カッセル
ザクセン
ライプツィヒ
クラクフ
リュッツェンの戦い（1632）
大西洋
アミアン
ブルターニュ
パリ
ヴェルダン
メッツ
フランクフルト
マインツ
ブレスラウ
シュレジエン
ベーメン
プラハ
ファルツ
神聖ローマ帝国
オーストリア
ハンガリー王国
トランシルヴァニア
オルレアン
トゥール
アルザス
ロレーヌ
バイエルン
アウクスブルク
ミュンヘン
ウィーン
ブダ（オーフェン）
ペスト
ピレネー条約（1659） フランスとスペインの終戦条約（フランスとスペインの国境の川の中州で締結）。
ナント
ラ=ロシェル 1628
フランス王国
カタルーニャ
フランシュ＝コンテ
スイス
ベルン
オーストリア
ハンガリー 1687
モハーチ
オスマン帝国
ボルドー
リヨン
クレルモン
サヴォイア
ミラノ 1556（西）
ピエモンテ
トリノ
ヴェネツィア
トリエステ
バッサロヴィッツ
トゥールーズ
アヴィニョン
マルセイユ
ジェノヴァ共和国
コルシカ島
ローマ
教皇領
ボスニア
ベオグラード
カルロヴィッツ
ドナウ川
ナバラ
ピレネー山脈
アンドラ
カタルーニャ
スペイン王国
バルセロナ
サラゴサ
マドリード
ヴァレンシア
地中海
サルデーニャ島
トスカナ大公国
フィレンツェ

0　250km

> スペイン＝ハプスブルク家領
> オーストリア＝ハプスブルク家領
> ホーエンツォレルン家領
> 教皇領
> ウェストファリア条約による各国の取得地
> 神聖ローマ帝国の境界（1648）
> ---→ デンマーク軍進路

> ## グロティウス
>
>
>
> オランダの法学者・外交官。オランダ独立戦争中に生まれたグロティウス（1583〜1645）は、三十年戦争勃発後、戦争の発生と遂行をいかに規制するかという問いから『戦争と平和の法』を著した。その中で、自然法は神によってではなく理性に基礎づけられるとし、神学から分離して国際法を追求する道を切り開き、戦争において許される行為と許されない行為を体系化した。その後17世紀のあいだに降伏した都市がかつてほど残虐な略奪にさらされなくなり、捕虜の取り扱いに一定のルールができたのも国際法の発展の影響であった。このことから彼は「国際法の父」「自然法の父」と呼ばれる。

1 プロイセン・オーストリアの動向

? プロイセンがオーストリアと戦ったオーストリア継承戦争と七年戦争は、ヨーロッパの国際関係にどのような影響をもたらしたのだろうか。

神聖ローマ帝国	ブランデンブルク=プロイセン公国	
1618 三十年戦争	成立 1618	
	ホーエンツォレルン家のブランデンブルク選帝侯国 + ドイツ騎士団から発展したプロイセン公国	
	フリードリヒ=ヴィルヘルム大選帝侯(位1640~88) 1640	
1648 ウェストファリア条約		
神聖ローマ帝国、事実上解体		
1699 カルロヴィッツ条約	プロイセン王国	
オスマン帝国からハンガリー・トランシルヴァニアを獲得	成立 1701	
	フリードリヒ1世(位1701~13)	
	フリードリヒ=ヴィルヘルム1世(位1713~40)	
1740 マリア=テレジア(位1740~80)	フリードリヒ2世(位1740~86)	

ハプスブルク家 / ホーエンツォレルン家

オーストリア継承戦争 1740~48
[主戦場]
シュレジエン・バイエルン・ベーメン・イタリア・南ネーデルラント
英・墺 ← 仏・普・西・ザ
1748 アーヘンの和約

オーストリア		
1748 マリア=テレジアの家督相続承認、プロイセンへのシュレジエン割譲	フリードリヒ法典 1749	
	ヴォルテール、サンスーシ宮殿のフリードリヒのもとに招かれる(~53) 1750	

七年戦争 1756~63
[主戦場]
ベーメン・ザクセン・シュレジエン・プロイセン
露・仏・墺 ← 普・英

1763 フベルトゥスブルクの和約

1765 ヨーゼフ2世(位1765~90)	ベルリン銀行創設 1765	
1772 第1回ポーランド分割		

ザ ザクセン バ バイエルン ス スウェーデン

2 18世紀半ばのプロイセン・オーストリア

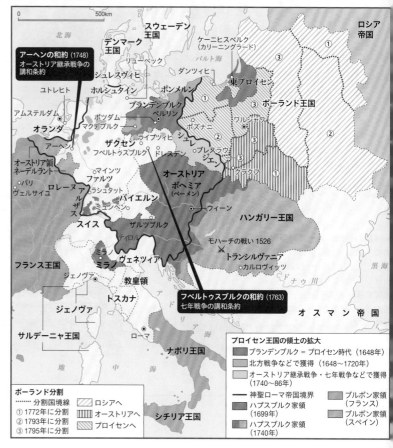

アーヘンの和約(1748) オーストリア継承戦争の講和条約

フベルトゥスブルクの和約(1763) 七年戦争の講和条約

モハーチの戦い 1526

プロイセン王国の領土の拡大
- ブランデンブルク=プロイセン時代(1648年)
- 北方戦争などで獲得(1648~1720年)
- オーストリア継承戦争・七年戦争などで獲得(1740~86年)
- 神聖ローマ帝国境界
- ハプスブルク家領(1699年)
- ハプスブルク家領(1740年)
- ブルボン家領(フランス)
- ブルボン家領(スペイン)

ポーランド分割
- 分割国境線
- ① 1772年に分割
- ② 1793年に分割
- ③ 1795年に分割
- ロシアへ
- オーストリアへ
- プロイセンへ

3 プロイセン

ユンカーと農奴

君主
賦役貢租 / 人頭税
ユンカー(地主貴族)
農民94.5%
そのうち半分以上が再版農奴制による農奴

16世紀以降、プロイセンではユンカーと呼ばれる地主貴族が自由農民を農奴化し、その賦役労働によって輸出用の穀物生産をおこなうグーツヘルシャフト(農場領主制)を確立した。ユンカーは直営地を拡大し農民への人身的支配を強めて(再版農奴制)巨利を得、地方行政を担当、官僚・軍人となって国王の権力を支えた。

3·1 フリードリヒ2世の治世

◀フリードリヒ2世とヴォルテール フリードリヒ2世(右)はオーストリア継承戦争・七年戦争を戦いぬき、プロイセンを強国化した啓蒙専制君主である。フランスの啓蒙思想家ヴォルテール(左)は王の要請で1750年から3年間、プロイセン王国ポツダムのサンスーシ宮殿➡p.162に滞在した。

フリードリヒ2世「反マキァヴェリ論」

人民の幸福は君主のいかなる利益よりも重大である。思うに、君主は決してその支配下にある人民の専制的主人ではなく、第一の下僕にすぎないからである。

人間は自己の安全および生存を全うするために……頭首を立てて、彼らの相異なる利害を唯一共同の利害に合一させる必要を感じたのである。

(江上波夫監修『新訳世界史史料・名言集』山川出版社より)

Q 啓蒙専制主義の性格を読み取ってみよう。

4 オーストリア

▶マリア=テレジア カール6世の娘で、父の死後ハプスブルク家の全領土を相続、これをめぐってオーストリア継承戦争がおこった。長子ヨーゼフ2世をたすけてオーストリアの国力増強につとめた。

マリア=テレジアと「3枚のペチコートの共謀」

オーストリア継承戦争後、マリア=テレジアは失われたシュレジエンの奪還をめざしプロイセンを孤立させるため、女帝エリザベータ(ピョートル1世の娘)のロシアと同盟を結び、ルイ15世の愛人ポンパドゥール夫人に働きかけ、1756年5月、イタリア戦争以来ハプスブルク家と敵対関係にあったフランスと同盟した(外交革命)。同年1月にイギリスと結んだフリードリヒ2世はこの三国同盟を「3枚のペチコートの共謀」と揶揄した。

1 ロマノフ朝の成立

王朝		
	イヴァン3世 (位1462〜1505)	
1480	モスクワ大公国	
	キプチャク＝ハン国の支配から脱する	
	初めてツァーリ(皇帝)の称号を用いる	
	イヴァン4世(雷帝) (位1533〜84)	
	貴族をおさえ、帝権強化	
	恐怖政治、農奴制強化	
1547	正式にツァーリの称号を使用	
1581	コサックの首長**イェルマーク**、シベリア進出	
	ミハイル＝ロマノフ (位1613〜45)	
1637	コサック隊、アゾフ占領	
1638	太平洋岸到達(オホーツク建設)	
1670	ステンカ＝ラージンの反乱(〜71)	
	ピョートル1世(大帝) (位1682〜1725)	
1689	**ネルチンスク条約**	
1700	北方戦争(〜21)	
1703	ペテルブルク建設	
1712	ペテルブルク遷都	
1721	ニスタット条約(北方戦争の講和条約)	
1727	キャフタ条約	
	エカチェリーナ2世 (位1762〜96)	
1768	ロシア＝トルコ戦争(〜74)	
1772	**第1回ポーランド分割**	
1773	**プガチョフ**の農民反乱(〜75)	
1774	キュチュク＝カイナルジャ条約(オスマン帝国より黒海北岸を獲得)	
1783	クリミア＝ハン国併合、グルジアを保護国化	
1792	ラクスマン、根室に到着	
1793	第2回ポーランド分割	
1795	第3回ポーランド分割(ポーランド消滅)	

ロマノフ朝

▲イヴァン4世

▲ミハイル＝ロマノフ

▲ピョートル1世

▲エカチェリーナ2世

Q ペテルブルクは、ロシアの近代化にどのような役割を果たしたのだろうか。

2 ロシアの領土拡大

■ 1462年まで	■ 1600〜1725年	→ 17世紀の進出方向
■ 1462〜1600年頃	□ 1725〜1855年	→ 18世紀の進出方向

ラージンの反乱の地域　プガチョフの反乱の地域

▶**ペテルブルク建設を視察するピョートル1世**　ロシアの近代化と絶対王政化を強力におし進めた皇帝は、身長が203cmあったといわれている。

ピョートル1世

◀**ペトロパヴロフスク要塞**　北方戦争中の1703年、新首都**ペテルブルク**の建設は、この要塞の建設から始まった。ネヴァ川の河口の沼沢地を埋めたて、モスクワから宮殿と元老院、政府の建物を移動させ、貴族に移住を命じ1712年に首都となった。

3 北方戦争

各国の取得地
(1679〜1721年)
■ ロシア領
■ プロイセン領
■ ハノーファー領

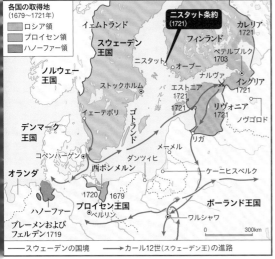

― スウェーデンの国境　→ カール12世(スウェーデン王)の進路

北方戦争(1700〜21)

ホ ポーランド　**デ** デンマーク
オ オスマン帝国　**ス** スウェーデン　**普** プロイセン

解説 海洋力による外国貿易で繁栄していたオランダ・イギリスを視察したピョートル1世にとって、ロシアの課題はバルト海への進出であった。

▶**カール12世の葬送**(グスタヴ＝セーデルストレイム画)北方戦争で戦場を駆けめぐったカール12世は、1718年ノルウェー遠征中にハルデンのフレドリクステーン要塞の戦いで戦死した。王の遺体を担いで本国へと退却するスウェーデン兵士の隊列。

Q 北方戦争の前後で、スウェーデンの国状はどのように変化しただろうか。

◀**エカチェリーナ2世の肖像の上に描かれたプガチョフの肖像**　夫ピョートル3世を愛人とともにクーデタで幽閉し帝位についた**エカチェリーナ2世**は、生粋のドイツ人でもあった。そのため人民参加の法典委員会をつくるなど啓蒙専制君主として開明性を誇示したが、そんな彼女を凍りつかせたのが**プガチョフの農民反乱**(1773〜75)であった。コサックのプガチョフは「ピョートル3世」を名乗り、農奴制の廃止を掲げて南ロシア一帯を反乱にまきこんだ。結局プガチョフはモスクワで処刑され、乱鎮圧後、エカチェリーナは領地と農奴のほぼ完全な所有権を貴族に認めた。こうして民衆反乱の歴史は閉じられた。

ヨーロッパ

第II部　第11章

1 ポーランド史関連年表

966	ピアスト朝のミエシコ1世、カトリックに改宗
1025	ボレスワフ1世(位992~1025)、ポーランド王冠をうける
1138	ボレスワフ3世(位1102~38)没。以後、諸公国の分立が進む
1241	モンゴル軍と**レグニツァ(ワールシュタット)の戦い**
1257	クラクフ司教、列聖される→統一運動の高まり
1327	チェコと結んだドイツ騎士団との戦争(~32)
1333	**カジミェシュ(カシミール)大王**即位(位~70)
1364	ポーランド最古の**クラクフ大学**創設
1370	カジミェシュ大王没(ピアスト朝断絶)
1386	リトアニア大公の**ヤゲウォ**、ポーランド王(位~1434)となる
1410	グルンヴァルトの戦い(リトアニア=ポーランドがドイツ騎士団を破る)
1454	ドイツ騎士団との13年戦争(~66)
1471	ヤゲウォ家、チェコ王位を獲得
1490	ヤゲウォ家、ハンガリー王位を獲得
1501	ミエルニクの合同(ポーランドとリトアニア合併)
1506	ジグムント1世即位(位~48)
1525	ドイツ騎士団、プロイセン公国となり、ポーランド王に臣従
1526	モハーチの戦い。チェコ・ハンガリー王位、ハプスブルク家に
1543	コペルニクス『天球回転論』刊行
1548	ジグムント2世即位(位~72)
1569	**ルブリン合同**(ポーランドとリトアニアが制度的に合同)
1572	ヤゲウォ朝断絶
1573	議会で**国王自由選挙**の原則確立
1611	宮廷がワルシャワに定着
1772	**第1回ポーランド分割(露・墺・普)**
1791	**五月三日憲法**制定
1793	**第2回ポーランド分割(露・普)**
1794	**コシューシコの蜂起**
1795	**第3回ポーランド分割(露・墺・普)**
1807	ナポレオン、**ワルシャワ大公国**建国、ワルシャワ大公国憲法制定
1815	ウィーン会議において**ポーランド王国**設立
	アレクサンドル1世、ポーランド王国憲法制定
1830	**十一月蜂起**(ロシアの支配に対し愛国派が蜂起)
1831	グロフフの戦いでロシア軍を破るも、その後敗れる
1848	プロイセン領・オーストリア領で様々な民族運動がおこる
1863	**一月蜂起**(駐留ロシア軍に対する襲撃)
1864	ポーランド王国に農民解放令と農村自治令発布

（縦書き時代区分）
- ピアスト朝時代 960頃~1370
- ヤゲウォ朝リトアニア=ポーランド王国 1386~1572
- リトアニア=ポーランド王国（選挙王政の時代） 1572~1795
- 分割体制への挑戦 1795~1864

▲コシューシコ (1746~1817)

2 ピアスト朝時代・ヤゲウォ朝時代

2・1 11世紀初頭のポーランド

バルト海
✝大司教座所在地
●司教座所在地
0　200km
マクデブルク
ポズナニ
✝グニエズノ
キエフ公国
エルベ川
ベーメン
✝プラハ
ポーランド王国
●クラクフ
メーレン
スロヴァキア
バイエルン
オーストリア辺境伯領

- 1018年のポーランド
- ボレスワフ1世の一時的領土

2・2 1250年頃のポーランド

ブランデンブルク辺境伯領
ドイツ騎士団領
リトアニア
ポズナニ
ポーランド王国
シロンスク(シュレジェン)
クラクフ
プラハ
ベーメン
メーレン
レグニツァ(ワールシュタット)
ハンガリー王国
0　200km

- 1250年のポーランドの領域
- 1181~1249年の間に喪失した地域

2・3 ヤゲウォ朝時代のポーランド

スウェーデン
クールラント公国
リヴォニア
モスクワ
プロイセン公国
グルンヴァルト
バルト海
ヴィリニュス
スモレンスク
デンマーク
王領プロイセン
モスクワ大公国
ブランデンブルク
ライプツィヒ
ポズナニ
ワルシャワ
リトアニア大公国
ザクセン
シロンスク(シュレジェン)
ルブリン
キエフ
プラハ
ベーメン
クラクフ
サンドミェシ
ポーランド王国
カミェニェツ=ポドルスキ
ミエルニク
メーレン
ウィーン
ブダ
トランシルヴァニア
オーストリア
ハンガリー王国
モルダヴィア
ワラキア
クリミア=ハン国
黒海
0　200km

- 1569年までのポーランド
- ルブリン合同(1569年)後ポーランドに編入された地域
- 1454年頃のリトアニア
- 1503年のリトアニア
- 1569年以降ポーランドとリトアニアの共同統治
- スモレンスク地域(1514年にモスクワ大公国が占領)

◀**クラクフ聖マリア教会祭壇彫刻** クラクフは1000年に司教座がおかれた都市。聖マリア教会は13世紀前半の創建である。写真は教会の内陣におさめられている聖母マリアとイエスの生涯を刻んだ木造彫刻。15世紀後半の制作。

▼**ルブリン合同** 1569年、ルブリン城で開かれたポーランド王国とリトアニア大公国の合同議会で、両国の合同が宣言された。図の中央で十字架を掲げて立つのがジグムント2世。

シュラフタ民主政

ポーランド建国の功労者とされているミエシコ1世らの騎兵であった従者たちは、11世紀中頃になって軍役と引きかえに領地が与えられるようになった。そんな彼らは「戦士」と称されたが、「騎士」とも呼ばれた。13世紀になると彼らの領地にもインムニテート(不輸不入)が認められるようになり、すでに12世紀に同じ特権を認められていた諸侯の側近たちと一緒になって**シュラフタ**(貴族身分)が形成されていった。このシュラフタは、14~16世紀にかけて国王との交渉で様々な特権を獲得し、近世(16~18世紀)には総人口の1割弱を占めて選挙で国王を選び、身分制議会を通じて国政の主導権を握った。身分制議会の同意なしには、いかなる法律も国王は制定できなくなったのである。このような政治体制のことをシュラフタ民主政という。

3 ポーランド分割と抵抗運動

3·1 17世紀のリトアニア＝ポーランド王国

凡例：
- リトアニア＝ポーランド王国（1629年および34年の条約以後）
- ロシアへ割譲した領土（1667年）
- オスマン帝国領（1672〜99年）
- オスマン帝国とその支配下にある地域

▶ワルシャワの王宮🏛 17〜18世紀に建てられた王宮。第二次世界大戦で破壊されたが、1971年以降に再建された。この王宮は議会が開かれるときには会場に使われた。

▼国王自由選挙 ポーランドでは、1573年以来すべての**シュラフタ**が国王を選ぶ直接選挙権をもった。選挙議会はワルシャワ郊外のヴォラで開かれた。図は1697年の選挙の様子。

3·2 ポーランド分割（18世紀）

分割年次	第1回（1772年）	第2回（1793年）	第3回（1795年）
ロシア領	①	②	③
プロイセン領	①	②	③
オーストリア領	①		③

3·3 ワルシャワ大公国（1807〜15年）

凡例：
- ワルシャワ大公国（1807年）
- ワルシャワ大公国に追加された領土（1809年）
- 1771年のリトアニア＝ポーランド王国の国境
- ダンツィヒ自由都市（1807〜14年）

ナポレオン軍のモスクワへの遠征ルート
- 進路
- 退却路
- 国境は1812年当時

3·4 ポーランド王国（1815〜1914年）

凡例：
- 1815年のポーランド王国
- ヘウム地区（1912年ポーランド王国からロシアに割譲される）
- 1771年のリトアニア＝ポーランド王国の国境
- クラクフ自治共和国（1815〜46年。46年にオーストリアに併合され、ガリツィアの一部になる）
- ポズナニ大公国（1815〜49年）
- ✕ 1831年の主戦場

オーストリア帝国（1867年以降オーストリア＝ハンガリー帝国）

▲**ポーランド分割** 第1回分割を風刺した絵で、左からエカチェリーナ2世（ロシア）、ポーランド王スタニスワフ2世、ヨーゼフ2世（オーストリア）、フリードリヒ2世（プロイセン）。

▲**憲法を与えるナポレオン** ナポレオンは1807年7月、ポーランドのおもな名士をドレスデンに招集し、彼自身が考えた憲法を1時間にわたって口述した。

▲**一月蜂起** クリミア戦争後、ロシア領ポーランドでは蜂起の動きが進行し、1863年1月、駐屯するロシア軍の兵舎およそ20カ所に対して襲撃がおこった。図は大鎌をきたえて武器にしようとする蜂起した兵士たち。

地域の視点 イベリア半島の歴史

1 イベリア半島史関連年表

支配の変遷

イベリア半島	
前15000頃	アルタミラの洞穴絵画
前1000以降	南部・東部の沿岸一帯にフェニキア人・ギリシア人到来、ピレネー山脈経由でケルト人が到来し中央部に定着
前218	第2次ポエニ戦争が勃発し、ローマ軍が半島に上陸
前206	ローマ軍がカルタゴを半島から追放し、半島の征服に着手
前19	**ローマ軍、半島を制圧**
414	西ゴート人、半島に到達
568	トレド、西ゴート王国の首都となる
589	**西ゴート王国**、カトリック改宗宣言
711	イスラーム勢力、西ゴート王国を倒す
716	イスラーム勢力、半島のほぼ全域を征服し、アル＝アンダルスと命名
717	**コルドバ**、アル＝アンダルスの首都となる
718	アストゥリアス王国成立
756	**後ウマイヤ朝**成立（アブド＝アッラフマーン1世即位、〜788）
814頃	聖ヤコブ（サンティアゴ）信仰につながる墓の発見
10C初め	アストゥリアス王国がレオンに遷都し、**レオン王国**と呼ばれる
929	後ウマイヤ朝のアブド＝アッラフマーン3世（位912〜961）のカリフ宣言
10C半ば	カスティリャ伯領、レオン王国から独立
1031	後ウマイヤ朝崩壊、イスラーム勢力の小国分立時代にはいる
1035	**カスティリャとアラゴン、王国として独立**
1085	カスティリャ軍、トレドを征服
1096	ポルトガルの王統がポルトッカーレ伯領を獲得
1118	アラゴン軍、サラゴサを征服

支配の変遷（右欄）：ローマ／ゲルマン／イスラームの支配とレコンキスタ／スペインとポルトガル

ヨーロッパ

スペイン	ポルトガル
1143 カスティリャ王、ポルトガルの独立承認	1143 **ポルトガル王国**の建国
1218頃 サラマンカ大学創立	
1230 レオンとカスティリャが最終的に統一し、レコンキスタが大躍進期にはいる	
1232 グラナダに**ナスル朝**建国	1249 国土回復戦争終了
1469 アラゴン王子フェルナンドとカスティリャ王女イサベルの結婚	1415 セウタを征服
1474 **イサベル、カスティリャ王位につく**（〜1504）	1460 **エンリケ航海王子**没
1479 **フェルナンド、アラゴン王位につく**（〜1516）	
1480 異端審問所、セビリャに開設	1488 ディアス、喜望峰に到達
1492 **グラナダ陥落**（ナスル朝滅亡）、**コロンブスの第1回航海**	
1494 トルデシリャス条約締結	1498 ガマ、インドのカリカットに到達
1516 **カルロス1世即位**（〜56）	1500 カブラル、ブラジルに到達
1519 カルロス1世、神聖ローマ皇帝となる	
1521 **マゼラン、フィリピン諸島に到達**	
1521 **コルテス、アステカ王国を征服**	
1533 **ピサロ、インカ帝国を征服**	1536 異端審問所の設立
1556 **フェリペ2世即位**（〜98）	
1561 マドリード遷都	
1571 **レパントの海戦**	
1580 スペイン王、ポルトガル王位を兼ねる	
1609 モリスコの国外追放開始	1640 スペインから再独立
1700 ブルボン朝の**フェリペ5世即位**（〜24、24〜46）	
1701 **スペイン継承戦争**勃発（〜14）	1703 メシュエン条約締結
1704 英軍、ジブラルタルを占領	
1808 スペイン独立戦争勃発（〜14）	1822 ブラジルの独立
1898 アメリカ＝スペイン戦争	

第Ⅱ部 地域の視点

2 ローマ時代から13世紀までのイベリア半島

2・1 カルタゴとローマの進出

■ ポエニ戦争以前のカルタゴの勢力範囲
□ ハンニバルの征服地

前3世紀

→ スキピオの進路（前210〜前206年および前204〜前202年）
→ ハンニバルの進撃ルート（前219〜前202年）

（地図中の地名）スプルア山脈、マッサリア、ピレネー山脈、トラシメヌス湖、アドリア海、カンネー、ヌマンティア、タルコ、コルシカ島、ローマ、ティレニア海、ヒスパニア、タラゴーナ、バレアレス諸島、サグントゥム、シチリア島、カディス、カルタゴ＝ノウァ、ザマ、カルタゴ、メッシナ、シラクサ、中（中海）

◀ 西ゴート王レケスウィントの奉納用王冠　6世紀末にカトリックに改宗して教会との提携の強化をはかったことなどで、7世紀の西ゴート王国は安定した時代を迎えた。レケスウィントは7世紀後半の王で、この王冠は西ゴート時代の宝飾品の代表とされる。

2・2 西ゴート王国時代

7世紀

（地図中の地名）レオン、バスク地方、アストルガ、カタルーニャ地方、サラゴサ、西ゴート王国、タラゴナ、バルセロナ、メリダ、トレド、セビリャ（ヒスパリス）、コルドバ、カルタヘーナ、カディス、マラガ

2・3 イスラームの台頭

8〜9世紀

アストゥリアス王国、コバドンガ、**ナバラ王国**、スペイン辺境領、オビエド、レオン、サラゴサ、バルセロナ、パンプローナ、**後ウマイヤ朝**、トレド、セビリャ、**アンダルシア**、コルドバ、カディス、グラナダ

▲ **コルドバのメスキータ**（全景）　後ウマイヤ朝はコルドバに都をおき、キリスト教の教会を接収して大モスク（メスキータ）を建設。10世紀までに拡張され、西方イスラーム世界最大のモスクとなった。

2・4 キリスト教国の発展

12世紀初頭

サンチャゴ＝デ＝コンポステラ、**ナバラ王国**、**アラゴン王国**、パンプローナ、カタルーニャ諸伯領、レオン、サラゴサ、バルセロナ、**カスティリャ＝レオン王国**、ブルゴス、バレンシア、トレド、リスボン、メリダ、**ムラービト朝**、セビリャ、コルドバ、グラナダ

2・5 レコンキスタの展開

13世紀初頭

サンチャゴ＝デ＝コンポステラ、**カスティリャ＝レオン王国**、パンプローナ、**ナバラ王国**、レオン、サラゴサ、バルセロナ、**ポルトガル王国**、サラマンカ、**アラゴン連合王国**、リスボン、トレド、バレンシア、コルドバ、ハエン、**ムワッヒド朝**、セビリャ、グラナダ

▲ **サンチャゴ＝デ＝コンポステラの大聖堂**　12使徒の1人聖ヤコブの遺骸とされるものが9世紀に発見されると、ヨーロッパ各地から巡礼者が訪れ、イェルサレム・ローマにならぶキリスト教の大巡礼地となった。

3 国土回復運動（レコンキスタ）

3・1 レコンキスタ

カスティリャ軍	レオン軍	国外十字軍
カスティリャ・アラゴン連合軍	ナバラ軍	決戦場
	ポルトガル軍	（数字）奪還年

◀**カトリック両王とフアナ王女** カスティリャ王女**イサベル**（右）とアラゴン王子**フェルナンド**（左）は1469年に結婚し、1479年に両王が連合して**スペイン王国**が成立した。両王の共同統治はスペイン繁栄の基礎を築いた。

▶**モリスコの追放** レコンキスタ後、モリスコ（イベリア半島に居住したムスリム）は表面的にはキリスト教に改宗したが、内面ではイスラームの信仰を守っていたため、宗教的な迫害を受けてスペインから追放された。

4 スペインとポルトガルの繁栄

▲**16世紀セビリャの賑わい** スペインは、グアダルキビル川を河口から80kmほどさかのぼったセビリャにアメリカ大陸進出への基地をおいた。

4・1 17世紀初頭のスペイン・ポルトガル領

ポルトガル領	
スペイン領	

▲**16世紀初めのリスボン** 13世紀中頃に都となり、商業都市としても発展した。大航海時代には対外進出の基地となり、アジアからもたらされる香辛料を求めてヨーロッパ中の商人が集まる国際都市として繁栄した。

◀**ポルトガルの再独立** 1580年ポルトガル王位はスペイン王の手に渡った。三十年戦争➡p.148にスペインが介入するとポルトガルに対する圧迫が強まったため、1640年、国内最大の貴族を推戴してスペインからの独立を宣言した。図はリスボンに入城するブラガンサ公。

▲**フェリペ5世の家族**（ブルボン朝） 1700年、跡継ぎのないスペイン王が死去すると、フランス王ルイ14世の妃がスペインの王女であったので、ルイ14世の孫がフェリペ5世（左から4人目）としてスペイン王となった。（マドリード、プラド美術館蔵）

▶**スペイン継承戦争**
1702年、この戦争中にイギリス・オランダの連合艦隊がスペイン・フランスの連合艦隊をスペインのヴィーゴ湾で破った。その結果、イギリス・オランダ軍は、停泊していたスペインの商船がアメリカ大陸から運んできた莫大な財宝を獲得した。

ヨーロッパ

ヨーロッパ / 第Ⅱ部 第11章

1 16〜18世紀の国際関係

スペイン	ポルトガル
国土回復運動	1498 ヴァスコ＝ダ＝ガマ、インド航路発見
1492 コロンブス、アメリカ大陸到達	
1500	
1521 アステカ王国征服（メキシコ）	1510 ゴア占領
	1511 マラッカ占領
1533 インカ帝国征服（ペルー）	1512 モルッカ諸島到着
エンコミエンダ制 銀山開発（ポトシ銀山など） →インディオ酷使 →黒人奴隷の輸入（奴隷貿易へ）	1517 明と通商
スペイン黄金時代（「太陽の沈まぬ国」）	1557 マカオに居住権
1571 マニラ建設（アジア貿易の拠点）→メキシコ銀、中国へ流入	（中継貿易に終始 国内産業発展せず）衰退

航路開拓 インド / インド洋制圧 香辛料貿易独占

スペイン	オランダ	イギリス	フランス
1580 ポルトガルと合邦（〜1640）	1581 オランダ独立宣言		
1588 無敵艦隊、イギリスに敗戦		1588 無敵艦隊に勝利	
1600			
海上権の喪失	1602 東インド会社設立	1600 東インド会社設立	1604 東インド会社設立（間もなく不振）
	1619 バタヴィア建設	1607 ヴァージニア植民地成立	1604 カナダ植民の開始
	1621 西インド会社設立	1620 ピルグリム＝ファーザーズ	1608 ケベック建設
衰退	1623 アンボイナ事件 → イギリスの敗退		
	アムステルダムが世界金融の中心		
	1624 台湾領有（〜61）	1640 イギリス革命（〜60）マドラス占領	
	1626 ニューアムステルダム建設		
1650		1651 航海法（オランダに対抗）	1664 東インド会社再建
	1652 ケープ植民地建設		1673 シャンデルナゴル占領
	1652 イギリス＝オランダ戦争（〜74オランダ敗退）		
	1664 ニューアムステルダム、英領ニューヨークに	1661 ボンベイ占領	1674 ポンディシェリ占領
			1682 ルイジアナ領有
		1688 名誉革命（〜89）	
1688 ファルツ戦争（〜97）		アメリカ大陸でも英仏が抗争	
		1689 ウィリアム王戦争（〜97）英、カルカッタ占領（90）	
		17世紀 ハイチ占領	
1700			
1701 スペイン継承戦争（〜14）		インドでも英仏が戦争	
		1702 アン女王戦争（〜13）	
1713 ユトレヒト条約			
1740 オーストリア継承戦争（〜48）		1744 ジョージ王戦争（〜48）	
		1744 カーナティック戦争（仏デュプレクスの活躍）	
1748 アーヘンの和約			
1750		1754 フレンチ＝インディアン戦争（〜63）	
1756 七 年 戦 争（〜63）		1757 プラッシーの戦い（英クライヴの活躍）	
1763 パリ条約			

ブルボン朝 アンリ4世 / ルイ14世 アメリカ大陸植民

海上権の喪失 / 衰退 / 繁栄 / 覇権の喪失

香辛料貿易を支配 / インド経営へ / 13植民地の建設 / アメリカ大陸へ / ニューイングランド植民地の形成

三角貿易 / 世界商業支配 / 資本の蓄積 / 産業革命の進展

インドに進出（イギリスに対抗）/ たびかさなる戦争 / 植民地戦争に敗退

1713 ユトレヒト条約
条約の意義：スペイン＝ハプスブルク家断絶、ルイ14世の孫フェリペ5世が即位
●ジブラルタル・ミノルカ島（西→英）　●ミラノ・ナポリ・サルデーニャ・ネーデルラント（西→墺　1714ラシュタット条約）　●ニューファンドランド・アカディア・ハドソン湾地方（仏→英）

1748 アーヘンの和約
英仏双方が占領地を奪還

1763 パリ条約
条約の意義：イギリスがインドと北米で優位になる。産業革命への資本蓄積　フランスのインドシナへの転落
●シュレジエン（墺→普1763フベルトゥスブルク条約）　●カナダ・ミシシッピ川以東のルイジアナ（仏→英）
●フロリダ（西→英）　●ミシシッピ川以西のルイジアナ（仏→西）　●セネガル（仏→英）
●イギリスのインドでの覇権確立

アメリカ大陸、インドとも英の勝利、仏敗退

仏、インドシナ進出へ

■帯と赤文字はアメリカ大陸でのできごと　■帯と青文字はアジア・アフリカでのできごと　■帯は国ごとのできごと・状況

2 オランダの覇権と繁栄

◀アンボイナ事件　1623年、モルッカ諸島の香辛料獲得をめぐるオランダとイギリスの抗争がアンボイナ島で事件を引きおこした。イギリス商館の日本人傭兵がオランダ商館の様子を探っていたとして、オランダ商館長はイギリス商館員全員を捕らえ拷問、陰謀の自供を引き出して処刑した。イギリス人10名、日本人9名、ポルトガル人1名が処刑された。この事件以後、イギリスはこの地を去りインド経営に専念するようになった。

▲染付VOCマーク文皿　中央にオランダ東インド会社のマークを描く。17世紀から18世紀にかけて、オランダの注文を受け日本で制作された。

航海法（1651年）

わがコモンウェルス*の幸福と安寧の大きな手段となっている船舶を増大させ航海を推進するため、本議会はその権威をもって以下の通り定める。1651年12月1日以降、アジア、アフリカ、アメリカの全地域……からの産品・製品を、その産出地がイングランドの植民地であるか否かにかかわらず、わがイングランド・コモンウェルス、アイルランド……に輸入・搬入するに際しては、わがコモンウェルスまたはその植民地の人民が真に紛いなく正当な所有者として所有し、その船長とほとんどの乗組員がわがコモンウェルスの人民である船舶によらなければならず、この法に違反して輸入される品はすべて没収処分とし、当該産品・商品の運搬・輸入に用いられた船舶も没収する。

*1649年以降のイングランドにおける共和政国家はコモンウェルスと呼ばれた。
（歴史学研究会編『世界史史料5』岩波書店より）

解説　**重商主義**　政府が統制によって自国の産業を保護して国富の増大をはかる経済政策で、イギリスの**航海法（1651年）**は、当時代表的な重商主義政策といわれる。

Q　当時、イギリスが航海法を制定した目的は何だったのだろうか。

3 1763年の世界 〈Q〉1763年とはどんな年か調べてみよう。

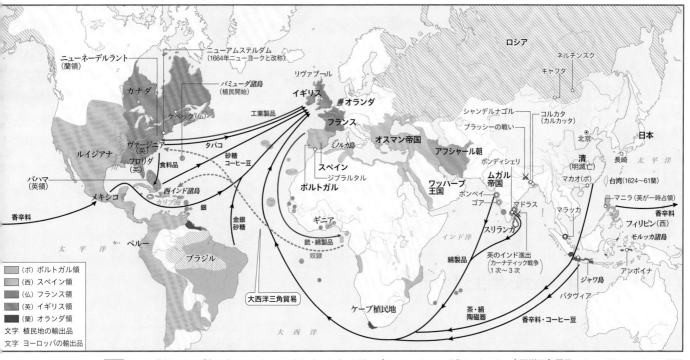

	領域
(ポ)	ポルトガル領
(西)	スペイン領
(仏)	フランス領
(英)	イギリス領
(蘭)	オランダ領
文字	植民地の輸出品
文字	ヨーロッパの輸出品

解説 17〜18世紀にカリブ海や北アメリカでサトウキビ・タバコなどのプランテーションが盛んになると、**大西洋三角貿易**のなかで西アフリカから労働力として黒人奴隷が運ばれた。この結果、イギリスの**リヴァプール**などが奴隷貿易で栄えて**産業革命➡p.164**の資本蓄積をうながす一方、カリブ海地域のモノカルチャー化と従属化が進んだ。なお産業革命の発展は、アメリカ合衆国南部で綿花プランテーションを拡大し、黒人奴隷の使用を増やした。

4 イギリス・フランスの覇権争い

4・1 イギリスとフランスの直接税・間接税比率

(%)	直接税		間接税		その他	
年度	イギリス	フランス	イギリス	フランス	イギリス	フランス
1720	26	—	69	—	5	—
1730	24	48	73	47	3	5
1740	26	48	73	47	1	5
1750	28	—	71	—	1	—
1760	26	—	72	—	2	—
1770	18	50	75	45	7	5
1780	21	45	73	51	7	4
1790	17	38	75	51	8	11

（玉木俊明『ヨーロッパ覇権史』ちくま新書より作成）

〈Q〉イギリスとフランスの税収のあり方を比較してみよう。

4・2 イギリスの種類別税収額（1692〜1788年）

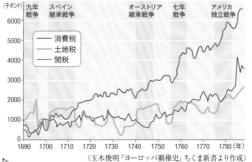

（玉木俊明『ヨーロッパ覇権史』ちくま新書より作成）

〈Q〉イギリスの戦費調達を支えた税収は何だっただろうか。また、そこからイギリスが覇権を確立できた要因を考えてみよう。

▲**イギリスの喫茶風景** 砂糖入りの紅茶を陶磁器で飲む習慣は上・中流階級のステータスとなり、その後産業革命の進展とともに国民全体に広がった。

▲**プラッシーの戦い** 1757年イギリス東インド会社軍がフランス・ベンガル地方政権連合軍に勝利。イギリスのインド制覇が確定した。

5 奴隷貿易

5・1 奴隷船

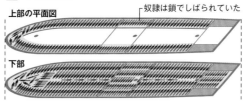

上部の平面図　　奴隷は鎖でしばられていた
下部

▶**奴隷貿易** 大西洋の奴隷貿易がおこなわれた約3世紀間で、アフリカからアメリカ大陸に奴隷として輸送された黒人の数は1000万人以上に達したと推定されている。奴隷船の環境は劣悪で、輸送中に死亡する者も多かった。

ヨーロッパ

1 砂糖ができるまで

サトウキビ

サトウキビの茎を裁断

精製1

遠心分離

結晶化

搾汁

結晶化

不純物の除去や、上澄み液の濃縮を繰り返す

糖蜜(モラセス)

蒸留など

ラム酒

MOUNT GAY Est. 1703 Barbados Rum

化学処理、イオン交換樹脂での脱色、遠心分離作業など(精製糖工場でおこなわれる)

原料糖(粗糖)

精製2

黒砂糖(黒糖)

グラニュー糖

上白糖

欧米での一般的砂糖

日本での一般的砂糖

2 サトウキビ栽培と砂糖生産の伝播

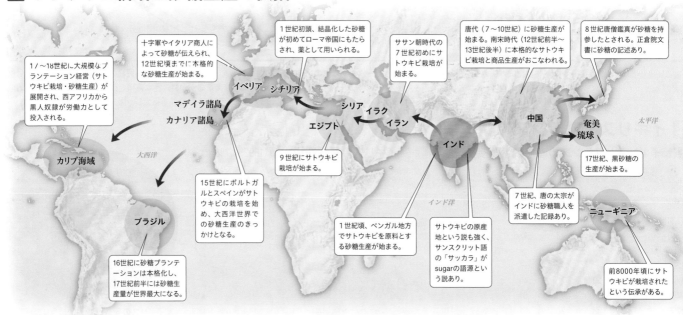

17〜18世紀に大規模なプランテーション経営(サトウキビ栽培・砂糖生産)が展開され、西アフリカから黒人奴隷が労働力として投入される。

十字軍やイタリア商人によって砂糖が伝えられ、12世紀頃までに本格的な砂糖生産が始まる。

1世紀初頭、結晶化した砂糖が初めてローマ帝国にもたらされ、薬として用いられる。

サーサーン朝時代の7世紀初めにサトウキビ栽培が始まる。

唐代(7〜10世紀)に砂糖生産が始まる。南宋時代(12世紀前半〜13世紀後半)に本格的なサトウキビ栽培と商品生産がおこなわれる。

8世紀唐僧鑑真が砂糖を持参したとされる。正倉院文書に砂糖の記述あり。

イベリア シチリア

マデイラ諸島
カナリア諸島

シリア イラク

イラン

中国

奄美
琉球

太平洋

エジプト

カリブ海域

大西洋

15世紀にポルトガルとスペインがサトウキビの栽培を始め、大西洋世界での砂糖生産のきっかけとなる。

9世紀にサトウキビ栽培が始まる。

インド

17世紀、黒砂糖の生産が始まる。

ブラジル

インド洋

1世紀頃、ベンガル地方でサトウキビを原料とする砂糖生産が始まる。

サトウキビの原産地という説も強く、サンスクリット語の「サッカラ」がsugarの語源という説あり。

7世紀、唐の太宗がインドに砂糖職人を派遣した記録あり。

ニューギニア

16世紀に砂糖プランテーションは本格化し、17世紀前半には砂糖生産量が世界最大になる。

前8000年頃にサトウキビが栽培されたという伝承がある。

3 砂糖の効能

3・1 ガレノスの伝える砂糖

Q 砂糖は古くはどのような効能があると考えられていたか。

ガレノスはローマ帝国期2〜3世紀の医者。砂糖には目のかすみを治し、患部を乾かし痛みをとる効能があると伝える。蜂蜜より喉の渇きをもたらさないとした。

3・2 イドリーシーの伝える砂糖

イドリーシーは12世紀の北西アフリカ出身のアラブ人地理学者。ノルマン＝シチリア王国のルッジェーロ2世に仕えた。地図だけでなくイスラーム世界の医薬関係の知識も豊富で、砂糖とバターをまぜて飲むと利尿剤として効果があるとした。砂糖を湯にとかして飲むと、喉によく、咳や呼吸器の疾患を治す効能があるとも伝えた。

3・3 奈良時代に日本に伝わった砂糖

『種々薬帳』(正倉院蔵)の46番目のリストに、「蔗糖」の記載がある。8世紀中頃のことで、二斤十二両三分が東大寺に献上された。

4 イスラーム世界の砂糖

◀預言者生誕祭での砂糖菓子 イスラーム の断食月(ラマダーン)には日没後、砂糖を 摂取して体力の温存をはかる慣行がある。ま た、エジプトではファーティマ朝・アイユー ブ朝期にムハンマドをたたえるため、生誕祭 がおこなわれるようになった。当初は神秘主 義教団の儀礼として始まり、やがて一般庶民 の間に広まった。人形や馬・ラクダなどを砂 糖菓子でつくり、預言者の誕生日(イスラー ム暦第3月12日、シーア派では17日)の前日 から当日夜にかけてアッラーとムハンマドの 名をとなえて祝い、飾ってあった砂糖菓子を 食べる。ただ、この行事は『コーラン』やハ ディースに依拠していないため、非イスラー ム的であるとして否定される場合もある。

5 カリブ海諸島（西インド諸島）の砂糖生産と奴隷貿易

5·1 カリブ海諸島（西インド諸島）

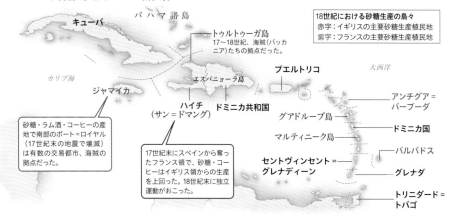

18世紀における砂糖生産の島々
赤字：イギリスの主要砂糖生産植民地
紫字：フランスの主要砂糖生産植民地

バハマ諸島
キューバ
トゥルトゥーガ島
17～18世紀、海賊（バッカニア）たちの拠点だった。
プエルトリコ
大西洋
エスパニョーラ島
ジャマイカ
ハイチ（サン＝ドマング）
ドミニカ共和国
アンチグア＝バーブーダ
グアドループ島
ドミニカ国
マルティニーク島
バルバドス
セントヴィンセント＝グレナディーン
グレナダ
トリニダード＝トバゴ

砂糖・ラム酒・コーヒーの産地で南部のポート＝ロイヤル（17世紀末の地震で壊滅）は有数の交易都市、海賊の拠点だった。

17世紀末にスペインから奪ったフランス領で、砂糖・コーヒーはイギリス領からの生産を上回った。18世紀末に独立運動がおこった。

5·2 大西洋奴隷貿易の概要

北アメリカ（6%）
スペイン領アメリカ（9%）
イギリス領（23%）
デンマーク領（1%）
フランス領（22%）
オランダ領（8%）
ブラジル（31%）

大西洋
西アフリカ
奴隷海岸
胡椒海岸
黄金海岸
象牙海岸

1451～1870年の奴隷貿易数と割合
1811～1870年
20%（189.8万人）
1451～1600年
3%（27.5万人）
1601～1700年
14%（134.1万人）
1701～1810年
63%（605.2万人）
※ヨーロッパおよび大西洋諸島への輸出を含む

地域・国名　奴隷の輸出先

（『朝日百科　世界の歴史』朝日新聞社より作成）

解説 1701～1810年の大西洋奴隷貿易で、西アフリカから流入した黒人奴隷の割合を示したもの。カリブ海域のイギリス・フランス領だけで全体の45%を占め、左下のグラフをみると、この時期で600万人以上の奴隷が流入したことがわかる。

Q1 砂糖の輸入量は①から②ではどのくらい増加しただろうか。
Q2 18世紀になって急増した輸入品を2つ答えよ。
Q3 イギリスの輸入元は①と②とではどのような変化がみられただろうか。

5·3 イギリスの輸入品と輸入元の変化

①1699～1701の主要輸入品

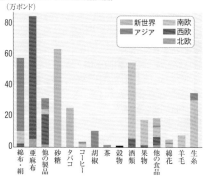

（万ポンド）

凡例：新世界／南欧／アジア／西欧／北欧

品目：綿布・絹、亜麻布、他の製品、砂糖、タバコ、コーヒー、胡椒、茶、穀物、酒類、果物、他の食品、綿花、羊毛、生糸

②1772～1774の主要輸入品

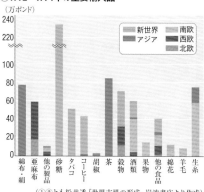

（万ポンド）

凡例：新世界／南欧／アジア／西欧／北欧

品目：綿布・絹、亜麻布、他の製品、砂糖、タバコ、コーヒー、胡椒、茶、穀物、酒類、果物、他の食品、綿花、羊毛、生糸

（①②とも松井透『世界市場の形成』岩波書店より作成）

6 情報センターとしてのコーヒーハウス

▶**ジャマイカン＝コーヒーハウス**
17世紀後半からロンドンには市民の社交場としてコーヒーハウスが建ちはじめた。政治談議をしたり、商人たちは商品の相場や投機チャンスを情報として入手したりする場でもあった。郵便制度などもこうしたコーヒーハウスを利用したとされる。19世紀になると、右のように、新たな社交場としてのパブに転換されるものが多かった。

SITE OF LLOYDS COFFEE HOUSE 1691-1785

▲▶**ロイズ社の保険業**　17世紀末にできたコーヒーハウスの場所を示す、ロンドン＝シティでみかけるプレート。大西洋貿易では海難事故などのリスクがあり、保険業が成立していった。ロイズ社は情報が集積するコーヒーハウスから生まれた保険組合で、現在のロイズ社ビルの1階フロア中央には、事故発生時に鳴らされたルーティン＝ベルがおかれている（右写真）。

7 カリブ海の海賊（バッカニア）

▼**海賊エドワード＝ティーチ**　18世紀前半バハマを拠点にカリブ海域や北米東海岸一帯を荒らしまわり、独特の風貌から「黒ひげ」の名で呼ばれた。イギリス本国の海賊掃討作戦により1718年に戦死。その生涯と略奪のすさまじさから伝説化され、小説、絵画、映画などに海賊のモデルとして登場した。ディズニー映画「パイレーツ・オブ・カリビアン」第4作（2011年）にも登場している。

▲**海賊ヘンリー＝モーガン**　17世紀後半バルバドスからジャマイカを拠点に活動し、カリブ海を広域に荒らしまわった。晩年はジャマイカの代理総督になり影響力をもった。ジャマイカ産のラム酒のブランドになり、その肖像とキャッチフレーズがラベルに登場している。

8 「トリニダードの父」

エリック＝ウィリアムズ（1911～81）はオクスフォード大学卒の学歴をもつトリニダード＝トバゴ独立時の初代首相で、学者としても知られる。特に『資本主義と奴隷制』（1944刊、日本語訳あり）は、イギリス資本主義は奴隷制を背景として成立したことを理論化した著作である。このなかで、カリブ海諸島での奴隷労働や大西洋三角貿易による富の蓄積を計量的・実証的に明らかにしようとした。とりわけ、資本主義は奴隷制を原因としたこと、奴隷制の廃止も資本主義が必要としたことなどの理論提起は、多くの反響を呼んだ。

ヨーロッパ

1 17〜18世紀のヨーロッパ文化

この表は、ヨーロッパ各国の動き・文学・美術・音楽・自然科学・経済思想・政治思想・哲学の人物と業績を1600年から1800年にかけて年表形式でまとめたものである。

ヨーロッパ各国の動き	文学	美術	音楽	自然科学	経済思想	政治思想・哲学
1600		エル=グレコ〈西〉1541頃〜1614（バロック）		ケプラー〈独〉1571〜1630 地動説、惑星運行の改良 / ガリレイ〈伊〉1564〜1642 地動説、望遠鏡の改良 / ハーヴェー〈英〉1578〜1657 血液循環論		グロティウス〈蘭〉1583〜1645『海洋自由論』『戦争と平和の法』
1602（蘭）東インド会社設立		ルーベンス〈フランドル〉1577〜1640（バロック）				フランシス=ベーコン〈英〉1561〜1626『経験主義哲学』/ 新オルガヌム / ホッブズ〈英〉1588〜1679『リヴァイアサン』
1613（露）ロマノフ朝成立（〜1917）		ファン=ダイク〈フランドル〉1599〜1641（バロック）				デカルト〈仏〉1596〜1650『方法叙説』（合理主義哲学）
1618 三十年戦争（〜48）		ベラスケス〈西〉1599〜1660（バロック）				
1628（英）権利の請願		レンブラント〈蘭〉1606〜1669（バロック）				パスカル〈仏〉1623〜1662『パンセ』（瞑想録）
1635 アカデミー=フランセーズ設立	コルネイユ〈仏〉1606〜1684（古典主義・悲劇） / ミルトン〈英〉1608〜1674『失楽園』（ピューリタン文学）	ムリリョ〈西〉1617〜1682（バロック）		ニュートン〈英〉1642〜1727『プリンキピア』（万有引力の法則）/ ボイル〈英〉1627〜1691 気体力学・ボイルの法則 / フック〈英〉1635〜1703 顕微鏡の発明	コルベール〈仏〉1619〜1683（重商主義）	ボシュエ〈仏〉1627〜1704（王権神授説）/ ロック〈英〉1632〜1704『統治二論』
1640 イギリス革命（ピューリタン革命）（〜60）	モリエール〈仏〉1622〜1673（古典主義・喜劇）					スピノザ〈蘭〉1632〜1677『エチカ』（倫理学）（汎神論）
1648 ウェストファリア条約	ラシーヌ〈仏〉1639〜1699（古典主義・悲劇）		バッハ〈独〉1685〜1750（バロック）			ライプニッツ〈独〉1646〜1716『単子論』
1652 イギリス=オランダ戦争（3回、〜74）	バンヤン〈英〉1628〜1688『天路歴程』（ピューリタン文学）					モンテスキュー〈仏〉1689〜1755『法の精神』
1660（英）王立協会創立	スウィフト〈英〉1667〜1745『ガリヴァー旅行記』（庶民文学）					ヴォルテール〈仏〉1694〜1778『哲学書簡』
1661（仏）ヴェルサイユ宮殿着工	デフォー〈英〉1660〜1731『ロビンソン=クルーソー』（庶民文学）					
1685（仏）ナントの王令の廃止						ルソー〈仏〉1712〜1778『社会契約論』『人間不平等起源論』
1688（英）名誉革命（〜89）			ワトー〈仏〉1684〜1721（ロココ）			
1700			ヘンデル〈独〉1685〜1759（バロック）		ケネー〈仏〉1694〜1774『経済表』（重農主義）	カント〈独〉1724〜1804『純粋理性批判』（観念論哲学）
1701 スペイン継承戦争（〜14）		ヴィヴァルディ〈伊〉1678〜1741（バロック）		ラヴォワジェ〈仏〉1743〜1794 質量不変の法則		ディドロ〈仏〉1713〜1784『百科全書』（百科全書派）
1721（英）ウォルポール内閣					テュルゴー〈仏〉1727〜1781（重農主義）	ダランベール〈仏〉1717〜1783『百科全書』（百科全書派）
1740 オーストリア継承戦争（〜48）	ゲーテ〈独〉1749〜1832『ファウスト』（古典主義）	フラゴナール〈仏〉1732〜1806（ロココ）	ハイドン〈独〉1732〜1809（古典派）	リンネ〈スウェーデン〉1707〜1778 動植物の分類	アダム=スミス〈英〉1723〜1790『諸国民の富』（古典派経済学）	
1753 大英博物館設立				ラプラース〈仏〉1749〜1827『宇宙進化論』		
1756 七年戦争（〜63）				ワット〈英〉1736〜1819 蒸気機関		
1772 第1回ポーランド分割	シラー〈独〉1759〜1805『ヴィルヘルム=テル』（古典主義）		モーツァルト〈独〉1756〜1791（古典派）	ジェンナー〈英〉1749〜1823 種痘法		
1773（露）プガチョフの農民反乱（〜75）			ベートーヴェン〈独〉1770〜1827（古典派）			
1789 フランス革命（〜99）						
1800						

▲バッハ　▲ミルトン　▲レンブラント

---

2 科学革命と近代的世界観

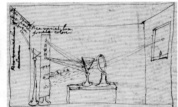

▲ニュートン　万有引力の法則の発見などを通じて古典力学を確立し、近代物理学の創始者となった彼は、長年の研究成果を『プリンキピア』（自然哲学の数学的原理）に著した。右は、プリズムの研究を説明した自筆のデッサン。

▲ジェンナーの種痘　天然痘は古来より恐れられた伝染病の1つで、患者の膿腫から取り出した液を接種するそれまでの予防法は重症化する危険をともなった。イギリスの医者ジェンナー（1749〜1823）は、「乳搾りの女性は牛痘にはかかっても天然痘にはかからない」という事実に注目し、牛痘を人間に接種するという予防法を発見した。図は、牛痘を接種すると牛になると考えた当時の人々の抵抗感を示している。

▼王立協会にまつわる人々　中央の彫像は協会設立のときのイギリス王チャールズ2世。右が思想的な基盤となった哲学者フランシス=ベーコン、左が初代会長の数学者ブラウンカー。背景にはボイルの実験装置が描かれている。

◀カント　大陸の合理主義とイギリスの経験主義とを批判主義の立場で統合し、ドイツ観念論哲学を創始したカントの肖像画。几帳面な生活をおくり、決まった時間に散歩することから、町の人々は彼の散歩姿で時を知った。

2・1 帰納法と演繹法

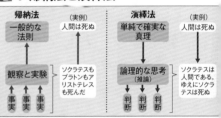

帰納法		演繹法	
一般的な法則	（実例）人間は死ぬ	単純で確実な真理	（実例）人間は死ぬ
↓		↓	
観察と実験	ソクラテスもプラトンもアリストテレスも死んだ	論理的な思考（推論）	ソクラテスは人間である。ゆえにソクラテスは死ぬ
事実　事実　事実		判断　判断　判断	

解説　イギリス経験主義を確立したフランシス=ベーコンは観察と実験を重視し、個々の事例から共通事項を見出して普遍的法則に到達する帰納法をとなえた。また、大陸合理主義を確立したデカルトは理性を重視し、普遍的法則から個々の事例を説明する演繹法をとなえた。

▼スウェーデンのクリスティーナ女王に学説を説明しているデカルト（女王の向かって右）「われ思う、ゆえにわれあり」は、すべての存在を疑ったのち、その疑う自分の存在（理性）を確信した彼の言葉で、近代合理主義哲学の出発点となった。

3 社会契約説の比較

	ホッブズ(英)	ロック(英)	ルソー(仏)
		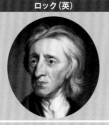	
人間観	●人間は利己的動物	●人間は理性的動物	●自然な感情をもつ未発達な存在
自然状態	「万人の万人に対する闘い」	●平和な社会関係 ●自然権の保障は不完全	●完全に自由・平等であるが、文明社会がこれを破壊する
国家・社会	●絶対的権力に自然権を譲渡 ●自然状態からの脱却のための国家 ●王政復古(絶対王政)を正当化	●人民が政府に自然権を信託 ●個人相互の契約による共同社会 ●政府に対する抵抗権あり ◆名誉革命を正当化 ◆アメリカ独立革命に影響	●特殊意志(私利私欲を求める)ではなく、一般意志(共通利益を求める)への服従を相互に契約 ◆フランス革命に影響

▲ホッブズ『リヴァイアサン』 国王のなかに多くの国民が描かれている。これは、**万人の万人に対する闘い**状態から国民を保護するために、国民全員から自然権の譲渡を受けた絶対主権者(王)を示している。

4 経済学の系譜

【商業資本主義期】

重商主義(特権商人保護)
- 重金主義
- 貿易差額主義
- 産業保護主義

トーマス=マン(英)
『外国貿易におけるイギリスの財宝』(1664)
コルベール(仏、1619〜83)

↓ 重商主義に対する批判のなかから生まれる

【産業資本主義期】

古典派経済学(自由放任主義)
アダム=スミス『諸国民の富』(国富論)
(分業・労働価値説・神のみえざる手)(1776)
マルサス『人口論』(1798)
リカード『経済学および課税の原理』(1817)
(自由貿易=比較生産費説)

対立 →

重農主義(農業生産における自由放任主義)
ケネー(仏)『経済表』(1758)
テュルゴ(仏、1727〜81)

資本主義を批判 →

マルクス経済学(社会主義を主張)
マルクス(独)『資本論』(1894)
階級闘争/剰余価値論
搾取の理論/計画経済

【独占資本主義期】

近代経済学(修正資本主義)
ケインズ(英)
『雇用・利子および貨幣の一般理論』(1936)
(有効需要論)

アダム=スミス『諸国民の富』(1776年)

ふつう、かれ(各個人)は公共の利益を増進しようとしているのでもなく、…自分自身の利得だけをめざしているのである。しかし、…この場合にも彼は見えざる手に導かれて、自分では意図していなかった1つの目的を促進するようになるのである。…自分の利益を追求することによって、本当に社会の利益を増進しようと意図する場合よりも、もっと有効に社会の利益を増進する場合もしばしばあるのである。

このように、特別の振興策や……特別の制限を設ける……やり方はすべて実際には、それが推進するはずの大目的をだめにしてしまうのである。(江上波夫監修『新訳世界史史料・名言集』山川出版社より)

▶アダム=スミス

ヴォルテールとニュートン

ヴォルテールはイギリス滞在中に、ロックの思想とともにニュートンの力学に注目した。ニュートンの運動力学は、それまで天界と地上界にわけて論じられていることを、あらゆる場面に適用して説明できる画期的なものであった。ヴォルテールは人間や社会の問題にも自然科学の明晰さや確かさ、つまり合理性を追求し、さらに人間社会の問題との関連のなかで自然科学を理解するという着想を得た。合理性を第一として絶対権力を認めない**啓蒙主義**の始まりである。

『百科全書』の編纂で知られるディドロ・ダランベールなどの啓蒙思想家たちは、思想のなかにニュートン力学・原子論・機械論などをうまく取り入れていった。17世紀のニュートンに代表される科学者たちは、神の意志を自然のなかに読み取る方法として、自然科学を研究した。しかし18世紀の啓蒙主義の時代には、神のためではなく人間の進歩のために自然探究をおこなう道が開かれていった。そして啓蒙主義・合理主義は19世紀にかけて、政治学・経済学・社会学などの分野に浸透し、近代化が進行していったのである。

Q1 アダム=スミスは、国民の富の源は何であると主張しているだろうか。
Q2 「見えざる手」の働きはどのようなものとされているだろうか。
Q3 スミスが批判する下線部のやり方とは、何を指しているのだろうか。

5 啓蒙思想

◀ポンパドゥール夫人 ルイ15世の愛妾であった彼女は芸術や学問を保護し、そのサロンにはヴォルテールなど著名人が出入りした。机上には、『法の精神』や『百科全書』もおかれている。

▶セーヴル焼 ポンパドゥール夫人が援助した王立窯でつくられた。鮮やかなピンクはポンパドゥール=ピンクと呼ばれる。

Q 『百科全書』とはどのような書物だろうか。調べてみよう。

マリヴォー / マルモンテル / ルソー / ヴォルテール像 / ケネー / ディドロ / テュルゴー / ジョフラン夫人 / ダランベール / モンテスキュー

▲ジョフラン夫人のサロン ルモニエ画。俳優がヴォルテールの『中国の孤児』を朗読する場面。サロンとは応接間の意。フランスでは宮殿、または貴族やブルジョワの邸宅で、女主人が文化人、学者、作家らをまねいて社交の場となった。18世紀のサロンでは啓蒙思想家たちが情報交換をし、自由に討論をした。(フランス、ルーアン美術館蔵)

ヨーロッパ

1 美術・建築

1·1 バロック様式

バロック様式とは 17世紀を中心にヨーロッパ各国で栄えた芸術様式。バロックという言葉は、「ゆがんだ真珠」という意味のポルトガル語に由来する。その特徴には、激しい動態や強烈な明暗表現をとるダイナミックな様式、現実的な表現などがあげられる。

▲ベルニーニ「**聖女テレサの法悦**」 文抗宗教改革の代表的な宗教家の自伝から、神秘的な宗教体験の瞬間を表現した上からふりそそぐ光によって劇的に演出され、神の愛の矢に射抜かれるテレサの恍惚の表情は官能的で、この奇跡にたちあっているかのような臨場感をおしている。（1644～52年、ローマ、サンタ＝マリア＝デッラ＝ヴィットーリア教会蔵）

▲ベラスケス「**宮廷の侍女たち**」（ラス＝メニーナス） 天井が描かれた唯一の絵画ともいわれ、スペインの宮廷画家ベラスケスが王女マルガリータを中心とする宮廷人の集団肖像画を現実的装いの神話画として描いた作品。王女のまわりの侍女・女官・執事、さらに画家自身（左端）と鏡にうつった国王夫妻を描くことで、みる者を画中に取り込もうとしている。（1656年、マドリード、プラド美術館蔵）

▲ルーベンス「**マリ＝ド＝メディシスのマルセイユ上陸**」 イタリアのトスカナ大公の娘マリがフランス国王アンリ4世に嫁ぐためマルセイユ港に上陸した史実を、神話のように壮大な演出で描いた。左上にメディチ家の紋章、左下には警護する海の神ネプチューンとトリトン、王妃の足下には到着を喜ぶ3人の海の精ネレイス。（1622～25年、パリ、ルーヴル美術館蔵）

▶エル＝グレコ「**無原罪の御宿り**」 エル＝グレコとは「ギリシア人」の意。クレタ島出身の彼は、ヴェネツィアで学びローマでミケランジェロの芸術に接し、スペインのトレドで活躍した。人物の長身化と独特の空間表現、大胆な筆致を特徴とした、神秘主義的な宗教画を描いた。（1607～13年、トレド、サンタクルス美術館蔵）

1·2 ロココ様式

ロココ様式とは 18世紀のフランスを中心に栄えた芸術様式。ロココという言葉は、「ロカイユ」と呼ばれた貝殻状の人造石を意味するフランス語に由来する。その特徴には、優美さ、洗練、官能性、軽妙で装飾性が高いことなどがあげられる。

▲フラゴナール「**ぶらんこ**」 ルイ15世の愛妾ポンパドゥール夫人の庇護を受けていたフラゴナールの最盛期の作品。年老いた夫が揺らすぶらんこで遊ぶ女性のミュールが脱げた瞬間に、草むらに隠れた男性がスカートのなかをのぞき込む。享楽的な宮廷生活、官能的な恋の駆け引きを描いた。（1767年、ロンドン、ウォレス＝コレクション蔵）

◀ワトー「**シテール島への船出**」 フランスのロココ絵画を代表する画家ワトーが確立した雅宴画の一作品。戸外での男女の恋のたわむれを描き、貴族たちの甘い倦怠とはなやかさのなかにも哀愁がただよう。愛の女神ヴィーナス像が右端にみえる。（1712～17年、パリ、ルーヴル美術館蔵）

▼ロココ調の調度品 女性的で繊細な曲線や曲面を多用し、寄木細工・象嵌など多彩な技法が組みあわされた。写真は漆塗りの家具。

▲**サンスーシ宮殿** サンスーシとは、フランス語で「憂いのない」という意味。プロイセン王**フリードリヒ2世**がベルリン郊外のポツダムに建てた夏の離宮で、ロココ様式の建築物。階段式の前庭の葡萄棚が美しい。

2 文学

▲17世紀フランスの舞台　コルネイユ・ラシーヌ・モリエール の3大劇作家を中心とする古典主義作品が演じられた一光景。 左端が喜劇を得意としたモリエールで、コメディアンたちを描く。

▼スウィフト『ガリヴァー旅行記』 の挿絵　主人公ガリヴァーが小人 国に漂着し、しばられてしまった場 面。架空の国々の旅行記を通して 当時のイギリス社会を風刺した。

デフォー

デフォー(1660〜1731)は様々な商業に従事した山師的商人でも あった。著作活動を開始すると植民地拡大、銀行・保険業の成立 などを背景に、商人としての知識を情報として流通させ広告につ とめ、それを金にかえていった。また自身で 新聞を発行し、国教会派を批判して投獄さ れた経験ももつジャーナリストでもあったが、 関心事は党派をこえて世界を支配する金、 商業であった。マルクスは、孤島に漂着し て労働でいっさいをつくりあげるロビンソン ＝クルーソーの物語を、「資本主義小説」と 読んだ。デフォーが生きた時代は、イギリ スが近代ブルジョワ国家へと脱皮した激動 の時代であり、彼は「時代の申し子」として、 波瀾万丈の生涯をおくった。

▶『ロビンソン＝クルーソー』の初版口絵

3 音楽

▲演奏するモーツァルト一家　演奏 旅行の際のパリでの情景。音楽家一 家の末っ子に生まれたモーツァルト は、6歳の頃、一家でシェーンブル ン宮殿にまねかれ女帝マリア＝テレ ジアの前で天才ぶりを披露し、王女 マリ＝アントワネットにプロポーズ したというエピソードを残している。

◀装填

4 成長する市民と文化

▶清掃

◀レンブラント「夜警」　ア ムステルダムの市民自警団の 集団肖像画。レンブラントの 顧客は貴族ではなく市民で あった。このバロック絵画は じつは昼の光景だという。中 央のコック隊長の背後で、装 填・発射・清掃という火縄銃 発射の一連の動作をとる3人 の隊員は組合の火器使用の 特権を示している。

▶発射

ヨーロッパ

5 生活革命の時代

▲ロンドンのコーヒーハウス　国内外から昼夜流入してくる情報を、 シティーの商人たちが交換しあっている。イギリスで17〜18世紀に 流行したコーヒーハウスでは、酒は出されず、新聞や雑誌を読み、 政治談議をした。世論形成の場であり、情報交換の場でもあった。

▲ウェッジウッドの陶磁器　陶工の息子ジョサイア＝ ウェッジウッドは、イギリスの土による白い陶器を発明し、 低コストで大量生産する技術を考案、高級品イメージのデ ザインの向上にも成功した。

茶	中国産の茶は、イギリスではコーヒーにかわっ て普及した。
コーヒー	中東、のちにアメリカ大陸からもたらされた。
綿布	インド産綿布(キャラコ)は圧倒的人気を誇った。
陶磁器	茶やコーヒーの普及にともない需要が増大、中 国産に加え日本産も出まわった。

▲ホガース「グラハム家の子どもたち」　18世紀 イギリスの上流階層の子どもたち。子ども用のか わいらしい服装、幼児はベビーバギーに腰かけ、 大人の愛情と教育の対象となる「子ども」の幸福 な光景が描かれている。

1 イギリス産業革命と資本主義

イギリス産業革命の展開

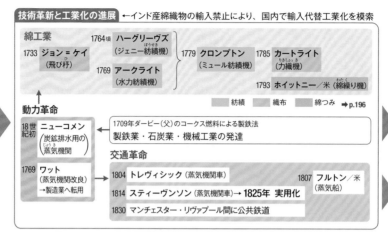

イギリス産業革命の背景

豊富な資源
国内の石炭・鉄鉱石など

資本の蓄積
大西洋三角貿易などの貿易発展➡p.157

安価な労働力
農業革命｜工場労働者出現
囲い込み｜
アイルランドからの移民➡p.187

広大な海外市場
オランダやフランスなどの植民地戦争に勝利➡p.156

中産階級の台頭
イギリス革命を経験➡p.144～145
「権利の章典」により私的所有権が事実上保障

自然科学の発達
経験論的思考➡p.160～161の発達
科学革命による、機械工学の伝統

技術革新と工業化の進展 ←インド産綿織物の輸入禁止により、国内で輸入代替工業化を模索

綿工業
1733 ジョン＝ケイ（飛び杼）
1764頃 ハーグリーヴズ（ジェニー紡績機）
1769 アークライト（水力紡績機）
1779 クロンプトン（ミュール紡績機）
1785 カートライト（力織機）
1793 ホイットニー／米（綿繰り機）

紡績　織布　綿つみ　➡p.196

動力革命
18世紀初 ニューコメン（炭鉱排水用の蒸気機関）
1769 ワット（蒸気機関改良）→製造業へ転用

1709年ダービー（父）のコークス燃料による製鉄法
製鉄業・石炭業・機械工業の発達

交通革命
1804 トレヴィシック（蒸気機関車）
1814 スティーヴンソン（蒸気機関車）→ 1825年 実用化
1807 フルトン／米（蒸気船）
1830 マンチェスター・リヴァプール間に公共鉄道

資本主義社会の成立

工場制機械工業の成立

資本家と労働者の出現
→資本主義の確立
資本家、自由主義運動展開

労働問題・社会問題の発生
長時間労働問題
女性・子どもの労働問題
スラムの形成、公害➡p.166
→社会主義運動・労働運動

イギリスによる世界経済の再編へ
イギリス「世界の工場」へ
→新たな「世界の一体化」
➡p.166

▲「**Capital and Labor**（資本家と労働者）」（『PUNCH』1843年）

1·1 イギリスの国民総生産に占める産業ごとの割合（%）

（年）	農業	工業	サービス業
1770	45	24	31
1801	32	23	45
1841	22	34	44
1901	6	40	54

（宮崎犀一ほか編『近代国際経済要覧』東京大学出版会より作成）

Q 産業革命はイギリス社会をどのように変容させただろうか。図とグラフから考えてみよう。また、Aは何をしているところだろうか。

2 農業革命

2·1 エーカーあたり平均収穫高
（イングランド平均、1801年／ブッシェル）

	小麦	大麦	燕麦
解放耕地教区	18.5	25.9	33.3
囲い込み教区	22.8	31.8	36.8

（歴史学研究会編『世界史史料6』岩波書店より）

▲ノーフォーク農法

解説 農業革命を推進したのが、「囲い込み」と呼ばれる土地改革であり、集約的農業への転換がはかられた。また導入されたノーフォーク農法（クローヴァーや菜類の栽培を組み込んだ四輪農法で、地力の回復や家畜の食料増蓄がはかられた）もあって、食料が増蓄され、イギリスは大量の非農業人口をやしなえるようになった。

3 産業革命期のイギリス

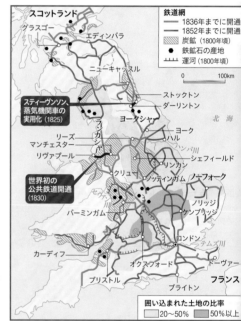

鉄道網
― 1836年までに開通
― 1852年までに開通
炭鉱（1800年頃）
● 鉄鉱石の産地
運河（1800年頃）

0　100km

スティーヴンソン、蒸気機関車の実用化（1825）
世界初の公共鉄道開通（1830）

囲い込まれた土地の比率
20～50%
50%以上

4 綿織物需要の高まり

4·1 大西洋三角貿易

◀リヴァプールの銀行にあるネプチューンと黒人の子ども（黒人奴隷）のレリーフ

キャラコ熱

〔キャラコは〕我々の屋敷、洗面所、寝室にまで入りこみ、カーテン、クッション、椅子あるいは少なくともベッドそのものがキャラコ又はインド製品以外の何ものでもない程だ。…今や毛織物の半分以上が完全に失われ、その人々の半分が散り散りになるか消滅してしまっており、これは全て東インド貿易によるものである。
（デフォー〈英／1660～1731〉18世紀初頭の証言、山田勝『英国捺染業の成立過程〈上〉』『駒大経営研究』〈1977年〉より）

キャラコ輸入禁止法（1700年）

1701年9月29日以降、ペルシア、中国あるいは東インド製の、あらゆる絹製品、ベンガル織および生糸またはヘルバを混ぜた織物、さらにそれらの土地で彩色、染色、捺染、着色されて、現在または将来王国に輸入される**あらゆるキャラコは、イングランド王国…で着用、もしくは使用することを禁止する**。
（浅田實『東インド会社』講談社現代新書より）

▲インド綿布のドレス

Q 大西洋三角貿易はイギリスに何をもたらしただろうか。またこの貿易が続くとそれぞれの地域はどうなるだろうか。

Q キャラコ熱を危険視したのはどのような産業に従事している人々だろうか。また、キャラコの輸入ができなくとも使用したい場合、どのような手段が考えられるだろうか。

5 技術革新

▲▶ジョン＝ケイの飛び杼（1733年）　引き綱を引っ張ると、コーラーのついた杼が自動的に飛び出して、上下にわかれた経糸のあいだを通って緯糸を通す仕組み。これにより、織布の作業能率が3〜4倍上昇し、綿糸不足をもたらした。

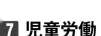
クロンプトンの
ミュール紡績機（写真）
詳しくみる▶

▶クロンプトンのミュール紡績機（1779年）　ハーグリーヴズのジェニー紡績機（1764年頃。1人で8本の糸を紡げる紡績機）と、アークライトの水力紡績機の長所を結合した紡績機。これにより良質の綿糸が生産されることになった。

6 動力革命

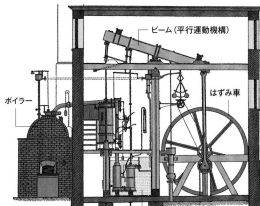

▲ワットの複動回転蒸気機関　ワットは、ニューコメンの蒸気機関を大幅に改良し、蒸気機関があらゆる機械の動力となる可能性をつくり出した。カートライトの力織機（1785年）は、蒸気機関を導入し、1人で複数の織機を同時稼働できるようになった。

▲ワット（1736〜1819）

カートライトの力織機
◀詳しくみる

7 児童労働

Q 子どもや女性が労働者として雇われた背景には何があるだろうか。また児童労働に対し、イギリスはどのような対策をしただろうか。

エンゲルス『イギリスにおける労働者階級の状態』

　機械でする仕事は、紡績の場合も織布の場合も、おもに切れた糸をつなぐことである。というのは、そのほかの仕事はすべて機械がするからである。この糸つなぎの仕事は、力をすこしも必要としないが、指先の柔軟さを大いに必要とする。だから、この仕事には、男は必要でないばかりか、男の手は筋肉や骨格が女よりたくましく発達しているために、女や子供よりもはるかに不適当でさえあり、…力仕事が、機械の導入によって水力または蒸気力に転嫁されればされるほど、それだけますます男を雇う必要も少なくなる。――そして女や子供は、それでなくても賃金が男より安いし、…彼らのほうが雇われることになる。

（岡茂男訳『イギリスにおける労働者階級の状態』大月書店より）

マルクス『資本論』

　…しかし資本は、決してなだめられることなく、いまや多年にわたる騒々しい運動を開始した。この運動は主として、児童という名称の下に労働を8時間に制限され、また一定の就学義務を課された部類の年齢をめぐって行われた。…工場法の完全実施の期限、不吉な1836年が、迫ってくるにつれて、工場主暴徒はますます狂暴になった。…議会は、13歳の者を1日に8時間以上資本のジャガノート[1]車輪の下敷にすることを拒否し、1833年の法律〔工場法〕は、完全な効力を生じた。それは1844年6月まで変更されなかった。

[1] ヒンドゥー教のヴィシュヌ神の異名ジャガンナータを語源とする。その祭りでは、巨大な神像を載せた山車（だし）に礫（ひき）殺されると救済されると信じられた。（向坂逸郎訳『資本論2』岩波文庫より）

▲「イギリスの白人奴隷たち」と題された絵（織物工場で働く少年）

解説 1833年の工場法は、9歳以下の児童雇用の禁止、18歳未満（1日12時間、週69時間以上の労働禁止）への保護、工場監督官の設置が定められた。

8 社会問題

8·1 都市の人口

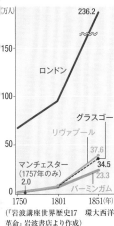

（万人／ロンドン 236.2／150／100／グラスゴー 37.6／リヴァプール／マンチェスター（1757年のみ）／34.5／23.3／2.0／バーミンガム／1750 1801 1851（年））
（『岩波講座世界歴史17 環大西洋革命』岩波書店より作成）

アイルランド人
汚物の山
ネズミの死骸で遊ぶ子ども
▲「コレラ王宮」（『PUNCH』1852年）

ロンドンを流れるテムズ川の神
煙突掃除の少年
▲「ロンドンの水浴シーズン―さあおいで、テムズおじいちゃんのところへきてきれいに洗いな！」（『PUNCH』1859年）

夏目漱石の日記（1901年1月）

　倫敦の町を散歩して試みに痰を吐き捨てて見よ。真黒なる塊の出るに驚くべし。何百万の市民はこの煤煙とこの塵埃を吸収して毎日彼らの肺臓を染めつつあるなり。我ながら鼻をかみ痰をするときは気のひけるほど気味悪きなり。（『漱石全集』漱石全集刊行会より）

Q 産業革命により、イギリスにはどのような問題が生じただろうか。また日本にも似たような事例がないだろうか。

ヨーロッパ

1 イギリスによる世界経済の再編成

1·1 家計簿にみるイギリスと世界の結びつき

A 労働者家庭の1週間の支出（1840年頃）

項目		綿加工熟練労働者（約55ポンド）	未熟練工（約14ポンド）
食費	主食 パンまたは小麦	23.7%	31.8%
	ジャガイモ	4.7%	15.1%
	オートミール	2.0%	18.2%
	バター	9.5%	—
	ミルク	4.1%	16.7%
	肉	13.5%	—
	ベーコン	—	3.0%
	紅茶	3.0%	}
	砂糖（糖蜜含む）	10.1%	
	コーヒー	2.4%	
雑貨	石鹸	3.6%	} 6.1%
	ロウソク	1.2%	
	石炭	7.1%	9.1%
家賃		14.2%	—

※3家族ともに6人家族。職業の下の（ ）内は年収
（長島伸一『世紀末までの大英帝国』法政大学出版局より作成）

B 中流家庭の1年間の支出（1824年）

項目	中流家庭（約250ポンド）
食費 パンまたは小麦	6.2%
バター	3.7%
チーズ	1.3%
ミルク	1.3%
肉・魚	14.6%
野菜および果物	3.1%
紅茶	2.6%
砂糖	3.1%
ビールなどのアルコール類	7.3%
雑貨 石鹸など	1.2%
ロウソクなど	1.2%
石炭など	3.9%
家賃・税金	10.0%
衣料費	14.4%
教育費	4.2%
メイドへの給与	6.4%

▲茶を飲むマンチェスター近郊の工女たち　イギリスでは、砂糖を入れた茶を労働者が手軽なカロリー源として飲むようになった。

1·2 イギリスの茶と砂糖の消費量

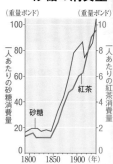

（資料：Hobsbawn, *Industry and Empire*, Appendixより。角山栄『茶の世界史』中公新書より作成）

Q イギリスは紅茶や砂糖をどのような地域からおもに輸入していただろうか。**2**の図を参照して考えよう。家計簿から、A・Bの家庭の生活には、どのような違いがあると考えられるだろうか。また家計簿に共通してみられる紅茶や砂糖から、19世紀のイギリスがどのような社会だったことがわかるだろうか。

解説 ジャガイモはアイルランド人の主食であり、オートミールはスコットランド人の主食であった。糖蜜は、砂糖を精製する際に出る副産物であり➡p.158、パンなどに塗って食していたと考えられる。

1·3 イギリスで消費された綿花の生産地別の比率と消費量の総量

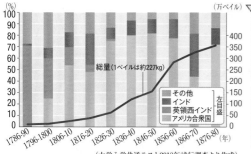

（大学入学共通テスト2018年試行調査より作成）

Q イギリスにとってアメリカ合衆国や西インド諸島、インドはどのような存在だろうか。また、アメリカ合衆国では、綿花はどの地域でどのように生産されていただろうか。

Q イギリスにとって中国はどのような存在だろうか。またイギリスは「貿易」「イギリス製品の輸出」のために1840年にどのような手段をとっただろうか。

ウェイクフィールドの「自由貿易帝国主義」
（1833年）

もしもイギリス製品に対する海外の需要のうえに何らかの外国の制限があり、それがイギリス政府が除去しうるものであれば、その目的のために干渉することは、政府の本来の任務であり、義務である。貿易へのある種の制限がなければ最大量のイギリス製品を買う国民は中国人である。

（東田雅博「イギリス資本主義の発展と自由貿易政策」『史学研究139号』より）

2 「世界の工場」イギリス

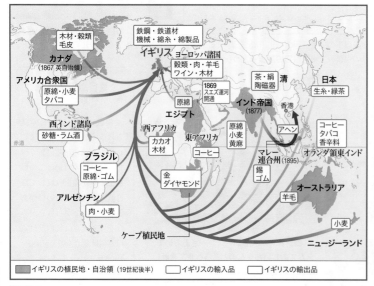

| 木材・穀類毛皮 |
| 鉄鋼・鉄道材 機械・綿糸・綿製品 |
| カナダ（1867 英自治領） |
| アメリカ合衆国 原綿・小麦 タバコ |
| 西インド諸島 砂糖・ラム酒 |
| ブラジル コーヒー 原綿・ゴム |
| アルゼンチン 肉・小麦 |
| イギリス |
| ヨーロッパ諸国 穀類・肉・羊毛 ワイン・木材 |
| 1869 スエズ運河開通 |
| 原綿 |
| エジプト |
| 西アフリカ カカオ 木材 |
| 東アフリカ コーヒー |
| 清 茶・絹 陶磁器 |
| 香港 |
| インド帝国（1877） 原綿 小麦 黄麻 |
| アヘン |
| マレー連合州（1895） 錫 ゴム |
| 日本 生糸・緑茶 |
| オランダ領東インド コーヒー タバコ 香辛料 |
| 金 ダイヤモンド |
| ケープ植民地 |
| オーストラリア 羊毛 小麦 |
| ニュージーランド |

■ イギリスの植民地・自治領（19世紀後半）　□ イギリスの輸入品　□ イギリスの輸出品

解説 「世界の工場」イギリスには、植民地・自治領はじめ様々な地域から原料や農作物・食料がもたらされ、イギリスからは綿製品など工業品が輸出されて、国際的な分業が進んだ。

3 各国の産業革命

国名	時期	特色
ベルギー	1830年代	●1830年ベルギー独立宣言➡p.181 →豊富な資源（石炭・鉄鉱石）、イギリス支援による工業化進展
フランス	1830年代	●1830年代の七月王政期➡p.181から本格化 →工業労働力不足、資本の蓄積が遅れる、小経営が多い [中心：軽工業・絹織物工業（中心リヨン）から開始]
アメリカ	1830年代	●アメリカ＝イギリス戦争（1812～14年）後、イギリスより経済的自立、保護関税によるアメリカ北部の工業が発達、西漸運動…国内市場の拡大 →南北戦争（1861～65年）後、本格化 [中心：重工業・化学工業進展] →19世紀末　アメリカ、経済力で世界の首位へ➡p.200
ドイツ	1840年代～ 1850年代	●1834年ドイツ関税同盟発足…国内市場統一➡p.193 ●1871年ドイツ帝国成立…保護政策で産業革命進展 [中心：重工業から開始、重化学工業盛ん] →19世紀末　イギリスをしのぐ経済力をもつ
ロシア	1890年代	●1861年農奴解放令➡p.185 ●1890年代、仏資本などの導入と国家保護により進展 →シベリア鉄道など国家事業で国内開発
日本	1890年代	●政府の殖産興業政策を契機として、産業革命開始 [中心：軽工業＝綿紡績業・製糸業] →日清戦争（1894～95年）➡p.219後、賠償金により官営八幡製鉄所建設（1901年）・重工業も進展

1 環大西洋革命

1・1 環大西洋革命と人的影響

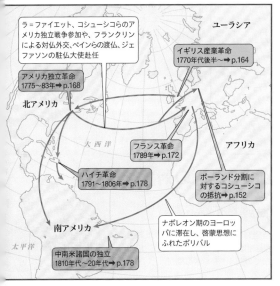

ラ=ファイエット、コシューシコらのアメリカ独立戦争参加や、フランクリンによる対仏外交、ペインらの渡仏、ジェファソンの駐仏大使赴任

イギリス産業革命 1770年代後半～→p.164

アメリカ独立革命 1775～83年→p.168

ユーラシア

北アメリカ

フランス革命 1789年→p.172

ハイチ革命 1791～1806年→p.178

アフリカ

ポーランド分割に対するコシューシコの抵抗→p.152

南アメリカ

ナポレオン期のヨーロッパに滞在し、啓蒙思想にふれたボリバル

太平洋

中南米諸国の独立 1810年代～20年代→p.178

1・2 七年戦争と各国の革命

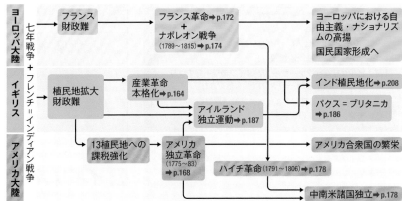

【ヨーロッパ大陸】
七年戦争 + フレンチ=インディアン戦争

フランス財政難 → フランス革命→p.172 + ナポレオン戦争（1789～1815）→p.174 → ヨーロッパにおける自由主義・ナショナリズムの高揚　国民国家形成へ

【イギリス】
植民地拡大財政難 → 産業革命本格化→p.164 → アイルランド独立運動→p.187 → インド植民地化→p.208 / パクス=ブリタニカ→p.186

13植民地への課税強化 → アメリカ独立革命（1775～83）→p.168 → アメリカ合衆国の繁栄

【アメリカ大陸】
ハイチ革命（1791～1806）→p.178

中南米諸国独立→p.178

解説 環大西洋革命とは、18世紀後半～19世紀前半にかけて、大西洋周辺のヨーロッパ・北米大陸東岸、中南米諸地域などの地域でおこった一連の革命を指す。この一連の革命がおこった背景には、**七年戦争**（1756～63年）と**フレンチ=インディアン戦争**（1754～63年）によるイギリス・フランスなどの財政難といった経済的な要因や、人的な交流などによる思想や理念の伝播などがあり、それぞれの革命が連鎖反応のようにおこっていたとみることができる。

2 近代世界システム

▶**イマニュエル=ウォーラーステイン**（米／1930～2019）　ウォーラーステインは、大航海時代以降の世界は、世界的な広がりをもつ資本主義的な分業ないし経済体制にしだいにおおわれていき、19世紀頃にこの体制に一元化されたととらえた。そして、現在の世界における不平等は、個々の国家や社会の近代化の進度の遅滞によるものではなく、この体制のなかでの位置関係によるとした。

「世界帝国」と「覇権（ヘゲモニー）国家」

16世紀のカール5世（カルロス1世）時代の神聖ローマ帝国・スペイン王国や、ナポレオンによるヨーロッパ大陸制圧は、経済地域を政治的に統合した世界帝国をめざす動きでもあった。これに対し、近代世界システムにおける覇権国家は、――たとえば海洋帝国を形成したイギリスが、直接的な政治支配をともなうことなくラテンアメリカなどを資本関係を通じて経済的に支配したように――経済的に大分業体制ではあるものの、政治的統合をともなわない形で、経済的な覇権を握った国家ということができる。この近代世界システムのスタイルは、政治的統合をともなわない、つまり全体をおおう統治機構（官僚制など）がないので、コストは圧倒的に安上がりとなり、システム自体の存続が長くなったとされる。

（参考：川北稔編『知の教科書　ウォーラーステイン』講談社選書メチエ）

2・1 近代世界システムの形成

	中核	半周辺	周辺	状況
① 17世紀～ 18世紀半ば	[覇権] オランダ イギリス フランス	スペイン ポルトガル 南仏	東欧 ラテンアメリカ 西アフリカ	●北海のニシン漁などにともなう造船や毛織物業などで優位に立ったオランダの首都アムステルダムは、東インド会社などのもたらす利益により、バルト海貿易（穀物の中継貿易）や世界貿易・金融の中心地となった。
② 18世紀半ば ～1917年	[覇権] イギリス フランス ＋ 19世紀末 アメリカ合衆国 ドイツ	ロシア 日本 欧州諸国 カナダ	バルカン諸国 オセアニア 東南アジア インド ラテンアメリカ オスマン帝国 アフリカ	●フランスとの植民地抗争に勝利し、産業革命を経験したイギリスが覇権を確立。蒸気船の普及など交通手段の発達により、大規模な工業製品の輸送や移民が可能となった。 ●この時期に、世界の一体化がほぼ完成。 ●ロンドンのシティが、世界金融の中心地となり、イギリスは**世界の銀行**となった。 ●反システム運動…システム自体の変革を要求の根拠とする社会的・政治的な運動。19世紀以降に中核では社会主義運動、半周辺や周辺ではナショナリズムとして噴出した。
③ 1917～ 67年	[覇権] アメリカ合衆国 西欧 日本 ソ連	東欧 韓国 シンガポール	中国 オセアニア 東南アジア インド 中東 アフリカ ラテンアメリカ カナダ	●第一次・第二次世界大戦を経て、アメリカ合衆国がドイツを追い落として覇権を確立した。 ●ロシア革命以降、ソ連を中心とする社会主義陣営が反システム運動を展開した。 ●1968年から、あらたな反システム運動…政治・経済ではなく、文化的（人種差別・性差別・アイデンティティ）・知的側面からの運動がおこる。

中核
経済的には製造業や第三次産業に集中しており[*1]、〔周辺〕との分業体制を通じて、システム全体の経済的余剰・利益の大半を握る。また、〔中核〕の国々では、自由な賃金労働が優越している。政治的には、国家機構が強力となる傾向がみられる。

＊1　通常、〔中核〕諸国の経済状態は生産・流通・金融とシフト化していくが、生産・流通・金融の3分野すべてで優位に立つ国が覇権（ヘゲモニー）国家である。圧倒的な経済力を背景に自由貿易主義を唱える。

移民
自由主義的な〔中核〕、とくに覇権国家に亡命者（政治家・知識人・芸術家）や、経済水準に引かれた移民が流入。

移民 → 中核 覇権国家

原料・食料 → 半周辺 → 工業製品＋資本

周辺

周辺
鉱山業や農業などの第一次産業に集中。〔中核〕の工業製品と〔周辺〕の原料・食料の交換の形で貿易はなされ、格差を生み出す（不等価交換）。また、奴隷や契約労働など、様々な形の非自由労働が展開した。政治的には、国家機構が弱体化し、外国資本が自由に活動する植民地的な状況がみられる。

※世界的商品は①の時期（左の表参照）は茶・コーヒー・砂糖・キャラコ・黒人奴隷などであったが、②の時期には綿花・綿織物・鉄・ゴムなどが加わり、③の時期には石油・自動車なども加わった。

ヨーロッパ

北アメリカ

南アメリカ

第Ⅲ部

特集

アメリカ合衆国の独立と発展

1 北アメリカ植民地の形成とアメリカ合衆国の独立

13植民地成立・英仏植民地抗争・英の重商主義政策（有益なる怠慢）

年	事項
1584	ローリ（英）によるヴァージニア植民→失敗
1603	**仏、カナダ植民開始** **→08 シャンプラン（仏）、ケベック市建設**
1607	**英、ヴァージニア植民地建設**
1620	**英、ピルグリム＝ファーザーズがメイフラワー号でプリマスに上陸**（102名/ピューリタン以外も多く含む）
1630	英、ピューリタン、**マサチューセッツ植民地建設**
1642	**仏、モントリオール市建設**
1664	英、蘭よりニューアムステルダムを奪い、ニューヨークと改名
1681	**英、ウィリアム＝ペン**、ペンシルヴェニア植民地建設
1682	**ラ＝サール（仏）、ミシシッピ川流域を探検・ルイジアナと命名**
1689～97	ウィリアム王戦争（～97）（欧：ファルツ戦争〈1688～97〉）➡p.18、156
1699	毛織物法（英）
1702～13	アン女王戦争（～13）（欧：スペイン継承戦争〈1701～14〉）➡p.18、156
1732	**ジョージア植民地建設…13植民地の成立**
1744～48	ジョージ王戦争（～48）（欧：オーストリア継承戦争〈1740～48〉）➡p.18、156
1754～63	フレンチ＝インディアン戦争（～63）（欧：七年戦争〈1756～63〉）➡p.18、156
1763	**パリ条約**➡p.18、156 英、カナダ・ミシシッピ川以東のルイジアナ・フロリダなど獲得 西、ミシシッピ川以西のルイジアナを仏より譲渡される

→フランスの脅威消滅
財政難克服のため、英は植民地課税強化へ

英と植民地の対立激化

年	【イギリス本国側】	【13植民地側】
1764	砂糖法を課す	
1765	印紙法を課す →	**「代表なくして課税なし」**
1767	タウンゼンド諸法 →	英国品不買運動
1773	茶法 →	**ボストン茶会事件**
1774	ボストン港軍事封鎖 マサチューセッツの自治権を剝奪 →	フィラデルフィアで**第１回大陸会議**開催
1775		パトリック＝ヘンリ「自由か死か」の演説

アメリカ独立戦争

年	事項
1775	レキシントン・コンコードの戦い…アメリカ独立戦争の開始 第２回大陸会議…植民地側、総司令官に**ワシントン**任命
1776	**ペイン、『コモン＝センス』**刊行 **７月４日「独立宣言」発表** **…ジェファソンら起草**
1777	**サラトガの戦い**で植民地側初勝利 **アメリカ連合規約採択** →植民地側、**アメリカ合衆国**と名乗る（1781発効）
1778	仏、アメリカ合衆国側について参戦（英の国際的孤立へ）
1779	スペイン、アメリカ合衆国側について参戦（英の国際的孤立へ）
1780	蘭、アメリカ合衆国側について参戦 露の**エカチェリーナ２世**➡p.151の提唱による**武装中立同盟**結成（英の国際的孤立へ）
1781	**ヨークタウンの戦いで米・仏連合軍勝利**
1783	**パリ条約**…米の独立確認・米、ミシシッピ川以東獲得

合衆国成立

年	事項
1787	**アメリカ合衆国憲法**制定➡p.170 →1788 発効／90 13州批准完了
1789	ワシントン、アメリカ合衆国初代大統領に就任
1800	ワシントンD.C.、首都となる

赤文字：英の重商主義政策　青文字：仏の植民地建設

2 北アメリカ植民地の変遷

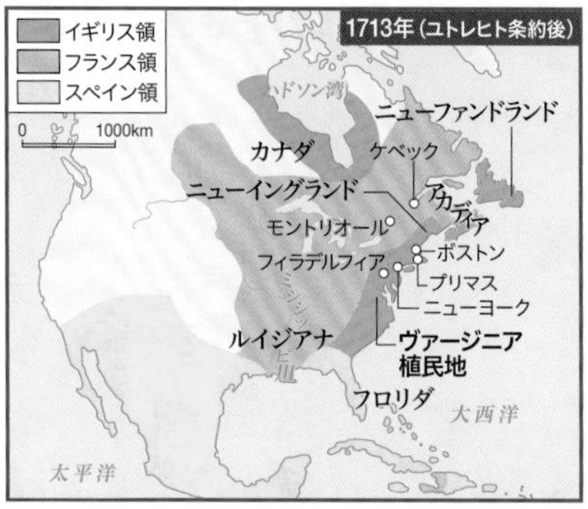

1713年（ユトレヒト条約後）
イギリス領
フランス領
スペイン領
0
1000km
ハドソン湾
ニューファンドランド
カナダ
ケベック
ニューイングランド
アカディア
モントリオール
フィラデルフィア
ボストン
プリマス
ニューヨーク
ルイジアナ
ヴァージニア植民地
フロリダ
大西洋
太平洋

1763年（パリ条約後）
イギリス領
フランス領
スペイン領
0
1000km
ハドソン湾
ニューファンドランド
カナダ
ケベック
モントリオール
アカディア
フィラデルフィア
アパラチア山脈
ボストン
プリマス
ニューヨーク
ルイジアナ
ヴァージニア植民地
フロリダ
ジョージア植民地
ニューオーリンズ
大西洋
太平洋

3 イギリス本国と13植民地の対立

印紙法会議の宣言（1765年）

3　**人民が直接に、または代表を通じて付与した人民自身の承諾なくして、いかなる租税も人民に課してはならない**。このことは人民の自由にとって、またイギリス人としての疑うべからざる権利にとって、なくてはならない本質的なものである。

4　**当該植民地人民は大ブリテンの庶民院に現に代表されていない**…。

5　**当該植民地人民の唯一の代表は当地において植民地人が選出した者のみ**であり、いかなる租税も各植民地立法府によるものでなければ未だかつて課せられたことはなく、また憲法上課すことができないのである。

8　アメリカのイギリス領植民地において…最近の本国議会制定法（印紙法）は当植民地住民に租税を課すことで…植民地人の権利と自由を破滅させる傾向を明白に持つものである。

（歴史学研究会編『世界史史料７』岩波書店より）

AMERICA
II SHILLINGS·VI·PENCE·

▲印紙

宣言法（1766年）

アメリカにある前記植民地は**大ブリテンの国王および議会に対してこれまでずっと従属してきたのであり、…そして従属するのが当然である**こと。大ブリテンの国王陛下は議会の貴族院および庶民院の協賛をえて、…アメリカ植民地および人民をいかなる場合にも拘束するに十分な強制力ならびに有効性を持つ法律を制定する完全な権限を、これまでずっと有しており、現に有しており、そして有するのが当然であること…。

（歴史学研究会編『世界史史料７』岩波書店より）

Q 印紙法は、13植民地の公文書や出版物に対して有料の印紙を貼ることを規定した新規課税法である。これに対して13植民地は何を根拠に反論しただろうか。また、13植民地の反発に対して、イギリス本国は宣言法でどのように回答しただろうか。

▶**ボストン茶会事件**（1773年）　イギリス東インド会社の財政難に対処するため、アメリカ植民地への茶の直送・独占権をイギリス東インド会社に付与する**茶法**が制定されたことに対し、一部の植民地人が、先住民などに扮して、ボストン港停泊中のイギリス東インド会社の船を襲撃、積み荷を海中に投棄した。

コネティカット植民地のファーミントンのタウン＝ミーティング議事録（1774年）

…議会で通過してしまった、ボストン港を封鎖する今回の法令は正義に反し、違法であり、抑圧的である。われわれ、そしてすべてのアメリカ人は、ボストン・タウンが被った屈辱を分かち合うものである。

（歴史学研究会編『世界史史料７』岩波書店より）

Q ボストン茶会事件を受けて、イギリスはどのような措置をとっただろうか。また、それは13植民地ではどのように受け止められただろうか。

4 アメリカ独立戦争

4·1 アメリカ独立戦争時の13植民地（1775～83）

イギリス領カナダ

レキシントン・コンコードの戦い（1775）

サラトガの戦い（1777）

パリ条約でイギリスより獲得（1783）

ルイジアナ

セントルイス

ミシシッピ川以西のルイジアナ
1682～1763年 フランス領
1763～1800年 スペイン領
1800～03年 フランス領
1803年以後 合衆国領

ニューファンドランド

ケベック

モントリオール

ノヴァスコシア

1713年以後 イギリス領

デトロイト

ピッツバーグ

ボストン

プリマス

ニューヨーク

フィラデルフィア（1776 独立宣言）

ワシントン（1800 ワシントンD.C.首都となる）

アパラチア山脈

リッチモンド

ヨークタウンの戦い（1781）

チャールストン

大西洋

ニューオーリンズ

フロリダ

メキシコ湾

~1763年 スペイン領
1763~83年 イギリス領
1783年 スペイン領
1819年以降 合衆国領

1 ニューハンプシャー ┐
2 マサチューセッツ（飛び地あり。1820年メイン州となる）
3 ロードアイランド
4 コネティカット ┘ ニューイングランド

5 ニュージャージー ┐
6 デラウェア
7 ニューヨーク
8 ペンシルヴェニア（ウィリアム = ペンを中心に形成されたクウェーカー教徒の植民地）┘ 中部植民地

9 メリーランド ┐
10 ヴァージニア（1607年成立・北米初の植民地）
11 ノースカロライナ
12 サウスカロライナ
13 ジョージア（1732年成立）┘ 南部植民地

―――― 1763年国王（ジョージ3世）宣言線（アパラチア山脈以西への白人移住禁止）
■ 13植民地（1776年独立宣言当時）
□ 1783年パリ条約で確定したアメリカの領域
■ イギリスの植民地（1783年）
■ スペインの植民地（1783年）
▨ スペインとの係争地（1795年まで）
▨ イギリスとの係争地（1842年まで）
→ イギリス軍の進路
→ アメリカ軍の進路

0　　500km

4·2 アメリカ独立戦争時の対立と国際関係

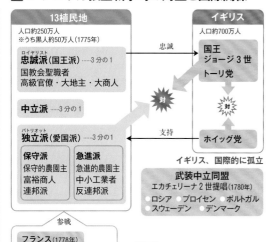

13植民地			イギリス
人口約250万人 ※うち黒人約50万人（1775年）			人口約700万人

ロイヤリスト
忠誠派（国王派）……3分の1
国教会聖職者
高級官僚・大地主・大商人

→ 忠誠 → **国王 ジョージ3世 トーリ党**

中立派……3分の1

パトリオット
独立派（愛国派）……3分の1

保守派	急進派
保守的農園主 富裕商人 連邦派	急進的農園主 中小工業者 反連邦派

→ 支持 → **ホイッグ党**

対

イギリス、国際的に孤立

武装中立同盟
エカチェリーナ2世提唱（1780年）
● ロシア　● プロイセン　● ポルトガル
● スウェーデン　● デンマーク

参戦
フランス（1778年）
スペイン（1779年）
オランダ（1780年）

義勇軍
● ラ = ファイエット（フランス）
● サン = シモン（フランス）
● コシューシコ（ポーランド）
● シュトイベン（プロイセン）

解説 戦争開始当初、独立派は3分の1程度であった。1777年**サラトガの戦い**で植民地側が勝利すると、参戦国があいつぎ、1780年には**武装中立同盟**ができたことで、イギリスは国際的に孤立した。

ペイン『コモン = センス』（1776年）

イギリスの保護下にあることによって我々が蒙る害と不利益とは無数にある。…少しでもイギリス本国に服従しまた従属していれば、ヨーロッパの戦争や紛争にわれわれの大陸がまきこまれることになる。…ヨーロッパはわれわれの貿易市場だから、その一部とかたよった関係をもつべきではない。ヨーロッパの紛争から身を避けることがアメリカの真の利益である。…私は、はっきりと積極的に、そして良心的に次のことを確信している。それはイギリスから分離独立することがこの大陸の真の利益であって、それ以外のすべてのことは一時的なつぎはぎ細工に過ぎず、決して永続的な幸福をもたらさないということである。
（江上波夫監修『新訳世界史史料・名言集』山川出版社より）

『コモン = センス』に対する反応
イギリスのある新聞：このパンフレットは、あらゆる階層に読まれている。そして、読者が増えれば増えるほど、考えを変えるものが多くなっている。
ワシントン：これは立派な主張であり、争う余地のない議論である。これを読むならば、だれでも迷わずに分離独立に賛成するだろう。
（遠藤泰生編『史料で読むアメリカ文化史①植民地時代』東京大学出版会より）

▲『コモン = センス』表紙（部分）
◀ペイン（1737～1809）

解説 独立戦争開始当初、植民地での独立支持者はわずか1/3程度しかいなかった。1776年に匿名で出された『コモン = センス』は、数カ月で10万部以上（当時の13植民地人口は200万人程度と推定）が売れたと推定されている。

Q 『コモン = センス』はどのような点でアメリカの独立に影響を与えたといえるだろうか。

米ドル紙幣にみる、アメリカ独立革命

米ドル紙幣には、独立革命はじめ歴史上の主要な人物の肖像画が多く使用されている。また裏面にも、関連あるモチーフが使用されていることが多い。

「神は我々の企てを肯定せり」（ラテン語）（表）

（裏）
1776年
プロヴィデンスの目（真実を見通す目）
新しい秩序の世紀が来たれり（ラテン語）

◀**1ドル札：ワシントン**（1732～99）ヴァージニアの富裕なプランターで、植民地軍総司令官や憲法制定会議会議長をつとめ、初代大統領（任1789～97）に就任した。裏面右にはアメリカ合衆国の国章が、左にはプロヴィデンスの目とピラミッドが描かれている。

▶**2ドル札：ジェファソン**（1743～1826）ヴァージニアのプランター出身で、独立宣言の起草を手がけた。のちに第3代大統領（任1801～09）に就任した。裏面はアメリカ独立宣言文の採択。

（表）
（裏）

▲「貧しいリチャードの暦」

▲**100ドル札：フランクリン**（1706～90）印刷職人から身をたてた人物で、リチャードという名で刊行した格言付きカレンダーの「貧しいリチャードの暦」はベストセラーとなった。70歳近い時期におこった独立戦争では、避雷針などを発明した科学者としての名声をもとに外交で活躍してフランスの援助を得ることに成功したが、その功績は当時高く評価されなかった。のちに独立独歩の人間、アメリカ人の象徴的存在とされた。裏面には、アメリカ独立記念館が描かれている。

北アメリカ

1 アメリカ独立革命・フランス革命の意義

ホー＝チ＝ミンによるベトナム民主共和国の独立宣言（1945年9月2日）→p.263

「すべての人間は神によって平等につくられ、一定のゆずることのできない権利を与えられていること、そのなかには生命、自由、そして幸福の追求が含まれていること」。この不滅の言葉は、**1776年のアメリカ独立宣言**から取ったものである。もっと幅広く解釈すれば、この文章はこう言っていることになる。「地球上の民族はいずれも平等に生まれた。あらゆる民族は、生きる権利、自由である権利を持っている」。**1789年のフランス革命時に採択された人間と市民の権利の宣言（いわゆる「フランス人権宣言」）**も同様にこう宣言している。「人間は、生まれながらにして自由かつ平

等な権利をもっている」。…それなのにフランス人帝国主義者たちは80年以上もの間、彼らの言う「自由、平等、友愛」を悪用して、私たちの祖先の地に侵入し、私たちの同胞を圧制で苦しめたのである。彼らの行為は、人道の理念、正義の理念に反している。政治面において、我らは私たちからあらゆる自由を奪った。…経済面において、恥知らずな彼らは私たちを搾取し、わが民族を最も悲惨な貧困に陥れ、わが国を情け容赦なく略奪した。…

（福井憲彦ほか監訳『ドイツ・フランス共通歴史教科書〈現代史〉』明石書店ほかより）

Q この宣言で、アメリカ独立宣言やフランス人権宣言は何のために触れられているのだろうか。

2 アメリカ独立宣言

ロック『統治二論』（1689年）

人々が社会に入る理由は、その所有物を維持するためである。そして立法部を選び、これに権限を与える目的は…法律を制定し規則を定めることにある。…したがって**立法部が、社会のこの基本的な原則を破って、野心や恐怖や愚かさやあるいは堕落によって国民の生命、自由、財産に対する絶対権力を、自分の手ににぎろうとしたり、あるいは他の者の手に与えようとする場合にはいつでも立法部は、この信任違反によって、国民からそれとは全く反対の目的のために与えられていた権力を失い、その権力は国民の手にもどることになる。そして国民はふ**たたび本来の自由を回復し、〔かれらが適当と考えるような〕新たな立法部をうちたてることによって、かれらが社会に身をおく目的である自分自身の安全と保障のために備える権力をもっているのである。（江上波夫監修『新訳世界史史料・名言集』山川出版社より）

アメリカ独立宣言（1776年7月4日）

われわれはつぎのことが自明の真理であると信ずる。❶すべての人は平等につくられ、神によって、一定の譲ることのできない権利を与えられていること。そのなかには生命、自由、そして幸福の追求が含まれていること。❷これらの権利を確保するために、人類のあいだに政府がつくられ、その正当な権力は被支配者の同意に基づかねばならないこと。❸もしどんな形の政府であってもこれらの目的を破壊するものになった場合には、その政府を改革しあるいは廃止して人民の安全と幸福をもたらすにもっとも適当と思われる原理に基づき、そのような形で権力を形づくる新しい政府を設けることが人民の権利であること。以上である。…現在のイギリス王*の歴史は度重なる侮辱と権利侵害の歴史である。すべてはわが諸州の上に絶対専制政治をうちたてることを直接目的としているのである。以上のことを立証するために、公正な世界に向かってあえて事実を提出する。

*1 ジョージ3世（位1760〜1820）

（江上波夫監修『新訳世界史史料・名言集』山川出版社より）

Q ジェファソンにより起草されたアメリカ独立宣言では、❶❷❸で何を主張しているだろうか。また近代民主主義の基本精神となった独立宣言は権利の章典→p.145とどのように異なるのだろうか。

アメリカ独立宣言（英文）
詳しくみる

3 アメリカ合衆国憲法

合衆国憲法（1787年）

われわれ合衆国の人民は、**より完全な連邦を形成し**、正義を樹立し、国内の平安を保障し、共同の防衛に備え、一般の福祉を増進し、われわれとわれわれの子孫の上に自由の祝福の続くことを確実にする目的をもって、アメリカ合衆国のために、この憲法を制定する。

第1条（立法権）

第1節　この憲法によって与えられるいっさいの立法権は、合衆国議会に委ねられる。同議院は上院および下院により構成される。

第2節（3項）　❶下院議員および直接税は、連邦に加入する各州の人口に比例して、各州の間に配分される。〈各州の人口とは、年季契約労役者を含む、自由人の総数をとり、課税されない先住民を除外し、それに**自由人以外のすべての人数の5分の3を加えたものとする**〉。

第9節（1項）　❷現在の諸州中いずれかの州で入国を適当と認める人々の来住および輸入に対しては、〔連邦〕議会は1808年以前においてこれを禁止することはできない。

第2条（行政権）

第1節（1項）　行政権は、アメリカ合衆国大統領に属する。大統領の任期は四年とし、同一任期で選任される副大統領とともに、つぎの数項に定めるような方法で選挙される。

第3条（司法権）

第1節　合衆国の司法権は、一つの最高裁判所および議会が随時設置を定める下級裁判所に属する。

※項は便宜上の区分。　〈　〉内は現在効力をもたない。修正第13・14条→p.199

（大下尚一ほか編『史料が語るアメリカ』有斐閣より）

Q ❶「自由人以外」❷「入国を適当と認める人々」とはどのような人々を指すのだろうか。また、❷の独立宣言の引用箇所とのあいだに矛盾点はないだろうか。

モンテスキュー『法の精神』（1748年）

もし同一の人間、あるいは貴族にせよ人民にせよそのうちのおもだった者よりなる同一団体が、これらの三権、すなわち、法を制定する権限、公の決定を執行する権限、犯罪や個人間の紛争を裁く権限を、併せ行使するようなことがあれば、すべては失われよう。

（江上波夫監修『新訳世界史史料・名言集』山川出版社より）

合衆国憲法の仕組み

連合規約（1777年採択、1781年発効）
・国名をアメリカ合衆国（United States of America）とする
・州の大幅な主権 …… 徴税権・通商規制権・軍保有
・連合会議（中央政府）…… 州への勧告・国防・外交・貨幣の製造

主権在民を明示した、国として世界初の成文憲法

アメリカ合衆国憲法（1787年制定、1788年発効）
①人民主権 → 一方で黒人や先住民の人権は考慮されず
②三権分立

立法	……	連邦議会	上院：各州2名。任期6年 下院：人口比率による。任期2年
行政	……	大統領：国民の間接選挙。任期4年	
司法	……	連邦最高裁判所	

③連邦主義

連邦政府	……	徴税権・通商規制権・軍隊をもつ
州政府	……	大幅な自治権を認める

連邦派 （フェデラリスト） ハミルトンら	対	反連邦派（州権派） （アンチ＝フェデラリスト） ジェファソンら

解説 連合規約のもとのアメリカ合衆国は、13の独立した州の連合体にすぎず、シェイズの反乱（1786〜87年）や諸州間での関税のかけ合いなどの政治的・経済的混乱に直面した。そこで、人種問題をはじめ社会的問題は各州にゆだねる一方、強力な中央政府による安全と権利の確保や財産の保障、通貨・通商上のシステム保持をおこなうべく、1787年にフィラデルフィアの憲法制定会議でアメリカ合衆国憲法が採択された。合衆国憲法では、集権的な中央政府（多数決により機動的かつ効率的に政策決定できる）を、連邦制や三権分立により抑制する工夫がなされた。

4 フランス人権宣言

▶ラ＝ファイエット（1757〜1834）　アメリカ独立戦争にも参加した自由主義的貴族。フランス人権宣言を起草した。
➡p.172.173　1792年の8月10日事件ののち、オーストリアに亡命した。のちに1830年の七月革命でも活躍した。➡p.181

フランス人権宣言（1789年）
（人間および市民の権利の宣言／全17条）

国民議会を構成するフランス人民の代表者たちは、人権についての無知、忘却、あるいは軽視が公共の不幸と政治の腐敗との唯一の原因であると考え、ここに、厳粛な宣言を発して、天賦の、不可譲な、神聖な人権を宣明することに決定した。…

したがって、国民議会は神のまえに、また、神の庇護のもとに、次のような人間および市民の権利を承認し、そして、これを宣言する。

第1条 ❶人間は、生まれながらにして自由かつ平等な権利をもっている。…

第2条 ❷あらゆる政治的結合の目的は、天賦にして不可侵の人権を維持するにある。その権利とは、自由、財産所有、安全、および、圧政に対する抵抗である。

第3条 ❸あらゆる主権の原理は、本来、国民のうちにある。いかなる団体、いかなる個人といえども、明白に国民のうちから出ない権威を行使することはできない。

第4条 自由とは、他人を害しない限りなにごとをも為しうるということである。…この制限は、法律によってしか定められることができない。

第6条 法律は一般意志の表現である。すべての市民はみずから、または、その代表者を通じて、法律の作成に参与する権利をもっている。法律は、保護にせよ処罰にせよ、万人に対して平等であらねばならない。…

第7条 なんぴとも、法律に定められた場合および法律の規定する形式による以外には、起訴、逮捕、または、拘禁されることがありえない。…

第10条 なんぴとも、その言論の発表が法律によって定められた公的秩序をみだすのでない限り、たとえ宗教上のそれであろうとも、その言論のために身辺を脅かされることがありえない。

第11条 ❹思想および言論の自由な交換は、人権の最も貴重な一つである。したがって、すべての市民は自由に話し、書き、出版することができる。ただし、法律の定める場合におけるこの自由の濫用についてはみずから責任を負わなければならない。

第12条 人間および市民の権利の保障には、公的権力が必要である。したがって、この権力は万人の利益のために設定せられたものであって、それを委ねられたものの特定の利益のためではない。

第16条 権利の保障が確保されず、また、権力の分立が規定されていない社会は、すべて、憲法をもっていないのである。

第17条 ❺財産所有は不可侵にして神聖な権利であるゆえに、合法的と認定される公共的必要が明らかにこれを要求する場合のほかは、また、公正にまえもって賠償されるとの条件のもとにおける場合のほかは、なんぴともそれを奪われることがありえない。

（木村尚三郎監修『世界史資料　下』東京法令出版より）

Q この宣言の❶〜❺ではどのような権利が主張されているだろうか。また現在の日本国憲法に影響を与えたと考えられる点はないだろうか。フランス人権宣言は、アメリカ独立宣言とどのような点で共通し、また、異なるだろうか。

ルソー『社会契約論』

人間は生まれながらにして自由でありながら、いたるところで鎖につながれている。…社会を成り立たせている秩序は、他のすべての法の基礎となる神聖な法である。この法はしかし、自然に由来するのではない。それは約束に基づいているのである。（第1篇第1章）。…結合する各人はそのすべての権利を含め自らを共同体の総体に全面的に譲り渡すこと。というのは、第一に、各人が丸ごと自分を与えるのだから、その条件はすべての者に平等となるし、条件がすべての者に均しいものとされている以上、他人の負担を重くしようなどという気を起こす者はありえないからである。

…「われわれは各々、自分の身体とすべての力を共同のものとし、一般意志の最高の指揮の下におく。そして、総体としてのわれわれは、各構成員を全体の不可分の一部として受け入れる」（第1篇第6章）。社会契約において人間が失うものは、彼の自然状態における自由と、彼の心をひくもの、手にとることができるものすべてに対する無制限の権利とである。彼が得るところのものは、社会的自由と、彼が占有しているすべてのものに対する所有権とである（第1篇第8章）。

（江上波夫監修『新訳世界史史料・名言集』山川出版社より）

ヨーロッパ

北アメリカ

5 フランス革命とジェンダー

オランプ＝ドゥ＝グージュの女権宣言（1791年）

母親・娘・姉妹たち、国民の女性代表者たちは、国民議会の構成員になることを要求する。…

第1条 女性は、自由なものとして生まれ、かつ、権利において男性と平等なものとして生存する。社会的差別は、共同の利益にもとづくのでなければ、設けられない。

第3条 すべての主権の淵源は、本質的に国民にあり、国民とは、女性と男性との結合にほかならない。

（辻村みよ子『ジェンダーと人権』日本評論社、比較ジェンダー史研究会ウェブサイトより）

解説 オランプ＝ドゥ＝グージュ（1748〜1793）は、フランス人権宣言に対して女権宣言を口述筆記したが、1793年に反革命の容疑で逮捕・処刑された。その処刑に関する記事には、「（オランプ）は政治家になることを欲したので、女性にふさわしい徳を忘れたとして、法律がこの陰謀者を罰したのだろう」とある。

Q グージュはなぜこのような女権宣言を出したのだろうか。またフランス革命期、男性および女性はそれぞれどのような存在とされていただろうか。

6 フランス革命の記憶

Liberté・Égalité・Fraternité
RÉPUBLIQUE FRANÇAISE

◀**フランス共和国政府のロゴマーク**　1999年より採用されたロゴマーク。フランス革命期に共和政の象徴とされたマリアンヌ像を思わせる女性像と、トリコロール（三色旗）の組みあわせの下に、自由・平等・友愛（博愛）とある。トリコロールは、バスティーユ牢獄襲撃➡p.172の後、国王とパリ市の和解のために、ラ＝ファイエットが考案したものをもととし、ブルボン家の象徴の白をパリ市の色の青と赤で挟んだものである。また、バスティーユ牢獄襲撃が生じた7月14日は、第三共和政➡p.191以降、国の祝日となっている。

ラ＝マルセイエーズ（1番）

行こう　祖国の子らよ
栄光の日が来た
われらに向かって　暴君の
血まみれの旗が　掲げられた
血まみれの旗が　掲げられた
聞こえるか残忍な敵兵が戦場で咆哮するのが
奴らはわれらの元に来て
われらの子と妻の　喉を掻き切っているのだ

（小田中直樹訳）

解説 ラ＝マルセイエーズは現フランス国歌であり、フランス革命中に生じた革命戦争の際にその原型はつくられたとされる。

Q 現代のフランスでは、フランス革命はどのようにとらえられ、またどのような役割を担っているだろうか。

1 フランス革命

年	月日	事項	
1789		シェイエス、『第三身分とは何か』を刊行	三部会
1789	5.5	**全国三部会（三部会）招集** ←特権階級への課税などの財政改革に特権身分反発 （第一身分291名・第二身分285名・第三身分578名） →身分別議決法（特権階級）対 個人別票決（第三身分）	
	6.20	**球戯場（テニスコート）の誓い**←6.17 国民議会設立	国民議会（1789年9月〜憲法制定国民議会）
	7.11	財務総監ネッケル、罷免される	
	7.14	**バスティーユ牢獄襲撃**	
	8.4	**封建的特権の廃止**…税負担の平等化・公職の開放	
	8.26	**フランス人権宣言**採択…ラ＝ファイエット起草➡p.171	
	10.5〜6	**ヴェルサイユ行進**（10月事件）	
国民議会による改革			
1789	11.2	教会財産の国有化　　12.5 アッシニア発行	
1790	7.12	聖職者基本法決議	
1791	3.	ギルドの廃止	
	6.14	ル＝シャプリエ法（団結禁止法）決議	
1791	6.20〜21	**ヴァレンヌ逃亡事件**→国王、国民の信頼失う	
	8.27	ピルニッツ宣言 …レオポルト2世（墺）とプロイセン王による対仏警告	
	9.3	**1791年憲法決議**	
	9.30	国民議会解散	
	10.1	**立法議会**成立	立法議会
1792	3.23	ジロンド派内閣の成立	
	4.20	**オーストリアに宣戦布告→革命戦争勃発**	
	7.11	「祖国の危機」宣言	
	8.10	**8月10日事件** →立法議会、王権の停止・男性普通選挙の実施を宣言へ	
	9.20	**ヴァルミーの戦い**…仏、革命戦争で初勝利	
	9.20	**国民公会**招集	国民公会
	9.21〜22	王政の廃止・共和政の宣言→第一共和政（〜1804）	
	10.2	保安委員会の設置	
1793	1.21	**ルイ16世処刑** …革命広場においてギロチンで処刑される	
	2.13	**第1回対仏大同盟**（〜97/英首相ピット提唱）➡p.174	
	3	ヴァンデーの農民反乱（〜93末）	
	3.10	革命裁判所の設置	
	4.6	公安委員会の設置→7.ロベスピエール入る	
	6.2	**山岳派独裁**＝恐怖政治	
山岳派の政策			
1793	6.24	**1793年憲法決議**	
	8.23	国民総動員法（徴兵制）実施	
	9.29	最高価格令の強化（5月公布）	
	10.5	革命暦（共和暦）の採用決定	
	11.10	理性崇拝の創始→脱キリスト教化	
1793	7.13	マラー、暗殺される	
	10.16	マリ＝アントワネット処刑	
1794	4	ロベスピエールの独裁➡p.173 →3〜4 エベール派・ダントン派の逮捕・処刑	
	7.27	**テルミドール9日のクーデタ** →7.28 ロベスピエールも処刑	
1795	8.22	**1795年憲法**（共和国第3年憲法）決議	
	10.26	国民公会解散	
	10.27	総裁政府成立	総裁政府
1796	3〜	ナポレオン、第1次イタリア遠征 （〜97）➡p.174	
1798	5	ナポレオン、エジプト遠征（〜99）	
1799	6	第2回対仏大同盟（〜1802）結成	
	6.22	メートル法を正式採用➡p.173	
	11.9	ブリュメール18日のクーデタ	
	12	**ナポレオン、統領政府を樹立（第一統領**に就任）	

立憲君主政
・制限選挙
（25歳以上）、間接選挙
・一院制（立法議会）

共和政（急進的）
・男性普通選挙
（21歳以上）、間接選挙
・主権在民、労働権、
教育権など
・一院制（国民公会）
→実施されず

共和政（穏健的）
・制限選挙、間接選挙
・五人総裁制
（権力分散化）
・二院制
（五百人議会、元老院）

▲ルイ16世
（位1774〜92）

▶マリ＝アントワ
ネット（1755〜93）

▶ロベスピエール
（1758〜94）

（左端縦書き）ヨーロッパ

（左下縦書き）第Ⅲ部　第12章

2 「旧体制」（アンシャン＝レジーム）

Q この風刺画は、「旧体制」（アンシャン＝レジーム）のどのような状態を描いているだろうか。

2·1 「旧体制」の構造

（図）

特権階級

国王

王党派
反革命勢力となるエミグレ（亡命貴族、忌避聖職者）

第一身分
（約12万人）
上級聖職者
下級聖職者

自由主義的貴族
など
一部は第三身分
に合流

第二身分
（約40万人）
宮廷・法服・地方
貴族

フイヤン派
ラ＝ファイエットら立憲君主政
王権の制限
経済活動の自由

第三身分
（約2480万人）
農民（約2000万人）　市民（約480万人）

ジロンド派
ブリッソら穏健共和派

大地主
借地農　　富裕市民
（法律家・特権商人）
実業家・徴税請負人

自営農民　　中流市民
貧農　　下層市民
折半小作人　（小店主・手工業者）
雇農　　サンキュロット

山岳派
（ジャコバン派・モンターニュ派）
急進共和派
➡p.173

年免国国土の約40%を所有／免税特権をもつ／納税負担／参政権なし／納税負担

▲「旧体制」の風刺画（「過去」）

◀サンキュロット
支配者階級がはくキュロットではなく、労働用の長ズボンをはいていたためこう呼ばれた。彼らは民衆運動の担い手となり、そのフリジア帽は、自由や平等の象徴となった。

3 フランス革命の推移

> **シェイエス「第三身分とは何か」（1789年）**
>
> 貴族身分は、その民事的、公的特権によって、われわれのなかの異邦人にほかならない。国民とは何か。共通の法の下に暮らし、同一の立法府によって代表される協同体である。…
>
> したがって、第三身分は国民に属するすべてのものを包含しており、第三身分でないものは国民とは見なされない。第三身分とは何か。すべてである。
>
> （河野健二編『資料 フランス革命』岩波書店より）

解説 このパンフレットは、世論に大きな影響を与えた。

Q 第三身分は何だとされているだろうか、またそれはどのように規定されているだろうか。

（画像中のラベル）バイイ／ミラボー／シェイエス／ロベスピエール

▲**球戯場（テニスコート）の誓い**（1789年6月20日）　国民議会を設立し、ヴェルサイユ宮殿の室内球戯場に集まった第三身分代表らは、「憲法を制定するまで議会を解散しない」ことを誓いあった。（パリ、カルナヴァレ美術館蔵）

Q 全国三部会と国民議会はどのような点で異なるだろうか。また「球戯場の誓い」と人権宣言の第3条➡p.171とはどのような関係にあるだろうか。

◀**バスティーユ牢獄襲撃**（1789年7月14日）　国王側が軍を集結させたことが国民議会への圧力となったことに対し、パリ民衆は自衛のために、武器・弾薬があると考えたバスティーユ牢獄を襲撃した。（パリ、カルナヴァレ美術館蔵）

3·1 フランス革命期のフランス

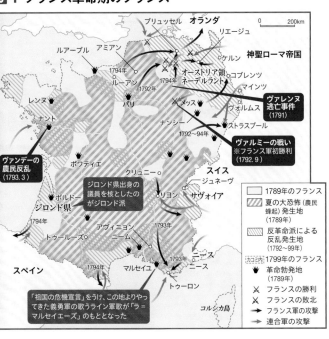

封建的特権の廃止（1789年）

(1)国民議会でのエーギョン公の主張

　いくつかの州では、人民全体が…証城館を破壊し、土地を荒らし、とりわけ封建的所有権の証書が保管されている古文書保管所を奪取しようとしている。…諸君、**この蜂起は…人民がその犠牲となっている虐待の中に、その口実を見出しうるのである。**

　この啓蒙の世紀において、…憲法を制定するより前に、すべての市民たちにたいして次のことを示しておかねばならないように思われる。それは、**われわれの意図、願望が…彼らの自由の保障となりうる権利の平等を、できるだけ速やかに確立することにある、ということである。**

(2)封建的特権の廃止

第1条　国民議会は**封建制を完全に廃棄し、封建的ならびに貢租的な諸権利・諸義務のうち、物的または…人的隷属にもとづくものおよびそれらを表わすものは無償で廃止され**、その他のすべては買い戻しうるものとされること…を布告する。

第4条　すべての**領主裁判権**はなんらの補償なしに廃止される。

第5条　あらゆる種類の**十分の一税**およびそれに代わる貢租は…廃止される。

第9条　租税にかんする人的または物的な金銭的特権は、永久に廃止される。**徴収は、すべての市民、すべての財産にたいして、同一の方法および同一の形式で行なわれる。**

第11条　すべての市民は出生の別なしに、教会、民事および軍事のすべての職および顕職につくことができる。

（河野健二編『資料 フランス革命』岩波書店より）

Q 封建的特権の廃止は、どのような意図でなされただろうか。

3·2 フランス革命に対する諸外国の反応

◀**「フランスの栄光の頂点・自由の極点」**（ギルレイ画➡p.176／英、1793年）　ギロチン（パリ大学医学部教授により発明された断頭台）で元国王ルイ16世が処刑される瞬間を、フリジア帽をかぶる民衆が囲みみており、ボロを纏ったサンキュロットが、外灯の上に座り、吊るされた聖職者の頭に足をかけ、群衆の勝利に微笑みつつバイオリンを弾いている。彼方の聖堂からは炎が上がっている、左下には「信仰、正義、忠節、その他の曖昧な精神の化物たちよ、さらば」とある。

Q フランス革命は、諸外国にはどのようなものと映っただろうか。

3·3 国民公会のもとでの諸政策と状況

言語の統一に関する国民公会での演説

(1)**フランス語教育について**

　市民諸君、連合せる暴君どもは言った。「**無知はつねにわれわれのもっとも強力な援軍である。…教育のない人民たちや公教育の言葉とはちがう言葉をしゃべる連中を利用しよう**」と。…

　市民諸君、自由な人民の言語は唯一であり、全人民にとって同一であるべきだ。

（河野健二編『資料 フランス革命』岩波書店より）

(2)**地方語を根絶し、フランス語を完成し、その仕様を普及させること**

　…もはや、旧州は存在しない。しかし、いまだに、旧州の名前を思い起こさせるようなおよそ30あまりの地方語が存在する。

　…誇張でもなく、600万人のフランス人が、特に、農村においては、国民言語を知らないということを断言することができる。…国民言語を話すことができる人口が300万人を越えないこと、そしておそらくそれを書くことができる人口は遥かに少数であることも断言できる。

（歴史学研究会編『世界史史料6』岩波書店より）

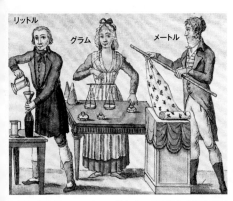

▲**度量衡の統一**　フランス革命中、合理的な空間分割が考案され、長さや重さの単位が十進法にもとづく単位（メートル／グラム）に統一された。なかでも、1メートルは北極と赤道を結ぶ子午線の弧の長さの1000万分の1に相当する長さの単位とされた。1799年6月に**メートル法**は正式に採用された。

▼**革命暦**（共和暦）　キリスト教と結びつくグレゴリウス暦にかえて、1792年9月22日（第一共和政成立の日）を起源とし、十進法にもとづく（1週間10日・1カ月30日からなる）暦が1793年10月に導入された。月の名称もフランスの自然・農業に一致するように変更され、1週間の曜日も第1日・第2日…とされた。（1806年正式に廃止）

ヴァンデミエール（葡萄月）	9月22日より30日間
ブリュメール（霧月）	10月22日より30日間
フリメール（霜月）	11月21日より30日間
ニヴォーズ（雪月）	12月21日より30日間
プリュヴィオーズ（雨月）	1月20日より30日間
ヴァントーズ（風月）	2月19日より30日間
ジェルミナール（芽月）	3月21日より30日間
フロレアル（花月）	4月20日より30日間
プレリアル（草月）	5月20日より30日間
メッシドール（収穫月）	6月19日より30日間
テルミドール（熱月）	7月19日より30日間
フリュクティドール（実月）	8月18日より30日間

※9月17～21日（閏年は1日追加）は、サンキュロティードと呼ばれる祭典の日々がおかれた。

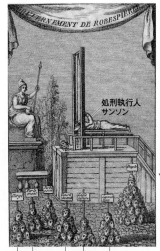

処刑執行人 サンソン

Q 国民公会ではなぜ「言語の統一」が提起されたのだろうか。また「言語の統一」は何の統合につながるだろうか。

◀**ロベスピエールの政府**

Q 山岳派およびロベスピエールの独裁はどのような状況をもたらしたと、この風刺画からとらえることができるだろうか。

聖職者	貴族	立法議会	民衆
高等法院	国民議会	国民公会	

ヨーロッパ

1 ナポレオン時代のフランス

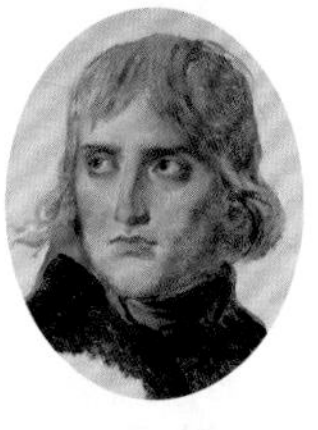

◀ナポレオン＝ボナパルト（1769～1821）（ダヴィド画） 1769年コルシカ島に生まれる。パリ士官学校に入学、砲兵学を学び、軍人として頭角を現した。

年	月	事項	政体
1796	3	第１次イタリア遠征（～97）	総裁政府
1797		〈**第１回対仏大同盟**（1793～97）解消〉（英のピット首相提唱 英・普・墺・露・西・蘭・サルデーニャ）	総裁政府
1798	5	**エジプト遠征**（～99）（10.19、ナポレオン帰国）	総裁政府
	8	アブキール湾の戦い…ネルソン（英）に敗北	総裁政府
1799	6	**第２回対仏大同盟**（～1802）（英・墺・露・オスマン帝国・ポルトガル（普は中立））	総裁政府
	7	ロゼッタ＝ストーン発見➡p.20	総裁政府
	11	**ブリュメール18日のクーデタ**（総裁政府を打倒）	総裁政府
	12	憲法発布、統領政府樹立（ナポレオン、**第一統領**就任／**統領体制**）	第一共和政 統領体制（統領政府）
1800	2	フランス銀行創立	第一共和政 統領体制（統領政府）
	5	第２次イタリア遠征	第一共和政 統領体制（統領政府）
	6	マレンゴの戦い	第一共和政 統領体制（統領政府）
1801	7	ローマ教皇と政教協約（コンコルダート）結ぶ	第一共和政 統領体制（統領政府）
1802	3	**アミアンの和約**〈第２回対仏大同盟（1799～）解消〉	第一共和政 統領体制（統領政府）
	8	ナポレオン、**終身統領**となる←国民投票で追認	第一共和政 統領体制（統領政府）
1803	4	ミシシッピ川以西のルイジアナをアメリカに売却	第一共和政 統領体制（統領政府）
1804	3	**フランス民法典（ナポレオン法典）**制定	第一共和政 統領体制（統領政府）
	5	皇帝**ナポレオン１世**即位→国民投票で追認 →12 パリのノートルダム大聖堂で戴冠式挙行	第一帝政
1805	8	**第３回対仏大同盟**（英・墺・露・スウェーデン（普は中立））	第一帝政
	10	トラファルガーの海戦…ネルソン〈英〉に敗北	第一帝政
	12	アウステルリッツの戦い（三帝会戦）➡p.184…ナポレオン１世、オーストリア・ロシア連合軍に勝利	第一帝政
1806	7	**ライン同盟**結成→8 **神聖ローマ帝国の崩壊**…ドイツの領邦国家を従属的な同盟国にする	第一帝政
	11	**大陸封鎖令**…イギリスに経済戦しかける	第一帝政
1807	7	**ティルジット条約**➡p.177	第一帝政
	7	**傀儡**（かいらい）**国家ワルシャワ大公国**設立	第一帝政
	10	**プロイセン改革**開始 フィヒテ、ベルリンで「ドイツ国民に告ぐ」の講演（～08）➡p.177	第一帝政
1808	5	**スペイン反乱**（半島戦争）（～14）➡p.176	第一帝政
	7	ワグラムの戦い	第一帝政
1812	5	**ロシア遠征**開始（～12）	第一帝政
1813	2	**第６回対仏大同盟**（～14）（英・普・露を中心にヨーロッパの大半の国々）→3 **解放戦争**の開始	第一帝政
	10	**ライプツィヒの戦い**	第一帝政
1814	4	ナポレオン退位→5 エルバ島（はいる）配流	ブルボン朝
	9	**ウィーン会議**（～1815.6）➡p.180	ブルボン朝
1815	3	ナポレオン、パリ帰還、「百日天下」（～6）	ブルボン朝
	6	**ワーテルローの戦い**…英軍・蘭軍・普軍に敗北	ブルボン朝
	10	ナポレオン、**セントヘレナ島**に流刑	ブルボン朝
1821	5	ナポレオン、セントヘレナ島で死去（51歳）	ブルボン朝
1840	12	ナポレオンの遺体、パリに帰還➡p.177	七月王政

■：対仏大同盟のおもな参加国。なお、対仏大同盟は、他に1806～07／1809／1815もある（全７回）。

1・1 ナポレオン時代のヨーロッパ（1812年頃）

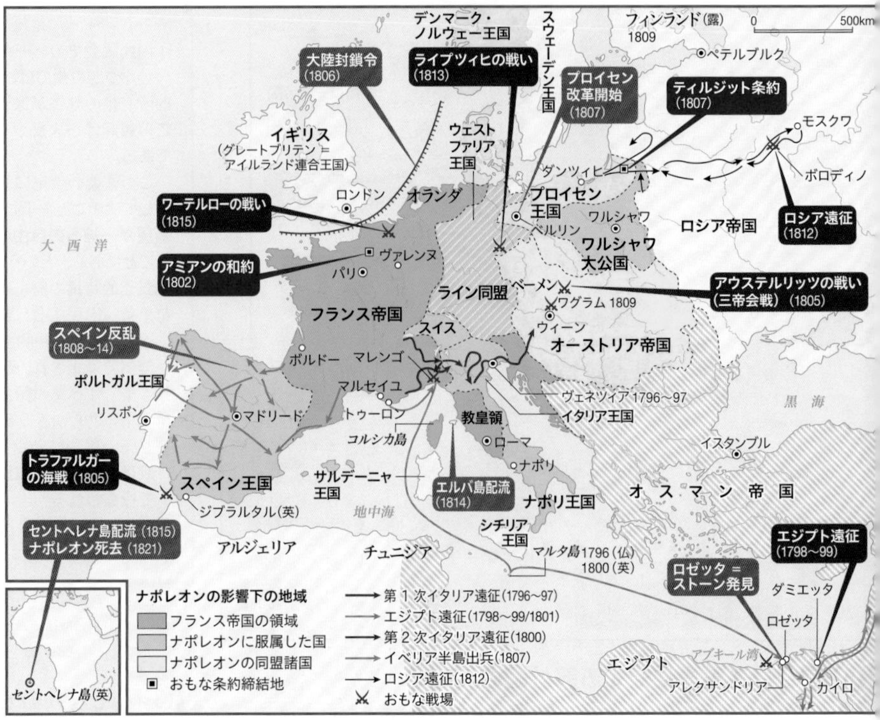

デンマーク・ノルウェー王国
スウェーデン王国
フィンランド（露）1809
ペテルブルク
大陸封鎖令（1806）
ライプツィヒの戦い（1813）
プロイセン改革開始（1807）
ティルジット条約（1807）
モスクワ
イギリス（グレートブリテン＝アイルランド連合王国）
ウェストファリア王国
ダンツィヒ
ボロディノ
ロンドン
オランダ
プロイセン王国
ワルシャワ
ベルリン
ワルシャワ大公国
ロシア帝国
ロシア遠征（1812）
ワーテルローの戦い（1815）
大西洋
ヴァレンヌ
パリ
アミアンの和約（1802）
ライン同盟
ベーメン
ワグラム 1809
アウステルリッツの戦い（三帝会戦）（1805）
フランス帝国
スイス
ウィーン
オーストリア帝国
スペイン反乱（1808～14）
ボルドー
マレンゴ
ポルトガル王国
マルセイユ
ヴェネツィア 1796～97
黒海
リスボン
マドリード
トゥーロン
教皇領
イタリア王国
コルシカ島
ローマ
イスタンブル
ナポリ
トラファルガーの海戦（1805）
スペイン王国
サルデーニャ王国
エルバ島配流（1814）
ナポリ王国
オスマン帝国
ジブラルタル（英）
地中海
シチリア王国
セントヘレナ島配流（1815）ナポレオン死去（1821）
アルジェリア
チュニジア
マルタ島1796（仏）1800（英）
エジプト遠征（1798～99）
ロゼッタ＝ストーン発見
ダミエッタ
ロゼッタ
アブキール湾
エジプト
アレクサンドリア
カイロ
セントヘレナ島（英）
ナポレオンの影響下の地域
フランス帝国の領域
ナポレオンに服属した国
ナポレオンの同盟諸国
おもな条約締結地
おもな戦場
第１次イタリア遠征（1796～97）
エジプト遠征（1798～99/1801）
第２次イタリア遠征（1800）
イベリア半島出兵（1807）
ロシア遠征（1812）

フランス民法典（1804年）

(1) 起草者の1人ポルタリスによる民法典の説明
［性格］民法典とは何か。それは、**同一の社会に属する人々が有する家族、利害の交わりの相互関係を善導し、定めるための法律の集合体**である。…
［成立事情］かつて各種の慣行や特権の相違がフランスを諸州に分割し、各々の州を区別していたが、これらの慣行、特権の多様性は様々な障害を生んだ。

(2) フランス民法典
213 夫は妻を保護する義務を負い、妻は夫に服従する義務を負う。
371 子は、年齢のいかんにかかわらず、その父母に対して尊敬の義務を負う。
544 所有権は、法律または規定によって禁止された行使によらないかぎり、物を最も絶対的に使用し、かつ処分しうる権利である。
545 なんぴとも、公益上の理由により、かつ正当にして事前の補償を受けないかぎり、その所有権の譲渡を強制されることはありえない。

（江上波夫監修『新訳世界史史料・名言集』山川出版社より）

解説「余の名誉は、幾度かの戦場にではなく、余の法典にある」とナポレオンは述べたという。この法典は、国民生活の諸側面にフランス人権宣言を浸透させた包括的な法典であり、各国の民法典の模範ともなった。

Q フランス民法典の目的は何だろうか。また家族像に関してはどのような規定だろうか。

2 帝政期のナポレオン

詳しくみる

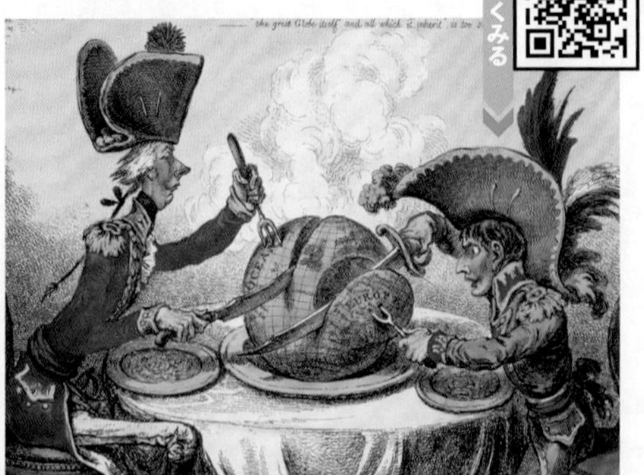

▲「プラム＝プディング危うし！」（1805年）

Q この風刺画では、英首相（ピット）とナポレオン（右）は地球（プラム＝プディング）のどのような場所を切り取っているだろうか。またそれは何を示唆しているだろうか。

2・1 大陸封鎖令（1806年）

ナポレオン１世は、イギリスに経済戦をしかけ、ベルリンで出した大陸封鎖令で、「イギリス諸島とのあらゆる商取引・通信を禁止する」と大陸諸国に命じた。

イギリス
- ヨーロッパ以外の市場（南米など）活用→大きな打撃受けず
- 逆封鎖（原料などが植民地などから、ヨーロッパ大陸へ入らないようにする）

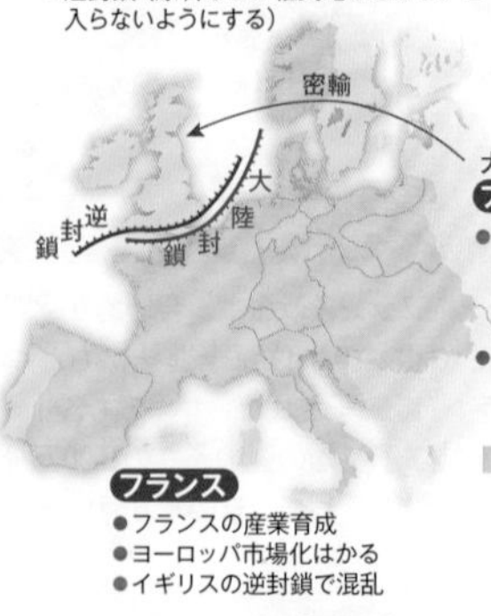

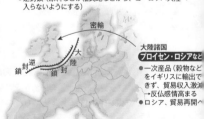

密輸
大陸封鎖
逆封鎖
ナポレオンの影響下の地域

大陸諸国 プロイセン・ロシアなど
- 一次産品（穀物など）をイギリスに輸出できず、貿易収入激減→反仏感情高まる
- ロシア、貿易再開へ

フランス
- フランスの産業育成
- ヨーロッパ市場化はかる
- イギリスの逆封鎖で混乱

ダヴィドの描くナポレオン──
プロパガンディストとしてのダヴィド

ダヴィドはバスティーユ牢獄襲撃に参加し、またルイ16世の処刑に賛同するなど革命派として知られており、山岳派のロベスピエールと親しかった。その後、ロベスピエール失脚により投獄されるも、ナポレオンと親しくなり、その即位後は主席宮廷画家となった。ナポレオンにとっても、プロパガンディスト(宣伝者)としてのダヴィドを必要としていた。

▲ダヴィド
(1748〜1825)

兄ジョゼフ＝ナポレオン　　ダヴィド
弟ルイ＝ナポレオン　　母レティチア　ナポレオン　　タレーラン
ジョゼフィーヌ　　教皇ピウス7世

(パリ、ルーヴル美術館蔵)
(ヴェルサイユ宮殿美術館蔵)

▼「ナポレオンの戴冠式」 1804年12月にパリのノートルダム大聖堂で挙行された戴冠式の様子を実寸大に描いたもの。実際には臨席していないナポレオンの母が描かれ、また皇后ジョゼフィーヌが若々しく描かれていること、さらに憮然としていたはずの教皇ピウス7世が祝福を与える姿に描かれるなどの脚色がほどこされている。当初はナポレオンみずからが冠を被る姿を予定していた(右図)が、皇后への戴冠にさしかえられた。(パリ、ルーヴル美術館蔵)

▶みずから冠をかぶるナポレオンのデッサン

▲「サン＝ベルナール峠をこえるナポレオン」 第2次イタリア遠征中のナポレオンの姿を描いたもので、白馬にまたがるナポレオンの足元には、シャルルマーニュ(カール大帝➡p.85)やハンニバル➡p.70の文字が刻まれており、ナポレオンの偉大さを宣伝するものとなっている。実際には、右の絵画(ポール＝ドラローシュ画)のように防寒着に身をつつみ、寒さに耐えつつラバで峠をこえたという。

2・2 ボナパルト家系図

シャルル＝ド＝ボナパルト ── レティチア＝ラモリノ

ジョゼフ(兄)　　　　　　　　　　　ジェローム(弟)
ナポリ王(位1806〜08)　　　　　　ウェストファリア王
スペイン王(位1808〜13)　　　　　(位1807〜13)

マリ＝ルイーズ　　❷　❶　　　❶　　　　ルイ(弟)
オーストリア＝　　　 1796年結婚　　 オランダ王
ハプスブルク家　　ナポレオン1世　 1809年離婚　(位1806〜10)
1810年結婚　　(位1804〜14,15)　ジョゼフィーヌ

ナポレオン2世　　　　　　　ナポレオン3世
ローマ王　　　　　　　　　　(位1852〜70)

❶は初婚、❷は再婚

◀マリ＝ルイーズ(左)とナポレオン2世
▶ベートーヴェン(1770〜1827) ナポレオンを自由や人間解放の具現者と思っていたベートーヴェンは、ナポレオンの皇帝即位の報に激怒し、楽譜における「ボナパルト」の題名を消したという(写真右)。この交響曲はのちに「英雄」という題名で発表された。

ヨーロッパ

1 ヨーロッパ諸国のナポレオンへの抵抗

Dreadful Descent of ♅ Roman Meteor. ___ The Turkish New-Moon, Rising in Blood. ___ The Spirit of Charles ♇ XII. ___ The Imperial Eagle emerging from a Cloud.

THE VALLEY OF THE SHADOW OF DEATH.

The Rhenish Confederation of starved Rats, crawling out of the Mud. ___ Dutch Frogs spitting out their spite. ___ American Rattle-Snake shaking his Tail. ___ Prussian Scare-Crow attempting to Fly.

▲「死の影の谷」（1808年）　**読み解き**　イギリスの画家ギルレイ（1757〜1815）によるこの風刺画は、1808年のナポレオンをとりまく国際状況を描き出している。風刺画中の動物・怪物がどの国を表しているだろうか。またなぜそのような姿で描かれたのだろうか。

2 ゴヤのみたスペイン反乱

▶ゴヤ（1746〜1828）　1789年にスペインの宮廷画家となったが、「カルロス4世の家族」で国王一家の醜悪な本性を描くなど痛烈な批判精神の持ち主であった。スペイン反乱に際しては、フランス軍の蛮行や抵抗する民衆の姿を、絵画や連作版画「ボナパルトに対するスペインの血みどろの戦いの宿命的な諸結果およびその他の激しいカプリチョース」（『戦争の惨禍』として1836年出版）に描いた。

▲「1808年5月3日」　フランス軍に対抗するマドリード市民の蜂起は1808年5月2日に始まるが、3日にはフランス軍による市民の処刑が始まった。ゴヤは、野蛮人にならないようにとの永遠の教訓を与えるために、「1808年5月3日」を描いたという。この絵の中央に位置する白いシャツの男性の掌には、キリストを思わせる聖痕（磔刑に際してつけられた傷、右図）が描かれている。（スペイン、プラド美術館蔵）

▲「やはり野獣だ」（『戦争の惨禍』より）

3 ナポレオンをとりまく各国の状況

3·1 プロイセン

フィヒテ「ドイツ国民に告ぐ」(1807〜08)

▲フィヒテ
(1762〜1814)

　私が予告しておいた救済手段というのは、…国民的なものとしては存在しなかったような自己を育成することであり、また以前の生命が失われ、外国の生命の附加物になってしまった国民*をまったく新しい生命をもつように教育することです。そしてこの新しい生命はその国民の専有財産であるか、またはそれが国民から外国人の手へ移ることがあっても、無限に分割しても少しも減らない財産なのです。一言で言えば、**私がドイツ国民の生存を維持する唯一の手段として提案するのは、これまでの教育制度の抜本的改革です。**…

　我々は新しい教育によってドイツ人をひとつの全体へと形成し、その全体がそのすべての個々の部分において同一の問題によって動かされ、生かされているようにしたいと望みます。…

　我々はこの教育をドイツ人の祖国愛にとって最高にして、目下唯一緊急の課題であると言いました。…祖国愛はさしあたりはドイツ国家、すなわち、ドイツ人が統治されている所で、その決断の際にいつも精神を鼓舞し、指導力を振い、原動力となるべきものです。したがって我々が最初に期待の眼を向けるところは、国家でありましょう。

　国家は我々の希望を満たしてくれるでしょうか。我々は当然のことながら常にドイツ諸邦の特別な一国ではなく、全ドイツに着目しているのです…。

*ナポレオンの直接・間接の支配下に入ったことをさす。

(フィヒテ著、石原達二訳『ドイツ国民に告ぐ』玉川大学出版部より)

解説　フランス軍の占領下にあった、プロイセンの首都ベルリンで、哲学者のフィヒテが1807〜08年にかけておこなった14回にわたる講演が「ドイツ国民に告ぐ」である。この講演の中でフィヒテは、ドイツ国民教育の必要性を強く訴え、ドイツ人の祖国愛を説いて、国民意識を高揚させた。この主張はプロイセン改革にも影響を与え、フィヒテもこの改革で設立されたベルリン大学の初代総長となった。

▲ティルジット条約(1807年)とロシア・プロイセン(イギリスの風刺画)　ティルジットを流れるネマン川の筏の上で、ロシア皇帝アレクサンドル1世➡P.184は1807年にナポレオンと会談をおこなった。この風刺画では、ナポレオンに心からの抱擁を受けているアレクサンドル1世が、「しめつけられて死においやられる、筏もものすごい早さで沈んでいく」といっている。王冠を流され筏にすがるプロイセン王は、回復することは難しいと恐れている。

Q　アレクサンドル1世(ロシア)が「しめつけられて死に追いやられる、筏もものすごい早さで沈んでいく」といっている背景には何があるだろうか。またプロイセン国王が回復するのは難しいと恐れるセリフを主張している背景には何があるだろうか。

ヨーロッパ

3·2 イギリス

▶イギリスで描かれたナポレオン　「巨人国ブロブディングナグの王様とガリヴァー」と題された風刺画(1803年)で、イギリス国王ジョージ3世がナポレオンを虫けらとおどしている。イギリスではギルレイがナポレオンを「ちびのボネー」と揶揄する風刺画を多く描いた。のちにナポレオンは、風刺画に苛立たされたことを回顧している。

3·3 ロシア

ナポレオンのロシア遠征とロシア

　1812年とそれに続く1813、1814年の戦役によって、わが国民の魂はふるいおこされ、われわれはヨーロッパを、その法を、その行政秩序を、その国民保護を親しく知ることとなった。そして、わが国の、それとは対照的な国家生活、わが国のとるにたらない権利、そしてあえていうならば、わが国家統治の重圧、そうしたものが、多くの人びとの頭脳と心に強烈にあらわになった。(デカブリスト➡p.185の証言)

(鈴木健夫ほか『世界の歴史22　近代ヨーロッパの情熱と苦悩』中央公論新社より)

Q　ロシア遠征や解放戦争は、ロシアにどのような認識をもたらしただろうか。

▲チャイコフスキー(1840〜93)　ロシアの作曲家チャイコフスキーは、ナポレオンのロシア遠征を題材に序曲「1812年」を作曲した。この作品では、「ラ=マルセイエーズ」がフランス軍の戦況を表現するものとして使用され、最後はロシア国歌が奏でられ、ロシアの勝利を表している。

3·4 フランスにおけるナポレオン

◀エルバ島から脱走するナポレオン　死(骸骨)に導かれ、ナポレオンとともに「不和」(怪女ゴルゴン)「争い」「悲惨」がエルバ島から脱出しようとしている(1815年)。この頃にはフランス国内のナポレオンへの支持は低下し、すでに敬遠されていたという。

◀ナポレオンの棺　セントヘレナ島で1821年に没したナポレオンの遺体は、1840年イギリスより返還された。パリに到着したその棺は旧近衛兵につきそわれて群衆の歓声を浴びながらアンヴァリッド(廃兵院)に安置されたという。不安定な情勢もあって、この頃のフランス➡p.190では、ナポレオンの業績を再評価する声が高まった。

1 環大西洋革命 →p.167 とハイチ革命

1·1 ハイチ革命 (1791〜1806年)

▶ **トゥサン＝ルヴェルチュール** (1743〜1803) 奴隷出身で「黒いジャコバン」と呼ばれる。仏領サン＝ドマング (現ハイチ) では、黒人奴隷の反乱からハイチ革命が生じ、自国植民地への波及を恐れたイギリス・スペインがこれに介入した。彼は、イギリス軍との戦いで台頭したが、ナポレオン軍に捕らえられ、1803年に獄死した。その後、ハイチの独立は彼の部下たちが達成した。

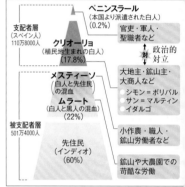

トゥサン＝ルヴェルチュールの呼びかけ (1793年)

同胞、友人諸君。私はトゥサン＝ルヴェルチュールである。…私は復讐に着手した。**私は自由と平等がサン＝ドマングに君臨することを望んでいる。**私はその実現のために働く。同胞諸君、われわれのもとに結集し、同じ大義のためにともに闘おう。
(署名)
(歴史学研究会編『世界史史料7』岩波書店より)

> **Q** フランス領サン＝ドマングの独立の動きに対し、フランス本国ではどのような認識がみられただろうか。

1·2 フランス革命中の植民地・奴隷制に対する認識

植民地の独立 (マラー『人民の友』1791年)

私の考えでは、わが植民地の住民たち自身が自由だと宣言したのであるから、**彼らがイギリスの植民地の例〔アメリカ合衆国の独立を指す〕を模倣するのをよくないと見なすのは、何という大胆なことだろうか。**また蜂起した人々〔アメリカ人のこと〕にたいしてはあれほど強く称賛しながら、同じことでわが植民地の住民を非難するとは、何というおかしな矛盾であろう。…自然法が社会の法に先行するとすれば、また人間の諸権利には時効がないとすれば、白人植民者がフランス国民にたいして有する権利を、混血の者や黒人たちも白人植民者にたいして有しているのだ。…これが、公平な立法者がいたならば、サン＝ドマングの事件について裁可をくだすさいに依拠するであろう原理である。
(河野健二編『資料 フランス革命』岩波書店より)

国民公会 2月4日の法令 (1794年)

国民公会は、すべての植民地における黒人奴隷制が廃止されることを、宣言する。したがって国民公会は、**植民地に居住するすべての人間は、肌の色の区別なしにフランス市民であり、今後、憲法により保障されたすべての権利を享受することを、布告する。**
(河野健二編『資料 フランス革命』岩波書店より)

解説 この法令の背景には、英軍のハイチ進出を防ぐため、黒人を味方につける必要もあった。この法令はナポレオンにより無効とされた。

2 中南米諸国の独立

2·1 中南米諸国の独立

▼ **シモン＝ボリバル** (1783〜1830) ベネズエラ出身のクリオーリョ。コロンビア・ベネズエラ・エクアドルをスペイン支配から解放し、大コロンビア構想を実現しようとするが、失意のうちに病死。図はベネズエラ＝ボリバル共和国の紙幣 (2021年発行、通貨単位：ボリバルデジタル)。

メキシコ 1821
メキシコ
ホンジュラス 1821
ベリーズ 1981
キューバ 1902
ハイチ 1804 … 世界初の黒人国家・奴隷制を廃止
ドミニカ共和国 1844 (ハイチからの独立年)
ジャマイカ 1962
グアテマラ 1821
ニカラグア 1821
カラカス
ベネズエラ 1819 (1830)
エルサルバドル 1821
ギアナ (英) →ガイアナ 1966
コスタリカ 1821
ギアナ (蘭) →スリナム 1975
パナマ
ギアナ (仏)
コロンビア 1819 (1830)
ボゴタ
大コロンビア共和国 (1819〜30)
キト
ポルトガル王室のペドロ1世即位・独立
エクアドル 1822 (1830)
グアヤキル
ブラジル 1822 (1889まで帝国、以後共和国)
ペルー 1821
リマ
1822 シモン＝ボリバルとサン＝マルティン会談
国名はボリバルの名にちなむ
ラパス
ボリビア 1825
リオデジャネイロ
サンパウロ
パラグアイ 1811
アスンシオン
ウルグアイ 1828
モンテビデオ
サンチアゴ
チリ 1818
ブエノスアイレス
アルゼンチン

アメリカ合衆国のセオドア＝ローズヴェルト大統領の棍棒外交によりコロンビアから独立→コロンビア、パナマ運河の建設 →p.225

太平洋

南アメリカ

0 1000km

大西洋

凡例：
- 中央アメリカ連邦 (1823〜39)
- ペルー・ボリビア国家連合 (1836〜39)
- → ボリバルの進路 (1817〜24)
- …→ サン＝マルティンの進路 (1817〜22)
- → イダルゴの進路

紫文字 ボリバルの支援で独立した国
緑文字 サン＝マルティンの支援で独立した国
水色文字 両者の支援で独立した国

独立前の宗主国：
- スペイン
- ポルトガル
- イギリス
- フランス
- オランダ
- 数字 独立年

▲ **サン＝マルティン** (1778〜1850) アルゼンチン出身のクリオーリョで、スペインで教育を受けた職業軍人。アルゼンチン・チリ・ペルーの解放に尽力するも、1822年のグアヤキルにおけるシモン＝ボリバルとの会談で見解が一致せず、のちフランスに亡命した。

シモン＝ボリバル『ジャマイカ書簡』 (1815年)

この広大な大陸の各地にわたって住んでいる原住民、アフリカ人、スペイン人、そして混血人種の諸集団からなる1500万から2000万人におよぶ住民のなかで、白人がもっとも規模の小さな集団であることは確かな事実です。しかしながら、**白人こそが知的資質を備えていることも事実で、そのおかげで白人は他の集団に劣らぬ地位を獲得し、道徳の面でも物質的な面でも、他の集団にはいずれも不可能だと思われるほどの影響力を発揮してきたのです。**…先住民と白人は全住民の5分の3を占め、これに双方の血を受けついだメスティーソ住民を加えるなら、その合計は著しい数にのぼり、結果として有色人種[1]に対する怖れは弱まることとなります。
*1 黒人をはじめとする有色人種
(歴史学研究会編『世界史史料7』岩波書店より)

2·2 社会構造 〜スペイン支配下〜 (メキシコ、1814年)

> **Q** 植民地生まれの白人 (クリオーリョ) がヨーロッパ本国から気持ちが離れた理由は何だろうか。またそれに拍車をかけたのは何の存在だろうか。

支配者層 (スペイン人) 110万8000人：
- **ペニンスラール** (本国より派遣された白人) (0.2%) — 官吏・軍人・聖職者など
- **クリオーリョ** (植民地生まれの白人) (17.8%) — 大地主・鉱山主・大商人など (シモン＝ボリバル、サン＝マルティン、イダルゴ)

政治的対立

被支配者層 501万4000人：
- **メスティーソ** (白人と先住民の混血) — 小作農・職人・鉱山労働者など
- **ムラート** (白人と黒人の混血) (22%)
- **先住民** (インディオ) (60%) — 鉱山や大農園での苛酷な労働

(高橋均『ラテンアメリカの歴史』山川出版社より作成)

クリオーリョの反発

〔植民地の白人は〕ヨーロッパ生まれの白人と、スペイン領アメリカやアジアの島々で生まれたヨーロッパ人の子孫とに区別される。…後者は「クリオーリョ」と呼ばれる。…スペイン法はすべての白人に同等の権利を認めている。しかし、…政府は、クリオーリョを信用せず、重要な地位は、もっぱらスペイン本国出身者に与えてしまう。…結果は、ヨーロッパ生まれの白人とクリオーリョの間に生じる絶え間ない嫉妬と憎しみである。…地元民はクリオーリョという名称よりもアメリカ人[1]という方を好む。ヴェルサイユの和平[2]以来、そしてとりわけ1789年[3]以来、「われわれはスペイン人ではない、アメリカ人だ」と誇りをもって語られるのをしばしば耳にするようになった。これは積年の怨恨の影響があらわになった言葉である。…法の悪用、植民地政府の不当な措置、北アメリカ連邦の事例や、当世の世論の影響によって、以前ならばクリオーリョのスペイン人をヨーロッパのスペイン人に、もっと堅く結びつけていた紐帯はゆるんでしまった。
*1 南北アメリカ大陸の住民という意味。アメリカ合衆国人に限定されない。
*2 1783年にスペイン・フランスとイギリスとの間で結ばれたアメリカ独立戦争に関する講和条約。
*3 アメリカ合衆国でワシントン大統領が就任した年。
(アレクサンダ＝フォン＝フンボルト「ヌエバ・エスパーニャ王国に関する政治試論」(1811年)、歴史学研究会編『世界史史料7』岩波書店より)

> **Q** 中南米諸国の独立に貢献したボリバルは、どのような人種意識をもっていただろうか。

3 中南米諸国の独立と欧米諸国の対応 → p.167

アメリカ独立革命・フランス革命 →1791～1806年ハイチ革命。
ナポレオン戦争による本国の動揺。1812年スペインで憲法公布、立憲君主政宣言

影響

緑文字：サン＝マルティンの支援で独立した国
紫文字：ボリバルの支援で独立した国
水色文字：両者の支援で独立した国

- 1810 メキシコでイダルゴの独立運動（～11）
- 1811 パラグアイ独立
- 1816 アルゼンチン（ラプラタ連邦）の独立
- 1818 チリ独立
- 1819 大コロンビア独立…コロンビア・ベネズエラ・エクアドルで構成
- 1821 メキシコ独立…1812年のスペイン憲法復活（1820～23年）によってクリオーリョの優位が崩れることへの不安から白人主導のメキシコ帝国樹立。のち、共和政国家へ移行
- ペルー独立
- 1822 ブラジル帝国成立
- 1823 中央アメリカ連邦成立…コスタリカ・グアテマラ・ホンジュラス・ニカラグア・エルサルバドルで構成
- 1825 ボリビア独立
- 1826 パナマ会議…ボリバル、パン＝アメリカ主義提唱
- 1828 ウルグアイ独立
- 1830 コロンビア・ベネズエラ・エクアドル分離独立

ウィーン体制➡p.180干渉
オーストリアのメッテルニヒ中心→失敗

対

イギリスのカニング外交
ラテンアメリカの市場化めざす

アメリカ合衆国のモンロー宣言（1823年）
アメリカ大陸とヨーロッパ諸国の相互不干渉

モンロー宣言（モンロー教書）（1823年）

…合衆国の権利と利益に関わる原則として、**南北アメリカ大陸は、自由と独立の地位を獲得し維持してきたのであるから、今後、いかなるヨーロッパ列強による植民地化の対象ともならないと主張する**のが、この際妥当であると判断した。…われわれは、ヨーロッパ列強自身に関わる問題をめぐる列強間の戦争には決して参加しなかったし、それはわれわれの政策にも合致しない。…神聖同盟列強の政治制度は、本質的にアメリカのそれとは異なっている。…ヨーロッパ列強がその制度をこの半球の何処かに拡大しようとする試みはすべて、われわれの平和と安全にとっての危機であるとみなすと言明することは、われわれの義務である。われわれは、現存するヨーロッパ列強の植民地や属領には干渉してこなかったし、今後も干渉しない。しかし、**独立を宣言し、維持している政府、しかも、われわれが、…その独立を承認した政府に関しては、それを抑圧することや、他の形でその運命を支配することを目的にした介入は、合衆国に対する非友好的態度の表明以外の何ものでもないと見なさざるをえない。**（歴史学研究会編『世界史史料7』岩波書店より）

3·1 ジャマイカとブラジルの砂糖の輸出量

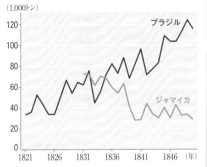

（1,000トン）

（B.R.ミッチェル編『マクミラン世界歴史統計3―南北アメリカ・大洋州篇』原書房より作成）
（東京外国語大学　2015年度より）

Q イギリスは中南米諸国との自由貿易に期待を寄せて、その独立の動きを支持していた。これに加えて、ブラジルに対しては、奴隷制の廃止を強くせまっていた。それはなぜだろうか。

カニング外相の覚書（1820年代）

　ブラジルは、合法的奴隷貿易の一大中心地です。 かの国に存続する合法的奴隷貿易を隠れ蓑に、条約と法に反するあらゆる奴隷貿易が行われています。…しかし、諸々の事情により、奴隷貿易全廃の可能性が見えてきました。千載一遇のチャンスです。…ブラジルは、今まさに動揺しています。それは、**イギリスの決断がブラジル独立の成否を左右すると考えられる**からです。しかし、もし、我々が判断を遅らせ、オーストリア皇帝が娘の要請に応えることになった[1]ら、あるいは、フランスが奴隷貿易の存続を支持し、それを支援することになったら、**イギリスが独立を認める代わりに、ブラジルは奴隷貿易を廃止するという我々の提案は、時宜を失ってしまいます。** …西インド植民地[2]を救う方法は、奴隷貿易を全廃することであり、それはブラジルに奴隷貿易を廃止させることによってしか達成できないのです。

[1]　当時、オーストリア皇帝の娘がブラジル皇帝ペドロ1世の妃であり、スペインから独立した中南米諸国は、オーストリアを中心とする神聖同盟により再植民地化を危険視していた。
[2]　イギリス領西インド植民地・なおグラフ中のジャマイカはこの植民地の一地域である。
（東京外国語大学　2015年度より）

解説 ブラジルでは、ポルトガル本国からの干渉や奴隷制廃止を強要されるのを恐れたクリオーリョらに王太子が推戴され、1822年ブラジル帝国が成立した。また、イギリスは、1807年に奴隷貿易を禁止し、のちの1833年には植民地を含めた全領土で奴隷制を廃止した。

Q モンロー大統領は、モンロー宣言のなかで何を主張しているだろうか。

4 独立後の中南米諸国

4·1 1913年頃の中南米諸国の主力輸出商品と輸出額が輸出総額に占める割合（%）

国名	第1位	比率	第2位	比率	1・2位合計
アルゼンチン	トウモロコシ	22.5	小麦	20.7	43.2
ブラジル	コーヒー	62.3	ゴム	15.9	78.2
キューバ	砂糖	72.0	タバコ	19.5	91.5
ハイチ	コーヒー	64.0	カカオ	6.8	70.8
メキシコ	銀	30.3	銅	10.3	40.6
ベネズエラ	コーヒー	52.0	カカオ	21.4	73.4

（高橋均『ラテンアメリカの歴史』山川出版社より作成）

4·2 1913年1人当たりの国民総生産
（1980年価格、推計）

国名	国民総生産	国名	国民総生産
アメリカ合衆国	3722	アルゼンチン	1770
日本	795	メキシコ	822
イタリア	1773	ブラジル	521

（単位：ドル）　（高橋均『ラテンアメリカの歴史』山川出版社より作成）

ペルーの変化

　ペルーへの黒人輸入が禁止されてからというもの、奴隷制が廃止される[1]ずっと前から、大農園での労働者不足が目立つようになりはじめていた。とりわけ、サトウキビの栽培規模拡大に取りかかろうとするときは甚しかった。…1848年政府は議会に移民促進法案を提出し、…そして、その年の末には早くも最初の中国人契約移民が上陸した。1850年から1853年の間に2516名の苦力[2]が入植し…た。1860年にいたるまでに、ペルーに向けて出発した中国人はおよそ1万5000人に達したが、そのうちおよそ1万3000人のみが〔目的地に〕到着し、他の者は途中で命を落としている。

[1]　ペルーの奴隷制度廃止は1854年。
[2]　中国人契約移民・労働者。
（エルンスト＝ミデンドルフ『ペルー』〈1893年〉、歴史学研究会編『世界史史料7』岩波書店より）

Q1 4·1・4·2から、独立後の中南米諸国の経済はどのような状況にあったといえるだろうか。
Q2 ペルーの変化の史料から、独立後の中南米諸国にどのような変化があったことがわかるだろうか。

▼1925年頃の南米への移民を募集するポスター
アメリカ合衆国での日本人移民の排斥が強まると、その代わりに南米地域への移民が奨励された。

1 ウィーン体制の成立

1·1 ウィーン議定書

フランス	▲ブルボン家の支配復活＝ルイ18世即位
スペイン	▲ブルボン家（スペイン＝ブルボン家）の支配復活
イタリア	▲ローマ教皇領回復 ▲ナポリでブルボン家の支配復活 ■サヴォイア家のサルデーニャ王国、旧領回復・ジェノヴァ獲得
ドイツ	ドイツ連邦の成立　35君主国と4自由市で構成。オーストリアが盟主
オーストリア	▽南ネーデルラント、オランダに割譲 ■ヴェネツィア・ロンバルディア・ダルマティア獲得
プロイセン	■ザクセン北半・ラインラント（ライン川左岸）など獲得 ■西ポンメルン獲得
オランダ	▽セイロン島・ケープ植民地、英に割譲 ■南ネーデルラント獲得
イギリス	■スリランカ・ケープ植民地・マルタ島（1810占領）獲得
スウェーデン	▽プロイセンに西ポンメルンを、ロシアにフィンランドを割譲 →■ノルウェー獲得
ロシア	■フィンランド（旧スウェーデン領／1809）獲得[*1]・ベッサラビア（旧オスマン帝国領／1812）獲得を承認 ※1 フィンランド大公国の公をロシア皇帝が兼任した。 ロシア皇帝、ポーランド王国の王を兼任・事実上ロシア領
スイス	局外中立（永世中立国）となることを承認される
ポルトガル	▲ブラガンサ家の支配復活

▲復活　■獲得・領土確認　▽喪失

1·2 ウィーン体制下のヨーロッパ

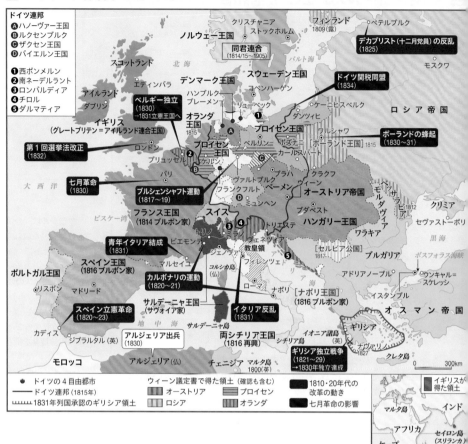

ドイツ連邦
Ⓐハノーヴァー王国
Ⓑルクセンブルク
Ⓒザクセン王国
Ⓓバイエルン王国
❶西ポンメルン
❷南ネーデルラント
❸ロンバルディア
❹チロル
❺ダルマティア

同君連合（1814/15～1905）

デカブリスト（十二月党員）の反乱（1825）

ドイツ関税同盟（1834）

ポーランドの蜂起（1830～31）

ベルギー独立（1830）→1831立憲王国へ

第1回選挙法改正（1832）

七月革命（1830）

ブルシェンシャフト運動（1817～19）

フランス王国（1814ブルボン家）

青年イタリア結成（1831）

カルボナリの運動（1820～21）

スペイン立憲革命（1820～23）

アルジェリア出兵（1830）

イタリア反乱（1831）

ギリシア独立戦争（1821～29）→1830年独立達成

● ドイツの4自由都市
— ドイツ連邦（1815年）
‖‖‖‖‖1831年列強承認のギリシア領土

ウィーン議定書で得た領土（確認も含む）
▨オーストリア　▧プロイセン
▦ロシア　▤オランダ

■1810・20年代の改革の動き
■七月革命の影響

■イギリスが得た領土

2 立憲改革の進展とウィーン体制の動揺

▲ドラクロワ「キオス島の虐殺」（1824年）　キオス島でのオスマン軍（ムハンマド＝アリーの派遣したエジプト軍→p.206）による虐殺のさまを描いたもので、「ヨーロッパの故郷」ギリシアの奪還に関して世論に影響を与えた。（パリ、ルーヴル美術館蔵）

◀バイロン（1788～1824）　『チャイルド＝ハロルドの遍歴』などで知られるイギリスのロマン派詩人で、ギリシア独立戦争に参戦し、病死した。

エルバ島より脱出したナポレオン1世

ポーランドを手にもつアレクサンドル1世（露）

プロイセン王

フランツ1世（墺）

ナポレオン2世

タレーラン（仏外相）

▲ウィーン会議（1814～15年）の風刺画
ウィーン会議における列強諸国の利害調整は難航し、舞踏会だけが盛況だったので、「会議は踊る、されど進まず」と皮肉られた。この会議では、フランスのタレーラン外相が、正統主義を主張したが、実際は現実に即した調整が図られた。

Ｑ この風刺画には、ウィーン会議のどのような現状が描かれているだろうか。

▲メッテルニヒ（1773～1859）

1·3 ウィーン体制の推移

自由主義的改革運動 → **ウィーン体制**（正統主義・保守主義）　維持

憲法制定、参政権獲得、経済活動の自由などの実現を求める動き

神聖同盟
アレクサンドル1世（露）提唱、キリスト教的正義・友愛にもとづく同盟。イギリス・ローマ教皇以外の全ヨーロッパ君主が参加。また、オスマン帝国も参加していない

四国同盟（1818～五国同盟）
英・露・墺・普の四国同盟に、1818年仏が参加して成立した軍事同盟＝列強体制へ

ナショナリズム
民族統一による国民国家樹立や、他国支配からの解放・独立を求める動き
例：イタリア・ドイツ・ポーランド・ベルギーなど

ロマン主義 →p.202
●フランス革命とナポレオンの大陸支配への批判
●啓蒙主義への反発
→民族に固有な言語・歴史文化の見直し
→個人の感情や想像力重視

社会主義 →p.183
産業革命の進展にともない、既存の社会をかえようとする動きとして特に1848年革命に影響を与えた

ウィーン体制の動揺	七月革命とその影響	1848年革命とその影響
1817～19　**ブルシェンシャフト運動（独）** └〈カールスバート決議で弾圧〉 1819 1820～21　**カルボナリの運動（伊）** └〈オーストリア軍により鎮圧〉 1820～23　**スペイン立憲革命** 1822　└〈フランス軍により鎮圧〉 1810～20年代　**中南米諸国の独立**→p.178-179 　メッテルニヒ干渉 V.S　㊤カニング外交 　　　　　　　　　　　　㊤モンロー宣言（1823） 1825　**デカブリスト（十二月党員）の反乱（露）**→p.185 └〈ニコライ1世により鎮圧〉 1821～29　**ギリシア独立運動**	1830　**ギリシアの独立** ◆**七月革命（仏）** シャルル10世の反動政治への反発からおこった →七月王政の成立 　自由主義的とされたルイ＝フィリップ（ブルボン家の分家、オルレアン家出身）が「フランス国民の王」として即位 →p.182 1830　**ベルギー独立宣言**→31 立憲王国へ 1830～31　**ポーランドの蜂起** └〈ロシア軍により鎮圧〉 1831　**イタリアにおけるカルボナリの蜂起** └〈オーストリア軍により鎮圧〉 **マッツィーニによる青年イタリアの成立**→p.192 1832　**第1回選挙法改正（英）**→p.186 1834　**ドイツ関税同盟**の発足 →p.193	1848　◆**二月革命（仏）** 選挙権拡大運動を政府が弾圧したことを機におこり、ルイ＝フィリップはイギリスへ亡命した →第二共和政へ：臨時政府成立 →4月総選挙で社会主義者大敗、六月暴動へ →p.190 →ルイ＝ナポレオン、大統領に就任 →p.190 ◆**「諸国民の春」**→p.182 **チャーティスト運動**最高潮（英）→p.186 **三月革命（ウィーン暴動）**……メッテルニヒ失脚（墺） 　コシュートの民族運動（ハンガリー）…露軍の支援で鎮圧→p.182 　スラヴ民族会議（パラツキー中心） 　ポーランド民族運動 ベルリン三月革命 **フランクフルト国民議会**（～49）→p.182 サルデーニャ王国、墺と戦う（～49）→敗北 **ローマ共和国**成立（1849）→p.192　　イタリア統合 〈仏軍により崩壊〉　　　　　　　　　　の試み、失敗

◀**マッツィーニ**（1805～72）
元カルボナリ党員だが、その組織に限界を感じて、1831年に亡命先のマルセイユで共和政統一国家イタリアの樹立をめざす「**青年イタリア**」を結成した（43年再結成）。1848年に建設されたローマ共和国では中心的役割を果たした。

ブルシェンシャフトの運動

　あの戦争から4年が経過した。ドイツの国民は美しい希望を抱いていた。だがすべての希望は無に帰してしまった。何もかもが我々が希望していたものとは違ってしまった。実現できたし、また実現しなければならなかった偉大にしてかつ輝かしい多くのものは、遂に生じなかった。神聖にして高貴な幾多の感情は嘲笑恥辱にさらされた。…〔自由のない小邦分裂国家群という〕ドイツの惨めな現状に甘んずることなく、祖国の統一と自由のために全力を尽そう。（杉浦忠夫「ウア・ブルシェンシャフト　1815-1819」『明治大学教養論集』より）

解説 この史料は、1817年ヴァルトブルクのブルシェンシャフト祭でおこなわれた演説の一部である。

Q あの戦争とは何だろうか。またブルシェンシャフトは何を主張しているだろうか。

ヨーロッパ

3 七月革命とその影響

▲ドラクロワ「民衆を導く自由の女神」（1830年）（パリ、ルーヴル美術館蔵）

七月革命と七月王政

　1830年は、本道から外れながらも仕合せであった。中途に歩を止めた革命の後にいわゆる秩序と称せられた建設のうちにあって、王は王位そのものよりもよほど優れていた。…ルイ＝フィリップは…そのやり方は旧制的だったが、その性癖は新制的であって、1830年に相応しい貴族と市民との混合だった。…平等の王侯であり、おのれのうちに王政復古と革命との矛盾をいだき、革命党の不安な一面を有するとともにそれがかえって統治者としての安定となる、そういう点にこそ、1830年におけるルイ＝フィリップの幸運はあった。

（ユーゴー著、豊島与志雄訳『レ・ミゼラブル』岩波文庫より）

解説 七月革命の結果、自由主義的とされたオルレアン家のルイ＝フィリップが即位し、七月王政が成立した。

Q この絵画では、「七月革命」はどのようなイメージで描かれているだろうか。また七月革命・七月王政の実際はどうだっただろうか。

◀**ショパン**（1810～49）
ショパンは、七月革命の影響下で生じたポーランドの民族運動弾圧の悲報を受けて、エチュード「革命」を作曲したロマン主義作曲家であり、ドラクロワとは友人関係にあった。

1 1848年のヨーロッパ

チャーティスト運動
1830年代後半〜48
ロンドン

フランクフルト
国民議会
1848-49

三月革命
1848
ベルリン　ポズナニ
ドレスデン
クラクフ
フランクフルト　プラハ
パリ　ウィーン　ブダペスト
二月革命　ヴェネツィア
1848　リヨン
トリノ
ミラノ
ローマ

三月革命
1848

ハンガリー
民族運動
1848-49

0 ── 500km　　　☟ 革命運動のおこった地

トクヴィルによる1848年1月の議会演説

　議員諸氏よ。労働者階級のなかでおこっていることに注目していただきたい。…そこでは人びとが、彼らより上層の者たちは彼らを統治する能力を失い、その資格もなくなっていると、繰り返し語っているのをお聞きにならなかっただろうか。…富の分割は正義に反するとか、所有は公正ではない基盤の上に支えられているといったことが、たえず言われているのを御存知ではないのでしょうか。そうしてこうした見解が…大衆の底辺にまで浸透していったとき、…遅かれ早かれ最も恐るべき革命が引きおこされるに違いない、ということをお信じにならないのだろうか。…
　われわれは活火山の上にいるのに眠り込んでいるのだと思う。
（喜安朗訳『フランス二月革命の日々――トクヴィル回想録』岩波書店より）

解説 トクヴィル（1805〜59）はフランスの政治家・学者である。この時期、ヨーロッパでは「大衆貧困」と呼ばれる深刻な社会状況が広がっていた。

? 1848年革命はどのような点でウィーン体制を消滅させたのだろうか。

2 七月王政と二月革命

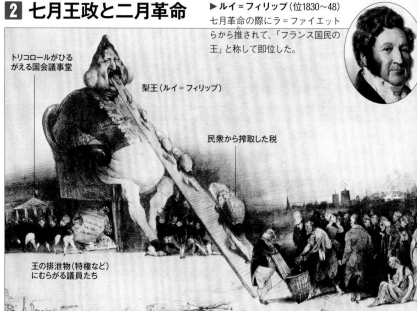

▶ ルイ＝フィリップ（位1830〜48）
七月革命の際にラ＝ファイエットらから推されて、「フランス国民の王」と称して即位した。

トリコロールがひるがえる国会議事堂

梨王（ルイ＝フィリップ）

民衆から搾取した税

王の排泄物（特権など）にむらがる議員たち

▲ ドーミエ「ガルガンチュア」（1831年）　この風刺画では、その容姿から梨王（梨はまぬけという意味もある）と呼ばれたルイ＝フィリップが、ラブレー➡p.138の小説の主人公として描かれている。1848年の二月革命により、ルイ＝フィリップはイギリスに亡命した。

Q 風刺画は、七月王政をどうみているだろうか。また、トクヴィルは、1848年のどのような社会的変動や状況を「活火山」との言葉で表現しているのだろうか。

3 諸国民の春

▼「普遍的な民主的かつ社会的な共和国─協定」（1848年）

Q フランクフルト国民議会は何をめざしたのだろうか。またパラツキーはそれに対し、どのような点を批判しているのだろうか。

パラツキー「フランクフルトへの手紙」（1848年）

　諸君の集まりの目的は、従来の「君主の連合」にかえて、「ドイツ人民の連合」を結成することにある、と表明されています。……私はスラヴ系のボヘミア人[*1]で、私が諸君の会合に参加できない…理由は、諸君の目的が、……独立した帝国としてのオーストリアの存続を危うくする、という事情によります。……起源も、言語も、歴史も、慣習も非常に異なった多くの諸民族が、ヨーロッパの南東部、ロシア帝国の国境にそって、居住していることはご存知でしょう。……そのオーストリアがなぜ、危機的瞬間にあって、嵐のなかに翻弄され、平静を失い、途方にくれているのでしょうか。なぜなら、オーストリアが不幸にも分別を失い、もうずっと以前から、その存在自体の法的、道徳的基盤をみずから見失い、否認しているからなのです。それは、オーストリアの下に統合されているすべての諸民族、すべての信仰を同じように尊重し、同じように権利を与えることです。**諸民族の権利は、真なる自然権です。……自然は、支配する民族も、隷属する民族も知りません。**

*1　ボヘミア…ベーメン（チェコ）　（歴史学研究会編『世界史史料6』岩波書店より）

Q この絵画は、1848年のどのような状況をふまえて描かれたのだろうか。

◀ コシュート（1802〜94）
1848年革命に際し、ハンガリーの独立を主張したが、ハンガリーに住む非マジャール系住民の反発やロシア軍の介入で挫折した。

▶ グリム兄弟とフランクフルト国民議会
フランクフルト国民議会（1848〜49）は、ドイツ統一と憲法制定を目的に開催され、小ドイツ主義を採用したが、プロイセン国王に拒絶され、弾圧された。ゲルマンの神話や民間伝承を収集し、『グリム童話』として集大成したグリム兄弟のうち、兄ヤーコプは、この国民議会に参加した。図は1959年に西ドイツ（ドイツ連邦共和国）で発行された切手。

解説 ベーメンのパラツキーはフランクフルト国民議会を準備する「五十人委員会」への招聘を断り、この手紙を送った。彼は、ベーメンのスラヴ系住民のドイツ国民への「同化」ではなく、諸民族が共存し、その同権を維持する枠組みとしてオーストリア帝国をとらえ直し、その連邦化を志向した。

社会主義思想の成立

1 社会主義思想の成立

空想的社会主義
- 人道的立場から改革を求める

ロバート＝オーウェン（英／1771～1858）
- ・労働組合運動指導・協同組合組織
- ・児童労働や夜間勤務の禁止をとなえる →1833年工場法（一般工場法）➡p.165に影響を与える

サン＝シモン（仏／1760～1825）
- ・アメリカ独立戦争に参加 ➡p.169
- ・労働者の職種をこえた全国的連帯と社会の主役になることを主張

ルイ＝ブラン（仏／1811～82）➡p.190
- ・第二共和政の臨時政府で活躍
- ・国立作業場やリュクサンブール委員会設置

バブーフ（仏）　ヘーゲル（独）の弁証法　イギリスの古典派経済学

無政府主義（アナーキズム）
- 国家・政府の権力を否定
- 個人の完全な自由をめざす
- 議会主義否定。労働者の直接行動を重視
- サンディカリスムに影響

プルードン（仏／1809～65）
- ・労働者の自発的結合が、将来的に国家にとってかわることで、私有財産制の不平等を和らげることができると主張

バクーニン（露／1814～76）
- ・フランスの二月革命➡p.182に参加

マルクス主義（科学的社会主義）
- 唯物史観にもとづき、資本主義社会を科学的に分析
- 階級闘争による社会の発展を主張

マルクス（独／1818～83）
- ・唯物史観と唯物弁証法大成
- ・エンゲルスと共に1848年に『共産党宣言』を発表 …土地や工場、銀行など経済の重要な要素を公有化するための社会革命の必要性を説く
- ・『資本論』（1867年第一部）著

エンゲルス（独／1820～95）

国際的な労働者の組織

第1インターナショナル（国際労働者協会1864～76年／本部：ロンドン）
- ［契機］ポーランド反乱（1863～64年）支持のために集結
- ［状況］・マルクス派とプルードン派・バクーニン派が対立
- ・パリ＝コミューン➡p.191を支持して各国政府から弾圧され、解散

第2インターナショナル（第2インター／1889～1914年/本部：パリ）
- ［背景］・欧米先進国の工業化進展→大衆的労働運動活性化
- ・社会主義運動…マルクス主義思想主流→国際的連携
- ［状況］・ドイツ社会民主党などを中心に、帝国主義や軍国主義への反対運動組織 →自国の利害から、結束崩れる
- ・8時間労働制などの労働条件改善を訴える
- ・参加組織＝国ごとに1つの政党限定
- ・第1回メーデーを指導
- ・バーゼル臨時大会（1912年）で反戦を決議するも、第一次世界大戦で各国社会主義政党が自国の政治政策を支持し、崩壊

19世紀末～20世紀の社会主義路線

19世紀末～　サンディカリスム（仏）➡p.220

革命路線

ドイツ社会民主党（SPD、独）➡p.194
- ・ラサール派（全ドイツ労働者協会）とマルクス主義のアイゼナハ派（社会民主労働者党）が1875年に合同してドイツ社会主義労働者党結成
- ・ドイツ社会主義労働者党が1890年、ドイツ社会民主党に改称 ←1890年、社会主義者鎮圧法➡p.194の廃止
- ・第2インターナショナルで中心的役割を果たす
- ・**ベルンシュタインが主張した修正主義（議会主義による社会改革）が支持を広げる**

ロシア社会民主労働党（露）➡p.234
- ・1898年に結成・マルクス主義を掲げる →ボリシェヴィキとメンシェヴィキに分裂

議会路線

労働党（英）➡p.220
- ・フェビアン協会や労働組合が労働者主体の政党を求め、1900年に労働代表委員会結成
- ・労働代表委員会が1906年に改称して成立
- ・1924年にマクドナルド内閣（労働党・自由党連立内閣）が成立

フランス社会党（仏）➡p.220
- ・フランスの社会主義諸党派の結合をめぐる論争がまとまり、1905年に結成

2 社会主義者

◀**ロバート＝オーウェン**　経営するニューラナークの紡績工場で、工場労働者の福祉向上につとめる。1833年の**工場法**（一般工場法）➡p.165、186には、彼が主張していた工場へ立ち入り検査をおこなう工場監督官の設置が定められた。

◀**プルードン**　フランスの社会主義者プルードンは、私有財産を否定し、「財産とは何か。窃盗（せっとう）である」と主張して注目された。

Q このなかでマルクスやエンゲルスは何を主張しているだろうか。

『共産党宣言』（1848年）

ヨーロッパに幽霊が出る――共産主義という幽霊である。ふるいヨーロッパのすべての強国は、この幽霊を退治しようとして神聖な同盟を結んでいる、…**今日までのあらゆる社会の歴史は、階級闘争の歴史である。**…工業の進歩の無意志無抵抗な担い手はブルジョア階級であるが、この進歩は、競争による労働者の孤立化の代りに、結合による労働者の革命的団体を作り出す。…共産主義者は、これまでのいっさいの社会秩序を強力的に転覆することによってのみ自己の目的が達成されることを公然と宣言する。支配階級よ、共産主義革命のまえにおののくがいい。**プロレタリアは、革命においてくさりのほか失うべきものをもたない。**かれらが獲得するものは世界である。

万国のプロレタリア団結せよ！

（マルクス・エンゲルス共著、大内兵衛・向坂逸郎訳『共産党宣言』岩波文庫より）

▶マルクス

3 国際的な労働者の組織 ―インターナショナル

第1インターナショナルの規約（1864年）

…労働者階級解放のための闘争は、…平等の権利と義務のため、また**あらゆる階級支配の廃止のための闘争**を意味すること、…**労働者階級の経済的解放が大目的**であり、あらゆる政治運動は手段としてこの目的に従属すべきものであること、これまでこの大目的のためにはらわれた努力はすべて、**それぞれの国のさまざまな労働部門のあいだに連帯がなく、またさまざまな国々の労働者階級のあいだに兄弟的同盟のきずながなかったために失敗したこと**…

（歴史学研究会編『世界史史料6』岩波書店より）

▲**第2インターナショナルにおけるメーデーへの呼びかけ**（1894年）

4 修正主義

Q ベルンシュタインは何を主張しているだろうか。

ベルンシュタインの修正主義

民主主義は、手段であると同時に目的でもある。それは、社会主義を闘いとるための手段であり、また社会主義の実現形態である。…それとも、ありとあらゆるところで社会民主党の代表者たちが実際には、およそ独裁とは相容れない議会活動、数に応じた国民代表、国民立法というものに基礎をおいている時代に、たとえばプロレタリアートの独裁という決まり文句を固持することに意味はあるのか。その決まり文句は、今日では時代遅れになっているので、それと現実とを一致させるには、独裁という言葉からその実際上の意味を剝奪し、それに何らかの薄められた意味を与えることしかない。

（『社会主義の諸前提と社会民主党の任務』〈1899年〉、歴史学研究会編『世界史史料6』岩波書店より）

▲**ベルンシュタイン**（1850～1932）　19世紀末からマルクス主義の修正を主張し、ドイツ社会民主党主流派から修正主義と非難された。だが、その主張が大勢となり、**ドイツ社会民主党**は議会路線をとるようになった。➡p.222

1 19世紀のロシア

〈ロシアの状況〉
国内＝ツァーリズム（ツァーリと呼ばれる皇帝の専制体制）と農奴制が強固
対外＝南下政策　　西アジア・中央アジア・極東進出　　不凍港の獲得めざす

ヨーロッパ	対外関係	国内情勢

東方問題　白ヌキ文字は交戦国

アレクサンドル1世（位1801〜25）	1805 **アウステルリッツの戦い（三帝会戦）**……ナポレオン1世に敗北	**アレクサンドル1世**（位1801〜25）
	1809 スウェーデンよりフィンランドを獲得（フィンランド大公国の大公をロシア皇帝が兼任）	
1821 **ギリシア独立戦争**（〜29）➡p.180　ギリシア→★←オスマン帝国／英仏露／エジプト	1812 ナポレオンのロシア遠征➡p.177	
	1813 ゴレスタン条約……イランよりアゼルバイジャンなど獲得	
	1814 **ウィーン会議参加**（〜15）➡p.180……フィンランド（旧スウェーデン領／1809）獲得・ベッサラビア（旧オスマン帝国領／1812）獲得を承認　ポーランド王国の王をロシア皇帝が兼任　神聖同盟提唱・四国同盟参加➡p.181	▲アレクサンドル1世
	1821 アラスカ領有	

1829 **アドリアノープル条約**　ギリシア独立承認　黒海とダーダネルス・ボスフォラス両海峡の自由航行権承認	1828 **トルコマンチャーイ条約**➡p.206……ガージャール朝（イラン）より、南カフカス（南コーカサス）の領土を獲得　ガージャール朝、関税自主権失う　ロシア、治外法権を認められる	デカブリスト（十二月党員）の乱 1825…首都ペテルブルクで、皇帝専制の打破と農奴制の廃止などを求めて青年貴族将校らが蜂起するも、ニコライ1世に鎮圧される
1831 **第1次エジプト＝トルコ戦争**（〜33）➡p.206　エジプト→★←オスマン帝国／英仏墺／露		ポーランドの蜂起 1830〜31…その鎮圧の悲報を受けて、ポーランド出身のロマン派作曲家ショパンはエチュード「革命」を作曲した➡p.181
1833 キュタヒヤ条約……エジプトのシリア獲得承認		
1833 **ウンキャル＝スケレッシ条約**（ロシア・オスマン帝国秘密協定）　ロシア以外の軍艦の両海峡航行禁止	◀ニコライ1世　アレクサンドル1世の弟で、国内ではツァーリズムを強行し、ギリシアの独立支援やポーランド反乱の断圧などをおこなった。	
1839 **第2次エジプト＝トルコ戦争**（〜40）　エジプト→★←オスマン帝国／仏／英露普墺		
1840 ロンドン会議→ロンドン条約　ムハンマド＝アリー➡p.206、エジプト・スーダンの総督職を世襲することが認められる　→1841 **海峡協定**　外国軍艦の両海峡航行禁止→ロシアの南下阻止	1847 ムラヴィヨフ、東シベリア総督就任	
アレクサンドル2世（位1855〜81） 1853 **クリミア戦争**（〜56）　露→★←オスマン帝国／英仏サルデーニャ	1854 日露和親条約（露暦1855）	▲ムラヴィヨフ（1809〜81）
1856 **パリ条約**　オスマン帝国の独立と領土保全、ドナウ川航行の自由、黒海の中立化、外国軍艦の両海峡航行禁止確認（ロンドン条約確認）	1858 **アイグン条約**……黒竜江以北をロシア領とする。ウスリー川以東（沿海州）は雑居地➡p.214	
1877 **ロシア＝トルコ戦争**（〜78）➡p.206　露→★←オスマン帝国	1860 **北京条約**……沿海州、ロシア領となる➡p.214	**農奴解放令** 1861
1878 **サン＝ステファノ条約**➡p.206、221　セルビア・モンテネグロ・ルーマニアの独立　ブルガリア自治公国（大ブルガリア）の成立（ロシアの保護）	1860〜 ウラジヴォストーク建設開始➡p.214	
	1860年代 ウズベク3ハン国を支配下へ（〜70年代）　ブハラ＝ハン国（1868年保護国化）　ヒヴァ＝ハン国（1873年保護国化）　コーカンド＝ハン国（1876年併合）	ポーランド反乱➡p.183 1863〜64　→アレクサンドル2世の反動化
1878 ベルリン会議→ベルリン条約➡p.206　セルビア・モンテネグロ・ルーマニアの独立　ブルガリアの領土縮小（オスマン帝国内自治国）　英、キプロス島の占領と行政権獲得　墺、ボスニア・ヘルツェゴヴィナの占領と行政権獲得　→南下政策挫折	1867 アラスカをアメリカ合衆国へ売却➡p.196	ナロードニキ運動の高揚 1870年代「ヴ＝ナロード」の標語をかかげる
	1873 三帝同盟に参加（〜78／81〜87）➡p.194	挫折
	1875 樺太・千島交換条約➡p.214	テロリズム　ニヒリズム　アナーキズム
	1881 イリ条約➡p.214	アレクサンドル2世暗殺 1881
━ **アレクサンドル3世**（位1881〜94）	1887 再保障条約（〜90）➡p.194	
	1894 露仏同盟➡p.221	シベリア鉄道着工 1891

緑字は極東進出　青字は国内情勢

2 クリミア戦争

▲**ダーダネルス・ボスフォラス両海峡**　ヨーロッパとアジアの境目の1つであるこの両海峡の自由航行を確保することは、不凍港の獲得をめざす19世紀ロシアの南下政策に重要な意味をもった。写真はボスフォラス海峡。

◀**ナイティンゲール**（英／1820〜1910）　裕福な家庭出身の看護師で、クリミア戦争では34名の看護師とともに野戦病院で傷病兵の看護に活躍し、国際赤十字運動➡p.192などに影響を与えた。

◀**クリミア戦争**（セヴァストーポリの戦い）　クリミア半島に位置するロシアの軍港**セヴァストーポリ**をめぐる戦いは、英仏艦隊の激しい攻撃にさらされ、1855年に陥落した。

▶**トルストイ**（露／1828〜1910）➡p.202　クリミア戦争に従軍。のちに、ナポレオン戦争期のロシア貴族の姿を描いた『戦争と平和』（1869年）や、『アンナ＝カレーニナ』（1877年）を著した。その思想はガンディー➡p.246にも影響を与えた。

ヨーロッパ

2·1 クリミア戦争（1853～56年）時のバルカン半島情勢

凡例
クリミア戦争（1853～56）時の英仏連合軍
クリミア戦争開始時のロシアの勢力範囲

海峡協定（1841）外国軍艦の両海峡航行禁止

解説 イェルサレム聖地管理権問題などを要因におこったクリミア戦争（1853～56年）でロシアは敗北した。パリ条約（1856年）で、黒海の中立化が定められた。また、ロンドン会議（1840年）の取り決めが再確認され、ロシアの黒海周辺における南下政策は挫折した。

2·2 ロシアの南下政策の挫折（1878年）

凡例
サン＝ステファノ講和条約（1878年）によるブルガリアの境界
サン＝ステファノ講和条約で独立が認められた国家
東ルメリア（1885年ブルガリアが東ルメリア自治州を併合）

1878年オーストリアが占領、行政権を得る→1908年併合

1878年イギリスが占領、行政権を得る

解説 セルビア・モンテネグロ・ブルガリアなどの地は南スラヴ系民族が多く、ロシアはこうした地域のスラヴ民族運動を利用して、バルカン半島への南下をはかった（パン＝スラヴ主義）。ロシア＝トルコ戦争（1877～1878年）→p.206のサン＝ステファノ条約で、セルビア・モンテネグロ・ルーマニアの独立や、エーゲ海におよぶブルガリア自治公国（大ブルガリア）をロシアの保護下におくことが認められた。これにより一時、ロシアの南下政策は成功したかにみえたが、1878年のベルリン会議→p.194で挫折した。

3 ロシアの改革

プーシキンとデカブリスト

デカブリストに多くの友人をもち、詩「自由」に「おお皇帝たちよ　いまこそ学べ　刑罰もむくいも　くらきひとやも　また祭壇もたよるべき守りとはならぬ。　ゆるぎなき法の守りのもとに　さきがけておのが頭をたれよ　民の自由とやすいこそが　帝座のながきまもりとなろう」（金子幸彦訳『プーシキン詩集』岩波文庫より抜粋）とうたったプーシキンは思想的にもデカブリストに近く、彼らに影響を与えた。デカブリストの乱後、ニコライ1世と会見したプーシキンは、反乱がおきた日にペテルブルクにいたらどうしたかとの皇帝の問いに、反乱に参加しただろうと回答したという。その後、彼の作品はきびしい検閲にあい、『ボリス＝ゴドゥノフ』なども発表できなかった。→p.202

▲プーシキン（1799～1837）

▲レーピン（1844～1930）「**ヴォルガの船曳き**」　ヴォルガの大自然を背景に、非人間的で過酷な労働にあえぐ船曳きたちの姿が描かれ、またその後方には蒸気船がみられる。（サンクトペテルブルク、ロシア美術館蔵）

Q この絵画からは、19世紀後半のロシア社会のどのような状況が感じられるだろうか。

農奴解放令（1861年）

新しい規定により、農奴は、自由な農村住民としての完全な権利を、適時に受け取ることとなる。

農民は、土地買戻しにより、地主への義務負担から解放され、まさしく、自由な土地所有農民の身分となる。

Ⅰの17　農奴的隷属から離脱した農民たちは、経済問題に関しては、**村落団体**[*1]を構成し、身近な行政、裁判のためには、郷ごとに組織される。

Ⅱの35　農民の恒久的利用に委ねられた宅地および分与耕地を自己所有にうつす場合は、その地主の要求により、**村落団体**全体がおこなうこと。

[*1] ミールのことをさす。
（江上波夫監修『新訳世界史史料・名言集』山川出版社より）

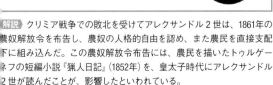
▶トゥルゲーネフ（1818～83）→p.202

解説 クリミア戦争での敗北を受けてアレクサンドル2世は、1861年の農奴解放令を布告し、農奴の人格的自由を認め、また農民を直接支配下に組み込んだ。この農奴解放令布告には、農民を描いたトゥルゲーネフの短編小説『猟人日記』（1852年）を、皇太子時代にアレクサンドル2世が読んだことが、影響したといわれている。

ナロードニキ

数千のロシアの青年たちの標語は、「ヴ＝ナロード（人民の中へ）」であった。1860～65年の間には、ほとんどすべての富裕な家庭では、古い伝統を維持しようとする父と、自身の理想に従って生活をする権利を主張する子の間に、激しい争闘が行われていた。青年たちは軍務・帳場・工場を去って、大学のある町に群がっていった。…

ロシアのあらゆる町に、ペテルスブルクのあらゆる地区に、教養と教育のための小団体が設けられた。…朗読と討論のすべての目的は、どうすればかれらは民衆のためになるか？　という目前におこっている大問題の解決にあった。そして、しだいにかれらは、それを解決するただ一つの方法は、民衆のなかに入り、民衆の生活をするにあるということを決めていった。

（クロポトキン著、藤本良造訳『一革命家の思い出』角川書店より）

▲レーピン「おもいがけなく」（モスクワ、トレチャコフ美術館蔵）

Q ナロードニキはどのような社会階層の出身者だったろうか。

解説 「おもいがけなく」は、ナロードニキと思しき革命家が、おそらく大赦などにより自宅に戻った姿が描かれており、室内右壁には、暗殺されたアレクサンドル2世の姿が描かれた絵が飾られている。農村共同体を基盤にすれば社会主義改革が可能と考えたナロードニキらの呼びかけに農民たちは応じず、ナロードニキの一部は要人殺害で専制を打倒しようとした。

◀アレクサンドル2世の暗殺（1881年）　アレクサンドル2世は、地方自治や教育改革などの近代化改革を実施したが、急進化したナロードニキの一派による爆弾テロで暗殺された。

1 19世紀のイギリス(パクス゠ブリタニカ)

国内状況	対外政策
1801 アイルランドと国家合同 → グレートブリテン゠アイルランド連合王国成立	
1807 奴隷貿易禁止	
1811 ラダイト運動(~17)	1812 アメリカ゠イギリス戦争(~14)⇒p.196
1813 東インド会社、対インド貿易独占権廃止	1815 ウィーン議定書でケープ植民地・セイロン島など獲得⇒p.180
1815 穀物法	●中南米諸国の独立運動を自由貿易に期待して支援
1824 団結禁止法廃止	
1828 審査法廃止⇒p.145	1827 ギリシア独立戦争⇒p.180に介入
1829 カトリック教徒解放法(オコンネルらの尽力)	
グレー内閣(ホイッグ党/1830~34)	1832年以前は年収40ポンド以上の土地所有者が有権者で、地主に有利であった
1832 第1回選挙法改正	●パーマストン外相活躍(1830~41)
1833 奴隷制度廃止 工場法(一般工場法)⇒p.165	1833 第1次エジプト゠トルコ戦争(1831~33)⇒p.184に干渉
1833 東インド会社、商業活動停止	
1833 東インド会社、対中国貿易独占権廃止(1834実施)⇒p.212	
ヴィクトリア女王(位1837~1901)	
1838 チャーティスト運動(~48)	●第2次エジプト゠トルコ戦争(1839~40)⇒p.184に干渉→1840 ロンドン会議
1839 反穀物法同盟結成	
1846 穀物法廃止(ピール内閣)	1840 アヘン戦争(~42)⇒p.213
1848 公衆衛生法	
1849 航海法廃止⇒p.156	1854 クリミア戦争参戦⇒p.184
1851 ロンドンで世界初の万国博覧会開催⇒p.188	1856 第2次アヘン戦争(アロー戦争)(~60)⇒p.213
1858 東インド会社解散	1857 シパーヒーの大反乱(~59)⇒p.208→1858 インド直轄領化
第3次ダービー内閣(保/1866~68)	
1867 第2回選挙法改正	1867 カナダ自治領
第1次グラッドストン内閣(自/1868~74)	
1870 アイルランド土地法 教育法	
1871 労働組合法	
第2次ディズレーリ内閣(保/1874~80)	
	1875 スエズ運河会社の株買収⇒p.206
	1877 インド帝国成立⇒p.208
	1878 ベルリン会議でキプロス島の占領と行政権獲得⇒p.185
	1878 第2次アフガン戦争(~80)→アフガニスタン保護国化
第2次グラッドストン内閣(自/1880~85)	
1881 アイルランド土地法改定	1881 ウラービー運動(~82)⇒p.206→82 英、エジプト占領
1884 第3回選挙法改正	
1884 フェビアン協会結成⇒p.183	1881 マフディー運動(~98)⇒p.206→85 ゴードン戦死
1885 アイルランド土地法改定	
	1886 ビルマ、インド帝国に併合
第3次グラッドストン内閣(自/1886)	
1886 アイルランド自治法案否決	
第4次グラッドストン内閣(自/1892~94)	
1893 アイルランド自治法案否決	

黒太文字：選挙法改正　黒太文字：自由主義的改革　保：保守党　自：自由党

ヴィクトリア女王

　ヴィクトリア女王の在位期間は、パクス゠ブリタニカと呼ばれるイギリスの繁栄期にあたる。女王は、ザクセン゠コーブルク公爵家のアルバート公と結婚し、4男5女をもうけた。アルバート公は女王を様々な面で支え、1851年のロンドン万博⇒p.188では総裁を務めた。女王は、クリスマスツリーなど、アルバート公の故郷の風習を家庭に取り入れたという。女王一家の家族団欒の姿や勤勉かつ道徳的な生活ぶりは、この時代の家族像に大きな影響を与えた。

　女王は、婚姻を通じて、ヨーロッパ王室のゴットマザーとなった。ドイツ皇帝ヴィルヘルム2世(長女の子)やロシア皇后アレクサンドラ(ニコライ2世妃・次女の子)はヴィクトリア女王の孫にあたる。

▲ヴィクトリア女王(位1837~1901)

アルバート公

▶クリスマスを祝う女王一家

ヴィクトリア女王

子どもたち

2 イギリスの自由主義的改革

2.1 イギリスの選挙法改正

	内閣(政党)	概要	有権者比
第1回(1832)	グレー(ホイッグ党)	参政権を産業革命で成長したブルジョワに拡大 腐敗選挙区の廃止(144議席再配分)	3%→4.5%
第2回(1867)	ダービー(保守党)	参政権を小市民・都市労働者に拡大 選挙区改正(46議席再配分)	9%
第3回(1884)	グラッドストン(自由党)	参政権を農村・炭鉱労働者に拡大 小選挙区制採用・秘密投票制確立	19%
第4回(1918)	ロイド゠ジョージ(自由党/挙国一致内閣)	男性普通選挙権(21歳以上) 女性普通選挙権(30歳以上)	46%
第5回(1928)	ボールドウィン(保守党)	21歳以上の男女普通選挙権	62%
第6回(1969)	ウィルソン(労働党)	18歳以上の男女普通選挙権	71%

2.2 チャーティスト運動

Q チャーティストたちの請願内容はどのようなものだろうか。

チャーティストの請願(1842年)

　あなたがた現議会は、人民によって選出されたものではなく、その行動は人民に責任を負わない。そしてこれまで、多くの者の苦しみや苦情や請願を無視し、ただ党派を代表するのみで、少数の者の利益をはかってきた。…

　それゆえ、請願者たちは、憲制上の正しい権利を行使して、あなたがた議会が、われわれの不満とする多くのみにくい、明らかな悪を正すことを要求し、また、**成年男子の代議士選挙権、無記名投票、議会の毎年召集、議員の財産資格制限廃止、議員への歳費支払い、平等選挙区、を含む『人民憲章』と名づけられる文書**を、変更・削除・追加なしにただちに法として定めることを要求する。

(江上波夫監修『新訳世界史史料・名言集』山川出版社より)

2.3 穀物法の廃止

反穀物法同盟の結成(1839年)

　1. …本集会は、…重要大産業の繁栄は…穀物または外国の他の生産物との交換を制し、またはこれに干渉する諸法律[1]の運用により焦眉の危機の中にあり、かくわが国の貿易を制限し、かつ…食品の価格を人為的に引上げているということを彼らの確信なりと厳かに宣すること。

[1] 地主階級が大多数の議会が制定した穀物法(1815年)などのこと。

(木村尚三郎監修『世界史資料　下』東京法令出版より)

Q 穀物法はどのような法律だろうか。またその廃止を支持したのはどのような人々だろうか。

▶「ピールの安価なパン屋、1846年1月22日開業」(『PUNCH』1846年)

再びパンの大幅値下げ

国会通り

このお店はイギリス国民に安いパンを提供し

PARLIAMENT STREET

R.PEEL. BAKER

DOWN AGAIN GREAT FALL IN BREAD

THIS SHOP WILL OPEN TO SUPPLY THE BRITISH PUBLIC WITH CHEAP BREAD

NO CONNECTION WITH A PERSON OF THE NAME OF RUSSELL

ピール首相(保守党)

3 イギリスの政党政治

Q ディズレーリ（保守党／左）とグラッドストン（自由党／中央）のパンチ氏（右）へのセリフから、それぞれの政策の特色の違いを考えてみよう。

▲「劇場総支配人の部屋にて」（『PUNCH』1874年）

パンチ：脚本家諸君、今シーズンは何でヒットさせようか？
グラッドストン：うんと真面目なハラハラドキドキにしようと思う。
ディズレーリ：ドタバタ喜劇のいいアイディアがあるんだが、まだ筋書きが決まっていないんだ。

5 「世界の銀行」イギリス

― イングランド銀行　　― 王立証券取引所

▲ロンドンのシティ　イギリスは、世界各地への投資からの利益や、海運・保険などのサービスからの収入で「世界の銀行」として優位を保ち、イギリスの通貨ポンドが世界の基軸通貨として用いられた。

4 イギリスの対外進出

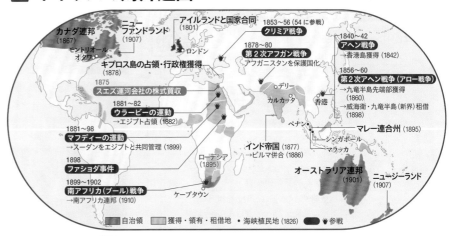

カナダ連邦（1867）
モントリオール　オタワ
ニューファンドランド（1907）
アイルランドと国家合同（1801）
ロンドン
クリミア戦争（1853〜56（54に参戦））
1878〜80　第2次アフガン戦争
アフガニスタンを保護国化
1840〜42　アヘン戦争
→香港島獲得（1842）
1856〜60　第2次アヘン戦争（アロー戦争）
→九竜半島先端部獲得（1860）
→威海衛・九竜半島（新界）租借（1898）
キプロス島の占領・行政権獲得（1878）
スエズ運河会社の株式買収（1875）
1881〜82　ウラービーの運動
→エジプト占領（1882）
1881〜98　マフディーの運動
→スーダンをエジプトと共同管理（1899）
1898　ファショダ事件
1899〜1902　南アフリカ（ブール）戦争
→南アフリカ連邦（1910）
デリー
カルカッタ
香港
ペナン
マレー連合州（1895）
シンガポール
マラッカ
インド帝国（1877）
→ビルマ併合（1886）
ローデシア（1895）
ケープタウン
オーストラリア連邦（1901）
ニュージーランド（1907）

自治領　　獲得・領有・租借地　　海峡植民地（1826）　　参戦

Q この風刺画の中で清を表す人物を探してみよう。またなぜその人物はそのような姿で表現されているのだろうか、考えてみよう。

▲女王の新しい冠（『PUNCH』1876年）

Q ディズレーリ（左）がヴィクトリア女王に新しい冠を渡しているこの風刺画は、どのようなできごとを表しているだろうか。

▼1851年の大ダービー　水晶宮（クリスタル＝パレス）➡p.188の前で、その設計者パクストンらを先頭にダービーが繰り広げられている。

ヨーロッパ

6 アイルランド問題―喉（のど）にささった骨

6·1 アイルランドの歴史
青文字：おもなイギリスの政策　赤文字：おもなアイルランドの状況

5世紀	聖パトリックのキリスト教布教
12世紀	ヘンリ2世（英）のアイルランド侵攻
1649	**クロムウェル（英）の征服**➡p.145
1691	ウィリアム3世（英）による制圧
1798	ユナイテッド＝アイリッシュメンの蜂起
1801	**英、アイルランドと国家合同** **→連合王国成立**➡p.145
1828	審査法廃止
1829	**カトリック教徒解放法成立** （オコンネルらの尽力）
1830年代	アイルランド人の小作人化進む
1845 〜49	**ジャガイモ飢饉** →人口の約25％に達する死者と難民が生じる。難民の多くはアメリカ合衆国へ移民➡p.201
1848	青年アイルランド党の武装蜂起
1850年代	3F運動がおこなわれる
1870	アイルランド土地法成立→アイルランド人の小作権保障
1880	ボイコット事件（領地管理人ボイコット大尉排撃、boycottの語源）

1881	アイルランド土地法改定 →アイルランド人の土地購入権認可
1885	アイルランド土地法改定
1886	**アイルランド自治法案否決**
19世紀末	アイルランド国民党成立
1905	**シン＝フェイン党結成**
1914	**アイルランド自治法成立** （アスキス内閣） →第一次世界大戦を理由に実施延期
1916	イースター蜂起 シン＝フェイン党がその後、独立への動きを主導
1922	**アイルランド自由国成立**
1937	エールに改称（英連邦内独立国）
1949	**アイルランド成立**（英連邦離脱）
1969〜	IRA（アイルランド共和軍）のテロ活動活発化 （94年停止宣言）
1998	北アイルランド和平合意

6·2 イギリスとアイルランド

グレートブリテン＝北アイルランド連合王国（現イギリス）
アイルランド

イングランド・スコットランドより、プロテスタント系住民が入植
北アイルランド（アルスター）
ベルファスト
ケルト系
スコットランド
エディンバラ
大西洋
北海
●アングロ＝サクソン系イングランド人
●イギリス国教会などプロテスタント
ダブリン
マン島
アイルランド（エール）
ウェールズ
イングランド
ロンドン
●ケルト系アイルランド人
●カトリック
ケルト系

▶アイルランド自治法案　ブリタニカ女神がわかれ道（左には地方自治、右には永久の圧政とある）に立ち、自治法案のオリーヴの葉をもつグラッドストン（左／自由党）と手かせをもつソールズベリ（右／保守党）に意見を聞いている。

ヨーロッパ

1 万国博覧会と世界の一体化

1・1 19世紀後半のおもな万国博覧会

詳しくみる

国立国会図書館「博覧会 近代技術の展示場」

1851	ロンドン	水晶宮を会場に初開催
1855	パリ	ナポレオン3世➡p.190の国威発揚
1862	ロンドン	江戸幕府の遣欧使節が視察
1867	パリ	日本（幕府・薩摩藩・佐賀藩）初参加 ジャポニスムの契機の1つになる➡p.203
1873	ウィーン	明治政府、公式参加。岩倉使節団が見学
1876	フィラデルフィア	アメリカ建国100周年記念 ベルの電話が展示される➡p.189、204
1889	パリ	フランス革命100周年記念 エッフェル塔建設➡p.191
1900	パリ	電気館・動く歩道など電気を利用 アール＝ヌーヴォーが注目される➡p.203

▲ブリタニカ女神、産業夫妻を招待する（『PUNCH』1851年）

1・3 パリ万博（1867年）とジャポニスム

▲パリ万博に江戸商人の清水卯三郎が出した日本風の茶店　ナポレオン3世➡p.190治世下のフランスで1867年に開催されたパリ万博は、**ジャポニスム**➡p.203隆盛の契機の1つともなった。檜造りの茶店と3人の芸者（江戸柳橋松葉屋のかね、すみ、さと）は大評判となり、連日大勢の見学人が押しかけた。（東京大学総合図書館蔵）

▶**板垣退助が購入したルイ＝ヴィトン社のトランク**
パリ万博で銅賞を受賞したのが、個人旅行流行の趨勢に乗ってトランクを製造していたルイ＝ヴィトン社である。1889年のパリ万博では、ダミエというデザインを用いて金賞を受賞した。

1・2 ロンドン万博とトマス＝クック

▶トマス＝クックの万博ツアー広告

◀▼クリスタル＝パレスの外観とロンドン万博の開会式

THE WONDER OF 1851
FROM YORK
TO LONDON AND BACK FOR A CROWN.
THE MIDLAND RAILWAY COMPANY
TWO TRAINS DAILY
FOR THE GREAT EXHIBITION,
Without any Advance of Paymen

Q 世界初の万博がロンドンで開催されたことは、イギリスにとってどのような意義があっただろうか。

解説 1851年にヴィクトリア女王の夫アルバート公を総裁に世界初の万国博覧会がロンドンで開催された。会場となったクリスタル＝パレス（水晶宮）は、パクストンの設計によるもので、29万3655枚のガラスや鉄鋼が使用されるなど、イギリスの工業力・経済力を反映させたものであった。パクストンから客集めの依頼を受けたトマス＝クック（1800～92）は、鉄道切符・宿泊・万博入場チケットをあわせた安価なパック団体旅行を売り出した。ロンドン万博の会期中の入場者は600万人をこえたが、トマス＝クックはそのうち約2.75％にあたる約16万5000人を送りこんだ。

2 交通の発達による世界の一体化

▼「世界一周旅行」（1891年

2・1 スエズ運河開通による航路ごとの距離

航路	ケープ岬経由	スエズ運河経由	短縮率
ロンドン・ボンベイ	10,667	6,274	41%
ロンドン・カルカッタ	11,900	8,083	32%
ロンドン・シンガポール	11,740	8,362	29%
ロンドン・香港	13,180	9,799	26%
ロンドン・シドニー	12,690	12,145	4%

（宮崎犀一ほか編『近代国際経済要覧』東京大学出版会より作成）

Q どのような交通手段が、19世紀後半には発達しただろうか。

Q スエズ運河の建設は、世界を結びつけるのにどのような効果があっただろうか。

2·2 世界一周の行路

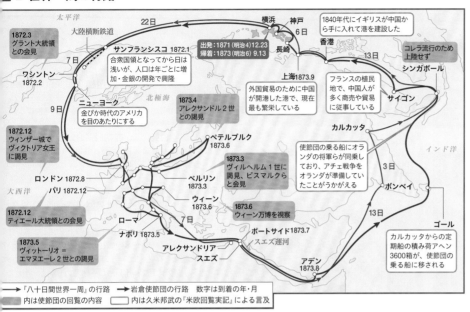

地図中の記載：
- 太平洋
- 北極海
- 大陸横断鉄道
- 横浜 22日　神戸 6日
- 1840年代にイギリスが中国から手に入れて港を建設した
- 香港 13日
- 長崎
- コレラ流行のため上陸せず
- シンガポール
- 1872.3 グラント大統領との会見
- サンフランシスコ 1872.1 合衆国領となってから日は浅いが、人口は年ごとに増加・金銀の開発で興隆
- 出発：1871（明治4）12.23　帰着：1873（明治6）9.13
- ワシントン 1872.2　7日
- ニューヨーク 金ぴかの時代のアメリカを目のあたりにする　9日
- 上海 1873.9 外国貿易のために中国が開港した港で、現在最も繁栄している
- フランスの植民地で、中国人が多く商売や貿易に従事している
- サイゴン
- 1873.4 アレクサンドル2世との謁見
- 1872.12 ウィンザー城でヴィクトリア女王に謁見
- ペテルブルク 1873.6
- カルカッタ
- インド洋
- 1873.3 ヴィルヘルム1世に謁見、ビスマルクらと会見
- 使節団の乗る船にオランダの将軍らが同乗しており、アチェ戦争をオランダが準備していたことがうかがえる
- ロンドン 1872.8　パリ 1872.12
- ベルリン 1873.3
- ウィーン 1873.6
- 3日
- ボンベイ
- 大西洋
- 1872.12 ティエール大統領との会見
- ローマ
- ナポリ 1873.5
- 1873.6 ウィーン万博を視察
- 13日
- ゴール
- 1873.5 ヴィットーリオ=エマヌエーレ2世との謁見
- アレクサンドリア　スエズ
- ポートサイド 1873.7　スエズ運河
- アデン 1873.8
- カルカッタからの定期船の積み荷アヘン3600箱が、使節団の乗る船に移される

凡例：
→ 『八十間世界一周』の行路　→ 岩倉使節団の行路　数字は到着の年・月
□ 内は使節団の回覧の内容　□ 内は久米邦武の「米欧回覧実記」による言及

山口尚芳　木戸孝允　岩倉具視　伊藤博文　大久保利通

▲**岩倉具視遣欧米使節団**（1871～73年）　岩倉具視（1825～83）を特命全権大使とし、木戸孝允・伊藤博文・大久保利通らを中心とする明治政府の使節団は約1年10カ月かけてアメリカ・ヨーロッパを巡回した。

❓ 岩倉使節団は19世紀につくられたどのような交通手段や交通路を利用しただろうか。

❓ フィリアス=フォッグ氏は約束の時間より5分遅れた午後8時50分にロンドンに到着し、「賭けに負けた」と勘違いしていたが、翌日その間違いに気づいた。なぜ彼は賭けに勝利したのだろうか。

『八十日間世界一周』（1837年刊）

1872年10月2日午後8時45分、ロンドンの謹厳な資産家にして知識人フィリアス=フォッグは、トランプ仲間との間で1秒でも遅れると全財産を失うことになる賭けをして80日間世界一周の旅に出た。

〈フィリアス=フォッグが参照した世界一周の行路〉

区間	交通手段	日数
ロンドン・スエズ間	鉄道および客船利用	7日
スエズ・ボンベイ間	客船を利用	13日
ボンベイ・カルカッタ間	鉄道を利用	3日
カルカッタ・香港間	客船を利用	13日
香港・横浜間	客船を利用	6日
横浜・サンフランシスコ間	客船を利用	22日
サンフランシスコ・ニューヨーク間	鉄道を利用	7日
ニューヨーク・ロンドン間	客船および鉄道を利用	9日
	計	80日

フィリアス=フォッグは賭けに勝った。彼は80日でこの世界一周を成し遂げた。そのために彼は、客船や鉄道や馬車、ヨット、商船、橇、象など、ありとあらゆる交通手段を用いた。…彼がこの長旅で獲得したものは何だったのか。…

獲得し、持ちかえったものは何一つとしてない。…たしかに何一つなかったのである。…

そもそも人は、得られるものがもっと少なかったとしても、世界一周の旅に出かけるのではなかろうか。

（ジュール=ヴェルヌ著、鈴木啓二訳『八十日間世界一周』岩波文庫より）

3 情報・通信の発達

▼**1874年のイギリスの鉄道駅**　19世紀中頃、安価な値段で売り出され、大衆化した新聞の発達に大きな役割を果たしたのが鉄道である。刷りあがった新聞は深夜列車に積まれて各地に運ばれた。この画面右端に19世紀を代表するニュース・知識の販売業者であったW. H. スミス社の屋台式売店がみえる。この会社は、主要鉄道会社と独占的契約を結んで各駅に屋台式売店を開き、手広く新聞・図書の販売をおこなった。

▼**ニューヨーク・シカゴ間の電話回線開通式でのベル**　ボストン大学の音声生理学教授で聾唖学校を経営していたベル（米／1847～1922）は、電流を使って音を再現し、さらに電線で音を送れると考えて実験をおこない、1876年に電話機を発明した。

◀**ロイターの胸像**　ロイター（1816～99）は英仏海底ケーブルの開通した1851年にロンドンのシティに事務所を開設した。当初、彼と従業員1人の小さな事務所だったロイター通信社は、電信通信網で集めた情報を速報として配信し、情報を商品化した。1855年に印紙を配ることを義務づけた新聞条令が廃止されて、新聞が安価になって大衆化すると、ロイター通信社は、新聞社へのニュース配信で収益をあげた。

3·1 世界を一周する電信網（20世紀初頭）

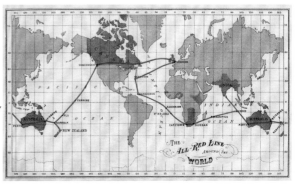

❓ 通称「オールレッドライン」と呼ばれるこの世界一周をする電信網は、なぜこのルートになったのだろうか。

ヨーロッパ

1 19世紀のフランス

	ルイ18世（位1814～24）	ブルボン朝
	シャルル10世（位1824～30）	
1830	アルジェリア遠征	
1830	**七月革命**➡p.181、182	七月王政
	ルイ＝フィリップ（位1830～48）	
1848	**二月革命**➡p.181、182	

▲ルイ＝フィリップ

1848 2	臨時政府発足
	・ラ＝マルティーヌ・ルイ＝ブランら6名による
4	男性普通選挙による総選挙
	→ 労働者・社会主義者大敗
6	六月蜂起…労働者蜂起
12	ルイ＝ナポレオン、大統領に就任
1851	ルイ＝ナポレオンによるクーデタ

第二共和政

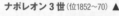

ナポレオン3世（位1852～70）▲

1852 国民投票により、ナポレオン3世即位

	国内政策		対外政策
1853	パリ市大改造	1854	クリミア戦争参戦（～56）
1855	パリ万博	1856	第2次アヘン戦争（～60）➡p.214
		1858	インドシナ出兵（～67）➡p.211
			日仏修好通商条約
		1859	イタリア統一戦争➡p.192
		1860	サヴォイア・ニース獲得➡p.192
			英仏通商条約
1867	パリ万博➡p.188	1861	メキシコ遠征（～67）
		1869	スエズ運河開通（レセップス提案）➡p.206
		1870	ドイツ＝フランス戦争（～71）➡p.192
			スダンでナポレオン3世捕虜となる

第二帝政

1870	パリに臨時国防政府成立…抗戦
1871 2	ティエールら、臨時政府を主導
3	パリ＝コミューン（～5）
5	フランクフルト条約
	（ドイツ＝フランス戦争終結）
	→ アルザス・ロレーヌを失う

▲ティエール（1797～1877）

1875	第三共和国憲法成立、1票差で可決（マクマオン大統領時）
1879	「ラ＝マルセイエーズ」➡p.171を国歌とする
1880	7月14日を国民祝祭日にする
1881	チュニジア保護国化➡p.224
1887	仏領インドシナ連邦成立（99 ラオス編入）➡p.210
	ブーランジェ事件（～89）➡p.222
1889	パリ万博

第三共和政

ヨーロッパ

◀**「マクシミリアンの処刑」**（マネ画） メキシコ遠征の失敗にともない、オーストリア皇帝フランツ＝ヨーゼフ1世の弟でメキシコ皇帝の**マクシミリアン**（位1864～67）がメキシコ側に処刑されたことは、ナポレオン3世の威信を失墜させた。

▲**「コミューン階梯」**にみる19世紀のフランス

読み解き 19世紀フランスの政治交代劇が描かれたこの風刺画のそれぞれの人物（男性）は誰だろうか？ 一番下の女神と一番上の赤旗を手にした女神の表すできごとは何だろうか。

偉大な伯父ナポレオン1世の前に、「貧弱な皇帝」とつぶやきつつ、うなだれるナポレオン3世。彼の衣服や巻かれた包帯に書き込まれた文字から、ナポレオン3世の行動を確認してみよう。

Q1 ナポレオン3世の首元に書かれている「1851年12月2日」は、何がおきたときだろう。

Q2 腹部の包帯には、「メキシコ」と書かれているが、なぜこう書かれているのか考えてみよう。

2 第二帝政

ルイ＝ナポレオン「ナポレオン的観念」（1839年）

ナポレオン的観念は、革命の半世紀によって混乱したフランス社会を再建し、秩序と自由、民衆の権利と権威の原則とを調和させることを目的とする。…それは…調停によって事をおこない、国民を分裂させるのではなく、結びつける。

ナポレオン的観念は、農業を振興し、新しい生産物を創りだし、有益な新技術を外国に借り、山を切りひらき、河を横切り、交通を容易にして、民衆が互いに手を取り合うようにさせる。…要するに、ナポレオン的観念とは、…秩序と再建の観念なのである。

（江上波夫監修『世界史史料・名言集』山川出版社より）

解説 ルイ＝ナポレオンは、ナポレオン1世の弟とナポレオン1世最初の妻ジョゼフィーヌの娘とのあいだの子である➡p.17。1848年に大統領となり、1852年に国民投票により皇帝となった。彼は、カトリック勢力を利用しつつ、3勢力（農民・労働者・資本家）のバランスをとりつつ、権力を保持した。

Q ナポレオン3世のめざしたものは何だろうか。

▲**大ナポレオンと小ナポレオン**

2·1 ナポレオン3世の対外進出

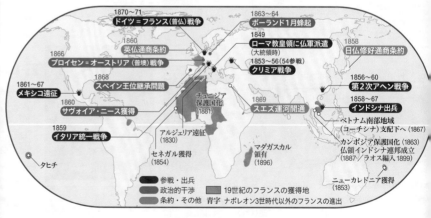

	1870～71 ドイツ＝フランス（普仏）戦争	1863～64 ポーランド1月蜂起
	1860 英仏通商条約	1849 ローマ教皇領に仏軍派遣（大統領時）
	1866 プロイセン＝オーストリア（普墺）戦争	1858 日仏修好通商条約
	1861～67 メキシコ遠征	1853～56（54参戦）クリミア戦争
	1860 サヴォイア・ニース獲得	1856～60 第2次アヘン戦争
	1859 イタリア統一戦争	1869 スエズ運河開通

スペイン王位継承問題

チュニジア保護国化（1881）

アルジェリア遠征（1830）

セネガル獲得（1854）

マダガスカル領有（1896）

1858～67 インドシナ出兵

ベトナム南部地域（コーチシナ）支配下へ（1867）

カンボジア保護国化（1863）／仏領インドシナ連邦成立（1887／ラオス編入 1899）

ニューカレドニア獲得（1853）

タヒチ

■ 参戦・出兵
■ 政治的干渉
■ 条約・その他
■ 19世紀のフランスの獲得地
青字 ナポレオン3世時代以外のフランスの進出

3 パリ市大改造と19世紀のパリ

▶ **パリの街並**　オスマン（セーヌ県知事、任1853〜70）のもと、パリ市大改造は進み、区画の拡大や道路交通網の整備、オペラ座などの公共建築が建造された。また街路照明の増設やアパルトマンの高さを一定に規制するなどの都市景観も配慮され、現在のパリ市の原型がつくられた。

▲ **パリの下水道**　上下水道の再編により都市衛生環境は改善され、コレラなどの流行はおさえられた。➡ p.29

▲ **オペラ座**　ガルニエの設計により建設。

◀ **エッフェル塔**　1889年のパリ万博に際し、エッフェルの設計により建設された鉄骨の塔。建設当初はパリを汚すとして反発が激しかった。

4 パリ＝コミューンと第三共和政

4・1 パリ＝コミューン

◀ **パリ＝コミューン**　ティエールを中心とする臨時政府の対独講和や国民衛兵の武装解除に不満をいだいたパリの市民や労働者が結成した自治政府。しかし、ティエールの指導する臨時政府側の軍事力により、「血の週間」と呼ばれる市街戦の末に崩壊した。パリ＝コミューンには、写実主義画家クールベ（代表作「石割り」）なども参加している。

▲ **クールベ**（1819〜77）「**石割り**」➡ p.202

4・2 第三共和政のもとでの国民統合

村における共和政

　毎年、7月14日には、大々的な共和政の式典が喜びのなかで祝われた。…つねにバスティーユについて語られる演説が行われた。…ちょうちん行列、喜びの激しい情熱、自然に歌い出される『ラ＝マルセイエーズ』ダンス＝パーティが、祭りをしめくくった。

　このように、共和主義的な感情が保たれていた。

（タボー『私の村。その住人、道路、学校、1848〜1914年、庶民の台頭』〈1944年〉、福井憲彦監訳『フランスの歴史（近現代史）』明石書店より）

◀ **「共和政の勝利」**（ナシオン広場）　第三共和政の元では、「マリアンヌ像」の設置が進んだ。

Q 第三共和政下のフランスでは、どのようなものを使って、国民統合をはかっただろうか。

ドーデ『月曜物語ー最後の授業』（1873年刊）からみるアルザス

　アメル先生は教壇に上り、…優しい重味のある声で、私たちに話した。

　「みなさん、私が授業をするのはこれが最終です。アルザスとロレーヌの学校では、ドイツ語しか教えてはいけないという命令が、ベルリンから来ました……今日はフランス語の最後のおけいこです…」

　私の暗しょうの番だった。…しかし最初からまごついてしまって、…悲しい気持ちで、…腰掛けの間で身体をゆすぶっていた。アメル先生の言葉が聞こえた。

　「…今あのドイツ人たちにこう言われても仕方がありません。どうしたんだ、君たちはフランス人だと言いはっていた。それなのに自分の言葉を話すことも書くこともできないのか！……」

　それから、アメル先生は、…ある民族が奴隷となっても、その国語を保っているかぎりは、そのろう獄のかぎを握っているようなものだから、私たちのあいだでフランス語をよく守って、決して忘れてはならないことを話した。…

　彼は黒板の方へ向きなおると、白墨を一つ手にとって、ありったけの力でしっかりと、できるだけ大きな字で書いた。「フランスばんざい！」　（ドーデ著、桜田佐訳『月曜物語』岩波文庫より）

▲ **ドーデ**（1840〜97）

Q この小説から、アルザスはどのような言語的地域であると読み取れるだろうか。またそれはどう変化しただろうか。

解説 第一次世界大戦後、アルザス・ロレーヌはフランス領となったが、第二次世界大戦中一時ドイツに占領された。現在、アルザスの中心地ストラスブールにはヨーロッパ連合（EU）の主要機関の一つである欧州議会がおかれている。

▲ **ユゴーの国葬**（1885年）

▶ **ヴィクトル＝ユゴー**（1802〜85）　フランス＝ロマン派最大の作家・詩人。1851年のルイ＝ナポレオンのクーデタで亡命、第二帝政崩壊を機に帰国した。代表作『レ＝ミゼラブル』。1885年のユゴーの国葬では、100万〜200万人がその葬列を見送ったという。

ヨーロッパ

1 イタリアの統一

1·1 イタリア統一戦争（リソルジメント）

▲VIVA VERDI！ 「VIVA VERDI！」は19世紀後半にイタリアの人々の合言葉となっていた。そこには、いまだ統一されないイタリアに対する人々の気持ちが重ねあわせられたオペラ「ナブッコ」(1842年初演)などを作曲したヴェルディに対する称賛と、「Vittorio Emanuele Re d'Italia」、つまり統一国家イタリアの国王にヴィットーリオ＝エマヌエーレ2世を嘱望するとの願いがこめられていた。

▶マッツィーニ
(1805〜72)
➡p.181

◀ヴェルディ
(1813〜1901)

▶カヴール
(1810〜61)
1852年にサルデーニャ王国首相に就任すると、ナポレオン3世と連携をはかるなどたくみな外交手腕を発揮した。1861年にマラリアで死去した。

1·2 イタリア統一戦争とイタリア王国の成立

◀アンリ＝デュナン(1828〜1910) スイス人実業家アンリ＝デュナンは、1859年のイタリア統一戦争の激戦ソルフェリーノの戦いで、負傷兵の状況を実見したことから、1860年代に中立機関として戦時における傷病者の救護をおこなう**国際赤十字**を設立した。この功績により、彼は1901年に第1回ノーベル平和賞を受賞した。

▶**赤十字国際委員会**(ICRC／写真の文字は仏語表記) スイスのジュネーヴにある本部。

▲ガリバルディの風刺画(『PUNCH』1860年) 左の風刺画で、サルデーニャ王ヴィットーリオ＝エマヌエーレ2世に会うことを悩んでいるガリバルディは、右の風刺画では、サルデーニャ王にブーツをはかせている。この行動は、占領した両シチリア王国の領域をサルデーニャ王にゆだねたことを示している。

ダゼリオ『わが回想』(1867年刊)

この半世紀、イタリアは単一の人民〔popolo〕となり、国民〔nazione〕となるために動揺し苦しんできた。イタリアはその領土を大部分、再征服した。外国勢力との闘いは首尾よくいったが、それが最大の困難ではなかった。すべてを不確実なものにしている最大の、そして真の困難は国内の闘いである。…
イタリアはほかの人民のようには国民になることができず、うまく秩序づけられたり統治されたりせず、外国勢力のみならず内部のセクト主義者に対しても強力ではなく、自由ではなく、きちんとした道理を持つことができない。
(歴史学研究会編『世界史史料6』岩波書店より)

Q イタリア統一運動に関わったダゼリオの言葉から、国民とはどのような存在といえるだろうか。またイタリアはどのような課題を抱えていただろうか。

2 イタリアとドイツの統一運動

イタリア	ドイツ	
ウィーン体制下のイタリア(1815 ウィーン議定書)	**ウィーン体制下のドイツ**	
ナポリにブルボン朝復活 ローマ教皇領復活 ヴェネツィア・ロンバルディア、墺領へ ─分裂続く サルデーニャ王国、ジェノヴァ獲得	(1815 ウィーン議定書)➡p.180 ドイツ連邦成立 墺を中心に、35の君主国・4自由市で構成→事実上の分裂続く	
1820 ナポリ・ピエモンテなどでカルボナリの反乱(〜21)➡p.181 └ 墺軍による弾圧 **1830 七月革命** ➡p.180、181	ブルシェンシャフト運動(〜19) 1817	
1831 カルボナリ、中部イタリアで反乱 └ 墺軍による鎮圧 マッツィーニ、マルセイユで「青年イタリア」結成 →イタリア統一と共和政めざす	ドイツ関税同盟発足 1834 ……プロイセン中心の経済統一。**リスト**らが提唱	
1842 ヴェルディ、「ナブッコ」初演		
1843 青年イタリア、再結成 **1848 二月革命** ➡p.182		
1848 サルデーニャ国王、自由主義憲法制定 サルデーニャ王国、墺と戦争・敗北(〜49) 1849 ローマ共和国成建設…マッツィーニらによる └ 仏軍(ルイ＝ナポレオン大統領)による弾圧➡p.190	墺：ウィーン三月革命 1848 →メッテルニヒ亡命 普：ベルリン三月革命 フランクフルト国民議会(〜49) ……小ドイツ主義での統一を決定➡p.182 →プロイセン国王、ドイツ皇帝位拒否。失敗	
サルデーニャ王国 国王：**ヴィットーリオ＝エマヌエーレ2世** (位1849〜61/61→イタリア国王) 首相：**カヴール**(任1852〜59/60〜61)		
1853〜56 クリミア戦争 ➡p.185		
1855 サルデーニャ王国、クリミア戦争に参戦 →英・仏に接近		
1858 プロンビエールの密約 →仏のナポレオン3世に支援求める 北にサヴォイア・ニース割譲を約束		
1859 イタリア統一戦争➡p.190 →途中、仏が墺と単独講和を結ぶ サルデーニャ王国、ロンバルディアのみ獲得	 **▲ビスマルク**(1815〜98) ユンカー(領主層)出身。1862年にプロイセン首相に就任し、**鉄血政策**を推進した。ドイツ帝国成立後は1890年まで帝国宰相をつとめた。	
1860 中部イタリア併合 →仏にサヴォイア・ニース割譲 **ガリバルディ、両シチリア王国占領** →サルデーニャ王にゆだねる		
1861 **イタリア王国成立** 国王：**ヴィットーリオ＝エマヌエーレ2世** (位1861〜78)	**プロイセン王国** 国王：**ヴィルヘルム1世**(位1861〜88) 首相：ビスマルク(任1862〜90) ……鉄血政策	
▶**ガリバルディ**(1807〜82) ▲**ヴィットーリオ＝エマヌエーレ2世**	デンマーク戦争➡p.195 1864	
1866 プロイセン＝オーストリア戦争 →ドイツ連邦解体へ		
	プロイセン・イタリア 対 オーストリア・南ドイツ諸邦 北ドイツ連邦成立 1867 ……プロイセン盟主	
1866 ヴェネツィア併合	オーストリア＝ハンガリー帝国(二重帝国)成立➡p.195	
1870〜71 ドイツ＝フランス戦争 ➡p.190		
1870 ローマ教皇領併合→1871、ローマ首都へ	**ドイツ帝国の成立**➡p.194 1871 皇帝：**ヴィルヘルム1世**(位1871〜88)	
イタリアに残された問題 ①「未回収のイタリア」……南チロル・トリエステなど ②「ヴァチカンの囚人」……ローマ教皇との対立	帝国宰相：**ビスマルク**(任1871〜90)	

2·1 イタリアとドイツの統一

（地図）
デンマーク／シュレスヴィヒ／ホルシュタイン／スウェーデン／バルト海／イギリス／オランダ／ライン川／ベルギー／ルクセンブルク／スダン／フランス／アルザス・ロレーヌ／ロンバルディア／スイス／サヴォイア／マザンタ／トリノ／ニース／ピエモンテ／ソルフェリーノ／ジェノヴァ／サルデーニャ王国／コルシカ島(仏)／フランス領／シチリア島／パレルモ／両シチリア王国／ナポリ／テアーノ／ローマ教皇領／ローマ／アドリア海／ヴェネツィア／南チロル／トリエステ／ウィーン／オーストリア＝ハンガリー帝国／ケーニヒグレーツ／ベーメン／バイエルン／プラハ／フランクフルト／エムス／ザクセン／ベルリン／プロイセン／ロシア帝国／サドヴァ／シュレジエン／トスカナ大公国

[プロイセンによるドイツ統一]
- ━━ 1866年以前のドイツ連邦境界線
- ■ 1866年以前のプロイセン領
- □ 1866年プロイセン＝オーストリア戦争終結までに併合
- ■ 1866年以前の北ドイツ連邦諸国
- ▥ 北ドイツ連邦とともにドイツ帝国を形成した諸国
- ■ 1871年ドイツ＝フランス戦争で獲得
- ━━ 1871年ドイツ帝国境界線

[イタリア統一運動]
- ▨ 1859年のサルデーニャ領
- ■ 1859年イタリア統一戦争で獲得
- ▩ 1860年中部イタリア併合
- ▨ 1860年フランスに割譲
- ▦ 1860年ガリバルディより献上
- ▧ 1866年プロイセン＝オーストリア戦争で併合
- ▨ 1870年ローマ教皇領併合
- ■ 「未回収のイタリア」(オーストリア支配下に残されたイタリア語地域。1919併合)
- ┄→ ガリバルディの進路

▶ **パリ万博**（1867年）**に出品されたクルップの大砲**　プロイセンの軍事力を支えたのは、産業革命による鉄道や電信網の整備と、モルトケらによる軍備の増強、クルップなどの軍需産業であった。

3 ドイツの統一

3·1 ドイツ関税同盟

（地図）
北海／デンマーク／バルト海／ブレーメン／ダンツィヒ／オランダ／ハノーファー／ベルリン／プロイセン／ロシア／ベルギー／ヘッセン／ザクセン／バイエルン／ミュンヘン／スイス／オーストリア／ドナウ川／フランス

- 1828年 **北ドイツ関税同盟** プロイセン中心・ヘッセンなど
- 1828年 **中部ドイツ通商同盟** ザクセン・ハノーファー・クールヘッセンなど
- 1828年 **南ドイツ関税同盟** バイエルン・ヴェルテンベルク
- ━━ 1834年ドイツ関税同盟　0　300km

▲ **フリードリヒ＝リスト**（1789〜1846）経済学者。全ドイツ的関税制度設立による市場統一と、ドイツ国民の経済的・政治的統一を主張した。

↓影響

1834年 **ドイツ関税同盟** プロイセン中心（オーストリア・ハノーファーなどは除く）

3·2 大ドイツ主義と小ドイツ主義

小ドイツ主義 プロイセン	大ドイツ主義 オーストリア
● プロイセン中心（ホーエンツォレルン家） ● オーストリア排除	● オーストリア中心（ハプスブルク家） ● オーストリアのドイツ人地域とベーメンを含めた統一案

1834 ドイツ関税同盟
1848 フランクフルト国民議会→プロイセン国王、ドイツ皇帝位拒否

↑ 問題点：統一ドイツに非ドイツ系民族をかかえこむ。オーストリア帝国の分断につながる。

3·3 ビスマルクの鉄血政策

ビスマルクの鉄血演説（1862年）

　ドイツが注目しているのはプロイセンの自由主義ではなくて、プロイセンの力であります。バイエルンやヴュルテンベルク、バーデンは自由主義を欲しいままにしているでしょうが、それだからこそ、これらの諸邦国にプロイセンの役割を割り当てるものなどは誰もいないでありましょう。プロイセンはすでに何度か好機を逃してきましたが、今こそ次の好機に向けて力を結集し、保持しておかねばなりません。ウィーン〔会議〕の諸条約によるプロイセンの国境は、健全な国家の営みのためには好都合なものではありません。現下の大問題が決せられるのは、演説や多数決によってではなく――これこそが **1848年と1849年の重大な誤り**だったのですが――、まさに**鉄と血**によってなのであります。
（歴史学研究会編『世界史史料6』岩波書店より）

❓ ビスマルクはこの演説のなかで、ドイツ統一はどのようにすべきとしているだろうか。また、1848年と1849年の重大な誤りとは何のことだろうか。

ドイツ統一とノイシュヴァンシュタイン城

　ビスマルクはプロイセンを盟主とする連邦形式のドイツ帝国を形成するために、バイエルン王国に鉄道・電信・郵便・平時の軍指揮権などに一定の保留権を認めた。また、作曲家ヴァーグナーに心酔するなど芸術に傾倒していたバイエルン王ルートヴィヒ2世にノイシュヴァンシュタイン城建設のための資金提供を約束した。

◀ **ノイシュヴァンシュタイン城**

◀ **ルートヴィヒ2世**（位1864〜86）

▶ **ヴァーグナー**（1813〜83）

3·4 ドイツ帝国の成立

ヴィルヘルム1世／モルトケ／ビスマルク

▲ **ドイツ帝国の成立**（1871年）　ドイツ＝フランス戦争末期の1871年にヴェルサイユ宮殿「鏡の間」でヴィルヘルム1世のドイツ皇帝（Deutscher Kaiser）の即位宣言式がおこなわれ、ドイツ帝国が成立した。この行為は、ドイツ・フランス間の禍根となり、のちに第一次世界大戦の対ドイツ講和条約であるヴェルサイユ条約▶p.236の調印がこの「鏡の間」でなされた。

ヨーロッパ

1 ドイツ帝国の構造

```
              皇帝 ── プロイセン王世襲
1871～90年            軍事・外交・帝国宰相任免権をもつ
ビスマルクが
帝国宰相をつとめた 帝国宰相 ── 皇帝にのみ責任
                       プロイセン首相が兼任
```

連邦参議院（上院）
・帝国宰相が議長
・22君主国、3自由市の代表
　→17/58席をプロイセン占有
・帝国議会より優位な立場

帝国議会（下院）
・25歳以上の男性普通選挙で選出

▲ヴィルヘルム1世

2 1870年代のヨーロッパ

サン＝ステファノ条約による
ブルガリアの境界

ベルリン会議（1878年）の決定事項	セルビア・モンテネグロ・ルーマニアの独立／ブルガリア、オスマン帝国内自治国となる／墺、ボスニア・ヘルツェゴヴィナの占領・行政権獲得／英、キプロスの占領・行政権獲得

3 ビスマルク時代

3・1 ビスマルク時代のドイツ

■はビスマルク時代

	国外		国内
ヴィルヘルム1世（初代/位1871～88）			
1873	三帝同盟（～78/81～87）	1871	「文化闘争」（～80）
		1875	ドイツ社会主義労働者党結成➡p.183
1878	ベルリン会議	1878	社会主義者鎮圧法制定
1879	独墺同盟	1879	保護関税法（ビスマルク関税）
1882	三国同盟➡p.224	1883	疾病保険制度
1884	ベルリン＝コンゴ会議（～85）➡p.220	1884	災害保険法
1887	再保障条約（～90）		
ヴィルヘルム2世（3代/位1888～1918）			
		1889	養老保険法
1890	再保障条約、更新せず新航路政策➡p.221	1890	ビスマルク辞職社会主義者鎮圧法廃止→ドイツ社会民主党成立➡p.183

バネじかけの社会主義者

社会主義者のびっくり箱

▲社会主義者を箱に押し込める**ビスマルク**　ビスマルクは、**社会主義者鎮圧法**（1878年）を制定する一方、疾病保険や災害保険、養老保険を整備することで労働者の取り込みをはかった。

▼**「文化闘争」**　チェス盤を挟み、最後まで戦おうとする教皇（右）とビスマルク（左）。ビスマルクは国家統合を進めるため、反プロイセン感情の強いバイエルンなどの南ドイツやプロイセン東部の旧ポーランドのカトリック教徒を抑圧した。

職務停止令
修道院法などビスマルクの駒

教会財産没収

ビスマルク諸法の無効を出した回勅や異端排除教書など教会の駒

3・2 ビスマルク外交による同盟網

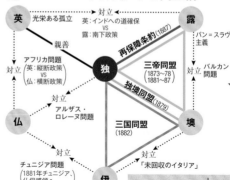

解説 ビスマルクはこの同盟網を維持すべく、ベルリン会議（1878年）やベルリン＝コンゴ会議（1884～85年）などで列国の調整をはかった。

Q ビスマルク外交により孤立した国はどこだろうか。またなぜそのような外交を展開したのだろうか。

▶**「鉄道の分岐器での仕事」**（『PUNCH』1878年）　この風刺画では、ロシア（左）・イギリス（右）の列車が不吉な黒い鳥がとまる危険信号の直前におり、ビスマルクがポイントマン（調停者）として働こうとしている。

外交

WORKING THE POINTS.

Q 1878年にイギリス・ロシアが対立した理由は何だろうか。またなぜビスマルクはイギリス・ロシアの調停者になろうとしたのだろうか。

「文化闘争」

学校監督法（1871年3月11日）
第1条　…すべての公私の教育施設に関する監督は、国家に委ねられる。

宗教教授に関する訓令（1876年2月18日）
（3）…慣行を維持するためには、「聖職者が…学校監督庁の…すべての指令…に義務として違う」ことが必要である…
（世界教育史研究会編『ドイツ教育史Ⅱ』講談社より）

4 オーストリア＝ハンガリー帝国

1814 ～15	**ウィーン会議**…メッテルニヒ議長、ヴェネツィア・ロンバルディア獲得➡p.180
	ドイツ連邦成立
1848	**ウィーン三月革命**…メッテルニヒ亡命➡p.181
	┌ **ハンガリー**…コシュートによる独立運動
	├ **ベーメン**…スラヴ民族会議
	└ **イタリア**……イタリア民族運動（サルデーニャ王国との戦争・ローマ共和国など）
1859	**イタリア統一戦争**…ロンバルディアを失う➡p.192
1864	**デンマーク戦争**➡p.192 …シュレスヴィヒ・ホルシュタインをプロイセンとともにデンマークから奪う
1866	**プロイセン＝オーストリア戦争**➡p.192 …敗北・ヴェネツィアを失う・ドイツ連邦崩壊
1867	**オーストリア＝ハンガリー帝国成立**（～1918）
1873	**三帝同盟**（～78／81～87）
1878	**ベルリン会議**…ボスニア・ヘルツェゴヴィナの占領と行政権獲得
1879	**独墺同盟**
1882	**三国同盟**…ドイツ・イタリアとの間に締結
1908	ボスニア・ヘルツェゴヴィナ併合
1914	**サライェヴォ事件**…オーストリア帝位継承者夫妻殺害される
	第一次世界大戦開始➡p.230

5 多民族国家オーストリア＝ハンガリー帝国

5·1 民族分布

民族	人口(万人)	割合(%)
ドイツ人	1200	24
マジャール人	1010	20.2
チェコ人	660	13.2
ポーランド人	500	10
■ルテニア人	400	8
クロアティア人	320	6.4
ルーマニア人	290	5.8
スロヴァキア人	200	4
セルビア人	200	4
スロヴェニア人	130	2.6
イタリア人	70	1.4
合計	約5000	

■＝スラヴ系民族 （1910年国勢調査による）
＊ルテニア人…ガリツィア東半などに住むウクライナ系の人々
（アラン＝スケッド著、鈴木淑美・別宮貞徳訳『図説 ハプスブルク帝国衰亡史』原書房より作成）

▶**皇后エリザベート**（1837～98） フランツ＝ヨーゼフ1世の皇后で、シシィの愛称で親しまれた。厳格なウィーンの宮廷に対して、心安らぐ地としてハンガリーを愛した。

5·2 二重帝国の成立

▲**2クローネ紙幣** 上部には支配諸地域の言語で、また左にはオーストリアで使用されるドイツ語で、右にはハンガリーのマジャール語で2クローネと書かれている。

解説 プロイセン＝オーストリア戦争に敗北したオーストリアは、非スラヴ系のマジャール人にハンガリー王国を認め、同君連合のオーストリア＝ハンガリー帝国を形成した。

Q なぜオーストリアはマジャール人にハンガリー王国を認めたのだろうか。

北欧諸国の動向

スウェーデン・デンマーク・ノルウェーは立憲君主制のもとでも議会の力が強く、政治・経済が安定し、対外的には独自の平和路線をとった。フィンランドはスウェーデン領だったが、19世紀にロシア支配下におかれた。

▶**ノルウェー** ウィーン会議（1814～15年）でスウェーデン領（同君連合）となった➡p.180が、1905年国民投票で平和的に独立した。この頃より活躍したノルウェー出身の画家としては**ムンク**（1863～1944）が知られている。図はムンクの「叫び」。（ノルウェー、オスロ美術館蔵）

▲**デンマーク** 1848年に二月革命（仏）の影響で自由主義的憲法を発布した。64年にシュレスヴィヒ・ホルシュタインをプロイセンとオーストリアに奪われた➡p.193。その後、農業・牧畜を基盤とする国づくりを進めた。写真は首都のコペンハーゲンの街並。

▶**スウェーデン** 17世紀後半に「バルト帝国」として勢力を誇ったスウェーデンだが、ロシアとの**北方戦争**（1700～21）➡p.151に敗れ、19世紀にはフィンランドを失い、ウィーン議定書で得たノルウェーも1905年に独立した。写真は首都のストックホルムの街並。

◀**フィンランドとシベリウス** 1809年にロシア領となったフィンランドでは、愛国心およびロシアからの独立心を鼓舞する交響詩「フィンランディア」（1899年）がシベリウス（1865～1957）によって作曲された。

6 ウィーンと世紀末文化

▲**クリムト「接吻」**（ウィーン、オーストリア＝ギャラリー蔵）

オーストリア皇帝フランツ＝ヨーゼフ1世のもと、城壁が撤去されて環状道路が建設されるなど大規模な都市改造が進み、近代都市へと変貌したウィーンはじめ帝国主要都市では、創造的な精神活動がなされ、革新的な文化がいっせいに花開いた。この多彩な文化の背景には、多民族国家ならではの民族的な文化的混血が進んだことなどがあげられる。この時代に活躍した人物としては、アカデミズムに反発し、分離派を結成した画家のクリムト（1862～1918）や、精神分析学者のフロイト（1856～1939）、プラハに生まれた作家のカフカ（1883～1924）がいる。

▶**フランツ＝ヨーゼフ1世**（位1848～1916）

ヨーロッパ

1 独立後のアメリカ合衆国

緑字は外交
青字は領土拡大

アメリカの状況		領土の拡大と先住民との関係	
ワシントン（初代／任1789〜97）			
1793	フランス革命に中立を宣言		ホイットニー、綿繰り機発明➡p.164
ジェファソン（第3代／任1801〜09）			
1808	奴隷貿易の禁止 ➡p.170 合衆国憲法 第1条第9節参照	1803	ミシシッピ川以西のルイジアナを フランスより購入（1800年スペイン領 からフランス領となっていた）➡p.169
マディソン（第4代／任1809〜17）			
1812 〜14	アメリカ＝イギリス戦争		
1816	保護関税法		
モンロー（第5代／任1817〜25）			◀モンロー
1823	モンロー宣言（モンロー教書） アメリカ大陸とヨーロッパ諸 国の相互不干渉	1819 1820	フロリダをスペインより買収 ミズーリ協定➡p.198
ジャクソン（第7代／任1829〜37）			
1830	ジャクソニアン＝デモクラシー スポイルズ＝システムの導入	1830	先住民強制移住法 →チェロキー族の「涙の旅路」 （1838〜39）➡p.197
		1836	テキサス、メキシコより独立
1844	望厦条約で、清とのあいだで 締結➡p.213		
ポーク（第11代／任1845〜49）			
米英共同管理地域。オレゴンを 北緯49度で分割。アメリカは南 半分を領有		1845 1846 1846 〜48	テキサス併合 英とオレゴン協定 アメリカ＝メキシコ戦争 →48年メキシコよりカリフォル ニア・ニューメキシコなど割譲
		1849	カリフォルニアでゴールドラッシュ ➡p.197
1850	1850年の妥協➡p.198		
1853	ペリー、浦賀に寄港➡p.216 →日米和親条約（1854）調印	1853	メキシコよりガズデン買収
1854	共和党結成	1854	カンザス・ネブラスカ法成立➡p.198
1858	日米修好通商条約➡p.216		
リンカン（第16代／任1861〜65）			
1861 〜65	南北戦争	1862	ホームステッド法 5年間定住・開墾した場合、160エー カーの土地を無償で与えられる
	▶リンカン	1867 1869 1886 1890	アラスカをロシアより買収 大陸横断鉄道開通➡p.200 アパッチ族のジェロニモ降伏➡p.197 フロンティアの消滅宣言
マッキンリー（第25代／任1897〜1901）			
1898	アメリカ＝スペイン戦争 →スペインからフィリピ ン・グアムなど獲得	1898	ハワイ併合➡p.225
1899	中国の門戸開放・機会均等 提唱➡p.221		
1900	中国の領土保全提唱➡p.221		

2 アメリカ合衆国の領土拡大と開拓

2・1 アメリカ合衆国の領土拡大

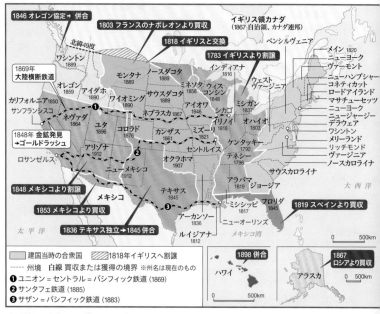

1846 オレゴン協定 ➡ 併合　1803 フランスのナポレオンより買収　イギリス領カナダ（1867 自治領、カナダ連邦）　1818 イギリスと交換　1783 イギリスより割譲

北緯49度

1869年 大陸横断鉄道

1848年 金鉱発見→ゴールドラッシュ

ワシントン 1889　オレゴン 1859　アイダホ 1890　モンタナ 1889　ノースダコタ 1889　インディアナ 1816　ペンシルヴェニア

カリフォルニア 1850　サンフランシスコ　ネヴァダ 1864　ユタ 1896　ワイオミング 1890　サウスダコタ 1889　ウィスコンシン 1848　ミシガン 1837　シカゴ　ウェストヴァージニア　メイン 1820　ニューヨーク　ヴァーモント　ニューハンプシャー　コネティカット　ロードアイランド　マサチューセッツ

ロサンゼルス　アリゾナ 1912　コロラド 1876　ネブラスカ 1867　アイオワ 1846　イリノイ 1818　インディアナ　オハイオ 1803　ケンタッキー 1792　ニュージャージー　デラウェア　ワシントン　メリーランド　リッチモンド　ヴァージニア 1788

ニューメキシコ 1912　カンザス 1861　ミズーリ 1821　セントルイス　テネシー 1796　ノースカロライナ

太平洋　テキサス 1845　オクラホマ 1907　アーカンソー　ルイジアナ 1812　アラバマ 1819　ジョージア　サウスカロライナ　大西洋

メキシコ　ミシシッピ 1817　フロリダ 1845　ニューオーリンズ　メキシコ湾

1848 メキシコより割譲　1853 メキシコより買収　1836 テキサス独立➡1845 併合　1819 スペインより買収

▨ 建国当時の合衆国	▨ 1818年イギリスへ割譲

----- 州境　白線 買収または獲得の境界 ※州名は現在のもの
❶ ユニオン＝セントラル＝パシフィック鉄道（1869）
❷ サンタフェ鉄道（1885）
❸ サザン＝パシフィック鉄道（1883）

1898 併合　ハワイ　1867 ロシアより買収　アラスカ

文明の書　追われるバッファロー　電線　ニューヨークのブルックリン＝ブリッジ　鉄道　追われる先住民　幌馬車　猟師・鉱山労働者ら　農民たち

▲**「アメリカの進歩」**「アメリカの進歩」と題された
この絵画は、西漸運動とそれを支えた「明白なる運命」
という認識を表現している。

Q この絵画から、西漸運動はどの
ような認識でなされ、どのような状
況をもたらしたといえるだろうか。

オサリヴァン「併合論」（1845年）

今やテキサスはわれわれのものである。…
この**テキサスの連邦加入という問題を、…**広い国家という次元の高い適切なレヴェルにまで今引き上げることに賛成する理由は、ほかに論拠がないとしても、諸外国がこの問題に介入しようと企てたその態度のなかに見出せるはずだし、たくさん見出せる。すなわち諸外国は、われわれに敵対的な干渉の精神をもって、われわれの政策に横槍を入れ、われわれの勢力を妨害し、われわれの広大さに制限をつけ、そして**年々増加する何百万人ものわが国民の自由な発展のために神が割り当て給うたこの大陸をおおって拡大していくという、われわれの明白なる運**命（マニフェスト＝ディスティニー）**の達成**を阻むという公然たる目的のために、われわれとこの問題の適正な当事者との間にむりやり割り込もうと企てたのである。…

テキサスは、わが国の住民を西へと押し動かしていく一般的法則の不可避的な実現の過程で、連邦へと吸収されたのである。そしてこの一般法則と…巨大な人口にまでわが国の人口を増大させることを運命づけられている人口増加率との関係はあまりにも明らかであって、この大陸の占有に関する明白な神意について、われわれになんの疑いも残さない。

（大下尚一ほか編『史料が語るアメリカ』有斐閣より）

解説 テキサスはメキシコの一部だったが、合衆国からの入植者を中心に独立したのち、合衆国への編入を求めていた。

Q オサリヴァンはどのような論理で、テキサス併合を正当化しているだろうか。

3 合衆国の先住民政策と現状

3·1 先住民の圧迫

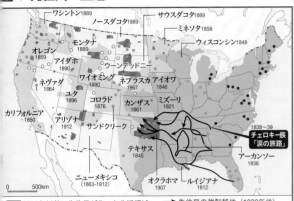

凡例：
- 1850年以前に先住民が失った生活領域
- 1850〜70年に先住民が失った生活領域
- 1870〜90年に先住民が失った生活領域
- 先住民保留地
※西部に成立した州の名は、先住民の言語に由来するものが多い

→ 先住民の強制移住（1830年代）
先住民の主戦場
● 1774年以前　● 1774〜1864年
○ 1865年以後

3·2 ジャクソン大統領による先住民政策

▶ **ジャクソン大統領**（任1829〜37）　アイルランド移民の子孫で初の西部出身大統領。白人男性普通選挙の普及など民主政治が進展した（ジャクソニアン＝デモクラシー）。また、大統領選の勝利に貢献したものに連邦政府の官職を与える（スポイルズ＝システム）など、政党政治の基盤をつくった。だが、一方では先住民の迫害や奴隷制強化がなされた。

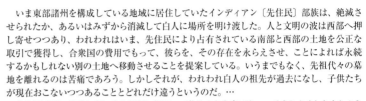

ジャクソン大統領の先住民の強制移住に関する教書（1833年）

　いま東部諸州を構成している地域に居住していたインディアン〔先住民〕部族は、絶滅させられたか、あるいはみずから消滅して白人に場所を明け渡した。人と文明の波は西部へ押し寄せつつあり、われわれはいま、先住民により占有されている南部と西部の土地を公正な取引で獲得し、合衆国の費用でもって、彼らを、その存在を永らえさせ、ことによっては永続するかもしれない別の土地へ移動させることを提案している。いうまでもなく、先祖代々の墓地を離れるのは苦痛であろう。しかしそれが、われわれ白人の祖先が過去になし、子供たちが現在おこないつつあることとどれだけ違うというのだ。…
　先住民は州の法律に従ったり州民に混じって住むことを喜ばない。そうしなくともすむように、…彼を絶滅から救うために、連邦政府は親切にも新しく保留地を提供し、移動と定着の全費用を支払うことを提案しているのである。　（大下尚一ほか編『史料が語るアメリカ』有斐閣より）

❓ 西漸運動の最中に実施されたジャクソンの政策により、先住民はどのような状況におかれただろうか。

◀ **ジェロニモ**（1829〜1909）　西部開拓および白人のバッファロー乱獲は先住民の生存をおびやかし、彼らの激しい抵抗運動を引きおこしたが、それもアパッチ族のジェロニモの降伏（1886年）と**ウーンデッドニーの虐殺**（1890年）で終わりを告げた。

▲ **チェロキー族の「涙の旅路」**（1838〜39年）　先住民の強制移住政策により、チェロキー族はミシシッピ川以西への苛酷な移動を余儀なくされ、約4000人が116日間の旅路で死去した。この政策は、先住民の住む肥沃な土地を白人開拓者に開放するためのものでもあった。

▶ **ウーンデッドニーで虐殺された先住民**（1890年）　サウスダコタ州のウーンデッドニーでスー族の女性・子ども含め約300人が、合衆国政府軍に虐殺された。

3·3 先住民人口の推移

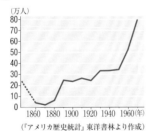

（万人）
80
70
60
50
40
30
20
10
0
1860 1880 1900 1920 1940 1960（年）
（『アメリカ歴史統計』東洋書林より作成）

解説　16世紀にヨーロッパ人のもちこんだ天然痘・インフルエンザなどで人口が減少した先住民だが➡p.26、16世紀末には現在のアメリカ合衆国の領域内に200万〜500万人が居住していたとされる。その後、白人との戦争もあって人口は激減した。

ドーズ法（一般土地割当法）（1887年）

第6条　この土地分配と譲渡を受けたインディアン部族のすべてのメンバーは、居住する州もしくは準州の定める法の庇護を受け、またその法に服するものとする。…また、アメリカ合衆国の領土内に生まれ、この法によって土地を分配されることになるすべてのインディアン、そして合衆国の領土内に生まれ、すでに部族から離れた場所に住んで文明的な生活※1を受け入れているインディアンはどちらも、インディアン部族に属しているかどうかを問わず、合衆国の市民であり、それに伴う全ての権利を与えられるものとする。

※1　狩猟を営みながら移動するのではなく農耕にもとづいて定住する生活を意味する。　（勝田俊輔訳）

解説　この法は、保留地に住むインディアン部族の共同所有地を分割し、個々のメンバーに一定の面積で私有地として分配することを定めたものである。その目的は、土地を細分化することで彼らの生活形態を狩猟民型から自営農民型に変更させ、また合衆国市民としての地位を与えることと引き換えに部族文化を解体して、インディアンを白人市民に同化させることにあった。

ゴールドラッシュとジーンズ

1848年にカリフォルニアで金鉱が発見されたことで、全米・ヨーロッパなどより移住者が殺到し、49年だけでその人数は約8万人に達したという（フォーティナイナーズと呼ぶ）。こうした金鉱労働者たちに人気を博したのが、ドイツからの移民だったリーバイ＝ストラウスがつくりだした幌馬車専用の帆布を利用した作業着であった。のちに布地は肌触りのいいデニム（フランスのニーム産木綿布）に変更され、インディゴ（藍）で汚れのめだたない濃紺に染められた。

◀ **金の採掘をおこなう人々**

北アメリカ

1 南北対立と南北戦争

1·1 奴隷制の推移

奴=奴隷州　自=自由州

1808	奴隷貿易の禁止➡p.170 合衆国憲法第1条第9節参照
1820	**ミズーリ協定** 奴11 自11→奴12 自12
	○ミズーリ州を奴隷州として連邦加入 以後、フランスから委譲されたルイジアナ領地の中では、ミズーリ州を除き、北緯36度30分以北の部分では、奴隷制を禁止する。 ○マサチューセッツ州よりメインを分離し、自由州として連邦加入
1850	**1850年の妥協** 奴15 自15→奴15 自16
	○カリフォルニア、自由州として連邦加入 ○ニューメキシコ・ユタ両準州が州に昇格する際、奴隷制の可否は住民の意思決定による ○逃亡奴隷取締法の強化
1852	**ストウ**、『アンクル＝トムの小屋』発表
1854	**カンザス・ネブラスカ法**
	○カンザス・ネブラスカ両準州が州に昇格する際、奴隷制の可否は住民の意思決定による →ミズーリ協定の破棄
1854	共和党結成
1857	**ドレッド＝スコット判決**
	○奴隷所有に基づく財産権は憲法で承認されている ○奴隷を財産として所有維持することを禁止したミズーリ協定は憲法違反と言及
1859	ジョン＝ブラウンの反乱
	リンカン大統領(任1861〜65)
1861	南部諸州、アメリカ連合国結成(首都：リッチモンド) 大統領：ジェファソン＝デヴィス 最終的に南部11州で構成
	南北戦争勃発
1862	**ホームステッド(自営農地)法**
	○160エーカー(約65ヘクタール)の土地を無償で貸与、5年間耕作すれば無償で与える →西部諸州の支持を集める
1863	**奴隷解放宣言** ゲティスバーグの戦い
1865	リッチモンド陥落→南北戦争終結

▲南軍の旗

1865	リンカン、暗殺される ジョンソン大統領(任1865〜69) 憲法修正第13条(奴隷廃止)	南部で 黒人取締法 拡大
1866	クー＝クラックス＝クラン(KKK)結成	
1867	再建法(〜77 再建時代)	
1868	憲法修正第14条(黒人の市民権承認)	
1870	憲法修正第15条(黒人の選挙権承認)	
	1880年代〜ジム＝クロウ制度の拡大	
1896	プレッシー対ファーガソン事件判決 最高裁、分離すれども平等の原則を提示➡p.272	

▇：おもな南北対立

▶**リンカン大統領**(任1861〜65)　奴隷制の拡大をめぐって民主党が分裂するなか、大統領選挙で勝利し、1861年大統領に就任した。南北戦争では、北部側の苦戦が強いられるなか、リンカンはホームステッド法(1862年)で西部の支持獲得をはかり、また奴隷解放宣言(1863年／南部地域の奴隷制を禁止)を出して、英・仏の干渉阻止と、国内外の世論の支持獲得につとめた。南北戦争後、1865年に暗殺された。

解説 リンカンは激戦がなされたゲティスバーグで、南北戦争は自由にいだかれ、万人が平等の原理にもとづく国家が永続できるかの試練としたうえで、右記のように2分ほどの短い演説をしめくくった。

1·2 南北対立と南北戦争時のアメリカ

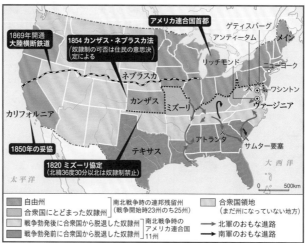

1869年開通 大陸横断鉄道

1854 カンザス・ネブラスカ法 (奴隷制の可否は住民の意思決定による)

アメリカ連合国首都

1850年の妥協

1820 ミズーリ協定 (北緯36度30分以北は奴隷制禁止)

ゲティスバーグ　アンティータム　メイン　リッチモンド　ニューヨーク　ワシントン　ヴァージニア　アトランタ　サムター要塞　ネブラスカ　カンザス　ミズーリ　カリフォルニア　テキサス　太平洋　大西洋

0　500km

| 自由州 |
| 合衆国にとどまった奴隷州 |
| 戦争勃発後に合衆国から脱退した奴隷州 |
| 戦争勃発前に合衆国から脱退した奴隷州 |

| 南北戦争時の連邦残留州(戦争開始時23州のうち25州) |
| 南北戦争時のアメリカ連合国11州 |

| 合衆国領地(まだ州になっていない地方) |
| → 北軍のおもな進路 |
| → 南軍のおもな進路 |

▲ストウ (1811〜96)

▲『**アンクル＝トムの小屋**』(1852年刊)　黒人奴隷の惨状を描いたこの本は、1852年中に30万部以上が売れ、北部の反奴隷制感情を喚起した。南北戦争中ストウはリンカンに「あなたが、本を著して大きな戦争を引きおこした小さなご婦人ですね」といわれたという。

▲アメリカ"不"合衆国―黒人問題(『PUNCH』1856年)

南部　北部

Q このイギリスの風刺画では、19世紀後半のアメリカ合衆国はどのような状況にあると描いているだろうか。またその背景には何があるだろうか。

1·3 南北の比較

	南部	北部
産業	奴隷制にもとづく大農園(プランテーション)経営(綿花など)	資本主義的商工業
貿易政策	自由貿易主義(イギリスに綿花輸出)	保護貿易主義
国家体制	州権主義	連邦主義
支持政党	民主党	共和党(1854年結成)
奴隷制	肯定	拡大反対

	南部	北部
人口*	39%	61%
生産高	25%	75%
工場	19%	81%
農場	33%	67%
鉄道敷設(マイル数)	34%	66%

(グラフは1860年のデータ)

＊人口については、北部側約2100万人、南部側は白人が約550万人、黒人奴隷は約350万人とされている。(野村達朗『大陸国家アメリカの展開』山川出版社より作成)

2 南北戦争

南北戦争の目的

　私は連邦を救いたいのです。私は憲法に合ったもっとも簡明な方法でそれを救いたいのです。…私にとってこの戦いの最高の目的は連邦を救うことであり、奴隷制度を救うことでもつぶすことでもありません。…私が奴隷制度や黒人種についてなにかをするとすれば、それは、そうすることがこの連邦を救うのに役立つと信じているからなのです。…以上、公的な義務に対する私の見解に従って私の目的とするところを述べました。ただ、これまでもしばしば表明してきた、すべての人間はいかなる所にあっても自由になってほしいと願う私の個人的な願望については、これを変えるつもりはありません。

(リンカン「グリーリー宛公開書簡」〈1862年〉、大下尚一ほか編『史料が語るアメリカ』有斐閣より)

解説 『ニューヨーク＝トリビューン』紙社主からのリンカンに対する公開書簡(奴隷の即時解放を要求)への返書として書かれたものである。合衆国最大の内戦であった**南北戦争**(Civil War)では、戦死者は62万人におよび、他の対外戦争(独立戦争〜ベトナム戦争)の総計死者数約57万9000人より上まわった。

Q リンカンは南北戦争における最優先課題は何だとしているだろうか。

ゲティスバーグの演説 (1863)

It is rather for us to be here dedicated to the great task remaining before us… -- that this nation, under God, shall have a new birth of freedom – and that government of the people, by the people, for the people, shall not perish from the earth.

むしろわれわれこそこの地で、われらの眼前に残された大いなる責務に献身すべきであります。…この国に、神のめぐみのもと、自由の新しき誕生をもたらし、また、**人民の、人民による、人民のための政府**が、この地上より消滅することのないようにすべきであります。

(江上波夫監訳『新訳世界史史料・名言集』山川出版社より)

北アメリカ

第Ⅲ部 第13章

3 黒人問題

3·1 黒人奴隷問題 →p.170

▲**リベリア共和国の国旗** 黒人との混在回避のために、アメリカは解放奴隷の移住先としてアフリカにリベリア植民地（ラテン語のliber〈自由〉こちなむ）を建設した。この地は1847年リベリア共和国として独立し、この国旗が制定された。首都はモンロヴィア。→p.224

3·2 南北戦争後の黒人の状況

黒人取締法（ブラック＝コード）

第3条 …解放奴隷、自由黒人、混血者と白人の異人種間婚姻は、重罪と見なされ、それをおこなった者は…いずれもが州刑務所に終身監禁されねばならない。

第6条 …解放奴隷や自由黒人、混血者等が、契約上の労働期間が終わる前に雇用者に対して労働を提供することをやめた場合は、辞めた日までのその年の彼の給与は没収される。

（ミシシッピ州〈1865年〉、大下尚一ほか編『史料が語るアメリカ』有斐閣より）

解説 南北戦争後、南部諸州では解放奴隷を従属的地位にとどめる黒人取締法がみられたが、北部は南部を占領下におき、社会改革を進めた。

南北戦争後の合衆国憲法修正条項

修正第13条（1865年確定）
第1節 奴隷および本人の意に反する労役は、犯罪に対する刑罰として当事者が適法に宣告を受けた場合を除き、合衆国内あるいはその管轄に属するいずれの地にも存在してはならない。

修正第14条（1868年確定）
第1節 合衆国において出生し、また帰化し、その管轄権に服するすべての人は、合衆国およびその居住する州の市民である。いかなる州も合衆国市民の特権あるいは免除を損なう法律を制定し、あるいは施行することはできない。またいかなる州といえども正当な法の手続きによらないで、何びとからも生命・自由あるいは財産を奪ってはならない。

修正第15条（1870年確定）
第1節 合衆国市民の投票権は、人種・体色あるいは過去における隷従の状態に基づいて、合衆国あるいは各州により拒絶あるいは制限されてはならない。

（大下尚一ほか編『史料が語るアメリカ』有斐閣より）

解説 南北戦争後、合衆国憲法の修正条項により、黒人は奴隷の立場から正式に解放され、男性の黒人には選挙権も与えられた。だが実際には、州法などにより、憲法の条項は骨抜きにされた。

ミシシッピ憲法（1890年）

241項 …21歳以上のアメリカ合衆国の市民で…法的に彼に義務づけられ、それに先立つ2年間法に従って支払う機会にあったあらゆる投票税をすでに支払い、…税をすでに支払ったという満足すべき証拠を、選挙を管理する役人に提出することのできる者は、すべて選挙人としての資格があるものと宣言する。

244項 すべての選挙人は、…この州の憲法のいかなる項をも読み、書き、郡の登録事務官にその部分についての適切な解釈をして見せることができなければならない。すべての選挙人は、郡の登録事務官に対し、立憲政治の下における義務と責務を適切に理解していることを示さなければならない。

（大下尚一ほか編『史料が語るアメリカ』有斐閣より）

解説 1870年台後半に北部が南部占領を終了すると、南部では州法などで黒人の投票権を制限した。

Q なぜこの法が黒人の投票権を制限することになるのだろうか。またどうしてこのような形で制限したのだろうか。

▲**投票にきた黒人を脅す白人**（1875年ミシシッピ州での光景）

3·3 黒人に対する迫害

◀**KKKらにおびやかされる黒人家族**

▼**KKKのメンバー**（1867年撮影）

解説 死んだ子どもをだく黒人夫婦と破壊された学校、木につるされた黒人が描かれた盾の上で白人同盟のメンバーとKKK（クー＝クラックス＝クラン）が握手し、黒人が奴隷よりも酷い状況におかれた様子が描かれている。奴隷から解放された黒人たちの大半は、農地の配分がなかったために**シェアクロッパー**（分益小作人）として貧しい生活を強いられ、また1866年テネシー州で結成された白人至上主義組織KKKらによる暴力やリンチにさらされた。→p.240

3·4 分離すれども平等

◀**白人用と黒人をはじめとする有色人種に分けられた水飲み場**

解説 南北戦争後のアメリカ社会では、公共施設や交通機関でも黒人の隔離がなされる、**ジム＝クロウ体制**→p.272が整備されていった。

Q 「分離すれども平等」とはどのような意味だろうか。それによりアメリカ社会はどのようになっただろうか。

最高裁判所判決〜「分離すれども平等」（1896年）

この憲法修正条項（修正第14条）の目的は、疑いもなく…2つの人種の絶対的な平等を強制するものであったが、…すなわち相互に不満足な条件で2つの人種を混合させることを意図するようなものではありえなかった。2つの人種が接触し易い場所における彼らの分離を許可したり、要求したりする法は、かならずしも1つの人種が他の人種に劣等であるということを意味するものではない…この法の最もふつうの例は、白人・黒人子女のための分離学校設立に関係したものであるが、…立法部権力の正当な行使であると考えられてきたのである。

社会的偏見は立法によって克服しうるものであり、さらに2つの人種を強制的に混合させる以外には、平等な権利を黒人に確保することはできない…という命題を受け入れることはできない。

（大下尚一ほか編『史料が語るアメリカ』有斐閣より）

北アメリカ

アメリカ合衆国の大国化

1 重工業化とアメリカの大国化

1・1 大陸横断鉄道とアメリカの工業化

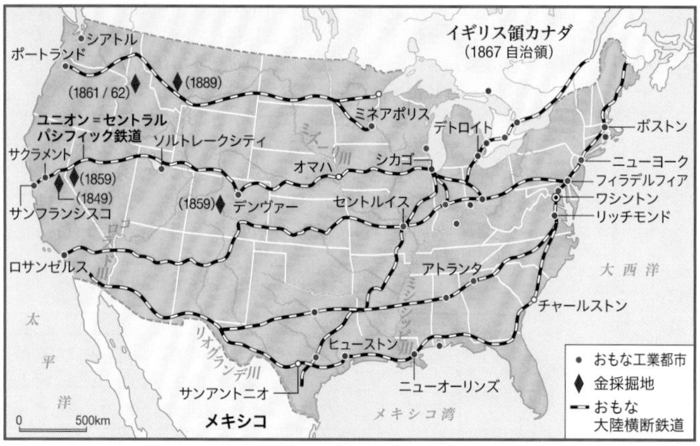

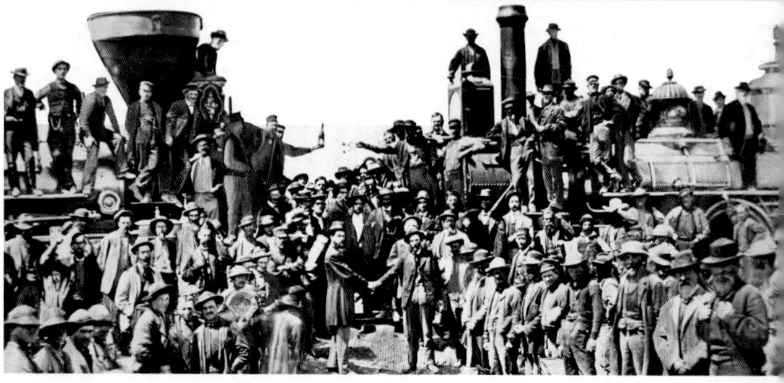

▲**大陸横断鉄道の完成を祝う労働者たち**(1869年)　オマハ(ネブラスカ州)より西へのびるユニオン＝パシフィック鉄道と、サクラメント(カリフォルニア州)からのびるセントラル＝パシフィック鉄道が、ユタ準州のプロモントリーで連結され、大陸横断鉄道が完成した。貧しい**アイルランド系移民**(ユニオン＝パシフィック鉄道の主要労働力)・**苦力**(クーリー／中国系年季労働者、セントラル＝パシフィック鉄道の主要労働力)の屍(しかばね)が枕木(まくらぎ)になったといわれるほど、労働者を酷使して建設されたこの鉄道により、西部の市場と東部の工業地帯が結びつけられた。

1・2 アメリカの大国化と人種問題

国内状況	黒人・先住民・移民関係
	1798 帰化法＝合衆国在住14年で市民権取得
	1830 先住民強制移住法➡p.197
	旧移民(～1880年代) ● スカンディナヴィア ● アイルランド(1845～49のジャガイモ飢饉による移民) ● ドイツ・ポーランド(1848年革命による亡命者)
1848 カリフォルニアで金鉱発見→ゴールドラッシュ➡p.197	
1861～65 南北戦争➡p.198	
1862 ホームステッド法	1863 奴隷解放宣言➡p.198
	1865 憲法修正第13条(奴隷制廃止) クー＝クラックス＝クラン(KKK)結成➡p.199
1867 再建法(～77 再建時代)	黒人取締法拡大(1865～66)
	1868 憲法修正第14条(黒人の市民権承認)
1869 大陸横断鉄道の完成	1870 憲法修正第15条(黒人の選挙権承認)
「金ぴか時代」	1880年代～ジム＝クロウ体制の拡大
	1882 アメリカ移民法改正(中国系移民の禁止)
	1885 新移民(1880年代～1910／20年代、ピークは20世紀初頭) ● ロシア(ポグロムによる亡命者など) ● オーストリア＝ハンガリー帝国 ● 南欧(バルカン・イタリア・ギリシアなど) …WASP*ではない移民多い
1886 アメリカ労働総同盟(AFL)成立	1886 アパッチ族のジェロニモ降伏➡p.197
	1892 エリス島に合衆国移民局入国審査施設設置(～1954)
1890 フロンティアの消滅	1896 プレッシー対ファーガソン事件判決…最高裁、分離すれども平等の原則
	1917 識字テスト法成立
	1919 禁酒法制定➡p.241
	1924 排日移民法…日本からの移民を全面的に禁止➡p.240、東・南欧系の移民を制限

赤字は移民関係　青字は黒人関係

＊WASPとは「白人でアングロ＝サクソン系のプロテスタント」を意味する。

1・3 19世紀後半の経済発展

解説 南北戦争後、アメリカでは工業化が急速に進展し、19世紀末にはイギリスを抜いて「世界の工場」となった。

(『大陸国家アメリカの展開』山川出版社より作成)

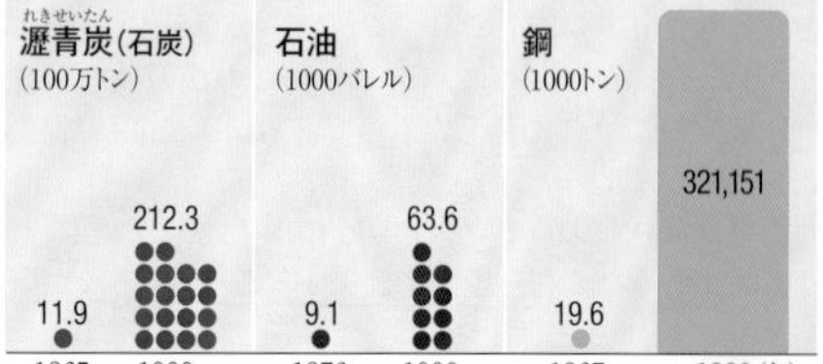

金ぴか時代のアメリカ

南北戦争後の19世紀後半のアメリカは、小説家マーク＝トウェイン(1835～1910)とチャールズ＝D＝ウォーナー(1829～1900)共著の小説『ギルディッド＝エイジ』(1873年)のタイトルにちなみ「金ぴか(金メッキ)時代」と呼ばれ、皮相(ひそう)な拝金主義と俗物精神に支配された軽佻浮薄(けいちょうふはく)な時代であるとされた。この時期のアメリカは、急速な都市化・工業化が進む一方で、労働問題・人種差別・貧富の差の拡大・政治腐敗・公害など、様々な問題をかかえていた。

▼**スタンダード＝オイル**　ロックフェラー➡p.220が創設したスタンダード＝オイルが、**トラスト**(企業合同)によりアメリカの石油市場を独占しているさまが描かれている。

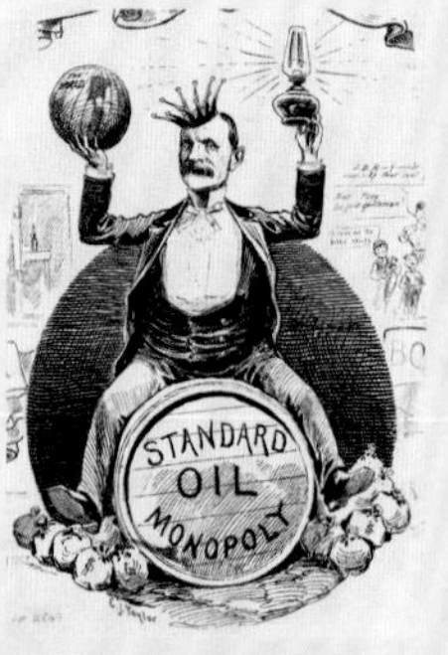

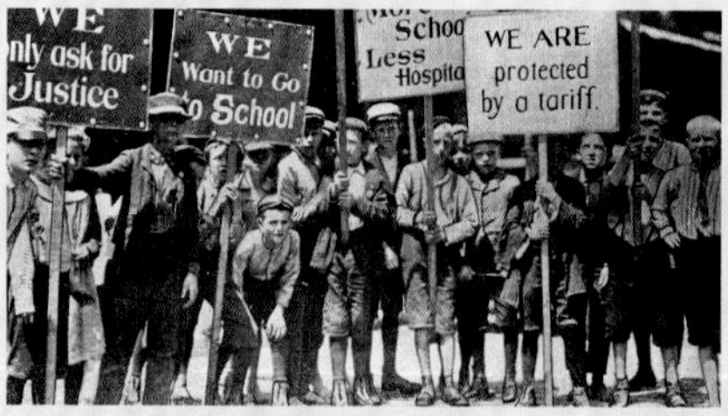

▲**子どもたちの労働運動**　フィラデルフィアの工場で働く子どもたちが、賃金の引き上げと学校に通う時間を求めてデモをおこなっている。

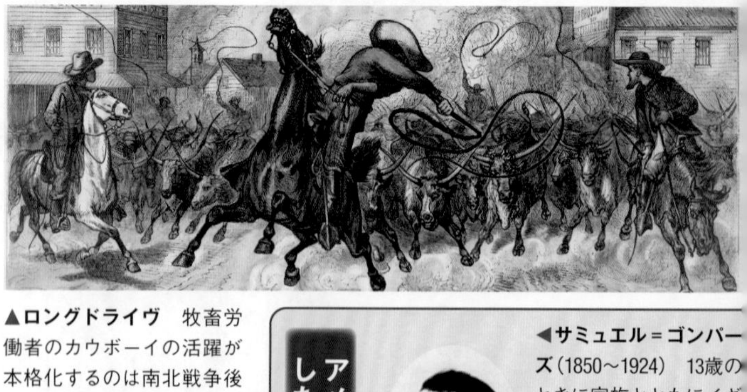

▲**ロングドライヴ**　牧畜労働者のカウボーイの活躍が本格化するのは南北戦争後である。彼らによって、広大な放牧地で育てられた牛の群れは、積み出しの鉄道駅までロングドライヴで連れて行かれた。有刺鉄線(ゆうしてっせん)による障害や鉄道の普及でその全盛期は短期間で終わった。

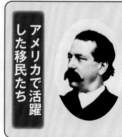

アメリカで活躍した移民たち

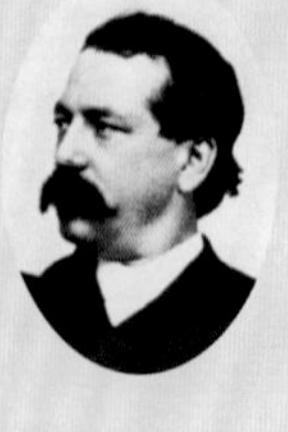

◀**サミュエル＝ゴンパーズ**(1850～1924)　13歳のときに家族とともにイギリスより移民した(1863年)。葉巻工組合出身で、1886年に結成されたアメリカ労働総同盟(AFL)の初代会長となった。

2 アメリカ合衆国と移民

2·1 アメリカ合衆国への移民数
（1820〜1970年）

Q アメリカに移民が集中する背景（Push要因とPull要因[*1]）に目を向けてみよう。また、移民の状況も確認しよう。

※1 Push要因とは、移民送出国が移民を生み出す要因、Pull要因とは、移民受け入れ国が移民を引きつける要因のことをさす。

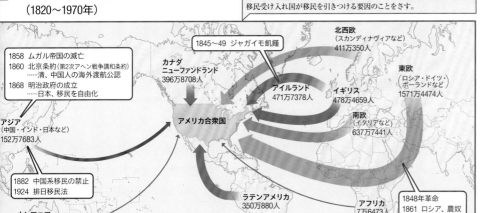

1858 ムガル帝国の滅亡
1860 北京条約（第2次アヘン戦争講和条約）……清、中国人の海外渡航公認
1868 明治政府の成立……日本、移民を自由化

1845〜49 ジャガイモ飢饉

北西欧（スカンディナヴィアなど）411万350人

カナダ ニューファンドランド 396万8708人

アイルランド 471万7378人

イギリス 478万4659人

東欧（ロシア・ドイツ・ポーランドなど）1571万4474人

アジア（中国・インド・日本など）152万7683人

アメリカ合衆国

南欧（イタリアなど）637万7441人

1882 中国系移民の禁止
1924 排日移民法

ラテンアメリカ 350万880人

アフリカ 7万6473人

オセアニア（オーストラリアなど）11万7732人

1848年革命
1861 ロシア、農奴解放令
19世紀後半、ロシアでのポグロム（ユダヤ人抑圧）

□アメリカ合衆国への移民の背景　□アメリカ合衆国の移民制限

2·2 移民数の推移（1820〜1970年）

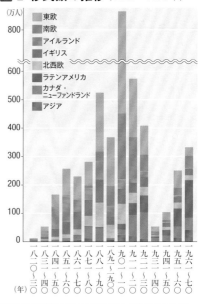

（万人）
■ 東欧
■ 南欧
■ アイルランド
■ イギリス
■ 北西欧
■ ラテンアメリカ
■ カナダ・ニューファンドランド
■ アジア

（年）

（2·1、2·2 *Historical statistics of the United States, Colonial Times to 1970* より作成）

2·3 移民とアメリカの抱えた課題

◀**エリス島に到着した移民**　フランスから贈られ、1886年に完成した自由の女神像の台座には、「…我に与えよ、疲れた貧しき人々の群れ　自由に生きんと願うもの　汝の岸辺にひしめく惨めな屑のごとき人々を　我がもとに送り、家もなく嵐に弄ばれる者たちよ　黄金の扉の傍らに、我は燈火を掲げよう」といったユダヤ系アメリカ人のエマ＝ラザラスの詩が刻まれている。1892年以降、ヨーロッパなどからの移民の大半はこの自由の女神像のたつリバティ島の前を通り、エリス島の移民登録局などでの手続きを経て入国した。

Q 中国系移民はなぜアメリカで排斥の対象となったのだろうか。

◀**日本とカリフォルニアの軋轢**（1906年）　日米間の外交摩擦が、自身のノーベル平和賞受賞に悪影響をおよぼすと心配したセオドア＝ローズヴェルト大統領➡p.225が、「静かにしろ！若造ども！　俺のノーベル賞のことを忘れたのか」と、喧嘩しているカリフォルニアと日本を引き離そうとしている。

▶**新顔ーカミングマンの登場**　「中国人は…タバコの製造や洗濯業の分野を独占し、打ちまかしたライバルに向かって狡猾な勝利の笑みを浮かべている。」（胡垣坤ほか著、村田雄二郎ほか訳『カミング・マン』平凡社より）

読み書きテストの提案（1896年）

…本法案の提案は、排除する移民の新たな種類をつくりだし、まさしくまったく無知だと指摘されてきた人びとを追加することであります。…その第一項は自国語ないし他国語のいずれかで読み書きできないすべての移民をわが国から締め出すものであります。…

この読み書きテストはイタリア人、ロシア人、ポーランド人、ハンガリー人、ギリシア人、アジア人に最も重い負担となり、英語圏からの移民ないしドイツ人、スカンディナヴィア人、フランス人にはきわめてわずかしか、あるいはまったく負担にならないでありましょう。言い換えれば、この読み書きテストによって最も影響を受ける人種は、わが国への移住がここに始まり、法外な割合にまで急増した人種、または英語を話す国民がこれまで決して同化吸収したことがなく、合衆国の人民の大多数にとって最も異質である人種であります。…

読み書きテストによって排除される移民は、…わが国にもたらす金が最も少なく、また最もすみやかに公私の慈善に扶養を頼るにいたる移民であること、が判明しております。…わが国の市民の質が、合衆国への移民の現在の経過と性格によって危うくされているのではないかということであります。（大下尚一ほか編『史料が語るアメリカ』有斐閣より）

解説 19世紀末には、移民を制限するために読み書きテストの導入が提案され、1917年には大統領の拒否権をおさえて識字テスト法が成立した。

Q この提案から、アメリカが求めている移民とできれば流入を避けたい移民にはどのような違いがあるといえるだろうか。また、移民の流入は、どのような課題をアメリカにもたらしただろうか。

▶**カーネギー**（1835〜1919）　13歳のときに家族とともにスコットランドより移民した（1848年）。一代でアメリカ鉄鋼業界を制し、鉄鋼王と呼ばれた。大学や図書館などの建設に多額の寄付をおこなった。

▶**ピューリツァー**（1847〜1911）　ハンガリー移民。1898年のアメリカ＝スペイン戦争➡p.225に際しては、刊行していた「ニューヨーク＝ワールド」でセンセーショナルな報道を展開したが、のちに信頼性の高い紙面づくりにつとめた。その遺言によりピューリツァー賞が1917年に創設された。

▶**ケネディ**（1917〜63）　アイルランド移民の子孫。民主党に所属し、43歳で大統領に当選（第35代／任1961〜63）するも、1963年に遊説先のダラスで暗殺された。➡p.272

▶**アル＝パチーノ**（1940〜）　イタリア移民の子。俳優として映画「ゴッドファーザー」シリーズなどに出演するなど、活躍している。

北アメリカ

1 19世紀欧米の文化 …19世紀には、市民層が担う市民文化が登場し、19世紀後半には国民文化の潮流が主流となった。

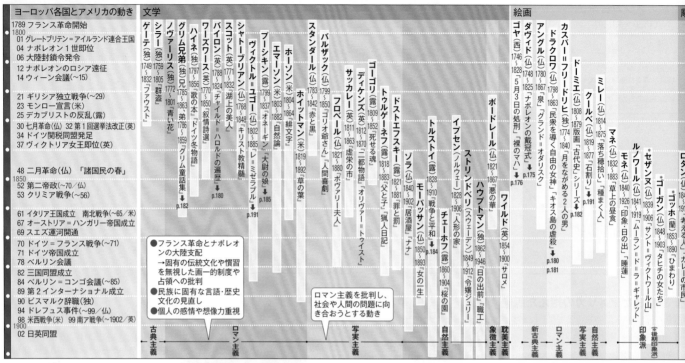

ヨーロッパ各国とアメリカの動き	文学	絵画
1789 フランス革命開始		
01 グレートブリテン=アイルランド連合王国		
04 ナポレオン1世即位		
06 大陸封鎖令発令		
12 ナポレオンのロシア遠征		
14 ウィーン会議(〜15)		
21 ギリシア独立戦争(〜29)		
23 モンロー宣言(米)		
25 デカブリストの反乱(露)		
30 七月革命(仏) 32 第1回選挙法改正(英)		
34 ドイツ関税同盟発足		
37 ヴィクトリア女王即位(英)		
48 二月革命(仏) 「諸国民の春」		
52 第二帝政(〜70/仏)		
53 クリミア戦争(〜56)		
61 イタリア王国成立 南北戦争(〜65/米)		
67 オーストリア=ハンガリー帝国成立		
69 スエズ運河開通		
70 ドイツ=フランス戦争(〜71)		
71 ドイツ帝国成立		
78 ベルリン会議		
82 三国同盟成立		
84 ベルリン=コンゴ会議(〜85)		
89 第2インターナショナル成立		
90 ビスマルク辞職(独)		
94 ドレフュス事件(〜99/仏)		
98 米西戦争(米) 99 南ア戦争(〜1902/英)		
02 日英同盟		

文学の思潮:古典主義 / ロマン主義 / 写実主義 / 自然主義 / 耽美主義 / 象徴主義

絵画の思潮:新古典主義 / ロマン主義 / 写実主義 / 自然主義 / 印象派 / (後期印象派)

●フランス革命とナポレオンの大陸支配
→固有の伝統文化や慣習を無視した画一的制度や占領への批判
●民族に固有な言語・歴史文化の見直し
●個人の感情や想像力重視

ロマン主義を批判し、社会や人間の問題に向き合おうとする動き

2 文学

▲ゲーテ(左)とシラー(右) 世俗的道徳や因襲を否定し、個性や人間感情の自然的発露を重視する疾風怒濤(シュトゥルム=ウント=ドランク)運動を展開した。

◀『人形の家』 ノルウェー出身の自然主義劇作家イプセンの戯曲で、女性解放をめぐり話題になった。このポスターは自立的な生き方に目覚め、家庭からの解放を望む主人公ノラが家を出ることを夫ヘルメルに告げる場面を描いている。

3 音楽

◀スメタナ チェコ民族運動に参加し、オペラ「売られた花嫁」や祖国の歴史風土に根差した交響詩「わが祖国」などの作品を生んだ。

4 彫刻

5 絵画

5·1 新古典主義

●古代ギリシア・ローマの美術を規範とし、格調高く均整のとれた理想の美を追求した。
●ポンペイ遺跡発掘やフランス革命が影響した。

▲ダヴィド「ホラティウス兄弟の誓い」 アルバ市との勝敗の決着をつけるために選ばれたローマ代表のホラティウス兄弟が、勝利を誓う場面が描かれている。(パリ、ルーヴル美術館蔵)

5·2 ロマン主義

●人間の個性や感情を強烈な色彩と激しい構図で表現した。
●ウィーン体制下の自由主義・ナショナリズムに影響した。
➡p.181

▲ジェリコー(1791〜1824)「メデューズ号の筏」 1816年に実際におきた悲惨な軍艦難破事件を題材に描かれ、衝撃を与えた。友人ドラクロワもモデルをつとめた。(パリ、ルーヴル美術館蔵)

5·3 写実主義(リアリズム)・自然主義

●現実の自然や人間を客観的にありのままに表現し、民衆の活動に目を向けた。
●産業革命による中産階級の台頭などが影響した。

▲ミレー「落ち穂拾い」 ミレーはパリ近郊のバルビゾンに住み、本作や「晩鐘」「種まく人」など貧しい農民に目を向けた敬虔な信仰に満ちた絵を描いた。(パリ、オルセー美術館蔵)

ジャポニスムとヨーロッパ芸術

1856年頃にフランスで北斎漫画が注目されて日本美術への興味関心が高まった。これを機に、1867年のパリ万博→p.188に江戸幕府などが出品した日本の美術工芸などの影響を受け、ジャポニスム（日本趣味）が巻き起こり、印象派やアール＝ヌーヴォーの作家に大きな影響を与えた。

音楽

ベートーヴェン（独）1770～1827「英雄」「運命」→175「冬の旅」
シューベルト（独）1797～1828
シューマン（独）1810～1856「流浪の民」
ショパン（ポーランド）1810～1849「革命」
ヴァーグナー（独）1813～1883 オペラ「タンホイザー」→p.181
リスト（ハンガリー）1811～1886「ハンガリー狂詩曲」
ヴェルディ（伊）1813～1901 オペラ「アイーダ」
ビゼー（仏）1838～1875 オペラ「カルメン」→p.193
スメタナ（チェコ）1824～1884「わが祖国」
チャイコフスキー（露）1840～1893「白鳥の湖」
プッチーニ（伊）1858～1924 オペラ「蝶々夫人」
ドビュッシー（仏）1862～1918「月の光」、序曲「1812年」→p.177、「トゥーランドット」

古典派　ロマン派　国民楽派　印象派

◀ロダン「**考える人**」 ダンテの『神曲』地獄篇→p.135に着想を得て制作した「地獄の門」の上部にあった像よりつくり出された、単独の像である。（パリ、ロダン美術館蔵）

5·4 印象派

- サロンのアカデミズムに反抗した。
- 光と色彩を重視し、大胆で自由なタッチを使用して、対象から受ける直接的印象を表現しようとした。風景や人物など身近なものや近代市民生活を題材とした。
- チューブ入り絵の具（戸外制作が可能に）や写真の発明が影響した。

◀**ガレ（1846～1904）のランプ** ローレーヌ地方出身のガレは、蜻蛉・蝶などの虫や草花をモチーフとしたアール＝ヌーヴォー様式のガラス工芸を数多く製作した。

◀▲**パリのメトロ、アベス駅入り口** 自然界の曲線や動植物をモチーフとした装飾を特徴とするアール＝ヌーヴォー様式のメトロ入り口。ギマール作。

◀**マネ「エミール＝ゾラ」** サロン（官展）に落選したマネを擁護する記事を出し、マネと親交を深めたゾラの肖像画。左には屏風、右には２代目歌川国明の力士絵「大鳴門灘右ヱ門」、マネの「オランピア」、ベラスケス→p.162の「バッカスたち」が描きこまれている。（パリ、オルセー美術館蔵）

▲**ゴッホ「タンギー爺さん」** ゴッホの友人タンギーの背景には、歌川広重の「五十三次名所図会四十五　石薬師、義経さくら範頼の祠」（右上）や渓斎英泉の「雲竜打掛の花魁」（右下）などの浮世絵が描かれている。ゴッホは、浮世絵の明るく平坦な色面構成や大胆な構図などを取り入れた。（パリ、ロダン美術館蔵）

◀**ルノワール「ムーラン＝ド＝ラ＝ギャレット」** パリのモンマルトルにあったダンスホールで、木漏れ日のなか集う人々の様子を描いたルノワールの代表作。（パリ、オルセー美術館蔵）

▼**ゴーガン「タヒチの女たち」** 1889年のパリ万博における植民地展示もあって、ゴーガンは晩年にタヒチ（1847年フランス保護領となる）に移住し、「未開の地」タヒチに原始の美を求めて描き、「文明社会」を批判した。（パリ、オルセー美術館蔵）

▲**モネ「印象・日の出」** ルアーヴル港の日の出の情景。1874年の展覧会（のちに第１回印象派展とされる）に出品。酷評され、印象派の名称の由来となった。（パリ、マルモッタン美術館蔵）

▶**セザンヌ「りんごとオレンジ」** セザンヌは自然を円筒形・球体・円錐形で扱うべきとし、対象物を多角的な視点から描き、１つの画面に構成した。この絵の右奥の布は、愛した故郷エクス＝アン＝プロヴァンスのサント＝ヴィクトワール山を表している。彼の絵画はのちにピカソなど立体派→p.291に影響を与えた。（パリ、オルセー美術館蔵）

ヨーロッパ

北アメリカ

1 19世紀欧米の哲学・社会科学・自然科学

ヨーロッパ各国とアメリカの動き	哲学	社会科学		自然科学	技術・発明
		経済学／歴史学／歴史法学			

ヨーロッパ各国とアメリカの動き

- 1789 フランス革命開始
- 1800
- 01 グレートブリテン＝アイルランド連合王国
- 04 ナポレオン1世即位
- 06 大陸封鎖令発令
- 12 ナポレオンのロシア遠征
- 14 ウィーン会議（〜15）
- 21 ギリシア独立戦争（〜29）
- 23 モンロー宣言（米）
- 25 デカブリストの反乱（露）
- 30 七月革命（仏） 32 第1回選挙法改正（英）
- 34 ドイツ関税同盟発足
- 37 ヴィクトリア女王即位（英）
- 48 二月革命（仏） 「諸国民の春」
- 1850
- 52 第二帝政（〜70／仏）
- 53 クリミア戦争（〜56）
- 61 イタリア王国成立 南北戦争（〜65／米）
- 67 オーストリア＝ハンガリー帝国成立
- 69 スエズ運河開通
- 70 ドイツ＝フランス戦争（〜71）
- 71 ドイツ帝国成立
- 78 ベルリン会議
- 82 三国同盟成立
- 84 ベルリン＝コンゴ会議（〜85）
- 89 第2インターナショナル成立
- 90 ビスマルク辞職（独）
- 94 ドレフュス事件（〜99／仏）
- 98 米西戦争（米） 99 南ア戦争（〜1902／英）
- 1900
- 02 日英同盟

哲学

- カント（独）1724〜1804 『純粋理性批判』
- フィヒテ（独）1762〜1814 『ドイツ国民に告ぐ』 →p.160
- シェリング（独）1775〜1854 「人間的自由の本質」
- ヘーゲル（独）1770〜1831 『大論理学』『弁証法哲学』 →p.177
- フォイエルバッハ（独）1804〜1872 『ヘーゲル哲学批判』
- マルクス（独）1818〜1883 『共産党宣言』『資本論』 →p.183
- コント（仏）1798〜1857 実証主義
- ベンサム（英）1748〜1832 功利主義
- ジョン＝ステュアート＝ミル（英）1806〜1873 『経済学原理』
- ショーペンハウエル（独）1788〜1860 『意志と表象としての世界』
- キェルケゴール（デンマーク）1813〜1855 実存哲学の先駆
- スペンサー（英）1820〜1903 進化論を哲学に導入（社会ダーウィニズムへ）

（下部）ドイツ観念論／経験論／古典派（経済学）／歴史学派

社会科学

経済学
- マルサス（英）1766〜1834 『人口論』
- リカード（英）1772〜1823 『経済学および課税の原理』 →p.193
- リスト（独）1789〜1846 ドイツ関税同盟の結成を説く

歴史学
- ランケ（独）1795〜1886 『世界史』
- ドロイゼン（独）1808〜1884 『ヘレニズム時代史』
- ギゾー（仏）1787〜1874 『ヨーロッパ文明史』

歴史法学
- サヴィニー（独）1779〜1861 『中世ローマ法史』 →p.29

自然科学

- ファラデー（英）1791〜1867 電気化学・電磁気学
- マイヤー（独）1814〜1878 エネルギー保存の法則
- ヘルムホルツ（独）1821〜1894 エネルギー保存の法則
- リービヒ（独）1803〜1873 有機化学の基礎確立
- ダーウィン（英）1809〜1882 進化論提唱『種の起源』 →p.27
- メンデル（オーストリア）1822〜1884 遺伝の法則発見
- パストゥール（仏）1822〜1895 狂犬病予防接種の開発 →p.27
- コッホ（独）1843〜1910 結核菌・コレラ菌の発見・ツベルクリンの製造 →p.27
- 北里柴三郎（日）1853〜1931 ペスト菌発見・ジフテリア・破傷風の治療 →p.27
- 志賀潔（日）1871〜1957 赤痢菌発見 →p.189
- レントゲン（独）1845〜1923 X線発見
- マリ＝キュリー（ポーランド）1867〜1934 ラジウムの発見
- ピエール＝キュリー（仏）1859〜1906 ラジウムの発見

技術・発明

- モース（モールス）（米）1791〜1872 電信機・モールス信号
- ベル（米）1847〜1922 電話の発明
- エディソン（米）1847〜1931 電灯・蓄音機
- ダイムラー（独）1834〜1900 自動車発明
- ディーゼル（独）1858〜1913 ディーゼルエンジンの完成
- ノーベル（スウェーデン）1833〜1896 ダイナマイトの発明
- ライト兄弟（米）兄1867〜1912／弟1871〜1948 プロペラ飛行機の発明
- マルコーニ（伊）1874〜1937 無線電信

ヨーロッパ

2 哲学

▶ ヘーゲル **弁証法哲学**を提唱し、ドイツ観念論哲学を大成させた。著書『精神現象学』『大論理学』など。彼の思想はのちにマルクスらに影響を与えた。 →p.183

▶ ベンサム 人間の快苦は計算できると考え、個人の幸福の総計が社会全体の幸福の数値であるとし、「最大多数の最大幸福」を社会全体の最終目的とした。この**功利主義**は、選挙法改正など19世紀イギリスの自由主義改革運動に大きな影響を与えた。 →p.186

▶ ジョン＝ステュアート＝ミル ベンサムに対し、快楽には質的な差異があると主張し、個人の主観的感情を重視した。イギリス東インド会社に長年勤務し、第2回選挙法改正（1867年）→p.186に尽力した。『経済学原理』を著すなど古典派経済学者としても活躍した。

3 自然科学

北アメリカ

ノーベルとノーベル賞

ノーベルは、珪藻土にニトログリセリンをしみこませた火薬の工夫により、ダイナマイトを発明（1867年）したり、これを改良して無煙火薬を発明した。後者は、小銃・機関銃・大砲などを発射させるのに利用された。これらの発明は、戦場の悲惨さを増大させる一方、鉱山開発や鉄道・運河・道路建設にも利用され、多大な利益をノーベルにもたらした。生涯独身だったノーベルは、約3300万クローネの遺産を残して1896年に死去したが、その遺言により1901年創設されたのがノーベル賞である。現在の受賞対象分野は、創設当初の物理学・化学・生理学医学・文学・平和の5分野に、1969年に加えられた経済学の6分野となっている。 →p.192

▲ ノーベルの肖像が刻まれたノーベル賞のメダル

◀ レントゲン 1895年にX放射線を発見し、その功績により1901年第1回ノーベル物理学賞を受賞した。
▶ レントゲンがX放射線で撮影した妻の手（1896年）

◀ キュリー夫妻 ポーランド出身の妻マリとフランス人の夫ピエールは、共同で放射線に関する研究をおこない、ウランの鉱石から放射線をもつ元素をあいついで発見し、ラジウム、ポロニウムと命名した（1898年）。放射線に関する研究で、夫妻はベクレル（仏／1852〜1908）とともに1903年にはノーベル物理学賞を受賞した。のちに妻マリは単独でノーベル化学賞も受賞している（1911年）。

▶ ダーウィン ダーウィンは測量船ビーグル号での南半球を周遊（1831〜36年）し、そこでの観察や調査などから生物進化の構想を得た。1858年に進化論を発表、1859年には『種の起源』を刊行した。図は彼の進化論を揶揄する風刺画（1874年）。

▲ メンデル エンドウの交配実験をもとに、遺伝に関する法則（メンデルの法則）を1865年に報告した。

学術調査と探検

リヴィングストン〈英〉 813~873 南アフリカ調査 ▶p.224	スタンリー〈米〉 1841~1904 アフリカ大陸横断 ▶p.224	アムンゼン〈ノルウェー〉 1872~1928 南極点初到達	ヘディン〈スウェーデン〉 1865~1952 楼蘭遺跡発見	スタイン〈英〉 1862~1943 敦煌の調査 学術調査	ペリオ〈仏〉 1878~1945 敦煌の調査
		ピアリ〈米〉 1856~1920 北極点初到達	スコット〈英〉 1868~1912 南極点到達		
アフリカ		極地探検		学術調査	

近代都市文化の誕生

欧米列強諸国は、国家の威信を示すために首都などの大都市に近代技術や土木技術を結集して上下水道を普及させ、都市計画によって道路や都市交通網を整備した。ガス灯についで電灯が普及し、便利で快適な生活環境が整備された都市では、文化施設・娯楽施設の拡充も進んだ。また、映画などの新しい大衆娯楽や、デパートなどの大規模商業施設もつくられた。→p.191

ポスターからみる都市生活　19世紀後半以降、消費文化の恩恵を受けて宣伝ポスターの需要が急増し、パリなどでは多彩なポスターが街に張り出され、人々の目を楽しませるようになった。

▼**ムーラン＝ルージュ、ラ＝グーリュ**(1891年)　1889年にパリのモンマルトルに開店したキャバレー「ムーラン＝ルージュ」の常連であったロートレック(1864~1901)が手がけたポスター。張り出されるや、一夜にしてパリ中の話題となった。ラ＝グーリュは、ムーラン＝ルージュの花形ダンサー(中央の女性)。

▶**パーフェクタ自転車**(1902年)　チェコ出身のミュシャ(1860~1939)が手がけた、アール＝ヌーヴォー様式で描かれた自転車広告のポスター。彼のポスターは、人々の豊かで新しいライフスタイルへの夢をかきたてるものだった。

▲**ボン＝マルシェのクリスタル＝ホール**(1874年完成)　19世紀半ば、世界初のデパートとして誕生したフランスのボン＝マルシェは、ウィンドウ＝ディスプレイやバーゲンなどを展開し、人々の消費意欲をかきたてた。

4 技術・発明

◀**エディソン**　蓄音器(1876年)や、フィラメント(電灯の細い発熱体)に日本の京都の竹を利用した白熱電球(1878年)など、様々なものを発明し実用化した。生涯に得た特許は1300にものぼった。

▶**息子が運転する四輪自動車に乗るダイムラー**(後方)　ダイムラーは、1883年にガソリン機関を発明し、二輪自動車や四輪自動車を製作、1890年にはダイムラー自動車会社(のちにベンツ社と合併し、ダイムラー＝ベンツ社となる)を設立した。

▲**ライト兄弟のフライヤー1号による初飛行**(1903年12月17日)　自転車製造の小工業経営者であったライト兄弟は、商品開発として飛行機製造に乗り出し、1903年に初の有人飛行に成功した。その秘訣は、飛行機の横ゆれを発生または防止する横舵にあった。

5 地理学的学術調査と探検

▲**アムンゼンの南極点到達**　アムンゼンは、スコットと競いつつ、1911年に南極点の初到達に成功した。なお、スコットは1カ月遅れで到達し、その帰路に遭難した。

▲**ヘディンの楼蘭発掘**　ヘディンは、中央アジアを探検し、1901年にはロプ＝ノール付近で楼蘭の遺跡を発見した。(東京、〈公財〉東洋文庫蔵)

▶**敦煌莫高窟で文書や経典の調査をするペリオ**　義和団戦争→p.226に遭遇した経験をもつペリオは、スタイン(英/1862~1943)の後に敦煌莫高窟の調査をおこない、様々な文献をフランスにもたらした。(東京、〈公財〉東洋文庫蔵)

1 西アジアの動向

対外関係：黒字　国内関係：青字

オスマン帝国	エジプト	イラン・アフガニスタン
1683 第2次ウィーン包囲失敗	※オスマン帝国の属州…豊かな農業生産力をもつ地域	
1699 カルロヴィッツ条約…ハンガリーなど失う➡p.150	1798 ナポレオン、エジプト遠征（～99）➡p.174	1736 サファヴィー朝滅亡➡p.122
1783 ロシア、クリミア＝ハン国併合	1805 ムハンマド＝アリー（位1805～48）、エジプト総督となる	1747 アフガニスタン王国成立
1787 ロシア＝トルコ戦争（～92）	**＝ムハンマド＝アリー朝**（～1952）	1796 ガージャール朝成立（～1925）
ワッハーブ運動➡1744頃 **ワッハーブ王国**成立（～1818、1823～89）…アラビア半島で勢力拡大・1818 ムハンマド＝アリーにより鎮定		首都：テヘラン
1821 ギリシア独立戦争（～29）➡ムハンマド＝アリー、エジプト軍派遣		
1826 イェニチェリ全廃➡p.123	1822 ムハンマド＝アリー、東スーダン征服	1826 ロシア、イランと戦争（～28）
1831～33 **第1次エジプト＝トルコ戦争**	▶ムハンマド＝アリー エジプト総督となり、綿花などの専売制を導入して富国強兵・殖産興業の政策を進めた。	→1828 **トルコマンチャーイ条約** …ロシアに治外法権認め、関税自主権失う。南コーカサス（南カフカス）の領土を割譲
…ムハンマド＝アリー、シリアの領有を要求		
1838 オスマン帝国、イギリスと通商条約締結 →エジプトにも適用・エジプト、専売の利益と関税自主権を失う		アフガニスタン、英露の覇権争い（グレートゲーム）に巻き込まれる
1839～40 **第2次エジプト＝トルコ戦争**		1838～42 第1次アフガン戦争
→1840 ロンドン会議：ムハンマド＝アリー、エジプト・スーダン総督職の世襲権のみ容認		
1841 海峡協定…外国軍艦のダーダネルス・ボスフォラス両海峡の航行禁止・ロシアの南下阻止		1841 イギリス＝イラン通商条約
1839 ギュルハネ勅令→**タンジマート**開始	1869 **スエズ運河の完成**➡p.189 ←レセップス（仏）の提案、ナポレオン3世支援	1848 バーブ教徒の反乱 ～52
1853 クリミア戦争→56年パリ条約➡p.184 ～56		
1875 オスマン帝国、財政破綻→列強への経済的従属	1875 スエズ運河会社の株をイギリスへ売却➡p.186	ガージャール朝、列強への借款と電信線、鉄道の敷設、鉱山採掘、銀行開設などの利権譲渡進む
1876 **オスマン帝国憲法**（ミドハト憲法）発布	1876 イギリス・フランス両国による エジプトの財政管理	
1877 オスマン帝国議会開会		
1877 ロシア＝トルコ戦争 ～78 →アブデュルハミト2世、議会閉鎖、憲法停止	1881 **ウラービー運動** ～82 →イギリス軍、エジプトを占領（1914 保護国化）	1878 第2次アフガン戦争…イギリス、アフガニ ～80 スタンの外交権確保・アフガニスタン保護国化
1878 サン＝ステファノ条約…ロシアの南下成功➡p.184		1891 **タバコ＝ボイコット**運動
1878 ベルリン会議（ビスマルクの仲介） →ベルリン条約➡p.184	1881 **マフディー運動** ～98	1907 英露協商➡p.230

▲ウラービー（オラービー）＝パシャ（1841～1911） 農民出身の軍人。外国支配に反対して武装蜂起した。蜂起は失敗したが、その後の民族運動の起点となった。

1·1 19世紀の西アジアとバルカン半島

凡例：オスマン帝国の領域（1900年代）　数字 オスマン帝国から分離・独立した年代　ロシア帝国の領域　数字 ロシア帝国の進出年代

1683 第2次ウィーン包囲
1699 カルロヴィッツ条約 オーストリアにハンガリーなどを割譲
1878 ベルリン条約➡p.184
ボスニア・ヘルツェゴヴィナ
セルビア 1878
モンテネグロ 1878
ギリシア 1829
1821～29 ギリシア独立戦争
チュニジア 1881～仏保護下
1828 トルコマンチャーイ条約
1869 スエズ運河開通
1875 イギリス、スエズ運河会社の株買収
1881～82 ウラービー運動
エジプト 1805 自立 1882～1914 英占領下 1914～22 英保護下
ワッハーブ王国 1744頃～1818、1823～89
ヒヴァ 1873 露保護下
ブハラ 1868 露保護下
コーカンド 1876
サマルカンド 1868
メルヴ 1884
ロシア領トルキスタン
ロシア勢力圏 1907～17
アフガニスタン
1838～42 第1次アフガン戦争
1878～80 第2次アフガン戦争→1880 英保護下（～1919）
ガージャール朝 1796～1925
1848～52 バーブ教徒の反乱
1891 タバコ＝ボイコット運動
イギリス勢力圏 1907～19
イギリス領インド帝国
クウェート 1899～ 英保護下

2 エジプトの動向

Q 1875年にイギリスはスエズ運河会社の株を買収したが、それはイギリスにとってどのような意義があっただろうか。

"MOSÉ IN EGITTO!!!"

▲「エジプトのモーセ！！！」（『PUNCH』1875年）ムハンマド＝アリー朝は巨費を投じてスエズ運河を開通させた（1869年）➡p.189が、莫大な債務を負ったために、イギリス・フランスの財務管理下におかれて、内政干渉を受けるようになった。

2·1 エジプトとスーダンの運動

エジプト国民党綱領（1881年12月18日）

2 国民党は、現在のヘディーヴ〔世襲総督〕に対する忠誠を表明する。…しかしながら国民党は、エジプトがあれほどしばしば目撃してきた不公正な専制支配の再開は絶対に許さないことを決意しており、ヘディーヴが、議会政治を行って国民に自由を与えるという約束を、厳格に履行することを要求する。

3 …国民党は、現在の態勢[*1]は一時的な性格のものであると見なしており、祖国を債権者たちの手から徐々に請け出していきたいと希望している。国民党の目的は、いつの日かエジプトが完全にエジプト人の手に委ねられるのを見ることである。

[*1] 英・仏により、エジプトの財政が管理されている状態。
（歴史学研究会編『世界史史料8』岩波書店より）

マフディー運動（1881～98年）

スーダンの反乱は下エジプトのそれときわめて類似したものだった。…両者の唯一の相違は、エジプトにおいて改革を担ったのは啓蒙された人々、イスラームのより人道的・革新的側面を代表する人々だったのに対し、スーダンにおける改革者たちは復古的、狂信的だったという事実である。…信心深い、しかし狂信的からは程遠いイスラーム教徒だった**ウラービーは、1882年にはエジプトのみならず全イスラーム教圏——キリスト教世界の侵略を警戒し、最も安全な拠りどころとして立憲改革に望みを託したすべてのイスラーム教国——を代表していた。そしてまさにこの改革の指導者を、立憲国家、自由党政権下のイギリス**は打倒することを選んだのである。…イギリスのエジプト侵略は、スーダンにムハンマド＝アフマドがマフディーとして出現するという事態を引き起こした。
（W.S.ブラント著、栗田禎子訳『ハルツームのゴードン』リブロポートより）

解説 この綱領は、ウラービーの見解をまとめて、英首相グラッドストンに送られたものである。

Q エジプトやスーダンではどのような改革の動きがみられただろうか。

3 オスマン帝国の改革

オスマン帝国の改革路線

オスマン帝国において、西洋に感化されつつ、強化と進歩への願望が自覚されて以来、主として3つの政治的路線が構想され追求されてきたと私は考える。その第一は、オスマン政府に属する多様な諸民族を同化し、統一して一つのオスマン国民を創出すること。第二には、カリフ権がオスマン朝の君主にあることを利用して、すべてのイスラーム教徒を上述の政府の統治下で政治的に統一すること（西洋人が「パン＝イスラミズム」と呼ぶところのもの）。第三に、人種に依拠したトルコ人の政治的ナショナリティを形成することである。

（ユスフ＝アクチュラ『3つの政治路線』〈1904年〉、歴史学研究会編『世界史史料8』岩波書店より）

ギュルハネ勅令（1839年）～タンジマートの開始～

この150年以来、憂患の続出とその他諸々の原因によって、神聖なるイスラーム法も…遵奉、準拠されなくなったため、従前の権力と繁栄が、反対に脆弱と貧困に転ずるに至った。…今後、朕の至高なる国家にして加護された国土のよき統治のためにいくつかの新しい法の制定が必要かつ重要と見られ、その必要な諸法の基本的な内容は、生命の保障、名誉と財産の保護、租税の賦課、並びに必要とされる兵士の徴集方法および服役期間という諸事項からなる。

…朕の帝国の臣民であるイスラーム教徒と他の諸宗教の信徒は、朕のこの恩恵に例外なく浴するのであり、イスラーム法の規定に基づいて、朕の加護された国土の全住民は、朕より完全なる生命、名誉、財産の保障が与えられたのである。

（歴史学研究会編『世界史史料8』岩波書店より）

Q オスマン帝国での改革の動きにはどのようなものがあるとしているだろうか。

「もっと泡を！」
『PUNCH』1877年
オスマン帝国は幾度も改革という幻の約束をした。1839年の泡にはギュルハネ勅令、1877年の泡には憲法と書かれている。

Q イギリスの風刺画は、オスマン帝国の改革をどのように評価しているだろうか。

ONE BUBBLE MORE!!

Q タンジマートは何をめざした改革だろうか。また、オスマン帝国憲法は、どのような国家を想定しているのだろうか。

オスマン帝国憲法　詳しくみる

オスマン帝国憲法（ミドハト憲法、1876年）

第3条　オスマンの至高なるスルタン位はイスラームの偉大なるカリフ位を有し、古来の方法に従ってオスマン家の最年長男子に帰する。

第8条　オスマン国籍を有するものは全て、いかなる宗教及び宗派に属していようとも、例外なくオスマン人と称される…。

第11条　オスマン帝国の国教はイスラーム教である。この原則を遵守し、かつ人民の安全又は公序良俗を侵さない限り、オスマン帝国領において認められているあらゆる宗教行為の自由、及び諸々の宗教共同体に与えられてきた宗教的特権の従来通りの行使は、国家の保障の下にある。

第17条　全てオスマン人は法律の前に平等であり、宗教宗派上の事項を除き、国に対する権利及び義務において平等である。

第18条　オスマン臣民が公務に任用されるためには、国家の公用語であるトルコ語を解することが条件である。

（粕谷元編『トルコにおける議会制の展開』東洋文庫より）

▶**ミドハト＝パシャ**　オスマン帝国の改革に尽力したが、憲法発布後まもなくスルタンの命令で国外に追放され、1年後行政職に復帰したものの最後は流刑先で獄死した。

パン＝イスラーム主義と日本

ロシア＝トルコ戦争（1877～78）を理由に議会と憲法を停止させたアブデュルハミト2世は、「イスラームの連帯が続く限り、イギリス、フランス、ロシア、オランダは朕の掌中にある。なんとなれば、かれらの支配下にあるムスリム国家において聖戦をおこすには、カリフの一言で十分だからである」として、専制政治を強化しつつパン＝イスラーム主義を推進した。その喧伝のためにエルトゥール号を日本に派遣した。同軍艦はその途上でムスリムの熱烈な歓迎を受けたが、日本からの帰路、現在の和歌山県の樫野崎沖で沈没した。

▲**アブデュルハミト2世**（位1876～1909）　▲**エルトゥールル号事件**（『東京日日新聞』号外、1890年）

4 イランの動向

THE SHAH'S HOLIDAY.

▲**「シャーの休日」**（『PUNCH』1889年）　ペルシア（イラン）のシャー（国王）：来なければよかった。

Q イランはどの国の進出に悩まされていただろうか。またその進出はどのように具体化しただろうか。

1 インドの植民地化

1707	ムガル皇帝アウラングゼーブ死去 ➡ p.126
	帝国求心力失い、各地に地方勢力台頭
1744	**カーナティック戦争**（〜61（63）計3次）
	→オーストリア継承戦争・七年戦争に連動
1757	**プラッシーの戦い** → 七年戦争の一環
	イギリス東インド会社の**クライヴ**、フランス・ベンガル太守軍に勝利
1763	**パリ条約 イギリスの優位決定**
1765	イギリス東インド会社、ベンガルなどの徴税権獲得
1767	**マイソール戦争**（〜99 計4次）
	南インド支配を確立
1775	**マラーター戦争**（〜1818 計3次）
	デカン高原支配を確立
1813	イギリス東インド会社の貿易独占廃止（茶を除く）
1814	イギリス＝ネパール戦争（〜16）
1815	セイロン島（スリランカ）、英領となる
	（ウィーン議定書）➡ p.180
1829	サティー（寡婦殉死）の禁止
1833	イギリス東インド会社の商業活動、全面停止（34年実施）
1845	**シク戦争**（〜49 計2次）
	パンジャーブ地方を併合
	19世紀前半、インドの綿工業衰退とイギリスへの綿花輸出が進行
1857	**インド大反乱**（1857〜59）
	インド人傭兵（**シパーヒー**）による大反乱
	反乱軍、デリー占領・有名無実のムガル皇帝を擁立
1858	皇帝、廃位され流刑＝ムガル帝国滅亡
	インド統治法成立
	イギリス東インド会社 解散
	→イギリスによる直接統治へ
1877	**インド帝国成立**（都：カルカッタ）
	英ヴィクトリア女王、インド皇帝即位
1885	第1回**インド国民会議開催**（ボンベイ）➡ p.228
	19世紀後半 飢饉による餓死者激増
1886	ビルマをインド帝国に併合

（縦書き右欄）
イギリス・フランスの抗争／イギリス東インド会社によるインド植民地化／植民地化に抵抗／植民地の完成

2 イギリスの侵略と統治

2・1 18世紀〜19世紀前半の有力なインド勢力

2・2 植民地インドの領域
（18世紀後半〜19世紀末）

イギリス領の拡大
- 徴税権の獲得（〜1765年）
- 1768〜1805年
- 1806〜インド大反乱終結時
- 19世紀末のインド帝国
- ● シパーヒーの反乱の発生地
- □ 藩王国

▲**マイソール王国の「ティプーの虎」** マイソール戦争で活躍して戦死した、イスラーム教徒の君主**ティプー＝スルタン**（1750〜99）の遺品。彼はイギリスから「マイソールの虎」と恐れられた。ハンドルをまわすとヨーロッパ人がうめき声をあげる仕掛けになっている。玩具であるが、反英感情を表現している。
（ロンドン、ヴィクトリア＆アルバートミュージアム蔵）

▼**インド人に世話をさせ、紅茶を飲むイギリス人**（1851年）
インドの伝統的な社会を破壊する一方、植民地のイギリス人は高給をとり、インド人を使役して貴族さながらの生活を送ったため、反感をかった。

3 インド人傭兵（シパーヒー）による大反乱

マルクスの新聞への寄稿（1857年）「インド軍の反乱」

　古代ローマ方式の「分割して支配せよ」とは、インドの帝国支配を維持するために、イギリスが約150年間使用してきた大原則であった。さまざまな人種、部族、カースト、宗教や諸独立国——これらを一括したものがインドと呼ばれる地域的な統一一体をなしている——を互いに抗争させることが、一貫したイギリス支配の基本原理であった。しかし近年、この支配条件には変化が起こった。…今回の反乱は独特であり、決定的な特徴によって従来のそれとは異なっている。史上初めてシパーヒーの連隊がみずからの白人士官を殺害している点、ムスリムとヒンドゥーが相互の反目を捨てて、みずからの共通の主人に対して団結している点、「ヒンドゥーのなかで起こった騒乱がムスリムの皇帝をデリーの王座に据えた結果になっている」点、反乱が若干の地点に限定されていなかった点、最後にインド軍内部における反乱が、アジアの多くの偉大な諸民族の間でのイギリス支配への全般的な不満と同時に現れている点がある。その理由はベンガル軍の反乱が、確かにペルシアや中国での諸戦争と密接に結合していたからであった。
（歴史学研究会編『世界史史料8』岩波書店より）

Q マルクスがインド大反乱を「独特」「従来と異なっている」としている理由は何だろうか。また反乱は何を「インド」のシンボルとしただろうか。

▲**戦いを指揮するラクシュミー＝バーイー**（1835頃〜58）　小藩王国の王妃であったが、王の死後「嫡子なきは併合」の原則により王国をイギリスに奪われた。大反乱勃発とともにこれに加わり各地を転戦し、奮戦したが、最後には戦死した。敵将に「最もすぐれた、最も勇敢なるもの」と賞賛された。今日でも民族的英雄として崇敬され、「インドのジャンヌ＝ダルク」とも呼ばれている。

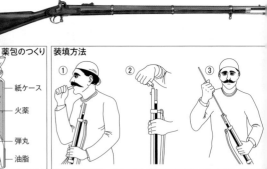

薬包のつくり
- 紙ケース
- 火薬
- 弾丸
- 油脂

装填方法
① ② ③

▲**エンフィールド銃と薬包の装填方法**　① 薬包を嚙み破る。② 銃口から火薬を入れ、紙ケースに包まれたままの弾丸を押し込む。③ 銃身下部の溝に取り付けられた弾込め用の込み矢で、弾丸と火薬を銃身奥に詰める
解説 エンフィールドはロンドン近くの地名で、砲兵工場があった。エンフィールド銃にヒンドゥー教徒が神聖視する牛やイスラーム教徒が禁忌とする豚の脂が使用されているとの噂も、宗教を超えてイギリス東インド会社の傭兵シパーヒーが連携することにつながった。

4 イギリスによるインドの植民地化

▶ネルー（1889〜1964）➡p.263

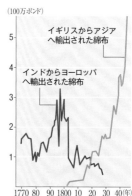

ネルーがみたインドの植民地化

ムガル帝国の崩壊は、インドの多くの地方に、政治的混沌、無秩序状態を現出させた。しかしそれでもなお、インドの経済学者…がかつて書いたように、「**18世紀のインドは大工業国であるとともに、大農業国であり、インドの手機機は、アジアおよびヨーロッパの市場の需要をみたしていた**」…だからヨーロッパ商人は、はじめはインドの原料にではなく、製品にひかれて来たわけだ。…インドの織物は、イギリス、その他ヨーロッパ各地に出まわり、また中国に、日本に、ビルマに、アラビアに、さらにアフリカの諸地方にもこばれた。…

はじめのうちは、東インド会社は、それによってもうけていたのだから、インドの工業を奨励した。…ところが、イギリスの工業家たちは、この競争を好まなかった。それで、かれらは政府をそそのかして、18世紀のはじめに、イギリスに輸入されるインド製品に課税させた。ある種のインド産品は、イギリスに荷揚げすることをまったく禁止された。

…**数百年間「東方世界のランカシャー」として、18世紀には、大規模に綿製品をヨーロッパに送り込んだインドは、工業国としての地位を失い、イギリス製品の消費者になりさがった。**…

はじめのうちは、外国商品のゆきわたる範囲は、港町か、その付近の地域にかぎられていた。道路と鉄道の建設がすすむにしたがって、外国商品はどんどん奥地に侵入してゆき、村の手職人までも駆逐してしまった。**スエズ運河の開通は、イギリスをいっそうインドに近づけ、イギリス製品の価格は、いっそう安くなった。**…

この、布生地を主とするイギリス製品の普及浸透は、インド手工業を死滅させた。…1834年に、イギリスのインド総督…は「**その惨状は、経済史上未曾有のもの**である。木綿の織工の骨は、インドの原野を白色に染めている」と報告したという。…

…ベンガルの東インド会社の、最初のいわゆる法律上の資格は、ムガル皇帝の代理の租税徴収人〔ディーワーニー〕の地位であった。**1765年の、会社にたいする「ディーワーニー」の委託**というのが、これだ。…1757年のプラッシーの会戦以来、イギリス人はベンガルで圧倒的な勢力を占め、気の毒なムガル皇帝は、もはやどこにも権力をもたなかったのだ。

東インド会社と、その役員は、おそろしく貪欲で…ベンガルとビハールをしぼって、とことんまで地租を取りたてようとした。…東インド会社の政策は、…ベンガル、ビハール地方におそろしい飢饉をもたらし、全人口の三分の一が野たれ死にした。…総督は、…インドにも、イギリス流の地主を創設しようとした。租税徴収人は過去しばらくのあいだ、地主のようにふるまってきた。そこで総督は、…かれらを正式に地主として待遇することに決めた。その結果インドは、はじめてこの新しい型の中間者をもつことになった。そして耕作農民は、純粋な小作人の地位におとされた。**イギリス人は、直接にはこの土地保有者、すなわちザミンダールとのみ交渉をもち、かれらの小作人は煮て食おうと焼いて食おうと、かれらのなすがままに一任したのだった。**…**南方のマドラスやその周囲では、ザミンダーリー制度は、一般には、おこなわれなかった。**というのも、農民の土地所有が存在していたので、東インド会社は、直接に農民ごとに額を決めた。そこでは、どこでもおなじことだが、会社役員は貪欲で、地租を過度に高額に決定し、そしてそれは無慈悲に取りたてられた。

（大山聡訳『父が子に語る世界歴史4』みすず書房より）

Q1 イギリスは当初インドに何を求めてきただろうか。それはどのように変容しただろうか。
Q2 インドとイギリスを近づけたものは何だろうか。
Q3 イギリス東インド会社のインド支配はどのようなものだっただろうか。それによりインド社会はどのような状況になっただろうか。

4・1 インドとイギリスの綿織物の輸出

（100万ポンド）

イギリスからアジアへ輸出された綿布

インドからヨーロッパへ輸出された綿布

1770　80　90　1800　10　20　30　40（年）

（山本達郎『インド史』山川出版社より作成）

Q インドからヨーロッパへ輸出された綿布よりイギリスからアジアへ輸出された綿布が増加したのはいつだろうか。またなぜこのような変化が生じたのだろうか。

イギリスのインド地税徴収

ザミンダーリー制（北部のベンガル管区など）

ベンガル総督

← 地税 　土地所有を承認 →

ザミンダール（徴税を担当）

貢　租　↑

農民

ライヤットワーリー制（南部のマドラス管区など）

州政府

← 地税 　土地所有を承認 →

農民（ライヤット）

▶ガンディー➡p.246

ガンディーがみた植民地支配下のインド

もし鉄道がなかったら、今日のようにイギリス人たちがインドを支配していなかった、とあなたは理解できるでしょう。鉄道でペストが広まります。もし鉄道がなく、ほんの少しの人たちしかある場所からほかの場所へ行かなければ、伝染病は全国に広まりません。…鉄道で飢饉は広がります。なぜならば、鉄道の便宜によって人々は自分の穀物を売り払うからです。高く売れるところに穀物は引き寄せられますし、人々はそれを気にかけないようになるので、飢饉の惨事が広がるのです。鉄道で邪悪が広がります。

（田中敏雄訳『真の独立への道』岩波文庫より）

Q ガンディーは、何が植民地化を推進したとみているだろうか。またそれにより何がもたらされたと指摘しているだろうか。

4・2 インドの鉄道網（1882年）

凡例：
■■■ 広軌路線
┼┼┼ 狭軌路線
‥‥‥ 建設中
--- 蒸気船
□ 綿花地帯

デリー
カラチ
カルカッタ
ボンベイ
アラビア海
ゴア
ベンガル湾
マドラス
ベイポール

500km

解説 インドでは、1850年から1900年までの間に、毎年平均1405マイルが建設されていた。

Q 鉄道網はおもにどのような地域を結びつけるかたちで建設されているだろうか。

4・3 飢饉によるインドの推定死亡者数

年	推定死亡者数
1800〜　24	1,000,000
1825〜　49	400,000
1850〜　74	5,000,000
1875〜1900	15,000,000

（山本達郎『インド史』山川出版社より作成）

解説 1870年代初頭から1910年代末の英領インドの人口増加率は0.37％であったとされる。これは飢饉に加えて、天然痘、コレラ、ペスト、マラリアなどの伝染病による人的な被害も影響していたと考えられる。

▲インド大飢饉（1876〜78年）

4・4 1860〜70年代のインド主要輸出品➡p.166

（1,000万ルピー）

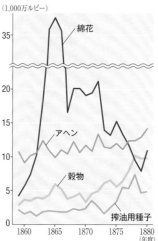

綿花
アヘン
穀物
搾油用種子

1860　1865　1870　1875　1880（年度）

（山本達郎『インド史』山川出版社より作成）

Q 1860年代に綿花の輸出が増えたのはなぜだろうか。アヘンはおもにどこに輸出されていただろうか。

1 東南アジアの植民地化

タイ（独立を維持）	ビルマ・マレー半島・ボルネオ イギリスの進出	インドネシア オランダの進出	ベトナム・ラオス・カンボジア フランスの進出	フィリピン スペイン→アメリカの進出
		1619 バタヴィア建設		16世紀 マゼラン、フィリピンに到達 →**スペインによるフィリピンの植民地化へ** フィリピンのマニラを拠点にガレオン貿易（〜1815）→メキシコの銀と中国の物産交換➡p.116
	1531〜 1752 タウングー朝（ビルマ）	1623 **アンボイナ事件**		
1782 **ラタナコーシン朝（チャクリ朝）成立** 都：バンコク	1752 **コンバウン（アラウンパヤー）朝**（ビルマ）成立（〜1885）		1771 ベトナム、**西山（タイソン）の乱** 18世紀後半 フランス人宣教師ピニョー、ベトナムで活動を始める	
	1786 イギリス、ペナン島占領		1778 西山朝（〜1802）成立	
	1795 イギリス、マラッカを占領	1799 オランダ東インド会社解散 →ジャワ、オランダ本国が直接支配	1802 阮福暎、**阮朝建国**（〜1945 都：フエ）←ピニョー（仏/1799死去）らの支援	
	1819 **ラッフルズ、シンガポール領有**		1804 阮福暎、清から越南国王に封じられる（ベトナムという国名は「越南」の現地語発音に由来）	
	1824 **ビルマ戦争**（〜86、3回）	1825 **ジャワ戦争**（〜30）		
	1824 イギリス＝オランダ協定 →イギリスのマラッカ領有確定	1830 オランダ領東インドの総督ファン＝デン＝ボス、**強制栽培制度**を開始（〜70）		1834 マニラ開港（世界市場へ組み込まれる）
1851 ラーマ4世即位（位1851〜68）	1826 **イギリス、海峡植民地（ペナン・マラッカ・シンガポール）**成立		1858 フランス、インドシナ出兵（〜67）➡p.190	
1855 **タイ＝イギリス友好通商条約（ボーリング条約）**締結、不平等条約。開国→のち、先進諸国と外交関係を締結	1842 イギリス、ボルネオ島北部を占領	1873 オランダ、アチェ戦争（〜1912）	1863 **フランス、カンボジア保護国化**	
	1867 イギリス、海峡植民地を直轄地化		1867 ベトナム南部（コーチシナ）仏の支配下に	1880年代 **ホセ＝リサール**らの民衆啓蒙活動
1868 **チュラロンコン即位**（ラーマ5世、位1868〜1910）**チャクリ改革（近代化）**英と仏との均衡策をとる→植民地化回避			1873 **劉永福**の黒旗軍、反仏闘争（〜85）	
			1883 フエ（ユエ）条約調印 →フランス、ベトナム全土を支配下へ	1896 **フィリピン革命**（〜1902）ホセ＝リサール、処刑
	1885 コンバウン朝滅亡		1884 **清仏戦争**（〜85）	1898 **アメリカ＝スペイン（米西）戦争**→**フィリピン、アメリカ領へ**
	1886 **ビルマ、インド帝国に併合される**		1885 天津条約 →清、ベトナムに対するフランスの保護権承認	
	1888 北ボルネオ領有	1903 アチェ王国滅亡 スマトラ島占領	1887 **仏領インドシナ連邦成立**	1899 **アギナルド**を中心とする革命軍、フィリピン共和国樹立 **フィリピン＝アメリカ戦争**（〜1902）で敗北
	1895 **マレー連合州**成立	1910年代前半 **オランダ領東インド、領域画定**	1893 フランス、ラオス保護国化 1899 ラオス、仏領インドシナ連邦に編入	1902 アメリカの本格的な植民地統治開始

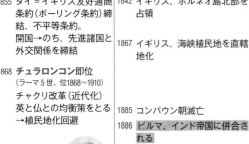

▲タイの切手に描かれたラーマ1世（位1782〜1809）

▶チュラロンコン（ラーマ5世）

▲ジャワのプランテーション 強制栽培制度が導入されて以来、コーヒーや砂糖などの商品作物のプランテーションが発達してモノカルチャー化が進み、飢饉の原因となった。

2 東南アジアへの侵略と統治

2·1 東南アジアの植民地化

イギリス領【英】	■■
フランス領	□
オランダ領	■
スペイン領	■
アメリカ領	▨

数字 は獲得年

清
ラオス 1899（仏領インドシナ連邦編入）
広州【英】1860
九竜半島先端部【英】1860
台湾【日本】1895
香港【英】1842
マカオ（ポルトガル）
ビルマ 1886 インド帝国に併合
1907
タイ
ハノイ
黄河
フエ（ユエ）1887
アユタヤ 1927
バンコク
【仏領インドシナ連邦】1887成立
カンボジア
プノンペン 1863 仏・保護国化
サイゴン
ベトナム南部（コーチシナ）1867
ルソン島
マニラ
フィリピン【スペイン】1898以後米領となり、ミンダナオ島とスール一諸島も20世紀に併合
南シナ海
太平洋
ミンダナオ島
アチェ 1909
ペナン
1909
クアラルンプール
【マレー連合州】1895
シンガポール 1819
ブルネイ 1888
マルク（モルッカ）諸島
マラッカ 1814
スマトラ島
マレー半島
パレンバン
【オランダ領東インド】
スラウェシ（セレベス）島
スラバヤ
マカッサル
アンボイナ
ジャワ島
バタヴィア
インド洋
バリ島
ティモール島
【ポルトガル領】（西部をオランダに割譲）
0 500km
赤道

┄┄ アチェ＝スルタン王国（1498〜1903）の17世紀の領域
□ マタラム王国（16世紀末〜1755）の17世紀の領域
■ 阮朝の17世紀の領域 ● イギリス海峡植民地（1826〜1946年）

2·2 タイ

Q この意見具申書では、タイ（シャム）の独立維持のために何をすべきだと提案しているだろうか。また、日本をどのようにとらえているだろうか。

在西欧のシャム王族・官吏による国政改革に関する意見具申書（1885年）

シャム（タイ[*1]）の植民地化の危機は間近に迫っており、…シャムの独立を守るためには今のままではいけない…。

二. 軍事力で抵抗するのも正しくない。…（シャムが準備できる最大の）5万の兵力では西洋諸国に到底勝てないが、仮に勝ったとしても、**西洋はシャムの悪い制度が存続し、市場公開、犯罪防止、個人の平等などの正義が実現できなくなるので、容認すまい。**…

三. シャムの位置は、地理的に英仏両国の中間にあるので、エジプト、ベルギー、スイスなど同様、**大国間の緩衝国として残ることができる可能性は高い。**しかし、英仏は緩衝国の領土を最小限のものとするだろう。…即ち、英は仏がカンボジアを取ることを認め、英はマラヤを奪いつつある。シャムが英仏両国と友好関係を維持し、従来の制度を守っているだけでは、日々細るだけである。

四. ある国がタイ人の文明化を理由にして、武力でシャムを支配しようとした際、次のような言い訳で逃れることは不可能である。即ち、**シャムは外交官を派遣し、電信郵便を発足させ、奴隷制を廃止し、洋装や西洋式社交を採用した、西洋と条約を結び貿易も拡大している、一度にすべてを変えることはできないが、徐々にやっているのだ**、と。**根本的な変革をしない、見せかけの西洋化だけでは通用しないのだ。**…

八. 国際法でシャムを守ることができると考える人もいるが、国際法は文明があり正義責任についての考えが同一で、法律や制度が似ている国の間にのみ適用されるものである。…日本は多大な利益と引き換えに、領事裁判権廃止を求めて条約改正に奔走した。その後、間違いに気づき、国家の制度を変え、西洋に近い法制度の整備に努めた。それゆえ今では、日本には西洋と同一の権利を与えられるべきだと主張できる。シャムが同様の権利を得るためには、日本のように国制を整え、人民を開化し、西洋人の信用を得なければならない。**文明化こそがシャムを防衛できる道である。**

*1 1939年に国号をタイに改称した。

（歴史学研究会編『世界史史料9』岩波書店より）

東南アジア・東南アジア

2·3 シンガポール

ラッフルズの書簡（1819年）

　私がシンガポールに確立した拠点の永久性を私が重視していることについて、何も言いますまい。

　ここはどの点から見ても、われわれが所有する植民地の中でもっとも重要で、かつもっとも費用と手間のかからないものになると思われます。われわれの目的は領土ではなく交易です。…直轄の拠点を獲得することで、オランダの排他的な主張に「否」を突きつけ、われわれの同盟者や友人たちが失いつつある自信を回復させるのです。この海域における一つの自由港は、やがてオランダの独占状態を減らすに違いありません。シンガポールは東洋において、西洋におけるマルタのような存在になるでしょう。　　（歴史学研究会編『世界史史料9』岩波書店より）

解説 シンガポールはのちにマラッカ・ペナンとともにイギリス領の海峡植民地（1826年）となった。

Q シンガポールはどのような役割をもった植民地だろうか。

2·4 ジャワ

オランダによる強制栽培制度（19世紀中頃）

1. 住民の耕地（米田）の一部をヨーロッパ市場向けの生産物の栽培のために供与することについて住民と契約を締結すべきである。
2. 供与すべき割合は、村落の総耕地面積の5分の1とるべきである。
4. 供与される土地は地租を免除する。
5. 栽培された生産物は政府に引き渡さねばならない。そしてその評価価額が地租免税義務額より多額なるときはその差額は住民の収入となすべきである。
7. 土着民はその首長の指導下に労働すべきものである。
　　　　　　　　　　　　　（『東洋史料集成』平凡社より）

Q 強制栽培制度の導入は現地の人々にどのような影響を与えただろうか。

解説 オランダの強制栽培制度では、コーヒー・サトウキビ・藍といった商品作物の栽培が重視され、植民地財政に大きな利潤をもたらした。1850年頃までは、オランダの国家収入の約19%、1851～60年には32%がオランダ領東インドからの送金であり、オランダ経済の回復や鉄道建設・公共事業などを支えた。

2·5 フィリピン

AND, AFTER ALL, THE PHILIPPINES ARE ONLY THE STEPPING-STONE TO CHINA.

▲アメリカの太平洋進出

Q アメリカ合衆国によるフィリピンの植民地化にはどのような目的があっただろうか。

2·6 東南アジア各国の主要輸出品の割合

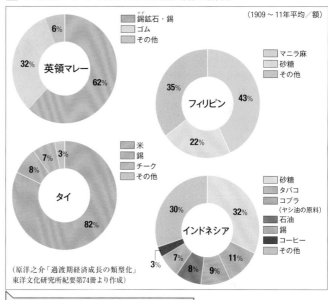

（1909～11年平均／額）

英領マレー：錫鉱石・錫 62%、ゴム 32%、その他 6%

フィリピン：マニラ麻 43%、砂糖 22%、その他 35%

タイ：米 82%、錫 8%、チーク 7%、その他 3%

インドネシア：砂糖 32%、タバコ 11%、コプラ（ヤシ油の原料）9%、石油 8%、錫 7%、コーヒー 3%、その他 30%

（原洋之介「過渡期経済成長の類型化」東洋文化研究所紀要第74冊より作成）

Q 欧米諸国の進出や植民地化により、東南アジアの経済はどのような状態になっただろうか。

2·7 半島部マレーシアの民族別構成比（%）

民族	1921	1931	1947	1957
マレー系	54.0	49.2	49.5	49.8
中国系	29.4	33.9	38.4	37.2
インド系	15.1	15.1	10.8	11.7
その他	1.5	1.8	1.3	1.3
合計	100.0	100.0	100.0	100.0

（川崎有三『東南アジアの中国人社会』山川出版社より作成）

Q イギリス支配下のマレー半島ではどのような変化がみられただろうか。またそれはマレーシアの民族構成にどのような影響を与えただろうか。

食料品店（マレー語）

漢方薬販売店（英語・中国語）

▶マラッカの市街に見られるマレー語・英語・中国語の看板

イギリスのマレー半島植民地経営（19世紀後半）

　（マレー諸州では）概して、嗜好品よりも生活必需品への課税の方が相対的に重かった。数年のうちに、われわれ[1]によってアヘン、酒への輸入関税は廃止され、主要産品である錫への輸出関税も大幅に引き下げられ、他の多くの輸出産品への関税は廃止された。この政策は…土地を申請する者すべてに完全な所有権を与えることとともに、移民に信頼感を与えた。そのため、**保護領以外のマレー諸州、オランダ領植民地、中国、インドから〔マレー〕半島へと移民が流入し、税収はめざましい速度で増加したのである。**…

　現在われわれが目指すことは農業の振興である。…**周知の通り現在われわれは錫の輸出に全面的に依存している。**これは長く続く可能性もあるが、すでに鉱脈が枯渇している場所が見られるのも確かである。…われわれの第一の職責とは、移民を招くことであり、彼らを引き留めておく最善の方法は、彼らを土地へと定着させることである。彼らがそこにいるかぎり、彼らは地代やその他の直接、間接の税を払うことで税収に貢献するばかりでなく、政庁は常に輸出産品に適度な税をかけることもできる。

*1　イギリス人行政官

（サー＝フランク＝スウェッテナムの講演「マラヤにおけるイギリスの統治」〈1896年〉、歴史学研究会編『世界史史料9』岩波書店より）

▲マレー半島のゴム園
イギリスは、シンガポール買収後、後背地のマレー半島に支配領域を拡大した。20世紀に入ると自動車産業の発達もあり、ゴム栽培は急速に拡大し、輸出品は錫からゴムへと比重が移った。

1 清の動揺と清の開港・日本の開国

<table>
<tr><th colspan="2"></th><th>清</th><th>日本</th></tr>
<tr><td rowspan="9" style="writing-mode:vertical">日本</td><td>雍正帝
(位1722～35)</td><td>1724 キリスト教の布教禁止</td><td></td></tr>
<tr><td rowspan="2">乾隆帝
(位1735～95)</td><td>1757 ロシア以外のヨーロッパ船の来航を広州1港に限定</td><td></td></tr>
<tr><td>1792 イギリス、マカートニー使節団を清に派遣</td><td>1792 ロシアのラクスマン、根室に来航</td></tr>
<tr><td rowspan="2">嘉慶帝
(位1796～1820)</td><td>1796 白蓮教徒の乱(～1804)</td><td></td></tr>
<tr><td></td><td>1804 ロシアのレザノフ、長崎に来航</td></tr>
<tr><td rowspan="4">道光帝
(位1820～50)</td><td></td><td>1825 異国船打払令</td></tr>
<tr><td>1839 欽差大臣 林則徐、広州派遣→外国人商人の所有するアヘン没収・処分</td><td></td></tr>
<tr><td>1840 アヘン戦争(～42)</td><td>1842 天保の薪水給与令</td></tr>
<tr><td>1842 清、イギリスと南京条約を結ぶ</td><td></td></tr>
</table>

（続き）

	清	日本
道光帝	1843 清、イギリスと虎門寨追加条約を結ぶ	
	1844 清、アメリカと望厦条約、フランスと黄埔条約を結ぶ	
	1851 太平天国(～64) ➡p.215	1853 **アメリカ使節ペリー、浦賀来航。ロシア使節プチャーチン、長崎来航**
咸豊帝 (位1850～61)	1856 アロー号事件→**第2次アヘン戦争**(～1860)	1854 日米和親条約・琉米修好条約 日露和親条約(露暦1855)
	1858 清、ロシアとアイグン条約・英仏と天津条約を結ぶ	1858 日米修好通商条約→蘭・露・英・仏とも同様の条約を結ぶ(安政の五カ国条約)
	1859 清、英仏との天津条約批准拒否→戦争再開	1859 開港地での貿易開始(箱館・横浜・長崎)
	1860 清、英仏と北京条約を結ぶ。ロシアと北京条約を結ぶ	
	1861 総理各国事務衙門(総理衙門)の設置	

1・1 19世紀半ばの東アジア

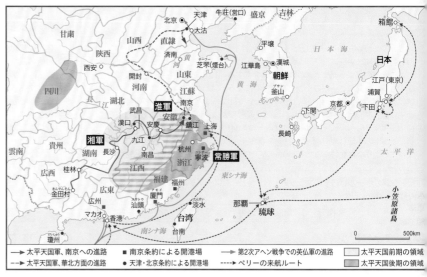

凡例：
→ 太平天国軍、南京への進路
┈▶ 太平天国軍、華北方面への進路
● 南京条約による開港場
● 天津・北京条約による開港場
➡ 第2次アヘン戦争での英仏軍の進路
┈┈▶ ペリーの来航ルート
□ 太平天国前期の領域
▨ 太平天国後期の領域

0 500km

2 清とイギリスとの貿易

乾隆帝のイギリス国王に対する勅諭 (1793年)

第一の勅諭　爾国王の表文のなかにあった、爾の国〔イギリス〕の人一名を派遣して天朝に居住させ、爾の国の貿易を管理させることを懇請するという一節については、これは天朝の礼制と合致せず、断じて行うことはできない。

第二の勅諭　天朝は物産が豊富で充足しており、これといって無いものはない。外夷の産物によってはじめて有無を通ずるというようなことはない。ただ天朝に産する茶葉、磁器、生糸などは西洋各国及び爾の国の必需品であるから、恩恵として配慮を示し、マカオ[1]において洋行を開設して、日用品の充足を助け、天朝の余沢に霑わしめているのである。しかるに今爾の国の使臣[2]が、いろいろと陳情するのは、恩恵を遠人に加え四夷を撫育するという天朝の意に反すること甚だしい。…広東のマカオ地方はこれまで通り貿易を許すが、それ以外の地方、浙江の寧波、舟山及び直隷の天津に停泊して貿易することについては、これは認められない。…

広東省城付近のどこかを別に与え、爾の国の夷商を居住させるというのは、西洋夷商のこれまでのマカオにおける定例とは異なる。…爾の国の奉ずる天主教については、…華夷の別は甚だ厳格である。夷人の自由な布教活動は許されていない。

*1 マカオは16世紀半ばにポルトガルが居留権を得た地である。欧米商人は、広州には定められた期間しか滞在できず、それ以外の期間はマカオに待機していた。
*2 1792年にイギリスから派遣されたマカートニー使節団のこと。1793年に乾隆帝に謁見。(並木頼寿編『開国と社会変容』岩波書店より)

解説 イギリスは19世紀後半から20世紀にかけて、使節を派遣し、貿易などに関する交渉を清とのあいだでおこなった。

貿易形態の変化

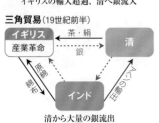

片貿易(18～19世紀初め)

| イギリス
東インド会社 | 茶・絹
────→
┈┈┈
銀 | 清
行商ほか |

イギリスの輸入超過、清へ銀流入

三角貿易(19世紀前半)

| イギリス
産業革命 | 茶・絹
────→
┈┈┈
銀 | 清 |

インド

清から大量の銀流出

解説 中国に大量に銀が流入したことは、清の繁栄を支えたが、イギリス本国で銀の流出を批判された東インド会社は、インド産アヘンを中国に輸出した。なお、東インド会社の中国貿易の独占は1833年に廃止(34年実施)された。➡p.186

2・1 中国へのアヘン流入と銀の流出

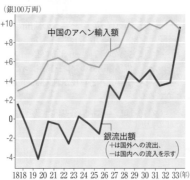

(銀100万両)

中国のアヘン輸入額

銀流出額
(+は国外への流出、
−は国内への流入を示す)

1818 19 20 21 22 23 24 25 26 27 28 29 30 31 32 33(年)

(『岩波講座世界歴史21 近代8』岩波書店より)

Q 中国へのアヘンの流入は、どのような状況を清にもたらしただろうか。

▲アヘン窟　アヘンは依存性が高い麻薬である。銀の流出に関して、林則徐は「アヘンが外国から輸入され、密かに内地で銀塊と交換されるのは、とくに大問題につながります。…アヘンは土を銀に交換するのですから、まさに財政を損ない人命を害するものであります」と述べている。

3 アヘン戦争

清朝の木造帆船(ジャンク船)

イギリスの軍艦ネメシス号

小船で逃げる清朝の水兵

▲アヘン戦争におけるイギリス軍艦(汽船)と清朝軍艦(帆船)の海戦 イギリス軍は軍艦や火器で優位に立ったが、実際にアヘン戦争に参加したイギリス軍艦の大半は帆船であった。

4 第2次アヘン戦争

4·1 イギリスの対インド・中国貿易の推移

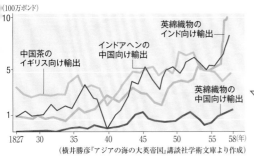

(100万ポンド)

英綿織物のインド向け輸出

中国茶のイギリス向け輸出

インドアヘンの中国向け輸出

英綿織物の中国向け輸出

1827 30 35 40 45 50 55 58(年)

(横井勝彦『アジアの海の大英帝国』講談社学術文庫より作成)

Q それぞれの条約文では何が定められているだろうか。またそこから、イギリスのアヘン戦争の目的は何だと考えられるだろうか。

Q アヘン戦争後、イギリスの対中貿易はのびただろうか。

不平等条約の締結

南京条約(1842年)
第2条 清朝皇帝陛下はイギリス臣民がその家族や使用人とともに、**広州・厦門・福州・寧波・上海**の市町において商業に従事するため、妨害や拘束されることなく居住できることを約す。

第3条 イギリス臣民が必要な場合にその船舶を修理し、そのために必要な備品を貯蔵する港を有することは、明らかに必要かつ望ましいことである。**清朝皇帝陛下はイギリス女王陛下に香港島を割譲し**、イギリス女王陛下とその継承者は永遠にこれを占有し、イギリス女王陛下がその支配にふさわしいと認める法律や規則でもってこれを統治する。

第5条 …清朝政府は広州で取引するイギリス商人に対して、清朝政府が認可した**行商〔ないし公行〕**とよばれる中国商人のみと取引することを強制してきたが、清朝皇帝陛下はかかる慣行を廃止し、以後、イギリス商人が居住するすべての港において、彼らが任意に誰とも通商取引を行うことを許すと約す。

虎門寨追加条約(1843年)
第8条 …清朝皇帝陛下は以後、理由の如何を問わず**諸外国の臣民あるいは国民に対してさらなる特権ないし免除を恵与する際には、同一の特権ないし免除をイギリス臣民が均しく享受するもの**とする。

第9条 …兵士、水兵その他の者で、階級または出身地の如何に関わらず、イギリス臣民が、原因ないし口実がいかなるものであっても、清朝の領土内に脱走、出奔ならびに逃走した際には、清朝当局はこれを逮捕・監禁して最寄りのイギリス領事ないし他の政府官憲に引渡し、いかなる場合も隠匿や庇護を与えないこととする。

望厦条約(1844年)
第21条 〔アメリカ〕合衆国国民に対して犯罪行為をなした清朝の臣民は、清朝の法に基づき清朝当局によって逮捕・処罰されなければならない。**中国において罪を犯した合衆国国民は合衆国の領事ないし合衆国の法律により委任された官憲によって審理・処罰されなければならない。**

(村上衛訳)

4·2 第2次アヘン戦争講和条約

天津条約(1858年)
第3条 清朝皇帝陛下はイギリス女王陛下の任命する大使、公使、その他の**外交官がイギリス政府の意思にしたがって、…首都に常住し、あるいは随時首都に来往することができる**ことを約す。

第8条 キリスト教はプロテスタントまたはカトリックのいずれの信仰であるかを問わず、徳義の実践を勧め、自分がされたいことを他人にすべきだということを人に教えるものである。**キリスト教の宣教者あるいは信仰者はそれゆえ、ひとしく清朝当局の保護を受ける権利を有する。**

第9条 イギリス臣民は娯楽のため、あるいは商業上の目的のため、イギリス領事が発給し、かつ〔清朝〕地方当局が署名を追記した旅券のもと、**内地のいかなる場所にも旅行できることをここに許可される。**

第10条 イギリス商船は長江〔揚子江〕において貿易を行う権利を有する。もっとも、長江一帯は無法者〔太平天国〕によって乱れ、現在のところ〔鎮江を除き〕一港も貿易のために開港していない。

天津条約附属通商税則

規則5 従来禁制品であった、ある種の商品に関する規則

洋薬、現金、穀物、豆類、硫黄、硫黄鉱、硝石および亜鉛の貿易に関する制限は下記のように緩和される

1 洋薬〔アヘン〕は今後、1ピクル〔約60kg〕につき〔銀〕30両の輸入税を支払う。

(村上衛訳)

中英北京条約
(1860年10月、イギリスに対する条約)

第4条 …清朝皇帝陛下は天津を通商のために開き、また以後、イギリス臣民は条約によって開港した中国の他の港と同じ条件の下で居住、通商する資格を得るものとする。

第5条 清朝皇帝陛下は1858年の条約の批准交換を待って、直ちに勅令を発し、…、華人でイギリス植民地あるいはその他の海外諸地方において勤めようとするものが、そのためにイギリス臣民と契約を結び、その者およびその家族が開港場においてイギリス船に搭乗するのは全く自由であると布告を出すように命じる。

第6条 清朝皇帝陛下は、香港の港湾とその周辺の治安維持のために、イギリス女王陛下とその継承者に対して、広東省内の九龍地区の一部を、…イギリス女王陛下の香港植民地の附属地として割譲することを約す。

(村上衛訳)

Q 中英北京条約第5条はどのような状況につながっただろうか。p.201、211を参照してみよう。

4·3 第2次アヘン戦争の日本への影響

長崎海軍伝習所のオランダ人教官による記録(1858年)

アメリカ艦隊が戻って来たことによって、我々は日米修好通商条約が調印されたことを知った。我々はこれは10月でなければ済まないだろうと思っていた。何となれば、…朝廷の御意向をはばかり、延期せられたと聞いていたからだ。

将軍の名代〔代理〕堀田備中守〔堀田正睦〕は、この条約に対し勅許を仰ぎ奉らんと京都へ上ったが、勅許は下らなかった。そうして到るところ「堀田備中守を葬れ」との檄文をしためた貼り紙を見るほど、国民は非常に激昂した。そこで条約は10月に調印するからとの約束にて、アメリカ領事は下田に、またオランダ弁務官…は長崎に帰ることになった。そのときはからずもアメリカ艦隊は、清国において締結せられた条約の知らせとともに、英仏の公使らが各々大艦隊を率いて、間もなくやって来るであろうとの情報を持って下田に入港したのであった。アメリカ総領事ハリス氏は、ウカウカすれば外国公使たちに先手を打たれるかも知れないと慮って、早速その艦船を率いて江戸に赴き、僅か数日同地に滞在し、日本政府に清国から伝わる大げさな情報や、70隻もの軍艦が来航するとかの説をもって威圧を加えながら、ひた押しに条約の調印を強請したのであるが、条約の調印は、将軍には確かに切腹にも値する重大問題であったのである。

(カッテンディーケ著、水田信利訳『長崎海軍伝習所の日々』平凡社より)

Q 第2次アヘン戦争は日本にどのような影響を与えただろうか。また、この時期の日本国内ではどのような動きがみられただろうか。

日本

東アジア

1 清の内乱と秩序の再編

		清	日本
咸豊帝	（位1850〜61）	1851 太平天国（〜64）	1853 アメリカ使節ペリー、浦賀来航。ロシア使節プチャーチン、長崎来航
		1856 アロー号事件→第2次アヘン戦争（〜1860）	1854 日米和親条約・琉米修好条約 日露和親条約（露暦1855）
		1858 清、ロシアとアイグン条約・英仏と天津条約を結ぶ	1858 日米修好通商条約→蘭・露・英・仏とも同様の条約を結ぶ（安政の五カ国条約）
		1859 清、英仏との天津条約批准拒否→戦争再開	1859 開港地での貿易開始（箱館・横浜・長崎）
		1860 清、英仏と北京条約を結ぶ。ロシアと北京条約を結ぶ	
同治帝	（位1861〜75）	1861 総理各国事務衙門（総理衙門）の設置	
		1871 イリ事件（〜81）日清修好条規	1868 戊辰戦争（〜69）
			1874 台湾出兵
光緒帝	（位1875〜1908）		1875 樺太・千島交換条約
			1876 日朝修好条規
			1877 西南戦争
		1881 清、ロシアとイリ条約を結ぶ	1879 沖縄県の設置（琉球処分・琉球領有）
		1884 清仏戦争（〜85）	
			1889 大日本帝国憲法公布→1890 帝国議会の開設
		1894 日清戦争（〜95）・孫文、ハワイで興中会結成	
		1895 康有為らによる変法運動開始	1895 下関条約➡p.218、219

（清の欄に縦書き「洋務運動」、日本の欄に縦書き「明治維新」）

2 19世紀後半の清をとりまく情勢

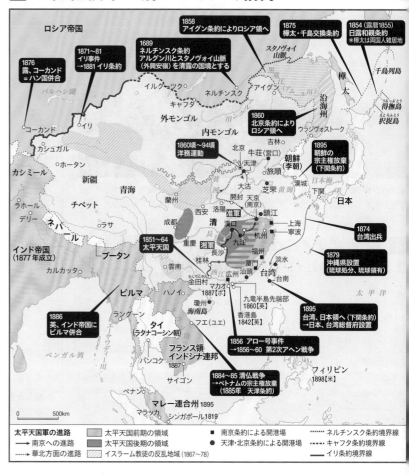

1858 アイグン条約によりロシア領へ
1875 樺太・千島交換条約
1854（露暦1855）日露和親条約 ＊樺太は両国人雑居地
ロシア帝国
1876 露、コーカンド＝ハン国併合
1871〜81 イリ事件→1881 イリ条約
1689 ネルチンスク条約 アルグン川とスタノヴォイ山脈（外興安嶺）を清露の国境とする
スタノヴォイ山脈
千島列島
バルハシ湖
得撫島
択捉島
外モンゴル
内モンゴル
イルクーツク
ネルチンスク
キャフタ
アイグン（アムール）
沿海州
ウラジヴォストーク
コーカンド
イリ
カシュガル
ホータン
1860頃〜94頃 洋務運動
北京
吉林
牛荘（営口）
朝鮮（李朝）
1860 北京条約によりロシア領へ
1895 朝鮮の宗主権放棄（下関条約）
天津
新疆
青海
カシミール
チベット
蘭州
西安
成都
洛陽
漢口
開封 天京（南京）
大沽 芝罘 黄河
旅順
漢城
下関
日本
1874 台湾出兵
1879 沖縄県設置（琉球処分、琉球領有）
インド帝国（1877年成立）
ネパール
ラサ
ラホール
デリー
カルカッタ
ブータン
重慶
雲南
桂林
長沙
1851〜64 太平天国
湘江
鎮江
九江
杭州
上海
寧波
蘇州
福州
淡水
台湾
台南
太平洋
ビルマ
1886 英、インド帝国にビルマ併合
ラングーン
イラワディ川
金田村
1887【ポ】マカオ
1895 台湾、日本へ（下関条約）→日本、台湾総督府設置
南昌
広州 汕頭
廈門
瓊州
海南島
香港島 1842【英】
九竜半島先端部 1860【英】
1856 アロー号事件→1856〜60 第2次アヘン戦争
フエ（ユエ）
ハノイ
タイ（ラタナコーシン朝）
フランス領インドシナ連邦 1887
バンコク
サイゴン
1884〜85 清仏戦争→ベトナムの宗主権放棄（1885年 天津条約）
ペナン
マレー連合州 1895
マラッカ
シンガポール 1819
フィリピン 1898【米】
ベンガル湾
清
長江
西江
0 500km

太平天国軍の進路	▨ 太平天国前期の領域	■ 南京条約による開港場	⋯⋯ ネルチンスク条約境界線
→ 南京への進路	▨ 太平天国後期の領域	□ 天津・北京条約による開港場	⋯⋯ キャフタ条約境界線
⇢ 華北方面の進路	▨ イスラーム教徒の反乱地域（1867〜78）		─ イリ条約境界線

3 ロシアの極東進出

左宗棠によるイリ回収問題についての答申（1879年）

　国境画定と通商問題の二者は関連しておりまして、西北は東南とは事情が異なります。道光年間〔1820〜50年〕の中頃以降、西洋各国は砲艦で海上に横行し、長江に闖入しましたが、それは開港場を求めていたのでありまして、わが土地を奪おうとしてのことではございません。…中国のほうは太平天国も捻軍も平定しまして、兵力は次第に強くなっていますし、鉄砲・艦船の製造も成果があがっています。…

　ところがロシアと中国の関係はちがい、陸続きで天山山脈が境界を分かっているだけです。これまでジュンガル・回民と雑居していたカザフ・アンティジャン・ブルートの大小の部族は、**ロシアがイリを占領してからは、次第にそちらへ帰附するようになり、ロシアもすでにわがものとみなしています。**今後も蚕食がやまなくては、新疆全体が日々みるみる縮小してゆく形勢になってしまうばかりか、陝西・甘粛・直隷・山西の辺境の防衛も、そのためにますます急迫いたしましょう。…

　ロシアのイリ占拠は咸豊10年〔1860年の北京条約〕**・同治3年**〔1864年のタルバガタイ条約〕**の国境画定後であります。**

（村田雄二郎編『万国公法の時代』岩波書店より）

Q この史料から、19世紀の清は西洋諸国のどのような進出にさらされ、またどのような国内問題を抱えていたことがわかるだろうか。

日露間の国境策定に関するロシアの構想（1853年）

　クリル諸島のうちロシアに帰属する最南端の島はウルップ島で、そこをロシアの南方面の領土の最終地点と指定し、そこに限定することもできよう。すなわち、わが国から言えばその島の南端が日本との境界であり（現在と同じく実質的にそうである）、一方、日本側から言えば、エトロフ島の北端が境界とみなされるかたちにもっていくということである。…

　わが国と日本の国境についての交渉と説明が開始されたところで、サハリン島についての重要な問題を提起すること。この島はわが国にとって中でも特別な意味を持っている、**なぜならば、島はアムール河の河口の真向かいに位置していて、この島を領有する国はアムール河という鍵をいわば手にすることになるからである。**

（プチャーチン宛のロシア皇帝追加訓令（露暦1853年2月27日／西暦1853年3月11日）、歴史学研究会編『世界史史料12』岩波書店より）

解説 シーボルトのアドバイスを受けたロシア政府は、この追加訓令をプチャーチンに与えた。プチャーチンは、1853年に長崎に入港した。

▶樺太・千島交換条約（1875年）（『JAPAN PUNCH』1875年）　ロシアの日本との国境策定に関する課題は、清への南下とも連動しており、樺太（サハリン）領有に対する強いこだわりがみられた。日露和親条約（1854年／露暦1855）では、千島列島は択捉島と得撫島の間を日露間の国境とし、樺太は従来通り両国人の住む雑居地となった。1875年の樺太・千島交換条約により、樺太はロシア領となり、千島列島のすべてが日本領となった。

EXCHANGE.

4 太平天国

天王洪秀全畫像

▲ **太平天国の印**

◀**洪秀全**（1814〜64）　広東省の客家出身。村塾の教師をしながら度々科挙の予備試験に失敗。気落ちして病床についた際にみた夢のなかで、邪を払う剣を彼に授けた老人を、神ヤハウェととらえ、自身をイエスの弟であると確信して、宗教結社上帝会を結成した。

曽国藩の檄文（1854年）

　粤匪〔太平天国〕は外夷〔西洋人〕がもたらしたものをぬすみとって、天主の教えを崇め、…みな兄弟と称し、ただ天だけを父というべきであって、その他およそ民の父はみな兄弟であり、民の母はみな姉妹だ、という。農民は自分で自分の土地を耕して租税を納めることができず、田はみな天王の田だという。商人は自分の資金で商いをして利益を得ることができず、財貨はみな天王のものだという。士〔読書人〕は孔子の経典を読むことができず、他方ではいわゆる耶蘇の説、新約の書をもちあげ、ひろめている。**中国の数千年の礼儀人倫、詩書と掟は、あげて一挙に絶滅させられようとしている。これはただわが大清の非常事態であるのみならず、開闢以来の名教のあり得べからざる大非常事態である。**

（並木頼寿編『開国と社会変容』岩波書店より）

▲ **曽国藩**（1811〜72）

5 洋務運動

❓ 李鴻章は何を契機に、軍事力の近代化が必要だと感じたのだろうか。

李鴻章による上奏文（1865年）

ひそかに思いますのに、同治元年〔1862年〕、臣の軍が上海にやってまいりまして以来、機会あるごとに洋式の小銃、大砲を買い入れ、局を設けて榴散弾を鋳造し、賊軍〔太平天国軍〕を殲滅するための助けとしてまいりましたが、ことのほか威力がございました。…

　機械製造というこの一事は、禦侮のためのよりどころであり、自強の本であります。…

　中国の文物制度は、外洋野蛮の風俗とは、はるかに異なっており、治平を致し、邦を保ち、帝業を不敗の基礎に固めるゆえんのものは、もともとはっきりと存在いたしております。…ただ経国の大略には、全体にかかわるものあり、一端にかかわるものあり、また本があり、末があります。もし、急病になったならば、その箇所を治療せざるを得ませんが、だからといって、養生修養の方法はここにこそあると〔一箇所に特定できる〕わけではございません。…

　願いといたしますところは、**外人の長技をとって中国の長技を完成し、見劣りのないようにする**、かくして備えありて患いなきを期することであります。

（村田雄二郎編『万国公法の時代』岩波書店より）

▲ **李鴻章**（1823〜1901）
安徽省で淮軍を組織して太平天国・捻軍を討伐。その後清朝の最高実力者として内政・外交を担当。洋務運動を推進して富国強兵をめざした。

◀**辮髪を切る太平天国軍**

❓ 風刺画では、太平天国軍に辮髪を切られる清の兵士が描かれている。辮髪を切るのはどのような意味があるだろうか。

頒行詔書（1850年代）

　中国には中国の姿かたちがある。しかるに今満洲はすべての中国人の髪を剃って、一本の長いしっぽを後ろに垂れ下げるよう強制している。これは中国人を禽獣に変えるものだ。…満洲はまた貪官汚吏を放置して天下に瀰漫させ、人民の骨の髄までしゃぶりとらせている。…

　今幸いに天道は正道に復し、中国復興の理由がある。すなわち人心は治を思い、胡虜必滅のきざしがある。…

　わが中国の天下は、今や皇上帝[*1]の大恩のおかげで、…わが主天王に命じて治めさせるところとなった。どうして胡虜が長期にわたってわが中国を混乱させることができようか？

*1　聖なる父・神のことを指す。

（並木頼寿編『開国と社会変容』岩波書店より）

解説　胡虜とは満洲人を指す。太平天国は、漢人への働きかけを狙って、満洲人および清への反感をかき立てる言葉を連ねたこの檄文を出した。

❓ 曽国藩はどのような理由で太平天国の討伐を呼びかけたのだろうか。

❓ 洋務運動の基本精神「中体西用」とはどのような認識だろうか。

中体西用

　いま、中国を強盛に導き、中学〔中国の学〕を保持しようと望むのなら、西学〔西洋の学〕を学ばないわけにはいかない。しかしながら、まず中学によって土台を固め、識見、志向を正しておかないならば、…その禍は、西学に通じないことよりも一層ははなはだしいことになろう。

　…西学の中で、われわれの欠けたる所を補いうるものを択んで、これを取り入れ、西政の中でわが国の病弊を手当てしうるものを採用するようにすれば、それこそ益あって害はない。

（張之洞「勧学篇」、村田雄二郎編『万国公法の時代』岩波書店より）

解説　『勧学篇』は19世紀末に高まりつつあった康有為らの変法運動➡p.226への危機意識もあり、著された。

◀**総理各国事務衙門**
中国歴代王朝では、外交を扱う役所は設けていなかったが、1861年、はじめて外務省にあたる総理各国事務衙門（総理衙門）が設置された。従来の朝貢体制から外国を対等とみなす外交方針への大転換であった。

◀**漢陽鉄廠**　洋務派で「中体西用」をとなえた張之洞が、漢水と長江の合流点に位置する交通の要衝である湖北省漢陽に建造した製鉄所（1894年完成）。鉄道への鋼材供給や軍需用鋼鉄を国内で自給する目的で建設された。

1 19世紀東アジアの国際秩序の再編

■ 欧米が関わる事項　■ 中国・朝鮮・日本が関わる事項

清	朝鮮	日本
1851 太平天国（～1864）		
	▶大院君（1820～98）高宗の父、李昰應。大院君とは、国王の父で王位に就かなかった者に付与される称号である。	アメリカ使節ペリー、浦賀来航 1853
1856 アロー号事件→第2次アヘン戦争（～1860）➡p.213		**日米和親条約・琉米修好条約** 1854
1858 清、ロシアとアイグン条約・英仏と天津条約を結ぶ		日露和親条約（露暦1855）
1859 清、英仏との天津条約批准拒否→戦争再開		**日米修好通商条約**（安政の五カ国条約） 1858
1860 清、英仏と北京条約を結ぶ。ロシアと北京条約を結ぶ		開港地での貿易開始（箱館・横浜・長崎） 1859
1861 総理各国事務衙門（総理衙門）の設置	この頃崔済愚、東学を創始	
	1863 高宗即位→大院君による政治・攘夷政策	下関戦争…米英仏蘭、長州藩の下関砲台を攻撃・破壊 1864
		大政奉還／王政復古のクーデタ 1867
		五箇条の誓文／**戊辰戦争**（～69） 1868
1871 イリ事件（～81）日清修好条規…日清互いに開港と領事裁判権を認めた	▶斥和碑 「洋夷侵犯するに戦いて非とするは則ち和なり、和を主するは売国なり」と刻まれている。	版籍奉還…各大名から土地・人民の支配権を天皇に返還 1869
		廃藩置県…中央から官吏派遣・全国を直轄支配 1871
▶西太后（1835～1908）➡p.226	1873 大院君失脚	太陰太陽暦（旧暦）から太陽暦（新暦）へ切り替え 1872
		徴兵令・地租改正条例 1873
		台湾出兵…琉球人が台湾に漂着して殺害された1871年の事件を口実に出兵 1874
	1875 **江華島事件**	ロシアと**樺太・千島交換条約**を結ぶ➡p.214 1875
	1876 **日朝修好条規**…不平等条約・朝鮮の開港	秩禄処分…士族の俸禄（家禄）の支給全廃 1876
		西南戦争 1877
1881 清、ロシアとイリ条約を結ぶ➡p.214	**沖縄県の設置**（琉球処分、琉球領有） 1879	
	1882 **壬午軍乱**…大院君擁立・閔氏政権の要人を殺害し、日本公使館を襲撃したが、清軍により鎮圧	
1884 **清仏戦争**（～85）	1884 **甲申政変**（甲申事変）…金玉均ら、日本の武力を背景にクーデタ・清軍により鎮圧	
1885 天津条約…清仏間：清、ベトナムの宗主権放棄	天津条約…日清間：朝鮮からの日清両軍撤退・出兵の際の相互事前通告 1885	内閣制度の発足
	◀金玉均（1851～94） 朝鮮の急進改革派（急進開化派）。日本と連携して清からの独立をめざした。	大日本帝国憲法公布 1889
1894 孫文、ハワイで興中会結成		帝国議会開設／教育勅語の発布 1890
日清戦争（～95）←1894～朝鮮で**甲午農民戦争**（東学の乱）		
1895 下関条約…日清間：清、日本に賠償金2億両支払い・朝鮮の独立承認・遼東半島・台湾・澎湖諸島の日本への割譲・開港場における外国人の工場設置など認める		
1896 ロシア、東清鉄道の敷設権を獲得	1895 閔妃殺害事件	露仏独による三国干渉…遼東半島を清に返還 1895
1898 戊戌の変法→戊戌の政変により、康有為ら失脚➡p.226	1896 俄館播遷（露館播遷）	台湾総督府の設置…台湾の植民地経営開始
	1897 国号を**大韓帝国**と改称＝独立国を主張	

（縦書き注記：同治中興／洋務運動／明治維新）

2 日本の開国

Q アメリカ合衆国が日本に開国を求めた理由は何だろうか。

ペリー来航

アメリカ合衆国大統領…より日本国皇帝陛下に呈す

　私が〔ペリー〕提督を日本に派遣した目的は、合衆国と日本とが友好を結び、相互に商業上の交際をなすべきことを提案するためにほかならない。

　…わが国のオレゴン州とカリフォルニア州は陛下の国土とまさに向かい合って横たわっている。わが国の蒸気船はカリフォルニアから日本まで18日間で行くことができる。…

　わが国の多くの船舶が毎年カリフォルニアから中国に航行しており、また数多くのわが国民が日本近海で捕鯨に従事している。 ときには悪天候により、わが船舶の一隻が、貴国の沿岸で難破することもある。このような場合はすべて、われわれが船を送ってそれらを回収するまで、**わが不幸な国民を親切に待遇し、その財産を保護すべきことを要望し、期待する。**…

　われわれは日本帝国内に石炭と食料がきわめて豊富にあることを知っている。わが国の蒸気船は大洋を横断する際に多量の石炭を焚いているが、石炭をはるかアメリカより積んでいくのは不便である。われわれは、**わが蒸気船およびその他の船舶が日本に停泊し、石炭、食料、水の供給を受けることが許されるよう願っている。**

　…また、われわれは陛下に、わが国の船舶がこの目的のために停泊できる便利な港をひとつ、帝国の南部に指定されることを要望する。

（M・C・ペリー著、F・L・ホークス編纂、宮崎壽子監訳『ペリー提督日本遠征記』角川文庫より）

日米修好通商条約（1858年）

第1条　日本政府〔幕府〕はアメリカの首都〔ワシントンD.C〕に外交官を任命し、また合衆国内の各港に日本人の領事を置くことができる。…合衆国の大統領は、江戸に派遣する公使を任命し、本条約で合衆国に開港を認めた貿易港にアメリカ人の領事を任命する。

第3条　日米双方の国民は、品物を売買することはすべて自由である。日本〔幕府〕の役人は売買や支払いに関しては干渉しない。

第4条　日本に輸入、日本から輸出する品物については、すべて別〔貿易章程〕に定めた通りに日本の運上所〔税関〕に関税を納める。阿片の輸入は厳禁する。

第6条　〔日本で〕日本人に対して罪を犯したアメリカ人は、アメリカ領事裁判所において取り調べのうえ、アメリカの法律によって処罰する。〔日本で〕アメリカ人に対して罪を犯した日本人は、日本の役人が取り調べのうえ、日本の法律によって処罰する。

第8条　日本に滞在するアメリカ人には宗教の自由が認められ、居留地内に礼拝堂〔教会〕を設けることができる。…日本が長崎でおこなっていた踏絵〔絵踏〕はすでに廃止した。

（高橋哲哉）

Q 日本の開国と清の開港はどのような点で共通し、どのような点で異なるだろうか。南京条約（1842）および追加条約・天津条約（1858）・北京条約（1860）➡p.213と比較してみよう。

3 明治維新

3・1 明治維新後の外交と国境の画定

— 日清戦争前の日本の国境
0　　1000km

ロシア
樺太
1875 樺太・千島交換条約
千島列島
択捉島
清
1871 日清修好条規
ペキン 北京
国後島
色丹島
歯舞群島
1854（嘉永1855）日露和親条約
朝鮮
1876 日朝修好条規
漢城
日本海
日本
東京
太平洋
1898 南鳥島編入（1896発見）
1875 江華島事件
1874 台湾出兵
東シナ海
沖縄
1876 小笠原諸島領有
1879 琉球処分（1872 琉球藩 1879 沖縄県）
1891 硫黄島編入
台湾

▲**大日本帝国憲法の発布**（「憲法発布式之図」楊洲周延画〈1889年〉）　錦絵には、陸軍正装の明治天皇が、内閣総理大臣黒田清隆へと憲法を与えている場面が描かれている。

3・2 日本の産業の発展

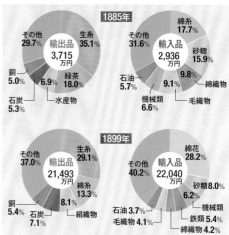

1885年

輸出品 3,715万円
生糸 35.1%
緑茶 18.0%
水産物 6.9%
石炭 5.3%
銅 5.0%
その他 29.7%

輸入品 2,936万円
綿糸 17.7%
砂糖 15.9%
綿織物 9.8%
毛織物 9.1%
機械類 6.6%
石油 5.7%
その他 31.6%

1899年

輸出品 21,493万円
生糸 29.1%
綿糸 13.3%
絹織物 8.1%
石炭 7.1%
銅 5.4%
その他 37.0%

輸入品 22,040万円
綿花 28.2%
砂糖 8.0%
機械類 6.2%
鉄類 5.4%
綿織物 4.2%
毛織物 4.1%
石油 3.7%
その他 40.2%

（東洋経済新聞社編『日本貿易精覧』より作成）

Ｑ 2つのグラフから、19世紀後半の日本では産業はどのように変化したといえるだろうか。またどのような課題があっただろうか。

康有為のみた明治維新

　日本は外にイギリス・アメリカの圧力があり、内に将軍が権力を掌握し、封建の制が全国に広がっていたために、君主〔天皇〕は名目上の位にあるだけで、国を挙げて改革しようとしてもきわめて困難な情勢にありました。ところがひとたび混乱を収めるや、群臣に誓って国恥を雪がんとし、**万国に使いして良法を採り**、在野の英俊の士を抜擢して朝議に参与させました。また参議局・対策所・元老院を開いて国家経略の道を論じ、高官を多く泰西に留学させ、西洋人を顧問に招いて、泰西の書をつぶさに翻訳し、**大学から小学校まで設けました。**こうして維新の気がみなぎり、国中が奮起したのです。けれども、上下はなお隔絶し、意思疎通に障碍も多く、新政が整ったとはいえ、民には届きませんでした。**そこで封建の制を除去し、県知事を通じて上下を疎通させ**、道路を敷設するとともに、警察を設けて、災禍を救い奸悪を防ぐこととしました。…

　とはいえ、守旧の徒はなお多く、泰西諸国の信頼も十分ではなく、新政反対の議論も激しくなったので、**率先して衣服を易え、儀礼を廃し、暦を改めました。**それでもなお衆情が斉一にならず、民情が融和せず、また法規が制定されていないという心配がありました。**そこで政党を開いて人材を集め、議院を設立して世論をくみ上げたのです。**…**憲法が定まると、統治の基礎が固まったので、万国と交通して文明に進んでいきました。**…新政はこうして成功したのです。

　ヨーロッパが500年追い求めてきたものを、日本は20年で成功させました。…その後、**北は使節を派して蝦夷〔北海道〕を開拓し、南は使節を送って琉球を滅ぼし、東は反乱鎮圧のため朝鮮に出兵し、西は武威を誇って台湾を占拠しました。**こうして**日本は強国となり、欧州の独仏などの大国と拮抗するに至ったのです。**

（康有為『日本変政考』〈1898年〉、村田雄二郎編『万国公法の時代』岩波書店より）

解説 1898年に総理各国事務衙門 ➡p.215が康有為（中国の官僚）をまねいて、変法➡p.226の意見を具申させた。その後、康有為は光緒帝に変法をとなえる上奏をおこなうとともに、多くの著作を上呈した。この史料はその一冊『日本変政考』の一部である。

Ｑ 康有為は徳川幕府のもとでの日本はどのような状況にあったとしているだろうか。明治維新により、日本はどのような国家となっただろうか。その背景には、日本は幕末よりどのような課題を抱えていたことがあげられるだろうか。

4 朝鮮の開国

▶**日本と朝鮮の平和**（『JAPAN PUNCH』1876年）

江華島事件から日朝修好条規締結まで

　1875年…日本の砲艦雲揚は、朝鮮の首都へさかのぼる川の川口にある江華島沖に…碇泊した。沿岸測量のために、2隻のボートを降ろして、石炭が得られるか、あるいは水や新鮮な食料が得られるかどうかを問い合わせるために、岸に向かった。…砲台…から、歩兵銃で射撃を受けた。それが続くので、彼らも反撃した。…

　朝鮮への使節は、…1876年1月上旬に東京を出発、8隻の軍艦から成る艦隊とともに、15日に釜山沖に到着した。…

　2月27日、友好通商条約〔日朝修好条規〕が調印され、使節と艦隊は帰国した。…20年もしない前には、日本は、朝鮮が今世界の他の国々に対して占めているのと同様の立場にあった。それが今では、外国の日本待遇について、やかましく不平を鳴らしてきたし、今も鳴らしていて、同じように朝鮮と交渉しているのだ。日本は、条約〔日朝修好条規〕のなかに、日本が西欧諸国と結んでいる条約から削除したいと熱望している条文まで、取り入れているではないか。

　それは注目すべき事件だ、といいたい。…朝鮮と関係を持つという通商上の実際利益が、…価値あるものかどうかは、極めて疑わしい。…開国をもたらしたという面目だけが、日本の苦労に報いられるすべてである。

（ジョン・レディ・ブラック著、ねず・まさし・小池晴子訳『ヤング・ジャパン 3』平凡社・東洋文庫より）

Peace between Japan and Korea
Pas de deux danced on the occasion

日朝修好条規（1876年）

第1款　朝鮮国は自主の邦であり、日本と同等の権利を持つ。

第4款　朝鮮国の釜山には日本公館がすでに設けられ、長く両国人民の通商の地となっている。…また、朝鮮国政府は、第5款に示す〔釜山の他に通商に便利な〕2港を定めて開港し、日本人の往来や通商を認めるものとする〔のちに元山、仁川と決定〕。

第10款　日本人が朝鮮国内の指定された開港場に滞在中に罪を犯し、朝鮮人との間に交渉が必要な事件となった場合、すべて朝鮮国内の日本人領事が審判・裁判を行う。

（高橋哲訳）

Ｑ 日朝修好条規はどのような状況のなかで結ばれただろうか。またどのような条約だろうか。下線部の日本が西欧諸国と結んでいる条約から削除したいと熱望している条文とは何だろうか。

1 李鴻章のみた19世紀の世界

李鴻章（りこうしょう）とアメリカ合衆国駐清公使ヤングとの会話（1883年8月8日）

李鴻章：しかし知ってのように、日本はわが敵国である。我々が受けないような優待を日本が受けるなど堪えられぬ。朝鮮に関しては、何の憂慮もしていない。日本の影響力など恐るるに足らない。

私こそ、朝鮮の王である。私が清朝の利害でそうした大権を主張せねばならぬと思ったときには必ずに、である。日本など懼れてはいない。❶昨年の夏、日本が軍隊を朝鮮に派遣したとき、日本とはいつでも戦争できたし、今でもそうだ。わたしは朝鮮国王の内政には介入したくないし、その自主を脅かしたくもない。それは清朝の政策に違う。けれども日本がそうするのは許せない。朝鮮は清朝の門戸であり、日本のような敵対勢力が朝鮮を占領すれば、清朝の脅威となる。

ヤング：この問題に対する閣下のみかたは存じ上げていますし、あらゆる敵意や猜疑（さい）を根絶できるような理解が、清朝と日本のあいだになりたつという希望は、絶やしたことはありません。

李鴻章：それなら、日本に清朝の邦土奪取をやめさせよ。❷それはさきに台湾でこころみ、朝鮮でやろうとし、❸琉球ではやってのけたことだ。…そこには、原則がある。清朝は琉球を欲していない。君主の復位が望みなのだ。

ヤング：そうした問題には、別の側面があるとはお考えになりませんか。清朝はその不明確な政策で、みずから争論と攻撃を招いてきたのではありませんか。どうして清朝皇帝は、本当の国境を画定して、「ここここそわが領土だ。防衛するのだ。」と世界に宣言しなかったのでしょう。そうした宣言があったら、世界は尊重したはずです。にもかかわらず清朝は、属国であるといいながら、そのあとでその統治の責任を放棄しています。台湾では、❷日本が生番による日本人水夫殺害の補償をもとめてきたとき、清朝は生番の行為には責任を負わない、と回答したではありませんか。日本が暴行の張本人を懲罰（ちょうばつ）しようと軍隊を出すと、清朝はあわてて乗り出してきて、撤退してもらうために賠償金を支払ったのです。そんなふるまいを西洋では「あさましい」というのです。もし台湾が清朝の領土なら、どうして外国軍隊の侵略という侮辱（ぶじょく）に甘んずるのですか。同じことは、朝鮮でも起こりました。アメリカ船の乗組員が朝鮮人に殺害されたとき、…総理衙門に救いをもとめたら、「清朝は朝鮮に責任をもたない」といわれたので、独自に朝鮮と交渉せざるをえなかったのです。どうして清朝はその領土を確定しないのですか。

李鴻章：清朝の版図は、確定している。清朝があって、その朝貢国がある。この朝貢国は自主（self-governing）である。しかし清朝皇帝に忠誠を誓っているのであって、それは朝貢という行為であらわされる。この儀礼を果たしてしま

Q1 李鴻章は、1883年に「わが清朝建国のおり、まず平定したのが朝鮮であり、その臣服は安南・琉球の比ではない。ところが日本はしばしば朝鮮で煽動誘惑し、中国の属藩とならぬよう教唆しようとしている。…もし日本が朝鮮を中華の属国であると認めず、併呑（へいどん）したりしようとするなら、私は日本と争わざるを得ない」と発言している。これと、以下の史料から、清にとって朝鮮はどのような存在であったか、キーワードを抜き出して考えてみよう。また、李鴻章は日本をどのような存在とみなしているだろうか。

▼李鴻章（右）とビスマルク 「東洋のビスマルク」とも呼ばれた李鴻章は、日清戦争後にはじめて欧米諸国を歴訪し、1896年にはドイツでビスマルクとも会談した。

えば、皇帝はその国事に干渉はしない。同時にその自立は清朝の重大問題だから、皇帝はそれに対するいかなる攻撃にも、無関心ではいられない。

ヤング：近代という時代に、そして今普及している文明には、朝貢国なる制度はありえません。植民地なるものは、首都と同じく支配領域の一部なのです。アメリカには、多数の州、辺境の準州ばかりか、北の果て飛び地のアラスカもあります。しかし、いかなる外国であれ、もしアラスカに非友好的な目的で、兵士を一人でも置いたなら、それはニューヨークに一万人上陸させた戦争行為と同様なのでありまして、そうみられることでしょう。それが文明国のルールというものです。清朝もそれにしたがい、その版図を一元化し、世界にその領土の正確な境界を示して、難局を解決すべきではありませんか。

李鴻章：どうして、清朝と周辺諸国のあいだに永年、存続してきた関係を外国が破壊せねばならぬ。理由がわからない。うまくやってきたのに。…

（岡本隆司『属国と自主のあいだ』名古屋大学出版会より）

解説 清の対外政策に大きな発言力をもつ李鴻章は、日本の行動を日清修好条規（1871年）→p.216第1条「日清両国に属する邦土に関して、両国は礼をもって対応し、少しも侵略することなく、永久に〔邦土の〕安全を保障する」に反するととらえ、警戒した。李鴻章はこの条文にある「邦土」の邦には朝鮮が含まれていると考えていたからである。

Q2 史料中の下線部分❶❷❸のできごとが具体的に何を指すか確認してみよう。また、その際の日本・清・朝鮮の関係を確認してみよう。

Q3 李鴻章が考える朝鮮などの周辺諸国との関係と、ヤングの主張する国際関係との違いはどのようなものだろうか。またそれに対し、李鴻章・ヤングはそれぞれどのような気持ちを抱いているだろうか。

朴泳孝（バクヨンヒョ）のパークス[*1]に対する発言（1882年12月23日）
（ぼくえいこう）

朝鮮の地位とは、こうです。自国民の統治に必要ないので、軍隊を有していません。そのため清朝の制圧にあって抵抗もできず、そのいいなりになるほかないのです。もうお気づきでしょうが、西洋諸国との条約草稿には、**朝鮮は清朝の属邦だが内政・外交は自主だ、と宣言する条款**がありました。…国王の独立した地位をこのように宣言したことは、清朝の完全な承認同意をへております。にもかかわらず、清朝は今になって、**朝鮮の内政・外交にあらゆる手をつくして干渉**をすすめ、国王からはその主権を、政府からは行動の自由を奪いつつあります。

*1 パークス（1828～1885）
イギリスの外交官。広州などの英領事館に勤務。1865年以降は駐日本公使となる。1883年以降は駐清公使となり、翌年より朝鮮公使も兼任した。

（岡本隆司『属国と自主のあいだ』名古屋大学出版会より）

◀朴泳孝（1861～1939）
朝鮮の近代化をめざした急進改革派（急進開化派）の1人。1884年に金玉均らと甲申政変→p.216をおこすも失敗し、日本へ亡命。1910年の韓国併合以降は、侯爵となり、貴族院議員などをつとめた。

Q1 壬午軍乱後の清の朝鮮に対する政策に対し、朴泳孝はどのような思いを抱いているだろうか。

Q2 こうした状況のなかで、金玉均や朴泳孝らがおこした1884年の事件について調べてみよう。

2 日清戦争

2·1 日清戦争関係図

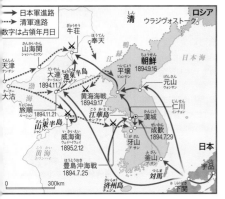

凡例
- ➡ 日本軍進路
- ⇢ 清軍進路
- 数字は占領年月日

ロシア
清　ウラジヴォストーク
牛荘　奉天
山海関　チンタオ
天津　渤海　朝鮮　1894.9.16
大沽　大連　遼東半島　平壌　日本海
旅順　1894.11.7　黄海海戦　元山
1894.11.21　1894.9.17　漢城
山東半島　江華島　成歓
威海衛　1895.2.12　牙山　1894.7.29
黄海　釜山
豊島沖海戦　対馬
1894.7.25　済州島　下関

300km

解説　1894年、朝鮮政府の要請を受けて清軍が朝鮮に出兵した。天津条約（1885年）の相互事前通告にもとづいて清からの通告を受けた日本もこれに対し朝鮮に出兵した。こうしたなか、日本は朝鮮の内政改革を清にもちかけ、拒否されていた。

日本の朝鮮侵攻

　日本は、朝鮮在留日本人を脅かしている者などいないにもかかわらず、彼らが保護を求めているという口実…の下に、朝鮮における日本の陸海軍力を急ピッチで増強しつつある。最新のニュースによると、日本は中国にとって受け入れがたいようないくつかの条件の下でしか軍隊を撤退させるわけにはいかないといっており、したがって、上海と同様に天津でも事態は極めて危機的な状況にあるとみられている。中国が日本に屈するようなことはよもやあるまいと思われるが、万が一そのようなことになれば、それは李鴻章総督の破滅を意味することになるだろう。**彼は長年にわたり自由裁量で万事を運んできた。現代的な艦隊の確立や要塞の建造、陸軍の組織化などに気前よくお金を注ぎ込んできた。故に、彼としては、日本という比較的取るにも足らない敵と戦う準備が中国には整っていないなどと今更いうわけにはいかないのだ。**もし日本が中国を戦争へと駆り立てるようなことがあれば、日本のそのような行為にはわずかなりとも正当性があるとは認めがたい。しかし、日本政府は、国民の不満をそらすにはなにかをしなければならず、それには内戦よりも対外戦争のほうが好ましいと考えているようで、そこから、朝鮮とその宗主国たる中国に対する全くいわれのない攻撃を思いついたわけだ。

（『ノース＝チャイナ＝ヘラルド』〈1894年6月25日〉、『外国新聞に見る日本2』毎日コミュニケーションズより）

▲ 朝鮮での闘鶏（『PUNCH』1894）
熊：どちらが勝利しても、ご馳走にありつけるね。

❓ 史料は日清戦争直前の記事であるが、「朝鮮在留日本人を脅かしている者」とは、朝鮮におけるどのような動きのことだろうか。上の風刺画では、日清戦争の後、どの国が朝鮮に影響力をもつと推測しているのだろうか。

2·2 日本の条約改正と東アジア情勢

❓ イギリスが条約改正交渉に応じた背景には何があっただろうか。

日本の条約改正

　現行の修好通商条約は旧幕府が結んで以来そのままの状態で、独立国家としての権利〔国権〕と利益〔国益〕上の双方において実害があるのはいうまでもない。思うに特に日本に実害がある重要点を挙げるとすれば、まずは国権上においては、

　第一、領事裁判権が存在するので、日本国内に居住・滞在する外国人に対して、日本の法律をまったく適用することができないこと。…

　第三、海関税〔輸入貨物に関する税・輸入税率〕について自主的な決定権がないことがある。

　青木周蔵外相が大隈重信外相の後任として条約改正交渉を継続し、ほぼ対等条約に近い立案を提出した。そしてイギリス政府に12条項を除く以外の重要な部分を承諾させるに至ったのは、ほとんど予想外の結果といわざるを得ない。それはもともと青木外相の周到なる計画と熟練の交渉手腕によるものであるが、…さらにはアジア全局の近況〔状況の変化〕がイギリス政府に条約改正を深く顧みさせることになったのではないか。

　このアジア全局の近況とは、シベリア鉄道の起工である。シベリア鉄道がイギリスの東洋における特権〔利権・既得権益〕を剥奪するための利器であるというのは、私〔榎本武揚外相〕が余計なことを改めていうまでもないことであり、青木外相が自家有為の器をもつ大物で、現在乗るべきまさに好機に遭遇したといえる。

（外相榎本武揚の閣議提出　断案〈1891年10月〉、高橋哲訳）

解説　明治政府は条約改正交渉を欧米諸国と進め、1894年の日英通商航海条約を最初に領事裁判権の撤廃を実現させた（1899年実施）。1911年の条約改正では、関税自主権も全面的に認められ、欧米諸国と完全に対等な条約が結ばれた。

▲ 不平等条約の改正と内地雑居（『内輪の慈姑議』（『団団珍聞』1899年）　図は慈姑（茎が弁髪に似ていることから清国人の意）の扱いをめぐって内輪もめをする日本を風刺している。

解説　不平等条約の改正により、領事裁判権の撤廃とともに居留地制度が廃止され、外国人の居住や旅行の自由が保障されて「内地雑居」が始まった。だがそれは、欧米人に対してのものだけであり、中国人労働者に対しては許可制となり、内地雑居は制限を受けた。

3 日本統治下の台湾

「統治20年の回顧」（『台湾日日新報』1915年6月）

　児玉源太郎総督〔第四代〕の治績を顧みると、彼の総督在職期間〔1898～1906年〕において台湾統治上の大困難であった抗日武装匪賊を掃討して台湾全島の粛清〔統治〕に成功し、警察制度を定めて治安維持の基礎を確立した。また、司法・行政制度を改革し、財政基盤を固めて自給自営の効果を上げ、製糖事業の政策を定めて産業の発展を図り[1]、紙幣制度も改革して金本位制度を確立した。また銀行[2]の創設に努力し、産業界に資本供給の道を開き、その結果、鉄道を敷設し、道路を整備し、港湾を修築し、保健衛生を勧め、教育を奨励し、土地と戸口を調査し[3]、台湾の原住民に対する理蕃政策を定めた。…日本の台湾統治はここに至ってようやく緒についたとすべきで、今日〔1915年〕の台湾の姿があるのは、もともとは明治天皇の御稜威〔御威光〕によるものではあるものの、また児玉総督と後藤新平民政長官の努力の賜でもあり、台湾統治史の第1期、すなわち創業時代とするものである。

[1]　1900年の台湾製糖会社設立など。　[2]　1899年の台湾銀行など。
[3]　1898～1905年の土地調査事業と1903年の戸籍調査令。

（歴史学研究会編『世界史史料9』岩波書店より、高橋哲訳）

❓ 日本は植民地支配下の台湾にどのような政策を実施しただろうか。またそれはどのような認識のもとでなされただろうか。

解説　日清戦争の結果、下関条約により、日本初の植民地となった台湾に、日本は台湾総督府を設置して統治した。一方日清戦争後、台湾では日本の植民地化に反対して台湾民主国の独立が宣言されたが、日本軍により平定された。日本の統治は平野部にしかおよばず、山間部に住む「蕃民」と呼ばれた台湾の原住民の抵抗に対しては、武力制圧が続いた。

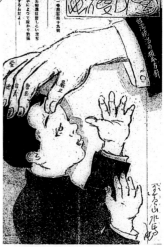

▶ 台湾統治に関する風刺画（昭和6年2月）
「お前たちは賢い児ぢゃによって確かり勉強するんだよ」と、子ども（台湾）を撫でる大人の手（日本）。袖口には「台湾統治の根本方針」とあり、指先には「厳正、智見、信義、徳、愛」とある。

1 帝国主義時代のヨーロッパ諸国

イギリス国内	イギリス国外	フランス国内	フランス国外	ドイツ国内
1871 労働組合法制定	1867 カナダの自治領化	1871 パリ=コミューン	1870 ドイツ=フランス戦争（〜71）	1871 ドイツ帝国成立 帝国宰相 ビスマルク 文化闘争（〜80）
	1875 **スエズ運河会社の株買収** （ディズレーリ）	1875 第三共和国憲法		
	1877 インド帝国成立	1887 **ブーランジェ事件**（〜89）	1878 ベルリン会議	1875 ドイツ社会主義労働者党 成立（ゴータ綱領）
	1878 ベルリン会議	1889 第2インターナショナル結成 （パリ 〜1914） パリ万国博覧会	1881 チュニジア保護国化	1878 社会主義者鎮圧法成立
	1882 エジプト占領		1882 西アフリカでサモリ帝国の抵 抗始まる（〜98）	1879 保護関税政策→工業化
	1884 **ベルリン=コンゴ会議**（〜85） →アフリカ縦断政策 3C政策推進	1894 ドレフュス事件（〜99）	1883 ベトナム保護国化（フエ条約）	1883 ビスマルク、社会保険制度 実施（〜89）
▲ディズレーリ 保守党の政治 家。2度にわたって首相をつと め、スエズ運河の買収、インド 支配の強化、ロシアの南下阻止 など帝国主義政策をおし進めた。	1887 自治植民地会議発足	1895 フランス労働総同盟結成 →サンディカリスム	1884 **ベルリン=コンゴ会議**（〜85） →アフリカ横断政策推進	1888 **ヴィルヘルム2世即位**（〜 1918）
	1890 **ローズ**、ケープ 植民地首相に就任（〜96）		1884 清仏戦争（〜85）	1890 ビスマルク、辞職 **世界政策**（ヴィルヘルム2 世）
1881 アイルランド土地法制定	1895 ジョゼフ=チェンバレン、 植民地相に就任（〜1903）		1887 フランス領インドシナ連邦成 立	社会主義者鎮圧法廃止 ドイツ社会主義労働者党、 社会民主党と改称→p.183
1884 フェビアン協会結成 第3回選挙法改正	1898 ファショダ事件		1894 露仏同盟完成	（エルフルト綱領、1891）
1886 アイルランド自治法案否決	1899 **南アフリカ戦争**（〜1902）		1895 フランス領西アフリカ成立	1896 社会民主党のベルンシュタ イン、修正主義を主張
1894 8時間労働法制定	1901 英領オーストラリア連邦成立		1896 マダガスカル領有	1898 建艦政策始まる →イギリスとの建艦競争へ
1900 労働代表委員会結成	1902 日英同盟締結		1898 ファショダ事件	**パン=ゲルマン主義**広まる
	1904 英仏協商締結	▲ジョレス（1859〜1914）フラン ス社会党の指導者。ドレフュス 事件では共和派側にたち、帝国 主義戦争に反対して反戦・平和 を訴えた。	1904 **英仏協商**締結	
1905 シン=フェイン党結成	1907 英露協商締結 ニュージーランド自治領に		1905 第1次モロッコ事件	
1906 労働代表委員会、**労働党**と 改称	1910 英領南アフリカ連邦成立	1905 **フランス社会党**結成 （ジョレス） 政教分離法発布	1906 アルヘシラス会議	
1911 **議会法**制定			1911 第2次モロッコ事件	1912 社会民主党が第一党に躍進
			1912 モロッコ保護国化	

2 第2次産業革命 2·1 工場の様子

▲**クループ社のエッセン工場** クループ社は19世紀初めに鋳鋼工場を創設したのに始まり、大砲など兵器製造を
中心とする大軍需企業に発展した。19世紀末には一大コンツェルン化し、ドイツ帝国主義を代表するに至った。

3 帝国主義の成立

▶ **帝国主義への動き**

第2次産業革命
- 動力革命（石油・電気）
- 交通・通信革命
- 重化学工業

国家・政府の支配

企業・資本の集中
- 巨大企業の出現
- 金融資本の支配

←対立→

労働者の増大
- 労働組合の連帯

独占資本の形成
- カルテル・トラスト
- コンツェルン

←対立→

社会主義政党の結成
- 第2インターナショナル

国内矛盾の対外転化

植民地獲得競争
- 市場拡大・原料輸入・資本輸出先

植民地での民族運動

国際対立の激化

2·2 巨大企業と独占資本

独占資本の形態

① **カルテル**
同一産業部門の複数の企
業が生産協定や価格協定
を結び、市場を支配する。

③ **コンツェルン**
親会社がいろいろな産業分
野の子会社を、株式保有な
どを通じて支配する。第二
次世界大戦前の三井・三
菱・住友などの財閥も、持
株会社により日本経済を支
配していた。

② **トラスト**
同一産業部門の複数の企
業が1つに合併し、市場
を支配する。

▼**独占資本による議会支配** アメリカの風刺画。
議会で民衆を排除して独占資本企業が議会を占拠
している。帝国主義時代の資本主義諸国の列強では、
大不況のなかで中小企業を吸収・合併し巨大化した
独占資本が、実質的に国家の外交・内政を左右した。

Q 独占資本を表す
人のシャツに何と書
いてあるだろうか。

▲**ロックフェラー**（1839〜1937）ア
メリカの「石油王」。**スタンダード石
油会社**を設立し、トラストにより全
米の製油能力の90%以上を支配し、
巨万の富を築き、その経営手法は社
会的批判を受けたが慈善事業にも力
を入れ、医療・教育・科学研究の分
野に多額の資産を投じた。

ドイツ国外	ロシア国内	ロシア国外	アメリカ国内	アメリカ国外
870 ドイツ=フランス戦争（～71） エルザス・ロートリンゲン（アルザス・ロレーヌ）獲得	1870年代 ナロードニキ運動過激化	中央アジアへの進出	1869 最初の大陸横断鉄道完成	1867 ロシアよりアラスカ買収
		1868 **ブハラ=ハン国保護国化**	1879 エディソン、電灯発明	1889 第1回パン=アメリカ会議
873 三帝同盟締結（独・墺・露）	1878 ヴェーラ=ザスーリチのテロ →テロリズム増加	1873 **ヒヴァ=ハン国保護国化**	1882 ロックフェラーのスタンダード石油会社 →石油トラスト形成	1898 アメリカ=スペイン（米西）戦争 フィリピン・プエルトリコ獲得 キューバ保護国化（プラット条項） ハワイ併合
878 ベルリン会議 ビスマルク「誠実な仲立ち人」 →ロシアの南下政策阻止	1881 アレクサンドル2世暗殺 アレクサンドル3世即位（～94） 革命運動弾圧激化 ユダヤ人に対する迫害激化	1876 **コーカンド=ハン国併合**		
		1873 三帝同盟締結（独・墺・露）	1886 アメリカ労働総同盟（AFL）	
879 独墺同盟締結		1877 **ロシア=トルコ戦争**（～78）	1890 シャーマン反トラスト法 フロンティアの消滅宣言	1899 中国の門戸開放を提唱
882 三国同盟締結（独・墺・伊）	1891 **シベリア鉄道**着工 （フランスの資本導入） →ロシアの産業革命本格化	1878 **サン=ステファノ条約** →バルカン半島に勢力拡大	1897 マッキンリー大統領就任（～1901）	1900 中国の領土保全を提唱（国務長官ジョン=ヘイ）
884 **ベルリン=コンゴ会議**（～85）		1878 ベルリン会議 →ベルリン条約締結 ロシアのバルカン半島への南下阻止	1901 **セオドア=ローズヴェルト**大統領就任（～09）	→〈棍棒外交〉による**カリブ海政策**
884 トーゴ、カメルーン領有 独領南西アフリカ成立 ビスマルク諸島領有	1894 ニコライ2世即位（～1917）		**革新主義** → トラスト規制 モルガンのUSスティール →鉄鋼トラスト形成	1903 パナマ独立 →運河の工事権・租借権獲得
885 独領東アフリカ成立	1898 **ロシア社会民主労働党**結成	1881 イリ条約締結		1904 パナマ運河建設開始
886 マーシャル諸島領有	1901 **社会革命党**結成	1887 独露再保障条約締結（～90） →フランスの孤立化	1905 世界産業労働者同盟（IWW）	1905 日露戦争の講和を仲介 →ポーツマス条約成立
887 独露再保障条約締結（～90）	1903 社会民主労働党分裂 **ボリシェヴィキ（レーニン）** **メンシェヴィキ（プレハーノフ）**		1909 タフト大統領就任（～13）	→〈ドル外交〉
899 バグダード鉄道敷設権獲得 →3B政策			1911 スタンダード石油会社に解散命令	
	1905 血の日曜日事件 （第1次ロシア革命） 戦艦ポチョムキンの反乱 十月宣言	1894 露仏同盟完成		1910 メキシコ革命（～17）
905 **第1次モロッコ事件** マジ=マジ闘争（東アフリカ、～07）		1895 三国干渉	1913 **ウィルソン**大統領就任（～21） 「新しい自由」	→〈宣教師外交〉
906 アルヘシラス会議	1906 国会（ドゥーマ）開設 **ストルイピン**の改革	1900 義和団戦争で満洲を占領		
911 第2次モロッコ事件		1904 **日露戦争**（～05）	1914 反トラスト法	1914 **パナマ運河**完成
		1907 英露協商締結		

3·1 欧米列強の植民地獲得（1878年の世界）

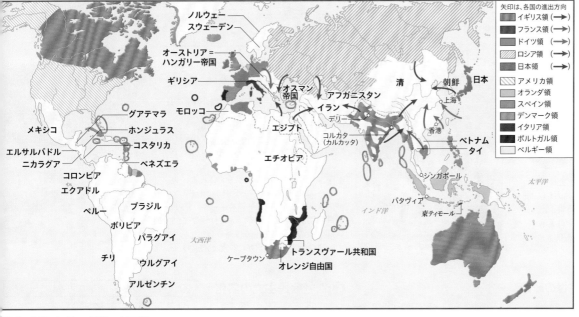

矢印は、各国の進出方向
- イギリス領 →
- フランス領 →
- ドイツ領 →
- ロシア領 →
- 日本領 →
- アメリカ領
- オランダ領
- スペイン領
- デンマーク領
- イタリア領
- ポルトガル領
- ベルギー領

解説 ヨーロッパはビスマルク外交のもと勢力均衡下にあったが、イギリスは世界各地で植民地拡大に努め、日本は朝鮮への進出を始めるなど、帝国主義時代の到来を予感させる状況にあった。

Q ヴィルヘルム2世は「黄色人種」をどのように考えているだろうか。また森鷗外はなぜ「白禍あるを知る」といっているのだろうか。

3·2 帝国主義に関わる言論

ヴィルヘルム2世の
セオドア=ローズヴェルト宛書簡（1905年）

私が予見するに、将来において「白人」と「黄色人」との間には、まさにその生存を懸けた生死の闘いが起こるであろう。それ故、「白人種」に属する諸国民ができるだけ早くそのことを理解し、来るべき危険に対して共同の防衛処置をとることが望ましいのである。　（歴史学研究会編『世界史史料6』岩波書店より）

森鷗外「黄禍論梗概」（1905年）

安ぞ知らん、北のかた愛琿に五千の清人を駆りて、黒龍江水に赴きて死せしめ、南のかた旅大を蚕食して、陽に租借と称するは、人道に逆ひ、国際法を破ること、殆ど人の意料の外を出づるを。予は世界に白禍あるを知る。而して黄禍あるを知らず。　（歴史学研究会編『世界史史料6』岩波書店より）

ホブソン『帝国主義　その一研究』（1902年）

この真のナショナリズムが堕落して、自然の堤からあふれ出し、反抗的で同化を拒む人々の住む領域を、遠近を問わずわがものにしていこうと試みることこそ、ナショナリズムが、一方ではまがいものの植民地主義へ、他方では帝国主義へと移行していったことの印である。

政策としての最近の帝国主義の新しさは、それがいくつかの国によって採られているということに主としてみられる。多くの競合する帝国という観念は、本質的に近代的なものなのである。　（歴史学研究会編『世界史史料6』岩波書店より）

ヨーロッパ

北アメリカ

1 各国の国内事情

▶1873年ウィーンの株式大暴落　経済成長が続いていたオーストリアで、1873年ウィーン万博開始後、株式の大暴落がおこった。これにより8つの銀行は倒産に追い込まれ、世界経済にも多大な影響を与えた。

▲パリのメトロ(1910年頃)　メトロ(地下鉄)は、のちに、戦争がおこらず文化的で豊かであった「ベルエポック(古き良き時代)」と呼ばれた時代の最中の1900年に竣工された。この年は、パリ万博がおこなわれる年でもあった。

▼ニューヨークの大型デパート(1903年頃)デパートは多様な商品をあつかう形態の小売店で、1860~80年代に登場した。電動レベーター、白熱電球、ガラスなどが使われぜいたくで文化的な空間を創造した。

2 イギリス

2・1 労働党の結成

▶フェビアン協会のポスター　1884年ロンドンで設立された社会主義者の団体で、ウェッブ夫妻らが理論的指導者となり、漸進的な社会福祉国家の実現をめざした。のちの労働党の中核となった。

▲労働党創立メンバー　前列左から2人目がマクドナルド。

2・2 自由党政権の政策

アイルランド自治法案(1886年)

われわれ〔自由党〕が非常に頻繁に提唱してきた原則を、恐れず断固として実践に移すことを私は願います。その原則とは、すなわち自治政府の付与ということでありますが、これは〔大ブリテンとアイルランドとの〕統一を損なうどころか、統一を強固にする方法なのであります。

(歴史学研究会編『世界史史料6』岩波書店より)

◀「爵位大売り出しの図」(『PUNCH』1911年)　政府は議会法成立のため、上院(貴族院)における自由党系貴族議員を増加させる計画を進めた。図はその風刺画

3 フランス

3・1 反共和政の動き

▶ブーランジェ将軍　対独強硬論で人気を集め、クーデタも望む声も大きかった。しかし、本人が行動をおこさず、騒ぎは終息した。

▶ドレフュス事件　反ユダヤ主義が残っていたフランスで、ユダヤ人将校のドレフュスがドイツへのスパイ容疑で逮捕された冤罪事件。作家ゾラの訴え(右史料)もあり、無罪となった。軍部と政府の威信は下がった。

エミール=ゾラ「私は弾劾する」
(1898年1月13日)

私は軍法会議を弾劾する。一度目の軍法会議は、唯一の証拠〔とされるもの〕を隠したまま被告に有罪判決を下すという、法にそむく行為を行った。二度目の軍法会議は、真犯人をそれと知りながら無罪放免にするという司法上の大罪を犯すことで、一度目の会議での不法行為を〔上からの〕命令に基づき覆い隠した。

(歴史学研究会編『世界史史料6』岩波書店より)

▶共和国か教会か　教育をめぐり教会(図左)と国家(図右)のあいだで主導権が争われたが、1905年の政教分離法で公教育から宗教は分離された。

3・2 政教分離法

4 ドイツ

4・1 ヴィルヘルム2世の政策

◀建艦政策のポスター　ドイツ皇帝ヴィルヘルム2世は、軍備拡張政策と特にイギリスに対抗するため大海軍の建設に乗り出した。図は1898年設立されたドイツ海軍協会のポスターで、国民へ海軍への理解を呼びかけたもの。巨砲戦艦時代を迎える。

4・2 社会民主党の変化

ドイツ社会民主党 エルフルト綱領
(1891年10月20日)

かくして、ドイツ社会民主党は、新しい階級特権と特典のためにではなく、階級支配および階級そのものの廃止のために、また性別や生まれのいかんを問わず万人の平等の権利と平等の義務のためにたたかう。

(歴史学研究会編『世界史史料6』岩波書店より)

Q 下の2つの史料の主張の相違点を考えよう。

社会民主党議員による 民主化への要請(1908年)

帝国議会は、皇帝と官僚に対してもっと自分たちと国民の権利を得るために、議会の権力を用いなければならないのです。何よりも憲法改正によって、戦争か平和かの決断が国民の手に委ねられるようにすることが必要です。…それから帝国議会が宰相や他の大臣の責任を問い、その仕事について裁判所に告訴できるような、真の大臣問責法が必要です。

(ベーター・ガイス他監修、福井憲彦他訳『ドイツ・フランス共通歴史教科書〈近現代史〉』明石書店より)

5 ロシア

5·1 ロシアの経済成長

◀ウィッテ　1893年蔵相に就任し、フランス資本導入による工業振興やシベリア鉄道等の建設をおこなう。ポーツマス講和会議の全権代表。のち首相に就任（1905～06）。

ウィッテ蔵相の工業化政策

東方において我が国の経済・文化・政治的な役割を高めることになる大シベリア鉄道の建設は、われわれと西欧世界間の対立に新しい火種を提供することになるだろうことは当然のことであります。…

大シベリア鉄道の実現が、東アジアの動向に、必然的にロシアがより積極的に関与することになるであろうということであります。

（アレクサンドル3世への上申書〈1893年〉、歴史学研究会編『世界史史料6』岩波書店より）

5·2 労働運動

▶森の非合法集会　絵画は、1891年の最初のメーデーを描いたものである。当時の皇帝アレクサンドル3世、次のニコライ2世とも抑圧的な統治をおこなった。その結果、学生運動、労働運動、農民騒擾、反政府革命運動が激化し、テロまでおこされた。

5·3 血の日曜日事件（1905年）

◀「血の日曜日」もともと内務省と関係のあった司祭ガポンは、労働者と家族を率いて皇帝への請願運動をおこなったが、待ち構えていた軍隊の一斉射撃を受けた。（モスクワ、国立現代史中央博物館蔵）

ニコライ2世への請願書
（1905年1月）

役人政府は、国を完全な荒廃に至らせ、恥ずべき戦争に国を引き込みました。そしてますますさらにロシアを破滅へと導くことでありましょう。…役人のみで統治するにはロシアはあまりに広大であり、その要求はあまりに多様で数限りないのであります。国民代議体が必要であります。　（歴史学研究会編『世界史史料6』岩波書店より）

5·4 十月宣言（1905年）

ニコライ2世による十月宣言

定められた国会選挙を中止することなく、再び定められた立法機関に普通選挙権原則の一層の発展を認めて、国会召集以前に残された期間の短さに照らして可能な限り、選挙権を現在まったく奪われている階級を国会に参加させること。

（歴史学研究会編『世界史史料6』岩波書店より）

5·5 ストルイピン

▲ストルイピン　1906年、首相に就任（～11）。革命運動を徹底的に弾圧する一方で、農業改革を実施して農村共同体（ミール）を解散した。

6 アメリカ合衆国

6·1 世紀転換期の大統領

◀マッキンリー（任1897～1901）共和党出身。1898年、アメリカ＝スペイン戦争に勝利し、フィリピン、グアムなど獲得した。また、ハワイも併合した。

◀セオドア＝ローズヴェルト（任1901～09）共和党出身。「革新主義」をとなえ独占資本に対抗した。一方で「棍棒外交」➡p.225を展開した。

◀タフト（任1909～13）共和党出身。ローズヴェルト同様、革新主義者であった。対外的には経済的・金融的な手段による「ドル外交」を実施した。

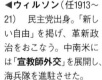

◀ウィルソン（任1913～21）民主党出身。「新しい自由」を掲げ、革新政治をおこなう。中南米には「宣教師外交」を展開し、海兵隊を進駐させた。

◀移民の増加　1882年の法律で「精神異常者、犯罪人」に加え、生活困窮者なども入国が禁止され、移民の選別がおこなわれた。図は、貧しかった移民の子孫たちが、新たにやってきた貧しい移民を排除している様子を風刺している。

▶炭鉱で働く少年たち（1905年）石炭から不純物を取り除く作業に少年たちが従事した。当時、企業が巨大化する一方、労働者の権利は脆弱で10～15歳の児童の6人に1人が賃金労働に従事していた。

7 経済力の変化

7·1 世界の工業生産に占める各国の割合（1870～1938年）

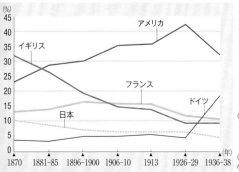

（年）1870　1881-85　1896-1900　1906-10　1913　1926-29　1936-38

Q イギリスは工業生産でアメリカ・ドイツに抜かれたが、工業生産以外でどのように利益を出していただろうか。

（League of Nations, Industrialization and Foreign Trade より作成）
（慶應義塾大学　経済学部　2017年）

7·2 各国の対外投資

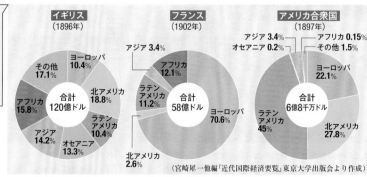

イギリス（1896年）
その他 17.1%
ヨーロッパ 10.4%
北アメリカ 18.8%
ラテンアメリカ 10.4%
オセアニア 13.3%
アジア 14.2%
アフリカ 15.8%
合計 120億ドル

フランス（1902年）
アジア 3.4%
アフリカ 12.1%
ラテンアメリカ 11.2%
ヨーロッパ 70.6%
北アメリカ 2.6%
合計 58億ドル

アメリカ合衆国（1897年）
アジア 3.4%　アフリカ 0.15%
オセアニア 0.2%　その他 1.5%
ヨーロッパ 22.1%
北アメリカ 27.8%
ラテンアメリカ 45%
合計 6億8千万ドル

（宮崎犀一他編『近代国際経済要覧』東京大学出版会より作成）

ヨーロッパ

北アメリカ

1 アフリカの植民地化
1・1 アフリカにおける列強の植民地（20世紀初め）

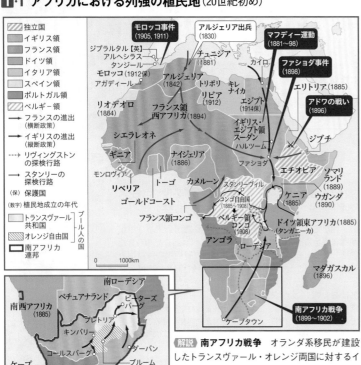

凡例:
- 独立国
- イギリス領
- フランス領
- ドイツ領
- イタリア領
- スペイン領
- ポルトガル領
- ベルギー領
- → フランスの進出（横断政策）
- → イギリスの進出（縦断政策）
- ┄┄ リヴィングストンの探検行路
- → スタンリーの探検行路
- (保) 保護国
- （数字）植民地成立の年代
- トランスヴァール共和国
- オレンジ自由国
- 南アフリカ連邦

地図ラベル:
- モロッコ事件（1905, 1911）
- アルジェリア出兵（1830）
- マフディー運動（1881～98）
- ジブラルタル【英】
- アルヘシラス
- タンジール
- チュニジア（1881）
- カイロ
- ファショダ事件（1898）
- モロッコ（1912保）
- アガディール
- アルジェリア（1842）
- トリポリ
- キレナイカ
- リビア（1912）
- エジプト（1914保）
- エリトリア（1885）
- リオデオロ（1884）
- フランス領西アフリカ（1894）
- ナイル川
- アドワの戦い（1896）
- シエラレオネ
- イギリス・エジプト領スーダン
- ハルツーム
- ギニア
- ナイジェリア（1886）
- ファショダ
- ジブチ
- モンロヴィア
- トーゴ
- カメルーン
- エチオピア
- ソマリランド（1889）
- リベリア
- ゴールドコースト
- スタンリーヴィル
- ケニア（1885）
- ウガンダ（1890）
- フランス領コンゴ
- コンゴ自由国（1885～1908）
- ベルギー領コンゴ（1908）
- ドイツ領東アフリカ（1885）（タンガニーカ）
- アンゴラ
- ローデシア
- マダガスカル（1896）
- 0　1000km

- 南ローデシア
- 南西アフリカ（1885）
- ベチュアナランド
- ピーターズバーグ
- プレトリア
- キンバリー
- コールスバーグ
- ダーバン
- ケープ植民地（1806/14）
- ケープタウン
- ブルームフォンティン
- ポート＝エリザベス
- 南アフリカ戦争（1899～1902）

解説 南アフリカ戦争 オランダ系移民が建設したトランスヴァール・オレンジ両国に対するイギリスの侵略戦争。**ブール人**の抵抗をおさえるため、イギリスは大量の騎馬砲兵隊を送り込んだ。

1・2 アフリカ中央部への探検

▶**スタンリーとリヴィングストンの出会い** 探検中消息を絶ったリヴィングストン（英、中央右）をスタンリー（米、中央左）はタンガニーカで発見した（1871年）。以後アフリカ内陸部は一躍ヨーロッパで注目されるようになった。

1・3 イギリスのアフリカ進出

▼**マフディー運動** マフディーとはイスラーム教徒の信ずる救世主のこと。これを称した**ムハンマド＝アフマド**（右）はスーダンで反英闘争を組織し、この鎮圧にあたった英将軍**ゴードン**（左図、階段上の人物）を倒した。

▲**ローズ**（1853～1902）「できることなら、私は惑星をも併合したい」

Q この風刺画の意味について考えてみよう。

1・4 フランスのアフリカ進出とファショダ事件

▶**サモリ＝トゥーレ**（1830頃～1900）ギニアの国民的英雄。行商人から身をおこして軍人となり西アフリカを統一した。イスラーム教を背景にフランス侵略の最大の抵抗勢力となった。

◀**ファショダ事件の風刺画** スーダンのナイル河畔のファショダをマルシャン大尉率いるフランス軍が占領したところへ、キッチナー将軍のイギリス軍が到着して仏軍の撤退を求め、戦争の危機を迎えたが、フランスの譲歩で回避された。

Q 背景のピラミッドやスフィンクスから、どのあたりが舞台になったものか考え、狼と赤ずきんちゃんが何を意味しているか考えてみよう。

1・5 ドイツ・イタリアのアフリカ進出

▼**アドワの戦い** イギリスの支持のもとイタリアはエチオピアに侵攻したが、フランスから武器を提供されたエチオピアはゲリラ戦で抵抗し、1896年、アドワの戦いで勝利した。これはアフリカ先住民が列強に対抗しえた数少ない勝利の1つであった。

▲**モロッコ事件**（ヴィルヘルム2世のタンジール訪問）1905年3月ドイツ皇帝ヴィルヘルム2世は突然モロッコの港市**タンジール**を訪問し、フランスのモロッコ進出に反対の意を表明。独・仏の対立をまねいた。

2 列強体制の二分化

凡例:
- — 同盟
- ┄┄ 協商・協約

- イギリス — 日本（1902）
- ドイツ
- 1904
- 1907
- 1907協約
- イタリア — オーストリア（1882）
- フランス — ロシア（1894）

解説 ドイツは三国同盟を維持しつつ、海軍拡張政策を進めイギリスに挑戦した。一方で、ロシアはフランスと露仏同盟を結び、イギリスは従来の「光栄ある孤立」政策を放棄してフランス・ロシアと協商を結び、三国協商を成立させた。この結果、列強は二分化された。

露仏同盟

1 フランスがドイツもしくはドイツの支援を受けたイタリアにより攻撃された場合、ロシアは有するすべての戦力を用いてドイツを攻撃する。
ロシアがドイツもしくはドイツの支援を受けたオーストリアに攻撃された場合、フランスは有するすべての戦力を用いてドイツと闘う。
（歴史学研究会編『世界史史料6』岩波書店より）

3 太平洋地域の分割

3·1 太平洋における列強の勢力圏（20世紀初め）

フィリピンを領有（1898）　清　インドシナ連邦（1887）　ビルマ（1886）　タイ　マレー半島　スマトラ島　カリマンタン島　シンガポール　東ティモール（ポルトガル）　ジャワ島　沿海州（1860）　千島列島　朝鮮（1910）　日本　小笠原諸島　南鳥島　マーシャル諸島　ミッドウェー諸島　ギルバート諸島　マリアナ諸島　グアム島　ミクロネシア　カロリン諸島　ビスマルク諸島　ニューギニア　フェニックス諸島　ソロモン諸島　エリス諸島　西サモア　東サモア　サモア諸島　ハワイ併合（1898）　ハワイ諸島　クリスマス諸島　クリスマス島　ソシエテ諸島　マルキーズ諸島　トゥアモトゥ諸島　アメリカ　大西洋　キューバ　プエルトリコ　カリブ海　赤道　アメリカ＝スペイン戦争（1898）　キューバ保護国化プラット条項（1901）　パナマ運河開通（1914）　ニューカレドニア島　フィジー諸島　ニューヘブリディーズ諸島　トンガ諸島　タヒチ島　ツバル諸島　オーストラリア（1901自治領）　クック諸島　太平洋　ニュージーランド（1907自治領）　タスマニア島　0　3000km

アメリカ領／イギリス領／フランス領／ドイツ領／オランダ領

3·2 クックの探検

▼▶ **クックのタヒチ上陸**　イギリスの探検家ジェームズ＝クック（1728～79）は、1768年以来3回にわたりタヒチやオーストラリアなどを探険した。

3·3 オーストラリア

▲ **オーストラリアの開拓**　18世紀後半からイギリスの流刑植民地化され、有色人の移民を排除し白人のみで開拓を進めた。19世紀初頭には牧羊業が始まった。

▼ **アボリジニーの壁画**　狩猟・採集生活をおこなっていたオーストラリアの先住民アボリジニーは植民地政策によって激減した。文字を持たない彼らにとって、絵は重要なコミュニケーション手段であった。

3·4 ニュージーランド

▲ **マオリ人**　ニュージーランドの先住民。写真はハカと呼ばれる戦闘前に踊られた民族舞踊。マオリ人戦士は勇敢で知られていた。マオリ戦争に敗北して土地を奪われ、白人のもち込んだ疫病により人口が激減した。

3·5 ハワイ

▶ **ハワイ最後の女王リリウオカラニ**（1838～1917）　カメハメハ朝第8代女王。王権を復活しハワイ住民の権利回復をめざしたが、利権の侵害を恐れた在留米国人が米軍出動を要請して退位させた。民謡「アロハオエ」の作曲者としても知られている。

3·6 ポリネシア

▶ **ポリネシアの木彫**　タヒチ・サモア・トンガなどハワイとニュージーランドを結ぶ東側の諸島には、独自の海洋文化がみられる。

4 ラテンアメリカ諸国の従属と発展

4·1 アメリカの膨張

▲ **棍棒を振り回すセオドア＝ローズヴェルト**

Q この風刺画から、どのような外交姿勢が読み取れるだろうか。

▲ **アメリカ＝スペイン戦争のきっかけとなったメイン号の沈没**　キューバのハバナ港に停泊していた米軍艦メイン号が爆発炎上する事件がおこった。アメリカの新聞はスペインの仕業であると戦争熱をあおり、「メイン号を忘れるな」のかけ声のもと、政府を開戦にふみきらせた。この報道はイエロージャーナリズムの典型といわれている。

▶ **開削工事中のパナマ運河**　アメリカがコロンビアからパナマを独立させ、パナマ地峡の永久租借権を得て着工。完成後アメリカのラテンアメリカ支配の拠点となった。太平洋と大西洋が結ばれ、軍事・経済上の影響は大きかった。

4·2 メキシコ革命

◀ **ディアス**（1830～1915）　メキシコで長期独裁をおこない、近代化をおし進め、英米資本の導入と地主の優遇により経済的には繁栄したが、貧富の差は拡大した。

▼ **メキシコ革命**　ディアス独裁のもと、大地主と農民との断絶が拡大した。このような状況下で1910年から17年にかけて南部の**サパタ**や北部の**ビリャ**らの率いる農民たちが民主化と土地改革を要求して闘った。革命派は勝利したが、内部対立から土地改革は不徹底に終わった。図は闘う農民軍。

アフリカ

南アメリカ

オセアニア

日本

東アジア

1 東アジア諸国の動き

	中国		朝鮮半島		日本
1894	日清戦争(~95) 孫文、興中会結成			1894	日清戦争(~95)
1895	下関条約 興中会、広州で蜂起→失敗	1895	乙未事変	1895	三国干渉
		1896	露館播遷	1896	日露議定書
1898	戊戌の変法→戊戌の政変で改革失敗	1897	国号を大韓帝国に改称	1897	八幡製鉄所設立
1899	ジョン=ヘイ(米)、門戸開放を提唱 仇教運動	1898	馬山・平壌など開港	1897	金本位制確立
1900	義和団戦争。スローガンは「扶清滅洋」 清、列強各国に宣戦布告			1898	福建を勢力範囲にする
1901	北京議定書(清と列国間で締結) 賠償金支払い、北京駐兵権承認			1899	日英通商航海条約など改正条約発効(治外法権撤廃)➡p.219
1903	華興会結成			1900	義和団戦争に出兵
1904	光復会結成	1904	第1次日韓協約(日本人を中心とする政治顧問)	1902	日英同盟締結
1905 8	孫文、中国同盟会結成。「三民主義」 利権回収運動、盛んになる 光緒新政	1905	第2次日韓協約(外交権喪失)	1904	日露戦争(~05)
9	科挙廃止	1905	日本、韓国統監府設置(初代統監伊藤博文)	1905	ポーツマス条約 韓国に対する指導・監督権獲得
1908 8	憲法大綱発表→国会開設の公約				
11	西太后死去 宣統帝(溥儀)即位	1907	ハーグ密使事件 →高宗退位	1907	日露協約 日仏協約
1911 5	幹線鉄道国有化令	1907	第3次日韓協約(日本、韓国内政権掌握、韓国軍解散)	1908	移民に関する日米紳士協約
9	四川暴動		抗日義兵闘争、拡大		
10	武昌蜂起(10.10)→辛亥革命	1909	安重根、伊藤博文を暗殺		
1912 1	中華民国成立(南京) 孫文、臨時大総統に就任			1910	大逆事件 韓国併合
2	宣統帝(溥儀)退位	1910	韓国併合条約締結 日本、朝鮮総督府設置(初代総督・寺内正毅) →武断政治へ	1911	関税自主権を回復
3	袁世凱、臨時大総統に就任 中華民国臨時約法公布			1912	大正時代始まる
1913 7	反袁世凱武装闘争(第二革命)鎮圧			1915	対華二十一カ条の要求
10	袁世凱、大総統就任(~15)				
1915 8	袁世凱の帝政復活計画				
12	第三革命				
1916 3	帝政復活取消し宣言				
6	袁世凱死去→各地で軍閥、分立・抗争				

2 列強の中国進出と清朝

2·1 列強の中国進出

凡例:
- ━━ 中国自設の鉄道
- 外国資本による鉄道
  - ━━ ロシア
  - ━━ ドイツ
  - ━━ 日本
  - ━━ イギリス
  - ━━ フランス
  - ━━ イギリス・イタリア
  - ━━ ロシアから日本へ譲渡
- 列強の支配地域(国土含む)
  - ロシア
  - ドイツ
  - 日本
  - イギリス
  - フランス
  - ポルトガル
- 【租】租借地

◀列強の中国進出「王様たちのケーキ」 左より独皇帝ヴィルヘルム2世、仏大統領ルーベ、露皇帝ニコライ2世、日本の明治天皇、米大統領T＝ローズヴェルト、英国王エドワード7世。

2·2 戊戌の変法

康有為『日本変政考』(1898年)

もし中国が維新を実行するならば、これを以て鏡とすることができる。……われわれは、日本人の改革の成功したものだけを収穫し、失敗は捨ててゆく。日本は困難な道を歩んだのであるが、われわれは容易な道を歩むことができる。日本は創始のしごとをおこなったのであるが、われわれはそれを模範としてゆけばよい。足あとに従って描けば図面ができあがるのである。更に中国の人口と国土と産物はどれも日本の10倍もあり、これをもってすれば半分の労力で倍もある効果が得られることにとどまらないであろう。 (吉田寅訳、『世界史資料 下』東京法令出版より)

▲康有為 変法運動で近代化をめざしたが、戊戌の政変で失脚した。

▶光緒帝(位1875~1908) 親政後、変法派を抜擢して革新政治に踏みきった(戊戌の変法)。しかし、わずか3カ月で西太后ら保守派のクーデタによって挫折(戊戌の政変)。紫禁城内に幽閉された。

Q この文章から戊戌の変法で康有為はどのような改革をめざしたか、考えてみよう。

2·3 戊戌の政変

▲西太后(1835~1908) 光緒帝の摂政として政権を握り権勢をふるった西太后は、保守派の中心となり変法運動を弾圧し、その後義和団戦争をまねいた。光緒帝の死の翌日死去した。➡p.216

2·4 義和団戦争と8ヶ国共同出兵

◀義和団戦争 山東からおこり華北一帯に広がった、義和団を中心とする中国民衆の反帝国主義闘争。写真は天津の義和団。彼らは武術を習得し、鍛錬すれば刀剣や銃弾をもはね返す力をもつ(刀槍不入)と信じていた。

Q なぜ日本とロシアが連合軍の主力となったか、考えてみよう。

◀義和団戦争に出兵した8カ国連合軍 「扶清滅洋」をとなえる義和団が北京に入ると、清はこれを利用して各国に宣戦布告した。列強(日本・ロシア・イギリス・アメリカ・ドイツ・フランス・オーストリア・イタリア)は在留民保護を名目に共同出兵し北京を占領。連合軍の主力は日露であった。『風俗画報』より。

3 日露戦争

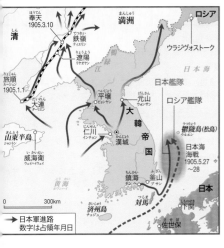

◀ 詳しくみる
日露戦争

▲**日露戦争**（日本海海戦）　沈みゆくバルチック艦隊。ロシアはバルト海からウラジヴォストークに艦隊を回航し日本と大陸の遮断をはかったが、長い航海で消耗し、日本海戦で敗北した。日本が勝利した背景には日英同盟にもとづくイギリスと、アメリカの援助があった。

Q アジアにおける日本観の変化について考えよう。

ネルーの日露戦争観

アジアの一国である日本の勝利は、アジアのすべての国々に、大きな影響を与えた。私は少年時代、どんなに、それに感激したかを、おまえに、よく話したことがあったものだ。たくさんのアジアの少年少女、そして、大人が同じ感激を経験した。ヨーロッパの一大強国は敗れた。だとすれば、アジアは、ヨーロッパを打ち破ることもできるはずだ。ナショナリズムは、いっそう急速に、東方諸国に広がり、"アジア人のアジア"のさけびが起こった。……ところが、**日露戦争のすぐあとの結果は、一握りの侵略的帝国主義国のグループに、もう一国（日本）をつけ加えた**ということにすぎなかった。そのにがい結果を、まず、最初になめたのは、朝鮮であった。

（ネルー著、大山聡訳『父が子に語る世界歴史』みすず書房より）

4 韓国の植民地化

4·1 韓国の保護国化

第2次日韓協約（1905年）

第2条　…韓国政府は今後、日本国政府の仲介によらないで国際的な性質を持つどのような条約や約束もしないことを認める。
（中里裕司訳）

▶ **韓国の義兵闘争**　日本は、3次にわたる日韓協約で韓国を保護国化した。これに対して皇帝の高宗はオランダの**ハーグ万国平和会議**（1907年）に密使を送って訴えたがかえりみられなかった。以降、武装抗日闘争（義兵闘争）が激化したが日本軍に鎮圧された。

4·2 植民地化への反発

4·3 韓国併合

▲**憲兵警察制度**　朝鮮総督府初期の「武断政治」の象徴ともいえる制度。軍事警察を職務とする憲兵が司法・行政警察の機能も担い、戸籍事務や、衛生管理など朝鮮人の生活にも介入した。写真の黒い服が憲兵。白い服が警察官。

5 辛亥革命

◀ 詳しくみる
辛亥革命

Q 孫文が「革命はいまだに成功していない」と言葉を残した時点の中国の状況を考えてみよう。

解説 辛亥革命　鉄道国有化に反対する四川暴動がおこると、鎮圧を命じられた武昌の新軍内革命派が挙兵し、湖北省の清朝からの独立を宣言した。これを機に蜂起は一気に広がり、14省が次々と独立を宣言。辛亥革命の始まりである。

◀**孫文**（1866〜1925）　1894年、ハワイで**興中会**を結成してこれを母体に1905年東京で**中国同盟会**を組織した。辛亥革命をはじめ生涯を中国革命にささげた。図は生誕120年を記念した切手に描かれたもの。

◀**袁世凱**　李鴻章の死後、北洋新軍を掌握して清朝最大の軍事実力者となったが、一時失脚。革命がおこると清朝に再起用され、宣統帝退位を条件に中華民国総統に就任。以後独裁を強め、みずから帝政宣言をおこなったが内外の反対が激しく失敗。失意のうちに病死した。

孫文「国事についての遺言」（1925年）

現在、**革命はいまだに成功していない**。すべての我が同志諸君が、私の書いた『建国方略』、『建国大綱』、『三民主義』および『第一回全国代表大会宣言』に基づき、努力を続け、その貫徹に努めなければならない。とくに、国民会議を開き不平等条約を撤廃せよ、という最も新しい主張については、最短期間のうちにそれが実現するよう促さなければならない。

（歴史学研究会編『世界史史料10』岩波書店より）

6 モンゴルの独立

◀**ボグド゠ハーン**（位1911〜24）　清朝の崩壊を機に外モンゴルでは独立運動が起こり、モンゴルの王侯・仏僧は1911年末、チベット仏教の高僧をボグド゠ハーン（聖なるハーン）に推戴して独立を宣言したが、ロシア・中国・日本の利害対立のなかで独立は自治にとどめられた。モンゴルがロシア革命後の混乱とソヴィエト赤軍の介入を経て独立を達成するのは1921年のことである。

日本

東アジア

アジア諸国の変革と民族運動② 南・東南・西アジア

1 アジア諸国の動き（南・東南・西アジア）

南アジア／インド	東南アジア／インドシナ半島・インドネシア・フィリピン	西アジア／オスマン帝国	イラン・アフガニスタン
		1876 **アブデュルハミト2世**即位（～09）　オスマン帝国憲法（ミドハト憲法）発布	
		1877 ロシア＝トルコ戦争（～78）	
1885 **インド国民会議**開催（ボンベイ）	1883 フランス、ベトナム保護国化	1878 アブデュルハミト2世、議会を閉鎖、憲法を停止して専制政治を開始	1878 第2次アフガン戦争（～80）
1886 イギリス、ビルマ併合　ティラクの反英運動	1887 **仏領インドシナ連邦**成立　イギリス、マレー連合を保護国化	1888 ドイツ、イズミル－アンカラ間の鉄道敷設権獲得（93年開通）	1881 アフガニスタン、イギリスの保護国化
	1892 **ホセ＝リサール**、フィリピン民族同盟結成	1891 フランス、シリア鉄道敷設権	1885 ロシア、アフガニスタン進出
	1896 フィリピン革命（～1902）　英領マレー連合州成立	1894 「青年トルコ人」の一派、「統一と進歩団」を結成	1887 イギリス・ロシア、アフガニスタンの国境画定
 ▲法廷のティラク（1856～1920）　教育活動やジャーナリズムにたずさわり、反英運動に大きな影響を与えた。	1898 **アメリカ＝スペイン戦争**　**アギナルド**、**フィリピン独立宣言**→フィリピン、米領となる	1903 ドイツとオスマン帝国、バグダード鉄道建設の本協定調印（40年全面開通）	1891 イラン全土にタバコ＝ボイコット運動（～92）
	1899 ラオス、仏領インドシナ連邦に編入　フィリピン＝アメリカ戦争（～1902）		1901 イギリス、イランの石油採掘権獲得
1905 **ベンガル分割令**	1904 インドシナで**ファン＝ボイ＝チャウ**、維新会結成　オランダ領インドネシア成立		
1906 国民会議、カルカッタ大会→4綱領採択　英貨排斥・スワデーシ（国産品愛用）・スワラージ（自治獲得）・民族教育→国民会議派へ変貌　**全インド＝ムスリム連盟**結成	▶ファン＝ボイ＝チャウ（1867～1940）　ベトナムの貧しい漢学儒者の家に生まれ、苦学して科挙に合格したが、フランスの保護国となったベトナムの官吏栄達の道は捨て、抗仏運動に身をささげた。	 ▲バグダード鉄道　コンヤからバグダードを経てペルシア湾に至る鉄道。ドイツによる建設が進められたが、列強の反対にあい、工事は遅れた（40年に全通）。	▲イラン、アバダンの精油所（1930年代）
◀全インド＝ムスリム連盟の初代総裁　アーガー＝ハーン3世（1877～1957）　全インド＝ムスリム同盟は1906年、親英的な組織として結成された。アーガー＝ハーン3世は、イスマーイール派のイマーム（指導者）であり、競走馬サラブレッドの生産者としても名高い。のちに国際連盟の議長もつとめた。	1905 **ドンズー（東遊）運動**	1908 **青年トルコ革命**→オスマン帝国憲法復活、国会開設	1905 **イラン立憲革命**（～11）
			1906 立憲制の詔勅、議会招集
	1908 ジャワで民族主義団体ブディ＝ウトモ結成	1909 アブデュルハミト2世退位	1907 イラン憲法発布　英露協商。イギリスとロシアの、イランでの勢力圏協定
1909 参事会法制定→分離選挙導入		1911 イタリア＝トルコ戦争（～12）→トリポリ・キレナイカ喪失	1908 国王の反革命クーデタ→議会解散・憲法停止
1911 ベンガル分割令撤回	1911 ジャワで**イスラーム同盟（サレカット＝イスラム）**結成	1912 第1次バルカン戦争（～13）	1909 国民軍蜂起→議会再開
1912 首都をカルカッタからデリーへ移す		1913 第2次バルカン戦争	
1914 イギリスへの戦争協力	1912 ベトナム光復会設立	1914 第一次世界大戦参戦	1911 ロシアの軍事介入→議会閉鎖

2 アジア・アフリカにおける植民地化に対する抵抗運動

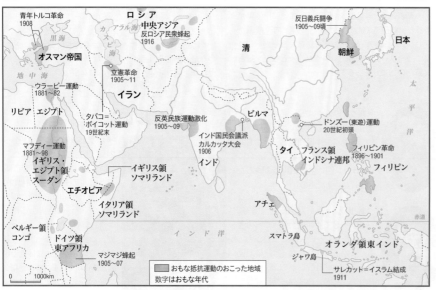

おもな抵抗運動のおこった地域　数字はおもな年代

3 インドにおける民族運動
3・1 インドの宗教分布とベンガル分割

凡例：
- 分割前のベンガル州
- ベンガル分割線（1905年）
- 分割後のベンガル州と東ベンガル・アッサム州

インドの宗教分布（人口に占める割合は1931年）
- ヒンドゥー教徒：50%以上／25%以上50%未満
- イスラーム教徒：50%以上／25%以上50%未満
- シク教徒：10%以上
- データなし

Q 宗教分布とベンガル分割線をみて、イギリスのねらいについて考えてみよう。

4 東南アジアにおける民族運動

4·1 インドネシア

▲ **サレカット＝イスラーム第5回大会**(1921年) 当初は華僑の経済進出に対抗するために結成された、イスラーム教徒の団結と相互扶助を掲げるおだやかな団体であった。やがて自治を要求する政治団体となり、第一次世界大戦期から民族の団結を訴えて独立や社会主義を前面に出すようになった。左右両派の対立やオランダの大弾圧により消滅したが、ここから独立を担う人材を輩出した。

❓ カルティニが育てようとしたジャワ人は、どんなジャワ人だろうか。

『光は暗黒を越えて』―カルティニの手紙―

教育の目的 自分の生徒たちを半ヨーロッパ人にしたり、オランダ化したジャワ人に育て上げようなどとは、露ほども考えたことはございません。自由な教育をほどこす目的は、何よりもまず、ジャワ人を純粋のジャワ人に、郷土と民族への愛と喜びをもち、郷土と民族の良さを見て喜び、そして……苦しみをともにする魂をそなえたジャワ人にすることです。

民族の魂 我が民族の魂の海の底に沈潜すればするほど、その魂の程度はいよいよ高いものに思われてまいります。……村や部落に足を入れ、ごく貧しい人々のあばら屋に立ち入り、彼らの語る言葉や彼らの考えに耳を傾けてみましょう。……一人として学校教育を受けた者はないのですが、彼らの口ずさむ歌の詞は、まるで木の葉をなでるそよ風の歌声にもたとうべく、うるわしい霊感に満ちた、いかにも美しいものです。礼儀正しい、穏健な、謙虚な気持です。

(早坂四郎訳、河出書房より)

▲ **カルティニ**(1879～1904) インドネシアの女性解放運動の先駆者。ジャワの名門出身でヨーロッパ流の教育を受け、私塾を開いて子女の教育にあたった。社会の改革と民族の解放は、女性の自覚と地位の向上にかかっているという信念は、盛りあがりつつあった民族運動に大きな影響を与えた。

▶ **カルティニの織ったバティック** バティックとは「ジャワ更紗」とも呼ばれるインドネシア伝統のろうけつ染めのこと。ユネスコの世界無形文化遺産に認定されている。カルティニは西欧的な価値観を受け入れる一方で、伝統文化の担い手でもあった。

4·2 フィリピン

◀ **アギナルド**(1869～1964) フィリピン革命に参加したがスペイン軍に追われ、香港に亡命した。アメリカ＝スペイン戦争が始まると米国の支援で帰国して闘争を再開。1898年、独立を宣言して初代大統領(任1898～1901)に就任した。しかし**フィリピン＝アメリカ戦争**で敗れ、捕らえられて引退した。

▲ **フィリピン＝アメリカ戦争** アメリカ＝スペイン戦争に協力する見返りに独立を約束したにもかかわらず、勝利したアメリカはフィリピン領有を宣言。この背信行為にフィリピン国民は反米武力闘争を展開したが、敗北した。

4·3 ベトナム

ドンズー(東遊)運動

グエン＝ドゥック＝コン伝

1908年4月、日本に渡り、5月、東京同文書院特別班に入って学業を始めた。当時の在日留学生は80余人で、君は最年長だったが、〔軍事〕操練に出た時の練習ぶりは、年少者を遥かにしのいだ。君は身体ががっしりしており、眼光鋭く、眉凛々しく、鼻筋が通っている。操練に臨む姿は雄々しく、勇ましい戦将のようであった。その成果を試す機会を得なかったのは、まことに惜しむべきことである。……

(『越南義烈史』(1918年刊)、歴史学研究会編『世界史史料9』岩波書店より)

❓ ドンズー運動はどのような結末を迎えただろうか。

5 西アジアの民族運動と立憲運動

5·1 パン＝イスラーム主義

▼ **アフガーニー**(1838/39～97)と『固き絆』 アフガーニーは「東方の覚醒者」と呼ばれたイラン出身の思想家・革命家。広く西アジアやヨーロッパを遍歴して民族主義と**パン＝イスラーム主義**を提唱するとともに、各地で反帝国主義運動を組織した。『固き絆』は彼が弟子とともにパリで刊行した、史上初めてのイスラーム運動の機関誌。

5·2 イラン

◀ **タバコ＝ボイコット運動** 飲酒を禁止されていたムスリムにとりタバコは重要な嗜好品で、その産地イランではタバコの生産・販売に関わる民衆も多かった。1891年、国王がイギリスの商人にその独占権を与えるとウラマー(宗教学者)は喫煙禁止の宗教命令を出して対抗。その指導のもと商人・民衆をまき込んだイラン最初の大規模な抵抗運動に発展して民族主義が高まった。

◀ **イラン立憲革命** イランの人々の反専制運動は、日露戦争での専制国家に対する立憲国家の勝利にも触発されて立憲運動へと発展し、国王から立憲制の詔勅を引き出した。国民議会で審議された憲法が発効してイランは立憲君主制へと移行、国王の反革命クーデタは国民軍の抵抗によって失敗したが、英露協商を結んだロシアの軍事介入は立憲革命を終息させた。写真は立憲制を要求するウラマーたち(1906年)。

5·3 青年トルコ革命

▲ **青年トルコ革命** スルタン専制に反対する青年知識人や将校らの「青年トルコ人」は「統一と進歩団」を結成して立憲政治復活をめざした。一時弾圧を受けパリに本部を移したが、1908年にサロニカ(テッサロニキ)で蜂起し、**オスマン帝国憲法**を復活させて政権を握った。

1 第一次世界大戦

		ヨーロッパ・アメリカ	アジア
大戦前	1908 10	墺、**ボスニア・ヘルツェゴヴィナ併合**	7 青年トルコ革命
	1911 7	第2次モロッコ事件	10 辛亥革命
	9	イタリア゠トルコ戦争(~12.10)	
	1912 10	**第1次バルカン戦争**(~13.2)	1 中華民国成立
	1913 6	**第2次バルカン戦争**(~8)	7 中国第二革命
ドイツの侵攻	1914 6	**サライェヴォ事件**	
	7	墺、セルビアに宣戦	
	8	独、ロシア・フランスに宣戦、	8 日本、ドイツに宣戦
		ベルギー侵入	インド参戦
		英、ドイツに宣戦	
		タンネンベルクの戦い	
	9	マルヌの戦い、仏が独を阻止	11 日本、**青島攻略**
			オスマン帝国、同盟国側に参戦
連合国の反撃	1915 4	イープルの戦い(毒ガス初使用)	1 日本、**二十一カ条の要求**
	5	伊、三国同盟破棄、オーストリアに宣戦	中国、文学革命運動
		ルシタニア号事件	10 **フセイン・マクマホン協定**
	9	ブルガリア、同盟国側に参戦	12 袁世凱帝政宣言→第三革命
ドイツの疲弊・後退	1916 2	ヴェルダン要塞攻防戦(仏が死守)	
	5	ユトランド沖海戦	5 **サイクス・ピコ協定**
	6	ソンムの戦い(英仏軍の攻勢)	
	1917 1	米、ウィルソン「勝利なき平和」	
	2	独、無制限潜水艦作戦	
	3	露、**二月革命**	7 ロレンス、アラビアで蜂起を組織
	4	米、ドイツに宣戦	8 中国、ドイツに宣戦
			9 孫文、広東軍政府成立(~20)
	11	露、**十月革命**「平和に関する布告」	11 **バルフォア宣言**
			石井・ランシング協定
	1918 1	ウィルソン、「十四カ条」提唱	
	3	**ブレスト゠リトフスク条約**	
	9	ブルガリア、降伏	8 日本、シベリア出兵
	10	オスマン帝国、降伏	
	11	墺、降伏	
		ドイツ革命	
		第一次世界大戦終結	
終戦	1919 1	パリ講和会議	3 朝鮮、三・一独立運動
			英、インドにローラット法
	3	コミンテルン結成	5 中国、五・四運動
	6	**ヴェルサイユ条約調印**	7 ソヴィエト、カラハン宣言

（左側縦書き：大戦前／ドイツの侵攻／連合国の反撃／ドイツの疲弊・後退／終戦）

2 バルカン半島の危機

2・1 第1次バルカン戦争(1912~13年)

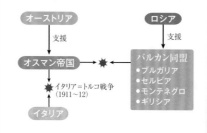

```
オーストリア          ロシア
   │支援              │支援
オスマン帝国 ⚡ バルカン同盟
                   ・ブルガリア
   ⚡イタリア゠トルコ戦争  ・セルビア
    (1911~12)       ・モンテネグロ
                   ・ギリシア
イタリア
```

2・2 第2次バルカン戦争(1913年)

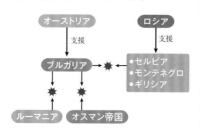

```
オーストリア          ロシア
   │支援              │支援
ブルガリア ⚡ ・セルビア
   ⚡  ⚡     ・モンテネグロ
           ・ギリシア
ルーマニア  オスマン帝国
```

▲ **バルカン問題** ナショナリズムと列強の思惑が複雑に交錯するバルカン半島は、「ヨーロッパの火薬庫」と呼ばれた。図は、今にも吹きこぼれそうな大鍋(「BALKAN TROUBLES」)を必死で押さえようとする列強(前列左から露・独・墺、後列左から英・伊)が描かれている1912年の風刺画。

▶ 第一次世界大戦前の国際関係

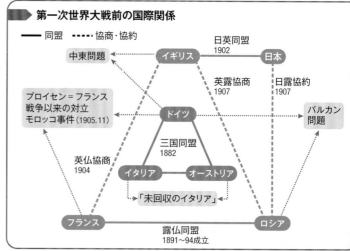

```
── 同盟    ┈┈┈ 協商・協約

中東問題 ◄┈ イギリス ─── 日本
              日英同盟1902
            英露協商    日露協約
            1907       1907
プロイセン゠フランス
戦争以来の対立    ドイツ              バルカン
モロッコ事件                          問題
(1905.11)    三国同盟
             1882
            イタリア ─── オーストリア
英仏協商
1904        「未回収のイタリア」◄┈
フランス ──────────── ロシア
         露仏同盟
         1891~94成立
```

3 第一次世界大戦の勃発

▲▶ **サライェヴォ事件** 1914年6月28日、オーストリア領ボスニアの州都サライェヴォを訪れたオーストリア帝位継承者フランツ゠フェルディナント大公夫妻(写真上)が、セルビア人の民族主義者に暗殺された。この事件が第一次世界大戦の発端となった。写真右は、身柄を拘束された暗殺犯プリンツィプと、事件に使用されたものと同型の拳銃。

▼**出征するドイツ兵**(1914年) 開戦直後、「パリへの小旅行」「シャンゼリゼ通りで会いましょう」と書かれた貨車に乗って前線へ向かうドイツ軍兵士。戦意高揚をねらった写真である。当初、どの国の兵士もクリスマスまでには帰れると考えていた。

Ｑ 兵士たちはクリスマスに帰ることができただろうか。

（左下縦書き：第Ⅲ部 第16章 ヨーロッパ）

4 第一次世界大戦中のヨーロッパ

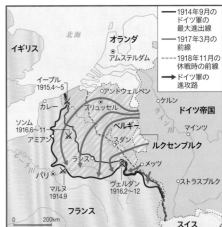

第一次
世界大戦
◀▶ 詳しくみる

凡例:
- 同盟国側
- 連合国側
- 中立国
- 主戦場
- 1917 / 1918 前線
- 同盟国軍の占領地域
- 独軍の海上封鎖（1917年2月～11月）

（地図内地名）ノルウェー、スウェーデン、ペトログラード、ユトランド沖1916、イギリス、ベルギー、デンマーク、オランダ、キール、タンネンベルク、モスクワ（1918.3より首都）、ロンドン、ベルリン、ワルシャワ、ソンム、ドイツ帝国、ブレスト＝リトフスク、ロシア帝国、パリ、マルヌ、ヴェルダン、オーストリア＝ハンガリー帝国、ウィーン、スイス、フランス、ブダペスト、ポルトガル、リスボン、マドリード、マルセイユ、バルセロナ、ローマ、サライェヴォ、ルーマニア、ブルガリア、イスタンブル、サルカミシュ、ガリポリ、イタリア、スペイン、ジブラルタル、タンジール、モンテネグロ、アルバニア、セルビア、ギリシア、オスマン帝国、クート＝アル＝アマーラ、大西洋、北海、黒海、地中海、カスピ海

（右側地図凡例）
- 1914年9月のドイツ軍の最大進出線
- 1917年3月の前線
- 1918年11月の休戦時の前線
- ドイツ軍の進攻路

（右側地図地名）北海、イギリス、オランダ、アムステルダム、イープル1915.4～5、アントウェルペン、ブリュッセル、ケルン、ドイツ帝国、マインツ、カレー、ベルギー、ソンム1916.6～11、アミアン、ランス、スダン、ルクセンブルク、メッツ、ヴェルダン1916.2～12、ストラスブルク、パリ、マルヌ1914.9、フランス、スイス

4・1 新兵器の登場

▲戦車（タンク）　イギリス軍がソンムの戦いで初めて使用。海軍大臣チャーチル（のちの英首相）が開発を推進した。農業用トラクターの無限軌道を応用したこの新兵器は、機関銃掃射を防ぎ、塹壕を乗り越えることができたので、ドイツ軍も製造・使用した。

▼飛行機　第一次世界大戦ではじめて投入。当初は偵察や軽爆撃の兵器として使用された。その後は、航続距離の長い大型爆撃機や機関銃を搭載した戦闘機が登場し、空中戦もおこなわれた。また、飛行船も用いられ、ドイツの飛行機はロンドンを空爆した。

▲塹壕戦　マルヌの戦いでドイツ軍の進撃が阻止されて以降、西部戦線では双方の軍が塹壕を掘って対峙するようになり、戦線は膠着した。写真は、ソンムの戦いにおけるイギリス軍の塹壕。傷ついた兵士が横たわっている。

◀潜水艦「Uボート」（ドイツ）　ドイツ海軍は、イギリス海軍に比べて劣勢であったため、潜水艦による商船攻撃を実行した。1917年2月、イギリス海軍の海上封鎖に対抗してドイツは無制限潜水艦作戦を発表。立入禁止区域内では中立国の船舶でも無警告で撃沈したため、アメリカ合衆国参戦の口実となった。

▲新兵器で負傷したイギリス兵

Q 写真の負傷兵たちは、どのような新兵器の被害を受けたのだろうか。

The New York Times. EXTRA

LUSITANIA SUNK BY A SUBMARINE, PROBABLY 1,260 DEAD; TWICE TORPEDOED OFF IRISH COAST; SINKS IN 15 MINUTES; CAPT. TURNER SAVED, FROHMAN AND VANDERBILT MISSING; WASHINGTON BELIEVES THAT A GRAVE CRISIS IS AT HAND

▲ルシタニア号事件　1915年5月7日、イギリス客船ルシタニア号がドイツ軍の潜水艦に撃沈され、1000人以上が水死した。犠牲者のなかには100人以上のアメリカ人も含まれており、アメリカ世論は反ドイツに傾いた。写真は、事件を報じる『ニューヨーク＝タイムズ』の記事。

5 イギリスの戦時外交

パレスチナ問題

矛盾

1915　アラブ人
フセイン・マクマホン協定
アラブ独立国家の建設を約束

1916　フランス・ロシア
サイクス・ピコ協定
オスマン帝国領の三国分割案

イギリス

1917　ユダヤ人
バルフォア宣言
パレスチナにユダヤ人国家の建設を約束

インド人　インド独立運動

1917　物資と兵員の協力とひきかえに自治を約束

1919　ローラット法

反発

6 大戦の終結

THE KAISER FALLS—A SOCIALIST RULES IN GERMANY
Sunday Herald
THE KAISER ABDICATES.

◀ヴィルヘルム2世退位を報じた新聞の一面

解説　1918年11月、キール軍港の水兵反乱を機に始まったドイツ革命により、皇帝ヴィルヘルム2世が退位し、臨時政府が休戦協定を結び、大戦は終結した。

ヨーロッパ

ヨーロッパ

1 総力戦とは？

▲**物量戦** 第2次産業革命以降の工業の発達は、大量の武器・弾薬の生産を可能にしていた。第一次世界大戦は、開戦当初の各国の予測を超える長期戦となり、1回あたりの戦闘に使用される武器・弾薬の量もそれまでとは桁違いに多くなった。上の図は、1日の戦闘で使用された砲弾の薬莢を撮影したものである。このような戦争では、前線での戦闘だけでなく、当時は非戦闘員とされた女性や子どもも何らかの形で戦争に協力することが求められた。各国政府は、企業の生産管理や配給制の導入などで国民生活を統制するとともに、メディアを通じて戦争協力を呼びかけた。

2 絵葉書やポスターに描かれた女性や子ども

解説 史上初の**総力戦**となった第一次世界大戦に際し、各国は様々な絵葉書やポスターを作製して国民の戦争協力や敵国への憎悪を訴えた。

▲**フランスの絵葉書** 戦場で戦う父親の無事を祈るフランスの家族。

▲**「赤十字か鉄十字か」** 傷ついて水を求めるイギリス兵の目の前で、水を地面に流すドイツの看護師が描かれている。

▲**戦時債券購入の呼びかけ** 子どもたちに「君たちもアメリカの勝利を助けることができる。25セントで戦時債を買おう」と呼びかけている。

▲**海軍入隊の呼びかけ** 「私が男だったらアメリカ海軍に入隊するのに…男だったら入ろう！」と呼びかけている。

Q これら4枚のポスターの共通点とその背景にある価値観はどのようなものだろうか。

3 働く女性たち

▶**カナダ食糧庁によるポスター**（1915年頃）「無駄にしない、欲しがらない──冬に備えよう」というタイトルで、生鮮食品の保存加工を呼びかけている。

◀**イギリスの軍需工場で働く女性**
▼**ドイツの女性運転手**

解説 労働力の担い手である男性の多くが前線へ送られたため、軍需工場で働く女性が増加した。その生産力が戦力を左右するまでに至り、戦後、女性の社会進出をうながした。

4 不足する食料

▼**肉類配給カード** 1916年7月10日から9月3日まで、ドレスデン（ドイツ）で配布された。

解説 戦時下の各国では、食料の節約が訴えられた。戦争が長期化すると、配給制も導入された。

5 社会主義勢力の動向

ツィンメルヴァルト会議の決議（1915年9月）

　戦争は1年以上も続いている。数百万の死屍が戦場をおおい、……すべての国の資本家階級は、……この戦争は祖国の防衛、民主主義の防衛、被抑圧民族の解放に奉仕していると主張する。それはうそである。…いろいろな国々の社会主義政党と労働者組織はこの運動方針の決定に参加したのに、それにもとづく義務を戦争勃発の時以来軽視している。それらの組織の代表者は労働者階級に階級闘争……の中止を命じた。彼らは支配階級のために、戦争遂行に必要なクレジットに賛成し、種々な仕事において政府の意のままに働いた。……そして個々の政党のみならず、国際社会主義ビューロー……もまた義務を果たさなかった。 木村尚三郎監修『世界史資料 下』東京法令出版より）

Q 各国の社会主義政党は、開戦後、どのような態度をとったのだろうか。

6 第一次世界大戦と植民地

▶**戦時公債の購入を勧めるインドのポスター**

▼**フランス兵とアフリカ兵の共闘を描いたフランスのポスター**

JOURNÉE DE L'ARMÉE D'AFRIQUE ET DES TROUPES COLONIALES

フランス領西アフリカにおける大量強制徴募（1910年代）

　このほど、多数のフランス植民地住民が村落から逃亡し、狙撃兵の召集徴募を免れるべくイギリス領内に亡命しました。本徴募は、1918年1月14日付のデクレで発せられたフランス植民地総督令により、フランス領西アフリカで着手されたばかりのものです。…

　フランス軍法への不服従を示すこれら男子住民のなかには、妻子を同行している者もおります。察するに、今後も数多の召集不服従者がイギリス領内への逃亡を試みるものと思われます。

（歴史学研究会編『世界史史料10』岩波書店より）

Q どのような経緯で、植民地の人々は戦争に巻き込まれていったのだろうか。

1 日本の参戦と外交

1·1 第一次世界大戦と日本

サライェヴォ事件 1914.6

第一次世界大戦 1914.7 ～1918

第2次大隈重信内閣（1914.4～1916.10）

1914	8 ドイツに宣戦布告
	10 ドイツ領南洋諸島を占領
	11 日本、中国におけるドイツの根拠地、**山東省青島**を占領
1915	袁世凱政府へ**二十一カ条の要求**
	ドイツ軍が初めて毒ガス兵器を使用 1915.4
	5 袁世凱政府、日本の要求の大部分を承認（5月9日を国恥記念日とする）
1916	7 第4次日露協約に調印
	イギリス軍、新兵器の戦車を投入 1916.9

寺内正毅内閣（1916.10～1918.9）

	ドイツ、無制限潜水艦作戦を開始 1917.2
1917	1 段祺瑞政権へ西原借款を始める
	2 日本艦隊、イギリスの要請で地中海へ出動
	ロシアで二月（三月）革命 1917.3
	→ケレンスキー政権が成立
	アメリカ、ドイツに宣戦布告 1917.4
	ロシアで十月（十一月）革命 1917.11
	→ソヴィエト政権が成立
	11 **石井・ランシング協定**を結ぶ
	アメリカ大統領ウィルソンが、1918.1「十四カ条」を発表
1918	8 シベリア出兵を宣言（～22）p.233

原敬内閣（1918.9～1921.11）

キール軍港事件おきる（ドイツ革命）1918.11
ドイツが休戦協定に調印
→第一次世界大戦の終結

2 大戦中の日本経済

2·1 大戦景気

債務国から債権黒字の蓄積

生糸	アメリカ市場への輸出増加（アメリカが戦争で景気良好のため）
綿織物	アジア市場への輸出増加（戦争によりヨーロッパ列強が後退したため）
軍需品	ヨーロッパ諸国への輸出増加（戦争当事国への輸出）

農業国から工業国へ

① **重化学工業の発達**（工業生産額の30%に）
- **海運・造船業**：大戦中の船舶不足（船成金）→世界第3位の海運国へ
- **鉄鋼業**：八幡製鉄所の拡張。満鉄による鞍山製鉄所の設置（1918）
- **化学工業の発達**（薬品・染料・肥料）：ドイツからの輸入途絶のため発達
- **電力業**：猪苗代・東京間（約200km）の長距離高圧送電に成功（水力発電が拡大）。電灯の普及・工業原動力が蒸気力から電力へ

② **工業生産額が農業生産額を上まわる**

③ **工業労働者が100万人をこえる**
→工業国へ脱皮

経済矛盾の拡大

④ 都市労働者の賃金上昇が物価騰貴に追いつかず
⑤ 寄生地主制の下で農業は停滞

1·2 日本の参戦

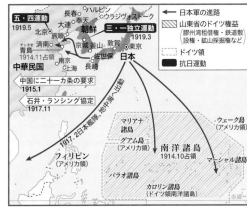

五・四運動 1919.5
三・一独立運動 1919.3

中国に二十一カ条の要求 1915.1
石井・ランシング協定 1917.11

1917.2日本艦隊、地中海へ出動

- 日本軍の進路
- 山東省のドイツ権益（膠州湾租借地・鉄道敷設権・鉱山採掘権など）
- ドイツ領
- 抗日運動

1·3 シベリア出兵

1920.3～5 尼港事件

- 1918年の日本領土
- 日本軍の最大進出地域
- 日本軍の進路
- 数字 上陸または占領年月
- 国境　鉄道

0　　　500km

▲青島に上陸する日本軍

▲マルタ島の日本艦隊　イギリスの要請で地中海に派遣された日本海軍の駆逐艦隊。ドイツの潜水艦から、連合国軍の輸送船護衛にあたった。

二十一カ条の要求

1. 山東省のドイツ権益を継承
2. 南満州の租借地・鉄道経営権の99年間延長
3. 漢冶萍公司の日中共同経営
4. 中国沿岸の不割譲
5. 中国政府への日本人政治財政及軍事顧問・日本人警察官の雇用

解説 1915年5月に承認された二十一カ条の要求　第5号の中国政府への日本人顧問・日本人警察官雇用を除き、調印された。

Q1 第1号・第5号はそれぞれ何を要求しているのだろうか。
Q2 中国と異なり、欧米諸国は第1号を問題視しなかったが、それはなぜだろうか。

2·2 貿易額の推移

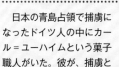

（億円）

（『日本経済統計総観』より作成）

解説 第一次世界大戦以前の貿易は、日清戦争以来、1909年を除いて連年輸入超過だったが、15年から輸出超過に転じた。輸入額も増加したが、輸出額はいっそう急増し、1914～19年に輸出額が約4倍に達した。また、海運運賃などの貿易外収入も貿易黒字に並ぶほど巨額に達した。その結果、1914年には11億円の**債務国**だった日本は、1920年には27億円以上の**債権国**になった。しかし、第一次世界大戦が終わり、ヨーロッパ諸国が復興してくると、日本の経済力の弱さから輸出が減少し、19年から輸出超過となる。こうしたなかで、20年**戦後恐慌**にみまわれた。

2·3 生活の窮乏

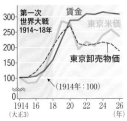

（1914年：100）

（『日本経済統計総観』より作成）

解説 大戦景気は、同時に激しい物価上昇を招いた。労働者の賃金上昇がそれに追いつかなかったことが、賃金上昇より米価・物価上昇が高いことで分かる。

第一次世界大戦とバウムクーヘン

▲カール＝ユーハイム

　日本の青島占領で捕虜になったドイツ人の中にカール＝ユーハイムという菓子職人がいた。彼が、捕虜として広島にいた時に焼いたものが日本最初のバウムクーヘンといわれている。その後、日本に永住を決意して横浜で菓子店を開くが、関東大震災で被災し神戸で店を再開した。カールは、第二次世界大戦中に亡くなり、妻のエリーゼもドイツへ強制送還されたが、残った職人たちで店は続けられ、エリーゼも1953年に再来日して夫の店を守った。

◀米騒動　日本では第一次世界大戦中の好景気やシベリア出兵をみこした業者の買い占めにより、米価が急騰した。これに対し、1918年7月に富山県で始まった主婦らによる食料一揆が全国に波及し、寺内正毅内閣は総辞職した。図は、8月の名古屋における米騒動の様子。

1 ロシア革命

レーニンとロシア革命 ▶詳しくみる

国内情勢		国際情勢
1905	**第1次ロシア革命** 1 ペテルブルクで血の日曜日事件 5 ソヴィエトの結成 6 戦艦ポチョムキンの水兵反乱 10・30 十月宣言(国会開設の約束) ウィッテ、首相となる(〜06.5)→自由主義改革 12 労働者モスクワ蜂起→鎮圧	日露戦争1904.2 〜05.9
1906	**ニコライ2世の反動** 5 国家基本法(十月宣言否定) 7 ストルイピン、首相となる(〜11.9) ・反政府運動の弾圧 ・ミール解体→自作農育成→失敗、貧農が都市に流入	
1907	7 日露協約 8 英露協商	三国協商成立1907.8
1911	9 ストルイピン暗殺	第1次バルカン戦争1912.10 〜13.5
1914	8 第一次世界大戦参戦 タンネンベルクの戦いでドイツに大敗	**第一次世界大戦**
1916	支配層の分裂 ラスプーチンの暗躍(〜16.12暗殺)	農村の労働力不足 日常生活の窮迫
1917	**二月革命(三月革命)** 都市の食料危機 3・8 女性による食料デモ 3・9 労働者ストライキ 3・12 軍隊が合流 3・15 臨時政府	ウィルソン「勝利なき平和」1917.1 ドイツ、無制限潜水艦作戦開始 .2 ソヴィエト組織の結成

二重権力(臨時政府とソヴィエト政権)時代

皇帝 (帝政派)	立憲民主党 (カデット) 1905〜	社会革命党 (エス=エル) 1901〜	社会民主労働党 1898〜	
			メンシェヴィキ 1903〜	ボリシェヴィキ 1903〜

3・17 ニコライ2世退位

3・15 臨時政府 ブルジョワ中心	支持	ソヴィエト政権 エス=エル メンシェヴィキ]中心

アメリカ参戦 1917.4
レーニン帰国 4.16
四月テーゼ 4.17

鎮圧 七月蜂起 7.16

9・7 コルニーロフの反乱

8・1 ケレンスキー内閣 エス=エル右派 メンシェヴィキ]中心

(援助要請) 鎮圧

	十月革命(十一月革命)	武装蜂起
	11・7 十月革命→ケレンスキー内閣崩壊 11・7 第2回ソヴィエト大会 11・8 「平和に関する布告」・「土地に関する布告」・人民委員会議 12 チェカ(全ロシア非常委員会)創設	
1918	**戦時共産主義** 1 憲法制定会議解散→ボリシェヴィキ独裁体制へ トロツキー、赤軍創設 3 ブレスト=リトフスク条約 3 ボリシェヴィキ、ロシア共産党と改称	ウィルソンの十四カ条 1918.1 シベリア出兵 .8 ドイツ革命 .11
1919	3 コミンテルン(第3インターナショナル)創設 7 中国に対しカラハン宣言	パリ講和会議 1919.1 五・四運動 .5 国際連盟設立 1920.1
1921	2 クロンシュタットの水兵反乱	
	新経済政策(ネップ) 3 新経済政策施行	ワシントン会議 1921.11 〜22.2
1922	4 ラパロ条約→ドイツとの国交回復 12 ソヴィエト社会主義共和国連邦成立	日本、シベリアから撤兵 1922.10
1924	1 レーニン没	ルール占領 1923.1

1・1 革命期のロシアと対ソ干渉戦争

凡例:
- ソ連邦成立時(1922年)の国境
- ソヴィエト政権の支配地域
- 反革命・独立派の支配地域
- ロシアから独立宣言をした国
- 外国干渉軍の進路
- 反革命軍(白軍)の進路
- 赤軍の進路
- 日本軍・反革命軍占領地域
- ブレスト=リトフスク条約時の境界線(1918年)

ポーランド=ソヴィエト戦争(1920〜21)
二月革命(1917.3)
十月革命(1917.11)

2 二月革命

◀**ペトログラードのデモ行進** 1917年3月8日、ロシアの首都ペトログラードでおこった食料デモを契機に労働者のストライキも頻発し、4日後には軍の兵士も合流した。写真は、駐屯地を出てデモに合流した兵士たち。

◀**ケレンスキー**(1881〜1970) 社会革命党右派の政治家。二月革命後の臨時政府で1917年7月に首相となる。戦争の継続と挙国一致を説いたが、十月革命により政権を打倒され、アメリカへ亡命した。

▶**レーニン**(1870〜1924) スイス亡命中のレーニンは、ドイツの用意した「封印列車」に乗って1917年4月にペトログラードのフィンランド駅に到着した。その翌日には**四月テーゼ**を発表し、臨時政府を攻撃した。

ニコライ2世一家とラスプーチン

ニコライ2世と皇后アレクサンドラのあいだには、皇太子アレクセイ(右から2人目)と4人の娘がいた。シベリア出身の宗教家ラスプーチンは、皇太子の血友病に悩む皇后に取り入って宮廷内で大きな影響力をもつようになった。第一次世界大戦中には政治にも介入したが、1916年12月に帝政の権威復活をめざす右翼議員と皇族に暗殺された。皇帝一家は、1918年7月にボリシェヴィキに銃殺された。一家の遺骨は1979年にいったん発見されたが、当時のソ連政府はこれを隠蔽したため、遺骨の確認がされたのは1991年以降のことであった。

◀**ニコライ2世一家**

▶**ラスプーチン**(1869〜1916)

ヨーロッパ

3 十月革命

◀▲ 冬宮攻撃　1917年11月7日、ネヴァ川の巡洋艦アヴローラ（写真下）の空砲を合図に革命軍はペトログラードの冬宮を攻撃し、ケレンスキーの臨時政府を一夜にして打倒した。

「平和に関する布告」（1917年11月）

　すべての交戦諸民族とその政府に対して、公正で民主的な講和についての交渉を即時に開始することを提議する。…政府がこのような講和とみなしているのは、無併合、無賠償の即時の講和である。…
　政府が併合または他国の土地の略奪と理解しているのは、…弱小民族が同意または希望を正確に、明白に、自由意志で表明していないのに、強大な国家が弱小民族を統合することである。…その強制的な統合がいつおこなわれたか、…民族がどれだけ発展しているか遅れているかにはかかわりない。さらに、その民族がヨーロッパに住んでいるか、遠い海外諸国に住んでいるかにもかかわりない。……
　政府は秘密外交を廃止し、…1917年2月から10月25日までに地主と資本家の政府によって確認または締結された秘密条約の、完全な公開にただちに着手する。

（歴史学研究会編『世界史史料10』岩波書店より）

4 ソヴィエト政権と戦時共産主義

▲ **トロツキー**（1879〜1940）　ソ連共産党の指導者の1人として対独講和や赤軍の創設に関わる。**世界革命論**を主張しスターリンと対立、レーニン死後の権力闘争に敗れ、1929年に国外追放となった。

▲ **シベリア出兵**（1918年）　連合国はソヴィエト政権打倒をめざし、反革命の白軍を支援するためソヴィエト領内に軍隊を侵入させ、日本軍もシベリアに派遣された。図はそのウラジヴォストーク港上陸の光景を描く。

◀**コミンテルン**（第3インターナショナル）1919年3月にモスクワで結成された世界の革命政党・組織の指導機関。当初世界革命をめざし、アジア諸国にも影響を与えた。図はロシア革命5周年記念・コミンテルン第4回大会のポスター。

▲ **赤軍の募集ポスター**反革命軍や外国の干渉軍に対し、革命政府は赤軍を組織して革命の防衛につとめた。図は「君は義勇兵に登録したか」と呼びかけた赤軍のポスター。

◀**新経済政策**（ネップ）と物価　ネップ導入によって生産は回復したが、資本主義が復活して物価は上昇した。労働者に対しては消費組合を通じて救済がはかられた。

Q 図にある15%とは、何を意味しているのだろうか。

▼一掃するレーニン

Q レーニンが一掃しているのはどのような階層の人々だろうか。

4・1 ロシア革命の影響

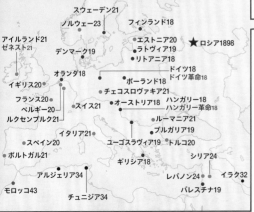

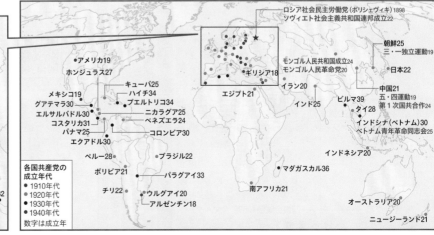

各国共産党の成立年代
● 1910年代
● 1920年代
● 1930年代
● 1940年代
数字は成立年

■1 1920年代の新国際秩序

文字 はドイツ・イタリアにおける右翼の動き

中央縦帯：ヴェルサイユ・ワシントン体制の成立 ／ 国際協調時代（相対的安定期）

年	月	国際会議・条約	ドイツ ／ 欧米諸国の動き
1918	11	第一次世界大戦休戦条約	ドイツ革命 ／ 11 キール軍港水兵反乱 → 第4回選挙法改正（英）11 ／ 共和政移行
1919	1	パリ講和会議	1 ドイツ労働者党（のちのナチス）創立 ／ 東欧諸国の独立 ／ 1 スパルタクス団蜂起（共産党弾圧） ／ コミンテルン創設 3 ／ 戦闘ファッショ成立（伊）
	6	ヴェルサイユ条約	→ ドイツ賠償責任確定 ／ カラハン宣言（ソ）7
	9	サン＝ジェルマン条約（対墺）	8 ヴァイマル憲法
	11	ヌイイ条約（対ブルガリア）	フィウメ占領（伊）9 ／ 禁酒法（米）10
1920	1	国際連盟設立	保守連合政権（仏）1 ／ 2 ナチス、二十五カ条の綱領
	6	トリアノン条約（対ハンガリー）	3 カップ一揆 ／ 国際連盟加盟否決（米）3
	8	セーヴル条約（対オスマン帝国）	女性参政権（米）8 ／ 北部で大ストライキ（伊）9
1921	4	ロンドン会議	→ 賠償総額1320億金マルクに決定 ／ 新経済政策（NEP）（ソ）3
	11〜2	ワシントン会議（四カ国条約／九カ国条約／海軍軍備制限条約）	全国ファシスト党成立（伊）11
1922			4 ラパロ条約（対ソ） ／ ムッソリーニの「ローマ進軍」（伊）10 ／ ソヴィエト社会主義共和国連邦成立 12 ／ アイルランド自由国成立（英）
1923			ルール占領（仏、〜25・7）1 ／ 消極的抵抗（ストライキ） ／ インフレ進行
	7	ローザンヌ条約（対トルコ）	11 ミュンヘン一揆 ／ レンテンマルク発行（シュトレーゼマン首相）
1924		英・仏・伊、ソ連承認	レーニン没（ソ）1 ／ 労働党（マクドナルド）内閣（英） ／ シュトレーゼマンの協調外交 ／ フィウメ併合（伊） ／ 移民法（日本人移民排斥）（米）5 ／ 左翼連合政権（仏）6
	8	ドーズ案	→ アメリカ資本導入
1925			インフレ収束 ／ 7 ヒンデンブルク大統領
	12	ロカルノ条約	ルール撤兵（仏）
1926			ポワンカレ挙国一致内閣（仏）7 ／ アルバニア保護国化（伊）7 ／ ファシスト党独裁（伊）11 ／ 9 国際連盟加入
1927	6	ジュネーヴ軍縮会議	
1928	8	不戦条約（ブリアン・ケロッグ条約）	第5回選挙法改正（英）7 ／ 第1次五カ年計画（ソ）10
1929			ラテラノ条約（伊）2 ／ 第2次マクドナルド内閣（英）6 ／ スターリン独裁（ソ）11
	6	ヤング案	→ 賠償金減額（358億金マルク）
	10	世界恐慌始まる	

各国指導者（縦列）：
- 独大統領：エーベルト ／ ヒンデンブルク
- 英首相：ロイド＝ジョージ ／ ロー ／ ボールドウィン ／ マクドナルド ／ 2次ボールドウィン ／ 2次マクドナルド
- 伊首相：オルランド ／ ムッソリーニ
- 仏首相：2次クレマンソー ／ 7次ブリアン ／ 2〜3次ポワンカレ ／ 8〜10次ブリアン ／ 4〜5次ポワンカレ ／ 11次ブリアン
- 米大統領：ウィルソン ／ ハーディング ／ クーリッジ ／ フーヴァー

余白縦書き：ヨーロッパ ／ 第Ⅲ部 第16章

■2 ヴェルサイユ体制とワシントン体制

ウィルソンの「十四カ条」

1 秘密外交の廃止
2 海洋の自由
3 関税障壁の廃止
4 軍備の縮小
5 植民地問題の公平な解決（民族自決）
6 ロシアの完全独立とロシアからの撤兵
7 ベルギーの主権回復
8 アルザス・ロレーヌのフランスへの返還
9 イタリア国境の再調整
10 オーストリア＝ハンガリー帝国における民族自治
11 バルカン諸国の独立
12 オスマン帝国支配下の諸民族の自治
13 ポーランドの独立
14 国際平和機構（国際連盟）の設立

ヴェルサイユ条約

1 国際連盟の設立
2 ドイツは全植民地と海外の一切の権利を放棄
　①フランスへ、アルザス・ロレーヌを返還
　②ポーランドへ、ポーランド回廊・シュレジエンの一部を割譲
　③ザール地方を国際連盟の管理下に置く。帰属は15年後の住民投票で決定
　④ダンツィヒを自由市（国際連盟の管理下）とする
3 ドイツの軍備制限（陸軍10万人、海軍1万5000人、艦艇36隻、潜水艦・軍用航空機の保有禁止）
4 ライン川右岸50kmの地帯を非武装とし、左岸は連合軍が15年間保障占領
5 巨額の賠償金の支払い（1921年4月、ロンドン会議で1320億金マルクと正式に決定）

ヴェルサイユ体制 ▶ 詳しくみる

◀ヴェルサイユ条約 調印を終え、ヴェルサイユ宮殿を後にする戦勝国の首脳。左からクレマンソー仏首相、ウィルソン米大統領、ロイド＝ジョージ英首相。

Q 「我々が失うもの」と題された右のポスターは、どこでつくられたものだろうか。また、何が失われると訴えているのだろうか。

詳しくみる ▶

◀アメリカの連盟加盟問題 アメリカの加盟は、孤立主義の伝統にたつ共和党が上院で優位を占めていたため否決された。図はウィルソンが直接国民に支持を訴えようとする姿を風刺したもの。

2·1 ワシントン会議と締結された条約

ワシントン会議 (1921~22)	〈提唱者〉米大統領ハーディング	
	〈参加国〉英・仏・米・日・伊・蘭・中・ポルトガル・ベルギー	
	＊日本の中国進出の規制、海軍の軍縮	
四カ国条約 (1921)	〈締結国〉英・仏・米・日	
	＊太平洋における領土の尊重、日英同盟解消	
九カ国条約 (1922)	〈締結国〉英・仏・米・日・伊・蘭・中・ポルトガル・ベルギー	
	＊中国の領土保全、機会均等、門戸開放	
海軍軍備制限 条約(1922)	〈締結国〉米・英・日・仏・伊	
	＊主力艦保有比率を米５・英５・日３・仏1.67・伊1.67に定める	

3 国際協調と軍縮の進展

3·1 軍縮条約

ロカルノ条約 (1925)	〈提唱者〉独外相シュトレーゼマン	
	〈締結国〉英・仏・独・伊・ベルギー・ポーランド・チェコスロヴァキア	
	＊ラインラントの現状維持と相互不可侵、ヨーロッパの集団安全保障体制→独、国際連盟加盟	
不戦条約 (1928)	〈提唱者〉仏外相ブリアン、米国務長官ケロッグ	
	〈締結国〉米・英・仏・日など15カ国。のち63カ国	
	＊紛争解決の手段としての戦争を否定	
ロンドン海軍 軍縮条約 (1930)	〈提唱者〉英首相マクドナルド	
	〈締結国〉米・英・日（仏は不参加、伊は脱退）	
	＊補助艦の保有率をほぼ米10、英10、日７に定める	

▶ ルール占領

ルールはドイツ鉱工業生産の中心地。フランスはドイツの賠償支払い遅延を口実にベルギーを誘って出兵、この地域を占領した。

▼ロカルノ条約　1925年10月、スイスのロカルノで仮調印されたライン保障条約を中心とする安全保障条約。この条約を機に、ドイツは国際連盟加盟など国際社会に復帰した。写真は条約に調印するドイツ外相シュトレーゼマン。

2·2 ヴェルサイユ体制下のヨーロッパ

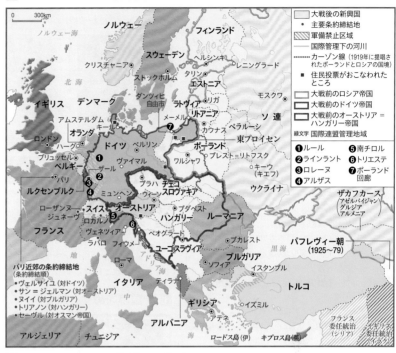

凡例：
- 大戦後の新興国
- 主要条約締結地
- 軍備禁止区域
- 国際管理下の河川
- カーゾン線（1919年に提唱されたポーランドとロシアの国境）
- 住民投票がおこなわれたところ
- 大戦前のロシア帝国
- 大戦前のドイツ帝国
- 大戦前のオーストリア＝ハンガリー帝国
- 緑文字 国際連盟管理地域

❶ルール　❺南チロル
❷ラインラント　❻トリエステ
❸ロレーヌ　❼ポーランド回廊
❹アルザス

パリ近郊の条約締結地（条約締結順）
- ヴェルサイユ（対ドイツ）
- サン＝ジェルマン（対オーストリア）
- ヌイイ（対ブルガリア）
- トリアノン（対ハンガリー）
- セーヴル（対オスマン帝国）

2·3 ヴェルサイユ体制下の世界

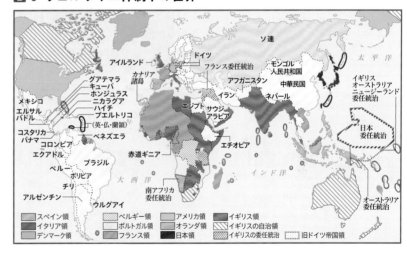

凡例：
- スペイン領
- イタリア領
- デンマーク領
- ベルギー領
- ポルトガル領
- フランス領
- アメリカ領
- オランダ領
- 日本領
- イギリス領
- イギリスの自治領
- イギリスの委任統治
- 旧ドイツ帝国領

4 ドイツの停滞

▲ドイツのインフレ　ルール占領に反対するゼネストに起因して、ドイツではインフレが爆発的に進行し、マルクは1923年11月には戦時中の4000億分の１に下落した。写真は、１日の売上げを計算するパン屋。

4·1 ライ麦パンの値段

年・月	値段（マルク）/1kgあたり
1914.12	0.32
18.12	0.53
22.12	163.15
23. 4	474
23. 6	1,428
23. 8	69,000
23. 9	1,512,000
23.11	201,000,000,000
23.12	399,000,000,000

（『世界の歴史教科書シリーズ西ドイツⅣ』帝国書院より作成）

ヨーロッパ

1 第一次世界大戦後の東ヨーロッパ地域

? 第一次世界大戦後の東欧に成立した政府にはどのような特徴があったのだろうか。その理由として考えられることは何だろうか。

解説 第一次世界大戦後の東ヨーロッパ地域では、「民族自決」の理念のもとに多くの独立国が成立した→p.237。しかし、この地域は諸民族が複雑に混住していた→p.195ため、大戦後も領土紛争や少数民族問題に悩まされた。

1918	ポーランド・チェコ・バルト3国独立宣言
	ハンガリーで民主主義革命
	第一次世界大戦終結
19	ハンガリー、ソヴィエト政権(.8崩壊20.3王政)
	ブルガリアで農民同盟が第一党に
20	ポーランド=ソヴィエト戦争(〜21)
20〜21	ユーゴ・チェコ・ルーマニアで相互援助条約締結(**小協商条約**)
23	ローザンヌ条約
	ギリシア、トルコ、ブルガリアの住民交換協定
	右派クーデタでブルガリア政権崩壊
26	ポーランドでクーデタ(**ピウスツキ独裁**)
29	**セルブ=クロアート=スロヴェーン王国**、国王独裁開始
	→ユーゴスラヴィアに国名改称
34	バルカン協商成立(ユーゴ・ギリシア・ルーマニア・トルコ)
35	ブルガリア、国王独裁開始
	ギリシア王政復活
38	ルーマニア、国王独裁開始
	ミュンヘン会談
	→ズデーテン地方をドイツに割譲
39	スロヴァキア独立、ドイツと保障条約締結
	アルバニア、イタリアに併合
	英仏、対ポーランド相互援助条約締結
	ドイツ、ポーランドに侵攻
	第二次世界大戦勃発

1・1 ハンガリー

▲「幸福は社会主義的生産から生まれる」と書かれたポスター(1919)

▲ホルティを称えるポスター(1930)

解説 1919年に革命がおこりソヴィエト政府が成立したが、ルーマニアの侵攻などにより短期間で崩壊し、ホルティを摂政とするハンガリー王国となった。

1・2 ポーランド

▲ポーランドのピウスツキ(1867〜1935) ポーランドは1920年ロシア革命に干渉して領土を拡大し、26年にはピウスツキがクーデタで政権を握った。彼は陸相も兼任し、1930年には独裁政権を樹立した。

1・3 チェコスロヴァキア

▲マサリク(1850〜1937) 旧オーストリア領のチェコと旧ハンガリー領のスロヴァキアをあわせて独立したチェコスロヴァキアでは、マサリク(左から3人目)を大統領とする共和国が成立した。

Q この条約は、どのような目的で結ばれたのだろうか。

1・4 国境をめぐる対立

▲トリアノン条約に反対するポスター(1925年)「ダメ・ダメ・決して！」と書かれている。

小協商条約(1920年8月)

1. 一方の締約国に対して、ハンガリー国が挑発されざる攻撃をなした場合には、他方の締約国は、本条約第2条の規定により定められた方法でもって被攻撃国の防御を援助することを約定する。

2. チェコスロヴァキア共和国およびセルブ=クロアート=スロヴェーヌ王国の権限ある関係当局は、本協約の履行に必要なる措置を相互の同意にもとづき決定する。

(『西洋史料集成』平凡社より)

解説 ハンガリーはオーストリアからの独立を果たしたが、オーストリア=ハンガリー帝国の構成地域であったので、敗戦国としてあつかわれた。1919年のトリアノン条約では国土の3分の2を失った。ハンガリーの領土回復を警戒する周辺諸国(チェコスロヴァキア・ユーゴスラヴィア・ルーマニア)は、小協商と呼ばれる同盟を結び、これに備えた。同じく敗戦国となったブルガリアに対しては、34年にギリシア・トルコ・ユーゴスラヴィア・ルーマニアの4国がバルカン協商を結んだ。

2 女性の社会進出

2・1 女性参政権の拡大

1893	ニュージーランド
1902	オーストラリア
1913	ノルウェー
1918	ソヴィエト=ロシア
	イギリス
1919	ドイツ
1920	アメリカ合衆国
1924	モンゴル
1930	南アフリカ共和国
1934	トルコ
1945	フランス、日本、イタリア
1949	中華人民共和国
1950	インド

▶ココ=シャネル 女性の社会参加は、新しい服装の流行も生み出した。フランスのココ=シャネルが、コルセットで胴回りをきつく縛りつけるという従来の女性服の概念を捨て、動きやすいスーツ形式の女性服を考案したことは、その代表的な例といえる。

解説 第一次世界大戦中に軍需工場などの労働者として社会に進出した女性たちは、大戦後も工場での労働を続ける一方で参政権獲得運動なども展開し、積極的に社会に関わっていった。左の年表はおもな国で女性参政権が認められた年代を示しているが、それが男性と同じものであったかは国によって異なっていた。イギリスでは、1918年の第4回選挙法改正で21歳以上の男性と30歳以上の女性に選挙権が拡大されたが、これに満足しない女性たちは写真のような運動を展開した。

◀選挙法改正を求める女性たち

Q 女性たちが身につけている布にある「21」とは、何を意味しているのだろうか。

3 日本における女性運動

3・1 青鞜社の結成

『青鞜』発刊に際して

元始、女性は実に太陽であった。真正の人であった。今、女性は月である。他に依って生き、他の光によって輝く、病人のやうな蒼白い顔の月である。……私共は隠されて仕舞った我が太陽を今や取戻さねばならぬ。……私の希ふ真の自由解放とは何だらう。云ふ迄もなく潜める天才を、偉大なる潜在能力を十二分に発揮させることに外ならぬ。

(『青鞜』)

▶雑誌『青鞜』創刊号 「青鞜」とは、18世紀にイギリスで黒い絹の靴下のかわりに青い毛糸の靴下をはいた学識ある女性を指す。平塚らいてうを発起人に、与謝野晶子ら7人の文学者が賛助会員。ミュシャを思わせる女性の全身像で飾られた表紙は、長沼智恵子(高村智恵子)が制作した。発刊の辞は平塚が執筆。1916年廃刊。

◀平塚らいてう(1886〜1971) 本名奥村明。女性解放運動の先駆者として活躍。

3・2 新婦人協会の結成

▶新婦人協会第1回総会で挨拶する市川房枝 1920年3月に設立された新婦人協会は、男女同権、母性保護、女性の権利擁護に取り組んだ。市川は他に婦人参政権獲得期成同盟会を結成。大政翼賛会婦人部に関わったとして、戦後の47年に公職追放となるが(〜50年)、その後、参議院議員となり女性の地位向上に一生を捧げた。

❶ ソ連の社会主義建設

1·1 ソ連の経済政策

戦時共産主義：レーニン

1918〜 内戦・干渉戦争への総動員体制
　　　中小工場の国有化
　　　穀物の強制徴発、食料配給制
　　　労働義務制、賃金の現物給与
　　　生産意欲減退→食料不足

ネップ（新経済政策）：レーニン

1921〜 戦時共産主義の放棄
　　　穀物徴発の廃止→食料(現物)税導入
　　　小農経営、小規模私企業の容認
　　　生産力回復

五カ年計画：スターリン

1928〜 経済全体の社会主義的改造
　　　第1次(1928〜)、第2次(1933〜)
　　　農業の集団化、機械化の推進
　　　　→コルホーズ・ソフホーズの成立
　　　重工業優先政策の推進
　　　ソ連の工業国化、農業の荒廃
　　　スターリン独裁体制の確立

1·2 レーニンのスターリン評

レーニンの遺書によるスターリン評

　同志スターリンは、党書記長となったのち無限の権力を自分の手に集中したが、わたしには、彼がつねに十分慎重にこの権力を行使できるかどうかについては、確信がない。他方、同志トロツキーは、…おそらく現在の中央委員会のなかで最も有能な人物であるが、しかしまた、あまりに自分を過信し、物事の純粋に行政的な側面に過度に熱中しやすい。(1922年12月25日)
　スターリンはあまりに粗暴である。そして、この欠点は、われわれ共産主義者の仲間うちや、交際のなかでは、十分がまんのできるものではあるが、書記長の職務にあってはがまんできないものになる。(1923年1月4日)

（木村尚三郎監修『世界史資料　下』東京法令出版より）

Q レーニンはスターリンを後継者としてふさわしいと考えていただろうか。

1·3 スターリンの独裁

▶**スターリン**(1879〜1953) 1924年にレーニンが死亡すると、社会主義建設の路線をめぐって権力闘争が始まった。スターリンは世界革命を主張する**トロツキー**と争い、彼を失脚させて一国だけで社会主義を建設する路線を推進した。写真は、1929年に撮影されもの。

▲**クラーク撲滅運動** ネップ➡p.235期に成長したクラーク(富農)は、農業集団化を進める過程で「貧農の敵」という合言葉のもとに弾圧された。

◀**コルホーズ** 革命後から組織された集団農場。土地・農具などを共有する農業経営で、**五カ年計画**で全国に拡大した。写真は、1930年代のウクライナのコルホーズにおける収穫風景。

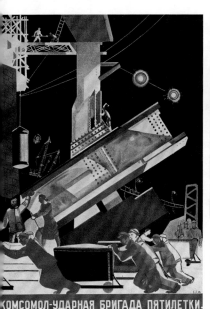

◀**ソ連の五カ年計画** 五カ年計画は、工業化と農業集団化を基礎とする社会主義建設。図は計画達成のために働く共産主義青年同盟を描いた1931年のポスター。

▶**シベリアの強制収容所跡** スターリンは1934年に始まる**大粛清**により政敵を次々に処刑し、あるいは強制収容所へおくった。36年には新憲法を発布して、独裁と個人崇拝を強化し、共産党の一党支配を確立した。

1·4 ソ連工業の推移(銑鉄生産量)

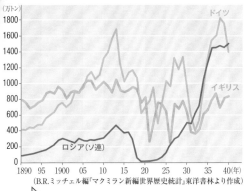

(万トン)
1800 / 1600 / 1400 / 1200 / 1000 / 800 / 600 / 400 / 200

ドイツ
イギリス
ロシア(ソ連)

1890 95 1900 05 10 15 20 25 30 35 40(年)

(B.R.ミッチェル編『マクミラン新編世界歴史統計』東洋書林より作成)

Q 革命前後のロシア(ソ連)における産業に状況の推移を読み取り、その原因を推測してみよう。

1·5 人口1人あたりGDPの国際比較

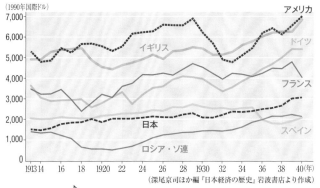

(1990年国際ドル)
7,000 / 6,000 / 5,000 / 4,000 / 3,000 / 2,000 / 1,000 / 0

アメリカ
イギリス
ドイツ
フランス
日本
スペイン
ロシア・ソ連

1913 14 16 18 1920 22 24 26 1930 32 34 36 38 40(年)

(深尾京司ほか編『日本経済の歴史』岩波書店より作成)

Q1 1920年代は、1910年代とどのように異なるのだろうか。
Q2 国ごとに数値が大きく落ち込んだ時の原因は何だろうか。

解説 第一次世界大戦を契機に、経済の中心は戦勝国のなかでも復興を必要としたヨーロッパ諸国からアメリカに移った。日本は大戦景気で欧米諸国との経済格差をいったん縮小させたが、戦後恐慌を境に1920年代には再び拡大した。

ヨーロッパ

1920年代のアメリカ合衆国

1 アメリカ合衆国の繁栄

1·1 1920年代のアメリカ合衆国

ウィルソン	民主党（任1913〜21）
1919	10 禁酒法制定
1920	3 上院、ヴェルサイユ条約批准拒否
	5 サッコ・ヴァンゼッティ事件
	8 女性参政権付与
	11 ラジオ商業放送開始
	KKK（1915年復活）の活動が盛んになる
	アメリカ的生産様式確立
ハーディング	共和党（任1921〜23）
1921	11 ワシントン会議（〜1922.2）
	四カ国条約（21.12）
	九カ国条約（22.2）
	海軍軍備制限条約（22.2）
	農業不況が始まる
クーリッジ	共和党（任1923〜29）
1923	12 大統領演説、初のラジオ放送
1924	2 「ラプソディー＝イン＝ブルー」初演
	3 農産物価格安定法否決
	8 ドーズ案
	5 移民法
1925	1 ワイオミング州で初の女性知事
	5 スコープス事件（進化論教育排斥）
1926	**フォード工場、週5日8時間労働制導入**
1927	5 リンドバーグ、大西洋横断単独無着陸飛行
	8 サッコとヴァンゼッティの処刑
	10 最初のトーキー映画
1928	8 不戦条約（ブリアン・ケロッグ条約）
	11 「蒸気船ウィリー」でミッキーマウス登場
フーヴァー	共和党（任1929〜33）
1929	10 ニューヨーク株式市場で株価大暴落（「暗黒の木曜日」）→世界恐慌

1·2 繁栄と反動

◀▲▼ニューヨークの光と影 第一次世界大戦後の好況のなかで、アメリカ合衆国は空前の繁栄の時代を迎えた。ニューヨークでは高層ビルの建設があいつぎ、夜にはそれらに煌々と電灯がともった（左、193■年頃）。自家用車も普及し、交通渋滞も各地でみられた（上、1928年のブロードウェイ）。その一方で、狭いアパートで暮らす移民労働者も数多くいた（下、1930年代）。

▼サッコ・ヴァンゼッティ事件
1920年5月、イタリア系移民でアナーキスト（無政府主義者）のサッコとヴァンゼッティは、殺人事件の容疑者として逮捕された。当初から冤罪の疑いが濃く、世界的な助命運動が展開したが、2人は1927年8月に処刑された。図は、アメリカの社会派画家ベン＝シャーンが1932年に描いた連作絵画の1つ。

▲KKK（クー＝クラックス＝クラン）南北戦争→p.198後に結成された人種差別的秘密結社。19世紀末に自然消滅したが、1915年に復活、1920年代には盛んに活動し、アメリカ国外でも知られる存在となった。図は、1923年にフランスの大衆紙に描かれた集会の様子。

◀移民排斥 1920年代のアメリカでは、人種差別的風潮が高まり、日系移民の多かった西海岸諸州では激しい排斥運動が展開された。1924年には日本を含むアジア系移民を禁止する**移民法**が成立した。

Q ポスターに描かれている2つの手は、何を意味しているのだろうか。

2 大衆文化の成立—1920年代

2·1 華やかな都市の生活

Q これらの絵に描かれているアメリカの大衆文化を示す要素にはどのようなものがあるだろうか。

▼1920年代の世相 アメリカの画家ベントンが1930年から31年にかけて描いた「今日のアメリカ」と題する10枚の連作壁画のうちの2枚で、左は「ダ▮ンスホールのある都市の活動」、右は「地下鉄のある都市の活動」という題がつけられている。

❷·❷ 電気のある暮らし

▲▶家電製品の普及 冷蔵庫や掃除機などの家電製品は、便利で豊かな生活の象徴であった。1929年には全米の家庭の7割に電気がついており、その約4分の1に洗濯機、8割にアイロンがあった。右は、クリスマスプレゼントに家電製品を勧める雑誌の広告ページ。上は、家庭でラジオを聴く少年。

禁酒法とギャング

1919年に制定された禁酒法は、アメリカ社会のプロテスタンティズム回帰（保守化）の典型例の1つであったが、その裏では密造酒の製造・販売が横行し、ギャングの資金源となった。イタリア系移民の子として生まれたアル＝カポネ（1899～1947）は、このようなギャングの代表格とされる人物。シカゴの裏社会の顔役として恐れられたが、1931年に脱税容疑で告発され、翌年有罪が確定し刑務所に収監された。

▶密造酒の廃棄
▼裁判直後のアル＝カポネ

❷·❸ ポピュラー音楽とプロスポーツ

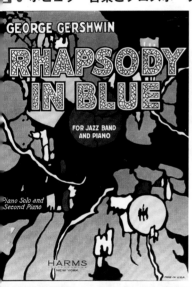

▲ガーシュイン（1898～1937） 20世紀アメリカを代表する作曲家の1人。1924年に初演された「ラプソディー＝イン＝ブルー」（左）は、クラシック音楽とジャズを融合させた彼の代表作。

◀ルイ＝アームストロング（1901～71） 1901年、ニューオーリンズ生まれ。20世紀を代表するジャズ＝ミュージシャンの1人で、サッチモ（大きな口）の愛称で親しまれた。写真は、1930年代に撮影されたもの。

▼商品広告 1920年代以降、アメリカを中心に大量生産・大量消費を基盤とする**大衆消費社会**が到来した。ここでは、大衆の購買意欲を刺激する様々な商品広告も発達し、雑誌や街角の広告塔を飾った。左は、1923年に発表されたコカ＝コーラのポスター。右は、1926年に発表されたゼネラル＝モーターズ社の乗用車シボレーのポスター。

❷·❹ 大量消費と商品広告

◀ベーブ＝ルース（1895～1948） 大リーグを代表する強打者。1927年に年間60本塁打を記録した。生涯本塁打数も714本で、この記録は1974年まで破られることはなかった。

北アメリカ

1 第一次世界大戦後の日本と中国

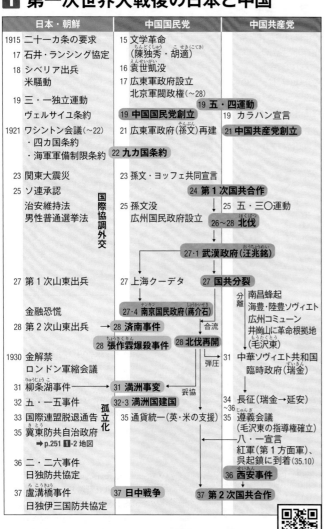

日本・朝鮮	中国国民党	中国共産党
1915 二十一カ条の要求	15 文学革命（陳独秀・胡適）	
17 石井・ランシング協定	16 袁世凱没	
18 シベリア出兵 米騒動	17 広東軍政府設立 北京軍閥政権（〜28）	
19 三・一独立運動 ヴェルサイユ条約	19 五・四運動 19 中国国民党創立	19 カラハン宣言
1921 ワシントン会議（〜22） ・四カ国条約 ・海軍軍備制限条約	21 広東軍政府（孫文）再建 22 九カ国条約	21 中国共産党創立
23 関東大震災	23 孫文・ヨッフェ共同宣言	
25 ソ連承認 治安維持法 男性普通選挙法	24 第1次国共合作 25 孫文没 広州国民政府設立 26〜28 北伐	25 五・三〇運動
	27・1 武漢政府（汪兆銘）	
27 第1次山東出兵	27 上海クーデタ	27 国共分裂
金融恐慌	27・4 南京国民政府（蔣介石）	分離 南昌蜂起 海豊・陸豊ソヴィエト 広州コミューン 井崗山に革命根拠地（毛沢東）
28 第2次山東出兵 → 28 済南事件 28 張作霖爆殺事件	28 北伐再開	合流
1930 金解禁 ロンドン軍縮会議		弾圧 31 中華ソヴィエト共和国臨時政府（瑞金）
31 柳条湖事件 → 31 満洲事変		妥協
32 五・一五事件	32・3 満洲国建国	34 長征（瑞金→延安）〜36
33 国際連盟脱退通告	35 通貨統一（英・米の支援）	35 遵義会議（毛沢東の指導権確立）
35 冀東防共自治政府 →p.251 ■1-2 地図		八・一宣言 紅軍（第1方面軍）、呉起鎮に到着（35.10）
36 二・二六事件 日独防共協定		36 西安事件
37 盧溝橋事件 日独伊三国防共協定	37 日中戦争	37 第2次国共合作

（縦書き欄）国際協調外交 / 国際協調外交 / 孤立化

QRコード：蔣介石と北伐 ▶詳しくみる

3 1920年代の中国と日本

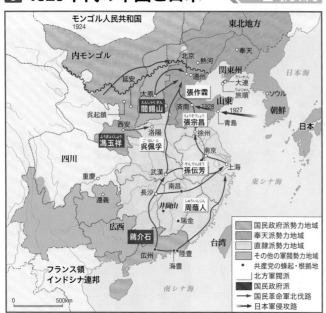

モンゴル人民共和国 1924
内モンゴル
東北地方
北京 熱河
奉天
関東州 大連 旅順
延安 太原
山東 済南 1928
張作霖 閻錫山 1927
青島
呉起鎮
西安 洛陽
馮玉祥 張宗昌
朝鮮
ソウル
日本
四川 呉佩孚
徐州
南京
重慶 武漢 孫伝芳
上海
遵義 長沙 南昌
井崗山 周蔭人
瑞金
広西 広東
蔣介石 広州
台湾
陸豊
海豊
フランス領 インドシナ連邦
南シナ海

国民政府派勢力地域
奉天派勢力地域
直隷派勢力地域
その他の軍閥勢力地域
● 共産党の蜂起・根拠地
── 北方軍閥派
── 国民革命軍北伐路
── 日本軍侵攻路
0 500km

2 第一次世界大戦と東アジア

2・1 中国の文学革命

▶李大釗（1889〜1927）
マルクス主義を系統的に中国に紹介した。中国共産党創立に参画し、第1次国共合作でも活躍したが、1927年に張作霖により処刑された。

▲陳独秀（1879〜1942、左）と胡適（1891〜1962） 陳独秀が1915年に上海で創刊した『青年雑誌』（翌年『新青年』と改題）は、欧米の近代合理主義的思想を中国に紹介し、中国の旧道徳を批判した。胡適は、1917年『新青年』に「文学改良芻議」を寄稿し白話（口語）文学を提唱した。

> **胡適「文学改良芻議」**（1917年1月）
>
> 今日文学改良を論ずる者は沢山あるが、自分などは末学不文で口を入れる資格などない。併し年来このことに就いて随分考えたこともあるし、それに色々と友人達の弁論を聴いた結果得たものは相当討論の価値なしとしない。…
> 自分の考では今日文学改良を口にするとすれば、どうしても8箇条の事から着手せねばならぬ。8箇条の事とは何か、
> 第1　書くことに内容がなければならぬこと。
> 第2　古人を模倣してはならぬこと。
> 第3　必ず文法に従って書くこと。
> 第4　病気でもないのに呻くような真似をしないこと。
> 第5　つとめて古臭い口調やお定り文句を避けること。
> 第6　典故を使わぬこと。
> 第7　対語対句を作らぬこと。
> 第8　俗語俗文を避けぬこと。
> （木村尚三郎監修『世界史資料　下』東京法令出版より）

▲『新青年』の表紙

Q 胡適は新しい文学には何が必要だと考えたのだろうか。

4 中国・朝鮮の民族運動

> **三・一独立宣言**（1919年3月1日）
>
> われらはここに我が朝鮮の独立国であることと朝鮮人の自主民であることを宣言する。これをもって世界万邦に告げ、人類平等の大義を克明にし、これをもって子孫万代におしえ、民族自存の正当なる権利を永遠に有らしめるものである。半万年［五千年］の歴史の権威によってこれを宣言し、二千万民衆の誠忠を合わせてこれを明らかにし、民族の恒久一筋の自由の発展のためにこれを主張し、人類の良心の発露に基づいた世界改造の大機運に順応併進させるためにこれを提起するものである。これは天の明命、時代の大勢、全人類の共存同生の権利の正当な発動である。天下の何物といえどもこれを抑制することはできない。
> （歴史学研究会編『世界史史料10』岩波書店より）

◀ソウルにある独立宣言の記念碑

Q この宣言が発せられた背景には何があったのだろうか。

◀五・四運動　1919年5月4日北京大学の学生を中心におこった反帝国主義・反封建主義の立場にたつ民族運動は、全国的に波及して労働者層の参加をみた。日本の「二十一カ条要求」撤廃が当面の要求であった。

▶五・三〇運動　1925年2月に始まる上海の日本人経営紡績工場でのストライキが弾圧されると、5月、学生や労働者らによる反帝国主義運動へと発展した。

5 国民党と共産党

▲中国共産党　1921年7月、コミンテルンの指導下に上海で中国共産党が結成され、陳独秀が初代委員長となった。写真は、中国共産党創立大会が開かれた建物。

◀蔣介石（1887〜1975、左）　蔣介石は、孫文（1866〜1925、右）に認められて国民党で実力をのばし、1926年、国民革命軍総司令となって北伐を開始した。その途上上海で反共クーデタを断行、南京国民政府を樹立して主席となった。

▼第1次国共合作　1924年1月20日から30日にかけ、広東高等師範学校の講堂で中国国民党第1回全国代表大会が開かれ、国共合作が成立した。講堂の内部は、大会時の席次が再現されている。

Q 講堂の壁に掲げられているのは何だろうか。

◀中華ソヴィエト共和国臨時政府　1927年の上海クーデタ以後、毛沢東（1893〜1976）ら共産党勢力は都市攻撃に失敗したのち、農村を拠点とする活動を展開した。この過程で、1931年に江西省瑞金に中華ソヴィエト共和国臨時政府が成立し、革命運動の中心地となった。写真右は、1931年当時の毛沢東、左は臨時政府のおかれた建物。

▲張作霖爆殺事件（満洲某重大事件、1928年）　日本は奉天軍閥の張作霖と結んで国民党の北伐に対抗しようとしたが、長が国民党に敗れると、彼の乗った列車を爆破して殺害した。日本では満洲某重大事件と報じられたが、殺害に日本の関東軍が関与していることは公然たる事実であった。写真は事件を報じる『東京朝日新聞』の号外。

▲張作霖（1875〜1928）

宋家の三姉妹

孫文の支援者であった浙江財閥の宋耀如には3人の娘がいて、いずれも現代中国史に深い関わりをもった。中国の女性として初めてアメリカに留学した長女の靄齢は、孫文の秘書をつとめ、また、のちに中華民国財政部長となる財閥の孔祥熙と結婚した。次女の慶齢は孫文と結婚したが、蔣介石の上海クーデタを批判して国民党から距離をおき、最終的には中華人民共和国副主席となった。三女の美齢は蔣介石と結婚し、国共内戦に敗れた蔣とともに台湾へ逃れた。1997年に制作された日本・香港の合作映画「宋家皇朝」は、三姉妹の数奇な生涯を描いたもので、冒頭では「1人は富を愛し、1人は国を愛し、1人は権力を愛した」と3人の生涯が象徴的に語られた。写真は、左から慶齢・靄齢・美齢。

1 大衆の政治参加

1·1 大正期の社会労働運動

1911 6	平塚らいてう(明)ら青鞜社を結成 →p.238
1912 8	鈴木文治が友愛会を結成
12	第一次護憲運動おこる
1916 (大正5) 1	吉野作造、『中央公論』に「憲政の本義を説いて其有終の美を済すの途を論ず」発表(民本主義の提唱)
1918 (大正7) 8	米騒動が全国へ拡大
12	吉野作造ら黎明会を結成。東大新人会結成
1919 (大正8) 8	北一輝・大川周明ら猶存社を結成
	友愛会が大日本労働総同盟友愛会と改称
	普通選挙運動高揚(〜20)
1920 (大正9) 3	東京株式相場大暴落。戦後恐慌おこる
	平塚らいてう・市川房枝ら新婦人協会を結成 →p.238
5	第1回メーデー 12 日本社会主義同盟結成
1921 (大正10)	伊藤野枝・山川菊栄ら赤瀾会を結成
10	日本労働総同盟友愛会を日本労働総同盟に改称
1922 (大正11) 3	西光万吉ら全国水平社を結成
	杉山元治郎ら日本農民組合を結成
7	堺利彦ら日本共産党を非合法に結成
1923 (大正12)	関東大震災。亀戸事件・甘粕事件おこる
1924 (大正13)	市川房枝ら婦人参政権獲得期成同盟会を結成
1925 (大正14)	治安維持法・普通選挙法成立
1926 (大正15)	労働農民党など無産政党結成
4	労働争議調停法公布

2 社会運動の展開

2·1 労働争議と参加人員

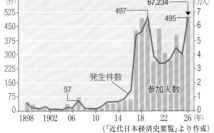

発生件数
参加人数

『近代日本経済史要覧』より作成

67,234
497
495
57

1898 1902 06 10 14 18 22 26(年)

解説 第一次世界大戦中の急激な産業の発展で工場労働者は増加したが、労働者の生活は物価が上昇したためいっそう苦しくなり、労働争議の件数が急激に増加した。

2·2 小作争議と小作人組合

(目盛単位：100人)

第一次世界大戦終了
日本農民組合創立

小作争議件数
小作人参加人員
小作人組合数

3926
2,751件
151,061人

1917 20 23 26(年)
『近代日本経済史要覧』より作成

解説 小作争議は、小作料減額や小作条件の改善をめざした。1922年の日本農民組合の結成、小作調停法が施行(1924年12月)されるにおよんで、争議が多発した。

1·2 普通選挙運動と治安維持法

選挙法の公布		選挙人の資格			選挙人		被選挙人の資格		
年	内閣	年齢	性別	納税額	人数(万人)	選挙人比率(対全人口比) 10 20 30%	年齢	性別	納税額
1889 (明治22)	黒田清隆	満25歳以上	男	15円以上	45	1.1	30歳	男	15円以上
1900 (明治33)	第2次山県有朋	25歳以上	男	10円以上	98	2.2	30歳	男	制限なし
1919 (大正8)	原敬	25歳以上	男	3円以上	307	5.5	30歳	男	制限なし
1925 (大正14)	第1次加藤高明	25歳以上	男	制限なし	1241	19.8	30歳	男	制限なし

被選挙人の納税資格(直接国税15円以下)は、1900年の選挙法改正で廃止された

▲衆議院議員選挙法のおもな改正

(総務庁統計局監修『日本長期統計総覧』などより作成)

Q この法律は、どのような立場の人々を取り締まろうとしたのだろうか。

Q 吉野作造は、なぜ民本主義という新しい語を用いたのだろうか。

治安維持法

第1条 国体を変革し又は私有財産制度を否認することを目的として結社を組織し又は情を知りて之に加入したる者は10年以下の懲役又は禁錮に処す

第2条 前条第1項の目的を以てその目的たる事項の実行に関し協議を成したる者は7年以下の懲役又は禁錮に処す

第4条 第1条第1項の目的を以て騒擾、暴行其の他生命、身体又は財産に害を加ふべき犯罪を煽動したる者は8年以下の懲役又は禁錮に処す

(『官報』より)

吉野作造の民本主義(現代語訳)

民本主義という文字は、日本語としてきわめて新しい使用例である。以前はふつう、民主主義という語で表現されていた。ときには、民衆主義とか、平民主義とかいわれていたこともある。しかし、民主主義というと、社会主義をめざす社会民主党などという場合があるように、「国家の主権は国民にある」という国民主義の危険な学説と混同されやすい。……われわれからみて憲法にもとづいた政治をおこなうということは、政治上において一般の人々を大切にし、政治上において階層による差別をおこなわず、しかも国の政治体制が、君主が主権を持つ君主国は、人々が主権を持つ共和国かを問わないで、広くどのような国でも通用する考え方という意味で、民本主義という比較的新しい用語がもっとも適当であると考えた。

(中里裕司訳)

◀普選運動と治安維持法 第一次世界大戦後の日本では、社会運動が高揚するなかで普通選挙の実施を求める運動も全国的な展開をみせた。1925年、加藤高明内閣のもとで男性普通選挙が実現したが、社会主義勢力などの勢力拡大を警戒した政府は、同時に治安維持法を制定した。写真は普選即時断行を求める自動車宣伝隊。

2·3 日本社会主義同盟と日本共産党

1910(明治43).5 大逆事件	1911年、幸徳秋水ら処刑 社会主義運動は「冬の時代」となる 『冬の時代』とは社会主義運動がまったくできなかった10年間をいう
↓ ロシア革命・米騒動後の社会運動の高揚で息を吹き返す	
1920(大正9).12 日本社会主義同盟結成	資本主義に反対する勢力を結集して成立 社会主義者・無政府主義者を中心に、友愛会や新人会などの労働団体・学生団体を結集
1921(大正10).5 解散を命じられ解体	
1922(大正11).7 日本共産党結成	非合法・コミンテルン日本支部として結成

◀水平社の荊冠旗 全国水平社は、被差別部落の人々が自らの解放を求めて立ち上げた最初の全国組織。黒は差別、荊は受難の象徴。

全国水平社総本部

3 軍縮と協調外交

◀ワシントン会議の風刺画(『東京パック』1921年1月号) 3人の全権代表(加藤友三郎海相・幣原喜重郎駐米大使・徳川家達貴族院議長)が、日本への盛りだくさんの軍縮要求をすべて呑み込んでいる様子。

3·1 財政支出における軍事費比率の推移

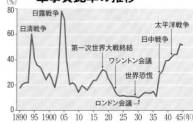

(%)
日露戦争
日清戦争
第一次世界大戦終結
ワシントン会議
世界恐慌
ロンドン会議
太平洋戦争
日中戦争

1890 95 1900 05 10 15 20 25 30 35 40 45(年)
『長期経済統計7 財政支出』より作成

解説 1920〜30年代前半における軍縮政策が基調の時代は、軍事費の国家財政に占める比率がきわめて低いことがわかる。

4 経済の混乱

4·1 戦後恐慌から昭和恐慌へ

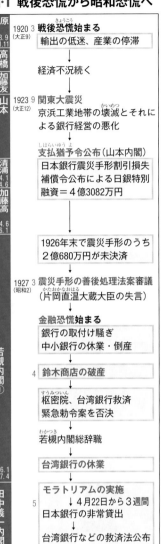

原内閣 1918.9〜21.11
- 1920 3（大正9）**戦後恐慌始まる**
  - 輸出の低迷、産業の停滞

高橋内閣
加藤友内閣
山本内閣②
- 経済不況続く
- 1923 9（大正12）**関東大震災**
  - 京浜工業地帯の壊滅とそれによる銀行経営の悪化
  - **支払猶予令公布（山本内閣）**
    - 日本銀行震災手形割引損失補償令公布による日銀特別融資＝4億3082万円

清浦内閣 1924.1〜24.6
加藤高内閣② 1924.6〜26.1
- 1926年末で震災手形のうち2億680万円が未決済
- 1927 3（昭和2）**震災手形の善後処理法案審議**（片岡直温大蔵大臣の失言）
- **金融恐慌始まる**
  - 銀行の取付け騒ぎ
  - 中小銀行の休業・倒産

若槻内閣① 1926.1〜27.4
- 4 鈴木商店の破産
- 枢密院、台湾銀行救済緊急勅令案を否決
- 若槻内閣総辞職
- 台湾銀行の休業

田中義一内閣 1927.4〜29.7
- 5 モラトリアムの実施
  - ↓4月22日から3週間
  - 日本銀行の非常貸出
- 台湾銀行などの救済法公布
- 金融恐慌の鎮静化

4·2 関東大震災での東京の被災状況

① 被害世帯数

震災時の世帯数	82万9900戸
全焼	31万1962戸
全壊	1万6684戸
半壊	2万0122戸

② 震災時の人口（405万0600人）

死者	5万9593人
行方不明者	1万0904人
負傷者	2万8972人
合計	9万9389人

（春秋社『関東大震災誌』より作成）

[解説] 1923年9月1日午前11時58分、震源地相模湾西部、マグニチュード7.9の激震が関東地方を襲った。首都東京では4割強の建物が崩壊・焼失し、死者・行方不明者は10万人以上に達した。本所の被服廠跡だけで約4万人が焼死した。混乱のなかで多数の在日朝鮮人も虐殺された。

4·4 財閥の産業支配

鉱業 63.3% | 69.4 | 30.6
鉄鋼 54.2 | 67.7 | 32.3
金属機械 37.6 | 58.0 | 42.0
紡績 24.9 | | 75.1
電力電灯 5.5 2.3 | | 94.5
運輸通信 63.8 | 66.4 | 33.6
商事貿易 74.2 | 82.3 | 17.7
銀行 29.6 | 53.4 | 46.6

■三大財閥 ■八大財閥 ■その他
（柴垣和夫『三井・三菱の百年』より作成）

[解説] 第一次世界大戦直後に、三井・三菱（岩崎家）らの政商は、傘下に入れた企業の株式を一族で所有する持株会社をつくり、複数の業種にまたがる巨大**コンツェルン（財閥）**を形成した。銀行では、金融恐慌で中小企業の整理・合併が進行した。五大銀行の金融支配も強化され、吸収や合併で弱体の中小銀行が淘汰された。三井・三菱に住友・安田を加えた**四大財閥**は、金融恐慌・昭和恐慌を乗り越え、確固とした地位を築き、戦前の経済界を支配した。

4·3 金融恐慌

▼**裏白紙幣** 田中義一内閣は1927年4月22日に**モラトリアム**を出したが、その3日後の4月25日までに500万枚印刷された紙幣。印刷が間に合わず、裏は白いままであった。

▲**取付け騒ぎで銀行に殺到した預金者** 金融恐慌では、ほとんどの銀行が預金者の取付けにあった。

[解説] 1927年3月14日の衆議院予算委員会で、震災手形善後処理法案の審議中、野党の追及に怒った片岡直温蔵相は、東京渡辺銀行の倒産を発言した（実際は金策に成功していた）。この発言から預金者が支払いを求めて殺到し（これを取付け騒ぎという）、金融恐慌の引き金となった。

5 都市化と大衆文化・消費文化

5·1 東京・大阪の人口推移

(万人)

	東京	大阪	小計(a)	全国(b)	a/b(%)
1903年末	182	100	282	4,673	6.0
1908年末	219	123	341	4,959	6.9
1913年末	205	140	345	5,336	6.5
1918年末	235	164	399	5,667	7.0
1920年10月	217	125	343	5,596	6.1
1925年10月	200	212	411	5,974	6.9
1930年10月	207	245	453	6,445	7.0
1935年10月	588	299	887	6,925	12.8
1940年10月	678	325	1,003	7,311	13.7

（中西聡『日本経済の歴史』より作成）

5·2 生活様式の変化

（『新宿歴史博物館パンフレット』より作成）

▲**文化住宅の復元模型** 文化住宅とは、大正時代に中産階級のために大都市の郊外に建てられた和洋折衷住宅をいう。玄関脇の洋風応接間と東西を貫通する中廊下が特徴である。次の間にあたる小さな小部屋はいつしか「茶の間」と呼ばれるようになり、そこでチャブ台を囲んでの**一家団らん**が営まれるようになる。

5·3 大衆娯楽と消費

▶**浅草の映画街** 関東大震災のあと、区画整理された浅草には多くの映画館や劇場が建てられた。写真は1930年代の様子。

▶**『少年倶楽部』** 月刊誌。講談社が1914年に創刊。児童向け雑誌。

5·4 「職業婦人」の出現とモダンガール

昭和初期の世相
◀ ▶詳しくみる

▲**バスガール（女性車掌）の登場** 東京や大阪などの大都会では、都市交通として私鉄や市電とともに、乗合自動車（バス）も拡充。1924年、東京に初めてバスガール（赤襟）が登場。「職業婦人」の花形となる。

◀**モダンガール（モガ）** 昭和初期の銀座の街角を歩くモダンガール。パリやニューヨークの時代の最先端のトップモードに身をつつんでいる。職業婦人の拡大とともに女性の服装革命は進んでいった。モダンガールの姿は、大正デモクラシーを経験した日本における女性の社会進出を反映している。

1 第一次世界大戦後のインド・東南アジア・西アジア

インド	東南アジア	西アジア
		15 フセイン・マクマホン協定
〈大戦参加・戦後の自治約束〉		16 サイクス・ピコ協定
1919 **ローラット法**		17 バルフォア宣言
→アムリットサール事件		19 アフガニスタン独立
インド統治法		エジプト、**ワフド党**の反英運動
1920 **ガンディー**、国民会議派大会で非協力運動を提示	20 インドネシア共産党成立	20 シリア・レバノン（仏の委任統治）イラク・ヨルダン（英の委任統治）オスマン帝国、セーヴル条約
1922 警官殺害事件 →非協力運動中止		22 トルコ大国民議会、スルタン制廃止 →オスマン帝国滅亡 エジプト王国独立（不完全）
1923 国民会議派分裂（スワラージ党結成）		23 **ローザンヌ条約** トルコ共和国樹立（**トルコ革命**）（ムスタファ＝ケマル）
		24 トルコ、カリフ制廃止
1925 インド共産党成立	25 ベトナム青年革命同志会組織（**ホー＝チ＝ミン**）	25 イラン、**パフレヴィー朝**成立（～79）（レザー＝ハーン〈レザー＝シャー〉）
1927 憲政改革調査委員会（サイモン委員会）設置 →インド人が含まれていなかったため、民族運動激化	28 **インドネシア国民党**成立（スカルノ） ベトナム国民党成立	26 ヒジャーズ＝ネジド王国建国（イブン＝サウード） 28 トルコ、文字改革（アラビア文字からローマ字へ）
1929 国民会議派、**プールナ＝スワラージ**決議（ラホール大会、議長ネルー）		
1930 ガンディー「**塩の行進**」英印円卓会議  ガンディーの第2次反英闘争 ◀▶ 詳しくみる	30 **インドシナ共産党**成立	32 イラク王国独立（ファイサル）**サウジアラビア王国**建国（イブン＝サウード） 33 トルコ、国際連盟加盟
	34 フィリピン独立法	
1935 **インド統治法**	35 フィリピン**独立準備政府**発足	35 パフレヴィー朝、国号をイランと改称
1936 ネルー、国民会議派議長	ビルマ統治法→ビルマ分離	36 **エジプト王国**完全独立

Q この史料でガンディーは何を訴えているのだろうか。

ガンディー『剣の教義』（1920年8月）

　私はかく信ずる、卑怯と暴力との中、孰れかを一つだけ択ぶとすれば暴力を採ることを奨めたいと。インドが卑怯にも自己の不名誉の犠牲者となりまたこれに甘んずるくらいなら、インドが武器を執って自らの名誉の擁護に起たんことを私はむしろ望みたいのだ。だが非暴力は暴力よりも限りなく優れたものであり、寛恕することは罰を加えるよりもはるかに男らしいということを信ずるものである。

（木村尚三郎監修『世界史資料　下』東京法令出版より）

◀**塩の行進**（1930年）　海岸で塩を拾うガンディー（手前）

▼**ガンディー**（1869～1948）　19世紀末より南アフリカでインド人差別への反対運動を指導し、1915年にインドへ帰国。その後は非暴力・非協力（**サティヤーグラハ**）による反英運動を組織する。国民会議派の求心力としての役割も果たし、その人となりからマハートマー（偉大な魂）と呼ばれた。写真はガンディー（右）とネルー（左）➡p.263。

◀**アンベードカル**（1891～1956）　不可触民の権利獲得のための政治・社会運動を展開し、独立後は憲法起草委員会の委員長に就任。しかし、ヒンドゥー社会への批判から死の直前に仏教へ改宗した。

◀**ジンナー**（1876～1948）　当初は国民会議派との協調路線にたっていたが、ガンディーと対立して会議派から離れた。1930年代には**全インド＝ムスリム連盟**の組織を拡大し、二民族論にもとづくパキスタンの分離独立をとなえるようになった。

2 インドにおける民族運動の展開

2·1 第一次世界大戦後のインド

イギリス領におけるムスリム人口比（1937年）
- 90%以上
- 50～90%
- 10～50%
- シク教徒が人口の10%以上の地域（1931年）

分割前のベンガル州
ベンガル分割線（1905年）
分割後のベンガル州と東ベンガル・アッサム州

1931年のインド
- インド藩王国
- イギリス領
- フランス領
- ポルトガル領

▲**アムリットサール虐殺事件**　1919年4月、パンジャーブ州アムリットサールで開かれた**ローラット法**反対の集会を、イギリス軍が銃撃して弾圧した。事件の死傷者は1500人をこえたといわれる。

◀**英印円卓会議**　1930年から32年にかけてロンドンで3回にわたって開催。植民地側の諸勢力とイギリス政府の間でインドの地位をめぐる議論がなされたが、成果はみられなかった。

インドの民族資本

　19世紀後半からインドでも民族資本の形成がみられた。その代表例がボンベイ（現ムンバイ）のタタ財閥で、はじめ綿業で財をなしたのち1907年には全額インド資本による鉄鋼会社を設立した。2008年には、10万ルピー（当時のレートで約28万円）という自動車「ナノ」を発表、これは当時の世界で最も安価な四輪車となった。なお、高級ホテルとして有名なタージマハル＝ホテルもタタ財閥の系列である。

▲タタ社の車「ナノ」

▲タージマハル＝ホテル

3 東南アジアにおける民族運動の展開

KIEST COMMUNISTEN

▶**スカルノ**(1901〜70)　学生時代から民族運動に参加し、1927年に**インドネシア国民党**を創設。1930年代は獄中にあったが、日本軍政下で独立運動に復帰した。写真はオランダからの独立を求める集会で演説するスカルノ。

◀**インドネシア共産党**　1920年に結成されたアジア最初の共産党。図は1933年のポスター。

Q このポスターには何語が使用されているのだろうか。

▶**ホー=チ=ミン**(1890〜1969)　フランス滞在中の1920年にフランス共産党の結成に参加、25年に組織したベトナム青年革命同志会をもとに30年にベトナム共産党(まもなく**インドシナ共産党**と改称)を結成する。41年に帰国してベトナム独立同盟会を組織して独立運動を進めた。写真は、1920年、フランス共産党結成当時に撮影されたもの。

4 西アジアにおける民族運動の展開

4・1 第一次世界大戦後の西アジア

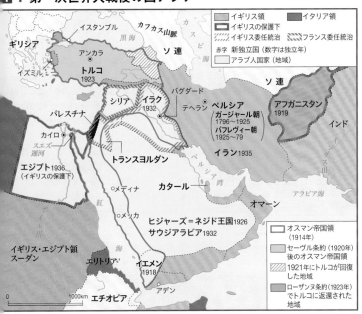

凡例：
- イギリス領
- イタリア領
- イギリスの保護下
- イギリス委任統治　フランス委任統治
- 赤字 新独立国(数字は独立年)
- アラブ人国家(地域)
- オスマン帝国領(1914年)
- セーヴル条約(1920年)後のオスマン帝国領
- 1921年にトルコが回復した地域
- ローザンヌ条約(1923年)でトルコに返還された地域

4・3 イスラーム諸国の動向

▼**エジプト革命**　1919年に始まる**ワフド党**を中心とする独立革命の結果、22年に立憲君主制の**エジプト王国**が成立した。図右上は、当時の革命旗。

◀**イブン=サウード**(位1932〜53)　サウジアラビア初代国王。**ワッハーブ派**と結び勢力を拡大し、アラビア半島の大部分を統一した。

▶**レザー=ハーン**(位1925〜41)　ガージャール朝の軍人であったが1921年にクーデタで実権を握り、シャー(国王)と称した。25年には**パフレヴィー朝**を創始し、ケマルを手本とした近代化改革を進めた。

4・2 トルコ革命

▶**ムスタファ=ケマル**(1881〜1938)　トルコ共和国初代大統領として政教分離・文字改革など世俗化政策を進めた。写真は養女とダンスを踊るケマル。

Q この写真は、ケマルのどのような側面を表しているのだろうか。

▼**ドルマバフチェ宮殿**　1855年にオスマン帝国が建設した新宮殿。トルコ共和国成立後は、イスタンブルでの大統領執務所となった。ケマルは1938年にここで没した。

4・4 西アジア諸地域の独立

凡例：
- アラブ人国家(地域)
- フランスの委任統治領(1920)
- イギリスの委任統治領(1920)

国・地域名(宗教・宗派)		大戦後のおもな動き
シリア (スンナ派 シーア派〈アラウィー派〉 キリスト教)	1936	自治権承認される
	1946	シリア共和国完全独立(委任統治終了)
レバノン (スンナ派・シーア派 キリスト教)	1941	シリアから分離、独立宣言
	1943	レバノン共和国成立(委任統治終了)
イラク (スンナ派・シーア派)	1921	イラク王国成立(委任統治下の独立)
	1932	委任統治終了。国王にファイサル即位
トランスヨルダン (スンナ派)	1923	トランスヨルダン成立(委任統治下の独立)
	1946	委任統治終了、完全独立
パレスチナ (ユダヤ人と混住 スンナ派・シーア派)		●第一次世界大戦中のイギリスの多重外交 →ユダヤ人の入植 →アラブ人との衝突
	1948	イスラエルの建国
サウジアラビア (ワッハーブ派)	1924	**イブン=サウード**、ヒジャーズ王国併合
	1926	イブン=サウード、ヒジャーズ=ネジド王に即位
	1932	**サウジアラビア王国**成立
エジプト (スンナ派)	1914	イギリスの保護国となる
	1919	**ワフド党**による反英運動
	1922	独立(スエズ運河地帯駐屯権などは保留)
ペルシア (シーア派)		第一次世界大戦中、ガージャール朝に英軍駐留
	1925	**レザー=ハーン**、**パフレヴィー朝**創始
	1935	国号を「イラン」と改称
アフガニスタン (スンナ派)	1881	第2次アフガン戦争後、イギリスの保護国となる
	1919	第3次アフガン戦争後、王国として独立

東南アジア・西南アジア

西アジア

1 パレスチナ問題の推移

Q これら3つの取り決めは、どのような点に問題があるのだろうか。

		反ユダヤ主義からシオニズムへ
19世紀後半～		ヨーロッパで反ユダヤ主義の風潮が高まる 例：ロシア・東欧での大迫害（ポグロム） →アメリカ・パレスチナへの移住
1894		ドレフュス事件 →ヘルツルのシオニズム運動
1897		第1回シオニスト会議（バーゼル）
		パレスチナ問題の始まり
1915		**フセイン・マクマホン協定**
1916		**サイクス・ピコ協定**
1917		**バルフォア宣言**
1929		嘆きの壁事件
1945		第二次世界大戦終結 →ユダヤ人難民の大量移住
		イスラエル建国と中東戦争
1947	11	国連総会、パレスチナ分割決議案採択
1948	5.14	**イスラエル建国宣言**
	5.14	**第1次中東戦争**（パレスチナ戦争～49.2） →パレスチナ難民の大量発生
	12	「パレスチナ難民の故郷帰還を求める」 国連総会決議（決議194）
1949	5	イスラエルの国連加盟
	12	国連パレスチナ難民救済事業機関（UNRWA）設立
1950	7	イスラエル、帰還法・不在者財産法制定
1956	10	**第2次中東戦争**（スエズ戦争～57.3）
1964	5	**パレスチナ解放機構**（PLO）創設
1967	6.5	**第3次中東戦争**（6日戦争～6.10） →イスラエルの占領地拡大 あらたな難民の大量発生
1968	1	アラブ石油輸出国機構（OAPEC）結成
1969	2	アラファト、PLO議長就任（～2004）
1972	5	テルアヴィヴ空港乱射事件
	9	黒い9月事件（ミュンヘン五輪選手団襲撃）
1973	10.6	**第4次中東戦争**（10月戦争～10.22） →OAPECの石油戦略→第1次石油危機
		中東和平への遠い道のり
1974	11	国連、PLOにオブザーバー資格を与える
1975	9	レバノン内戦
1978	9	**キャンプ＝デーヴィッド合意**
1979	3	**エジプト＝イスラエル平和条約**
1980	7	イスラエル、イェルサレム恒久首都宣言
1981	10	エジプト、サダト大統領暗殺
1982	4	イスラエル、エジプトにシナイ半島を返還
1982	6	イスラエル、レバノン侵攻
1985	2	イスラエル、レバノン撤退
1987	12	インティファーダ始まる
1988	11	パレスチナ国家樹立宣言
1993	9	**パレスチナ暫定自治協定**
1994	10	**ヨルダン＝イスラエル平和条約**
1995	11	イスラエル、ラビン首相暗殺（任1992～95）
2001	3	イスラエル、シャロン政権発足
2002	6	イスラエル、分離壁の建設始める
2003	4	アッバース、暫定自治政府首相に就任
2004	11	アラファト死去
2005	8	イスラエル、ガザ地区から撤退開始
2008	12	イスラエル軍のガザ侵攻
2012	11	国連総会がパレスチナをオブザーバー国家として承認
2020	8	トランプ米大統領「新中東和平案」発表

西アジア

2 パレスチナ問題の始まり

フセイン・マクマホン協定（1915年）

「アラブ民族は次の基本項目についてイギリス政府の承諾を求める」
1　イギリスは次の境界線の内部におけるアラブ諸国の独立を承認する。
　　北―北緯37度線と平行するメルシン、アダナを結ぶ線、これに続くビレジック、ウルファ、マルディン、ミディアト、ジャジーラト、アマディアを結びペルシャ国境に達する線。
　　東―ペルシャ湾までのペルシャとの国境。
　　南―インド洋（ただし、アデンを除く、アデンの地位は現行のままとする）。
　　西―紅海およびメルシンまで北上する地中海。
2　イギリスはアラブ・イスラーム・カリフ国の建国宣言に同意する。
3　シャリーフ・アラブ政府は、他の条件が均等ならばイギリスに対しアラブの国におけるすべての経済的事業において優遇措置を与えることを約束する。
（木村尚三郎監修『世界史資料　下』東京法令出版版より）

2·1 サイクス・ピコ協定（1916年）によるオスマン帝国分割案

Q この宣言は、どのような目的で出されたのだろうか。

バルフォア宣言（1917年）

　私は国王陛下の政府を代表いたしまして、ユダヤ人シオニスト諸氏の大望に共感を示す以下の宣言を、閣議の同意を得て貴下にお伝えすることができて非常に悦ばしく思っております。
　「国王陛下の政府はパレスチナにおいてユダヤ人のための民族的郷土（ナショナル・ホーム）を設立することを好ましいと考えており、この目的の達成を円滑にするために最善の努力を行うつもりです。また、パレスチナに現存する非ユダヤ人諸コミュニティーの市民および信仰者としての諸権利、ならびに他のあらゆる国でユダヤ人が享受している諸権利および政治的地位が侵害されることは決してなされることはないと明確に理解されています。」
　貴下がこの宣言をシオニスト連盟にお知らせいただけましたならば光栄に存じます。（歴史研究会編『世界史史料10』岩波書店より）

3宗教の聖地イェルサレム

パレスチナ問題が長引いている要因の1つに、イェルサレムの帰属問題がある。この都市には、ユダヤ教徒にとっての「嘆きの壁」（前10世紀以来、建設と拡大を続けてきた神殿の現存部分）、キリスト教徒にとっての「聖墳墓教会」（イエスが磔刑ののち復活したとされる地に建つ）、イスラーム教徒にとっての「岩のドーム」（ムハンマドが一夜のうちに昇天してアッラーの前にいたる体験をしたとされる地に建つ）というそれぞれの聖地がある。特に、岩のドームはもともとユダヤ教の神殿であった場所にあり、内部の岩はユダヤ教徒にとっても重要な信仰の対象となっているので、話はいっそう複雑になっている。イスラエル政府は、1980年にイェルサレムを首都とする宣言を発したが、国際社会の多くはこれを承認せず、ここに大使館をおいている国はアメリカ以外にない。

▲イェルサレム旧市街

③ イスラエル建国

③·1 第一次世界大戦後のパレスチナ（1923年）

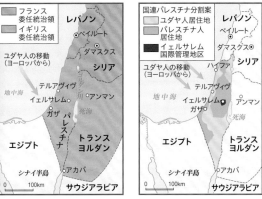

- フランス委任統治領
- イギリス委任統治領
- ユダヤ人の移動（ヨーロッパから）

▲第一次世界大戦後、パレスチナはイギリスの**委任統治領**となり、ユダヤ人の移住が増加した。

③·2 パレスチナ分割決議案（1947年）

国連パレスチナ分割案
- ユダヤ人居住地
- パレスチナ人居住地
- イェルサレム国際管理地区
- ユダヤ人の移動（ヨーロッパから）

▲1947年の国連総会は、パレスチナをアラブとユダヤの国家に分割する決議を採択したが、アラブ諸国はこれを拒否した。

③·3 国連のパレスチナ分割案（1947年）

	ユダヤ国	アラブ国	イェルサレム（国際都市）	計
ユダヤ人人口（万人）	49.8	1	10	60.8
アラブ人人口（万人）	49.7	72.5	10.5	132.7
人口合計（万人）	99.5	73.5	20.5	193.5
面積（万km²）	約1.4	約1.3	0.02	2.72
面積比率（%）	約56	約43	0.65	100

（広河隆一『パレスチナ』岩波新書より作成）

解説 国連の分割案では、アラブ人が2倍以上の人口を有するにもかかわらず、ユダヤ国家が50%以上の面積を占めていた。また、アラブ国家に飛び地が生じることも問題となり、アラブ人側には承服しかねるものであった。

④ 中東戦争

④·1 第1次中東戦争（1948～49年）

パレスチナ人居住地

◀**第1次中東戦争** イスラエル建国に反対するアラブ諸国がパレスチナに侵攻したことから始まる。この戦争に勝ったイスラエルは、パレスチナの約80%を占領し、大量の**パレスチナ難民**が発生した。

▶**第3次中東戦争** 1967年6月、イスラエルがシリア・エジプトを奇襲攻撃し、短期間のうちにゴラン高原・ヨルダン川西岸・ガザ地区・シナイ半島を占領した。これにより、イスラエルの支配領域は戦争前の5倍に拡大した。

④·2 第3次中東戦争（1967年）

- 1967年6月までのイスラエル
- 6日戦争によるイスラエル占領地

▲**イスラエル建国宣言** 1948年5月14日、前年のパレスチナ分割決議にもとづきテルアヴィヴでイスラエルの建国が宣言された。建国を宣言するベングリオン初代首相のうしろの壁には、**シオニズム運動**の創始者**ヘルツル**の肖像がかけられている。

▲**黒い9月事件** 1972年のミュンヘンオリンピックでイスラエル選手団がアラブ人テロリスト「黒い9月」に襲撃された事件。当時のイスラエル首相ゴルダ＝メイア（左上）は、この事件への報復として、テロ関係者の暗殺を指示した。2005年に公開された映画「ミュンヘン」（スティーヴン＝スピルバーグ監督）は、この報復を題材にしたノンフィクション小説をもとに製作された映画である。

⑤ 中東和平への遠い道のり

▲**キャンプ＝デーヴィッド合意** キャンプ＝デーヴィッドは、ワシントン郊外にある米大統領の別荘。1978年9月、カーター米大統領（任1977～81、中央）の仲介で、エジプトのサダト大統領（任1970～81、左）とイスラエルのベギン首相（任1977～83、右）が国交正常化に合意した。翌年3月には**エジプト＝イスラエル平和条約**が調印され、シナイ半島の返還が実現した。

▶**インティファーダ** 1987年以降、パレスチナのイスラエル占領地では、女性や子どもら幅広い層を含むアラブ人の民衆蜂起（インティファーダ）がおこり、デモ（上）や投石（下）で抵抗した。

▶**パレスチナ暫定自治協定** 1993年9月、ノルウェーとアメリカの仲介で成立。イスラエルとパレスチナ解放機構（PLO）の相互承認がなされ、イェリコとガザでパレスチナ自治政府による暫定自治が始まった。写真は、左からイスラエルのラビン首相、アメリカのクリントン大統領（任1993～2001）、PLOのアラファト議長。

⑤·1 分離壁の建設

◀▲**分離壁** イスラエルは、パレスチナの自治を認める一方、過激派のテロ攻撃に対してはきびしい態度でのぞんだ。ヨルダン川西岸に建設された分離壁もこうした政策の一環だが、国際社会の非難をあびている。

1 世界恐慌とその影響

1·1 米・英・仏の経済対策と外交

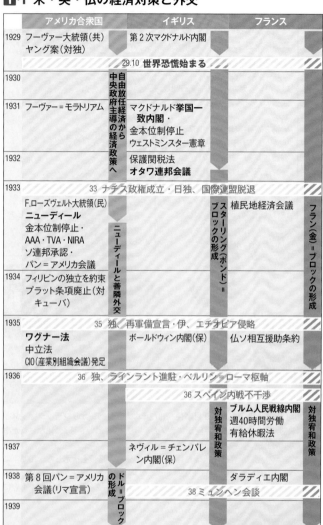

	アメリカ合衆国	イギリス	フランス
1929	フーヴァー大統領(共) ヤング案(対独)	第2次マクドナルド内閣	
	29.10 世界恐慌始まる		
1930	自由放任経済から中央政府主導の経済政策へ		
1931	フーヴァー=モラトリアム	マクドナルド挙国一致内閣・ 金本位制停止 ウェストミンスター憲章	
1932		保護関税法 オタワ連邦会議	
1933	33 ナチス政権成立・日独、国際連盟脱退		植民地経済会議
	F.ローズヴェルト大統領(民) **ニューディール** 金本位制停止・ AAA・TVA・NIRA ソ連邦承認・ パン=アメリカ会議	ニューディールと善隣外交	スターリング(ポンド)=ブロックの形成
1934	フィリピンの独立を約束 プラット条項廃止(対キューバ)		フラン(金)=ブロックの形成
1935	35 独、再軍備宣言・伊、エチオピア侵略		
	ワグナー法 中立法 CIO(産業別組織会議)発足	ボールドウィン内閣(保)	仏ソ相互援助条約
1936	36 独、ラインラント進駐・ベルリン=ローマ枢軸		
	36 スペイン内戦不干渉		
			ブルム人民戦線内閣 週40時間労働 有給休暇法
1937		ネヴィル=チェンバレン内閣(保)	対独宥和政策
1938	第8回パン=アメリカ 会議(リマ宣言)		ダラディエ内閣
	ドル=ブロックの形成	38 ミュンヘン会談	
1939			

(欄外左側)
対独宥和政策

▶**フランクリン=ローズヴェルト**(任1933〜45)　民主党出身の大統領で、恐慌対策として**ニューディール政策**を推進した。写真はTVA法案に署名しているときに撮影されたもの。

▲**TVA**　ニューディールの一環として設立された**テネシー川流域開発公社(TVA)**。公共投資による地域開発事業で、失業者の減少、生産の増大、消費物価の低下などがめざされた。写真はノリス=ダム。

Q「煙の出ない煙突」とは、何を意味しているのだろうか。

▶**イギリスへの恐慌の波及**　「煙の出ない煙突と心配する母親たち」と題されたポスター。

世界恐慌発生の要因

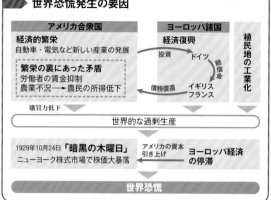

アメリカ合衆国	ヨーロッパ諸国	植民地の工業化
経済的繁栄 自動車、電気など新しい産業の発展	**経済復興**	
繁栄の裏にあった矛盾 労働者の賃金抑制 農業不況→農民の所得低下	投資→ドイツ／暗債金 債務償還←イギリス・フランス	

購買力低下
↓
世界的な過剰生産
↓
1929年10月24日「暗黒の木曜日」
ニューヨーク株式市場で株価大暴落
アメリカの資本引き上げ→ヨーロッパ経済の停滞
↓
世界恐慌

▼**失業者たち**　恐慌によるアメリカの失業者は1933年には1300万人にものぼり、多くの人々は政府や慈善団体からのほどこしに頼った。写真は、スープの配給に並ぶニューヨークの失業者たち。

▼「**暗黒の木曜日**」　1929年10月24日、ニューヨークの**ウォール街**で株価が大暴落すると、やがて工業生産・商取引は大きく落ち込み、世界的大不況の引き金となった。写真は25日のウォール街。

2 ニューディールとブロック経済

2·1 世界恐慌の波及とブロック経済

凡例:
- □ スターリング(ポンド)=ブロック[イギリス]
- ■ ドル=ブロック[アメリカ]
- □ 円ブロック[日本]
- ■ フラン=ブロック[フランス]
- ■ ドイツの経済圏

▼**マクドナルド挙国一致内閣**　イギリスでは1931年の労働党内閣崩壊後、自由党サミュエル総裁の発案で、マクドナルド(前列中央)を首相とした自由・保守・労働各党による連立内閣が成立。挙国一致内閣と呼ばれ恐慌克服にあたった。

▲**ブルム人民戦線内閣**　フランスでは1936年の総選挙の結果、社会党党首ブルム(中央)を首班とする人民戦線内閣が成立した。その政策は「フランス版ニューディール」と称されたが、不況克服に成功せず、1年あまりで退陣した。

(左端縦書き)
ヨーロッパ　北アメリカ　南アメリカ

第Ⅲ部　第17章

1 満洲事変・日中戦争と中国の抵抗

詳しくみる
満洲事変

1・1 日中関係の動向

1930 ロンドン軍縮会議
　　│ 金解禁→恐慌悪化
1931 満洲事変（柳条湖事件）
1932 上海事変　満洲国建国
　　│ 五・一五事件
1933 **国際連盟脱退**通告
　　│ 滝川事件
1934 ワシントン海軍軍縮条約廃棄
1935 冀東防共自治政府
　　35 中国共産党、八・一宣言
1936 二・二六事件
　　西安事件
1937 日中戦争（盧溝橋事件）
　　37 **日独伊三国防共協定**
　　37 中国、**第2次国共合作**
　　南京事件
1938 第1次近衛声明
　　国家総動員法
　　張鼓峰事件　武漢占領
1939 ノモンハン事件
　　国民徴用令
　　39 米、通商航海条約破棄
1940 南京国民政府（**汪兆銘**）
　　北部フランス領インドシナ進駐

1・2 1930年代の東アジア

- 32年成立時の満洲国
- 33年満洲国に編入
- 34年内モンゴル自立
- 35年冀東防共自治政府設置
- 38年日本軍の占領地域
- → 日本軍進入路

- ■ 27年国共分裂後のソヴィエト区
- → 共産党軍長征路（1934～36）
- 初期の共産党ソヴィエト区
- 共産党軍の勢力地域

満洲国　ソ連　ノモンハン　新京　張鼓峰　柳条湖　ウラジヴォストーク　北京　奉天　旅順　大連　朝鮮　京城　日本　日本海　内モンゴル　熱河　延安　呉起鎮　盧溝橋　天津　済南　青島　威海衛　黄海　太原　西安　河南　徐州　南京　上海　杭州　東シナ海　成都　重慶　武漢　安慶　長沙　南昌　井岡山　遵義　瑞金　海豊　広州　台湾　陸豊　香港　海南島　フランス領インドシナ連邦

1・3 日本の中国侵攻

▲**リットン調査団**　国際連盟が1932年に派遣した調査団で、奉天郊外の柳条湖での鉄道爆破現場を検分し報告書を発表した。左から2人目がリットン（英）。

◀**国際連盟脱退**　満洲事変を日本の侵略行為としたリットン調査団の報告書が国際連盟で採択されたため、日本は連盟を脱退した。図は、連盟脱退を報じる東京朝日新聞の記事（1933年2月25日）。

▶**愛新覚羅溥儀**（1906～67）　3歳で清朝最後の皇帝となり、1911年の辛亥革命で退位。26歳のとき、満洲国執政となり、1934年の帝政移行とともに皇帝（康徳帝）となる。日本の敗戦直後に退位した。

◀**満洲国建国ポスター**

Q このポスターを製作した目的を、描かれている人々の服装やポーズから考えてみよう。また、ポスターと満洲国の実態の違いを調べてみよう。

▶**南満洲鉄道**　1906年11月設立。日本の満洲進出の要ともいえる国策会社で、約625kmにおよぶ鉄道と撫順炭鉱や鞍山製鉄所など付属地の経営も握っていた。図は、1934年11月に運転を開始した特急「あじあ号」のポスターで、大連・新京（長春）間を8時間20分で結んだ。

SOUTH MANCHURIA RAILWAY

▲**二・二六事件**　1936年2月26日に日本陸軍の一部がクーデタを試みた事件。首謀者は軍法会議にかけられたが、軍部の政治的発言権は強まった。写真は、反乱軍に降伏を呼びかけるアドバルーン。

1・4 日中戦争

▲**長征**　瑞金の共産党は、国民党による包囲網を逃れて根拠地を延安に移す長征を実施した。移動距離は1万2500kmに達し、30万人で出発したが到着したのは3万人であったという。図は、四川省の大渡河を渡る共産党軍（紅軍）の決死隊。

詳しくみる ▶
盧溝橋事件と日中戦争

▲**西安事件**　父の張作霖爆殺後、国民政府へ合流した張学良（左）は、1936年12月蔣介石（右）を監禁して抗日と内戦停止を要求した。翌37年9月、国民党と共産党は**抗日民族統一戦線**をつくり、**第2次国共合作**が成立した。

▲**盧溝橋事件**　1937年7月7日、北京郊外の盧溝橋付近でおこった日中軍事衝突事件。当時の緊迫した日中間の情勢のなかで近衛文麿内閣は派兵を決定し、**日中戦争**へと拡大した。写真は盧溝橋の碑の前で万歳する日本軍。

1 ファシズムの台頭

年	イタリア	ドイツ	
1919	●戦闘ファッショ結成　ダンヌンツィオのフィウメ占領　北イタリアでストライキ	●ドイツ労働者党成立　ヴァイマル憲法	戦後の経済混乱
1920		●二十五カ条の綱領　●国民(国家)社会主義ドイツ労働者党(ナチ党)と改称	ヴェルサイユ体制への不満
1921	●全国ファシスト党	●SA(突撃隊)を組織	
1922	●「ローマ進軍」　●ムッソリーニ内閣	ラパロ条約	
1923	●選挙法改正	ルール占領　インフレ激化　●ミュンヘン一揆	賠償問題
1924	●フィウメ併合　●ファシスト党第一党　言論・出版・集会制限　他政党解散	シュトレーゼマン外交　ドーズ案	
		●ヒトラー『我が闘争』　ロカルノ条約　●SS(親衛隊)を組織	協調外交
1926	●アルバニア保護国化	国際連盟加盟	
1928	●事実上の選挙廃止	●ナチ党不振	
1929	●ラテラノ条約		

ヴァイマル共和国(社会民主党)
ムッソリーニの独裁

1929 世界恐慌始まる

年	イタリア	ドイツ
1930	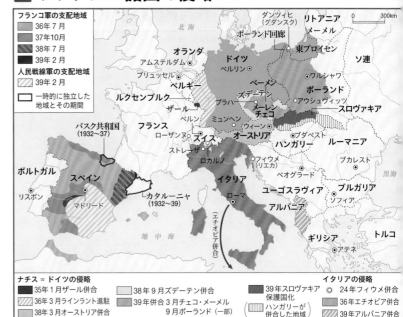	●大統領非常大権(ヒンデンブルク)　米資本の引揚げ　失業者激増
1931		ナチ党・共産党勢力拡大
1932		●ナチ党第一党
1933	▲ムッソリーニ (1883～1945)	ヒトラー内閣　国会議事堂放火事件　全権委任法　国際連盟脱退　ナチ党一党独裁
1934		ヒトラー総統(第三帝国)
1935	エチオピア侵略	ザール併合(住民投票)　再軍備宣言(徴兵制)　ニュルンベルク法(ユダヤ人迫害)　英独海軍協定
	ストレーザ会議(反独)　国際連盟、対イタリア経済制裁決議　仏ソ相互援助条約、コミンテルン人民戦線テーゼ　→中国、八・一宣言	
1936	エチオピア併合	ロカルノ条約破棄　ラインラント進駐
	ベルリン=ローマ枢軸、日独防共協定　スペイン内戦、独・伊のフランコ支援(～39)	
1937	日独伊三国防共協定	
	国際連盟脱退	四カ年計画(戦争経済)
1938		オーストリア併合
	ミュンヘン会談(英・仏・独・伊)、宥和政策の頂点	
		ズデーテン併合
1939	アルバニア併合	チェコスロヴァキア解体
	独伊軍事同盟	
		独ソ不可侵条約(英・仏・ポーランド相互援助条約)　ポーランド侵攻

1940 第二次世界大戦参戦

1940	日独伊三国同盟	

2 ファシズム諸国の侵略

フランコ軍の支配地域
- 36年7月
- 37年10月
- 38年7月
- 39年2月

人民戦線軍の支配地域
- 39年2月
- 一時的に独立した地域とその期間

ナチス=ドイツの侵略
- 35年1月ザール併合
- 36年3月ラインラント進駐
- 38年3月オーストリア併合
- 38年9月ズデーテン併合
- 39年併合 3月チェコ・メーメル 9月ポーランド (一部)
- 39年スロヴァキア保護国化
- (ハンガリーが併合した地域)

イタリアの侵略
- 24年フィウメ併合
- 36年エチオピア併合
- 39年アルバニア併合

3 イタリアのファシズム

▲**「ローマ進軍」**　1922年10月、ファシスト党は政権獲得のため「ローマ進軍」と呼ばれるクーデタを実行した。強力な政府の出現を求める国王ヴィットーリオ=エマヌエーレ3世はこれを容認し、**ムッソリーニ**に組閣命令をくだした。

Ｑ ムッソリーニは、国家と個人のどちらを重視しているのだろうか。

▲ **ラテラノ条約**　1929年2月調印。これにより**ヴァチカン市国**が成立し、19世紀後半以来続いていたイタリア王国とローマ教会との対立が解消された。写真は条約に署名するムッソリーニ(中央右)とガスパッリ機卿(中央左)。

◀**エチオピア侵攻**　1935年、イタリア領ソマリランドとの国境紛争を口実にエチオピアに進軍し、翌36年には首都を占領してエチオピアを併合した。写真中央は、イタリア軍に捕らえられた部族の王子。

ムッソリーニ『ファシズム原理』(1932年)

　反個人主義であるファシズム概念は、国家の重要性を強調するものである。そして、「個人」を許容するのは歴史的実在としての人間の一般意志や良心をあらわす国家の利益と一致する場合においてのみである。…ファシズムの国家概念はすべてのものを包括する。国家の外には人間も精神的価値も存在しないし何らの価値ももたない。このような意志でファシズムは全体主義なのである。そしてすべての価値の総合と統一体であるファシスト国家はすべての人民の生命を解釈し、力を与え発展させるのである。

(木村尚三郎監修『世界史資料　下』東京法令出版より)

▲**ファシスト党のシンボルマーク**

4 ナチス＝ドイツとヴェルサイユ体制の破壊

▼1932年の選挙でナチ党が使用したポスター

▲ミュンヘン一揆 1923年11月、ナチ党は当時右翼勢力の拠点となっていたミュンヘンで武装蜂起をおこしたが、鎮圧され、ヒトラーは投獄された。

Q この法律には、どのような問題点があるのだろうか。

全権委任法（1933年）

1　ドイツ国の法律は憲法に規定されている手続きによるほか、ドイツ国政府によっても制定されうる。…

2　ドイツ国政府によって制定された法律は、ドイツ国会およびドイツ国参議院の制度そのものを対象としない限り、憲法に違反しうる。ただし大統領の権限はなんら変わることはない。

3　ドイツ国政府によって制定された法律は、ドイツ国宰相によって作成され、ドイツ国官報にて公布される。それは別段の規定がない限り、公布の翌日をもってその効力を発生する。憲法第68条ないし第77条は、ドイツ国政府によって制定された法律には適用されない。（木村尚三郎監修『世界史資料　下』東京法令出版より）

▲国会議事堂放火事件

4·1 ナチ党の国会議席数と得票率の推移

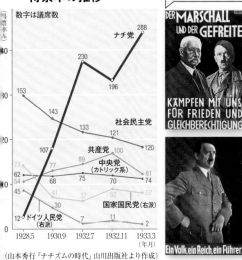

数字は議席数

（山本秀行『ナチズムの時代』山川出版社より作成）

Q 2枚のポスターからヒトラーの立場がどのようにかわったといえるだろうか。

◀ヒトラー（1889〜1945）のポスター 上は1933年のもので、「元帥と兵卒はともに自由と平等のために闘う」と書かれている。下は1938年のもので、「1つの民族、1つの国家、1人の総統」と書かれている。

▲ニュルンベルク党大会 ナチ党はたくみな大衆行動で、世界恐慌の影響で安定した生活をおびやかされ、失業をよぎなくされた中間層の人々の支持を得た。写真は1935年の第7回党大会の様子。

◀ユダヤ人迫害 学校から追放されるユダヤ人を描いた絵葉書（1936年発行）。ドイツ人とユダヤ人は、髪の色で区別されている。

5 スペイン内戦

スペイン内戦期の国際関係

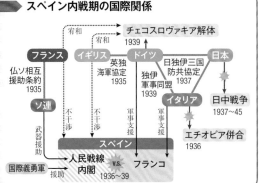

▶**スペイン内戦** 1936年、スペインに結成された人民戦線は、総選挙に勝利してアサーニャ内閣（任1936〜39）を樹立した。これに対しフランコ（1892〜1975）が反乱をおこし、内戦へと拡大した。写真は、スペイン北部のブルゴスを訪問するフランコ（中央）。

▼**「ゲルニカ」** スペイン内戦中の1937年4月26日、スペイン北部バスク地方の小都市ゲルニカは、フランコを支持するドイツ・イタリアにより無差別爆撃を受けた。街は廃墟と化し、多くの市民が犠牲となった。同年のパリ万国博覧会のスペイン館への出展を共和国政府から依頼されていたピカソは、ファシズムへの怒りと抗議を込めてこの作品を1カ月弱で描きあげた。（マドリード、ソフィア王妃芸術センター蔵）

Q 絵のなかの雄牛や馬は、それぞれ何を表しているのだろうか。

▲廃墟となったゲルニカの街

1 大戦前の国際関係

◀ドイツのオーストリア併合 1938年3月、ドイツ軍の先頭にたってウィーンに入城するヒトラー。ヒトラーの領土拡張欲の実行であったが、英・仏の干渉はみられなかった。

▶ミュンヘン会談（1938年） 左から、ネヴィル＝チェンバレン（英）・ダラディエ（仏）・ヒトラー（独）・ムッソリーニ（伊）。ソ連はまねかれなかった。

▲▶ミュンヘン会談時（上）と独ソ不可侵条約締結時（右）の風刺画

Q 2つの風刺画から、独ソ関係がどのように変化したか考えてみよう。

WONDER HOW LONG THE HONEYMOON LAST?

大戦前の国際関係

```
            ソ連
独ソ不可侵条約(1939.8)    日ソ中立条約(1941.4)
         B        [連合国同盟]          A
ポーランド   イギリス  ABCD包囲陣   アメリカ
                                  日米交渉
フランス    ドイツ        日本      (1941〜)
   [枢軸同盟]                    日中戦争
   日独防共協定              (1937〜45)
   (1937.11)         C         D
   日独伊三国同盟    中国      オランダ
   (1940.9)
      イタリア
```

╌╌☆╌╌ 対立・戦争
───── 中立・不可侵・交渉

2 ヨーロッパ戦線

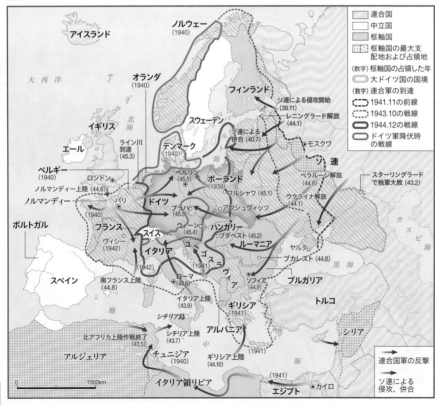

凡例
- 連合国
- 中立国
- 枢軸国
- 枢軸国の最大支配地および占領地
- (数字)枢軸国の占領した年
- 大ドイツ国の国境
- (数字)連合軍の到達
- 1941.11の前線
- 1943.10の戦線
- 1944.12の戦線
- ドイツ軍降伏時の戦線
- 連合国軍の反撃
- ソ連による侵攻、併合

3 ヨーロッパ戦線の経過

青字：ドイツ

1938	3	**独、オーストリア併合**
	9	**ミュンヘン会談**
	10	**独、ズデーテン併合**
1939	3	**チェコスロヴァキア解体**
	4	伊、アルバニア併合
	5	独伊軍事同盟
	8	**独ソ不可侵条約**
	9	**独、ポーランド侵攻→英・仏、対独宣戦**
		第二次世界大戦勃発
		ソ連、ポーランド侵攻
	11	**ソ連＝フィンランド戦争**（〜40.3）
	12	国際連盟、ソ連を除名
1940	4	**独、デンマーク・ノルウェー侵攻**
	5	**独、オランダ・ベルギー侵攻**
	6	伊、参戦。**独、パリ占領**。仏、降伏
		ド＝ゴール、ロンドンで**自由フランス政府**樹立（レジスタンス政府）
	7	仏、**ヴィシー（ペタン）政府**成立
	9	**日独伊三国同盟**
1941	1	F.ローズヴェルト、「**4つの自由**」
	3	米、武器貸与法成立
	4	**独、バルカン侵攻**
	6	**独ソ戦開始**
	8	米・英、**大西洋憲章**発表
	12	**独・伊、対米宣戦**
1942	6	**独・ソ、スターリングラードの戦い開始**
	11	連合軍、北アフリカ上陸
1943	2	**独、スターリングラードで大敗**
	7	連合軍、シチリア上陸
	9	**イタリア降伏**
	11	米・英・ソ、**テヘラン会談**
1944	6	連合軍、**ノルマンディー上陸**
	8	米・英・ソ・中、**ダンバートン＝オークス会議**
		連合軍、**パリ解放**
		ド＝ゴール臨時政府、パリに移転
1945	2	米・英・ソ、**ヤルタ会談（ヤルタ協定）**
	4	連合国、サンフランシスコ会議
	5	ベルリン陥落。**ドイツ降伏**
	10	国際連合成立

ファシズムの台頭／枢軸（ファシズム）の攻勢と戦火の拡大／転換点／連合国の反撃とヨーロッパの解放

ヨーロッパ／北アメリカ

右側欄外: 日本 / 東アジア / 東南アジア・南アジア / ヨーロッパ / 北アメリカ

4 対米英戦に向かう日本

「仲良し三国」 日独伊三国同盟の前提となった日独伊三国防共協定の締結(1937年)を記念した絵葉書。日本では、ヨーロッパにおけるドイツ軍連勝の影響から独・伊との連携強化が叫ばれ、1940年9月に日独伊三国同盟が締結された。

◀**日ソ中立条約** 対米交渉を有利に進めたい日本と、ドイツのバルカン進出を警戒するソ連との思惑が一致して1941年4月に調印されたが、その2カ月後に独ソ戦が始まった。写真は、モスクワで条約に署名する松岡洋右外相。

◀**マレー半島を進撃する銀輪部隊** 真珠湾攻撃と同日、日本軍はマレー半島のコタバルに上陸し、イギリスの拠点であるシンガポールをめざして南下を続けた。銀輪とは自転車のこと。

▶**真珠湾攻撃** 1941年12月7日(現地時間)朝、日本軍の機動部隊がハワイのパールハーバー(真珠湾)のアメリカ太平洋艦隊を攻撃した。国交断絶の直前でアメリカは即日宣戦し、日米間の戦争が始まった。

真珠湾攻撃
詳しくみる ▶

5 アジア・太平洋戦線の経過

緑字:日本

1939	5	ノモンハン事件(満洲国国境で日ソ両軍が衝突)
	7	米、日米通商航海条約破棄通告
1940	3	**南京国民政府**成立(汪兆銘)
	7	日、「**大東亜共栄圏**」構想を発表
	9	日、フランス領インドシナ北部に進駐
		日独伊三国同盟
1941	4	日ソ中立条約。日米交渉開始
		ABCD包囲陣
	7	日、フランス領インドシナ南部に進駐
	11	米、ハル=ノート提示
	12	日、マレー半島上陸・真珠湾(パールハーバー)攻撃
		太平洋戦争開始(~45)
1942	6	ミッドウェー海戦
1943	2	日、ガダルカナル島撤退
	11	米・英・中、**カイロ会談**(**カイロ宣言**)
	12	日、学徒出陣開始
1944	6	米、**サイパン島上陸**
	10	米、**レイテ島上陸**
	11	米、日本本土空襲開始
1945	2	**フィリピン奪回・硫黄島上陸**
	4	米、**沖縄本島上陸**
	7	米・英・ソ、**ポツダム会談**(米・英・中、**ポツダム宣言**)
	8	米、**広島に原爆投下**(6日)
		ソ連、対日宣戦(8日)
		米、**長崎に原爆投下**(9日)
		日、ポツダム宣言受諾(14日)
		→国民に発表(15日)

(縦書き欄外) 日中戦争の継続と日米開戦 / 転換点 / 米軍の進攻と大日本帝国の崩壊

大東亜共栄圏

日・中・満に東南アジア・南太平洋地域を含む広大な領域をさす。1942年1月、東条英機首相は、議会で大東亜共栄圏建設の根本方針は大東亜各国・各民族がおのおのそのところで自立し、白人支配を排除するところにあると演説した。日本は、このように一連の戦争を解放闘争と規定し正当化をはかった。しかし、その実態は日本の占領地域における日本語教育の推進などにみられるように、白人支配に代わる日本支配の確立であった。

▲**ジャワでの日本語教育** 占領地での日本語教育は、日本への忠誠心を育成する重要な手段の1つであった。写真の若者は「ニッポンゴ」の教科書を手にしている。

6 アジア・太平洋戦線

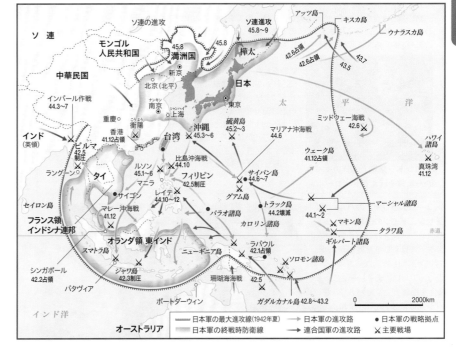

‥‥‥‥ 日本軍の最大進攻線(1942年夏)	→ 日本軍の進攻路	● 日本軍の戦略拠点
▨ 日本軍の終戦時防衛線	⟶ 連合国軍の進攻路	✕ 主要戦場

0 ——— 2000km

1 ヨーロッパの戦争

1・1 独・ソの侵攻

第二次世界大戦の勃発 ▷詳しくみる

▲ドイツ軍のポーランド侵攻（ポズナニ）　1939年9月、独ソ両国は**独ソ不可侵条約**の秘密議定書に従いポーランドに侵攻、約1カ月でほぼ全土を制圧した。

▲2匹の大蛇

Q 2匹の大蛇は、それぞれだれを表しているのだろうか。また、2匹の腹がふくれているのは何を意味しているのだろうか。

ソ連＝フィンランド戦争
ソ連は、ポーランド・フィンランドに続きバルト3国にも侵攻した。写真は、ソ連軍の侵攻に対抗するフィンランドのスキー部隊。

▲ドイツ軍のパリ占領　1940年6月14日、ドイツ軍はパリに無血入城した。写真は、シャンゼリゼ通りを行進するドイツ軍兵士。

◀**ヴィシー政府**　1940年7月10日、中部フランスの街ヴィシーを首都として成立した政府。ドイツ侵攻時に和平派であった**ペタン**元帥（中央）を首班とした。

1・2 ドイツへの抵抗

Q ド＝ゴールは、この演説で何を訴えているのだろうか。

ド＝ゴールの演説（1940年6月18日）

多年にわたってフランス国軍の指導的地位にあった将官たちが政府を組織いたしました。この政府は、わが国軍の敗北を口実に、戦闘を停止するために敵と接触を講じたのであります。…

しかし、万事破れ果てたのでしょうか。希望は消え失せねばならないのでしょうか。敗北は決定的なのでしょうか。いな！

私の言うことを信じていただきたい。私は、事実を知っての上で、フランスにとってなにものも失われてはいない、と諸君に告げるものであります。われわれを破ったのと同じ手段が、他日われわれに勝利をもたらすことができるのであります。…

▲ロンドン放送（BBC）のマイクから抵抗を訴えるド＝ゴール

私、ド＝ゴール将軍は、ただいまロンドンにおります。私は、武器をもち、あるいは武器なしに英国領土に居合わせる、あるいはこれからこの地に馳せ参ずるであろう、フランスの将校および兵士によびかけます。私は、英国領土に居合わせる、あるいはこの地に馳せ参ずるであろう、軍需産業専門の技師および労働者によびかけます。私と連絡をとられんことを、と。

なにごとが起ころうとも、フランスの抵抗の焔は消えてはならぬし、また消えることはないでありましょう。

明日も今日と同じく、私はロンドン放送を通じて話しかけます。

（木村尚三郎監修『世界史資料　下』東京法令出版より）

▶**ユーゴスラヴィアのパルチザン**　ドイツの侵攻に対し、レジスタンスやパルチザンと呼ばれる抵抗運動が各地で展開した。ユーゴスラヴィアでは、**ティトー**（右端）を指導者とするパルチザンがほぼ独力で国土を解放した。

1・3 ドイツの支配

ワルシャワのユダヤ人居住区

▷詳しくみる

▲**アウシュヴィッツ強制収容所**　ポーランド南部に建設された巨大な収容所。入り口には「働けば自由になる」という標語が掲げられているが、多いときには1日1万2000人の**ユダヤ人**やスラヴ系の人々がガス室で殺され、ナチスのユダヤ人大量殺戮の代名詞となった。

▼**没収された義手・義足**　収容されたユダヤ人らは、荷物ばかりでなくメガネや義手・義足に至るまですべて没収された。

日本　東アジア

2 ファシズム諸国の敗北

2・1 連合国軍の反撃

▶ノルマンディー上陸
1944年6月のいわゆる「D-Day」。英・米軍を主体とする連合軍がドイツ占領下のフランス北部に上陸作戦をおこなった。作戦成功によって「第二戦線」が形成され、ドイツに対する西方からの本格的な反攻が始まった。

▶ベルリン陥落　アメリカ・イギリス軍がパリを解放して西からドイツに迫ったが、攻撃に手間取っている間にソ連軍がベルリンに向け進撃し、1945年5月2日、国会議事堂に赤旗を掲げた。

▲ミッドウェー海戦　1942年6月5日のミッドウェー海戦で、日本海軍の機動部隊は空母4隻を失う大敗を喫し、戦局は逆転した。写真はアメリカ軍の攻撃で大破した巡洋艦「三隈」。

▲スターリングラードの戦い　独ソ戦転換の激戦。1942年、バクー油田地帯をめざして来進したドイツ軍と激しい市街戦が続き、ついでソ連軍が逆包囲し、ドイツの最精鋭30万が壊滅した。写真は、捕虜になったドイツ兵。

2・2 大戦終結までの会談・宣言

赤文字：日本に直接関係する会談

会談名(年月)	出席者	内容
1 大西洋上会談 (1941.8)	F.ローズヴェルト(米) チャーチル(英)	ファシズムの打倒をめざし、戦後の平和構想〈大西洋憲章〉をつくる。
2 カサブランカ会談 (1943.1)	F.ローズヴェルト(米) チャーチル(英)	対伊作戦をおこない、枢軸国に対する「無条件降伏」の原則を確認。
3 カイロ会談 (1943.11)	F.ローズヴェルト(米) チャーチル(英) 蔣介石(中)	対日戦争方針を明確化、対日領土問題、朝鮮の独立、日本の無条件降伏まで戦う〈カイロ宣言〉。
4 テヘラン会談 (1943.11~12)	F.ローズヴェルト(米) チャーチル(英) スターリン(ソ)	対独戦争の方針(北フランス上陸作戦により、ヨーロッパに新たな戦線を開くことを確認)。
5 ダンバートン=オークス会議 (1944.8~10)	F.ローズヴェルト(米) チャーチル(英) スターリン(ソ) 蔣介石(中)	国際連合設立の原則と具体案の作成をおこなう。
6 ヤルタ会談 (1945.2)	F.ローズヴェルト(米) チャーチル(英) スターリン(ソ)	対独戦争処理問題、国際連合設立問題、ヤルタ協定でソ連の対日参戦と南樺太・千島領有を米・英が了承。
7 ポツダム会談 (1945.7~8)	トルーマン(米) チャーチル→アトリー(英) スターリン(ソ)	ヨーロッパの戦後処理、日本軍への無条件降伏の勧告・戦後処理〈ポツダム宣言は米・英・中で発表〉。最初はチャーチル首相。総選挙の結果、新首相アトリーと交替。

▲ヤルタ会談
チャーチル(英)　ローズヴェルト(米)　スターリン(ソ)

ダンバートン=オークス(ワシントン郊外)　テヘラン　ポツダム　ヤルタ　カイロ　カサブランカ

▲ポツダム会談
アトリー(英)　トルーマン(米)　スターリン(ソ)

2・3 日本の敗北

▶▼原爆投下後の長崎　1945年8月9日午前11時2分、同月6日の広島に続き長崎市に2発目の原子爆弾が投下された。長崎の死者数は7万人以上(1950年7月)、広島の死者数は約14万人(1945年12月末)とされている。

3 戦死者数の比較

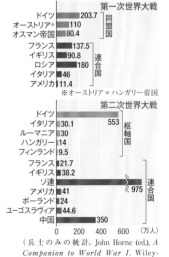

第一次世界大戦

ドイツ	203.7	同盟国
オーストリア※	110	
オスマン帝国	80.4	
フランス	137.5	連合国
イギリス	90.8	
ロシア	180	
イタリア	46	
アメリカ	11.4	

※オーストリア=ハンガリー帝国

第二次世界大戦

ドイツ	553	枢軸国
イタリア	30.1	
ルーマニア	30	
ハンガリー	14	
フィンランド	9.5	
フランス	21.7	連合国
イギリス	38.2	
ソ連	975	
アメリカ	41	
ポーランド	24	
ユーゴスラヴィア	44.6	
中国	350	

0　200　400　600　(万人)

(兵士のみの統計。John Horne (ed.), *A Companion to World War I*. Wiley-Blackwell. および*Ploetz Geschichte der Weltkriege* Komet Verlag. ほかより作成)

沖縄戦

詳しくみる

▲沖縄戦　1945年4月、沖縄本島の中部に上陸したアメリカ軍は、付近の2つの飛行場を制圧し、島を南北に分断した。日本軍は、アメリカ軍を内陸に引き込んで反撃をする持久戦の姿勢をとったため、住民をまき込んでの激しい地上戦となり、島民に対する残虐行為・集団自決などが生じた。日本軍の戦死者は6万5000人に達し、一般県民も10万人以上が戦没した。

ヨーロッパ　北アメリカ

日本

1 総動員体制

1·1 国家予算に占める軍事費の割合

（大川一司ほか『長期経済統計1 国民所得』、江見康一ほか『長期経済統計7 財政支出』より作成）

解説 浜口雄幸内閣は緊縮財政をとったため、政府財政支出は縮小傾向にあった。しかし、1936年の二・二六事件以後、広田弘毅内閣は、軍部に押されて軍事拡張予算を認めた。戦争拡大による膨大な歳出をまかなうため、公債発行が激増し、紙幣増発によるインフレを昂進し、物価も上昇している。

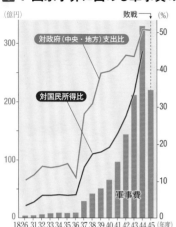

▶「贅沢は敵だ」のプラカードをもって街頭行進する町内婦人部のモンペ部隊　1940（昭和15）年10月6日、大阪。1940年7月には奢侈品等製造販売制限規則（七・七禁令）で、西陣織の金糸や銀糸など贅沢品が禁止された。

国家総動員法（1938年）

第1条　本法律において国家総動員とは、戦時（戦争に準じる事変の場合も含む、以下も同じ）に際して、国防目的を達成するため、国の全力をもっとも有効に発揮できるように、人的資源や物的資源を統制・運用することをいう。

第4条　政府は戦時に際して、国家総動員法上必要ある時は、勅令によって定められたように帝国の臣民を強制的に動員して、総動員の業務に従事させることができる。ただし、兵役法の適用を妨げてはいけない。　（中里裕司訳）

1·2 国家総動員法による統制勅令

人的資源の統制および利用に関するもの	
従業者雇入制限令（1939.3）	国民徴用令（39.7）
学徒勤労令（44.8）	女子挺身勤労令（44.8）など

物的資源の統制および利用に関するもの	
価格等統制令（39.10）	小作料統制令（39.12）
賃金統制令改正（40.10）	生活必需物資統制令（41.4）
地代家賃統制令（40.10）	物資統制令（41.12）など

資金の統制および運用に関するもの	
株式価格統制令（41.8）	銀行等資金運用令（40.10）
金融統制団体令（42.4）	

文化の統制および運用に関するもの	
新聞紙等掲載制限令（41.1）	出版事業令（43.2）など

皇国臣民の誓詞

1　私どもは大日本帝国の臣民であります
2　私どもは心をあわせて天皇陛下に忠義を尽くします
3　私どもは忍苦鍛錬して立派な強い国民となります
（『朝鮮』1937年11月号より）

解説 1937年10月に朝鮮総督府が定めたもの。朝鮮人の子どもたちが学校で毎朝斉唱させられた。

Q 朝鮮総督府は、なぜ子どもたちにこれを斉唱させたのだろうか。

1·3 植民地の状況

▲「話は国語で」（台中州）　戦争中の台湾で、日本語を「常用」する台湾の家庭に行政側から与えられた門札。多くの優遇や特権も与えられた。

2 戦時下の文化

2·1 文学

▶『細雪』連載中止の中央公論社の社告（『中央公論』1943年6月号）　谷崎潤一郎の大作『細雪』は1943年に連載を始めた。しかし、大坂・船場の旧家4人姉妹の日常を、戦争のにおいを感じさせずに描写したことが軍部の怒りに触れ連載禁止。以後、密かに書き続け、戦後に刊行した。

お断り

引きつづき本誌に連載の予定でありました谷崎潤一郎氏の長篇小説『細雪』は、炎熱段階たる現下の諸要請よりみて、或ひは好ましからざる影響あるやも省みられ、ここに自顧的立場から今後の掲載を中止いたしました。右諸家諸氏の御諒解をえたいと思ひます。

昭和十八年五月

中央公論編輯部

敬白

▶『生きてゐる兵隊』冒頭（石川達三著、『中央公論』1938年3月号）　石川達三は、中央公論特派員として南京攻略に参加し、1938年『中央公論』に発表。中国戦線における日本軍の残虐行為の実態や兵隊の心理を市民的倫理観に立って描いた。新聞紙法違反で発禁処分となった。

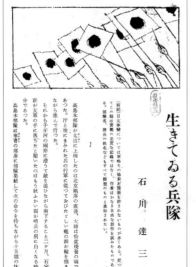

生きてゐる兵隊

石川達三

2·2 絵画・映像

▶映画「ハワイ　マレー沖海戦」のポスター　国威称揚を目的として海軍省が企画し、海戦1周年記念映画として1942年12月に公開された。戦闘シーンは、特撮により制作された。

▼神兵バレンバンに降下す（鶴田吾郎筆、1942年）　1942年2月14日、インドネシアのスマトラ島の油田を制圧するために、バレンバンに降下した日本軍のパラシュート部隊。（縦194.0cm、横255.0cm、東京国立近代美術館蔵）

第Ⅲ部　第17章

? 戦時下の国民の暮らしはどのような状態だったのだろうか。　　詳説世界史 p.305-306、310-313　**259**

日本

3 戦争と国民生活

3·1 生活物資の欠乏

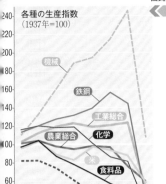

各種の生産指数
（1937年＝100）

（中村隆英『昭和経済史』より作成。農業総合・米は農水省、ほかは経済産業省の生産指数による）

解説 重工業生産品は1944年まで伸びているが、食料品や繊維などの日常生活品は日中戦争時から生産の低下が始まった。1945年には、食料品・繊維製品の生産の落ち込みが著しい。

Q この日記からどのような様子が読み取れるだろうか。

戦時下の国民生活
◀ 詳しくみる ▶

▶東京での薪の配給（1920年頃）電気もガスも使えず木炭の1かけらもなくなった東京では、たまりかねて、大邸宅の庭木を伐って薪を配給する地区も出てきた。

配給食品日記（昭和十九年五月中）

牛肉無し、大衆魚八回　主食が足りない上に、乏しい配給副菜では誰が何といっても、熱量の足りる筈がない。どの家庭も夫々、並並ならぬ別途購入の苦労を重ねているのが現状である。五月の配給食の代りに押豆、なんば、麦等の混入が三日以上となったことは、主食精米の代りに著しく変ってきたことは、代りのものが米二合三勺分の熱量と比して落ちるようで、これに馴れてゆくには、もっともっときつい我慢をしなくてはならぬのであろう。しかし勝ぬくには、誰もが困り抜いている。学校給食、工場の残米等、特配にいろいろの噂も聞くが？

米二合三勺でも相当ヘトヘトとなったのに、では、もっともときつい我慢をしなくてはならぬのであろう。

（『戦争中の暮しの記録』暮しの手帖社より）

3·2 生活統制と代用品

▲供出された梵鐘 政府は1941（昭和16）年8月、金属回収令を公布し、金属類の国家への供出を定めた。太平洋戦争が勃発すると、寺の梵鐘・マンホールの蓋・スチーム・鍋や釜などにおよんだ。

▶米穀通帳 農民の出征による労働力不足や肥料不足で、米の生産力が低下したため、政府は各農家へ強制的な供出を実施。都市では米穀通帳で配給された。

◀「おいもは大切な主食物」（『朝日新聞』1943年7月17日）　米の生産が低下すると、米飯に「さつまいも」を混ぜたごはんを食べることが奨励された。米がなくなると、「さつまいも」がまさに主食となった。

4 子ども・学生・女性

4·1 戦時下の子ども・女性

1941 (昭和16)	1	大日本青少年団設立
	3	国民学校令公布
1942 (昭和17)	2	大日本婦人会発会
	2	中・高・大学等の学年短縮決定
1943	9	17職種に男子就業制限
1944 (昭和19)	1	女子挺身隊結成
	3	中学生の勤労動員大綱決定
	6	大都市の学童集団疎開決定
	8	学徒勤労令・女子挺身勤労令公布（25～40歳の未婚女姓の労働強制）
1945 (昭和20)		国民学校初等科をのぞき4月から1年間授業停止

学童疎開
◀ 詳しくみる ▶

▼学童疎開 サイパン島が陥落し、本土空襲が必至となった1944年7月には、国民学校3年生以上の集団疎開も開始された。写真は、東京からの「学童集団疎開」の第一陣として上野駅から専用列車に乗りこむ児童たち（1944年8月）。学童疎開の児童は、はじめ地元から歓迎されていたが、しだいに厳しい生活へ変化していった。

4·2 勤労動員と学徒出陣

◀銃弾の検査をする女子挺身隊 1943年8月、学徒勤労令、女子挺身隊勤労令が公布され、男女問わず学生たちは戦力増強のため軍需工場などへ動員された。

▲学徒出陣壮行会で訓示する東条英機首相（1943年10月21日、明治神宮外苑競技場）　太平洋戦争における学生・生徒の軍隊への入隊・出征を学徒出陣という。太平洋戦争の動向が悪化した1943年9月、政府は文科系大学生の徴兵猶予を停止したため、12月から陸海軍部隊への入営が始まった。

4·3 戦時下の女性

▲千人針 千人の人に赤い糸で結び玉をつくってもらった布の腹巻き。戦闘の際、これを腹に巻いていると銃弾に当たらないとされた。

▼女性の竹槍訓練 1944年8月、政府は閣議で「一億国民総武装」を決定し、全国で婦人会などを中心とした女性の竹槍訓練が始まった。「竹槍では間に合わぬ飛行機だ」の記事を載せた『毎日新聞』は発禁となり、記者は徴兵された。

1 国際連合の設立

成立過程	
1941 8	**大西洋憲章** F. ローズヴェルト（米）とチャーチル（英）の会談 戦後世界の構想と国際連合の基礎理念確立
1942 1	**連合国共同宣言** 大西洋憲章の原則を確認
1943 10	**平和機構設立宣言** モスクワでの外相会議における宣言（米・英・ソの外相／宣言は中国も参加） 国際連合設立の一般原則
1944 7	**ブレトン＝ウッズ会議** 44カ国参加 国際通貨基金(IMF)・国際復興開発銀行（世界銀行、IBRD)の設立決定
8〜10	**ダンバートン＝オークス会議** 米・英・ソ・中の参加 国際連合憲章の草案作成（拒否権問題はヤルタ会談で決定）
1945 4〜6	**サンフランシスコ会議** 国際連合憲章採択 連合国50カ国（のちポーランドが加盟し、原加盟国51カ国）の憲章署名
10.24	**国際連合発足**

1·1 国連加盟国の推移

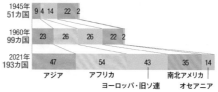

1945年 51カ国	9	4	14	22	2
1960年 99カ国	23	26	26	22	2
2021年 193カ国	47	54	43	35	14

アジア　アフリカ　ヨーロッパ・旧ソ連　南北アメリカ　オセアニア

解説 国際連合は、1945年に51カ国の原加盟国で始まった。その後、第二次世界大戦の敗戦国であるイタリアが55年、日本が56年、東西ドイツが73年に加盟した。60年前後には、独立を達成したアフリカ諸国の加盟があいつぎ、2023年現在の加盟国は193カ国である。

国連発足と
日本の国連加盟
▶ 詳しくみる

1·2 国際連合の組織

信託統治理事会　安全保障理事会　国際司法裁判所　総会　事務局　経済社会理事会

国連関係機関
● 国連児童基金(UNICEF)（ユニセフ）
● 国連大学(UNU)
● 難民高等弁務官事務所(UNHCR)

国連支援の機関
● 国際原子力機関(IAEA)

専門機関
● 国際労働機関(ILO)
● 国連教育科学文化機関(UNESCO)（ユネスコ）
● 国際復興開発銀行(IBRD)
● 国際通貨基金(IMF)
● 世界保健機関(WHO) など

総会	全加盟国が参加。平等の原則から各国1票の投票権をもつ。多数決制
安全保障理事会	国際的平和・安全の維持を目的とする。5常任理事国と10非常任理事国からなる
事務局	国連各機関の運営に関する事務を担当。事務総長と国連職員により構成、運営される
経済社会理事会	国連諸活動の中心的機関。社会的不平等や貧困問題、衛生問題などに取り組む
信託統治理事会	信託統治地域の施政監督などをおこなうが、94年のパラオ独立で任務は事実上終了した
国際司法裁判所	国連の主要な司法機関。国際紛争を裁判により解決する

▶ 国際連盟と国際連合

	国際連盟（本部：ジュネーヴ）	国際連合（本部：ニューヨーク）
加盟国	1920年発足。原加盟国42カ国。常任理事国は英・仏・日・伊。米は不参加。ソ連の加盟は34年	1945年発足。原加盟国51カ国。常任理事国は米・英・ソ（現ロシア）・中・仏
主要機関	総会、理事会（常任理事国：英・仏・日・伊）、事務局、国際司法裁判所、国際労働機関	総会、安全保障理事会（常任理事国は拒否権をもつ）、事務局、経済社会理事会、国際司法裁判所、信託統治理事会
表決手続	全会一致（全加盟国の同意が必要）	総会は多数決（安全保障理事会は、常任理事国が拒否権を行使すると議決できない）
戦争の禁止	国際紛争が発生した場合、理事会の報告後、3カ月間は戦争に訴えることを禁止	安全保障理事会による軍事行動（国連平和維持軍）と加盟国の自衛権行使以外は禁止
制裁措置	経済封鎖（通商上・金融上の関係を断絶し、違約国の国民との交通を禁止する）が中心	経済制裁・武力制裁もある。安全保障理事会による国連平和維持軍の派遣

大西洋憲章（1941年）

アメリカ合衆国大統領並びにイギリス連合王国の政府を代表するチャーチル首相は、両者の会談にもとづき、ここに共同宣言をおこない、…

1　英米両国は領土的にも、他のいかなる意味においても、自らの拡張を欲するものではない。

2　両国は関係諸国民の自由に表明された希望に即せぬ限り、いかなる領土的変更をも望まない。

3　両国はすべての国民がかれら自身の政治形態を選ぶ権利を尊重する。

5　両国はすべての国家に、労働基準の改善、経済発展並に社会保障をもたらすべく、より完全な経済上の相互協力を実現することを欲する。

6　ナチ暴政の最終的撃滅の後に、両国は…平和を確立することを願う。

（高木誠訳『原典アメリカ史（別巻）』岩波書店、木村尚三郎監修『世界史資料 下』東京法令出版より）

Q この憲章ではどのようなことが主張されているのだろうか。

◀**大西洋会談における F. ローズヴェルト（前列左）とチャーチル（同右）**

▼**ブレトン＝ウッズ会議**　1944年7月に44カ国の代表が参加して開催され、**国際通貨基金(IMF)・国際復興開発銀行(IBRD)**の設立が決定された。写真は、会議でスピーチするイギリスの経済学者ケインズ（左から3人目）。

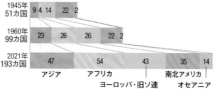

▲**国際連合本部**　1945年10月24日、51カ国の加盟で正式発足した国際連合は、ニューヨークに本部をおいた。世界の平和維持を目的とし、**安全保障理事会**が主要機関で強大な権限をもつ。

2 敗戦国の処遇

ゲーリング　ヘス　リッベントロップ

◀**ニュルンベルク国際軍事裁判**　1945年11月より約1年をかけておこなわれた国際裁判。戦争犯罪のほか、人道・平和に対する罪が問われた。ナチスや軍部の最高指導者が裁かれ、ゲーリングら12名が死刑、ヘスら3名が終身刑とされたが、無罪も3名いた。

東条英機

◀**極東国際軍事裁判**（東京裁判）　アジアでは、1946年5月3日から東京の市ヶ谷で「平和に対する罪」としてA級戦犯28名の裁判が開始された。1948年11月12日の最終判決で25名が有罪となり、東条英機ら7名が死刑判決を受けた。インドのパル判事は、全員無罪の少数意見を提出した。

3 米ソ冷戦の始まり

 トルーマン＝ドクトリン ▶ 詳しくみる　 マーシャル＝プラン ▶ 詳しくみる

3・1 米ソ冷戦

西側(資本主義)陣営	東側(社会主義)陣営
1945 7 イギリスでアトリー内閣成立	
1946	1 アルバニア、人民共和国宣言
3 チャーチル、アメリカのフルトンで演説	
6 イタリアで共和国宣言	
10 フランスで**第四共政**発足	9 ブルガリア、人民共和国宣言
11 日本国憲法公布	
1947 3 **トルーマン＝ドクトリン**	
6 **マーシャル＝プラン**(ヨーロッパ経済復興計画)	9 **コミンフォルム**(共産党情報局)結成
	12 ルーマニア人民共和国・ポーランド人民共和国成立
1948 3 **西ヨーロッパ連合条約**(ブリュッセル条約)	2 チェコスロヴァキアのクーデタ→共産党が政権掌握
6 ドイツの西側管理地区で通貨改革	6 ソ連による**ベルリン封鎖**ユーゴスラヴィアがコミンフォルムから除名
1949	1 **経済相互援助会議(COMECON)**創設
4 **北大西洋条約機構(NATO)**結成	5 ベルリン封鎖解除
5 **ドイツ連邦共和国**(西ドイツ)成立	10 **ドイツ民主共和国**(東ドイツ)成立
1954 10 パリ協定→西ドイツの主権回復	
1955	5 **ワルシャワ条約機構**(東ヨーロッパ相互援助条約)

4 東西ヨーロッパの分断

4・1 第二次世界大戦後のヨーロッパ

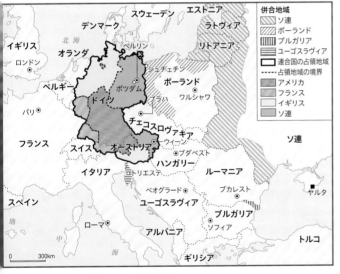

4・2 ベルリン封鎖と空輸作戦

解説 ドイツとオーストリアは、米・仏・英・ソ4カ国の分割占領下におかれた。ドイツの首都ベルリンはソ連占領地域にあったが、都市自体は4カ国の分割占領となり、西ベルリンは陸の孤島と化した。

From Stettin in the Baltic to Trieste in the Adriatic, an Iron curtain has descended across the Continent. Behind that line lie all the capitals of the ancient states of Central and Eastern Europe.

▲**チャーチルのフルトン演説**　チャーチル(任1940～45、51～55)は、「バルト海のシュチェチンからアドリア海のトリエステまで、**鉄のカーテン**がおろされている」ととなえた。

チャーチルの演説 ▶ 詳しくみる

Q 「鉄のカーテン」とは何を意味しているのだろうか。

トルーマン＝ドクトリン

もしギリシアが武装した少数派の支配に陥るのならば、その隣国であるトルコへの影響は緊急かつ重大なものであろう。混乱と無秩序は、中東全体に波及するであろう。
　さらに独立国家としてのギリシアが消滅するならば、戦争の損害を回復しつつ自国の自由と独立の維持のために大きな困難と闘っているヨーロッパ諸国に、深刻な影響を与えるであろう。世界の自由な人民は、われわれが彼らの自由を維持することに支持を与えるよう熱望している。もしわれわれがわれわれの指導性にためらいを示すならば、われわれが世界の平和を危機にさらし、われわれ自身の国家の安寧を危うくするであろうことは明らかである。

(杉江栄一編『現代国際政治資料集』法律文化社より)

▲**トルーマン**(任1945～53)

Q トルーマン＝ドクトリンの出された背景には、何があったのだろうか。

コミンフォルムの結成

諸党の経験の交換および行動の自主的調整の必要は、戦後国際情勢がますます複線化したことに照らして、現情勢下ではとくに痛切に感ぜられるところである。…このような見地から、この会議に参加した諸党は以下の諸点について合意に達した。
　1　ユーゴスラヴィア共産党、ブルガリア労働者党〔共産主義者〕、ルーマニア共産党、ハンガリー共産党、ポーランド労働者党、ソヴィエト同盟共産党〔ボリシェヴィキ〕、フランス共産党、チェコスロヴァキア共産党およびイタリア共産党の各代表者より成る情報局を設置すること。
　2　この情報局に、相互の協定の上に立って諸国共産党の経験の交換、および必要があれば活動の調整の組織を委任すること。

(木村尚三郎監修『世界史資料 下』東京法令出版より)

Q コミンフォルム結成の背景や目的は何だろうか。

▶**チェコスロヴァキア＝クーデタ**　1948年2月、**マーシャル＝プラン**の受け入れをめぐる対立から共産党勢力がクーデタをおこし、政権から反共産勢力が一掃された。写真は、プラハ中心部のカレル橋を行進する共産党の武装組織。

◀**ベルリン空輸**　1948年、西側の通貨改革に対抗して、ソ連は西ドイツからベルリンへの交通を全面的に封鎖した。これに対し西側は空輸により食料などを西ベルリンに運んだ。翌年5月の封鎖解除までの総飛行回数は約27万8千回で、232万トンの物資を輸送した。

ヨーロッパ　北アメリカ

1 第二次世界大戦後のアジア（1950年頃を中心に）

地図中の記載：

1935 国名をペルシアからイランに改称

1951 サンフランシスコ平和条約
1956 国際連合に加盟

ウランバートル
モンゴル国 1924
中華人民共和国 1949
北京
朝鮮民主主義人民共和国 1948
ピョンヤン
日本
東京
ソウル
大韓民国 1948
東シナ海
太平洋

1924 モンゴル人民共和国
1992 モンゴル国に改称

1989 国名をビルマからミャンマーに改称

1997 香港、中国に返還
1999 マカオ、中国に返還

1971 国際連合の代表権を失う

黒海
トルコ 1923
アンカラ
キプロス 1960
ニコシア
ベイルート
レバノン 1943
シリア 1946
ダマスクス
イスラエル 1948
テヘラン
イラン 1925
バグダード
イラク 1932
アンマン
カイロ
イェルサレム
エジプト 1948
ヨルダン 1946
クウェート 1961
リヤド
バーレーン 1971
カタール 1971
アブダビ
ドーハ
マナーマ
サウジアラビア 1932
マスカット
オマーン 1971
アラブ首長国連邦 1971
サナア
イエメン共和国 1990

カスピ海
アフガニスタン 1919
カーブル
イスラマバード
カシミール
パキスタン 1947
デリー
ネパール 1923
カトマンズ
インド 1947
バングラデシュ 1971
ゴア
ブータン
チベット
ティンプー
アッサム
ダッカ
ラオス 1953
ビエンチャン
ビルマ 1948
ヤンゴン
タイ 1923
バンコク
ベトナム 1976
ハノイ
マカオ
香港
台湾
カンボジア 1953
プノンペン
クアラルンプール
マレーシア 1963
ブルネイ＝ダルサラーム 1984
シンガポール
1965年分離独立
ジャカルタ
インドネシア 1945
ディリ
東ティモール 2002
フィリピン 1946
マニラ

1971 パキスタンから分離独立

1945 ベトナム民主共和国（北）
1949 ベトナム国（南）
1955 ベトナム共和国（南）

1957 マラヤ連邦独立
1963 マレーシア成立

1949 オランダがインドネシアの独立を承認

1946 トランスヨルダン王国として独立
1949 ヨルダン（＝ハシェミット）王国に改称

1962 イエメン＝アラブ共和国（旧北イエメン）
1967 南イエメン人民共和国（旧南イエメン）

1947 英連邦内自治領

セイロン 1948
モルディヴ
スリジャヤワルダナプラコッテ
インド洋

1972 国名をセイロンからスリランカに改称
1985 首都をコロンボから遷都

1959 シンガポール自治州
1963 マレーシア
1965 マレーシアから分離独立

□ アラブ連盟原加盟国
数字 独立・成立年

2 第二次世界大戦後のアジア諸地域の動向

	西アジア・南アジア・東南アジア	中国・朝鮮	日本
1945	3 アラブ連盟結成		8 ポツダム宣言受諾
	8 インドネシア共和国独立宣言		降伏文書調印
	9 ベトナム民主共和国成立	▶双十協定	
		10 双十協定調印	
1946		1 政治協商会議→国共内戦再開	
	3 トランスヨルダン王国独立	◀国民党軍による共産党員の処刑	
	4 シリア共和国独立		
	7 フィリピン共和国独立宣言		11 日本国憲法公布
	12 **インドシナ戦争**勃発		
1947	8 インド連邦・パキスタン分離独立	10 共産党の新中国建設宣言	
	10 カシミール紛争		
	11 国連、パレスチナ分割案採択		
1948	1 ビルマ独立。ガンディー暗殺		
	2 セイロン独立		
	5 イスラエル建国宣言	8 **大韓民国**成立	
	パレスチナ戦争（第1次中東戦争）	9 **朝鮮民主主義人民共和国**成立	
		▶金日成（位1948〜94）	
1949	6 ベトナム国成立		
	7 ラオス王国、仏連合から独立	10 **中華人民共和国**成立	
	12 インドネシア連邦共和国成立		
1950		2 中ソ友好同盟相互援助条約	
		6 **朝鮮戦争**勃発	
1951	5 イラン、石油国有化宣言		9 サンフランシスコ平和条約
1953	ラオス・カンボジア独立		
1954	7 ジュネーヴ休戦協定		

◀降伏文書調印にのぞむ重光葵外相（中央）

日本降伏、ミズーリ号での調印

▲皇居前広場で開かれた憲法公布記念祝賀都民大会（1946年11月3日）

3 中華人民共和国の成立

▲アメリカによる内戦の調停 アメリカ合衆国は、国共内戦調停のためマーシャルを延安に派遣した（1946年1月）。写真は、左から周恩来、マーシャル、朱徳、1人おいて毛沢東。

▶中華人民共和国建国宣言 1949年10月1日、国共内戦での勝利を背景に、北京の天安門楼上で中華人民共和国の建国を宣言する毛沢東。

4 朝鮮の南北分立

▶**ソ連軍を歓迎する平壌の市民**　第二次世界大戦後、北緯38度線以北の朝鮮半島はソ連の占領地域となった。写真中央の垂れ幕には「偉大なるソ連、ようこそ」と書かれている。

◀**李承晩**　1948年8月、アメリカ占領地域では**大韓民国**が成立した。写真は、新政府発足の式典で演説する初代大統領李承晩（任1948〜60）。

5 東南アジア諸国の独立

5・1 フィリピン・ビルマの独立

▶**フィリピン独立**　アメリカは、1934年にフィリピンの10年後の完全独立を認めたが、第二次世界大戦によって独立の達成は46年にのびた。写真は、マニラのルネタ公園での独立式典。

◀**アウン゠サン**（1915〜47）　ビルマ独立運動の指導者であったが、独立直前の1947年7月、政敵に暗殺された。写真はピィにあるアウン゠サン将軍像。ミャンマー（ビルマ）民主化運動の指導者アウン゠サン゠スー゠チーは長女。➡p.276

5・2 ベトナムの独立とインドシナ戦争

◀▲**インドシナ戦争**　ベトナム民主共和国の独立を認めないフランスとの間で1946年12月に勃発。写真左は、フランス兵を圧倒するベトナム兵を描いたプロパガンダポスター。写真上は**ディエンビエンフー**要塞に増派されたフランス軍の空挺部隊。

ベトナム独立宣言（1945年9月2日）

…地球上のすべての民族は生まれながらに平等であり、生存する権利、幸福かつ自由である権利をもつ。…1789年に出されたフランス革命の人および市民の権利宣言もこう述べている。すべての人は自由かつ権利において平等なものとして出生し、生存する。しかしながら、80年以上にわたってフランス帝国主義者は自由・平等・博愛の旗印を悪用して、わが祖国を占領し、わが同胞を抑圧してきた。…1940年秋、日本ファシストがインドシナ領土を侵略して、連合国と戦うための新しい基地を築こうとしたとき、フランス帝国主義者はたちまち膝を屈して、わが国をかれらに譲り渡した。その日からわが人民はフランスと日本の二重のくびきにつながれた。かれらの苦難と悲惨は増大した。その結果、昨年の末から今年のはじめまでに、クアンチ省からベトナム北部にかけて200万人以上の同胞が餓死した。…われわれはテヘランとサンフランシスコで民族自決と平等の原則を認めた連合国がベトナムの独立を承認することを拒否するはずがないと確信している。…われわれベトナム民主共和国臨時政府の閣僚は世界に向かっておごそかに宣言する。ベトナムは自由な独立国になる権利があり、事実、すでにそうなっている。全ベトナム人民はその独立と自由を守るために、すべての物質的、精神的力を動員し、生命と財産を捧げる決意である。

（小倉貞男『物語　ヴェトナムの歴史』中央公論新社より）

Ｑ ベトナム独立宣言は、どのような思想的根拠をもって独立を正当化しているのだろう。

6 インドの独立

◀**ネルー**（任1947〜64）　インドは1947年8月に独立し、ネルーが初代首相に就任した。写真は、憲法制定議会で演説するネルー。49年11月に制定した憲法は、共和制・議会制・連邦制をうたい、カーストによる差別を禁止している。

▼**ガンディー暗殺**　パキスタンとの分離独立に最後まで反対したガンディーは、1948年1月30日に暗殺された。

7 西アジアの情勢

▲**アラブ連盟**　1945年3月、アラブ諸国の関係強化などを目的にエジプト・イラク・サウジアラビアなど7カ国により結成。写真は46年のカイロにおける常任理事会の様子。

Ｑ ガンディーは、どのような立場の人に殺害されたのだろうか。

モサッデグの石油国有化

イランの石油利権は、20世紀初頭以降、イギリス資本のアングロ゠イラニアン石油会社に握られていた。これに対し、モサッデグ政権（任1951〜53）は、1951年に石油国有化法を制定し、同社を接収、イラン国営石油公社とした。しかし、国際石油資本がイランの石油を国際市場から締め出したため、イランは深刻な財政危機におちいった。国王パフレヴィー2世は、この機に乗じて1953年にCIAの支援下にクーデタをおこし、モサッデグ政権を崩壊させた。モサッデグの政策は、1970年代以降高揚する資源ナショナリズムの先駆けといえよう。

▲**石油油田のミニチュアをもつモサッデグ**（右）

東アジア

中央アジア

東南アジア・

西アジア

■1 朝鮮戦争

朝鮮戦争 ◀ ▶ 詳しくみる

1950 (昭和25)	6.25	北朝鮮軍、**北緯38度線**をこえ、韓国に突然侵攻（**朝鮮戦争**勃発）
	6.28	北朝鮮軍、ソウル占領
	7.7	国連安全保障理事会（ソ連欠席）、国連軍派遣決定
	8.18	韓国政府、釜山（プサン）に臨時遷都
	9.15	国連軍、仁川（インチョン）に逆上陸
	9.26	国連軍、ソウルを奪回
	10.20	国連軍、ピョンヤンを占領し、鴨緑江（おうりょくこう）に迫る
	10.25	中国軍、人民義勇軍の名目で参戦
	12.5	北朝鮮・中国軍、ピョンヤン奪回
1951 (昭和26)	1.4	北朝鮮・中国軍、ソウル突入（3月7日占領）
	3.17	国連軍、ソウル再奪回
	4.11	トルーマン大統領、国連軍最高司令官マッカーサーを解任
	6.6	戦線が北緯38度線でほぼ膠着（こうちゃく）
	7.10	**開城**（ケソン）で休戦会談開始（10月、**板門店**（パンムンジョム）で再開）
	9.8	日本、サンフランシスコ平和条約締結
1953 (昭和28)	7.27	**板門店**で**朝鮮休戦協定**調印

■1·1 朝鮮戦争の経緯

❶1950年9月14日

中華人民共和国

朝鮮民主主義人民共和国

平壌
ウォンサン元山
板門店
38°
仁川
ソウル 50.6.28占領
大韓民国
大邱
釜山

北朝鮮軍最南進戦線 1950.8

→ 北朝鮮軍の攻勢（1950）

❷1950年11月26日

国連軍最北進戦線 1950.11

チョンジン清津

平壌
元山
板門店
仁川
ソウル奪回 50.9.26
大邱
釜山

→ 国連軍の反攻（1950）

❸1951年6月24日以降

0 100km

平壌
元山
板門店
仁川
停戦ライン 1953.7
ソウル
大邱
釜山

人民義勇軍の最南下線 1951.3

→ 人民義勇軍の攻勢（1951）
→ 国連軍の攻勢（1951〜）

■1·2 戦争による死傷者

北朝鮮
軍死傷者 52万人
民間死傷者 200万人

中国
軍死傷者 90万人

韓国
死者 行方不明者 76万人
負傷者 23万人

アメリカ
軍人死者 3万3629人
軍負傷者 10万3284人

（『日本歴史大系18』山川出版社より作成）

◀**朝鮮戦争** 1950年から53年にかけて朝鮮半島全土におよんだ戦争は、38度線付近の南北の武力衝突に始まり、南をアメリカを中心とする国連軍、北を中国の人民義勇軍が支援し、1953年板門店（パンムンジョム）での休戦会談で休戦が成立した。写真は、鴨緑江（おうりょくこう）を渡る人民義勇軍。

■2 日本の講和と安保条約

Q 女性工員がつくっているのは何だろうか。

◀**警察予備隊の創設** 1950年8月10日、警察予備隊令がポツダム勅令（ちょくれい）として公布され、即日施行。8月23日には、第1陣約7000人が入隊した。

▶**朝鮮特需** ドッジ不況におちいっていた日本は、朝鮮特需によって好況となり、1951年の鉱工業生産は戦前の水準にまで回復した。

▲**朝鮮戦争の難民** 朝鮮戦争では核以外のあらゆる兵器が使用され、戦場は南北の全域にまたがった。双方の住民は戦火に追われて犠牲者が200万人をこえたといわれる。写真は、北朝鮮軍の南下を阻止するために爆破された橋を渡って避難する人々。

■2·1 サンフランシスコ平和条約（1951年）

要点
1 日本と各連合国との間の戦争状態は、この条約発効の日（1952.4.28）に終わる
2 日本は、朝鮮・台湾・澎湖（ほうこ）諸島・千島列島・樺太の一部およびこれに近接する諸島に対するすべての権利・権原・請求権を放棄する
3 日本は、北緯29度以南の南西諸島・小笠原群島・沖の鳥島・南鳥島をアメリカを唯一の施政権者とする信託統治制度の下におくことに同意する
4 連合国のすべての占領軍は、条約発効後90日以内に日本から撤退する
5 日本と他の国の条約が結ばれた結果として日本に外国軍隊が駐留できる

（1951年9月8日調印、52年4月28日発効）

日本との調印国（48カ国）	調印拒否国（3カ国）
アルゼンチン、オーストラリア、ベルギー、ボリビア、ブラジル、カンボジア、カナダ、セイロン（現スリランカ）、チリ、コロンビア、コスタリカ、キューバ、ドミニカ、エクアドル、エジプト、エルサルバドル、エチオピア、フランス、グアテマラ、ギリシア、ハイチ、ホンジュラス、インドネシア、イラク、イラン、ラオス、リベリア、レバノン、ルクセンブルク、メキシコ、オランダ、ニュージーランド、ニカラグア、ノルウェー、パキスタン、パナマ、パラグアイ、ペルー、フィリピン、サウジアラビア、シリア、トルコ、南アフリカ連邦（現南アフリカ共和国）、イギリス、アメリカ、ウルグアイ、ベネズエラ、ベトナム（条約の署名国順）	ソ連（現ロシア）、ポーランド（1957年国交回復協定）、チェコスロヴァキア（1957年国交回復。現在はチェコとスロヴァキアに分かれている）
	会議不参加国（3カ国）
	インド（1952年日印平和条約）、ビルマ（1954年日本・ビルマ平和条約、現ミャンマー）、ユーゴスラヴィア（1952年国交回復、現セルビア・モンテネグロ）
	会議に招かれなかった国
	中華人民共和国（1978年日中平和友好条約）、中華民国（台湾、1952年日華平和条約、1972年失効）

■2·2 日本の領土

-·- サンフランシスコ平和条約による日本の領域
（灰）太平洋戦争前の日本領
（黒）他国と係争のある地域

0 500km

カムチャツカ半島
樺太
ソ連
占守島
国後島
択捉島
歯舞群島
色丹島
北方領土
中華人民共和国
朝鮮民主主義人民共和国
大韓民国
竹島
対馬
済州島
日本
伊豆諸島
八丈島
小笠原諸島（1968）
小笠原返還（1968）
奄美大島
奄美群島返還（1953）
尖閣諸島
沖縄
大東諸島
南鳥島
火山列島 1968返還
硫黄島
台湾（国民政府）
琉球諸島
沖縄復帰（1972）
沖ノ鳥島 1968返還
北回帰線
マリアナ諸島
フィリピン共和国

解説 サンフランシスコ平和条約によって、日本は朝鮮・台湾・南樺太・千島列島などの領土と南洋諸島の統治権を放棄した。また、奄美諸島・琉球諸島・小笠原諸島がアメリカを単独施政権者とする信託統治下に入ることを認めた。

■2·3 アメリカ軍の日本駐留

（沖縄は2019年現在）

シュワブ
ハンセン
トリイ
嘉手納
瑞慶覧
コートニー
ホワイト・ビーチ
牧港
普天間
沖縄
0 20km

千歳
三沢
仙台
松島崎浜
富士山麓
小倉
美保
岩国
小牧
板付
熊本
佐世保
別府
伊丹
横田
立川
座間
厚木
上瀬谷
横須賀
▲飛行場
■軍港
▲その他（1953年時点）

（在日米軍司令部（1957〜））
（米極東軍司令部（〜1957））
（在日米陸軍司令部（1957〜））
（米極東陸軍司令部（〜1957））
（米極東海軍司令部（〜1957））
（在日米海軍司令部（1957〜））

0 250km
0 10km

解説 平和条約と同じ日に**日米安全保障条約**が調印され、日本は米軍の駐留権を認めた。米駐留軍の費用を分担するなど広範な協力を義務づけられ、駐留軍将兵の公務執行中の犯罪には、事実上の治外法権を認めるなどの特権を与えた。

1 軍拡競争の激化

1·1 1955年の世界（東西対立）

NATO発足
▶詳しくみる

- 資本主義国家
- 社会主義国家
- 戦後の独立国（1955年時）
- 植民地（1955年当時）

ベルリン封鎖 1948～49
ポーランド反ソ運動 1956
朝鮮戦争 1950～53
インドシナ戦争 1946～54
パレスチナ戦争（第1次中東戦争）1948～49
ハンガリー反ソ運動 1956
スエズ戦争（第2次中東戦争）1956～57
キューバ危機 1962

◆ 日米安全保障条約……1951年発足、60年改定
◆ 中ソ友好同盟相互援助条約……1950年発足、80年解消
● 太平洋安全保障条約 [ANZUS]……1951年発足 アメリカ・ニュージーランド・オーストラリア
■ 中央条約機構 [CENTO]……1955年発足、59年改称、79年解消 イギリス・トルコ・イラン・パキスタン
▲ 東南アジア条約機構 [SEATO]……1954年発足 ニュージーランド・オーストラリア フィリピン・タイ・パキスタン フランス・イギリス・アメリカ

米州機構 [OAS]……1948年発足
アメリカ・メキシコ・パナマ グアテマラ・ホンジュラス エルサルバドル・ニカラグア コスタリカ・ハイチ・ボリビア キューバ（62年脱退）・ペルー ブラジル・ドミニカ共和国 コロンビア・ベネズエラ エクアドル・パラグアイ・チリ アルゼンチン・ウルグアイ

北大西洋条約機構 [NATO]……1949年発足
アメリカ・カナダ・ノルウェー アイスランド・デンマーク オランダ・ベルギー・イギリス ルクセンブルク・フランス トルコ・イタリア・ポルトガル ギリシア・ドイツ連邦共和国

ワルシャワ条約機構……1955年発足、91年解消
ソ連・ポーランド・ルーマニア チェコスロヴァキア・ハンガリー ブルガリア・ドイツ民主共和国 アルバニア（68年脱退）

1·2 アメリカ合衆国とソ連の軍事費

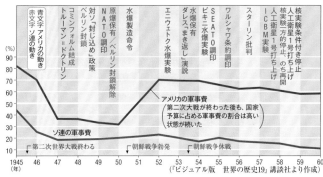
（『ビジュアル版 世界の歴史19』講談社より作成）

1·3 各国の核実験場と実験回数（1945～63年）

国別実験回数	
アメリカ	293
ソ連	164
イギリス	23
フランス	8

▼核実験場

ラッセル・アインシュタイン宣言（1955年7月9日　ロンドンにて）

　…私たちが今この機会に発言しているのは、特定の国民や大陸や信条の一員としてではなく、存続が危ぶまれている人類、いわば人という種の一員としてである。世界は紛争にみちみちている。そこでは諸々の小規模紛争は、共産主義と反共産主義との巨大な戦いが影を落としている。
決　議
　私たちは、この会議（のちのパグウォッシュ会議）を招請し、それを通じて世界の科学者たちおよび一般大衆に、次の決議に署名するようすすめる。
「およそ将来の世界戦争においてはかならず核兵器が使用されるであろうし、そしてそのような兵器が**人類の存続をおびやかしている**という事実からみて、私たちは世界の諸政府に、彼らの目的が世界戦争によっては促進されないことを自覚し、このことを公然とみとめるよう勧告する。したがってまた、私たちは彼らに、彼らのあいだの**あらゆる紛争問題の解決のための平和的な手段**をみいだすよう勧告する。」
（日本パグウォッシュ会議HPより）

M.ボルン（ノーベル物理学賞）/P.W.ブリッジマン（ノーベル物理学賞）/A.アインシュタイン（ノーベル物理学賞）/L.インフェルト/F.ジョリオ・キュリー（ノーベル化学賞）/H.J.ムラー（ノーベル生理学・医学賞）/L.ポーリング（ノーベル化学賞）/C.F.パウエル（ノーベル物理学賞）/J.ロートブラット/B.ラッセル（ノーベル文学賞）/湯川秀樹（ノーベル物理学賞）

▶バートランド＝ラッセル（1872～1970）

核兵器開発とゴジラ

ビキニ水爆実験
▶詳しくみる

1954年3月の**ビキニ環礁**におけるアメリカの水爆実験と、日本の漁船第五福竜丸の被爆事件は、大きな社会問題となっていた。同年11月に公開された「ゴジラ」は、これらの事件から着想を得て製作され、映画のなかでも通勤途中のOLが同僚と「イヤね、原子マグロと放射能雨だ。そのうえ今度はゴジラときたわ…せっかく長崎の原爆から命拾いしてきた大切な身体なんだもの…」と会話している場面がある。

1956年には、ハリウッド資本による再編集版が全米公開され、さらに世界50カ国で公開される人気作となった。

しかし、再編集版には、原作にあった反核などの政治的なメッセージはすべてカットされた。アメリカでの原作公開は、2005年のことである。

▲第五福竜丸が持ち帰ったマグロ

▲映画公開時のポスター（©東宝）

2 アメリカ合衆国の「豊かな社会」化

▲マッカーシー（1909～57）　ウェストヴァージニア州の上院議員で、1950～54年にデマ情報に便乗した反共運動を展開した。写真は、合衆国内の共産党とその脅威について説明している様子。

▲「パパは何でも知っている」1954年から60年まで放映されたアメリカのホームコメディードラマ。日本でも、放映された。

▶アメリカの「軍産複合体」
ナイキ地対空ミサイルを製造しているダグラス社の工場。アメリカで生産された兵器は、同盟国にも輸出された。

Q アメリカは、なぜこのようなドラマを制作し、日本でも放映したのだろうか。

1 東西ヨーロッパの動向

	西ヨーロッパ	東ヨーロッパ・ソ連
1949	9 西ドイツ、アデナウアー内閣	
1950	5 **シューマン=プラン発表**	
	11 スペイン、国際関係復帰	10 東ヨーロッパ8カ国外相会議
1951	米・英・仏など52カ国の終戦宣言	
1952	2 ギリシアのNATO加盟	
	米と西欧10カ国、戦略物資の対共産圏輸出禁止協定	
	7 ヨーロッパ石炭鉄鋼共同体(ECSC)発足	
1953		3 スターリン没
	5 イギリスのヒラリー、エベレスト初登頂	9 フルシチョフ、ソ連共産党第1書記に選出
1954	10 パリ協定→西ドイツ主権回復(55.5)	
1955	4 チャーチル引退	
	5 オーストリア国家条約→永世中立国となる	5 ワルシャワ条約機構調印
	7 ジュネーヴ4巨頭会談	
	12 イタリア・スペイン・ポルトガル、国連加盟	
1956		2 フルシチョフ、**スターリン批判**
		6 ポーランド、**ポズナニ暴動**→ゴムウカ復権
	10 仏・独、ザール協定	10 **ハンガリー事件**
1957		10 ソ連、スプートニク1号の打ち上げ成功(スプートニク=ショック)
1958	1 ヨーロッパ経済共同体(EEC)・ヨーロッパ原子力共同体(EURATOM)発足	
	10 **フランス第五共和政**	
1959		9 フルシチョフ訪米(キャンプ=デーヴィッド会談)
1960	5 ヨーロッパ自由貿易連合(EFTA)発足 U2撃墜事件	

2 西ヨーロッパの地域統合　2·1 地域統合

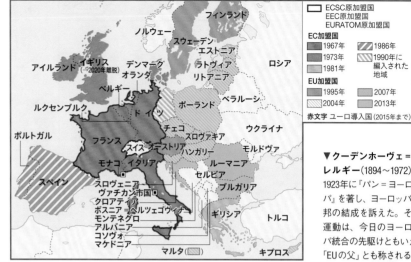

凡例
- □ ECSC原加盟国 EEC原加盟国 EURATOM原加盟国
- EC加盟国
  - 1967年
  - 1973年
  - 1981年
  - 1986年
  - 1990年に編入された地域
- EU加盟国
  - 1995年
  - 2004年
  - 2007年
  - 2013年
- 赤文字 ユーロ導入国(2015年まで)

▼クーデンホーヴェ=カレルギー(1894〜1972)
1923年に『パン=ヨーロッパ』を著し、ヨーロッパ連邦の結成を訴えた。その運動は、今日のヨーロッパ統合の先駆けともいえ、「EUの父」とも称される。

2·2 ヨーロッパ統合の歩み

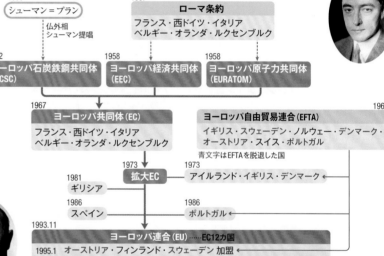

- 1950 シューマン=プラン（仏外相シューマン提唱）
- 1957 ローマ条約　フランス・西ドイツ・イタリア　ベルギー・オランダ・ルクセンブルク
- 1952 ヨーロッパ石炭鉄鋼共同体(ECSC)
- 1958 ヨーロッパ経済共同体(EEC)
- 1958 ヨーロッパ原子力共同体(EURATOM)
- 1967 ヨーロッパ共同体(EC)　フランス・西ドイツ・イタリア　ベルギー・オランダ・ルクセンブルク
- 1960 ヨーロッパ自由貿易連合(EFTA)　イギリス・スウェーデン・ノルウェー・デンマーク・オーストリア・スイス・ポルトガル
- 青文字はEFTAを脱退した国
- 1973 拡大EC　←　1973 アイルランド・イギリス・デンマーク
- 1981 ギリシア
- 1986 スペイン　←　1986 ポルトガル
- 1993.11 ヨーロッパ連合(EU)……EC12カ国
  - 1995.1 オーストリア・フィンランド・スウェーデン 加盟
  - 2004.5 エストニア・ラトヴィア・リトアニア・ポーランド・チェコ・スロヴァキア ハンガリー・スロヴェニア・キプロス・マルタ 加盟
  - 2007.1 ブルガリア・ルーマニア 加盟
  - 2013.7 クロアチア 加盟

3 西ヨーロッパの経済復興

▶アデナウアー　西ドイツ初代首相(任1949〜63)。長期にわたり政権を維持し、西ドイツの経済復興や国際社会復帰に尽力した。

▲西ドイツの再軍備　1955年に主権を回復した西ドイツは再軍備とNATO加盟をはたし、翌年には徴兵制を施行した。

Ｑ 写真の戦闘機は、どこでつくられたものだろうか。

Le Parisien libéré
LE GÉNÉRAL DE GAULLE ÉLU
PRÉSIDENT DE LA RÉPUBLIQUE
Mais il ne s'installera à l'Élysée...

▲ローマ条約　1957年3月、仏・西独・伊・ベネルクス3国の6カ国で調印。翌年、**ヨーロッパ経済共同体(EEC)とヨーロッパ原子力共同体(EURATOM)**が発足し、ヨーロッパ統合が進展した。

◀フランスの第五共和政　1958年、アルジェリア独立をめぐる国内対立のなかで首相に就任した**ド=ゴール**は、10月に新憲法を公布して第五共和政を樹立した。写真は、ド=ゴールの大統領当選を報じる同年12月の新聞。

ヨーロッパ

第IV部 第18章

「雪どけ」

？ スターリン死後の「雪どけ」は、国際社会や東ヨーロッパにどのような影響を与えたのだろうか。 | 詳説世界史 p.327-328 | **267**

1 ソ連の「雪どけ」

▶**スターリンの死** 遺体は、モスクワのレーニン廟でレーニンの遺体と並べて安置されたが、生前の影響力を発揮することなく、ソ連の外交方針は西側諸国との友好路線に転換を始めた。

◀**ジュネーヴ4巨頭会談** 第二次世界大戦後の西側とソ連首脳との初の会談で、「雪どけ」の象徴となった。左からブルガーニン（ソ）・アイゼンハワー（米）・フォール（仏）・イーデン（英）。ソ連からはフルシチョフ共産党第一書記も出席した。

◀**日ソ共同宣言** 1956年10月、モスクワで調印する鳩山一郎首相（日、左）とブルガーニン首相（ソ、右）。これにより日・ソの戦争状態が終結し、日本の国連加盟も実現した。

フルシチョフのスターリン批判（1956年）

一個人を礼賛して、超自然的な資質をもつ神のごとき、超人のようなものにかえてしまうことは、マルクス・レーニン主義の精神にとって異質な、許しがたいことです。……スターリンは……指導や仕事を集団的におこなうことへのまったくの忍耐のなさを露わにしました。……彼の活動のしかたは、説得や説明、それに人々への丁寧な仕事によるのではなく、自分の考えを押しつけ、自分の意見に無条件に服従することを求めるものでした。これに抵抗したり、自分の観点、自分の正しさを証明しようと努めたりした人たちは、指導集団から排除され、それに続く道徳的・身体的な抹殺を運命づけられたのでした。

（池田嘉郎訳）

▶ソ連共産党第20回大会で演説するフルシチョフ

Q1 フルシチョフはなぜスターリン批判をおこなったのだろうか。また、どのような点を批判しているのだろうか。

2 東ヨーロッパの非スターリン化

◀**ポーランドの新体制** 1956年6月のポズナニ暴動に端を発した民主化要求の結果、**ゴムウカ**が復権しソ連の影響下にありながらも一定の自由化政策を進めた。

▶**ハンガリー事件** ポーランドの動きに刺激され、ハンガリーでも**ナジ＝イムレ**が複数政党制導入やワルシャワ条約機構脱退などの改革をはかったが、ソ連により武力弾圧された。写真はスターリンの肖像画を焼き捨てるブダペストの市民。

ベルリンの壁

1961年8月13日、東ドイツ政府はベルリン周囲と市内の東西境界線を有刺鉄線で遮断し、2日後には石造りの壁の建設を始めた。これにより、東西ベルリン間の往来、特に東から西への移動はきびしく制限され、壁をこえて西ベルリンへの脱出をはかると、国境警備隊に逮捕されるか射殺された。

Q 東ドイツ政府は、なぜベルリンの壁を建設したのだろうか。

▲設置直後の有刺鉄線を飛びこえて西側に亡命する東ドイツ軍兵士

◀建設中の壁をながめる西ベルリン市民

3 米・ソの接近

◀**キャンプ＝デーヴィッド会談** フルシチョフ（右）は世界最初の人工衛星の成功を背景にアメリカとの直接対話を進め、1959年には渡米しアイゼンハワー大統領（左）と会談した。

▼**U2撃墜事件** 1960年5月、アメリカの高高度偵察機U2がソ連領空内で撃墜されると、米ソ間の緊張は一気に高まり、パリで予定されていた米ソ首脳会談は流会となった。

▲**ソ連の宇宙開発** 1957年10月、ソ連は世界最初の人工衛星スプートニク1号（左）の打ち上げに成功し、西側諸国に衝撃を与えた（**スプートニク＝ショック**）。さらに、同年11月には生物（犬）を乗せた初の人工衛星スプートニク2号（右）の打ち上げにも成功した。これ以後、米・ソは宇宙開発競争を激しく展開した。

1 第三世界の連携

1・1 第三世界の形成

非同盟
諸国会議

コロンボ会議［アジア＝アフリカ会議開催を宣言］(1954.4)

平和五原則 (1954.6)
(1)領土保全・主権の尊重	(3)内政不干渉	(5)平和共存
(2)相互不可侵	(4)平等互恵	

↓

平和十原則（バンドン精神）(1955.4)
(1)基本的人権と国連憲章の尊重	(6)集団防衛の排除
(2)主権と領土の保全	(7)武力侵略の否定
(3)人種と国家間の平等	(8)国際紛争の平和的解決
(4)内政不干渉	(9)相互協力の増進
(5)自衛権の尊重	(10)正義と義務の尊重

▲ **アジア＝アフリカ会議**（バンドン会議）　1955年4月、インドネシアのバンドンで開催された史上初の有色人種のみによる国際会議。29カ国の首脳が出席（日本はオブザーバー参加）し、**平和十原則**を発表した。

Q ここで演説している人物は、誰だろう。

▼**エジプト革命**　ナセル・ナギブらの指導する自由将校団は、1952年にクーデタをおこして王政を廃止した。写真は民衆の歓迎を受けるナセル（中央）とナギブ（その後方）。

ティトー　スカルノ　エンクルマ（ンクルマ）　ネルー

◀**第1回非同盟諸国首脳会議**　1961年9月、ユーゴスラヴィアのティトー大統領らの呼びかけによりベオグラードで開催され、25カ国が参加した。これ以後、ほぼ3～5年の間隔で会議が開催され、2019年のバクー会議で1回を数えた。

Q 「非同盟」とは、どのような立場を意味したのだろうか。

2 アフリカ諸国の独立と苦悩

2・1 アフリカ諸国の独立

凡例	
▨第二次世界大戦前の独立国	□アフリカ統一機構(OAU)の原加盟国(1963年)（2002年AU(アフリカ連合)に改称、2017年にはすべてのアフリカ諸国が加盟）
▦第二次世界大戦中～1959年の独立国	
■1960年(アフリカの年)の独立国	┈┈アラブ連盟加盟国
□1961年以後の独立国	

モロッコ 1956（仏）
カーボヴェルデ（ポ） 1975
セネガル 1960（仏）
チュニジア 1956（仏）
ガンビア 1965（英）
アルジェリア 1962（仏）
リビア 1951（伊）
エジプト
モーリタニア 1960（仏）
マリ（仏）
ニジェール（仏）
チャド（仏）
スーダン 1956（英・エジプト）
南スーダン 2011（スーダンより独立）
ギニアビサウ 1973（ポ）
ギニア 1958（仏）
シエラレオネ 1961（英）
リベリア
コートジボワール 1960（仏）
ブルキナファソ 1960（仏）
ガーナ 1957（英）
トーゴ 1960（仏）
ベナン 1960（仏）
赤道ギニア 1968（西）
サントメ＝プリンシペ 1975（ポ）
コンゴ共和国 1960（仏）
カビンダ（アンゴラの飛び地）
ナミビア 1990（南ア共和国より独立）
ナイジェリア
カメルーン（仏）
中央アフリカ（仏）
ガボン（仏）
コンゴ民主共和国（ベ）
アンゴラ 1975（ポ）
ザンビア 1964（英）
ボツワナ 1966（英）
南アフリカ共和国 1910
レバノン　シリア　イスラエル　イラク
クウェート　バーレーン　カタール　アラブ首長国連邦
ヨルダン
サウジアラビア
オマーン
イエメン
ジブチ 1977（仏）
エリトリア 1993（エチオピアより独立）
エチオピア
ソマリア（英）（伊）
ケニア 1963（英）
ウガンダ 1962（英）
ルワンダ 1962（ベ）
ブルンジ 1962（ベ）
タンザニア 1964（タンガニーカ 1961（英））
コモロ 1975（仏）
セイシェル 1976（英）
マダガスカル（仏）
マラウイ 1964（英）
モーリシャス 1968（英）
モザンビーク 1975（ポ）
エスワティニ（スワジランド）1968（英）
ジンバブエ 1980（英）
レソト 1966（英）
大西洋
1000km

数字 独立した年
（ ）独立前の宗主国
（ベ）ベルギー
（ポ）ポルトガル

▶**セク＝トゥーレ**　ギニアの独立運動を指導し、1958年にフランスからの独立を達成した。ギニア共和国初代大統領（任1958～84）。19世紀後半の西アフリカで反植民地運動を展開したサモリ＝トゥーレの孫でもある。独立後、社会主義路線を進めるが、しだいに独裁化した。

筒井康隆のみたコンゴ

SF作家として著名な筒井康隆は、『アフリカの爆弾』という短編小説のなかで、日本人商社マンと現地の首長との会話で、コンゴの植民地支配を次のように語っている。

　ジャングルを過ぎ、サバンナ地帯をこえると、あちこちにオテル・ド・コンゴレーズの建物や、ウテクスレオの織物工場や、アブラヤシの農園（プランテーション）などの散在が眼につきはじめた。ハイウェイも走っている。
　「コンゴもだんだん開けてきたなあ」と、私はいった。
　「だが建物、工場、農園、あらゆるもの、今でもやっぱり、ほとんど白人のもの」と酋長がいった。
　「それはしかたがあるまい」私はいった。「あんたたちは今だって、密林の中で部族社会を営んでいるじゃないか。もっとああいったところや都市へ、どんどん出て行かなきゃだめだよ」
　「ブワナ知らない。われわれの部落、部族社会ではない。ほんとの部族社会、いちど滅亡した。今、われわれ部落、あれ利益社会」
　「いちど滅亡したんだって」
　「そうだ。ヨーロッパ人の侵略、征服なければ、それまで立派な文明持っていたわれわれの部族社会、破滅することなかった。バションゴ国第93代目の王シャンバ・ボロンゴンゴの時代見てもわかる。あの繁栄、あのまま続いていたら、われわれ、あんな建物、工場、とっくに持っていた」
　「だって、コンゴは貧乏なんだろ」
　「コンゴ貧乏ない。ダイヤモンド、コバルト、鉄、銅、ウランまで出る。今までコンゴ貧しかったのは、ここで生産されるもの、ほとんどヨーロッパ人持っていったためだ。…」（『筒井康隆全集第5巻』新潮社より）

▶**ルムンバ**（1925～61）　コンゴ独立運動の指導者。コンゴ民主共和国の初代首相に就任したが、独立直後におこったコンゴ動乱のなかで敵対勢力に捕らえられ、殺害された。

3 ラテンアメリカ諸国とキューバ革命

3·1 ラテンアメリカ（1965年）

◀ペロン 1946年にアルゼンチン大統領に就任（任1946〜55、73〜74）し、労働者保護や重要産業の国有化などの改革を進めた。ポピュリズム（大衆迎合主義）的政治手法への評価はわかれるが、アルゼンチンでは妻のエヴァ（右）とともに現在でも人気が高い。

◀バティスタ　キューバ大統領（任1940〜44、52〜58）。アメリカ資本と結び独裁体制を強化するが、政権の腐敗が進みカストロらのおこした革命で、ドミニカに亡命した。

カストロとキューバ革命
▶ 詳しくみる

3·2 キューバ危機発生までのラテンアメリカ諸地域の動向

1946	6	アルゼンチンで**ペロン**政権成立
1947	9	**米州相互援助条約（リオ協定）**調印
1948	3	第9回パン＝アメリカ会議 →**米州機構（OAS）**発足（ボゴタ憲章）
1951	1	ブラジルで**ヴァルガス**政権成立
	3	グアテマラで**アルベンス**左翼政権成立
	10	中米5カ国（エルサルバドル・グアテマラ・コスタリカ・ニカラグア・ホンジュラス）外相会議→**中米機構（ODECA）**設置へ
1952	3	キューバで**バティスタ**軍事政権成立
		ボリビア革命
1953	4	ベネズエラで軍事クーデタ
1954	6	グアテマラ＝クーデタ
1955	9	アルゼンチンで軍事クーデタ→**ペロン亡命**
1959		**キューバ革命**
1961	5	キューバ、社会主義宣言
	6	ラテンアメリカ自由貿易連合（LAFTA）発足
1962	8	ジャマイカ・トリニダード＝トバゴ独立
	10	**キューバ危機**

地図内ラベル：

フロリダ／ハバナ／バハマ諸島（英領）／ハイチ ■20／ドミニカ共和国● 170／プエルトリコ（米領）／ジャマイカ（1962年独立）／トリニダード＝トバゴ（1962年独立）／カラカス／ジョージタウン／パラマリボ／ギアナ（英領）（蘭領）（仏領）

メキシコ 482 ●メキシコ／グアテマラ 50／グアテマラシティ／サンサルバドル／エルサルバドル 76／ホンジュラス ■29／マナグア／ニカラグア 40／コスタリカ● 53／パナマ 70／サンホセ／パナマ／ボゴタ／コロンビア 368／キト／エクアドル 120／ベネズエラ 188／ブラジル● 960／ブラジリア 60年4月にリオデジャネイロから遷都／リマ／ペルー 218／ボリビア 194／ラパス／サンパウロ／リオデジャネイロ／パラグアイ 37／チリ● 560／アスンシオン／ウルグアイ 38／サンチアゴ／モンテビデオ／ブエノスアイレス／アルゼンチン● 271／大西洋／フォークランド諸島（英領）

凡例：
- □ 選挙による政府がない国
- ■ 共産主義国
- ● 植民地
- ▲ アメリカ合衆国の基地
- アメリカ合衆国の資金援助（100万米ドル1961〜64）
- □ 西インド自治連邦（1958〜62）
- □ 中米防衛評議会（1962）
- □ 合衆国の艦隊封鎖（1962）
- 文字 民族左翼運動のあった国
- ● インフレ傾向のあった国

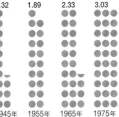

ラテンアメリカの人口（単位：億）

1.32	1.89	2.33	3.03
1945年	1955年	1965年	1975年

4 キューバ危機と平和共存への転換

▲カストロ（任1959〜2008、左）とフルシチョフ　カストロは革命当初から社会主義国家建設をめざしていたわけではなかったが、対米関係の悪化にともないソ連に接近し、1961年には社会主義宣言をした。写真は、モスクワのクレムリンでの様子（1964年）。

▶キューバ危機　1962年、キューバがソ連のミサイル基地建設を受け入れるとアメリカは空中査察でこれを察知し、ミサイル撤去を要求して海上封鎖を断行した。米・ソの核対立の危機は全世界を震撼させたが、ソ連が譲歩し回避された。写真は、アメリカ軍が撮影したミサイル基地（上）と、ソ連によるミサイル撤去の様子（下）を撮影した航空写真。

4·1 軍拡・軍縮の歩み

1942	米、マンハッタン計画（原爆製造計画）に着手
1945	米、最初の原爆実験
	米、広島と長崎に原爆投下
1946	国連に原子力委員会設置
1949	ソ連、最初の原爆実験
1950	ストックホルム＝アピール採択（5億人署名）
1952	国連総会、軍縮委員会創設
	米、最初の水爆実験　英、最初の原爆実験
1953	ソ連、最初の水爆実験
1954	**米、ビキニ環礁水爆実験（第五福竜丸被爆）**
1955	第1回原水爆禁止世界大会（広島）
1957	国際原子力機関（IAEA）設立
	パグウォッシュ会議（カナダ）
	ソ連、ICBM（大陸間弾道弾）開発
1960	仏、最初の原爆実験
1962	**キューバ危機**
1963	米・ソ、ホットライン（直通通信回線）設置
	米・英・ソ、部分的核実験禁止条約に調印
1964	中国、最初の原爆実験
1968	**核拡散防止条約（NPT）調印（62カ国）**
1972	**米・ソ、第1次戦略兵器制限交渉（SALT I）調印**
1974	インド、最初の核爆発実験
1975	全欧安全保障協力会議（ヘルシンキ宣言）
1978	**第1回国連軍縮特別総会**
1979	**米・ソ、SALT II 調印（→一時期デタント進展）**
1983	レーガン米大統領、戦略防衛構想（SDI）発表
1984	米ソ間の軍拡競争が激化
1987	**米・ソ、中距離核戦力（INF）全廃条約調印**
1989	米ソ首脳、**マルタ会談で冷戦終結を宣言**
1991	**米・ソ、第1次戦略兵器削減条約（START I）調印**
1993	**米・ロ、START II 調印**
1995	中国・仏の核実験に各地で抗議行動
1996	**国連、包括的核実験禁止条約（CTBT）採択**
1997	米、初の未臨界核実験
	対人地雷全面禁止条約調印
1998	インド・パキスタン、最初の原爆実験
2002	米・ロ、戦略核兵器削減条約調印
2006	北朝鮮、最初の核実験

▼「世界終末時計」　核戦争や環境破壊などによる人類滅亡の危険性を時計で表したもの。午前0時を破滅の時間と想定して、何分前になるかを示している。
（Bulletin of the Atomic Scientists（原子力科学者紀要）HPより作成）

0	5	10	15（分）
		（3分前）	11:57
			11:58
		（2分前）	
		（7分前）	11:53
		（12分前）	11:48
		（7分前）	11:53
			11:48
		（12分前）	
11:57	（3分前）		
11:54	（6分前）		
11:50		（10分前）	
11:43			
		（17分前）	
11:51			
11:53		（9分前）	
11:55		（7分前）（5分前）	

アフリカ

南アメリカ

1 ベトナム戦争

ベトナム戦争 ▶ 詳しくみる

 ▲ベトナム民主共和国（北ベトナム）

 ▲南ベトナム解放民族戦線

▲ベトナム共和国（南ベトナム）

 ◀ゴ＝ディン＝ジエム　1955年に阮朝最後の皇帝バオダイを追放して大統領となる（任1955〜63）。反共政策を進めるが、強権的な独裁体制は解放戦線ばかりでなく都市の仏教徒の反発もまねいた。対米関係を悪化させるなか、63年の軍部クーデタで殺害された。

	北ベトナム	南ベトナム	米国
1946 12	ベトナム民主共和国（北ベトナム）		トルーマン
	インドシナ戦争始まる		
1954 7	ジュネーヴ休戦協定調印		
	（仏は撤退するが、北緯17度線で南北分断）		アイゼンハワー
1955 10		ベトナム共和国	支援
		ゴ＝ディン＝ジエム大統領	
1960 12	南ベトナム解放民族戦線	←弾圧—反共・独裁体制	
	（反ジエム・反米闘争）	→アメリカとの関係悪化	
1963 11		軍部のクーデタ	黙認 ケネディ
		→ジエム政権崩壊	
1964 8	トンキン湾事件		
1965 2	ベトナム戦争		ジョンソン
	北爆開始←		
	（南ベトナムにアメリカ軍派兵）米、反戦運動高まる		
1968 1	解放戦線によるテト（旧正月）攻撃		
3	米軍によるソンミ村虐殺事件		
5	パリ和平会談開始		
10	北爆停止		
1969 6		南ベトナム臨時革命政府	
9	ホー＝チ＝ミン没	ニクソン＝ドクトリン	ニクソン
1970 2			
1972 4	北爆再開		
1973 1	ベトナム和平協定調印		
3	米軍、ベトナム撤退		フォード
19/5 4	サイゴン陥落		

1·1 ベトナム戦争（1965〜75年）

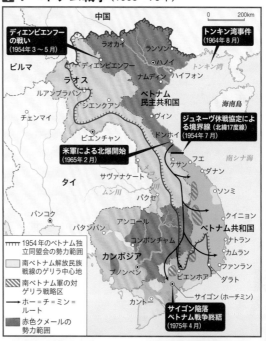

- ディエンビエンフーの戦い（1954年3〜5月）
- トンキン湾事件（1964年8月）
- ジュネーヴ休戦協定による境界線（北緯17度線）（1954年7月）
- 米軍による北爆開始（1965年2月）
- サイゴン陥落 ベトナム戦争終結（1975年4月）

凡例
- 1954年のベトナム独立同盟会の勢力範囲
- 南ベトナム解放民族戦線のゲリラ中心地
- 南ベトナム軍の対ゲリラ戦略区
- ホー＝チ＝ミン＝ルート
- 赤色クメールの勢力範囲

0　200km

1·2 アメリカ軍の作戦

▲北爆　ハノイを空爆するアメリカ軍のB-52戦略爆撃機。

Q 爆撃機の主要な発進基地は、どこにあったのだろうか。

▲枯葉作戦　ジャングルにひそんでゲリラ戦を展開する解放戦線側に対し、アメリカ軍は大量の除草剤を空中散布して対抗したが、国際的な非難を受けた。

Q 枯葉作戦は、なぜ国際的な非難を受けたのだろうか。

ベトナム戦争と日本

　日本はベトナム戦争に直接派兵こそしなかったが、基地機能の拡大を通じて戦線の一部として機能した。たとえば、沖縄は、1965年9月以降、アメリカの戦略爆撃機B52の発進・攻撃基地としての役割のほか、第7艦隊や海兵隊などの兵站補給・戦闘訓練の場として機能した。日本本土も、戦闘爆撃機・地上攻撃機の出撃基地（岩国など）、大型輸送機・偵察機の発着など支援機能の中枢（横田基地）、空母など艦艇に対する修理補給基地（横須賀・佐世保）といった役割に加え、米兵の慰安・レクリエーションの場（熱海など）としても機能した。

　また、アメリカは、戦争協力国に膨大な特需を供与する一方、自国内では軍需関連産業の発展と経済の軍事化を推進した。日本はこのなかで、航空機・艦艇修理などの直接特需（1965〜70年：毎年約5億ドル）をうけた。米兵の使用する日用品や飲食物なども日本製品に大きく依存していた。

1·3 反戦運動

▲民家を燃やす米兵　地上戦では、解放戦線に通じているとみなされた村に火を放ちゲリラ戦に対抗した。これにより多くの村人が家を失うこととなった。

◀ベトナム反戦運動　ベトナム戦争の報道は写真だけでなくテレビを通じても世界中に配信され、戦争の長期化とともに反戦運動も世界に広がった。写真は、ワシントンD.C.の国会議事堂前で反戦を訴えるアメリカの若者たち。

▼「安全への逃避」　1965年9月6日、日本人報道カメラマン沢田教一が撮影。2組の親子が川を渡って避難する場面を撮ったもので、親子の必死な姿は世界中に衝撃を与えた。沢田は、この写真で翌年のピューリツァー賞を受賞した。

Q ベトナム和平協定によって戦争は終結したといえるだろうか。

ベトナム和平協定（1973年1月27日）

第2条　休戦は、グリニッジ標準時1973年1月27日24時に南ベトナム全域にわたり実施される。
　合衆国は、同時刻に、ベトナム民主共和国の領域に対する陸軍、空軍および海軍によるすべての軍事行動をこれらの軍の基地の所在を問わず停止し、またベトナム民主共和国の領海、港湾および水路に対する機雷敷設を停止する。
第4条　合衆国は、その軍事的介入を停止しかつ南ベトナムの国内問題に干渉しない。
（鹿島平和研究所編『現代国際政治の基本文書』原書房より）

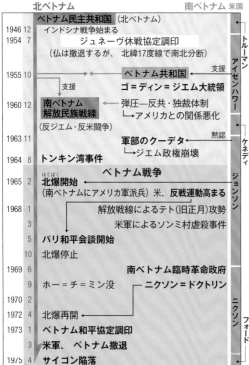

2 インドシナ情勢

2·1 南北統一後のベトナム

◀**ボート＝ピープル** 1975年のサイゴン陥落以降、華人や南ベトナム政府関係者が小型の船で国外への亡命をはかるようになり、**中越戦争**（1979年）以降は華人の数が激増した。写真は、香港に到着した難民たち。

◀▼**「ドイモイ」**（刷新） 1986年以降、ベトナムでは社会主義の枠内での資本主義的経済政策を導入し、経済復興を実現した。ハノイなどの都市部では、オートバイが普及し交通渋滞を引きおこすまでとなっており、商店の看板には、日本・韓国・ヨーロッパなどの電気製品の看板も増えている。

南アジア・東南アジア

2·2 カンボジア内戦

→ 政権保持勢力
┈┈▶ 政権対抗勢力
外国の影響

1953	カンボジア王国独立	シハヌーク国王 ◀──	中国、北朝鮮
1954	ジュネーヴ休戦協定で独立承認		
1965	ベトナム戦争（北爆開始）		
1970	ロン＝ノル将軍クーデタ	（追放） ロン＝ノル ◀──	アメリカ
1975	サイゴン陥落→ベトナム戦争終結	米軍によるカンボジアの北ベトナム軍補給基地への爆撃を認める	
	赤色クメールによりプノンペン陥落→ロン＝ノル政権崩壊	（亡命） ボル＝ポト ◀── 赤色クメールが政権の中核を担う。反ベトナムを標榜住民を大量虐殺	中国
1976	民主カンプチア（民主カンボジア）に改称		
1977	ベトナムと国交断絶		
1978	民主カンプチア、ベトナム軍、カンボジアに侵攻		
1979	カンプチア人民共和国	ヘン＝サムリン ◀──	ベトナム
1982	民主カンプチア連合政府発足→内戦激化	シハヌーク派 ソン＝サン派 ボル＝ポト派 ◀◀	ASEAN
1989	ベトナム軍撤退、カンボジア国に改称		
1991	パリ和平協定	4派が調印	国連
1993	UNTAC（国連カンボジア暫定統治機構）監視下で総選挙	第一党 拒否	
	カンボジア王国成立	シハヌーク国王 フン＝セン第2首相 ◀── ラナリット第1首相	
1994	ポル＝ポト派との内戦		
1998	ポル＝ポト死去 総選挙	総選挙敗北 首相	
1999	ASEANに加盟		

◀**ロン＝ノル**（1913～85） 1970年にクーデタで政権を掌握すると、領内の南ベトナム勢力を一掃するためにアメリカのカンボジア侵攻を認めるが、かえって内戦を拡大する結果となった。

▶▲**ポル＝ポト**（？～1998） **赤色クメール**の指導者。1975年にロン＝ノルを追放して権力を掌握すると、都市住民の農村への強制移住や知識人階層の虐殺などをおこない、170万人の国民が犠牲となった。写真上は、無人化した首都プノンペン風景。

◀**地雷原の子ども** 国境地帯の農村部や山岳部では内戦中に設置された地雷の撤去が進んでおらず、子どもたちは現在も危険にさらされている。

3 国連の平和維持活動（PKO）

3·1 日本が関わったおもなPKO

年代	派遣先	根拠となる国際連合の活動
1992～93	カンボジア	国際連合カンボジア暫定機構（UNTAC）
1993～95	モザンビーク	国際連合モザンビーク活動（ONUMOZ）
1996～2013	ゴラン高原（シリア・イスラエル）	国際連合兵力引き離し監視隊（UNDOF）
2002～04	東ティモール	国際連合東ティモール暫定行政機構（UNTAET）→国際連合東ティモール支援団（UNMISET）
2007～11	ネパール	国際連合ネパール政治ミッション（UNMIN）
2008～11	スーダン	国際連合スーダン・ミッション（UNMIS）
2010～12	東ティモール	国際連合東ティモール統合ミッション（UNMIT）
2010～13	ハイチ	国際連合ハイチ安定化ミッション（MINUSTAH）
2011～17	南スーダン	国際連合南スーダン共和国ミッション（UNMISS）

＊これらのほかにも、難民救援や復興支援の目的で自衛隊の海外派遣がおこなわれている。

解説 国連は、紛争の平和的解決や治安維持のために、**国連平和維持活動（PKO）**を展開した。国連加盟国から派遣された国連平和維持軍（PKF）などが紛争地域でおこなう停戦監視・兵力引き離し・選挙監視・人道支援などの活動を指す。日本でも、1992年に**PKO協力法**が成立した。

▶**自衛隊のPKO参加** カンボジアのタケオで地雷探査をする自衛隊員（1992年10月）。

1 1960〜70年代の米ソと西ヨーロッパの情勢

	アメリカ合衆国	ソ連	イギリス	フランス	ドイツ（西ドイツ）	その他の国々
1960 5	U2撃墜事件→パリ東西首脳会談流会			1959 1 ド＝ゴール大統領（〜69）		
1961 1	ケネディ大統領就任（〜63）	1961 4 有人人工衛星成功				
6	米・ソ、ウィーン会談			◀ド＝ゴール（任1959〜69）		196210 第2回ヴァチカン公会議（〜65）
1962 2	有人宇宙飛行成功					
10	キューバ危機➡p.269			1963 1 フランス・西ドイツ協力条約		
1963 8	米ソ直通通信線ホットライン開通		1963 1 イギリスのECC加盟交渉に反対			
11	ケネディ大統領暗殺→ジョンソン大統領就任（〜69）		1963 8 ド＝ゴール、部分的核実験禁止条約の調印拒否	196310 アデナウアー辞任	
1964 7	公民権法成立	196410 フルシチョフ解任→ブレジネフ・コスイギン体制	196410 ウィルソン労働党内閣（〜76）	1964 1 中華人民共和国承認	1965 5 イスラエルと国交樹立	
1965 2	北爆開始			1966 7 NATO軍事機構から脱退		1967 6 スペイン、民主化法成立
1967 6	米ソ首脳会談（グラスボロ）				1967 7 ヨーロッパ共同体（EC）発足	
		1968 8 「プラハの春」に軍事介入		1968 5 五月危機（五月革命）	196910 ブラント連立内閣（〜74）	196812 ポルトガル、サラザール首相辞任
1969 1	ニクソン大統領就任（〜74）	1970 1 ワルシャワ条約機構統合軍結成	1969 8 北アイルランド紛争激化	1969 6 ド＝ゴール大統領辞任	197012 ポーランド国交正常化	197011 イタリア、中華人民共和国承認
1972 5	ニクソン訪ソ				1972 5 東方条約批准	
					197212 東西ドイツ基本条約調印	
1973 4	ウォーターゲート事件	1973 6 ブレジネフ訪米		1973 1 拡大EC発足		
					1973 9 東西ドイツ、国連同時加盟	1973 6 ギリシア、共和政宣言
1974 8	ニクソン大統領辞任→フォード大統領就任（〜77）		◀サッチャー（任1979〜90）	1974 9 ブラント首相辞任	1974 4 ポルトガル、カーネーション革命
				1975 7 全欧安全保障協力会議→ヘルシンキ宣言		
1977 1	カーター大統領就任（〜81）	1978 5 ブレジネフ西ドイツ訪問	1979 5 サッチャー保守党内閣（〜90）			197511 スペイン、フランコ死去
						1981 1 ギリシア、EC加盟

2 アメリカ合衆国の動揺

- 1909 全米黒人地位向上協会（NAACP）創設
- 20年代 クー＝クラックス＝クラン（KKK）活動の最盛期
- 1939 第二次世界大戦勃発（〜45）
- 42 約70万人の黒人が出兵（ほとんどが黒人部隊）
- 49 大リーグ野球に初の黒人選手（ジャッキー＝ロビンソン）
- 50 ラルフ＝バンチ国連事務次長に黒人初のノーベル平和賞
- 54 連邦最高裁判所判決「公立学校における分離教育は違憲」（ブラウン判決）
- 55 バス＝ボイコット運動（アラバマ州）
- 56 オーザリン＝ルーシー事件（アラバマ大学入学拒否事件）
  連邦最高裁判所判決「公共バスにおける人種隔離は違憲」
- 57 公民権法成立（黒人投票権保障）
  リトルロック高校事件→各地で共学を求める運動おこる
- 60年代 女性解放運動（フェミニズム）活発化
- 60 公民権法成立（黒人の有権者登録の権利を保障）
  食堂シット＝イン運動（ノースカロライナ州）
- 63 ワシントン大行進（キング牧師「私には夢がある」演説）
- 64 公民権法成立（公共施設での人種隔離禁止）
  キング牧師にノーベル平和賞
- 65 投票権法成立
  マルコムX暗殺
  ロサンゼルス暴動（ワッツ事件）→「長く暑い夏」
- 60年代半ば ベトナム反戦運動
- 66 ストークリー＝カーマイケル、「ブラックパワー」提唱
  この頃から黒人分離主義・暴力的公民権運動が台頭
- 68 キング牧師暗殺
- 86 キング牧師の誕生日を国民の祝日とする（1月第3金曜日）
  この頃から成長したラテン系・アジア系に対する「ヘイトクライム」（憎悪犯罪）増えはじめる
- 92 ロサンゼルス暴動→アジア系移民の経営する商店をおそう

▲コカ＝コーラの自動販売機

Q 自動販売機に書かれている人種差別を表す言葉は何だろうか。

▶︎ケネディ大統領（任196〜63）　選挙で選ばれた最年少の、また初のカトリック教徒の大統領。キューバ危機、進歩のための同盟、南ベトナムへの軍事顧問派遣などソ連との対決姿勢を明らかにした。1963年遊説先のテキサス州ダラスで暗殺される。写真は、暗殺直前に撮影されたもの。車中後方右から2人目がケネディ大統領。

私には夢がある（I have a dream）
I have a dream that one day on the red hills of Georgia, the sons of former slaves and the sons of former slave owners will be able to sit down together at the table of brotherhood. 私にはいつの日にかジョージア州の赤土の丘の上で、かつての奴隷の子孫たちとかつての奴隷主の子孫たちとがともに兄弟愛のテーブルに着くことができるようになるという夢がある。

▶︎キング牧師（1929〜68）　ガンディー➡p.246らの影響から非暴力による黒人解放運動を指導した。1963年のワシントン大行進における「私には夢がある」という演説は、公民権法成立に大きな影響を与えたとされる。

3 社会主義圏の動揺

▶**ニクソン**(左)**とチャウシェスク** ルーマニアのチャウシェスク大統領(任1967〜89)は、豊富な石油資源を背景に、ソ連とは距離をおく外交政策を進め、アメリカなど西側諸国と積極的に交流した。写真は、ニクソンがルーマニアを公式訪問した際のもの(1969年)。

▲**「プラハの春」** 1968年、チェコスロヴァキアでは国民の民主化要求を背景に、**ドプチェク**が自由化を推進した。この動きは「プラハの春」と呼ばれたが、ソ連の率いるワルシャワ条約機構軍の軍事介入で弾圧された。写真は、戦車の前に立ちはだかるプラハ市民。

ブレジネフ＝ドクトリン(制限主権論)

ソ連共産党は、各社会主義国が夫々、自国の民族的諸条件の特殊性を考慮しつつ、自国の社会主義の道にそった発展の具体的形態を決定することを常に支持してきた。…社会主義に敵対的な内外の勢力が、いずれかの社会主義国の発展を資本主義的秩序の復活の方向に転換せしめようと試みるとき、この国における社会主義の事業への脅威、**社会主義共同体全体の安全に対する脅威が発生するときは、これはもはや、その国の国民の問題であるのみならず、すべての社会主義諸国の共通の問題、憂慮すべきこととなるのである。**
(鹿島平和研究所編『現代国際政治の基本文書』原書房より)

▲**ブレジネフ**
(任1964〜82)

「プラハの春」
──市民による二千語宣言(1968年)

戦後、人々の大きな信頼を享受した共産党は、しだいにこの信頼を捨てて、その代りに役職を手に入れ、ついにすべての役職を手に収めてそれ以外は何物も、もはやもたなくなった。…共産党における状態は、国家における同様な状態の模範となり原因となった。党が国家と結びついていたために、党は、行政権力から距離を保つ利点を失う結果となった。国家および諸経済組織の活動は、批判されることがなかった。…多くの労働者が、自分たちが支配していると考えていた間に、特別に育成された党および国家機構の職員の階層が労働者の名において支配していた。
(木村尚三郎監修『世界史資料 下』東京法令出版より)

▶**ドプチェク**(任1968〜69)

Q この宣言ではどのようなことが批判されているのだろうか。

Q ブレジネフは、各国の主権と社会主義国全体の安全のどちらを優先すべきことと考えているのだろうか。

Q この条約の趣旨は何だろうか。

4 ヨーロッパでの緊張緩和

▲**五月革命** 1968年、政府の大学改革などに反発する学生たちに労働者が呼応し、反ド＝ゴール運動はパリから地方にまで波及した。写真は、完全武装の警官隊と対峙するソルボンヌ大学の学生。

Q 学生が手にしている風船は、何を意味しているのだろうか。

▼**ブラントの「東方外交」** 「東方外交」の一環として、1970年12月にワルシャワ条約を締結し、オーデルナイセ線の国境を確認し、西ドイツとポーランドの国交を回復した。

▼**フランコ**(右)**とフアン＝カルロス** フランコ(1892〜1975)は、1969年に前国王の孫フアン＝カルロスを後継者に指名した。75年にフランコが死去すると、フアン＝カルロス1世として即位し(位1975〜2014)、スペインの民主化を進めた。

▲**カーネーション革命** ポルトガルではサラザール引退後も独裁体制が続いていたが、1974年の軍の反乱に民衆が合流したカーネーション革命が勃発し、独裁体制に終止符が打たれた。

東西ドイツ基本条約 (1972年12月21日)

第4条 ドイツ連邦共和国およびドイツ民主共和国は両国のいずれの一方も他方を国際的に代表し、又は他方の名において行動しえないことを出発点とする。

第6条 ドイツ連邦共和国とドイツ民主共和国は両国の各々の主権は自国の領域内に限定されるとの原則による。両国は、両国の各々の内政・外交に関する事項についての独立と自主性を尊重する。
(鹿島平和研究所編『現代国際政治の基本文書』原書房より)

▲**ブラント首相**(左、西ドイツ)**とシュトフ首相**(右、東ドイツ) 1970年3月19日、エアフルト。

▲**全欧安全保障協力会議(CSCE)に出席した各国首脳** 左からシュミット首相(西ドイツ)、ホネカー書記長(東ドイツ)、フォード大統領(アメリカ)、フライスキー首相(オーストリア)。

ヨーロッパ

北アメリカ

東アジア

1 中ソ対立と中国の動揺

? 中国は、なぜアメリカ合衆国や日本に接近したのだろうか。

1·1 1950年代末〜70年代の中国

年	月	事項
1958		「大躍進」運動始まる
	8	人民公社設立
1959	3	チベット暴動
	4	劉少奇主席就任(〜68)
		この年から62年まで大自然災害による飢饉
1960	6	中ソ対立公然化
1961	7	ソ連対中援助打ち切り通告
1963	11	自力更生政策決定
1964	10	核実験に成功
1966	5	プロレタリア文化大革命始まる
	8	紅衛兵運動開始
1968	10	劉少奇失脚
1969	3	中ソ国境紛争
		毛沢東・林彪体制成立
1971		林彪(1908〜71)、クーデタ失敗
1972	2	周恩来・ニクソン会談
		日中国交正常化
1973		批林批孔運動開始(〜74)
1976	1	周恩来首相死去
	4	華国鋒首相就任(〜80)→鄧小平失脚
	9	毛沢東死去
	10	四人組失脚
1977	7	鄧小平復活
	8	文化大革命終結宣言
1978	2	新憲法公布
		→「四つの現代化」推進

▶劉少奇

▲華国鋒(左)と日本の実業家の松下幸之助

▲「大躍進」運動　1958年から毛沢東の指導下で進められた集団化による急進的な農工業の増産運動。人民公社もこの過程で誕生した。しかし、深耕密植の農法など科学的裏付けのない手法は、逆に経済を混乱させた。これに、凶作が加わり数千万人の餓死者を出したといわれる。左は、「人民公社万歳」と書かれたポスター、右は土法炉(原始的な溶鉱炉)による製鉄風景。

▲プロレタリア文化大革命　大躍進の失敗で失脚した毛沢東は、1966年から学生を中心とする紅衛兵(左)を大衆運動の先頭にたて、劉少奇ら実権派を批判する路線闘争を始めた。運動は、77年に終息したが、混乱で経済発展が遅れた。写真右は、ハルビン市の集会に引き出された黒竜江省第一書記。

◀中ソ国境紛争　1969年3月、ウスリー川の中洲ダマンスキー島(中国名は珍宝島)の領有権をめぐっておきた中ソ両国の軍事衝突。同年8月には新疆ウイグル自治区でも軍事衝突がおき、両国の全面戦争が危惧された。

▶毛沢東(右)と林彪　林彪は文化大革命中の1969年に毛沢東の後継者におされたが、国家主席の地位をめぐる対立から毛沢東暗殺をくわだてた。これが発覚すると、翌年ソ連への逃亡を試みたが、モンゴルで墜落死した。

2 アメリカ・日本と中国の接近

米中共同声明(1972年2月、上海)

　中国と米国の社会制度と対外政策には本質的な相違が存在している。しかしながら、双方は、各国が、社会制度のいかんを問わず、すべての国の主権と領土保全の尊重、他国に対する不可侵、他国の国内問題に対する不干渉、平等互恵、及び平和共存の原則に基づき国と国との関係を処理すべきである旨合意した。国際紛争は、この基礎に基づき、武力の使用または威嚇に訴えることなく解決されるべきである。
　米国と中国は、相互の関係においてこれらの原則を適用する用意がある。
　国際関係におけるこれらの原則に留意しつつ双方は次のように述べた。
　中国と米国の関係正常化への前進は、全ての国々の利益にかなっている。
　双方共、国際的軍事衝突の危険を減少させることを願望する。
　いずれの側も、アジア・太平洋地域において覇権を求めるべきではなく、このような覇権を確立しようとする他のいかなる国あるいは国の集団による試みにも反対する。
(鹿島平和研究所編『現代国際政治の基本文書』原書房より)

▲毛沢東主席(左)とニクソン大統領の会見

日中共同声明(1972年9月29日、北京)

1　日本国と中華人民共和国との間のこれまでの不正常な状態は、この共同声明が発出される日に終了する。
2　日本国政府は、中華人民共和国政府が中国の唯一の合法政府であることを承認する。
3　中華人民共和国政府は、台湾が中華人民共和国の領土の不可分の一部であることを重ねて表明する。日本国政府は、この中華人民共和国政府の立場を十分理解し、尊重し、ポツダム宣言第8項に基づく立場を堅持する。
5　中華人民共和国政府は、中日両国国民の友好のために、日本国に対する戦争賠償の請求を放棄することを宣言する。
8　日本国政府及び中華人民共和国政府は、両国間の平和友好関係を強固にし、発展させるため、平和友好条約の締結を目的として、交渉を行うことに合意した。
(外務省HPより)

▲周恩来首相(右)と会談する田中角栄首相

Q この声明で両国はどのようなことに合意したのだろうか。

Q この声明で両国はそれぞれ何を認めたのだろうか。

1 アジア諸地域の動向

❓ 第三世界の経済成長にはどのような特徴がみられたのだろうか。

インド・パキスタン	ミャンマー（ビルマ）	ラオス・カンボジア	タイ	マレーシア・シンガポール	フィリピン	インドネシア	韓国
1956 パキスタン＝イスラーム共和国成立	1948 ビルマ連邦成立		1957 軍事クーデタ→サリット政権	1957 **マラヤ連邦**として独立			1958 国家保安法採択
	1962 ネ＝ウィンの軍事クーデタ						1960 韓国革命→李承晩辞任
							1961 朴正煕政権掌握
	▶**ネ＝ウィン**（任1974～81）	▶**リー＝クアンユー**（任1965～90）	1965 **シンガポール**独立	1965 マルコス大統領（任～86）	1965 国連脱退（～66）**九・三〇事件**	1963 朴正煕大統領就任（任～79）
						1967 スカルノ退陣	1965 **日韓基本条約**
1971 **バングラデシュ**独立				1967 **東南アジア諸国連合（ASEAN）**結成			
1974 パキスタン、バングラデシュを承認	1974 ネ＝ウィン大統領（任～81）	1970 **カンボジア内戦**→p.271				1968 スハルト大統領（任～98）	1971 朴正煕大統領三選
							1979 朴正煕大統領暗殺
1984 インディラ＝ガンディー首相暗殺	1975 ラオス人民民主共和国成立	1976 民主カンプチア成立	1977 軍政復活	1981 マハティール首相（任～2003）			1980 **光州事件****全斗煥**大統領（任～88）
◀**インディラ＝ガンディー**（任1966～77、80～84）	1988 軍事クーデタ				1986 フィリピン政変→マルコス失脚、**アキノ**大統領（～92）	▶**スハルト**（任1968～98）	1987 大統領直接選挙→盧泰愚大統領（任～93）
	1989 **ミャンマー**と改称	1993 カンボジア王国成立	1992 民主化要求運動				1988 ソウル・オリンピック
	1991 **アウン＝サン＝スー＝チー**、ノーベル平和賞			1990 リー＝クアンユー引退			1993 金永三大統領（任～98）
				1997 **アジア通貨危機**			
1998 インド、総選挙で人民党が第一党になるインド、パキスタン地下核実験強行	1997 ミャンマー、ASEAN加盟	1997 ラオス、ASEAN加盟1999 カンボジア、ASEAN加盟		▶**マルコス**（任1965～86）	1998 反政府運動→スハルト大統領辞任	1998 金大中大統領（任～2003）
				2003 マハティール首相退陣	2001 アロヨ大統領（任～10）	2002 **東ティモール**独立	2002 日韓サッカー・ワールドカップ開催
2007 反政府運動		2006 軍事クーデタ			2004 ユドヨノ大統領（任～14）	2003 盧武鉉大統領（任～08）
2011 民政復活							2008 李明博大統領（任～13）
2015 アウン＝サン＝スー＝チー率いる国民民主連盟（NLD）が総選挙で勝利		▶**マハティール**（任1981～2003、2018～20）	2010 アキノ（子）大統領（任～16）	2014 ウィドド大統領（任2014～）	2013 朴槿恵大統領（任～16）
			2015 **ASEAN経済共同体（AEC）**発足			
2021 軍事クーデタ				2016 ドゥテルテ大統領（任～22）		2017 文在寅大統領（任～22）
							2018 平昌オリンピック開催

（欄外）東アジア　東南アジア・西アジア　西アジア

2 開発独裁と経済発展

▶**東南アジア諸国連合（ASEAN）**
1967年8月、タイ・インドネシア・マレーシア・フィリピン・シンガポールの5カ国により発足。写真は、バンコクで開かれた第1回会議の様子。

インドの市場開放政策（1991年）

第10項 …われわれは十分多様化した産業構造を発展させた。…しかし、参入障壁や、企業数の拡大への制限は、許認可制をはびこらせ、独占の度合いを強める結果となっている。…生産性や効率性の向上、費用の削減を実現するには、国内市場における企業間の競争を高めることが不可欠である。

第12項 40年間に及ぶ計画経済下での産業発展で、われわれは、いまや外国からの投資を恐れるのではなく、むしろ歓迎する段階に達した。……外国直接投資は、資本、技術、市場へのアクセスを可能にする。それはインド企業を段階的に外国との競争に導いてくれ、費用、効率、品質に正当な評価が下されるようになるだろう。
（マンモーハン＝シン蔵相の予算書演説、歴史学研究会編『世界史史料12』岩波書店より）

Q インドはどのようにして経済成長をめざしているのだろうか。

ASEANの地域統合

61 ASEAN加盟国の発展水準に相違があることに鑑み、ASEAN統合の恩恵がすべての加盟国に共有され享受されるためには、ASEAN統合の深化と広域化を実現する際に、発展の格差に取り組み、発展の遅れたASEAN加盟国の経済統合を加速する技術的な開発協力が必要である。そうすれば、ASEAN加盟国は共通の行動様式をとることができるようになる。

63 AEC〔ASEAN経済共同体〕の挑戦を満たすためには、CLMV〔カンボジア・ラオス・ミャンマー・ベトナム〕諸国が経済成長を促進し、経済競争力を強化し、国内や外国資本の直接投資を増加させ、公共の目的に適うような民間部門を拡張させる政策をとる必要がある。
（「ASEAN経済共同体ブループリント」〈2007年11月20日採択〉、歴史学研究会編『世界史史料12』岩波書店より）

Q ASEANは統合を強化するために何が必要だと考えているのだろうか。

2·1 ASEAN主要国の輸出構成の変化

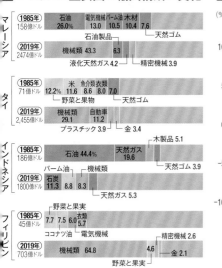

マレーシア
〈1985年〉158億ドル　石油 26.0%／電気機械 13.0／パーム油 10.5／木材 10.4／7.6 天然ゴム／石油製品
〈2019年〉2474億ドル　機械類 43.3／6.3／液化天然ガス 4.2／精密機械 3.9

タイ
〈1985年〉71億ドル　米 12.2%／魚介類 11.6／衣類 8.6／8.0／7.0 天然ゴム／野菜と果物
〈2019年〉2,455億ドル　機械類 29.1／自動車 11.2／プラスチック 3.9／金 3.4

インドネシア
〈1985年〉186億ドル　石油 44.4%／天然ガス 19.6／木製品 5.1／機械類／天然ゴム 3.9
〈2019年〉1800億ドル　パーム油／機械類／石炭 11.3／8.8／8.3／天然ガス 5.3

フィリピン
〈1985年〉45億ドル　野菜と果実 7.7／7.5／6.0／5.7 衣類／ココナツ油／電気機械／精密機械 2.6
〈2019年〉703億ドル　機械類 64.8／4.6／金 2.1／野菜と果実

食料品　原材料・燃料　工業製品　その他
＊金は非貨幣用
（International Trade Statistics Yearbookより作成）

2·2 アジアの経済成長率

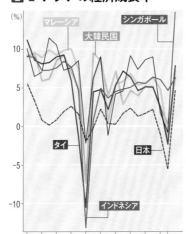

マレーシア　シンガポール　大韓民国　タイ　日本　インドネシア
（%）10 5 0 -5 -10
1990 92 94 96 98 2000 02 04 06 08 09（年）
（世界銀行2012年より作成）

Q グラフのなかにある2つの急激な落ち込みがなぜおこったのかを、年表も参考にして調べてみよう。

3 民主化と改革

3·1 韓国

▼▶**朴正熙**（パクチョンヒ） 1961年のクーデタで政権を掌握し、63年に大統領に就任する。65年に**日韓基本条約**を結び、以降、「漢江の奇蹟」といわれる経済成長を実現する一方、民主主義をきびしく弾圧した。写真下は、日韓基本条約に反対する学生を拘束した治安当局と学生にすがりつく母親。

▼**光州事件** 1980年5月、クーデタで政権を奪取した全斗煥らが政敵の**金大中**（キムデジュン）を逮捕すると、韓国南西部の光州市ではこれに抗議する大規模なデモがおこり軍隊と衝突した。この事件で、およそ200名の学生・市民らが犠牲となった。

◀**盧泰愚**（ノテウ）（任1988～93） 全斗煥の盟友であったが、1987年に大統領直接選挙を含む民主化宣言を発表。88年に大統領に就任、ソウルオリンピックを機にいわゆる「北方外交」を展開して社会主義諸国との関係改善につとめた。

▶**金泳三**（キムヨンサム）（任1993～98） 朴正熙政権時代から民主化運動を指導。1992年の大統領選では金大中を破って当選し、李承晩以来の文民大統領となった。

3·2 マレーシア

▲**マレーシア独立** シンガポールを除くマレー半島のイギリス領植民地は、1957年に**マラヤ連邦**として独立、63年にはシンガポールとブルネイを除いたボルネオのイギリス植民地をあわせてマレーシアとなった。写真は、57年8月のマラヤ連邦独立式典。

3·3 インドネシア

▲**スカルノとスハルト** 九·三〇事件によってスカルノの指導力は失墜し、政治の実権は事件を収拾した軍令官スハルトに移った。写真は、1966年に新政権の構成を発表するスカルノ大統領（右）とそれを見守るスハルト（着席している人物）。

▼**インドネシアの民主化** バンドンで開かれた反スハルトの集会。叫ぶ学生のうしろにある柩は「民主主義の死」を象徴している。

3·4 フィリピン

◀**フィリピンの二月革命** 1986年大統領選挙の不正に抗議して一挙に大衆運動が盛り上がり、マルコス政権が打倒された。運動の先頭にたったコラソン＝アキノ（右端）を支持する人々が黄をシンボルとしたので、「黄色い革命」ともいう

3·5 タイ

▲**タイの民主化** 1992年5月、前年の陸軍クーデタで権力を握ったスチンダー首相の退陣と民主化を求めるデモ隊と軍隊が衝突し、300名以上が死亡した。事件は、国王ラーマ9世の調停で収拾し、スチンダーは退陣した。

3·6 ミャンマー

▶**アウン＝サン＝スー＝チー**（1945～ ）「ビルマ建国の父」とされるアウン＝サン将軍→p.263の長女。1988年以降、ミャンマー民主化の指導者として活躍。軍事政権の迫害に屈しない姿勢は、国際的にも高く評価されている。2016年には事実上の国家指導者となったが、近年では少数民族ロヒンギャへの抑圧などで、国際的な批判を受けている。2021年には軍事クーデタで再び軍政となり、彼女も拘束された。

3·7 インド

▲**バングラデシュ独立** 東西パキスタンはともにムスリム国家であるが、日常の言語や文化は異なっていた。1971年3月に東パキスタンが独立戦争をおこすと、インドが介入して同年12月にバングラデシュとして独立を達成した。写真は、首都ダッカに向かうインド軍のトラック上で喜びをあらわにする独立派の兵士。

東アジア

南アジア・東南アジア

西アジア

ラテンアメリカの民主化

ラテンアメリカの民主化は、いつ頃から、どのような背景で始まったのだろうか。

1 ラテンアメリカの民主化

赤文字 左翼勢力関連
緑文字 アメリカ関連

大西洋

メキシコ
1982 経済危機（対外債務危機）
1994 経済危機

エルサルバドル
1979 エルサルバドル内戦

ニカラグア
1979 ニカラグア革命、ソモサ独裁政権打倒
　　　→サンディニスタ民族解放戦線
　　　　政権掌握
1990 親米政権樹立

ペルー
1968 左翼軍事政権成立
1990 フジモリ大統領就任（～2000）
2001 トレド政権成立（大統領 任2001～06）

チリ
1970 アジェンデ左翼政権成立
　　　（チリ人民連合政権）
1973 軍事クーデタ　アジェンデ政権崩壊
　　　（73 アジェンデ没）
1974 ピノチェト軍事独裁政権成立（任～90）
1990 民政移管
2006 ピノチェト死去

パナマ
1989 アメリカの侵攻
　　　→ノリエガ政権（1983～89）打倒

ハイチ
1986 軍事独裁政権崩壊
1994 軍政指導者退任、米軍進駐

ベネズエラ
1999 チャベス政権成立（大統領 任1999～2013）

ブラジル
1985 民政移管
2001 ルーラ左翼政権成立
　　　（大統領 任2003～11）

ボリビア
2002 モラレス政権成立
　　　（大統領 任2006～19）

アルゼンチン
1973 ペロン大統領復活（～74）
1976 親米軍事政権成立
　　　→ペロン（イサベラ＝ペロン）
　　　　政権崩壊
1982 フォークランド戦争（対イギリス）
1983 民政移管
2001 経済危機

ウルグアイ
1985 民政移管

太平洋

フォークランド諸島

□ 南米南部共同市場（MERCOSUR）
（アルゼンチン・ブラジル・ウルグアイ・パラグアイ）
ベネズエラ　※パラグアイは、現在参加権停止

1·1 チリ

▼ピノチェト　1973年9月11日、アメリカの支援下でクーデタをおこしてアジェンデ政権を倒した。その後、90年まで大統領として軍政を指導した。

▲アジェンデ　1970年の選挙で大統領に当選、史上初の選挙による社会主義政権を樹立した。しかし、銅鉱山の国有化や農地改革などの改革はアメリカ合衆国との衝突をまねいた。

1·2 ニカラグア

◀ニカラグアの反政府ゲリラ「コントラ」　1979年のニカラグア革命後に組織された反革命民兵。アメリカのレーガン政権より資金援助を受け、ホンジュラスやコスタリカなど隣国を拠点として活動した。

1·3 アルゼンチン

◀▲フォークランド戦争　1982年、イギリス領フォークランド（マルビナス）諸島の領有権を主張して侵攻したアルゼンチンとイギリスの間でおこった。戦争は3カ月でイギリスの勝利に終わり、敗れたアルゼンチンでは、翌年軍部政権が崩壊した。写真左は投降するアルゼンチン兵士、上は徴用した豪華客船クイーン＝エリザベス2世に乗り込むイギリス軍兵士。

1·4 パナマ

◀ノリエガ将軍　1983年にパナマ軍最高司令官として事実上の独裁者となった。麻薬密売や反米国家への協力行為などを理由にアメリカの侵攻を受けた。写真は、身柄を拘束されアメリカへ輸送されているときの様子。

1·5 ペルー

▲フジモリ大統領　熊本県出身の両親をもつ日系2世。1990年から10年間にわたりペルーの大統領をつとめた。写真は、共和国議会選挙に際しリマ郊外の貧困地域で演説している様子。

1·6 南米南部共同市場（MERCOSUR）

▲MERCOSUR　1995年、アルゼンチン・ブラジル・ウルグアイ・パラグアイの4国により結成。ベネズエラは2006年加盟。写真は、ベネズエラで加盟に対する国民の理解を求めるために描かれたもの。加盟によって雇用や経済成長が期待されると訴えている。

1·7 ベネズエラ

◀チャベス　1999年、ベネズエラ大統領に就任し、国内貧困層の支持を背景に医療の無料化や農地改革などを進めた。外交面ではアメリカの覇権主義との対決姿勢を明確にうち出し、同時多発テロ事件後のアメリカのアフガニスタン侵攻を非難した。

ラテンアメリカ諸国とアメリカ合衆国

アメリカ合衆国がラテンアメリカ諸国の民族解放闘争を弾圧した理由は、自国の権益擁護が第一であったといわれる。すなわち、これらの諸国が共産化しなければ、国内の政権は権威主義的であれ軍事独裁であれ、さらには民族主義的であれ一向に構わなかったということである。しかし、植民地的経済構造のもとで何らかの実効ある改革をおこなえば、必ずアメリカの権益と衝突するものとなった。カストロ新政権をいち早く承認したアメリカが、その後対立を深め、キューバが社会主義宣言をするにいたったこと、民主的に成立したアジェンデ政権を打倒するクーデタを支援したことなどが、その例としてあげられる。

南アメリカ

第IV部　第18章

1 福祉国家と公害

◀**チョルノービリ（チェルノブイリ）原子力発電所事故** 1986年4月、ソ連のウクライナでおこった爆発事故は、それまでの原子力発電所の事故で最悪のものとなった。初期対応や情報公開の遅れから多くの人が被爆し、大量の放射性物質が拡散した。写真は、事故をおこした4号炉の外観。

▶**アメリカ合衆国の公害問題** アメリカを擬人化したアンクル＝サムに、ガスマスクとゴーグルを着用させることで、大気汚染の深刻な様子を告発している。

▲**レイチェル＝カーソン**（1907～64） アメリカの生物学者。1962年に刊行された『沈黙の春』は、DDTなどの農薬による環境汚染と、汚染が生物へ与える影響を指摘し、世界に衝撃を与えた。日本でも1964年に『生と死の妙薬』というタイトルで全訳が刊行された。

国連人間環境会議・ストックホルム宣言（1972年6月16日）

1 人は環境の創造物であると同時に、環境の形成者である。環境は人間の生存を支えるとともに、知的、道徳的、社会的、精神的な成長の機会を与えている。地球上での人類の苦難に満ちた長い進化の過程で、人は、科学技術の加速度的な進歩により、自らの環境を無数の方法と前例のない規模で変革する力を得る段階に達した。自然のままの環境と人によって作られた環境は、共に人間の福祉、基本的人権ひいては、生存権そのものの享受のため基本的に重要である。

6 我々は歴史の転回点に到達した。いまや我々は世界中で、環境への影響に一層の思慮深い注意を払いながら、行動をしなければならない。…自然の世界で自由を確保するためには、自然と協調して、より良い環境を作るため知識を活用しなければならない。現在及び将来の世代のために人間環境を擁護し向上させることは、人類にとって至上の目標、すなわち平和と、世界的な経済社会発展の基本的かつ確立した目標と相並び、かつ調和を保って追求されるべき目標となった。

7 この環境上の目標を達成するためには、市民及び社会、企業及び団体が、すべてのレベルで責任を引き受け、共通の努力を公平に分担することが必要である。…国連人間環境会議は、各国政府と国民に対し、人類とその子孫のため、人間環境の保全と改善を目指して、共通の努力をすることを要請する。 （環境省HPより）

Q この宣言が訴えていることは何だろうか。

2 ドル＝ショックから冷戦終結まで

1969	11	米・ソ、戦略兵器制限交渉（SALT）の交渉開始
1970	1	ワルシャワ条約機構統合軍結成
	8	ソ連、西ドイツと武力不行使条約
1971	8	ニクソン米大統領、ドルと金の交換を停止（**ドル＝ショック**）
	10	国連、中華人民共和国の中国代表権を承認
1972	2	ニクソン訪中
	5	ニクソン訪ソ→米ソ宇宙協定 SALT I 調印
	6	ウォーターゲート事件発覚
1973	6	ブレジネフ訪米→核戦争防止協定
1974	2	SALT II 交渉開始
	8	ニクソン大統領辞任
1975	7	米ソ宇宙船、ドッキング成功
	11	**第1回先進国首脳会議（サミット）**
1978	5	ブレジネフ、西ドイツ訪問
1979	1	米・中の国交樹立
	6	SALT II 調印
	10	ソ連、東ドイツ駐留軍の削減発表
	12	ソ連、アフガニスタン侵攻
1980	7	西側諸国、モスクワオリンピックをボイコット ➡ p.292
	12	ブレジネフ訪中
1981	12	東西ドイツ首脳会談
1982	6	戦略兵器削減交渉（START）開始
1983	9	大韓航空機撃墜事件
1984	7	東側諸国、ロサンゼルスオリンピックをボイコット
1985	3	ソ連、ゴルバチョフ書記長
1986	6	ワルシャワ条約機構、全欧兵力100万人削減を提案
	10	米ソ首脳会談（レイキャヴィク）
1987	12	中距離核戦力（INF）全廃条約調印
1988	2	ブレジネフ＝ドクトリン否定
	9	ソウルオリンピック
1989	2	ソ連、アフガニスタン撤退完了
	12	マルタ会談→冷戦終結宣言

3 ドル＝ショックとオイル＝ショック

米、金・ドル交換を停止

ドル防衛へ政策大転換／輸入に課徴金10％ 国際通貨の再調整迫る／「円」「自由化」圧力強まる／国際通貨市場の混乱必至／95円が大暴落／事実上のドル切下げ／IMF体制に最大の危機／賃金物価90日凍結 インフレ失業にも策／協和銀クラブ

▲**ドル＝ショック** 1971年8月、ニクソン米大統領はドルと金の交換停止を発表した。これにより国際通貨体制は**変動相場制**に移行し、日本では徐々に円高が進んだ。『毎日新聞』1971年8月16日。

▼**第1回先進国首脳会議** パリ近郊のランブイエで開かれたサミットに出席した6カ国首脳。日本からは三木武夫首相（右端）が出席した。サミットの参加国は、アメリカ・イギリス・フランス・西ドイツ・イタリア・日本の6カ国で、G6と呼ばれていたが、現在では、これにカナダとロシアを加えたG8を主要国としている。ただしロシアは、2014年にクリミア編入やウクライナへの軍事介入を非難され、参加資格を停止されている。

▶**新自由主義の担い手たち** 1980年代のアメリカ・イギリスでは新自由主義と呼ばれる政治の保守化が進み、政府の社会政策が縮小された。写真は87年のヴェネツィア＝サミットの晩餐会における日本・アメリカ合衆国・イギリスの首脳。

Q 写真に写っている3人の首脳は、誰だろうか。

3·1 原油価格の推移

◀▶石油危機　1973年の第4次中東戦争に際し、OAPEC（アラブ石油輸出国機構）諸国は親イスラエル諸国への石油禁輸を実行した。同年、OPEC（石油輸出国機構）による原油価格の大幅引き上げもおこなわれ（写真左）、世界経済は大きな混乱におちいった。上の写真は、品切れで休業したアメリカのガソリンスタンド。

3·2 原油価格の推移

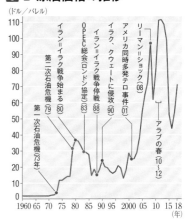

（ドル／バレル）

第一次石油危機（73年）／第二次石油危機（79）／イラン=イラク戦争始まる（80）／OPEC総会（ロンドン協定）（83）／イラン=イラク戦争停戦（88）／イラク、クウェートに侵攻（90）／アメリカ同時多発テロ事件（01）／リーマン=ショック（08）／アラブの春（10～12）

（BP世界エネルギー統計2019より作成）

4 中東の変容

西アジア

ヨーロッパ

北アメリカ

◀▲イラン建国2500年祭　パフレヴィー2世（位1941～79、写真左）は、1963年から**白色革命**と称する改革により一定の経済成長を達成した。一方、民族主義的独裁傾向を強化し、1971年にはペルセポリスでイラン建国2500年祭を挙行し、みずからをアケメネス朝➡p.64の継承者であると宣言した。

4·1 イラン革命

▲イラン革命　パフレヴィー朝の独裁政治に反対する政治運動は、イスラーム革命に発展。1979年国王は亡命し、フランスから帰国した**ホメイニ**（1902～89、写真中央）の指導のもと**イラン=イスラーム共和国**が成立した。

▼イラン・アメリカ大使館占拠事件　1979年11月、亡命した国王がアメリカ合衆国に入国すると、ホメイニ支持の学生がアメリカ大使館を占拠し、大使館員を人質にして国王の引き渡しを要求した。アメリカは、80年に軍事力による人質救出をはかったが失敗し、両国の関係は悪化した。

イラン=イスラーム共和国憲法（1979年）

第1条　イラン政体はイスラーム共和制である。コーランの正義の確信にもとづき、イマーム=ホメイニの指導下で闘われたイスラーム革命に続き、……国民投票で98.2%の支持で承認された体制である。

第5条　「時代の主」の隠れのあいだ、国の統治・指導権は時代状況に通じ、勇気、理性、行政能力を有し、国民大多数から指導者として尊敬される法学者に委ねられる。

第57条　イラン=イスラーム共和国の統治権は立法、行政、司法の三権からなり、それらはイマームの監督下に置かれ、……三権の相互関係は大統領が決定する。

（歴史学研究会編『世界史史料11』岩波書店より）

4·2 イラン=イラク戦争

イラク外相から国連安保理議長宛の書簡（1980年9月）

1、イラク共和国政府は1975年3月6日のアルジェ協定〔パフレヴィー朝とイラクで合意した国境と内政相互不干渉の原則〕を、……失効したものと見なす。

3、イラク共和国政府はイランとの紛争拡大に関心はない……。しかし遺憾ながら、イランはイラクと域内および国際社会の利益に反する無差別行動により紛争を拡大し……、我が政府の選択肢は自衛のみとなった。

（歴史学研究会編『世界史史料11』岩波書店より）

イラン大統領から国連事務総長宛の書簡（1980年10月）

…1979年2月11日の我が革命の勝利当初より、イラク政府は破壊行為と反革命集団への支援目的で、イラク工作員と武装部隊を……派遣し、1975年アルジェ協定の条項に違反してきた。…われわれにはイラクを挑発する行動や軍事的対抗の願望を一切持たず、……我が国の主権と国益保全のため、自衛せざるを得なくなった。

（歴史学研究会編『世界史史料11』岩波書店より）

Q イスラーム革命後のイランの統治形態の特徴は、どのような点にあるのだろうか。

Q イラン・イラク両国は、この戦争の性質をどのようなものであると国際社会に訴えているのだろうか。

5 デタントの終わりと「新冷戦」

▼▶アフガニスタンのイスラーム武装勢力 彼らは、ソ連の支援を受けたアフガニスタン政府と侵攻したソ連軍に対して、アメリカ合衆国などの支援を得て、戦闘を続けた。しかし、ゴルバチョフ政権下で米ソの緊張緩和が進んだことを受けて、1989年にアフガニスタンから撤退した（写真右）。

◀戦略防衛構想（SDI） 1983年、アメリカのレーガン大統領は、ソ連からの核攻撃に対する迎撃網を宇宙に配備する計画（「スターウォーズ計画」）を提唱した。図は、そのイメージとして描かれたもの。

▼戦争柄絨毯 （©The Trustees of the British Museum）

Q 1980年代以降のアフガニスタンで伝統工芸の絨毯に写真のような柄が織り込まれるようになったのはなぜだろうか。p.278の年表に記されている事項を参考に考えてみよう。

6 冷戦の終結

6・1 主要通貨対米ドル変動率の推移

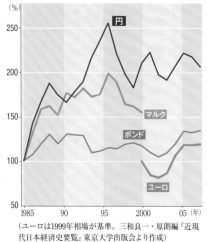

（ユーロは1999年相場が基準。三和良一・原朗編『近現代日本経済史要覧』東京大学出版会より作成）

解説 アメリカのレーガン政権は、「強いアメリカ」路線をとっていたため、軍備拡張にともなう財政赤字と、高金利・ドル高にともなう国際収支赤字（貿易赤字）の「双子の赤字」を抱えていた。アメリカ経済の回復に向け、1985年のプラザ合意でドル高是正が決まり、一挙にドル安の円高・マルク高となった。円高の加速により日本製品は割高となり、輸出産業は打撃を受けた。

6・2 米ソの核兵器数の推移

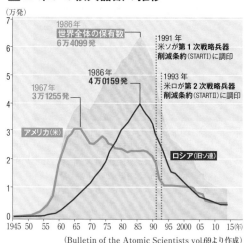

（Bulletin of the Atomic Scientists vol.69より作成）

解説 世界の核兵器数は、そのほとんどが米ソ両国によって占められていた。1945年のアメリカによる各保有から、50年代はアメリカの圧倒的な優位、60年代にソ連が急速に核兵器を増やし、70年代にはアメリカを逆転する。しかし、この頃より米ソ両国とも核開発と核保有が財政を圧迫し、核兵器の制限が模索されはじめる。80年代にはゴルバチョフ政権の誕生、冷戦の終結とともに軍縮が進み、ソ連がロシアに変わったのちも、核兵器の削減がなされた。

中距離核戦力（INF）全廃条約（1987年12月8日、ホワイトハウス）

　この条約の当事者、米国とソ連は核戦争が全人類に破滅的な結果をもたらすことを強く念頭に置き戦略的安定の強化という目的をもってこの条約によって提示される諸措置が戦争発生の危険を減少させ、国際的平和と安全を強化することを確信し、また、核拡散防止条約第6条によって定められた義務に留意しつつ以下のように合意した。

　第1条　この条約の規定ならびにこの条約と一体をなす付属覚書と議定書に基づき双方は長射程中距離核ミサイル（LRミサイル）と短射程中距離核ミサイル（SRミサイル）を全廃するとともに、以後そのようなシステムを保有せず、この条約が定めるその他の義務を履行すべきことを定める。

（『朝日新聞』1987年12月9日より）

▲条約に調印するゴルバチョフ（左）とレーガン

Q この条約の根底にある発想は、どのような点だろうか。

▲マルタ会談 1989年12月、地中海のマルタ島沖のソ連客船内でゴルバチョフ（右）とブッシュ（左）が会談し、冷戦の終結を宣言した。

1 独立から国際社会への復帰へ

- 1945 日本降伏→連合国による占領 →p.262
- 1951 サンフランシスコ平和条約
- 1955 保守合同・社会党統一
- 1956 日ソ共同宣言
- 1960 新安保条約→安保闘争
  池田勇人内閣→**高度経済成長**
- 1964 OECD加盟
  東海道新幹線開通 ／ 東京オリンピック
- 1965 日韓基本条約 ／ ベトナム反戦運動
  大学紛争 ／ 公害問題
- 1968 小笠原諸島返還
- 1970 **大阪万国博覧会**
- 1971 ドル＝ショック→p.278
- 1972 札幌オリンピック ／ 沖縄返還
  日中共同声明→p.274
- 1973 第1次石油危機→高度成長の終わり
- 1976 ロッキード事件
- 1978 **成田空港開港** 日中平和友好条約
- 1979 東京サミット
- 1985 プラザ合意→円高加速 ／ **バブル景気**
- 1987 国鉄分割民営化
- 1989 昭和天皇没 ／ 3％消費税導入
- 1990 **バブル経済の崩壊**始まる

▶55年体制の成立　1955年10月に社会党の左右合同が成立すると、翌月、保守勢力も日本民主党と自由党が合同し、**自由民主党**を結成した。保革の勢力関係は、おおむね2対1であった。

Q この宣言の結果日本の立場はどのように変化したのだろうか。また、宣言の問題点は何だろうか。

日ソ共同宣言（1965年10月19日調印）

1. 日本国とソヴィエト社会主義共和国連邦との間の戦争状態は、この宣言が効力を生ずる日に終了し、両国の間に平和および友好善隣関係が回復される。

4. ソヴィエト社会主義共和国連邦は、国際連合への加入に関する日本国の申請を支持するものとする。

9. …ソヴィエト社会主義共和国連邦は、日本国の要望にこたえかつ日本国の利益を考慮して、歯舞群島および色丹島を日本国に引き渡すことに同意する。ただし、これらの諸島は、日本国とソヴィエト社会主義共和国連邦との間の平和条約が締結された後に現実に引き渡されるものとする。

（鹿島平和研究所編『日本外交主要文書・年表（1）』原書房より）

▲日ソ共同宣言調印式（1956年10月19日）
モスクワで、鳩山一郎・ブルガーニンの両国首相が調印。日ソの戦争状態が終結した。

2 高度経済成長

▼東海道新幹線　1964年10月、東京オリンピックの開催にあわせて開通。開業当時の最高時速は210kmで、東京・新大阪間を4時間（翌年11月からは3時間10分）で結んだ。

▲東京タワー　1957年に着工し翌年完成した電波塔。高さは333mで、現在でも東京スカイツリーにつぐ国内第2位の建造物である。写真は、建設途上の風景。

◀60年安保　1960年5月20日、国会で新安保条約の批准が強行採決されると安保反対運動は急激に高揚した。自然承認前日の6月18日、国会周辺のデモ隊は33万人を数えた。

◀◀東京オリンピックと大阪万国博覧会　1964年の東京オリンピックと70年の大阪万国博覧会は、戦後の復興と高度経済成長を世界に示す大イベントとなった。

3 安定成長からバブル景気へ

◀沖縄返還　1969年の佐藤・ニクソン会談で「核抜き・本土並み」の原則が合意され、71年6月に返還協定調印、翌年5月15日に返還が実現した。（『朝日新聞』1971年6月18日）

▶石油危機　日本では、石油製品の高騰と品不足のなかでトイレットペーパーなど生活用品の不足が噂され、消費者のパニックに拍車をかけた。

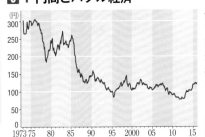

▲日米貿易摩擦　1980年5月、米ミシガン州で自動車工場をレイオフ（一時解雇）された男性が乗用車をハンマーで破壊している様子。業界の失業者は30万人にのぼったとされる。

Q 破壊されている乗用車は、どこの国のものだろうか。

3·1 円高とバブル経済

（円）
300
250
200
150
100
50
1973 75　80　85　90　95　2000 05　10　15（年）

（日本のHP〈時系列統計データ〉より作成）

解説 1985年のプラザ合意以降、円高が進んだ日本は海外への投資を積極的におこなうようになった。

▶国鉄の分割民営化　1987年4月、中曽根康弘内閣の行政改革の一環として、日本国有鉄道は6つの旅客鉄道会社と1つの貨物鉄道会社（JR7社）に分割民営化された。写真は、記念列車「旅立ちJR号」の出発風景。

1 ソ連邦の解体

1·1 ソ連の成立から解体まで

		指導者
1917	ロシア革命➡p.234, 235 ソヴィエト政権誕生	レーニン
1922	ソヴィエト社会主義共和国連邦成立	スターリン
1927	ネップ政策の中止	
1928	第1次五カ年計画開始	
1933	第2次五カ年計画開始 農業集団化・工業国有化完了(~37)	
1949	原爆所有宣言	
1952	第5次五カ年計画開始 自然改造計画	
1956	ハンガリー事件	フルシチョフ
1957	ICBM実験成功 世界初の人工衛星スプートニク1号打ち上げ	
1960	中ソ対立表面化	
1961	ヴォストーク1号でガガーリンが人類初の宇宙飛行➡p.290	
1968	「プラハの春」を弾圧	アンドロポフ ブレジネフ チェルネンコ
1979	アフガニスタンに軍事介入	
1979	農業不振が問題化	
1980	モスクワオリンピック➡p.292	
1984	バム鉄道完成	
1985	ゴルバチョフ書記長就任	
1986	ペレストロイカ路線本格化 チョルノービリ(チェルノブイリ)原発事故➡p.278 民族問題激化	ゴルバチョフ
1990	リトアニア共和国独立宣言 ゴルバチョフ大統領就任	
1991	保守派によるクーデタ発生。ソ連共産党解体。バルト3国独立。独立国家共同体(CIS)創設・ソ連消滅	エリツィン
1992	コルホーズ・ソフホーズ解体	
1993	グルジアがCISに加盟(加盟12カ国に)	
1994	チェチェンで内戦➡p.286	

1·2 分裂したソ連

国名 独立国家共同体(CIS)加盟国
ロシア人が少数派として居住している地域

ラトヴィア／エストニア／リトアニア／北極海／モルドヴァ／ベラルーシ／ウクライナ(2014年脱退宣言)／グルジア(ジョージア、2009脱退宣言)／ロシア連邦／バイカル湖／アルメニア／アゼルバイジャン／カザフスタン／トルクメニスタン(2005年から準加盟)／ウズベキスタン／キルギス／タジキスタン／ソ連時代の国境

0　1000km

▼▶1980年代のソ連邦指導者　1982年のブレジネフ死去から、アンドロポフ(下左)・チェルネンコ(下右)と短命な政権を経て、1985年にゴルバチョフ(右)が書記長に就任した。彼は「**ペレストロイカ**(改革)」「**グラスノスチ**(情報公開)」をスローガンに掲げ、自身の改革政策を内外にアピールした。写真は、当時日本にあったソ連物産専門の商店が発行したテレホンカード。

▶リトアニアの独立運動　「ソ連軍よ去れ!」と書かれている横断幕やリトアニアとソ連の関係を示す3枚の地図が並んだプラカードを掲げて独立運動を展開するリトアニアの市民。リトアニアなどバルト3国は1991年に独立を達成した。

Q 地図にある「1920・レーニン」、「1939・スターリン」、「1990・ゴルバチョフ」とは、それぞれ何を意味しているのだろうか。

▲ソ連経済の停滞　ブレジネフ政権末期以降のソ連では、計画経済の硬直化や流通の不備による食料品や日用品の不足がしばしばおこった。写真は、商品のまったくおかれていないスーパーマーケットの様子。

ペレストロイカは革命である

Первый Президент СССР — Горбачёв М.С.

▼プーチン(左)とメドヴェージェフ　プーチンは、第2代と第4代ロシア連邦大統領(任2000~08、12~　)。ロシア経済を飛躍的に成長させた一方、**チェチェン紛争**などで強圧的な対応をとり内外の批判を受けた。メドヴェージェフは、第3代ロシア連邦大統領(任2008~12)。プーチンから後継者に指名され2007年の大統領選で当選。プーチンを首相とした。2012年にプーチンが第4代大統領に就任すると、プーチンにかわって首相に就任した。

▶エリツィン　ロシア連邦初代大統領(任1991~99)。写真は、1991年8月の共産党保守派によるクーデタに対する抵抗を市民に呼びかけている場面(戦車の上に立つ前列中央の人物)。この時点ですでに帝政ロシア時代に使われていた三色旗が掲げられている。

資本主義の勝利?

1989年12月12日にアメリカの『ヘラルド=トリビューン』紙は、東欧諸地域における社会主義体制の崩壊について、下のマンガを掲載して風刺した。黒いコートを着た男がホームレスの男に語りかける。「なぁ君、愉快な季節になったよなぁ。俺たちが勝ったのさ。知ってたかい?資本主義が勝ったんだ。共産主義はボロボロ。俺たちのシステムが広がるのさ。俺たちが勝ったんだよ。ほら笑えよ!」

'TIS THE SEASON TO BE JOLLY, MY GOOD MAN! WE WON—DID YOU KNOW THAT? CAPITALISM IS TRIUMPHANT. COMMUNISM LIES IN RUINS. OUR SYSTEM PREVAILS! WE WON! SMILE!'

Q このマンガは、どのような状況を風刺したのだろうか。

2 東欧の民主化

1980	9	ポーランドで自主管理労組「連帯」設立
1981	2	ポーランド首相にヤルゼルスキ就任
	12	ポーランドで戒厳令施行(~83.7)
1988	3	新ベオグラード宣言
1989	6	ポーランドで自由選挙方式による国会議員選挙
	10	東ドイツ書記長ホネカー退陣 ハンガリー、共和国宣言
	11	東ドイツ政府、ベルリンの壁を撤去 →東西ドイツの国境開放 ブルガリア共産党書記長ジフコフ辞任
	12	ルーマニアでチャウシェスク政権崩壊 チェコスロヴァキア連邦議会議長にドプチェク就任(~92) チェコスロヴァキア大統領にハヴェル就任(~92) ポーランド、国名をポーランド共和国と改称
1990	3	リトアニア、独立を宣言 東ドイツで自由選挙 ハンガリーで自由選挙
	4	チェコスロヴァキア、国名を「チェコおよびスロヴァキア連邦共和国」と改称 ユーゴスラヴィアのスロヴェニアとクロアティア両共和国で自由選挙
	5	ルーマニアで自由選挙
	6	チェコスロヴァキアで自由選挙 ブルガリアで自由選挙 ルーマニア大統領にイリエスク就任
	10	東西ドイツの統一実現
	12	ポーランド大統領選の決選投票でワレサ当選

▶ポーランド円卓会議 1989年2月、民主化要求の高まるポーランドで共産党政権と反体制勢力との対話を目的とした円卓会議が開催され、1980年の発足以来自主管理労組「連帯」の議長をつとめるワレサ(右)も出席した。この会議を受けて6月に実施された自由選挙では「連帯」が勝利し、翌年、ワレサは大統領に就任(任1990~95)した。

2・1 東欧革命

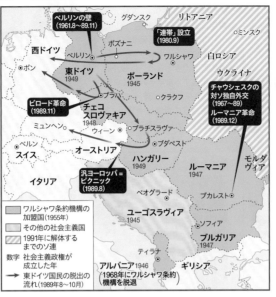

ベルリンの壁(1961.8~89.11)　グダンスク　リトアニア
「連帯」設立(1980.9)　ミンスク
西ドイツ　ポズナニ　ワルシャワ　白ロシア
ベルリン
ボン　東ドイツ 1949　ポーランド 1945　ウクライナ
プラハ　クラクフ　チャウシェスクの対ソ独自外交(1967~89)
ビロード革命(1989.11)　チェコスロヴァキア 1948　ルーマニア革命(1989.12)
ミュンヘン　ウィーン　プラチスラヴァ
ベルン　オーストリア　ブダペスト　ルーマニア 1947　モルダヴィア
スイス　汎ヨーロッパ=ピクニック(1989.8)　ハンガリー 1949　ブカレスト
イタリア　ベオグラード
ユーゴスラヴィア 1945　ソフィア　ブルガリア 1947
ティラナ　ギリシア
アルバニア 1946 (1968年にワルシャワ条約機構を脱退)

ワルシャワ条約機構の加盟国(1955年)
その他の社会主義国
1991年に解体するまでのソ連
数字 社会主義政権が成立した年
→ 東ドイツ国民の脱出の流れ(1989年8~10月)

新ベオグラード宣言(1988年3月)

1　ソ連邦とユーゴスラビア両国は、1955年のベオグラード宣言、1956年のモスクワ宣言でうたわれた普遍的諸原則の歴史的役割と変わらぬ価値を強調する。即ち、独立、主権、領土保全、平等、すべての場合での内政不干渉である。…

1　両党は、独立、平等、内政不干渉の原則を尊重し、また社会主義建設への道と党の国際的立場がそれぞれ異なるものであることを相互に理解し合う。

1　だれしも真理を独占できないとの確信に立ち、双方は、どのような社会発展に対しても自分たちの見解を押し付けることはしないと宣言する。社会主義へのいかなる道も、その成功は社会・政治的実践により検証され、具体的結果によって確認される。
（『読売新聞』1988年3月19日より）

▼ビロード革命 1989年11月、プラハでの学生のデモに対する警官隊の弾圧を機に、チェコスロヴァキア全土で反政府デモが広がった。この過程で共産党政権と反政府勢力の協議が進められ、共産党の一党独裁の放棄などが合意され、12月にハヴェルが大統領に就任した。

◀ルーマニア民主化運動 他の東欧諸国と異なり、ルーマニアの民主化運動は、反政府勢力とそれに合流した国軍と共産党政権との武力衝突に発展し、1989年12月、首都ブカレストで激しい市街戦が展開した。写真左は、国軍の戦車を盾にして治安部隊と戦うブカレストの反チャウシェスク派の市民たち。23日に逮捕されたチャウシェスク大統領夫妻は、25日の特別軍事法廷で死刑を宣告され、その日のうちに銃殺刑となった。写真右は、大統領夫妻が銃殺された場所。

▲汎ヨーロッパ=ピクニック 1989年5月にハンガリーがオーストリア国境のフェンスをとりのぞくと、オーストリア経由で西ドイツに亡命しようとする多くの東ドイツ市民がハンガリーに入国した。こうしたなか、8月19日に汎ヨーロッパ=ピクニックと呼ばれる政治集会が国境の町ショプロンで開かれ、これに参加した約1000人の東ドイツ市民はオーストリアに集団出国した。

Q ソ連は、この宣言で東ヨーロッパ諸国に対する政策をどのように転換したのだろうか。

東西ドイツ統一条約(1990年8月31日)

ドイツ連邦共和国(西独)とドイツ民主共和国(東独)はドイツ統一を、平和と自由のうちに、民族共同体の平等な権利を持つ一員として、自由な自己決定によって完成させることを決意した。また、両国はドイツ統一によって、欧州統一に貢献し、欧州のすべての民族に信頼に満ちた共存を保証するような欧州平和秩序の建設に貢献するよう努力し、次の規定を有する、ドイツ統一完成に関する条約を締結することで一致した。

第1条 基本法23条に基づくドイツ民主共和国のドイツ連邦共和国への編入が、1990年10月3日に発効するのに伴い、ブランデンブルク、メクレンブルク・フォーポメルン、ザクセン、ザクセン・アンハルト、チューリンゲンの各州は、ドイツ連邦共和国の州となる。ベルリンの23区はベルリン州を形成する。

第2条 ドイツの首都はベルリンである。
（『読売新聞』1990年8月31日より）

▲壁を破壊する西ベルリン市民(上)と壁を乗りこえてブランデンブルク門に集まる市民たち

Q ドイツの統一は、どのような形で実現したのだろうか。

ヨーロッパ

東アジア

1 中国の開放政策と混乱

1·1 1980年以降の中国

1980	2	劉少奇名誉回復
1981	1	林彪・「四人組」裁判判決
	6	中全大会で鄧小平・胡耀邦体制確立
	12	胡耀邦、文化大革命を全面否定
1982	12	新憲法採択
1985	6	人民公社解体
1986	11	民主化運動高揚（〜87.2）
1989	6	天安門事件
		趙紫陽総書記解任→江沢民総書記
1992	8	韓国と国交樹立
1993	3	改憲→社会主義市場経済唱導
1994	9	ロシアと友好宣言
1997	2	鄧小平死去
	7	イギリスより香港返還
1999	12	ポルトガルよりマカオ返還
2001	11	中国・台湾のWTO加盟
2002	3	胡錦濤総書記
	10	初の有人宇宙船「神舟5号」打ち上げ成功
2005	7	人民元切り上げ
2008	3	チベット反政府運動激化
	8	北京オリンピック
2009	7	新疆ウイグル自治区騒乱
2010	5	上海万博
2011		GDPが世界第2位になる
2012	11	習近平総書記→「一帯一路」構想
2015	12	アジアインフラ投資銀行（AIIB）発足
2020	12	香港国家安全維持法→一国二制度の形骸化

▶胡耀邦

▶江沢民

1·5 民族対立

▲チベット問題 2008年3月、チベットのラサで独立を求める急進派のデモが大規模な暴動に発展した。これに対する中国当局の強硬な姿勢への抗議が世界各地でおこり、同年開催された北京オリンピックの聖火リレーも混乱した。写真は、オーストラリアの首都キャンベラでにらみ合うオリンピック支持者とチベット支持者。

▼2010年のノーベル平和賞授賞式

1·2 改革開放路線

▶鄧小平（1904〜97） 文化大革命期に失脚と復権をくり返したが、1978年の第11期第3回中国共産党全国代表大会（中全大会）で最高実力者となる。以後、97年に死去するまでその地位を維持し、改革開放政策を進めた。

▼経済特区の設置 中国は改革開放路線の一環として国内数か所に経済特区を設置して外国企業の誘致などを進めた。写真は香港に隣接する深圳工場。

Q この工場では何を製造しているのだろうか。

1·4 経済成長

◀◀上海の発展 上海では開放政策による経済発展を反映して、黄浦江を挟んで旧市街の対岸に位置する浦東地区では高層ビルの建設があいついでいる。また、空港と市街地は時速430kmのリニアモーターカーで結ばれている（上の写真）。

1·3 香港返還

▲香港返還 1984年12月の中英共同声明で、香港は返還後50年は社会主義政策を実施しない特別行政区（一国二制度）として中国に返還されることとなった。写真は、返還前日の1997年6月30日に挙行された返還式典。

天安門事件の記憶

1976年4月、周恩来首相追悼のため天安門広場に集まった民衆の行動がおさえられる事件がおこった。これを第1次天安門事件と呼ぶこともある。1989年の天安門事件は、開放政策による経済成長の一方で民主化の進まない状況に不満をもつ学生たちの運動を、6月4日に人民解放軍が弾圧した事件であるが、事件の詳細には不明な部分も多い。しかし、下にあげるような海外に報道された映像だけでも、世界の人々に大きな衝撃を与えた。天安門事件は、同年、同じく民主化運動が高揚した東ヨーロッパ諸国の状況→p.283と対比され、中国の人権意識の低さが批判される結果ともなった。

▲ポーランドのヴロツワフに建てられた天安門事件犠牲者の慰霊碑

◀戦車の前に一人立ちはだかる青年 外国の報道機関は「無名の反逆者」と名付けた。

Q 写真の授賞式の様子が通常とは異なる点をさがし、なぜそのような事態になったのかを考えてみよう。

東アジア

② 朝鮮民主主義人民共和国（北朝鮮）の社会主義

▲**マスゲーム** 強権的な政治体制の国では、国威発揚の目的でおこなうマスゲーム（集団体操）が盛んにおこなわれることが多い。北朝鮮では数十万人規模の動員がなされることもある。写真は、金日成誕生100年にあたる2012年のメーデーのもの。

▲**南北首脳会談での金大中**（左）**と金正日**（任1997～2011、右） 1991年9月における韓国・北朝鮮の国連同時加盟や98年の金大中韓国大統領就任（～2003）によって、両国の対話ムードが高まり、2000年6月に初の首脳会談がピョンヤンで開催された。

▲**脱北者** 北朝鮮の政治体制や経済状態に不満をもち国外に逃亡した難民。写真は、2002年5月、中国瀋陽の日本総領事館への駆け込みをはかった脱北者。

▲**北朝鮮のミサイル開発** 2011年に金正日が死亡し、息子の金正恩が後継者となると、核兵器やミサイルの開発を加速化させ、東アジアの緊張を高めている。図は、大陸間弾道ミサイル「華城14号」の発射実験成功を祝う北朝鮮の切手（2019年発行）。

③ 台湾情勢

▲**李登輝**（任1988～2000）

▲**陳水扁**（任2000～08）

▲**蔡英文**（任2016～　）

解説 台湾では、1988年に総統となった李登輝（国民党）のもとで民主化が進み、2000年の総統選挙では、民進党の陳水扁が当選し、初の初の国民党以外の総統が誕生した。2008年には国民党が政権を奪還し、中国寄りの政策を進めたが、中国の強硬な政策を警戒する人々の抵抗にあい、2016年の選挙では民進党の蔡英文が当選し、台湾初の女性総統が誕生した。

陳水扁総統就任演説（2000年6月、台北）

　21世紀の到来を眼前にして、台湾人民は民主的な選挙によって歴史的な政党間の政権交代を完成させました。これは、中華民国の歴史上初めてというだけでなく、世界中の華人社会にとって画期的な里程標となるものです。…
　海峡両岸の人民は、血縁、文化、それに歴史の背景を共有しており、私は、双方の指導者は必ず知恵と創意を持っており、民主と対等の原則のもとで、…共同で将来「一つの中国」の問題を処理していけるものと確信しております。
　…このため、中共が武力を発動する意図がない限りにおいて、私は在任中に独立を宣言せず、国名を変更せず、二国論を憲法に盛り込まず、統一か独立といった現状の変更に関する住民投票は行わず、また国家統一綱領や国家統一委員会を廃止することもいたしません。

(歴史学研究会編『世界史史料12』岩波書店より)

Q 陳水扁は、この演説で中華人民共和国に対して何を訴えているのだろうか。

大国化する中国

改革開放路線のもとで経済成長を続ける中国は、国際社会での存在感を強めている。2012年に総書記に就任した習近平は、国内における自身への権力集中とあわせて、対外的な経済進出を積極的に進めている。しかし、近隣諸国との領土や権益をめぐる問題には強硬な姿勢でのぞみ、緊張を高めている。

① 積極的な経済進出

①・1「一帯一路」構想

▲**アジアインフラ投資銀行（AIIB）** 中国は、かつてのシルクロードを再活性化させて、ユーラシア全域にわたる大経済圏を誕生させる目的で、2013年に「一帯一路」構想を発表した。一帯は陸路、一路は海路を意味する。この構想を実現させる目的などから、2015年にアジアインフラ投資銀行が設立された。

② 民主化勢力への弾圧

◀**習近平**（任2012～　） 2012年に胡錦濤の後継者として中国の最高権力者になると自身への権力集中を進め、国内少数民族や民主派勢力への統制を強めた。2022年の第20回全国代表大会では、党規約の改正をおこない、自らの側近で固めた3期目の政権を発足させた。

▲**香港の民主派勢力への弾圧** 香港理工大学の近くに集まった市民に対し、立ち去らなければ催涙弾を撃つと警告する警察隊（2019年11月18日）。

③ 海洋覇権をめぐる緊張

海上の線は同色の国が主張する領域

諸島海域

(South China Sea 資料ほかより作成)

◀**中国による埋め立て（人口島建設）が進む南沙諸島のスビ礁**（2015年5月）

解説 1970年代に、東シナ海から南シナ海の海底に天然ガスなどの資源が豊富に埋蔵されていることが判明すると、中国はこの海域への進出を進めた。この動きは改革・開放路線による経済成長でさらにエネルギーや天然資源を確保する必要が生じたことから強化され、同海域における無人島や岩礁の領有権を主張することと併せて海軍力も増強している。このような強引な領有権の主張に対して、日本も含めた周辺各国との緊張が高まっている。

地域紛争の激化と貧困問題

1 冷戦終結後の世界のおもな地域紛争

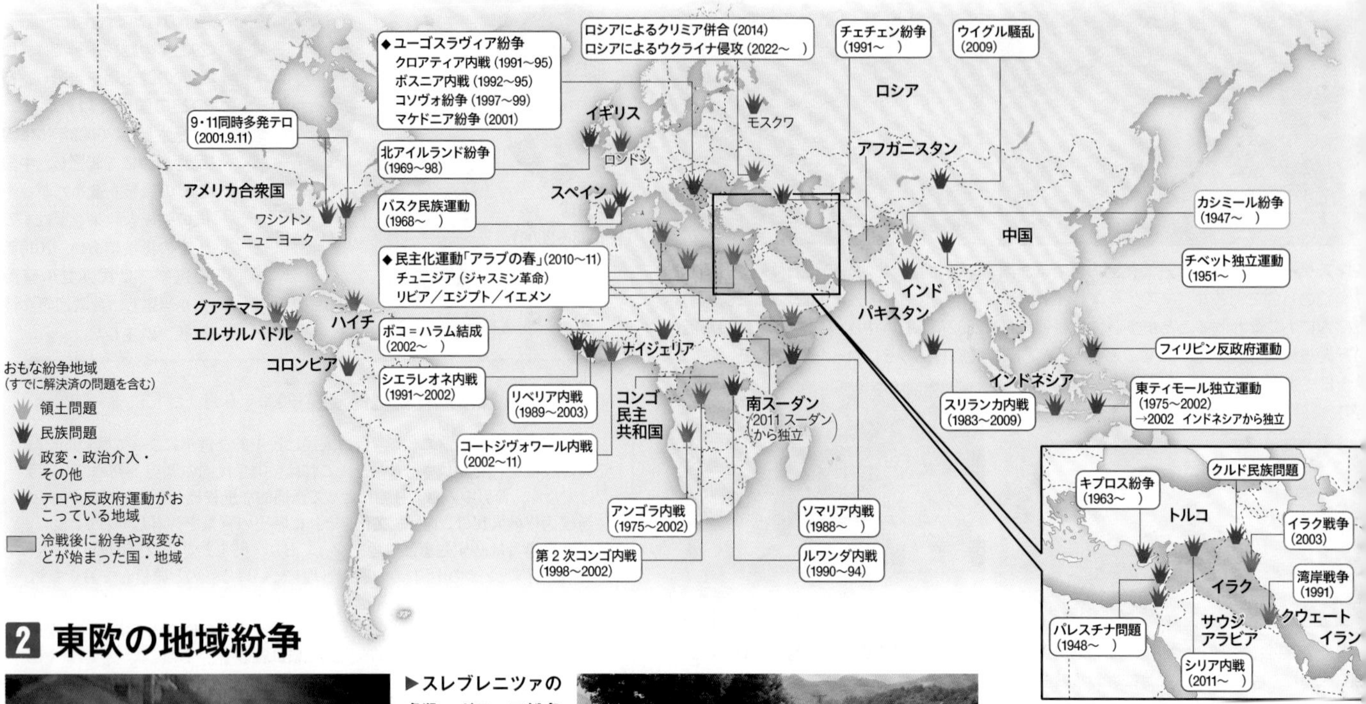

◆ユーゴスラヴィア紛争
クロアティア内戦（1991～95）
ボスニア内戦（1992～95）
コソヴォ紛争（1997～99）
マケドニア紛争（2001）
ロシアによるクリミア併合（2014）
ロシアによるウクライナ侵攻（2022～ ）
チェチェン紛争（1991～ ）
ウイグル騒乱（2009）
9・11同時多発テロ（2001.9.11）
イギリス
モスクワ
ロシア
北アイルランド紛争（1969～98）
ロンドン
アフガニスタン
アメリカ合衆国
スペイン
バスク民族運動（1968～ ）
ワシントン
ニューヨーク
カシミール紛争（1947～ ）
中国
◆民主化運動「アラブの春」（2010～11）
チュニジア（ジャスミン革命）
リビア／エジプト／イエメン
チベット独立運動（1951～ ）
インド
グアテマラ
ハイチ
パキスタン
エルサルバドル
ボコ＝ハラム結成（2002～ ）
ナイジェリア
コロンビア
フィリピン反政府運動
シエラレオネ内戦（1991～2002）
リベリア内戦（1989～2003）
コンゴ民主共和国
南スーダン（2011 スーダンから独立）
インドネシア
スリランカ内戦（1983～2009）
東ティモール独立運動（1975～2002）→2002 インドネシアから独立
コートジヴォワール内戦（2002～11）
おもな紛争地域（すでに解決済の問題を含む）
領土問題
民族問題
政変・政治介入・その他
テロや反政府運動がおこっている地域
冷戦後に紛争や政変などが始まった国・地域
アンゴラ内戦（1975～2002）
ソマリア内戦（1988～ ）
第2次コンゴ内戦（1998～2002）
ルワンダ内戦（1990～94）
クルド民族問題
キプロス紛争（1963～ ）
トルコ
イラク戦争（2003）
湾岸戦争（1991）
イラク
クウェート
サウジアラビア
イラン
パレスチナ問題（1948～ ）
シリア内戦（2011～ ）

2 東欧の地域紛争

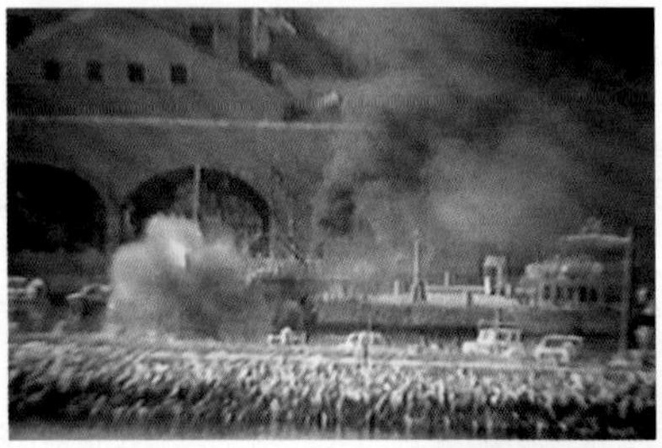

▲**ユーゴスラヴィア内戦** 内戦は、クロアティア・スロヴェニアの分離宣言をきっかけとして、1991年に始まった。クロアティアでは、世界遺産のドゥブロヴニク旧市街もセルビア人勢力に攻撃された。写真は、砲撃される旧市街の港。

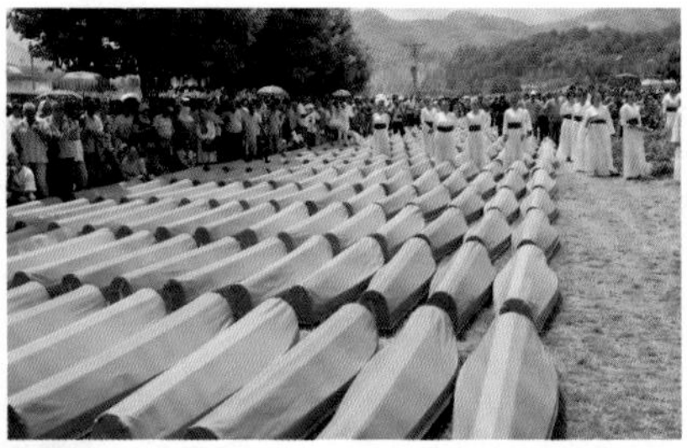

▶**スレブレニツァの虐殺 ボスニア紛争**中の1995年７月におきたこの事件は、第二次世界大戦以降のヨーロッパで最大の大量虐殺とされる。写真は埋葬される犠牲者たち。

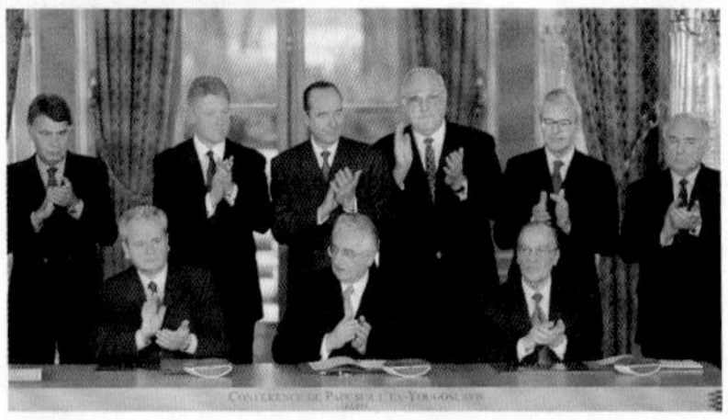

◀**デイトン合意** 1995年11月のデイトン（アメリカ、オハイオ州）合意により、ボスニア紛争は終結し、ボシュニャク人（ムスリム人）・クロアティア人主体のボスニア＝ヘルツェゴヴィナ連邦と、セルビア人主体のスルプスカ共和国の連邦国家として独立した（右の地図参照）。写真前列左端は、セルビア共和国のミロシェヴィッチ大統領。

2・1 ボスニア＝ヘルツェゴヴィナの独立

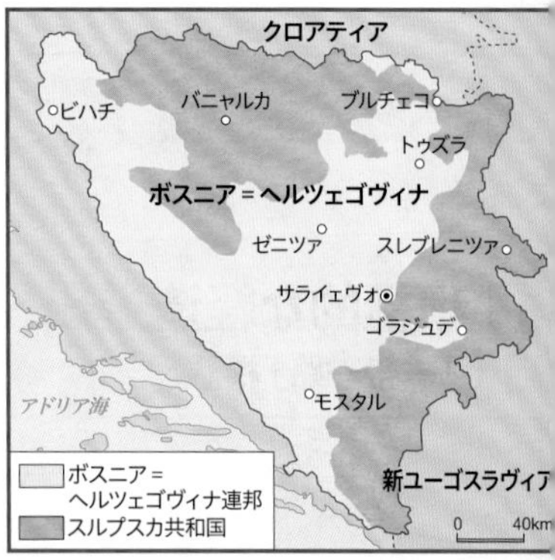

クロアティア
ビハチ
バニャルカ
ブルチェコ
トゥズラ
ボスニア＝ヘルツェゴヴィナ
ゼニツァ
スレブレニツァ
サライェヴォ
ゴラジュデ
アドリア海
モスタル
新ユーゴスラヴィア
ボスニア＝ヘルツェゴヴィナ連邦
スルプスカ共和国
0 40km

『サラエボ旅行案内』

サライェヴォ（サラエボ）のプロデューサー集団FAMA（ファマ）は、1992年から93年にかけて『Sarajevo Survival Guide』という冊子を執筆・刊行した。「贈り物：きれいな水を１瓶（びん）。ロウソク。石鹸（せっけん）１個。ニンニクかタマネギ。この街では両手いっぱいの薪（まき）やバケツ１杯の炭、完全に装丁された本（ユーモアのある本と詩集は除く）などによって、熱烈な愛をあらわせる」「ランニング：サラエボ市民にもっとも愛好されているスポーツ。誰もがこれを実践している。危険地域の住民たちがそうするように、交差点はどこも走らざるをえない。盗んだ薪を持ったまま、行列ができているところまで走るということもある。何かが売られている。しかし行列に並ぶまでは、何が売られているのかはわからない」「自転車：これまで丘の多いこの土地では人気がなかったが、今回見直され、使われるようになった」など、内戦によって荒廃した街で何とか生きのびていく手段を、ユーモアをまじえた旅行案内風に紹介している同書は、日本でも94年に翻訳され話題となった。

（FAMA編,P3 art and enviroment訳『サラエボ旅行案内　史上初の戦場都市ガイド』三修社より）

3 ロシアの地域紛争

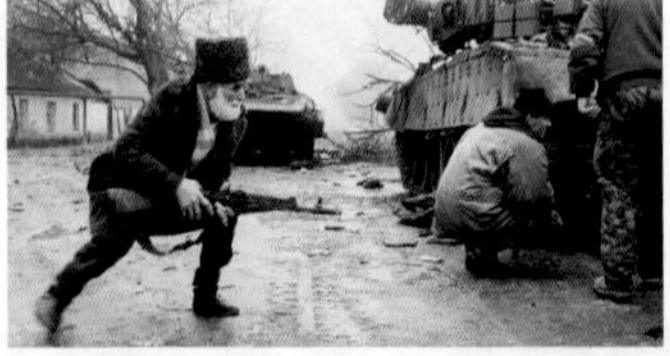

▲**チェチェン紛争** 北カフカスのチェチェン共和国の首都グロズヌイで、ロシア軍に反撃するチェチェン義勇軍の老兵（1995年）。

▼**ベスラン学校占拠事件** 1996年にロシア連邦との停戦合意が成立した後もチェチェンの独立強硬派やイスラーム原理主義勢力の活動が続いたことに対し、99年にプーチン大統領が連邦軍を派遣したことで紛争が再燃し、テロ事件も頻発した。2004年には隣国の北オセチア共和国で、チェチェン独立派らによるベスラン学校占拠事件がおき、300人以上の生徒や保護者が犠牲になった。

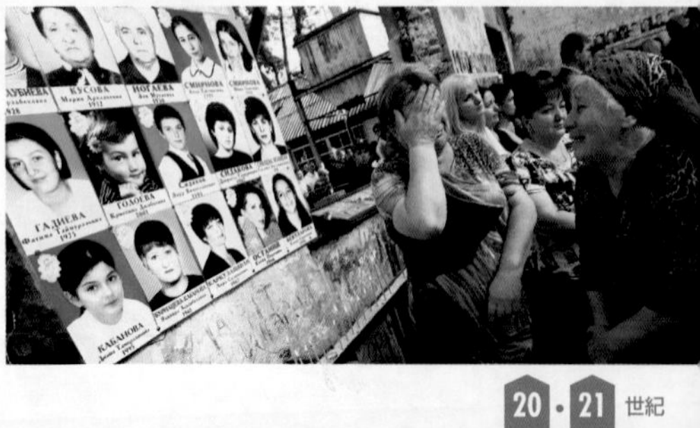

4 アフリカの民主化と貧困・内戦

4・1 1人あたりの国民総所得（GNI）
(World Development Indicators〈2022.8ダウンロード〉より作成)

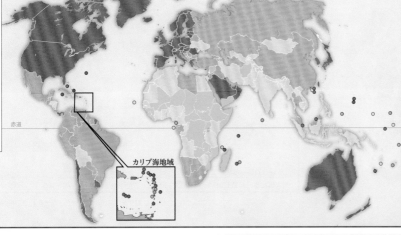

1人当たり
国民総所得(GNI)
による所得分類
[2021年]
※国・地域による区分

- 高所得国・地域
  (13,206ドル以上)
- 中所得国・地域(上位)
  (4,256～13,205ドル)
- 中所得国・地域(下位)
  (1,086～4,255ドル)
- 低所得国・地域
  (1,085ドル以下)

赤道

カリブ海地域

▶ジンバブエのムガベ大統領（任1987～2017）　当初は白人社会との融和政策をとったが、やがて白人農場の強制収用など弾圧政策に転じ、このことが経済を極度に悪化させた。

▶マンデラ大統領（任1994～99）　反アパルトヘイト運動の指導者として1962年以来27年間収監されていた。アパルトヘイトは1994年に完全廃止となり、同年の全人種参加選挙を経て南アフリカ共和国第8代大統領に就任した。

◀反アパルトヘイト運動を展開する民衆　反アパルトヘイト運動は、南アフリカ国内だけでなく世界各地で展開された。写真は1985年6月、ニューヨークでのデモ行進。

▲エチオピアの飢餓難民　エチオピアでは北部のエリトリアでの内戦やソマリアとの領土紛争に加えて、1980年代には干ばつが続き、飢餓難民は3000万人といわれた。

◀ルワンダ内戦　ルワンダ内戦は1993年に和平合意がなされたものの、翌年の大統領暗殺事件を機にツチ人と反政府フツ人の組織的虐殺が始まり、約100万人が犠牲になった。写真のントラマ教会では、約5000人の避難民が生きたまま焼き殺された。

5 中東の地域紛争

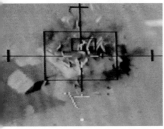

▲▼湾岸戦争　湾岸戦争は、冷戦期に開発されたハイテク兵器が初めて本格的に実戦投入された場となった。多国籍軍に対し、イラク側はクウェートの油井に放火するという焦土作戦を実行。火災は、石油の大量損失だけでなく、広範囲の環境汚染をもたらした。写真上は、イラクの弾薬庫に発射されるレーダー誘導ミサイルの照準。下は、炎上するクウェートの油井。

6 同時多発テロと対イラク戦争

▲9・11同時多発テロ事件　崩壊直後の世界貿易センタービル（ニューヨーク）の様子。
◀ウサマ＝ビン＝ラーディン（1957～2011）イスラーム急進派組織アル＝カーイダの指導者。2001年の9・11同時多発テロ事件の首謀者とされ、2011年5月にアメリカ軍の攻撃により潜伏先のパキスタンで殺害された。

▲▼イラク戦争　アメリカ・イギリス連合軍は2003年3月19日に攻撃を開始、翌月にはバグダードを攻撃して**サダム＝フセイン**政権（任1979～2003）を崩壊させ、12月にフセインの身柄を拘束した。写真下は、民衆とアメリカ軍によって引き倒されるバグダードのフセイン像。上は、拘束直後のフセイン。

7 紛争解決・軍縮の試み

▲国境なき医師団とロゴマーク
国境なき医師団は1971年に創設され、貧困地域や紛争地域を中心に世界各地70カ国以上で活動。災害や紛争への対応だけでなく、マラリアなど地域特有の疾病の撲滅にも力を入れている。写真は、アフリカ北部ニジェールでの活動の様子。

東アジア

南アジア・東南アジア

西アジア

ヨーロッパ

アフリカ

北アメリカ

南アメリカ

1 情報通信革命の進展

1・1 インターネット普及率

インターネット普及率
（国・地域による区分）、
2017年

- 70%以上
- 60〜70
- 50〜60
- 40〜50
- 30〜40
- 20〜30
- 20%未満

ITU ICT-Eye 2019.9
ダウンロードより

正距方位図法
（北極点中心）
緯線は30度ごと
経線は15度ごと

海底ケーブル（2018年9月）
—— 使用中　—— 建設中
（Telegeography Submarine
Cable Mapより）

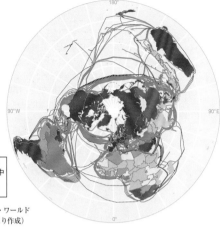

『データブック オブ・ザ・ワールド
2019年版』二宮書店ほかより作成

1・2 携帯電話加入者率

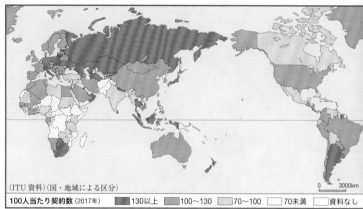

（ITU 資料）（国・地域による区分）

0　　3000km

100人当たり契約数（2017年）　■ 130以上　■ 100〜130　■ 70〜100　□ 70未満　□ 資料なし

『データブック オブ・ザ・ワールド 2019年版』二宮書店より作成

2 通商の自由化

2・1 通商の自由化と地域経済連合の結成

1944	ブレトン＝ウッズ協定→IMF・GATT体制
1947	「**関税と貿易に関する一般協定**」(GATT)調印
1948	ヨーロッパ経済協力機構 (OEEC)
1949	経済援助相互会議 (COMECON)
1952	ヨーロッパ石炭鉄鋼共同体 (ECSC) ➡ p.266
1958	ヨーロッパ経済共同体 (EEC) ➡ p.266
1969	アンデス共同体
1986	GATTウルグアイ＝ラウンド始まる
1989	**アジア太平洋経済協力 (APEC)** 会議発足
1994	**北米自由貿易協定 (NAFTA)** 発足 第1回米州会議 →米州自由貿易地域 (FTAA) 構想提唱
1995	**世界貿易機関 (WTO)** 発足
1995	南米南部共同市場 (MERCOSUR) 発足
1999	第1回G20財務大臣・中央銀行総裁会議
2008	第1回G20首脳会合

2・2 WTO（世界貿易機関）加盟国（2013年）

■ WTO加盟国・地域(164)　□ WTO加盟作業中の国(24)

▲**世界貿易機関**（WTO）　1995年、**GATT**を発展的に解消して設立された国際機関。本部はスイスのジュネーヴ。サービス・知的財産権などに関するルールの確立や農業の自由化促進など、従来よりも包括的な貿易体制の構築をめざしている。

◀▶**反WTO運動**　WTOの主導する自由貿易体制は、思い切った価格競争のできない中小規模の生産者にとって脅威となるため、世界各地で反対運動がおきることもある。写真左は1999年のアメリカ合衆国シアトル近郊でのデモ行進、右は2005年に香港の抗議集会に参加した東南アジアの農業労働者。

3 地域統合の進展

3・1 おもな国際機構と地域統合

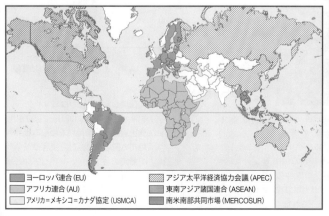

□ ヨーロッパ連合 (EU)
□ アフリカ連合 (AU)
□ アメリカ＝メキシコ＝カナダ協定 (USMCA)
▨ アジア太平洋経済協力会議 (APEC)
■ 東南アジア諸国連合 (ASEAN)
■ 南米南部共同市場 (MERCOSUR)

▲**アジア太平洋経済協力会議**（APEC）　1989年、オーストラリアの提唱で始まり、93年からは非公式首脳会議も開催されるようになった。現在は、21の国と地域が参加、写真は2004年にチリのサンティアゴで開催された第16回大会に参加した各国首脳。

◀**北米自由貿易協定**（NAFTA）　1994年、アメリカ・カナダ・メキシコの3国間に成立した協定。図はそのロゴマークで、3国の国旗が組み合わせてある。2020年、アメリカ＝メキシコ＝カナダ協定（USMCA）におきかわった。

▲シャンゼリゼ通りを行進するドイツ軍

▼英仏海峡トンネル　1986年着工、90年貫通の国際海底トンネル。これによりロンドン・パリ間が鉄道で直接結ばれることとなり、現在の所要時間は最速で2時間15分である。

▲欧州憲法に反対するパリの若者たち　ヨーロッパ統合が進展する一方で、各国が独自性を喪失するかもしれないという危惧をいだく人々も少なからずいる。写真は、2005年、欧州憲法条約批准が国民投票で否決されたことを歓迎するパリの若者たち。

Q 当時のフランス大統領ミッテランは、この行進によって何を示したかったのだろうか。p.256の写真を参考にして考えてみよう。

▶**イギリスのEU離脱**　イギリスは、2016年6月の国民投票、その後の離脱協議を経て、2020年2月1日に正式にEUを離脱した。しかし、国民投票の結果は、離脱賛成が51.9%、EU残留が48.1%という僅差であり、若年層の多くは残留を支持した。写真左は国会議事堂で離脱を喜ぶ人々。右は「ブレグジットは私の未来を盗んだ」というパネルを手に離脱を批判する若者。「ブレグジット（Brexit）」とは、イギリスの形容詞 "British" と退出を意味する "exit" を合わせた新造語。

4 グローバリゼーションの進展

4·1 労働力のグローバリゼーション

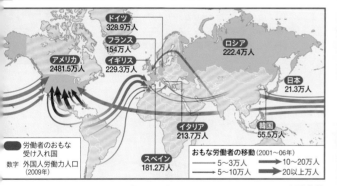

ドイツ 328.9万人
フランス 154万人
イギリス 229.3万人
アメリカ 2481.5万人
ロシア 222.4万人
日本 21.3万人
イタリア 213.7万人
韓国 55.5万人
スペイン 181.2万人

労働者のおもな受け入れ国
数字　外国人労働力人口（2009年）

おもな労働者の移動（2001〜06年）
→ 5〜3万人　→ 10〜20万人
→ 5〜10万人　→ 20以上万人

（OECD *International Migration Data 2011* ほかより作成）

4·3 食のグローバリゼーション

▶**中国のマクドナルド**　アメリカの大手ハンバーガーチェーンのマクドナルドは、1990年のモスクワ進出以降、社会主義圏にも積極的に進出するようになった。写真は、中国四川省の成都にあるマクドナルドの店舗。

▼**グローバリゼーションへの抗議**

4·2 世界経済と国際金融危機

◀**バーミンガム＝サミット**　1998年イギリスのバーミンガムで開催、この回からロシアが正式参加しG8となった。右から3人目がロシアのエリツィン大統領。日本からは橋本龍太郎首相（左から2人目）が出席した。

▲**G20**　2008年11月、アメリカのワシントンD.C.で開催。正式名称は「金融・世界経済に関する首脳会合」。同年9月のリーマン＝ショックに端を発する世界金融危機への対策などが協議された。

▶**リーマン＝ショック**　2008年8月、世界でも有数の規模をもつ投資銀行であるアメリカのリーマン＝ブラザーズの破綻から、世界同時不況がおこった。写真は、その影響で閉店に追い込まれたニューヨークの商店。

Q 写真の人物は、なぜハンバーガーをくわえているのだろうか。

日本
東アジア
中央アジア
南アジア・東南アジア
西アジア
地中海
ヨーロッパ
アフリカ
北アメリカ
南アメリカ
オセアニア

日本

東アジア

南アジア・東南アジア

ヨーロッパ

北アメリカ

1 科学技術の進歩

1903	**ライト兄弟**、飛行機を発明
1905	**アインシュタイン**、「相対性理論」を発表
1913	フォード、自動車の大量生産を始める
1920	ラジオの商業放送が始まる
1927	リンドバーグによる大西洋横断飛行
1936	ロンドン放送局によるテレビの本放送
1939	ジェット機の発明
1945	原子爆弾実験
1946	初のコンピュータENIAC
1953	DNAの構造解明
1957	ソ連による人工衛星スプートニク1号打ち上げ
1961	ガガーリンによる初の有人宇宙飛行
1969	**アポロ11号**月面着陸
1970	ジャンボジェット（B747）就航
1981	スペースシャトル打ち上げ
1996	クローン羊ドリー誕生
2003	ヒトゲノム解析

名前	国	生没年	おもな業績
フレミング	英	1881〜1955	ペニシリン（抗生物質）発見
アインシュタイン	独	1879〜1955	相対性理論の発見。「ラッセル・アインシュタイン宣言」
ハイゼンベルク	独	1901〜1976	量子力学・原子核理論の基礎を確立
オッペンハイマー	米	1904〜1967	原子爆弾の製造指揮（「マンハッタン」計画）
クリック	英	1916〜2004	DNAの二重らせん構造を発見
ワトソン	米	1928〜	DNAの二重らせん構造を発見
湯川秀樹	日	1907〜1981	中間子理論（日本人初のノーベル物理学賞、1949年）

1・1 量子力学

▲**核兵器の開発** 原子物理学の発達は、核エネルギーの軍事的利用の可能性を人類に示した。ドイツ生まれの理論物理学者**アインシュタイン**（左）は、1939年にF.ローズヴェルト大統領宛の手紙で原子爆弾の可能性に言及した。実際の原子爆弾開発は、写真右のオッペンハイマー（右）を中心に進められた

1・2 航空機の発達

▶**飛行機の発達** 1903年の**ライト兄弟**による初飛行以降、航空機の技術は飛躍的に発達した。1927年にリンドバーグ（左）が、ニューヨーク・パリ間の無着陸飛行に挑んだ際の所要時間は約33時間30分であったが、現在のジェット旅客機は約7時間で同じ距離を結ぶ。2007年に就航したエアバスA380（右）は世界最大の旅客機（2013年現在）で、最大800名を超える乗客を輸送できる。

1・3 宇宙開発

▲**米・ソの宇宙開発競争** 米・ソの宇宙開発競争は、1957年のスプートニク＝ショックから本格化した。61年にソ連のガガーリンが初の有人宇宙飛行に成功すると、同年、アメリカはこれに対抗して**アポロ計画**を発表し月への有人宇宙飛行をめざした。この計画は、69年7月20日、アポロ11号の**月面着陸**により実現した。冷戦終結後は宇宙開発の国際協力の気運が高まり、現在に至っている。写真左はガガーリン。中央は、月面にたてた星条旗とアポロ11号のオルドリン飛行士・月面につけた最初の足跡。左は、国際宇宙ステーションにドッキングしているアメリカのスペースシャトル（右）とロシアのソユーズ（左）（2011年7月）。

1・4 生物学・遺伝子工学

▲**クリック**（右）**とワトソン**（左） 1953年、イギリスのクリックとアメリカのワトソンはX線解析の写真を参考にDNAの二重らせん構造を発見した。写真は、DNAの構造モデルを示す両者。

▼**クローン羊ドリー** 「クローン」とは同一の遺伝資質をもった個体群をさす生物学用語。ドリーは1996年7月に誕生したクローン技術による世界最初の哺乳類。写真の男性は、「生みの親」ともいえるイギリスの政府特殊法人ロスリン研究所のウィルマット博士。

2 現代思想・文学の動向

2・1 哲学・社会科学

	名前	国	生没年	おもな業績・著作
哲学・心理学	ニーチェ	独	1844〜1900	ニヒリズム哲学。『ツァラトゥストラはかく語りき』
	ベルグソン	仏	1859〜1941	生命は飛躍する創造的進化と説く。『創造的進化』
	ヤスパース	独	1883〜1969	実存主義哲学。『哲学』『理性と実存』
	ハイデッガー	独	1889〜1976	実存主義哲学、ナチズムとの関わり。『存在と時間』
	デューイ	米	1859〜1952	プラグマティズムを大成。『民主主義と教育』
	シュペングラー	独	1880〜1936	第一次世界大戦の経験をもとに『西洋の没落』を著す
	サルトル	仏	1905〜1980	実存主義哲学の代表者、実存主義文学を確立。『存在と無』
	フーコー	仏	1926〜1984	構造主義、近代的思考の批判的分析。『監獄の誕生』
	フロイト	墺	1856〜1939	精神分析学の創始者。『夢判断』『精神分析学入門』
	ユング	スイス	1875〜1961	分析心理学を創始、人間の性格を分類。『心理的類型』
社会科学・歴史学	ケインズ	英	1883〜1946	近代経済学を確立。『雇用・利子および貨幣の一般理論』
	マックス＝ヴェーバー	独	1864〜1920	『プロテスタンティズムの倫理と資本主義の精神』
	レヴィ＝ストロース	仏	1908〜2009	文化人類学者。『悲しき熱帯』
	ブローデル	仏	1902〜1985	歴史学のアナール学派。『地中海』
	トインビー	英	1889〜1975	文明を単位とする世界史を提唱。『歴史の研究』
	ウォーラーステイン	米	1930〜2019	近代世界システム論を提唱。『近代世界システム』 ➡p.167

▲**ニーチェ** ドイツの哲学者。ヨーロッパ文化の退廃はキリスト教の支配によるとし、「神は死んだ」ととなえて新しい価値の樹立を主張した。図は、ノルウェーの画家ムンクが描いた肖像。

▼**フロイト**（左）**とユング**（右） フロイトはオーストリアの精神医学者。個人の不安や心理の深層にせまろうとする精神分析を創始した。心理現象を性欲と自我との葛藤とみるその理論は、心理学をはじめ人文・社会科学に大きな影響を与えた。ユングはスイスの心理学者。フロイトの精神分析学を批判的に展開し、分析的心理学を創始した。

2·2 文学

名前	国	生没年	おもな業績・著作
ロマン＝ロラン	仏	1866〜1944	反戦・反ファシズムを貫く。『魅せられた魂』『ジャン＝クリストフ』
プルースト	仏	1871〜1922	新心理主義小説。『失われた時を求めて』
カミュ	仏	1913〜1960	実存主義文学、不条理の哲学。『異邦人』『ペスト』
バーナード＝ショー	英	1856〜1950	劇作家、フェビアン協会に加入。『男やもめの宿』
H. G. ウェルズ	英	1866〜1946	SF小説の分野を開拓。『タイム＝マシン』『透明人間』
D. H. ローレンス	英	1885〜1930	「生命の回復」を追求。『チャタレー夫人の恋人』
オーウェル	英	1903〜1950	スペイン内戦に参戦、全体主義を批判。『カタロニア讃歌』『1984年』
カフカ	チェコ	1883〜1924	実存主義文学の先駆。『変身』『審判』『城』
トーマス＝マン	独	1875〜1955	第一次世界大戦後ヒューマニズムを擁護。『魔の山』
レマルク	独	1898〜1970	第一次世界大戦に出征。『西部戦線異状なし』『凱旋門』
ヘミングウェー	米	1899〜1961	『老人と海』『武器よさらば』『誰がために鐘は鳴る』
スタインベック	米	1902〜1968	『怒りの葡萄』(大恐慌下の貧農がテーマ)『エデンの東』
パール＝バック	米	1892〜1973	『大地』(土に生きる中国の農民を力強く描く)
ゴーリキー	ソ連	1868〜1936	『どん底』『母』
ソルジェニーツィン	ソ連	1918〜2008	反体制作家として国外追放。『収容所群島』
タゴール	インド	1861〜1941	アジア初のノーベル文学賞。『ギーターンジャリ』
魯迅	中	1881〜1936	白話運動、文学革命。『阿Q正伝』『狂人日記』
川端康成	日	1899〜1972	『伊豆の踊り子』『雪国』(日本人初のノーベル文学賞、1968年)

◀**タゴール**　インドの詩人・思想家。現代ベンガル文学を集大成し、1913年にノーベル文学賞を受賞した。被抑圧民族の苦悩と解放を呼びかけた。代表作『ギーターンジャリ』。

3 現代の芸術

3·1 美術・建築・音楽

	名前	国	生没年	おもな業績・作品
美術・建築	ガウディ	スペイン	1852〜1926	カタルーニャ＝モダニズムの建築家。「聖家族教会」
	ムンク	ノルウェー	1863〜1944	表現派の父、「生命のフリーズ」がテーマ。「叫び」
	マティス	仏	1869〜1954	野獣派の代表的画家。「赤い部屋」「ダンス」
	ピカソ	スペイン	1881〜1973	立体派を創始。「アヴィニョンの娘たち」「ゲルニカ」「泣く女」
	キリコ	伊	1888〜1978	形而上絵画を提唱、超現実派に影響。「街の神秘と憂鬱」
	シケイロス	メキシコ	1896〜1974	メキシコ革命・スペイン内戦に参加。壁画「ポリフォルム」
	ダリ	スペイン	1904〜1989	超現実派の代表的画家。「内乱の予感」「記憶の固執」
音楽	ラヴェル	仏	1875〜1937	印象派。「ボレロ」「ダフニスとクロエ」
	シェーンベルク	オーストリア	1874〜1951	十二音音楽を創始。「浄められた夜」
	バルトーク	ハンガリー	1881〜1945	民族音楽と近代音楽の融合。「青髭公の城」「ミクロコスモス」
	ストラヴィンスキー	ロシア	1882〜1971	バレエ音楽、新古典主義音楽。「春の祭典」「詩篇交響曲」
	ガーシュイン	米	1898〜1937	クラッシックとジャズの融合。「ラプソディ＝イン＝ブルー」「ポーギーとベス」

▲**マティス**　1905年、パリのサロン＝ドートンヌの一室のマティスらの作品を「野獣(フォーヴ)の檻」と嘲笑的に呼んだことから野獣派(**フォーヴィズム**)の名がおこった。印象派に反発し、奔放な線と華麗な色彩による装飾的な画面構成がマティスの特色とされる。図の「赤い部屋」(08年)は彼の代表作の1つ。(サンクトペテルブルク、エルミタージュ美術館蔵)

▶**キリコ**　イタリアの画家。象徴主義絵画やニーチェの哲学の影響を受け、1917年に「形而上学的絵画」を提唱。神秘的な情景のうちに不安や謎を秘めた世界を描いたその画風は、超現実主義に大きな影響を与えた。図は、24年に描かれた「ヘクトールとアンドロマケー」。(個人蔵)

▶**ガウディ**　スペインの建築家。イスラーム美術・ゴシック➡p.103・バロック➡p.162など様々な美術様式を取り入れた独特の建築様式を確立したが、その作品が評価されたのは第二次世界大戦後のことであった。写真は、未完の代表作として有名なバルセロナの「聖家族教会」(サグラダ＝ファミリア)図。1883年にガウディが設計を手がけ、現在も建築が続けられている。

▼**ダリ**　スペインの画家。パリでピカソに近づき、幻覚的な画風で超現実主義の指導者となった。その画風は、フロイトの精神分析学の影響も強いとされる。図は、1931年に描かれた「記憶の固執」で、ここに描かれているやわらかい時計は、ダリを象徴するイメージの1つとして有名。(ニューヨーク近代美術館蔵)

▲**マグリット**　ベルギーの画家。1920年代後半頃からキリコの影響を受け超現実主義の絵画を描くようになる。日常的な物や風景を組みあわせて不思議な光景を描き出す画風は、のちのポップ＝アートにも大きな影響を与えたとされる。図の「麗しい関係」は67年の最晩年の作品。(ベルギー、シャイドヴァイラー夫人蔵)

1 大衆文化

1・1 大衆文化の拡大

```
19世紀    労働時間の固定化        工業生産の増大
後半                             ↓
          ↓                     広告・宣伝の発達
      余暇の発生
    （レジャー意識の高まり）

20世紀  レジャー産業   大衆の娯楽    大量消費社会
前半   サーカス・遊園地  エリートの芸術から  ドレス・化粧品
                  映画・大衆小説・  自動車のモデルチェンジ
                  ロックへ

            アメリカ大衆文化の世界への浸透
```

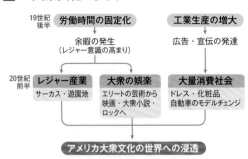

▲**映画** 大衆社会の娯楽として映画もアメリカやヨーロッパで普及した。特に**チャップリン**は1910年代の半ばから活躍、喜劇俳優として人気を博した。写真は、「モダン＝タイムス」のスチール。

▼**退廃芸術と退廃音楽** 現代美術や大衆音楽は権力者の弾圧にさらされることもあった。図は、「退廃芸術」「退廃音楽」と題されたナチスのポスター。

1・2 第二次世界大戦後の大衆文化

▲**アンディ＝ウォーホル**（1928〜87） 1960年代のアメリカでは、商品や広告などを素材に用いて大量生産・大量消費社会を表現する**ポップアート**が流行した。図は、キャンベルスープの缶をモチーフにしたシルクスクリーン版画で、アンディ＝ウォーホルの代表作の1つ（1965年制作）。

▶**ビートルズ** 1957年にイギリスのリヴァプールで結成されたロックバンドを前身として、1962年にレコードデビューした4人組のグループ。電子楽器とコーラスは全世界の若者を熱狂的に魅了し、1960年代の若者文化のシンボルとなった。

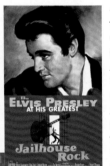

◀**エルヴィス＝プレスリー**（1935〜77） アメリカのロックンロール歌手。1950年代に黒人音楽のリズムアンドブルースと白人音楽のカントリーアンドウェスタンを融合させたロックンロールを創始したとされる。その斬新な音楽は当時の若者を熱狂させ、ビートルズ以前の最も影響力の強かった歌手の1人とされる。図は、1957年の映画「監獄ロック」のポスター。

▼**イエロー＝マジック＝オーケストラ**（左） 1978年に結成された日本の音楽グループ、略称Y.M.O.。当時としては珍しいシンセサイザーとコンピュータを多用した音楽は、世界的な反響を呼んだ。イエローマジックという語には、白人音楽でも黒人音楽でもない黄色人種独自の音楽を追求するという意味が含まれている。

▼**ニューヨークのピカチュウ**（右） 日本で制作されたアニメーションやゲームは、作品ばかりでなく個々のキャラクターも海外で人気を博している。写真はニューヨークのパレードに登場したピカチュウの巨大アドバルーン（2009年）。

オリンピックと政治

1936	**ベルリン**	最初の聖火リレー
1956	**メルボルン**（オーストラリア）	メルボルンの流血戦
1968	**メキシコシティ**	アメリカ選手の人種差別抗議
1972	**ミュンヘン**	黒い9月事件
1976	**モントリオール**（カナダ）	アフリカ選手団のボイコット
1980	**モスクワ**	西側諸国のボイコット
1984	**ロサンゼルス**	東側諸国のボイコット
1988	**ソウル**	大韓航空機爆破事件

◀**最初の聖火リレー** 近代オリンピックは、開催国の国威発揚の場として利用されることもしばしばあった。写真の聖火リレーも、1936年、ナチス政権下のベルリン大会で最初におこなわれた。聖火到着後には、第1回アテネ大会のマラソンで優勝したギリシアのルイス選手が、ヒトラーにオリーヴの枝を捧げる演出もつけられた。

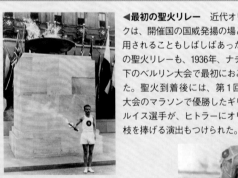

▶**ミーシャの涙** 1980年のモスクワオリンピックでは、ソ連のアフガン侵攻を非難するアメリカの圧力で、西側諸国の多くがボイコットした。閉会式で公式マスコットの子熊のミーシャの人文字が涙をみせたようにみえるのは、ボイコットに対する抗議と悲しみの表現であったとされる。

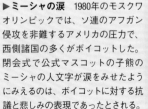

▶**メルボルンの流血戦** 南半球初の開催となったメルボルン大会は1956年11月に開会した。ハンガリー事件➡p.267直後の開催ということもあり、水球の決勝ラウンドでのハンガリー対ソ連戦は、開始直後から乱闘といえるほど激しい試合となった。写真は、ソ連選手のパンチをうけて右目下を切ったハンガリー選手。

▲**人種差別への抗議** 1968年のメキシコ大会の陸上競技男子200m表彰式での光景。1位と3位に入賞した2人のアフリカ系アメリカ人選手が黒いソックスと手袋を着けて、アメリカ合衆国内の人種差別に抗議する意志を示した。

2 女性の平等化とジェンダー

2·1 女性の平等化への歩み

年	内容
1792	英、メアリ＝ウルストンクラフト『女性の権利の擁護』執筆
1878	仏、パリで第1回女性参政権会議開催
1888	国際女性同盟創立
1900	第2回オリンピック大会で、女性種目（テニス）実現
1911	日、平塚らいてうが青鞜社を設立➡p.238
1912	中、女子参政同盟会が孫文に女性参政権を要求
1914	土、イスタンブル大学に女子部設立
1919	国際労働機関（ILO）、夜間における女性使用に関する条約
1923	第1回米州会議で、女性の権利に関する決議
1933	米、F.パーキンスが女性閣僚に就任（労働長官）
1946	**第1回国連総会で、女性の地位委員会設置**
1950	ILO、同一労働に対する男女の同一報酬に関する条約
1952	ILO、母性保護に関する条約 国連、**女性の政治的権利に関する条約**
1958	ILO、雇用と職業上の差別に関する条約
1963	国連、**女性差別撤廃宣言**
1964	米、公民権法で雇用の機会均等が確立し、性差別も撤廃
1975	国連、**国際女性年**を宣言。第1回国際女性会議（メキシコシティ）
1976	**国連女性の10年**、平等・開発・平和を宣言 米、陸海軍の士官学校で女性の入学を許可
1979	国連、**女性差別撤廃条約**
1985	日、男女雇用機会均等法
2000	**国連女性2000年会議**

2·3 女性解放運動

◀**女性解放運動** 1960年代以降、アメリカやヨーロッパでは活発な女性解放運動が展開し、1979年には**女性差別撤廃条約**が国連総会で採択された。写真は、1970年にアメリカの女性参政権50周年を記念しておこなわれたニューヨークのデモ行進。

2·2 女性の権利主張の先駆

▶**メアリ＝ウルストンクラフト**（1759～97）　イギリスの社会思想家・作家で、フェミニズムの先駆者とされる。1792年執筆した『女性の権利の擁護』で、男女の平等や教育の機会均等を訴えた。娘のメアリ＝シェリーは、小説『フランケンシュタイン』の著者として知られる。

▶**シャーロット＝クーパー**（1870～1966）　イギリスの女子テニス選手で、1900年の第2回オリンピック大会（パリ）で優勝した。

▲**フランシス＝パーキンス**（1880～1965）　アメリカ合衆国初の女性閣僚。F.ローズヴェルト政権で労働長官となった。写真は、カーネギー鉄鋼の労働者と握手するパーキンス（1933年）。

国連女性の10年（1975～85年）

(14) 女性が経済社会活動、政治行政や政策決定段階へ参加しようとするにあたって、未だに多くの国で日常的に様々な問題に直面しているという現実、…国連は1975年を国際女性年と宣言し、…一層強力な活動を呼びかけるに至った。国際女性年の目標は、女性が真の、かつ、完全な意味において経済的社会的政治的生活に参加するような社会の概念を定め、そうした社会が発展していくための戦略を作り出すことである。

(16) 男女間の平等の達成とは、両性がその才能および能力を自己の充足と社会の利益のために発展させうる平等な権利、機会、責任を持つべきことを意味する。この目的のため、家庭や社会のなかで広く両性に伝統的に割り当てられてきた機能や役割を再検討することが不可欠である。女性のみならず男性の伝統的な役割をも変える必要性が認識されなければならない。

（世界行動計画〈国際女性年世界会議で採択、1975年7月2日〉、歴史学研究会編『世界史料11』岩波書店より）

▶**ベルギーで印刷された国際婦人年記念切手**　描かれているマリー＝ポペリンは、19世紀後半から20世紀前半に活動したベルギーの法学者・女性運動家。

Q この史料で訴えていることは何だろうか。

2·4 ジェンダー＝ギャップ指数

順位	国名	スコア
1	アイスランド	0.877
2	ノルウェー	0.842
3	フィンランド	0.832
4	スウェーデン	0.820
5	ニカラグア	0.804
6	ニュージーランド	0.799
7	アイルランド	0.798
8	スペイン	0.795
9	ルワンダ	0.791
10	ドイツ	0.787
15	フランス	0.781
19	カナダ	0.772
21	イギリス	0.767
53	アメリカ合衆国	0.724
76	イタリア	0.707
81	ロシア	0.706
106	中国	0.676
108	韓国	0.672
121	**日本**	**0.652**

《世界経済フォーラム Global Gender Report 2020より作成》

解説 ジェンダー＝ギャップ指数は、国際機関などのデータをもとに世界経済フォーラムが発表している、各国の男女間の格差を示す指標である。経済・教育・保健・政治の4分野・14項目からなり、スコアで1が男女間での完全平等を示す。2020年度の発表では、日本は総合で153カ国中121位と、先進国中で最下位となった。日本は保健分野の項目では1位が多いが、教育分野では中等教育で格差が現れ、さらに経済・政治分野では深刻な格差が存在している。ほかの2つのグラフからも、日本における格差の大きさを読み取ることができる。

分野	スコア（順位）	2019年のスコア（順位）
経済	0.598（115位）	0.595（117位）
政治	0.049（144位）	0.081（125位）
教育	0.983（91位）	0.994（65位）
保健	0.979（40位）	0.979（41位）

2·5 世界の国会での女性議席数

順位	国名	%
1	ルワンダ	61.25
2	キューバ	53.41
3	ニカラグア	50.55
4	メキシコ	50
4	アラブ首長国連邦	50
6	ニュージーランド	49.17
7	アイスランド	47.62
8	スウェーデン	46.99
9	グレナダ	46.67
10	南アフリカ共和国	46.58
13	フィンランド	46
15	ノルウェー	44.97
18	スペイン	43.43
31	フランス	39.51
39	イタリア	35.71
44	ドイツ	34.92
46	イギリス	34.26
59	カナダ	30.47
74	アメリカ合衆国	27.65
90	中国	24.94
104	アイルランド	22.5
121	韓国	19
136	ロシア	16.22
164	**日本**	9.68

(World Bank, Inter-Parliamentary Union 〈IPU〉. *Proportion of seats held by women in national parliaments 2021*より作成)

2·6 6歳未満の子どもをもつ夫婦の1日あたりの家事・育児関連時間の国際比較

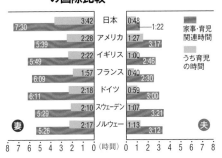

妻　　　　夫

国	妻	夫
日本	7:30 / 3:42	0:48 / 1:22
アメリカ	5:39 / 2:28	1:27 / 3:17
イギリス	5:49 / 2:22	1:00 / 2:46
フランス	6:09 / 1:57	0:40 / 2:30
ドイツ	6:11 / 2:18	0:59 / 3:00
スウェーデン	5:29 / 2:10	1:07 / 3:21
ノルウェー	5:26 / 2:17	1:13 / 3:12

（凡例）家事・育児関連時間、うち育児の時間

（日本：2016年、アメリカ：2017年、ヨーロッパ：2004年、内閣府・男女共同参画推進連携会議「ひとりひとりが幸せな社会のために」2019年版より作成）

1 世界の食料危機問題を考える

「食料危機問題」とは、具体的にどのような問題なのだろうか。統計資料や地図を参考にして、自分の考えをまとめてみよう。

1・1 アフリカの飢餓から考える

❶ サハラ以南アフリカの飢餓人口

（調査は各3年間の平均値、2008年は単年度／出典：FAO）

調べる 作業する 考える

① 飢餓人口とはどういう意味だろう。
② サハラ以南の地域にある国々を地図で確認しよう。
③ 他の統計資料からみるこれらの国々の特徴は何だろう。
④ アフリカの国々の国境線を形成した歴史的起源や背景について調べよう。➡p.224
⑤ 右の表をグラフ化すると、どのようなことがわかりやすくなるだろうか。

このテーマのキーワード
● 帝国主義・植民地・発展途上国・GDP・地域紛争・FAO・WFP
● 飽食・バイオマス燃料・地域紛争

❷ 現代のアフリカ

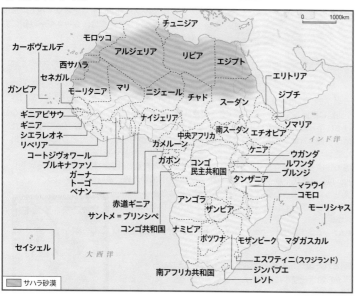

❸ 1人当たり国内総生産（名目GDP）

(米ドル)

	国（地域）	1985	1990	1995	2000	2005	2008	2009	2010
	世界	2,686	4,208	5,257	5,293	7,057	9,119	8,533	9,178
アジア	日本	11,448	24,971	42,641	37,294	35,835	37,961	39,399	42,983
	インド	289	374	383	444	734	1,078	1,120	1,406
	インドネシア	569	679	1,109	773	1,258	2,172	2,272	2,949
	韓国	2,432	6,291	11,892	11,598	17,959	19,512	17,389	21,052
	クウェート	12,311	8,848	16,312	19,434	35,688	57,834	40,019	45,430
	サウジアラビア	7,859	7,226	7,694	9,401	13,127	18,203	13,901	15,836
	シンガポール	6,816	12,874	25,006	24,063	29,402	39,685	37,069	43,783
	中国	298	360	635	957	1,777	3,472	3,850	4,354
	バングラデシュ	208	267	322	351	410	547	606	670
	フィリピン	630	797	1,186	1,048	1,205	1,932	1,836	2,140
	ベトナム	79	96	280	396	636	1,060	1,118	1,183
北米	アメリカ合衆国	17,356	22,716	27,633	35,040	42,330	46,622	45,058	46,546
	カナダ	13,764	21,037	20,152	23,638	35,119	45,088	39,720	46,361
南米	アルゼンチン	2,904	4,330	7,405	7,699	4,736	8,271	7,706	9,162
	ブラジル	1,376	2,687	4,751	3,696	4,743	8,632	8,243	10,710
	ペルー	751	1,350	2,252	2,062	2,881	4,536	4,532	5,411
ヨーロッパ	イギリス	8,214	17,699	19,952	25,090	37,881	43,022	35,220	36,327
	スイス	15,410	35,695	45,015	34,865	50,233	66,447	64,591	68,880
	ドイツ	9,125	21,675	30,791	22,907	33,514	43,937	40,029	39,857
	フランス	9,598	21,383	26,449	21,828	34,002	44,245	40,773	39,546
	ロシア	-	3,782	2,681	1,768	5,311	11,601	8,542	10,351
アフリカ	ウガンダ	300	228	321	262	353	523	520	509
	エジプト	466	632	1,060	1,414	1,273	2,105	2,358	2,654
	ケニア	404	471	427	403	526	794	775	802
	コンゴ民主共和国	152	257	128	106	125	191	174	201
	タンザニア	417	217	203	308	375	504	505	516
	ナイジェリア	959	359	275	375	803	1,381	1,097	1,240
	南アフリカ	1,736	3,044	3,650	2,969	5,169	5,582	5,683	7,255
オセアニア	オーストラリア	11,583	19,160	21,764	21,447	37,482	48,941	45,746	57,119
	ニュージーランド	7,152	13,074	16,882	13,837	27,348	30,489	27,151	32,372

（総務省統計局『世界の統計2012』より作成）

1・2 穀物の需給から考える

調べる 作業する 考える

① 世界の穀物生産量は需要に対して不足しているだろうか。
② 穀物の在庫率は危機的な水準にあるといえるだろうか。
③ 食料の調達は、自国で生産する以外にどのような方法があるだろうか。
④ 右のグラフを5年区切りの数値をつないだグラフに書き換えてみよう。

❶ 穀物（米・トウモロコシ・小麦・大麦など）の需給の推移

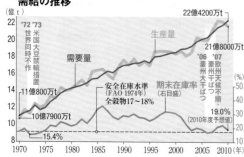

❷ 穀物（米・トウモロコシ・小麦・大豆など）の国際価格の推移

（農水省HPより作成）

左：（USDA, World Agricultural Supply and Demand Estimates, 2010, *Grain: World Markets and Trade*, PS&D より作成）

❷ 森林保護の歴史を考える

森林保護は、必ずしも近現代だけの問題ではないということを、様々な資料を活用して確認しよう。また、この問題に対して自分が何をできるかということを考えてみよう。

このテーマのキーワード
● 原生林・人工林・古代の森林破壊・鉄器・植林・自然災害

❷・1 世界規模の森林の減少

❶ 8000年前の原生林

❷ 現在の原生林

（森林・林業学習館HPより作成）

❸ 世界の森林面積の年当たり国別純変化量（2000〜10年）

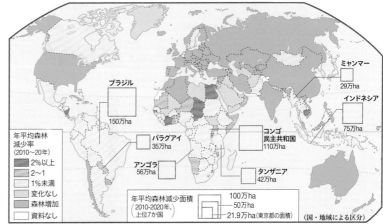

ミャンマー 29万ha
インドネシア 75万ha
ブラジル 150万ha
コンゴ民主共和国 110万ha
パラグアイ 35万ha
タンザニア 42万ha
アンゴラ 56万ha

年平均森林減少率（2010〜20年）
■ 2%以上
■ 2〜1
□ 1%未満
□ 変化なし
■ 森林増加
□ 資料なし

年平均森林減少面積（2010-2020年、上位7か国）
100万ha
50万ha
21.9万ha（東京都の面積）

（国・地域による区分）

（World Development Indicators 2020より作成）

調べる　作業する　考える

左上にある2枚の分布図❶❷を比べると、この8000年間に地球上の原生林が大幅に減少していることがわかる。一方、右の分布図❸は、2000年から2010年における世界の森林面積の年当たりの国別純変化量を示したものである。

① 原生林が減少した原因について、政府や国際機関などのホームページを検索して、調べてみよう。

② 世界全体での森林の純消失面積は、2000年から2010年では年間520万haといわれる。これを、東京ドームや北海道など身近にある施設や地域の面積と比較すると、どのようなことがいえるだろうか。
［東京ドーム：46,755㎡　北海道：83,457km²］

③ 調べた結果をもとに、森林の減少が地球上の人類を含む生物に与える影響について考えてみよう。

❷・2 森林減少への取り組み

❶ 世界の森林分布（2006年）

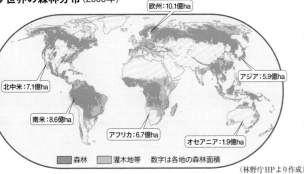

欧州：10.1億ha
北中米：7.1億ha
アジア：5.9億ha
南米：8.6億ha
アフリカ：6.7億ha
オセアニア：1.9億ha

■ 森林　□ 灌木地帯　数字は各地の森林面積

❷ 世界の森林面積変化（地域別）

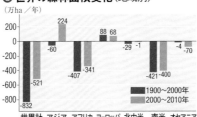

（万ha／年）

	世界計	アジア	アフリカ	ヨーロッパ	北中米	南米	オセアニア
1900〜2000年	-832	-521	-407	88	-29	-421	-4
2000〜2010年		224	-341	68	-1	-400	-70

（林野庁HPより作成）

調べる　作業する　考える

① ❷・1❶❷の原生林の分布と、❷・2❶の分布が異なっている理由を考えてみよう。

② 森林面積が増加している地域でおこなわれている取り組みについて、インターネットなどを利用して調べてみよう。

③ 右の史料から古代中国の森林の状況を推理してみよう。そこから、どのようなことが読み取れるだろうか。

▲ 現代中国での植林　内モンゴル自治区恩格貝、黄河南岸。

`魏書』食貨志

…諸ろの初めて受田する者、男夫一人に給田二十畝、蒔余に課すに、種うること桑五十樹、棗五株、楡三根。非桑之土は、夫に一畝を課し、法に依りて楡・棗を蒔くを課す。奴も各の良に依る。三年を限りて種畢はり、畢はらざれば、其の畢はらざるの地を奪ふ。桑楡の地に於いて分ちて余果及び多種の桑楡を雑へて蒔く者は禁ぜず。

（大意）
男性一人当たりに二十畝の土地を支給するので、穀物生産の余暇にクワ五十本、ナツメ五本、ニレ三本を植えよと。クワ栽培に適さない地ではニレ・ナツメだけは植えよ。三年たっても植樹が終わらなければ、土地を没収する。規定以上に多くの木を植えることは構わない。

（原宗子『環境から解く古代中国』大修館書店より）

	地中海世界			オリエント	
年代	西地中海	東地中海	エジプト	アナトリア	シリア
	●西ヨーロッパ巨石文化	●青銅器時代に入る 3000頃 エーゲ文明おこる（クレタの青銅器文明） ●トロイア文明	**エジプト** ●ノモス、上・下エジプトに統合		●セム系民族の移動
紀元前3000			【古王国】3000頃 エジプト第1王朝（メネス王、上・下エジプトを統一、首都メンフィス） 2650頃 **古王国 ピラミッド王朝**（第3～6王朝、～2120頃） 神聖文字・太陽暦使用		
2000	1800頃 イタリア人第1波移住	2000頃 アカイア人移住（第1次移動） 2000頃 クレタ文明（～1400頃） 1800頃 線文字A使用	【中王国】2020頃 中王国（第11～12王朝、首都テーベ）（～1793頃） 1670 ヒクソス侵入 1550頃 新王国（第18～20王朝、首都テーベ）（～1069頃）	**ヒッタイト** ●鉄器の使用 前17C半ば 王国おこる 1530 メソポタミアに遠征	
1500		1500 ミケーネ文明（～1200頃）（ミケーネ・ティリンス・オルコメノスなど繁栄） 1450頃 線文字B使用	【新王国】1500 トトメス3世（1479～25頃） アメンヘテプ4世（1351頃～34）（首都テル＝エル＝アマルナ） ●アマルナ美術、宗教改革 1333頃 ツタンカーメン（～23頃） 1279頃 ラメス2世（～1213頃） 1275（または1286頃）カデシュの戦い ●アブ＝シンベル神殿建設	1500頃 全盛	**フェニキア** ●地中海交易活動　**ヘブ**1500頃 パレスチナに定住 1230頃 出エジプト
1200	1200頃 イタリア人南下（第2波）	1200頃 トロイア戦争 1200頃 ドーリア人侵入（第2次移動） ●ギリシアに鉄器普及	「海の民」が活動	1190頃 崩壊 **アラム**	1200頃 シドン全盛 サウル王（1020～1004頃）
1000	●ヨーロッパ、鉄器時代に入る 850頃 エトルリア人、イタリアに移住	1000頃 イオニア諸都市成立	945 リビア人の支配（～715頃）	**フリギア王国**1000頃 王国おこる ●内陸仲介商業 ●ダマスクス繁栄	1000頃 ティルス全盛 ●アルファベットの創始 875頃 アッシリアの侵入 814 カルタゴ建設 ダヴィデ王（1000頃～960頃） ソロモン王（960頃～922頃） **ユダ**
800	**カルタゴ** 814頃 建設（フェニキアの植民市） **ローマ** 753頃 ローマ建国（伝説）	●諸ポリス成立 776 第1回オリンピア競技 ●ギリシア人の植民活動 683 アテネ王政を廃止、「貴族政治」 667 ビザンティオン建設 621頃 ドラコンの成文法 610 スパルタでリュクルゴスの改革	●民用文字使用 715 クシュの支配 671 アッシリアに服属（アッシュル＝バニパルのエジプト支配） 653 アッシリア人を追放	**リディア** 680 建国 630頃 初めての金属貨幣（アナトリア～ギリシアで使用） 605 カルケミシュの戦いに敗れる（対新バビロニア）	**アッシリア** 677 アッシリアがシドン破壊 672 アッシリアがティルス占領
600	616頃 エトルリア人のローマ支配 ●王政時代 509頃 共和政が始まる	594 ソロンの改革 ●イオニア自然哲学おこる ●僭主政 ペイシストラトス（? ～527） ヒッピアス（527～510） 508 クレイステネスの改革	【末期王朝】525 アケメネス朝に滅ぼされる	546 滅亡	586 新バビロニアに滅ぼされる 586 バビロン捕囚 538 アケメネス朝に解放される
500	494 聖山事件（護民官設置） 472 平民会設置 450頃 十二表法制定 445 カヌレイウス法（貴族と平民の通婚認可）	500 イオニア植民市の反乱（～493） 478 デロス同盟成立（～404） ●ペリクレス時代（443～429） ●ヘロドトス『歴史』 432 パルテノン神殿完成 431 ペロポネソス戦争（～404） ●トゥキディデス『歴史』	500 ペルシア戦争（～449） ●マラトンの戦い（490）●テルモピレーの戦い・サラミスの海戦（480） ●プラタイアの戦い（479）●カリアスの和約（449）		
400	396 ウェイ占領（対エトルリア戦争） 390 ガリア人侵入 367 リキニウス・セクスティウス法制定 343 サムニウム戦争（～290） 332 母市ティルス滅亡 ●西地中海の商業で繁栄 326 ポエテリウス法（平民の債務奴隷化を禁止）	395 コリントス戦争（～386） 386 大王の和約（アンタルキダスの和約） 371 レウクトラの戦い（テーベの覇権確立） 338 カイロネイアの戦い 337 コリントス同盟成立	**マケドニア** フィリッポス2世（359～336） アレクサンドロス大王（336～323） 334 アレクサンドロスの東方遠征（～324） 333 イッソスの戦い 332 エジプト征服		
323			**アレクサンドロスの帝国** 331 エジプトにアレクサンドリア建設 323 アレクサンドロス、バビロンで死去　ディアドコイ戦争		

ト　世　界	メソポタミア	イラン	南アジア・東南アジア	北アジア	東アジア

| | | | | | 5000頃 彩陶文化（仰韶文化）（～3000頃） |

3000頃 シュメール文明おこる
●ウル・ウルク・ラガシュなどの都市国家形成
●楔形文字　青銅器時代
2590頃 ウル第1王朝おこる

紀元前 3000

2600頃 インダス文明（～1800頃）
●モエンジョ＝ダーロ・ハラッパー
●東南アジアの大陸部にモン＝クメール系民族が定住

2500 黒陶文化（竜山文化）（～2000頃）

2371 アッカド人の支配（～2191）
サルゴン1世（24C頃）
2113 ウル第3王朝（～2006）

バビロニア
1894 バビロニア第1王朝（～1595）成立
ハンムラビ王（1792頃～1750頃）
●ハンムラビ法典
1650頃 インド＝ヨーロッパ語系民族の大移動
1595頃 ヒッタイト侵入、バビロン第1王朝滅亡
●カッシート王国（バビロン第3王朝）

●黄河流域に邑おこる

2000

カッシート人がミタンニ侵入
1600頃 アーリヤ人進入

殷
1600頃 殷おこる

アッシリア
ミタンニ
1550 建国
1500頃 最盛期
1300頃 滅亡

ラ　イ

1500頃 アーリヤ人、パンジャーブ地方に進入

1500

1300頃 殷、都を商邑に移す

エラム王国
1350 繁栄

●『リグ＝ヴェーダ』成立

1200

周
1050頃 周の武王、殷の紂王を討滅（西周、首都・鎬京）

983 エラム王がバビロニアを支配（～978）

●ソロモン王の死後、北のイスラエルと南のユダに分裂

1000頃 アーリヤ人、ガンジス川流域に進出

●「封建」による統治

1000

841 周公・召公が王を追放、執政となる。共和と号する

875 フェニキア遠征

●バラモン教成立
●カースト制度（ヴァルナ制）

●異民族（犬戎）侵入激化

800

イスラエル
722 アッシリアに滅ぼされる

サルゴン2世（721～705）

メディア
728 王国おこる

770頃 周の平王により東遷（東周、洛邑遷都）。春秋時代が始まる（～403）

ア　の　オ　リ　エ　ン　ト　統　一
アッシュルバニバル（668～627）
612 滅亡、4国分立

640 滅亡
●ゾロアスター教成立

斉の桓公（685～643）
晋の文公（636～628）など
覇者

新バビロニア
625 独立
ネブカドネザル2世（604～562）

●コーサラ国・マガダ国など繁栄
●スキタイ文化

600

550 アケメネス朝に滅ぼされる

●ウパニシャッド哲学おこる

538 アケメネス朝に滅ぼされる

アケメネス朝
キュロス2世（559～530）
550 建国
カンビュセス2世（530～522）
525 オリエント統一
ダレイオス1世（522～486）

●呉越の抗争

十六王国時代

518 アケメネス朝がガンダーラ攻略
500頃 仏教・ジャイナ教成立

ア　ケ　メ　ネ　ス　朝　の　大　統　一
●「王の道」建設、ベヒストゥーン碑文
クセルクセス1世（486～465）

マガダ国
486頃 第1回仏典結集

●スキタイ・シベリア文化

●スキタイ文化

500

453 晋の分裂
●諸子百家の活動

アルタクセルクセス1世（465～424）

413 ガンジス川流域を統一

403 韓・魏・趙、諸侯となる
戦国時代が始まる（～221）

●オルドス文化

401 王弟キュロスの反乱
●クナクサの戦い
●サトラップの反乱
ダレイオス3世（336～330）

ナンダ朝
●『マハーバーラタ』『ラーマーヤナ』の原型成立
386頃 第2回仏典結集
●南インドにチョーラ朝、パーンディヤ朝おこる

400

386 田氏の斉、諸侯となる

●鉄製農具使用、牛耕発生

359 商鞅の変法
350 秦、咸陽遷都
333 蘇秦の合従策

戦国時代

331 アルベラ（ガウガメラ）の戦い

328 張儀の連衡策
●戦国七雄
韓・魏・趙・斉・秦・燕・楚
（晋の国土を3分）

330 滅亡
327頃 アレクサンドロス、インダス川流域に侵入

年表 前322～後220

西地中海	東地中海	西アジア：アナトリア	エジプト	シリア	メソポタミア	イラン

ヘレニズム世界

西地中海

カルタゴ
ポエニ戦争
264 第1次ポエニ戦争（～241）
218 第2次ポエニ戦争（ハンニバル戦争、～201）
カンネーの戦い（216）
ザマの戦い（202）
149 第3次ポエニ戦争（～146）
146 ローマに滅ぼされる

ローマ
312 アッピア街道着工
287 ホルテンシウス法制定
272 タレントゥム占領（ローマの半島部征服）
241 シチリア島占領（最初の属州）
192頃 ラティフンディア拡大
共和政
135 シチリアの奴隷反乱（第1次、～132）
133 ヒスパニアを領有
133 グラックス兄弟の改革（～121）
111 ユグルタ戦争（～105）
107 マリウスの軍制改革（～101）
104 シチリアの奴隷反乱（第2次、～100）
91 同盟市戦争（～88）
90 ユリウス法（全イタリアにローマ市民権）
88 マリウス・スラの抗争（～82）
73 スパルタクスの乱（～71）
67 ポンペイウス、地中海の海賊討滅
66 ポンペイウス、西アジアを征服（～63）
60 第1回三頭政治（ポンペイウス・カエサル・クラッスス）
58 カエサル、ガリア遠征（『ガリア戦記』、～51）
48 ファルサロスの戦い（カエサル、ポンペイウスを破る）
46 カエサル独裁（～44）
44 カエサル暗殺
43 第2回三頭政治（オクタウィアヌス・アントニウス・レピドゥス）
31 アクティウムの海戦（ローマの地中海域統一）
アウグストゥス（オクタウィアヌス）（前27～後14）

東地中海

ギリシア
215 マケドニア戦争（～148）
第1次（215～205）
第2次（200～197）
第3次（171～168頃）
第4次（149～148）
146 ギリシア世界、ローマの属州となる

マケドニア
301 イプソスの戦い（帝国3分）
276 アンティゴノス朝成立（～前168）
アンティゴノス朝
168 ローマに滅ぼされる（ピドナの戦い）

西アジア

アナトリア：リュシマコス朝
306 独立
281 滅亡

ペルガモン
●ガリア人撃退
アッタロス朝
133 ローマに併合され滅亡

エジプト：プトレマイオス朝
304 成立（～前30）
290 ムセイオン建設
274 シリア戦争（～168）
クレオパトラ女王（51～30）
48 カエサルの遠征（～47）
30 滅亡（ローマの属州）

シリア・メソポタミア：セレウコス朝
312 成立（～前64）
セレウコス1世（358～280）
240 パルティア、セレウコス朝を破る
アンティオコス3世（223～187）
192 ローマと戦う（小アジア割譲、～188）
64 滅亡（ローマの属州となる）

イラン：パルティア
248頃 建国
アルサケス1世（247頃～210頃）
●首都ヘカトンピュロ
ミトラダテス1世（171～138）
●パルティア全盛
141 セレウキアを奪
●首都クテシフォン
ミトラダテス2世（124～88）
53 クラッスス、パルティア遠征で戦死
39 アントニウス、パルティア遠征失敗（～36）

紀元後

ローマ帝国、地中海世界統一

ローマ
ローマの平和（ローマ帝国全盛時代）
帝政（元首政）
●ゲルマン人、ローマ領にしばしば侵入
9 トイトブルクの戦い（ローマ軍、ゲルマン人に敗北）
ティベリウス（14～37）
43 ブリタニア併合
ネロ（54～68）
64 キリスト教徒迫害（ローマ大火、ネロ帝）
64 ペテロ・パウロ殉教（～67）
79 ヴェスヴィオ火山噴火（ポンペイ埋没）
80 コロッセウム完成
●五賢帝時代
・ネルウァ（96～98）
・トラヤヌス（98～117）
・ハドリアヌス（117～138）
・アントニヌス＝ピウス（138～161）
・マルクス＝アウレリウス＝アントニヌス（161～180）
116 メソポタミア遠征（帝国の領域最大）
150 ゴート人、黒海沿岸に南下
180頃 ゲルマン人の帝国内在住が始まる
セプティミウス＝セウェルス（193～211）
カラカラ（197～217）
212 ローマ市民権を全帝国に拡大
216 パルティアと戦う
216 カラカラ浴場建設
220以降 ゲルマン人の侵入が活発になる

西アジア
●イエス（前7／前4頃～後30頃）
●『エリュトゥラー海案内記』成立
66 第1次ユダヤ戦争（～70）
132 第2次ユダヤ戦争（～135、以後流民化）
●『新約聖書』成立
158 キリスト教保護令
220頃 ゴート人、東西に分裂

イラン
77 ゾロアスター教典の結集（『アヴェスター』）
216 ローマ皇帝カラカラの軍と戦う

紀元前 300 / 200 / 100 / 紀元後 1 / 100 / 200 / 220

中央アジア	南アジア（インド）	東南アジア	北アジア	東アジア（中国）	朝鮮半島	日本
	マウリヤ朝		**匈奴**	**戦国時代**		**縄文時代**
	317頃 成立（～前180頃）（ナンダ朝滅亡）					紀元前 300
	チャンドラグプタ（317頃～296頃）			256 秦、東周を滅ぼす		
	●首都パータリプトラ			247 秦王政即位		
				秦		
				221 秦、中国を統一（～206）		
				●首都・咸陽		
				始皇帝（221～210）		
バクトリア	アショーカ王（268頃～232頃）			221 郡県制を全国実施		
建国	260頃 カリンガ地方征服			214 万里の長城の修築が始まる		
	●仏教南伝			213 焚書・坑儒（～212）		
	250頃 マヒンダ王子、スリランカ（セイロン島）に布教			209 陳勝・呉広の乱（～208）		
	244 第3回仏典結集			●項羽・劉邦の挙兵		
				206 滅亡		
			●活動活発化	202 垓下の戦い		
			●頭曼単于による部族統合	**前漢**		
			215 秦（蒙恬将軍）の匈奴遠征	202 漢（前漢）建国（～後8）		
			冒頓単于（209～174）	●首都・長安		
				高祖劉邦（202～195）		
デメトリオス1世（190～167）	180頃 滅亡		200 白登山の戦い（漢に勝利）	196 郡国制実施	**衛氏朝鮮**	弥生時代 200
175頃 西北インドに侵入	●サーンチーのストゥーパ建立		2C半ば頃より南進	154 呉楚七国の乱	195頃 衛満が建国	
155 メナンドロス、西北インドを支配			158 漢に侵攻	武帝（141～87）中央集権体制確立		
大月氏	**シュンガ朝**			139 張騫、西域に派遣される		
140頃 勃興				134 郷挙里選法制定		
●漢、大宛（フェルガナ）遠征			129 漢の匈奴攻撃	119 塩・鉄の専売。五銖銭の鋳造		
145頃 滅亡			（129 衛青、121 霍去病）	115 均輸法制定		
				111 敦煌郡設置		
				111 南越征討		
				110 平準法制定	108 漢、4郡設置	
				108 朝鮮進出。4郡開設	・楽浪郡	
				104 大宛国へ遠征（李広利将軍）	・玄菟郡	
70頃 アム川の南へ拡大				98 酒を専売	・臨屯郡	100
			60頃 匈奴、東西に分裂	91頃 司馬遷『史記』完成	・真番郡	
	カーンヴァ朝		59頃 西域に都護を置く	宣帝（74～49）		
	68 成立					
			東匈奴		**夫余国・高句麗**	
		サータヴァーハナ朝	52 漢に服属			
	23 滅亡		呼韓邪単于（58～31）	54 常平倉を設置		
	カリンガ朝		**西匈奴**	44 塩・鉄の専売と常平倉を廃止		
	27頃 成立		36 漢と東匈奴により滅亡	33 王昭君、匈奴に嫁ぐ		
				2 仏教伝来		
				哀帝（7～1）		
	●デカン高原の大半を支配			**新**		紀元後 1
				8 王莽が建国（～23）		
				18 赤眉の乱		
				22 劉秀挙兵（王莽を倒す、～23）		
	●ローマとの季節風貿易			**後漢**		
		40 北ベトナムで徴姉妹の乱（～43）	48頃 東匈奴、南北に分裂	25 後漢建国（～220）		
				●首都・洛陽		
クシャーナ朝		●メコン川下流域に扶南成立	**北匈奴**	光武帝（25～57）		
45頃 成立（～3C）			西遷（キルギス方面）	36 全国統一		
カドフィセス1世（45～77）			93 北匈奴の故地に鮮卑おこる	●班固『漢書』		
90 後漢の班超と戦う			**鮮卑**	91 班超、西域都護となる	57 後漢に遣使	
カニシカ王（130頃～170頃）			●北匈奴西走	97 甘英、大秦に遣使		100
●首都プルシャプラ	●ガンダーラ美術	192頃 後漢よりチャンパー独立	156 モンゴル高原を統一	105 蔡倫、製紙法を改良	107 後漢に遣使	
●西北インド・ガンジス平原に領域拡大	145 インダス川下流域にサカ王朝（～390）		●鮮卑の盛時	166 党錮の禁おこる		
	150頃 大乗仏教おこる			166 大秦王安敦の使節、日南郡に至る		
	●第4回仏典結集			184 黄巾の乱		200
				208 赤壁の戦い	204頃 遼東の公孫氏、帯方郡設置（～313頃）	
				220 滅亡		220

| 西ヨーロッパ・西地中海 | 東ヨーロッパ・東地中海 | 西アジア・中央アジア |

ローマ

パルティア | クシャーナ朝

サ サ ン 朝

帝政（元首政）

ローマとサ サン朝との戦い

224 パルティアを滅ぼし建国（〜651）
アルダシール1世（224〜241頃）

帝政（軍人皇帝）

250 キリスト教徒大迫害時代（〜305）
257 フランク人、ガリアに侵入

●ゾロアスター教を国教化

●サ サン朝に服属

263 フランク人、ピレネーを越える
ディオクレティアヌス帝（284〜305）
●首都ニコメディア
●専制君主政（ドミナトゥス）開始
293 四帝分治制（テトラルキア）

260 エデッサの戦い（シャープール1世がローマ皇帝を捕える）

シャープール1世（241頃〜272頃）
260 ローマ皇帝ウァレリアヌスを捕虜とする
●マニ教おこる（3C）

帝政（専制君主政）

コンスタンティヌス帝（306〜337）
313 キリスト教公認（ミラノ勅令）
325 ニケーア公会議（アタナシウス派を正統とし、アリウス派を異端とする）
332 コロヌスを土地に緊縛
●ユリアヌス（361〜363）、キリスト教徒を迫害
376 西ゴート人、ローマ領内に移住

330 コンスタンティノープル遷都
374 フン人、ゴートにせまる

●教典『アヴェスター』成立

ゲ ル マ ン 人 大 移 動 開 始

テオドシウス1世（379〜395）
381 キリスト教アタナシウス派を再認定
392 キリスト教国教化、他宗教の禁止
394 最後のオリンピア競技
395 ローマ帝国、東西に分裂

389 アルメニア地方をローマと分割統治
399 キリスト教徒を迫害

西ローマ帝国

ビザンツ（東ローマ）帝国

●首都ミラノ、のちラヴェンナ

西ゴート

●首都コンスタンティノープル

425 エフタルと抗争

418 建国
●首都トロサ

410 西ゴート王アラリック、ローマに侵入（ローマ、ラヴェンナへ遷都）
426 アウグスティヌス『神の国』
●アッティラ（433〜453）の西進
教皇レオ1世（440〜461）

ビザンツとサ サン朝との戦い（5〜6C）

アングロ＝サクソン

ヴァンダル

431 エフェソス公会議（ネストリウス派を異端とする）

449 ブリタニアに渡る

429 カルタゴの故地に建国
443 ブルグンド人、ローヌ川上流に建国

フランク

451 カタラウヌムの戦い
452 教皇レオ1世、アッティラの侵入を説得で退ける
476 西ローマ帝国滅亡

451 カルケドン公会議（キリスト単性論を否定）

エフタル

469頃 イベリア半島をほぼ支配

455 ローマに侵入

450頃 独立王国樹立

481 メロヴィング朝おこる（〜751）
クローヴィス（481〜511）
496 アタナシウス派に改宗

オドアケルの王国

476 建国

493 滅亡

488 マズダク教徒の反乱

東ゴート

テオドシウス朝

493 建国
テオドリック（471頃〜526）

499 ブルガール人の侵入

七王国（ヘプターキー）時代

534 テューリンゲン・ブルグンド両王国併合

534 ビザンツに滅ばされる

ユスティニアヌス大帝（527〜565）
529 『ローマ法大全』（ユスティニアヌス法典）
529 アカデメイア閉鎖

ユスティニアヌス朝

ホスロー1世（531〜579）
●王朝全盛

529 ベネディクトゥス、モンテ＝カシノに修道院建設

568 フランクにトロサを占領され、トレドに遷都

555 ビザンツにより滅ぶ

ランゴバルド

568 北イタリアに建国

568 ドナウ川中流域にアヴァール人建国
584 コルドバ占領

562 エジプトに遠征
563 突厥とともにエフタルを討つ

メロヴィング朝

584 ビザンツにコルドバを占領される

●カトリック化の進展

581 ビザンツとサ サン朝との戦い（〜591）

585頃 スラヴ人の拡散が始まる

ホスロー2世（591〜628）

教皇グレゴリウス1世（590〜604）

616 ビザンツをスペイン南部から撃退

クロタール2世（613〜628）
●王国の統一
●分国の内乱時代

●ローマ教皇権確立
●グレゴリオ聖歌成立
●ゲルマン諸部族の改宗進む

610 ビザンツとサ サン朝との戦い（〜630）

イスラーム国家

610 ヘラクレイオス朝（〜695）
ヘラクレイオス1世（610〜641）
●軍管区（テマ）制と屯田兵制を施行
●ギリシア語の公用語化
626 アヴァール人、コンスタンティノープル包囲

ムハンマド（570頃〜632）
610頃 イスラーム教創始
622 ヒジュラ（聖遷）

ヘラクレイオス朝

●正統カリフ時代（632〜661）

正統カリフ時代

636 カーディシーヤの戦いでイスラーム軍に敗北

アブー＝バクル、ウマル、ウスマーン、アリー

南アジア・東南アジア	北アジア	東アジア				
		中国			朝鮮半島	日本

南アジア・東南アジア

サータヴァーハナ朝
230 滅亡
●インド分裂状態

274 南インドにパッラヴァ朝成立(〜897)

グプタ朝
320頃 成立(〜550頃)
●首都・パータリプトラ
チャンドラグプタ1世(320〜335頃)
サムドラグプタ(335〜376頃)
350頃 アジャンター石窟寺院創建
チャンドラグプタ2世(超日王)(376頃〜414頃)
390 サカを滅ぼし、グプタ朝領土最大
402 法顕、インドに至る
●サンスクリット文学黄金時代
●『マハーバーラタ』『ラーマーヤナ』の完成
●ナーランダー僧院創建
●カーリダーサ『シャクンタラー』
●ヒンドゥー教の教義確立

●エフタルの侵入

●クメール人、カンボジア(真臘)を建国(〜15C)
520 分裂衰退
543 南インドにチャールキヤ朝成立(〜642)
550頃 グプタ朝滅亡

●ブッダガヤ大塔創建

ヴァルダナ朝
ハルシャ＝ヴァルダナ(戒日王)(606〜647)
612 北インド統一
640 カンボジア、扶南を併合

北アジア

鮮卑
224 華北に侵入　鮮卑諸部族の分裂

289 西晋に服す
307 大単于と称す

柔然
●モンゴル高原を支配

高車(鉄勒)
●成立(トルコ系)

449 柔然、北魏に討たれ衰退

450 トゥルファン地方に高昌国建国(〜640)

508 高車、柔然を破る
521 柔然分裂し、北魏に服する

突厥
552 成立(〜745)
555 柔然を滅ぼす
563 ササン朝とともにエフタルを討つ
583 突厥、東西に分裂

西突厥　**東突厥**

601 隋に敗れる
629頃 吐蕃、ソンツェン＝ガンポ即位(〜649)
630 唐に制圧される
639 南北に分裂

東アジア — 中国

魏晋南北朝時代

魏
曹丕(220〜226)
●首都・洛陽
●屯田制
●九品中正制
265 滅亡

蜀
劉備(221〜223)
●首都・成都
263 滅亡

呉
孫権(222〜252)
●首都・建業
280 呉滅び、晋が中国統一(〜316)

晋
265 建国(〜316)
司馬炎(武帝)(265〜290)
280 占田・課田法
290 八王の乱(〜306)

五胡十六国時代(304〜439)
五胡(匈奴、羯、鮮卑、氐、羌)

前秦
351 成立
376 華北統一
383 淝水の戦い
394 滅亡

北魏
386 建国(鮮卑の拓跋珪)、首都・平城
●寇謙之、道教を大成

太武帝(423〜452)
439 華北をほぼ統一

[北朝]　**南北朝時代(439〜581)**　[南朝]

●雲崗の石窟
孝文帝(471〜499)
485 均田制施行
486 三長制施行
494 洛陽遷都
●竜門の石窟

534 分裂
西魏
535 成立
府兵制施行

東魏
534 成立

北周
556 成立
581 滅亡

北斉
550 成立
577 滅亡

隋
581 建国(〜618)
●首都・大興城
楊堅(文帝)(581〜604)
589 中国統一
590 府兵制を整備
592 均田制・租調庸制

煬帝(604〜618)
612 高句麗に遠征
618 滅亡

唐
618 建国(〜907)
●首都・長安
高祖李淵(618〜626)
624 均田制・租調庸制施行
太宗李世民(626〜649)貞観の治
628 中国統一
640 安西都護府設置
640 孔穎達『五経正義』

東アジア — 中国(南朝側)

●清談の流行
311 永嘉の乱
316 滅亡

東晋
317 建国(〜420)
●首都・建康
司馬睿(元帝)(317〜322)
●土断法

●法顕『仏国記』
420 滅亡

宋
420 成立
劉裕(武帝)(420〜422)
●貴族政治が始まる

斉
479 成立

梁
502 成立

陳
557 成立
589 陳滅亡

江南開発進む

629 玄奘のインド旅行(『大唐西域記』)(〜645)

朝鮮半島

夫余国・高句麗
馬韓・弁韓・辰韓(三韓時代)

313 高句麗、楽浪郡を滅ぼす
343 高句麗、国内城を首都とする

百済・新羅
346 百済おこる(近肖古王)
356 新羅おこる(奈勿王)

369 日本軍、新羅を破り半島南端の加耶(加羅)に進出
391 日本軍、百済・新羅と戦う(広開土王碑)
高句麗・広開土王(391〜412)
404 日本と高句麗が戦う

427 高句麗、平壌に遷都

450 高句麗、新羅を攻撃

494 夫余国、高句麗に服属

高句麗

562 新羅、加耶を滅ぼす

日本

弥生時代
239 邪馬台国　女王卑弥呼、魏に遣使

266 邪馬台国　女王壱与、晋に遣使

●ヤマト政権の統一進む
367 百済の使者来日

413 倭王讃(仁徳天皇?)の使者、東晋に至る

古墳時代
478 倭王武、遣使上表文

513頃 百済、五経博士を日本に送る
538頃 仏教伝来(一説552)

593 厩戸王(聖徳太子)摂政となる(〜622)
600 遣隋使
604 十七条憲法
607 小野妹子の遣隋使

飛鳥時代
630 第1回遣唐使

(右欄年代目盛) 300　400　450　500　550　600　640

	イベリア半島	西ヨーロッパ			東ヨーロッパ	西アジア・
年	西ゴート	アングロ=サクソン	フランク	ランゴバルド	ビザンツ(東ローマ)帝国	イスラーム国家
641					**641** エジプト、イスラーム軍により征服　●アレクサンドリアの図書館焼失（ヘラクレイオス朝）	
				649 ラテラノ公会議（キリスト単性論を排除）		
650						
661			メロヴィング朝　**687** 宮宰の中ピピン、実権を握る	**680** コンスタンティノープル公会議（〜681）（メロヴィング朝）		**661** アリー暗殺　**ウマイヤ朝**　**661** 成立（〜750）ムアーウィヤ（661〜680）
				673 イスラームとビザンツ帝国の戦い		
700				教皇グレゴリウス2世（715〜731）●アヴァール人侵入		
711	**711** ウマイヤ朝に滅ぼされる　**ウマイヤ朝**　**711** 建国（〜750）	七王国（ヘプターキー）時代	**714** カール＝マルテル宮宰（〜741）		**717** イスラーム、コンスタンティノープルを包囲するも敗退（〜7…）イサウリア朝（717〜867）レオン3世（717〜741）**726** 聖像禁止令　**726** 聖像崇拝論争	**711** 西ゴートを占領　●イスラーム軍、インド侵入（712）**732** トゥール・ポワティエ間の戦い
718	**キリスト教国家**　**718** 西ゴート人、イベリア半島北部にアストゥリアス王国建国	**730**『ベーオウルフ』成立	**732** トゥール・ポワティエ間の戦い（イスラーム撃退）			
750	**後ウマイヤ朝**　**756** アブド＝アッラフマーン1世（756〜788）が建国　●首都コルドバ		**751** ピピン即位（751〜768）、カロリング朝おこる（751〜987）カール大帝（768〜814）	**751** ビザンツ領ラヴェンナを攻略　**756** ピピンの寄進（ローマ教皇領の起源）**774** 滅亡	**756** ブルガール人の侵入（〜775）（イサウリア朝）	**アッバース朝**　**750** ウマイヤ朝を滅ぼして成立（〜1258）アブー＝アルアッバース（750〜754）マンスール（754〜775）**762** バグダード建設（〜766）ハールーン＝アッラシード（786〜809）
		787頃 ヴァイキング（デーン人）、初めて侵入（カロリング朝）	**774** カール大帝、ランゴバルドを滅ぼしイタリア王を兼任　**788** バイエルンを併合　**796** アヴァール王国を滅ぼす　**800** カールの戴冠（教皇レオ3世による。西ローマ帝国の復興）			**789** モロッコにイドリース朝成立　**800** チュニジアにアグラブ朝成立
800	**820**頃 ナバラ王国成立	**イングランド**　**829** イングランド統一（ウェセックス王エグバート）	**804** カール大帝、ザクセンを併合　●カロリング=ルネサンス　ルートヴィヒ1世（敬虔王）（814〜840）**843** ヴェルダン条約（フランク王国を3分割）			**821** イランにターヒル朝成立（〜873）**826** クレタ島獲得（東地中海の制海権獲得）●地方分権化進む　●「知恵の館」設立
	この頃より、約200年間ヴァイキングがヨーロッパ各地に進出					
850		**850**頃 デーン人の侵入激化　アルフレッド大王（871〜899）●『アングロ=サクソン年代記』	**西フランク（フランス）**シャルル2世（843〜877）（カロリング朝）／**中部フランク（イタリア）**ロタール1世（840〜855）ルートヴィヒ2世（855〜875）（カロリング朝）／**東フランク**ルートヴィヒ2世（843〜876）（カロリング朝）**870** メルセン条約で再分割　**884** 東フランクと合同（〜887）**875** カロリング朝断絶　**888** パリ伯オドーの在位（〜898）		**843** コンスタンティノープル公会議で聖像崇拝認める　**853** アナトリアでイスラーム勢力と戦う　**867** マケドニア朝（〜1057）バシレイオス1世（867〜886）●セルビア人・ブルガール人のキリスト教化進む　●ビザンツ文化隆盛	**867** イランにサッファール朝成立　**868** エジプトにトゥールーン朝成立　**869** 黒人奴隷（ザンジュ）の反乱（〜883）●『千夜一夜物語』の原型成立
					ノヴゴロド国　**862** リューリクが建国（伝承）**キエフ公国**　**882** 建国（〜1240）	
900	10C始め アストゥリアス王国、レオン王国と改称　アブド＝アッラフマーン3世（912〜961）**929** カリフを称する	ウェセックス朝	**イタリア・ローマ教皇**　●クリュニー修道院成立　**911** ノルマンディー公国成立（ロロ）（カロリング朝）	**911** カロリング朝断絶　●フランケン朝（911〜919）●ザクセン朝（919〜1024）●マジャール人侵入（ハンガリーに定着）ハインリヒ1世（919〜936）オットー1世（936〜973）	マケドニア朝	**ファーティマ朝**　**909** シーア派。北アフリカにおこる（〜1171）**ブワイフ朝**　**932** シーア派。イランに建国（〜1062）**946** バグダード占領、カリフより大アミールに任ぜられる　**969** エジプトを征服しカイロを建設
950	●ベルベル人の侵入	**980** デーン人の侵入激化	**951** オットー1世、イタリア遠征（〜952）教皇ヨハネス12世　**987** カロリング朝断絶　**987** カペー朝成立（〜1328）ユーグ＝カペー（987〜996）●王権弱体、封建制確立（カロリング朝／カペー朝）	**955** レヒフェルトの戦い（マジャール撃退）**神聖ローマ帝国**　**962** オットー1世戴冠　**976** オストマルク辺境伯領成立　**1000** ハンガリー王国成立　●3回のイタリア遠征（ザクセン朝）	キエフ大公ウラディミル1世（980頃〜1015）**989** ギリシア正教に改宗（ビザンツ皇帝の妹と結婚）バシレイオス2世（976〜1025）	
1000	**1031** 後ウマイヤ朝分裂、滅亡　**1035** カスティリャとアラゴン、王国として独立　●この頃よりキリスト教国の国土回復運動盛ん	**1016** デーン朝（〜42）**1016** デーン王クヌート、イングランド支配（〜35）（デーン朝）		**1024** ザリエル朝（〜1125）（ザクセン朝／ザリエル朝）	**1018** ブルガリア併合	●イブン＝シーナー『医学典範』
1035						

中央アジア	南アジア	東南アジア	北アジア	東アジア 中国	東アジア 朝鮮半島	東アジア 日本	
サン朝	**ヴァルダナ朝**			**唐**	**高句麗** / **百済・新羅**		
642 ニハーヴァンドの戦い	641 唐・イランと修好					7C半ば 大化改新	650
	647 滅亡	649 雲南に南詔を建国	657 北突厥・南突厥、唐に服属	高宗(649~683)		●班田収授法	
651 滅亡	●エローラ石窟寺院開掘(ヒンドゥー教)	7C半ば シュリーヴィジャヤ建国(~8C)	663 吐蕃、吐谷渾を滅ぼす	651 イスラーム使節入貢(イスラーム教伝わる) 662 鉄勒を征服し最大版図 中宗(683~684) 睿宗(684~690) 則天武后(690~705) ●武韋の禍 国号を「周」とする	671 義浄のインド旅行『南海寄帰内法伝』(~685) 660 百済滅亡 668 滅亡	天智天皇(661~671) 663 白村江の戦い 672 壬申の乱 天武天皇(673~686)	飛鳥時代
	●インド、ラージプート時代(~13C初め) ●イスラームの侵入 730頃 マルワにプラティーハーラ朝(~1049頃) 750 マガダにパーラ朝(~1155)	●カンボジア、水陸2部に分裂 **東突厥** 682 東突厥再興 ●オルホン碑文 **ウイグル** 744 モンゴル高原に建国(~840) 745 東突厥を滅ぼす		中宗(705~710) 睿宗(710~712) 710 河西節度使の設置 玄宗(712~756) ●開元の治 722 募兵制による長安守備	**渤海** 698 靺鞨人の大祚栄、渤海建国(~926) ●日本と通交(727~) 676 半島統一 676 唐、半島を放棄 **新羅** 713 開城に築城 721 北境に長城構築 742 慶州石窟庵創建	694 藤原京遷都 701 大宝律令制定 708 和同開珎 710 平城京に遷都 ●天平文化 720 「日本書紀」成立 723 三世一身の法 聖武天皇(724~749) 727 渤海使来朝	700 / 奈良時代
51 タラス河畔の戦い ●製紙法西伝	754 デカン高原にラーシュトラクータ朝(~973)	8C半ば ジャワにシャイレンドラ朝(~9C) ●チベット仏教成立 ●安史の乱で唐朝を援助 ●ウイグルの勢力が中央アジアまで広がる	755 チベット、ティ=スロン=デツァンの治世最盛期(~797)	751 イスラームと衝突(タラス河畔の戦い) 755 安史の乱(~763) 756 楊貴妃殺される 徳宗(779~805) 780 両税法を実施(楊炎の献策) 781 「大秦景教流行中国碑」建立	768 貴族の反乱 780 王位争い激化	741 国分寺建立の詔 752 東大寺の大仏完成 753 鑑真来日 『万葉集』成立 桓武天皇(781~806) 784 長岡京に遷都 794 平安京に遷都	750 / 800
●ウイグルの勢力が中央アジアに定着	846 南インドにチョーラ朝再興	802 カンボジアにアンコール王国(~1432) ジャヤヴァルマン2世(802~850) ●ジャワ島にボロブドゥール建造 ●カンボジア、アンコール=トム建設	821 唐蕃(唐・チベット)会盟 ●キルギスの侵入でウイグルの主力、中央アジアに西走	845 会昌の廃仏		804 最澄・空海入唐 839 最後の遣唐使帰朝(大使藤原常嗣)	850
		902 南詔滅亡		863 南詔、交趾を占領 875 王仙芝の乱 875 黄巣の乱(~884) 889 朱全忠、東平郡王に封ぜられる 907 滅亡(朱全忠自立)		894 遣唐使派遣停止	900
サーマーン朝 875 中央アジアにおこる(~999) ●首都ブハラ		928 ジャワ、クディリ朝(~1222) 937 雲南に大理建国(~1254) 939 ベトナムの呉朝、中国より自立	**キタイ(遼)** 916 建国(~1125) 太祖耶律阿保機(916~926) ●契丹文字の創始 926 渤海征服 936 燕雲十六州獲得 947 国号を遼とする	**五代十国** ●後梁(朱全忠) ●後唐(李存勗) ●後晋(石敬瑭) 五代 936 燕雲十六州をキタイに割譲 ●後漢(劉知遠) ●後周(郭威)	926 キタイに滅ぼされる ●キタイが東丹国を建国 **高麗** 918 建国(~1392) 太祖王建(918~943) 935 新羅滅亡 936 半島統一	平安時代 939 平将門の乱(~940) 939 藤原純友の乱(~941)	950
カラハン朝 10C半ば 中央アジアに成立(~1132頃)	**ガズナ朝** 977 アフガニスタンに建国(~1187) マフムード(998~1030) ●インドへの侵入開始	968 ベトナム、丁朝(~980) 980 ベトナム、黎朝(~1009)	986 宋に侵入 993 高麗遠征 994 高麗を服属させる 1004 澶淵の盟	**宋(北宋)** 960 建国(~1127) ●首都・汴州(開封) 太祖趙匡胤(960~976) ●文治主義の中央集権国家 太宗(976~997) 979 中国統一を完成 ●火薬・羅針盤・木版印刷の発明	963 宋に服属 993 遼が侵入 994 遼に服属	●摂関政治	1000
999 滅亡	1016 サマルカンド・ブハラを占領 1018 カナウジ占拠 ●イスラーム教、北インドに浸透	1009 ベトナム、李朝(~1225)			1020 遼と和平回復 1033 遼に備え長城を築く(~44)	1017 藤原道長、太政大臣となる(~18) 1019 刀伊(女真人)の入寇 ●紫式部『源氏物語』	1035

アフリカ西北部・イベリア半島	西ヨーロッパ						東ヨーロッパ	西アジア
	キリスト教国家	イングランド	フランス	イタリア諸国家・ローマ教皇	神聖ローマ帝国	ビザンツ帝国	キエフ公国	ファーティマ朝

～1050

- イングランド：デーン朝／ウェセックス朝　1042 ウェセックス朝復活
- イタリア諸国家・ローマ教皇：教皇レオ9世（1049～54）
- 神聖ローマ帝国：1041 ベーメンを服属　1042 ハンガリー征服
- ビザンツ帝国（マケドニア朝）：1042 セルビア自立

1050～1100

- アフリカ西北部・イベリア半島：**ムラービト朝** 1056 マグリブに成立（～1147）／●イベリア半島南部を支配／1076/77 ガーナ王国征服
- キリスト教国家：1076 アラゴンとナバラ合併
- イングランド（ウェセックス朝→ノルマン朝）：1066 ノルマン人のイングランド征服（ヘースティングズの戦い）、ノルマン朝成立（～1154）／ウィリアム1世（1066～87）／1086 ドゥームズデイ＝ブック作成／ヘンリ1世（1100～35）
- フランス：フィリップ1世（1060～1108）／●王位世襲制の確立／●ロマネスク様式の建築隆盛／1095 クレルモン宗教会議
- イタリア諸国家・ローマ教皇：1054 東西教会分離（ローマ＝カトリック）／教皇グレゴリウス7世（1073～85）／1075 叙任権闘争（～1122）／1077 カノッサの屈辱／教皇ウルバヌス2世（1088～99）／●ボローニャ大学創立／1096 第1回十字軍（～99）／1098 シトー修道会成立／●ヨーロッパでスコラ学が盛んとなる
- 神聖ローマ帝国（ザリエル朝）：ハインリヒ4世（1056～1106）
- ビザンツ帝国：1054 東西教会分離（ギリシア正教）／●大土地所有制進展／1071 マラズギルト（マンジケルト）の戦いでセルジューク朝に敗北／1081 コムネノス朝（～1185）／アレクシオス1世（1081～1118）
- ファーティマ朝：1099 イェルサレム王国（～1291）

1100～1150

- アフリカ西北部・イベリア半島：**ムワッヒド朝** 1130 マグリブに成立（～1269）／1147 ムラービト朝を滅ぼす
- キリスト教国家：1143 ポルトガル王国、カスティリャより独立／アフォンソ1世（1143～85）
- イングランド：ノルマン朝
- フランス：カペー朝／●『ローランの歌』成立／●パリ大学創立
- イタリア諸国家・ローマ教皇：1130 両シチリア王国成立（シチリア王国とナポリ王国、～1860）／1147 第2回十字軍（～49）
- 神聖ローマ帝国：1113 ヨハネ騎士団成立／1122 ヴォルムス協約（聖職叙任権問題一時解決）／1125 ザリエル朝断絶／1134 ブランデンブルク辺境伯領成立／1138 シュタウフェン朝（～1254）
- ビザンツ帝国（コムネノス朝）：●プロノイア制／1134 小アジアの大部分をルーム＝セルジューク朝から奪回／1147 両シチリア王国と戦う（～49）

1150～1200

- アフリカ西北部・イベリア半島：1157 半島南部を支配
- イングランド（ノルマン朝→プランタジネット朝）：1154 プランタジネット朝（～1399）／ヘンリ2世（アンジュー伯アンリ）（1154～89）／●オクスフォード大学創立／●『アーサー王物語』成立／リチャード1世（1189～99）／1189 第3回十字軍（～92）
- フランス：1154 アンジュー伯アンリ、英王となる／1180 パリ大学公認／フィリップ2世（1180～1223）／●イギリス領併合進む
- イタリア諸国家・ローマ教皇：1154 教皇党（ゲルフ）と皇帝党（ギベリン）抗争／1167 ロンバルディア同盟成立／●サレルノ大学創立／教皇インノケンティウス3世（1198～1216）／●諸国の分裂／●教皇権絶頂
- 神聖ローマ帝国（シュタウフェン朝）：フリードリヒ1世（1152～90）／●エルベ川以東への東方植民盛ん／ハインリヒ6世（1190～97）／1190頃 ドイツ騎士団おこる／●『ニーベルンゲンの歌』成立
- ビザンツ帝国：1185 アンゲルス朝（～1204）
- 西アジア：**アイユーブ朝** 1169 成立（～1250）サラーフ＝アッディーン（サラディン）（1169～93）／1171 ファーティマ朝を滅ぼす／1187 イェルサレム占領／1192 英王のリチャード1世と和約

1200～1226

- イングランド（プランタジネット朝）：ジョン王（1199～1216）／1202 第4回十字軍（～04）／1209 ジョン王、教皇より破門される／1215 大憲章（マグナ＝カルタ）成立／ヘンリ3世（1216～72）／●都市の自治権獲得盛んになる／●ケンブリッジ大学創立
- フランス：1209 アルビジョワ十字軍（～29）／1215 ドミニコ修道会成立／ルイ9世（1226～70）
- イタリア諸国家・ローマ教皇：1209 フランチェスコ修道会成立／1212 少年十字軍／1215 ラテラノ公会議／1223 フランチェスコ修道会、公認される／1226 皇帝フリードリヒ2世とイタリア諸都市の抗争
- 神聖ローマ帝国：1208 シュタウフェン朝断絶／オットー4世（1209～12）／1215 シュタウフェン朝復興（～54）／フリードリヒ2世（1212～50）
- ビザンツ帝国（アンゲルス朝）：1204 第4回十字軍、コンスタンティノープル占領／**ラテン帝国** 1204 成立（～61）／**ニケーア帝国** 1205 成立（～61）
- キエフ公国：1221 ニジニ＝ノヴゴロド建設

中央アジア・南アジア	東南アジア	北アジア	東アジア 中国	東アジア 朝鮮半島	東アジア 日本
アッバース朝／**ブワイフ朝**／**カラハン朝**／**ガズナ朝**		**キタイ（遼）**	**宋（北宋）**	**高麗**	
1041 東西に分裂（カラハン朝）		**西夏** 1038 建国（～1227） 景宗李元昊（1038～48） ●宋に侵入 ●西夏文字の創始 1044 宋と和約（宋、西夏王を承認）		●両班制の確立	
セルジューク朝 1038 成立（～1194） トゥグリル＝ベク（1038～63）	1044 ビルマ、パガン朝成立（～1299）		1044 西夏と和約		
1055 バグダード入城 1058 スルタンとなる					1050
1062 滅亡（ブワイフ朝）					1051 前九年合戦（～62）
1067 ニザーミーヤ学院 1071 イェルサレム占領 マリク＝シャー（1072～92）			神宗（1067～85） 1069 王安石の改革（～76） 　青苗・均輸法（69） 　保甲・募役法（70） 　市易・保馬法（72）		1069 記録荘園券契所設置
1077 小アジアにルーム＝セルジューク朝（～1308） **ホラズム＝シャー朝** 1077 成立 ●強盛となる			1084 司馬光『資治通鑑』 1086 司馬光、宰相となる ●党争激化		1083 後三年合戦（～87） 1086 院政開始 ●武士の台頭
●第1回十字軍と対抗が始まる		1096 宋に侵入するが、撃退される	徽宗（1100～25）		1100
	●カンボジア、アンコール＝ワットの造営	**金（女真）** 1115 建国（～1234） 太祖完顔阿骨打（1115～23） ●猛安・謀克制 ●女真文字の創始	1118 金と遼の挟撃をはかる 欽宗（1125～27） 1126 靖康の変（～27） 1127 金に滅ぼされる	平安時代	
●ウマル＝ハイヤーム『ルバイヤート』		1124 遼、西走 1125 滅亡 **カラキタイ（西遼）** 1132 成立（～1211） 耶律大石（徳宗）（1132～43） ●首都ベラサグン	1124 金に服属 **南宋** 1127 建国（～1276） 高宗（1127～62） 1131 秦檜、宰相となる 1138 臨安遷都	1126 金に服属	
1132頃 滅亡（カラハン朝）					
1144 エデッサ占領 **ゴール朝** 1148頃 アフガニスタンでガズナ朝から独立（～1215）		1142 宋・金、講和（大散関淮河を国境とする） ●朱熹（1130～1200）			
1157 宗家滅亡 ●小アジアにルーム＝セルジューク朝続く（1077～1308）		1153 燕京遷都	1160 会子の発行が始まる 孝宗（1162～89）	1145 金富軾『三国史記』	1150
		1161 宋に侵入（采石の戦い） 1167 王重陽、全真教をおこす			1156 保元の乱 1159 平治の乱 1167 平氏全盛、平清盛太政大臣
1172 西遼、ホラズムの王位継承に介入 1187 ゴール朝、ガズナ朝を滅ぼす		1172 ホラズムの王位継承に介入		1170 鄭仲夫のクーデタ（武家政権）	1185 平氏滅亡、源頼朝、守護・地頭任命権獲得
1193 インドに侵入し、北インド占領				1196 崔氏の軍事独裁（～1258）	1192 源頼朝、征夷大将軍となる 1200
1206 デリー＝スルタン朝成立（～1526） 1206 分裂 **奴隷王朝** 1206 建国（～90） アイバク（1206～10） 1215 滅亡	●カンボジア、アンコール・トムの造営 **モンゴル** 1206 統一 チンギス＝カン（1206～27） 1211 ナイマンにより滅亡	1214 汴京遷都（1161?）			北条時政（1203～05） 北条義時（1205～24） 鎌倉時代
1220 モンゴルの攻撃により崩壊 1221 モンゴル、北インドに侵入	1219 大西征（～23） 1222 ジャワ島、シンガサリ朝（～92） 1225 ベトナム、陳朝（～1400）			1219 契丹人をモンゴルと挟撃	1219 源氏滅亡、北条執権 1221 承久の乱、六波羅探題設置 1226

	西ヨーロッパ						北・東ヨーロッパ	
	イベリア半島	**イングランド**	**フランス**	**イタリア諸国家・ローマ教皇**	**神聖ローマ帝国**	**ニケーア帝国・ラテン帝国**	**北欧** ポーランド・北欧諸国	**ロシア** キエフ公国
	ムワッヒド朝／ナスル朝／キリスト教国家							

年	イベリア半島（ムワッヒド朝・キリスト教国家）	イングランド	フランス	イタリア諸国家・ローマ教皇	神聖ローマ帝国	ニケーア帝国・ラテン帝国	ポーランド・北欧諸国	キエフ公国・ロシア
〜1250	ナスル朝 1232 建国（〜1492）／1230 カスティリャ、レオンと合併／1236 カスティリャ、コルドバ回復／1248 カスティリャ、セビリャ回復	プランタジネット朝	1248 第6回十字軍（〜54）／1253 ルブルックをカラコルムに派遣	1228 第5回十字軍（〜29）／●ゲルフとギベリンの党争激化／1245 プラノ＝カルピニをモンゴルに派遣	シュタウフェン朝／1230 ドイツ騎士団、プロイセン征服（〜83）／1241 ハンザ同盟成立		1241 ワールシュタットの戦い（独・ポーランド連合軍、モンゴル軍に敗れる）	1237 モンゴルのバトゥ軍、モスクワ占領／1240 キエフ占領／キプチャク＝ハン国 1243 バトゥが建国（〜1502）／●首都サライ
1250〜1300	1269 滅亡／1282 アラゴン王のシチリア支配（〜1409）	1265 シモン＝ド＝モンフォールの議会（下院の起源）／エドワード1世（1272〜1307）／1295 模範議会	1270 第7回十字軍／フィリップ4世（1285〜1314）／1296 教皇と争う（〜1304）	1268 アンジュー家、両シチリア王位につく（〜82）／1271 マルコ＝ポーロ、東方へ出発／●トマス＝アクィナス『神学大全』／1282 シチリアの晩鐘（アラゴン王、シチリア王位獲得）／教皇ボニファティウス8世（1294〜1303）／●モンテ＝コルヴィノを大都に派遣	1254 ライン都市同盟成立／1256 大空位時代（〜73）／1266 両シチリア王国を失う／ハプスブルク家のルドルフ1世（1273〜91）／1291 スイス独立運動が始まる／アルブレヒト1世（1298〜1308）／大空位・諸王朝交代	1261 両国とも滅亡／ビザンツ帝国 1261 帝国再興／パレオロゴス朝	1262 ノルウェー、アイスランド領有／スウェーデン王ヴァルデマール（1266〜75）／1279 ポーランド諸王並立時代（〜1333）	1280 ブルガリアを服属させる／1287 ノガイ、キプチャク＝ハン国の実権を握る（〜99）
1300〜1350	1323 アラゴン、サルデーニャ島獲得／1341 ポルトガル、カナリア諸島に到達／1342 カスティリャ、アルヘシラスを占領	エドワード3世（1327〜77）／1339 百年戦争が始まる／1341 議会、上下両院にわかれる	1302 三部会成立／1328 ヴァロワ朝（〜1589）／フィリップ6世（1328〜50）	1303 アナーニ事件／1309 教皇クレメンス5世、アヴィニョンに移される（教皇のバビロン捕囚、〜77）／1310頃 羅針盤の改良／●ダンテ『神曲』	カール4世（1347〜78）		1308 ハンガリー、ナポリ王国アンジュー家の支配（〜87）／スウェーデン王マグヌス7世（1319〜63）、ノルウェー王を兼ねる／1331 大セルビア王国建国／ポーランドのカジミェシュ大王（1333〜70）	ウズベク＝ハン（1313〜40）イスラームに改宗／1328 イヴァン1世、モスクワ大公となる
1348 黒死病（ペスト）の大流行（〜49）								
1350〜1400	●ポルトガルの「航海王子」エンリケ（1394〜1460）、セウタを攻略	1356 ポワティエの戦い（英軍勝利）／1360 ブレティニーの和／●ウィクリフ（1320頃〜84）／1381 ワット＝タイラーの乱／●チョーサー『カンタベリ物語』／1399 ランカスター朝（〜1461）	ヴァロワ朝 フィリップ6世／1358 ジャックリーの乱／1361 ブルゴーニュ公領成立／シャルル6世（1380〜1422）／1392 国王が精神を病んで内乱勃発	1378 教皇帰還／1378 教会大分裂（〜1417）／1381 ヴェネツィア、ジェノヴァを破る／教会大分裂	1348 プラハ大学創立／●ハンザ同盟盛ん／1354 カール4世、イタリアへ侵入／●火薬の改良／1356 皇帝の金印勅書発布／1365 ウィーン大学創立／ルクセンブルク朝／1386 ゼンパッハの戦い（スイス民兵の勝利）／1390 ウィクリフ説、ベーメンに広がる		1362 オスマン軍、アドリアノープル占領／1385 ポーランド・リトアニア合併／1386 ポーランドにヤゲウォ朝成立（〜1572）／1389 コソヴォの戦い（オスマン帝国に大敗）／デンマーク女王マルグレーテ（1387〜1412）／1396 ニコポリスの戦い／1397 カルマル同盟（北欧3国合体。デンマーク主導）	1353 黒死病広まる／1395 ティムール、サライを攻略
1400〜1450	1431 ポルトガル人、アゾレス諸島を発見／1445 ポルトガル人、ヴェルデ岬を発見	1415 アザンクールの戦い（英軍勝利）／●ヨーマンの形成／1429 フランス軍、オルレアンの囲みを解く／ランカスター朝	シャルル7世（1422〜61）／ジャンヌ＝ダルク（1412〜31）／1431 ジャンヌ、処刑／シャルル7世	1414 コンスタンツ公会議（〜18）／1434 フィレンツェでコシモの執政（〜64）／●フィレンツェ、メディチ家による支配／1435 アラゴン王、ナポリ征服	ジギスムント（1411〜37）／1415 フス処刑／1415 ホーエンツォレルン家、ブランデンブルク辺境伯となる／1419 フス戦争（〜36）／1438 ハプスブルク朝（〜1740）／ハプスブルク朝	1422 コンスタンティノープル、オスマン軍に包囲される／コンスタンティヌス11世（1448〜53）	1410 グルンヴァルドの戦い（ドイツ騎士団領、ポーランドの外領となる）／1440 ポーランド王、ハンガリー王を兼ねる／1444 ヴァルナの戦い	1438 カザン＝ハン国自立（〜1552）
1450〜1480	1469 カスティリャ王女イサベルとアラゴン王子フェルナンド結婚／スペイン・ポルトガル／1479 スペイン王国成立（カスティリャ・アラゴン合併）／イサベル（1474〜1504）・フェルナンド（1479〜1516）共同統治	1453 百年戦争が終わる／1455 バラ戦争（〜85）／1461 ヨーク朝（〜85）／エドワード4世（1461〜70,71〜83）／ヨーク朝／1471 バーネットの戦い／1480 スコットランドと交戦	ルイ11世（1461〜83）／1477 ナンシーの戦い／ルイ11世	1469 ロレンツォ＝デ＝メディチ、フィレンツェを支配（〜92）／教皇シクストゥス4世（1471〜84）／15C半ば グーテンベルク、活版印刷術を改良／1474 トスカネリ『世界地図』	フリードリヒ3世（1452〜93）／1454 ドイツ騎士団とポーランドとの戦争激化（〜66）／1477 ハプスブルク家、ネーデルラントを相続	1453 コンスタンティノープル陥落（ビザンツ帝国滅亡）		モスクワ大公国／モスクワ大公イヴァン3世（1462〜1505）／15C半ば クリミア＝ハン国自立（〜1783）／1480 モスクワ大公国、モンゴル支配より自立

西アジア・中央アジア

アイユーブ朝
1250 滅亡

マムルーク朝
1250 成立(~1517)
アイバク(1250~57)

オスマン帝国
オスマン
1300頃 成立(~1922)
オスマン(? ~1324?)
1354 ヨーロッパへの侵入開始
ムラト1世(1362~89)
1366 アドリアノープルへ遷都
1389 コソヴォの戦いで大勝
バヤジット1世(1389~1402)
1394 スルタンの称号を受ける
1402 アンカラの戦い
一時中絶
メフメト1世(1413~21)
1422 コンスタンティノープルを包囲
メフメト2世(1444~46、51~81)
1453 コンスタンティノープル占領
1459 セルビア併合
1460 ギリシア併合
1464 ワラキア併合
1475 クリミア=ハン国併合

アッバース朝
1258 滅亡

イル=ハン国
1258 フレグ、アッバース朝を滅ぼし建国
●首都タブリーズ
ガザン=ハン(1295~1304)
イスラームに改宗
●ラシード=アッディーン『集史』
1336頃以降 分裂抗争
1353 滅亡

ティムール朝
1370 サマルカンドに建国(~1507)
ティムール(1370~1405)
1389 東チャガタイ=ハン国を滅ぼす
1395 キプチャク=ハン国を攻める
1405 ティムール、明遠征途上で病死
シャー=ルフ(1409~47)
ウルグ=ベク(1447~49)

ホラズム=シャー朝

チャガタイ=ハン国
1227 建国
●首都アルマリク
1231 滅亡
1306頃 自立
1330頃 東西に分裂

南アジア

奴隷王朝

ハルジー朝
1290 成立

トゥグルク朝
1320 成立
1334 イブン=バットゥータ、デリーに滞在(~42)
1336 南インドにヴィジャヤナガル王国成立
1398 ティムール侵入
●トゥグルク朝分裂、混乱

サイイド朝
1414 ヒズル=ハン、デリーで建国

ロディー朝
1451 成立(~1526)
1473 デカン高原で飢饉

東南アジア

13C前半 タイ、スコータイ朝(~15c)
1257 モンゴル、ベトナム侵入失敗
1287 モンゴルによりビルマのパガン朝滅亡
1292 モンゴル、ジャワ遠征失敗
1293 ジャワにマジャパヒト王国建国(~1527頃)
1351 アユタヤ朝成立(~1767)
14C末 マラッカ王国成立
1407 ベトナム、明に服属
1426 ベトナムの黎利、明軍を撃退
1428 大越(黎朝)建国(~1527、1532~1789)
15C アユタヤ朝、スコータイ朝を滅ぼす
1471 大越、チャンパーを滅ぼす

北アジア

モンゴル
オゴデイ(1229~41)
1235 首都カラコルム建設
1236 バトゥ西征開始
1236 交鈔の発行
1241 ワールシュタットの戦い
1246 プラノ=カルピニ、カラコルムに至る
グユク(1246~48)
モンケ(1251~59)
1254 大理国を滅ぼす、チベット服属
1254 ルブルック、カラコルムに至る

元(モンゴル)
世祖クビライ=カン(1260~94)
1266 ハイドゥの乱(~1301)
1269 パスパ文字制定
1271 国号を元と称す、首都・大都(夏の都)
1275 マルコ=ポーロ、大都に至る
1280 郭守敬、授時暦制定
1294 モンテ=コルヴィノ、大都に至り布教(~1328)
1313 科挙実施
1315 進士をモンゴル人・色目人・漢人・南人に分ける
1328 天順帝即位(反乱で南北に分裂)
1329 明宗、文宗即位(元室の内紛)
1346 イブン=バットゥータ、大都に至る
1351 群雄割拠、紅巾の乱(~66)
1368 明軍、大都を制する
●元、漠北へ後退

北元
1368 成立
●首都カラコルム
1388頃 明の将軍・藍玉により滅亡

オイラト
エセン=ハン(?~1454)
1449 土木の変(オイラト、正統帝を捕虜とする)
1450 エセン=ハンと和約
1454 エセン=ハン暗殺、オイラト分裂

東アジア

中国

金・西夏
1227 西夏滅亡
1234 金滅亡

南宋
1276 元、臨安占領
1279 崖山の戦い

明
1368 建国(~1644)
●首都・南京
朱元璋
洪武帝 (太祖)洪武帝(1368~98)
1373 大明律・大明令制定
1380 中書省廃止
1381 里甲制、賦役黄冊
1397 六諭発布
建文帝 恵帝(建文帝)(1398~1402)
1399 靖難の役(~1402)
永楽帝 永楽帝(成祖)(1402~24)
1407 漠北親征(計4回、~24)
鄭和南海遠征(1405~33、7回)
●『四書大全』完成
1407 ベトナム支配(~28)
1407 北京遷都(~21)
●『永楽大典』完成
正統帝 正統帝(英宗)(1435~49)
1448 鄧茂七の乱
1449 (オイラト、正統帝を捕虜とする)
1450 エセン=ハンと和約
天順帝 天順帝(英宗重祚)(1457~64)
●『大明一統志』完成
●宦官の専横
成化帝 成化帝(憲宗)(1464~87)
1478 遼東に馬市を開く

朝鮮半島

高麗
1231 モンゴル軍侵入
1232 江華島遷都
1236 高麗版『大蔵経』出版(~51)
1258 モンゴル、永興に雙城総管府設置
1258 モンゴルに服属
忠烈王(1274~1308)
1270 モンゴル、東寧府を平壌に置く
1274 元の日本遠征に参加(文永の役)
1281 元の日本遠征に参加(弘安の役)
1302 忠烈王、元室と通婚
1318 済州島反乱
1350 倭寇盛んとなる

朝鮮
1380 李成桂、倭寇を撃退
1392 李成桂、朝鮮建国(~1910)
●首都・漢城
1403 金属活字の鋳造
世宗(1418~50)
1419 朝鮮、対馬征征
●儒教の国教化
1446 訓民正音公布
1451 『高麗史』完成
1467 建州女真を討つ
1469 成宗、朝鮮王朝の最盛期(~94)
1469 『経国大典』成立
●党争激化

日本

1227 道元帰国(曹洞宗を伝える)
1232 御成敗式目
1253 日蓮、日蓮宗を創始
鎌倉時代
北条時宗(1268~84)
●蒙古襲来
・文永の役(1274)
・弘安の役(1281)
1297 永仁の徳政令
北条高時(1316~26)(幕府の衰退化)
後醍醐天皇(1318~39)
1333 鎌倉幕府滅亡
1334 建武の新政
1336 室町時代(~1573)
1338 足利尊氏、征夷大将軍となる
●南北朝の争乱
1368 足利義満、将軍となる
1392 南北朝合一
1394 足利義満、太政大臣となる
室町時代
1404 明と通商(勘合貿易)
1428 正長の徳政一揆
1467 応仁の乱(~77)
●戦国時代に入る

右端年代目盛: 1250 / 1300 / 1350 / 1400 / 1450 / 1480

西ヨーロッパ ／ 北・東ヨーロッパ

	イベリア半島（ナスル朝／スペイン・ポルトガル）	イングランド	フランス	イタリア諸国家・ローマ教皇	神聖ローマ帝国	ポーランド・北欧諸国（北欧）	キプチャク=ハン国 モスクワ大公国（ロシア）
	ポルトガル、ジョアン2世 (1481～95)〔大航海時代〕1488 ディアス、喜望峰到達1492 グラナダ陥落（ナスル朝滅亡）1492 コロンブス、アメリカ大陸到達1494 トルデシリャス条約1498 ヴァスコ＝ダ＝ガマ、カリカット到達1499 アメリゴ＝ヴェスプッチ、南米探検1500 カブラル、ブラジル探検	〔ヨーク朝〕1485 ボズワースの戦いでリチャード3世敗死（バラ戦争終結）1485 テューダー朝成立（～1603）ヘンリ7世 (1485～1509)1487 星室評議会設置●第1次囲い込みが始まる1498 イタリア人カボット、イギリス王の援助で北アメリカに到着	シャルル8世 (1483～98)〔ヴァロワ朝〕1498 ヴァロワ＝オルレアン朝（～1589）ルイ12世 (1498～1515)	〔シクストゥス4世〕1494 仏王シャルル8世のイタリア遠征（イタリア戦争）1494 フィレンツェのメディチ家、政権を失う1498 サヴォナローラ刑死	〔フリードリヒ3世〕マクシミリアン1世 (1493～1519)1495 ヴォルムス帝国議会（ドイツ永久平和令）1499 スイス、ハプスブルク家より事実上独立	1501 ポーランド、リトアニアと合併（ポーランド王権衰退）	〔イヴァン3世〕
1500	1501 アメリゴ＝ヴェスプッチ、南米探検（～02）1508 スペイン、黒人奴隷を西インドに輸出1509 ディウ沖海戦1513 バルボア、太平洋発見1516 スペイン、ハプスブルク朝（～1700）カルロス1世 (1516～56)1519 マゼラン（マガリャンイス）船世界一周（～22）	ヘンリ8世 (1509～47)1515 囲い込み制限令1516 トマス＝モア『ユートピア』	1506 セントローレンス湾探検フランソワ1世 (1515～47)	ユリウス2世 (1503～13)1506 サン＝ピエトロ大聖堂新築開始、ダ＝ヴィンチ「モナ＝リザ」1512 メディチ家復活レオ10世 (1513～21)1513 レオ10世、贖宥状（免罪符）販売	1509 エラスムス『愚神礼賛』1513 スイス、13自治州の連邦共和国となる1517 ルター「九十五カ条の論題」発表（宗教改革が始まる）カール5世 (1519～56)1519 ツヴィングリ、スイスで宗教改革1519 ライプツィヒ討論		1502 クリミア＝ハン国、サライを破壊し、キプチャク＝ハン国滅ぶヴァシーリー3世 (1505～33)1514 スモレンスク併合
1520	1521 コルテス、アステカ王国を征服1526 コルテス、カリフォルニア発見1533 ピサロ、インカ帝国を征服1534 ロヨラ、イエズス会創設（パリ）1535 スペイン、チュニジア占領	1533 ヘンリ8世、キャサリンと離婚し、アン＝ブーリンと結婚1534 首長法発布（英国教会成立）1535 トマス＝モア処刑1536 修道院解散1536 ウェールズ併合	●ラブレー『ガルガンチュアとパンタグリュエルの物語』1535 オスマン帝国と同盟結ぶ●カルヴァン『キリスト教綱要』	1521 独・仏間でイタリア戦争クレメンス7世 (1523～34)1527 メディチ家再び追放1528 ジェノヴァ、共和国となる1532 マキァヴェリ『君主論』パウルス3世 (1534～49)1535 スペインのハプスブルク家、ミラノを併合	1521 ヴォルムス帝国議会1522 騎士戦争（～23）1524 ドイツ農民戦争（～25）1526 オスマン軍侵入（～29）1526 第1回シュパイアー国会（諸侯の信仰自由選択）1529 第2回シュパイアー国会（ルター派禁止）「プロテスタント」の起源1529 第1次ウィーン包囲1530 シュマルカルデン同盟成立1538 プレヴェザの海戦（神聖ローマ・ヴェネツィア・教皇の連合軍、オスマン軍に敗れる）	1523 スウェーデン独立（カルマル同盟崩壊）●北欧3国、ルター派採用	1521 リャザン併合〔ロシア帝国〕イヴァン4世（雷帝）(1533～84)●イヴァン4世、貴族をおさえ、帝権強化をはかる
1540	1545 スペイン、ボリビアのポトシ銀山開発●アメリカ大陸より大量の銀流入（16C後半、価格革命おこる）1554 スペイン王子フェリペ、英王女メアリと結婚フェリペ2世 (1556～98)	エドワード6世 (1547～53)●一般祈禱書公布メアリ1世 (1553～58)●旧教復活、新教徒迫害エリザベス1世 (1558～1603)1559 統一法発布1560 幣制改革（グレシャムが「悪貨は良貨を駆逐する」と進言）	アンリ2世 (1547～59)フランソワ2世 (1559～60)	1540 イエズス会を公認1545 トリエント公会議（～63）1559 ローマ教会、『禁書目録』制定	1546 シュマルカルデン戦争（～47）1551 オスマン軍、ハンガリーへ侵入1555 アウクスブルクの和議1556 ハプスブルク家分裂フェルディナント1世 (1556～64)	1543 ポーランドのコペルニクス、地動説発表	1547 イヴァン4世、正式にツァーリの称号を使用1550 全国会議開催1552 カザン＝ハン国併合1558 リヴォニア戦争（バルト海への進出）
1560	1568 オランダ独立戦争（～1609）	1563 徒弟法制定1566 ロンドン株取引所設置	シャルル9世 (1560～74)1562 ユグノー戦争開始（～98）	1559 カトー＝カンブレジ条約（イタリア戦争終結）	マクシミリアン2世 (1564～76)●ルター派の教義確立1571 レパントの海戦（スペイン・ヴェネツィア・ローマ教皇軍がオスマン帝国を破る）		
1580	1579 ネーデルラント北部7州、ユトレヒト同盟1580 スペイン、ポルトガルを併合（同君連合、～1640）	1577 ネーデルラントと同盟を結ぶ1577 ドレークが世界一周（～80）	グレゴリウス13世 (1572～85)1572 サンバルテルミの虐殺●都市・農村の衰退荒廃アンリ3世●ボーダン『国家論』		1575 スペイン国庫破綻でフッガー家衰退ルドルフ2世 (1576～1612)	1572 ポーランド、ヤゲウォ朝断絶で選挙王制となる	

エジプト	西アジア・中央アジア		南アジア	東南アジア	北アジア	東アジア（中国）	東アジア（朝鮮半島）	東アジア（日本）	
オスマン帝国		**ティムール朝**	**ロディー朝**		**タタール（韃靼）**	**明**	**朝鮮**		
バヤジット2世 (1481〜1512)						成化帝			
			シカンダル゠ロディー (1489〜1517) ●君主権強化		ダヤン゠ハーン (1482〜1525頃)	弘治帝（孝宗）(1487〜1505)			
1499 ヴェネツィアと戦う（〜1503）		1500 サマルカンド政権滅亡	1498 ヴァスコ゠ダ゠ガマ、カリカット到達		1495 オイラトに侵入	1495 韃靼、遼東に侵入			1500
	サファヴィー朝		1502 ガマ、コチンに商館を開く		1501 オルドス侵入	1500 韃靼、山西に侵入		1503 幕府、朝鮮に通信符を求む	
	1501 成立（〜1736）イスマーイール1世 (1501〜24)				1509 陝西地方に侵入	1502 『大明会典』完成		1506 大内氏、使僧を朝鮮に派遣	
セリム1世 (1512〜20)	1500 中央アジアでブハラ゠ハン国	1506 ヘラート政権滅亡	1509 ディウ沖海戦（ポルトガルがマムルーク朝を破る）	1510 マラッカ王国繁栄（イスラーム化）		正徳帝（武宗）(1505〜21)			
	1512 中央アジアでヒヴァ゠ハン国	1507 滅亡	1510 ポルトガルのアルブケルケ、ゴア占領	1511 ポルトガル、マラッカ占領	1520 山西の大同に侵入	1508 宦官劉瑾の専権	1510 三浦の乱（日本人居留民の反乱）		
■ 1514 チャルディラーンの戦い ■			1518 ポルトガル、アンボイナ占領	1512 ポルトガル、スリランカ（セイロン島）占領		1517 ポルトガル人、広州に通商		1512 宗氏、朝鮮と永正条約締結	
1517 マムルーク朝を征服	1515 ポルトガル、ホルムズ占拠								
スレイマン1世 (1520〜66)			●シク教祖ナーナク (1469〜1538)	1521 マゼラン、フィリピン到達、セブ島で殺される		嘉靖帝（世宗）(1521〜66)			1520
			1526 第1次パーニーパットの戦いでバーブル軍に破れ滅亡					1523 寧波の乱以後、大内氏、貿易を独占	
1526 モハーチの戦い（対ハンガリー）			**ムガル帝国**	1527 ベトナム、黎朝一時中絶（〜32）		1528 王守仁（王陽明）、両広（広東と広西）諸族を平定			
1529 第1次ウィーン包囲	1527 ウズベク族を撃退		1526 バーブル (1526〜30) が建国 (〜1858)						
1534 バグダード占領			フマーユーン (1530〜56)	1531 ビルマ、タウングー（トゥング－）朝成立（〜1752）		1533 山西の大同の兵反乱（〜34）		1531 一向一揆おこる	
1538 プレヴェザの海戦に勝利			**スール朝** 1539 建国（〜55）			1537 ポルトガル人、マカオに植民開始			1540
1541 ハンガリー併合、アルジェリア征服			●ムガル帝国一時中絶		アルタン゠ハーン (1542〜82)			1543 ポルトガル人、種子島漂着（鉄砲伝来）	
			1542 ザビエル、ゴアに至り、キリスト教布教				1544 倭寇の活動激化	1547 最後の勘合貿易船 1549 ザビエル来航	
			1555 ムガル帝国復活（アフガンのスール朝よりデリーを回復）		■ 1550 アルタン゠ハーン、北京圧迫（庚戌の変）■	1549 倭寇、浙江に侵入 1552 ザビエル、広東省上川島で死去 1555 倭寇、南京に迫る 1557 ポルトガル人、マカオ居住許可		1551 大内氏滅び、勘合貿易が終わる	
			アクバル (1556〜1605) 1556 第2次パーニーパットの戦い				1555 倭寇、全羅道を侵す	1556 西洋医学の伝来 1560 桶狭間の戦い	1560
1565 トリポリ併合 セリム2世 (1566〜74)			1564 ジズヤ廃止	1565 スペインのフィリピン征服開始	■ 1563 アルタン゠ハーン、遼東に侵入 ■	1563 倭寇、福建で敗れ、以後衰退 隆慶帝（穆宗）(1566〜72) 1566 ポルトガル人、マカオを建設	1568 平安道の女真人を放逐		
1569 仏にカピチュレーションを認める					■ 1571 明、アルタン゠ハーンと和す ■	万暦帝（神宗）(1572〜1620)		1573 室町幕府滅亡	
ムラト3世 (1574〜95)			1573 アグラ城完成	1571 スペイン、マニラを占領	1578 ダライ゠ラマ、モンゴルに至る。チベット仏教の拡大	●この頃、江南で一条鞭法施行	1575 両班が東西に分裂、党争が始まる	1573 安土桃山時代（〜1600）	
1579 イギリスにカピチュレーションを認める			1576 ベンガル・ビハールを併合 1579 英人、初めてインドに至る	1580年代 ジャワ島でマタラム王国建国（〜1755）		1573 張居正、諸改革を断行（〜82）			1580

	アメリカ大陸	西ヨーロッパ						北・東ヨ
		スペイン	イングランド	オランダ	フランス	ローマ教皇	神聖ローマ帝国	ポーランド・北欧諸国
	1584 ヴァージニア植民開始（英）	1584 フェリペ2世、日本の遣欧少年使節を謁見 **1588 アルマダの海戦**。スペイン無敵艦隊敗北 ◆スペイン、衰退が始まる フェリペ3世（1598〜1621）	**テューダー朝** 1584 ウォーター＝ローリのヴァージニア植民 1587 メアリ＝ステュアート処刑 **エリザベス1世**	総督ウィレム1世（1581〜84） 1581 ネーデルラント連邦共和国（オランダ）（〜1795）	**ヴァロワ＝オルレアン朝** 1589 アンリ3世暗殺 1589 ブルボン朝（〜1792、1814〜30） アンリ4世（1589〜1610） 1598 ユグノー戦争が終わる 1598 ナントの王令 1599 シュリの財政改革	1582 グレゴリウス13世の暦法改正 1585 教皇、日本の遣欧少年使節を謁見 シクストゥス5世（1585〜90）	**ルドルフ2世** 1593 オスマン軍、オーストリアに侵入、戦争となる（〜1606）	1596 ポーランドでカトリックが復興
1600	1607 ヴァージニア植民地設立（英） 1608 ケベック植民地建設（仏） 1619 植民地最初の議会（ヴァージニア） 1620 メイフラワー号がプリマス到達	**ハプスブルク朝** ●セルバンテス『ドン＝キホーテ』 1609 オランダと休戦 フェリペ3世	1598 救貧法制定 1600 東インド会社設立 1601頃『ハムレット』初演 1603 ステュアート朝成立（〜49、1660〜1714） ジェームズ1世（1603〜25） 1606 ロンドン・プリマス両会社に北米特権許可 1611 聖書の欽定訳完成 **ジェームズ1世**	1602 東インド会社設立 1609 スペインと休戦 1609 アムステルダム銀行設立	**アンリ4世** 1602 東インド会社設立 1603 カナダ植民の開始 1604 東インド会社設立（まもなく不振） 1610 アンリ4世、旧教徒に暗殺される ルイ13世（1610〜43） 1614 パリで全国三部会開催（〜15） **ブルボン朝**	1606 教皇、ヴェネツィアを破門 ●ケプラー「天体の三法則」 1616 ローマ宗教裁判所、地動説を異端と判決	1602 ベーメンの新教徒弾圧が始まる 1608 新教連合（盟主ファルツ伯） 1609 旧教連合（盟主バイエルン侯） マティアス（1612〜19） 1613 新教連合、オランダと結ぶ 1618 ブランデンブルク＝プロイセン同君連合成立 **マティアス**	スウェーデン王グスタフ＝アドルフ（1611〜32） 1617 ストルボバ条約（スウェーデン、ロシアよりバルト海沿岸を獲得） **ブランデンブルク＝プロイセン** ●ホーエンツォレルン家（1417〜1918）
							1618 三十年戦争（〜48）	
1620	1626 ニューネーデルラント植民地建設（蘭、中心：ニューアムステルダム） 1629 ボストン建設、マサチューセッツ大学移住（英、〜40） ●ハーヴァード大学創立（1636） 1639 コネティカット基本法成立	フェリペ4世（1621〜65） **ステュアート朝** フェリペ4世	1621 議会の大抗議（国王の国教強制に対して） チャールズ1世（1625〜49） 1628 権利の請願 1629 国王、議会解散、無議会政治（〜40） 1634 船舶税施行 1639 スコットランドの反乱 1640.4 短期議会 1640.11 長期議会（〜53） 1640 イギリスで革命始まる **チャールズ1世**	1621 西インド会社設立 ●グロティウス『戦争と平和の法』	**ルイ13世** 1624 リシュリュー宰相（〜42） 1627 リシュリュー、ラ＝ロシェル攻撃、旧教がユグノーに勝利（〜28） 1629 リシュリュー、ユグノーと和す 1635 アカデミー＝フランセーズ創立 1635 三十年戦争に介入 ●デカルト『方法叙説』	1633 ガリレイの宗教裁判	フェルディナント2世（1619〜37） **フェルディナント2世** **ハプスブルク朝** フェルディナント3世（1637〜57） **フェルディナント3世**	1618 ベーメン＝ファルツ戦争（〜23） 1625 デンマーク戦争（クリスチャン4世敗北、〜29） 1630 スウェーデン戦争（〜35） 1632 リュッツェンの戦い（グスタフ王戦死） スウェーデン女王クリスティナ（1632〜54） 1635 フランス・スウェーデン戦争（〜48）
1640		**スペイン・ポルトガル** 1640 ポルトガル王国復活	1644 マーストンムーアの戦い 1645 ネーズビーの戦い 1648 独立派、長老派を追放	1642 タスマン、タスマニア・ニュージーランド探検	ルイ14世（1643〜1715） 1643 マザラン宰相（〜61）		**ホーエンツォレルン家** フリードリヒ＝ヴィルヘルム大選帝侯（1640〜88）	
		1648 ウェストファリア条約（三十年戦争終結）						
	1649 メリーランドで信教自由法成立 1655 英、ジャマイカ占領	1656 スペイン、英仏と交戦（〜59） 1659 ピレネー条約	**共和政** 1649 王処刑、共和国宣言 1649 クロムウェル独裁（〜58） 1651 航海法成立 **1652 第1次イギリス＝オランダ戦争（〜54）** 1653 クロムウェル、護国卿 1658 クロムウェル死去 1658 リチャード＝クロムウェル、護国卿（〜59） 1660 王政復古、チャールズ2世即位（〜85）	1648 オランダ独立公認 1652 ケープ植民地建設	1648 フロンドの乱（〜53） 1659 ピレネー条約（仏・西講和） 1659 ルイ14世、スペインのマリ＝テレーズと結婚		レオポルト1世（1658〜1705） **レオポルト1世**	1658 デンマーク、スカンディナヴィア南部をスウェーデンに割譲 カール11世（1660〜97）
1660			**ステュアート朝**		**ルイ14世**			
	1664 オランダ植民地ニューアムステルダム、英領となる（ニューヨークと改称） 1670 ハドソン湾会社設立	カルロス2世（1665〜1700） **カルロス2世** 1661 ポルトガル、ボンベイ（ムンバイ）をイギリスに割譲	**チャールズ2世** **1665 第2次イギリス＝オランダ戦争（〜67）** 1666 ロンドン大火 1667 ブレダの和約 **1667 南ネーデルラント継承戦争（〜68）** **1668 アーヘンの和約** 1670 仏とドーヴァーの密約		1661 ルイ14世親政（〜1715） 1664 東インド会社再興 ●コルベールの**重商主義** 1670 英とドーヴァーの密約			1658 スウェーデン、南ネーデルラント継承戦争に参戦
1670								

ヨーロッパ	西アジア		南アジア	東南アジア	北アジア	東アジア 中国	東アジア 朝鮮半島	東アジア 日本
ロシア帝国	オスマン帝国	サファヴィー朝	ムガル帝国		女真	明	朝鮮	安土桃山時代

ロシア帝国（イヴァン4世／フョードル1世／ミハイル=ロマノフ／ロマノフ朝／アレクセイ3世）

- 1581 コサックの首長イェルマークがシベリア進出 フョードル1世(1584～98)
- 1589 モスクワにギリシア正教総主教座設置
- 1598 リューリク朝断絶
- 1609 ポーランド=ロシア戦争(～12)
- 1613 ロマノフ朝成立(～1917) ミハイル=ロマノフ(1613～45)
- 1637 コサック隊、アゾフを占領
- 1638 太平洋岸到達(オホーツク建設)
- 1644 黒竜江へ到達 アレクセイ3世(1645～76)
- 1649 ハバロフ、黒竜江を探検
- 1652 イルクーツク建設
- 1652 清と衝突
- 1667 ポーランドより東ウクライナを獲得
- 1670 ステンカ=ラージンの反乱(～71)

オスマン帝国（ムラト3世／メフメト3世／アフメト1世／ムラト4世／メフメト4世）

- 1587 イラク・ルリスタンを占領 メフメト3世(1595～1603)
- 1603 トルコ＝イラン戦争(～12) アフメト1世(1603～17)
- 1612 オランダにカピチュレーションを認める
- ムラト4世(1623～40)
- 1624 バグダード占領
- 1630 イランのハマダン獲得
- 1630 イランに侵入(～39)
- 1638 バグダードを占領し、イラク併合
- ムラト4世
- 1645 ヴェネツィアと戦う(～69)
- メフメト4世(1648～87)
- 1661 オーストリアを攻撃
- 1669 ヴェネツィアよりクレタ島獲得

サファヴィー朝

- アッバース1世(1587～1629)
- 1598 イスファハーン遷都
- 1598 英人ロバート=シャーレーを登用、新式軍隊を組織
- 1622 ポルトガル人をホルムズより駆逐
- 1624 バグダード占領

ムガル帝国（アクバル／ジャハーンギール／シャー=ジャハーン／アウラングゼーブ）

- 1581 カーブルに遠征
- 1582 アクバル、新宗教おこす
- 1586 カシミール進撃
- 1591 シンド征服
- 1599 デカン遠征(～1601)
- ジャハーンギール(1605～27)
- 1612 南インドにマイソール王国成立
- 1627 ムガル継承戦争 シャー＝ジャハーン(1628～58)
- 1632 タージ＝マハル廟建立(～53)
- 1640 英、マドラス建設
- 1645 イギリスにベンガル貿易の特権付与
- 1648 デリー建設、アグラから遷都
- 1649 ヴィジャヤナガル王国滅亡
- アウラングゼーブ(1658～1707)
- 1669 ヒンドゥー教抑圧

東南アジア

- 1596 オランダ人ハウトマン、ジャワ到達。バンタム商館建設
- 1600 ベトナム、北部の鄭氏と南部の阮氏が勢力を二分する
- 1605 オランダ、ポルトガルよりアンボイナを獲得
- 1619 オランダ、バタヴィア建設
- 1623 アンボイナ事件(蘭が英商官員を殺害)
- 1630 山田長政、タイで毒殺
- 1641 オランダ、マラッカ占領
- 1658 オランダ、スリランカ(セイロン島)占領
- 1659 雲南攻略
- 1661 清、ビルマ侵入
- 1663 オランダ、コチン占領
- 1663 オランダ、スマトラ島西岸支配
- 1665 タイ、清に朝貢
- 1666 オランダ、ポルトガルよりスラウェシ島を獲得

北アジア（女真／金(後金)／清）（ヌルハチ／ホンタイジ／順治帝／康熙帝）

- 1583 女真のヌルハチ自立
- 1601 ヌルハチ、青海諸部討滅(～13)
- 1615 八旗制成立
- 金(後金)
- 1616 建国(～1912) 太祖ヌルハチ(1616～26)
- 1621 瀋陽占領、遼東へ遷都
- 1625 瀋陽(盛京)遷都 太宗ホンタイジ(1626～43)
- 1635 チャハル平定
- 清
- 1636 清と改称
- 1638 明攻撃、理藩院設置
- 順治帝(世祖)(1643～61)
- 1644 清、入関(北京遷都)
- 1645 辮髪令(漢人に辮髪を強制)
- 1652 ロシア帝国と衝突
- 康熙帝(聖祖)(1661～1722)
- 1661 遷界令(～84)
- 1667 フェルビースト、欽天監副(天文台副長)となる

東アジア 中国（明）（万暦帝／天啓帝／崇禎帝）

- 1582 マテオ＝リッチ、マカオに到る 北虜南倭
- 1582 張居正死去
- 1592 朝鮮に援軍派遣
- 1597 楊応竜、ミャオ族を率いて反乱(～1600)
- ●マテオ＝リッチ「坤輿万国全図」作成
- 1611 党争おこる(東林・非東林)
- 天啓帝(熹宗)(1620～27)
- 1619 サルフの戦い
- 1622 アダム＝シャール、北京に至る
- 崇禎帝(毅宗)(1627～44)
- 1627 後金軍、朝鮮侵入
- 1631 李自成の乱(～45)
- 1632 徐光啓、宰相となる
- 1644 李自成の北京占領で滅亡
- 1652 イエズス会のフェルビースト(南懐仁)、中国に至る
- ●鄭成功活躍

東アジア 朝鮮半島（朝鮮）

- 1592 壬辰倭乱(文禄の役～96)
- 1597 丁酉倭乱(慶長の役～98)
- 1609 日朝己酉約条(対馬宗氏との通商条約)
- 1623 仁祖の廃正
- 1624 オランダ、台湾占領(～61)
- 1636 清軍、朝鮮再侵入
- 1637 清に服属
- 1643 中国より天主教(キリスト教)伝来
- 1653 洋暦「時憲暦」使用
- 1654 清の命で黒竜江に出兵し、全軍壊滅
- 1660 礼論おこる(党争激化)
- 1661 鄭成功、台湾占領(オランダを駆逐)

東アジア 日本（安土桃山時代／江戸時代）

- 1582 天正遣欧少年使節をローマに派遣
- 1587 バテレン(宣教師)追放令発布
- 1588 刀狩令発布
- 1590 豊臣秀吉の天下統一
- 1600 関ヶ原の戦い
- 1600 蘭船来航
- 1603 江戸時代(～1867)
- 1603 江戸幕府成立 徳川家康(1603～05)
- 1609 平戸商館
- 1609 琉球王国、薩摩藩の支配下に入る
- 1613 英船来航、通商条約締結
- 1613 支倉常長をヨーロッパへ派遣
- 徳川家光(1623～51)
- 1624 スペイン船の来航を禁ず
- 1629 絵踏が始まる
- 1635 日本人の海外渡航・帰国の禁止
- 1635 参勤交代制の確立
- 1637 島原の乱(～38)
- 江戸時代
- 1639 「鎖国」完成
- 1641 オランダ商館を出島へ移す
- 1643 田畑永代売買の禁令
- 1651 慶安の変(由井正雪の乱)
- 1657 江戸明暦の大火
- 1659 明の遺臣、朱舜水帰化
- 1670 末次平蔵、蘭式船を製造

（右端年表目盛：1600／1620／1640／1660／1670）

	アメリカ大陸	スペイン・イタリア	イギリス	オランダ	フランス	神聖ローマ帝国・オーストリア	ブランデンブルク=プロイセン	スウェーデン
	アメリカ大陸	**西ヨーロッパ**						**北・東ヨー**

西ヨーロッパ

1672 オランダ戦争（～78）

1672 第3次イギリス=オランダ戦争（～74）

1673 審査法成立
●この頃トーリ・ホイッグの二大政党おこる
1675 グリニッジ天文台設立
1679 人身保護法成立

1677 オラニエ公ウィレム、英王女メアリと結婚

レオポルト1世

●全盛時代

1680

1681 ウィリアム=ペン、ペンシルヴェニア植民地建設
1682 フランス人ラ=サール、ミシシッピ川探検（流域をルイジアナと命名）
1689 ウィリアム王戦争（～97）

ジェームズ2世（1685～88）
●ニュートン『プリンキピア』
1688 名誉革命（～89）
1688 英・仏間の植民地戦争（～1815）
1688 ファルツ戦争（～97）
1689 権利の章典
1689 イギリス=オランダ同君連合（～1702）
ウィリアム3世（1689～1702）┐共同統治
メアリ2世（1689～94）┘
●ロック『統治二論』
1694 イングランド銀行設立

1685 ナントの王令廃止

1683 オスマン軍、第2次ウィーン包囲
1687 モハーチの戦い（ハンガリー奪還）

●大選帝侯、ユグノー招致

カール11世

カール12世（1697～1718）

チャールズ2世（ステュアート朝）

ジェームズ2世

ウィリアム3世とメアリ2世

ハプスブルク朝・カルロス2世

ルイ14世

1697 ライスワイクの和約

1700 スペイン=ハプスブルク家断絶
1700 スペイン、ブルボン家成立（～1931）

1699 カルロヴィッツ条約（オスマン帝国、墺・ポーランド・ヴェネツィアと和す）

1700 北方戦争（～21）

1700

1701 エール大学創立
1702 アン女王戦争（英・仏、植民地で争う）（～13）
1704 ボストンで『ニューズレター』発刊
1712 ニューヨークで奴隷反乱

1701 スペイン継承戦争（～14）
1701 王位相続令
アン女王（1702～14）
1704 ジブラルタル占領
1707 イングランドとスコットランドが合同してグレートブリテン王国成立
1710 ニューコメン、蒸気機関を試作、炭鉱で使用

プロイセン

1701 プロイセン王国成立
フリードリヒ1世（1701～13）

ヨーゼフ1世（1705～11）

カール6世（1711～40）

植民地

フェリペ5世・ブルボン朝

アン女王

ブルボン朝

ハプスブルク朝・ヨーゼフ1世

ホーエンツォレルン家・フリードリヒ1世

カール12世

1713 ユトレヒト条約（スペイン継承戦争の講和条約）

1714 ハノーヴァー朝（～1901）（1917以後ウィンザー朝と改称）
ジョージ1世（1714～27）

1714 ラシュタット条約（スペイン継承戦争で仏墺講和）

1718 パッサロヴィッツ条約

フリードリヒ=ヴィルヘルム1世（1713～40）

1718 カール12世戦死

1720 サルデーニャ王国成立（墺にシチリア割譲、かわりにサルデーニャを獲得）

ルイ15世（1715～74）

ジョージ1世

1720

1721 ウォルポール内閣（～42）

●王室と高等法院の対立激化

1724 国事勅令（プラグマティシュ=ザンクツィオン）発布

1728 ベーリング海峡発見（デンマーク人ベーリング）
1732 ジョージア植民地成立→13植民地成立
1733 糖蜜法成立

ジョージ2世（1727～60）

1733 ケイ、飛び杼発明

ハノーヴァー朝

ジョージ2世

フェリペ5世・ブルボン朝

カール6世

フリードリヒ=ヴィルヘルム1世

ルイ15世

1735 ナポリ・シチリア、スペイン領となる

1733 ポーランド継承戦争（仏・西・サルデーニャ対墺・露）（～35）
●王室財政窮迫

1733 徴兵令施行

1736 対オスマン帝国戦争（～39）

1739 スペインとの戦い（「ジェンキンズの耳」の戦争、～48）

マリア=テレジア（1740～80）

フリードリヒ2世（1740～86）

1740 オーストリア継承戦争（～48）

1740 第1次シュレジエン戦争（～42）

1740

ヨーロッパ		西アジア		南アジア	東南アジア	北アジア	東アジア 中国	東アジア 朝鮮半島	東アジア 日本	
ロシア帝国	オスマン帝国	サファヴィー朝		ムガル帝国			清	朝鮮		
フョードル3世 (1676～82)				1673 仏、シャンデルナゴル占領 1674 仏、ポンディシェリ購入 1674 シヴァージー (1627～80) 自立 ●マラーター王国形成 1679 ジズヤ復活		●ジュンガルでガルダン活躍 (1676～97)	1673 三藩の乱 (～81) 1674 フェルビースト『坤輿全図』作成		1673 英船、通商を求む 徳川綱吉 (1680～1709)	1680
1677 オスマン帝国と交戦 (～81)	1677 ロシアと交戦 (～81)				1680 フランス東インド会社、アユタヤに商館設置					
ピョートル1世 (1682～1725)	1683 第2次ウィーン包囲 1687 モハーチの戦い、ハンガリーを失う			1681 デカン高原への遠征開始		1684 清がロシアの要塞アルバジン攻略	1683 台湾を平定 1684 海禁を解く 1685 外国貿易の海関設置		1682 尚貞を琉球王とする 1684 貞享暦採用 1685 生類憐みの令 1688 元禄時代 (～1704) 1689 長崎に清国商館（唐人屋敷） 1690 昌平坂学問所設立	
1689 ネルチンスク条約 1697 カムチャツカに進出 1697 ピョートル1世、西欧旅行 (～98) 1699 デンマーク・ポーランド・ロシア同盟				1687 ゴルコンダ王国併合（ムガル帝国最大版図） 1690 英、カルカッタ商館建設 1692 仏、シャンデルナゴルに商館建設 1696 英のカルカッタ要塞建設許可	1686 マニラで華僑虐殺事件 1690 清、内モンゴル親征 1696 オランダ、ジャワでコーヒーを栽培 1697 ロシア人、カムチャツカに進出		1689 ネルチンスク条約（露・清） 1690 ジュンガル征討 『大清会典』完成 1696 ジュンガル征討、外モンゴル領有 1699 イギリスの広東貿易を許可	1693 日本との間に竹島問題おこる 1694 甲戌の獄		
1700 ナルヴァの戦い 1701 ピョートル1世、ロシア文字改良 1703 ペテルブルク建設 1709 ポルタヴァの戦い（カール12世敗北し、オスマン帝国に亡命） 1712 ペテルブルク遷都 1716 ピョートル、第2次西欧旅行							1702 広州・厦門に行商制度を定める 1704 ローマ教皇、典礼問題でイエズス会の布教方法を否認 1706 清、イエズス会以外の布教を禁止 1709 円明園造営 (～59) 1710 チベットのダライ＝ラマ6世を授封 1713 盛世滋生人丁施行（丁銀額固定、1711基準） 1715 カスティリオーネ来朝 1716 『康熙字典』完成 1717 地丁銀制始まる 1719 『皇輿全覧図』完成 1720 ラサ攻略、チベット征服 1720 広州に行商創設	1708 洋式大砲鋳造 1710 全羅道の農民蜂起 1712 清との国境を定める		1709 正徳の治 1711 朝鮮使の待遇是正 1715 長崎貿易を制限 1716 享保時代 (～36) 徳川吉宗 (1716～45) 1716 享保の改革 (～45) 1720 洋書輸入の禁を緩和	1700
1721 ニスタット条約（北方戦争の講和条約） 1722 サファヴィー朝に侵入 エカチェリーナ1世 (1725～27) ピョートル2世 (1727～30) アンナ (1730～40)	1717 オーストリアにベオグラードを奪われる 1718 パッサロヴィッツ条約（セルビア・ワラキアなどを失う） チューリップ時代 アフメト3世 (1703～30) マフムト1世 (1730～54)			1706 アウラングゼーブ、マラーターと和す 1710 シク教徒の乱 1719 マラーター同盟形成 1722 アフガン人、イスファハーンを占領 1724 ハイデラバード藩王国（ニザーム朝）独立 1724 アウド独立 ●マラーター同盟強盛	1714 イギリス、スマトラ島に要塞を築く 1719 ジャワ継承戦争 (～23) 1721 ビルマにキリスト教伝来 1728 清・ベトナム(安南)国境画定	1717 ジュンガル、チベットに侵入	雍正帝（世宗） (1722～35) 1724 宣教師らマカオに追放、キリスト教全面禁止 1725 『古今図書集成』完成 1727 キャフタ条約（露・清） 1729 イギリス商船と貿易 1731 アヘン禁止 1732 軍機処設置 (～1911)	1721 辛丑の獄 (～22) 1725 英祖、党争の融和をはかる		1721 目安箱を設置 1722 上米制 1723 足高制 1724 倹約令	1720
1736 対オスマン帝国戦争 (～39) イヴァン6世 (1740～41)	1736 対ロシア・神聖ローマ帝国戦争 (～39) 1739 ベオグラード条約（アゾフは露に、パッサロヴィッツ条約での失地は回復）	1736 滅亡 アフシャール朝 1736 成立 (～96) ナーディル＝シャー (1736～47)		1729 ナーディル＝クリー、アフガン人を征服 1737 マラーター同盟、デリー攻撃 1739 ナーディル＝シャー、デリー占領 1740 ブハラ・ヒヴァの両ハン国占領	1737 マラーター同盟、デリー攻撃 1740 華僑大虐殺（バタヴィア）		1735 貴州でミャオ族の反乱 乾隆帝（高宗） (1735～95) 1737 帰化城建設 1739 『明史』完成 1740 『大清一統志』完成	1733 烙（焼印）刑を廃止 1738 平安道の人民蜂起		1733 江戸米一揆 1739 露艦、安房沖来航、沿岸警備を強化	1740

アメリカ大陸	西ヨーロッパ					北・東ヨーロッパ
	イギリス	フランス	ローマ教皇・スペイン	神聖ローマ帝国・オーストリア	プロイセン	ロシア帝国

アメリカ大陸

- 1744 ジョージ王戦争（～48）
- 1746 イギリス植民地軍、カナダ遠征
- 1750 植民地製品禁止令
- 1754 フレンチ=インディアン戦争（～63）
- 1759 英軍により、ケベック陥落

（植民地）

- 1764 砂糖法成立
- 1765 印紙法成立、翌年撤回
- 1767 タウンゼンド諸法
- 1773 茶法成立
- 1773 ボストン茶会事件
- 1774 第1回大陸会議
- ■ 1775 アメリカ独立戦争（～83）
- ●レキシントン・コンコードの戦い
- 1775 第2回大陸会議
- 1775.6 ワシントン、司令官
- ●トマス=ペイン『コモン=センス』
- 1776.7.4 独立宣言
- 1777.10 サラトガの戦い
- 1778 仏、米側に参戦
- 1779 米西同盟 スペイン、米側に参戦
- 1780 武装中立同盟（露の提唱、デンマーク・スウェーデン・普・ポルトガル間で締結）
- 1780 オランダ、米側に参戦
- 1781 米軍、ヨークタウンの大勝
- 1783 パリ条約（英、ミシシッピ以東をアメリカに割譲。米の独立承認）
- 1785 公有地法成立
- 1787 合衆国憲法制定
- 1787 西北部領地法
- 1788 アメリカ合衆国憲法公布
- 1789 第1回連邦議会

アメリカ合衆国・ラテンアメリカ

- ①ワシントン（初代大統領、1789～97）
- 1790 首都フィラデルフィア
- 1791 合衆国銀行設立
- ①1791 憲法修正第1～10条成立
- 1791 ハイチ革命始まる（～1806）
- 1793 フランス革命に中立宣言
- 1793 ホイットニー、綿繰り機を発明
- 1795 ピンクネー条約（スペインとミシシッピ川航行権獲得）
- ②ジョン=アダムズ（連、1797～1801）

イギリス（ジョージ2世）

- 1748 アーヘンの和約（オーストリア継承戦争終結）
- 1756 七年戦争（第3次シュレジエン戦争）（～63）
- 1757 大ピット内閣（～61）
- ジョージ3世（1760～1820）
- （産業革命）
- 1763 英仏パリ条約（七年戦争の講和条約）
- ●第2次囲い込みおこる
- 1764頃 ハーグリーヴズ、多軸紡績機を発明
- 1769 ワットの蒸気機関
- ●スミス『諸国民の富』『国富論』
- （ハノーヴァー朝／ジョージ3世）
- 1779 クロンプトン、ミュール紡績機発明
- 1783 小ピット内閣（～1801）
- 1785 カートライト、力織機特許取得
- 1788 日刊紙『タイムズ』発刊
- 1793 第1回対仏大同盟
- 1796 ケープタウン・スリランカなどオランダ植民地占領
- 1798 アイルランドの反乱
- ●マルサス『人口論』
- 1799 第2回対仏大同盟

フランス

- 1745 ポンパドゥール夫人の政権関与（～64）
- ●モンテスキュー『法の精神』
- 1751 『百科全書』編集（～72）
- ●政府と高等法院の関係悪化
- （ルイ15世）
- ●ケネー『経済表』
- ●ルソー『社会契約論』
- 1763 英仏パリ条約（七年戦争の講和条約）
- 1764 ルイ15世、イエズス会を圧迫
- 1768 コルシカをジェノヴァより買収
- 1769 東インド会社解散
- （ブルボン朝）
- ルイ16世（1774～92）
- 1774 テュルゴー、蔵相となる（～76）
- 1777 ネッケル、蔵相となる（～81）
- 1778 米の独立を承認し、対英宣戦
- （革命）
- 1779 農奴廃止令
- （ルイ16世）
- 1783 英、仏・西とヴェルサイユ条約結ぶ（仏に西インド諸島の一部を、西にフロリダ半島を割譲）
- 1783 カロンヌ、蔵相となる（～87）
- 1788 ネッケル、再び蔵相、全国三部会招集を決定
- 1789 フランス革命開始（.5全国三部会招集 .6国民議会、球戯場（テニスコート）の誓い .7バスティーユ襲撃 .8封建的特権廃止宣言 .8人権宣言 .10ヴェルサイユ行進）
- 1790 貴族の称号廃止。行政区画改革
- 1791.4 ミラボー死。国王逃亡失敗 .9 91年憲法制定 .10立法議会
- 1792.4 仏墺開戦 .7仏普開戦 .8王権停止 .9国民公会（～95）.9ヴァルミーの戦勝 .9共和政宣言
- 1793.1 ルイ16世処刑 .3ヴァンデーの反乱 .10マリ=アントワネット処刑。恐怖政治（～94.7）
- （恐怖政治／第一共和政）
- 1794.7 ロベスピエール処刑（テルミドール9日のクーデタ）
- 1795 総裁政府（～99）
- 1796 バブーフ陰謀事件
- 1796 ナポレオンのイタリア遠征（～97）
- 1797 カンポ=フォルミオの和約
- 1798 ナポレオンのエジプト遠征
- 1799 ロゼッタ=ストーン発見
- 1799.11 ブリュメール18日のクーデタ
- .12 統領政府（ナポレオン、～1804）
- （総裁政府）

ローマ教皇・スペイン

- 1767 スペイン、イエズス会士を追放
- 1768 コルシカ、仏領となる
- 1773 教皇、イエズス会に解散を命ずる
- 1779 スペイン、対英戦争（～83）
- 1787 スペイン、ギルド諸法廃止
- 1789 スペイン、都市貿易を自由化
- 1794 ボローニャの暴動

神聖ローマ帝国・オーストリア

- ■ 1744 第2次シュレジエン戦争（～45）
- フランツ1世（1745～65）
- 1745 ハプスブルク=ロートリンゲン朝（～1918）
- （マリア=テレジアとフランツ1世）
- 1763 フベルトゥスブルク条約（墺と普で七年戦争の講和条約）
- ヨーゼフ2世（1765～90）
- 1772 第1回ポーランド分割（墺・普・露間）
- （マリア=テレジアとヨーゼフ2世／ハプスブルク=ロートリンゲン朝）
- 1778 バイエルン継承戦争（～79）
- 1781 信仰寛容の布告（修道院閉鎖など皇帝の啓蒙化政策）
- （ヨーゼフ2世）
- 1785 ドイツ諸侯同盟結成
- 1788 墺、オスマン帝国に宣戦
- レオポルト2世（1790～92）
- 1791.8 ピルニッツ宣言（墺・普）
- フランツ2世（1792～1806）
- （レオポルト2世／フランツ2世）
- 1793 第2回ポーランド分割（普・露間）
- 1795 第3回ポーランド分割（墺・普・露間）→ポーランド滅亡

プロイセン

- 1749 フリードリヒ法典
- 1750 ヴォルテール、サンスーシ宮殿に招かれる（～53）
- 1765 ベルリン銀行創設
- （フリードリヒ2世／ホーエンツォレルン家）
- フリードリヒ=ヴィルヘルム2世（1786～97）
- 1787 英・普・蘭に武力干渉
- （フリードリヒ=ヴィルヘルム2世）
- フリードリヒ=ヴィルヘルム3世（1797～1840）

ロシア帝国

- エリザヴェータ（1741～62）
- 1741 ロシア=スウェーデン戦争（～43）
- 1742 フィンランド占領
- 1743 オーボ条約（フィンランド東南部を獲得）
- （エリザヴェータ）
- 1755 モスクワ大学創立
- ピョートル3世（1762）
- エカチェリーナ2世（1762～96）
- 1768 ロシア=トルコ戦争（～74）
- 1773 プガチョフの農民反乱（～75）
- 1774 キュチュク=カイナルジャ条約（露、オスマン帝国より黒海北岸を獲得）
- （ロマノフ朝）
- 1780 対英武装中立同盟　露、女帝エカチェリーナ2世主唱（露・デンマーク・スウェーデン・普・ポルトガル）
- 1783 クリミア=ハン国併合、グルジアを保護国化
- 1787 ロシア=トルコ戦争（～92）
- 1788 ロシア=スウェーデン戦争（～90）
- 1791 ポーランドに新憲法
- 1792 ヤッシー条約（ドニエストル河口を露領土間の国境とする）
- （エカチェリーナ2世）
- 1794 ポーランドで、コシューシコの蜂起
- パヴェル1世（1796～1801）
- （パヴェル1世）

米大統領の所属政党　連：連邦派

西アジア

オスマン帝国
（マフムト1世）
- 1743 トルコ=イラン戦争（～46）
- 1744頃 アラビア半島にワッハーブ王国成立（～1818）

（オスマン3世 1754～57）
（ムスタファ3世 1757～74）
- ●モルドヴァ・ブカレストを失う

（アブデュルハミト1世 1774～89）
- 1788 墺と開戦
（セリム3世 1789～1807）
- 1791 シストヴァ条約（対オーストリア）
- 1796 ロシア=イラン戦争（～97）
- 1798 ナポレオン軍のエジプト遠征（ピラミッドの戦い）

イラン / アフガニスタン
アフシャール朝
- 1747 ナーディル=シャー暗殺

ドゥッラーニー朝
- 1747 アフマド=シャー（1747～72）が建国（～1842）

ザンド朝
- 1751 カリム=ハン（1751～79）が建国（～94）
- 1755 ドゥッラーニー朝、デリーを略奪
- 1794 ザンド朝、滅亡

ガージャール朝
- 1796 アーガー=ムハンマドがイラン統一（～1925）

南アジア

ムガル帝国
- 1742 仏、デュプレクス総督（～54）
- 1744 英仏で第1次カーナティック戦争（～48）
- 1744 仏、マドラス占領（～48）
- 1750 第2次カーナティック戦争（～54）
- 1757 プラッシーの戦い（対英）
- 1758 第3次カーナティック戦争（～61）
- 1765 アラハバード条約（イギリス東インド会社、ベンガルなどの徴税権獲得）
- 1765 英のクライヴ、ベンガル知事（～67）
- 1767 第1次マイソール戦争（対英、～69）
- 1774 英の初代ベンガル総督ヘースティングズ（～85）
- 1775 第1次マラーター戦争（対英、～82）
- 1780 第2次マイソール戦争（～84）
- 1784 英でピットのインド法成立
- 1786 英ベンガル総督コーンウォーリス（～93）
- 1790 第3次マイソール戦争（～92）
- 1793 アフガニスタンのドゥッラーニー朝ザマーン=シャー、インドに侵入（～98）
- 1793 英、ベンガルにザミンダーリー制施行
- 1793 会社特許条令更新（総督権限の強化）
- 1796 英、蘭よりスリランカを獲得
- 1799 第4次マイソール戦争（英勝利）
- 1799 パンジャーブ地方にシク王国形成

（※縦書き：英仏植民地戦争）

東南アジア
- 1752 ビルマ、コンバウン（アラウンパヤー）朝成立（～1885）
- 1758 オランダのジャワ支配確立
- 1762 英、マニラ占領
- 1765 ビルマ軍、雲南に侵入
- 1766 清、ビルマ征服
- 1767 ビルマ、アユタヤ朝を滅ぼす
- 1769 清、ビルマと和平成立
- 1771 ベトナム、西山（タイソン）の乱
- 1775 フランス人宣教師ピニョー、ベトナムで活動を始める
- 1778 ベトナム、西山朝成立（～1802）
- 1780 阮福暎、帝を称する
- 1782 タイ、ラタナコーシン（チャクリ）朝成立。ラーマ1世、清に入貢
- 1785 スペイン、フィリピン会社設立
- 1786 英、ペナン島領有
- 1787 阮福暎、フランスと攻守同盟締結
- 1789 西山朝により、越南の黎朝滅ぶ
- 1793 タイ軍のビルマ侵入失敗
- 1795 英、マラッカを占領
- 1795 仏、オランダよりバタヴィアを獲得（～1806）
- 1799 阮福暎、西山党の本拠キニョンを攻略
- 1799 オランダ東インド会社解散

東アジア

中国（清）
（乾隆帝）
- 1746 漢人の山海関出境禁止
- 1747 キリスト教布教厳禁
- 1750 チベットで反清暴動発生
- 1755 第1次ジュンガル征討
- 1757 ヨーロッパ船の来航を広州1港に制限
- 1757 第2次ジュンガル征討、ジュンガル征服（～58）
- 1759 東トルキスタンを平定し、「新疆」と名づける、ネパール平定
- 1762 オランダ、広州に商館設置
- 1779 ウルムチ城を築く
- 1781 甘粛のイスラーム教徒反乱（～84）
- 1782 『四庫全書』完成
- 1784 米船、広州に来航
- 1788 ベトナム征討（～89）
- 1790 ビルマを服属
- 1790 グルカ族、チベットに侵入
- 1791 グルカ征服
- 1793 英使節マカートニー、北京来朝
- 1795 貴州・湖南のミャオ族の反乱（～98）
（仁宗（嘉慶帝）1796～1820）
- 1796 白蓮教徒の乱（～1804）
- 1797 ミャオ族平定
- 1799 仁宗親政 和珅弾劾

朝鮮半島（朝鮮）
- 1750 軍制改革
- 1755 大飢饉（～57）
- 1768 日本より銅20万斤を輸入
- 1770 『東国文献備考』の編集成る
- 1776 奎章閣を設置
- 1783 各地で飢饉
- 1786 キリスト教布教盛ん
- 1787 フランス船来航
- 1791 洋学禁止（焚書を実施）

日本（江戸時代）
- 1742 公事方御定書百カ条制定
- 1763 対清貿易に銀支払いを停止
- 1772 老中に田沼意次。田沼時代が始まる
- 1774 杉田玄白ら『解体新書』
- 1779 松前藩、露の通商要求を拒否
- 1782 天明の飢饉（～87）
- 1786 最上徳内、千島探検
- 1787 寛政の改革（～93）
- 1790 寛政異学の禁
- 1791 林子平『海国兵談』
- 1792 露使節ラクスマン、根室に来航
- 1793 諸藩に警備令発布
- 1797 イギリス軍艦来航
- 1798 近藤重蔵、エトロフ探検

オセアニア
- ●クックの太平洋探検
  ・1次（1768～70）
  ・2次（1772～75）
  ・3次（1776～79）
- 1770 英、オーストラリア占領
- 1779 クック、ハワイで殺される
- 1785 ラ=ペルーズの探検（～88）
- 1788 英、シドニー占領（オーストラリアを囚人植民地とする）

（右欄年号目盛：1760 / 1780 / 1799）

	アメリカ大陸		西ヨーロッパ			
年	アメリカ合衆国・ラテンアメリカ	イギリス	フランス	イタリア・スペイン	神聖ローマ帝国・オーストリア	プロイセン

1800

アメリカ合衆国・ラテンアメリカ
- 1800 仏、スペインよりルイジアナ獲得
- 1800 ワシントン市、首都となる
- ③ジェファソン（民共、1801〜09）
- 1803 仏よりルイジアナ買収
- 1804 仏よりハイチ独立

イギリス
- 1800 マルタ島を占領
- 1801 アイルランド議会併合。グレートブリテン＝アイルランド連合王国成立
- 1804 小ピット第2次内閣（〜06）
- ハノーヴァー朝 ジョージ3世

フランス（統領政府）
- 1800 第2次イタリア遠征、オーストリア征討 マレンゴの戦い
- 1800 フランス銀行設立
- 1801 ナポレオン、ピウス7世と政教協約（コンコルダート）
- 1802 ナポレオン、終身統領となる
- 1802 アミアンの和約（英・仏）
- 1804 ナポレオン法典成立
- 皇帝ナポレオン1世（1804.5〜14.5、1815）

イタリア・スペイン
- 教皇ピウス7世（1800〜23）
- オーストリア帝国
- フランツ1世（1804〜35）
- 1804 ハンガリー併合、オーストリア帝国成立

神聖ローマ帝国・オーストリア
- ハプスブルク＝ロートリンゲン朝 フランツ2世

プロイセン
- ホーエンツォレルン家 フリードリヒ＝ヴィルヘルム3世

1805 第3回対仏大同盟
- 1805.10 トラファルガーの海戦
- 1805.12 アウステルリッツの戦い（ナポレオン・墺・露の三帝会戦、ナポレオンが勝利、仏墺間にプレスブルク条約が締結）
- 1806 対仏、普・露戦争

- 1806 小ピット死去
- 1806 第4回対仏大同盟（〜07）
- 1806 ナポレオンの兄ジョゼフをナポリ王、弟ルイをオランダ王とする
- 1806 ナポレオンの大陸封鎖令（ベルリン勅令）
- 1806.7 ライン同盟成立
- 1806.8 神聖ローマ帝国消滅
- 1807 ティルジット条約（プロイセンがナポレオンに屈伏、ワルシャワ大公国成立）

- 1807 フルトン試作の汽船、ハドソン川を航行
- 1808 奴隷貿易の禁止（英）
- ④マディソン（民共、1809〜17）
- 1808 英軍、イベリア半島上陸
- 1808 兄ジョゼフをスペイン国王とする
- 1810 オランダ併合、ナポレオン、オーストリア皇女マリ＝ルイーズと結婚
- 1808 スペイン反乱（〜14）
- ●スペインの反仏ゲリラ盛ん
- 1809 外相メッテルニヒ（〜21）
- 1807 シュタイン・ハルデンベルクの改革（〜10）
- 1808 フィヒテ「ドイツ国民に告ぐ」
- 1810 ベルリン大学創立

1810
- 1811 ベネズエラ・パラグアイ独立宣言
- 1812 シモン＝ボリバル、ベネズエラなど解放
- 1812 アメリカ＝イギリス戦争（〜14）
- 1811 ラダイト運動（〜17）
- 第一帝政（ボナパルト朝）ナポレオン1世
- 1812 ナポレオンのロシア遠征
- 1813 諸国民の自由解放戦争おこる

1813 第6回対仏大同盟（〜14、プロイセンの対仏宣戦）
- 1813 英軍、フランス侵入
- 1813 東インド会社の対インド貿易独占権廃止
- ④マディソン
- 1814.3 連合軍、パリ入城
- 1814.4 ナポレオン退位
- 1814.5 ナポレオン、エルバ島へ
- 1814 第1回パリ平和条約
- ブルボン朝（1814〜30）ルイ18世（1814〜24）
- 1814 スペイン解放
- 1815 両シチリア王国再興
- 1814 国民皆兵制（シャルンホルスト）

- 1814 ガン条約（米英講和）

1814.9 ウィーン会議（〜15.6）
- 1815 ケープ植民地領有、セイロン島領有
- 1815 穀物法公布
- 1815.2 ナポレオン、エルバ島脱出
- 1815.3 ナポレオンの百日天下（〜15.6）
- 1815 オランダ王国成立
- 1815 ウィーン議定書成立
- 1815.6 ワーテルローの戦い

1815.9 神聖同盟

- 1816 アルゼンチン独立宣言
- ⑤モンロー（民共、1817〜25）
- 1818 チリ独立宣言
- 1819 スペインよりフロリダ買収
- 1819 大コロンビア独立（30年に分裂）
- 1820 ミズーリ協定
- 1816 人身保護法廃止
- 1817 ソブリン金貨発行（金本位制）
- 1819 ピータールー事件
- 1819 サヴァンナ号、米英間初航海
- ジョージ4世（1820〜30）
- ルイ18世 ブルボン朝（王政復古）
- 1815.10 ナポレオン、セントヘレナ島に流刑
- 1815.11 第2回パリ平和条約
- 1818 アーヘン列国会議（四国同盟に参加、五国同盟となる）
- 1819 言論・出版の自由への弾圧が始まる
- 1820 スペイン立憲革命（〜23）
- 1820 ナポリでカルボナリの運動

1815 四国同盟（英・露・普・墺）
- 1815 ドイツ連邦成立
- 1816 フランクフルト連邦議会
- 1817 大学生の宗教改革三百年祭式典（ブルシェンシャフトの運動高揚）
- 1819 カールスバート会議

1820

- ⑤モンロー
- 1821 メキシコ・ペルー独立宣言
- 1822 ブラジル帝国成立宣言
- 1823 モンロー宣言
- 1823 中央アメリカ共和国成立（〜38）
- 1825 ボリビア独立宣言
- ⑥アダムズ（民共、1825〜29）
- 1822 カニング内閣（ギリシア・アメリカ大陸の独立を支持）
- 1825 ストックトン・ダーリントン間にスティーヴンソン改良の蒸気機関車実用化
- ジョージ4世
- 1821 ナポレオン死去
- 1822 シャンポリオン、神聖文字解読
- 1823 スペイン革命、フランス出兵
- 1824 シャルル10世（〜30）
- 1825 10億フラン法成立
- 1821 ピエモンテの革命
- 1821 メッテルニヒ、首相兼外相となる
- 1821 ナポリに出兵
- 1825 プレスブルクの国会開催承認
- 1823 地方議会招集
- ●産業革命期に入る

- 1828 ウルグアイ独立宣言
- 1828 メキシコとの国境画定
- ⑦ジャクソン（民、1829〜37）
- シャルル10世
- 1828 審査法廃止
- 1829 カトリック教徒解放法案可決
- ウィリアム4世（1830〜37）
- ●極端王党（ウルトラ）の勢力増大
- 1829 ポリニャック反動内閣成立
- 1830 アルジェリア占領
- 1830 七月革命
- 1830 オルレアン朝（〜48）
- ルイ＝フィリップ（1830〜48）
- 1828 中部ドイツ通商同盟結成
- 1828 北ドイツ関税同盟
- 1828 南ドイツ関税同盟結成

1830
- ⑦ジャクソン
- 1830 大コロンビアよりベネズエラ・エクアドル独立宣言
- 1830 先住民に対する強制移住政策
- 1830 マンチェスター・リヴァプール間で、最初の鉄道開通
- 1830 グレー内閣（70年ぶりのホイッグ党政権）（〜34）
- ウィリアム4世
- シャルル10世 オルレアン朝 ルイ＝フィリップ

米大統領の所属政党　民共：民主共和派　民：民主党

	東ヨーロッパ	西アジア	アフリカ	南アジア	東南アジア	東アジア 中国	東アジア 朝鮮半島	東アジア 日本	オセアニア

東ヨーロッパ / ロシア（ロシア帝国）

パウェル1世

アレクサンドル1世（1801～25）
- 1801 オスマン帝国よりグルジア獲得
- 1802 官制改革
- 1804 ロシア＝イラン戦争（～13）
- 1806 ロシア＝トルコ戦争（～12）

ロマノフ朝 アレクサンドル1世
- 1808 対スウェーデン戦争、フィンランドを奪う（～09）
- 1810 国家会議創設
- 1812 ナポレオン侵入、モスクワ大火
- 1812 ブカレスト条約
- 1813 ゴリスタン条約（露・イラン間）
- 1815 ロシア皇帝、ポーランド王を兼位
- 1815 デンマーク、ノルウェーをスウェーデンに割譲
- 1821 アラスカ領有
- 1824 北米大陸における米・露の国境設定
- 1825 デカブリストの反乱鎮圧

ニコライ1世（1825～55）
- 1826 ロシア＝イラン戦争（～28）
- 1827 ナヴァリノ海戦
- 1828 ロシア＝トルコ戦争（～29）

ニコライ1世
- 1829 アドリアノープル条約（露・オスマン帝国間の講和条約、ギリシアの独立を承認）
- 1830 ポーランドの蜂起（十一月蜂起）

西アジア（オスマン帝国）

セリム3世
- 1805 ワッハーブ派、メディナを占領

マフムト2世（1808～39）
- 1812 ブカレスト条約（ベッサラビアを露へ）
- 1813 ムハンマド＝アリー、ワッハーブ派を討つ

マフムト2世
- 1817 セルビア公国成立
- 1818 ムハンマド＝アリー、ワッハーブ王国を滅ぼす
- 1821 ギリシア独立戦争開始（～29）
- 1823 第2次ワッハーブ王国（～89）
- 1826 イェニチェリ廃止
- 1828 トルコマンチャーイ条約（露、イランにおける治外法権獲得）
- 1830 ロンドン議定書（ギリシアの独立を承認）

アフリカ

- 1805～ エジプト総督、ムハンマド＝アリーの政治改革
- 1811 エジプト、事実上独立
- 1815 英、ケープ植民地を領有
- 1822 エジプト、クレタを領有（～40）
- 1830 仏、アルジェリアを占領

南アジア（ムガル帝国）

- 1803 第2次マラーター戦争（～05）
- 1803 英、デリー占領
- 1804 ムガル帝国、イギリスの保護下に入る
- 1813 イギリス東インド会社、茶以外の独占貿易廃止
- 1814 ネパール戦争（英、ネパール（グルカ）に侵入、～16）
- 1815 英、スリランカ領有
- 1816 ビルマ、アッサムに遠征
- 1816 サガウリ条約（英、シムラ領有）
- 1817 第3次マラーター戦争（英勝利、～18）
- 1822 ビルマ軍、アッサムを征服
- 1823 ベンガル総督アマースト（～28）
- 1824 第1次ビルマ（ミャンマー）戦争（英、～26）、マラッカ・シンガポール英領（ロンドン条約）
- 1825 ジャワ戦争（～30）
- 1826 英、海峡植民地成立
- 1829 サティー（寡婦の殉死）の禁止
- 1830 ジャワで強制栽培制度（オランダの総督ファン＝デン＝ボス）
- ●ヨーロッパ諸国のアジア進出盛ん

東南アジア

- 1802 阮福暎、ベトナムを統一（越南国王）。西山党を滅ぼし、阮朝をたてる
- 1804 阮福暎、清から越南国王に封じられる
- 1809 英、マニラに商館設置
- 1810 フィリピン代表、スペイン議会に出席
- 1811 英、ジャワを占領（～16）
- 1814 英のラッフルズ、ジャワ土地改革
- 1816 ビルマ、アッサムに遠征
- 1816 オランダ、ジャワを回復
- 1819 英、シンガポールを取得
- 1828 オランダ、ニューギニア植民

東アジア 中国（清）

嘉慶帝
- 1805 刻書伝教の禁（キリスト教布教を禁止）
- 1806 江蘇・浙江などの米の輸出を禁止
- 1810 アヘン輸入禁止
- 1810 海賊、沿岸に出没（～11）
- 1811 ヨーロッパ人の居住と布教厳禁
- 1813 天理教の乱
- 1813 アヘン販売禁止
- 1815 アヘン輸入禁止の強化
- 1816 英使節アマースト、北京に至る
- 1820 新疆回部のジャハンギールの反乱（～28）

宣宗（道光帝）（1820～50）

道光帝
- 1823 ケシの栽培、アヘン密造禁止
- 1827 満州人の漢風俗化禁止を強化

東アジア 朝鮮半島（朝鮮）

- 1801 辛酉の獄（キリスト教大迫害）
- 1802 金達淳の専権が始まる
- 1803 平壌大火
- 1806 金達淳を処刑
- 1807 時審度、時弊を論じて処刑
- 1811 洪景来の乱（平安道農民戦争）（～12）
- 1813 済州の反乱
- 1815 キリスト教徒処刑される
- 1816 イギリス船来航

東アジア 日本

- 1800 伊能忠敬、蝦夷地測量
- 1804 露使節レザノフ、長崎に来航
- 1808 間宮林蔵、樺太探検
- 1808 フェートン号事件
- 1811 松前藩、ロシア艦長ゴローウニンをとらえる
- 1812 高田屋嘉兵衛、ロシア船に捕らえられる

江戸時代
- 1814 伊能忠敬「大日本沿海輿地全図」
- 1815 杉田玄白『蘭学事始』
- 1816 英船琉球に来航し、貿易許可要求
- 1817 英船しばしば浦賀に来航（～22）
- 1823 シーボルト、長崎到着
- 1825 異国船打払令
- 1827 頼山陽『日本外史』
- 1828 シーボルト事件
- 1830 薩摩・長州の近代改革が始まる

オセアニア

- 1803 英、タスマニア植民
- 1810 カメハメハ1世、ハワイ諸島を統一
- 1814 英、ニュージーランド占領
- 1815 英、タスマニア島占領
- 1823 オーストラリアのニュー＝サウスウェールズ自治権獲得
- 1825 英、タスマニア島占領
- 1825 オーストラリアの開拓開始
- 1828 オランダ、ニューギニアに植民

年代目盛：1800 / 1810 / 1820 / 1830

	アメリカ大陸				西ヨーロッパ / イタリア		
年	アメリカ合衆国・ラテンアメリカ	イギリス	フランス	スペイン	イタリア	オーストリア帝国	プロイセン
	⑦ジャクソン	ウィリアム4世				フランツ1世	
1831		1831 ファラデー、電磁誘導電流を発見	1831 ベルギー王国独立		1831 中部イタリアでカルボナリの蜂起 教皇グレゴリウス16世(1831～46) 1831 マッツィーニの青年イタリア活動 サルデーニャ国王、カルロ=アルベルト(1831～49)		
1832		1832 第1回選挙法改正	●産業革命期に入る		1832 ボローニャのカルボナリを弾圧		
1833	1833 アメリカ奴隷廃止協会成立	1833 工場法成立 1833 英帝国内の奴隷制廃止					
1834	1834 反ジャクソン派、ホイッグ党を結成 ●モース、有線電信機発明(1835) ●産業革命期に入る	1834 東インド会社の中国貿易独占権廃止	1834 パリ・リヨン絹織物工の暴動	1834 欽定憲法発布			1834.1 ドイツ関税同盟発足
1836	1836 アラモの戦い、テキサス独立承認 ⑧ビューレン(民、1837～41)	ヴィクトリア女王(1837～1901) 1838 人民憲章公表 ●チャーティスト運動(～48)	1836 ティエール内閣 1836 ルイ=ナポレオン、反乱に失敗してアメリカに亡命	1836 ラテンアメリカ諸国の独立を承認	フェルディナント1世(1835～48)		1837 ハノーヴァー王国、イギリスより分離 1839 少年労働の禁止
1838	1838 中央アメリカ諸国分立 ⑧ビューレン	1839 反穀物法同盟結成	1839 5列強、ベルギーの永世中立を保障				
1840		**1840 ロンドン4国条約** エジプトを圧迫(英・墺・普・露、エジプト総督ムハンマド=アリーの世襲領をエジプトのみに限定)					フリードリヒ=ヴィルヘルム4世(1840～61)
1840	⑨ハリソン(ホ、1841) ⑩タイラー(ホ、1841～45)	**1840 アヘン戦争(～42)** 1841 ピール内閣(～46)	1840 ナポレオンの遺体パリへ 1840 ギゾー内閣(～48) 1841 少年工保護法	1840 エスパルテロの軍事独裁(～43)			1842 マイヤー、エネルギー保存の法則
	1842 アメリカ・カナダ国境画定(アシュバートン=ウェブスター条約) 1844 モールス、電信機実用化	1842 南京条約 1843 オコネルのアイルランド自治運動 1845 アイルランドで大飢饉(ジャガイモ飢饉)			教皇ピウス9世(1846～78)	1846 クラクフ共和国を併合	
	⑪ポーク(民、1845～49) 1845 テキサス併合 1846 オレゴン協定(オレゴン州をカナダと分割) 1846 アメリカ=メキシコ戦争(～48) ⑪ポーク	1846 穀物法廃止	1846 農業凶作、全国的不況おこる	1845 保守的な憲法制定		1846 デンマークがシュレスヴィヒとホルシュタインを併合(～64)	
	1848 メキシコよりカリフォルニア獲得。カリフォルニアで金鉱発見 ●ゴールドラッシュ	1847 10時間労働法成立	1848 二月革命 1848.4 選挙、6月蜂起 1848 第二共和政成立(～52) 大統領、ルイ=ナポレオン		1848 サルデーニャ、オーストリアと戦う(ノヴァーラの戦い) 1848 ミラノ蜂起、ヴェネツィア共和国復活 1848 イタリア民族運動 1849 マッツィーニ、ローマ共和国建設、フランスに倒される ヴィットーリオ=エマヌエーレ2世(1849～61)	フランツ=ヨーゼフ1世(1848～1916) 1848 ウィーン三月革命 1848 フランクフルト国民議会(～49) 1848 ハンガリー独立運動(プラハ暴動、～49)	1848 マルクス・エンゲルス『共産党宣言』 1848 ベルリン三月革命
1850	⑫テーラー(ホ、1849～50) ⑬フィルモア(ホ、1850～53) 1850 カリフォルニア、自由州として連邦加入 ⑬フィルモア	1849 航海法廃止 1851 ロンドン万国博覧会 1852 ニュージーランド自治法案可決	1850 普通選挙法廃止 1851 ルイ=ナポレオンのクーデタ 皇帝ナポレオン3世(1852～70)		1852 サルデーニャ首相にカヴール(～61)	1850 欽定憲法制定	1850 欽定憲法制定
	1852 ストウ『アンクル=トムの小屋』 ⑭ピアス(民、1853～57) 1854 カンザス・ネブラスカ法成立 ⑭ピアス 1854 共和党成立 1854 メキシコ革命	**1853 クリミア戦争(～56)** 1855 第1次パーマストン内閣(～58)	1855 パリ万国博覧会	1855 サルデーニャ、クリミア戦争に出兵	1855 サルデーニャ、クリミア戦争に出兵		1854 オーストリアと対ロシア同盟
		1856 パリ条約 (クリミア戦争の戦後処理、露・英・仏・墺・普・サルデーニャ・オスマン帝国間)					
	⑮ブキャナン(民、1857～61) フアレス(メキシコ大統領)(1858～72) 1858 メキシコ内戦始まる(～61) ⑮ブキャナン	**1856 第2次アヘン戦争(アロー戦争)(～60)** 1857 ヨーロッパ各国で恐慌 1858 インドの直接統治が始まる 1859 ダーウィン『種の起源』 1859 第2次パーマストン内閣(～65)	1858 インドシナ出兵。プロンビエール密約 1859 イタリア統一戦争を援助、ヴィラフランカ和約 1860 仏、サヴォイア・ニースを獲得 1860 北京条約		1859 イタリア統一戦争(～60) 1860 中部イタリア併合 1860 ガリバルディ、シチリア・ナポリを征服	1859 サルデーニャを攻撃 1859 フランスと単独和平	
1860	1860 大統領選挙でリンカン当選、南部諸州離脱 1861 南部諸州、アメリカ連合国結成 ⑯リンカン(共、1861～65) 1861 南北戦争(～65)	1860 北京条約 1860 英仏通商条約			**イタリア** 1861 王国成立	1861 憲法発布(農奴解放令)	ヴィルヘルム1世(1861～88) 1862 ビスマルクの執政(～90) 1863 ラサール、全ドイツ労働者協会結成
	1861 メキシコ遠征(英・仏・スペイン)(～67) 1862 ホームステッド法成立 1863 リンカン、反乱諸州の奴隷解放宣言 ⑯リンカン 1863 ゲティスバーグの戦い 1864 メキシコ帝政(～67) 1865 リッチモンド陥落 1865 憲法修正で正式に奴隷制を廃止 1865 リンカン暗殺 ⑰ジョンソン(民、1865～69) ⑰	1863 ロンドンに地下鉄開通 1864 第1インターナショナル(ロンドン)(～76)			1865 トリノからフィレンツェに遷都	1864 デンマーク戦争(プロイセン・オーストリアとデンマーク) 1864 赤十字条約締結(ジュネーヴで調印) 1864 シュレスヴィヒ・ホルシュタインをオーストリアとプロイセンの管理下に	
1865							

米大統領の所属政党　民：民主党　ホ：ホイッグ党　共：共和党

ヨーロッパ	西アジア	アフリカ	南アジア	東南アジア	東アジア			オセアニア
					中国	朝鮮半島	日本	

ロシア帝国（ヨーロッパ）

- 1832 ポーランド、ロシアに直属
- 1833 ウンキャル=スケレッシ条約（露・オスマン帝国間）
- ニコライ1世
- 1844 ギリシア、立憲政となる
- 1846 ポーランドの反乱
- 1847 ムラヴィヨフ、東シベリア総督
- 1848 ポーランドの独立運動を鎮圧
- 1849 オーストリアを支援し、ハンガリーの民族運動を鎮圧
- コマノフ朝
- 1851 モスクワ・ペテルブルク間に鉄道敷設
- アレクサンドル2世（1855~81）
- 1855 セヴァストーポリ陥落
- 1858 中国とアイグン条約
- 1859 ルーマニア公国成立
- 1860 沿海州領有（北京条約）
- アレクサンドル2世
- 1861 農奴解放令
- 1863 ポーランドの反乱（一月蜂起）
- ●この頃より、ナロードニキ運動盛んとなる
- 1865 中央アジア進出、タシケント占領

オスマン帝国・イラン（西アジア）

- 1831 第1次エジプト=トルコ戦争（~33）
- マフムト2世
- 1837 イラン軍、ヘラート占領
- 1839 エジプト事件（~40）（第2次エジプト=トルコ戦争）
- アブデュルメジト1世（1839~61）
- 1839 ギュルハネ勅令
- 1839 タンジマートの開始（~76）
- 1844 イランにバーブ教おこる
- 1848 バーブ教徒、反乱をおこす
- アブデュルメジト1世
- 1850 バーブ教開祖サイイド=アリー=ムハンマド処刑される
- 1856 イラン=アフガン戦争
- 1856 オスマン帝国、「改革の勅令」発布
- アブデュルアジズ（1861~76）
- 1861 オスマン帝国で内政改革
- アブデュルアジズ
- 1864 イラン縦貫鉄道開通

アフリカ

- 1831 ムハンマド=アリー、シリア侵入
- 1833 エジプト独立承認
- 1835 南アフリカのブール人、北方に移動
- 1841 ムハンマド=アリー、シリア・キプロスを放棄
- ●アフリカ探検（リヴィングストン・スタンリー）
- 1847 リベリア共和国成立
- 1849 英人リヴィングストン、ナイル上流探検
- 1852 ブール人のトランスヴァール共和国成立（~1902）
- 1854 ブール人のオレンジ自由国成立（~1902）
- 1859 スエズ運河建設が始まる（仏のレセップス）

ムガル帝国（南アジア）

- 1831 イギリス東インド会社、マイソールを支配
- 1833 初代インド総督ベンティンク（~35）
- 1834 イギリス東インド会社特許状更新
- 1838 第1次アフガン戦争（イギリス、シク教徒と同盟。イギリス、アフガニスタンに地歩を築く。~42）
- 1843 英、シンド併合
- 1845 イギリスとシク王国が第1次シク戦争（~46）。イギリス勝利
- 1848 第2次シク戦争（~49）。イギリスが勝ち、インド征服を完成
- 1849 英、パンジャーブ併合
- 1852 イギリス東インド会社特許状更新
- 1853 インドに最初の鉄道開通
- 1857 インド大反乱（シパーヒーの反乱、~59）
- 1858 ムガル帝国滅亡

英領インド

- 1858 英、インドを直接統治。カニング初代副王兼総督（~62）
- 1859 イギリス東インド会社解散

東南アジア

- 1842 英、ボルネオ島北部を占領
- 1852 英、第2次ビルマ戦争
- 1853 英、ビルマ南部領有
- 1855 タイ=イギリス通商条約（ボーリング条約）
- 1857 ベトナム、キリスト教迫害
- 1858 フランス=ベトナム戦争（~62）
- 1862 第1次サイゴン条約（仏、コーチシナ東部3省領有）
- 1863 仏、カンボジア保護国化

東アジア — 中国（清）

道光帝

- 1831 アヘン輸入厳禁
- 1832 福建・台湾の反乱（~33）
- 1834 ネーピア（英）駐清主席貿易監督官、マカオ到着
- 1836 エリオット（英）、広州駐在主席貿易監督官となる
- 1838 林則徐を欽差大臣として広州へ派遣
- 1839 英商人のアヘンを没収、英船の広州入港を禁止
- 1840 アヘン戦争（~42）
- 1841 平英団事件
- 1842 南京条約（香港割譲）
- 1843 虎門寨追加条約（英）
- 1844 望厦条約（米）
- 1844 黄埔条約（仏）
- 1845 カシュガルでイスラーム教徒の反乱
- 1845 イギリス、上海に租界開設
- 1846 雲南でイスラーム教徒の乱
- 1847 新疆回部の乱
- 1849 仏、上海に租界開設
- 文宗（咸豊帝）（1850~61）
- 1851 洪秀全、広西省金田村で蜂起
- 1851 洪秀全、国号を太平天国とする
- 1852 曾国藩、湘軍組織
- 1853 太平天国軍、首都を南京に定め天京と改める
- 咸豊帝
- 1856 第2次アヘン戦争（アロー戦争）（~60）
- 1857 英仏軍、広州砲撃
- 1858 アイグン条約（露）
- 1858 天津条約（英・仏）
- 1860 英仏連合軍が北京進撃
- 1860 北京条約（英・仏・露）
- 穆宗（同治帝）（1861~74）
- ●同治中興（~74）
- 1861 総理各国事務衙門設置
- 1862 洋務運動
- 1862 ウォード（米人）、常勝軍組織
- 1862 李鴻章、淮軍組織
- 1863 ゴードン（英人）、常勝軍指揮
- 1864 太平天国滅亡
- 1865 捻軍流賊化

（太平天国／同治中興）

東アジア — 朝鮮半島（朝鮮）

- 1831 イギリス船来航し、貿易要求
- 1836 仏宣教師、漢城に潜入
- 1839 キリスト教大迫害、仏の宣教師殺害
- 1859 書院の私設禁止
- 1860 崔済愚、東学を主張
- 1863 高宗即位・大院君摂政

東アジア — 日本

- 1833 天保飢饉（~39）
- 1834 水野忠邦、老中となる
- 1837 大塩平八郎の乱
- 1837 モリソン号事件
- 1839 蛮社の獄
- 1841 天保の改革（~43）
- 1842 天保の薪水給与令
- 1844 オランダ、開国を勧告
- 1845 イギリス船、長崎に来航
- 1849 江川坦庵、韮山に反射炉を築く
- 江戸時代
- 1852 ロシア船、下田に来航
- 1853 ペリー、浦賀に来航
- 1853 ロシア使節プチャーチン、長崎に来航
- 1854 日米和親条約成立
- 1854 琉米修好条約
- 1854 日露和親条約（露暦1855）
- 1856 アメリカ総領事ハリス来日
- 1856 日仏修好通商条約
- 1858 日米修好通商条約
- 1858 安政の大獄
- 1860 桜田門外の変
- 1862 坂下門外の変
- 1862 生麦事件
- 1863 薩英戦争
- 1864 4国連合艦隊、下関砲撃

オセアニア

- 1837 英、ニュージーランドに植民地建設（~40）
- 1840 ハワイ王国（~98）
- 1849 米・ハワイ和親条約
- 1851 オーストラリアでゴールドラッシュが本格化
- 1853 英、オーストラリア囚人植民地制廃止
- 1861 ニュージーランドでマオリ人の反乱（~77）

（右欄年代目盛：1840 / 1850 / 1860 / 1865）

国際関係	アメリカ大陸	西ヨーロッパ				
	アメリカ合衆国・ラテンアメリカ	イギリス	フランス	スペイン・イタリア	プロイセン	オーストリア帝国
1866 プロイセン＝オーストリア戦争	1866 大西洋横断海底電線敷設		1867 ルクセンブルク大公国買収に挫折（同国永世中立国となる）	1866 サルデーニャ、オーストリアと戦う／1866 サルデーニャ、ヴェネツィア併合／1868 スペイン、王位継承の紛争（普仏間、〜70）	1866 プロイセン＝オーストリア戦争（プロイセンの勝利、プラハの和約）／1867 北ドイツ連邦成立	オーストリア＝ハンガリー帝国
	⑰ジョンソン／1867 ロシアよりアラスカ買収／1868 キューバ反乱（〜78）	1867 カナダ自治領成立／1867 第2回選挙法改正／1868 第1次ディズレーリ内閣／1868 第1次グラッドストン内閣（〜74）	第二帝政／1870 エムス電報事件		1867 マルクス『資本論』第1巻／1869 ドイツ社会民主労働者党結成／1870 エムス電報事件	1867 成立 フランツ＝ヨーゼフ1世
1869 スエズ運河開通／1870 プロイセン＝フランス戦争（〜71）	1869 大陸横断鉄道開通／⑱グラント（共、1869〜77）／1870 スタンダード石油会社設立／1870 黒人上院議員が初当選		1870 ドイツ＝フランス戦争（プロイセンの勝利）（〜71）／1870 ナポレオン3世、スダンで降伏／1870 第三共和政（〜1940）	1870 イタリア統一。教皇領占領／1870 ローマ教皇領併合（教皇庁との断絶、〜1929）		ハプスブルク＝ロートリンゲン朝
1870		1870 アイルランド土地法・教育法成立／1871 労働組合法成立	1871 パリ＝コミューン ティエール（1871〜73）	1871 ローマ、首都となる	ドイツ帝国／1871 成立（〜1918）／ヴィルヘルム1世（1871〜88）／1871 帝国宰相ビスマルク（〜90）	
1873 三帝同盟（独・墺・露）／1874 万国郵便連合（ベルン）	⑱グラント／1875 市民権法成立／1875 グリーンバック党結成／1875 スー族蜂起（〜77）	1872 秘密投票法成立／1873 司法制度改革／1874 フィジー領有／1874 第2次ディズレーリ内閣（保守党、〜80）／1875 スエズ運河株式買収	1871 フランクフルト条約（アルザス・ロレーヌ喪失）ティエール／1872 国民皆兵制施行 マクマオン（1873〜79）／1873 独軍、仏撤退／1874 第2次サイゴン条約（ベトナム保護国化）／1875 第三共和国憲法制定	1873 スペイン、連邦共和国／1874 スペイン、王政復古（セラノ独裁）	1873 独墺露三帝同盟／1873 文化闘争でカトリック弾圧（〜80）／1874 全ドイツ労働者協会解散させられる／1875 ドイツ社会主義労働者党結成（ラサール派・アイゼナハ派合同）、ゴータ綱領採択／1878 社会主義者鎮圧法可決	
1876 第1インターナショナル解散／1877 ロシア＝トルコ戦争（〜78）／1878 ベルリン会議／1879 独墺同盟	⑲ヘイズ（共、1877〜81）／1876 ベル、電話機発明／1877 労働党結成	1877 インド帝国成立（ヴィクトリア女王、インド皇帝を兼位）／1878 キプロス島領有	マクマオン			
1878.6 ベルリン会議（〜1878.7、サン＝ステファノ条約の修正）				ウンベルト1世（伊）（1878〜1900）／教皇レオ13世（1878〜1903）	1879 独墺同盟 ホーエンツォレルン家 ヴィルヘルム1世	
	⑲ヘイズ／1879 エディソン、電灯発明／1880 鉄道建大建設時代（〜90）	1879 アイルランド土地同盟結成／1880 第2次グラッドストン内閣（自由党、〜85）／1880 初等教育の義務化	1879 共和政確立 グレヴィ（1879〜87）／1880 タヒチ領有	1879 スペイン社会党結成	1879 保護関税法成立／1879 ジーメンス、電車を博覧会で発表	
1880	⑳ガーフィールド（共、1881）／㉑アーサー（共、1881〜85）	1881 アイルランド土地法改定／1882 エジプト領有・スーダン出兵	1881 チュニジアを保護国化／1881 義務教育無償化（〜86）	1882 ガリバルディ死去	1881 三帝同盟復活	
1882 三国同盟（独・墺・伊）／1884 清仏戦争（〜85）／1884 アフリカ分割に関するベルリン＝コンゴ会議（コンゴ自由国成立）（〜85）	㉑アーサー／1882 ロックフェラー、スタンダード石油トラストを組織／㉒クリーヴランド（民、1885〜89）／1885 レセップス、パナマ運河起工（94失敗）／1886 アメリカ労働総同盟（AFL）結成／1886 ピアリ、グリーンランド探検／1889 第1回パン＝アメリカ会議／1889 ブラジル共和国成立	1884 フェビアン協会設立／1884 ニューギニア分割／1884 第3回選挙法改正／1885 英伊協商／1885 ゴードン戦死／1886 ビルマ領有／1886 アイルランド自治法案否決／1886 ソマリランドを保護国化／1887 第1回植民地会議／1887 炭鉱法成立（少年労働の禁止）	第三共和政 グレヴィ／1883 フエ（ユエ）条約／1884 労働組合公認／1884 清仏戦争（〜85）／1885 天津条約（ベトナム保護国化）／1887 ブーランジェ事件（〜89） カルノー（1887〜94）／1887 仏領インドシナ連邦成立／1888 ジブチ領有／1889 エッフェル塔建設（パリ万博）	1882 独墺伊三国同盟／1885 英伊協商／1887 イタリア、対エチオピア戦争（〜89）／1889 イタリア、ソマリランド領有	1883 コッホ、コレラ菌発見／1883 医療保険法成立／1883 災害保険法成立／1884 ビスマルク諸島領有、ニューギニア分割（英・独・蘭）／1886 マーシャル諸島獲得、タンガニーカ・南西アフリカ領有／1887 独露再保障条約（〜90） フリードリヒ3世（1888）／ヴィルヘルム2世（1888〜1918）／1889 ダイムラー、自動車発明／1890 ビスマルク引退／1890 社会主義者鎮圧法廃止。社会民主党成立	1888 社会民主労働者党統一大会
1889 第2インターナショナル結成（パリ、〜1914）／1890 第1回メーデー	㉓ハリソン（共、1889〜93）／1890 シャーマン反トラスト法制定／1890 フロンティア消滅宣言	1890 ウガンダ領有／1890 ケープ植民地首相セシル＝ローズ（〜96）				
1890	㉒クリーヴランド			ウンベルト1世	ヴィルヘルム2世	ドイツ資本主義の躍進
1891 露仏同盟（94完成）	1892 人民党結成／㉔クリーヴランド（民、再選、1893〜97）	1891 初等教育法／1893 ケア＝ハーディ、独立労働党結成／1893 アイルランド自治法案否決／1894 8時間労働制成立	1891 露仏同盟（94完成）／1894 ドレフュス事件 カジミル＝ペリエ（1894〜95）	1892 イタリア社会党結成／1895 マルコーニ、無線電信発明／1895 イタリア、エチオピアを侵略（アドワの敗戦、〜96）	1891 社会民主党大会、エルフルト綱領採択／1893 議会、新兵役法可決／1893 ディーゼル、内燃機関発明／1895 レントゲン、X線発見	1893 自由労働組合連合結成
1894 日清戦争／1895 三国干渉	1894 工業生産力世界一となる／1895 スペイン領キューバの反乱		フォール（1895〜99）／1895 三国干渉／1895 労働総同盟（CGT）創立		1895 三国干渉／●キール運河開通	
1895						

年表（東ヨーロッパ・西アジア・アフリカ・南アジア・東南アジア・東アジア・太平洋）

東ヨーロッパ		西アジア	アフリカ	南アジア	東南アジア	東アジア			太平洋
ロシア	バルカン					中国	朝鮮半島	日本	

ロシア（ロシア帝国）

- アレクサンドル2世
- 1867 アメリカへアラスカを売却
- 1867 ロシア領トルキスタンの成立
- 1868 ブハラ=ハン国を保護国化
- 1870 黒海中立宣言破棄
- ●1870年代以後ナロードニキの行動過激化
- 1871 黒海艦隊再建
- 1873 ヒヴァ=ハン国を保護国化
- 1874 徴兵制施行
- 1875 樺太・千島交換条約
- 1876 コーカンド=ハン国併合
- コマノフ朝
- 1879 ナロードニキが分裂、「人民の意志」派結成
- 1880 トルクメン地域への軍事遠征
- 1881 清とイリ条約締結
- 1881 アレクサンドル2世暗殺
- アレクサンドル3世（1881~94）
- 1884 中央アジアのメルヴ占領
- 1885 アフガニスタンに進出してイギリスへの対抗開始
- 1886 ベルリン条約破棄（スラヴ国粋主義の強化）
- 1887 独露再保障条約（~90）
- 1887 ロシア・イギリス、アフガニスタンの国境を画定
- アレクサンドル3世
- 1888 カフカス横断鉄道開通
- 1891 露仏同盟（94完成）
- 1891 シベリア鉄道起工（1916完成）
- ニコライ2世（1894~1917）
- 1895 ノルウェーのナンセン、北極探検
- 1895 三国干渉
- ニコライ2世
- 1895 ポーランドのシェンキェヴィッチ『クオ=ヴァディス』

バルカン・西アジア（オスマン帝国・イラン・バルカン諸国）

- アブデュルアジズ
- 1867 オスマン帝国最高法院設立
- 1870~ シュリーマン、トロイア遺跡発掘開始
- 1871 ミドハトの内政改革
- 1875 ボスニアの反乱
- アブデュルハミト2世（1876~1909）
- 1876 ブルガリアの反乱
- 1876 オスマン帝国憲法発布（ミドハト憲法）
- 1877 ロシア=トルコ戦争（~78）
- 1878.3 サン=ステファノ条約
- 1878 ベルリン条約
- 1881 ルーマニア王国成立
- 1882 セルビア王国成立
- アブデュルハミト2世
- 1888 オスマン帝国でアナトリア鉄道建設（ドイツ権益、~93）
- 1889 「青年トルコ人」の母体となる秘密結社結成
- 1891 イランでタバコ=ボイコット運動（~92）
- 1894 オスマン帝国でアルメニア人虐殺事件（~96）
- 1895 列強、オスマン帝国に内政改革案提出

アフリカ

- 1867 南アフリカでダイヤモンド鉱発見
- 1869 スエズ運河開通
- 1870 オレンジ自由国でダイヤモンド鉱発見
- 1871 新聞記者のスタンリーが、行方不明になっていた探検家リヴィングストンを発見
- 1875 イギリス、スエズ運河会社の株買収
- 1876 イギリス・フランス、エジプト財政を支配
- 1881 仏、チュニジアを保護国化
- 1881 マフディー運動（~98）
- 1881 エジプトでウラービー運動（~82）
- 1884 トランスヴァールで金鉱発見
- 1885 伊、エリトリア占領
- 1885 仏領コンゴ成立
- 1885 ベルギー、コンゴ自由国支配（~1908）
- 1889 第2次ワハーブ王国滅亡
- 1890 ケープ植民地、首相ローズ（~96）
- 1893 ガンディー、南アフリカで弁護士活動（~1914）
- 1895 英、ローデシア領有

南アジア（英領インド／インド帝国）

- 1873 ビハールの大飢饉（~74）
- 1876 インド人協会設立
- インド帝国
- 1877 インド帝国成立（英領~1947）
- 1878 第2次アフガン戦争（~80）
- 1880 ティラク、反英独立運動組織
- 1880 英、アフガニスタンを保護国化
- 1885 ロシア、アフガニスタン進出
- 1885 ボンベイ（ムンバイ）で国民会議第1回大会
- 1886 国民会議第2回大会
- 1890 イギリスとシッキム条約（チベット=インド境界協定）
- 1892 インド参事会法成立

東南アジア

- 1867 仏、全コーチシナ領有
- 1867 英、海峡植民地を直轄領とする
- タイ、チュラロンコン（ラーマ5世）（1868~1910）
- 1873 オランダ、アチェ戦争（~1912）
- 1873 オランダがスマトラ進出
- 1874 第2次サイゴン条約
- 1883 フエ（ユエ）条約（仏、トンキン・ユエ占領）（~84）
- 1885 英、第3次ビルマ戦争（~86）
- 1886 英、ビルマ併合
- 1887 仏領インドシナ連邦成立
- 1887 英、マレー連合を保護国化
- 1888 英、北ボルネオを保護領
- 1892 ホセ=リサール、フィリピン同盟結成
- 1893 仏、ラオス保護国化
- 1894 フィリピンでカティプーナンの対スペイン反乱（~95）
- 1895 英、マレー連合州を結成

中国（清）

- 同治帝
- 1866 左宗棠、陝西・甘粛のイスラーム教徒征討（~71）
- 1868 捻軍平定
- 1871 ロシア軍、イリ地方占領（イリ事件、~81）
- 1871 日清修好条規
- 1873 雲南・陝西・甘粛のイスラーム教徒の反乱鎮圧
- 1874 天津・日清条約（台湾問題）
- 徳宗（光緒帝）（1874~1908）
- 西太后（摂政）（1874~89）
- 1875 左宗棠、新疆回部征討（~77）
- 1878 左宗棠、新疆のイスラーム教徒の反乱鎮圧
- 1879 第1次イリ条約
- 1880 李鴻章、海軍を創設
- 1881 第2次イリ条約（清、イリを回復）
- 1884 新疆省成立
- 1884 清仏戦争（~85）
- 1885 天津条約（日・清）
- 1885 越南新約（仏との通商条約）
- ●この頃仇教運動が続発
- 1887 マカオ、ポルトガル領となる
- 1888 チベット条約（英・清間）
- 1888 北洋海軍成立
- 1889 徳宗親政
- 1890 シッキム条約（英・清間）
- 光緒帝と西太后
- 1891 哥老会、仇教運動で教会を焼く
- 1894 金玉均、上海で暗殺される
- 1894.8 日清戦争（~95.3）
- 1894 孫文、ハワイで興中会組織
- 1895.4 下関条約
- 1895 孫文、広州挙兵に失敗し日本に亡命

朝鮮半島（朝鮮）

- 1866 宣教師殺される
- 1866 キリスト教大弾圧
- 1866 米船シャーマン号を大同江で焼く
- 1870 農民蜂起
- 1871 米軍艦来航
- 1871 寧海の農民反乱
- 1873 大院君失脚、閔氏政権成立
- 1875 江華島事件（日・朝）
- 1876 日朝修好条規
- 1879 釜山開港
- 1880 漢城（ソウル）に日本公使館設置
- 1881 保守派と開化派が抗争
- 1882 米英独と修好条約
- 1882 壬午軍乱（日本公使館焼打）
- 1882 済物浦条約（日朝）
- 1884 甲申政変
- 1885 英、巨文島占領（~87）
- 1888 ロシアと通商条約
- 1889 防穀令事件
- 1894 甲午農民戦争（東学の乱）
- 1895 乙未事変（日本公使、閔妃を殺害）

日本（江戸時代／明治時代）

- 江戸時代
- 1867 大政奉還、王政復古
- 1868 明治維新
- 1868 明治時代（~1912）
- 1869 版籍奉還
- 1871 岩倉具視らを欧米に派遣
- 1871 廃藩置県
- 1871 日清修好条規
- 1872 新橋-横浜間に鉄道開通。太陽暦。学制頒布
- 1873 地租改正。徴兵令
- 1873 征韓論おこる
- 1874 台湾出兵
- 1875 樺太・千島交換条約
- 1877 西南戦争
- 1879 琉球処分（沖縄県設置）
- 1880 集会条例発布
- 1881 国会開設の勅諭
- 1881 自由党結成
- 明治時代
- 1882 立憲改進党結成
- 1882 日本銀行創設
- 1883 鹿鳴館開館
- 1885 内閣制度始まる
- 1887 保安条例公布
- 1889 大日本帝国憲法発布
- 1890 第1回帝国議会
- 1890 北里柴三郎、破傷風血清療法を発見
- 1893 条約改正交渉開始
- 1894 日英通商航海条約
- 1895 三国干渉、遼東半島還付
- 1895 台湾総督府設置

太平洋

- 1874 英、フィジー諸島占領
- 1874 オーストラリア、クインズランドに金鉱発見
- 1875 アメリカ、ハワイ王と通商互恵条約
- 1884 英独、東部ニューギニア領有
- 1885 独、マーシャル諸島占領
- 1886 英独、南洋諸島分割協定
- 1893 ハワイ革命

（右端年号目盛：1870／1880／1890／1895）

国際関係	アメリカ大陸	西ヨーロッパ					
	アメリカ合衆国・ラテンアメリカ	イギリス	フランス共和国	ドイツ帝国	オーストリア＝ハンガリー帝国	イタリア・スペイン・ポルトガル	バルカン諸国
1896 第1回国際オリンピック大会（アテネ）	㉕マッキンリー（共、1897〜1901）	1896 スーダン回復	1896 マダガスカル領有	1897 ティルピッツ、海相就任（海軍拡張）	1896 普通選挙実施		
		1897 労働者保護法成立		1898〜 建艦競争			
	1898 アメリカ＝スペイン戦争	1898〜 建艦競争		1898 ビスマルク死去		1898 アメリカ＝スペイン戦争（スペイン、キューバ・フィリピン・グアムを失う）	
		1898 ファショダ事件					
	1898 パリ条約、フィリピン・グアム島領有、キューバ独立		1898 キュリー夫妻、ラジウム発見	1899 南洋諸島占領	1899 メーレン・ベーメンに反乱おこる	1898 南イタリア暴動	
1898 アメリカ＝スペイン戦争	1898 ハワイ併合・カリブ海進出が始まる	1899 南アフリカ戦争（ブール戦争、〜1902）	1898 ゾラ「私は弾劾する」			1900 ウンベルト1世暗殺される	
1898 ファショダ事件	1899 太平洋進出、サモア諸島を英・独と分割		1899 ドレフュス釈放	1899 ベルンシュタイン、修正主義発表		ヴィットーリオ＝エマヌエーレ3世（伊）（1900〜46）	
1899 第1回ハーグ万国平和会議（欧州列国列強毒ガス使用禁止）	1899 中国に門戸開放提唱（〜1900）						
1900 日本とロシアを主力とする8カ国、中国へ共同出兵	1900 金本位制度採用	1900 労働代表委員会成立		1900 海軍拡張案成立			
1900 パン＝アフリカ会議		エドワード7世（1901〜10）	1901 クレマンソー、急進社会党結成	1902 独墺伊 三国同盟更新			
1901 ノーベル賞制定	㉖セオドア＝ローズヴェルト（共、1901〜09）	1901 英領オーストラリア、自治領となる		●3B政策推進		1902 仏伊協商	
1902 日英同盟	1901 プラット修正条項	1902 日英同盟	1902 仏伊協商	1903 バグダード鉄道着工		教皇ピウス10世（1903〜14）	
	1902 ベネズエラ干渉	1902 南アフリカを領有（オレンジ・トランスヴァール）					
	1903 パナマ独立	1903 アイルランド土地法成立					
1904 日露戦争（〜05）	1903 ライト兄弟、飛行機発明	1904 パナマ運河工事着工（パナマ運河地帯の永久租借）				1904 ミラノ暴動	
1904 英仏協商		1904 英仏協商	1905 第1次モロッコ事件（仏に対抗し、独軍タンジール上陸）				
1905 第1次モロッコ事件	1904 ニューヨークに地下鉄開通	1905 シン＝フェイン党結成	1905 ジョレス、フランス社会党結成	1905 アインシュタイン「特殊相対性理論」発表			
1906 アルヘシラス会議	1905 世界産業労働者同盟（IWW）の結成	1906 労働党結成（労働代表委員会改称）	1905 政教分離法成立	1906 パン＝ゲルマン会議		1906 イタリア労働総同盟結成	
1907 第2回ハーグ万国平和会議（国際紛争処理条約）	1905 ポーツマス条約仲介	1906 戦艦ドレッドノート号進水	ファリエール（1906〜13）	1906 新海軍拡張案			
1907 第2インターナショナル、シュトゥットガルト大会	1905 ドミニカ干渉	1907 英領ニュージーランド連邦成立	1906 クレマンソー内閣（〜09）		1907 男性普通選挙法成立		1908 パン＝スラヴ会議（プラハ）
1907 英露協商成立により、三国協商成立（英・仏・露間）		1907 英露協商	1906 アルヘシラス会議で、モロッコはフランスの勢力圏に		1908 ボスニア・ヘルツェゴヴィナ併合		1908 ブルガリア完全独立
1909 モロッコに関する独仏協定	1908 日米紳士協定	1908 女性参政権要求運動	1906 ドレフュス無罪となる		1909 トルコ＝オーストリア協定	1909 バルセロナ暴動、共和主義者の反乱	1908 オーストリア、ボスニア・ヘルツェゴヴィナ併合
1910 第2インターナショナル反戦決議（コペンハーゲン大会）	㉗タフト（共、1909〜13）	ジョージ5世（1910〜36）	1908 カサブランカ事件（仏独国交の危機）			1910 ポルトガル革命、共和国成立	1908 ギリシア、キプロスを併合
	1909 ピアリ、北極点到達	1910 英領南アフリカ、自治領となる	1909 モロッコに関する独仏協定	1910 フロイト『精神分析入門』			
1911.7 第2次モロッコ事件	1910 メキシコ革命（ディアス失脚、〜17）	1911 議会法成立（下院の優位確定）				1911 イタリア＝トルコ戦争（1912.10 ローザンヌ条約でトリポリ・キレナイカを領有）	1912.5 バルカン同盟
1911.9 イタリア＝トルコ戦争（〜1912）			1911.7 第2次モロッコ事件（アガディール事件）				1912.10 第1次バルカン戦争（〜13）
1912 第1次バルカン戦争（ロンドン和約）	1912 ニカラグア内乱に干渉		1911.11 ドイツにコンゴの一部割譲			教皇ベネディクトゥス15世（1914〜22）	1913.6 第2次バルカン戦争
1912 第2インターナショナル反戦決議（バーゼル大会）	㉘ウィルソン（民、1913〜21）	1912.3 スコット、南極到達		1912 社会民主党、第1党となる			1913.5 アルバニア独立
1913 第2次バルカン戦争（ブカレスト条約）	1913 カリフォルニアで排日移民法成立	1912.4 タイタニック号沈没		1913 大軍備予算、国会を通過	1914.6.28 サライェヴォ事件	●スペイン・ポルトガル、大戦に際し中立保持	
1914.6.28 サライェヴォ事件		1913 アルスター分離運動おこる			1914.7.28 セルビアに宣戦		
1914 第一次世界大戦始まる（〜18）		ポワンカレ（1913〜20）					
		1914 第一次世界大戦（〜1918.11.11） 1914.7〜8 ドイツ・オーストリア対イギリス・フランス・ロシア間で戦端をひらく					
	㉘ウィルソン 1914.8 ヨーロッパ大戦に中立宣言	1914.8・4 対ドイツ宣戦	1914.7 ジョレス暗殺	1914.8 ベルギーの中立侵犯			
		1914.9 アイルランド自治法成立	1914.8.3 対ドイツ開戦	1914.8 タンネンベルクの戦い			
	1914.8 パナマ運河完成	1914.9 マルヌの戦い	ポワンカレ				
1915.4 ロンドン協定（伊と英・仏・露間）		1915.4 ロンドン協定				1915.5 イタリアが三国同盟を廃棄、オーストリアに宣戦	
	1915 ルシタニア号事件（100名以上のアメリカ人が死亡）						
1915.10 フセイン・マクマホン協定		1915.10 フセイン・マクマホン協定					1915.10 ブルガリア、同盟国側に参戦

東ヨーロッパ／ロシア	西アジア	アフリカ	南アジア	東南アジア	東アジア（中国）	（朝鮮半島）	（日本）	オセアニア
ロシア帝国	オスマン帝国、他		インド帝国		清	朝鮮	日本	
1896 露清密約	1896 シオニズム運動おこる	1896 アドワの戦い（伊対エチオピア）	1898 カーゾン総督（～1905）支配強化	1896 フィリピン革命（～1902）、ホセ＝リサール処刑	1896 露清密約	1896 露館播遷	1896 日露議定書	
	1897 ギリシア＝トルコ戦争	1896 仏、マダガスカル併合		1896 英・仏、タイの領土保全に関して協定	1897 山東でドイツ人宣教師殺害	大韓帝国	1897 金本位制採用	
	1897 アフガーニー死去	1896 英、スーダン地方回復				1897 国号を大韓帝国に改称（～1910）	1898 志賀潔、赤痢菌発見	1898 米、ハワイ併合
1898 ロシア社会民主労働党結成		1898 ファショダ事件（英・仏）		1898 アギナルド、フィリピン独立宣言	1898 膠州湾（独）、旅順・大連（露）、威海衛・九竜半島北部（英）租借		1898 福建を勢力圏とする	1898 米、フィリピン・グアム併合
		1898 マフディー運動鎮圧		1898 アメリカ＝スペイン戦争（フィリピン、米領となる）	1898 戊戌の変法→戊戌の政変	1898 馬山・平壌など開港	1899 治外法権撤廃	1899 英、ソロモン群島占領
		1899 南アフリカ戦争（ブール戦争、～1902）		1899 ラオス、仏領インドシナ連邦に編入	1899 仏、広州湾租借		1900 立憲政友会結成	1899 独、南洋諸島（マリアナ・カロリン）占領
	1899 ドイツにバグダード鉄道敷設権を認める			1899 フィリピン＝アメリカ戦争（～1902）	1899 米の門戸開放宣言（～1900）		1900 日本とロシアを主力とする8カ国、中国へ共同出兵	
1900 日本とロシアを主力とする8カ国、中国へ共同出兵					1900 義和団戦争（北清事変）。孫文の挙兵失敗（恵州事件、～01）		明治時代	
1901 社会革命党結成	1901 イラン、石油採掘権をイギリスに与える				1901 北京議定書調印（辛丑和約）	1901 韓比通商条約		1900
1902 シベリア鉄道開通（東清鉄道と連絡）					1902 満州還付条約（露）		1902 日英同盟	1901 英領オーストラリア、自治領となる
1903 社会民主労働党、ボリシェヴィキとメンシェヴィキに分裂	1902 アラビアでイブン＝サウード、第3次ワッハーブ王国	1902 オレンジ・トランスヴァール両自由国、英領ケープ植民地に併合		1904 オランダ領インドネシア成立	1903 露、奉天占領			
1903 奉天を占領				1905 インドシナでファン＝ボイ＝チャウ、維新会結成（ドンズー〈東遊〉運動展開）	1903 黄興ら、華興会結成			
1904.2 日露戦争（～05.9）					1904.2 日露戦争（～05.9）			
1905.1 第1次ロシア革命（血の日曜日事件）	1905 イランで立憲革命（～11）	1905 第1次モロッコ事件（タンジール事件）	1905 英、アフガニスタン保護国化		1904 ラサ条約（英＝チベット条約）	1904.9 第1次日韓協約成立		
1905.6 戦艦ポチョムキンの水兵反乱			1905 カーゾン総督、ベンガル分割令公布		●山東鉄道開通		1905.9 ポーツマス条約（日露戦争の講和条約）	
1905.9 ポーツマス条約（日露戦争の講和条約）					1904 章炳麟、光復会結成			
1905.10 立憲民主党結成	1906 イラン憲法成立、議会招集	1906 アルヘシラス会議でモロッコ、フランスの勢力圏に入る	1906 国民会議カルカッタ大会		1905 孫文、中国同盟会結成（日本・東京）	1905 義兵闘争始まる	1905 第2次日韓協約	
1905.10 十月宣言、首相はウィッテ	1907 英露協商（両国のイランでの勢力圏協定）		1906 全インド＝ムスリム連盟結成		1905 科挙廃止	1905 韓国統監府設置	1906 南満州鉄道会社設立	
1906 国家基本法発布、第一国会（ドゥーマ）開会	1907 イラン憲法発布	1908 コンゴ自由国、ベルギーに編入	1907 国民会議分裂（スラト大会）	1907 ベトナムでトンキン義塾結成	1906 英とチベット条約	1906 予備立憲の詔	1907 ハーグ密使事件	
1905～ ストルイピンの改革（ミール解体）	1908 青年トルコ革命	1909 独・仏、モロッコ協定締結	1909 参事会法制定	1908 ジャワで民族主義団体ブディ＝ウトモ結成	1907 利権回復運動おこる	1907 軍隊解散	1907 第3次日韓協約	
1907 英露協商・日露協約			1909 国民会議派、全インド＝ムスリム連盟と提携		宣統帝（1908～12）		1907.6 日仏協約 .7 日露協約	
	メフメト5世（1909～18）				1908 憲法大綱発布、国会開設の約束		1908 移民に関する日米紳士協定	1907 ニュージーランド、英自治領となる
	1909 イラン国民軍蜂起	1910 英領南アフリカ、自治領となる	1910 国民会議派、全インド＝ムスリム連盟と提携		1908 西太后死去	1909 伊藤博文、ハルビンで暗殺	1910.5 大逆事件	
1911 ストルイピン暗殺					1909 四国借款団成立		1910.7 第2次日露協商	1910
1912 レナ金鉱で虐殺事件	1911 イタリア＝トルコ戦争（ローザンヌ会議、～12）	1911 第2次モロッコ事件（アガディール事件）	1911 ジョージ5世訪印、ベンガル分割取消宣言	1911 ジャワでイスラーム同盟（サレカット＝イスラム）結成	1910 幣制改革（銀本位制）		1910.8 日本、韓国併合	
					1911.5 鉄道国有化宣言		1911 関税自主権回復	
					1911.8 四川暴動おこる			
1913 サンクト＝ペテルブルクの大ストライキ	メフメト5世	1912 モロッコ、仏の保護国となる	1912 首都、カルカッタからデリーに移転		1911.10 辛亥革命		1911 関税自主権回復	
			1913 タゴール『ギーターンジャリ』でノーベル文学賞。アジア初		1911.11 外モンゴル独立宣言			
			1914 ガンディーら、大戦での対英協力を声明		中華民国		1912 大正時代（～26）	
					1912.1 成立 .1 孫文、臨時大総統 .2 宣統帝退位 .3 袁世凱、臨時大総統 .3 臨時約法公布 .8 国民党成立			
1914.8 タンネンベルクの戦い	1914.11 同盟側に参戦	1914 英、エジプト保護国化			1913.1 チベット独立宣言 .7 第二革命失敗 .8 孫文亡命 .10 袁世凱、正式大総統 .11 国民党解散		1912.12 護憲運動おこる	大正時代
1914.9 サンクト＝ペテルブルクをペトログラードと改称			1915.1 ガンディー帰国		1914.7 孫文、中華革命党を結成		1914 ジーメンス事件 1914.8 対独宣戦 1914.11 青島占領	
			1915 インド防衛法制定		1915 日本、中国に二十一カ条を要求			
1915.8 ワルシャワ陥落	1915.10 フセイン・マクマホン協定				1915.9 『新青年』発行 ●文学革命 1915.12 袁世凱、帝政復活を画策			1915

国際関係	アメリカ大陸 アメリカ合衆国・ラテンアメリカ	西ヨーロッパ イギリス	フランス共和国（第三共和政）	ドイツ帝国	オーストリア＝ハンガリー帝国	イタリア	スペイン・ポルトガル
		ジョージ5世			カール1世	ヴィットーリオ＝エマヌエーレ3世	
	●大戦により債務国から債権国となる	1916.4 シン＝フェイン党蜂起		1916.1 スパルタクス団結成	カール1世（1916〜18）（ハプスブルク＝ロートリンゲン朝）		1916 ポルトガル、連合国側に参戦
1916.5 サイクス・ピコ協定（英・仏）		1916.5 サイクス・ピコ協定（英・仏間のトルコ分割案）		1916.2 独軍、ヴェルダン強襲（〜.12）			
		1916.5 ユトラント沖海戦				1916.8 対独宣戦	
		1916 ロイド＝ジョージ内閣（〜22）		1916.6 連合軍、ソンム総攻撃（〜.11）			
1917.3 ロシア革命（〜.11）	1917.1 「勝利なき平和」提唱	1917 王室名をウィンザー家と改称（ウィンザー家は現在まで続く）		ヴィルヘルム2世 1917.1 無制限潜水艦作戦を宣言		1917.8 教皇、平和提議	
1917 バルフォア宣言	1917.4 ドイツに宣戦、連合軍を援助	1917.11 バルフォア宣言	ポワンカレ	1918.3 ブレスト＝リトフスク条約			
1918.3 ブレスト＝リトフスク条約	1917.11 石井・ランシング協定	1918 第4回選挙法改正（男性普通選挙権の承認）	1917.11 クレマンソー内閣（〜20）	1918.3 独軍西部戦線で総攻撃開始			
1918.3 対ソ干渉戦争（〜22、英・米・仏・日）	28 ウィルソン 1918.1.8 ウィルソンの「十四カ条」		1918.7 連合軍反撃開始	1918.11 キール軍港の反乱、ドイツ革命 皇帝退位亡命、ドイツ降伏、臨時政府成立			
1918.11 第一次世界大戦終わる					1918.11 降伏 1918.11 皇帝退位		
1919.1 パリ講和会議							

1918.11.11 第一次世界大戦終わる →　1919.1 パリ講和会議（第一次世界大戦の戦後処理、〜.6）→　1919.6 ヴェルサイユ条約成立

国際関係	アメリカ合衆国・ラテンアメリカ	イギリス	フランス共和国	ドイツ共和国	オーストリア共和国	イタリア	スペイン・ポルトガル
1919.3 コミンテルン結成	1919.3 国際連盟に参加の件、上院で否決		デシャネル（1920）●対独強硬策	エーベルト（1919〜25） 1919 スパルタクス団の蜂起	1918 オーストリア・ハンガリー、共和国宣言	1919 ファシスト党成立	
1919.6.28 ヴェルサイユ条約調印	1919.10 禁酒法施行（〜33）	1919.12 インド統治法成立	1920.12 共産党結成	1919 ヴァイマル憲法	マイヤー（1918〜20） 1919.9 サン＝ジェルマン条約（二重帝国解体）	1919.9 ダヌンツィオ、フィウメを占領	
1920.1 国際連盟成立（〜46）	1920 最初のラジオ放送 1920 女性参政権獲得		ミルラン（1920〜24）	1920.2 ナチス党綱領採択 1920 右翼のカップ一揆	ハイニシュ（1920〜28）	1920 ラパロ条約（イタリアとユーゴ間）	
1921.4 ロンドン会議	29 ハーディング（共、1921〜23）		1921.1 ブリアン内閣（〜22）	1921.4 賠償金総額が1320億金マルクに決定			
1921.11 ワシントン会議（〜22.2）			1922.1 ポワンカレ内閣（対独強硬策）（〜24）	1922 ラパロ条約（独・ソ通商条約）			
1921.12 四カ国条約	29 ハーディング	1922 アイルランド、自治		1922 シュペングラー『西洋の没落』		教皇ピウス11世（1922〜39）	
1922.1 ハーグに国際司法裁判所設置	1922 ラテンアメリカ連合成立		ミルラン			1922.10 ムッソリーニ、ローマ進軍（ファシスト党内閣成立）	
1922.2 九カ国条約 1922.2 海軍軍備制限条約			1923.1 仏・ベルギー軍、ルール占領（〜25）	1923 シュトレーゼマン内閣			1923 スペイン、プリモ＝デ＝リベラの軍事的独裁（〜30）
1923.7 ローザンヌ会議（トルコ共和国対等化）	30 クーリッジ（共、1923〜29）	1924 第1次労働党（マクドナルド）内閣成立	ドゥメルグ（1924〜31） 1924 左翼連合選挙に勝つ（エリオ左派内閣）	1923.10 レンテンマルク発行 1923.11 ナチスのミュンヘン一揆		1923.11 ムッソリーニ、新選挙法を発令	
1924 対ドイツ、ドーズ案発表	1924 移民法成立 1924 独の賠償に関するドーズ案発表	ジョージ5世（ウィンザー朝）	1924.2 ソ連を承認	1924 ドーズ案成立		1924 フィウメを放棄	
	1925.1 チリでクーデタ 1925 テレビジョン発明	1925 金本位制復活	1924.10 ソ連を承認	1925 ヒトラー『わが闘争』	ハイニシュ	1924 フィウメを併合	
1925 ロカルノ条約	30 クーリッジ		1925 ロカルノ条約 1925.7 ルール撤兵開始	ヒンデンブルク（1925〜34） 1925 ロカルノ条約			
	1926.6 ブラジル、国際連盟を脱退	1926.5 ゼネスト決行	1926 ポワンカレ挙国一致内閣成立（〜29）	1926.4 独ソ中立条約			1926 スペイン、国際連盟脱退
	1926.6 ニカラグア自由主義革命	1926.10 イギリス帝国会議		1926.9 国際連盟加入		1926.7 アルバニア保護国化	
	1927 リンドバーグ、大西洋無着陸横断飛行	1927.6 労働組合法成立	ドゥメルグ			1926.11 ファシスト党、一党専制の決議	
1927.6 ジュネーヴ軍縮会議（〜.8）	1927.6 ジュネーヴ軍縮会議（米・英・日）		1928 独・仏両国協調（独仏通商協定）（〜29頃）		1927.7 ウィーンに暴動とゼネストおこる		1928 スペイン、国際連盟復帰
1928.8 不戦条約（ブリアン・ケロッグ条約）	1929 ヤング案発表	1928.7 第5回選挙法改正（男女平等）		1928.5 総選挙で社会民主党が躍進			
1929.6 対ドイツ、ヤング案発表	31 フーヴァー（共、1929〜33）	1929 第2次マクドナルド内閣成立		1929 飛行船ツェッペリン号世界一周	ミクラス（1928〜38）		
	1929.10 ウォール街の株式暴落			1929 ベルギー軍、ルールより撤兵		1929.2 ラテラノ条約（ヴァチカン市国成立）	
1929.10 ニューヨーク市場の株価暴落、世界恐慌おこる	**1929.10 世界恐慌**						
1930.1 ロンドン（海軍）軍縮会議（〜.4）	1930.1 ロンドン（海軍）軍縮会議（日・英・米）		1930.1 ヤング案調印			1930.2 墺伊友好条約	
1930.4 ロンドン海軍軍縮条約調印	31 フーヴァー 1930 アルゼンチンに軍事政権誕生	1930 英印円卓会議	1930.6 ライン駐屯軍撤退	1930.9 ナチ党第2党となる			1930.12 マドリード暴動
	1930.12 ニューヨーク米国銀行支払停止						

東ヨーロッパ・北ヨーロッパ		西アジア	南アジア	東南アジア	東アジア		
ロシア					中国	朝鮮半島	日本

ロシア帝国 ― **オスマン帝国、他** ― **インド帝国** ― **中華民国** ― **日本**

ロシア（ニコライ2世／ロマノフ朝）

- 1916 レーニン『帝国主義論』
- 1916 シベリア鉄道完成
- 1917.3 二月（三月）革命、ロマノフ朝滅亡

ソヴィエト連邦（レーニン）

- 1917.4 四月テーゼ
- 1917.8 ケレンスキー組閣
- 1917.11.7 十月（十一月）革命 レーニン、ソヴィエト政府を組織
- 1917.11 平和に関する布告
- 1917.11 土地に関する布告
- 1918 ロシア社会主義共和国連邦成立
- 1918.3 ブレスト＝リトフスク条約（対独講和）
- 1918 対ソ干渉戦争（～22）
- 1918 戦時共産主義（～21）
- 1918 徴兵制
- 1919 第3インターナショナル（コミンテルン）創立（～43）
- 1920 ポーランド＝ソヴィエト戦争（～21）
- 1921 新経済政策（ネップ）採用
- 1922.4 ラパロ条約（独・ソ間）
- 1922.12 ソヴィエト社会主義共和国連邦樹立

（スターリン）

- 1924.1 レーニン死去、後継者スターリン（～53）
- 1924 英仏伊、ソ連邦を承認
- 1925.1 トロツキー失脚
- 1925.4 スターリンの「一国社会主義論」採択
- 1926.4 独ソ中立条約
- 1926.9 ソ連＝リトアニア不可侵条約
- 1927 トロツキーら、党より除名
- 1928.10 第1次五カ年計画実施（～32）
- 1929.2 トロツキーの国外追放を決定
- 1929.11 ブハーリンら追放（スターリン独裁確立）

東欧・北欧（その他）

- 1916.8 ルーマニア、連合国側に参戦
- 1917 フィンランド独立
- 1918.9 ブルガリア降伏
- 1918 セルブ＝クロアート＝スロヴェーン・チェコスロヴァキア、オーストリアより独立。ポーランド独立
- 1919.3 ハンガリー革命
- 1919 ヌイイ条約（ブルガリア）
- 1920 ハンガリー王政復活
- 1920 トリアノン条約
- 1920 小協商成立
- 1924.3 ギリシア共和国成立
- 1925.1 アルバニア共和国成立
- 1926.5 ポーランドでピウスツキの軍事クーデタ
- 1928.9 アルバニアで軍事独裁政権
- 1929.10 セルブ＝クロアート＝スロヴェーン王国、ユーゴスラヴィアと改称し国王独裁化

西アジア（オスマン帝国、他）

メフメト5世
- 1916.5 サイクス・ピコ協定
- 1916.6 メッカのフセイン、連合国側で挙兵
- 1917.11 バルフォア宣言

メフメト6世（1918～22）
- 1918 イエメン王国独立
- 1918.10 降伏
- 1919 英、イラン保護国化
- 1919.3 エジプトでワフド党の反英運動
- 1919.5 ギリシア軍、イズミルを占領。ギリシア＝トルコ戦争開始（～22）
- 1919.5 第3次アフガン戦争、アフガニスタン独立
- 1920 ムスタファ＝ケマル、アンカラ政府を樹立
- 1920 セーヴル条約
- 1921.2 イランでレザー＝ハーンのクーデタ
- 1922.2 英、エジプトの保護権放棄を宣言
- 1922 トルコ革命、スルタン制廃止

トルコ共和国・イラン（ムスタファ＝ケマル）

- 1923 トルコ共和国成立 ムスタファ＝ケマル（1923～38）
- 1923.7 ローザンヌ条約
- 1924.3 トルコ、カリフ制廃止
- 1924.4 トルコ共和国憲法発布
- 1925 イラン、パフレヴィー朝成立（～79） レザー＝ハーン（レザー＝シャー）（1925～41）
- 1925 トルコ、政教分離。女性解放
- 1926 サウジアラビアにヒジャーズ＝ネジド王国成立（イブン＝サウード）
- 1928 イラン、治外法権撤廃
- 1928.11 トルコ、文字改革（ローマ字採用）
- 1929.6 トルコ、関税自主権獲得
- 1929.8 「嘆きの壁」事件。ユダヤ人とアラブ人が衝突

南アジア（インド帝国）

- 1916 インド自治連盟成立（ティラク）
- 1916 国民会議派、自治を要求（ラクナウ大会）。全インド＝ムスリム連盟と提携（ラクナウ協定）
- 1917.8 モンタギュー宣言
- 1919.3 ローラット法成立
- 1919.4 アムリットサール事件
- 1919.4 ガンディーの第1次非協力運動が始まる（～22）
- 1919.12 インド統治法成立
- 1920 イスラーム教徒、キラーファト運動開始。ガンディーの運動と合流
- 1921 ローラット法反対運動
- 1922.2 ガンディー、反政府運動中止
- 1923 スワラージ党結成
- 1923 ネパール、英と永久修好条約。独立
- 1923 モエンジョ＝ダーロの発掘開始
- 1924 ヒンドゥー・イスラーム両教徒、対立激化（～29）
- 1925.12 インド共産党結成
- 1927 サイモン委員会（英・印）
- 1928 ネルー・ボースら、インド独立連盟結成
- 1929 ラホール国民会議派大会（プールナ＝スワラージ決定）
- 1930.3 完全独立、不服従運動激化。ガンディー逮捕
- 1930.10 第1回英印円卓会議

東南アジア

- 1916 フィリピン自治法成立
- 1920.5 インドネシア共産党結成
- 1926.11 インドネシアで共産党による蜂起（失敗）
- 1928 スカルノ、インドネシア国民党設立
- 1930.2 ホー＝チ＝ミン、インドシナ共産党成立。フィリピン共産党結成

東アジア — 中国（中華民国）

黎元洪
- 1915 第三革命、帝政取消
- 1916 黎元洪（大総統～17）
- 1917.7 張勲、溥儀擁立に失敗
- 1917 馮国璋（大総統～18）
- 1917 連合国側に参戦
- 1917.9 広東軍政府成立（孫文大元帥）

馮国璋
- 1918.2 張作霖、北京に進出
- 1918 徐世昌（大総統、～22）
- 1918 軍閥の抗争（～28）

徐世昌
- 1919.5 五・四運動
- 1919.7 ソ連、カラハン宣言
- 1919.10 中国国民党成立
- 1920.7 安直戦争（安徽派敗北）
- 1921.5 広東軍政府再建（孫文非常大総統）
- 1921.7 中国共産党成立
- 1921 魯迅『阿Q正伝』
- 1922.2 九カ国条約
- 1922.5 東三省、独立宣言
- 1922 北京原人発掘
- 1922 黎元洪（大総統、～23）

黎元洪
- 1923 孫文・ヨッフェ共同宣言
- 1923.2 第3次広東政府成立（孫文大元帥）
- 1923 曹錕（大総統、～24）
- 1924.1 国民党一全大会（第1次国共合作成立）
- 1924.11 モンゴル人民共和国独立
- 1924 段祺瑞（臨時執政、～26）

曹錕
- 1925 孫文死去
- 1925.5 五・三〇運動
- 1925.7 広州国民政府成立
- 1926.7 北伐開始（～28.6）

段祺瑞
- 1927.1 武漢政府成立（汪兆銘）
- 1927.4 上海クーデタ（蔣介石）。国共分裂。南京国民政府成立
- 1927.8 共産党、南昌蜂起
- 1927 殷墟発掘（～37）
- 1928.4 北伐再開
- 1928.6 張作霖爆死、北伐完了
- ●共産党、各地にソヴィエト区建設
- 1928.10 蔣介石（国民政府主席、～48）

蔣介石

朝鮮半島

- 1919.3 朝鮮、三・一独立運動（万歳事件）

日本

- 1916 吉野作造「憲政の本義を説いて其有終の美を済すの途を論ず」
- 1917 西原借款
- 1917 石井・ランシング協定（23破棄）
- 1918 シベリア出兵、対ソ干渉戦争に参加（～22）
- 1918.8 米騒動おこる
- 1918.9 原敬内閣（～21）

大正時代
- 1919.6 ヴェルサイユ条約に調印
- 1920.5 第1回メーデー　1920
- 1920 尼港事件
- 1921 ワシントン会議（～22）
  - ●四カ国条約（日英同盟廃棄、1921）
  - ●九カ国条約（二十一カ条放棄、1922）
  - ●海軍軍備制限条約（1922）
- 1922.7 日本共産党結成
- 1923.9.1 関東大震災
- 1925.1 日ソ基本条約（ソ連を承認）
- 1925.4 治安維持法成立
- 1925.5 普通選挙法成立　1925

昭和時代（1926～89）
- 1927 金融恐慌
- 1927.5 第1次山東出兵
- 1927.6 ジュネーヴ軍縮会議（米・英・日）
- 1928.4 第2次山東出兵
- 1928.5 済南事件。第3次山東出兵

昭和時代
- 1930.1 金解禁
- 1930.1 ロンドン軍縮会議（日・英・米）

	国際関係	アメリカ大陸		西ヨーロッパ		
		アメリカ合衆国・ラテンアメリカ	イギリス	フランス(第三共和政)・ベネルクス3国	ドイツ共和国・オーストリア共和国	イタリア

1931
- 国際関係：1931.9 満洲事変おこる
- アメリカ合衆国・ラテンアメリカ：㉛フーヴァー｜1931 フーヴァー＝モラトリアム
- イギリス：ジョージ5世｜1931.8 マクドナルドの挙国一致内閣成立／1931.9 金本位制停止／1931.12 ウェストミンスター憲章(英連邦成立)
- フランス：ドゥメール(1931〜32)
- ドイツ：ヒンデンブルク｜1931.5 オーストリア、中央銀行破産／1931.8 フーヴァー＝モラトリアム／1931.9 オーストリア、祖国防衛団の反乱
- イタリア：ヴィットーリオ＝エマヌエーレ3世｜1931 英仏伊3国海軍協定

1932
- 国際関係：1932.6 ローザンヌ会議(〜.7、ドイツ賠償問題)
- アメリカ：㉜フランクリン＝ローズヴェルト(民、1933〜45)｜1933〜 ニューディール政策(NIRA・AAA・TVAなどを実施)／1933.11 ソ連邦を承認
- イギリス：1932 オタワ連邦会議(ブロック形成)
- フランス：ルブラン(1932〜40)｜1932 仏ソ不可侵条約
- ドイツ：1932.7 総選挙でナチ党第1党

1933
- ━━ 1933 英・仏・伊・独、四国協定調印 ━━
- ドイツ：1933.1 ヒトラー、首相就任／1933.2 国会議事堂放火事件／1933 オーストリア、ドルフス首相、独裁権獲得／1933.3 全権委任法可決／1933.10 国際連盟脱退
- イタリア：1933.9 伊ソ不可侵友好条約

1934
- 国際関係：1935.4 ストレーザ会議(英・仏・伊の対独提携)
- アメリカ：1934.3 フィリピンに10年後の独立約束／1934.5 キューバの独立承認
- ドイツ：━━ 1934.3 ローマ議定書(伊・墺・ハンガリー3国の政治経済協定) ━━／1934.7 オーストリア、ナチス暴動(ドルフス首相暗殺)／1934.8 ヒンデンブルク死去／1934.8 ヒトラー、総統となる(〜45)／1935.1 ザール住民投票／1935.3 再軍備宣言／1935.6 英独海軍協定
- イタリア：1935 エチオピア侵略

1935
- 国際関係：1935.10 伊、エチオピア侵略(〜36)
- アメリカ：1935 ワグナー法制定／1935 産業別組織会議(CIO)成立
- イギリス：1935.6 ボールドウィン内閣成立(〜37)／1935.6 英独海軍協定
- フランス：1935 仏ソ相互援助条約／1935.6 ラヴァル内閣成立(〜36)／1935.7 人民戦線結成

1936
- 国際関係：1936 スペイン内戦(〜39)
- アメリカ：1936.12 リマ宣言(米州21カ国相互防衛条約)
- イギリス：エドワード8世(1936.1〜36.12)
- フランス：1936.6 レオン＝ブルム人民戦線内閣成立(〜38)／1936.6 週40時間労働／1936.10 フランの平価切下げ、ゼネストおこる
- ドイツ：ヒトラー｜1936.3 ロカルノ条約破棄、ラインラント進駐／1936.6 独墺修好条約／1936.11 日独防共協定
- イタリア：1936.5 エチオピア併合／1936.10 ベルリン＝ローマ枢軸の成立

1937
- 国際関係：1937.7 日中戦争／1937.11 日独伊三国防共協定
- アメリカ：1937.5 第3次中立法(軍需品の輸出禁止)／1937.11 ブラジル、ヴァルガス大統領の独裁が始まる
- イギリス：ジョージ6世(1936〜52)／1937.5 チェンバレン内閣成立／1937 軍備大拡張／1937 アイルランド自由国、エールと改称
- フランス：1937.6 ショータン人民戦線内閣(〜38)
- ドイツ：━━ 1937.11 日独伊三国防共協定 ━━／1938.2 ナチス国防軍事件
- イタリア：1937.12 国際連盟脱退

1938
- 国際関係：1938.9 ミュンヘン会談(英・仏・独・伊)
- アメリカ：1938.3 メキシコ、石油国有化宣言／1938 海軍拡張案成立／1938.11 CIO、AFLから独立／1939.4 テレビ放送開始
- フランス：1938.4 急進社会党のダラディエ内閣(〜40)／1938.11 人民戦線崩壊
- ドイツ共和国：1938.3 オーストリアを併合／1938.9 ミュンヘン会談でズデーテン地方獲得／1939.3 チェコスロヴァキア解体
- イタリア：教皇ピウス12世(1939〜58)／1939.4 アルバニア併合

1939
- 国際関係：1939.8 独ソ不可侵条約／1939.9 第二次世界大戦始まる
- アメリカ：㉜フランクリン＝ローズヴェルト｜1939 日米通商航海条約廃棄／1939 アメリカ、第二次世界大戦に対し中立を宣言／1939.11 修正中立法(武器輸出解除)
- イギリス：━━ 1939.8 イギリス・フランス・ポーランド相互援助条約 ━━
- フランス：1939.9 蘭・ベルギー中立宣言
- ドイツ：━━ 1939.5 独伊軍事同盟 ━━／1939.8 独ソ不可侵条約締結
- イタリア：1939.10 中立宣言

1939.9 第二次世界大戦始まる(独、ポーランド侵入。英仏、対独宣戦)
- フランス：1940.5 独軍、マジノ線突破／1940.5 独軍侵入、ロンドンに蘭・ベルギー亡命政府樹立／1940.6 ド＝ゴール、ロンドンに自由フランス政府樹立／1940.7 ドイツに降伏(ヴィシー政府成立)

1940
- 国際関係：1940.9 日独伊三国同盟
- イギリス：1940.5 チャーチル内閣成立／1940.5 ダンケルク撤退
- フランス：ペタン(1940〜44)
- ドイツ：━━ 1940.3 ヒトラー・ムッソリーニ、ブレンネル峠会談 ━━／1940.4 デンマーク・ノルウェー占領／1940.6 パリ攻略、フランスの北半分占領／━━ 1940.9 日独伊三国同盟締結 ━━
- イタリア：1940.6 参戦

1941
- 国際関係：1941.4 日ソ中立条約／1941.6 独ソ戦開始、ABCDライン成立／1941.8 大西洋憲章発表
- アメリカ：1941.1 ローズヴェルト「4つの自由」演説／1941.3 武器貸与法成立／1941.5 国家非常事態宣言／1941.8 対日石油輸出禁止／1941.12.8 日本軍、真珠湾攻撃
- イギリス：ジョージ6世｜1941.5 独空軍のロンドン大空襲／1941.8 英ソ両軍、イラン進駐
- ドイツ：━━ 1941.6 独・伊、対ソ宣戦 ━━／1941.10 枢軸軍、モスクワに迫る
- イタリア：1941.5 イギリス軍、エチオピアを占領

1941.12.8 太平洋戦争始まる(米・英・蘭、対日宣戦)
- 国際関係：1941.12 太平洋戦争勃発(〜45)／1942.1 連合国26カ国の共同宣言
- アメリカ：━━ 1941.12 対独・伊宣戦 ━━／━━ 1942.6 ミッドウェー海戦で勝利 ━━／1942.8 米軍、ガダルカナル島上陸／1942.11 英米連合軍、アルジェリア・モロッコに上陸／1942.12 原子核分裂成功
- イギリス：1942.5 英空軍のドイツ空襲が始まる／1942.5 英ソ相互援助条約
- フランス：ペタン｜1942 独伊軍、トゥーロンを占領
- ドイツ：━━ 1941.12 独・伊、対アメリカ宣戦 ━━／1942.4 空輸によりクレタ島占領。北アフリカ沿岸侵入／━━ 1942.6 独軍、スターリングラードに突入 ━━

1943
- 国際関係：1943.1 カサブランカ会談(米・英)／1943.8 ケベック会談(米・英)／1943.10 モスクワ外相会議(米・英・ソ)／1943.11 カイロ会談(米・英・中)、テヘラン会談(米・英・ソ)
- アメリカ：━━ 1943.7 米英軍、シチリア島に上陸 ━━
- フランス：1943.6 アルジェリアにド＝ゴールのフランス解放委員会成立／●レジスタンス運動
- ドイツ：1943.2 スターリングラードの独軍降伏
- イタリア：━━ 1943.7 米英軍、シチリア島に上陸 ━━／1943.7 ムッソリーニ罷免／1943.7 バドリオ政権成立／1943.7 ファシスト党解散／1943.9 イタリア降伏

1944
- 国際関係：1944.6 連合軍、ノルマンディー上陸作戦開始／1944.7 ブレトン＝ウッズ会議(国際通貨金融会議)／1944.8〜10 ダンバートン＝オークス会議(米・英・中・ソ、国連設立草案)
- アメリカ：1944 大型爆撃機B29完成
- イギリス：━━ 1944.6 連合軍、ノルマンディー上陸 ━━
- フランス：1944 パリ解放／1944.9 臨時政府成立(主席ド＝ゴール)
- ドイツ：1944 東部戦線の敗北
- イタリア：1944.6 ローマ解放

	東ヨーロッパ・北ヨーロッパ	西アジア	南アジア・東南アジア	東アジア 中国	東アジア 朝鮮半島	東アジア 日本

東ヨーロッパ・北ヨーロッパ ― スペイン共和国・ポルトガル

- 1931.4 スペイン革命（共和国宣言）
- 1932 ポルトガルのサラザール政権、しだいに独裁化（～68）
- 1934 ムッソリーニ、スペイン王党派と協定
- 1936.2 スペインで人民戦線内閣成立
- 1936.7 スペイン内戦始まる
- 1936.10 フランコ、スペイン国家主席に就任
- 1937 ピカソ「ゲルニカ」
- 1938.1 スペイン国家基本法発布
- 1939.3 スペイン、ポルトガルと友好不可侵条約を締結
- 1939.4 フランコ、独裁権を握る
- 1939.5 スペイン、国際連盟脱退
- 1941.4 ギリシア、対独宣戦
- 1941.6 ルーマニア、対ソ宣戦
- 1942.5～ ドイツ、ポーランドのアウシュヴィッツなどでユダヤ人を大虐殺
- 1943.11 ユーゴのティトーら、臨時政府を樹立
- 1944.1 ソ連、ポーランド国境突破
- 1944.8 ルーマニア、ソ連に降伏
- 1944.12 ギリシア内戦本格化（～49）
- 1944.8 ブルガリア、ソ連に降伏

東ヨーロッパ・北ヨーロッパ（中欧・バルカン）

- 1933.11 ギリシア＝トルコ相互防衛条約
- 1934.2 バルカン協商
- 1935 ブルガリアで国王独裁
- 1935.4 ポーランド新憲法
- 1935.11 ギリシア王政復活
- 1936 北欧3国の中立宣言
- 1938.2 ルーマニア国王のクーデタ
- 1938.9 独、ズデーテン併合
- 1939.3 チェコスロヴァキア解体
- 1939.8 イギリス・フランス・ポーランド相互援助条約
- 1939.9 独軍、ポーランド進撃
- 1939.9 独・ソ、ポーランドを分割

ソヴィエト連邦（スターリン）

- 1932.1～7 フィンランド・ラトヴィア・エストニア・ポーランドと不可侵条約締結
- 1932.11 仏ソ不可侵条約
- 1933.9 伊ソ不可侵友好条約
- 1933.11 第2次五カ年計画実施（～37）
- 1933.11 米、ソ連を承認
- 1934.9 国際連盟加入
- 1934.12 キーロフ暗殺事件（粛清が始まる）
- 1935.5 仏ソ相互援助条約
- 1935.8 コミンテルン、第7回大会、人民戦線戦術提唱
- 1936.12 スターリン憲法制定
- 1937.8 中ソ不可侵条約
- 1938.3 ブハーリン・ルイコフらを粛清
- 1938.7 張鼓峰事件（日本軍と衝突）
- 1939.5 ノモンハン事件
- 1939.8 独ソ不可侵条約締結
- 1939.9 ポーランド侵入
- 1939.11 フィンランドに宣戦（冬戦争）、国際連盟除名
- 1940.7 バルト3国併合
- 1940.8 トロツキー、メキシコで暗殺される
- 1941.4 日ソ中立条約
- 1941.6 独ソ開戦
- 1941.8 英・ソ両軍、イラン進駐
- 1942.5 英ソ相互援助条約
- 1943.2 ソ軍、スターリングラードの独軍を潰滅
- 1943.5 コミンテルン解散

西アジア

- 1931.10 アフガニスタン憲法成立
- 1931 トルコ国立中央銀行設立
- 1932.8 トルコ、国際連盟加盟
- 1932.9 サウジアラビア王国成立（イブン＝サウード）
- 1932.10 イラク王国独立（ファイサル）
- 1933 パレスチナにユダヤ人大量移住
- 1934.12 トルコ、女性参政権
- 1935 パフレヴィー朝、国号をイランと改称
- 1936 英軍、スエズ以外のエジプトから撤退
- 1937 イラン・アフガニスタン・トルコ・イラク不可侵条約締結
- 1941.6 トルコ、ドイツと友好条約、ソ連と不可侵条約
- 1941.6 イラン、中立宣言
- 1941.9 イラン、レザー＝シャー退位
- 1943.5 北アフリカの独・伊軍降伏
- 1943.11 レバノン独立

南アジア・東南アジア

- 1931 インド、デリー協約
- 1932 インド、第2次非協力運動
- 1932.6 タイ立憲革命
- 1933.6 タイ第2革命（ピブン、政権掌握）
- 1933.4 インド、非協力運動停止
- 1934.9 インド、ガンディー引退、ネルー指導者となる
- 1935 フィリピン共和国成立（ケソン大統領）
- 1935.8 インド統治法発布（35年憲法）
- 1937 ビルマ、インドより分離
- 1937.7 インド州自治制となる
- 1938.7 ビルマに反英運動（～.8）
- 1939.5 シャム不平等条約を改定、タイと改称（～.6）
- 1939 インド総督、大戦参加を宣言
- 1940.1 タイでピブンの独裁成立
- 1940.3 インド国民会議派、非協力運動開始を宣言
- 1940.3 ムスリム、パキスタン要求決議
- 1940.9 日本軍、仏領インドシナ北部進駐
- 1941.1 ベトナム独立同盟（ベトミン）結成
- 1941.7 日本軍、仏領インドシナ南部進駐
- 1942.1 日本軍、マニラ占領
- 1942.2 日本軍、シンガポール占領
- 1942.3 蘭領東インド、日本に降伏
- 1942.3 フィリピン抗日人民軍（フクバラハップ）結成
- 1943.8 日本軍、ビルマの独立を宣言
- 1943.10 日本軍、フィリピンの独立を宣言
- 1943.10 チャンドラ＝ボース、シンガポールで自由インド仮政府を樹立

東アジア ― 中国（中華民国）（蔣介石）

- 1931.5 広州国民政府成立
- 1931.9.18 柳条湖事件、満洲事変勃発
- 1931.11 中華ソヴィエト共和国臨時政府樹立（瑞金）
- 1932.1 上海事変（一・二八事件）
- 1932.2 リットン調査団
- 1932.3 満洲国建国宣言
- 1933.1 日本軍、熱河侵入
- 1933.2 国際連盟、満洲国不承認
- 1933.5 対日停戦協定（塘沽）調印
- 1933 周口店上洞人発見
- 1934.3 満洲国、帝政実施
- 1934.10 瑞金陥落・中国共産党の長征（延安に移動）開始
- 1935.1 共産党の遵義会議（毛沢東の指導権確立）
- 1935.8 中国共産党、八・一宣言
- 1935.11 国民政府、幣制改革
- 1935.11 冀東防共自治政府成立
- 1936.5 中華民国憲法草案公布
- 1936.12 西安事件
- **1937.7 日中戦争勃発（盧溝橋事件）**
- 1937.8 中ソ不可侵条約
- 1937.9 第2次国共合作
- 1937.12 南京事件
- 1938.8 国民政府、重慶へ遷都
- 1938.10 武漢三鎮陥落
- 1938.12 汪兆銘、重慶脱出
- 1939.6 中ソ通商条約
- 1939.9 モンゴル連合自治政府成立（張家口）
- 1940.1 毛沢東『新民主主義論』
- 1940.3 汪兆銘、南京政府を樹立
- 1941.5 米の対中武器貸与法発動
- 1941.12 米・英と同盟、対日・独・伊宣戦布告
- 1943.1 治外法権撤廃（米・英）
- 1943.9 蔣介石、国民政府主席に就任
- 1943.11 カイロ宣言（米・英・中）
- 1944.6 ウォーレス・蔣介石会談

東アジア ― 朝鮮半島／日本（昭和時代）

日本

- 1932.5 五・一五事件
- 1933.3 国際連盟脱退通告
- 1934 ワシントン海軍軍縮条約を廃棄
- 1935 湯川秀樹、中間子理論を発表
- 1936.2 二・二六事件
- 1936.11 日独防共協定
- 1937.11 日独伊三国防共協定
- 1938.1 近衛声明
- 1938.5 国家総動員法発令
- 1939.5 ノモンハン事件
- 1939.7 アメリカ、通商航海条約を廃棄
- 1940.9 日独伊三国同盟。仏領インドシナ北部へ進駐
- 1941.4 日ソ中立条約
- 1941.7 仏領インドシナ南部進駐
- 1941.7 米英、日本資産を凍結
- 1941.8 野村・ハル会談
- 1941.10 東条英機内閣
- 1941.12.8 マレー半島上陸、真珠湾攻撃。対米・英宣戦
- **1941.12.8 太平洋戦争始まる（日本対アメリカ・イギリス・中国・オランダ）**
- 1942 マレー・フィリピン・インドネシア攻略
- 1942.6 ミッドウェー海戦で大敗
- 1943.2 ガダルカナル撤退
- 1943.11 大東亜共同宣言
- 1943.12 学徒出陣
- 1944.6 米軍、サイパン上陸
- 1944.7 小磯国昭内閣
- 1944.10 レイテ作戦（失敗、～.12）
- 1944.11 米軍、B29による本土初空襲

（右欄年表示：1935 / 1940 / 1944）

国際関係	アメリカ大陸（カナダ・アメリカ合衆国・ラテンアメリカ）	西ヨーロッパ イギリス	フランス（第三共和政）・ベネルクス3国	ドイツ共和国	イタリア	スペイン・北欧ポルトガル
1945.2 ヤルタ会談（米・英・ソ） 1945.6 サンフランシスコ会議で国際連合憲章採択 1945.7 ポツダム会談（米・英・ソ） 1945.8 ポツダム宣言（米・英・中） 1945.8 第二次世界大戦終わる 1945.9 世界労連結成 1945.10 国際連合成立	㉝トルーマン（民、1945.4〜53） 1945.7 原子爆弾完成 1945.8 広島・長崎に原爆投下	1945.7 アトリー労働党内閣成立（〜51）	1945.5 蘭亡命政府ハーグに帰る。ベルギー解放 1945.11 ド＝ゴール内閣成立（〜46）	1945.4.22 ソ連軍、ベルリン突入 1945.4.30 ヒトラー自殺 1945.5.7 独、無条件降伏 1945.6 4カ国による分割占領 （米・英・仏占領）（ソ連占領）オーストリア共和国（米・英・仏・ソ4国で占領） 1945.11 ニュルンベルク軍事裁判（〜46.10）	1945.4 ムッソリーニ処刑	
1945.8 第二次世界大戦終わる（日中戦争・太平洋戦争終わる）						
1946.1 第1回国際連合総会 1946.7 パリ平和会議 1947.2 パリ講和条約調印 1947.9 コミンフォルム成立（〜56.4） 1947.10 関税と貿易に関する一般協定（GATT）調印 1948.3 西ヨーロッパ連合（WEU）条約成立（ブリュッセル条約） 1948.4 ヨーロッパ経済協力機構（OEEC）結成（マーシャル＝プラン受け入れ） 1948.6 ベルリン封鎖（〜49.5） 1948.12 国連世界人権宣言 1949.4 北大西洋条約機構（NATO）調印 1949.11 国際自由労連結成 1950.3 ストックホルム＝アピール 1950.6 朝鮮戦争始まる（〜53.7） 1950.12 西欧防衛統合軍編制	1946.6 アルゼンチンでペロン政権成立（〜55） 1947.3 トルーマン＝ドクトリン 1947.6 マーシャル＝プラン 1947.6 タフト・ハートレー法成立 1947.9 米州相互援助条約（リオ協定）調印 1948.3 米州機構（OAS）（ボゴタ憲章） 1949.1 トルーマン、フェアディール発表 1949.3 カナダ完全独立 1949.11 対共産圏輸出統制委員会（COCOM）設立 1950.1 トルーマン、水素爆弾製造命令 1950.6 朝鮮戦争始まる	ジョージ6世（首相：アトリー→チャーチル） 1946.3 チャーチル「鉄のカーテン」演説 1946 社会保障法 1946 イングランド銀行国有化 1947〜 産業国有化（石炭・電力・鉄鋼・ガス・運輸） 1948.3 西ヨーロッパ連合条約成立（ブリュッセル条約、NATOのひな型） 1948.12 全国的ストライキ 1949.4 エール、連邦離脱。アイルランド共和国成立 1949 ポンド切下げ 1950.1 中華人民共和国を承認	1946.3 ハノイ協定（仏・ホー＝チ＝ミン政権を承認） 1946.7 蘭・インドネシア戦争（〜.8） 1946.10 新憲法制定 フランス（第四共和政）・ベネルクス3国 1946.12 インドシナ戦争（〜54.7）オリオール（1947.1〜54） 1949.12 蘭、インドネシアに主権譲渡 1950.5 シューマン＝プラン発表（1951.4 調印）	1948.6 通貨改革 ドイツ連邦共和国（西ドイツ） 1949.5 ドイツ連邦共和国成立 1949.9 アデナウアー内閣成立（〜63） 1948.6 ベルリン封鎖（〜49.5） ドイツ民主共和国（東ドイツ） 1949.10 ドイツ民主共和国成立 1949.10 グローテヴォール内閣成立（〜64）	1946.6 王政廃止。共和国宣言 1947.2 連合国と平和条約成立 1948.1 イタリア共和国成立 1949.8 NATO参加 1950.4 ソマリランド、伊信託統治領となる	1947.3 スペインでフランコ、終身国家主席となる 1949 ポルトガル、NATOに加盟 1949 デンマーク・ノルウェー、NATO加盟 1950.11 スペイン、国際社会に復帰
1951.9 対日講和条約・日米安全保障条約調印 1951.9 太平洋安全保障条約（ANZUS） 1952.7 ヨーロッパ石炭鉄鋼共同体条約（ECSC）発足 1953.4 国連事務総長ハマーショルド（〜61） 1953.7 朝鮮休戦協定成立 1953.12 アイゼンハワー国連総会演説「Atoms for peace」 1954.1 4カ国外相会議（米・英・仏・ソ） 1954.7 ジュネーヴ休戦協定 1954.9 東南アジア条約機構（SEATO）成立 1955.4 アジア＝アフリカ会議（バンドン会議） 1955.5 東ヨーロッパ相互援助条約調印（ワルシャワ条約機構成立） 1955.7 ジュネーヴ4巨頭会談（米・英・仏・ソ） 1955.11 バグダード条約機構（中東条約機構）	1951.4 マッカーサー解任 1951.8 米比相互防衛条約締結 1951.9 対日平和条約・日米安全保障条約調印 1952.4 ボリビア革命 1952.11 米、水素爆弾の実験成功 ㉞アイゼンハワー（共、1953.1〜61） 1953.1 ダレス国務長官の「巻き返し政策」 1953.6 ローゼンバーグ夫婦処刑 1953.7 朝鮮休戦協定成立 1954.1 原子力潜水艦ノーチラス号進水 1954.3 ビキニ水爆実験 1954.5 ブラウン事件判決 1954.8 共産党非合法化 1954.10 パリ協定 1955.12 AFLとCIO合併	エリザベス2世（1952.2〜2022.9） 1951.6 対イラン交渉決裂 1951.10 チャーチル内閣成立（〜55） 1952.2 ベネルクス条約 1952.11 英連邦会議（〜.12） エリザベス2世（首相：チャーチル→イーデン） 1953.10 中央アフリカ連邦成立 1953.12 イランと外交関係復活 1954.7 スエズ撤兵協定締結 1955.4 チャーチル首相引退・イーデン内閣成立	1951.2 チュニジア独立運動おこる 1952.2 ベネルクス条約 コティ（1954.1〜59） 1954.7 ジュネーヴ休戦協定 1954.8 蘭・インドネシア連合廃止協定 1954 蘭領ギアナ、自治領となる 1954.12 アルジェリア民族解放闘争が始まる（〜62）	1951 米・英・仏など51カ国の終戦宣言 1953.3 ヨーロッパ共同体条約批准案可決 1954.2 憲法改正 1954.10 NATOに参加 1955.5 西ドイツ、主権回復 1955.9 ソ連と国交回復 1955.10 ザールで人民投票 / 1953.6 反ソ暴動 1954.8 ソ連、東独の完全主権承認 1955.5 オーストリア国家条約調印（米・英・仏・ソ、永世中立国に）	1953.9 伊・ユーゴ間にトリエステ紛争 1954.10 トリエステ協定成立	1953.9 アメリカ・スペイン軍事基地協定成立 1955.12 イタリア・スペイン・ポルトガル、国際連合に加盟

東ヨーロッパ	ロシア	西アジア	南アジア・東南アジア	台湾	中国	朝鮮半島	日本
	ソヴィエト連邦			**中華民国**			**日本**
	1945.8.8 対日参戦。中国東北地方・朝鮮に侵入 1945.8 中ソ友好同盟条約調印	1945.2 トルコ、対日宣戦 1945.3 アラブ連盟結成	1945.2 米軍、マニラ奪回		1945.8 中ソ友好同盟条約調印		1945.4 米軍、沖縄本島上陸 1945.4 鈴木貫太郎内閣（~.8） 1945.8 米軍、広島・長崎に原子爆弾投下 1945.8 ソ連対日宣戦布告 1945.8.14 無条件降伏（ポツダム宣言受諾）
			1945.8 インドネシア共和国独立宣言（初代大統領スカルノ）（1945.8~67） 1945.9 ベトナム民主共和国成立		1945.10 双十協定調印	1945.8 建国準備委員会結成 1945.9 朝鮮人民共和国樹立宣言 1945.12 朝鮮の5年間の信託統治決定	
946 東欧諸国に人民共和政成立（~47） 946.9 ギリシア、国民投票で王政復古が決定 946.9 ブルガリア、王政廃止 947.5 ハンガリー政変（ナジ退陣） 947.10 コミンフォルム結成 948.2 チェコ政変（共産党独裁） 948.6 ユーゴスラヴィア、コミンフォルム除名 949.1 東欧に経済相互援助会議（コメコン）成立 1950.10 東欧8カ国外相会議	スターリン 1946.2 千島・樺太領有宣言 1947.10 コミンフォルム結成を公表（ソ連圏の成立、~56） 1949.3 原爆実験 1949.9 原爆保有宣言 1949.10 中華人民共和国を承認 1950.2 中ソ友好同盟相互援助条約	1946.3 トランスヨルダン王国成立 1946.4 シリア共和国独立 1947 『死海文書』発見 1947.11 国際連合、パレスチナ分割案採択 1948.4 アラブ軍、パレスチナ占領 1948.5 イスラエル成立 1948.5 パレスチナ戦争（第1次中東戦争） 1949 リビア独立を国連で決議 1949.12 シリアでクーデタ 1950.6 アラブ集団安全保障条約締結	1946.1 タイ、シャムと改称 1946.7 フィリピン共和国独立宣言 1946.12 インドシナ戦争（~54.7） 1947.8 インド・パキスタン分離独立 1947.10 第1次印パ戦争（カシミール紛争、~48.12） 1948.1 ビルマ連邦共和国（ミャンマー）独立 1948.1 ガンディー暗殺 1948.2 スリランカ（セイロン）独立、自治領となる 1949.6 ベトナム国（バオダイ首班）成立 1949.7 ラオス王国独立 1949.11 カンボジア自治国承認 1949.12 インドネシア共和国成立（スカルノ大統領） 1950.1 インド共和国成立（ネルー首相）、憲法発布 1950.1 コロンボ=プラン（国際協力活動の先駆）	蔣介石 **中華民国（台湾）** 1949.12 国民政府、台湾に移る 1950.3 蔣介石、総統復帰	1946.1 政治協商会議開催 1946.1 外モンゴル完全独立（モンゴル人民共和国） 1946.5 国民政府、南京へ遷都 1946.10 蔣介石、主席となる 1947.1 新憲法公布、中華民国政府成立 1947.10 共産党、蔣政権打倒・新中国建国宣言・土地法大綱発表 1948.4 蔣介石、総統に就任（.12引退） **中華人民共和国（中国）** 1949.10.1 建国（毛沢東主席、周恩来首相） 1950.2 中ソ友好同盟相互援助条約（~80） 1950.6 土地改革法公布 1950.10 人民義勇軍、朝鮮戦争参戦	1946.5 米ソ共同委員会決裂 **大韓民国・朝鮮民主主義人民共和国**（韓国・北朝鮮） 1948 大韓民国・朝鮮民主主義人民共和国成立 1950.6 朝鮮戦争勃発（~53）	1946.1 天皇、人間宣言 1946.5 極東国際軍事裁判開始 1946.5 吉田茂内閣（~47、48~54） 1946.11 日本国憲法公布 1947.4 六・三・三・四制教育実施（教育基本法） 1947.11 独占禁止法実施、地方自治法公布 1948.12 極東国際軍事裁判終わる 1949.3 ドッジ=ライン発表 1949.8 シャウプ勧告 1950.7 レッドパージ開始 1950.8 警察予備隊設置
951.3 ユーゴ、対ソ非難 952.2 ギリシア、NATOに加盟 1952.4 モスクワ国際経済会議 ユーゴ、自主管理社会主義 ティトー大統領（1953.1~80.5） 953.6 東欧諸国の反ソ暴動 953.7 ハンガリーにナジ内閣 1954.12 東欧8カ国モスクワ共同宣言 1955.5 ワルシャワ条約機構成立	1952.7 ヴォルガ=ドン運河完成 1953.3 スターリン死去 マレンコフ首相（1953.5~55） 1953.8 水爆保有宣言 フルシチョフ第一書記（1953.9~64） 1954.6 原子力発電所運転開始 1954.10 中ソ共同宣言 1955.1 対独戦争状態終結宣言 ブルガーニン首相（1955.2~58） マレンコフ	1951.5 イラン、石油国有化宣言 1951.10 エジプト、対英条約破棄宣言 1951.12 リビア王国成立 1952.2 トルコ、NATO加盟 1952.7 エジプト革命 1953.6 エジプト、共和政宣言 ナギブ大統領（1953.6~54） 1953.8 イランで国王派のクーデタ、モサッデグ失脚 1953.10 中央アフリカ連邦成立 1954.11 エジプト第2次革命（ナセル実権掌握） 1954.11 アルジェリア民族解放戦線、武装蜂起 1955.11 バグダード条約機構（中東条約機構）成立	1951.11 タイ、クーデタ 1954.4 コロンボ会議 1954.5 ディエンビエンフー陥落 1954.6 ジュネーヴ会議 1954.6 ネルー・周恩来会談 1954.7 ジュネーヴ休戦協定成立 1954.9 東南アジア条約機構（SEATO）成立 1955.4 アジア＝アフリカ会議（バンドン会議） 1955.10 ベトナム共和国成立、ゴ=ディン=ジエム大統領（1955.10~63）	蔣介石 1954.12 米・国民政府相互防衛条約締結 1955.9 金門島地区で砲撃戦	1951.12 三反五反運動（~52.4） 1952.4 日華平和条約調印 1953.1 第1次五カ年計画開始 毛沢東 1954.6 周恩来・ネルー会談（平和五原則声明） 1954.9 中華人民共和国憲法公布 1954.10 中ソ共同宣言 1955.5 ソ連、旅順から撤兵	1951.7 南北休戦会談開始 1952.1 李承晩ライン宣言 1953.7 朝鮮休戦協定成立 1953.10 米韓相互防衛条約調印 1954.11 韓国、憲法再改正 1955.2 韓国、大統領権限の強化	1951.9 サンフランシスコ平和条約・日米安全保障条約調印 1952.4 日華平和条約調印 1952.6 日印平和条約調印 ●朝鮮特需 1954.3 ビキニ水爆被災事件（第五福竜丸事件） 1954.3 日米相互防衛援助協定（MSA） 1954.7 自衛隊発足 1954.12 鳩山一郎内閣成立（~56） 1955.8 第1回原水爆禁止世界大会

昭和時代

1945　1950　1955

国際関係	アメリカ大陸	西ヨーロッパ					
	アメリカ合衆国・ラテンアメリカ	イギリス	フランス（第四共和政）・ベネルクス3国	ドイツ連邦共和国（西ドイツ）	オーストリア共和国	イタリア	スペイン・ギリシア・ポルトガル・北欧

国際関係

- 1956.8 スエズ運河問題国際会議
- 1957.7 国際原子力機関（IAEA）発足
- 1957.7 パグウォッシュ会議
- 1957.7 国際地球観測年、各国の南極観測（〜58.12）
- 1958.1 ヨーロッパ経済共同体（EEC）発足
- 1958.11 米英ソ3国核実験停止会議
- 1959.5 ジュネーヴ4カ国外相会議
- 1959.9 ソ連首相フルシチョフ初めて訪米、米ソ共同声明発表
- 1959.12 南極条約調印
- 1959.12 4カ国首脳パリ会談（米・英・仏・西独、対ソ基本戦略を討議）
- 1960 「アフリカの年」
- 1960.5 U2撃墜事件
- 1960.5 石油輸出国機構（OPEC）設立
- 1961.4 ソ連、有人宇宙飛行に成功
- 1961.8 東西ベルリン交通遮断
- 1961.9 ソ連、核実験再開
- 1961.9 第1回非同盟諸国首脳会議、ベオグラードで開催
- 1962.3 ジュネーヴ18カ国軍縮委員会開催
- 1962.4 米、太平洋核実験再開
- 1962.10 キューバ危機
- 1963.8 米英ソ部分的核実験停止条約調印
- 1963.10 国連総会で大気圏外への核兵器打上げ禁止を決議
- 1964.3 第1回国連貿易開発会議（UNCTAD、〜.6）
- 1964.3 国連、平和維持軍をキプロスに派遣
- 1965.9 国連安保理、印パ停戦決議
- 1965.11 国連、ローデシアを不承認

アメリカ合衆国・ラテンアメリカ

- ㉞ アイゼンハワー
- 1956.11 アイゼンハワー再選
- 1958.1 人工衛星打上げ成功
- 1958.8 原子力潜水艦ノーチラス号、北極潜水横断に成功
- 1959.1 キューバ革命（.2 カストロ首相就任）
- 1959.9 キャンプ゠デーヴィッド会談
- 1960.2 ラテンアメリカ自由貿易連合条約（LAFTA）調印
- 1960.10 対キューバ輸出禁止
- 1961.1 キューバと国交断絶
- ㉟ ケネディ（民、1961.1〜63）
- 1961.5 キューバ、社会主義宣言
- 1962.2 有人宇宙飛行成功
- 1962.4 太平洋核実験再開
- 1962.8 ジャマイカ独立
- 1962.10 ㉟ ケネディ キューバ危機
- 1962.10 キューバ海上封鎖
- 1962.12 米英首脳、バハマで会談（ナッソウ協定成立）
- 1963.4 アラバマ州バーミングハムで黒人デモ
- 1963.8 米ソ直通通信線（ホットライン）開通
- 1963.8 黒人解放を求めるワシントン大行進
- 1963.11.22 ケネディ大統領暗殺。副大統領ジョンソン昇格
- ㊱ ジョンソン（民、1963.11〜69）
- 1963.11 リレー衛星による日米間テレビ中継放送成功
- 1964.7 月ロケット月面到着
- 1964.7 公民権法成立
- 1964.8 北ベトナムとトンキン湾で交戦
- ㊱ ジョンソン
- 1964.10 キング牧師、ノーベル平和賞受賞
- 1964.11 大統領選挙、ジョンソン当選
- 1965.2 米空軍、北ベトナム爆撃（北爆）開始、南ベトナムに派兵
- 1965.8 黒人の権利を保障する投票権法成立

イギリス

- イーデン
- 1956.3 キプロス反英暴動
- 1956.10 英・仏軍、スエズ出兵（スエズ戦争、第2次中東戦争）
- 1956.10 原子力発電所発足
- 1957.1 マクミラン内閣成立（〜63）
- マクミラン
- 1959.11 ヨーロッパ自由貿易連合（EFTA）調印
- 1960.5 EFTA正式発足
- 1961.5 南アフリカ連邦、英連邦を脱退
- 1962.6 ヨーロッパ宇宙開発協力機構樹立協定調印（英・仏・西独）
- 1963.1 EEC加盟交渉、仏の反対で失敗
- 1963.10 マクミラン首相辞任、後任はヒューム（〜64）
- ヒューム
- 1964.10 ウィルソン首相就任。第1次ウィルソン労働党内閣成立（〜70）
- 1964.11 鉄鋼産業の国有化方針を打ち出す
- ウィルソン
- 1965.8 シンガポール独立承認
- 1965.11 死刑廃止法施行

フランス（第四共和政）・ベネルクス3国

- 1956.3 モロッコ・チュニジア独立
- コティ
- 1957.10 フラン切下げ
- 1958.9 新憲法成立
- 1958.10 ギニア独立
- **フランス（第五共和政）・ベネルクス3国**
- 1958.10 仏、第五共和政 ド゠ゴール大統領（1959.1〜69）
- 1960.1 アルジェで反乱
- 1960.2 サハラで核実験
- ド゠ゴール
- 1962.3 仏・アルジェリア、和平協定に調印
- 1963.1 フランス・西ドイツ協力条約締結
- 1963.3 サハラで核実験
- 1963.3 オランダ、インドネシアと外交関係再開
- 1963.8 ド゠ゴール大統領、部分的核実験禁止条約の調印を拒否
- 1964.1 中華人民共和国を承認
- 1965.4 EURATOM・ECSC・EECの3執行機関統合、EC条約調印
- 1965.5 仏ソ原子力利用協定調印

ドイツ連邦共和国（西ドイツ）

- 1956.7 徴兵令
- 1957.1 ザール、西独へ復帰
- 1957.3 ヨーロッパ経済共同体（EEC）・ヨーロッパ原子力共同体（EURATOM）両条約調印
- 1958.11 ソ連、西ベルリンの自由都市化提議
- 1959.5 ジュネーヴ外相会議でベルリン問題討議
- 1959.11 社会民主党、新綱領を採択
- 1960.12 OECD調印
- 1963.8 部分的核実験禁止条約参加を決定
- 1963.10 アデナウアー首相辞職、後任エアハルト
- 1964.6 米・西独首脳会談、共同宣言発表
- 1965.5 イスラエルと国交樹立、アラブ諸国、対独断交を通告

オーストリア共和国

- シェルフ大統領（1957.5〜63）
- 1959.11 EFTA調印

イタリア

- 1957.2 イタリア社会党の統一
- 教皇ヨハネス23世（1958.10〜63）
- 1962 第2回ヴァチカン公会議（〜65）
- 教皇パウロ6世（1963.6〜78）
- 1964.9 マルタ、英から独立
- 1965.9 公会議で信仰の自由宣言
- 1965.12 カトリック教会と正教会、相互破門を取り消す共同声明

スペイン・ギリシア・ポルトガル・北欧

- 1956.4 スペイン、モロッコ共同宣言（スペイン領モロッコの領有権を放棄）
- 1959.7 スペイン、OEECに加盟
- 1959.11 ポルトガル・北欧3国、EFTAに調印
- 1960.8 キプロス、英から独立
- 1961.12 ポルトガル、ゴアを喪失
- 1963.12 第1次キプロス紛争（ギリシアとトルコ）

1960

1965

東ヨーロッパ	ロシア（ソヴィエト連邦）	アフリカ	西アジア	南アジア・東南アジア	東アジア（台湾）	東アジア（中国）	東アジア（朝鮮半島／韓国・北朝鮮）	東アジア（日本）
1956.1 東独国家人民軍創設 / 1956.6 ポーランドでポズナニ暴動 / 1956.10 ハンガリー事件	ソヴィエト連邦 / 1956 第6次五カ年計画開始 / 1956.2 スターリン批判（第20回党大会にて） / 1956.4 コミンフォルム解散	1956.1 スーダン独立 / 1956.3 モロッコ・チュニジア独立 / 1956.6 ナセル、エジプト大統領に就任 / 1956.7 エジプト、スエズ運河国有化宣言 / 1956.10 スエズ戦争（第2次中東戦争）		1956.3 パキスタン＝イスラーム共和国成立	台湾	中国 / 1956.2 全国文盲撲滅運動開始 / 1956.4 中ソ経済協力援助協定 / 1956.5 毛沢東「百花斉放、百家争鳴」演説	韓国・北朝鮮	日本 / 1956.5 日ソ漁業条約 / 1956.10 日ソ共同宣言（ソ連と国交回復） / 1956.12 国連加盟
1957.10 ユーゴ、東独承認 / 1957.11 共産圏12カ国モスクワ共同宣言	ブルガーニン / 1957.6 マレンコフら追放 / 1957.8 ICBM成功 / 1957.10 人工衛星スプートニク1号打上げ成功	1957.3 ガーナ独立 / 1957.4 スエズ運河再開 / 1957.12 アジア＝アフリカ会議（カイロ）		1957.8 マラヤ連邦独立 / 1957.9 タイでクーデタ、ピブン政権倒れ、サリット実権掌握		1957.4 整風運動おこる / 1957.9 武漢長江大橋完成	1957.1 北朝鮮、第1次五カ年計画開始 / 1957.5 韓国で李承晩独裁に対する闘争激化	1957.2 第2次南極観測 / 1957.2 岸信介内閣成立（～60.7） / 1957.12 日ソ通商条約調印
1958.6 ナジ元ハンガリー首相の死刑発表	1958.1 農業政策の改革 / 1958.3 フルシチョフ首相就任（～64）	1958.2 アラブ連合共和国成立。大統領ナセル（～70） / 1958.10 ギニア独立 / 1958.11 ガーナ・ギニア連邦結成	1958.7 イラク革命	1958.2 インドネシア内戦（～.6） / 1958.9 ビルマでクーデタ / 1958.10 パキスタンでクーデタ		1958.1 第2次五カ年計画開始 / 1958.7 毛沢東・フルシチョフ会談 / 1958.8 人民公社設立 / 1958.8 中国軍の金門島攻撃（～.9）（台湾海峡の緊張高まる） / 1958.11 毛沢東、国家主席引退を発表	1958.12 韓国で国家保安法採択	
1959.12 共産圏通貨協定	1959.9 ロケット、月面に到着 / 1959.9 フルシチョフ訪米		1959.8 バグダード条約機構、イラク脱退により中央条約機構（CENTO）に再編	1959 チベット問題（中印関係緊張） / 1959.6 シンガポール独立宣言 / 1959.7 ダライ＝ラマ、インドに亡命 / 1959.9 北ベトナム、ラオス侵入		1959.3 チベットで反中国運動 / 劉少奇主席（1959.4～68.10） / 1959 秋から3年連続の大自然災害（～61）		
1960.4 東独、農業集団化完了 / 1960.11 81カ国共産党首脳会議	1960.6 中ソ対立公然化	1960 「アフリカの年」（17カ国が独立） / 1960.6 ベルギー領コンゴ独立 / 1960.7 コンゴ動乱 / 1960.7 ソマリア独立 / 1960.10 ナイジェリア独立	1960.5 トルコでクーデタ / 1960.8 キプロス独立	1960.1 ビルマ首相ウ＝ヌー、中国訪問、不可侵条約・国境協定調印 / 1960.8 ラオスで内戦激化 / 1960.12 南ベトナム解放民族戦線結成		1960.6 中ソ対立公然化	1960.4 デモにより李承晩辞任（韓国革命）	1960.1 日米新安全保障条約調印（.6 発効） / 1960.5 安保闘争（～.6） / 1960.7 池田勇人内閣成立（～64）、高度経済成長始まる / 1960.10 浅沼社会党委員長暗殺される
1961.8・13 東西ベルリン境界封鎖（ベルリンの壁） / 1961.12 ソ連・アルバニア両国、国交断絶（～90）	1961.4 有人人工衛星ヴォストーク1号成功 / 1961.10 ソ連共産党、アルバニアを非難	1961.1 カサブランカ会議、アフリカ憲章採択 / 1961.12 タンガニーカ独立	1961.6 クウェート独立 / 1961.9 シリア、アラブ連合離脱	1961.1 中国・インドネシア友好条約 / 1961.5 ラオス停戦協定成立 / 1961.12 インド、ゴアを武力接収		1961.7 ソ連、援助打切り通告 / 1961.12 モンゴル、国連加盟	1961.5 韓国で軍事政権樹立（朴正熙政権） / 1961.7 中朝相互援助条約	昭和時代
1962.12 ユーゴのティトー、モスクワ訪問 / 1962.12 東独、徴兵制施行	1962.10 キューバ危機 / 1962.10 キューバよりミサイル基地引揚げ / フルシチョフ	1962.7 アルジェリア独立	1962.9 イエメン革命	1962.3 ビルマでネ＝ウィンによる軍事クーデタ / 1962.6 ラオス3派連合政府発足（内乱終了） / 1962.7 西イリアンをめぐる蘭・インドネシア交渉妥結 / 1962.10 中印国境紛争激化（.11 停戦）		1962.12 中国・モンゴル国境条約	1962.12 大韓民国新憲法公布	
1963.4 ユーゴ社会主義共和国憲法採択（ティトー、終身大統領となる） / 1963.8 ソ連首相フルシチョフ、ユーゴ訪問	1963.1 共産党機関紙『プラウダ』、中国共産党政権を名指しで非難 / 1963.7 中ソモスクワ会談決裂 / 1963.8 米ソ直通通信線（ホットライン）開通	1963.5 アフリカ諸国首脳会議、アフリカ統一機構（OAU）結成 / 1963.12 ザンジバル独立 / 1963.12 ケニア独立	1963.3 シリア革命 / 1963.11 イラクで軍部クーデタ / 1963.12 第1次キプロス紛争（ギリシアとトルコ～64.8）	1963.5 西イリアン、インドネシア領となる / 1963.8 南ベトナムで仏僧、対政府抗議焼身自殺 / 1963.9 マレーシア連邦結成 / 1963.11 南ベトナム軍部クーデタ。ゴ＝ディン＝ジエム大統領兄弟殺される（ジエム政権崩壊）		1963.2 第3次五カ年計画開始 / 1963.10 自力更生政策決定 / 1963.11 中国＝アフガニスタン国境条約	1963.3 韓国で内閣総辞職 / 1963.10 朴正熙が韓国の第三共和国初代大統領に当選（～79）	1963.8 部分的核実験禁止条約に調印 / 1963.9 松川事件、全被告の無罪確定 / 1963.12 第3次池田内閣成立
1964.6 ソ連・東独、友好相互援助条約 / 1964.9 東ドイツ、グローテヴォール首相死去	1964.4 フルシチョフ、中国を非難 / 1964.10 フルシチョフ首相解任、後任コスイギン首相（～80）、ブレジネフ党第一書記（～82）	1964.4 タンガニーカ＝ザンジバル連合共和国成立（タンザニアに改称） / 1964.7 マラウイ独立 / 1964.10 ザンビア共和国独立	1964.5 パレスチナ解放機構（PLO）設立 / 1964.11 サウジアラビア王ファイサル	1964.5 ネルー首相死去、後任シャストリ / 1964.8 トンキン湾で北ベトナム軍、米軍と交戦（南ベトナムで政局の混乱と内戦続く）	1964.2 フランスと国交を断絶	1964.1 フランスと国交関係樹立 / 1964.10 原爆実験に成功	1964.6 韓国で戒厳令（～.7）	1964.4 経済協力開発機構（OECD）に加盟 / 1964.10 東海道新幹線開通 / 1964.10 米原子力潜水艦入港 / 1964.10.10 東京オリンピック / 1964.11 佐藤栄作内閣成立（～72）
1965.3 世界共産党協議会、モスクワで開催（中国欠席）	1965.3 宇宙船で初の宇宙遊泳成功 / 1965.9 利潤方式導入を発表	1965.11 ローデシアの白人政権が独立宣言	1965.1 アラブ共同市場発足 / 1965.5 イスラエル、西独と国交	1965.1 インドネシア、国連を脱退（～66） / 1965.2 米空軍、北ベトナム爆撃（北爆）開始、南ベトナムに派兵 / 1965.7 中国・北ベトナム経済技術援助協定 / 1965.8 シンガポール独立 / 1965.9 インドネシア、クーデタ失敗（九・三〇事件） / 1965.9 第2次印パ戦争		1965.9 チベット自治区成立	1965.2 韓国軍の南ベトナム派兵 / 1965.6 日韓基本条約調印 / 1965.9 ソウルで学生デモ	

1960

1965

国際関係	アメリカ大陸 アメリカ合衆国・ ラテンアメリカ	西ヨーロッパ イギリス	フランス・ ベネルクス3国	西ドイツ・スイス	イタリア	スペイン・ギリシア ポルトガル・北欧	東ヨ
1966 ベトナム戦争激化、中ソ・米中関係悪化（〜67）	1966.5 ガイアナ独立	1966.3 総選挙で労働党圧勝 1966.10 賃金物価凍結令 1967.3 鉄鋼国有化 1967.4 極東地域の駐留部隊、撤退完了	1966.6 ド゠ゴール、訪ソ 1966.7 仏、NATO軍事機構から脱退 1966.10 NATO本部、パリからブリュッセルに移る	1966.1 西独の全独会議準備提案、西独拒否 1966.3 西独政府の7項目の平和提案 1966.12 キージンガー内閣成立（〜69） 1967.1 ルーマニアと国交樹立	1967.3 教皇、条件付きで産児制限を承認	1966.11 スペインでフランコ、新国家基本法提案 1967.4 ギリシアで軍事政権クーデタ 1967.6 スペインで民主化法成立	1966.6 ユーゴ、教皇庁と国交回復 1967.1 ルーマニア、西独と国交樹立 1967.3 東独・チェコ・ポーランド相互援助条約締結 1967.12 ルーマニア議長にチャウシェスク就任 1968.1 ドプチェク、チェコの共産党第一書記となる ●チェコスロヴァキアで「プラハの春」
1967.6 第3次中東戦争 1967.7 ヨーロッパ共同体（EC）発足 1967.10 宇宙条約発効	㊱ジョンソン 1967.6 米ソ首脳会談（グラスボロ） 1967.8 デトロイトで黒人暴動激化 1967.10 ワシントンでベトナム反戦デモ	1967.6 英仏首脳会談（パリ）	1967.7 ヨーロッパ共同体（EC）発足		1967.10 ギリシア正教総主教が教皇庁訪問		
1968.5 ベトナム（パリ）和平会談始まる	1968.1 米海軍の環境調査艦プエブロが北朝鮮に拿捕される（プエブロ号事件） 1968.4 キング牧師暗殺、黒人暴動激化 1968.6 ロバート゠ケネディ大統領候補、遊説中に暗殺される 1968.10 北爆全面停止	1967.11 ポンド切下げ 1968.1 国防費削減、財政緊縮政策発表 1968.2 連邦移民法成立 1968.3 モーリシャス独立	1968.5 五月革命（パリで学生・労働者のデモ、全土でゼネスト激化） 1968.6 総選挙でド゠ゴール派圧勝	1968.5 非常事態法成立	1968.12 ゼネストで内閣総辞職	1968.9 ポルトガル首相サラザール辞任 1968.10 赤道ギニア、スペインから独立独立	1968.6 チェコ知識人「二千語宣言」を発表
1969.2 国際通貨危機ひろがる（〜.3）	㊲ニクソン（共、1969.1〜74） 1969.2 ニクソン゠ドクトリン発表 1969 ベトナム撤兵開始 1969.7 宇宙船アポロ11号月面着陸、月面歩行に成功	1969.1 十進法による新硬貨発行 1969.3 英仏共同開発の超音速旅客機コンコルド、試験飛行に成功 1969.8 北アイルランド紛争激化 1969.12 死刑の永久廃止可決	1969.6 ド゠ゴール大統領辞任、後任ポンピドゥー（〜74） 1969.8 フラン切下げ 1970.2 ポンピドゥー訪米			1969.4 チェコ、ドプチェク第一書記辞任、後任にフサーク	
1969.11 米ソ、第1次戦略兵器制限交渉（SALT I）を開始（〜72）				1969.10 ブラント連立内閣成立（〜74） 1969.10 マルク切上げ 1970.3 東西両ドイツ首脳会談、初開催			
1970.3 核拡散防止条約発効 1970.8 イスラエル・アラブ停戦。旅客機乗取り頻発 1970.12 石油輸出国機構、石油値上げ発表	1970.4 カンボジアに出兵 1970.10 チリにアジェンデ人民連合政権成立	1970.6 総選挙で保守党勝利 1970.6 ヒース保守党内閣成立（〜74）		1970.8 ソ連・西独武力不行使条約調印 1970.12 西独、ポーランドと国交正常化条約	1970.11 中華人民共和国を承認 1970.12 離婚法成立		1970.12 ポーランド・西独国交正常化条約 1970.12 ポーランドゴムウカ第一書記辞任、後任ギエレク
1971.8 アメリカのドル防衛措置により、各国は変動相場制へ移行 1971.10 国連、中華人民共和国の中国代表権を承認 1971.12 国連新事務総長にワルトハイム任命 1971.12 10カ国蔵相会議（スミソニアン体制発足） 1972.4 生物兵器禁止条約調印 1972.5 米・ソ、第1次SALTに調印 1972.6 国連人間環境会議、人間環境宣言を採択 1973.1 拡大EC発足 1973.1 ベトナム和平協定調印 1973.3 EC蔵相会議（スミソニアン体制崩壊） 1973.9 東西ドイツ、国連同時加盟 1973.11 第4次中東戦争。第1次石油危機 1974.2 第2次SALT交渉開始 1974.6 国際婦人年会議（メキシコ）	㊲ニクソン 1971.3 憲法修正（18歳以上に選挙権付与） 1971.8 ニクソン、ドルと金の交換の一時停止（ドル防衛策）を公表 1971.8 ボリビアで軍事クーデタ（バンセル政権成立） 1972.1 日米繊維協定調印 1972.2 ニクソン訪中、周首相と会談 1972.4 北爆を再開 1972.5 ベトナム戦争激化 1972.5 ニクソン、モスクワ訪問、ブレジネフと会談 1972.11 ニクソン大統領再選 1973.1.27 パリでベトナム和平協定調印 1973.3 米軍の南ベトナム撤収完了 1973.4 ウォーターゲート事件問題化 1973.6 ブレジネフ訪米。核戦争防止協定に調印 1973.9 チリで軍部クーデタ、社会主義政権倒れる	1971.2 通貨を十進法に全面切換 1971.10 シンガポールより英軍撤退 1972.1 イギリス・アイルランド、EC加盟条約調印 1972.3 ヒース首相、北アイルランドの直接統治を発表 1972.7 北アイルランドで連続爆発事件	ポンピドゥー 1971.10 仏ソ新経済協力協定調印	1971.2 スイス、女性参政権法成立 1971.12 西ドイツ・西ベルリン間の通過協定調印 1972.9 アラブ゠ゲリラ、ミュンヘンのオリンピック選手村を襲撃（黒い9月事件） 1972.12 東西ドイツ基本条約に調印（73.6発効）	1971.12 大統領にレオネ就任（〜78）	1971.12 マルタから英軍撤退 1972.1 デンマーク、マルグレーテ王女即位 1972.1 ノルウェー・デンマーク、EC加盟条約調印 1972.9 ノルウェー、EC不参加決定 1972.12 ポルトガル政府、植民地自治権を認める 1973.1 スペイン、東独と国交樹立 1973.6 ギリシア、共和政を宣言 1973.9 スウェーデンのグスタフ6世死去、カルル16世即位 1973.11 ギリシアでクーデタ	1971.7 ユーゴ、集団指導体制発足 1972.12 東西ドイツ基本条約に調印 1973.2 東独、英・仏両国と国交樹立
		1973 EC加入	1973.9 ポンピドゥー訪中	1973.9 東西ドイツ、国連に加盟			
	1973.11 OPECとOAPECの石油戦略で、第1次石油危機おこる						
	1974.7 アルゼンチンのペロン大統領死去。後任は夫人のイサベル゠ペロン 1974.8 ニクソン大統領辞任 ㊳フォード（共、1974.8〜77） 1974.9 東独と国交樹立	1974.3 総選挙で労働党勝利、ウィルソン内閣成立（〜76） 1974.5 北アイルランドに非常事態宣言	1974.4 ポンピドゥー大統領死去 1974.5 ジスカールデスタン、大統領に就任（〜81）	1973.12 西独、チェコと国交回復 1974.5 西独、ブラント首相辞任、後任にシュミット（〜82） 1974.9 西独、フィンランドと国交回復		1973.12 スペインのブランコ首相暗殺 1974.4 ポルトガルでクーデタ 1974.7 第2次キプロス紛争 1974.7 ギリシアの軍事政権崩壊	1973.12 チェコ、西独と国交回復 1974.3 チャウシェスク、ルーマニア初代大統領に就任（〜89） 1974.6 ユーゴ訪問、西独訪問 1974.9 東独、米と国交樹立

左端年表示: 1966 / 1967 / 1968 / 1969 / 1970 / 1974

ヨーロッパ / ロシア	アフリカ	西アジア	南アジア・東南アジア	東アジア 台湾	東アジア 中国	東アジア 朝鮮半島 韓国・北朝鮮	東アジア 日本
ソヴィエト連邦							
1966.1 モンゴルと友好協力相互援助条約調印	1966.1 ナイジェリアでクーデタ		1966.1 インド・パキスタン首脳会談、タシケント宣言		1966.5 プロレタリア文化大革命開始(~77)	1966.7 米韓行政協定調印	1966.6 ILO87号条約発効
1966.8 中国路線を強硬非難	1966.2 ガーナでクーデタ、エンクルマ大統領解任		1966.1 インディラ=ガンディー、インド首相就任(~77)(第2次印パ戦争停戦)		1966.8 紅衛兵運動開始		
1966.10 共産圏9カ国、モスクワで秘密会議	1966.4 ローデシア、対英断交		1967.3 インドネシアのスカルノ退陣、スハルト大統領代行		1966.10 劉少奇、自己批判	■ 1966.9 第1回日韓経済閣僚会議 ■	
1966.12 コスイギン訪仏	■ 1967.6 イスラエル、アラブ諸国と交戦 ■ (第3次中東戦争)		1967.8 東南アジア諸国連合(ASEAN)結成		1967 文化大革命の混乱と抗争が激化	1967.8 北朝鮮、北ベトナムと軍事協定締結	
1967.6 コスイギン訪米			■ 1967.10 中国・インドネシア、事実上国交断絶 ■		1967.6 水爆実験成功		
1967.10 金星ロケット4号軟着陸成功	1967.10 発展途上国閣僚会議、アルジェ憲章採択(77カ国)	1967.11 南イエメン人民共和国独立(70年、イエメン民主人民共和国と改称)	1967.11 南ベトナム、民政へ			1968.1 プエブロ号事件	
1967.11 革命50周年			1968.1 南ベトナム解放民族戦線、テト攻勢				1968.4 小笠原諸島返還
	1968.3 モーリシャス独立	1968.1 アラブ石油輸出国機構(OAPEC)設立	1968.3 米軍、北爆部分停止			1968.4 米韓首脳会談	
	1968.4 コンゴ・中央アフリカ・チャド、中央アフリカ合衆国結成協定調印	1968.3 イスラエル、ヨルダンに侵攻	1968.3 インドネシア、スハルト大統領就任(~98)				
1968.5 ソ連、東欧諸国の自由化に警告			1968.5 米・北ベトナム、パリ和平会談開始				1968.11 琉球政府主席に革新派の屋良朝苗候補当選
1968.8 ソ連軍と東欧諸国の軍、チェコスロヴァキアへ侵入	1968.10 赤道ギニア独立		1968.10 米軍、北爆完全停止		1968.10 劉少奇失脚		●全国的に大学紛争激化
1969.1 有人宇宙船ソユーズ4・5号、ドッキングに成功		1969 イスラエル・アラブの交戦続く	1969.6 南ベトナム臨時革命政府成立		1969.3 中ソ国境紛争		
1969.3 中国国境で武力衝突事件	1969.9 リビア革命(王政廃止、カダフィが実権掌握)		1969.7 米軍、ベトナム撤退開始		1969.4 毛沢東=林彪体制発足	1969.10 韓国大統領三選の改憲案を可決	1969.11 72年沖縄返還決定。日米共同声明
1969.10 中ソ国境会談(北京)			1969 北ベトナム、ホー=チ=ミン大統領死去		1969.10 中ソ国境会談(北京)		1970.2 人工衛星打上げに初成功
1969.11 米ソ、第1次SALTを開始	1970.1 ビアフラ内戦終結宣言						1970.3 大阪で日本万国博覧会(~.9)
1970.1 ワルシャワ条約機構統合軍結成			1970.3 カンボジアで右派クーデタ、シハヌーク失脚	1970.3 人工衛星打上げ初成功			1970.6 日米安全保障条約自動延長
1970.5 ソ連・チェコ友好協力相互援助条約	1970.3 ローデシア、英連邦を離脱		1970.4 戦火カンボジアに拡大、米軍直接介入	1970.10 カナダ・イタリア、中華人民共和国を承認(~.11)			
1970.8 西独と武力不行使条約調印		1970.8 イスラエル・アラブ連合停戦。アラブ=ゲリラの活動続く					
1970.9 無人月ロケットによる月の石採取成功	1970.9 アラブ連合ナセル大統領死去、後任サダト		1970.11 中国・ビルマ国交再開				
1970.11 月面車実験に成功							1970
			1971.3 東パキスタン独立宣言		1971.9 林彪クーデタに失敗し、逃亡中墜落死	1971.4 韓国で朴正煕大統領三選	1971.6 沖縄返還協定調印
1971.8 ソ連・インド平和友好協力条約調印	1971.5 アラブ連合、ソ連と友好協力条約				1971.10 国連代表権問題でアルバニア案通過。中華人民共和国の中国代表権を承認、台湾は追放	1972.7 韓国と北朝鮮、自主統一問題で共同声明	1971.7 環境庁発足
1971.10 仏ソ新経済協力協定調印	1971.9 アラブ連合、エジプト=アラブ共和国と改称	1971.12 アラブ首長国連邦発足	1971.12 第3次印パ戦争でインド勝利。東パキスタンはバングラデシュとして独立へ				1971.9 天皇・皇后、欧州親善訪問
1971.12 火星3号、火星に軟着陸成功	1971.10 コンゴ、ザイールと改称		1972.1 バングラデシュ人民共和国首相にラーマン				1971.12 円切上げ、1ドル308円
1972.1 バングラデシュを承認	1971.11 ローデシア独立		1972.4 米軍北爆再開		1972.2 周首相、米ニクソン大統領と北京で会談		1972.1 日米繊維協定本調印
1972.3 米大統領ニクソン訪ソ、米ソ宇宙協定調印			1972.5 セイロン、国名をスリランカ共和国と改称				1972.2 冬季オリンピック札幌大会
1972.5 米ソ穀物協定(この年ソ連では穀物生産不振)	1972.7 エジプト、ソ連軍事顧問団追放発表。アラブ=ゲリラの闘争激化	1972.5 イスラエルのテルアビブ空港で小銃乱射事件。パレスチナ=ゲリラの活動とイスラエルの報復続く				1972.12 金日成、北朝鮮国家主席就任(~94)	1972.5 沖縄、日本に復帰
1972.10 生物(細菌)兵器の開発、生産・貯蔵禁止協定に47カ国が調印	1972.9 タンザニア・ウガンダ紛争(~.10)						1972.7 田中角栄内閣成立(~74.12)
1973.6 ブレジネフ訪米、核戦争防止協定に調印	1973.5 西アフリカ一帯で自然災害(~.8)		■ 1973.1.27 パリでベトナム和平協定調印 ■		■ 1972.9 田中首相中国訪問、日中国交正常化 ■		
			1973.2 ラオス和平協定調印	1972.9 台湾、日本と国交断絶声明			1973.2 円、変動相場制に移行
1973.7 東欧8カ国首脳会議	1973.7 ギニアビサウ共和国独立宣言	1973.7 アフガニスタンでクーデタ、王政廃止	1973.3 米軍、南ベトナム撤兵完了		1973.6 水爆実験		
			1973.8 米軍、カンボジア爆撃停止		1973.8 批林批孔運動開始、四人組台頭	1973.5 北朝鮮、WHOに加盟	
1973.11 ブレジネフ・ティトー会談	■ 1973.10.6 イスラエル、エジプト・シリアと交戦 (第4次中東戦争)(~.22) ■		1973.10 タイ学生暴動、タノム内閣倒れる				1973.9 北ベトナムと国交樹立
							1973.11~ 物価高騰
1974.2 ソルジェニーツィン追放	1974.1 スエズ地帯兵力分離協定調印	1974.2 パキスタン、バングラデシュを承認				1973.11 金大中事件、政治的解決	
	1974.2 エジプト、米と国交再開	1974.5 シリア・イスラエル間の兵力引離し協定調印	1974.5 インド、原爆保有		1974.6 大気圏核実験	1974.1 朴大統領、緊急措置発動	
	1974.9 エチオピア革命、皇帝廃位	1974.7 第2次キプロス紛争			1974.7 秦始皇帝陵で兵馬俑発見	1974.8 朴大統領暗殺未遂	1974.11 フォード米大統領来日
1974.11 米ソ首脳会談	1974.9 ギニアビサウ独立				1974 批林批孔運動終結		1974.12 三木武夫内閣成立(~76)
							1974

昭和時代

国際関係	アメリカ大陸 カナダ・アメリカ合衆国・ラテンアメリカ	西ヨーロッパ イギリス	フランス・ベネルクス3国	西ドイツ	スペイン・ギリシア・北欧 ポルトガル・イタリア	東ヨ
1975 1975.7 全欧安全保障協力会議（ヘルシンキ宣言） 1975.11 第1回先進国首脳会議（サミット、フランスのランブイエで開催、参加6カ国、以降毎年開催）	1975.2 ウォーターゲート事件判決 1975.4 ベトナム介入終了を宣言 ③⑧フォード 1975.7 米ソ宇宙船、ドッキングに成功 1975.12 フォード訪中	1975.2 保守党党首にサッチャー選出 ウィルソン 1975.6 国民投票でEC残留を決定	1975.6 仏が初の地下核実験 1975.10 ジスカールデスタン訪ソ	1975.8 ポーランドと戦後処理協定に仮調印	1975.3 ポルトガルで軍部右派の反乱 1975.6 伊、総選挙、共産党が第1党 1975.11 スペインのフランコ総統死去。カルロス王子、新国家元首となる	1975.8 ポーランド・西独戦後処理協定に調印
1976 1976.2 ASEAN首脳会議 1976.6 第2回サミット（プエルトリコ）	1976.2 ロッキード事件、上院公聴会で暴露 1976.3 アルゼンチンでクーデタ、ペロン政権倒れる 1976.7 米、建国200年祭。ヴァイキング1号、火星に軟着陸成功 ③⑨カーター（民、1977.1〜81）	1976.2 アイスランドと断交（タラ戦争） 1976.3 英ポンド大暴落 1976.4 キャラハン内閣成立（〜79） 1976.7 ウガンダと断交 キャラハン		1976.3 労働者の経営参加を大幅に認める法案を可決 1976.10 中華人民共和国と国交	1976.6 スペインで政党結社禁止解除（共産党を除く）	1976.6 ポーランドでス 1976.6 欧州共産党会（東ベルリン）
1977.5 第3回サミット（ロンドン） 1977.6 SEATO解体	1977.9 パナマ運河に関する新条約調印（施政権返還）	1977.1 EC諸国200海里漁業専管水域実施 1977.1 IMFが対英貸付け	━━ 1977.2 西ドイツのシュミット首相、訪仏 ━━		1977.2 スペイン、ソ連と国交樹立 1977.3 西・仏・伊の共産党、ユーロコミュニズムの宣言 教皇ヨハネ＝パウロ1世（1978.8〜9） 教皇ヨハネ＝パウロ2世（1978.9〜2005）	1977.1 チェコ反体制自由派、「憲章77」を発表 1977.8 ティトー、ソ連中国・北朝鮮訪問 1977.9 アルバニア、はじめて中国を非難
1978.7 第4回サミット（ボン） 1978.9 キャンプ＝デーヴィッドで3首脳会談（カーター・サダト・ベギン）	1978.7 ボリビアでクーデタ 1978.9 ニカラグア内戦、全土に拡大 1978.11 ドミニカ独立	1978.7 世界初の試験管ベビー（体外受精児）誕生 ジスカールデスタン	1978.1 仏のバール首相訪中 1978.7 パリのイラク大使館に武装パレスチナ人乱入	1978.2 テロ対策法案可決 1978.7 ブレジネフソ連書記長、西独訪問 1978.11 東西ドイツ間交通協定調印 1978.12 スペイン、新憲法を承認	1978.3 ティトー訪米 1978.4 ルーマニア大統領チャウシェスク訪米、.5 訪中 1978.11 東西ドイツ間交通協定調印
1979.1 米・英・仏・西独4カ国首脳会議（グアドループ） 1979.2 中越戦争おこる 1979.6 米ソ、第2次戦略兵器制限交渉（SALT Ⅱ）調印（ウィーン） 1979.6 第5回サミット（東京） 1979.6 ソ連軍、アフガニスタン侵攻	1979.1 米中国交樹立 1979.3 スリーマイル島原発事故 ③⑨カーター 1979.5 カナダ総選挙で進歩保守党勝利 1979.7 ニカラグアにサンディニスタ政権樹立 1979.11 イラン学生、米大使館占拠	1979.1 鉄道24時間スト 1979.5 サッチャー保守党内閣成立（〜90）	1979.4 ジスカールデスタン訪ソ 1979.7 バール首相イラク訪問。石油と武器のバーター交渉	1979.7 連邦政府、ナチス殺人を含む殺人犯罪の時効廃止案を可決	1979.5 ギリシア、EC加盟条約に調印 1979.9 イタリア全土で官公労ゼネスト	1979.6 東独、東ベルリンを領土に編入 1979.6 教皇、ポーランド訪問
1980.6 第6回サミット（ヴェネツィア） 1980.7 モスクワオリンピック大会、日本・西ドイツ・米国不参加 1980.9 イラン＝イラク戦争（〜88）	1980.1 ソ連のアフガニスタン侵攻への報復措置発表 1980.4 イランと断交 1980.7 モスクワオリンピック大会不参加	1979.12 組合改革法案を発表（組合の弱体化） 1980.1 鉄鋼労働者、10万人の無期限スト（〜.4） 1980.10 エリザベス女王、ヴァチカンを訪問（国教会成立後初） サッチャー	━ 1980.2 パリで仏・独首脳会談（アフガニスタンからソ連軍撤退要求の共同声明）━ 1980.4 オランダ女王ベアトリクス即位	1980.10 総選挙でシュミット首相の与党圧勝 ━ 1980.12 EC首脳会議 ━	1980.3 スウェーデン、国民投票で原発承認	1980.5 ユーゴ、ティトー大統領死去 1980.9 ポーランド、自主管理労組「連帯」結成
1980						
1981.7 第7回サミット（オタワ） 1981.9 女性差別撤廃条約が発効	1981.1 イラン人質事件解決 ④⓪レーガン（共、1981.1〜89） ④⓪レーガン 1981.4 スペースシャトル「コロンビア」打上げ、帰還も成功 1982.1 米・西独首脳会議	サッチャー	1981.5 フランス大統領に社会党のミッテラン（〜95） 1981.6 共産党員入閣 ミッテラン	1981.12 西独首相、東独第一書記と会談	1981.1 ギリシア、EC加盟 1981.10 ギリシアでパパンドレウ左翼政権誕生	1981.2 ポーランド、ヤゼルスキ首相就任 1981.2 ワレサ、「連帯」議長に就任 1981.12 西独首相、東独訪問し首脳会談 1981.12 ポーランドで戒厳令施行
1982.6 第8回サミット（ヴェルサイユ） 1982.6 米ソ戦略兵器削減交渉（START）開始	━ 1982.4 イギリスとアルゼンチンのフォークランド戦争（英が勝利）━ 1982.12 予算教書発表（国防費戦時を上回る）		1982.2 仏で企業国有化法公布（5大企業と36銀行の国営化）	1982.1 西独・米首脳会談（ポーランド問題） 1982.10 西独、シュミット首相辞任、後任コール（キリスト教民同盟）（〜98）	1982.5 カトリック教会、イギリス国教会と和解 1982.12 スペイン、社会労働党ゴンサレス政権成立	1982.10「連帯」非合法化される
1982						

ヨーロッパ / ロシア	アフリカ	西アジア	南アジア・東南アジア	台湾	中国	朝鮮半島（韓国・北朝鮮）	日本
ソヴィエト連邦		1975.3 サウジアラビア国王暗殺	1975.4 プノンペン・サイゴン陥落。カンボジア戦争・ベトナム戦争終わる		1975.1 改正憲法採択	1975.4 北朝鮮、金日成が訪ソ	
1975.7 米ソ宇宙船、ドッキングに成功	1975.6 スエズ運河再開	1975.4 イラン・ソ連と天然ガス協定	1975.8 バングラデシュでクーデタ、ラーマン暗殺		1975.4 蔣介石総統死去、後任は厳家淦	1975.6 米、核兵器の韓国配備を公認	1975.7 沖縄海洋博覧会開幕
1975.10 サハロフ、ノーベル平和賞受賞決定	1975.6 モザンビーク独立		1975.8 ラオスを革命派が制圧		1975.6 フィリピンと国交樹立		1975.9 天皇・皇后、米国親善訪問
1975.10 ソ連・東独新友好協力条約締結	1975.11 アンゴラ独立		1975.12 ラオス人民民主共和国成立		1975.12 フォード米大統領訪中		
							1975
1976.2 第25回共産党大会		1976.1 レバノン内戦激化	1976.1 カンボジア新憲法成立、民主カンプチアと改称		1976.1 周恩来首相死去	1976.3 韓国、金大中ら「民主救国宣言」を発表、朴大統領の退陣要求運動	1976.2 ロッキード事件発覚
1976.3 エジプト、対ソ友好条約破棄					1976.4 第1次天安門事件		1976.7 田中角栄前首相逮捕
1976.6 フィリピンと国交樹立	1976.7 イスラエルがウガンダのエンテベ空港奇襲作戦	1976.6 フィリピン、ソ連と国交樹立			1976.4 華国鋒首相就任（鄧小平副首相失脚）		
		1976.7 ベトナム社会主義共和国成立、南北が統一			1976.9 毛沢東党主席死去		1976.12 福田赳夫内閣成立（～78）
1977.2 スペインと国交樹立	1977.2 エチオピア元首処刑				1976.10 江青ら「四人組」失脚。華国鋒首相が党主席に就任（～80）		1977.2 200海里専管水域宣言
	1977.3 アラブ・アフリカ首脳会議	1977.3 インド、ガンディー首相、総選挙に敗れ辞任。後任に人民党のデサイ首相（～79）			1977.7 鄧小平復活	1977.3 韓国、金大中ら有罪確定	
1977.6 ブレジネフ、最高幹部会議長を兼任	1977.6 ジブチ独立				1977.8 文化大革命終結宣言。華国鋒体制の確立	1977.8 北朝鮮、経済水域200海里実施	1977.9 日本赤軍のハイジャック事件
1977.10 新憲法発布	1977.11 サダト大統領、イスラエルを訪問	1977.12 アラブ急進派6首脳会議	1977.6 SEATO解体				
	1977.12 エジプト・イスラエル首脳会談		1977.7 パキスタン政変		1978.2 新憲法公布（「四つの現代化」の推進）		
1978.5 ブレジネフ、西独訪問		1978.3 イスラエル、レバノン南部侵入（～.6）	1978.1 カンボジア・ベトナム国境紛争			1978.4 韓国、領海12海里を実施	1978.5 成田新東京国際空港開港
	1978.9 キャンプ＝デーヴィッド合意（カーター・サダト・ベギン）		1978 中国・ベトナム紛争続く	1978.5 蔣経国、国民党副総統となる		1978.5 華国鋒訪朝	1978.8 日中平和友好条約調印
1978.11 ソ連・ベトナム友好協力条約調印		1979.1 イラン革命、国王亡命、ホメイニ亡命先から帰国	1978.11 ベトナム・ソ連友好協力条約調印		1978.8 日中平和友好条約調印		1978.12 大平正芳内閣成立（～80）
1979.2 中越戦争でベトナム支援		1979.2 イラン新政府成立	1979.1 ベトナム、カンボジアに侵攻、プノンペン陥落。ポル＝ポト政権崩壊。ヘン＝サムリン政権成立		1979.1 米中国交樹立		
	1979.3 エジプト・イスラエル平和条約		1979.2 中越戦争（ベトナムが勝利）（～.3）		1979.1 対米断交声明		
		1979.9 CENTO崩壊	1979 ベトナム難民増加		1979.4 中ソ友好同盟相互援助条約破棄		1979.6 東京でサミット
1979.10 ソ連、東独駐留軍の削減発表		1979.11 テヘラン米大使館員人質事件	1979.8 インド、デサイ内閣辞職		1979.7 米中貿易協定調印	1979.10 韓国、朴大統領暗殺	1979.6 元号法案可決
1979.12 ソ連軍、アフガニスタン侵攻						1979.12 韓国、後任は崔圭夏（～80）	1979.10 総選挙で自民党惨敗
	1980.1 エジプト・イスラエル、国交回復		1980.1 インド、インディラ＝ガンディー内閣発足（～84）		1980.2 劉少奇、名誉回復		1980.1 アフガニスタン問題でソ連に制裁
			1980.6 ベトナム軍、タイに侵攻		1980.5 ICBMの実験成功	1980.5 光州事件（韓国）	1980.6 大平首相死去
	1980.4 ジンバブエ独立		1980.7 中越国境紛争再発				1980.6 初の衆参両院同日選挙
1980.7 モスクワオリンピック			1980.7 インド初の人工衛星打上げ		1980.8 華国鋒首相、毛沢東を批判	1980.8 韓国、全斗煥大統領就任（～88）	1980.7 鈴木善幸内閣成立（～82）
1980.10 コスイギン首相辞任	1980.9 イラン＝イラク戦争（～88.8）				1980.9 華国鋒辞任、趙紫陽首相就任		
1980.12 ブレジネフ訪中					1980.12 ブレジネフ、ソ連書記長訪中		**1980**
					1981.1 林彪・「四人組」裁判に判決	1981.1 韓国、死刑判決の金大中減刑	
	1981.6 OAU首脳会議（ナイロビ）、飢餓難民救済を協議	1981.6 イスラエル、イラクの原子炉爆撃	1981.5 バングラデシュ大統領ラーマン暗殺		1981.6 鄧小平・胡耀邦体制確立		
	1981.10 サダト大統領暗殺、ムバラク就任		1981.9 カンボジアの反ベトナム統一戦線成立		1981.12 胡耀邦、文化大革命を全面否定	1981.12 韓国、金大中を釈放、米に移送	
			1981.12 中印国境交渉			1982.1 韓国、夜間外出禁止令解除	1982.6 東北新幹線開通
	1982.4 イスラエル、シナイ半島をエジプトに返還						1982.8 参議院選挙に比例代表制
	1982.6～ レバノン紛争続く	1982.7 反ベトナムの三派、民主カンボジア連合政府樹立宣言（シハヌーク大統領）			1982.7 教科書問題で日本に抗議		1982.11 中曽根康弘内閣成立（～87）
1982.11 ブレジネフ書記長死去、後任アンドロポフ（～84）	1982.8 イスラエル軍、西ベイルートに侵攻。PLO、ベイルートから退却				1982.9 党主席廃止、胡耀邦、党総書記に就任	1982.9 韓国、教科書問題で日本に抗議	1982.11 上越新幹線開通
					1982.12 新憲法採択		**1982**

国際関係	アメリカ大陸 カナダ・アメリカ合衆国・ラテンアメリカ	イギリス	西ヨーロッパ フランス・ベネルクス3国	東西ドイツ・スイス・オーストリア	スペイン・イタリア・ポルトガル・北欧	東ヨ〔ーロッパ〕
1983 1983.4 西ヨーロッパ各地で反核デモ展開 1983.5 第9回サミット(ウィリアムズバーグ)	1983.3 ニカラグアの内戦拡大 1983.10 米軍、グレナダ侵攻	1983.6 総選挙で保守党圧勝、第2次サッチャー内閣成立	1983.3 ミッテラン訪米 1983.5 ミッテラン訪中 1983.6 中性子爆弾実験	1983.3 西独、総選挙で保守系勝利 1983.7 西独首相訪ソ	1983.4 ポルトガル総選挙で社会党勝利	1983.6 教皇、ポーランド訪問 1983.7 ポーランド戒厳令解除 1983.10 ポーランドのワレサ議長、ノーベル平和賞受賞
1984 1984.3 中欧相互兵力削減交渉(MRFA) 1984.6 第10回サミット(ロンドン) 1984.7 ロサンゼルスオリンピック大会、ソ連・東欧諸国不参加	1984.11 レーガン大統領再選	1984.4 リビア大使館発砲事件で対リビア断交 1984.12 香港返還に関する英中合意文書に正式調印	1984.3 EC首脳会議 1984.6 ミッテラン訪ソ 1984.12 NATO国防相会議	1984.10 西独首相訪中	1984.1 ストックホルム欧州軍縮会議 1984.4 教皇、韓国訪問	1984.11 ポーランド、ILO脱退表明
1985 1985.5 第11回サミット(ボン) 1985.11 米ソ首脳会談(ジュネーヴ)	④レーガン 1985.5 ニカラグア経済制裁		1985.1 仏の海外領土ニューカレドニアに非常事態宣言 1985.3 ベルギーに米巡航ミサイル配備決定			1985.4 ワルシャワ条約機構の期限終了。20年延長で合意
1986 1986.5 第12回サミット(東京)	1986.1 スペースシャトル、打上げ直後に爆発 1986.10 米ソ首脳会談(レイキャヴィク)	1986.6 首相、イスラエル初訪問 1986.8 英連邦7カ国首脳会議 1986.10 シリアと断交	1986.3 仏の総選挙で保守連合勝利、シラク内閣成立 1986.12 仏の学生が大規模デモ(大学改革法案撤回)		1986.1 スペイン・ポルトガル、EC加盟 1986.2 スウェーデン、パルメ首相暗殺	1986.6 ワルシャワ条約機構首脳会議、全欧兵力100万人削減を提案
1987 1987.6 第13回サミット(ヴェネツィア)	サッチャー ミッテラン 1987.10 ウォール街で株価の大暴落(ブラックマンデー) 1987 財政赤字、ドル下落 1987.12 米ソ、中距離核戦力(INF)全廃条約調印	1987.3 首相、ソ連訪問 1987.6 総選挙で保守党圧勝	1987.7 仏、イランと断交	1987.1 西独、大連立内閣成立 1987.9 ホネカー東独国家評議会議長、初の西独訪問	1987.3 ポルトガル、マカオの中国返還(99年)に合意 1987.11 イタリア国民投票(反原発の民意で原発建設凍結)	
1988 1988.4 アフガニスタン和平協定調印 1988.6 第14回サミット(トロント) 1988.6 EC・コメコン公式関係樹立の共同宣言(ルクセンブルク)	1988.4 イランとペルシア湾で交戦 1988.9 チリ、ピノチェト大統領不信任	1988.7 北海油田爆発事故 1988.8 IRAの対英独立運動激化	1988.1 フランス、西ドイツ軍事経済協力協定調印 1988.5 ミッテラン大統領再選		1988.6 スウェーデン議会、2010年までに原発完全廃棄可決	
1989 1989.3 オゾン層を救うロンドン会議(124カ国参加) 1989.7 第15回サミット(アルシュ) 1989.7 カンボジア和平会議(パリ) 1989.11 アジア太平洋経済協力(APEC)会議(キャンベラ) 1989.12 マルタ会談、冷戦終結宣言	④ブッシュ(父)(共、1989.1〜93) ④ブッシュ 1989.9 米、パナマと断交 1989.12 米ソ首脳マルタ会談、冷戦の終結を宣言 1989.12 米軍、パナマに侵攻	1989.4 英ソ首脳会談	1989.7 フランス革命200周年祭開催	1989.11 東独首相モドロウ、国境開放、ベルリンの壁崩壊 1989.12 東独、党指導部総退陣、国家元首に非共産党員のゲルラッハ指名	1989.7 伊、アンドレオッチ内閣成立	1989 東欧諸国で、一党社会主義体制崩壊 1989.6 ポーランド総選挙で「連帯」圧勝、.8 非共産党内閣発足、.8 ハンガリー、汎ヨーロッパ=ピクニック 1989.10 ハンガリー、共産主義を放棄、議会制民主主義採用を宣言 1989.12 チェコで非共産党員主導の内閣成立 1989.12 ルーマニア革命、チャウシェスク大統領処刑

ロシア	アフリカ	西アジア	南アジア・東南アジア	台湾	中国	朝鮮半島（韓国・北朝鮮）	日本	
ソヴィエト連邦				台湾	中国	韓国・北朝鮮	日本	1983
1983.9 大韓航空機撃墜事件。ソ連軍が大韓航空機を領空侵犯で撃墜	1983.8 チャド内戦、仏軍介入で激化。FAO、アフリカの食糧危機を報告	1983.5 PLO内紛（シリア、アラファト議長追放、～.6）	1983.2 アッサムでベンガル人大量虐殺 1983.3 第7回非同盟諸国会議（ニューデリー）		1983.8 李先念、国家主席に就任	1983.9 大韓航空機撃墜事件 1983.10 北朝鮮工作員によるラングーン爆弾テロ事件（韓国閣僚ら爆死）	1983.10 ロッキード裁判、田中元首相に有罪判決 1983.11 レーガン米大統領来日。胡耀邦総書記来日	1984
1984.2 アンドロポフ書記長死去、後任チェルネンコ（～85） 1984.6 英ソ外相会談	■ 1984.1 イスラーム諸国首脳会議（カサブランカ） 1984.1 アフリカの飢餓、24カ国に拡大 1984.10 南アフリカのツツ主教、ノーベル平和賞受賞 1984.11 アフリカ統一機構（OAU）首脳会議（ジュネーヴ）	1984.2 レバノン反政府軍、西ベイルート制圧 1984.5 ペルシア湾岸諸国協力会議 1984.11 イラク、対米国交再開	1984.1 ブルネイ＝ダルサラーム独立 1984.10 インディラ＝ガンディー首相暗殺、後任ラジブ＝ガンディー 1984.12 スリランカでシンハラ人・タミル人の対立激化		1984.1 趙紫陽首相訪米 1984.4 レーガン米大統領訪中 1984.12 97年香港返還に中英合意文書正式調印	1984.5 北朝鮮の金日成主席訪ソ ■ 1984.9 韓国の全斗煥大統領訪日	1984.5 国籍法・戸籍法成立	1985
1985.3 チェルネンコ書記長死去、後任ゴルバチョフ（～91） 1985.11 米ソ首脳会談（ジュネーヴ）	1985.4 スーダンでヌメイリ打倒の政変 1985.7 南アフリカで反アパルトヘイト運動 ■ 1985.8 アラブ首脳会議（シリア・リビア欠席） 1985.10 イスラエル、チュニジアのPLO本部を爆撃 1985.12 レバノン内戦終結協定調印	1985.2 ASEAN6カ国、カンボジアの反ベトナム勢力支援声明 1985.12 南アジア地域協力連合（SAARC）発足		1985.5 胡耀邦総書記、北朝鮮を訪問 1985.6 人民公社解体	1985.5 南北経済会談開催	1985.3 米議会、貿易不均衡で対日批判 1985.4 電電公社・専売公社の民営化	1986
1986.4 ゴルバチョフ、ペレストロイカ提唱 1986.4 チョルノービリ（チェルノブイリ）原発事故 1986.10 米ソ首脳会談（レイキャヴィク）	1986.4 米軍、リビア爆撃 1986.10 南アフリカ政府、人種差別反対指導者を弾圧	1986.2 ヨルダン、PLOと訣別 1986.5 アフガニスタンのカルマル革命評議会議長辞任	1986.2 フィリピン、アキノ大統領就任（～92）（マルコス政権崩壊）		1986.8 中国、モンゴルと領事条約を調印 1986.11 民主化運動高揚（～87.2）	1986.2 韓国で改憲運動が始まる	1986 1ドル150円台の円高、日米貿易摩擦 1986.5 東京サミット	1987
1987.8 バルト3国で独立要求デモ 1987.12 米ソ、中距離核戦力（INF）全廃条約調印	1987.9 南アフリカで黒人労組ストライキ	1987.1 イラン＝イラク戦争拡大（ペルシア湾の緊張高まる） 1987.7 メッカでイラン巡礼団とサウジアラビア警察隊の衝突事件	1987.2 フィリピン新憲法発効 1987.11 スリランカ国民議会、タミル人の限定自治承認	1987.7 38年ぶり戒厳令解除	1987.1 胡耀邦総書記記解任、代行は趙紫陽首相 1987.3 ポルトガル、マカオ返還に合意 1987.11 趙紫陽総書記・李鵬首相代行就任	1987.11 北朝鮮工作員による大韓航空機爆破事件	1987.4 国鉄分割・民営化 1987.11 竹下登内閣成立（～89） 1987.11 リクルート疑惑で政界混乱	1988
1988.5 アフガニスタンより撤兵開始（～89.2 完了）	■ 1988.4 アフガニスタン和平協定調印。駐留ソ連軍撤退 1988.4 イスラエル、南レバノン侵攻 1988.7 ヨルダン、ヨルダン川西岸の行政権を放棄 ■ 1988.8 イラン＝イラク戦争停戦 1988.12 アンゴラ和平議定書調印		1988.9 ビルマで軍事クーデター、ソウ＝マウン首相就任（～92） 1988.12 パキスタン、ブットが首相に就任（～90）	1988.1 蔣経国総統死去、後任は李登輝（～2000）	1988.3 チベット自治区で反乱 1988.4 楊尚昆国家主席、李鵬首相 1988.12 中ソ国境交渉で合意（珍宝島の中国領確認）	1988.2 韓国、盧泰愚、大統領に就任（～93） 1988.9 ソウルオリンピック大会		1989
1989.2 ソ連軍、アフガニスタン撤退完了 1989.3 初の複数候補、秘密投票制による人民代議員選挙 1989.5 中ソ関係完全正常化 1989.12 ゴルバチョフ、ローマ教皇と会談	■ 1989.5 エジプト、10年ぶりにアラブ連盟に復帰 1989.7 アンゴラ政府軍と反乱ゲリラが全面戦争 1989.9 南アフリカ、デクラークが大統領に就任 ■ 1989.12 エジプト・シリア国交回復	1989.2 ソ連軍、アフガニスタン撤退完了 1989.6 イラン、ホメイニ死去 1989.7 イラン、ラフサンジャニが新大統領に就任（～97） 1989.11 レバノンのムアワド大統領暗殺、新大統領にヘラウィ（～98）	■ 1989.2 中国・インドネシア国交正常化（22年ぶり） 1989.6 ビルマ、国名をミャンマーと改称 1989.9 ベトナム軍、カンボジアから撤退 1989.11 インド、ラジブ＝ガンディー首相辞任	1989.12 総選挙実施	1989.3 チベット独立要求の反乱でラサに戒厳令 1989.5 ゴルバチョフ訪中、中ソ関係30年ぶり正常化 1989.6 第2次天安門事件、民主化運動弾圧、趙紫陽総書記解任、江沢民総書記就任 1989.11 鄧小平が公職辞任	1989.1 北朝鮮、ハンガリーと断交 1989.2 韓国、ハンガリーと国交樹立 ブッシュ米大統領訪韓 1989.10 盧大統領訪米	1989.1 昭和天皇崩御、平成と改元 1989.4 3％の消費税導入 1989.6 宇野宗佑内閣成立（～.8） 1989.7 参院選自民党惨敗、.8海部俊樹内閣成立（～91） 1989.11 総評解散、日本労働組合総連合会（連合）誕生	

	国際関係	アメリカ大陸（カナダ・アメリカ合衆国・ラテンアメリカ）	西ヨーロッパ イギリス	フランス	東西ドイツ		東ヨーロッパ	ロシア
1990	1990.7 第16回サミット（ヒューストン） 1990.8 イラクのクウェート侵攻で米軍、湾岸周辺へ配備	1990.1 パナマのノリエガ将軍逮捕 1990.4 ニカラグア大統領にチャモロ（〜97） 1990.7 ペルー大統領に日系のフジモリ就任（〜2000）	1990.11 サッチャー首相辞任、後任にメージャー（〜97）		1990.3 東独初の自由選挙でドイツ連合圧勝 **ドイツ連邦共和国** 1990.10 東西ドイツ統一、東ドイツが西ドイツに編入。初代首相コール 1990.11 独・ポーランド、オーデル＝ナイセ国境条約に調印		1990.4 ハンガリーで脱共産党政権樹立 1990.5 ルーマニア選挙で救国戦線圧勝 1990.12 アルバニア、複数政党制導入 1990.12 ポーランド、ワレサ大統領就任（〜95）	**ソヴィエト連邦** 1990.2 共産党中央委、一党独裁放棄 1990.3 ゴルバチョフ、初代大統領に就任（〜91） 1990.3 バルト3国独立宣言 1990.10 ゴルバチョフ、ノーベル平和賞受賞
1991	1991.1 湾岸戦争、クウェート解放（〜.2） 1991.7 第17回サミット（ロンドン）。ソ連のゴルバチョフ招請	1991.1 湾岸戦争、米軍主体の28カ国多国籍軍（〜.2） 1991.7 米ソ、第1次戦略兵器削減条約（START I）調印		1991.5 ロカール首相辞任、クレッソン首相就任（〜92）	1991.6 ドイツの首都をベルリンに決定	1991.2 伊、共産党、左翼民主党と改称 1991.9 スウェーデン、総選挙で社会民主党敗北	1991.4 アルバニアで初の民主的選挙 1991.6 コメコン解散 1991.7 ワルシャワ条約機構解散 1991.9 バルト3国、国連加盟	1991.7 エリツィン、ロシア共和国大統領に就任（〜99） 1991.8 8月政変、共産党解体 1991.9 バルト3国の独立を承認 **ロシア連邦・CIS** 1991.12 ソ連邦解体しロシア連邦と独立国家共同体（CIS）誕生
1992	1992.3 国連、カンボジア暫定行政機構（UNTAC）を設置 1992.6 地球サミット（リオデジャネイロ）開催 1992.7 第18回サミット（ミュンヘン）	1992.4 ロサンゼルスで黒人暴動 1992.12 ブラジル、コロル大統領辞任	1992.2 EC加盟国、マーストリヒト条約（ヨーロッパ連合条約）に調印		1992.6 デンマーク、国民投票でマーストリヒト条約を否決		1992.1 EC、スロヴェニアとクロアティアを承認 1992.4 セルビアとモンテネグロ、新ユーゴ連邦を創設	1992.3 旧ソ連8カ国（バルト3国とCIS5カ国）国連に加盟
1993	1993.7 第19回サミット（東京） 1993.10 IAEA、北朝鮮に査察要求	⑫クリントン（民、1993.1〜2001） 1993.6 カナダ首相マルルーニー辞任、後任にキャンベル（〜93.11） 1993.10 ハイチ情勢が緊迫	1993.11 マーストリヒト条約、全加盟国の批准完了	1993.3 総選挙で保守連合圧勝	1993.12 ヴァチカンとイスラエルが国交		1993.1 チェコとスロヴァキア、分離 1993.8 国連、ボスニアの州都サライェヴォを管理。内戦続く 1993.10 ギリシアに社会主義政権復活	1993.9 最高会議解散 1993.10 エリツィン、反対派を武力制圧
1994	1994.7 第20回サミット（ナポリ）	1994.1 北米自由貿易協定（NAFTA）発足 1994.11 米、中間選挙で上下院ともに与野党逆転 1994.12 米州サミット（マイアミ、キューバを除くアメリカ大陸34カ国）	1994.5 英仏海峡トンネル開通 1994.8 IRAが停戦を宣言		1994.3 イタリア総選挙で右派連合が勝利 1994.5 EU（ヨーロッパ）連合、ノルウェー・オーストリア・フィンランド・スウェーデンの4カ国加盟を承認 1994.9 ベルリン駐留の米・英・仏軍が撤退し、ドイツの占領体制終わる		1994.11 NATO軍、セルビア人勢力地帯を空爆。ボスニア内戦は激化	1994.6 露、EU（ヨーロッパ連合）と友好協力協定に調印 1994.12 露軍、チェチェンに侵攻
1995	1995.1 世界貿易機関（WTO）発足 1995.2 国連安保理、アンゴラへのPKO派遣を決議 1995.6 第21回サミット（ハリファックス）、経済宣言を発表 1995.10 非同盟諸国首脳会議（コロンビア） 1995.12 米とEU首脳会議、新大西洋宣言に合意	⑫クリントン 1995.1 メキシコ「新ペソ」大暴落 1995.7 米、核実験全面停止を発表 1995.8 カリブ海諸国首脳会議開催 1995.12 宇宙小型観測器「ガリレオ」、木星大気に突入	1995.10 度量衡単位をヤード・ポンド法からメートル法に 1995.12 狂牛病猛威、牛肉離れがおこる	1995.5 シラク大統領就任（〜2007） 1995.9 南太平洋での核実験強行		1995.10 EU、将来の通貨統合に向けて統合通貨名を「ユーロ」と決定	1995.1 ボスニア政府、セルビア人と停戦協定 1995.5 NATO軍、国連の要請でボスニア・ヘルツェゴヴィナのセルビア人武装勢力拠点に空爆 1995.10 ボスニア多国籍軍、NATOが指揮権を握る	1995.1 露、チェチェンの首都を制圧 1995.12 チェチェン紛争再燃
1996	1996.6 第22回サミット（リヨン）、テロ対策・経済宣言・国連改革などが話し合われる 1996.9 国連で包括的核実験禁止条約（CTBT）採択 1996.12 ガリ国連事務総長の後任にアナン	1996.3 キューバの米民間機墜落事件、米はキューバへの制裁を強化 1996.11 クリントン再選（〜01）	1996.2 IRA、爆弾テロ活動を継続	1996.1 6回目の核実験をおこない核実験終結を宣言 1996.12 パリでイスラーム急進派による爆弾テロ事件 1996.7 世界初のクローン羊が誕生	1996.2 失業者415万人、ドイツ統一後最悪	1996.10 教皇、137年を経て進化論を認める	1996.2 ボスニア包括和平に基づき、セルビア人の撤退始まる 1996.8 新ユーゴとクロアティア、国交正常化調印 1996.12 ボスニア・ヘルツェゴヴィナ、和平実施会議	1996.1 チェチェン紛争で露軍総攻撃 1996.7 大統領にエリツィン再選 1996.8 停戦合意、チェチェンの露軍完全撤退へ

（左欄人名：サッチャー／メージャー／シラク、ミッテラン、⑪ブッシュ、⑫クリントン、ゴルバチョフ、エリツィン）

アフリカ	西アジア	南アジア・東南アジア	台湾	中国・モンゴル	韓国・北朝鮮	日本	
							1990
990.2 南アフリカ、黒人解放指導者マンデラを釈放 990.3 ナミビア、南アフリカから独立	1990.8 イラク、クウェートに侵攻、併合宣言。国連、イラク経済制裁決議	1990.4 ネパール、民主化宣言 1990.5 ミャンマー総選挙で反軍事政権側圧勝 1990.8 パキスタン、ブット首相解任		1990.3 モンゴル、一党独裁を放棄 1990.4 李鵬首相訪ソ 1990.8 中国とインドネシア、国交回復 1990.9 モンゴル初代大統領にオチルバト選出(~97) 1990.9 中国とベトナム首脳公式会談	1990.3 韓国、モンゴルと国交樹立 1990.6 韓ソ首脳会談 1990.9 韓国、ソ連と国交樹立 1990.12 盧大統領訪ソ	1990.2 総選挙、自民党安定多数	1991
991.5 エチオピア、反政府軍首都制圧。メンギスツ大統領辞任 991.6 南アフリカ、人種差別法を全廃してアパルトヘイト終結宣言	1991.1 湾岸戦争(~.2) 1991.2 イラク、国連の決議を受諾。クウェートを解放 1991.10 中東和平会議(マドリード)	1991.5 インド、ラジブ=ガンディー元首相暗殺 1991.6 カンボジア、無期限停戦に合意 1991.10 カンボジア和平協定調印(パリ)		1991.4 中国敵視条項廃止を決議 1991.5 江沢民総書記訪ソ。中ソ東部地区国境協定調印 1991.11 中国とベトナムの国交正常化	**1991.1 日朝国交正常化交渉開始** 1991.5 韓国、反政府運動高揚 1991.9 韓国・北朝鮮、国連に同時加盟	1991.1 海部首相訪韓 1991.3 湾岸戦争で多国籍軍に50億ドル支援 1991.3 ソ連ゴルバチョフ大統領来日 1991.4 掃海艇部隊をペルシア湾に派遣(~.10) 1991.11 海部内閣総辞職、宮沢喜一内閣成立(~93)	1992
992.6 アルジェリアのブディアフ国家評議会議長暗殺	1992.4 アフガニスタンのナジブラ大統領失脚。ターリバーンが暫定政権樹立 1992.7 イスラエル、ラビン労働党政権成立	1992.5 タイで民主化要求のデモに軍が発砲、首相辞任		1992.8 中国、韓国と国交樹立	1992.1 北朝鮮、核査察協定に調印 1992.8 韓国、中国と国交樹立	1992.1 ブッシュ米大統領来日 1992.4 江沢民総書記来日 **1992.6 国連平和維持活動(PKO)協力法成立** 1992.10 天皇が中国訪問	1993
993.10 南アフリカのマンデラ、ノーベル平和賞受賞	1993.9 イスラエル・PLO相互承認。パレスチナ暫定自治協定調印 1993.9 イスラエル・ヨルダン和平に仮調印	1993.9 カンボジアが新憲法発布。シハヌーク、国王に即位 1993.9 インドで地震、1万人死亡		1993.3 江沢民党総書記、国家主席・中央軍事委員会主席を兼任 1993.3 中国、憲法改正。社会主義市場経済を唱導	1993.2 韓国、金泳三が大統領に就任(~98) 1993.10 IAEAが北朝鮮に査察要求	1993.7 東京サミット 1993.8 細川護熙連立内閣成立(~94) 1993.9 カンボジアPKO終了。自衛隊帰国 1993.10 エリツィン露大統領来日 1993.10 空前の凶作により外米を緊急輸入	1994
994.3 ソマリア、国内和平が合意。米軍は撤退 994.5 南アフリカ、黒人大統領マンデラ誕生	1994.5 パレスチナ暫定自治始動 1994.5 イエメン内戦(~7) 1994.8 イスラエルとヨルダン国境開通 1994.10 イランとヨルダンが平和条約に調印	1994.7 カンボジア、ポル=ポト派を非合法化 1994.9 インドでペスト大流行		1994.9 中国、ロシアと友好宣言 1994.10 中国の李鵬首相が首相として初めて韓国を訪問	1994.2 北朝鮮、IAEAの核査察を受け入れる 1994.6 北朝鮮、IAEA脱退を声明 1994.7 金日成主席の死去で南北会談は延期	1994.2 H2ロケット打上げ成功 1994.4 羽田孜内閣発足(~.6) 1994.6 自社さきがけ連立の村山富市社会党内閣成立(~96) 1994.7 ドルの為替レート96円台になる 1994.10 ルワンダ難民救援隊派遣(~.12)	1995
995.10 アルジェリア、イスラーム急進派による爆弾テロ事件続発 995.10 カメルーンの英連邦加盟承認 995.11 ルワンダ、新旧政府軍が交戦	1995.2 中東4首脳が和平会談 1995.10 イスラエル、PLOとのパレスチナ自治拡大協定承認 1995.11 イスラエル、ラビン首相暗殺。ペレス政権成立(~96)	1995.5 カシミールで印パ紛争 1995.7 ミャンマー軍事政権、民主化運動指導者アウン=サン=スー=チーを解放 1995.7 ベトナムがASEANに加盟	1995.5 中台民間会議	1995.10 香港返還手続きに英中が合意 1995.10 軍事予算大幅増	1995.6 米朝核問題で最終合意 1995.6 南北コメ協議で合意 1995.11 韓国、国連非常任理事国に初選出	1995.1 日米首脳会談(村山首相は日米安保体制維持を確認) 1995.1 阪神・淡路大震災 1995.11 新食糧法が施行、コメの流通規制が緩和	1996
996.1 リベリアの内戦泥沼化 996.1 ニジェール、軍がクーデタで全権掌握 996.10 ルワンダ、ツチ人新政権がフツ人圧迫	1996.2 イスラエル、ハマスの爆弾テロ続発 1996.9 パレスチナ自治区でイスラエル軍とパレスチナ人が銃撃戦	1996.2 中国とベトナムを結ぶ、北京・ハノイ間の国際列車再開 1996.10 ミャンマーに国際的批判、ASEAN加盟先送り	1996.3 総統選挙、李登輝が圧勝 1996.3 中国の軍事演習で緊迫し、警戒態勢	1996.7 地下核実験を強行、今後の実験停止宣言		1996.1 自民党の橋本竜太郎内閣発足(~98) 1996.1 社会党、党名を社会民主党と変更 1996.6 国内総生産、23年ぶりに高成長 1996.10 国連非常任理事国に当選、8回目	

平成時代

	国際関係	アメリカ大陸 カナダ・アメリカ合衆国・ラテンアメリカ	西ヨーロッパ イギリス	フランス	西ヨーロッパ（その他）	東ヨーロッパ	東ヨーロッパ（ロシア） ロシア連邦・CIS
1997	1997.6 第23回サミット（デンヴァー） 1997.12 京都会議、温室効果ガスの削減を約す 1997.12 オタワ会議、対人地雷禁止条約に121カ国署名	1997.3 米露首脳会談 1997.4 ペルー、日本大使公邸人質事件解決 1997.7 米の火星探査機が火星着	1997.5 総選挙で労働党圧勝、ブレア政権が発足（～07） 1997.8 ダイアナ元妃パリで事故死	1997.6 総選挙で左翼が勝利、保革共存が決定的となる	1997.3 ドイツ、失業率12.2%で戦後最悪 1997.10 新欧州連合条約（アムステルダム条約）調印	1997.3 アルバニアで暴動 1997.8 ボスニア・ヘルツェゴヴィナで国内対立が激化	1997.3 露、賃金・年金未払いで2000万人の抗議行動 1997.11 露、未臨界核実験の実施を明言
1998	1998.4 アジア・欧州首脳会議、ロンドンで開催。アジア経済危機が焦点 1998.5 第24回サミット（バーミンガム）、ロシアが参加しG8へ 1998.6 核五大国は印パを核保有国と認めず 1998.11 国際宇宙ステーション（日米ロ加欧）建設用の資材第1弾を打ち上げる	㊷クリントン 1998.9 米露首脳会談 1998.9 アメリカ、4回目の未臨界核実験を強行 1998.12 世界最大の石油企業エクソン＝モービルが誕生	1998.4 北アイルランド紛争で和平合意 1998.8 北アイルランドで爆弾テロ、急進派「真のIRA」が犯行声明		1998.9 ドイツ総選挙、社会民主党勝利 1998.9 ドイツ銀行、米のバンカートラストを併合、世界最大の金融機関となる	1998.3 ユーゴスラヴィア、コソヴォ自治州で民族紛争再発 1998.9 アルバニア首都で暴動	1998.4 露、スターリン粛清の資料公開
1999	1999.6 第25回サミット（ケルン） 1999.7 バルカン和平首脳会議、サライェヴォ宣言を採択 1999.11 ASEAN首脳会議（マニラ）	1999.1 米、キューバ制裁を緩和 1999.4 不公正貿易国制裁法スーパー301条復活 1999.7 コロンビア、左翼ゲリラと政府軍が戦闘 1999.12 パナマ、パナマ運河管理権が米国から返還	1999.7 スコットランド、300年ぶりに地方議会として議会が開会	1999.6 ベルギー産のダイオキシン汚染飼料で鶏肉・豚肉・チーズなどが汚染	1999.1 EU、欧州共通通貨ユーロ導入（2002使用開始） 1999.4 スイス、国民投票で金本位制を廃止 1999.10 墺、極右政党の自由党が大躍進	1999.1 コソヴォ紛争が再燃 1999.3 NATO軍がユーゴスラヴィアの首都を空爆 1999.3 ハンガリー・チェコ・ポーランドNATO正式加盟 1999.6 ユーゴ、米・欧・ロ提起の和平案を受諾 1999.11 モンテネグロ、法定通貨にドイツマルクを導入	エリツィン 1999.8 露と主要債権国会議（パリクラブ）、旧ソ連時代の債務返済繰り延べに合意
2000	2000.7 第26回サミット（九州・沖縄） 2000.11 国際宇宙ステーションにロシアのソユーズ宇宙船がドッキング	2000.5 米、中国の最恵国待遇を恒久化 2000.5 ペルー、フジモリ大統領三選 2000.6 米大統領、ヒトゲノム概要解読を宣言 2000.11 ペルー、フジモリ大統領を国会で罷免	ブレア 2000.3 世界初のクローン豚誕生 2000.12 北朝鮮と国交を樹立	シラク 2000.9 国民投票で大統領任期を7年から5年に短縮	2000.1 伊、北朝鮮と国交樹立 2000.2 墺、右翼系の自由党と保守系国民党が連立政権樹立 2000.6 ドイツ首相、脱原発を表明 2000.8 スペイン、バスク独立派によるテロ	2000.10 ユーゴ、コシュトニツァが大統領に就任 2000.11 ユーゴ、国連に復帰	2000.1 露、エリツィン大統領辞任 2000.2 露、チェチェンの首都制圧 2000.5 露、プーチンが大統領に就任（～08） 2000.8 原潜クルスク号沈没事故 2000.12 プーチン大統領、キューバ初訪問 2000.12 チョルノービリ原子力発電所全面閉鎖
2001	2001.5 教皇ヨハネ＝パウロ2世、シリアのウマイヤ＝モスクを訪問。教皇のイスラームモスク訪問は史上初 2001.5 WHO、国際エイズ基金を発足 2001.7 第27回サミット（ジェノヴァ） 2001.11 世界貿易機関（WTO）、中国・台湾の加盟承認 2001.11 世界人口が61億人を超える	㊸ブッシュ(子)（共、2001.1～09） 2001.2 米探査機、小惑星に初の着陸 2001.3 米、温暖化防止京都議定書から離脱 ㊸ブッシュ 2001.7 ペルー、反フジモリ派のトレドが大統領就任 2001.9.11 イスラーム急進派による同時多発テロ事件 2001.10 米、炭疽菌テロ 2001.12 アルゼンチン、経済危機で暴動や略奪が頻発、デラルア大統領辞任	2001.6 総選挙で労働党圧勝 2001.8 ロンドン郊外で爆発テロ 2001.10 IRA、武装解除開始		2001.2 EU加盟の仕組みを改める「ニース条約」調印 2001.3 スイス、国民投票でEU加盟を否決 2001.5 マケドニア、アルバニア系住民との間で内戦続く 2001.8 NATO部隊、ゲリラ対策でマケドニアに派遣 2001.9 マケドニア、「民族解放軍」の武器回収完了 2001.10 EU首脳会議、アフガニスタンへの米地上作戦を支持	2001.2 ユーゴ、コソヴォ自治州の民族紛争激化	2001.7 中露善隣友好条約調印 2001.8 チェチェン、武装勢力の抵抗続く 2001.9 ウズベキスタン・タジキスタン・キルギス、米軍のアフガニスタン出撃を承認 プーチン
2002	2002.2 G7オタワ会議。「景気拡大」の共同声明発表 2002.6 第28回サミット（カナナスキス、カナダ） 2002.8 ユーラシア大陸各地で大洪水相次ぐ 2002.8 地球サミット、ヨハネスブルク（南ア）で開催 2002.11 国連安保理、イラク制裁決議案を採択 2002.11 NATO首脳会議、「プラハ宣言」を採択	2002.2 米、対テロ対策としてイラク攻撃を示唆 2002.4 コスタリカ、史上初の大統領決選投票でパチェコが当選 2002.8 米、国防報告で、テロ行為に対する先制攻撃を明記 2002.11 米露首脳会談、イラクに警告	2002.3 対イラク軍事制裁について米への支持を表明 2002.6 エリザベス2世在位50周年祝賀	2002.5 シラク大統領、再選 2002.6 総選挙で与党右派が圧勝、保革共存政権崩壊	2002.1 ユーロ通貨の流通開始 2002.2 ドイツ、脱原発法可決 2002.3 ベルギー政府、25年までの原発全廃を決定 2002.3 スイス、国民投票で国連に加盟する方針を決定 2002.10 EU、中東欧10カ国の2004年同時加盟を勧告		2002.5 露、NATOの準加盟国となる 2002.9 チェチェン、反政府勢力が露と大規模戦闘 2002.10 モスクワでチェチェン武装勢力による人質事件

アフリカ	西アジア	南アジア・東南アジア	台湾	中国・モンゴル	韓国・北朝鮮	日本	ニュージーランド・オーストラリア・他	
					東アジア		南太平洋	
1997.4 ザイール、モブツ独裁政権崩壊、国名をコンゴ民主共和国とする	1997.5 イラン大統領に改革派のハタミが就任 1997.5 トルコ軍、クルド人を多数殺害 1997.5 アフガニスタン、ターリバーンが全土を制圧	1997.4 インドで非同盟諸国会議開催 1997.7 カンボジア、フン=セン暫定政権樹立 1997.7 ミャンマー・ラオス、ASEAN加盟		1997.2 鄧小平死去 1997.7 香港、中国に返還	1997.2 北朝鮮の黄書記、韓国に亡命 1997.10 北朝鮮、金正日が党総書記就任 1997.11 韓国の金融危機、深刻化	1997.4 消費税5%へ 1997.9 日米防衛協力のための指針(ガイドライン)に合意	1997.7 西サモア、国名をサモアと改称 1997.10 フィジー、英連邦に再加盟	1997
		1997 アジア通貨危機						1998
1998.6 エチオピア・エリトリア間で戦闘 1998.8 ケニア・タンザニアで米大使館同時爆破テロ	1998.4 パレスチナ自治、ハマスとの対立続く 1998.7 国連総会、パレスチナを加盟国とほぼ同等の地位に格上げ 1998.12 米大統領、初のパレスチナ訪問 1998.12 米英軍、イラクを空爆	1998.5 インド、地下核実験を強行 1998.6 フィリピン、エストラーダが大統領に就任 1998.5 ジャカルタで暴動発生、スハルト辞任。ハビビ大統領就任。 1998.5 パキスタン、地下核実験を強行		1998.6 北京で米中首脳会談	1998.2 韓国、金大中大統領就任(~2003) 1998.2 金大中拉致事件は韓国中央情報局の犯行と判明 1998.8 北朝鮮、太平洋にミサイル発射 1998.9 北朝鮮、金正日が国家最高位につく 1998.10 日韓首脳会談(日韓共同宣言)	1998.4 外国為替法の改正 1998.7 小渕恵三内閣成立(~2000)		1999
1999.3 ナイジェリア、大統領選挙で軍政から民政に移行 1999.6 南アフリカ大統領選、ムベキを選出	1999.2 ヨルダン、フセイン国王死去 1999.5 イスラエル首相にバラク当選	1999.4 印パ、中距離弾道ミサイル実験 1999.5 ASEAN、10カ国体制に拡大 1999.9 インドネシア、東ティモールの住民投票で独立派が勝利 1999.10 パキスタン、軍事クーデタ 1999.10 東ティモール、インドネシアから分離	1999.8 中台間緊張	1999.8 中国、新型長距離地対地ミサイルの発射実験成功 1999.12 マカオ、中国に返還	1999.1 日韓漁業協定が発効 1999.10 韓国、金大中領の「太陽政策」、国民の6割が支持	1999.5 日米防衛協力の新ガイドライン関連法 1999.8 国旗・国歌法成立 1999.11 日中韓首脳会談(マニラ)	1999.6 豪、北朝鮮と外交官会談 1999.11 豪、国民投票で立憲君主制維持を決定	2000
2000.2 ローマ教皇、エジプト初訪問 2000.5 シエラレオネ、反政府勢力が国連派遣団を人質 2000.7 OAU首脳会議、ロメで開催 2000.12 ウガンダ、エボラ出血熱猛威	2000.2 イラン、総選挙で改革勢力圧勝 2000.10 イスラエル、ヨルダン川西岸のパレスチナ自治政府を空爆	2000.3 スリランカ、テロ事件続発 2000.4 メコン川上流の自由航行、4カ国で合意 2000.6 インドネシア、パプア独立宣言を正式採択 2000.12 カシミール紛争	2000.5 陳水扁、総統に就任(~08)	2000.7 中露首脳会談、米の本土ミサイル防衛計画阻止で一致 2000.8 モンゴル、エンフバヤル新内閣発足	2000.2 露朝友好善隣新条約に調印 2000.5 北朝鮮、オーストラリアと国交開く 2000.6 金大中大統領、北朝鮮公式訪問 2000.7 北朝鮮、フィリピンと国交樹立	2000.4 森喜朗内閣成立(~01) 2000.7 九州・沖縄サミット 2000.8 国内初のクローン豚誕生	2000.9 シドニーオリンピック 2000.10 キリバスで太平洋諸島フォーラム開催	2001
2001.1 コンゴ、カビラ大統領暗殺 2001.5 ソマリア、内戦で無政府状態が続く 2001.12 ガボンとコンゴでエボラ出血熱流行	2001.3 イスラエル、首相公選で右派のシャロンが勝利 2001.3 ターリバーンがバーミヤンの仏像を破壊 2001.3 アラブ首脳会議、「アンマン宣言」採択 2001.8 イェルサレムで自爆テロ、イスラエルはパレスチナ自治区を報復攻撃 2001.10 米英軍、アフガニスタン攻撃開始 2001.11 アフガニスタン、ターリバーン政権崩壊 2001.12 イスラエルとパレスチナが実質的な戦争状態	2001.1 フィリピン、アロヨが大統領に就任 2001.7 インドネシア、ワヒド大統領弾劾で辞任、後任にメガワティ大統領	2001.12 立法院選挙で民進党が第1党。国民党大敗	2001.2 モンゴル、大寒波被害で国際支援を要請 2001.4 ダライ=ラマ14世が台湾訪問 2001.7 中国共産党、私企業家や中流層の入党を条件付きで容認 2001.10 中国、アフガニスタン国境を閉鎖	2001.5 EU首脳代表団が北朝鮮初訪問 2001.8 北朝鮮、金正日総書記訪露 2001.10 北朝鮮、IAEA視察を拒否	2001.1 中央省庁の再編、1府22省から1府12省になる 2001.4 情報公開法 2001.4 小泉純一郎内閣成立(~06) 2001.9 千葉県で国内初の狂牛病確認 2001.9 自衛艦、米空母護衛のためインド洋へ随伴出航 2001.11 自衛艦が初の軍事支援に出航		2002
2002.2 リベリア、反政府勢力が首都に迫り、非常事態宣言 2002.4 アンゴラ内戦、27年目で終結 2002.7 アフリカ連合(AU)成立。初の首脳会議、南アフリカのダーバンで開催	2002.2 イスラエル軍、ガザ侵攻 2002.6 アフガニスタン、カルザイを国家元首に選出 2002.7 イスラエル軍、ガザ空爆。米やEUなども非難 2002.9 パレスチナ自治政府内閣総辞職	2002.5 東ティモール、インドネシアから独立 2002.7 インド、イスラーム教徒のアブドル=カラムが大統領に就任 2002.10 インドネシア、バリ島で爆弾テロ、アル=カーイダと関連 2002.10 フィリピン、爆弾テロ続発 2002.11 インド、カシミール州でテロ続発	2002.1 WTOに正式加入	2002.9 日中国交回復30周年記念行事 2002.11 胡錦濤新体制が成立(~12) 2002.11 ダライ=ラマ14世がモンゴル訪問	2002.2 北朝鮮、米の「悪の枢軸」国表現に反発 2002.4 日韓、犯罪人引き渡し条約に署名 2002.5 日韓サッカー・ワールドカップ開催 2002.6 南北朝鮮の警備艇が銃撃戦 2002.9 日朝首脳会談、日朝平壌宣言	2002.2 政府、デフレ対策を発表。金融機関への公的資金の注入も確認 2002.4「ペイオフ」解禁 2002.5 経団連と日経連が統合し「日本経団連」発足 2002.10 北朝鮮による日本人拉致被害者5人が帰国	2002.2 豪、ボートピープルなど密航船で入国する難民を強制収容所に収容	

平成時代

年	国際関係	アメリカ大陸（カナダ・アメリカ合衆国・ラテンアメリカ）	西ヨーロッパ（イギリス）	西ヨーロッパ（フランス）	西ヨーロッパ（ドイツほか）	西ヨーロッパ（EU・スペインほか）	東ヨーロッパ	東ヨーロッパ（ロシア連邦・CIS）	アフリカ
2003	2003.4 国連人権委、北朝鮮への非難決議を採択　2003.5 国連安保理、イラクへの経済制裁解除を決議　2003.6 第29回サミット(エビアン、フランス)　2003.10 イラク復興支援国会議	2003.2 米、スペースシャトル空中分解　2003.3 米英軍イラク攻撃開始　2003.5 米、イラク戦争終結を宣言　2003.10 米、財政赤字過去最悪の3742億ドルとなる	2003.2 ロンドンで反戦デモ　ブレア	2003.3 米英のイラク攻撃を非難	2003.3 ドイツ、米英のイラク攻撃を非難　2003.3 EU首脳会議、イラクへの人道支援と国連主導による戦後復興を声明　2003.5 EU諮問会議、大統領制を柱とした憲法原案を公表　2003.11 蘭、イラクに特殊部隊を派遣		2003.3 セルビア、ジンジッチ首相暗殺	2003.3 露、米英のイラク攻撃を非難　2003.5 サンクト＝ペテルブルク建都300年記念行事、43カ国の首脳集う　2003.12 露、下院選で与党が圧勝	2003.7 AU首脳会議、内戦激化のリベリアに軍1300人を派遣　2003.10 リベリア、治安維持に国連軍が活動開始　2003.10 チャド、パイプラインの完成で原油輸出を開始　2003.12 リビア、核兵器開発を認め、米・英と即時撤廃に合意
2004	2004.6 第30回サミット(シーアイランド、アメリカ)　2004.7 国際司法裁判所、イスラエルが建設中の分離壁の撤去を求める　2004.11 APEC、FTA(自由貿易協定)の役割を評価して閉会	2004.2 ハイチ、アリスティド大統領が亡命、政権崩壊　2004.9 米、イラクの大量破壊兵器発見を断念　2004.11 米、大統領選ブッシュ再選		2004.1 ノルマンディー上陸60周年記念式典、独首相も参加　2004.8 アテネオリンピック		2004.4 スペイン、イラク派兵部隊を撤退　2004.5 EUに東欧10カ国が正式加盟し、25カ国体制発足　2004.6 EU基本法条約を25カ国全会一致で採択	2004.8 ポーランド、ワルシャワ蜂起60周年記念行事　2004.11 ウクライナ、大統領選の不正疑惑をめぐり抗議運動(オレンジ革命)	2004.5 チェチェン、武装勢力が大統領を暗殺　2004.9 露、北オセチアで武装勢力が学校占拠、犠牲者500人超	2004.7 アフリカ各地の紛争収拾に向けてアディスアベバでAU首脳会議を開催　2004.10 スーダン、内戦で165万人の難民が発生　2004.10 ケニアの女性環境活動家ワンガリ＝マータイ、ノーベル平和賞受賞
2005	2005.7 第31回サミット(スコットランド)	⑷³ ブッシュ　2005.8 米、巨大ハリケーンが相次ぎ上陸、甚大な被害　2005.12 ボリビア、大統領選で反米色の強い先住民族系のエボ＝モラレスが当選	2005.7 ロンドンの地下鉄・バスでイスラーム急進派による同時爆破テロ　2005.7 IRA、武装闘争を全面停止と宣言　2005.9 ロンドン同時爆破テロ	シラク　2005.11 パリの若者暴動が全国に拡大	2005.11 ドイツ、40年ぶりの大連立。メルケル政権成立	教皇ベネディクト16世(2005.4~13)　2005.6 EU憲法の批准が仏・蘭の国民投票で拒否される	2005.1 ウクライナ、親欧米派のユシチェンコが大統領就任　2005.10 ポーランド、大統領選でカチンスキ当選	プーチン　2005.3 キルギスで政変、チューリップ革命。アカエフ政権崩壊　2005.5 ウズベキスタン、反政府暴動への武力鎮圧で死者800人弱　2005.10 露、南部治安施設の襲撃をチェチェン独立派が犯行声明　2005.11 露、革命記念日を民族統一の日と改める	2005.7 エジプトで連続爆破テロ　2005.7 ケニア、部族間抗争で89人殺害
2006	2006.7 第32回サミット(サンクトペテルブルク)　2006.8 安保理、イラン核開発継続に制裁案採択　2006.10 安保理、北朝鮮に対し非軍事条項を入れて制裁決議　2006.12 潘基文が国連事務総長就任	2006.5 ブラジル、サンパウロで暴動　2006.11 ニカラグア、大統領選で革命の指導者オルテガ、大統領に復活　2006.11 エクアドル、大統領選で反米左派のコレア勝利		2006.11 新型弾道ミサイル発射実験成功	2006.5 EU、モンテネグロの独立承認　2006.9 ヴァチカン、教皇ベネディクト16世が「暴力は神の本質と両立しない」と発言。イスラーム世界は強く反発　2006.9 スウェーデン、総選挙で高福祉修正を掲げた中道右派連合が勝利		2006.6 モンテネグロ、独立宣言、セルビアは承認	2006.12 トルクメニスタン、天然ガス輸出で活況	2006.12 ソマリア内紛にエチオピアが軍事介入し、戦闘拡大
2007	2007.3 安保理、イランの追加制裁決議案採択　2007.6 第33回サミット(ハイリゲンダム、ドイツ)　2007.11 ASEAN、共同体創設に向け、10カ国首脳が憲章に署名	2007.8 米、サブプライム問題を発端に世界金融市場の混乱始まる　2007.8 ペルー、M8.2の大地震	2007.6 労働党のブラウン政権誕生(~10)　ブラウン	サルコジ　2007.5 大統領にサルコジが就任(~12)		2007.1 EU、ブルガリア・ルーマニア加盟で27カ国に拡大　2007.10 EU、政治統合への新基本条約(リスボン条約)を採択		2007.4 露、エリツィン元大統領死去	2007.9 スーダン、ダルフール紛争解決にむけて国連事務総長が入国　2007.12 アルジェリア、国連施設に爆弾テロ、67人死亡

西アジア	南アジア・東南アジア	東アジア				南太平洋
		台湾	中国	朝鮮半島	日本	
		台湾	中国・モンゴル	韓国・北朝鮮	日本	ニュージーランド・オーストラリア・他

2003

西アジア	南アジア・東南アジア	台湾	中国・モンゴル	韓国・北朝鮮	日本	南太平洋
2003.1 イスラエル、総選挙でシャロン首相率いるリクードが大勝、テロ阻止路線を続行				2003.2 韓国、盧武鉉が大統領に就任(~08)		2003.1 豪、温室効果ガス排出権取引に参加せず
2003.3 イラク戦争、米英軍攻撃開始				2003.2 北朝鮮、核施設を稼動、地対艦ミサイルの発射実験をおこなう	2003.3 小泉首相、米英のイラク攻撃を支持	2003.3 豪、対イラク参戦を閣議決定
	2003.4 フィリピン、ミンダナオ島で反政府勢力のテロ続発		2003.4 新型肺炎SARS猛威振るう(.6 終息)	2003.4 北朝鮮、核兵器保有を宣言		
2003.6 イスラエルとパレスチナの暴力の応酬続く	2003.5 インドネシア、国軍がアチェ州独立派を攻撃		2003.5 中国潜水艦事故、黄海で70名死亡	2003.6 日韓首脳会議、北朝鮮の核問題や両国の未来志向を確認	2003.6 有事関連三法成立	
2003.7 イラク、戦後復興に向けた統治評議会発足、米英軍へのゲリラ活動は活発	2003.6 インド、チベット自治区を中国領と認める			2003.8 北朝鮮、核開発問題で米露中日韓との六者協議が北京で開催	2003.8 自衛隊のイラク南部派遣と15億ドルの無償資金援助を決定	
2003.11 サウジアラビアでアル=カーイダの自爆テロおこる	2003.10 マレーシア、マハティール首相が引退		2003.10 中国、初の有人宇宙船「神船5号」打上げに成功	2003.11 韓国、今年の脱北亡命者が1000人を突破と発表	2003.11 第43回総選挙で民主党が大幅に躍進	
2003.12 フセイン元大統領拘束						

2004

西アジア	南アジア・東南アジア	台湾	中国・モンゴル	韓国・北朝鮮	日本	南太平洋
2004.1 アフガニスタン、新憲法採択、イスラーム共和政をとる	2004.1 ベトナム・タイで鳥インフルエンザ猛威、ヒト感染で死者	2004.3 総統選で陳水扁が再選		2004.1 北朝鮮、プルトニウムの所有示す	2004.2 陸上自衛隊本隊、イラクのサマワに到着	
2004.3 イスラエル軍、急進派ハマスの指導者ヤシン氏を殺害				2004.3 韓国、盧武鉉大統領弾劾案が可決、権限行使を凍結		
2004.6 イラク、暫定政府が発足、米英占領当局から権限委譲				2004.5 韓国、憲法裁判所が大統領の弾劾訴追を棄却、盧大統領は職務に復帰		
2004.7 イラク、暫定政府が治安維持できず多国籍軍の軍事展開始まる	2004.9 パキスタン、空軍がテロ訓練拠点を空爆		2004.9 中国、江沢民が引退		2004.6 年金改革法・国民保護法など有事関連7法成立	
	2004.10 インドネシア、ユドヨノ大統領就任		2004.10 モンゴル、チンギス=ハンの霊廟を発見	2004.9 北朝鮮北部の両江道で大規模爆発		
2004.10 アフガニスタン、大統領選でカルザイ当選	2004.12 インドネシア、スマトラ島沖で地震、巨大津波発生。30万人以上が死亡・行方不明		2004.10 中露首脳会議でアムール川方面の国境線が確定			
2004.11 パレスチナ自治政府、アラファト議長死去、新議長アッバス						
2004.12 イスラエル軍、ガザ侵攻						

2005

2005.2 温室効果ガス削減をめざした京都議定書が7年を経て発効

西アジア	南アジア・東南アジア	台湾	中国・モンゴル	韓国・北朝鮮	日本	南太平洋
2005.2 イラク、国民議会選挙でシーア派勝利、クルド人のタラバニが大統領に就任	2005.2 ミャンマー、軍政統行、反政府派議長を拘束		2005.4 60年ぶりに中台首脳会談			
			2005.5 首脳会議に国民の56%が満足	2005.5 北朝鮮、原子炉から核燃料棒の取り出し完了を明言	平成時代	
2005.6 イラン、大統領選で強硬派アフマディネジャド当選	2005.8 インドネシア、アチェで平和協定調印、30年間の戦争が終結		2005.5 モンゴル、大統領選でエンフバヤル初当選			
2005.8 イスラエル、ガザ入植地から完全撤退	2005.10 パキスタン、M7.7の地震、死者は8万7000人超				2005.9 第44回総選挙、自民党が圧勝し、与党が3分の2超す	
				2005.12 民間の南北直通電話60年ぶりに復活		

2006

西アジア	南アジア・東南アジア	台湾	中国・モンゴル	韓国・北朝鮮	日本	南太平洋
2006.1 パレスチナ自治区、評議会選挙でハマス勝利			2006.1 中国、GDP世界4位、英国を抜く			
2006.3 イラク、宗派対立が激化し内戦状態となる			2006.3 新五カ年計画を採択	2006.4 韓国、竹島領有権主張を強化		
2006.4 イラン、ミサイル試射成功、核技術保有を発表	2006.5 インドネシア、ジャワ島で大地震、死者5000人超			2006.7 北朝鮮、ミサイル7発を日本海に向けて発射		2006.5 トンガ、M8.1の地震発生
2006.4 パレスチナ自治区、ハマス新内閣に反対の米・EUが経済支援を停止					2006.9 北朝鮮のミサイル発射で金融制裁を発動	
2006.7 イスラエル、ヒズボラに対抗してレバノン南部に侵攻	2006.9 タイ、軍事クーデタ、スラユット内閣発足				2006.9 安倍晋三内閣成立(~07)	2006.10 太平洋諸島首脳会議
2006.11 イスラエル、パレスチナ自治政府と停戦合意	2006.11 ネパール、11年続いた内戦終結			2006.10 北朝鮮、プルトニウム型で地下核実験		
2006.12 フセイン元大統領処刑					2006.12 防衛庁、「省」に移行決定	

2007

西アジア	南アジア・東南アジア	台湾	中国・モンゴル	韓国・北朝鮮	日本	南太平洋
2007.1 パレスチナ自治区、ハマス対ファタハの抗争激化	2007.3 スリランカで内戦激化		2007.1 中国、前年度国内総生産10.7%成長	2007.4 北朝鮮、ミャンマーと国交回復	2007.4 中国の温家宝首相来日	2007.4 ソロモン諸島沖地震。津波の被害甚大
			2007.5 南北連結鉄道、56年ぶりに開通		2007.5 年金問題発覚	
					2007.7 参院選で民主党が初の第1党となる	
					2007.9 福田康夫内閣成立(~08)	
						2007.12 豪、ラッド首相就任(~10)

年	国際関係	アメリカ大陸（カナダ・アメリカ合衆国・ラテンアメリカ）	西ヨーロッパ（イギリス）	西ヨーロッパ（フランス）	西ヨーロッパ	東ヨーロッパ	東ヨーロッパ（ロシア／ロシア連邦・CIS）	アフリカ
2008	2008.2 東京G7開催 2008.7 第34回サミット（北海道洞爺湖） 2008.9 安保理、イラン制裁を全会一致で採択 2008.11 国連白書、世界人口を67億と発表	2008.2 キューバ、カストロ議長退任	2008.1 脱原発政策を転換			2008.2 セルビア、コソヴォ自治州が独立宣言、セルビアは抗議、米中EU諸国は独立承認、露は不承認 2008.8 露とグルジア、南オセチア自治州の独立を巡り軍事衝突	2008.5 メドヴェージェフ大統領就任、首相はプーチン	
	→ **2008.9 米、巨大証券・投資銀行リーマン＝ブラザーズ破綻、世界的金融危機に（リーマン＝ショック）**							
2009	2009.2 世界中で経済危機が深刻化、同時株安、通貨暴落 2009.4 ロンドンG20 2009.7 第35回サミット（ラクイラ、イタリア）	2008.9 ニューヨークダウ史上最大の株価暴落777ドル安 2008.11 米、大統領選で黒人系のバラク＝オバマ当選 2008.12 米、初のゼロ金利 ㊹オバマ（民、2009.1〜17） 2009.2 米、イラク撤退とアフガンへの増派を表明 2009.3 エルサルバドル、旧ゲリラ系左派が大統領選に勝利 2009.4 米州サミット、南北連携を約す 2009.4 米、GMとクライスラーが経営破綻 2009.10 オバマ、ノーベル平和賞受賞	ブラウン 2008.11 消費税を17.5%から15%に引き下げ 2009.3 「真のIRA」が英軍基地襲撃 2009.11 英連邦はルワンダの加盟で54カ国となる	2009.1 大規模ストライキ、構造改革に抗議 2009.3 NATO軍事機構に43年ぶりに復帰 2009.4 労組の企業経営者監禁事件が続発	2008.12 ドイツ、温室ガス削減京都議定書の目標を達成 2009.4 伊、中部でM6.8の地震が発生 2009.5 教皇が中東を歴訪 2009.11 EU、初代大統領にベルギー首相のファンロンパイ就任 2009.12 EU、リスボン条約発効	2008.10 コソヴォ独立をモンテネグロとマケドニアが承認 2008.12 ギリシア、経済政策不満の暴動発生	2009.1 露、ウクライナ向け天然ガス供給を停止 2009.2 キルギス、米空軍基地閉鎖 2009.4 アルバニアとクロアチア、NATOに加盟、加盟国は28となる 2009.11 露、列車テロで多数の死傷者	2008.11 ソマリア、近海で海賊行為続発 2008.11 コンゴ、東部で再び内戦 2009.3 国際刑事裁判所、ダルフール紛争でスーダン大統領に逮捕状 2009.5 チャド、反政府勢力が政府軍と戦闘247人が死亡 2009.11 ルワンダ、英連邦加盟が認可
2010	2010.1 ギリシアの財政危機で世界株安鎮圧 2010.6 第36回サミット（ムスコカ、カナダ）、G20も同地で開催 2010.11 APEC首脳会議（横浜） 2010.12 COP16（メキシコ）、「カンクン合意」を採択、温暖化対策のポスト京都議定書へ新体制	2010.1 ハイチ、M7の地震発生 2010.4 米、自動車ビッグ3の再建が進展 2010.4 メキシコ湾で海底油田流出事故 2010.7 米、金融規制法が成立 2010.9 米、イラクの戦闘任務終了	サルコジ 2010.3 イスラエル外交官に国外退去を命令 2010.5 総選挙で13年ぶりに保守党が勝利、キャメロン首相就任（〜16）	2010.9 ブルカ禁止法成立、11年4月施行	2010.4 アイスランド、火山噴火で航空網混乱 2010.5 EUとIMF、ギリシアに14兆円を融資 2010.5 ポルトガルとスペイン、財政赤字が拡大 2010.10 スイス、世界最長（57km）のアルプス貫通トンネル開通 2010.11 アイルランド、財政危機		メドヴェージェフ 2010.3 露、モスクワ地下鉄連続爆破テロ 2010.4 キルギスで政変、バキエフ大統領辞任 2010.6 キルギス南部で民族衝突 2010.11 露大統領が国後島を初訪問	2010.5 スーダン、反政府組織との戦闘激化160人死亡 2010.11 ソマリア、首都で戦闘 2010.11 ギニア、初の民主的選出による大統領選でコンデ当選
2011	2011.2 米露間の新START発効 2011.5 第37回サミット（ドーヴィル、フランス） 2011.8 G8、為替市場の安定化へ向けた緊急声明 2011.10 国連白書、世界人口が70億人に達したと発表	2011.1 米中首脳会談 2011.4 キューバのカストロ、全公職を退く 2011.5 米、ビン＝ラーディン容疑者をパキスタンで急襲し殺害 2011.7 米宇宙船スペースシャトルが引退 2011.10 不況格差デモが全米に拡大 2011.12 米軍がイラクから完全撤退 ㊹オバマ	2011.4 ウィリアム王子とキャサリン妃が結婚 2011.8 ロンドンで若者による暴動発生	2011.9 核施設で爆発、放射能漏れはなし	2011.7 ドイツ、連邦議会が2022年脱原発を可決 2011.7 ノルウェー、極右民族主義者による連続爆発、銃乱射テロ発生 2011.10 ギリシア、緊縮策への抗議ゼネストが拡大 2011.12 ベルギー、連立政権成立難航による政治空白が541日で終わる	2011.1 EU、旧ソ連圏で初めてエストニアがユーロ導入 2011.5 アイスランド、火山の噴煙で全空港閉鎖 2011.10 デンマーク、ヘレ＝トーニング＝シュミット初の女性首相となる	2011.1 モスクワのドモジェド空港で北カフカス系による爆弾テロ 2011.11 露・カザフスタン・ベラルーシが経済的統合宣言条約に署名、「ユーラシア連合」創設めざす 2011.12 露、下院選挙での不正疑惑を元端にロシア反政府運動が発生	2011.1 チュニジア、23年続いたベンアリ大統領の強権政治が大規模デモで崩壊（ジャスミン革命） 2011.2 「エジプト革命」ムバラク大統領辞任 2011.7 南スーダン独立 2011.8 リビア、カダフィ政権崩壊
2012	2012.3 教皇ベネディクト16世がメキシコ・キューバを訪問 2012.5 第38回サミット（キャンプ＝デーヴィッド）	キャメロン 2012.8 米、シェールオイルの増産進む 2012.11 米、オバマ再選 ㊹オバマ	2012.5 エリザベス女王在位60周年祝賀会 2012.7 ロンドンオリンピック	2012.5 大統領選でオランドがサルコジを破り当選	2012.2 EU、ギリシアへの追加支援実行に合意		2012.5 露、プーチン政権発足 2012.7 露、メドヴェージェフ首相が国後島訪問 2012.8 露、WTOに加盟	2012.3 マリ、軍部隊がクーデタ、憲法停止 2012.6 エジプト、大統領選はイスラーム系のモルシが当選 2012.8 ソマリア、内戦21年で正式政府が発足
2013	2013.6 第39回サミット（ロックアーン、英・北アイルランド） 2013.10 欧州合同原子核研究機構、2012年発見の新粒子をヒッグス粒子と確定	2013.3 ベネズエラのチャベス大統領死去 2013.4 ボストンマラソン爆弾テロ 2013.6 米、当局の通信監視が発覚	2013.1 ロンドン地下鉄、開業150周年	オランド	教皇フランシスコ（2013.3〜）、初の中南米出身教皇 2013.4 オランダ国王にウィレムが即位 2013.7 スペインの列車脱線事故で70人以上死亡 2013.7 ベルギー国王にフィリップが即位 2013.9 ドイツ総選挙で与党が勝利	2013.7 クロアチア、EUに加盟	プーチン 2013.2 露、チェリャビンスク州に隕石が落下	2013.1 フランスがマリに軍事介入 2013.7 エジプト、モルシ大統領解任 2013.9 ケニア、商業施設襲撃事件 2013.12 マンデラ元南アフリカ大統領死去

西アジア	南アジア・東南アジア	東アジア				南太平洋	
		台湾	中国	朝鮮半島	日本		
		台湾	中国・モンゴル	韓国・北朝鮮	日本	ニュージーランド・オーストラリア・他	
	2008.2 パキスタン総選挙 2008.4 ネパール、共産党毛沢東主義派が第1党となり、王政廃止決定 2008.5 ミャンマー、巨大サイクロン。死者12万人	2008.5 総統に馬英九	2008.2 中国、中南部に歴史的大寒波 2008.3 中国、チベット自治区、反政府デモ激化、ラサは騒乱 2008.5 中国、四川省で大地震。死者6万8000人 2008.8 北京オリンピック	2008.2 韓国、李明博が大統領に就任(~13)	2008.7 洞爺湖サミット	2008.2 豪、アボリジニー差別政策を政府が初謝罪 2008.6 ニュージーランド、英国人の入植地を先住民に返還	2008
	2008.9 パキスタン、大統領にザルダリ就任 2008.10 タイとカンボジア、世界遺産の寺院の領有を争い交戦				2008.9 麻生太郎内閣成立(~09) 2008.10 ノーベル物理学・化学賞で日本人4人が同時受賞 2008.12 初の日中韓首脳サミット開催、金融連携を確認		2009
2009.1 イスラエル、ガザに地上攻撃、死者は1000人を超す 2009.3 イスラエル、ネタニヤフ政権が発足 2009.6 イラク、爆弾テロが激化	2009.3 スリランカ、内戦で市民2800人以上が死亡 2009.4 タイ、反政府デモでASEAN首脳会議中止 2009.4 タイとカンボジア、遺跡領有権で再交戦 2009.8 アフガニスタン、大統領選でカルザイ再選 2009.10 インドネシア、スマトラ沖でM7.5の地震発生	2009.10 馬総統が国民党主席に就任	2009.1 中国、2007年のGDPが世界3位となる 2009.3 チベット自治区で自治要求の暴動 2009.5 モンゴル、大統領選でエルベグドルジが当選 2009.7 中国、新疆ウイグル自治区で反政府暴動	2009.1 北朝鮮、韓国に「南北対立解消のための全合意」無効を宣言 2009.4 北朝鮮、国連のミサイル非難で六カ国協議を脱退 2009.5 北朝鮮、2度目の核実験 2009.9 北朝鮮、ウラン濃縮に成功と発表	2009.2 日米外相が「沖縄駐留海兵隊のグアム移転に関する協定」に調印 2009.3 自衛隊法に基づき護衛艦をソマリア沖に派遣 2009.5 GDPが年率15.2%減少、戦後最大の減少率 2009.8 第45回総選挙、民主党が圧勝 2009.9 民主党中心の鳩山由紀夫連立内閣成立(~10)	2009.10 豪、アフガニスタンやスリランカからの難民船止まず	2010
2010.3 アフガニスタン、ターリバーンのテロ続く 2010.6 アフガニスタン、和平ジルガ(国民会議)開催も戦況は泥沼化 2010.7 イラク、バグダードでテロ続発 2010.9 イスラエル、パレスチナと直接和平交渉を再開 2010.12 イスラエル、ガザ砲撃	2010.4 タイ、バンコクで軍とタクシン元首相派が衝突 2010.5 フィリピン、大統領選でアキノ当選 2010.10 インドネシア、スマトラ沖でM7.7の地震発生 2010.11 ミャンマー、アウン=サン=スー=チー7年半ぶりに解放		2010.4 中国、青海省チベット自治州でM7.1の地震 2010.5 劉暁波がノーベル平和賞を受賞 2010.11 中国、スパコン「天河1号」、初の世界最速	2010.5 韓国、3月の韓国軍哨戒艦沈没は北朝鮮軍の魚雷によると断定 2010.11 北朝鮮、韓国の大延坪島を砲撃 2010.12 韓国、米韓自由貿易協定「FTA」で合意	2010.3 沖縄返還時の日米核密約の存在が確認される 2010.6 菅直人内閣成立(~11)、民主党主導の連立政権 2010.6 小惑星探査機「はやぶさ」、7年ぶりに帰還 2010.7 参院選で民主敗北 2010.9 尖閣諸島沖で中国漁船が巡視船に衝突 2010.10 日銀、ゼロ金利復活	2010.6 豪、女性首相ギラード就任(~13)	2011
2011.1 イラク、アル=カーイダ系テロが続発、多数の死傷者 ■2011.1 民主化運動 「アラブの春」広がる 2011.5 パレスチナ自治区、ファタハとハマスが和解 2011.6 イエメン、ハンド部族と政府軍の戦闘激化 2011.8 シリア、反体制デモ 2011.8 アフガニスタン、ターリバーンのテロ続発	2011.2 タイ・カンボジア、国境紛争 2011.7 タイ、総選挙で5党連立体制が承認され、インラックが初の女性首相となる 2011.9 パキスタン、アル=カーイダのテロ続発 2011.10 タイ、洪水被害が拡大		2011.1 中国、GDPが2けた成長、日本を抜き世界第2位へ 2011.2 中国、「ジャスミン革命」を謳う人権デモ拡大に政府が警戒態勢 2011.6 中国、消費者物価5%超上昇。エネルギー消費、米国を抜き1位	2011.4 カーター元米大統領、北朝鮮を訪問 2011.8 北朝鮮、軍事境界線へ砲撃、韓国軍も応射 2011.12 北朝鮮、金正日総書記死去 金正恩体制を宣言	平成時代 2011.3 東日本大震災、M9の地震と巨大津波で東北沿岸が壊滅的被害 2011.3 福島第一原発の事故、30km以内の住民は避難 2011.4 福島第一原発、最悪の「レベル7」、チェルノブイリ事故級の規模と発表 2011.7 37年ぶりの電力使用制限令 2011.7 アナログ放送から地上デジタル放送へ移行 2011.8 円の為替相場が戦後最高値の75円台となる 2011.9 野田佳彦内閣成立(~12) 2011.9 台風12号の豪雨被害	2011.2 ニュージーランド、クライストチャーチでM6.3の地震 2011.5 豪、国際司法裁判所に日本の調査捕鯨廃止を求める書面提出 2011.11 豪、炭素税を導入	2012
2012.1 イラク、シーア派への過激テロ続発 2012.2 アフガニスタン、各地で抗議デモやテロが続発 2012.2 イエメン、アル=ハーディーが大統領に就任 2012.7 シリア、内戦激化 2012.11 国連総会でパレスチナ自治政府をオブザーバー国家に承認	2012.1 ミャンマー、政府がカレン民族同盟と60年ぶりに停戦合意 2012.4 ミャンマー、アウン=サン=スー=チーの国会議員当選や民主化の進展で各国の制裁が緩和 2012.4 スマトラ島でM8.7の大地震発生 2012.5 フィリピン、南シナ海の領有権問題で中国と相互非難	2012.1 総統選は馬英九が再選	2012.1 中国、汚職などの規律違反で党員14万人を処分 2012.9 中国で反日活動が激化 2012.11 習近平が総書記に就任	2012.3 韓国、米とのFTA発効 2012.3 北朝鮮、ミサイル発射を予告し金正恩体制を誇示 2012.8 韓国、李大統領が竹島(独島)に上陸	2012.1 2011年貿易収支、31年ぶりに赤字を算出 2012.5 国内全原発が停止 2012.5 金環日食を観測 2012.5 東京スカイツリー開業 2012.6 原子力規制委員会法成立 2012.12 第46回総選挙、自民党躍進 2012.12 安倍晋三内閣成立(~20)		2013
2013.8 イラン、大統領にロハニ師就任	2013.10 ASEAN首脳会議(ブルネイ) 2013.11 フィリピン、台風の直撃で死者・行方不明者約7000人		2013.3 習近平総書記が国家主席に就任 2013.6 習近平国家主席が就任後初訪米 2013.11 尖閣諸島を含む東シナ海の上空を防空識別圏に設定 2013.12 無人月探査機が月面着陸に成功	2013.2 北朝鮮が3回目の核実験 2013.2 朴槿恵が韓国女性初の大統領に就任(~16) 2013.6 朴槿恵大統領が訪中	2013.9 2020年夏季オリンピックの開催都市が東京に決定 2013.12 特定秘密保護法が成立		

	国際関係	アメリカ大陸（カナダ・アメリカ合衆国・ラテンアメリカ）	イギリス	フランス	西ヨーロッパ	東ヨーロッパ	ロシア（ロシア連邦・CIS）	アフリカ
2014	2014.6 第40回サミット（ブリュッセル）	2014.4 オバマ大統領が日・韓・マレーシア・フィリピンを訪問 2014.8 ミズーリ州で白人警察官が黒人青年を射殺			2014.6 スペイン新国王にフェリペ6世即位 2014.9 スコットランド、イギリスからの独立が住民投票で否決される	2014.1 ラトヴィアがユーロ導入 2014.2 ウクライナ騒乱（ユーロ・マイダン革命） 2014.6 ウクライナ、ポロシェンコが大統領に就任 2014.7 マレーシア航空機がウクライナ上空で撃墜	2014.3 露がクリミア自治共和国の編入を強行	2014.8 西アフリカでエボラ出血熱感染拡大
2015	2015.6 第41回サミット（エルマウ、ドイツ） 2015.9 「持続可能な開発のための2030アジェンダ」国連採択 2015.12 COP21でパリ協定採択	㊹オバマ 2015.7 米とキューバが54年ぶりに国交回復 2015.10 アトランタでTPP閣僚会合、参加12カ国が大筋合意	キャメロン 2015.5 総選挙で保守党が過半数獲得	オランド 2015.1 シャルリー・エブド襲撃事件 2015.11 パリ同時多発テロ	2015.1 ギリシア総選挙で反緊縮財政を掲げる急進左派連合が勝利 2015.8 ヨーロッパで難民問題が深刻化	2015.1 リトアニアがユーロ導入 2015.2 ウクライナ東部で停戦発効		2015.1 ナイジェリアでイスラーム過激派ボコ＝ハラムが2000人以上を殺害 2015.3 ボコ＝ハラムが「イスラム国」（IS）へ忠誠を表明
2016	2016.4 パナマ文書公開 2016.5 第42回サミット（伊勢志摩） 2016.7 Pokémon GOがサービス開始 2016.9 バハマ文書公開	2016.3 オバマがキューバ訪問、大統領としては88年ぶり 2016.5 オバマが広島訪問、大統領として史上初 2016.7 米、警官による黒人射殺事件が相次ぐ 2016.8 リオデジャネイロオリンピック開催 2016.10 コロンビア、サントス大統領がノーベル平和賞を受賞	2016.6 EU離脱をめぐる国民投票で離脱多数 2016.7 メイが首相に就任（～19）		2016.3 ブリュッセルで爆弾テロ 2016.7 ドイツ、ミュンヘン銃撃事件が発生 2016.12 伊、憲法改正案が否決されレンツィ首相が辞任			
2017	2017.1 グテーレス（ポルトガル）が国連事務総長に就任 2017.5 第43回サミット（タオルミーナ、伊） 2017.7 国連、核兵器禁止条約採択 2017.11 米国を除く11カ国でTPP大筋合意	2017.1 ㊺トランプ（共、2017.1～21）。TPP離脱を表明 2017.6 米、パリ協定からの離脱を正式表明 2017.10 ラスベガス銃乱射事件。米、ユネスコ脱退を発表 2017.11 トランプ大統領が日・韓・中を訪問	2017.3 国会議事堂付近でテロ事件 2017.5 マンチェスター＝アリーナで爆破テロ事件 2017.6 ロンドン中心部でテロ事件 2017.6 総選挙、与党保守党は単独過半数に届かず	2017.5 マクロンが大統領に就任 2017.6 国民議会選挙でマクロン派が勝利	2017.6 アイルランド、バラッカーが首相に就任 2017.8 バルセロナでテロ 2017.9 スイス、食料安全保障を憲法に明記することを国民投票で可決 2017.10 スペイン、カタルーニャの住民投票で独立賛成が多数	2017.5 セルビア、ブチッチが大統領に就任	プーチン	2017.5 WHOがコンゴでのエボラ出血熱発生を発表 2017.6 カメルーンやナイジェリアでボコ＝ハラムによるテロ事件が相次ぐ 2017.6 ソマリア、アル＝シャバブによる爆破テロが相次ぐ
2018	2018.3 チリでTPP11協定署名 2018.6 第44回サミット（シャルルボワ、カナダ）	2018.6 トランプ大統領、パリ協定離脱を表明 2018.7 米、対中追加関税措置を発表 2018.11 米・加・墨がNAFTAにかわるUSMCA協定に署名	メイ	2018.10 黄色いベスト運動が始まる		2019.5 ウクライナ、ゼレンスキーが大統領に就任	2018.3 プーチン大統領再選 2018.7 米露首脳会談	2018.4 スワジランド王国が現地語「エスワティニ王国」に改名
2019	2019.8 第45回G7主要国首脳会議（ビアリッツ、仏） 2019.12 原因不明の肺炎患者の発生を武漢市疾病予防センターが公表	㊺トランプ 2019.2 米、INF全廃条約からの離脱を正式に宣言 2019.8 中距離核戦力全廃条約が失効 2019.10 カナダ総選挙 2019.12 下院でトランプ大統領の弾劾訴追を可決	2019.7 EU離脱推進派のジョンソンが首相に就任（～22.9）	マクロン 2019.4 ノートルダム大聖堂で火災	2019.2 メルケル首相が来日 2019.4 スペイン総選挙			2019.3 エチオピア、航空機墜落事故
2020	2020.2 新型コロナウイルス、世界各地に広がる 2020.3 WHOが新型コロナウイルス感染拡大をパンデミック（世界的流行）相当と判断 2020.6 第46回G7主要国首脳会議（キャンプデービッド、米）中止	2020.5 黒人暴行死、デモ全米に拡大	ジョンソン 2020.1 英国がEU離脱 2020.12 英EU貿易協定合意			2020.3 北マケドニア、NATO加盟	2020.7 露、憲法改正	
2021								

西アジア	南アジア・東南アジア	東アジア 台湾	東アジア 中国・モンゴル	東アジア 韓国・北朝鮮	東アジア 日本	南太平洋 ニュージーランド・オーストラリア	
							2014
2014.6 イラク北部でスンナ派武装組織が「イスラム国」(IS)樹立を宣言 2014.7 イスラエル軍がガザ侵攻 2014.8 米軍が「イスラム国」(IS)を空爆	2014.5 ベトナムで反中デモ 2014.5 タイ、軍がクーデタを宣言し憲法停止 2014.10 パキスタンのマララ＝ユスフザイがノーベル平和賞を受賞 2014.10 インドネシアでウィドドが大統領に就任		2014.3 雲南省でテロ 2014.4 新疆ウイグル自治区で爆発事件 2014.7 習近平が訪韓 2014.9 香港で学生による反政府デモが発生(雨傘革命) 2014.11 日中首脳会談	2014.3 北朝鮮が日本海へノドン発射 2014.4 韓国、客船セウォル号沈没事故	2014.3 国際司法裁判所が南極海での調査捕鯨に中止判決 2014.4 消費税5%から8%へ 2014.6 富岡製糸場と絹産業遺産群が世界遺産に登録 2014.7 集団的自衛権の行使を認める憲法解釈の変更を閣議決定 2014.9 御嶽山の噴火で50人以上死亡 2014.10 赤崎勇・天野浩・中村修二がノーベル物理学賞を受賞 2014.12 第47回総選挙、与党自民党勝利		
							2015
2015.2 イエメンでシーア派武装勢力フーシがクーデタ、内戦状態へ 2015.9 メッカ近郊で群衆事故、2000人以上死亡 2015.11 トルコ総選挙、与党圧勝	2015.3 リー＝クアンユー元大統領死去 2015.4 ネパールでM7.8の大地震発生 2015.5 バンコクでテロ 2015.11 ミャンマー総選挙で国民民主連盟が大勝		2015.10 一人っ子政策廃止 2015.11 習近平・馬英九が中台分断後初の首脳会談 2015.12 アジアインフラ投資銀行(AIIB)が発足	2015.5 韓国、MERS感染が拡大 2015.12 従軍慰安婦問題で日韓両政府が合意	2015.3 北陸新幹線開業 2015.4 日米ガイドラインに合意 2015.6 改正公職選挙法で選挙年齢を満18歳以上に引き下げ 2015.8 戦後70年の安倍談話 2015.9 集団的自衛権の行使を認める安全保障関連法案が可決・成立 2015.10 大村智がノーベル生理・医学賞を受賞。梶田隆章が物理学賞を受賞	2015.9 豪、ターンブルが首相に就任(~18)	
							2016
2016.4 シリア総選挙、アサド率いる与党圧勝 2016.7 トルコ、軍の一部によるクーデター未遂事件 2016.9 ウズベキスタン、カリモフ大統領が死去 2016.12 露の駐トルコ大使がアンカラでトルコ人警察官に銃撃され死亡	2016.5 フィリピン、ドゥテルテが大統領に就任 2016.5 バングラデシュ、ダッカで「イスラム国」(IS)による銃撃テロ事件、日本人7人死亡 2016.10 タイ国王ラーマ9世が死去 2016.12 タイ国王ラーマ10世が即位	2016.5 蔡英文が女性初の台湾総統に就任	2016.9 杭州でG20開催	2016.1 北朝鮮「水爆実験実施」発表 2016.2 北朝鮮がミサイル発射実験を数カ月にわたり繰り返す 2016.9 北朝鮮「核実験実施」発表 2016.11 韓国、朴槿恵大統領の職務停止	2016.3 北海道新幹線開業 2016.4 熊本でM6.5とM7.3の大地震発生 2016.7 天皇が生前退位の意向を示す 2016.7 相模原障害者施設殺傷事件 2016.10 大隅良典がノーベル生理学賞を受賞 2016.11 113番元素の名称が「ニホニウム(元素記号Nh)」に決定 2016.12 オスプレイが名護市沿岸で墜落 2016.12 安倍首相が真珠湾を訪問	2016.3 ニュージーランド、国旗変更が国民投票で否決 2016.12 ニュージーランド、イングリッシュが首相に就任	
					平成時代		2017
2017.4 アメリカ軍がシリアを空爆 2017.4 トルコ、憲法改正案を問う国民投票、大統領の権限が強化 2017.5 イラク、「イスラム国」(IS)による爆弾テロが相次ぐ 2017.6 アフガニスタン、ターリバーンによるテロが相次ぐ 2017.7 イラク、政府軍が「イスラム国」(IS)の最大拠点の奪還を発表 2017.9 イラン、新型弾道ミサイルの発射実験	2017.5 東ティモール、グテレスが大統領に就任 2017.5 フィリピン、南部ミンダナオ島全域に戒厳令 2017.9 ミャンマー、ロヒンギャ族の難民問題が深刻化 2017.11 フィリピン、ドゥテルテ大統領訪日		2017.4 米中首脳会談	2017.2 金正男暗殺 2017.2 北朝鮮のミサイル発射実験が続く 2017.5 韓国、文在寅が大統領に就任(~22) 2017.9 北朝鮮が6度目の核実験実施 2017.11 米が北朝鮮をテロ支援国家に再指定	2017.2 ワシントンにて日米首脳会談 2017.6 共謀罪を含む改正組織的犯罪処罰法が成立 2017.7 EUとの経済連携協定(EPA)で大枠合意。宗像・沖ノ島が世界遺産に登録 2017.10 立憲民主党が結成。第48回総選挙、与党自民党勝利 2017.11 トランプ米大統領が来日	2017.10 ニュージーランド、労働党アーダーンが首相に就任(~23)	
							2018
2018.6 トルコ、エルドアン大統領が再選、翌月に憲法改正で大統領権限を強化	2018.1 ASEANの域内関税が0になる 2018.9 インドネシア中部スラウェシ島で大地震 2018.10 インドネシア、航空機墜落事故		2018.3 中国が国家主席の任期を撤廃 2018.7 中国、米への報復関税発動 2018.10 日中首脳会談 2018.12 米中首脳会談	2018.2 日韓首脳会談。平昌オリンピック 2018.4 南北首脳会談(5月、9月にも) 2018.6 米朝首脳会談 2018.11 慰安婦財団の解散を発表 2018.12 韓国駆逐艦が自衛隊機に火器管制レーダーを照射	2018.4 日米首脳会談(9月にも) 2018.6 成人年齢が18歳へ 2018.6 長崎キリシタン関連遺産が世界文化遺産に登録 2018.7 オウム真理教事件の死刑を執行 2018.7 統合型リゾート実施法が成立 2018.9 北海道胆振東部地震 2018.11 辺野古沿岸部埋め立て再開 2018.12 改正出入国管理法が成立 2018.12 IWCからの脱退を正式発表	2018.8 豪、モリソンが首相に就任(~23)	
							2019
2019.4 イスラエル議会総選挙	2019.3 タイ総選挙 2019.4 インド総選挙 2019.4 インドネシア総選挙 2019.4 スリランカ同時爆発事件		2019.1 中国の嫦娥4号が史上初めて月の裏側に着陸 2019.3 香港で逃亡犯条例改正案に抗議する大規模デモが始まる 2019.9 香港で逃亡犯条例改正案を撤回	2019.2 米朝首脳会談 2019.4 露朝首脳会談	2019.1 日露首脳会談 2019.2 日本・EU経済連携協定が発効 2019.2 探査機・はやぶさ2が小惑星リュウグウに着陸 2019.4 日米首脳会談 2019.5 徳仁親王が即位、令和に改元 2019.5 トランプ米大統領が来日 2019.7 商業捕鯨が31年ぶりに再開 2019.10 消費税が8%から10%へ 2019.10 天皇徳仁の即位礼正殿の儀 2019.10 首里城の正殿などが火災で焼失 2019.11 教皇フランシスコが来日	2019.3 ニュージーランド、モスクでの銃乱射事件 2019.5 オーストラリア総選挙	
							2020
2020.1 イラン革命防衛隊司令官殺害事件 2020.2 米とタリバンが和平合意 2020.8 レバノン首都で大爆発 2020.8 イスラエル、UAE国交正常化 2020.9 アゼルバイジャンとアルメニアが大規模な軍事衝突	2020.6 中印国境紛争 2020.8 タイ、大規模デモ	2020.1 総統選、蔡英文氏が再選	2020.6 中国、香港国家安全維持法		令和時代 2020.2 一斉臨時休校 2020.3 東京オリンピック1年延期が決定 2020.4 新型コロナで緊急事態宣言 2020.7 西日本を中心に豪雨災害 2020.9 菅義偉内閣成立(~21) 2020.10 日本学術会議の新規会員任命問題が表面化 2020.12 はやぶさ2のカプセル回収		
							2021

	国際関係	アメリカ大陸 カナダ・アメリカ合衆国・ラテンアメリカ	西ヨーロッパ イギリス	フランス	（西ヨーロッパ）	東ヨーロッパ ロシア ロシア連邦・CIS	アフリカ
2021	2021.1 核兵器禁止条約発効 2021.6 第47回G7主要国首脳会議（コーンウォール、英） 2021.10 COP26、「グラスゴー合意」を採択	2021.1 米、合衆国議会議事堂襲撃事件 2021.1 ㊻バイデン（民、2021.1〜　） 2021.4 日米首脳会談 2021.6 米露首脳会談 2021.7 ハイチ、モイーズ大統領暗殺 2021.8 ハイチ、M7.2の地震発生 2021.9 エルサルバドルが法定通貨としてビットコインを導入 2021.10 真鍋淑郎がノーベル物理学賞を受賞			2021.7 西ヨーロッパで記録的な豪雨 2021.12 ドイツ、社会民主党ショルツ政権成立	2021.1 ロシア反政府運動の指導者であるアレクセイ・ナワリヌイがロシア当局に拘束される 2021.10 露、独立系紙「ノーバヤ・ガゼータ」編集長のドミトリー・ムラトフ氏がノーベル平和賞を受賞	2021.9 ギニアでクーデター
2022	2022.6 第48回G7主要国首脳会議（エルマウ、独）	㊻バイデン	ジョンソン 2022.6 エリザベス女王在位70年記念式典 2022.9 トラスが首相に就任（〜22.10）チャールズ3世（2022.9〜） 2022.10 スナクが首相に就任	マクロン 2022.4 マクロン大統領再選		プーチン 2022.2 露、ウクライナ侵攻 2022.9 露、北方四島交流と自由訪問の合意の破棄を発表	2022.1 ブルキナファソでクーデター
2023	2023.5 新型コロナウイルス感染症の緊急事態宣言終了をWHOが発表 2023.5 第49回G7主要国首脳会議（広島、日）	2023.1 ブラジル、ルーラが大統領に就任		2023.4 フィンランド、NATOに正式加盟	2023.1 クロアティア、ユーロ導入。シェンゲン協定に加盟		2023.4 スーダンで戦闘が激化

西アジア	南アジア・東南アジア	東アジア				南太平洋	
		台湾	中国	朝鮮半島	日本		
		台湾	中国・モンゴル	韓国・北朝鮮	日本	ニュージーランド・オーストラリア	2021
2021.2 スエズ運河封鎖事故	2021.1 インドネシア、M6.2の地震発生 2021.2 ミャンマー、クーデタで軍部が政権掌握			2021.1 北朝鮮、金正恩が党総書記に就任	2021.1 2度目の緊急事態宣言 2021.1 大学入学共通テストを開始		
2021.4 ガザ衝突、停戦で合意 2021.5 イラン、反米・保守強硬派のエブラヒム=ライシが大統領就任					2021.4 福島第一原発の処理水の海洋放出が決定 2021.4 3度目の緊急事態宣言		
2021.8 ターリバーンがアフガニスタン全土を支配下に置いたと宣言 2021.8 米軍のアフガニスタン撤退が完了 2021.10 ドバイ国際博覧会が開幕 2021.10 スーダンで軍事クーデタ	2021.10 フィリピン、インターネットメディア「ラップラー」のマリア・レッサ氏がノーベル平和賞を受賞		2021.7 中国中部で記録的な豪雨 2021.7 中国共産党創設100年の祝賀式典		2021.7 熱海市で大規模な土石流が発生 2021.7 東京オリンピック開催 2021.10 岸田文雄内閣成立 2021.10 第49回総選挙、与党勝利		
							2022
			2022.1 中国・日本・オーストラリアなど10カ国の地域的包括的経済連携(RCEP)協定が発効 2022.2 北京オリンピック	2022.5 韓国、尹錫悦が大統領に就任 2022.6 韓国、初の国産ロケット「ヌリ号」の打ち上げ成功 2022.10 韓国、梨泰院群衆事故	令和時代	2022.3 ウクライナの首都の呼称を「キエフ」から「キーウ」に変更すると外務省が発表 2022.5 日米豪印4カ国(QUAD)の首脳会合を東京で開催 2022.6 外国人観光客の受け入れを約2年ぶりに再開 2022.6 岸田首相がNATO首脳会合に出席 2022.7 安倍晋三元首相銃撃事件 2022.7 参議院選挙で自民党圧勝 2022.8 東京オリンピック・パラリンピック競技大会組織委員会の公式ライセンス商品を巡る不正疑惑で容疑者を逮捕	2022.1 トンガで大規模な噴火 2022.5 豪、アルバニージーが首相に就任
							2023
2023.2 トルコ・シリア大地震 2023.3 イランとサウジアラビア、中国の仲介で国交正常化 2023.5 シリア、アラブ連盟に復帰	2023.4 インド、中国の人口を上回る		2023.3 ホンジュラス、中華民国(台湾)と断交	2023.5 日韓首脳会談	2023.1 新年一般参賀を3年ぶりに開催 2023.4 経済学者植田和男が日本銀行総裁就任 2023.4 岸田首相が襲撃される 2023.5 新型コロナウイルスの感染症法上の位置づけを5類に変更 2023.6 入管法改正案成立	2023.1 ニュージーランド、ヒプキンスが首相に就任	

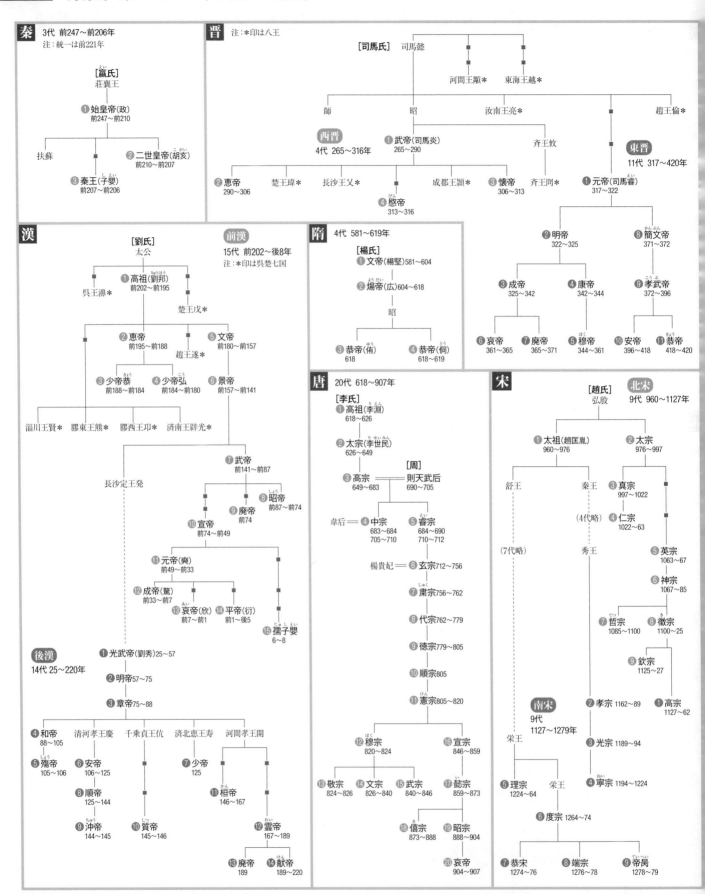

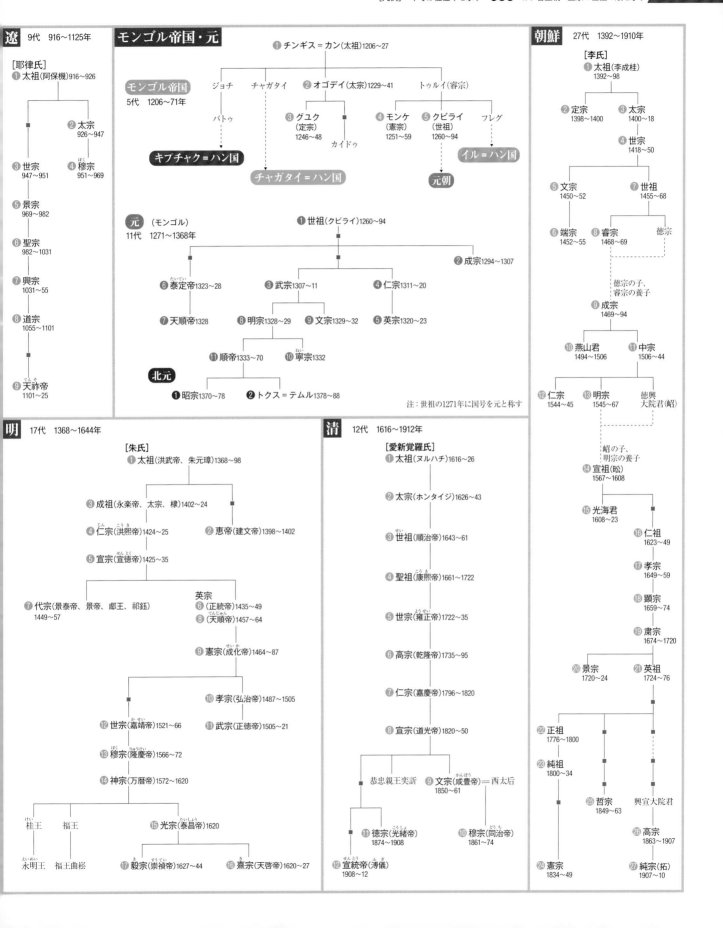

遼 9代 916〜1125年

[耶律氏]
❶ 太祖(阿保機)916〜926
❷ 太宗 926〜947
❸ 世宗 947〜951
❹ 穆宗 951〜969
❺ 景宗 969〜982
❻ 聖宗 982〜1031
❼ 興宗 1031〜55
❽ 道宗 1055〜1101
❾ 天祚帝 1101〜25

モンゴル帝国・元

❶ チンギス＝カン(太祖)1206〜27

モンゴル帝国
5代 1206〜71年

ジョチ　チャガタイ　❷ オゴデイ(太宗)1229〜41　トゥルイ(睿宗)

バトゥ　❸ グユク(定宗)1246〜48　カイドゥ　❹ モンケ(憲宗)1251〜59　❺ クビライ(世祖)1260〜94　フレグ

キプチャク＝ハン国　チャガタイ＝ハン国　元朝　イル＝ハン国

元 (モンゴル)
11代 1271〜1368年

❶ 世祖(クビライ)1260〜94
❷ 成宗 1294〜1307
❻ 泰定帝 1323〜28　❸ 武宗 1307〜11　❹ 仁宗 1311〜20
❼ 天順帝 1328　❽ 明宗 1328〜29　❾ 文宗 1329〜32　❺ 英宗 1320〜23
⓫ 順帝 1333〜70　⓾ 寧宗 1332

北元
❶ 昭宗 1370〜78　❷ トクス＝テムル 1378〜88

注：世祖の1271年に国号を元と称す

朝鮮 27代 1392〜1910年

[李氏]
❶ 太祖(李成桂) 1392〜98
❷ 定宗 1398〜1400
❸ 太宗 1400〜18
❹ 世宗 1418〜50
❺ 文宗 1450〜52
❼ 世祖 1455〜68
❻ 端宗 1452〜55　❽ 睿宗 1468〜69　徳宗

徳宗の子、睿宗の養子
❾ 成宗 1469〜94
⓾ 燕山君 1494〜1506　⓫ 中宗 1506〜44
⓬ 仁宗 1544〜45　⓭ 明宗 1545〜67　徳興大院君(岹)

岹の子、明宗の養子
⓮ 宣祖(昖) 1567〜1608
⓯ 光海君 1608〜23
⓰ 仁祖 1623〜49
⓱ 孝宗 1649〜59
⓲ 顕宗 1659〜74
⓳ 粛宗 1674〜1720
⓴ 景宗 1720〜24　㉑ 英祖 1724〜76
㉒ 正祖 1776〜1800
㉓ 純祖 1800〜34
㉕ 哲宗 1849〜63　興宣大院君
㉖ 高宗 1863〜1907
㉔ 憲宗 1834〜49　㉗ 純宗(拓) 1907〜10

明 17代 1368〜1644年

[朱氏]
❶ 太祖(洪武帝、朱元璋)1368〜98
❸ 成祖(永楽帝、太宗、棣)1402〜24
❹ 仁宗(洪熙帝)1424〜25　❷ 恵帝(建文帝)1398〜1402
❺ 宣宗(宣徳帝)1425〜35
英宗
❼ 代宗(景泰帝、景帝、郕王、祁鈺)1449〜57　❻ (正統帝)1435〜49　❽ (天順帝)1457〜64
❾ 憲宗(成化帝)1464〜87
⓾ 孝宗(弘治帝)1487〜1505
⓬ 世宗(嘉靖帝)1521〜66　⓫ 武宗(正徳帝)1505〜21
⓭ 穆宗(隆慶帝)1566〜72
⓮ 神宗(万暦帝)1572〜1620
桂王　福王　⓯ 光宗(泰昌帝)1620
永明王　福王曲棳　⓱ 毅宗(崇禎帝)1627〜44　⓰ 熹宗(天啓帝)1620〜27

清 12代 1616〜1912年

[愛新覚羅氏]
❶ 太祖(ヌルハチ)1616〜26
❷ 太宗(ホンタイジ)1626〜43
❸ 世祖(順治帝)1643〜61
❹ 聖祖(康熙帝)1661〜1722
❺ 世宗(雍正帝)1722〜35
❻ 高宗(乾隆帝)1735〜95
❼ 仁宗(嘉慶帝)1796〜1820
❽ 宣宗(道光帝)1820〜50
恭忠親王奕訢　❾ 文宗(咸豊帝)1850〜61 ＝ 西太后
⓫ 徳宗(光緒帝)1874〜1908　⓾ 穆宗(同治帝)1861〜74
⓬ 宣統帝(溥儀)1908〜12

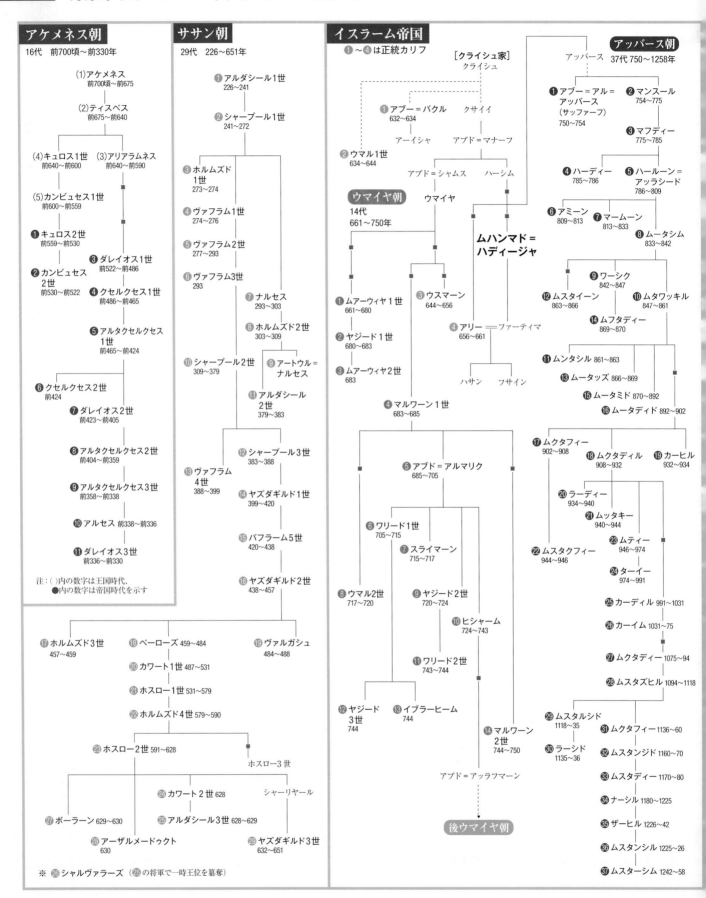

アケメネス朝
16代　前700頃～前330年

(1)アケメネス
前700頃～前675

(2)ティスペス
前675～前640

(4)キュロス1世
前640～前600

(3)アリアラムネス
前640～前590

(5)カンビュセス1世
前600～前559

❶キュロス2世
前559～前530

❸ダレイオス1世
前522～前486

❷カンビュセス2世
前530～前522

❹クセルクセス1世
前486～前465

❺アルタクセルクセス1世
前465～前424

❻クセルクセス2世
前424

❼ダレイオス2世
前423～前405

❽アルタクセルクセス2世
前404～前359

❾アルタクセルクセス3世
前358～前338

❿アルセス　前338～前336

⓫ダレイオス3世
前336～前330

注：（）内の数字は王国時代、
　　●内の数字は帝国時代を示す

ササン朝
29代　226～651年

❶アルダシール1世
226～241

❷シャープール1世
241～272

❸ホルムズド1世
273～274

❹ヴァフラム1世
274～276

❺ヴァフラム2世
277～293

❻ヴァフラム3世
293

❼ナルセス
293～303

❽ホルムズド2世
303～309

❾アートウル＝ナルセス

❿シャープール2世
309～379

⓫アルダシール2世
379～383

⓬シャープール3世
383～388

⓭ヴァフラム4世
388～399

⓮ヤズダギルド1世
399～420

⓯バフラーム5世
420～438

⓰ヤズダギルド2世
438～457

⓱ホルムズド3世
457～459

⓲ペーローズ 459～484

⓳ヴァルガシュ
484～488

⓴カワート1世 487～531

㉑ホスロー1世 531～579

㉒ホルムズド4世 579～590

㉓ホスロー2世 591～628

ホスロー3世

㉔カワート2世 628

シャーリヤール

㉗ボーラーン 629～630

㉕アルダシール3世 628～629

㉘アーザルメードゥクト
630

㉙ヤズダギルド3世
632～651

※ ㉖シャルヴァラーズ（㉕の将軍で一時王位を簒奪）

イスラーム帝国
❶～❹は正統カリフ

[クライシュ家]
クライシュ

❶アブー＝バクル
632～634

クサイイ

アーイシャ

アブド＝マナーフ

❷ウマル1世
634～644

アブド＝シャムス

ハーシム

ウマイヤ朝
14代
661～750年

ウマイヤ

ムハンマド＝ハディージャ

❶ムアーウィヤ1世
661～680

❸ウスマーン
644～656

❷ヤジード1世
680～683

❹アリー＝ファーティマ
656～661

❸ムアーウィヤ2世
683

ハサン　フサイン

❹マルワーン1世
683～685

❺アブド＝アルマリク
685～705

❻ワリード1世
705～715

❼スライマーン
715～717

❽ウマル2世
717～720

❾ヤジード2世
720～724

❿ヒシャーム
724～743

⓫ワリード2世
743～744

⓬ヤジード3世
744

⓭イブラーヒーム
744

⓮マルワーン2世
744～750

アブド＝アッラフマーン

後ウマイヤ朝

アッバース朝
37代 750～1258年

アッバース

❶アブー＝アル＝アッバース
（サッファーフ）
750～754

❷マンスール
754～775

❸マフディー
775～785

❹ハーディー
785～786

❺ハールーン＝アッラシード
786～809

❻アミーン
809～813

❼マームーン
813～833

❽ムータシム
833～842

❾ワーシク
842～847

⓬ムスタイーン
863～866

❿ムタワッキル
847～861

⓮ムフタディー
869～870

⓫ムンタシル 861～863

⓭ムータッズ 866～869

⓯ムータミド 870～892

⓰ムータディド 892～902

⓱ムクタフィー
902～908

⓲ムクタディル
908～932

⓳カーヒル
932～934

⓴ラーディー
934～940

㉑ムッタキー
940～944

㉓ムティー
946～974

㉒ムスタクフィー
944～946

㉔ターイー
974～991

㉕カーディル 991～1031

㉖カーイム 1031～75

㉗ムクタディー 1075～94

㉘ムスタズヒル 1094～1118

㉙ムスタルシド
1118～35

㉛ムクタフィー 1136～60

㉚ラーシド
1135～36

㉜ムスタンジド 1160～70

㉝ムスタディー 1170～80

㉞ナースィル 1180～1225

㉟ザーヒル 1226～42

㊱ムスタンシル 1225～26

㊲ムスターシム 1242～58

オスマン帝国　36代　1300頃～1922年

1 オスマン1世 1299?～1324頃
2 オルハン 1324頃～59頃
3 ムラト1世 1360頃～89
4 バヤジット1世 1389～1402
5 メフメト1世 1413～21
6 ムラト2世 1421～44／1446～51
7 メフメト2世 1444～46／1451～81
8 バヤジット2世 1481～1512
9 セリム1世 1512～20
10 スレイマン1世 1520～66
11 セリム2世 1566～74
12 ムラト3世 1574～95
13 メフメト3世 1595～1603
14 アフメト1世 1603～17
15 ムスタファ1世 1617～18／1622～23
16 オスマン2世 1618～22
17 ムラト4世 1623～40
18 イブラヒム 1640～48
19 メフメト4世 1648～87
20 スレイマン2世 1687～91
21 アフメト2世 1691～95
22 ムスタファ2世 1695～1703
23 アフメト3世 1703～30
24 マフムト1世 1730～54
25 オスマン3世 1754～57
26 ムスタファ3世 1757～74
27 アブデュルハミト1世 1774～89
28 セリム3世 1789～1807
29 ムスタファ4世 1807～08
30 マフムト2世 1808～39
31 アブデュルメジト1世 1839～61
32 アブデュルアジズ 1861～76
33 ムラト5世 1876
34 アブデュルハミト2世 1876～1909
35 メフメト5世 1909～18
36 メフメト6世 1918～22
アブデュルメジト2世 1922～24（カリフ位）

ティムール朝　12代　1370～1500年

1 ティムール 1370～1405
ミーラーン＝シャー
3 シャー＝ルフ 1409～47
2 ハリール 1405～09
4 ウルグ＝ベク 1447～49
7 アブー＝サイード 1451～69
アブドゥッラティーフ 1449～50
6 アブドラー 1450～51

[ヘラート政権] 2代 1470～1507年
1 フサイン 1470～1506
8 アフマド 1469～94
9 マフムード 1494～95

[サマルカンド政権]
12 アリー 1498～1500
10 バイスングル 1495～97
11 バーブル 1497～98
2 バディーウッザマーン 1506～07
ムザッファル 1506～07

→ ムガル朝

サファヴィー朝　11代　1501～1736年

ムーサー＝アルカージム（シーア派第7代イマーム）
1 イスマーイール1世 1501～24
2 タフマースブ1世 1524～76
3 イスマーイール2世 1576～77
4 ムハンマド＝フダーバンデ 1578～87
5 アッバース1世 1587～1629
6 サフィー1世 1629～42
7 アッバース2世 1642～66
8 スレイマーン1世 1666～94
9 フサイン1世 1694～1722
10 タフマースブ2世 1722～32
11 アッバース3世 1732～36

ムガル帝国　17代　1526～1858年

1 バーブル 1526～30
2 フマーユーン 1530～38／1555～56
3 アクバル 1556～1605
4 ジャハーンギール 1605～27
5 シャー＝ジャハーン 1628～58
6 アウラングゼーブ 1658～1707
7 シャー＝アーラム 1707～12
12 ムハンマド＝シャー 1719～48
9 ファッルフシャル 1713～19
8 ジャハーンダール 1712～13
11 ラフィー＝ウッダウラ 1719
10 ラフィー＝ウッダラジャート 1719
14 アーラムギール2世 1754～59
13 アフマド＝シャー 1748～54
15 シャー＝アーラム2世 1759～1806
16 アクバル2世 1806～37
17 バハードゥル＝シャー2世 1837～58

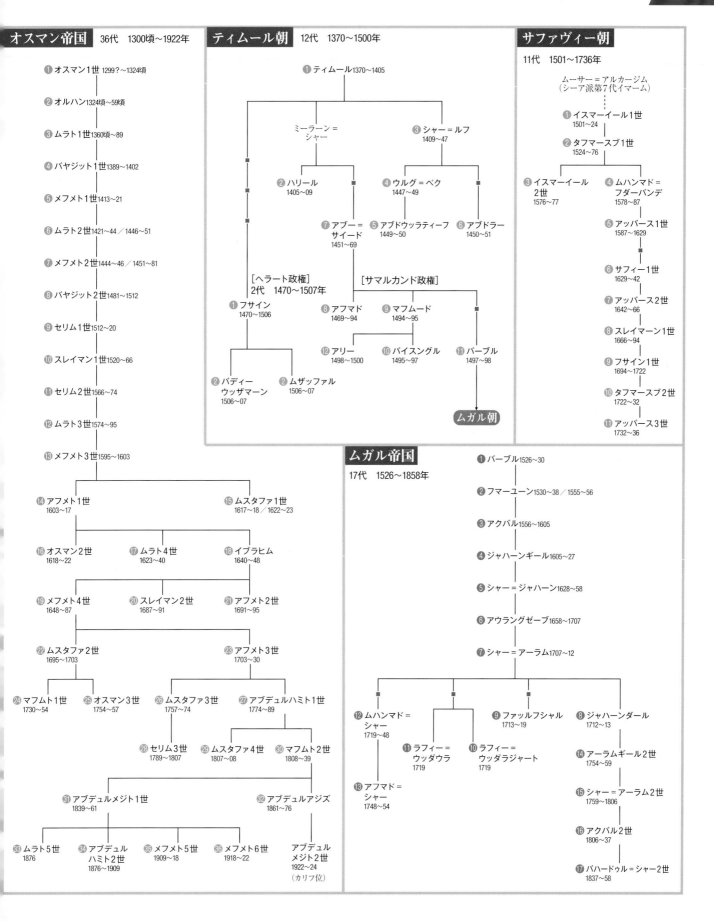

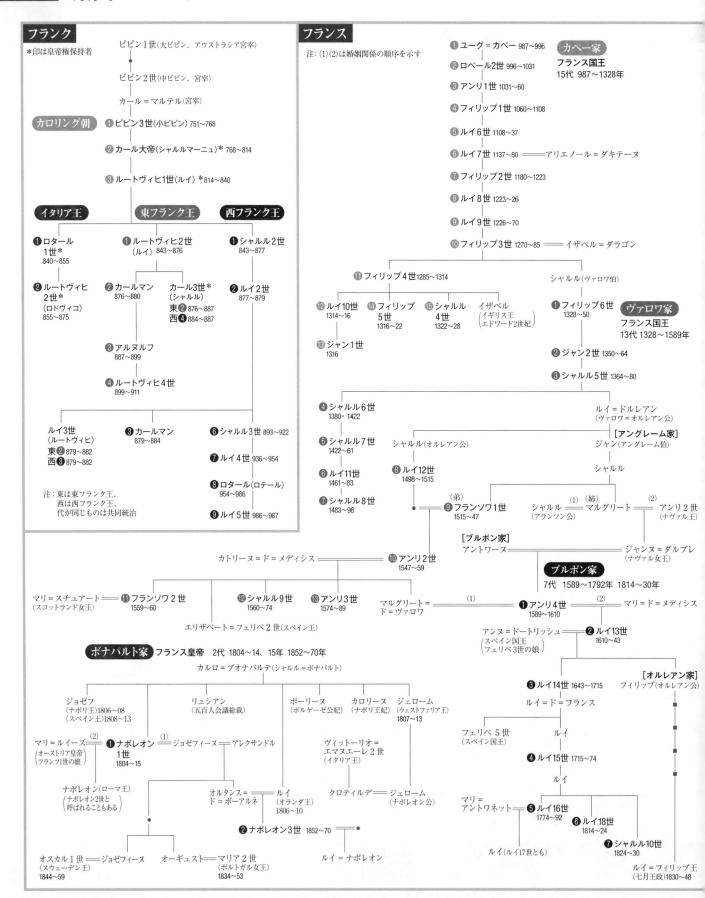

フランク

*印は皇帝権保持者

ピピン1世(大ピピン、アウストラシア宮宰)

ピピン2世(中ピピン、宮宰)

カール＝マルテル(宮宰)

カロリング朝

❶ピピン3世(小ピピン) 751～768

❷カール大帝(シャルルマーニュ)＊ 768～814

❸ルートヴィヒ1世(ルイ)＊ 814～840

イタリア王

❶ロタール1世＊ 840～855

❷ルートヴィヒ2世＊(ロドヴィコ) 855～875

ルイ3世(ルートヴィヒ) 東❷879～882 西❸879～882

東フランク王

❶ルートヴィヒ2世(ルイ) 843～876

❷カールマン 876～880

カール3世＊(シャルル) 東❷876～887 西❹884～887

❸アルヌルフ 887～899

❹ルートヴィヒ4世 899～911

❸カールマン 879～884

西フランク王

❶シャルル2世 843～877

❷ルイ2世 877～879

❻シャルル3世 893～922

❼ルイ4世 936～954

❽ロタール(ロテール) 954～986

❾ルイ5世 986～987

注：東は東フランク王、西は西フランク王、代が同じものは共同統治

フランス

注：(1)(2)は婚姻関係の順序を示す

❶ユーグ＝カペー 987～996

❷ロベール2世 996～1031

❸アンリ1世 1031～60

❹フィリップ1世 1060～1108

❺ルイ6世 1108～37

❻ルイ7世 1137～80 ＝＝＝ アリエノール＝ダキテーヌ

❼フィリップ2世 1180～1223

❽ルイ8世 1223～26

❾ルイ9世 1226～70

❿フィリップ3世 1270～85 ＝＝＝ イザベル＝ダラゴン

カペー家
フランス国王
15代 987～1328年

⓫フィリップ4世 1285～1314

⓬ルイ10世 1314～16

⓭ジャン1世 1316

⓮フィリップ5世 1316～22

⓯シャルル4世 1322～28

イザベル(イギリス王エドワード2世妃)

シャルル(ヴァロワ伯)

❶フィリップ6世 1328～50

ヴァロワ家
フランス国王
13代 1328～1589年

❷ジャン2世 1350～64

❸シャルル5世 1364～80

❹シャルル6世 1380～1422

❺シャルル7世 1422～61

❻ルイ11世 1461～83

❼シャルル8世 1483～98

ルイ＝ドルレアン(ヴァロワ＝オルレアン公)

[アングレーム家]
ジャン(アングレーム伯)

シャルル

シャルル(オルレアン公)

❽ルイ12世 1498～1515

(弟)
●＝＝＝❾フランソワ1世 1515～47

シャルル(アランソン公) ＝＝＝ (姉)マルグリート ＝＝＝ (1) (2) アンリ2世(ナヴァル王)

[ブルボン家]
アントワーヌ ＝＝＝ ジャンヌ＝ダルブレ(ナヴァル女王)

カトリーヌ＝ド＝メディシス ＝＝＝ ❿アンリ2世 1547～59

マリ＝スチュアート ＝＝＝ ⓫フランソワ2世 1559～60

⓬シャルル9世 1560～74

⓭アンリ3世 1574～89

エリザベート＝フェリペ2世(スペイン王)

マルグリート＝ド＝ヴァロワ ＝＝＝ (1)

ブルボン家
7代 1589～1792年 1814～30年

❶アンリ4世 1589～1610 ＝＝＝ (2) マリ＝ド＝メディシス

アンヌ＝ドートリッシュ(スペイン国王フェリペ3世の娘) ＝＝＝ ❷ルイ13世 1610～43

[オルレアン家]
フィリップ(オルレアン公)

❸ルイ14世 1643～1715

ルイ＝ド＝フランス

フェリペ5世(スペイン国王)

ルイ

❹ルイ15世 1715～74

ルイ

マリ＝アントワネット ＝＝＝ ❺ルイ16世 1774～92

ルイ(ルイ17世とも)

❻ルイ18世 1814～24

❼シャルル10世 1824～30

ルイ＝フィリップ(七月王政)1830～48

ボナパルト家 フランス皇帝 2代 1804～14、15年 1852～70年

カルロ＝ブオナパルテ(シャルル＝ボナパルト)

ジョゼフ(ナポリ王)1806～08(スペイン王)1808～13

リュシアン(五百人会議議長)

ポーリーヌ(ボルゲーゼ公妃)

カロリーヌ(ナポリ王妃)

ジェローム(ウェストファリア王)1807～13

マリ＝ルイーズ(オーストリア皇帝フランツ1世の娘) ＝＝＝ (2) ❶ナポレオン1世 1804～15 ＝＝＝ (1) ジョゼフィーヌ ＝＝＝ アレクサンドル

ヴィットーリオ＝エマヌエーレ2世(イタリア王)

ナポレオン(ローマ王)(ナポレオン2世と呼ばれることもある)

オルタンス＝ド＝ボーアルネ ＝＝＝ ルイ(オランダ王)1806～10

クロティルデ ＝＝＝ ジェローム(ナポレオン公)

❷ナポレオン3世 1852～70 ＝＝＝ ●

オスカル1世(スウェーデン王)1844～59 ＝＝＝ ジョゼフィーヌ

オーギュスト ＝＝＝ マリア2世(ポルトガル女王)1834～53

ルイ＝ナポレオン

イギリス

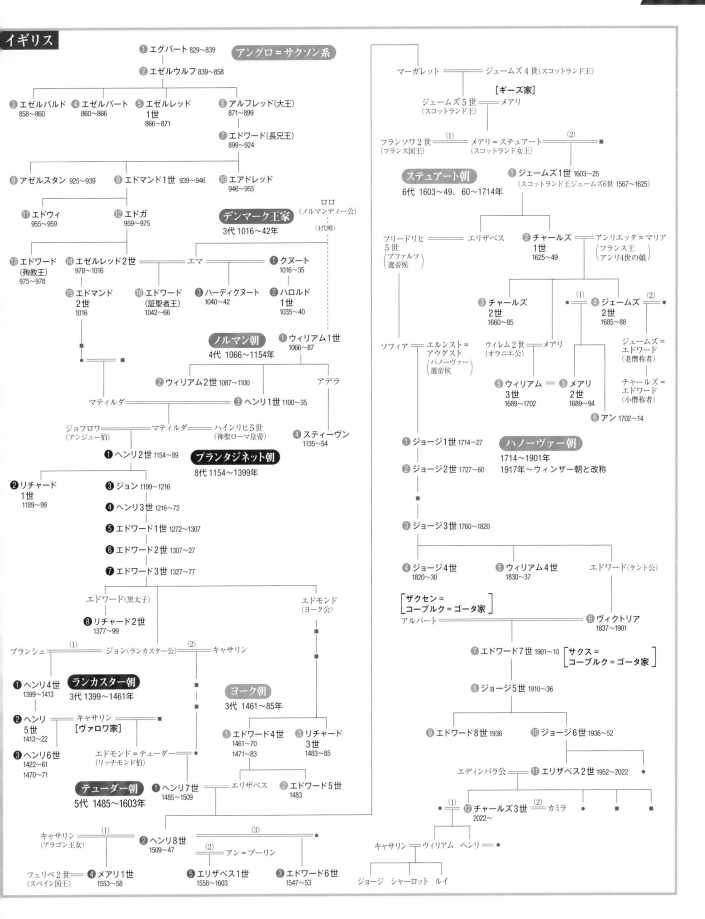

神聖ローマ帝国・オーストリア

[大空位時代　1256～73年]
[諸王家交替時代　1273～1437年]

注：1806年以降オーストリア ＊は神聖ローマ皇帝

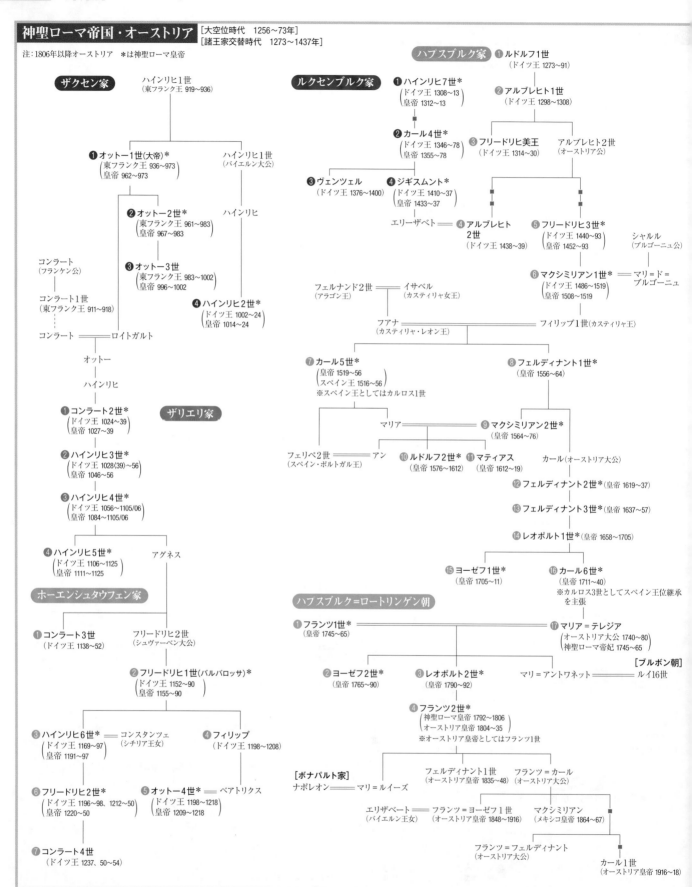

ザクセン家

ハインリヒ1世
（東フランク王 919～936）

❶オットー1世（大帝）＊
（東フランク王 936～973
皇帝 962～973）

ハインリヒ1世
（バイエルン大公）

❷オットー2世＊
（東フランク王 961～983
皇帝 967～983）

ハインリヒ

❸オットー3世
（東フランク王 983～1002
皇帝 996～1002）

❹ハインリヒ2世＊
（ドイツ王 1002～24
皇帝 1014～24）

コンラート
（フランケン公）

コンラート1世
（東フランク王 911～918）

コンラート ＝ ロイトガルト

オットー

ハインリヒ

ザリエリ家

❶コンラート2世＊
（ドイツ王 1024～39
皇帝 1027～39）

❷ハインリヒ3世＊
（ドイツ王 1028〈39〉～56
皇帝 1046～56）

❸ハインリヒ4世＊
（ドイツ王 1056～1105/06
皇帝 1084～1105/06）

❹ハインリヒ5世＊
（ドイツ王 1106～1125
皇帝 1111～1125）

アグネス

ホーエンシュタウフェン家

❶コンラート3世
（ドイツ王 1138～52）

フリードリヒ2世
（シュヴァーベン大公）

❷フリードリヒ1世（バルバロッサ）＊
（ドイツ王 1152～90
皇帝 1155～90）

❸ハインリヒ6世＊ ＝ コンスタンツェ
（ドイツ王 1169～97　（シチリア王女）
皇帝 1191～97）

❹フィリップ
（ドイツ王 1198～1208）

❻フリードリヒ2世＊
（ドイツ王 1196～98、1212～50
皇帝 1220～50）

❺オットー4世＊ ＝ ベアトリクス
（ドイツ王 1198～1218
皇帝 1209～1218）

❼コンラート4世
（ドイツ王 1237、50～54）

ルクセンブルク家

❶ハインリヒ7世＊
（ドイツ王 1308～13
皇帝 1312～13）

❷カール4世＊
（ドイツ王 1346～78
皇帝 1355～78）

❸ヴェンツェル
（ドイツ王 1376～1400）

❹ジギスムント＊
（ドイツ王 1410～37
皇帝 1433～37）

ハプスブルク家

❶ルドルフ1世
（ドイツ王 1273～91）

❷アルブレヒト1世
（ドイツ王 1298～1308）

❸フリードリヒ美王
（ドイツ王 1314～30）

アルブレヒト2世
（オーストリア公）

エリーザベト ＝＝ アルブレヒト2世
（ドイツ王 1438～39）

❺フリードリヒ3世＊
（ドイツ王 1440～93
皇帝 1452～93）

シャルル
（ブルゴーニュ公）

❻マクシミリアン1世＊ ＝ マリ＝ド＝ブルゴーニュ
（ドイツ王 1486～1519
皇帝 1508～1519）

フェルナンド2世 ＝＝ イサベル
（アラゴン王）　　　（カスティリャ女王）

フアナ ＝＝＝＝＝＝＝＝＝ フィリップ1世（カスティリャ王）
（カスティリャ・レオン王）

❼カール5世＊
（皇帝 1519～56
スペイン王 1516～56）
※スペイン王としてはカルロス1世

❽フェルディナント1世＊
（皇帝 1556～64）

マリア ＝＝＝＝＝＝＝＝＝ ❾マクシミリアン2世＊
（皇帝 1564～76）

フェリペ2世 ＝＝ アン
（スペイン・ポルトガル王）

❿ルドルフ2世＊
（皇帝 1576～1612）

⓫マティアス
（皇帝 1612～19）

カール（オーストリア大公）

⓬フェルディナント2世＊（皇帝 1619～37）

⓭フェルディナント3世＊（皇帝 1637～57）

⓮レオポルト1世＊（皇帝 1658～1705）

⓯ヨーゼフ1世＊
（皇帝 1705～11）

⓰カール6世＊
（皇帝 1711～40）
※カルロス3世としてスペイン王位継承を主張

ハプスブルク＝ロートリンゲン朝

❶フランツ1世＊ ＝＝＝＝＝＝＝＝＝＝＝＝＝＝＝ ⓱マリア＝テレジア
（皇帝 1745～65）　　　　　　　　　　　　　（オーストリア大公 1740～80
　　　　　　　　　　　　　　　　　　　　　　神聖ローマ帝妃 1745～65）

[ブルボン朝]

❷ヨーゼフ2世＊
（皇帝 1765～90）

❸レオポルト2世＊
（皇帝 1790～92）

マリ＝アントワネット ＝＝＝＝＝ ルイ16世

❹フランツ2世＊
（神聖ローマ皇帝 1792～1806
オーストリア皇帝 1804～35）
※オーストリア皇帝としてはフランツ1世

[ボナパルト家]
ナポレオン ＝＝＝ マリ＝ルイーズ

フェルディナント1世
（オーストリア皇帝 1835～48）

フランツ＝カール
（オーストリア大公）

エリザベート ＝＝ フランツ＝ヨーゼフ1世
（バイエルン王女）　（オーストリア皇帝 1848～1916）

マクシミリアン
（メキシコ皇帝 1864～67）

フランツ＝フェルディナント
（オーストリア大公）

カール1世
（オーストリア皇帝 1916～18）

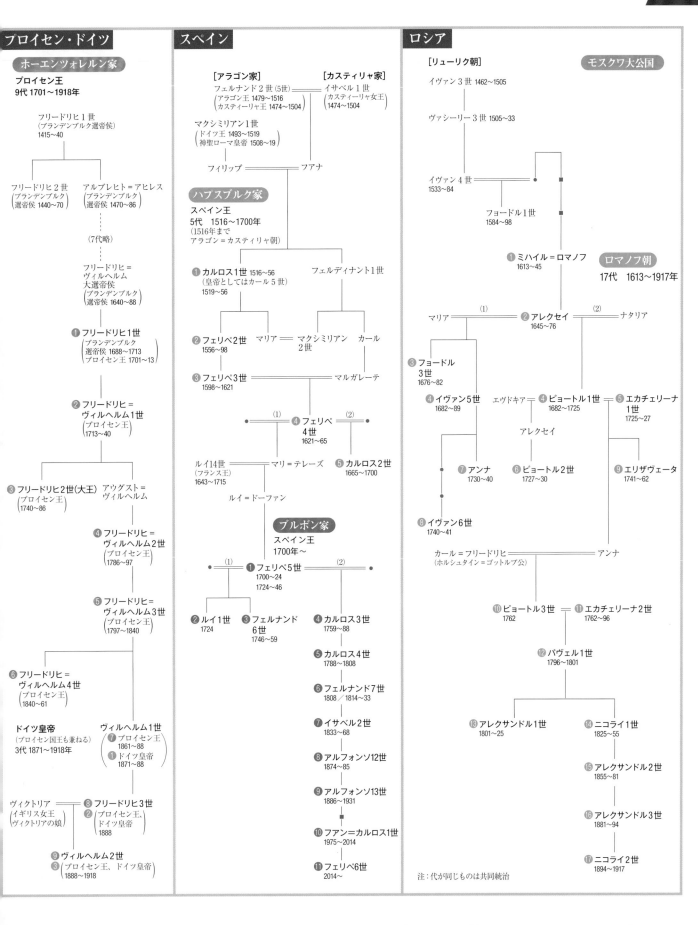

プロイセン・ドイツ

ホーエンツォレルン家

プロイセン王
9代 1701〜1918年

フリードリヒ1世
（ブランデンブルク選帝侯）
1415〜40

フリードリヒ2世
（ブランデンブルク
選帝侯 1440〜70）

アルブレヒト＝アヒレス
（ブランデンブルク
選帝侯 1470〜86）

（7代略）

フリードリヒ＝
ヴィルヘルム
大選帝侯
（ブランデンブルク
選帝侯 1640〜88）

❶ フリードリヒ1世
（ブランデンブルク
選帝侯 1688〜1713
プロイセン王 1701〜13）

❷ フリードリヒ＝
ヴィルヘルム1世
（プロイセン王）
（1713〜40）

❸ フリードリヒ2世（大王）
（プロイセン王）
（1740〜86）

アウグスト＝
ヴィルヘルム

❹ フリードリヒ＝
ヴィルヘルム2世
（プロイセン王）
（1786〜97）

❺ フリードリヒ＝
ヴィルヘルム3世
（プロイセン王）
（1797〜1840）

❻ フリードリヒ＝
ヴィルヘルム4世
（プロイセン王）
（1840〜61）

ドイツ皇帝
（プロイセン国王も兼ねる）
3代 1871〜1918年

ヴィルヘルム1世
❼（プロイセン王
1861〜88）
❶（ドイツ皇帝
1871〜88）

ヴィクトリア
（イギリス女王
ヴィクトリアの娘）

❽ フリードリヒ3世
❷（プロイセン王、
ドイツ皇帝
1888）

❾ ヴィルヘルム2世
❸（プロイセン王、ドイツ皇帝
1888〜1918）

スペイン

[アラゴン家]
フェルナンド2世（5世）
（アラゴン王 1479〜1516
カスティーリャ王 1474〜1504）

[カスティリャ家]
イサベル1世
（カスティーリャ女王）
1474〜1504

マクシミリアン1世
（ドイツ王 1493〜1519
神聖ローマ皇帝 1508〜19）

フィリップ ＝ フアナ

ハプスブルク家

スペイン王
5代 1516〜1700年
（1516年まで
アラゴン＝カスティリャ朝）

❶ カルロス1世 1516〜56
（皇帝としてはカール5世）
1519〜56

フェルディナント1世

❷ フェリペ2世
1556〜98

マリア ＝ マクシミリアン
2世

カール

❸ フェリペ3世
1598〜1621 ＝ マルガレーテ

❹ フェリペ
4世
1621〜65
（1）　　（2）

❺ カルロス2世
1665〜1700

ルイ14世
（フランス王）
1643〜1715 ＝ マリ＝テレーズ

ルイ＝ドーファン

ブルボン家

スペイン王
1700年〜

❶ フェリペ5世
1700〜24
1724〜46
（1）　　（2）

❷ ルイ1世
1724

❸ フェルナンド
6世
1746〜59

❹ カルロス3世
1759〜88

❺ カルロス4世
1788〜1808

❻ フェルナンド7世
1808 ／ 1814〜33

❼ イサベル2世
1833〜68

❽ アルフォンソ12世
1874〜85

❾ アルフォンソ13世
1886〜1931

❿ フアン＝カルロス1世
1975〜2014

⓫ フェリペ6世
2014〜

ロシア

[リューリク朝]

モスクワ大公国

イヴァン3世 1462〜1505

ヴァシーリー3世 1505〜33

イヴァン4世
1533〜84

フョードル1世
1584〜98

❶ ミハイル＝ロマノフ
1613〜45

ロマノフ朝
17代 1613〜1917年

マリア ＝ ❷ アレクセイ
1645〜76 ＝ ナタリア
（1）　　　　　（2）

❸ フョードル
3世
1676〜82

❹ イヴァン5世
1682〜89

エヴドキア ＝ ❹ ピョートル1世
1682〜1725

❺ エカチェリーナ
1世
1725〜27

アレクセイ

❼ アンナ
1730〜40

❻ ピョートル2世
1727〜30

❾ エリザヴェータ
1741〜62

❽ イヴァン6世
1740〜41

カール＝フリードリヒ
（ホルシュタイン＝ゴットルプ公） ＝ アンナ

❿ ピョートル3世
1762

⓫ エカチェリーナ2世
1762〜96

⓬ パヴェル1世
1796〜1801

⓭ アレクサンドル1世
1801〜25

⓮ ニコライ1世
1825〜55

⓯ アレクサンドル2世
1855〜81

⓰ アレクサンドル3世
1881〜94

⓱ ニコライ2世
1894〜1917

注：代が同じものは共同統治

p.65

ササン朝文化の伝播

ササン朝では、アケメネス朝以来のイラン文化が再興され、同時にギリシア・ヘレニズム文化の影響を受けた融合的で洗練された美術工芸がみられた。以下にあげる弦楽器においても、その形状などから、文化の東西への伝播の様子をうかがうことができる。

古代イランで発祥したとされるバルバットは、様々な弦楽器の起源となったと考えられている。イラン出土の銀製の皿（7世紀頃、大英博物館蔵）には、ササン朝風の衣服をまとった人物たちによる宴会の様子が描かれており、そのうちの1人がバルバットと思われる弦楽器を演奏している（A）。

バルバットは東方に伝わって中国で琵琶となり、さらに日本にも伝わった。楓蘇芳染螺鈿槽琵琶（正倉院宝物）は、膨らんだ胴体と棒状の棹をもつ4弦の琵琶で、日本で製作されたものと考えられている（B）。

響きや音量を大きくするため、アラブ人はバルバットの胸の膨らみを大きくしようとした。そこで腹面を薄い板の寄木でつくったため、ウード（木）と呼ばれるようになった。ウードは現在、西アジアから北アフリカにかけてのアラブ音楽文化圏で広く使用されている（C）。

ウードは、ムスリム商人の活動やイスラーム王朝のイベリア半島進出などによってヨーロッパに伝えられ、楽器の名称はアラビア語のアル＝ウードから、ラウードやリュートとなった。リュートは13世紀以降にヨーロッパ諸国へ広がり、16世紀後半以降のバロック音楽では独奏楽器として人気を博した（D）。

C

D

p. 75

「三位一体」

マザッチョの描いた「聖三位一体」という代表作（A）。ルネサンス期の芸術家・評伝家のヴァザーリが「壁をくりぬいたようだ」と、遠近画法を称賛したように、見事な空間構成で描かれている。キリスト教の根本信条「三位一体」（325年のニケーア公会議、381年のコンスタンティノープル公会議で確認されたことから「ニケーア・コンスタンティノープル信条」ともいわれる）を表現した構図で、父なる神①、神から出た聖霊②、神の子イエス③を一体的に配置している。また、イエスの足元には聖母マリア④、洗礼者ヨハネ⑤、下部にはこの絵を寄進したドメニコ＝レンツィ⑥とその妻⑦が描かれている。さらにこの絵は骸骨を横たえた石棺⑧（本書では省略）の上に配置され、銘が刻まれている⑨。IO FVI GIA QUEL CHE VOI SIETE E QUEL CH'IO SONO VOI ANCO SARETE とある銘は「過去の私は現在のあなた、現在の私は未来のあなた」となり、現世のはかなさ、人間の死と信仰を結びつけたものとされる。

マザッチョの「聖三位一体」は1427年頃の作品とされるが、これとよく似た構図の絵として、15世紀後半のヤコボ＝デル＝セライオの「聖三位一体、聖母マリア、聖ヨハネと寄進者」（東京、国立西洋美術館蔵）がある（B）。

A

B

C

　もっとも、この絵には妻と娘の亡骸を前に
して跪く寄進者以外にも、背景のなかにイサ
クの犠牲、聖アウグスティヌス➡p.75、聖フラ
ンチェスコ➡p.103、聖ヒエロニムス、モーセ➡p.36
などが描かれ、主題が多様ではある。

　また、デューラーの「聖三位一体の礼拝」
(1511年、ランダウアー祭壇画部分、ウィーン美術史美
術館蔵)においても、聖霊を表現する「鳩」の位
置は異なるが、同様の構図となっている(C)。

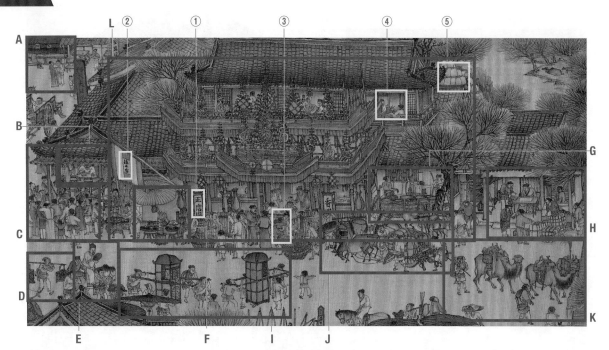

p.108

「清明上河図」

古代中国の都市は、市場の場所が指定され、深夜営業も禁止されるなど商業に対する規制がきびしかったが、唐末以降規制がゆるみ、都市の中で商業活動が活発におこなわれた。さらに城外や交通の要地に草市・鎮などの商業の中心地が発達した。また、宋の中央集権的な財政運営も全国的な物資の流通を大規模にし、行(商人)・作(手工業者)などの同業組合が生まれ、大商人が活躍した。

「清明上河図」は北宋の宮廷画家であったといわれている張択端が、当時の繁栄する開封もしくは近郊の都市の風景を絹本に描いた画巻である。全長5m、縦25.5cmの大作で、およそ773名の人物、90頭余りの動物、100軒以上にもおよぶ建物、そして約20隻の船が登場している。汴河の流れにそって、市民の生活や市街地の様子が詳細に描かれており、当時の風俗・文化を知るうえで大変貴重な作品である。

A　絹織物店　看板の左が切れてみえないが「王家綿羅疋帛舗」とある。絹は品質が向上し、大規模に扱う大商人が活躍した。遼や西夏・金に支払われる歳幣などにも使用された。

B　肉屋　注文に応じて切分けて販売した。食用できる家畜を「六畜」(馬・牛・羊・鶏・犬・豚)と呼ぶが、漢代までは豚・鶏の肉がおもだった。北方遊牧民と接触するうちに華北では羊食が広まった。

C　説話人(講釈師)　周囲には人だかりができている。「小説(市井の物語)」「説諢話(滑稽話)」「講史(歴史物語)」「説教(仏教説話)」などの分野があり、有名な説話人には大勢の人々がつめかけた。講釈の台本は現存していないが、この時代の説話群がのちに『水滸伝』や『三国志演義』の原型となった。

D　貨郎(小間物売り)　食品や日用雑貨を声かけしながら天秤棒にかついで売り歩く。日本では振売という。都市が巨大化すると消費の末端を支える者として多現れた。

E　士大夫　騎乗して、従者を連れている。宋では良馬は他国から輸入される貴重品であった。

F　サトウキビを売る露天商　北宋は当初街頭への店舗の無秩序な進出を禁止していたが、のちにその規制もゆるんだ。サトウキビは長江流域で栽培されており、砂糖もすでに唐代に西方から伝来した精糖技術によって大量に流通していた。

G　桶職人　職人が弓を引くように桶のたがを撓めている。たがは日本では竹を用いたが、中国ではおもに楊を使用したため、あらかじめよく曲げておかないと巻き付けにくかった。完成した桶は店頭で販売された。

H　税関　中央に役人らしい人物が衝立を背にして交椅(折り畳み式の椅子)に腰掛け、机上に巻物をひろげている。古来こうした衝立を背にする座は権威を示すとされている。建物前では男が荷物を調べている。城内を通過する商品には品目によって課税された。

I　轎(こし)に乗る女性　右手の轎には侍女がつき従っている。町中では女性の姿が少ないが、身分の高い女性はこうして外出した。

J 荷車を引くロバ 馬のほかにロバやラバが交通・運輸の手段として盛んに使用された。

K ラクダの隊商 絹織物や茶などを積んで西域へ出発するところ。開封は陸路・水路ともに商業網の中枢であった。

L 孫羊正店の賑わい 綵楼歓門（木組みの飾り）を屋根に掲げ、本店を示す「正店」の看板①を出して一流の酒楼（料亭）であることを誇示している。「孫羊店」と幟に記している②ことから、羊料理の専門店か。入り口には妓女（歌や舞で接待する女性）が客引きをしており③、多くの人々が出入りしている。３階では二人の客が酒を酌み交わし④、裏には酒甕が多量に積まれている⑤。酒は専売制であり、醸造する資格をもつ「正店」の開店には許可が必要だった。北宋時代の開封では約70軒の「正店」が営業していたという。

L

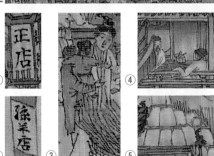
① ② ③ ④ ⑤

p.138
「アルノルフィニ夫妻の肖像」

　この絵画は結婚の誓いを描いたもので、キリスト教的な象徴性に満ちている。壁にかけられた凸面鏡に映っている２人の人物はこの結婚の立会人で、その１人は画家ヤン＝ファン＝アイク自身である。鏡を囲む１cm径ほどの丸にはキリストの受難劇が描かれており（下図）、室内のシャンデリアに１本だけともされた蝋燭はキリストを、子犬は忠実を、２人が履物を脱いでいることはこの場の神聖さを、それぞれ象徴している。また、窓辺の果実は原罪を表しているという。

p.140
1521年木版画による「神の水車小屋」

　この木版画は1521年にチューリヒの印刷工房から出版されたパンフレットのタイトルページである。水車に挽かれた粉でパンができる過程にたくして、宗教改革の意義を説いている。当時、エラスムスの聖書研究の影響がルターの聖書中心主義を生み出したと理解されていたことから、パンは聖書を表していると考えられる。左上の雲間にみえる神が恩寵の力で水車をまわし、イエス（頭の後ろに光輪がみえる）がかついだ穀物をホッパー（漏斗状の木箱）の中に流し入れ、粉に挽いている。穀物は小麦ではなく、四福音書の著者および使徒パウロである。４人の著者はそれぞれ、マタイはヒト（人のような顔をした生き物）、マルコはライオン、ルカは雄牛、ヨハネは鷲で表現され、パウロはローマで斬首されて殉教したことから手に剣をもつことで表されている。これらはすなわち『新約聖書』で、臼で挽かれて出てきた粉に見立てられているものは文字の帯だが、そこには「信仰、希望、慈善、教会」と書かれている。それをスコップですくい上げ、良い粉かどうかを吟味しているのがエラスムス、その粉を腕まくりして桶の中で捏ねている修道士がルターである。こうして焼かれたパンは聖書として描かれ、中央の人物によってカトリック側の聖職者たちに差し出されている。この中央の人物はツヴィングリであり、彼はこの絵柄の作成に関わっていたと考えられている。カトリック側として教皇、枢機卿、司教、ドミニコ会修道士が描かれ、差し出された聖書を拒絶し、その聖書は地面に落下している。その頭上で翼竜が「バン、バン」（ドイツ語で破門）と鳴き、ルターらの行為を破門と決めつけ、それに対してツヴィングリの上から農民（カルストハンス）が大きな「からさお」を振り回して翼竜を追い払おうとしている。ルターの破門前後の様子が一枚の木版画できわめて明快に示されているのである。

p.141
ホルバイン「大使たち」

① ② ③ ④

らの静物は自由七学科のうちの数学的四学科すなわち天文学・算術・幾何学・音楽を象徴し、当時の2人の知的環境を示唆するとともに、彼らの任務の困難を語っている。弦が一本切れたリュートはキリスト教世界の不和を暗示し、賛美歌集がのぞかせたルターのコラール（合唱曲）はその和解を願う大使たちの立場を示す。左上のカーテンの陰から小さな磔刑像がのぞき③、背後の宗教問題が隠れている。

ヘンリ8世はこの絵が描かれる数カ月前の1533年1月、身重のアン＝ブーリンとの婚儀を密かにとりおこなった。教皇クレメンス7世はヘンリ8世と妃キャサリン＝オブ＝アラゴンとの離婚を承認せず、破門をちらつかせていた。絵の2人はヘンリとアンの婚儀を支持し、イギリスとヴァチカンのとりなし役を演じることによってイギリスを反ハプスブルク陣営に引き込もうとする、フランソワ1世の意向を受けて派遣された、と考えられている。

棚には、当時の学問の象徴がおかれている。上段に天球儀・日時計・四分儀などの七種の天文観測器具①、下段にリュート、皮筒におさまったフルート4本、開かれた賛美歌集、両脚器、三角定規を挟んだ数学書、そして地球儀がみえる②。これ

6月1日にアンの戴冠式がおこなわれ、7月教皇はヘンリ8世を破門した。翌年（1534年）ヘンリ8世は首長法を発し国教会を立ち上げる。結局フランス側の説得は失敗に終わり、ヘンリは着々と改革を進め、大勢の聖職者を拷問、処刑し、600近い修道院を取り潰して、その莫大な資産と広大な領地を手に入れた。ちなみに2人のフランス人大使の足元にみえる曖昧なものは、斜めからみると頭蓋骨になる④。「死を思え」のメッセージを投げかけている、というのが通説である。

p.176
「死の影の谷」(1808年)

1808年9月に発行されたギルレイの風刺画「死の影の谷」のなかで、忘却の河（レテ河/手前）と三途の溝（後方）のあいだにある死の谷にいるナポレオンは、獰猛に飛びかかるライオン（英）に驚いて、思わず熊（露）の鼻につながれた鎖を落としている。その彼を、背後の炎や煙や雲、水のなかから姿を表した怪物や亡霊が包囲しており、前方からは、炎を吐くラバにまたがる死神（骸骨/スペイン）が、ほぼ砂が落ちている砂時計を掲げつつ、光り輝く槍でナポレオンをねらってせまってくる。この風刺画が発行された時には、すでにスペイン反乱は始まっており、上記の死神と三途の溝で溺れ

Dreadful Descent of ye Roman Meteor.　The Turkish New-Moon, Rising in Blood.　The Spirit of Charles ye XII.　The Imperial Eagle emerging from a Cloud.

ローマの流星の恐ろしい急襲（教皇）

血まみれで昇るトルコの新月

スウェーデン

オーストリア（雲から皇帝の鷲出現）

仏兵の亡霊

ライオン（英）に飛びかかられ熊の鎖を思わず離すナポレオン

スペイン王室の純血種（ラバに乗る死神）

獰猛なポルトガル狼

ロシアの熊

イギリスのライオン

シチリア・テリア

ナポレオンの兄スペイン王ジョセフ

恨みを吐き出すオランダ蛙

尾をふるアメリカのガラガラ蛇

飛ぼうと試みるみすぼらしいプロイセンの鷲

泥からはい出す飢えたライン同盟のネズミ

忘却の河（レテ河）の溝

The Rhenish Confederation of Starved Rats crawling out of the Mud.　Dutch Frogs spilling out their spite.　American Rattle-Snake shaking his Tail.　Prussian Scare-Crow attempting to Fly.

THE VALLEY OF THE SHADOW OF DEATH.

るナポレオンの兄でスペイン王のジョゼフの姿がその状況を物語る。2人の憂鬱そうな仏兵の亡霊が「ユノを忘れるな」「デュポンを忘れるな」とナポレオンに呼びかけている。

手前の忘却の河からは、1806年に結成されたライン同盟のネズミがはい出し、ナポレオンの弟ルイが国王となった（位1806～10）のちにフランス支配下におかれたオランダ蛙が、恨みを吐き出してナポレオンの足元を不安定にしている。フランス革命およびナポレオン戦争に中立の立場をとったアメリカのガラガラ蛇は尾をふっている。手前右の岩には、フランス軍に占領され、1807年にティルジット条約を結んだプロイセンの鷲が、羽がちぎれたその無力な翼で飛ぼうと試みている姿で描かれている。

p.190
「コミューン階梯」にみる19世紀のフランス

ティエール：1871年以降臨時政府を主導。のちに第三共和政初代大統領（任1872～73）。

ルイ＝フィリップを表す洋梨：七月革命（1830年）の際に、ティエールがルイ＝フィリップの国王擁立に腐心したことに関連する。

帝政のシンボルである鷲と共和政のシンボルの雄鶏が喧嘩している。

七月革命（1830年）で即位したルイ＝フィリップ（位1830～48）。

Communeの旗を掲げる共和国の女神マリアンヌ：パリ＝コミューン（1871年）を表す。この風刺画では他の人物を圧して頂点に描かれているが、実際はティエールの指導のもと、臨時政府側に弾圧された。

臨時国防政府（1870年9月成立）を表す女神：共和政を表すこの女神は、手をしばられている。

ナポレオン3世（位1852～70）：プロイセン＝フランス戦争の最中、スダンでプロイセン軍の捕虜となる（1870年）。

二月革命（1848年）を表す女神：ルイ＝ナポレオンは1848年に大統領に就任し、1851年のクーデタで独裁者となり、1852年に国民投票の結果即位してナポレオン3世となったが、共和政を表す女神は彼に匕首で刺されている。

p.294
アフリカの飢餓から考える
①飢餓人口とは、食料の不足により、健康で活発な生活を送るために十分な食料が得られない状態にある人々の数。2013年の国際連合食糧農業機関（FAO）などの報告によれば、2011～13年の飢餓人口は、世界で約8億4200万人で、これは全人口の約12.5%にあたり、その大半が発展途上国に集中している。
②（省略）
③南アフリカとナイジェリアを除き、1人当たりの国内総生産が1,000米ドル未満となっている。
④帝国主義時代の植民地分割の境界をもとに現在の国境線が形成されている。これは、必ずしも現地の人々の文化的な同一性（言語・宗教など）と一致せず、また彼らの交易網を破壊したので、地域紛争がおこりやすくなる要因となった。

⑤表をグラフ化すると、国（地域）や年次ごとの名目GDPの推移がわかりやすくなる。

p.294
穀物の需給から考える
①需要量と生産量の伸びはほぼ一致しているので、不足しているとはいえない。
②1970年代前半を除き、期末在庫率はFAO（国連食糧農業機関）の唱える安全在庫水準である全穀物の17～18%を上回っており、危機的な水準にあるとはいえない。
③狩猟や採集により、野生の動植物を獲得する。貿易により、他国で余剰となった食料を輸入する。
④（省略）

p.295
世界規模の森林の減少
①人口増加や貧困にともない、森林を農地や牧草地にするために伐採が進んでいる。同じ理由で燃料を確保するための伐採も進んでいる。また、世界的な木材需要の増加や営利目的のための非伝統的焼畑農法も森林減少の大きな原因となっている。
②1km^2＝100ha＝10,000m^{2}なので、東京ドーム換算では年間で約111万個分、北海道換算では年間で約0.6個分となる。
③森林が減少すると、大気中の二酸化炭素や有害物質の吸収量が減少し、地球の温暖化や大気汚染が進む。これは、異常気象の一因ともなる。また、大地の保水力が弱まることで、砂漠化が進行したり土砂災害がおこりやすくなる。さらに森林に生息する生物が減少し、生物の多様性がそこなわれる。

p.295
森林減少への取り組み
①森林には原生林の他に植林などによって形成された人工林もある。**2**-2①の図は、人工林も含めた分布なので、**2**-1②より広い地域に森林が分布している。
②国際的な支援もうけながら植林活動をおこなったり、違法伐採の取締まりを強化している。
③史料文から、支給した土地に植樹することを強く義務づけていることが読みとれる。このことから、均田制を開始した北魏の時代（5世紀後半）には、中国の森林破壊が相当進行しており、政府がその対策に着手していたことが推測できる。

━━━ ア ━━━

アイオリス人……………………… 66
アイグン条約
…… 184, 212, 214, 216
アイスキュロス…………………… 69
アイゼンハワー………………… 267
アイバク…………………………… 89
アイユーブ朝…………………… 12, 92
アイルランド…………………… 187
アイルランド自治法
…… 186, 187, 220, 222
アイルランド自由国…187, 236
アイルランド土地法
…… 186, 187, 220
アイン=ジャールートの戦い… 92
アインシュタイン……………… 290
アヴァール人……………………… 84
アヴィニョン…………… 99, 100
アウグスティヌス…74, 75, 103
アウグストゥス………………… 72
アウクスブルク………………… 96
アウクスブルクの和議
…… 140, 142, 143
アウシュヴィッツ強制収容所 256
アウステルリッツの戦い(三帝会
戦)…………………… 174, 184
アウストラロピテクス………… 30
アウラングゼーブ……………… 126
アウン=サン=スー=チー
…………… 263, 275, 276
赤絵……………………………… 131
アカデミー=フランセーズ
…………………… 146, 147
アーガー=ハーン3世……… 228
『阿Q正伝』…………………… 291
アクエンアテン→アメンヘテプ4世
アクスム王国……………………… 90
アクティウムの海戦……70-72
アクバル…… 17, 125-127
アグラ…………………………… 126
アークライト…………………… 164
アクロポリス……………………… 66
アケメネス朝…36, 46, 64, 68
アゴラ……………………………… 66
『アーサー王物語』…………… 105
アサーニャ……………………… 253
アジア=アフリカ会議(バンドン
会議)………………………… 268
アジア太平洋経済協力会議
(APEC)……………………… 288
アシエンダ制…………………… 121
アジェンデ……………………… 277
アジャンター石窟…………… 60, 61
アシャンティ王国…………… 90, 91
アショーカ王……………………… 60
アステカ王国(文明)
…… 16, 44, 45, 121
アズハル=モスク……78-80
アスワン=ハイダム…………… 35
アター制…………………………… 92
アタナシウス……………………… 74
アタナシウス派
…………… 6, 72, 75, 82, 84
アダム=シャール… 116, 131
アタワルパ……………………… 121
アチェ王国……………… 89, 210
アチェ戦争……………………… 210
アッカド語…………………… 33, 35

アッシュルバニバル…………… 37
アッシリア王国… 32, 36, 37
アッティラ………… 6, 82, 94
アッバース1世…122, 123, 125
アッバース朝
…8, 77-79, 82, 89, 110
アッピア街道……………………… 70
アッラー…………………………… 80
アデナウアー……………… 266, 272
アテナ女神………………………… 69
アテネ……………………… 66, 67
アテン神…………………………… 35
アトリー………………………… 257
アドリアノープル……………… 122
アドワの戦い…………………… 224
アナーキズム→無政府主義
アナクレオン……………………… 69
アナーニ事件………………98-101
アパルトヘイト………………… 287
アフガーニー…………………… 229
アフガニスタン王国…………… 206
アフガン戦争
…… 186, 206, 228, 247
アブキール湾の戦い………… 174
アブ=シンベル神殿…………… 35
アブデュルハミト2世
…… 206, 207, 228
アブー=バクル… 76, 77, 82
アフメト3世…………………… 122
アフリカ統一機構(OAU)… 268
アフリカ連合(AU)…………… 288
アベラール………………… 103, 104
アーヘン……………………… 8, 85
アーヘン戦争… 186, 212, 213
アーヘンの和約……… 150, 156
アボリジニー…………………… 225
アポロ11号…………………… 290
アポロン神殿……………………… 66
アマルナ美術……………………… 35
アミアンの和約………………… 174
アミール…………………………… 78
アムステルダム…28, 143, 156
アムリットサール事件……… 246
アムンゼン……………………… 205
アメリカ=イギリス戦争
…………… 186, 196
アメリカ合衆国………………… 168
アメリカ合衆国憲法…168, 170
アメリカ=スペイン戦争…154,
196, 210, 221, 225, 228
アメリカ独立宣言……………… 170
アメリカ独立戦争……………… 169
アメリカ=メキシコ戦争… 196
アメリカ連合規約……………… 168
アメリカ連合国………………… 198
アメリカ労働総同盟(AFL)
…………… 200, 221
アメンヘテプ4世(アクエンアテ
ン)…………………… 32, 35
アユタヤ朝……………… 115, 132
アラウンパヤー朝→コンバウン朝
アラゴン王国…………… 86, 154
アラスカ買収…………………… 196
アラビア語……………… 78, 79
アラファト………………… 248, 249
アラブ石油輸出国機構(OAPEC)
…………… 248, 279
『アラブの春』………………… 286
アラブ連盟……………… 262, 263
アラベスク…… 78, 80, 93, 125

アラム文字……… 20, 36, 107
アリー………… 76, 77, 82
アリウス………………………… 74
アリウス派……………………… 75
アリスタルコス………………… 69
アリストテレス… 67, 69, 79
アリストファネス……………… 69
アーリヤ人………………… 38, 39
アルキメデス…………………… 69
アルクイン………………… 103, 104
アルザス・ロレーヌ
…………… 190, 191, 236
アルタミラ……………………… 154
アルタン=ハーン……… 114, 115
アール=ヌーヴォー…………… 203
アルバニア保護国化………… 236
アルハンブラ宮殿……………… 93
アルビジョワ派………………… 101
アルファベット………………… 20
アルフレッド大王……………… 86
アルヘシラス会議…… 220, 221
アルマダ→無敵艦隊
アルマダの海戦…… 142-144
アレクサンドリア……… 22, 69
アレクサンドル1世…………… 184
アレクサンドル2世…184, 185
アレクサンドロス大王
…… 38, 46, 60, 64, 68
アレッポ…………………………… 92
アロー号事件 212, 214, 216
アロー戦争→第2次アヘン戦争
アンカラの戦い…92, 112, 122
アングル………………………… 202
『アンクル=トムの小屋』… 198
アンコール朝…………… 62, 133
アンコール=ワット…… 62, 63
暗黒の木曜日…………………… 250
アンセルムス……………… 103, 104
安史の乱…………………55-58
アンシャン=レジーム→旧体制
安重根…………………… 119, 226
アン女王………………………… 145
アン女王戦争…………… 156, 168
アンセルムス……………… 103, 104
安全保障理事会………………… 260
アンティゴノス朝……………… 68
アントニウス… 70, 71, 74
アントニヌス=ピウス… 5, 72
アンドロポフ…………………… 282
アンボイナ事件 142, 156, 210
アンボイナ島…………………… 118
安保闘争………………………… 281
アンリ4世……………… 142, 146
安禄山…………………… 55, 57, 58

━━━ イ ━━━

イヴァン3世…………… 14, 151
イヴァン4世…………… 97, 151
イエス………………… 36, 75
イエズス会… 128, 140, 141
イェニチェリ………… 122-124
イェルサレム………… 80, 92
イェルサレム王国… 10, 92, 95
イェルマーク………………… 151
イオニア式……………………… 69
イオニア人……………………… 66
『医学典範』…… 27, 78, 79
イギリス=オランダ(英蘭)戦争
…142, 143, 145, 148, 156

イギリス革命(ピューリタン革命)
…………… 142, 145, 148
イギリス国教会140, 141, 144
イクター制……………………… 92
イコン…………………………… 8
イサベル
…101, 102, 120, 154, 155
石井・ランシング協定
…………… 230, 233, 242
維新会…………………………… 228
イースター蜂起……………… 187
イスタンブール………… 122, 124
イスファハーン…122, 123, 125
イスマーイール1世………… 122
イスラエル…………… 247-249, 262
イスラエル王国………………… 36
イスラーム教(回教)
…………… 25, 57, 76, 79
イスラーム同盟(サレカット=イ
スラム)………………… 228, 229
イスラーム法…………………… 78
イスラーム暦(ヒジュラ暦)… 81
李承晩………………………… 263
イタリア遠征………………… 174
イタリア王国………………… 192
イタリア戦争…100, 142, 146
イタリア統一戦争
…………… 190, 192, 195
イタリア=トルコ戦争 228, 230
イダルゴ……………………… 178
異端審問(所)………… 99, 154
一月蜂起……………… 152, 153
  条鞭法……… 114, 115, 130
一世一元の制………………… 114
一帯一路……………………… 284
囲田………………………… 108
イーデン……………………… 267
遺伝子工学…………………… 290
伊藤博文……………… 119, 226
イドリーシー……… 22, 158
イプセン……………………… 202
イープルの戦い……………… 230
イブン=サウード…… 246, 247
イブン=シーナー… 27, 78, 79
イブン=バットゥータ
…… 79, 89, 92, 110
イブン=ハルドゥーン… 79, 93
イブン=ルシュド…… 79, 104
イマーム……………………… 77
イマームのモスク… 123, 125
移民… 179, 200, 201, 223
移民法……………………… 240
イラク戦争…………… 286, 287
イラン=イスラーム共和国 279
イラン=イラク戦争………… 279
イラン革命…………………… 279
イラン立憲革命……… 228, 229
『イリアス』…………………… 69
イリ条約…… 184, 214, 221
イル=ハン国…92, 93, 110, 112
岩倉具視遣欧使節団………… 189
石見銀山……………………… 117
殷……………………… 40, 41
インカ帝国(文明) 44, 45, 121
殷墟……………………… 40, 41
イングランド銀行…………… 145
印紙法……………………… 168
印象派……………………… 203
院体画……………………… 109

インダス文明……………………… 38
インターナショナル[第1] 183
インターナショナル[第2]
…………… 183, 220
インターネット……………… 288
インディオ… 121, 156, 178
インティファーダ… 248, 249
インド国民会議……… 208, 228
インドシナ共産党… 246, 247
インドシナ出兵……………… 190
インドシナ戦争……… 262, 263
インド帝国…………… 186, 208
インド統治法[1919] … 246
インド統治法[1935] … 246
インドネシア共産党…246, 247
インドネシア国民党…246, 247
インド洋交易………………… 91
インノケンティウス3世
……12, 94, 95, 101, 103
陰陽五行説…………………… 43

━━━ ウ ━━━

ヴァイシャ……………………… 39
ヴァイマル共和国…………… 252
ヴァイマル憲法……… 236, 252
ヴァーグナー………… 193, 203
ヴァージニア植民地…156, 168
ヴァチカン市国……… 136, 252
ヴァルガス…………………… 269
ヴァルダナ朝………… 60, 61
ヴァルダマーナ……………… 60
ヴァルナ制…………… 38, 39
ヴァルミーの戦い…………… 172
ウァレリアヌス……… 64, 65
ヴァレンシュタイン………… 148
ヴァレンヌ逃亡事件………… 172
ヴァロワ朝
…… 100, 101, 142, 146
ヴァンダル王国……………… 82
ヴァンデーの農民反乱……… 172
ヴィヴァルディ……………… 160
ヴィクトリア女王… 186, 208
ウィクリフ…… 98-100, 140
ウイグル…… 56, 58, 59, 88
ウイグル自治区騒乱…284, 286
ウイグル文字
…………… 58, 106, 107, 112
ヴィシー政府………… 254, 256
ヴィジャヤナガル王国……… 126
ウィッテ……………… 223, 234
ヴィットーリオ=エマヌエーレ
2世…………………… 192
「ヴィーナスの誕生」……… 134
ウィリアム3世……… 142, 145
ウィリアム王戦争
…………… 146, 156, 168
ウィリアム=オブ=オッカム
…………… 103, 104
ウィルソン(アメリカ)
…221, 223, 230, 236, 240
ウィルソン(イギリス)186, 272
ヴィルヘルム1世…192-194
ヴィルヘルム2世
…… 194, 220, 222, 231
ヴィルヘルム=テル………… 102
ウィーン会議
…… 174, 180, 184, 195
ウィーン議定書……… 180, 186
ウィーン大学………………… 103
ウィーン体制………………… 180

ウィーン包囲[第1次]
　　… 16, 122, 123, 142, 143
ウィーン包囲[第2次] 122, 142
ウェストファリア条約
　　…141, 142, 146, 148-150
ウェストミンスター憲章… 250
ヴェスプッチ(アメリゴ)… 120
ヴェーダ　　　　　　　 39
ウェッブ夫妻　　　　　 222
ヴェネツィア 13, 96, 180, 192
ヴェーバー　　　 140, 290
ヴェルギリウス　　　　 74
ヴェルサイユ宮殿
　　　　　146, 147, 193
ヴェルサイユ行進　　　 172
ヴェルサイユ条約 193, 236
ヴェルサイユ体制　　　 236
ウェルズ　　　　　　　 291
ヴェルダン条約　　 84-86
ヴェルダン要塞攻防戦… 230
ヴェルディ　　　 192, 203
ヴェントリス　　　　　 20
ウォーターゲート事件 272, 278
ウォーホル　　　　　　 292
ウォーラーステイン …167, 290
ウォール街　　　　　　 250
ヴォルテール
　　… 117, 150, 160, 161
ウォルポール　　　　　 145
ヴォルムス協約　　　　 86
ヴォルムス帝国議会　　 140
ウスマーン　　 76, 77, 80
烏孫　　　　　　　　　 46
宇宙開発競争　　　　　 290
「ヴ=ナロード(人民の中へ)」
　　　　　　　 184, 185
ウパニシャッド　　　　 39
ウマイヤ朝… 76-78, 82, 89
ウマイヤ=モスク　　　 77
ウマル　　　　　 76, 77
ウマル=ハイヤーム… 10, 79
ウラジヴォストーク　　 184
ウラディミル1世　　　 97
ウラービー運動　 186, 206
ウラマー　　 78, 92, 229
ウル　　　　　　　　　 32
ウルグ=ベク　　　　　 112
ウル第3王朝　　　　　 32
ウルドゥー語　　　　　 127
ウルバヌス2世　　　　 95
ウンキャル=スケレッシ条約184
雲崗　　　　　　　 7, 53
ウーンテッドニーの虐殺… 197
ウンマ　　　　　　　　 76

■■■■エ■■■■
英印円卓会議　　　　　 246
英貨排斥　　　　　　　 228
衛氏朝鮮　　　　　　　 113
衛所制　　　　　　　　 114
衛青　　　　　　 46, 49
英仏協商　　　 220, 230
衛満　　　　　　　　　 113
『永楽大典』　　　　　 131
永楽帝… 15, 114, 115, 128
英露協商 220, 221, 230, 234
エヴァンズ　　　　　　 37
エウクレイデス　　　　 69
エウセビオス　　　　　 74
エウリピデス　　　　　 69

エカチェリーナ2世 … 151, 153
易姓革命　　　　 40, 43
駅伝制(ジャムチ)　　　 111
エグバート　　　　　　 83
エーゲ文明　　　　　　 37
エジプト=イスラエル平和条約
　　　　　　　 248, 249
エジプト遠征(ナポレオン) 174
エジプト王国(古代) 34, 37, 64
エジプト王国(近代)　　 247
エジプト革命[1919〜22] 247
エジプト革命[1952]　 268
エジプト=トルコ戦争 184, 206
「エジプトはナイルの賜物」… 34
『エセー』(『随想録』)　 134
エチオピア侵攻　　　　 252
エッフェル塔　　　　　 191
エディソン　　　 204, 205
エデッサの戦い　　　　 65
エトルリア人　　　　　 70
エドワード1世　　　　 100
エドワード3世　　 100, 101
エドワード6世 140-142, 144
エドワード黒太子　　　 101
エピクテトス　　　　　 74
エピクロス　　　　　　 69
ABCD包囲陣　　　　　 255
エフェソス公会議… 6, 75, 82
エフタル　　 46, 58, 60
エマーソン　　　　　　 202
エラスムス… 134, 138, 140
エラトステネス　　　　 69
エリザベス1世
　　… 16, 140-142, 144
エリザベート　　　　　 195
エリツィン　　　　　　 282
『エリュトラー海案内記』… 4
エール　　　　　　　　 187
エル=グレコ… 134, 160, 162
エルバ島　　　 174, 177
延安　　　　　　　　　 242
燕雲十六州　　　　　　 106
演繹法　　　　　　　　 160
遠隔地貿易　　　　　　 96
エンクロージャー→囲い込み
　　　　　　　 [第1次]
エンゲルス　　　 165, 183
エンコミエンダ制… 121, 156
猿人　　　　　　　　　 30
袁世凱　　　　　 226, 227
円銭　　　　　　　　　 42
円明園　　　　　　　　 116
エンリケ　 14, 120, 154
閻立本　　　　　　　　 57

■■■■オ■■■■
オアシスの道　　 46, 58
オイラト　　　　　　　 115
オイル=ショック→石油危機
王安石　　　 106, 108, 109
王維　　　　　　　　　 57
オウィディウス　　　　 74
オーウェル　　　　　　 291
オーウェン　　　　　　 183
王羲之　　　　　　　　 53
王建　　　　　　　　　 113
王権神授説… 142, 145, 160
王守仁(王陽明)　　　　 131
王政復古　　　　　　　 145
王仙芝　　　　　 55, 57

横断政策　　　　　　　 194
汪兆銘　　　　　　　　 251
王重陽　　　　 106, 109
王直　　　　　　　　　 117
王党派　　　　　 145, 148
王の広場　　　　 123, 125
王の道　　　　　　　　 64
王莽　　　　　　 49, 50
欧陽脩　　　　　　　　 109
欧陽詢　　　　　　　　 57
沖縄返還　　　　　　　 281
沖縄本島に上陸　　 255, 257
オクスフォード大学… 103, 104
オクタウィアヌス　 70-72
オケオ　　　　　 5, 62
オゴデイ　　　 12, 110
オコンネル　　　　　　 187
オストラキスモス→陶片追放
オーストリア継承戦争 150, 156
オーストリア国家条約…… 266
オーストリア=ハンガリー帝国
　　　　　　　 192, 195
オーストリア併合… 252, 254
オスマン[オスマン帝国]… 122
オスマン[フランス]　　 191
オスマン帝国
　　…92, 122, 123, 206, 207
オスマン帝国憲法(ミドハト憲法)
　　　 206, 207, 228, 229
織田信長… 15, 117, 123
オタワ連邦会議　　　　 250
オット一1世　　 84-86, 94
『オデュッセイア』　　　 69
オドアケル　　　 82, 83
親方　　　　　　　　　 96
オランダ戦争… 142, 146, 148
オランダ独立戦争
　　　　　 141, 142, 148
オランダ領東インド　　 210
オランプ=ドゥ=グージュ … 171
オリンピア　　　　　　 69
オリンピック　　　　　 292
オリンポス12神　　　　 69
オルメカ文明　　　　　 44
オルレアン　　　 100, 101

■■■■カ■■■■
夏　　　　　　　　　　 40
改革開放　　　　　　　 284
会館　　　　　　　　　 130
回教→イスラーム教
海峡協定　　　　　　　 184
海峡植民地　　　　　　 210
海禁政策… 114, 115, 117, 130
海禁軍備制限条約　　　 236
外交革命　　　　　　　 150
崖山の戦い　　　 106, 110
会子　　　　　　　　　 106
開城　　　　　　　　　 106
華夷の別　　　　　　　 41
開発独裁　　　　　　　 275
開封　　　　　　 106, 108
『海洋自由論』　　 143, 160
カイロ　　　　　 78, 93
カイロ会談(宣言)…255, 257

カイロネイアの戦い……… 66
ガウタマ=シッダールタ…… 60
ガウディ　　　　　　　 291
カヴール　　　　　　　 192
カエサル… 2, 35, 70, 71, 74
科学アカデミー　　　　 147
価格革命　　　　　　　 120
科学革命　　　　　　　 160
科学的社会主義　　　　 183
科挙… 11, 54, 55, 63, 108
華僑　　　　　　　　　 129
科挙廃止　　　　　　　 226
核拡散防止条約(NPT)　 269
霍去病　　 46, 47, 49
郭守敬　　　　 110, 112
革新主義　　　　　　　 221
拡大EC　　　　 266, 272
岳飛　　　　　 106, 107
革命裁判所　　　　　　 172
革命暦　　　　　 172, 173
囲い込み[第1次](エンクロー
　　ジャー)　　 144, 164
囲い込み[第2次]　　　 164
華国鋒　　　　　　　　 274
カサブランカ会談　　　 257
ガザーリー　　　　　　 79
ガザン=ハン　　　 92, 93
カザン=ハン国　　　　 112
カジミェシュ(カシミール)大王 152
カシミール紛争　　 262, 286
ガージャール朝　　　　 206
ガーシュイン　　 241, 291
カーシュガリー　　　　 88
カスティリオーネ… 19, 116, 131
カスティリャ王国
　　　 12, 86, 101, 154
カースト　　　　　　　 39
カストロ　　　　　　　 269
ガズナ朝　　　 11, 89, 92
カスパー=フリードリヒ… 202
カーソン　　　　　　　 278
カタコンベ　　　　　　 75
カタラウヌムの戦い… 6, 82, 94
カタリ派　　　　　 99, 101
カッシート　　　　　　 32
合従策　　　　　 42, 43
活版印刷術…… 21, 109, 139
カップー揆　　　　　　 236
カトー=カンブレジ条約
　　　　　　　 142, 146
カートライト　　　　　 164
カトリック改革　　 140, 141
カトリック教徒解放法 186, 187
カトリーヌ=ド=メディシス…146
カナウジ　　　　　　　 60
ガーナ王国　　　　　　 90
カーナティック戦争 …156, 208
仮名文字　　　　　　　 107
カニシカ王　　　 4, 60
カニング　　　　　　　 181
カーネギー　　　　　　 201
カーネーション革命 272, 273
カノッサの屈辱　　 86, 94
カーバ聖殿　　　 80, 81
カピチュレーション　　 122
カビール　　　　　　　 127
カフカ　　　　 195, 291
カブラル　　　 120, 154
カペー朝… 84, 85, 100, 101

火砲　　　　　　　　　 139
カボット　　　　 120, 144
河姆渡文化　　　　　　 40
ガマ(ヴァスコ=ダ)
　　　　 89, 120, 154
カミュ　　　　　　　　 291
カメハメハ朝　　　　　 225
火薬　　　　　 109, 139
加耶(加羅)諸国　　　　 52
カラカラ　　　　　　　 72
カラキタイ(西遼)…… 88, 106
カラコルム　　　　　　 110
カラハン宣言　　 234, 242
カラハン朝… 11, 88, 92
樺太・千島交換条約
　　　　 184, 214, 216
ガリア(人)　　 2, 71
『ガリヴァー旅行記』… 160, 163
カリカット　　　　　　 120
カーリダーサ　　　　　 60
ガリバルディ　　　　　 192
カリフ　　　 76-78, 82
ガリレイ… 134, 139, 160
カール4世　　　 100, 102
カール5世(カルロス1世)
　　…16, 120, 140-142, 154
カール12世　　　　　　 151
カルヴァン　　　　　　 140
カルカッタ　　　　　　 156
『ガルガンチュアとパンタグリュ
　　エルの物語』… 134, 138
カルケドン公会議… 75, 82
カール大帝　　　 8, 84, 85
カルタゴ　　　　 70, 154
カルティエ　　　　　　 121
カルティニ　　　　　　 229
カルテル　　　　　　　 220
カールの戴冠… 84, 85, 94
カルピニ(プラノ)… 13, 101, 110
カルボナリの運動 180, 181, 192
カール=マルテル　　　 84
カルマル同盟　　　　　 100
カルロヴィッツ条約
　　　　 122, 150, 206
カルロス1世→カール5世
ガレ　　　　　　　　　 203
ガレオン貿易　　　　　 116
カレーズ→カナート
ガレノス　　　 27, 158
カロリング小文字　　　 104
カロリング朝(家)… 82, 84, 85
カロリング=ルネサンス
　　　　　 85, 103, 104
川端康成　　　　　　　 291
甘英　　　　　　　　　 46
宦官　　　　　 49, 50
『漢宮秋』　　　　　　　 112
勘合貿易　… 114, 115, 130
韓国統監府　　 119, 226
韓国併合… 119, 226, 227
カンザス・ネブラスカ法… 196
漢字　　　　　 106, 107
『漢書』　　　 3, 50, 51
漢城　　　　　　　　　 119
漢人　　　　　　　　　 111
鑑真　　　 9, 56, 57
顔真卿　　　　　　　　 57
関税と貿易に関する一般協定
　　(GATT)　　　　 288
環大西洋革命… 167, 178

『カンタベリ物語』
……… 103, 134, 138
ガンダーラ美術……………… 60
ガンダーラ仏………… 5, 60
ガンディー… 209, 246, 263
カント……… 160, 204
カンネーの戦い……… 70, 71
韓非………………………… 43
カンボジア(真臘) …56, 62, 133
カンボジア内戦… 271, 275
韓愈…………………… 57, 109
咸陽………………………… 48

キ

魏〔三国〕………… 50, 52
生糸……………… 117, 130
議院内閣制……………… 145
キエフ公国……… 86, 97
キェルケゴール………… 204
議会派……… 145, 148
議会法……… 220, 222
『幾何原本』……………… 116
「帰去来辞」………………… 53
キケロ……… 74, 135
魏源………………………… 131
騎士………………………… 87
亀茲(クチャ) …7, 46, 52
騎士道物語……………… 105
徽州(新安)商人… 117, 130
義浄… 55, 57, 60, 62, 63, 133
魏晋南北朝時代… 52, 53
ギゾー……………… 204
徽宗……… 106, 109
貴族(パトリキ)………… 70
北アイルランド紛争……… 286
キタイ(契丹)… 106, 107
北大西洋条約機構(NATO)
………… 261, 265
北ドイツ連邦……………… 192
北ヨーロッパ商業圏………… 96
亀甲船……………… 119
契丹文字……… 106, 107
紀伝体………………………… 51
冀東防共自治政府… 242, 251
絹の道(シルク＝ロード)46, 47
帰納法……………… 160
騎馬遊牧民… 46, 47, 58
羈縻政策……………… 55
蟻鼻銭……………… 42
キープ(結縄)… 20, 45
キプチャク＝ハン国
………… 97, 110, 112
ギベルティ……… 134, 135
喜望峰……………… 120
金日成……………… 262
金玉均……………… 218
金正日……………… 285
金大中… 275, 276, 285
金泳三……… 275, 276
キャフタ条約…128, 129, 151
キャラヴァンサライ…… 47, 93
キャンプ＝デーヴィッド会談
………… 266, 267
キャンプ＝デーヴィッド合意
………… 248, 249
仇英………………………… 131
九カ国条約… 236, 242
球戯場(テニスコート)の誓い
………………………… 172
仇教運動……………… 226

牛耕……………… 42, 43
九十五カ条の論題………… 140
旧人………………………… 30
旧体制(アンシャン＝レジーム)
………………………… 172
九品中正……………… 52
旧法党……………… 106
『旧約聖書』……………… 36
キュチュク＝カイナルジャ条約
………………………… 151
キューバ革命……………… 269
キューバ危機… 269, 272
キュリー夫妻……………… 204
ギュルハネ勅令… 206, 207
キュロス2世……… 36, 64
羌………………………… 52
教育法……………… 186
教会大分裂(大シスマ)
………… 98, 99, 101
郷挙里選……………… 49
教皇……… 24, 82, 100
教皇子午線……………… 120
「教皇のバビロン捕囚」
………… 98, 99, 101
教皇領……… 84, 87
『共産党宣言』……………… 183
仰韶文化……………… 40
郷紳〔中国〕……………… 130
『狂人日記』……………… 291
強制栽培制度……… 210, 211
匈奴……… 3, 46–50, 52
共和国第3年憲法→1795年憲法
共和政〔ローマ〕………… 70
共和党〔アメリカ〕………… 198
極東国際軍事裁判……… 260
魚鱗図冊……………… 114
キリコ……………… 291
ギリシア正教……… 25, 83
ギリシア独立戦争(運動)
………… 180, 181, 184
キリスト教……… 24, 72, 75
『キリスト教綱要』……… 140
キリスト教国教化… 72, 75
『キリスト者の自由』……… 140
キリル文字……………… 20
『ギルガメシュ叙事詩』……… 32
キルギス……… 46, 58, 88
キール軍港水兵反乱…231, 236
ギルド……… 96, 172
ギロチン……………… 173
義和団戦争……… 205, 226
金……… 106, 107, 110
金(後金)……… 114, 117, 128
銀……… 116, 117, 120, 130
金印……… 5, 50
金印勅書……… 100, 102
キング牧師……………… 272
欽差大臣……………… 212
禁酒法……… 200, 240, 241
欽宗……………… 106
近代経済学……………… 161
近代世界システム……… 167
均田制……… 52, 54
金ぴか時代……………… 200
金＝ブロック→フラン＝ブロック
『金瓶梅』……………… 131
吟遊詩人……………… 105
均輸法〔前漢〕……………… 49
均輸法〔北宋〕……………… 108

ク

グアテマラ＝クーデタ…… 269
空想的社会主義……… 183
クー＝クラックス＝クラン(KKK)
………… 198–200, 240, 272
楔形文字……… 20, 33, 35
九・三〇事件……… 275, 276
クシャトリヤ……………… 39
クシャーナ朝……… 4, 60
クシュ王国……… 37, 90
『愚神礼賛』……… 134, 138
クスコ……………… 45
グスタフ＝アドルフ……… 148
虞世南……………… 57
クセノフォン……………… 69
『クタドゥグ＝ビリク』……… 88
百済(くだら)→百済(ひゃくさい)
クチャ→亀茲
クック(ジェームズ) … 23, 225
クック(トマス)……………… 188
屈原……………… 43
グーツヘルシャフト(農場領主制)
………………………… 150
クディリ朝……… 62, 133
クテシフォン……… 64, 65
グーテンベルク
………… 21, 134, 138, 139
クーデンホーヴェ＝カレルギー
………………………… 266
クトゥブ＝ミナール……… 89
クヌート……………… 86
クノッソス宮殿……………… 37
クビライ……… 13, 110–112
グプタ朝……… 60, 61
グプタ美術……… 60, 61
鳩摩羅什……… 52, 53
クメール人……………… 62
公羊学……………… 131
孔穎達……………… 57
クライヴ……… 156, 208
クライシュ族……………… 77
クラクフ大学……………… 152
グラスノスチ……………… 282
グラックス兄弟……… 70, 71
クラッスス……………… 70
グラッドストン……… 186, 187
グラナダ……… 14, 92, 93,
101, 102, 120, 154
苦力(クーリー)……………… 200
クリオーリョ……………… 178
クーリッジ……………… 240
クリミア戦争 184, 185, 192
クリミア＝ハン国……… 112
グリム兄弟……… 182, 202
クリムト……………… 195
クリュニー修道院
………… 86, 94, 103, 105
クリルタイ……………… 110
クルップ(社)……… 193, 220
クールベ……… 191, 202
クレイステネスの改革…66, 67
クレオパトラ……………… 71
グレゴリウス1世
………… 82, 84, 94, 103
グレゴリウス7世… 94, 103
クレシーの戦い…… 100, 101
クレタ文明……… 36, 37
グレートブリテン＝アイルランド
連合王国……… 145, 186

グレートブリテン王国…… 145
クレルモン宗教会議… 86, 95
クローヴィス… 6, 82, 84, 94
グロティウス… 143, 149, 160
グローバリゼーション
………… 288, 289
クロマニョン人……………… 30
クロムウェル… 145, 148, 187
クロンプトン……………… 164
軍管区(テマ)制… 82, 97
軍機処……………… 128
郡県制〔秦〕……………… 48
郡県制〔前漢〕……………… 49
訓詁学……… 51, 57
郡国制……………… 49
軍事革命……………… 139
『君主論』……… 134, 142
軍人皇帝時代……………… 72
軍閥……………… 226
訓民正音(ハングル)
………… 15, 20, 21, 107, 119

ケ

ケイ……………… 164
景教……… 55, 57
経験主義……………… 160
経済相互援助会議(COMECON、
コメコン)……………… 261
『経済表』……… 160, 161
慶州……………… 113
景徳鎮……… 109, 130, 131
景福宮……………… 119
啓蒙思想……………… 161
啓蒙専制君主… 150, 151
慶暦の和約……… 106, 107
ケインズ……… 161, 290
毛織物工業……… 143, 144
羯……………… 52
月氏……………… 46
ゲーテ……… 160, 202
ゲティスバーグの戦い…… 198
ケネー……… 117, 160, 161
ケネディ……… 201, 272
ケープ植民地… 142, 143, 156
ケプラー……………… 160
ケベック……………… 156
ゲル……………… 46
ケルト人……… 4, 82
「ゲルニカ」……… 253, 291
『ゲルマニア』……………… 83
ゲルマン人の移動……… 83
ケルン大聖堂……………… 105
ケレンスキー……………… 234
ケロッグ……………… 237
元……… 106, 110–112
祆教→ゾロアスター教
建業(建康)……………… 52
元曲……………… 112
元首政……………… 72
犬戎……………… 40
玄奘… 38, 55, 57, 60, 61
原人……………… 30
遣隋使・遣唐使……… 56
玄宗……… 55, 57
阮朝……………… 133
阮田策……………… 49
剣闘士……………… 70
原爆投下… 255, 257, 269
絹馬貿易……………… 59
阮福暎……………… 210

コ

呉〔三国〕……………… 52
ゴア……… 120, 126, 156
五・一五事件……… 242, 251
コインブラ大学……………… 12
公安委員会〔フランス〕…… 172
項羽……… 48, 49
後ウマイヤ朝…… 78, 79, 154
紅衛兵……………… 274
黄河……………… 40
広開土王(好太王)… 52, 113
航海法……… 145, 156
航海法廃止……………… 186
江華島事件… 119, 216, 217
後漢〔五代〕……… 57, 106
『康熙字典』……… 128, 131
康熙帝……………… 128
後金→金
紅巾の乱… 110, 112, 114
黄巾の乱……… 50–52
高句麗
…7, 49, 50, 52, 54, 56, 113
洪景来の乱……………… 119
寇謙之……………… 53
甲骨文字……… 20, 40, 41
甲午農民戦争(東学の乱)
………… 119, 216
孔子……… 42, 43, 51, 63
交子……… 106, 108
港市国家……………… 62
広州… 128, 130, 212, 226
後周……… 57, 106
光州事件……………… 276
洪秀全……………… 215
公所……………… 130
行商……… 128, 130, 212
交鈔……… 111, 112
考証学……………… 131
工場制機械工業……… 164
工場法……… 165, 183, 186
光緒帝……… 217, 226
後晋……… 57, 106
甲申政変… 119, 216, 218
高祖〔前漢〕→劉邦
高祖〔唐〕→李淵
高宗〔唐〕……………… 55
高宗〔南宋〕……………… 106
高宗〔朝鮮〕… 119, 216, 226
黄宗羲……………… 131
黄巣の乱……… 55, 57
豪族〔後漢〕……………… 50
江沢民……………… 284
興中会…214, 216, 226, 227
後唐……… 57, 106
江南……… 52, 108
抗日義兵闘争……… 226, 227
抗日民族統一戦線……… 251
貢納……………… 87
光復会……………… 226
光武帝→劉秀
洪武帝(朱元璋)… 110, 114
孝文帝……………… 52

ケンブリッジ大学… 103, 104
憲法大綱〔清〕……………… 226
権利の章典……… 142, 145
権利の請願……… 142, 145
権利の宣言……………… 145
乾隆帝……… 19, 128, 129
元老院……… 70, 73

黄埔条約……………… 212
公民権法止……………… 272
康有為
　……131, 214, 216, 217, 226
「皇輿全覧図」……… 116, 128
高麗……………… 106, 110, 113
高麗青磁……………… 113
巧利主義……………… 204
合理主義……………… 160
後梁……………… 57, 106
『紅楼夢』……………… 131
顧炎武……………… 131
古王国〔エジプト〕…… 32
顧愷之……………… 53
五月危機(五月革命) 272, 273
五カ年計画〔ソ連〕…… 239
後漢……………… 50, 60
『後漢書』……………… 5
ゴーガン……… 202, 203
コーカンド＝ハン国 … 184, 221
五経……………… 51
『五経正義』……………… 57
『五経大全』……………… 131
五経博士……………… 49, 51
胡錦濤……………… 284
国家至上法→首長法
国際原子力機関(IAEA) … 269
国際赤十字……………… 192
国際赤十字運動……… 184
国際通貨基金(IMF)…… 260
国際復興開発銀行(IBRD) 260
国際連合……………… 257, 260
国際連盟……………… 236, 260
国際労働機関(ILO)…… 260
黒死病(ペスト)
　……… 26, 28, 98, 100
黒人奴隷… 18, 156, 157, 199
黒陶……………… 40
国土回復運動(レコンキスタ)
　……… 10, 12, 14, 102,
　　　　120, 154, 155
国民会議派……………… 246
国民議会……………… 172
国民公会……… 172, 173, 178
国民(国家)社会主義ドイツ労働者
党→ナチ党
穀物法廃止……………… 186
国立作業場〔フランス〕…… 183
国連平和維持活動(PKO)…… 271
五賢帝……………… 72
五胡……………… 46
「湖広熟すれば天下足る」… 130
護国卿……………… 145
五国同盟→四国同盟
五胡十六国時代……… 52
ゴーゴリ……………… 202
『古今図書集成』……… 128, 131
呉桂桂……………… 129
五・三〇運動……… 242, 243
呉子……………… 43
五・四運動… 230, 242, 243
ゴシック様式……… 103, 105
55年体制……………… 281
コシューシコ……………… 152
五銖銭……………… 3, 49
コシュート… 181, 182, 195
胡椒……………… 4, 62, 120
コスイギン……………… 272
胡適……………… 242
呉楚七国の乱……… 49

五代十国……………… 57, 106
国会議事堂放火事件 … 252
骨角器……………… 30
国共合作〔第1次〕242, 243
国共合作〔第2次〕242, 251
国内戦……………… 262
国境なき医師団……… 287
骨品制……………… 113
コッホ……………… 27, 204
ゴッホ……………… 202, 203
ゴ＝ディン＝ジエム… 270
古典主義……………… 160, 163
古典派経済学……………… 161
呉道玄……………… 57
五斗米道……………… 50, 51
ゴードン……………… 224
コーヒー……………… 18, 163
コーヒーハウス……… 159, 163
コペルニクス… 134, 138, 139
護民官……………… 70, 71
コミンテルン……… 234, 235
コミンフォルム……………… 261
ゴムウカ……………… 267
コメコン→経済相互援助会議
　(COMECON)
米騒動……… 233, 242, 244
虎門寨追加条約…… 212, 213
『コモン＝センス』… 168, 169
ゴヤ……………… 176, 202
胡耀邦……………… 284
コラソン＝アキノ……… 276
『コーラン』……………… 76, 80
ゴーリキー……………… 291
孤立主義……………… 236
コリント式……………… 69
コリントス(ヘラス)同盟… 66
ゴール朝……………… 89, 92
コルテス… 16, 120, 121, 154
コルドバ……………… 79, 154
ゴールドラッシュ… 197, 200
コルネイユ……… 160, 163
ゴルバチョフ……… 278, 282
コルベール
　……… 146, 147, 160, 161
コルホーズ……………… 239
ゴレスタン条約……… 184
コロッセウム……… 72, 74
コロナトゥス……………… 72
コロヌス……………… 72
コロンブス
　……… 115, 120, 121, 154
コロンブス交換……… 26
コロンボ会議……………… 268
コンキスタドール(征服者) 121
コンクラーベ……………… 136
コンコルダート→政教協約
コンスタンツ公会議
　……… 99, 101, 140
コンスタンティヌス 72, 75, 94
コンスタンティノープル
　…6, 8, 72, 82, 95, 97, 122
コンスル(執政官)……… 70
コンツェルン……… 220, 245
コント……………… 204
コンバウン朝(アラウンパヤー朝)
　……… 132, 210
ゴンパーズ……………… 200
棍棒外交……… 221, 223
コンヤ……………… 12
「坤輿万国全図」… 23, 116

━━━━サ━━━━
西域……………… 49-51
西域都護府……………… 49
サイイド朝……………… 89
サイクス・ピコ協定
　… 230, 231, 246, 248
再軍備宣言……………… 252
「最後の審判」……………… 136
「最後の晩餐」……………… 134
崔済愚……………… 119
「最大多数の最大幸福」… 204
彩陶……………… 40
済南事件……………… 242
再保障条約……… 194, 221
細密画(ミニアチュール)
　……… 112, 127
彩文土器……………… 31
『西遊記』……… 61, 112, 131
蔡倫……………… 21, 50, 51
サヴィニー……………… 204
サヴォイア……… 190, 192
サヴォナローラ……………… 140
サウジアラビア王国 … 246, 247
サウマ……………… 13
冊封体制……… 50, 113
ササン朝……………… 6, 65
サータヴァーハナ朝… 60
サダト……………… 248, 249
サッカレー……………… 202
雑劇……………… 109
サッコ・ヴァンゼッティ事件 240
サッチャー……………… 272
サッファール朝……………… 92
サッフォー……………… 69
サーディー……………… 79
サティヤーグラハ(非暴力・非協
　力)……………… 246
サトウキビ……… 18, 157
サパタ……………… 225
ザビエル……………… 17, 120
サファヴィー朝…… 122, 123
ザマの戦い……… 70, 71
サマルカンド
　… 58, 59, 112, 124
サーマーン朝… 78, 88, 92
サミット→先進国首脳会議
サモリ＝トゥーレ……… 224
サライェヴォ事件
　……… 195, 230, 233
サラゴサ条約……………… 120
サラディン……………… 92
サラトガの戦い……………… 168
サラミスの海戦… 64, 66, 67
サルゴン2世……………… 37
サルデーニャ王国……… 192
サルトル……………… 290
サレカット＝イスラーム→イスラー
　ム同盟
サレルノ大学……… 103, 104
サロン……………… 161
三・一独立運動…… 230, 242
サン＝ヴィターレ聖堂……… 83
山岳派……………… 172, 173
三月革命(ウィーン)…181, 195
三月革命(ベルリン)…… 181
三月革命(ロシア)→二月革命
サンキュロット……………… 172
産業革命〔第1次〕157, 164
産業革命〔第2次〕……… 220

産業別組織委員会(CIO)… 250
三権分立……………… 170
三国干渉…… 216, 221, 226
三国協商……… 224, 234
『三国志演義』… 52, 112, 131
三国時代〔中国〕……… 52
三国時代〔朝鮮〕… 52, 113
三国同盟
　… 194, 195, 221, 224, 230
サンサルバドル島… 120, 121
サン＝ジェルマン条約…… 236
3C政策……………… 220
サン＝シモン……………… 183
三十年戦争……… 140-142,
　　145, 146, 148-150
三省……………… 55
サンスクリット語…… 60, 61
サンスーシ宮殿…117, 150, 162
サン＝ステファノ条約
　……… 184, 185, 206, 221
山西商人……………… 130
三星堆遺跡……………… 40
『三大陸周遊記』→『大旅記』
サンタ＝マリア号……… 115
三段櫂船……………… 67
サンチャゴ＝デ＝コンポステラ
　……… 95, 154
サンディカリズム……… 183
三帝同盟…… 194, 195, 221
サンディニスタ民族解放戦線 277
山東出兵……………… 242
三頭政治……………… 70, 71
サンバルテルミの虐殺
　……… 140, 142, 146
三藩の乱……………… 128
サン＝ピエトロ大聖堂
　……85, 94, 136, 140
3B政策……………… 221
サンフランシスコ会議…… 260
サンフランシスコ平和条約
　……… 262, 264, 281
三圃制……………… 87
サン＝マルティン……… 178
三位一体説……………… 75
三民主義……………… 226

━━━━シ━━━━
シーア派……………… 77
シヴァージー……………… 127
シヴァ神……… 61, 133
シェアクロッパー……… 199
シェイエス……………… 172
市易法……………… 108
シェークスピア…… 134, 138
ジェニー紡績機……… 165
ジェファソン… 168, 169, 196
ジェームズ1世…142, 144, 145
ジェームズ2世…… 142, 145
シェリング……………… 204
ジェロニモ… 196, 197, 200
ジェントリ……… 144, 145
ジェンナー……… 27, 160
シェーンベルク……… 291
シオニズム……… 248, 249
塩の行進……………… 246
四カ国条約……………… 236
四月テーゼ……………… 234
『史記』……… 48, 49, 51
色目人……………… 111
紫禁城……………… 128

シク教……………… 126, 127
シク戦争……………… 208
シケイロス……………… 291
始皇帝……… 3, 42, 43, 48
四(五)国同盟……………… 181
『四庫全書』…… 128, 129, 131
『資治通鑑』……………… 109
史思明……………… 55, 57
「死者の書」……………… 34
四書……………… 108, 109
『四書大全』……………… 131
システィナ礼拝堂……… 136
ジズヤ→人頭税
自然主義……………… 202
自然哲学……………… 69
四川暴動……… 226, 227
士大夫……………… 109
七月王政……………… 174
七月革命…180, 181, 190, 192
自治権獲得……………… 96
七選帝侯……………… 102
七年戦争… 150, 156, 167
十戒……………… 36
ジッグラト……………… 32
実在論……… 103, 104
実証主義……………… 204
執政官→コンスル
実存主義哲学……………… 290
疾病保険制度……………… 194
四帝分治制(テトラルキア)… 72
シトー修道会……… 86, 103
シドン……………… 36
シノワズリ(中国趣味)…… 117
司馬睿……………… 52
司馬炎……………… 52
司馬光……… 106, 109
司馬遷……… 3, 49, 51
ジハード……………… 77
シハヌーク……………… 271
シパーヒー… 123, 186, 208
シベリア出兵 233, 235, 242
シベリア鉄道…… 221, 223
シベリウス……………… 195
資本家……………… 164
資本主義社会……………… 164
『資本論』……… 161, 204
ジム＝クロウ体制… 198-200
下関条約…… 214, 216, 219
シモン＝ド＝モンフォール …100
ジャイナ教……………… 60
シャイレンドラ朝……… 62, 63
社会革命党…… 221, 234
社会契約説……………… 161
『社会契約論』…… 160, 171
社会主義思想……………… 183
社会主義者鎮圧法… 194, 220
ジャガイモ… 44, 45, 121
ジャガイモ飢饉……… 187
ジャーギールダール制…… 126
ジャクソニアン＝デモクラシー
　……………… 197
ジャクソン… 196, 197
『シャクンタラー』……… 60
ジャコバン憲法→1793年憲法
ジャコバン派……………… 172
写実主義……………… 202
シャー＝ジャハーン 125-127
ジャックリーの乱…… 98, 100
ジャーティ……………… 39
シャトーブリアン……… 202

シャープール１世………64, 65
ジャポニスム………188, 203
シャーマン反トラスト法… 221
ジャムチ→駅伝制
ジャヤヴァルマン７世… 63
シャルトル大聖堂………105
シャー＝ルフ………112
シャルル７世………100, 101, 146
シャルル８世
……100, 101, 142, 146
シャルル10世………181
謝霊運………53
ジャワ原人………30
ジャワ戦争………210
ジャンク船………117
シャンデルナゴル………156
ジャンヌ＝ダルク………14, 100
上海クーデタ………242, 243
上海事変………251
シャンパーニュ地方………96
シャンポリオン………20
周（西周）………40, 41
周（武周）………55, 57
十一月蜂起………152
周恩来………274
十月革命（十一月革命）
………230, 234, 235
十月宣言………221, 234
10月戦争→中東戦争［第４次］
宗教改革………140, 141
宗教騎士団………95
宗教戦争………141
習近平………284, 285
州県制（遼）………107
13植民地… 156, 168, 169
『集史』………79
十字軍
…10, 14, 86, 95, 97, 100
自由州………198
自由主義………181
重商主義（政策）
………142, 146, 147, 156, 161
修正主義………183, 220
柔然………46, 52, 56
重装歩兵………66
縦断政策………194
自由党（イギリス）186, 187, 222
修道院………84, 94, 103
周敦頤→洪武帝
17世紀の危機………148
十二表法………70, 74
重農主義………161
自由フランス政府………254
十分の一税………87
十四カ条… 230, 233, 236
シュエダゴン＝パゴダ… 63
儒家………43
儒学………49, 51, 109
朱熹………109
儒教………25
主権国家体制………142, 149
朱元璋→洪武帝
朱子学………109
授時暦………110, 112
朱全忠………55, 57
首長法………140-144
出エジプト………24, 36
種痘法………160
シュードラ………39
シュトレーゼマン………236

ジュネーヴ………140
ジュネーヴ休戦協定
………262, 270, 271
ジュネーヴ軍縮会議………236
ジュネーヴ４巨頭会談 266, 267
『種の起源』………204
シュパイアー大聖堂………105
シューベルト………203
シュペングラー………290
シュマルカルデン戦争… 140
シュマルカルデン同盟… 140
シューマン………203
シューマン＝プラン………266
シュメール人……32, 33, 35
シュラフタ………152, 153
シュリーヴィジャヤ（王国）
………11, 56, 62, 63, 133
『儒林外史』………131
シュレジエン………150
シュレスヴィヒ・ホルシュタイン
………195
ジュンガル………128, 129
荀子………43
春秋時代………42, 43
春秋の五覇………42
順治帝………128
ショー（バーナード）………291
ジョアン２世………120
荘園（中国）………57
荘園（ヨーロッパ）………87
商鞅………42, 43
蒋介石………243, 251, 257
蒸気機関（蒸気機関車・蒸気船）
………160, 165
商業革命………120
小協商条約………238
貞享暦………112
上京竜泉府………56, 113
上座部仏教………25, 62
尚書省………55
正倉院………65
小ドイツ主義… 182, 192, 193
商人ギルド………96
少年十字軍………95
常備軍………142
情報通信革命………288
昭明太子………53
蜀〔三国〕………52
職人………96
植民市………66
贖宥状………140, 141
諸侯〔周〕………40, 42
徐光啓………116, 130, 131
『諸国民の富』………160, 161
『諸国民の春』………181, 182
ジョージ１世………145
ジョージア植民地………168
ジョージ王戦争………156, 168
「女史箴図」………53
諸子百家………42, 43
女真… 106, 107, 115, 117
女真文字………106, 107
女性差別撤廃条約………293
ジョット… 134, 135, 137
叙任権闘争………94
ジョパン………181, 203
ショーペンハウエル………204
ジョレス………220
ジョン王………100, 101
ジョンソン………272

ジョン＝ブラウンの反乱… 198
シラー………160, 202
新羅（しらぎ）→新羅（しんら）
シルク＝ロード→絹の道
四六駢儷体………53
ジロンド派………172
秦………42, 43, 48
新………49, 50
晋（西晋）………52
清………128-131
新安商人→徽州商人
新王国〔エジプト〕………32, 35
秦檜………106, 107
辛亥革命………226, 227
『神学大全』………103, 104
シンガサリ朝………62
シンガポール………210
進化論………204
辰韓………113
新疆………128, 129
『神曲』………103, 134, 135
新経済政策（ネップ）
………234, 235, 239
神権政治（中国）………40, 41
人権宣言………171, 172
壬午軍乱………119, 216
審査法………145, 186
臣従令………87
真珠湾（パールハーバー）… 255
新人………30
人身保護法………145
壬辰倭乱………119
神聖同盟………181
『新青年』………242
神聖文字（ヒエログリフ）20, 35
神聖ローマ帝国………150, 174
人頭税（ジズヤ）………78
ジンナー………246
新バビロニア………37, 64
ジンバブエ………90, 91
神秘主義（スーフィズム）12, 93
シン＝フェイン党… 187, 220
清仏戦争………210, 214, 216, 220
新ベオグラード宣言………283
新法………106, 108
新法党………106
人民公社………274
人民主権………170
人民戦線（スペイン）………253
人民戦線内閣………253
新羅………52, 56, 113
新冷戦………280
真臘→カンボジア

========ス========

隋………52, 54, 56
瑞金………242, 251
『水経注』………53
『水滸伝』………112, 131
『随想録』→『エセー』
水平派………145
水力紡績機………165
ズィンミー………78
スウィフト………160, 163
鄒衍………43
崇禎帝………114
『崇禎暦書』………131
スエズ運河………188, 206
スエズ運河会社株買収186, 220

スエズ戦争→中東戦争［第２次］
スカルノ 246, 247, 275, 276
スキタイ………46, 47
スキピオ（大）………70
スコータイ朝………62
スコット（ウォルター）………202
スコット（ロバート）………205
スコラ学………103, 104
スタイン………205
スタインベック………291
スターリン… 239, 257, 267
スターリング（ポンド）＝ブロック
………250
スターリングラードの戦い
………254, 257
スターリン批判………266, 267
スタンダード石油会社（スタン
ダード＝オイル）200, 220
スタンダール………202
スタンリー………205, 224
スティーヴンソン………164
ズデーテン地方 238, 252, 254
ステュアート朝（家）… 142, 145
ステンドグラス………105
ストア派………69, 72
ストウ………198
ストックホルム＝アピール 269
ストラヴィンスキー………291
ストラボン………74
ストリンドベリ………202
ストルイピン 221, 223, 234
ストーンヘンジ………31
スパルタ………37, 66
スパルタクス団蜂起………236
スパルタクスの反乱………70
スハルト………275, 276
スピノザ………160
スーフィー………93
スーフィズム→神秘主義
スフィンクス………34
スプートニク１号
………266, 267, 290
スペイン王国…101, 102, 155
スペイン継承戦争
………145, 146, 154-156
スペイン内戦………253
スペイン反乱………174
スペイン立憲革命………180, 181
スペンサー… 134, 138, 204
スミス（アダム）……160, 161
スメタナ………202, 203
スラ………70
スラヴ人………83, 97
スルタン………89, 92, 123
スールヤヴァルマン２世… 63
スレイマン１世
………16, 122, 123, 141
スワデーシ………228
スワヒリ文化………91
スワラージ………228
スンナ派………77

========セ========

斉………52
性悪説………43
西安事件………242, 251
西夏………106, 107, 110
生活革命………163
西夏文字………11, 106, 107
西魏………52

政教協約（コンコルダート）…174
政教分離法（フランス）220, 222
靖康の変………106
西山朝………133, 210
西山の乱………210
青磁………109
星室庁裁判所………144
製紙法（の西伝）
…21, 51, 55, 58, 88, 139
西周→周
西晋→晋
精神分析学………290
性善説………43
世宗（朝鮮）………21, 119
『西廂記』………112
聖像禁止令………82, 84, 94
聖ソフィア聖堂………97
西太后………216, 226
清談………53
成都………52
正統カリフ………76, 77, 82
青銅器………40, 41
正統主義………181
正統帝………114
青銅の貨幣………3, 42, 43
靖難の役………114
青年アイルランド党………187
青年イタリア…180, 181, 192
青年トルコ革命………228, 229
青苗法………108
西部開拓………197
征服者→コンキスタドール
聖マルコ大聖堂………105
『斉民要術』………53
『清明上河図』………108
『西洋の没落』………290
『性理大全』………131
西遼→カラキタイ
聖ワシーリー聖堂………97
セヴァストーポリの戦い… 184
セーヴル条約………236, 246
世界革命論………235
世界恐慌 236, 240, 250, 252
世界産業労働者同盟（IWW）221
『世界史序説』………79, 93
世界市民主義………69
世界周航………120
世界政策………220
世界の一体化… 116, 120, 188
『世界の記述』（『東方見聞録』）
………13, 120
世界の銀行………167, 187
世界の工場………164, 166
世界貿易機関（WTO）………288
世界保健機関（WHO）………260
赤軍………235
赤色クメール………271
赤眉の乱………50
赤壁の戦い………50, 52
石油危機（オイル＝ショック）
………278, 279, 281
石油輸出国機構（OPEC）… 279
セク＝トゥーレ………268
セゴビアの水道橋………73
セザンヌ………202, 203
絶対王政………142, 148
節度使………57
セネカ………74
ゼノン………69
セビリャ………155

セリム1世‥‥‥‥‥‥‥‥ 122
セリム2世‥‥‥‥‥‥‥‥ 122
セルジューク朝‥ 10, 88, 92
セルバンテス‥‥‥ 134, 138
セルビア王国‥‥‥‥‥‥‥ 97
セレウコス朝‥ 36, 46, 64, 75
ゼロの概念‥‥‥‥‥‥‥‥ 60
全インド=ムスリム連盟
‥‥‥‥‥‥‥‥ 228, 246
澶淵の盟‥‥‥‥‥‥ 106, 107
前漢‥‥‥‥‥‥‥‥ 46, 49
宣教師外交‥‥‥‥‥ 221, 223
選挙法改正〔イギリス〕186, 220
全権委任法‥‥‥‥‥ 252, 253
全国産業復興法(NIRA) ‥‥ 250
全国三部会100, 101, 146, 172
戦国時代‥‥‥‥‥‥ 42, 43
戦国の七雄‥‥‥‥‥‥‥‥ 42
戦時共産主義‥‥‥‥ 235, 239
禅宗‥‥‥‥‥‥‥‥‥‥ 109
先住民強制移住法‥‥‥‥‥ 196
僭主政治‥‥‥‥‥‥‥‥‥ 66
全真教‥‥‥‥‥‥‥ 106, 109
先進国首脳会議(サミット) 278
専制君主政(ドミナトゥス)〔ロー
マ〕‥‥‥‥‥‥‥‥‥‥ 72
『戦争と平和』‥‥‥‥‥‥ 184
『戦争と平和の法』‥‥ 149, 160
銭大昕‥‥‥‥‥‥‥‥‥ 131
全体主義‥‥‥‥‥‥‥‥‥ 252
占田・課田法‥‥‥‥‥‥‥ 52
宣統帝→溥儀
セントヘレナ島‥‥‥‥ 174, 177
1791年憲法‥‥‥‥‥‥‥ 172
1793年憲法(ジャコバン憲法)
‥‥‥‥‥‥‥‥‥‥‥ 172
1795年憲法(共和国第3年憲法)
‥‥‥‥‥‥‥‥‥‥‥ 172
1848年革命‥‥‥‥‥‥‥ 182
鮮卑‥‥‥‥‥ 46, 50, 52, 53
選民思想‥‥‥‥‥‥‥‥‥ 36
戦略兵器削減交渉(START)
‥‥‥‥‥‥‥‥ 269, 278
戦略兵器制限交渉(SALT)
‥‥‥‥‥‥‥‥ 269, 278
戦略防衛構想(SDI)‥‥‥‥ 280
全ロシア非常委員会→チェカ

ソ

宋〔南朝〕‥‥‥‥‥‥‥‥ 52
宋〔北宋〕‥‥‥‥‥ 106-108
ソヴィエト社会主義共和国連邦
‥‥‥‥‥‥‥‥ 234, 282
ソヴィエト政権‥‥‥‥ 233-235
宋応星‥‥‥‥‥‥‥‥‥ 131
宋学‥‥‥‥‥‥‥‥‥‥ 109
曾鞏‥‥‥‥‥‥‥‥‥‥ 109
草原の道‥‥‥‥‥‥ 46, 58
曽国藩‥‥‥‥‥‥‥‥‥ 215
総裁政府‥‥‥‥‥‥ 172, 174
宋詞‥‥‥‥‥‥‥‥‥‥ 109
荘子‥‥‥‥‥‥‥‥‥‥ 43
宋銭‥‥‥‥‥‥‥‥‥‥ 108
曹操‥‥‥‥‥‥‥‥ 50, 52
宗族‥‥‥‥‥‥‥‥‥‥ 41
相対性理論‥‥‥‥‥‥‥‥ 290
総統‥‥‥‥‥‥‥‥‥‥ 252
曹丕‥‥‥‥‥‥‥‥ 50, 52
宗法‥‥‥‥‥‥‥‥ 40, 41
双務的契約‥‥‥‥‥‥‥‥ 87

総理各国事務衙門
‥‥‥‥‥ 212, 214-217
総力戦‥‥‥‥‥‥‥‥‥ 232
属州‥‥‥‥‥‥‥‥‥‥ 70
ソグディアナ‥‥‥‥‥‥‥ 59
則天武后(武則天)‥ 9, 55, 57
ソグド(人, 文字)
‥‥‥‥‥ 58, 59, 106, 107
ソクラテス‥‥‥‥‥ 67, 69
「蘇湖熟すれば天下足る」‥ 108
『楚辞』‥‥‥‥‥‥‥‥‥ 43
蘇州‥‥‥‥‥‥‥‥‥‥ 130
蘇軾‥‥‥‥‥‥‥‥‥‥ 109
蘇秦‥‥‥‥‥‥‥‥ 42, 43
租調庸制‥‥‥‥‥‥ 54, 57
蘇轍‥‥‥‥‥‥‥‥‥‥ 109
ソフィスト‥‥‥‥‥‥‥‥ 69
ソフォクレス‥‥‥‥‥‥‥ 69
ソフホーズ‥‥‥‥‥‥‥ 239
ソマリア内戦‥‥‥‥‥‥‥ 286
染付‥‥‥‥‥ 112, 131, 156
ゾラ‥‥‥‥‥‥‥ 202, 222
ソリドゥス金貨‥‥‥‥‥‥ 83
ソルジェニーツィン‥‥‥‥ 291
ソルフェリーノの戦い‥‥‥ 192
ソ連共産党‥‥‥‥‥‥‥ 235
ソ連のアフガニスタン侵攻
[1979]‥‥‥‥‥‥‥ 278
ソ連=フィンランド戦争
‥‥‥‥‥‥‥‥ 254, 256
ソ連邦の解体‥‥‥‥‥‥ 282
ゾロアスター教(祆教)
‥‥‥‥‥ 25, 55, 57, 64
ソロモン王‥‥‥‥‥‥‥‥ 36
ソロンの改革‥‥‥‥‥‥‥ 66
ソンガイ王国‥‥‥‥‥‥‥ 90
孫権‥‥‥‥‥‥‥‥‥‥ 52
孫子‥‥‥‥‥‥‥‥‥‥ 43
ソンツェン=ガンポ‥‥‥‥ 56
孫文‥‥‥‥‥ 216, 226, 227
ソンムの戦い‥‥‥‥ 230, 231

タ

第一共和政‥‥‥‥‥ 172, 174
第一次世界大戦
‥‥‥‥‥ 230, 232-234, 236
第一帝政‥‥‥‥‥‥‥‥ 174
第一身分‥‥‥‥‥‥‥‥ 172
大院君‥‥‥‥‥‥‥ 119, 216
大運河‥‥‥‥‥‥‥‥‥ 54
大越‥‥‥‥‥‥ 11, 62, 106
大宛(フェルガナ)‥‥‥ 3, 46
大韓帝国‥‥‥‥‥ 119, 216, 226
大韓民国‥‥‥‥‥‥ 262, 263
大義名分論‥‥‥‥‥‥‥ 109
『太極図説』‥‥‥‥‥‥‥ 109
大空位時代‥‥‥‥‥‥‥ 100
大月氏‥‥‥‥‥ 3, 46, 49, 60
大憲章(マグナ=カルタ)‥‥ 100
大航海時代‥‥‥ 15, 120, 155
第五共和政‥‥‥‥‥‥‥ 266
第五福竜丸‥‥‥‥‥ 265, 269
第三共和国憲法[1875]‥‥ 190
第三共和政‥‥‥‥‥ 190, 191
第三世界‥‥‥‥‥‥‥‥ 268
「第3のローマ」‥‥‥‥‥‥ 14
第三身分‥‥‥‥‥‥‥‥ 172
『第三身分とは何か』‥‥‥ 172
大シスマ→教会大分裂
大衆文化‥‥‥‥‥‥ 240, 292

大粛清‥‥‥‥‥‥‥‥‥ 239
大乗仏教‥‥‥‥‥‥ 60, 62
大秦王安敦‥‥‥‥‥ 5, 50
大西洋憲章‥‥‥ 254, 257, 260
大西洋三角貿易
‥‥‥‥ 91, 156, 157, 164
大西洋上会談‥‥‥‥‥‥ 257
太宗〔唐〕→李世民
太宗〔北宋〕→趙匡義
太宗〔清〕→ホンタイジ
大祚栄‥‥‥‥‥‥‥ 56, 113
大都‥‥‥‥‥‥‥‥‥‥ 110
大ドイツ主義‥‥‥‥‥‥ 193
大東亜共栄圏‥‥‥‥‥‥ 255
『大唐西域記』‥‥‥‥ 57, 60
第2次アヘン戦争(アロー戦争)
‥186, 190, 212-214, 216
第二次世界大戦
‥‥‥‥‥ 252, 254, 256
第二戦線‥‥‥‥‥‥‥‥ 257
第二帝政‥‥‥‥‥‥‥‥ 190
大日本帝国憲法‥‥‥ 216, 217
第二身分‥‥‥‥‥‥‥‥ 172
「代表なくして課税なし」‥‥ 168
対仏大同盟‥‥‥‥‥ 172, 174
大武帝‥‥‥‥‥‥‥ 52, 53
太平天国‥‥‥ 212, 214, 215
太平道‥‥‥‥‥‥‥ 50, 51
太平洋安全保障条約(ANZUS)
‥‥‥‥‥‥‥‥‥‥‥ 265
太平洋戦争‥‥‥‥‥‥‥ 255
ダイムラー‥‥‥‥‥ 204, 205
大モンゴル国‥‥‥‥‥‥ 110
大躍進‥‥‥‥‥‥‥‥‥ 274
太陽の沈まぬ国‥‥‥‥‥ 143
太陽暦‥‥‥‥‥‥‥‥‥ 35
第四共和政‥‥‥‥‥‥‥ 261
大理‥‥‥‥‥ 56, 106, 110
大陸横断鉄道‥ 196, 200, 221
大陸会議‥‥‥‥‥‥‥‥ 168
大陸封鎖令‥‥‥‥‥‥‥ 174
『大旅行記』『三大陸周遊記』 79
台湾‥‥‥‥‥ 128, 156, 219
台湾出兵‥‥‥‥‥‥‥‥ 216
ダヴィデ王‥‥‥‥‥‥‥‥ 36
「ダヴィデ像」‥‥‥‥‥‥ 134
ダヴィド‥‥‥‥‥‥ 175, 202
ダーウィン‥‥‥‥‥‥‥ 204
ダウ船‥‥‥‥‥‥‥‥‥ 93
タウング一朝‥‥‥‥‥‥ 132
タウンゼント諸法‥‥‥‥‥ 168
タキトゥス‥‥‥‥‥ 74, 83
拓跋珪‥‥‥‥‥‥‥‥‥ 52
タゴール‥‥‥‥‥‥‥‥ 291
タージ=マハル‥‥‥ 125-127
打製石器‥‥‥‥‥‥‥‥ 30
タタ財閥‥‥‥‥‥‥‥‥ 246
ダーダネルス・ボスフォラス海峡
‥‥‥‥‥‥‥‥‥‥‥ 184
タッシリ=ナジェール‥ 31, 90
タバコ=ボイコット運動
‥‥‥‥‥ 206, 228, 229
タバリー‥‥‥‥‥‥‥‥ 79
ダービー‥‥‥‥‥‥‥‥ 164
タフト‥‥‥‥‥‥‥‥‥ 223
タブリーズ‥‥‥‥‥‥‥ 122
ダマスクス‥‥‥‥‥ 36, 77
ダライ=ラマ‥‥‥‥‥‥ 114
タラス河畔の戦い‥‥ 51, 55,
56, 58, 78, 82, 88

ダランベール‥‥‥‥ 160, 161
ダリ‥‥‥‥‥‥‥‥‥‥ 291
タリム盆地‥‥‥‥‥ 46, 58
ダルマ(法)‥‥‥‥‥‥‥ 60
達磨‥‥‥‥‥‥‥‥‥‥ 60
ダレイオス1世‥‥‥‥‥‥ 64
ダレイオス3世‥‥‥‥‥‥ 68
タレス‥‥‥‥‥‥‥‥‥ 69
タングート‥‥‥‥‥ 88, 106
タンジマート‥‥‥‥ 206, 207
タンジール‥‥‥‥‥‥‥ 224
ダンテ‥ 26, 103, 134, 135
タンネンベルクの戦い 230, 234
ダンバートン=オークス会議
‥‥‥‥‥ 254, 257, 260

チ

治安維持法‥‥‥‥‥ 242, 244
チェカ(全ロシア非常委員会) 234
チェコスロヴァキア解体
‥‥‥‥‥‥‥‥ 252, 254
チェコスロヴァキア=クーデタ
‥‥‥‥‥‥‥‥‥‥‥ 261
チェチェン紛争‥‥‥ 282, 286
チェック人‥‥‥‥‥‥‥‥ 97
知恵の館(バイト=アルヒクマ)
‥‥‥‥‥‥‥‥‥‥‥ 79
チェーホフ‥‥‥‥‥‥‥ 202
チェルネンコ‥‥‥‥‥‥ 282
チェルノブイリ原発事故→チョル
ノービリ原発事故
チェンバレン(ジョゼフ)‥‥ 220
チェンバレン(ネヴィル)‥‥ 250
竹林の七賢‥‥‥‥‥‥‥ 53
チェンチン→イツァ‥‥‥‥ 44
地中海商業圏‥‥‥‥‥‥ 96
地丁銀制‥‥‥‥‥‥ 128, 130
地動説‥‥‥‥‥‥‥ 139, 160
血の日曜日事件 221, 223, 234
チベット独立運動‥‥‥‥ 286
チベット反政府運動‥‥‥ 284
チベット仏教
‥‥‥‥‥ 56, 111, 112, 114
チベット文字‥‥‥‥ 56, 107
チマブーエ‥‥‥‥‥‥‥ 137
茶‥‥‥‥‥‥ 19, 130, 163
チャイコフスキー‥‥ 177, 203
チャウシェスク‥‥‥ 273, 283
チャガタイ=ハン国‥ 110, 112
チャクリ朝→ラタナコーシン朝
チャーチル‥ 257, 260, 261
チャップリン‥‥‥‥‥‥ 292
チャーティスト運動 181, 186
チャドル‥‥‥‥‥‥‥‥ 125
チャハル部‥‥‥‥‥‥‥ 128
チャビン文化‥‥‥‥ 44, 45
チャベス‥‥‥‥‥‥‥‥ 277
茶法‥‥‥‥‥‥‥‥‥‥ 168
チャールズ1世‥‥‥ 142, 145
チャールズ2世‥‥‥ 142, 145
チャルディラーンの戦い
‥‥‥‥‥‥‥‥ 122, 123
チャンドラグプタ王‥‥‥‥ 60
チャンドラグプタ2世‥‥‥ 60
チャンパー‥‥‥‥‥ 62, 133
中越戦争‥‥‥‥‥‥‥‥ 271
中王国〔エジプト〕‥‥‥‥ 32
中央条約機構(CENTO)‥‥ 265
中華人民共和国‥‥‥‥‥ 262

中華ソヴィエト共和国臨時政府
‥‥‥‥‥‥‥‥ 242, 243
中華民国‥‥‥‥‥‥‥‥ 226
中距離核戦力(INF)全廃条約
‥‥‥‥‥‥‥ 269, 278, 280
中国共産党‥‥‥‥ 242, 243, 251
中国国民党‥‥‥‥‥‥‥ 242
中国同盟会‥‥‥‥‥ 226, 227
中書省‥‥‥‥‥‥‥ 55, 114
中世都市‥‥‥‥‥‥‥‥ 96
中ソ国境紛争‥‥‥‥‥‥ 274
中ソ対立‥‥‥‥‥‥‥‥ 274
中ソ友好同盟相互援助条約
‥‥‥‥‥‥‥‥ 262, 265
中体西用‥‥‥‥‥‥‥‥ 215
中東戦争[第1次](パレスチナ戦
争)‥‥‥‥ 248, 249, 262
中東戦争[第2次](スエズ戦争)
‥‥‥‥‥‥‥‥‥‥‥ 248
中東戦争[第3次](6日戦争)
‥‥‥‥‥‥‥‥ 248, 249
中東戦争[第4次](10月戦争)
‥‥‥‥‥‥‥‥ 248, 279
チュノム(字喃)‥ 62, 106, 107
チュラロンコン(ラーマ5世) 210
チューリップ時代‥‥‥‥‥ 122
チュン(徴)姉妹の反乱 50, 62
長安‥‥‥‥‥ 9, 49, 54, 55
張角‥‥‥‥‥‥‥‥ 50, 51
張学良‥‥‥‥‥‥‥‥‥ 251
張儀‥‥‥‥‥‥‥‥ 42, 43
趙匡胤‥‥‥‥‥ 106, 108, 109
趙匡義(太宗)〔北宋〕‥‥‥ 106
張居正‥‥‥‥‥‥‥ 114, 115
丁銀‥‥‥‥‥‥‥‥‥‥ 116
張騫‥‥‥‥‥‥‥ 3, 46, 49
超現実主義‥‥‥‥‥‥‥ 291
朝貢‥‥‥‥ 56, 115, 129, 130
長江‥‥‥‥‥‥‥‥‥‥ 40
「長恨歌」‥‥‥‥‥‥‥‥ 57
張作霖爆殺事件‥‥‥ 242, 243
長城‥‥‥‥‥‥‥‥ 48, 114
長征‥‥‥‥‥‥‥‥ 242, 251
『長生殿伝奇』‥‥‥‥‥‥ 131
朝鮮王朝‥‥‥‥‥‥ 114, 119
朝鮮休戦協定‥‥‥‥‥‥ 264
朝鮮戦争‥‥‥‥‥‥ 262, 264
朝鮮総督府‥‥‥‥‥ 119, 226
朝鮮通信使‥‥‥‥‥‥‥ 119
朝鮮民主主義人民共和国
‥‥‥‥‥‥‥‥ 262, 285
長老派‥‥‥‥‥‥‥‥‥ 145
直接民主政‥‥‥‥‥‥‥ 67
チョーサー‥‥‥ 103, 134, 138
褚遂良‥‥‥‥‥‥‥‥‥ 57
チョーラ朝‥‥‥‥‥ 11, 62
チョルノービリ(チェルノブイリ)
原発事故‥‥‥‥ 278, 282
全斗煥‥‥‥‥‥‥‥‥‥ 275
陳‥‥‥‥‥‥‥‥‥‥‥ 52
チンギス=カン(テムジン)
‥‥‥‥‥ 12, 106, 110
陳勝・呉広の乱‥‥‥‥‥‥ 48
陳朝‥‥‥‥‥‥ 62, 114, 133
陳独秀‥‥‥‥‥‥‥ 242, 243
「朕は国家なり」‥‥‥‥‥ 147

ツ

ツァーリ‥‥‥‥‥‥‥‥ 151
ツヴィングリ‥‥‥‥‥‥ 140

ツンフト→同職ギルド
ツンフト闘争………………… 96

━━━ テ ━━━

氏………………………… 52
ディアス(バルトロメウ)
　……………………… 120, 154
ディアス(ポルフィリオ)… 225
ティエール………… 190, 191
ディエンビエンフー……… 263
ディオクレティアヌス… 72, 75
定期市…………………… 96
ティグリス川…………… 35
ディケンズ……………… 202
帝国主義………………… 220
ディズレーリ 186, 187, 220
鄭成功…………………… 128
ディーゼル……………… 204
ティツィアーノ………… 134
ティトー………… 256, 268
ディドロ………… 160, 161
デイトン合意…………… 286
ティプー=スルタン……… 208
ティマール制…………… 123
ティムール……… 89, 112
ティムール朝……… 92, 112
丁酉倭乱………………… 119
ティラク………………… 228
ティルジット条約… 174, 177
ティルス………………… 36
鄭和………… 15, 114, 115
デヴシルメ……………… 123
テオティワカン文明……… 44
テオドシウス……… 72, 75
テオドリック大王……… 82, 83
デカブリスト(十二月党員)の乱
　………… 180, 181, 184, 185
『デカメロン』… 103, 134, 138
デカルト………………… 160
テキサス併合…………… 196
出島……………………… 19
『哲学書簡』…………… 160
鉄血政策………… 192, 193
鉄製農具………………… 42
鉄のカーテン…………… 261
鉄砲……………………… 117
テトラルキア→四帝分治制
テネシー川流域開発公社(TVA)
　………………………… 250
テノチティトラン……… 16, 45
デフォー………… 160, 163
テーベ…………………… 66
テヘラン会談……… 254, 257
テマ制→軍管区制
テムジン→チンギス=カン
デモクリトス…………… 69
デモステネス……… 66, 67
デューイ………………… 290
テューダー朝
　………… 100, 101, 142, 144
デュナン………………… 192
デュプレクス…………… 156
デューラー………… 134, 138
テュルゴ………… 160, 161
デリー…………… 125, 126
デリー=スルタン朝……… 89
デルフォイ……………… 66
テルミドール9日のクーデタ 172
テルモピレーの戦い…… 66, 67
デロス同盟……………… 66

天安門事件……………… 284
佃戸……………… 108, 130
『天工開物』…………… 131
殿試……………………… 108
デーン人………………… 86
天津条約[1858]
　………… 212-214, 216
天津条約[清仏]…… 210, 216
天津条約[日清]…… 216, 219
天動説……………… 22, 139
テンプル騎士団………… 95
デンマーク戦争[1625〜29]
　………………………… 148
デンマーク戦争[1864]
　………………… 192, 195
典礼問題………………… 128

━━━ ト ━━━

ドイツ革命
　……… 230, 231, 233, 236
ドイツ関税同盟
　……… 180, 181, 192, 193
ドイツ観念論哲学……… 160
ドイツ騎士団
　… 95, 100, 102, 150, 152
ドイツ降伏……………… 254
「ドイツ国民に告ぐ」174, 177
ドイツ社会民主党
　………… 183, 194, 222
ドイツ帝国…… 192-194, 220
ドイツ統一……………… 283
ドイツ農民戦争… 140, 142
ドイツ=フランス戦争 190, 192
ドイツ民主共和国……… 261
ドイツ連邦………… 180, 195
ドイツ連邦共和国……… 261
ドイモイ………………… 271
トインビー……………… 290
唐………………… 54-57, 65
ドヴァーラヴァティー 62, 132
統一と進歩団……… 228, 229
統一法…………… 140, 144
陶淵明→陶潜
東欧革命………………… 283
道家……………………… 43
東学……………… 119, 216
東学の乱→甲午農民戦争
『桃花源記』……………… 53
東魏……………………… 52
董其昌…………………… 131
トゥキディデス…………… 69
道教………… 51, 53, 109
トゥグリル=ベク……… 88, 92
トゥグルク朝…………… 89
洞穴壁画………………… 31
党錮の禁………………… 50
豊臣秀吉…… 17, 117, 119
ドラヴィダ人…………… 39
ドラクロワ… 180, 181, 202
ドラコン………………… 66
トラスト………………… 220
トラファルガーの海戦… 174
トラヤヌス… 4, 64, 72, 74
トリアノン条約………… 236
ドーリア式……………… 69
ドーリア人……………… 66
トリエント公会議……… 140
トーリ党………………… 145
トリボニアヌス………… 6
ドル外交………………… 221
トルキスタン……… 58, 88

『統治二論』……… 160, 170
董仲舒…………… 49, 51
東南アジア条約機構(SEATO)
　………………………… 265
東南アジア諸国連合(ASEAN)
　………………… 275, 288
陶片追放(オストラキスモス) 66
『東方見聞録』→『世界の記述』
東方植民………………… 102
東方貿易………… 96, 120
東方問題………………… 184
同盟国[第一次世界大戦] 231
同盟市戦争………… 2, 70
トウモロコシ
　……… 44, 45, 121, 130
統領政府………………… 174
東林派…………………… 114
トゥルゲーネフ… 185, 202
トゥール・ポワティエ間の戦い
　………………… 76, 82, 84
トゥールーン朝……… 78, 92
独裁官…………………… 70
独占資本………………… 220
独ソ戦…………… 254, 257
独ソ不可侵条約
　………… 252, 254, 256
独立国家共同体(CIS)…… 282
独立自営農民(ヨーマン)
　………………… 98, 144, 145
独立宣言………………… 168
独立派…………………… 145
都護府…………………… 55
ド=ゴール
　……… 254, 256, 266, 272
都市国家………………… 32
ドーズ案………………… 236
ドストエフスキー……… 202
土地に関する布告……… 234
特許状…………………… 96
突厥…… 46, 52, 56, 58, 88
突厥の碑文……………… 58
突厥文字………… 58, 107
ドナテルロ……… 134, 135
吐蕃……………………… 56
飛び杼…………………… 165
ドビュッシー…………… 203
トプカプ宮殿…………… 124
ドプチェク……… 273, 283
杜甫……………… 55, 57
土木の変………… 114, 115
トマス=アクィナス 103, 104
ドーミエ………… 182, 202
ドミナトゥス→専制君主政(ローマ)
ドミニコ修道会………… 103
吐谷渾…………………… 56

トルコ革命………… 246, 247
トルコマンチャーイ条約
　………………… 184, 206
ドル=ショック………… 278
トルストイ………… 184, 202
トルデシリャス条約
　………… 23, 120, 154
ドル=ブロック………… 250
トルーマン……………… 257
トルーマン=ドクトリン… 261
奴隷王朝………… 89, 92
奴隷解放宣言……… 198, 200
奴隷州…………………… 198
奴隷制…………………… 198
奴隷貿易
　…… 14, 91, 156, 157, 159
トレヴィシック………… 164
ドレーク………………… 144
トレド…………………… 104
ドレフュス事件…… 220, 222
トロイア(戦争)…… 37, 69
トロツキー… 234, 235, 239
『ドン=キホーテ』……… 134
トンキン湾事件………… 270
敦煌……………… 46, 49, 53
ドンズー(東遊)運動 228, 229
ドンソン文化…………… 62
屯田兵制………………… 82
トンブクトゥ…………… 91

━━━ ナ ━━━

内閣大学士……………… 114
ナイティンゲール……… 184
内乱の1世紀……… 70, 71
ナイル川………… 34, 35
ナギブ…………………… 268
ナジ=イムレ…………… 267
ナショナリズム………… 181
ナスカ文化……… 44, 45
ナスル朝… 92, 93, 101, 154
ナセル…………………… 268
ナチ党(国民〈国家〉社会主義ドイ
　ツ労働者党)…… 252, 253
ナーナク………… 126, 127
ナポリ大学……………… 104
ナポレオン1世… 152, 153,
　　　　172, 174-177
ナポレオン3世………… 190
ナポレオン法典………… 174
涙の旅路………… 196, 197
ナーランダー僧院……… 60, 61
ナロードニキ……… 184, 185
南越……………………… 49
『南海寄帰内法伝』… 57, 60
南京……………………… 114
南京国民政府
　……… 242, 243, 251, 255
南京事件………………… 251
南京条約………… 212, 213
南宗画…………… 109, 131
南詔……………………… 56
南人……………………… 111
南宋……… 106, 107, 110
南朝……………………… 52
ナントの王令(勅令)
　………………… 140-143, 146
「南蛮屏風」……………… 118
南蛮貿易………………… 117
南部[アメリカ]………… 198

南米南部共同市場
　(MERCOSUR) 277, 288
南北首脳会談…………… 285
南北戦争…… 196, 198, 200
南北朝時代[中国]……… 52
南倭……………………… 115

━━━ ニ ━━━

二月革命[フランス]
　…… 181, 182, 190, 192
二月革命(三月革命)[ロシア]
　………………… 230, 234
ニカラグア革命………… 277
ニクソン…… 270, 272-274
ニクソン=ドクトリン…… 270
ニクソン訪中…………… 278
ニケーア公会議…… 72, 75
ニコポリスの戦い…… 97, 122
ニコライ1世…………… 184
ニコライ2世… 221, 223, 234
ニザーミーヤ学院……… 10, 92
ニザーム=アルムルク…… 10
西インド会社 142, 143, 156
西ゴート王国… 82, 84, 154
西スラヴ………………… 97
西突厥…………… 56, 58
西フランク……………… 180
ニヤーカ条の要求
　……… 226, 230, 233, 242
二重統治体制…………… 107
西ヨーロッパ連合条約(ブリュッ
　セル条約)…………… 261
西ローマ帝国……… 72, 82
ニース…………………… 192
ニスタット条約………… 151
ニーチェ………………… 290
日英同盟 220, 226, 227, 230
日独伊三国同盟
　………… 252, 254, 255
日独伊三国防共協定
　………… 242, 251, 252, 255
日米安全保障条約… 264, 265
日米修好通商条約
　………… 196, 212, 214, 216
日米和親条約
　………… 196, 212, 214, 216
日露協約…… 226, 230, 234
日露戦争…… 221, 226, 227
日露和親条約……… 184, 214
日韓基本条約 275, 276, 281
日韓協約…… 119, 226, 227
日清修好条規 214, 216, 218
日清戦争…… 216, 219, 226
日ソ共同宣言……… 267, 281
日ソ中立条約…………… 255
日中共同声明……… 274, 281
日中国交正常化………… 274
日中戦争…… 242, 251, 255
日朝修好条規(江華条約)
　………… 119, 214, 216, 217
二・二六事件……… 242, 251
ニハーヴァンドの戦い
　………………… 64, 65, 76
『ニーベルンゲンの歌』103, 105
日本銀…………………… 130
日本国憲法……………… 262
日本町…………………… 19
ニューアムステルダム
　………… 142, 143, 156, 168
ニューイングランド植民地 156

ニューコメン………………… 164
ニュージーランド…………… 220
ニューディール……………… 250
ニュートン…………… 160, 161
ニューヨーク………… 156, 168
ニューラナーク……………… 183
ニュルンベルク国際軍事裁判 260
二里頭遺跡……………………… 40
『人間不平等起源論』……… 160

ヌ
ヌイイ条約…………………… 236
ヌルハチ…… 114, 117, 128

ネ
ネアンデルタール人…… 28, 30
ネ＝ウィン…………………… 275
ネストリウス……………… 6, 25
ネストリウス派
…… 6, 25, 55, 57, 75, 82
ネーズビーの戦い…… 145, 148
ネップ→新経済政策
ネーデルラント連邦共和国 141
ネブカドネザル2世………… 37
ネルー………… 209, 246, 263
ネルウァ………………………… 72
ネルソン……………………… 174
ネルチンスク条約
……………… 128, 129, 151
ネロ……………………… 72, 75
捻軍…………………………… 215

ノ
ノヴァーリス………………… 202
農業革命……………………… 164
農業調整法（AAA）………… 250
農耕・牧畜…………………… 31
ノヴゴロド国…………… 86, 97
農場領主制→グーツヘルシャフト
『農政全書』………… 130, 131
農奴…………… 87, 98, 151
農奴解放令………… 184, 185
盧泰愚………………… 275, 276
ノートルダム大聖堂………… 105
ノーフォーク農法…………… 164
ノーベル……………………… 204
ノーベル賞…………………… 204
ノモンハン事件…… 251, 255
ノリエガ……………………… 277
ノルマン人…………………… 86
ノルマン朝……… 10, 86, 100
ノルマンディー公ウィリアム
……………………… 10, 86
ノルマンディー公国………… 86
ノルマンディー上陸…254, 257

ハ
牌子………………………… 111
ハイチ独立…………………… 178
ハイデッガー………………… 290
バイト＝アルヒクマ→知恵の館
ハイドン……………………… 160
ハイネ………………………… 202
バイロン………… 180, 202
ハインリヒ4世……………… 94
ハーヴェー……… 27, 160
ハヴェル……………………… 283
ハウプトマン………………… 202
パウルス3世………………… 140
パウロ………………………… 75

バオダイ……………………… 270
馬韓…………………………… 113
パガン朝…62, 106, 110, 132
ハギア＝ソフィア聖堂
……………… 82, 105, 124
バグウォッシュ会議………… 269
白居易………………………… 57
白磁…………………………… 109
白色革命……………………… 279
パクス＝ブリタニカ………… 186
パクス＝ロマーナ→「ローマの平和」
白村江の戦い…… 55, 56, 113
バグダード
………… 8, 78, 79, 92, 110
バグダード鉄道……… 221, 228
朴正煕………………… 275, 276
バクティ………… 60, 127
バクトリア…………… 2, 46
バクーニン…………………… 183
パクパ………………………… 111
パクパ文字… 107, 110, 112
ハーグ密使事件……… 119, 226
朴泳孝………………………… 218
ハーグリーヴズ……………… 164
白瑠璃碗………………………… 65
白話文学……………………… 242
バザール………… 47, 125
覇者…………………………… 42
バシリカ様式… 94, 103, 105
パスカル……………………… 160
バスク民族運動……………… 286
バスティーユ牢獄襲撃……… 172
パストゥール……… 27, 204
バタヴィア… 143, 156, 210
パータリプトラ……………… 60
ハ・一宣言……… 242, 251
八王の乱……………………… 52
8月10日事件………………… 172
八旗…………………………… 128
バック………………………… 291
莫高窟………………………… 53
閥族派………………………… 70
バッハ………… 18, 160
馬蹄銀………………………… 116
バティスタ…………………… 269
ハーディング………………… 240
バトゥ………………………… 110
パドヴァ大学………………… 104
ハドリアヌス…… 4, 36, 72
パトリキ→貴族
パナマ運河………… 221, 225
バーニーパットの戦い…89, 126
ハノーヴァー朝……………… 145
パピルス………… 21, 35
バビロン第1王朝…………… 32
バビロン捕囚……… 36, 37
ハーブ教徒の反乱…………… 206
ハプスブルク家（朝）…… 100,
102, 139, 142, 148-150
バブーフ……………………… 183
バフマニー朝………………… 89
バーブル……… 38, 89, 126
『バーブル＝ナーマ』……… 126
バフレヴィー朝……… 246, 247
バフレヴィー2世…… 263, 279
バヤジット1世……………… 122
ハラージュ（地租）………… 78
バラ戦争………… 100, 101
ハラッパー………………… 38

バラモン……………………… 39
バラモン教……… 38, 39, 61
パリ協定………… 29, 261, 266
パリ講和会議………………… 236
パリ＝コミューン… 190, 191
パリ条約[1763]
………… 18, 156, 168, 208
パリ条約[1783]…………… 168
パリ条約[1856]…… 184, 185
パリ占領[ドイツ] …254, 256
パリ大学………… 103, 104
パリ万国博覧会……………… 188
「春」………………………… 134
バルカン戦争……… 228, 230
バルカン同盟………………… 230
バルザック…………………… 202
ハルジー朝…………………… 89
ハルシャ王…………………… 60
パルテノン…………………… 66
パルティア……… 2, 65
バルトーク…………………… 291
パールハーバー→真珠湾
バルフォア宣言
……… 230, 231, 246, 248
バルボア………… 120, 121
ハールーン＝アッラシード 8, 78
パレスチナ………… 75, 247
パレスチナ解放機構（PLO）248
パレスチナ暫定自治協定
……………… 248, 249
パレスチナ戦争→中東戦争[第1次]
パレスチナ難民……………… 249
パレスチナ分割案
………… 248, 249, 262
パレスチナ問題 231, 248, 286
バレンボイム……… 11, 63
バロック様式… 147, 160, 162
ハワイ………… 196, 225
パン＝アメリカ会議
………… 221, 250, 269
パン＝イスラーム主義…… 229
ハンガリー王国……………… 86
ハンガリー事件…… 266, 267
バングラデシュ…… 275, 276
ハングル→訓民正音
パン＝ゲルマン主義………… 220
班固………… 50, 51
反穀物法同盟………………… 186
ハンザ同盟……… 96, 100
パン＝スラヴ主義…………… 194
『パンセ』（『瞑想録』）…… 160
班超………… 5, 46, 50, 60
藩鎮………… 55, 57
バンテン……………………… 118
万民法………………………… 74
ハンムラビ法典……………… 33
板門店………………………… 264
パンヤン……………………… 160
万有引力の法則……………… 160
汎ヨーロッパ＝ピクニック… 283
半両銭………… 3, 42, 48

バラモン……………………… 39
万暦帝………………… 114, 115
反連邦派……………………… 170

ヒ
ピアスト朝…………………… 152
ピアリ………………………… 205
ヒヴァ＝ハン国…… 184, 221
ピウスツキ…………………… 238
ヒエログリフ→神聖文字
東インド会社〔イギリス〕
19, 142, 144, 156, 186, 208
東インド会社〔オランダ〕
…118, 142, 143, 156, 210
東インド会社〔フランス〕
142, 146, 147, 156
東ゴート王国……… 82, 83
東スラヴ……………………… 97
東ティモール独立（運動）
…… 118, 275, 286
東突厥………… 56, 58
ピカソ………… 253, 291
ビキニ環礁水爆実験………… 269
ピサ大聖堂…………………… 105
ピサロ………… 120, 121, 154
ビザンツ帝国
…6, 14, 82, 83, 97, 122
ビザンツ様式
……… 83, 97, 103, 105
ヒジャーズ＝ネジド王国… 246
ヒジュラ……… 76, 81, 82
ヒジュラ暦→イスラーム暦
ビスマルク…… 192, 193, 220
ビスマルク外交……………… 194
ビゼー………………………… 203
ピタゴラス…………………… 69
ヒッタイト……… 33, 36
ヒッポクラテス…… 27, 69
非同盟諸国首脳会議………… 268
非東林派……………………… 114
ヒトラー………… 252, 253
ビートルズ…………………… 292
ピニョー……………………… 210
ピノチェト…………………… 277
ピピン………… 82, 84
ピピンの寄進……… 84, 94
非暴力・非協力→サティヤーグラハ
百済………… 52, 56, 113
百日天下……………………… 174
百年戦争… 14, 100, 101, 146
白蓮教………………………… 112
白蓮教徒の乱……… 128, 212
白蓮社………………………… 53
『百科全書』………………… 161
ピュー人……………………… 132
ピューリタン…… 145, 168
ピューリタン革命→イギリス革命
ピューリッツァー…… 201, 270
氷河期………………………… 28
ピョートル1世（大帝）… 151
ピラミッド…………………… 34
ビリャ………………………… 225
ピルグリム＝ファーザーズ
……………… 156, 168
ピルニッツ宣言……………… 172
ビルマ戦争…………………… 210
ビロード革命………………… 283
『琵琶記』…………………… 112
閔氏…………………………… 119
ピンダロス…………………… 69

ヒンディー語………………… 127
ヒンデンブルク……………… 236
ヒンドゥー教……… 25, 60-62
閔妃殺害事件……… 119, 216

フ
ファイサル…………………… 246
ファシスト党………………… 252
ファシズム…………………… 252
ファショダ事件…… 220, 224
ファーティマ朝10, 78, 79, 92
ファラデー…………………… 204
ファランクス………………… 66
ファルツ（継承）戦争
……… 142, 146, 148, 156
ファン＝アイク兄弟… 134, 138
ファン＝カルロス…………… 273
ファン＝ダイク……………… 160
ファン＝デン＝ボス………… 210
ファン＝ボイ＝チャウ……… 228
フィウメ……………………… 252
武韋の禍……………………… 55
フィヒテ… 174, 177, 204
フイヤン派…………………… 172
フィラデルフィア…………… 168
フィリップ2世…… 95, 96, 100
フィリップ4世…… 99-101
フィリップ6世…… 100, 101
フィリッポス2世…………… 67
フィリピン＝アメリカ戦争
……………… 210, 229
フィリピン革命…… 210, 228
フィリピン独立……………… 263
フィルドゥシー……………… 79
フィレンツェ…… 96, 98, 135
フーヴァー………… 240, 250
フーヴァー＝モラトリアム 250
ブーヴェ………… 116, 128
フェイディアス……………… 69
賦役…………………………… 87
賦役黄冊……………………… 114
フエ（ユエ）条約… 210, 220
フェニキア文字…… 20, 36
フェビアン協会…… 220, 222
フェリペ2世
……… 120, 142-144, 154
フェリペ5世……… 154, 155
フェルガナ→大宛
フェルナンド〔アラゴン王国〕
……… 101, 102, 154, 155
フェルビースト……………… 116
フォイエルバッハ…………… 204
フォーヴィスム→野獣派
フォークランド戦争………… 277
フォード……………………… 290
フォロ＝ロマーノ…………… 73
不可触民……………………… 39
プガチョフの農民反乱……… 151
武漢政府……………………… 242
溥儀（宣統帝）…… 226, 251
武器貸与法…………………… 254
『武器よさらば』…………… 291
フーコー……………………… 290
プーシキン………… 185, 202
フジモリ……………………… 277
武周→周
「扶清滅洋」………………… 226
フス………… 98, 99, 140
フス戦争…… 99, 100, 140
フセイン……………………… 287

フセイン・マクマホン協定
　…… 230, 231, 246, 248
布銭…………………………… 42
不戦条約(ブリアン・ケロッグ条約)
　…………… 236, 237, 240
武装中立同盟……… 168, 169
部族制………………………… 107
武則天→則天武后
プチャーチン………………… 212
プーチン……………………… 282
フッガー家………… 96, 120
仏教… 25, 51, 59-61, 109
フック………………………… 160
『仏国記』…………… 53, 60
仏国寺………………… 56, 113
仏ソ相互援助条約………… 250
プッチーニ…………………… 203
仏典結集……………………… 60
仏図澄………………… 52, 53
武帝………… 3, 46, 49
ブディ＝ウトモ…………… 228
プトレマイオス… 22, 74, 139
プトレマイオス朝 69-72, 75
扶南…………………… 5, 62
ブハラ＝ハン国……… 184, 221
部分的核実験禁止条約…… 269
府兵制………………………… 54
フベルトゥスブルクの和約 …150
普遍論争……………………… 104
ブラウン判決………………… 272
プラクシテレス……………… 69
プラグマティズム…………… 290
フラゴナール……… 160, 162
プラタイアの戦い……… 66, 67
プラッシーの戦い
　………… 156, 157, 208
プラット条項……… 221, 250
プラトン……………………… 69
プラハ大学………… 103, 104
プラハの春………… 272, 273
ブラマンテ……… 134-136
ブラン………………………… 183
フランク王国…… 82, 84, 85
フランクフルト国民議会
　………… 181, 182, 192
フランクリン………………… 169
フランコ………… 253, 273
ブーランジェ事件…… 190, 220
フランス革命…170-173, 178
フランス銀行………………… 174
フランス社会党…… 183, 220
フランス民法典……………… 174
フランス領インドシナ連邦
　…190, 210, 220, 228, 255
フランソワ1世 …141, 142, 146
プランタジネット朝
　………… 86, 100, 101
フランチェスコ修道会…… 103
プランテーション
　………… 157, 158, 198, 210
ブランデンブルク選帝侯国 …150
ブラント………… 272, 273
フランドル地方………………… 96
フラン＝ブロック………… 250
ブリアン……………………… 237
ブリアン・ケロッグ条約→不戦条約
フリードリヒ1世…… 95, 100
フリードリヒ2世〔神聖ローマ〕
　………… 12, 18, 95, 100

フリードリヒ2世(大王)〔プロイ
セン〕………… 150, 153, 162
フリードリヒ＝ヴィルヘルム(大
選帝侯)……………………… 150
フリードリヒ＝ヴィルヘルム1世
　……………………………… 150
プリニウス(大)……………… 74
プリマス……………………… 168
ブリューゲル……… 134, 138, 139
ブリュッセル条約→西ヨーロッパ
連合条約
ブリュメール18日のクーデタ
　………………… 172, 174
『プリンキピア』…………… 160
ブルガリア帝国………………… 97
ブルガール人……………………… 97
ブルグンド王国………………… 82
ブルグンド人…………………… 82
ブルシェンシャフト運動
　………………… 180, 181, 192
フルシチョフ 266, 267, 269
プルシャプラ……………………… 60
ブルジョワ………… 142, 163
ブール人……………………… 224
プルースト…………………… 291
ブール戦争→南アフリカ戦争
プルタルコス……… 68, 74
フルトン……………………… 164
プルードン…………………… 183
プールナ＝スワラージ…… 246
ブルネレスキ……… 134, 135
ブルーノ……………………… 134
ブルボン朝(家)…… 142, 146,
　149, 154, 155, 174, 180
ブルム人民戦線内閣……… 250
プレヴェザの海戦
　………… 122, 123, 142, 143
ペタン…………… 254, 256
ヘディン……………………… 205
フレグ…………… 92, 110
ブレジネフ………… 272, 273
ブレスト＝リトフスク条約
　………………… 230, 234
プレスリー…………………… 292
ブレトン＝ウッズ会議…… 260
プレブス→平民
フレンチ＝インディアン戦争
　………… 156, 167, 168
プロイセン王国 102, 150, 192
プロイセン＝オーストリア戦争
　……………………………… 192
プロイセン改革…… 174, 177
フロイト………… 195, 290
プロタゴラス……………………… 69
ブロック経済……………… 250
プロティノス……………………… 74
『プロテスタンティズムの倫理と
資本主義の精神』 140, 290
プロテスタント…… 140, 141
ブローデル…………………… 290
プロノイア制……………………… 97
フロベール…………………… 202
フロリダ買収……………… 196
プロレタリア文化大革命… 274
フロンティア……… 196, 200
フロンドの乱… 142, 146, 148
プロンビエールの密約…… 192
ブワイフ朝………… 78, 92
ベリオ………………………… 205
フワーリズミー……………… 79
文学革命…………………… 242
分割統治……………………… 70
文化闘争…………………… 194

焚書・坑儒………… 43, 48
フン人…………………… 6, 82
文人画………………………… 109
文治主義………… 106, 108
文帝→楊堅

============ へ ============

ヘイ(ジョン)……………… 221
ペイシストラトス……………… 66
米州機構(OAS) … 265, 269
米州相互援助条約(リオ協定)
　……………………………… 269
平準法(前漢)………………… 49
兵馬俑………………………… 48
平民(プレブス)……………… 70
平民会………………………… 70
平民派………………… 70, 71
ヘイロータイ………………… 66
平和五原則………………… 268
平和十原則………………… 268
平和に関する布告… 234, 235
ペイン…………… 168, 169
北京…… 114, 128, 251
北京議定書………………… 226
北京原人……………………… 30
北京条約(アロー戦争)
　………… 212-214, 216
北京条約〔清露〕
　…… 184, 212, 214, 216
ヘーゲル………… 183, 204
ベーコン(フランシス) 134, 160
ベーコン(ロジャー) 103, 104
ヘシオドス…………………… 69
ヘースティングズの戦い… 86
ペスト→黒死病
ペタン…………… 254, 256
ヘディン……………………… 205
ペテルブルク…… 151, 234
ペテロ………… 75, 136
ベートーヴェン 160, 175, 203
ベトナム共和国…………… 270
ベトナム光復会…………… 228
ベトナム国………………… 262
ベトナム戦争……… 270, 271
ベトナム独立同盟会…… 247
ベトナム反戦運動………… 270
ベトナム民主共和国 262, 270
ベトナム和平協定………… 270
ペトラルカ……… 103, 134, 135
ペトログラード…………… 234
ベニン王国………… 90, 91
ベネディクトゥス
　………… 82, 84, 94, 103
ベネディクト修道院(修道会)
　……………………………… 103
ベヒストゥーン碑文……… 20
ヘブライ人………………… 36
ベーブ＝ルース…………… 241
ヘミングウェー…………… 291
ベーメン王国………………… 97
ヘラクレイオス1世… 64, 82
ヘラクレイトス……………… 69
ベラスケス………… 160, 162
ヘラス同盟→コリントス同盟
ベーリ 196, 212, 214, 216
ベリオ………………………… 205
ベリオイコイ………………… 66
ペリクレス………… 66, 67
ベル…………… 189, 204
ベルエポック……………… 222

ペルガモン………………… 68
ベルグソン………………… 290
ペルシア戦争 22, 64, 66, 67
ヘルシンキ宣言…………… 272
ペルセポリス………………… 64
ヘルツル…………………… 249
ベルニーニ……… 136, 162
ヘルムホルツ……………… 204
ベルリン会議〔1878〕 …184,
　185, 194, 195, 220, 221
ベルリン会議(ベルリン＝コンゴ
会議)〔1884～85〕
　………… 194, 220, 221
ベルリン条約〔1878〕
　…… 184, 206, 221
ベルリンの壁……… 267, 283
ベルリン封鎖……………… 261
ベルリン＝ローマ枢軸
　………… 250, 252
ベルンシュタイン… 183, 220
ペレストロイカ…………… 282
ヘレニズム時代…… 68, 69
ヘレニズム文化… 2, 5, 69
ヘロドトス………… 34, 69
ヘロフィロス……………… 69
ペロポネソス戦争…… 66, 67
ペロン………… 269, 277
ベンガル分割令…………… 228
弁韓………………………… 113
ベンサム…………………… 204
ヘン＝サムリン…………… 271
弁証法哲学………………… 204
ペンシルヴェニア植民地… 168
ヘンデル…………………… 160
変動相場制………………… 278
辮髪…………… 128, 215
変法運動……… 214, 226
ヘンリ(パトリック)……… 168
ヘンリ2世………………… 100
ヘンリ3世………………… 100
ヘンリ7世
　…… 100, 101, 142, 144
ヘンリ8世
　…… 100, 140-142, 144

============ ホ ============

ホイッグ党〔イギリス〕145, 186
ホイットニー……………… 164
ホイットマン……………… 202
ボイル……………………… 160
法家………………………… 43
望厦条約…… 196, 212, 213
包括的核実験禁止条約(CTBT)
　……………………………… 269
封建社会………… 87, 98
封建制(周)………… 40, 41
封建制(前漢)……………… 49
封建的主従関係…………… 87
封建的特権の廃止… 172, 173
『法の精神』……… 160, 170
『方法叙説』……………… 160
募役法……………………… 108
ポエニ戦争………………… 70
ホーエンツォレルン家…… 150
ホガース…………………… 163
北緯17度線……………… 270
北緯38度線…… 263, 264
北魏………… 7, 52, 53
北元………………………… 110
墨子………………………… 43

北周………………………… 52
北宗画………… 109, 131
北斉………………………… 52
北宋→宋
北朝………………………… 52
冒頓単于……… 46, 47, 49
ボグド＝ハーン…………… 227
北爆………… 270, 272
北伐………… 242, 243
北部(アメリカ)…………… 198
北米自由貿易協定(NAFTA)
　……………………………… 288
北虜………………………… 115
北虜南倭…………………… 115
保甲法……………………… 108
ポシュエ………… 147, 160
戊戌の政変……… 216, 226
戊戌の変法……… 216, 226
保守党〔イギリス〕… 186, 187
ボストン茶会事件………… 168
ポズナニ暴動……………… 266
ボスニア・ヘルツェゴヴィナ
　………… 195, 230, 286
ホスロー1世…… 6, 64, 65
ホスロー2世……………… 64
ホーソーン………………… 202
ボーダン…………………… 146
ホー＝チ＝ミン…… 246, 247
墨家………………………… 43
渤海………… 56, 113
ボッカチオ… 103, 134, 138
法顕………… 38, 53, 60
ポツダム会談……… 255, 257
ポツダム宣言 255, 257, 262
ボッティチェリ… 134, 135
ホッブズ………… 160, 161
北方戦争………… 151, 195
ポーツマス条約…………… 226
ポトシ銀山
　………… 116, 120, 121, 156
ボードレール……………… 202
ボニファティウス8世
　………… 99, 101, 103
保馬法……………………… 108
募兵制………… 55, 57
ホームステッド法
　………… 196, 198, 200
ホメイニ…………………… 279
ホメロス…………………… 69
ホモ＝ハビリス…………… 30
ホラズム＝シャー朝
　………… 89, 92, 110
ホラティウス……………… 74
ポーランド王国 97, 152, 153
ポーランド侵攻……… 254, 256
ポーランド反乱 180, 181, 184
ポーランド分割……… 150-153
ボリシェヴィキ 183, 221, 234
ポリス……………………… 66
ボリバル…………………… 178
ホルテンシウス法………… 70
ポルトガル王国…………… 154
ホルバイン… 134, 138, 141
ポル＝ポト………………… 271
ボローニャ大学…… 103, 104
ボロブドゥール…… 62, 63
ポワティエの戦い………… 100
香港国家安全維持法……… 284
香港返還…………………… 284
『本草綱目』……… 117, 131

ホンタイジ(太宗)[清]…… 128
ボンディシェリ……… 156
ポンド=ブロック→スターリング
=ブロック
ボンベイ……… 156
ポンペイ……… 72, 74
ポンペイウス…… 36, 70, 71

■■■ マ ■■■
マイソール王国……… 208
マイソール戦争……… 208
マイヤー……… 204
マウリヤ朝……… 60
マオリ人……… 225
マカオ…… 114, 117, 120, 156
マガダ国……… 60
マカートニー…… 128, 212
マキァヴェリ 134, 135, 142
マクシミリアン……… 190
マクドナルド……… 237
マクドナルド挙国一致内閣 250
マグナ=カルタ→大憲章
マグリット……… 291
マケドニア……… 66
マサチューセッツ植民地… 168
マザッチオ……… 134
マゼラン……… 146
マジャパヒト王国…… 89, 133
マジャール人…… 85, 86
マーシャル=プラン……… 261
魔女狩り…… 141, 148
磨製石器……… 30
マゼラン(マガリャンイス)
…… 17, 120, 154
マタラム王国(朝)… 62, 89
マチュ=ピチュ……… 44
マッカーシー……… 265
マッキンリー…196, 221, 223
マッツィーニ…… 181, 192
マティス……… 291
マテオ=リッチ 23, 114, 116
マトゥラー仏……… 60
マドラサ…… 79, 92, 124
マドラス……… 156
マニ……… 25
マニ教… 25, 55, 57-59, 64
マニュファクチュア …144, 147
マニラ
…… 117, 120, 130, 156, 210
『マヌ法典』……… 60, 61
マネ……… 202, 203
マハティール……… 275
『マハーバーラタ』… 60, 61, 63
マフディー運動 186, 206, 224
マフムード… 11, 38, 89, 92
マムルーク……… 92
マムルーク朝…… 92, 93, 122
マヤ文明……… 44, 45
マヤ文字……… 45
マラー……… 172
マラケシュ……… 92
マラズギルト(マンジケルト)の
戦い……… 92, 97
マラーター王国……… 127
マラーター戦争……… 208
マラーター同盟…… 126, 127
マラッカ
…… 15, 17, 89, 120, 156
マラッカ王国…… 89, 115
マラトンの戦い… 64, 66, 67

マラヤ連邦……… 275, 276
マリア=テレジア……… 150
マリ=アントワネット……… 172
マリウス……… 70
マリ王国……… 90, 91
マリンディ……… 15
マルクス……… 161, 163,
165, 183, 204
マルクス=アウレリウス=アント
ニヌス……… 72, 74
マルグレーテ……… 102
マルコス……… 275
マルコーニ……… 204
マルコ=ポーロ
…13, 96, 110, 111, 120
マルサス……… 161, 204
マルタ会談… 269, 278, 280
マルヌの戦い…… 230, 231
マレー半島上陸[日本]…… 255
マレー連合州…… 210, 228
マワーリー……… 78
マン(トーマス)……… 291
満漢併用制……… 128
マンサブダール制……… 126
マンサ=ムーサ……… 91
マンジケルトの戦い→マラズギル
トの戦い
満洲国……… 242, 251
満洲事変……… 242, 251
満洲文字……… 107, 128
マンチェスター……… 164
マンデラ……… 287

■■■ ミ ■■■
ミイラ……… 35
未回収のイタリア
…… 192, 194, 230
ミケーネ文明……… 36, 37
ミケランジェロ……… 134-136
ミズーリ協定…… 196, 198
ミタンニ王国……… 33, 36
ミッドウェー海戦… 255, 257
ミッレト……… 123
ミドハト憲法→オスマン帝国憲法
ミドハト=パシャ……… 207
ミトラダテス2世…… 64, 65
南アフリカ(ブール)戦争
…… 220, 224
南アフリカ連邦……… 220
南スラヴ……… 97
南ネーデルラント……… 180
南ネーデルラント継承戦争
…… 142, 146, 148
南ベトナム解放民族戦線… 270
南満洲鉄道……… 251
ミナレット…… 79, 81, 124
ミニアチュール→細密画
ミハイル=ロマノフ……… 151
ミフラーブ……… 81
身分制議会……… 152
ミュシャ……… 205
ミュール紡績機……… 165
ミュロン……… 69
ミュンツァー……… 140
ミュンヘン一揆 236, 252, 253
ミュンヘン会談
…… 238, 250, 252, 254
ミラノ勅令…… 72, 75
ミル……… 204
ミルトン……… 160

ミレー……… 202
「ミロのヴィーナス」……… 69
明…… 114, 115, 130, 131
民会[ギリシア]……… 67
民会[ローマ]……… 70
民主党[アメリカ]……… 198
民族教育……… 228
民族自決……… 236

■■■ ム ■■■
ムアーウィヤ…… 76, 77, 82
6日戦争→中東戦争[第3次]
無為自然……… 43
ムガベ……… 287
ムガル絵画……… 127
ムガル帝国…… 89, 126
ムスタファ=ケマル 246, 247
ムスリム……… 80
ムスリム商人…… 22, 93
ムセイオン……… 69
無制限潜水艦作戦 230, 233
無政府主義(アナーキズム)
…… 183, 184
無線電信……… 204
ムッソリーニ……… 252
無敵艦隊(アルマダ)
…… 16, 142, 144, 156
ムハンマド…… 76, 77, 80-82
ムハンマド=アフマド……… 224
ムハンマド=アリー……… 206
ムムターズ=マハル……… 127
ムラヴィヨフ……… 184
ムラート……… 178
ムラービト朝…… 10, 92
ムリリョ……… 160
ムワッヒド朝…… 92, 101
ムンク…… 195, 291

■■■ メ ■■■
メアリ1世…140-142, 144
メアリ2世…… 142, 145
メアリ=ウルストンクラフト293
メアリ=ステュアート……… 144
明治維新…… 216, 217
『瞑想録』→『パンセ』
明白なる運命……… 196
メイフラワー号……… 168
名誉革命… 142, 145, 148
メヴレヴィー教団… 12, 93
メキシコ遠征……… 190
メキシコ革命……… 225
メキシコ銀…… 130, 156
メシア信仰……… 36
メシュエン条約……… 154
メスキータ…… 79, 154
メスティーソ……… 178
メソアメリカ文明……… 44
メッカ…… 76, 80-82
メッテルニヒ…… 180, 181
メディア…… 37, 64
メディチ家… 96, 101, 135
メディナ…… 76, 82
メドヴェージェフ……… 282
メートル法…… 172, 173
メフメト2世……… 122
メランヒトン……… 134
メルセン条約…… 84-86
メロヴィング朝…… 82, 84
メロエ…… 37, 90
メンシェヴィキ 183, 221, 234

免罪符→贖宥状
メンデル……… 204
綿布(綿工業)…… 163, 164

■■■ モ ■■■
モア(トマス)… 134, 138, 144
蒙古襲来…… 110, 111
孟子……… 43
毛沢東…… 243, 262, 274
モエンジョ=ダーロ……… 38
木版印刷術……… 109
モザイク画 77, 83, 105, 124
モサッデグ……… 263
モース(モールス)……… 204
モスク…… 76-79, 81, 89
モスクワ大公国…… 97, 151
モーセ……… 36
モーツァルト…… 160, 163
木簡……… 21
牧谿……… 109
『モナ=リザ』… 134, 137, 138
モネ…… 202, 203
モノモタパ王国…… 90, 91
モハーチの戦い
…… 16, 122, 123, 152
モーパッサン……… 202
模範議会……… 100
モリエール…… 160, 163
モリスコ…… 154, 155
モロッコ事件[第1次]
…… 220, 221, 224
モロッコ事件[第2次]220, 221
門下省……… 55
門戸開放…… 196, 221, 226
モンゴル帝国
…… 110-112, 114, 115
モンゴルの独立……… 227
文字の獄……… 128
モン人……… 132
『文選』……… 53
モンテ=カシノ
…… 82, 84, 94, 103
モンテ=コルヴィノ… 13, 110
モンテスキュー… 160, 170
モンテーニュ 121, 134, 138
モンペリエ大学……… 27
モンロー……… 196
モンロー宣言… 179, 181, 196

■■■ ヤ ■■■
「夜警」……… 163
ヤゲウォ朝… 97, 100, 152
野獣派(フォーヴィズム)… 291
ヤスパース……… 290
邪馬台国……… 52
ヤマト政権……… 7
耶律阿保機…… 56, 106
耶律大石…… 88, 106
ヤルタ会談… 254, 257
ヤング案……… 236
両班……… 119

■■■ ユ ■■■
唯物史観……… 183
唯名論…… 103, 104
邑……… 41
遊牧民…… 46, 58
宥和政策…… 250, 252
ユエ条約→フエ条約
雪どけ……… 267

ユーグ=カペー…… 85, 86
ユグノー…… 141, 146
ユグノー戦争
…… 140-142, 144, 146
ユゴー…… 191, 202
ユーゴスラヴィア
…… 238, 256, 286
ユスティニアヌス
…6, 26, 64, 82, 83, 124
ユースフ……… 88
ユダ王国…… 36, 37
ユダヤ教…… 24, 36
ユダヤ教徒追放……… 102
ユダヤ人迫害… 98, 253, 256
『ユートピア』… 134, 144
ユトレヒト条約……… 156
ユトレヒト同盟……… 142
ユネスコ(国連教育科学文化機関)
……… 260
ユーフラテス川…… 33, 35
ユリアヌス……… 75
ユリウス2世……… 136
ユリウス暦…… 35, 74
ユーロ……… 266
ユンカー……… 150
ユング……… 290

■■■ ヨ ■■■
楊炎…… 55, 57
楊貴妃…… 55, 57
楊堅(文帝)[隋]… 52, 54
雍正帝……… 128
煬帝…… 54, 56
傭兵…… 148, 149
洋務運動……… 215
陽明学……… 131
ヨーク家(朝)… 100, 101
ヨークタウンの戦い……… 168
預言者…… 76, 80
ヨーゼフ2世… 150, 153
「四つの現代化」……… 274
予定説……… 140
ヨハネス12世……… 94
ヨーマン→独立自営農民
ヨーロッパ共同体(EC)
…… 266, 272
ヨーロッパ経済共同体(EEC)
……… 266
ヨーロッパ原子力共同体
(EURATOM)………… 266
ヨーロッパ自由貿易連合(EFTA)
……… 266
ヨーロッパ石炭鉄鋼共同体
(ECSC)………… 266
ヨーロッパの火薬庫……… 230
ヨーロッパ連合(EU) 266, 288

■■■ ラ ■■■
ライト兄弟… 204, 205, 290
ライプツィヒの戦い……… 174
ライプニッツ…… 117, 160
ライン同盟……… 174
ラインラント進駐… 250, 252
ラヴェル……… 291
ラヴォワジェ……… 160
「ラオコーン」……… 69
ラクシュミー=バーイ……… 208
ラクスマン… 128, 151, 212
洛陽…… 50, 52
楽浪郡…… 3, 49, 52, 113

ラサール派………………… 183
ラジウム発見……………… 204
ラシード＝アッディーン… 79
ラシーヌ……………… 160, 163
ラージブート絵画………… 127
ラージン…………………… 151
羅針盤……………… 109, 139
ラス＝カサス……………… 121
ラスプーチン……………… 234
ラダイト運動……………… 186
ラタナコーシン朝（チャクリ朝）
　………………… 132, 210
ラッセル…………………… 265
ラッフルズ……………… 210, 211
ラティフンディア………… 70, 72
ラテラノ条約……………… 252
ラテン語……………… 74, 104
ラテン帝国……………… 95, 97
ラパロ条約… 234, 236, 252
ラビン……………………… 249
ラ＝ファイエット… 171, 172
ラファエロ……………… 134-137
ラプラース………………… 160
ラブラブ…………………… 17
ラブレー……………… 134, 138
ラーマ5世→チュラロンコン
『ラーマーヤナ』
　………………… 60, 61, 63, 133
ラ＝マルセイエーズ
　………………… 171, 177, 190
ラメス（ラメセス）2世… 32, 35
ランカスター家（朝）… 100, 101
ランケ……………………… 204
ランゴバルド王国……… 82, 84
ランス大聖堂……………… 105
「蘭亭序」………………… 53

======リ======
『リヴァイアサン』……… 160, 161
リヴァプール……… 157, 164
リヴィウス………………… 74
リヴィングストン… 205, 224
李淵（高祖）〔唐〕……… 54, 55
リオ協定→米州相互援助条約
リカード……………… 161, 204
力織機……………………… 165
リキニウス・セクスティウス法 70
リー＝クアンユー………… 275
『リグ＝ヴェーダ』……… 38, 39
陸九淵……………………… 109
六朝……………………… 52, 53
六部………………………… 55
六諭………………………… 114
李元昊……………… 88, 106
李鴻章……………… 215, 218
里甲制……………………… 114
リサール……………… 210, 228
李斯………………………… 43, 48
李思訓……………………… 57
李自成……………… 114, 128
李時珍……………………… 131
リシュリュー…………… 146-148
李舜臣……………………… 119
リスト（フランツ）……… 203
リスト（フリードリヒ）193, 204
リスボン…………………… 155
李成桂……………… 114, 119
李世民（太宗）〔唐〕… 54-56
リソルジメント…………… 192
李大釗……………………… 242

リチャード1世…… 95, 100
李朝……………… 11, 62, 106
立体派……………………… 291
リッチモンド……………… 198
リットン調査団…………… 251
立法議会…………………… 172
律法主義…………………… 36
律令制〔中国〕…………… 55
リディア………………… 37, 64
リトアニア＝ポーランド王国
　………………… 152, 153
李白……………………… 55, 57
理藩院……………… 128, 129
リービヒ…………………… 204
リベリア共和国…………… 199
リーマン＝ショック……… 289
劉永福……………………… 210
琉球（王国）…… 15, 115, 129
竜山文化…………………… 40
劉秀（光武帝）…………… 50
劉少奇……………… 274, 284
柳条湖事件……………… 242, 251
柳宗元……………… 57, 109
劉備………………………… 52
竜門………………………… 53
劉邦（高祖）〔前漢〕… 48, 49
リュッツェンの戦い……… 148
リューリク………………… 86
梁………………………… 52
遼……………… 56, 106, 107
『聊斎志異』……………… 131
両シチリア王国…………… 86
領主………………………… 87
領主裁判権………………… 87
良渚文化…………………… 40
両税法………………… 55, 57
遼東半島…………………… 216
緑営……………………… 128
リリウオカラニ…………… 225
臨安……………………… 106
リンカン……………… 196, 198
林則徐……………………… 212
リンドバーグ……………… 290
リンネ……………………… 160
林彪……………… 274, 284

======ル======
ルイ9世……………… 95, 100
ルイ13世……………… 142, 146
ルイ14世……… 142, 146, 147
ルイ16世……………… 172, 173
ルイ＝アームストロング… 241
ルイ＝ヴィトン社………… 188
ルイジアナ……………… 156, 196
ルイ＝フィリップ……… 182, 190
ルシタニア号事件……… 230, 231
ルソー……………… 160, 161, 171
ルター……………………… 21, 140
ルッジェーロ2世……… 22, 86
ルネサンス……………… 134-139
ルノワール……………… 202, 203
『ルバイヤート』……… 10, 79
ルブリン合同……………… 152
ルブルック……… 13, 100, 110
ルーベンス……………… 160, 162
ルーマニア民主化運動…… 283
ルーム＝セルジューク朝… 12
ルムンバ…………………… 268
ルール占領……… 236, 237, 252
ルワンダ内戦………… 286, 287

======レ======
冷戦……………… 261, 278
黎維……………………… 115
レヴィ＝ストロース……… 290
レウクトラの戦い………… 66
レオ1世……………… 82, 94
レオ3世……… 84, 85, 94
レオ10世… 136, 140, 141
レオナルド＝ダ＝ヴィンチ
　………………… 134, 135, 137
レオン王国………………… 154
レオン3世……… 82, 84, 94
レキシントン・コンコードの戦い
　………………………… 168
礫石器……………………… 30
レグニツァの戦い→ワールシュ
　タットの戦い
レコンキスタ→国土回復運動
レザノフ…………………… 212
レザー＝ハーン（レザー＝シャー）
　………………… 246, 247
レジスタンス……………… 254
レーニン 221, 234, 235, 239
レバントの海戦
　…… 120, 122, 142, 143, 154
レピドゥス………………… 70
レヒフェルトの戦い…… 84, 86
レーピン…………………… 185
レマルク…………………… 291
連合国〔第一次世界大戦〕231
連合国〔第二次世界大戦〕
　………………… 254, 257
連合国共同宣言…………… 260
連衡策……………… 42, 43
連帯……………………… 283
レンテンマルク…………… 236
レントゲン………………… 204
レンブラント……… 160, 163
連邦主義…………………… 170
連邦派……………………… 170

======ロ======
ロイター通信社…………… 189
ロイド＝ジョージ………… 186
ロイヒリン……… 134, 138
老子………………………… 43
労働組合法………………… 186
労働者……………………… 164
労働代表委員会……… 183, 220
労働党（イギリス）183, 220, 222
ロカルノ条約 236, 237, 252
六月蜂起…………………… 190
六十進法…………………… 35
六信五行…………………… 80
廬溝橋事件……………… 242, 251
魯迅……………………… 291
ローズ……………… 220, 224
ローズヴェルト（セオドア）
　………………… 221, 223, 225
ローズヴェルト（フランクリン）
　………………… 250, 257, 260
ロゼッタ＝ストーン… 20, 174

ロダン……………… 202, 203
ロック……………… 160, 161, 170
ロックフェラー……… 200, 220
ロディー朝………………… 89
『ロビンソン＝クルーソー』
　………………… 200, 212
露仏同盟 220, 221, 224, 230
ロベスピエール……… 172, 173
ローマ＝カトリック教会
　………………… 83, 84, 94
ローマ教皇領合併………… 192
ローマ条約………………… 266
ローマ進軍………………… 252
ロマネスク様式……… 103, 105
ロマノフ朝………………… 151
「ローマの平和」（パクス＝ロマー
　ナ）……………… 22, 72
『ローマ法大全』… 6, 74, 82
ロマン主義……………… 181, 202
ロヨラ……………… 140, 141
ローラット法……… 231, 246
ロラン……………………… 291
『ローランの歌』………… 103
ローリンソン……………… 20
ローレンス………………… 291
ロロ………………………… 86
『論語』…………………… 43
ロンドン会議〔1840〕184, 185
ロンドン会議〔1921〕… 236
ロンドン海軍軍縮条約…… 237
ロンドン条約〔1840〕… 184
ロンドン万国博覧会… 186, 188
ロン＝ノル………………… 271
ロンバルディア…………… 180
ロンバルディア同盟… 96, 101

======ワ======
倭……………………… 7, 52
淮軍……………………… 215
ワイルド…………………… 202
倭館……………………… 119
ワグナー法………………… 250
ワクフ……………………… 93
倭寇……………… 114, 115, 117
倭国……………… 7, 52, 56
ワシントン（米初代大統領）
　………………… 168, 169, 196
ワシントン会議
　…… 236, 240, 242, 244
ワシントン大行進………… 272
ワシントン体制…………… 236
ワーズワース……………… 202
綿繰り機…………………… 164
ワット……………… 160, 164
ワット＝タイラーの乱
　………………… 98, 100, 140
ワッハーブ運動…………… 206
ワッハーブ派……………… 247
ワーテルローの戦い……… 174
ワトー……………… 160, 162
ワフド党……………… 246, 247
ワヤン＝クリ……………… 63
ワルシャワ条約機構
　………………… 261, 265, 266
ワルシャワ大公国
　………………… 152, 153, 174
ワールシュタット（レグニツァ）の
　戦い……… 100, 110, 152
ワレサ……………………… 283
湾岸戦争……………… 286, 287

完顔阿骨打………………… 106

======略号索引======
AAA→農業調整法 ……… 250
AFL→アメリカ労働総同盟
　………………… 200, 221
ANZUS→太平洋安全保障条約
　………………………… 265
APEC→アジア太平洋経済協力
　会議…………………… 288
ASEAN→東南アジア諸国連合
　………………… 275, 288
AU→アフリカ連合 ……… 288
CENTO→中央条約機構 … 265
CIO→産業別組織委員会 … 250
CIS→独立国家共同体 …… 282
COMECON→経済相互援助会議
　………………………… 261
CTBT→包括的核実験禁止条約
　………………………… 269
EC→ヨーロッパ共同体
　………………… 266, 272
ECSC→ヨーロッパ石炭鉄鋼共
　同体…………………… 266
EEC→ヨーロッパ経済共同体
　………………………… 266
EFTA→ヨーロッパ自由貿易連合
　………………………… 266
EU→ヨーロッパ連合 266, 288
EURATOM→ヨーロッパ原子力
　共同体………………… 266
GATT→関税と貿易に関する一般
　協定…………………… 288
IAEA→国際原子力機関 … 269
IBRD→国際復興開発銀行 260
ILO→国際労働機関 ……… 260
IMF→国際通貨基金 ……… 260
INF全廃条約→中距離核戦力全廃
　条約……… 269, 278, 280
IWW→世界産業労働者同盟 221
KKK→クー＝クラックス＝クラ
　ン… 198-200, 240, 272
MERCOSUR→南米南部共同市
　場……………… 277, 288
NAFTA→北米自由協定 … 288
NATO→北大西洋条約機構
　………………… 261, 265
NIRA→全国産業復興法 … 250
NPT→核拡散防止条約 …… 269
OAPEC→アラブ石油輸出国機構
　………………… 248, 279
OAS→米州機構 … 265, 269
OAU→アフリカ統一機構 … 268
OPEC→石油輸出国機構 … 279
PKO→国連平和維持活動… 271
PLO→パレスチナ解放機構 248
SALT→戦略兵器制限交渉
　………………… 269, 278
SDI→戦略防衛構想……… 280
SEATO→東南アジア条約機構
　………………………… 265
START→戦略兵器削減交渉
　………………… 269, 278
TVA→テネシー川流域開発公社
　………………………… 250
WHO→世界保健機関 …… 260
WTO→世界貿易機関 …… 288

写真資料所蔵・提供・協力一覧 (50音順、敬称略)

朝日新聞社／アフロ／アメリカ議会図書館／石川光陽撮影・石川令子提供／石川文洋／市川房枝記念会女性と政治センター／EPA／ウイングス・フォト・エンタープライズ／AFP／SPS／大阪市立東洋陶磁美術館／大谷大学博物館／大村次郷／沖縄県立博物館・美術館／外務省外交史料館／神奈川大学図書館／切手の博物館（東京・目白）／九州国立博物館／共同通信イメージズ／京都大学大学院文学研究科東洋史学専修所蔵・京都大学総合博物館寄託／きみつアーカイブス／宮内庁三の丸尚蔵館／宮内庁正倉院事務所／Getty Images／高台寺／神戸市立博物館 Photo: DNP Kobe City museum/DNPartcom／国立国会図書館／国立保健医療科学院図書館／国立歴史民俗博物館／個人蔵（高知市立自由民権記念館保管）／個人蔵（古代文字資料館）／個人蔵（東京国立近代美術館〔無期limited貸与作品〕） Photo: MOMAT/DNPartcom／ColBase（https://colbase.nich.go.jp/）／西遊旅行／埼玉県立さきたま史跡の博物館／早乙女雅博／サンポイント／時事通信社／時事通信フォト／CPC Photo／島根県立古代出雲歴史博物館／Shutterstock／小学館（『世界美術大全集 東洋篇12』、撮影：S&T Photo）／昭和館／新宿歴史博物館／生活協同組合コープこうべ／仙台市歴史民俗資料館／ソニー・ミュージック・レーベルズ／大韓民国国立中央博物館／大徳寺／種子島時邦・種子島開発総合センター／長興寺／天理大学附属天理参考館／唐招提寺／東京国立博物館／東京大学総合研究博物館／東京大学総合図書館／東京都江戸東京博物館蔵 画像提供：東京都江戸東京博物館/DNPartcom／東京都立中央図書館／東宝／東北大学附属図書館／東洋文庫／徳川美術館©徳川美術館イメージアーカイブ/DNPartcom／豊田市郷土資料館／那覇市歴史博物館／奈良国立博物館／奈良文化財研究所／南部町祐生出会いの館／人形浄瑠璃文楽座／日本銀行金融研究所貨幣博物館／日本近代文学館／日本芸術文化振興会／ニューヨーク公共図書館／根津美術館／平山郁夫シルクロード美術館／PPS通信社／福岡市博物館所蔵 画像提供：福岡市博物館/DNPartcom／藤井斉成会有鄰館／部落解放同盟中央本部／文化庁／毎日新聞社／松浦市教育委員会／丸善雄松堂／武蔵野音楽大学楽器ミュージアム／藪本太一／山口県文書館／ユニフォトプレス／ユーハイム／義井豊／吉田豊／読売新聞社／読谷村平和資料館／WPS（ワールド・フォト・サービス）

ヨーロッパ人名対照表

希…ギリシア語　羅…ラテン語　西…スペイン語　蘭…オランダ語　露…ロシア語　ポ…ポルトガル語　伊…イタリア語　丁…デンマーク語　慣…慣用

英　語	ドイツ語	フランス語	その他	
アレクサンダー Alexander	アレクサンダー Alexander	アレクサンドル Alexandre	(希) アレクサンドロス Alexandros	(露) アレクサンドル Aleksandr
アンセルム Anselm	アンゼルム Anselm	アンセルム Anselme	(羅) アンセルムス Anselmus	
バーソロミュー Bartholomew	バルトロメーウス Bartholomäus	バルテルミ Barthélemy	(ポ) バルトロメウ Bartolomeu	
シーザー Caesar	ツェーザル Cäsar, カイザー Kaiser	セザール César	(羅) カエサル Caesar	
キャサリン Catharine	カタリーナ Katharina	カトリーヌ Catherine	(露) エカチェリーナ Ekaterina	
チャールズ Charles	カール Carl, Karl	シャルル Charles	(羅) カルロス Carolus	(西) カルロス Carlos
デーヴィド David	ダーフィ（ヴィ）ト David	ダヴィド David	(羅) ダヴィド David	(慣) ダヴィデ
ドミニク Dominic(k)	ドミーニクス Dominikus	ドミニク Dominique	(羅) ドミニクス Dominicus	(慣) ドミニコ
ユークリッド Euclid	オイクリート Euklid	ユークリッド Euclide	(希) エウクレイデス Eukleides	
エリザベス Eliz(s)abeth	エリザベト Elisabeth	エリザベート Elisabeth	→イザベルの項	
ファーディナンド Ferdinand	フェルディナント Ferdinand	フェルディナン Ferdinand	(西) フェルナンド Fernando	(慣) フェルディナンド
フランシス Francis	フランツ Franz	フランソワ François	(西) フランシスコ Francisco	(伊) フランチェスコ Francesco
フレデリック Frederic(k)	フリードリヒ Friedrich	フレデリク Frédéric	(羅) フレデリクス Fredericus	
グレゴリ Gregory	グレゴーリウス Gregorius	グレゴワール Grégoire	(羅) グレゴリウス Gregorius	(伊) グレゴーリオ Gregorio
ヘンリ Henry	ハインリヒ Heinrich	アンリ Henri	(西) エンリケ Enrique	(ポ) エンリケ Henrique
イノセント Innocent	イノツェンツ Innozenz	イノサン Innocent	(羅) インノケンティウス Innocentius	
イザベル Isabel / イザベラ Isabella	イーザベル Isabel / イザベラ Isabella	イザベル Isabelle	(西) イサベル Isabel	(伊) イサベルラ Isabella
ジョン John	ハンス Hans	ジャン Jean	(羅) ヨハネス Johannes / (ポ) ジョアン João	(露) イヴァン Ivan / (慣) ヨハネ
ル（ー）イス Lewis, Louis	ルートヴィヒ Ludwig	ルイ Louis	(羅) ルドウィクス Ludovicus	
マーガレット Margaret	マルガレーテ（タ）Margarete(a)	マルグリート Marguerite	(伊) マルゲリータ Margherita	(丁) マルグレーテ Margrete
メアリ Mary	マリア Maria	マリ Marie	(羅) マリア Maria	(伊) マリーア Maria
ニコラス Nicholas	クラウス Klaus / ニコラウス Nikolaus	ニコラ Nicolas / ニコル Nicol	(羅) ニコラウス Nicolaus	(露) ニコライ Nikolai
ポール Paul	パウル Paul	ポール Paul	(羅) パウルス Paulus	(慣) パウロ
ピーター Peter	ペーター Peter	ピエール Pierre	(羅) ペトルス Petrus	(露) ピョートル Pëtr / (慣) ペテロ
フィリップ Philip	フィーリプ Philipp	フィリップ Philippe	(希) フィリッポス Philippos	(西) フェリペ Felipe
テリーザ T(h)eresa	テレーゼ Therese, テレジア Theresia	テレーズ Thérèse	(西) テレーサ Teresa	(慣) テレサ
ウィリアム William	ヴィルヘルム Wilhelm	ギヨーム Guillaume	(蘭) ウィレム Willem	
ザヴィアー Xavier	クサヴァー Xaver	グザヴィエ Xavier	(ポ) シャヴィエル Xavier	(西) ハビエル Javier / (慣) ザビエル

現代の世界

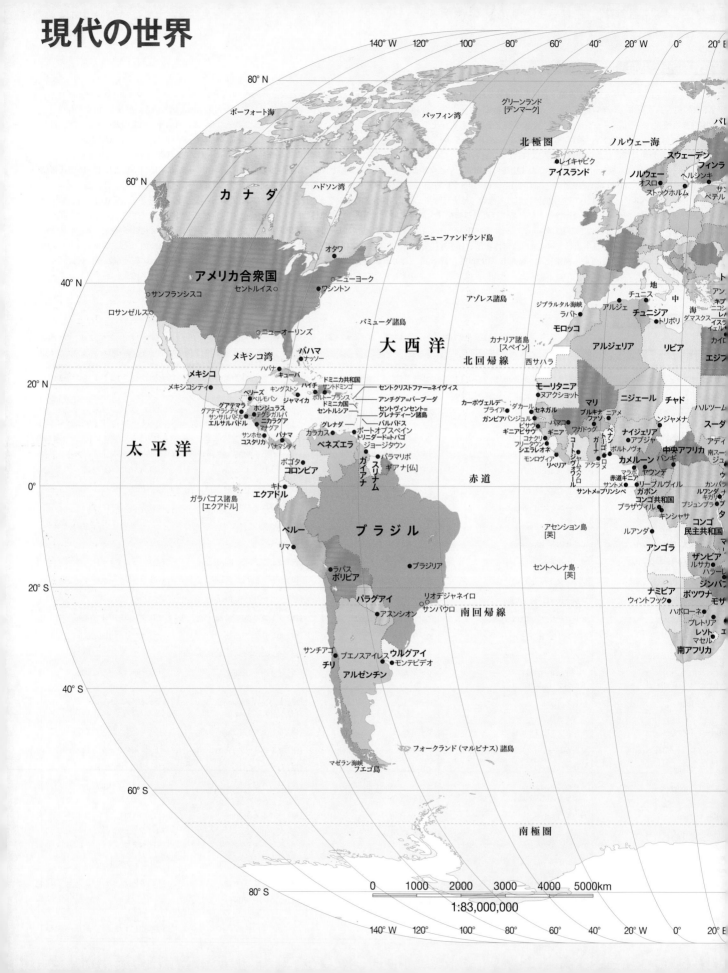

140° W　120°　100°　80°　60°　40°　20° W　0°　20° E

80° N

ボーフォート海　　バッフィン湾　　グリーンランド [デンマーク]　　バ

北極圏　　ノルウェー海　　スウェーデン　　フィンラ

60° N　　ハドソン湾　　レイキャビク　　ヘルシンキ

カナダ　　アイスランド　　ノルウェー　　サン

オスロ　　ストックホルム　ペテル

ニューファンドランド島

オタワ

アメリカ合衆国　　ニューヨーク　　アゾレス諸島　　地　チュニス　中　アン

40° N　サンフランシスコ　セントルイス　ワシントン　ジブラルタル海峡　　海　ニ　ダマスクス　レ　イス

ラバト　アルジェ　チュニジア　トリポリ　イル　カイ

ロサンゼルス　　　　　　　　　　　　カナリア諸島 [スペイン]　モロッコ　リビア

ニューオーリンズ　　バミューダ諸島　　西サハラ　　エジプ

メキシコ湾　バハマ　大西洋　北回帰線　アルジェリア

メキシコ　ナッソー　　　モーリタニア　マリ　ニジェール　チャド

20° N　メキシコシティ　ハバナ　キューバ　ドミニカ共和国　ヌアクショット　　　　ハルツーム

ベリーズ　キングストン　ハイチ　サントドミンゴ　セントクリストファー=ネイヴィス　カーボヴェルデ　ダカール　セネガル　ブルキナ　ニアメ　ンジャメナ

グアテマラ　ベルモパン　ジャマイカ　ポルトープランス　アンチグア=バーブーダ　プライア　バマコ　ファソ　　ナイジェリア　スーダ

グアテマシティ　ホンジュラス　ドミニカ国　セントヴィンセント=　ガンビア　バンジュル　ワガドゥグ　アブジャ　アディ

サンサルバドル　テグシガルパ　　セントルシア　グレナディーン諸島　ギニアビサウ　ギニア　ガ　ベ　南スー　ジ

エルサルバドル　ニカラグア　グレナダ　バルバドス　コナクリ　コートジボ　ト　ナ　中央アフリカ　バンギ　ウ

太平洋　サンホセ　マナグア　　ポートオブスペイン　フリータウン　ワ　カメルーン　バンギ　ン

コスタリカ　パナマシティ　トリニダード=トバゴ　モンロヴィア　シエラレオネ　アクラ　ロメ　赤道ギニア　ヤウンデ

パナマ　カラカス　ジョージタウン　リベリア　マラボ　リーブルヴィル　カンパラ

ボゴタ　ベネズエラ　パラマリボ　サントメ=プリンシペ　ガボン　ルワンダ　キガ

0°　コロンビア　スリナム　ギアナ[仏]　　ブラザヴィル　コンゴ　ブジュンブラ　タ

キト　　　　　　　　　アセンション島 [英]　ルアンダ　コンゴ共和国　キンシャサ　コンゴ民主共和国　マー

エクアドル　　　　　　　　　　　　　　　コンゴ民主共和国

ガラパゴス諸島 [エクアドル]　　　　　ブラジル　　　　　アンゴラ　ザンビア

ペルー　　　　　　　　　　　　セントヘレナ島 [英]　ルサカ　ハラーレ　ジンバ

リマ　　　　　　　　　　ブラジリア　　　　　　　ナミビア　ボツワナ　モザ

20° S　ラパス　　　　　リオデジャネイロ　　　　　ウィントフック　ハボローネ　プレトリア

ボリビア　　　　　サンパウロ　南回帰線　　　　レソ

パラグアイ　　　　　　　　　　　　　　　　マセル

アスンシオン　　　　　　　　　　　　　南アフリカ

サンチアゴ　ブエノスアイレス　ウルグアイ

チリ　　　　モンテビデオ

アルゼンチン

40° S

フォークランド (マルビナス) 諸島

マゼラン海峡　フエゴ島

60° S

南極圏

80° S

0　1000　2000　3000　4000　5000km

1:83,000,000

140° W　120°　100°　80°　60°　40°　20° W　0°　20° E